Graf

BGH-Rechtsprechung Strafrecht 2015

BGH-Rechtsprechung Strafrecht 2015

Die wichtigsten Entscheidungen
mit Erläuterungen und Praxishinweisen

von

Dr. Jürgen P. Graf
Richter am Bundesgerichtshof,
Lehrbeauftragter an der
Julius-Maximilians-Universität Würzburg

De Gruyter

ISBN 978-3-11-037597-8
e-ISBN (pdf) 978-3-11-037606-7
e-ISBN (epub) 978-3-11-039283-8

Bibliografische Information der Deutschen Nationalbibliothek

Die Deutsche Nationalbibliothek verzeichnet diese Publikation in der Deutschen Nationalbibliografie; detaillierte bibliografische Daten sind im Internet über http://dnb.dnb.de abrufbar.

Datenkonvertierung/Satz: WERKSATZ Schmidt & Schulz GmbH, Gräfenhainichen
Druck: CPI buch bücher.de GmbH, Birkach

♾ Gedruckt auf säurefreiem Papier

Printed in Germany

www.degruyter.com

Vorwort zur Ausgabe 2015

Die nachstehenden Ausführungen des Vorworts zur Erstausgabe der Rechtsprechungsübersicht des Bundesgerichtshofs für Straf- und Strafprozessrecht des Jahres 2010 gelten unverändert fort:

Gerade aber die Fülle der auf diesem Weg nunmehr ständig und jederzeit abrufbaren Entscheidungen macht es für den Anwender schwierig, die für seine praktische Arbeit und die jeweiligen Interessen wichtigen Erkenntnisse herauszufinden und dann nachzuvollziehen. Selbst wenn man die erforderliche Zeit hierfür aufwenden kann, gestaltet es sich mehr als freudlos, zahlreiche nur durch das Aktenzeichen und das Datum gekennzeichnete Dateien aufzurufen, um dann möglicherweise erst nach mehreren Minuten des Lesens feststellen zu können, ob die Entscheidung für die eigene Arbeit tatsächlich wichtig ist oder eher nicht.

Auch die Aufarbeitung der Rechtsprechung mittels Fachzeitschriften stellt für sich allein keine geeignete Lösung dar. Zum einen werden viele Urteile und Beschlüsse erst mit einem zeitlichen Abstand von bis zu 18 Monaten publiziert, zum anderen sind zahlreiche Entscheidungen gerade nicht in allen Zeitschriften einer Fachrichtung veröffentlicht, so dass der interessierte Praktiker mindestens drei oder mehr Zeitschriften gleichzeitig lesen müsste. Nicht eingerechnet sind dabei Urteile und Beschlüsse, welche überhaupt nicht abgedruckt werden, sondern nur online verfügbar sind.

Aber auch Studenten und Referendare, welche sich zur Vorbereitung für das jeweilige Examen über die aktuellsten Entscheidungen der letzten Monate informieren wollen, stehen vor einem ähnlichen Problem, zumal in dieser Phase meist ohnehin viel zu wenig Zeit zur Verfügung steht, um auch nur annähernd gründlich wenigstens einige Fachzeitschriften durchzusehen. Mit der üblichen Ausbildungsliteratur kommt man nicht weiter; denn für Strafrecht und Strafprozessrecht wird regelmäßig nur eine kleine Besprechungsauswahl aktueller Entscheidungen angeboten, und das meistens mit einer durch die Bearbeitung bedingten erheblichen zeitlichen Verzögerung.

Somit lag es nahe, die wesentlichen Entscheidungen im Strafrecht, Nebenstrafrecht und im Strafprozessrecht von Bundesgerichtshof und Bundesverfassungsgericht für den aktuell zurückliegenden Zeitraum zusammenzustellen und mit erklärenden Anmerkungen hinsichtlich einzelner Entscheidung zu versehen.

Ausgangspunkt für die hiermit vorgelegte neue Zusammenstellung 2015 ist das zurückliegende Jahr 2014, wobei einige Entscheidungen zwar noch ein Datum des Jahres 2013 tragen, dennoch aber erst zum Jahreswechsel oder später veröffentlicht wurden. Insgesamt habe ich erneut mehr als 1.400 Entscheidungen des Bundesgerichtshofes und über 100 Entscheidungen des Bundesverfassungsgerichts gesichtet und darunter etwa 650 Urteile und Beschlüsse ausgewählt, welche mir für die tägliche Praxis und die Fortentwicklung der Rechtsprechung insgesamt als bedeutsam erschienen. Die Entscheidungen, welcher jeder am Straf- und Strafprozessrecht Interessierte unbedingt kennen sollte, wurden zusätzlich als „Topentscheidung“

gekennzeichnet; ein „Muss" auch für Examenskandidaten! Wichtige und wegweisende Entscheidungen wurden außerdem in ihrer konkreten Bedeutung für die Praxis erläutert und teilweise auch mit „Praxistipps" oder Hinweisen zur „Praxisbedeutung" versehen.

Um dem Leser ein mühsames Heraussuchen und Nachlesen der zitierten Erkenntnisse zu ersparen, sind wie bereits schon in den vorangegangenen Ausgaben die wesentlichen Ausführungen der Entscheidungen und überwiegend mit den autorisierten Randnummern des Gerichts auszugsweise mitabgedruckt, so dass der Benutzer alle wichtigen Informationen auf einen Blick erhält und die Entscheidungsauszüge zugleich auch zitierfähig sind. Besteht danach zusätzlicher Bedarf, eine Entscheidung in ihrer Gesamtheit zu lesen, sind Datum und Aktenzeichen verzeichnet, so dass eine Recherche über die Webseiten der einzelnen Gerichte (s.o.) ebenso möglich ist wie der Abruf über die verschiedenen Online-Datenbanken der Juristischen Fachverlage oder das Datenbanksystem Juris.

Die systematische Einordnung der Entscheidungen in Tatbestände und Tatbestandsgruppen soll zusätzlich die Möglichkeit geben, sich im Wege einer eigenen Fortbildung in aktuelle Problemfragen bestimmter Tatbestände einzuarbeiten und die daraus resultierenden Lösungen der Rechtsprechung in die tägliche Arbeit als Richter, Staatsanwalt oder Rechtsanwalt einfließen zu lassen. Die überragende Bedeutung solchen Wissens gerade für Strafverteidiger braucht nicht näher dargelegt zu werden, zumal die Unkenntnis höchstrichterlicher Rechtsprechung keine Verhinderung im Sinne des § 44 Satz 1 StPO darstellt![1]

Um schließlich auch konkrete Einzelfragen nach aktuellen Rechtsprechungslösungen überprüfen zu können, sind die abgedruckten Entscheidungen auch über ein umfangreiches Stichwortverzeichnis auffindbar. Ergänzt wird dies durch eine nach Aktenzeichen geordnete Aufstellung der enthaltenen Entscheidungen.

Im Übrigen bitte ich die Nutzer und Leser um Anregungen und Hinweise für künftige Zusammenstellungen, gerade auch hinsichtlich des Umfangs der Darstellungen und Wiedergabe der Entscheidungen, oder auch eventuell vermisster Sachgebiete. In diesem Zusammenhang bedanke ich mich auch für die zahlreichen positiven Besprechungen der letzten beiden Jahre, welche Verbesserungsvorschläge enthalten haben, denen ich gern nachgekommen bin.

Karlsruhe, Februar 2015

Jürgen Graf

---

[1] BGH, Beschlüsse vom 31.7.2012 – 4 StR 238/12 – und vom 22.1.2013 – 1 StR 557/12; bereits auch schon BGH, Urteil v. 1.4.2010 – 4 StR 637/09.

Inhaltsverzeichnis

Abkürzungsverzeichnis

a.A.	anderer Auffassung
a.F.	alte(r) Fassung
a.M.	anderer Meinung
aaO	am angegebenen Ort
abgedr.	abgedruckt
abl.	ablehnend
Alt.	Alternative
Anh.	Anhang
Anm.	Anmerkung
AnwK	AnwaltKommentar
AO	Abgabenordnung
Aufl.	Auflage
b.u.v.	beschlossen und verkündet
BayObLG	Bayerisches Oberstes Landesgericht
BeckOK	Beck'scher Online-Kommentar
Begr.	Begründung
Beschl.	Beschluss
BGBl.	Bundesgesetzblatt
BGH	Bundesgerichtshof
BGHR	Entscheidungen des BGH (systematische Sammlung)
BGHSt	Entscheidungen des BGH in Strafsachen
Bl.	Blatt
BR	Bundesrat
BT	Bundestag
BtM	Betäubungsmittel
BtMG	Betäubungsmittelgesetz
BVerfG	Bundesverfassungsgericht
BVerfGK	Kammerentscheidungen des BVerfG
BVerwG	Bundesverwaltungsgericht
BVerwGE	Entscheidungen des Bundesverwaltungsgerichts
BZRG	Bundeszentralregistergesetz
DBAG	Deutsche Bahn Aktiengesellschaft
ders.	derselbe
DNeuG	Dienstrechtsneuordnungsgesetz
Drucks., Drs.	Drucksache
DStR	Deutsches Steuerrecht (Zeitschrift)
DStZ	Deutsche Steuer-Zeitung
EGMR	Europäischer Gerichtshof für Menschenrechte
EGStGB	Einführungsgesetz zum Strafgesetzbuch
Einl.	Einleitung
EMRK	Europäische Menschenrechtskonvention
entspr.	entsprechend
ESchG	Embryonenschutzgesetz

EuGRZ	Europäische Grundrechte-Zeitschrift
f., ff.	folgende
Fn.	Fußnote
GenDG	Gendiagnostikgesetz
GG	Grundgesetz
ggf(s).	gegebenenfalls
GwG	Geldwäschegesetz
h.L.	herrschende Lehre
h.M.	herrschende Meinung
Halbs.	Halbsatz
i.d.F.	in der Fassung
i.S.d.	im Sinne des/der
i.S.v.	im Sinne von
i.V.m.	in Verbindung mit
jew.	jeweils
JGG	Jugendgerichtsgesetz
JR	Juristische Rundschau (Zeitschrift)
JuS	Juristische Schulung (Zeitschrift)
JZ	JuristenZeitung
KMR	Kommentar zur StPO, begründet von Kleinknecht/Müller/Reitberger
KritJ	Kritische Justiz (Zeitschrift)
Lfg.	Lieferung
LG	Landgericht
lit.	litera (Buchstabe)
LK	Leipziger Kommentar zum StGB
m.N.	mit Nachweisen
m.w.N.	mit weiteren Nachweisen
MDR	Monatsschrift für Deutsches Recht
MedR	Medizinrecht (Zeitschrift)
MMR	Multimedia und Recht
MRK	Menschenrechtskonvention
MschrKrim	Monatsschrift für Kriminologie und Strafrechtsreform
MünchKomm, MüKo	Münchener Kommentar
n.F.	neue(r) Fassung
N/Sch/W	Niemöller/Schlothauer/Wieder (Kommentar zum VerstG)
NJW	Neue Juristische Wochenschrift
Nr.	Nummer
NStZ	Neue Zeitschrift für Strafrecht
NStZ-RR	Neue Zeitschrift für Strafrecht – Rechtsprechungsreport
NVwZ	Neue Zeitschrift für Verwaltungsrecht
OLG	Oberlandesgericht
PID	Präimplantationsdiagnostik

RAbgO	Reichsabgabenordnung
RE	Regierungsentwurf
RG	Reichsgericht
RGSt	Entscheidungen des Reichsgerichts in Strafsachen
Rn., Rdn., Rdnr.	Randnummer
S.	Seite
s.o.	siehe oben
SK-StGB	Systematischer Kommentar zum Strafgesetzbuch
SSW-StGB	Satzger/Schmitt/Widmaier, Strafgesetzbuch, Kommentar
st. Rspr.	ständige Rechtsprechung
StA	Staatsanwaltschaft
StGB	Strafgesetzbuch
StPO	Strafprozessordnung
StraBEG	Gesetz über die strafbefreiende Erklärung
StraFo	Strafverteidiger Forum (Zeitschrift)
StÄndG	Strafrechtsänderungsgesetz
StRG	Strafrechtsreformgesetz
StV	Strafverteidiger (Zeitschrift)
ThUG	Therapieunterbringungsgesetz
TKG	Telekommunikationsgesetz
Tz.	Textziffer
u.ä.	und ähnliche
UA	Untersuchungsakte
Urt.	Urteil
v.	vom
Var.	Variante
VerstG	Gesetz zur Regelung der Verständigung im Strafverfahren
vgl.	vergleiche
VO	Verordnung
Vorbem.	Vorbemerkung
VStGB	Völkerstrafgesetzbuch
wistra	Zeitschrift für Wirtschafts- und Steuerstrafrecht
WPflG	Wehrpflichtgesetz
z.B.	zum Beispiel
ZDG	Zivildienstgesetz
ZevKR	Zeitschrift für evangelisches Kirchenrecht
ZfL	Zeitschrift für Lebensrecht
ZGR	Zeitschrift für Unternehmens- und Gesellschaftsrecht
ZStW	Zeitschrift für die gesamte Strafrechtswissenschaft

Benutzungshinweis

Die Originalzitate aus den jeweiligen Entscheidungen folgen den einführenden Bemerkungen einer Randnummer jeweils in *Kursivschrift*.

A. StGB – Allgemeiner Teil

I. Grundsätzliches

1. Überblick

In der neueren und neuesten Rechtsprechung des Bundesgerichtshofs zum AT des StGB sind die Entscheidungen zur Sicherungsverwahrung erstmals wieder zurückgegangen. Es scheint, dass die neue Gesetzeslage mit dem Inkrafttreten des Gesetzes zur bundesrechtlichen Umsetzung des Abstandsgebots im Recht der Sicherungsverwahrung vom 11.11.2012 (BGBl I 2425) am 1.6.2013 für etwas Entspannung gesorgt hat. Revisionen zur Zulässigkeit von Unterbringungsanordnungen haben demgegenüber zugenommen. Ebenfalls gestiegen ist die Zahl von Entscheidungen zur Einziehung, insbesondere zur Anwendung des § 73c StGB. 1

Zahlreich waren erneut Entscheidungen, welche sich mit **Fragen der Strafzumessung** befassen,[2] wobei zu bemerken ist, dass hierauf sich beziehende Revisionen von Angeklagten weitaus erfolgversprechender sein können, als dies allgemein behauptet oder erwartet wird. Insoweit geht es allerdings nur teilweise um gedankliche Fehler der Subsumption, oftmals dagegen um reine Flüchtigkeitsfehler in den Formulierungen der Tatrichter. 2

Zahlreiche Entscheidungen sind – wie auch bereits in den Berichtsjahren 2010 bis 2013 – zur Frage ergangen, ob im jeweiligen Einzelfall noch ein **unbeendeter** oder bereits ein **beendeter Versuch** vorlag.[3] Diese Problematik ist nicht nur theoretischer Natur, sondern hat dann erhebliche praktische Auswirkungen, wenn es um die Frage geht, ob ein Täter bspw. durch bloßes Verlassen des Tatorts **wirksam zurückgetreten** ist oder nicht. Insbesondere bei versuchten Tötungshandlungen kann dies entweder eine mehrjährige Freiheitsstrafe bedeuten oder aber nur eine regelmäßig erheblich geringere Strafe wegen einer nach dem Rücktritt vom Tötungsdelikt dann noch verbleibenden Körperverletzungstat. 3

Zudem ist die Frage, ob bei einer Blutalkoholkonzentration von zwei Promille oder mehr regelmäßig vom Vorliegen einer krankhaften seelischen Störung auszugehen ist, da bei solchen Werten eine erhebliche Herabsetzung der Hemmungsfähigkeit je nach den Umständen des Einzelfalles in Betracht zu ziehen sei, dies naheliegend oder gar in hohem Maße wahrscheinlich sei, in mehreren Entscheidungen kontrovers diskutiert worden.[4] 4

---

[2] Vgl. auch Rn. 53 ff. m. weit. Nachweisen.

[3] Vgl. hierzu Rn. 23 ff.

[4] BGH, Beschluss v. 7.10.2014 – 4 StR 397/14; Beschluss v. 10.01.2012 – 5 StR 517/11; Beschluss v. 7.02.2012 – 5 StR 545/11; a.A. Urteil v. 29.04.1997 – 1 StR 511/95, BGHSt 43, 66.

5 Daneben überwiegen auch in diesem Berichtszeitraum die Entscheidungen zu den „klassischen" Rechtsfehlern, die von den Tatgerichten gemacht werden, also etwa

a) zur Frage, ob bereits ein beendeter Versuch vorliegt oder eventuell noch ein Rücktritt in Betracht kommt, vor allem bei Tötungs- und Körperverletzungsdelikten,
b) zur Abgrenzung von (Mit)Täterschaft und Teilnahme,
c) bei der Strafzumessung, wenn es immer wieder zu unzulässigen Doppelverwertungen von Tatbestandsmerkmalen kommt, sowie zur Frage des Vorliegens eines Täter-Opfer-Ausgleichs,
d) zur Gesamtstrafenbildung, insbesondere bei mehreren (Mit)Tätern sowie Gehilfen und teilweise unterschiedlichem Beteiligungsumfang und -zeiten, sowie
e) sonstige Fragen im Zusammenhang mit Einziehung und Verfall.

2. Ausblick

6 Die Durchsicht der Entscheidungen des Berichtsjahres zeigt, dass es – wie auch schon in den vergangenen Jahren – derzeit **keine grundlegenden Probleme** in der Rechtsprechung im Hinblick auf Fragen des Allgemeinen Teils des StGB gibt. Vielmehr ging es vornehmlich darum, **Einzelfragen** weiter zu **klären,** welche meistens aber auch von dem jeweiligen konkreten Sachverhalt abhingen.

7 Wichtige Entscheidungen grundsätzlicher Natur sind in der nächsten Zeit aus jetziger Sicht nicht zu erwarten, auch wenn einige Fragen inzwischen dem Großen Senat für Strafsachen vorgelegt sind oder dies demnächst ansteht.

8 Abzuwarten bleibt, ob die vom neuen Bundesminister der Justiz eingesetzten Reformkommissionen tatsächlich größere Reformen im Strafrecht vorschlagen werden und ob die – aus überwiegender Praxissicht – eher unnötige Reform der Mord- und Tötungsdelikte tatsächlich stattfinden wird.

II. Neuere höchstrichterliche Rechtsprechung zu Einzelfragen des StGB Allgemeiner Teil

1. Schuldunfähigkeit, verminderte Schuldfähigkeit – §§ 20, 21 StGB

Auch im Berichtszeitraum ließ sich die Kontroverse zwischen dem 5. Strafsenat, welcher wie in den achtziger und neunziger Jahren vermehrt schon auf den bloßen **BAK-Wert** im Hinblick auf die (**eingeschränkte**) **Schuldfähigkeit** abstellen möchte,[5] und dem 1. Strafsenat, der weiter vor allem auf aussagekräftige psychodiagnostische Beweisanzeichen abstellt,[6] nicht auflösen, wie sich auch aus der nachstehenden Entscheidung ergibt. Bislang hatte sich der 4. Strafsenat vermittelnd geäußert.[7] 9

Es gibt es keinen gesicherten Rechts- oder Erfahrungssatz, wonach ab einer bestimmten Höhe der Blutalkoholkonzentration ohne Rücksicht auf psychodiagnostische Beurteilungskriterien regelmäßig vom Vorliegen einer krankhaften seelischen Störung auszugehen ist. Bei einem **Wert von über 2 %** ist eine erhebliche Herabsetzung der Hemmungsfähigkeit aber je nach den Umständen des Einzelfalles in Betracht zu ziehen, naheliegend oder gar in hohem Maße wahrscheinlich.[8] 10

[4] Die Annahme des Landgerichts, beide Angeklagte seien zum Zeitpunkt der Tatbegehung voll schuldfähig gewesen, begegnet durchgreifenden rechtlichen Bedenken.

[5] a) Nach den Feststellungen erörterten die Angeklagten am Nachmittag des 12. Januar 2014 in der Wohnung der Angeklagten H. verschiedene Möglichkeiten zur Verbesserung ihrer jeweils prekären finanziellen Situation und tranken dabei mehrere Flaschen Bier. Durch den genossenen Alkohol enthemmt, fassten sie den Plan, in einer nahe gelegenen Spielhalle die Tageskasse an sich zu bringen und begaben sich gegen 20.00 Uhr zum Tatort. Wie abgesprochen, sprühte die Angeklagte H. in der Spielhalle der als Aufsicht tätigen Nebenklägerin aus einer mitgeführten Flasche unvermittelt Reizgas ins Gesicht, um sie außer Gefecht zu setzen und stieß sie zu Boden. Gemeinsam mit der Angeklagten A., die nach ihr die Spielhalle betreten hatte und die ein Küchenmesser mit sich führte, versetzte sie der laut um Hilfe rufenden Nebenklägerin Schläge und Fußtritte. Als sich ein Besucher der Spielhalle, der Zeuge D., für die Angeklagten unerwartet aus dem Toilettenbereich dem Geschehen näherte und drohte, er werde die Polizei rufen, waren diese „völlig geschockt", sahen ihren Plan als gescheitert an und rannten zur Ausgangstür. Da diese klemmte, gelang es den Angeklagten „in ihrer Panik" nicht, sie zu öffnen; sie wandten sich zurück in den Gastraum, um einen Hintereingang zu suchen. Letztlich gelang ihnen die Flucht über ein Treppenhaus im vorderen Bereich des Gebäudes.

---

[5] BGH, Beschluss vom 10.1.2012 – 5 StR 517/11, Beschluss vom 11.4.2013 – 5 StR 113/13.

[6] BGH, Beschluss vom 29.5.2012 – 1 StR 59/12.

[7] BGH, Beschluss vom 13.2.2013 – 4 StR 557/12.

[8] BGH, Beschluss vom 7.10.2014 – 4 StR 397/14.

[6] b) Das Landgericht hat eine erheblich verminderte Schuldfähigkeit der Angeklagten zum Zeitpunkt der Tat ausgeschlossen. Zwar hätten die Angeklagten möglicherweise in der Zeit von 15.30 bis 20.00 Uhr jeweils nahezu dreieinhalb Liter Bier konsumiert. Dies habe bei beiden aber lediglich zu einer alkoholbedingten Enthemmung geführt. Die Angeklagten seien zu planvollem und zielgerichtetem Vorgehen in der Lage gewesen und hätten auf unvorhergesehene Situationsänderungen wie das Auftauchen des Zeugen D. adäquat reagiert. Anhaltspunkte für Ausfallerscheinungen während der Tatausführung hätten sich nicht ergeben. Die von beiden Angeklagten behaupteten Erinnerungslücken könnten für sich allein die Annahme erheblich verminderter Schuldfähigkeit nicht rechtfertigen.

[7] 3. Mit diesen Erwägungen hat die Strafkammer eine erheblich verminderte Schuldfähigkeit der Angeklagten nicht rechtsfehlerfrei ausgeschlossen.

[8] a) Der Tatrichter muss Angaben eines Angeklagten zum Alkoholgenuss, für deren Richtigkeit oder Unrichtigkeit es keine Beweise gibt, nach ständiger Rechtsprechung des Bundesgerichtshofs nicht ohne weiteres als unwiderlegt hinnehmen (Senatsurteil vom 6. März 1986 – 4 StR 48/86, BGHSt 34, 29, 34; BGH, Beschluss vom 31. Mai 1988 – 3 StR 203/88, BGHR StGB § 21 Blutalkoholkonzentration 13). Hält er diese dennoch für glaubhaft oder – wie hier – unter Berücksichtigung des Zweifelssatzes für nicht widerlegbar, so hat er, gegebenenfalls mit sachverständiger Hilfe, die Tatzeit-Blutalkoholkonzentration zu berechnen und seiner weiteren Beweiswürdigung zugrunde zu legen (BGH, Urteil vom 22. Mai 1991 – 3 StR 473/90, BGHR StGB § 20 Blutalkoholkonzentration 12). Daran fehlt es hier.

[9] b) Auf Grund der Feststellungen zu Art und Menge des von beiden Angeklagten genossenen Alkohols und infolge fehlender überprüfbarer Berechnungsgrundlagen kann im vorliegenden Fall aber nicht ausgeschlossen werden, dass diese zum Tatzeitpunkt eine Blutalkoholkonzentration von 2 ‰ oder mehr aufwiesen. Zwar gibt es keinen gesicherten Rechts- oder Erfahrungssatz, wonach ab einer bestimmten Höhe der Blutalkoholkonzentration ohne Rücksicht auf psychodiagnostische Beurteilungskriterien regelmäßig vom Vorliegen einer krankhaften seelischen Störung auszugehen ist. Bei einem Wert von über 2 ‰ ist eine erhebliche Herabsetzung der Hemmungsfähigkeit aber je nach den Umständen des Einzelfalles in Betracht zu ziehen, naheliegend oder gar in hohem Maße wahrscheinlich (BGH, Urteil vom 29. April 1997 – 1 StR 511/95, BGHSt 43, 66; Beschluss vom 10. Januar 2012 – 5 StR 517/11, StraFo 2012, 109; Beschluss vom 7. Februar 2012 – 5 StR 545/11, NStZ-RR 2012, 137). Das war hier erörterungsbedürftig.

[10] Gewichtige psychodiagnostische Gegenindizien, die geeignet sein könnten, die Indizwirkung der Blutalkoholkonzentration für die Beurteilung der Schuldfähigkeit der Angeklagten zu relativieren, lassen sich dem Urteil entgegen der Ansicht des Generalbundesanwalts nicht entnehmen. Die Wertung der Strafkammer, die Angeklagten hätten sich planvoll und zielgerichtet verhalten und auf das unvorhergesehene Hinzutreten des Zeugen D. adäquat reagiert, steht vielmehr im Widerspruch zu den Feststellungen. Danach trägt bereits das Gesamtbild der Tatausführung deutliche Züge einer spontanen und unüberlegten Handlung in „durch den genossenen Alkohol enthemmter Stimmung“. Das unerwartete Erscheinen des Zeugen D. führte dazu, dass die Angeklagten „völlig geschockt“ innehielten und sich sofort zur Flucht wandten. Es gelang ihnen nicht, die klemmende Ausgangstür zu öffnen, da sie sich „in Panik“ befanden, deshalb flüchteten sie in den Gastraum zurück in Richtung eines vermuteten Hinterausgangs und änderten danach nochmals ihre Fluchtrichtung, um dann letztlich über einen Ausgang an einem Treppenhaus zu entkommen.

Bleiben nach abgeschlossener Beweiswürdigung nicht behebbare tatsächliche **Zweifel** bestehen, die sich auf die Art und den Grad des psychischen Ausnahmezustandes beziehen, ist **zugunsten** des Täters zu entscheiden.[9] **11**

[7] 1. Die Schuldfähigkeitsprüfung des Landgerichts begegnet durchgreifenden rechtlichen Bedenken.

[8] a) Die Urteilsgründe lassen besorgen, dass die Strafkammer bei der Entscheidung der Frage, ob die Schuldfähigkeit des Angeklagten im Sinne von § 20 StGB vollständig aufgehoben war, gegen den Zweifelsgrundsatz verstoßen hat.

[9] aa) Bleiben nach abgeschlossener Beweiswürdigung nicht behebbare tatsächliche Zweifel bestehen, die sich auf die Art und den Grad des psychischen Ausnahmezustandes beziehen, ist zugunsten des Täters zu entscheiden (vgl. BGH, Urteil vom 26. August 1999 – 4 StR 329/99, NStZ 2000, 24, 25; Urteil vom 18. Mai 1995 – 4 StR 698/94, BGHR StGB § 21 Ursachen, mehrere 13; Urteil vom 26. April 1955 – 5 StR 86/55, BGHSt 8, 113, 124).

[10] bb) Nach den Ausführungen des Sachverständigen Dr. L., denen sich die Strafkammer ohne Einschränkung angeschlossen hat, war die Steuerungsfähigkeit des Angeklagten aufgrund der bei ihm festgestellten erheblichen Verhaltensstörung und der erkennbar herabgesetzten Intelligenzleistung im Sinne von § 21 StGB deutlich vermindert. „Eindeutige Hinweise darauf, dass die Steuerungsfähigkeit sogar im Sinne von § 20 StGB aufgehoben gewesen sei, hätten sich nicht gefunden" (UA 11). Diese Wendung deutet darauf hin, dass durchaus tatsächliche Anhaltspunkte für das Vorliegen eines Sachverhalts gegeben waren, der zu einer vollständigen Aufhebung der Steuerungsfähigkeit geführt haben kann, das Landgericht aber eine Schuldunfähigkeit des Angeklagten schon deshalb für ausgeschlossen erachtet hat, weil dafür kein eindeutiger Nachweis erbracht werden konnte.

[11] b) Die Ausführungen, mit denen das Landgericht die Annahme einer erheblich verminderten Schuldfähigkeit begründet hat, weisen nicht die für eine revisionsgerichtliche Nachprüfung erforderliche Begründungstiefe auf.

[12] aa) Die Frage, ob die Steuerungsfähigkeit bei Tatbegehung aufgrund der festgestellten Störung im Sinne des § 21 StGB erheblich vermindert war, ist eine Rechtsfrage, die der Tatrichter unter Darlegung der fachwissenschaftlichen Beurteilung durch den Sachverständigen, aber letztlich ohne Bindung an dessen Äußerungen, in eigener Verantwortung zu entscheiden hat (vgl. BGH, Beschluss vom 2. Juni 2010 – 5 StR 171/10, NStZ-RR 2011, 4 mwN). Schließt er sich dabei der Beurteilung des Sachverständigen an, muss er dessen wesentliche Anknüpfungspunkte und Darlegungen im Urteil so wiedergeben, wie dies zum Verständnis des Gutachtens und zur Beurteilung seiner Schlüssigkeit erforderlich ist (st. Rspr.; vgl. nur BGH, Beschluss vom 17. Juni 2014 – 4 StR 171/14, NStZ-RR 2014, 305, 306; Beschluss vom 2. Oktober 2007 – 3 StR 412/07, NStZ-RR 2008, 39 mwN).

[13] bb) Daran fehlt es hier. Das Landgericht beschränkt sich darauf, die knappe Beurteilung des Sachverständigen zu übernehmen, wonach die „Erkrankung" des Angeklagten in sozialen Situationen geeignet sei, eigen- und fremdaggressives Verhalten zu forcieren und sich bei den Tathandlungen dahingehend ausgewirkt habe, dass die Steuerungsfähigkeit im Sinne von § 21 StGB deutlich vermindert gewesen sei (UA 11). Soweit in der rechtlichen Würdigung davon die Rede ist, dass die Ver-

---

[9] BGH, Beschluss vom 19.11.2014 – 4 StR 497/14.

minderung der Steuerungsfähigkeit „aufgrund der hohen Intensität der Verhaltensstörung, namentlich der aggressiven Impulsivität des Angeklagten, im normativen Sinne erheblich sei" (UA 13), fehlt es an den dafür erforderlichen Belegen. Denn die Urteilsgründe legen nicht näher dar, welcher Art die diagnostizierten Verhaltensstörungen sind und welchen Einfluss das Störungsbild auf die Handlungsmöglichkeiten des Angeklagten in den konkreten Tatsituationen hatte. Der Senat kann daher nicht überprüfen, ob die Annahme einer sicher gegebenen erheblichen Verminderung der Steuerungsfähigkeit auf einer tragfähigen Grundlage beruht.

[14] 2. Da in Betracht kommt, dass der Angeklagte bei Begehung der Taten schuldunfähig war, bedarf die Sache schon aus diesem Grund neuer tatrichterlicher Prüfung und Entscheidung. Die Feststellungen zu den rechtswidrigen Taten bleiben hiervon unberührt und können deshalb bestehen bleiben. Die Maßregelanordnung war aufzuheben, weil sie zu der Schuldfähigkeitsbeurteilung in einem untrennbaren Zusammenhang steht.

12 Für die **Schuldfähigkeitsbeurteilung** kommt es darauf an, ob der Täter aufgrund einer bestimmten psychischen Verfassung in der Lage war, einer konkreten Tat Unrechtseinsicht und Hemmungsvermögen entgegenzusetzen.[10]

Für die Schuldfähigkeitsbeurteilung kommt es darauf an, ob der Täter aufgrund einer bestimmten psychischen Verfassung in der Lage war, einer konkreten Tat Unrechtseinsicht und Hemmungsvermögen entgegenzusetzen (vgl. BGH, Beschluss vom 17. Februar 1984 – 3 StR 22/84, StV 1984, 419, 420 mwN). Die Antwort darauf bezieht sich jeweils auf einen konkreten Rechtsverstoß. Dabei ist in der Rechtsprechung seit jeher anerkannt, dass ein bestimmtes psychisches Störungsbild sich bei Begehung verschiedenartiger Straftaten jeweils unterschiedlich auswirken kann. Verwirklicht der Täter hingegen – wie hier der Angeklagte durch den Anbau der Betäubungsmittel in der Absicht des – in geringerem Umfang – teilweisen Eigenkonsums und des gewinnbringenden Weiterverkaufs im Übrigen – durch eine einheitliche Handlung zwei Tatbestände, so scheint dem Senat die Schuldfähigkeitsbeurteilung nicht teilbar zu sein. Es erscheint fraglich, ob es für diese Entscheidung auf die jeweils unterschiedliche rechtliche Einordnung der einen Handlung ankommen kann (vgl. BGH, Beschluss vom 2. August 2011 – 3 StR 199/11, NStZ 2012, 44 mwN).

b) Der Senat braucht die Frage hier indes nicht zu entscheiden; denn der Angeklagte ist durch die vorliegende Beurteilung seiner Schuldfähigkeit durch das Landgericht nicht beschwert. Abgesehen davon, dass es (auch) für den Teil des Anbaus zur Deckung des Eigenbedarfs nach den Urteilsgründen keine erhebliche Verminderung der Schuldfähigkeit des Angeklagten im Sinne von § 21 StGB festgestellt hat, belegen die Feststellungen insgesamt in keiner Weise, dass eine der Voraussetzungen vorgelegen hat, unter denen nach der ständigen Rechtsprechung Betäubungsmittelabhängigkeit zur Annahme verminderter Schuldfähigkeit führen kann.

13 Die Fähigkeit eines Täters, **entsprechend seiner vorhandenen Einsicht zu handeln** (§ 20 StGB), ist **auf die jeweilige Tathandlung bezogen** zu prüfen. Entscheidend ist daher die Frage, ob und inwieweit der Angeklagte bezogen auf das der versuchten

---

[10] BGH, Beschluss vom 15.4.2014 – 3 StR 48/14; vgl. hierzu auch Urteil vom 19.03.2014 – 2 StR 458/13.

gefährlichen Körperverletzung zugrunde liegende Tatgeschehen zu Handlungsalternativen imstande gewesen war.[11]

[8] § 20 StGB ist anzuwenden, wenn die Fähigkeit des Täters zur Unrechtseinsicht bei der Begehung der Tat aufgrund eines Eingangsmerkmals fehlte. In diesem Fall kommt es auf die Frage der Vorwerfbarkeit eines tatsächlichen Fehlens von Unrechtseinsicht nicht an. Anders ist es, wenn bei der Begehung der Tat die Fähigkeit zur Unrechtseinsicht zwar vorhanden, aber eingeschränkt ist. In diesem Fall kann tatsächliche Einsicht gegeben sein oder nicht; daher ist hier zu differenzieren: Der Täter, der trotz verminderter Einsichtsfähigkeit tatsächlich Einsicht in das Unrecht der Tat gehabt hat, ist voll schuldfähig. Fehlt ihm dagegen die Einsicht in das Unrecht der Tat, so wird – zur Vermeidung von Wertungswidersprüchen gegenüber § 17 Satz 2 StGB – § 21 StGB angewendet, wenn ihm das Fehlen der Unrechtseinsicht vorzuwerfen ist (vgl. Senat, Beschluss vom 21. April 2005 – 2 StR 124/05, RuP 2006, 101).

[9] Diese Unterscheidung hat das Landgericht – offenbar aufgrund entsprechender Unklarheiten des Sachverständigengutachtens, die es unkritisch übernommen hat – nicht zutreffend vollzogen; vielmehr sind die Urteilsgründe widersprüchlich. Das Landgericht hat die Annahme des psychiatrischen Sachverständigen, dem Angeklagten habe zur Tatzeit die Fähigkeit zur Unrechtseinsicht gefehlt, nicht widerlegt; vielmehr hat es sein Gutachten als überzeugend bezeichnet. Auf dieser Grundlage durfte es dem Angeklagten mit der bloßen Behauptung, er sei gleichwohl im Allgemeinen einsichtsfähig gewesen, das Fehlen der Unrechtseinsicht zur Tatzeit nicht vorwerfen.

Eine **erheblich verminderte Einsichtsfähigkeit** ist strafrechtlich erst dann von Bedeutung, wenn sie das **Fehlen der Einsicht zur Folge hat**, während die Schuld des Angeklagten nicht gemindert wird, wenn er ungeachtet seiner erheblich verminderten Einsichtsfähigkeit das Unrecht seines Tuns zum Tatzeitpunkt tatsächlich eingesehen hat. Die Voraussetzungen des § 21 StGB sind in den Fällen der verminderten Einsichtsfähigkeit nur dann zu bejahen, wenn die Einsicht gefehlt hat und dies dem Täter vorzuwerfen ist. Fehlt dem Täter aus einem in § 20 StGB genannten Grund die Einsicht, ohne dass ihm dies zum Vorwurf gemacht werden kann, ist auch bei verminderter Einsichtsfähigkeit nicht § 21 StGB, sondern § 20 StGB anwendbar, so dass in diesen Fällen ein Schuldspruch ausscheidet.[12] **14**

[2] Der Schuldspruch hat keinen Bestand. Das Landgericht ist von (lediglich) verminderter Schuldfähigkeit des Angeklagten im Sinne von § 21 StGB ausgegangen und hat dies damit begründet, dass die Fähigkeit des Angeklagten, „das Unrecht seiner Tat einzusehen und nach dieser Einsicht zu handeln", bei der Begehung der ihm zur Last gelegten Taten jeweils infolge vorangegangenen Alkoholkonsums zwar nicht aufgehoben, aber „mehr als nur unerheblich vermindert" gewesen sei. Dies begegnet in zweifacher Hinsicht durchgreifenden rechtlichen Bedenken.

[3] 1. Eine erheblich verminderte Einsichtsfähigkeit ist strafrechtlich erst dann von Bedeutung, wenn sie das Fehlen der Einsicht zur Folge hat, während die Schuld des Angeklagten nicht gemindert wird, wenn er ungeachtet seiner erheblich vermin-

---

[11] BGH, Beschluss vom 17.04.2014 – 2 StR 405/12, vgl. hierzu auch Beschluss vom 21.11.2013 – 2 StR 477/13.

[12] BGH, Beschluss vom 26.11.2013 – 3 StR 387/13.

ten Einsichtsfähigkeit das Unrecht seines Tuns zum Tatzeitpunkt tatsächlich eingesehen hat. Die Voraussetzungen des § 21 StGB sind in den Fällen der verminderten Einsichtsfähigkeit nur dann zu bejahen, wenn die Einsicht gefehlt hat und dies dem Täter vorzuwerfen ist. Fehlt dem Täter aus einem in § 20 StGB genannten Grund die Einsicht, ohne dass ihm dies zum Vorwurf gemacht werden kann, ist auch bei verminderter Einsichtsfähigkeit nicht § 21 StGB, sondern § 20 StGB anwendbar, so dass in diesen Fällen ein Schuldspruch ausscheidet (st. Rspr.; vgl. nur BGH, Beschluss vom 2. August 2012 – 3 StR 259/12 mwN). Da das Urteil jedenfalls auch auf eine verminderte Einsichtsfähigkeit des Angeklagten abstellt, zu den Folgen indes jegliche Erörterung vermissen lässt, bleibt die Möglichkeit offen, dass der Angeklagte die Tat in schuldunfähigem Zustand begangen hat.

[4] 2. Hinzu kommt, dass die Annahme einer (lediglich) erheblich verminderten Schuldfähigkeit des Angeklagten infolge Alkoholisierung einer sie tragenden lückenlosen Würdigung der Beweise entbehrt. Nach den Feststellungen ist der Angeklagte zu 80 % schwerbehindert und steht in den Aufgabenkreisen Gesundheitssorge, Wohnungsangelegenheiten sowie Vertretung gegenüber Behörden und anderen Einrichtungen unter Betreuung. Die dem zu Grunde liegenden Persönlichkeitseinschränkungen teilt das Urteil nicht mit; der an anderer Stelle erwähnte Umstand, dass der Angeklagte selbst in der Förderschule den Anforderungen nicht genügte, legt indes nicht nur unbedeutende Schwächen des intellektuellen Leistungsvermögens nahe. Das Landgericht wäre deshalb gehalten gewesen, auch deren Auswirkungen auf die Schuldfähigkeit des Angeklagten, insbesondere im Zusammenwirken mit dem festgestellten Alkoholkonsum, näher zu erörtern.

[5] Über die strafrechtliche Verantwortlichkeit des Angeklagten wird deshalb – unter Hinzuziehung eines Sachverständigen – erneut zu verhandeln und zu entscheiden sein. Die Feststellungen zum äußeren Tatgeschehen sind demgegenüber frei von Rechtsfehlern und können aufrechterhalten bleiben.

15 **Schuldunfähigkeit** kann sowohl auf **fehlender Einsichtsfähigkeit** beruhen als auch auf **fehlender Steuerungsfähigkeit**. Zwar liegen gerade in Fällen, in denen im Ergebnis Schuldunfähigkeit angenommen ist, die für die Unterscheidung maßgeblichen Kriterien nicht stets klar auf der Hand. Dennoch kann gerade dann nicht auf eine präzise Feststellung verzichtet werden, wenn eine Unterbringung gemäß § 63 StGB im Raum steht. Dabei ist das Gericht grundsätzlich nicht an die Bewertung durch einen Sachverständigen gebunden, jedoch bedarf die Abweichung von der Auffassung eines – hier als hoch qualifiziert angesehenen – Sachverständigen zumal dann näherer Darlegung, wenn das Gericht nach gesetzlicher Wertung in dem in Rede stehenden Zusammenhang regelmäßig sachverständiger Beratung bedarf (vgl. § 246a StPO).[13]

[12] Zweifel bestehen auch an der Bewertung der Grundlage der Schuldunfähigkeit des Beschuldigten:

[13] Schuldunfähigkeit kann sowohl auf fehlender Einsichtsfähigkeit beruhen als auch auf fehlender Steuerungsfähigkeit. Zwar liegen gerade in Fällen, in denen – wie hier – im Ergebnis Schuldunfähigkeit angenommen ist, die für die Unterscheidung maßgeblichen Kriterien nicht stets klar auf der Hand. Dennoch kann nach ständiger Rechtsprechung gerade dann nicht auf eine präzise Feststellung verzichtet werden,

[13] BGH, Beschluss vom 12.3.2013 – 1 StR 116/14.

wenn eine Unterbringung gemäß § 63 StGB im Raum steht (vgl. zusammenfassend Fischer, StGB, 61. Aufl., § 20 Rn. 44a mwN). All dies verkennt auch die Strafkammer nicht, jedoch ist die ihrer Bewertung zu Grunde liegende Würdigung nicht rechtsfehlerfrei dargelegt. Sie beschränkt sich letztlich auf die Feststellung, dass sie die Auffassung des Sachverständigen zum Grund der Schuldunfähigkeit nicht teile. Zwar ist das Gericht grundsätzlich nicht an die Bewertung durch einen Sachverständigen gebunden, jedoch bedarf die Abweichung von der Auffassung eines – hier als hoch qualifiziert angesehenen – Sachverständigen zumal dann näherer Darlegung, wenn das Gericht nach gesetzlicher Wertung in dem in Rede stehenden Zusammenhang regelmäßig sachverständiger Beratung bedarf (vgl. § 246a StPO).

[14] Unklar ist auch, wieso trotz der aus der Tat gegen die Mutter des Freundes ersichtlichen gesteigerten Gefährlichkeit des Beschuldigten bei den – anders als früher nunmehr zu befürchtenden – künftigen Gewalttaten eine noch intensivere Gewaltanwendung nicht zu erwarten sein soll. Allein der Umstand, dass er früher (noch) keine Gewalt gegen Personen ausgeübt hat, kann dies jedenfalls ohne nachvollziehbare Erläuterung nicht belegen. Dem gegenüber wäre in diesem Zusammenhang auch das festgestellte, aber nicht näher erläuterte Geschehen im Krankenhaus in die Erwägungen einzubeziehen gewesen. Die offenbar aus ärztlicher Sicht bejahte Notwendigkeit einer Fixierung des Beschuldigten wegen seines fremdaggressiven Verhaltens kann für die Beurteilung des Maßes der von ihm früher schon ausgegangenen Gefährlichkeit und damit auch für die Prognose über die künftig von ihm ausgehende Gefährlichkeit erkennbar Bedeutung haben. Allein der Umstand, dass dieses Geschehen zu keinem Straf- oder Ermittlungsverfahren führte – auf diesen Aspekt stellt die Strafkammer insgesamt bei der Bewertung des bisherigen Verhaltens ab – wäre nicht notwendig geeignet, dieses Geschehen zu relativieren. Maßgeblich für die Beurteilung krankheitsbedingter Gefährlichkeit sind in erster Linie zu Tage getretene tatsächliche Verhaltensweisen.

[15] Im Übrigen ist bei der Entscheidung über eine Unterbringung vom erkennenden Gericht allein auf den Zeitpunkt der Hauptverhandlung abzustellen. Die Überlegungen der Strafkammer dazu, ob und wann eine Unterbringung zur Bewährung ausgesetzt werden könnte, sind nach gesetzlicher Konzeption der Strafvollstreckungskammer (§ 463 StPO i.V.m. § 462a StPO) vorbehalten. Darüber hinaus hat die Strafkammer auch übersehen, dass die Strafvollstreckungskammer – ohne dass es hier auf Weiteres ankäme – eine Unterbringung in einem psychiatrischen Krankenhaus für erledigt zu erklären hat, wenn nach ihrer maßgeblichen Auffassung die weitere Vollstreckung der Maßregel unverhältnismäßig wäre (§ 67d Abs. 6 Satz 1 StGB). Prognosen über künftige Entscheidungen der Strafvollstreckungskammer können nicht Teil der Entscheidungsgrundlage des erkennenden Gerichts über eine Unterbringungsanordnung sein. Dem entspricht im Übrigen, dass der Bundesgerichtshof lediglich mit einem Hinweis („obiter dictum") zum Ausdruck bringt, wenn im Einzelfall im Rahmen der Vollstreckung einer vom Tatrichter rechtsfehlerfrei angeordneten Unterbringung Verhältnismäßigkeitsgesichtspunkte Gewicht haben können (vgl. z.B. Beschlüsse vom 25. April 2013 – 5 StR 85/13 und vom 26. September 2012 – 5 StR 421/12).

Eine **Wahnerkrankung** schließt die **Unrechtseinsicht** zwar nicht generell aus, in der Regel aber bei einem akuten Schub. Lag darüber hinaus zur Tatzeit eine „psychotische Dekompensation" des Angeklagten vor, kann sich dies auf seine Fähigkeit zur Unrechtseinsicht ausgewirkt haben, was zu prüfen gewesen wäre. Selbst wenn der Angeklagte zur Tatzeit das Unrecht seiner Handlung eingesehen hätte, wäre weiter **16** zu erörtern gewesen, wie sich die „psychotische Dekompensation" auf sein Hemmungsvermögen ausgewirkt hat. Einem Wahnkranken stehen in Situationen, die durch den Wahn bestimmt sind, Handlungsalternativen praktisch nicht zur Verfügung.[14]

17 Die Annahme des Landgerichts, der Angeklagte sei bei Begehung der Taten – vermindert – schuldfähig gewesen, hält sachlich-rechtlicher Nachprüfung nicht stand. Es **mangelt schon an einer hinreichend klaren Feststellung, welches Eingangsmerkmal des § 20 StGB erfüllt sein soll.** Das Landgericht beschränkt sich auf die Mitteilung der vom Sachverständigen vorgenommenen Diagnose und der Symptome der festgestellten Störung. Allein die Diagnose des Sachverständigen ist aber nicht mit einem Eingangsmerkmal des § 20 StGB gleichzusetzen. Vielmehr sind der Ausprägungsgrad der Störung und ihr Einfluss auf die soziale Anpassungsfähigkeit entscheidend. An einer tragfähigen Darlegung der entsprechenden Beurteilungsgrundlagen fehlt es. Darüber hinaus sind die Urteilsausführungen zur Schuldfähigkeit auch im Übrigen unklar. Das Landgericht hat einerseits ausgeschlossen, dass der Angeklagte bei Begehung der Taten schuldunfähig i.S.v. § 20 StGB gewesen sei, weil dieser planvoll gehandelt habe. Andererseits sei die Steuerungsfähigkeit des Angeklagten „aufgrund der gestörten Impulskontrolle und ggf. wahnhaften Vorstellungen" stark eingeschränkt gewesen. Einem Wahnkranken stehen indes in Situationen, die durch den Wahn bestimmt sind, Handlungsalternativen praktisch nicht zur Verfügung. Oft fehlt dann zugleich auch die Einsicht in das Unrecht der vom Wahn bestimmten Handlungen. Damit hat sich das Landgericht nicht auseinandergesetzt.[15]

18 Weist eine Tatausführung als **extrem zu bezeichnenden Besonderheiten** auf, welche kaum mit anderen Fallgestaltungen vergleichbar sind, hat dies der Tatrichter im Rahmen der **Schuldfähigkeitsprüfung** zwingend zu erörtern.[16]

[11] 3. Mit der Aufhebung des Schuldspruchs ist dem Rechtsfolgenausspruch die Basis entzogen. Er hätte jedoch auch für sich genommen keinen Bestand haben können, weil die der Anordnung einer Unterbringung des Angeklagten im psychiatrischen Krankenhaus (§ 63 StGB) vorgelagerte Schuldfähigkeitsprüfung durchgreifenden Bedenken begegnet.

[12] Das Landgericht führt auf der Grundlage des Gutachtens des psychiatrischen Sachverständigen aus, es habe „weder im Bereich der Persönlichkeit noch im Bereich der Sexualität Auffälligkeiten gegeben, die die Kriterien für eine psychische Erkrankung (schwere Persönlichkeitsstörung oder Störung der Sexualpräferenz/Paraphilie) erfüllen würden"; eine (organische) Persönlichkeitsstörung sei „nicht so gravierend, als dass sie Auswirkungen auf die Schuldfähigkeit des Angeklagten gehabt haben könnte" (UA S. 80).

[13] Diese Wertung beruht auf einer lücken- und damit rechtsfehlerhaften Grundlage. Denn das psychiatrische Gutachten und ihm folgend die Schwurgerichtskammer unterlassen gänzlich die Auseinandersetzung mit den als extrem zu bezeichnenden Besonderheiten der Tatausführung – dem erfahrenen rechtsmedizinischen Sachverständigen war kein in der Tötungsart vergleichbarer Fall bekannt (UA S. 56 f.) –, die

14 BGH, Beschluss vom 24.09.2014 – 2 StR 235/14.
15 BGH, Beschluss vom 19.12.2013 – 2 StR 534/13.
16 BGH, Urteil vom 22.10.2014 – 5 StR 380/14.

sich zudem mit einem vom Angeklagten vor der Tat bei mannigfaltigen Gelegenheiten gebrauchten „Spruch" deckt, er werde jemandem „das Geschlinge aus dem Arsch ziehen und um den Hals wickeln" (UA S. 9 f.). Diese Besonderheiten hätte die Schwurgerichtskammer im Rahmen der Schuldfähigkeitsprüfung aber zwingend erörtern müssen (vgl. Basdorf, HRRS 2008, 275, 276). Da sich die Urteilsgründe dazu nicht verhalten, ermangelt es der gebotenen umfassenden Würdigung des Zustands des Angeklagten bei der Tat (vgl. etwa BGH, Beschlüsse vom 20. Februar 2014 – 5 StR 7/14 Rn. 6, vom 27. November 2008 – 5 StR 526/08 Rn. 10, vom 30. September 2008 – 5 StR 305/08, vom 25. Juli 2006 – 4 StR 141/06, NStZ-RR 2006, 335, 336, vom 28. November 2001 – 5 StR 434/01; Urteil vom 23. Januar 2002 – 5 StR 391/01; jeweils mwN).

[14] Das neue Tatgericht wird die Schuldfähigkeit des Angeklagten naheliegend unter Hinzuziehung eines anderen psychiatrischen Sachverständigen erneut zu erörtern und dabei die vorgenannten Aspekte zu berücksichtigen haben. Es wird auch die festgestellten Auffälligkeiten im Sexual- und Sozialverhalten des Angeklagten (UA S. 10 f.) stärker in den Blick nehmen müssen, als im angefochtenen Urteil geschehen. Für den Fall sicherer Feststellung verminderter Schuldfähigkeit (auch) aufgrund einer dauerhaften schweren psychischen Störung des Angeklagten wird zu prüfen sein, ob dessen Unterbringung in einem psychiatrischen Krankenhaus (§ 63 StGB) gerechtfertigt ist. Im Interesse des Schutzes der Allgemeinheit vor höchst gefährlichen Tätern wäre solches nach Auffassung des Senats – über bislang von der Rechtsprechung angenommene Grenzen hinaus – selbst dann erwägenswert, wenn aufgrund dieser sicher festgestellten Störung eine verminderte Schuldfähigkeit (§ 21 StGB) des Angeklagten nur aufgrund des Zweifelsgrundsatzes anzunehmen, allein deshalb aber nicht auf lebenslange Freiheitsstrafe zu erkennen ist (vgl. dazu Basdorf, aaO S. 276 f.; Basdorf/Mosbacher in Lau/Lammel/Sutarski [Hrsg.], Forensische Begutachtung bei Persönlichkeitsstörungen, 2. Aufl., S. 119, 131 f.). Allerdings wäre zuvor zu erwägen, ob eine solche Auslegung in Fällen dieser Art durch Anwendung des § 66a Abs. 2 StGB entbehrlich wäre.

Eine **reduzierte Einsichtsfähigkeit** ist erst dann von Bedeutung, wenn sie das **Fehlen der Unrechtseinsicht** zur Folge hat. Dann aber ist die Schuldfähigkeit aufgehoben, so dass § 20 StGB zur Anwendung kommt, sofern dem Täter der Mangel der Unrechtseinsicht zur Tatzeit nicht zum Vorwurf gemacht werden kann.[17] **19**

[5] Das Landgericht hat ausgeführt, die Fähigkeit des Angeklagten, „das Unrecht seines Handelns einzusehen", sei zur Tatzeit erheblich eingeschränkt gewesen. Darauf kommt es für die Anwendung von § 20 oder § 21 StGB nicht an. Eine reduzierte Einsichtsfähigkeit ist erst dann von Bedeutung, wenn sie das Fehlen der Unrechtseinsicht zur Folge hat. Dann aber ist die Schuldfähigkeit aufgehoben, so dass § 20 StGB zur Anwendung kommt, sofern dem Täter der Mangel der Unrechtseinsicht zur Tatzeit nicht zum Vorwurf gemacht werden kann (BGH, Urteil vom 17. November 1994 – 4 StR 441/94, BGHSt 40, 341, 349). Der fehlerhafte rechtliche Ansatz des Landgerichts bei seinen Feststellungen wird auch nicht in der Beweiswürdigung geheilt. Diese befasst sich nicht mehr mit der Frage der Unrechtseinsicht, sondern sie geht nur auf die Verminderung der Steuerungsfähigkeit ein.

---

[17] BGH, Beschluss vom 5.03.2014 – 2 StR 367/13.

[6] Infolge der widersprüchlichen oder zumindest unklaren Urteilsgründe kann der Senat weder ausschließen, dass das Landgericht § 21 StGB zutreffend angewendet, noch dass es § 20 StGB zu Recht ausgeschlossen hat. Daher müssen der Schuldspruch, der Strafausspruch und die Maßregelanordnung entfallen.

2. Versuch und Vollendung – §§ 22 ff. StGB

a) Vorbereitungshandlung und Versuch

20 Eine nicht unerhebliche Fehlerquelle bei Entscheidungen ist die oftmals bereits im Rahmen der Feststellungen schwierige und dann bei der darauf beruhenden rechtlichen Subsumption nicht einfachere Frage, ob einer bestimmten Tathandlung in Abgrenzung zur bloßen Vorbereitung bereits eine **Versuchsstrafbarkeit** zugrunde liegt, und ob gegebenenfalls der Tatrichter darüber hinaus von einem **Rücktritt** auszugehen hat. In gleicher Weise gilt dies für die zuweilen schwierige Frage, ob nach der Tathandlung bereits ein beendeter Versuch vorlag.

21 Hat derjenige, der einen Raubüberfall begehen will, die Vorstellung, dass er in das Haus des vorgesehenen Geschädigten nur dann eindringen will, wenn dessen Kind nicht anwesend ist, könnte es sich insoweit um einen **Vorbehalt** handeln, der dazu führen kann, dass die **Schwelle zum Versuch** nach der Tätervorstellung **noch nicht überschritten** ist.[18]

[3] Nach den Feststellungen des Landgerichts wollten die Angeklagten D., G. und S. den Zeugen Sc. überfallen, um ihm die Herausgabe eines Laptop abzunötigen, auf dem sie kinderpornographische Bilddateien vermuteten, mit denen sie den Zeugen später zu Geldzahlungen erpressen wollten. Sie wollten sich mit Sturmhauben maskieren und D. mit einer Gaspistole, die anderen Mittäter mit Messern bewaffnen. Während die Angeklagten D. und S. sich in der Nähe des Hauses hinter einer Hecke verstecken sollten, sollte der Angeklagte G. an der Haustür des Zeugen Sc. klingeln und diesen mit einem Messer bedrohen, sobald dieser die Tür öffnen würde. Dazu kam es nicht, weil der Angeklagte G. meinte, er habe nach dem Klingeln an der Haustür einen Hund bellen hören und ein Kind hinter der Türverglasung gesehen. Daher nahm er von der weiteren Tatausführung Abstand und wandte sich zum Gehen. Unmittelbar danach wurden die Angeklagten durch Polizeibeamte festgenommen, die sie observiert hatten.

[4] Bei dieser Sachlage bleibt offen, ob die Mittäter bereits nach ihrer Vorstellung zur Begehung der Tat unmittelbar angesetzt haben (§ 22 StGB). Das Landgericht hat die Einlassung des Angeklagten G. nicht für widerlegt gehalten, dass es unter den Mittätern vereinbart gewesen sei, sie hätten nicht in das Haus des Zeugen Sc. eindringen wollen, wenn ein Kind anwesend sei. Daraus könnte sich ein Vorbehalt ergeben, der dazu geführt hätte, dass die Schwelle zum Versuch nach der Tätervorstellung noch nicht überschritten war (vgl. BGH, Urteil vom 22. April 1999 – 4 StR 76/99, NStZ 1999, 395, 396; Beschluss vom 20. August 2004 – 2 StR 281/04, BGHR StGB, § 22 Ansetzen 33). Nähere Feststellungen zu diesem Teil des Tatplans hat das Landgericht nicht getroffen. Das kann sich auf die Beurteilung des Versuchsbeginns für alle Mittäter ausgewirkt haben (vgl. BGH, Urteil vom 2. Juni 1993 – 2 StR 158/93, BGHSt 39, 236, 237 f.).

---

18 BGH, Beschluss vom 18.6.2013 – 2 StR 75/13.

Ein **unmittelbares Ansetzen** im Sinne des § 22 StGB liegt nicht erst dann vor, wenn der Täter bereits ein Merkmal des gesetzlichen Tatbestands verwirklicht hat. In den Bereich des Versuchs einbezogen ist vielmehr auch ein für sich gesehen noch nicht tatbestandsmäßiges Handeln, soweit es nach der Vorstellung des Täters der Verwirklichung eines Tatbestandsmerkmals räumlich und zeitlich unmittelbar vorgelagert ist oder nach dem Tatplan im ungestörten Fortgang ohne Zwischenakte in die Tatbestandsverwirklichung einmünden soll. **22**

Diese abstrakten Maßstäbe bedürfen angesichts der Vielzahl denkbarer Sachverhaltsgestaltungen jedoch stets der wertenden Konkretisierung unter Beachtung der Umstände des Einzelfalles. Ein wesentliches Abgrenzungskriterium ist das aus der Sicht des Täters erreichte Maß konkreter Gefährdung des geschützten Rechtsguts. Auch die Dichte des Tatplans kann für die Abgrenzung zwischen Vorbereitungs- und Versuchsstadium Bedeutung gewinnen.[19]

[2] Entgegen der Auffassung des Generalbundesanwalts tragen die Feststellungen des Landgerichts die Verurteilung des Angeklagten wegen versuchten Mordes (§§ 211, 22 StGB).

[3] 1. Der Angeklagte unterhielt eine Beziehung zu der getrennt von ihm auf derselben Etage wohnhaften Nebenklägerin. Am Abend des 9. November 2012 kam es in der Wohnung des Angeklagten zu einem Streitgespräch, in dessen Verlauf die Nebenklägerin den insoweit uneinsichtigen Angeklagten erfolglos drängte, sich seiner Alkohol- und Aggressionsprobleme anzunehmen. Gegen 0.30 Uhr wollte die Nebenklägerin die Wohnung des Angeklagten verlassen. Dies verhinderte der alkoholisierte Angeklagte, indem er die bereits an der Tür befindliche Nebenklägerin an den Haaren zurückzog, sie im Wohnzimmer auf die Couch warf und sich auf sie setzte. Nunmehr entschlossen, die Nebenklägerin „durch anhaltendes Würgen zu quälen und sie sodann zu töten“, begann der Angeklagte, sie mit beiden Händen am Hals zu würgen. Unter Todesdrohungen drückte er ihr über geraume Zeit hinweg in einer Vielzahl von Fällen den Hals bzw. den Kehlkopf zu, bis sie erschlaffte, und lockerte dann jeweils seinen Griff, um sie wieder zu Bewusstsein gelangen zu lassen. Hierdurch wollte der Angeklagte der Nebenklägerin besondere Leiden zufügen und „den Tötungsprozess hinauszögern“.

[4] Als es der Nebenklägerin gelang, ein Mobiltelefon zu ergreifen, äußerte der Angeklagte, nun sei sie „wirklich dran“. Unter der Drohung, heute werde sie sterben, drückte er ihr mit seinen Knien ein Kissen auf das Gesicht, bis sie in Atemnot geriet. Auf ihr sitzend und ihr den Mund zuhaltend meldete er sich sodann telefonisch bei seiner Arbeitsstelle krank. Hierzu erklärte er der Nebenklägerin, er habe sich jetzt Zeit genommen, um sie weiter zu quälen; „dich wird eh keiner so fünf Tage vermissen.“ Auf ihre Frage, warum er kein Messer nehme, antwortete er, dass es damit keinen Spaß mache, er werde sie mit einem Messer entstellen und dann töten. Aus der Küche holte er Paketklebeband und fesselte damit die nun auf dem Boden liegende Nebenklägerin an Armen und Beinen.

[5] Anschließend trank der Angeklagte zwei Flaschen Weißwein, eine davon nahezu in einem Zug. Darauf setzte er sich hin und schlief unwillkürlich ein. Die Nebenklägerin, die dies bemerkt hatte, konnte sich befreien und gegen 4.45 Uhr die Wohnung des Angeklagten verlassen.

---

[19] BGH, Urteil vom 20.03.2014 – 3 StR 424/13.

[6] 2. Danach hatte der Angeklagte, bevor die weitere Ausführung seines Vorhabens infolge seines Einschlafens und der Flucht der Nebenklägerin fehlschlug, nach seiner Vorstellung bereits unmittelbar zu einer auf Verwirklichung seiner Tötungsabsicht gerichteten Handlung angesetzt (§ 22 StGB).

[7] a) Zu Recht weist der Generalbundesanwalt allerdings darauf hin, dass der Angeklagte nach den Feststellungen noch keine Handlungen vorgenommen hatte, die nach seiner Vorstellung Tatbestandsmerkmale eines vorsätzlichen Tötungsdelikts verwirklichten. Weder wollte der Angeklagte durch die wiederholte Herbeiführung der Atemnot bereits den Tod der Nebenklägerin herbeiführen noch lässt sich den Urteilsgründen entnehmen, dass er mit einem solchen Geschehensablauf rechnete. Zutreffend geht der Generalbundesanwalt auch davon aus, dass ein als bloße Vorbereitung eines Tötungsdelikts zu bewertendes Handeln des Täters nicht allein deshalb bereits eine teilweise Verwirklichung des Mordtatbestands bedeutet, weil es von Grausamkeit im Sinne des § 211 StGB getragen war (vgl. BGH, Urteil vom 17. Mai 1990 – 1 StR 99/90, BGHSt 37, 40, 41).

[8] b) Ein unmittelbares Ansetzen im Sinne des § 22 StGB liegt jedoch nicht erst dann vor, wenn der Täter bereits ein Merkmal des gesetzlichen Tatbestands verwirklicht hat. In den Bereich des Versuchs einbezogen ist vielmehr auch ein für sich gesehen noch nicht tatbestandsmäßiges Handeln, soweit es nach der Vorstellung des Täters der Verwirklichung eines Tatbestandsmerkmals räumlich und zeitlich unmittelbar vorgelagert ist oder nach dem Tatplan im ungestörten Fortgang ohne Zwischenakte in die Tatbestandsverwirklichung einmünden soll (st. Rspr.; vgl. BGH, Urteile vom 16. September 1975 – 1 StR 264/75, BGHSt 26, 201, 203 f.; vom 26. Oktober 1978 – 4 StR 429/78, BGHSt 28, 162, 163; vom 26. Januar 1982 – 4 StR 631/81, BGHSt 30, 363, 364; Beschluss vom 24. Juli 1987 – 2 StR 338/87, BGHSt 35, 6, 8 f.; Urteile vom 16. Januar 1991 – 2 StR 527/90, BGHSt 37, 294, 296; vom 13. September 1994 – 1 StR 357/94, BGHSt 40, 257, 268 f.; Beschluss vom 14. März 2001 – 3 StR 48/01, NStZ 2001, 415, 416).

[9] Diese abstrakten Maßstäbe bedürfen angesichts der Vielzahl denkbarer Sachverhaltsgestaltungen jedoch stets der wertenden Konkretisierung unter Beachtung der Umstände des Einzelfalles (BGH, Urteile vom 12. Dezember 2001 – 3 StR 303/01, NJW 2002, 1057; vom 27. Januar 2011 – 4 StR 338/10, NStZ 2011, 517). Ein wesentliches Abgrenzungskriterium ist das aus der Sicht des Täters erreichte Maß konkreter Gefährdung des geschützten Rechtsguts (BGH aaO, S. 518; Urteile vom 26. Januar 1982 – 4 StR 631/81, BGHSt 30, 363, 364; vom 13. September 1994 – 1 StR 357/94, BGHSt 40, 257, 268 f.; Beschluss vom 7. April 1983 – 1 StR 207/83, NStZ 1983, 462; Urteil vom 26. August 1986 – 1 StR 351/86, NStZ 1987, 20; Beschlüsse vom 2. August 1989 – 3 StR 239/89, StV 1989, 526; vom 15. Mai 1990 – 5 StR 152/90, NJW 1990, 2072, 2073). Auch die Dichte des Tatplans kann für die Abgrenzung zwischen Vorbereitungs- und Versuchsstadium Bedeutung gewinnen (BGH, Urteil vom 12. Dezember 2001 – 3 StR 303/01, NJW 2002, 1057). So sind Handlungen, die keinen tatbestandsfremden Zwecken dienen, sondern wegen ihrer notwendigen Zusammengehörigkeit mit der Tathandlung nach dem Plan des Täters als deren Bestandteil erscheinen, weil sie an diese zeitlich und räumlich angrenzen und mit ihr im Falle der Ausführung eine natürliche Einheit bilden, nicht als der Annahme unmittelbaren Ansetzens entgegenstehende Zwischenakte anzusehen (BGH aaO, S. 1058; Urteil vom 30. April 1980 – 3 StR 108/80, NJW 1980, 1759).

[10] c) Nach diesen Maßstäben hatte der Angeklagte dadurch, dass er die Nebenklägerin in der Absicht, sie zu töten, in seine Gewalt brachte und sie in Ausführung seines Tatplans zunächst quälte, nach seiner Vorstellung bereits unmittelbar zur Begehung eines das Mordmerkmal der Grausamkeit erfüllenden vorsätzlichen Tötungsdelikts angesetzt.

[11] Zwar verweist der Generalbundesanwalt zutreffend darauf, dass das Urteil dazu schweigt, welche Vorstellungen der Angeklagte zum weiteren Fortgang des Geschehens in zeitlicher Hinsicht entwickelt hatte, und sich in diesem Zusammenhang insbesondere nicht mit dessen Äußerung auseinandersetzt, niemand werde die Nebenklägerin „so fünf Tage vermissen". Beides war indes deshalb entbehrlich, weil in den festgestellten Handlungen auch dann schon ein unmittelbares Ansetzen zu einer grausamen Tötung der Nebenklägerin läge, wenn der Angeklagte die nach seiner Vorstellung zur Herbeiführung des Todes erforderlichen Gewaltakte noch weiter – selbst über erhebliche Zeit hinweg – hätte hinausschieben wollen. Denn bei der gebotenen wertenden Betrachtung der Gesamtumstände verliert hier das zur Abgrenzung von Vorbereitungshandlung und Versuch grundsätzlich auch heranzuziehende Kriterium der zeitlichen Abfolge derart an Gewicht, dass auch eine vom Angeklagten etwa noch eingeplante längere Zeitspanne bis zur Verwirklichung seiner Tötungsabsicht den unmittelbaren Zusammenhang der bisherigen Körperverletzungen mit der beabsichtigten Einleitung des todbringenden Geschehens nicht in Frage stellen könnte.

[12] So war die Nebenklägerin bereits ab dem Zeitpunkt, zu dem sich der Angeklagte ihrer in Tötungsabsicht bemächtigt hatte, unmittelbar und konkret an Leib und Leben gefährdet. Der Angeklagte hielt sie mittels körperlicher Gewalt in seiner Wohnung fest. Auch nach dessen Vorstellung verfügte sie damit über keine Möglichkeiten mehr, sich weiteren Tathandlungen zu entziehen oder schließlich den geplanten todbringenden Angriff abzuwehren. Diese Beschränkung der persönlichen Freiheit der Nebenklägerin stand in engem räumlichem und situativem Zusammenhang mit deren beabsichtigter Tötung, denn sie sollte gerade sicherstellen, dass der vom Angeklagten geplante Geschehensablauf ungestört Fortgang nehmen und ohne weitere Unterbrechungen in die Tatvollendung einmünden kann. Allein die zeitliche Streckung dieses Ablaufs ändert an dem situativen Zusammenhang nichts; sie war im Gegenteil wesentliches Element des Tatplans, der dahin ging, der Nebenklägerin vor der Herbeiführung ihres Todes zunächst langanhaltende Qualen zuzufügen. Die wiederkehrenden und nach dem Gesamtzusammenhang der Feststellungen noch weiter beabsichtigten Misshandlungen der Nebenklägerin bedeuten deshalb auch keine Unterbrechungen des Geschehensablaufs zu tatbestandsfremden Zwecken, sondern stellen sich dar als untrennbare Bestandteile eines einheitlichen, auf den Tod der Nebenklägerin abzielenden Handelns. Selbständige Handlungsschritte unter Mitwirkung des Opfers, die durch dessen „vorzeitigen" Tod vereitelt worden wären (so der Fall BGH, Urteil vom 12. Dezember 2001 – 3 StR 303/01, NJW 2002, 1057), waren nach dem Tatplan des Angeklagten nicht vorgesehen.

b) Beendeter oder unbeendeter Versuch

Ein **beendeter** Versuch liegt vor, wenn der Täter nach der letzten Ausführungshandlung den Eintritt des tatbestandsmäßigen Erfolgs für möglich hält. Eine Korrektur des Rücktrittshorizonts ist allerdings in engen Grenzen möglich. Der Versuch eines **23**

Tötungsdelikts ist daher nicht beendet, wenn der Täter zunächst irrtümlich den Eintritt des Todes für möglich hält, aber „nach alsbaldiger Erkenntnis seines Irrtums" von weiteren Ausführungshandlungen Abstand nimmt.[20]

[4] b) Die Annahme des Landgerichts, es liege ein beendeter Versuch des Tötungsdelikts vor, von dem der Angeklagte in Ermangelung von Rettungsbemühungen nicht zurückgetreten sei, begegnet durchgreifenden rechtlichen Bedenken. Die Feststellungen der Jugendkammer zum subjektiven Vorstellungsbild des Angeklagten sind in einem entscheidenden Punkt lückenhaft.

[5] aa) Ein beendeter Versuch liegt vor, wenn der Täter nach der letzten Ausführungshandlung den Eintritt des tatbestandsmäßigen Erfolgs für möglich hält (sog. Rücktrittshorizont; vgl. nur BGH – Großer Senat –, Beschluss vom 19. Mai 1993 – GSSt 1/93, BGHSt 39, 221, 227). Eine Korrektur des Rücktrittshorizonts ist allerdings in engen Grenzen möglich. Der Versuch eines Tötungsdelikts ist daher nicht beendet, wenn der Täter zunächst irrtümlich den Eintritt des Todes für möglich hält, aber „nach alsbaldiger Erkenntnis seines Irrtums" von weiteren Ausführungshandlungen Abstand nimmt (BGH, Urteile vom 1. Dezember 2011 – 3 StR 337/11, BGHR StGB § 24 Abs. 1 Satz 1 Versuch, beendeter 14, und vom 19. März 2013 – 1 StR 647/12, NStZ-RR 2013, 273, 274; Beschluss vom 7. Mai 2014 – 4 StR 105/14; vgl. weiter BGH, Beschluss vom 8. Juli 2008 – 3 StR 220/08, NStZ-RR 2008, 335, 336; Fischer, StGB, 61. Aufl., § 24 Rn. 15a; MüKoStGB/Herzberg/Hoffmann-Holland, 2. Aufl., § 24 Rn. 80: „kurzzeitige Fehlvorstellung"). Die Frage, ob nach diesen Rechtsgrundsätzen von einem beendeten oder unbeendeten Versuch auszugehen ist, bedarf insbesondere dann eingehender Erörterung, wenn das angegriffene Tatopfer nach der letzten Ausführungshandlung noch – vom Täter wahrgenommen – zu körperlichen Reaktionen fähig ist, die geeignet sind, Zweifel daran aufkommen zu lassen, das Opfer sei bereits tödlich verletzt (BGH, Beschluss vom 7. November 2001 – 2 StR 428/01, NStZ-RR 2002, 73, 74; Urteil vom 6. März 2013 – 5 StR 526/12, NStZ 2013, 463). So liegt es nach der Rechtsprechung des Bundesgerichtshofs etwa in dem Fall, dass das Opfer noch in der Lage ist, sich vom Tatort wegzubewegen (BGH, Beschluss vom 19. Dezember 2000 – 4 StR 525/00; vgl. dazu etwa BGH, Beschluss vom 15. August 2001 – 3 StR 231/01: das Opfer verfolgte den Täter „über eine längere Strecke"; Urteil vom 11. November 2004 – 4 StR 349/04, NStZ 2005, 331 f.: das Opfer lief die Treppe von der Empore zum Eingangsbereich der Diskothek hinunter; s. weiter BGH, Urteile vom 19. Juli 1989 – 2 StR 270/89, BGHSt 36, 224, vom 29. September 2004 – 2 StR 149/04, NStZ 2005, 150, 151, und vom 8. Februar 2007 – 3 StR 470/06, NStZ 2007, 399 f.). Ein solcher Umstand kann geeignet sein, die Vorstellung des Täters zu erschüttern, alles zur Erreichung des gewollten Erfolgs getan zu haben (BGH, Urteil vom 11. November 2004, aaO; Beschluss vom 8. Juli 2008 – 3 StR 220/08, NStZ-RR 2008, 335, 336).

[6] bb) Diese zur Korrektur des Rücktrittshorizonts entwickelten Grundsätze hat das Landgericht erkennbar nicht bedacht. Es ist zwar rechtsfehlerfrei davon ausgegangen, dass der Angeklagte, nachdem er dem Nebenkläger das Messer in den Rücken gestoßen hatte, den Erfolgseintritt für möglich hielt (UA 36); auch ging er nach Rückkehr zum PKW des Verletzten davon aus, dass dieser alsbald versterben

---

[20] BGH, Beschluss vom 17.07.2014 – 4 StR 158/14.

werde (UA 12). Die Jugendkammer hat aber keine Feststellungen zu den subjektiven Vorstellungen des Angeklagten getroffen, als dieser bemerkte, dass sich der Nebenkläger zu der Gaststätte begab. Seinem nicht stark blutenden (UA 28) und noch nicht in akuter Lebensgefahr befindlichen (UA 15) Opfer, das nach dem Stich bereits bis zu seinem Auto gelaufen war und dort nachdrücklich die Hilfe des Angeklagten eingefordert hatte, gelang es nämlich, aus eigener Kraft die Strecke von ca. 700 Metern zu bewältigen. Unterwegs bat er noch vier Personen – vergeblich – um Hilfe. Diese Feststellungen lassen es jedenfalls als möglich erscheinen, dass der Angeklagte infolge des Verhaltens des Geschädigten sogleich oder jedenfalls alsbald nicht mehr davon ausging, diesen tödlich verletzt zu haben. Das Urteil rechtfertigt auch nicht die Annahme, der Nebenkläger habe sich bereits so weit vom Angeklagten entfernt, dass aus dessen Sicht zur Vollendung eines Tötungsdelikts ein erneuter Geschehensablauf hätte in Gang gesetzt werden müssen (vgl. BGH, Urteil vom 8. Mai 2012 – 5 StR 528/11, NStZ 2012, 688, 689).

[7] c) Auf dem aufgezeigten Erörterungsmangel beruht der Schuldspruch wegen versuchten Mordes. Die bisher getroffenen Feststellungen zu dem Vorstellungsbild des Angeklagten im Rücktrittshorizont lassen einen sicheren Schluss auf einen Fehlschlag des Versuchs (vgl. dazu BGH, Beschlüsse vom 7. Mai 2014 – 4 StR 82/14 und 4 StR 105/14) nicht zu. Erst im Zusammenhang mit dem passiven Verhalten des Angeklagten in der Gaststätte hält das Landgericht dafür, „dass der Angeklagte in diesem Moment erkannt hat, dass sein Vorhaben gescheitert ist, den Tod (des Nebenklägers) herbeizuführen und ihn diese Erkenntnis niederdrückt“ (UA 35); das vermag jedoch die erforderlichen Feststellungen zu einem zeitlich vorgelagerten Zeitpunkt nicht zu ersetzen (vgl. BGH, Beschluss vom 11. März 2014 – 1 StR 735/13, NStZ-RR 2014, 201, 202). Zwar hat das Landgericht bei der Erörterung eines Rücktritts auch ausgeführt, der Angeklagte habe nach seiner Vorstellung keine naheliegenden weiteren Möglichkeiten gehabt, auf den Geschädigten einzuwirken: „Wegen seiner Unfähigkeit mit Blut umzugehen, war er nicht in der Lage, etwa das Messer herauszuziehen und erneut einzusetzen oder andere blutige Verletzungen hervorrufende Hilfsmittel einzusetzen“ (UA 36). Es ist aber schon fraglich, ob die Jugendkammer mit diesen Ausführungen einen auf einen früheren Zeitpunkt bezogenen Fehlschlag begründen wollte. Denn die zitierte Wendung schließt unmittelbar an die Bejahung eines beendeten Versuchs an. Die tatsächliche Bewertung der weiteren Handlungsmöglichkeiten des Angeklagten steht zudem – wie der Generalbundesanwalt mit Recht ausgeführt hat – in einem nicht aufgelösten Widerspruch zu den weiteren Feststellungen. Es war der Angeklagte, der mit direktem Vorsatz (UA 34) unter Verwendung eines Küchenmessers mit einer langen Klinge auf den Nebenkläger einstach und ferner – auf die Bitte des Geschädigten – versuchte, das Messer aus dem Rücken herauszuziehen. Diesen Versuch brach er nicht etwa deswegen ab, weil er „kein Blut sehen kann“ (UA 12), sondern weil der Nebenkläger hierdurch große Schmerzen erlitt. Dass sich der Angeklagte, der naheliegend weiterhin Zugriff auf die im Rücken des Nebenklägers steckende Tatwaffe hatte, an einer Tatvollendung auf dem Weg zur Gaststätte gehindert sah, versteht sich deshalb nicht von selbst.

Fehlgeschlagen ist ein Versuch, wenn der Taterfolg aus der Sicht des Täters mit den **24**
bereits eingesetzten oder den zur Hand liegenden Mitteln nicht mehr erreicht werden kann, ohne dass eine ganz neue Handlungs- und Kausalkette in Gang gesetzt wird. War der Täter hingegen noch Herr seiner Entschlüsse und hielt er die Ausführung seiner Tat noch für möglich, liegt ein unbeendeter und kein fehlgeschla-

gener Versuch vor. Entscheidend ist dabei die **Sicht des Täters nach Ende der letzten Ausführungshandlung.**[21]

[2] 1. Die tateinheitliche Verurteilung des Angeklagten wegen versuchter (besonders) schwerer räuberischer Erpressung gemäß §§ 249 Abs. 1, 250 Abs. 2 Nr. 1, 253, 255, 22, 23 StGB hält sachlich-rechtlicher Überprüfung nicht stand. Das Landgericht hat nicht geprüft, ob der Angeklagte gemäß § 24 StGB strafbefreiend vom Versuch der besonders schweren räuberischen Erpressung zurückgetreten ist, obwohl sich eine Erörterung dieser Frage nach den hierzu getroffenen Feststellungen hätte aufdrängen müssen.

[3] Danach verschafften sich der Angeklagte und der gesondert Verfolgte E. gewaltsam Zutritt zur Wohnung des Geschädigten St., indem ihm der Angeklagte nach dem Öffnen der Wohnungstür mit der Faust kräftig ins Gesicht schlug. Der Angeklagte hatte dabei eine Machete gezückt, E. war mit einem Messer bewaffnet. Der Angeklagte drängte den Geschädigten St. in das Wohnzimmer, in dem sich noch dessen Bekannter, der weitere Geschädigte B., befand. Der Angeklagte verlangte von beiden, die Fenster zu schließen und die Rollläden herunter zu lassen, was sie aus Angst vor dem Angeklagten und seinem Komplizen taten. Sodann stürzte sich der Angeklagte auf den Geschädigten B. und schlug mit dem Griff der Machete massiv auf ihn ein. Der an der Wohnzimmertür postierte E. sorgte dabei mit gezücktem Messer dafür, dass es zu keinem Fluchtversuch der Geschädigten kam. Der Angeklagte und E. erklärten, dass sie auf der Suche nach zwei Bekannten des Geschädigten St. seien, die ihnen Geld schuldeten, und fragten wiederholt, wo diese zu finden seien. Der Angeklagte schlug währenddessen wahllos mit dem Knauf der Machete auf beide Geschädigte ein. Von dem Geschädigten B., dem er die Klinge der Machete mehrfach so gegen den Hals drückte, dass dieser um sein Leben fürchtete, forderte er die Herausgabe von Bargeld. Auch stieß er mehrfach die Drohung aus, beide Geschädigte umzubringen und darüber hinaus ihre Familien heimzusuchen. Im weiteren Verlauf verlangte der Angeklagte von dem Geschädigten St., dass dieser aus dem Datenspeicher seines Mobiltelefons die Rufnummern der beiden gesuchten Bekannten heraussuche und ihm aufschreibe; St. kam dieser Aufforderung nach. Nachdem der Angeklagte die Geschädigten weiterhin bedroht, gedemütigt und geschlagen hatte, verließ er schließlich mit E. die Wohnung, der – unbemerkt von dem Angeklagten – das Portemonnaie des Geschädigten St. und dessen Mobiltelefon an sich genommen hatte.

[4] Diese Feststellungen lassen nicht erkennen, weshalb der Angeklagte seine gegenüber dem Geschädigten B. erhobene Geldforderung nicht weiterverfolgt hat. Insbesondere belegen sie nicht, dass der Versuch der besonders schweren räuberischen Erpressung fehlgeschlagen und damit ein Rücktritt des Angeklagten vom (unbeendeten) Versuch dieser Tat ausgeschlossen war. Fehlgeschlagen ist ein Versuch, wenn der Taterfolg aus der Sicht des Täters mit den bereits eingesetzten oder den zur Hand liegenden Mitteln nicht mehr erreicht werden kann, ohne dass eine ganz neue Handlungs- und Kausalkette in Gang gesetzt wird. War der Täter hingegen noch Herr seiner Entschlüsse und hielt er die Ausführung seiner Tat noch für möglich, liegt ein unbeendeter und kein fehlgeschlagener Versuch vor. Entscheidend ist dabei die Sicht des Täters nach Ende der letzten Ausführungshandlung (BGH,

[21] BGH, Beschluss vom 7.05.2014 – 5 StR 141/14.

Beschluss vom 26. September 2006 – 4 StR 347/06, NStZ 2007, 91; Beschluss vom 22. März 2012 – 4 StR 541/11, NStZ-RR 2012, 239).

[5] Zu dem für die Abgrenzung eines fehlgeschlagenen von einem unbeendeten Versuch maßgeblichen Rücktrittshorizont des Angeklagten im Zeitpunkt seiner letztmaligen Bedrohung des Geschädigten B. mit der Machete verhält sich das Urteil nicht. Es beschreibt keine Verhaltensweisen des Angeklagten, denen sich entnehmen ließe, dass er die Vergeblichkeit seiner Bemühungen um das Abpressen von Bargeld erkannt hätte. Somit bleibt offen, ob der Angeklagte freiwillig nach § 24 StGB vom Erpressungsversuch zurückgetreten ist.

Ein **fehlgeschlagener Versuch** liegt dann vor, wenn die Tat nach Misslingen des zunächst vorgestellten Tatablaufs mit den bereits eingesetzten oder anderen naheliegenden Mitteln objektiv **nicht mehr vollendet werden kann** und der Täter dies erkennt, oder wenn er subjektiv die Vollendung nicht mehr für möglich hält, wobei es auf die Tätersicht nach Abschluss der letzten Ausführungshandlung ankommt. Erkennt der Täter zu diesem Zeitpunkt oder hat er eine entsprechende subjektive Vorstellung dahin, dass es zur Herbeiführung des Erfolges eines erneuten Ansetzens bedürfte, etwa mit der Folge einer zeitlichen Zäsur und einer Unterbrechung des unmittelbaren Handlungsfortgangs, liegt ein Fehlschlag vor.[22] **25**

[5] Die Annahme des Landgerichts, der Versuch des Angeklagten, seine Ehefrau zu töten, sei fehlgeschlagen, begegnet durchgreifenden rechtlichen Bedenken.

[6] 1. Zwar ist das Landgericht im rechtlichen Ansatzpunkt zutreffend davon ausgegangen, dass ein fehlgeschlagener Versuch dann vorliegt, wenn die Tat nach Misslingen des zunächst vorgestellten Tatablaufs mit den bereits eingesetzten oder anderen naheliegenden Mitteln objektiv nicht mehr vollendet werden kann und der Täter dies erkennt, oder wenn er subjektiv die Vollendung nicht mehr für möglich hält, wobei es auf die Tätersicht nach Abschluss der letzten Ausführungshandlung ankommt. Erkennt der Täter zu diesem Zeitpunkt oder hat er eine entsprechende subjektive Vorstellung dahin, dass es zur Herbeiführung des Erfolges eines erneuten Ansetzens bedürfte, etwa mit der Folge einer zeitlichen Zäsur und einer Unterbrechung des unmittelbaren Handlungsfortgangs, liegt ein Fehlschlag vor (st. Rspr.; vgl. nur BGH, Urteil vom 25. November 2004 – 4 StR 326/04, NStZ 2005, 263, 264; Urteil vom 8. Februar 2007 – 3 StR 470/06, NStZ 2007, 399).

[7] 2. Indem sie für die Beurteilung des insoweit maßgeblichen Vorstellungsbildes des Angeklagten (sog. Rücktrittshorizont) nur dessen Äußerungen im Wohnzimmer und gegenüber der Zeugin K. herangezogen hat, hat die Strafkammer insoweit aber auf einen rechtlich unzutreffenden Zeitpunkt abgestellt. Diese Äußerungen fielen erst, als die Geschädigte, die vom Angeklagten über einen Zeitraum von zwanzig Sekunden bis zur Bewusstlosigkeit gewürgt worden war, nach einer nicht mehr genau feststellbaren weiteren Zeitspanne das Bewusstsein wieder erlangte und der Angeklagte sich mittlerweile im Wohnzimmer auf ein Sofa gesetzt und eine Zigarette angezündet hatte; das Zusammentreffen mit der Zeugin K. erfolgte zu einem noch späteren Zeitpunkt. Was sich der Angeklagte, der körperlich in der Lage war, die Geschädigte zwanzig Sekunden lang mit erheblichem Kraftaufwand bis zum Eintritt

[22] BGH, Beschluss vom 7.05.2014 – 4 StR 105/14; siehe hierzu auch Beschluss vom 9.09.2014 – 4 StR 367/14.

der Bewusstlosigkeit zu würgen, unmittelbar nach Beendigung des Würgens der Geschädigten vorstellte, insbesondere, ob ihm danach ein Weiterhandeln aus tatsächlichen (physischen) Gründen unmöglich war, ist den Urteilsgründen nicht zu entnehmen. Die Annahme, der Tötungsversuch sei fehlgeschlagen, und ein strafbefreiender Rücktritt ausgeschlossen, erweist sich danach als nicht hinreichend tatsachenfundiert.

■ PRAXISBEDEUTUNG

Allzu häufig erkennt man in Entscheidungen die Schlussfolgerung, dass ein Täter keine Absichten oder Vorstellungen hatte, sofern man solche nicht feststellen konnte. Dass solche Annahmen keinesfalls zwingend sind, muss kaum diskutiert werden. Schwieriger ist es allerdings, in solchen Fällen zu einer überzeugenden Feststellung zu kommen, was möglicherweise dann allein unter Heranziehung des Zweifelsgrundsatzes erfolgen kann. Dies muss dann jedoch deutlich herausgearbeitet werden!

26 Ein **strafbarer fehlgeschlagener Versuch** ist nur dann gegeben, wenn der Angeklagte die versuchte Tat als endgültig gescheitert angesehen hat, weil er sie, wie er wusste, mit dem bereits eingesetzten oder anderen ihm zur Hand liegenden Mitteln nicht vollenden konnte. Dabei kommt es nach der ständigen Rechtsprechung des Bundesgerichtshofs auf die Sicht des Täters nach Abschluss der letzten Ausführungshandlung an (sogenannter Rücktrittshorizont).[23]

[6] Dazu, ob der Angeklagte den Tötungsversuch als endgültig gescheitert ansah, als er die Schneide des Messers nach seiner letztmaligen Stichbewegung gegen den Körper der Geschädigten losließ, verhält sich das Urteil nicht. Danach bleibt offen, ob es ihm objektiv oder zumindest aus seiner Sicht möglich gewesen wäre, das Messer wiederzuerlangen und den angestrebten Taterfolg ohne zeitliche Zäsur doch noch herbeizuführen oder ob er die weitere Tatausführung angesichts der kraftvollen Abwehr der Geschädigten als endgültig aussichtslos ansah.

[7] b) Ebenso wenig lässt sich den bisher getroffenen Feststellungen entnehmen, dass der Angeklagte unfreiwillig von weiteren Tötungshandlungen abließ. Dies wäre nur dann der Fall gewesen, wenn er sich auf Grund äußerer Zwänge oder psychischer Hemmungen (zum Maßstab vgl. SSW-StGB/Kudlich/Schuhr, 2. Aufl., § 24 Rn. 63 ff. m. Nachw. z. Rspr.) nicht mehr in der Lage gesehen hätte, weitere Stiche zu setzen. Die Erwägung des Landgerichts, nach der objektiven Sachlage habe der Angeklagte aus seiner Sicht die Tötung der Geschädigten nicht mehr mit dem bereits eingesetzten Mittel erreichen können, weil deren Tochter die Tat entdeckt hatte und auf Grund des von ihr abgesetzten Notrufs mit dem baldigen Eintreffen der Polizei zu rechnen gewesen sei, trägt die Annahme der Unfreiwilligkeit für sich genommen nicht. Dass der Angeklagte gerade deshalb von weiteren Einwirkungen auf die Geschädigte absah, war im vorliegenden Fall schon deshalb näher zu erörtern, weil sich der Angeklagte nach den Feststellungen in Kenntnis der in Kürze eintreffenden Polizei zunächst weiter in der Wohnung aufhielt und sodann das Haus verließ, um

---

[23] BGH, Beschluss vom 26.02.2014 – 4 StR 40/14.

telefonischen Kontakt zu seiner Rechtsanwältin aufzunehmen, die die Polizei von seinem Aufenthaltsort in Kenntnis setzte.

c) Rücktritt

Für die Frage, ob ein **Rücktritt vom Versuch** nach allen Varianten des § 24 Abs. 1 oder Abs. 2 StGB ausscheidet oder nicht, kommt es auf das **Vorstellungsbild des Täters nach Abschluss der letzten Ausführungshandlung** an. Lässt sich den Urteilsfeststellungen das entsprechende Vorstellungsbild des Angeklagten, das zur revisionsrechtlichen Prüfung des Vorliegens eines freiwilligen Rücktritts vom Versuch unerlässlich ist, nicht hinreichend entnehmen, hält das Urteil sachlich-rechtlicher Nachprüfung nicht stand.[24] 27

[5] Fehlgeschlagen ist ein Versuch, wenn die Tat nach Misslingen des zunächst vorgestellten Tatablaufs mit den bereits eingesetzten oder anderen nahe liegenden Mitteln objektiv nicht mehr vollendet werden kann und der Täter dies erkennt oder wenn er subjektiv die Vollendung nicht mehr für möglich hält. Dabei kommt es auf die Sicht des Täters nach Abschluss der letzten Ausführungshandlung an (Rücktrittshorizont). Wenn der Täter zu diesem Zeitpunkt erkennt oder die subjektive Vorstellung hat, dass es zur Herbeiführung des Erfolgs eines erneuten Ansetzens bedürfte, etwa mit der Folge einer zeitlichen Zäsur und einer Unterbrechung des unmittelbaren Handlungsfortgangs, liegt ein Fehlschlag vor (st. Rspr.; vgl. nur BGH, Urteil vom 25. Oktober 2012 – 4 StR 346/12, NStZ 2013, 156 mit zahlreichen weiteren Nachweisen), so dass ein Rücktritt vom Versuch nach allen Varianten des § 24 Abs. 1 oder Abs. 2 StGB ausscheidet.

[6] Mithin kommt es auf das Vorstellungsbild des Täters nach Abschluss der letzten Ausführungshandlung an. Lässt sich den Urteilsfeststellungen das entsprechende Vorstellungsbild des Angeklagten, das zur revisionsrechtlichen Prüfung des Vorliegens eines freiwilligen Rücktritts vom Versuch unerlässlich ist, nicht hinreichend entnehmen, hält das Urteil sachlich-rechtlicher Nachprüfung nicht stand (vgl. u.a. BGH, Beschluss vom 13. November 2012 – 3 StR 411/12; BGH, Beschluss vom 29. September 2011 – 3 StR 298/11, NStZ 2012, 263; BGH, Beschluss vom 11. Februar 2003 – 4 StR 8/03; BGH, Urteil vom 19. März 2013 – 1 StR 647/12, NStZ-RR 2013, 273).

[7] b) Diesen Anforderungen werden die Darlegungen in den Urteilsgründen nicht gerecht.

[8] Denn das Landgericht hat aus den getroffenen Feststellungen keine Rückschlüsse auf das Vorstellungsbild des Angeklagten nach Abschluss der letzten Ausführungshandlung gezogen. Hierzu ist lediglich festgestellt, dass der Geschädigte, welcher soeben noch mit Fußtritten vom Angeklagten traktiert wurde, aufstehen und fliehen konnte. Welche Vorstellungen der Angeklagte in diesem Moment des Entkommenlassens hatte, bleibt unerörtert. Aufgrund der hier festgestellten Tatumstände – der noch im Besitz des Tatwerkzeugs befindliche Angeklagte trat mit Füßen auf den am Boden liegenden Geschädigten ein, hielt den sich Befreienden aber weder fest noch setzte er ihm nach – versteht es sich auch nicht von selbst, dass sich die Befreiung

---

[24] BGH, Beschluss vom 11.03.2014 – 1 StR 735/13; siehe insoweit auch Beschluss vom 4.06.2014 – 4 StR 168/14.

und die Flucht des Geschädigten für den Angeklagten als unbezwingbar darstellten und er davon ausging, dass sein Plan in der konkreten Situation gescheitert war, zumal da auch zu den Kräfteverhältnissen zwischen dem Angeklagten und dem Geschädigten nichts weiter festgestellt ist.

[9] Dass der Angeklagte nach der erfolgreichen Flucht des Geschädigten in Richtung einer vom Tatort nur wenig entfernten Polizeidienststelle vom Scheitern seines Tatplans ausgegangen sein soll, ersetzt diese, einen zeitlich vorgelagerten Zeitpunkt betreffende Feststellung nicht. Denn anders als in der vom Landgericht für seine Rechtsauffassung zitierten Entscheidung (BGH, Urteil vom 14. Juli 1992 – 1 StR 243/92, NStZ 1993, 39 f.) war das Opfer nicht unbemerkt vom Angeklagten geflohen. Es hätte daher hier anhand von Rückschlüssen aus den festgestellten Tatumständen einer Auseinandersetzung mit dem Vorstellungsbild des Angeklagten bei der Situation des Entkommens seines Opfers bedurft.

Auf der Grundlage der Feststellungen ist auch ein beendeter Versuch nicht belegt. Der Geschädigte hatte keine sichtbaren Beeinträchtigungen, als er die Flucht ergriff. Vielmehr ist festgestellt, dass auch die Frau des Geschädigten die Verletzung am Rücken zunächst nicht bemerkte. Dass der Angeklagte davon ausgegangen wäre, den Geschädigten bereits tödlich getroffen zu haben, ist nicht naheliegend und wäre auch mit seiner nachgerufenen Drohung nicht ohne weiteres zu vereinbaren.

28 Die Verurteilung wegen versuchter schwerer räuberischer Erpressung begegnet durchgreifenden rechtlichen Bedenken, weil die Strafkammer einen möglichen **strafbefreienden Rücktritt** mit fehlerhafter Begründung verneint hat.[25]

Die Verurteilung wegen versuchter schwerer räuberischer Erpressung im Fall II.1 der Urteilsgründe begegnet durchgreifenden rechtlichen Bedenken, weil die Strafkammer einen möglichen strafbefreienden Rücktritt mit fehlerhafter Begründung verneint hat.

Nach den Feststellungen versuchte der Angeklagte vergeblich, die beiden Brüder Z. unter Vorhalt einer Schreckschusspistole zur Herausgabe von Geld oder anderen Wertgegenständen zu nötigen. Zum Ladezustand der Waffe konnte die Strafkammer keine Feststellungen treffen, weshalb sie – vermeintlich zu Gunsten des Angeklagten – von einer ungeladenen Schreckschusspistole ausgegangen ist. Im Weiteren nimmt das Landgericht einen den Rücktritt ausschließenden fehlgeschlagenen Versuch vor allem deshalb an, weil dem Angeklagten – nachdem sich die Brüder Z. von der Bedrohung mit der Pistole weitgehend unbeeindruckt gezeigt hatten – eine Intensivierung der Drohung mit der ungeladenen Waffe nicht möglich gewesen sei.

Damit verkennt das Landgericht, dass es bei der Frage des Rücktritts in dubio pro reo nicht von einer ungeladenen, sondern von einer geladenen Schreckschusswaffe hätte ausgehen müssen. Dann nämlich wäre dem Angeklagten unter Umständen die Herbeiführung des Erfolgseintritts – z.B. durch die intensivere Einschüchterung der Überfallenen mittels Schussabgabe – objektiv noch möglich gewesen. Hätte er die Ausführung der Tat unter Verwendung einer geladenen Schreckschusswaffe auch subjektiv noch für möglich gehalten, wäre sein Verzicht auf ein Weiterhandeln als freiwilliger Rücktritt vom unbeendeten Versuch zu bewerten.

---

[25] BGH, Beschluss vom 15.05.2014 – 2 StR 581/13.

Nach dem **Vorstellungsbild des Täters** bestimmt sich nicht nur die Abgrenzung zwischen beendetem und unbeendetem Versuch; die Sicht des Täters nach Abschluss der letzten Ausführungshandlung ist auch für die Frage entscheidend, ob ein Versuch fehlgeschlagen ist. Schließlich ist das Vorstellungsbild des Täters gegebenenfalls auch für die Beurteilung der Freiwilligkeit eines Rücktritts von Bedeutung. Liegt eine Zäsur vor, müssen zudem die Vorstellungen des Angeklagten jeweils nach der (vorläufig) letzten Ausführungshandlung dargetan werden.[26] **29**

b) Die Verurteilung wegen versuchten Betrugs in zwei Fällen hält ebenfalls rechtlicher Nachprüfung nicht stand, weil die Strafkammer die Möglichkeit eines strafbefreienden Rücktritts vom Versuch (§ 24 Abs. 1 Satz 1 StGB) nicht erörtert hat.

aa) Den Urteilsgründen ist schon nicht zu entnehmen, warum die vom Landgericht als selbständig bewerteten Betrugsversuche nicht die Annahme eines einzigen Versuchs rechtfertigen, da der Angeklagte seinen ursprünglichen Tatplan, unberechtigt Versicherungsleistungen geltend zu machen, weiter verfolgt hat (vgl. auch BGH, Beschluss vom 21. Juli 1998 – 4 StR 274/98, NStZ-RR 1999, 110). Setzt der Täter mehrfach zur Tat an, ist Voraussetzung für die Annahme eines Versuchs, dass die vorausgegangenen, erfolglos gebliebenen Teilakte mit dem neuen Anlauf, auf den der Täter schließlich verzichtet hat, einen einheitlichen Lebensvorgang bilden. Dabei ist ein räumlicher und zeitlicher Zusammenhang zwischen den einzelnen Versuchshandlungen erforderlich (vgl. BGH, Beschluss vom 18. Juli 2013 – 4 StR 168/13, insoweit in NJW 2013, 3383 nicht abgedruckt; Urteil vom 30. November 1995 – 5 StR 465/95, NJW 1996, 936, 937; Urteil vom 1. März 1994 – 1 StR 33/94, BGHSt 40, 75, 77; Fischer aaO § 24 Rn. 17 mwN). Ob hier ein solcher einheitlicher Lebensvorgang gegeben ist, hat das Landgericht nicht geprüft.

bb) Die Strafkammer erörtert nicht, welches Vorstellungsbild der Angeklagte nach Abschluss der letzten von ihm vorgenommenen Ausführungshandlung(en) gehabt hat. Nach dem Vorstellungsbild des Täters bestimmt sich indes nicht nur die Abgrenzung zwischen beendetem und unbeendetem Versuch (vgl. nur Fischer aaO § 24 Rn. 14 mwN); die Sicht des Täters nach Abschluss der letzten Ausführungshandlung ist auch für die Frage entscheidend, ob ein Versuch fehlgeschlagen ist (vgl. nur BGH, Urteil vom 25. Oktober 2012 – 4 StR 346/12, NStZ 2013, 156, 157 f. mwN). Schließlich ist das Vorstellungsbild des Täters gegebenenfalls auch für die Beurteilung der Freiwilligkeit eines Rücktritts von Bedeutung (vgl. BGH, Urteil vom 15. September 2005 – 4 StR 216/05, NStZ-RR 2006, 168, 169 mwN). Liegt – wie hier vom Landgericht angenommen – eine Zäsur vor, müssen zudem die Vorstellungen des Angeklagten jeweils nach der (vorläufig) letzten Ausführungshandlung dargetan werden (vgl. nur BGH, Urteil vom 19. März 2013 – 1 StR 647/12, NStZ-RR 2013, 273, 274).

Lässt sich – wie hier – den Urteilsfeststellungen das entsprechende Vorstellungsbild des Angeklagten nicht (hinreichend) entnehmen, hält das Urteil sachlich-rechtlicher Nachprüfung nicht stand (vgl. u.a. BGH, Urteil vom 19. März 2013 – 1 StR 647/12, NStZ-RR 2013, 273, 274; Beschluss vom 13. November 2012 – 3 StR 411/12 Rn. 5 juris).

[26] BGH, Beschluss vom 10.10.2013 – 2 StR 64/13; siehe hierzu auch Beschluss vom 11.03.2014 – 4 StR 36/14.

30 Ein **Versuch** ist **fehlgeschlagen**, wenn die Tat nach Misslingen des zunächst vorgestellten Tatablaufs mit den bereits eingesetzten oder anderen nahe liegenden Mitteln objektiv nicht mehr vollendet werden kann und der Täter dies erkennt oder wenn er subjektiv die Vollendung nicht mehr für möglich hält. Dabei kommt es auf die Sicht des Täters nach Abschluss der letzten Ausführungshandlung an (**Rücktrittshorizont**). Wenn der Täter zu diesem Zeitpunkt erkennt oder die subjektive Vorstellung hat, dass es zur Herbeiführung des Erfolgs eines erneuten Ansetzens bedürfte, etwa mit der Folge einer zeitlichen Zäsur und einer Unterbrechung des unmittelbaren Handlungsfortgangs, liegt ein Fehlschlag vor.[27]

[4] Das Landgericht hat die Voraussetzungen eines strafbefreienden Rücktritts des Angeklagten vom Versuch der gefährlichen Körperverletzung im Sinne von § 24 Abs. 1 StGB verneint, da der Versuch fehlgeschlagen sei. Dem Angeklagten sei es nach dem Messerwurf nicht ohne Weiteres möglich gewesen, sich wieder in den Besitz des silberfarbenen Messers zu bringen, da dieses so unter dem Bett gelegen habe, dass er sich hätte bücken und hinunterkriechen müssen. In diesem Fall wäre es dem Geschädigten ein Leichtes gewesen, das unverschlossene Zimmer zu verlassen. Zwar habe mit dem Brotzeitmesser noch ein weiteres mögliches Tatmittel zur Verfügung gestanden, dieses sei allerdings leichter und kleiner gewesen und damit auch weniger geeignet, erhebliche Verletzungen bei dem Geschädigten hervorzurufen. Außerdem hätte der Angeklagte erst einige Schritte zu dem Messer hingehen müssen, was dem Geschädigten ebenfalls die Möglichkeit eröffnet hätte, sich in Sicherheit zu bringen.

[5] 2. Die vom Landgericht getroffenen Feststellungen tragen die Verneinung eines strafbefreienden Rücktritts wegen Fehlschlags des Versuchs nicht. Der Generalbundesanwalt hat dazu in seiner Antragsschrift vom 25. Februar 2014 zutreffend u.a. ausgeführt:

> *„Ein Versuch ist fehlgeschlagen, wenn die Tat nach Misslingen des zunächst vorgestellten Tatablaufs mit den bereits eingesetzten oder anderen nahe liegenden Mitteln objektiv nicht mehr vollendet werden kann und der Täter dies erkennt oder wenn er subjektiv die Vollendung nicht mehr für möglich hält. Dabei kommt es auf die Sicht des Täters nach Abschluss der letzten Ausführungshandlung an (Rücktrittshorizont). Wenn der Täter zu diesem Zeitpunkt erkennt oder die subjektive Vorstellung hat, dass es zur Herbeiführung des Erfolgs eines erneuten Ansetzens bedürfte, etwa mit der Folge einer zeitlichen Zäsur und einer Unterbrechung des unmittelbaren Handlungsfortgangs, liegt ein Fehlschlag vor (st. Rspr. vgl. nur BGH, Urteil vom 25. Oktober 2012 – 4 StR 346/12 mit zahlreichen weiteren Nachweisen). […] Lässt sich den Urteilsfeststellungen das entsprechende Vorstellungsbild des Angeklagten, das zur revisionsrechtlichen Prüfung des Vorliegens eines freiwilligen Rücktritts vom Versuch unerlässlich ist, nicht hinreichend entnehmen, hält das Urteil sachlich-rechtlicher Nachprüfung nicht stand (BGH, Urteil vom 19. März 2013 – 1 StR 647/12).*
>
> *Das Urteil enthält keine Feststellungen zum subjektiven Vorstellungsbild des Angeklagten nach dem fehlgegangenen Wurf mit dem silbernen Messer, sondern beschränkt sich auf die objektive Feststellung, das noch vorhandene Brotzeitmes-*

---

[27] BGH, Beschluss vom 7.05.2014 – 4 StR 82/14; siehe hierzu auch Beschluss vom 13.02.2014 – 4 StR 506/13.

ser sei leichter und kleiner und damit weniger geeignet, erhebliche Verletzungen beim Geschädigten hervorzurufen; zudem hätte der Angeklagte erst einige Schritte zu dem Messer hingehen müssen (UA S. 40). Diese objektiven Feststellungen lassen keinen sicheren Rückschluss darauf zu, ob der Angeklagte es nach seiner Vorstellung als unmöglich ansah, seinen Angriff mit dem Brotzeitmesser erfolgversprechend fortzusetzen. Insbesondere belegen sie schon keine objektive Unmöglichkeit der weiteren Tatbestandsverwirklichung. Allein die Tatsache, dass der Geschädigte einige Schritte zum Tisch hin hätte machen müssen, um das Messer zu ergreifen, begründet keine Zäsur in dem oben beschriebenen Sinne, zumal auch das zunächst verwandte Messer auf demselben Tisch lag (UA S. 17). Auch die Begründung, das Brotzeitmesser sei als weiteres Tatmittel nicht geeignet, erscheint nicht schlüssig, denn auch ein leichteres und kleineres Messer ist geeignet, den tatbestandlichen Erfolg des § 224 Abs. 1 Nr. 2 StGB herbeizuführen. Dass die Folgen dabei unter Umständen nicht so gravierend sind, wie bei einem Angriff mit dem zunächst verwandten schwereren Messer, hindert eine weitere Tatbestandsverwirklichung mit der Möglichkeit eines strafbefreienden Rücktritts nicht. Dies gilt insbesondere vor dem Hintergrund, dass der Zeuge H, dessen Aussage die Kammer maßgeblich folgte, angab, der Angeklagte habe ‚zu einem späteren Zeitpunkt' auch noch das Brotzeitmesser nach dem Geschädigten geworfen (UA S. 30). Diesem zweiten Wurf blieb jedoch nicht deswegen der Erfolg versagt, weil das Messer kein taugliches Werkzeug im Sinne des § 224 Abs. 1 Nr. 2 StGB gewesen wäre, sondern weil der Angeklagte den Geschädigten weit verfehlt hatte."

[6] Dem tritt der Senat bei.

Ein **beendeter Versuch**, von dem nur **unter den erschwerten Voraussetzungen des § 24 Abs. 1 Satz 1 Fall 2, Satz 2 StGB zurückgetreten** werden kann, kann nach der Rechtsprechung des Bundesgerichtshofs auch dann vorliegen, wenn sich der Täter im Augenblick des Verzichts auf eine mögliche Weiterführung der Tat keine Vorstellung von den Folgen seines bisherigen Verhaltens macht. Als innere Tatsache muss diese gedankliche Indifferenz des Täters gegenüber den von ihm bis dahin angestrebten oder doch zumindest in Kauf genommenen Konsequenzen aber positiv festgestellt werden.[28] **31**

b) Diesen Anforderungen werden die Darlegungen in den Urteilsgründen nicht gerecht. Denn das Landgericht hat trotz der festgestellten Tatumstände gerade keine Rückschlüsse auf das Vorstellungsbild des Angeklagten zur Schwere der Verletzungen zu ziehen vermocht, sondern hat lediglich aus dem Umstand, dass keine eindeutigen Feststellungen zum Vorstellungsbild des Angeklagten zum Erfolgseintritt getroffen werden konnten, auf ein Fehlen derartiger Vorstellungen geschlossen. Die positive Feststellung, dass sich der Angeklagte keine Gedanken über den Erfolgseintritt gemacht hat, hat es damit nicht getroffen; denn die positive Feststellung der gedanklichen Indifferenz darf mit dem Fall, dass zu den Gedanken des Angeklagten keine Feststellungen getroffen werden können, nicht gleichgesetzt werden, da es in dem letztgenannten Fall noch Raum für die Anwendung des Zweifelssatzes gibt (Senatsbeschlüsse jew. aaO; SSW-StGB/Kudlich/Schuhr, 2. Aufl., § 24 Rn. 37).

---

[28] BGH, Beschluss vom 27.01.2014 – 4 StR 565/13; siehe hierzu auch Beschluss vom 18.12.2013 – 4 StR 469/13.

32 Gemäß § 24 Abs. 2 Satz 1 StGB werden bei **Tatbeteiligung mehrerer** diejenigen Beteiligten nicht wegen Versuchs bestraft, die freiwillig die Tatvollendung verhindern. Hierfür kann es genügen, wenn Mittäter im Falle eines unbeendeten Versuchs einvernehmlich nicht mehr weiterhandeln, obwohl sie dies tun könnten. Im Falle einer versuchten (besonders schweren) räuberischen Erpressung ist es insoweit ausreichend, wenn die **Täter freiwillig davon absehen, ihr Erpressungsziel weiter mit den tatbestandlichen Nötigungsmitteln zu verfolgen**. Nicht erforderlich ist es hingegen, dass sie ganz darauf verzichten, den angestrebten Erpressungserfolg herbeizuführen.[29]

[3] a) Nach den Feststellungen der Strafkammer hatten die Angeklagten mit B. gemeinsam ein Betäubungsmittelgeschäft geplant. B. verwendete indes das Geld, das ihm die Angeklagten zur Beschaffung der Drogen übergeben hatten, anderweitig. In der Folgezeit forderten sie B. „wiederholt vergeblich dazu auf, entweder die Drogen zu besorgen oder das Geld zurückzugeben".

[4] Am Tattag drängten die Angeklagten B. in den Pkw des Angeklagten S. und verlangten erneut, „B. solle nun endlich die Drogen liefern oder das Geld zurückzahlen" (UA S. 8). Gegen seinen Widerstand nahmen sie ihm Portemonnaie, Mobiltelefon und zwei Schlüsselbunde ab. Da der Geschädigte erklärte, dass er kein Geld habe, fuhren die Angeklagten mit ihm zur Sparkassenfiliale und überprüften seine – letztlich zutreffenden – Angaben anhand eines aktuellen Kontoauszugs.

[5] Anschließend fuhren die Angeklagten mit dem Geschädigten zur Wohnung des Angeklagten W., drängten ihn ins Wohnzimmer und verschlossen die Tür. Die Angeklagten „bedrängten den Geschädigten dann weiter, dass er Geld oder die Drogen beschaffen solle. Im Zuge dessen begann S. mit Billigung von W. damit, den Geschädigten zu demütigen und zu misshandeln, um der Forderung Nachdruck zu verleihen und ihn gefügig zu machen" (UA S. 8). Sie zwangen B., sich bis auf die Unterhose zu entkleiden. Der Angeklagte S. schlug u.a. mit einer Dachlatte auf seinen Rücken, Arme und Beine, drückte brennende Zigaretten auf verschiedene Körperteile des Geschädigten und stach mit der zuvor erhitzten Klingenspitze eines Stiletts in eine der Zigarettenbrandwunden. Der Angeklagte W. hielt den Geschädigten „zwischenzeitlich fest, während S. die Verletzungen zufügte" (UA S. 8 f.). Nach etwa einer Dreiviertelstunde ließen die Angeklagten von B. ab, der daraufhin die Wohnung verlassen konnte.

[6] b) Das Landgericht hat rechtsfehlerhaft nicht geprüft, ob die Angeklagten strafbefreiend vom – tateinheitlichen – Versuch der (besonders) schweren räuberischen Erpressung zurückgetreten sind.

[7] Gemäß § 24 Abs. 2 Satz 1 StGB werden bei Tatbeteiligung mehrerer diejenigen Beteiligten nicht wegen Versuchs bestraft, die freiwillig die Tatvollendung verhindern. Hierfür kann es genügen, wenn Mittäter im Falle eines unbeendeten Versuchs einvernehmlich nicht mehr weiterhandeln, obwohl sie dies tun könnten (vgl. BGH, Beschluss vom 8. Februar 2012 – 4 StR 621/11, NStZ-RR 2012, 167, 168; Beschluss vom 26. September 2006 – 4 StR 347/06, NStZ 2007, 91, 92; Beschluss vom 28. Oktober 1998 – 5 StR 176/98, BGHSt 44, 204, 208; Urteil vom 14. Mai 1996 – 1 StR 51/96, BGHSt 42, 158, 162; Fischer, StGB, 60. Aufl., § 24 Rn. 40a, jeweils mwN). Im Falle einer versuchten (besonders schweren) räuberischen Erpressung ist

[29] BGH, Beschluss vom 6.08.2014 – 2 StR 255/14.

es insoweit ausreichend, wenn die Täter freiwillig davon absehen, ihr Erpressungsziel weiter mit den tatbestandlichen Nötigungsmitteln zu verfolgen. Nicht erforderlich ist es hingegen, dass sie ganz darauf verzichten, den angestrebten Erpressungserfolg herbeizuführen (vgl. auch Senatsbeschluss vom 17. Januar 2013 – 2 StR 396/12, NStZ 2013, 521).

[8] Das Urteil verhält sich zu alledem nicht, obwohl nach den bisherigen Feststellungen zum äußeren Tatgeschehen ein strafbefreiender Rücktritt der Angeklagten vom Versuch der (besonders) schweren räuberischen Erpressung nicht fern liegt.

Freiwilligkeit liegt vor, wenn der Täter „Herr seiner Entschlüsse“ geblieben ist und **33**
die Ausführung seines Verbrechensplans noch für möglich gehalten hat, er also weder durch eine äußere Zwangslage daran gehindert noch durch seelischen Druck unfähig geworden ist, die Tat zu vollbringen. Maßgebliche Beurteilungsgrundlage ist insoweit nicht die objektive Sachlage, sondern **die Vorstellung des Täters hiervon.** Der Annahme von Freiwilligkeit steht es dabei nicht von vornherein entgegen, dass der Anstoß zum Umdenken von außen kommt oder die Abstandnahme von der Tat erst nach dem Einwirken eines Dritten erfolgt. Entscheidend für die Annahme von Freiwilligkeit ist, dass der Täter die Tatvollendung aus selbstgesetzten Motiven nicht mehr erreichen will.[30]

[6] Unter Zugrundelegung dieses rechtlichen Maßstabs tragen die Feststellungen des Landgerichts den Ausschluss eines strafbefreienden, freiwilligen Rücktritts des Angeklagten nicht.

[7] Das Landgericht hat insoweit lediglich festgestellt, dass der Zeuge S. den Angeklagten unter Vorhalten einer pistolenähnlichen Waffe zum Aufhören aufgefordert und dieser deshalb von der weiteren Tatbegehung abgelassen habe. Ob aber allein dieser Umstand geeignet war, eine äußere Zwangslage zu schaffen, die den Angeklagten hinderte, die Tat fortzusetzen, lässt sich den Feststellungen des Landgerichts nicht zweifelsfrei entnehmen. Das Schwurgericht hat sich insoweit auf die Angaben des Zeugen S. gestützt, der angegeben hat, die Stiche wahrgenommen, nach Hinzutreten zu den am Boden Kämpfenden umgehend seine Anscheinswaffe auf den Angeklagten, der ihm den Rücken zugewandt habe, gerichtet und „Aufhören“ geschrieen zu haben (UA S. 29). Auch wenn der Zeuge S. weiter versicherte, der Angeklagte habe ihn – entgegen dessen Bekundung – „wahrgenommen“, belegt dies noch nicht das Vorliegen einer äußeren Zwangslage, die das Landgericht in der Sache damit begründet hat, dass der Zeuge S. den Angeklagten unter Vorhalten einer pistolenähnlichen Anscheinswaffe zum Aufhören aufgefordert habe. Hätte der Angeklagte den Zeugen S. mit auf ihn gerichteter Waffe gesehen, könnte dies zwar die Annahme einer äußeren Zwangslage durch das Landgericht stützen; ob dies aber der Fall gewesen ist, lässt sich den insoweit nicht eindeutigen Äußerungen des Zeugen S. nicht entnehmen, der lediglich davon gesprochen hat, der Angeklagte habe ihn „wahrgenommen“. Dies lässt offen, ob der Angeklagte nur das Rufen des Zeugen S. gehört oder ob er ihn auch gesehen hat. Sollte der Angeklagte aber nur die Rufe des herbeigeeilten Zeugen vernommen haben, ohne zu wissen, dass dieser seine Aufforderung mit einer gezogenen Waffe unterstützte, würde dies die Möglichkeit

---

30 BGH, Beschluss vom 3.04.2014 – 2 StR 643/13; siehe hierzu auch Beschluss vom 20.11.2013 – 3 StR 325/13.

eines freiwilligen Rücktritts nicht ausschließen. Weitergehende Zweifel daran, dass der Angeklagte den Zeugen S. tatsächlich nicht gesehen hat, ergeben sich im Übrigen daraus, dass dieser nach den Feststellungen des Landgerichts im Rücken des Angeklagten stand (UA S. 29).

[8] Da sich auch aus anderen Umständen, insbesondere auch nicht aus den Angaben der Zeugin A., deren Kenntnis es sich entzog, warum der Angeklagte aufgestanden und weggegangen sei (UA S. 30), nicht erschließt, dass der Angeklagte nicht freiwillig von der Tat abgelassen hat, bleibt letztlich offen, ob die gegenteilige Annahme des Landgerichts auf tragfähigen Feststellungen beruht.

34 Das Landgericht hat einen **Rücktritt** vom Versuch der gefährlichen Körperverletzung **nicht erörtert, obwohl** dies **geboten** war. Denn den Urteilsgründen lässt sich entnehmen, dass sich nach P.s Angaben am Tattag bis zumindest 17.15 Uhr in der Trommel des Revolvers fünf bis sechs Patronen befunden haben. Wäre es so auch am Abend gewesen, hätte der Angeklagte im Anschluss an die zwei erfolglos abgegebenen Schüsse weiter auf den ehemaligen Mitangeklagten S. schießen können. Da er dies nicht getan hat, kam ein strafbefreiender Rücktritt in Betracht (§ 24 Abs. 1 StGB). Hierfür waren die Vorstellungen des Angeklagten nach der letzten seiner Ausführungshandlungen maßgeblich. Zu diesem sogenannten Rücktrittshorizont verhält sich das Urteil nicht. Die danach erforderliche Aufhebung des Schuldspruchs wegen versuchter gefährlicher Körperverletzung erfasst auch das – tateinheitlich begangene – Waffendelikt.[31]

35 Das Landgericht hat nicht erörtert, ob der Angeklagte vom unbeendeten Versuch der gefährlichen Körperverletzung zurückgetreten ist (§ 24 Abs. 1 Satz 1 StGB). Dies ist rechtsfehlerhaft, weil die Feststellungen den von der Strafkammer angenommenen Fehlschlag des Versuchs nicht tragen, so dass die **Frage eines freiwilligen Rücktritts der Prüfung bedurft hätte.**[32]

[5] Dem Angeklagten war es aus technischen Gründen nicht gelungen, einen Stromstoß auszulösen. Damit hatte er ersichtlich noch nicht alles getan, um den Körperverletzungserfolg herbeizuführen. Den Urteilsgründen lassen sich keine Umstände entnehmen, die ihn daran gehindert haben konnten, mit dem griffbereit zur Verfügung stehenden und von ihm von vornherein zum Einsatz vorgesehenen Pfefferspray weitere körperliche Angriffe gegen die Geschädigte zu führen; ein Fehlschlag des Körperverletzungsversuchs ist daher nicht belegt (vgl. BGH, Beschluss vom 19. Mai 1993 – GSSt 1/93, BGHSt 39, 221, 228; Urteil vom 25. Oktober 2012 – 4 StR 346/12, NStZ 2013, 156, 157 f.). Ebenso wenig verhält sich das Urteil zu der Frage, ob der Angeklagte nur unfreiwillig davon absah, die Geschädigte doch noch körperlich zu verletzen. Dies wäre nur dann der Fall gewesen, wenn er sich aufgrund äußerer Zwänge oder psychischer Hemmungen nicht mehr in der Lage gesehen hätte, die Geschädigte nunmehr unter Einsatz des Pfeffersprays anzugreifen. Dass der Angeklagte möglicherweise deshalb von weiteren Einwirkungen auf die Geschädigte absah, weil diese bereits aufgrund des folgenlosen Einsatzes des Elektroschockers um Leib und Leben fürchtete und sich zur Duldung der Wegnahme des Geldes ver-

---

[31] BGH, Beschluss vom 6.05.2014 – 5 StR 170/14; vgl. hierzu auch Beschluss vom 16.07.2014 – 5 StR 290/14.

[32] BGH, Beschluss vom 6.05.2014 – 3 StR 134/14.

anlasst sah, schließt einen Rücktritt vom unbeendeten Versuch nicht aus; denn dem steht nicht entgegen, dass der Angeklagte sein mit der Verwendung des Elektroschockers verfolgtes außertatbestandliches Ziel, an das Geld der Geschädigten zu gelangen, erreicht hatte (BGH, Beschluss vom 19. Mai 1993 – GSSt 1/93, BGHSt 39, 221; Beschluss vom 20. September 2012 – 3 StR 367/12, NStZ-RR 2013, 105).

Nach dem Wortlaut des § **24 Abs. 2 S. 1 StGB** wird wegen eines von mehreren Beteiligten begangenen Versuchs nicht bestraft, wer die Vollendung der Tat verhindert. Dafür bedarf es grundsätzlich ebenso wie bei dem Rücktritt des Alleintäters vom beendeten Versuch (§ 24 Abs. 1 Satz 1 Alt. 2 StGB) einer Mitursächlichkeit des Zurücktretens für das Ausbleiben der Tatvollendung. Nach der im Ergebnis einhelligen Rechtsprechung des Bundesgerichtshofs erfasst der Rücktritt gemäß § 24 Abs. 2 Satz 1 StGB aber auch solche Konstellationen, in denen **die Tatbeteiligten den Rücktritt einvernehmlich durchführen.**[33] **36**

[20] b) Nach diesen Grundsätzen sind die an den Tötungstaten zu Lasten der Nebenkläger Ay. und Ö. beteiligten Angeklagten und damit auch der Angeklagte P. einvernehmlich von beiden Totschlagsversuchen gemäß § 24 Abs. 2 Satz 1 StGB zurückgetreten. Das Landgericht hat insoweit festgestellt, dass „die Angreifer" nach dem Ende der Schläge und Tritte gegen die beiden Nebenkläger von weiteren Verletzungshandlungen absahen, weil sie die von ihnen verfolgten Ziele, sich zu rächen und ihre Macht zu demonstrieren, aufgrund der u.a. diesen beiden Nebenklägern zugefügten Verletzungen und Demütigungen bereits als erreicht ansahen (UA S. 105).

[21] Auch wenn damit ein ausdrückliches Einvernehmen aller an den Totschlagsdelikten beteiligten Angeklagten, trotz Möglichkeit auf weiteres gewalttätiges Vorgehen gegen die erkennbar nicht gravierend verletzten Nebenkläger zu verzichten, nicht festgestellt ist, liegen die Voraussetzungen eines einvernehmlichen Rücktritts von beiden Versuchstaten vor. Im Gesamtzusammenhang des festgestellten dynamischen, durch das Vorgehen in mehreren Gruppen gekennzeichneten Geschehens genügt eine durch sämtliche Angreifer stillschweigend getroffene Übereinkunft, von weiteren Gewalthandlungen abzusehen, den Anforderungen einvernehmlichen Nichtweiterhandelns beim strafbefreienden Rücktritt von dem durch mehrere Tatbeteiligte begangenen Versuch.

[22] Dass die Angeklagten unter Einschluss des Angeklagten P. ihre außertatbestandlichen Handlungsziele, Rache und Machtdemonstration, bereits aufgrund des vorherigen Vorgehens erreicht hatten, steht dem Rücktritt nicht entgegen (vgl. Fischer, StGB, 61. Aufl., § 24 Rn. 9 mwN).

[23] Da das Landgericht Furcht vor der Ergreifung durch die Polizei als Motiv für das Absehen von weiteren Gewalthandlungen ausgeschlossen und dieses vielmehr in dem Erreichen der im vorstehenden Absatz genannten Ziele gesehen hat, erfolgte der Rücktritt auch freiwillig.

[33] BGH, Beschluss vom 27.02.2014 – 1 StR 367/13; siehe hierzu auch Beschluss vom 15.05.2014 – 3 StR 149/14.

3. Mittäterschaft – § 25 StGB

37 Sind an einer Deliktserie **mehrere Personen als Mittäter, mittelbare Täter, Anstifter oder Gehilfen beteiligt,** ist die Frage, ob die einzelnen Straftaten tateinheitlich oder tatmehrheitlich zusammentreffen, für jeden der Beteiligten gesondert zu prüfen und zu entscheiden. Hat ein Gehilfe, der an der unmittelbaren Tatausführung nicht beteiligt war, einen mehrere Einzeldelikte fördernden einheitlichen Tatbeitrag erbracht, werden ihm insoweit die jeweiligen Taten des Haupttäters nur als tateinheitlich begangen zugerechnet, weil sie in seiner Person durch den einheitlichen Tatbeitrag zu einer Handlung im Sinne von § 52 Abs. 1 StGB verknüpft werden. Ob der Haupttäter die ihm zurechenbaren Taten tatmehrheitlich begangen hat, ist demgegenüber ohne Belang.[34]

38 Sind an einer Deliktserie **mehrere Personen als Mittäter,** mittelbare Täter, Anstifter oder Gehilfen beteiligt, ist die Frage, ob die einzelnen Taten tateinheitlich oder tatmehrheitlich zusammentreffen, bei jedem Beteiligten gesondert zu prüfen und zu entscheiden. Maßgeblich ist dabei der **Umfang des erbrachten Tatbeitrags.** Leistet ein Mittäter für alle oder einige Einzeltaten einen individuellen, nur je diese fördernden Tatbeitrag, so sind ihm diese Taten – soweit keine natürliche Handlungseinheit vorliegt – als tatmehrheitlich begangen zuzurechnen. Fehlt es an einer solchen individuellen Tatförderung, erbringt der Täter aber im Vorfeld oder während des Laufs der Deliktserie Tatbeiträge, durch die alle oder mehrere Einzeltaten seiner Tatgenossen gleichzeitig gefördert werden, sind ihm die gleichzeitig geförderten einzelnen Straftaten als tateinheitlich begangen zuzurechnen, da sie in seiner Person durch den einheitlichen Tatbeitrag zu einer Handlung im Sinne des § 52 Abs. 1 StGB verknüpft werden. Ohne Bedeutung ist dabei, ob die Mittäter die einzelnen Delikte tatmehrheitlich begangen haben.[35]

[4] Fehlt es an einer solchen individuellen Tatförderung, erbringt der Täter aber im Vorfeld oder während des Laufs der Deliktserie Tatbeiträge, durch die alle oder mehrere Einzeltaten seiner Tatgenossen gleichzeitig gefördert werden, sind ihm die gleichzeitig geförderten einzelnen Straftaten als tateinheitlich begangen zuzurechnen, da sie in seiner Person durch den einheitlichen Tatbeitrag zu einer Handlung im Sinne des § 52 Abs. 1 StGB verknüpft werden. Ohne Bedeutung ist dabei, ob die Mittäter die einzelnen Delikte tatmehrheitlich begangen haben (st. Rspr., vgl. nur BGH, Beschluss vom 30. Juli 2013 – 4 StR 29/13, NStZ 2013, 641 m. Anm. Kämpfer; Beschluss vom 22. Dezember 2011 – 4 StR 514/11, wistra 2012, 146, 147; Beschluss vom 7. Dezember 2010 – 3 StR 434/10, StraFo 2011, 238; Urteil vom 17. Juni 2004 – 3 StR 344/03, BGHSt 49, 177, 182 f.). Lässt sich nicht feststellen, durch wie viele Handlungen im Sinne der §§ 52, 53 StGB der Angeklagte die festgestellten Taten gefördert hat, so ist im Zweifel zu seinen Gunsten davon auszugehen, dass er nur eine Handlung begangen hat (BGH, Beschluss vom 19. November 1996 – 1 StR 572/96, BGHR StGB § 52 Abs. 1 in dubio pro reo 7;

---

[34] BGH, Beschluss vom 7.10.2014 – 4 StR 371/14; vgl. auch Beschluss vom 19.11.2014 – 4 StR 284/14.

[35] BGH, Beschluss vom 3.07.2014 – 4 StR 191/14; siehe hierzu auch Beschluss vom 24.09.2014 – 4 StR 231/14.

vgl. Beschluss vom 15. April 1987 – 3 StR 138/87, BGHR StGB § 52 Abs. 1 in dubio pro reo 1).

[5] Da das Landgericht die einzelnen Tatbeiträge nicht genauer feststellen konnte, ist nach dem Zweifelssatz zugunsten des Angeklagten davon auszugehen, dass er nicht selbst in die Wohnungen der Geschädigten Ah. und Ko. eingedrungen ist, sondern an den von seinen Mittätern ausgeführten Einbrüchen durch das Absichern der Umgebung übergreifend mitgewirkt hat. Damit hat er in Bezug auf diese beiden Taten keinen individuellen, sondern nur einen einheitlichen Tatbeitrag erbracht, so dass insoweit (gleichartige) Tateinheit gemäß § 52 Abs. 1 StGB gegeben ist.

Mittäterschaft setzt voraus, dass der Angeklagte auf der Grundlage gemeinsamen Wollens einen die Tatbestandsverwirklichung fördernden Beitrag leistet, welcher sich nach seiner Willensrichtung nicht als bloße Förderung fremden Tuns, sondern als Teil der Tätigkeit aller darstellt und der dementsprechend die Handlungen der anderen als Ergänzung seines eigenen Tatanteils erscheinen lässt.[36] **39**

[1] Das Landgericht hat den Angeklagten H. wegen versuchter räuberischer Erpressung in Tateinheit mit gefährlicher Körperverletzung unter Einbeziehung eines Urteils des Amtsgerichts Halle vom 13. Januar 2011 zu einer Einheitsjugendstrafe von einem Jahr und sechs Monaten verurteilt und deren Vollstreckung zur Bewährung ausgesetzt. Hiergegen richtet sich die auf eine Verfahrens- und die Sachrüge gestützte Revision des Angeklagten. Letztere hat zum Rechtsfolgenausspruch Erfolg.

[2] Der Generalbundesanwalt hat hierzu in der Antragsschrift vom 4. April 2014 unter anderem ausgeführt:

> *„Die Feststellungen tragen nur den Schuldspruch einer Beihilfe zur versuchten räuberischen Erpressung in Tateinheit mit Beihilfe zur gefährlichen Körperverletzung, nicht einer täterschaftlichen Begehung. Mittäterschaft hätte vorausgesetzt, dass der Angeklagte auf der Grundlage gemeinsamen Wollens einen die Tatbestandsverwirklichung fördernden Beitrag leistet, welcher sich nach seiner Willensrichtung nicht als bloße Förderung fremden Tuns, sondern als Teil der Tätigkeit aller darstellt und der dementsprechend die Handlungen der anderen als Ergänzung seines eigenen Tatanteils erscheinen lässt (BGH, Beschluss vom 22. Dezember 2011 – 3 StR 371/11 in: NStZ-RR 2012, 120 Rn. 3, 4). Der Tatbeitrag des Angeklagten im Fall II.1 erschöpft sich darin, dass er Fahrer des Tat- und Fluchtfahrzeugs war und sich während der Tatbestandsverwirklichung fünf Meter vom Geschehen entfernt aufhielt (UA Bl. 11). Feststellungen zu einem gemeinsamen Tatplan und einer beabsichtigten Beuteteilung, die ein eigenes Tatinteresse begründen könnten, fehlen. Die Angeklagten haben sich nicht zur Sache eingelassen (UA Bl. 14) und auch aus den Aussagen der Zeugen W. und T. (UA Bl. 14, 25) ist nur der den Feststellungen zugrunde gelegte Tatbeitrag zu entnehmen. Der bloße Transport der Mitangeklagten und des Opfers zum Tatort und das Bereithalten des PKWs zur Flucht ist für das Gesamtgeschehen von untergeordneter Bedeutung und deshalb nur als Beihilfe zu werten (vgl. BGH, Beschluss vom 22. Dezember 2011, a.a.O. Rn. 3, 4).*
>
> *Der Senat wird hinsichtlich der rechtlichen Würdigung auf eine Zurückverweisung verzichten und selbst entscheiden können. Die Kammer hat im Rahmen der*

[36] BGH, Beschluss vom 20.05.2014 – 4 StR 133/14.

Beweisaufnahme die Beweismittel ausgeschöpft, so dass nach einer Zurückverweisung keine weitergehenden Erkenntnisse zu erwarten sind."

[3] Dem verschließt sich der Senat nicht und verweist ergänzend darauf, dass er – mit dem Generalbundesanwalt – einen Einfluss der Schuldspruchänderung auf die Ahndung nicht ausschließen kann, auch wenn die ausge-sprochene, zur Bewährung ausgesetzte Strafe unter Berücksichtigung des einbezogenen Urteils bereits sehr milde ist. Eines Hinweises auf die Änderung des Schuldspruchs bedurfte es nicht, da der Senat ausschließt, dass sich der Angeklagte erfolgreicher als geschehen hätte verteidigen können.

40 Die Feststellungen des Landgerichts bieten keine Grundlage, auch schon die allein von den Mitangeklagten in der Wohnung des Geschädigten begangene gemeinschaftliche gefährliche Körperverletzung gemäß § 224 Abs. 1 Nr. 4 StGB dem **Angeklagten als Mittäter nach § 25 Abs. 2 StGB zuzurechnen.** An dem diesbezüglichen **gemeinsamen Tatentschluss war der Angeklagte nicht beteiligt.** Für eine (vom Landgericht auch nicht erörterte) **Annahme sukzessiver Mittäterschaft** des Angeklagten ist hinsichtlich dieses Geschehensabschnitts – ungeachtet der konkurrenzrechtlichen Beurteilung der Taten durch das Landgericht als Tateinheit – **kein Raum.** Nach der ständigen Rechtsprechung des Bundesgerichtshofs zieht bei einem Geschehen, welches schon vollständig abgeschlossen ist, das Einverständnis des später Hinzutretenden trotz Kenntnis, Billigung oder Ausnutzung der durch andere Mittäter geschaffenen Lage eine strafbare Verantwortung für das bereits abgeschlossene Geschehen nicht nach sich.[37]

[5] 3. Das Rechtsmittel führt auch nicht zur Aufhebung des Strafausspruchs.

[6] a) Allerdings bestehen gegen den von der Strafkammer bei der Strafzumessung wohl unter Einbeziehung der Körperverletzungshandlungen des ersten Handlungsabschnitts zugrunde gelegten Schuldumfang die bereits vom Generalbundesanwalt in der Antragsschrift geäußerten Bedenken. Die Feststellungen des Landgerichts bieten keine Grundlage, auch schon die allein von den Mitangeklagten in der Wohnung des Geschädigten begangene gemeinschaftliche gefährliche Körperverletzung gemäß § 224 Abs. 1 Nr. 4 StGB dem Angeklagten als Mittäter nach § 25 Abs. 2 StGB zuzurechnen. An dem diesbezüglichen gemeinsamen Tatentschluss war der Angeklagte nicht beteiligt. Für eine (vom Landgericht auch nicht erörterte) Annahme sukzessiver Mittäterschaft des Angeklagten ist hinsichtlich dieses Geschehensabschnitts – ungeachtet der konkurrenzrechtlichen Beurteilung der Taten durch das Landgericht als Tateinheit – kein Raum. Nach der ständigen Rechtsprechung des Bundesgerichtshofs zieht bei einem Geschehen, welches schon vollständig abgeschlossen ist, das Einverständnis des später Hinzutretenden trotz Kenntnis, Billigung oder Ausnutzung der durch andere Mittäter geschaffenen Lage eine strafbare Verantwortung für das bereits abgeschlossene Geschehen nicht nach sich (vgl. BGH, Urteil vom 24. April 1952 – 3 StR 48/52, BGHSt 2, 344, 346; Beschlüsse vom 24. November 1993 – 2 StR 606/93, NStZ 1994, 123, vom 12. Februar 1997 – 2 StR 28/97, NStZ 1997, 272; Urteil vom 18. Dezember 2007 – 1 StR 301/07, NStZ 2008, 280, und Beschluss vom 22. Mai 2013 – 2 StR 14/13, BGHR StGB § 25 Abs. 2 Mittäter 37).

---

[37] BGH, Urteil vom 12.08.2014 – 5 StR 264/14.

[7] b) Zwar ist nicht völlig auszuschließen, dass die Bemessung der gegen den Beschwerdeführer erkannten Strafe auf der Zugrundelegung eines zu großen Schuldumfangs beruht, den das Landgericht mit der Erwägung, der Angeklagte habe sich an dem Geschehen in der Wohnung „nicht aktiv" beteiligt, freilich strafmildernd nachhaltig relativiert hat; zudem war dem Angeklagten anzulasten, dass er sich in Kenntnis der bereits erfolgten Misshandlungen an dem weiteren Tatgeschehen beteiligt hatte. Das Urteil hat aber jedenfalls deshalb Bestand, weil die vom Landgericht ausgesprochene Strafe mit Blick auf das Tatbild auf der Grundlage der nicht von einem Rechtsfehler betroffenen Zumessungserwägungen jedenfalls angemessen ist (§ 354 Abs. 1a Satz 1 StPO). Die strengere Bestrafung des Angeklagten im Vergleich zu den Mitangeklagten und die allein ihm versagte Strafaussetzung zur Bewährung sind maßgeblich der unterschiedlichen Vorstrafensituation geschuldet.

[8] Für seine Beurteilung steht dem Senat ein rechtsfehlerfrei ermittelter, vollständiger und aktueller Strafzumessungssachverhalt zur Verfügung (vgl. BGH, Beschlüsse vom 8. Oktober 2008 – 4 StR 226/08, StV 2009, 464, 465, vom 13. Oktober 2009 – 5 StR 347/09, BGHR StPO § 354 Abs. 1a Anwendungsbereich 9, und vom 21. Mai 2014 – 4 StR 144/14). Der Angeklagte hatte auch Gelegenheit, zu der beabsichtigten Entscheidung nach § 354 Abs. 1a Satz 1 StPO Stellung zu nehmen, die sein Verteidiger für ihn genutzt hat.

Wesentliche Anhaltspunkte für eine Annahme **täterschaftlicher Begehung** können gefunden werden im **Grad des eigenen Interesses am Erfolg der Tat**, im **Umfang der Tatbeteiligung** und in der **Tatherrschaft** oder wenigstens im **Willen zur Tatherrschaft**. Dabei **kann bereits eine Beteiligung** im Vorfeld der eigentlichen Tatbestandsverwirklichung ausreichen, um Mittäterschaft zu begründen, sofern sich diese Mitwirkung nach der Willensrichtung des sich Beteiligenden nicht als bloße Förderung fremden Tuns, sondern als Teil der Tätigkeit aller darstellt. Insbesondere ist eine Anwesenheit am Tatort für die Annahme von Mittäterschaft nicht erforderlich. Außerdem ist die tatgerichtliche Bewertung der Beteiligungsform ist nach der Rechtsprechung des Bundesgerichtshofs allerdings nur einer eingeschränkten revisionsgerichtlichen Kontrolle zugänglich.[38] **41**

[7] 3. Die Revisionshauptverhandlung konnte nach der verfassungsrechtlich unbedenklichen Vorschrift des § 350 Abs. 2 Satz 2 StPO in Abwesenheit des inhaftierten verteidigten Angeklagten stattfinden. Für die Revisionsverhandlung relevante Einwände hat die Verteidigung nicht erhoben.

[8] 4. Die Revisionen der Staatsanwaltschaft und des Nebenklägers haben Erfolg. Jedenfalls hält die Wertung des Schwurgerichts, der Angeklagte habe sich nicht täterschaftlich, sondern lediglich als Gehilfe an der Tat beteiligt, rechtlicher Überprüfung nicht stand.

[9] a) Wesentliche Anhaltspunkte für diese Beurteilung können gefunden werden im Grad des eigenen Interesses am Erfolg der Tat, im Umfang der Tatbeteiligung und in der Tatherrschaft oder wenigstens im Willen zur Tatherrschaft. Dabei kann bereits eine Beteiligung im Vorfeld der eigentlichen Tatbestandsverwirklichung ausreichen, um Mittäterschaft zu begründen, sofern sich diese Mitwirkung nach der Willensrichtung des sich Beteiligenden nicht als bloße Förderung fremden Tuns, sondern als

---

38 BGH, Beschluss vom 10.12.2013 – 5 StR 387/13.

Teil der Tätigkeit aller darstellt. Insbesondere ist eine Anwesenheit am Tatort für die Annahme von Mittäterschaft nicht erforderlich (BGH, Urteil vom 17. Oktober 2002 – 3 StR 153/02, NStZ 2003, 253, 254 mwN).

[10] Die tatgerichtliche Bewertung der Beteiligungsform ist nach der Rechtsprechung des Bundesgerichtshofs allerdings nur einer eingeschränkten revisionsgerichtlichen Kontrolle zugänglich (BGH, Urteil vom 17. September 2009 – 5 StR 521/08, NJW 2010, 92, 97). Die Zubilligung eines dem Tatgericht eingeräumten Beurteilungsspielraums mit der Konsequenz, dass die bloße Möglichkeit einer anderen Bewertung das gefundene Ergebnis nicht rechtsfehlerhaft macht, setzt aber eine umfassende Würdigung des Beweisergebnisses voraus (BGH, Urteil vom 17. Oktober 2002 – 3 StR 153/02, NStZ 2003, 253, 254). Das angefochtene Urteil erweist sich hingegen insofern als lückenhaft.

[11] Denn das Landgericht hat es versäumt, alle von ihm festgestellten Tatumstände in seine Beweiswürdigung einzubeziehen. Es hat hierbei vor allem nicht berücksichtigt, dass M. wenige Minuten vor der Tat gegenüber S. wütend angekündigt hatte, er werde nun den – wegen gefährlicher Körperverletzung vorbestraften (UA S. 4) – Angeklagten holen (UA S. 8), was auf ein verabredetes Zusammenwirken hindeuten könnte. In den Blick hätte ferner genommen werden müssen, dass der Angeklagte, für den nach eigenem Bekunden in seiner Heimat der Umgang mit Waffen „normal" gewesen ist (UA S. 13), am Tatabend S. die Schusswaffe mit der Drohung an den Kopf gehalten hat, nicht M., sondern „sie" würden ihn umbringen, „wenn er etwas verraten würde" (UA S. 8, ferner S. 18). Schließlich hätte erörtert werden müssen, weshalb der Angeklagte gemeinsam mit M. an den Schießübungen teilgenommen und entsprechend seiner Gesichtsform die Sehschlitze in die Wollmütze geschnitten hat (UA S. 8).

[12] b) Der Senat kann nicht ausschließen (§ 337 Abs. 1 StPO), dass das Landgericht zur Annahme gelangt wäre, der Angeklagte habe sich an der Tötung A.s täterschaftlich beteiligt, wenn es auch die genannten Umstände in seine Abwägung einbezogen hätte. Er hebt daher das angegriffene Urteil einschließlich der Feststellungen (§ 353 Abs. 2 StPO) auf.

42 Die **Annahme von Mittäterschaft** erfordert **nicht zwingend eine Mitwirkung am Kerngeschehen der Tat;** vielmehr kann für eine Tatbeteiligung als Mittäter auch ein auf der Grundlage gemeinsamen Wollens die Tatbestandsverwirklichung **fördernder Beitrag ausreichen**, der sich auf eine Vorbereitungs- oder Unterstützungshandlung beschränkt. Auch einen das tatbestandliche Handeln (allein) der früheren Mitangeklagten und des Angeklagten O. in diesem Sinne wenigstens fördernden Tatbeitrag des Angeklagten E. hat das Landgericht indes nicht festgestellt. Ein solcher kann insbesondere nicht schon aus dem Umstand abgeleitet werden, dass der Angeklagte E. in den gemeinsam gefassten, auf die Begehung zwar gleichartiger, im Einzelnen aber noch unbestimmter Taten gerichteten Tatplan eingebunden war.[39]

[6] 2. Die Schuldsprüche haben keinen Bestand.

[7] a) Das Landgericht hat den Angeklagten E. auch in den Fällen als Mittäter (§ 25 Abs. 2 StGB) angesehen, in denen der Angeklagte O. die Anträge im Zusammenwirken mit der früheren Mitangeklagten eingereicht hatte. Dies hält rechtlicher

[39] BGH, Beschluss vom 19.08.2014 – 3 StR 326/14.

Überprüfung nicht stand. Zwar erfordert die Annahme von Mittäterschaft nicht zwingend eine Mitwirkung am Kerngeschehen der Tat; vielmehr kann für eine Tatbeteiligung als Mittäter auch ein auf der Grundlage gemeinsamen Wollens die Tatbestandsverwirklichung fördernder Beitrag ausreichen, der sich auf eine Vorbereitungs- oder Unterstützungshandlung beschränkt (st. Rspr.; vgl. BGH, Beschluss vom 2. Juli 2008 – 1 StR 174/08, NStZ 2009, 25, 26). Auch einen das tatbestandliche Handeln (allein) der früheren Mitangeklagten und des Angeklagten O. in diesem Sinne wenigstens fördernden Tatbeitrag des Angeklagten E. hat das Landgericht indes nicht festgestellt. Ein solcher kann insbesondere nicht schon aus dem Umstand abgeleitet werden, dass der Angeklagte E. in den gemeinsam gefassten, auf die Begehung zwar gleichartiger, im Einzelnen aber noch unbestimmter Taten gerichteten Tatplan eingebunden war. Entgegen der Auffassung des Generalbundesanwalts stellt sich deshalb nicht nur die Frage der konkurrenzrechtlichen Behandlung eines einheitlichen, mehrere Einzeltaten eines Mittäters fördernden Tatbeitrags.

[8] In welchen oder zumindest in wie vielen Fällen der Angeklagte O. allein mit der früheren Mitangeklagten zusammenwirkte, ist den Feststellungen nicht zu entnehmen. Soweit der Angeklagte E. wegen der 49 auf den ersten Tatabschnitt entfallenden Taten verurteilt worden ist, unterliegt das Urteil deshalb insgesamt der Aufhebung.

[9] b) Aufzuheben ist das Urteil auch, soweit das Landgericht die Angeklagten wegen Betruges in Tateinheit mit Urkundenfälschung und mit Unterschlagung verurteilt hat, denn das Landgericht hat, was die Unterschlagung betrifft, bereits die Subsidiaritätsklausel des § 246 Abs. 1 StGB übersehen. Eine entsprechende Abänderung der Schuldsprüche ist dem Senat verwehrt, denn zu der naheliegenden Frage, ob die Herausgabe der Geräte durch die frühere Mitangeklagte bzw. den Angeklagten E. statt dessen als Untreue (und das Verhalten des Angeklagte O. als Beihilfe hierzu) zu bewerten ist, verhält sich das Urteil nicht. Der neue Tatrichter wird insoweit Ermittlungen zur jeweiligen Pflichtenstellung nachzuholen haben.

4. Beihilfe – § 27 StGB

TOPENTSCHEIDUNG ■

Für die **Beihilfestrafbarkeit bei berufstypischen „neutralen" Handlungen** die folgenden Grundsätze zu beachten: Zielt das Handeln des Haupttäters ausschließlich darauf ab, eine strafbare Handlung zu begehen, und weiß dies der Hilfeleistende, so ist sein Tatbeitrag als Beihilfehandlung zu werten. In diesem Fall verliert sein Tun stets den „Alltagscharakter"; es ist als „Solidarisierung" mit dem Täter zu deuten und dann auch nicht mehr als sozialadäquat anzusehen. Weiß der Hilfeleistende dagegen nicht, wie der von ihm geleistete Beitrag vom Haupttäter verwendet wird, hält er es lediglich für möglich, dass sein Tun zur Begehung einer Straftat genutzt wird, so ist sein Handeln regelmäßig noch nicht als strafbare Beihilfehandlung zu beurteilen, es sei denn, das von ihm erkannte Risiko strafbaren Verhaltens des von ihm Unterstützten war derart hoch, dass er sich mit seiner Hilfeleistung die Förderung eines erkennbar tatgeneigten Täters angelegen sein ließ.[40] **43**

[40] BGH, Urteil vom 22.01.2014 – 5 StR 468/12.

[2] 1. Nach den Feststellungen des Landgerichts unterstützte der Angeklagte als Geschäftsführer des von ihm gegründeten Finanzdienstleistungsunternehmens P. GmbH unter anderem die ehemaligen Mitangeklagten O. und H. Ö. bei deren betrügerischen Taten, indem er den Lastschrifteinzug für die von O., Ö. und weiteren Mittätern betriebene W. GmbH (im folgenden W.) durchführte und dieser so ermöglichte, durch ihr auf Täuschungshandlungen beruhendes Geschäftsmodell Umsätze zum Nachteil vermeintlicher Kunden zu generieren.

[3] O. und Ö. waren spätestens Ende des Jahres 2009 mit den gesondert verfolgten K. und M. Ö. übereingekommen, die als Dienstleister für Gewinnspieleintragungsdienste auftretende W. mit Hauptsitz in Berlin zu gründen und zu betreiben. Das im Folgenden in die Tat umgesetzte Geschäftsmodell der W. bestand darin, fortlaufend eine möglichst große Zahl oft älterer Personen im Wege des Telefonvertriebs dazu zu bringen, ihre Kontoverbindungen preiszugeben und den hierdurch ermöglichten monatlichen Abbuchungen in Höhe von 49 € bis 59 € nicht zu widersprechen. Die Telefonanrufe erfolgten aus Callcentern in der Türkei, die von mit der W. wirtschaftlich in Verbindung stehenden und insbesondere K. zuzuordnenden Firmen betrieben wurden. Nachdem O. und H. Ö. von den Callcentern die Adressdaten und die Kontoverbindungen der angerufenen Personen erlangt hatten, veranlassten sie zunächst die Firma ad. und ab Februar 2011 die P. GmbH des Angeklagten als Lastschriftdienstleister, von den Konten die Monatsbeträge der Teilnahmegebühren im Lastschriftverfahren einzuziehen. Auf diese Weise verschafften sich die ehemaligen Mitangeklagten O. und H. Ö. sowie M. Ö. und K. im Zeitraum Dezember 2009 bis Juni 2011 insgesamt Einnahmen „im deutlich achtstelligen Euro-Bereich" (UA S. 4).

[4] Die regelmäßig unter falschen deutschen Namen agierenden „Callcenter-Agents" wandten zur gezielten Irreführung der Angerufenen hauptsächlich zwei verschiedene Gesprächsstrategien an: Bei der „Kündigungsmasche" wurde gegenüber dem Angerufenen behauptet, er habe bereits einen Vertrag mit einem Gewinnspieleintragungsdienst geschlossen; diesen Vertrag könne er jedoch im Rahmen eines dreimonatigen Sonderkündigungsrechts beenden – allerdings nur gegen Zahlung von drei monatlichen Servicebeiträgen. Bei der „Datenlöschmasche" wurde dem Angerufenen gegenüber behauptet, man habe Kenntnis davon, dass er ständig von Gewinnspielfirmen angerufen werde; gegen Zahlung einer Servicegebühr könne man für eine Löschung seiner Daten und ein Ende der Anrufe sorgen, indem ihn die W. in eine Sperrliste eintrage, wozu die W. jedoch tatsächlich nicht in der Lage war.

[5] Neben diesen Methoden kam es auch vor, dass sich „Callcenter-Agents" als Mitarbeiter von Strafverfolgungs- und Datenschutzbehörden oder Verbraucherschutzstellen sowie als Rechtsanwälte ausgaben, um Kundendaten zu erlangen.

[6] Im Anschluss an den nicht aufgezeichneten ersten Anruf erfolgte seitens der „Callcenter-Agents" ein aufgezeichneter und gespeicherter Kontrollanruf, in dem die bereits erlangten Kundendaten erneut abgefragt wurden, um zum Schein den Nachweis eines ordnungsgemäßen Vertragsschlusses zu generieren. Diese als „Quality-Calls" bezeichneten Gespräche wurden teilweise für Kunden zum telefonischen Fernabruf bereitgehalten, „um ihnen noch deutlicher das Gefühl zu vermitteln, dass sie sich den vermeintlichen Ansprüchen der W. nicht würden entziehen können" (UA S. 5).

[7] Im weiteren Verlauf wurden die von den Callcentern angerufenen Personen durch die W. mit Wissen und Billigung O.s und H. Ö.s zusätzlich in die Irre geführt. Hierzu übermittelte die W. die persönlichen Daten der Kunden an die

D. GmbH, die ihnen entsprechend den Vorgaben der beiden ehemaligen Mitangeklagten mit den Logos verschiedener Gewinnspielprodukte versehene Begrüßungsschreiben übersandte. In diesen wurde behauptet, die Empfänger hätten sich zur Teilnahme „bei Ihrem persönlichen Gewinnspielclub ... mit der 100%-Geld-zurück-Garantie" entschieden und würden nunmehr gegen monatliche Zahlung eines sogenannten Servicebetrages von 49 € bis 59 € „jeden Monat bei mindestens 200 der besten Gewinnspiele Deutschlands" angemeldet. Außerdem wurde den Empfängern eine Mindest-Gewinnsumme von regelmäßig 500 € garantiert. Tatsächlich erfolgte als Gegenleistung im Wesentlichen die Anmeldung bei im Internet kostenlos angebotenen Gewinnspielen, in denen überwiegend Preise zu gewinnen waren, deren Wert sich im zweistelligen Euro-Bereich bewegte. Darüber hinaus meldete die W. monatlich regelmäßig 14.000 bis 16.000 Personen bei dem Tippspiel l. an, in dem für sechs Richtige (aus 49 Zahlen) mit Zusatzzahl ein Gewinn von 1 Million €, für sechs Richtige ohne Zusatzzahl ein solcher von 1.000 € und für fünf Richtige ein Gewinn von 5 € erzielt werden konnte.

[8] Entgegen dem Wortlaut der Begrüßungsschreiben wurde auch keine „Geld-zurück- bzw. Gewinn-Garantie" übernommen. Vielmehr wurden Gutscheine jeglicher Art auf die vermeintliche Gewinnsumme angerechnet. Die W. beauftragte dementsprechend ab Juni 2010 die ad. GmbH mit der Anmeldung vor dem Auslaufen des Vertrages stehender Kunden bei einem Garantie-Gewinnspiel, bei dem jeder Teilnehmer einen Gewinn in Form eines Reisegutscheins mit einem vorgeblichen Nennwert von mindestens 700 € erzielte. Derartige Gutscheine bezog die ad. GmbH von der B. GmbH zum Nulltarif.

[9] Den ehemaligen Mitangeklagten O. und H. Ö. sowie K. und M. Ö. „kam es darauf an, durch die Begrüßungsschreiben bei den Empfängern die falsche Vorstellung hervorzurufen, sie hätten sich bereits verbindlich und rechtswirksam zu einer längerfristigen kostenpflichtigen Teilnahme an Gewinnspielen mit realistischen Aussichten auf werthaltige Preise verpflichtet, und sie so dazu zu veranlassen, von Kündigungen und Widersprüchen bzw. Rückbuchungen abzusehen" (UA S. 6). Sofern die Empfänger der Schreiben dem angeblichen Vertragsschluss nicht zeitnah widersprachen, wurden die „Servicebeträge" in der Folge durch den Zahlungsdienstleister – mithin ab Februar 2011 durch die Firma des Angeklagten – im Auftrag der W. monatlich im Lastschriftverfahren eingezogen.

[10] Der Angeklagte handelte – so das Landgericht – spätestens seit dem 28. März 2011 „mit dem sicheren Wissen, dass zumindest ein Teil der ‚Verträge' der W. mit Endkunden ... durch Täuschung erschlichen war, und hielt dies in Bezug auf jeden einzelnen Vertrag zumindest für sehr wahrscheinlich. Gleichwohl setzte er den Lastschrifteinzug für die W. bis zur Durchsuchung der Geschäftsräume der W. und der P. GmbH im Juni 2011 fort" (UA S. 9).

...

[27] bb) Diese Grundsätze dienen im Wesentlichen der Begrenzung von strafbarem Beihilfeunrecht bei Verhaltensweisen, „die der Ausführende jedem anderen in der Lage des Täters gegenüber vorgenommen hätte, weil er mit der Handlung – im Vorhinein (auch) – tat- und täterunabhängige eigene, rechtlich als solche nicht missbilligte Zwecke verfolgt" (Wohlleben, Beihilfe durch äußerlich neutrale Handlungen, 1996, S. 4; Schünemann aaO Rn. 17). Dabei ist zu unterscheiden zwischen den Fällen, in denen sich der fördernde Beitrag des Gehilfen bereits objektiv nicht als strafbare Beihilfe darstellt, und denjenigen, in denen subjektive Gründe einer Strafbarkeit entgegenstehen.

[28] Aus objektiven Gründen kann eine strafbare Beihilfe zu verneinen sein, wenn dem Handeln des – um die bevorstehende Deliktsverwirklichung wissenden – Täters der „deliktische Sinnbezug“ (Schünemann aaO Rn. 18) fehlt, weil das vom Gehilfen geförderte Tun des Haupttäters nicht allein auf die Begehung einer strafbaren Handlung abzielt und der Beitrag des Gehilfen auch ohne das strafbare Handeln des Täters für diesen sinnvoll bleibt (vgl. Schünemann aaO), der Gehilfe mithin zwar den Täter, nicht aber unmittelbar dessen strafbares Tun durch seinen Beitrag unterstützt.

[29] Subjektiv besteht insoweit Anlass zu einer Begrenzung der Beihilfestrafbarkeit, als der Außenstehende eine deliktische Verwendung seines Beitrags durch den Täter zwar für möglich hält – also mit dolus eventualis handelt – aufgrund des Alltagscharakters seines Tuns aber darauf vertrauen darf, dass der andere dieses nicht zur Begehung einer vorsätzlichen Straftat ausnutzen wird (vgl. Schünemann aaO Rn. 19; näher zum Vertrauensgrundsatz Roxin, FS Tröndle, 1989, S. 177). Indem der Bundesgerichtshof in den Fällen, in denen der Hilfeleistende nicht weiß, wie der von ihm geleistete Beitrag vom Haupttäter verwendet wird, die Strafbarkeit davon abhängig macht, ob das vom Hilfeleistenden erkannte Risiko strafbaren Verhaltens des von ihm Unterstützten derart hoch ist, dass er sich mit seiner Hilfeleistung die Förderung eines erkennbar tatgeneigten Täters angelegen sein lässt, wird sichergestellt, dass sich niemand durch bloße Mutmaßungen über die Möglichkeit einer strafbaren Verwendung von alltäglichen, sozial nicht unerwünschten Handlungen abhalten lassen muss.

[30] cc) Wendet man diese Grundsätze auf den vorliegenden Fall an, so steht in objektiver Hinsicht der „deliktische Sinnbezug“ des in der Durchführung des Lastschrifteinzugs liegenden Beitrags des Angeklagten außer Zweifel, weil das Handeln der Haupttäter nach den insoweit rechtsfehlerfreien Feststellungen des Landgerichts ausschließlich auf die Begehung von Betrugstaten abzielte. Hierfür ist unerheblich, dass bei einzelnen Abbuchungen ein vollendeter Betrug mangels eines auf Täuschung basierenden Irrtums der Kunden ausscheidet. Unabhängig davon ist nämlich – wie die Wirtschaftsstrafkammer zutreffend angenommen hat – das gesamte Vorgehen der ehemaligen Mitangeklagten – einschließlich der Veranlassung der einzelnen Abbuchungen, hinsichtlich derer sie durchweg zumindest mit bedingtem Betrugsvorsatz handelten – jedenfalls als versuchter Betrug zu werten. Für eine objektive Einschränkung der Beihilfestrafbarkeit des Angeklagten besteht insoweit kein Anlass.

[31] Sollte der Angeklagte positive Kenntnis vom Vorgehen der Haupttäter gehabt haben, ergäbe sich hieraus vorliegend ohne Weiteres seine Strafbarkeit wegen Beihilfe zum versuchten Betrug. Hierfür würde es im Übrigen auch ausreichen, wenn sich die Kenntnis des Angeklagten nur auf einen – sei es auch nur kleinen – Teil der eingezogenen Forderungen bezog, weil er auch dann wissentlich ein strafbares Tun gefördert hätte.

[32] In subjektiver Hinsicht würde es hingegen nicht genügen, wenn der Angeklagte bezüglich der von ihm eingezogenen Forderungen die Begehung von Betrugstaten durch die Haupttäter lediglich für möglich gehalten hätte. Vielmehr bedarf es gemäß den dargelegten Grundsätzen konkreter Feststellungen, die belegen, dass das von ihm erkannte Risiko strafbaren Verhaltens derart hoch war, dass er sich mit seiner Hilfeleistung die Förderung der erkennbar tatgeneigten ehemaligen Mitangeklagten angelegen sein ließ. Maßgeblich ist, ob es für den Angeklagten Anhaltspunkte gab, die es zumindest als sehr wahrscheinlich erscheinen ließen, dass – wie es tatsächlich

der Fall war – das gesamte durch ihn geförderte Tun der Haupttäter auf die Begehung versuchter Betrugstaten angelegt war oder aber jedenfalls ein Teil der einzuziehenden Forderungen aus solchen Straftaten herrührte. Dementsprechende gesicherte Feststellungen lässt das angefochtene Urteil jedoch vermissen.

[33] (1) Die Feststellungen zu den erhöhten Rücklastschriftquoten wegen Widerspruchs, die womöglich einen Anhaltspunkt für systematisches betrügerisches Vorgehen darstellen könnten, sind bereits deshalb unzureichend, weil weder deren tatsächliche Höhe noch etwaige dem Angeklagten bekannte Vergleichswerte benannt werden, so dass sich die Aussagekraft der Rücklastschriftquoten der revisionsgerichtlichen Überprüfbarkeit entzieht.

[34] (2) Des Weiteren legt das Landgericht nicht hinreichend dar, inwieweit die Abweichungen der Rücklastschriftquoten von bekannten Durchschnittswerten eine statistische Signifikanz aufweisen. Es setzt sich ferner nicht genügend mit den verschiedenen Erklärungsmöglichkeiten für überdurchschnittlich hohe Werte auseinander. Insbesondere bleibt die Frage ungeklärt, inwieweit die erhöhten Werte etwa auch auf Formen sogenannten negativen Verkaufens zurückzuführen sein könnten, die noch nicht dem Tatbestand des § 263 StGB unterfallen, oder gar eine Erklärung in der Minderwertigkeit der unter Umständen unter bloßer Überrumpelung, jedoch ohne Täuschung verkauften Gewinnspielprodukte finden. Bei der Auswertung der Rücklastschriftquoten ist aber von entscheidender Bedeutung, ob eine hinreichend eindeutige, für den Angeklagten erkennbare Signifikanz gerade hinsichtlich eines strafbaren Verhaltens der Haupttäter vorliegt, andernfalls kann aufgrund der Rücklastschriftquoten nicht angenommen werden, der Angeklagte habe ein derart hohes Risiko strafbaren Verhaltens erkannt, dass er sich mit seiner Hilfeleistung die Förderung der erkennbar tatgeneigten Täter angelegen sein ließ. Eine nähere Klärung dieser Fragen ist hier auch deshalb geboten, weil das Urteil im Rahmen der Erörterung der Kenntnis des Angeklagten vom Vorgehen der Haupttäter überwiegend nicht ausdrücklich auf Täuschungshandlungen, sondern auf den unscharf bleibenden Begriff des „negativen Verkaufens" abstellt und seine Überzeugung vom sicheren Wissen des Angeklagten maßgeblich auf dessen wörtlich auf diesen Begriff bezogene Äußerung im Telefonat vom 28. März 2011 stützt.

[35] (3) Die Bewertung dieses Telefonats birgt zudem schon für sich genommen einen durchgreifenden Rechtsfehler. Das Landgericht zieht dieses Telefonat als entscheidendes Indiz für die Feststellung sicheren Wissens des Angeklagten „bezüglich wiederholtem und nennenswertem Negativverkauf" heran. Dies verträgt sich nicht mit dem zu Gunsten des Angeklagten angenommenen Umstand, „die Quoten bei den Lastschriftläufen für die W. seien „nicht in einer Weise erhöht" gewesen, „dass der Angeklagte hieraus allein auf negatives Verkaufen hätte schließen müssen" (UA S. 12). Denn in dem Telefonat begründet der Angeklagte sein gegenüber seinem Geschäftspartner O. behauptetes Wissen unmittelbar und ausschließlich mit den „Zahlen" bzw. „Quoten". Die Strafkammer hat es insofern auch versäumt zu erörtern, ob es sich bei der Behauptung entsprechenden Wissens in dem Telefonat etwa um ein gezielt eingesetztes rhetorisches Mittel gehandelt haben könnte, dem ein tatsächliches Wissen des Angeklagten nicht zu Grunde lag.

[36] (4) Sonstige Anhaltspunkte, aus denen sich für den Angeklagten das hohe Risiko strafbaren Verhaltens der Haupttäter ergeben haben könnte, lassen sich dem Urteil nicht entnehmen. Zwar stellt die Strafkammer auch darauf ab, der Angeklagte habe „aus zahlreichen Gesprächen mit dem ehemaligen Angeklagten O. und von einem Besuch in den türkischen Callcentern recht genauen Einblick in die Ge-

schäftstätigkeit der W. und der ihr verbundenen türkischen Unternehmen" gehabt (UA S. 18). Welche Erkenntnisse er dabei konkret erlangt hat, bleibt indessen unklar. Angesichts der schriftlichen Zusicherung, die sich der Angeklagte zu Beginn des Vertragsverhältnisses mit der W. hat geben lassen, und in Anbetracht des Vorhalts im Telefonat vom 28. März 2011 liegt auch nicht unbedingt nahe, dass O. dem Angeklagten gegenüber gezieltes „negatives Verkaufen" eingeräumt haben könnte oder dass man den Angeklagten beim Besuch der Callcenter in der Türkei an betrügerischen Gesprächsabläufen hätte teilhaben lassen.

5. Anstiftung – § 26 StGB

44 Ist die **Anstiftung zwar** als solche **vollendet**, die **Haupttat** aber nur in das **Versuchsstadium** gelangt, so liegt eine Anstiftung zum Versuch vor.[41]

[4] 1. Der Schuldspruch ist dahin abzuändern, dass im zweiten Fall nur eine Anstiftung zur versuchten gefährlichen Körperverletzung vorliegt (§ 224 Abs. 1 Nr. 2, § 26, § 22 StGB). Die Annahme des Landgerichts, auf die Nichtvollendung der Haupttat komme es nicht an, trifft nicht zu. Ist die Anstiftung zwar als solche vollendet, die Haupttat aber nur in das Versuchsstadium gelangt, so liegt eine Anstiftung zum Versuch vor.

[5] Der Senat ändert den Schuldspruch entsprechend. § 265 Abs. 1 StPO steht dem nicht entgegen, weil sich der Angeklagte, der die Taten eingeräumt hat, nicht anders als geschehen hätte verteidigen können.

6. Besondere persönliche Merkmale – § 28 StGB

45 Da die **Bandenmitgliedschaft** ein besonderes persönliches Merkmal im Sinne des § 28 Abs. 2 StGB ist, können Tatbeteiligte, die nicht selbst Bandenmitglieder sind, nur wegen Beteiligung am Grunddelikt bestraft werden.[42]

[8] Die getroffenen Feststellungen tragen den Schuldspruch wegen Beihilfe zum schweren Bandendiebstahl in vier Fällen nicht und bieten deshalb keine Grundlage für die Prüfung des Rechtsfolgenausspruchs.

[9] a) Bei der Einordnung der Tatbeiträge des Angeklagten als Beihilfe zum schweren Bandendiebstahl ist das Landgericht – in Verkennung von § 28 Abs. 2 StGB – von einem unzutreffenden rechtlichen Maßstab ausgegangen. Die Erwägungen, dass der Angeklagte „um die bandenmäßige Begehungsweise der ausführenden Täter" wusste und es ihm „bewusst" war, „einer in Deutschland agierenden festen Tätergruppierung ... behilflich" zu sein, lassen außer Acht, dass der Angeklagte selbst Mitglied der Bande gewesen sein muss, wenn er wegen Beihilfe zum schweren Bandendiebstahl bestraft werden soll. Da die Bandenmitgliedschaft ein besonderes persönliches Merkmal im Sinne des § 28 Abs. 2 StGB ist, können Tatbeteiligte, die nicht selbst Bandenmitglieder sind, nur wegen Beteiligung am Grunddelikt bestraft

---

41 BGH, Beschluss vom 13.11.2013 – 2 StR 455/13.

42 BGH, Urteil vom 6.08.2014 – 2 StR 60/14.

werden (vgl. BGH, Beschluss vom 8. Mai 2012 – 3 StR 72/12, NStZ 2013, 102, 103; Beschluss vom 15. Januar 2002 – 4 StR 499/01, BGHSt 47, 214, 216). Die Strafkammer hat sich – ausgehend von ihrem (fehlerhaften) Maßstab – dementsprechend nicht damit auseinandergesetzt, ob der Angeklagte überhaupt Mitglied der Bande war.

[10] b) Den Urteilsfeststellungen kann auch im Übrigen nicht zweifelsfrei entnommen werden, dass der Angeklagte als Mitglied einer Bande gehandelt hat. Nach den Feststellungen hatte sich bereits vor dem 25. Oktober 2003 – ohne Beteiligung des Angeklagten – eine Gruppierung von vier Personen gebildet, um auf Dauer angelegt hochwertige Kraftfahrzeuge zu entwenden und gewinnbringend zu verkaufen. Aus den dargestellten Unterstützungshandlungen des Angeklagten für die Gruppierung versteht sich dessen Zugehörigkeit zu der bandenmäßigen Gruppierung jedenfalls nicht von selbst, zumal zur subjektiven Seite lediglich festgestellt ist, dass ihm bewusst war, einer in Deutschland agierenden festen Tätergruppierung behilflich zu sein.

[11] Letztlich belegen die Urteilsfeststellungen nicht in der erforderlichen Klarheit, dass der Angeklagte in die bandenmäßige Struktur der Gruppierung eingebunden war.

[12] c) War der Angeklagte aber nicht Mitglied der Bande, könnte er – auf der Grundlage der bisherigen Feststellungen – gemäß § 28 Abs. 2 StGB (vgl. BGH, Beschluss vom 15. Januar 2002 – 4 StR 499/01, BGHSt 47, 214, 216; Fischer, StGB, 61. Aufl., § 28 Rdn. 9, jeweils mwN) nur nach §§ 242, 243 Abs. 1 Satz 2 Nr. 1, 2, § 27 Abs. 1 StGB bestraft werden (vgl. Fischer, aaO, § 244 Rdn. 44 mwN). Einer solchen Bestrafung stünde möglicherweise das Verfahrenshindernis der Verfolgungsverjährung (§ 78 Abs. 1, Abs. 3 Nr. 4 StGB) entgegen. Nach den Feststellungen liegt der Tatzeitraum zwischen dem 25. Oktober 2003 und dem 5. November 2003. Nachdem die Staatsanwaltschaft das Ermittlungsverfahren gegen den Angeklagten am 27. Juli 2004 gemäß § 170 Abs. 2 StPO eingestellt hatte, sind jedenfalls bis zur Wiederaufnahme der Ermittlungen im Februar 2013 keine verjährungsunterbrechenden oder -hemmenden Ereignisse erkennbar, was zum Ablauf der fünfjährigen Verjährungsfrist (§ 78 Abs. 3 Nr. 4, Abs. 4 StGB i.V.m. § 242 Abs. 1 StGB) geführt haben könnte.

7. Notwehr

TOPENTSCHEIDUNG ■

Ob eine **Verteidigungshandlung** im Sinne von § 32 Abs. 2 StGB **erforderlich** ist, **46** hängt im Wesentlichen von **Art und Maß des Angriffs** ab. Der Angegriffene darf sich grundsätzlich des Abwehrmittels bedienen, das er zur Hand hat und das eine sofortige und endgültige Beseitigung der Gefahr erwarten lässt. Dies schließt auch den Einsatz von Waffen oder gefährlichen Werkzeugen ein. Von mehreren Abwehrmitteln, die dem Angegriffenen in der konkreten Situation zur Verfügung stehen, hat er das mildeste zu verwenden, wenn dessen Einsatz ebenfalls die sofortige und endgültige Abwehr des Angriffs verspricht. Ob dies der Fall ist, ist aufgrund einer objektiven ex-ante-Betrachtung zu entscheiden. Dabei kommt es auf die tatsächlichen Verhältnisse im Zeitpunkt der Verteidigungshandlung an. Auf weniger gefährliche Abwehrmittel muss der Angegriffene nur dann zurückgreifen, wenn deren Abwehrwirkung unter den gegebenen Umständen unzweifelhaft ist und genügend Zeit zur Abschätzung der Lage zur Verfügung steht.[43]

[4] 2. Der Angeklagte war auf seine Revision freizusprechen, weil nach den rechtsfehlerfrei getroffenen Feststellungen die Voraussetzungen der Notwehr gegeben sind. Entgegen der Ansicht des Landgerichts war die vom Angeklagten gewählte Verteidigungshandlung insbesondere erforderlich im Sinne des § 32 Abs. 2 StGB.

[5] a) Ob eine Verteidigungshandlung in diesem Sinne erforderlich ist, hängt im Wesentlichen von Art und Maß des Angriffs ab. Der Angegriffene darf sich grundsätzlich des Abwehrmittels bedienen, das er zur Hand hat und das eine sofortige und endgültige Beseitigung der Gefahr erwarten lässt. Dies schließt auch den Einsatz von Waffen oder gefährlichen Werkzeugen ein. Von mehreren Abwehrmitteln, die dem Angegriffenen in der konkreten Situation zur Verfügung stehen, hat er das mildeste zu verwenden, wenn dessen Einsatz ebenfalls die sofortige und endgültige Abwehr des Angriffs verspricht. Ob dies der Fall ist, ist aufgrund einer objektiven ex-ante-Betrachtung zu entscheiden. Dabei kommt es auf die tatsächlichen Verhältnisse im Zeitpunkt der Verteidigungshandlung an. Auf weniger gefährliche Abwehrmittel muss der Angegriffene nur dann zurückgreifen, wenn deren Abwehrwirkung unter den gegebenen Umständen unzweifelhaft ist und genügend Zeit zur Abschätzung der Lage zur Verfügung steht (st. Rspr.; vgl. etwa BGH, Urteil vom 27. September 2012 – 4 StR 197/12, BGHR StGB § 32 Abs. 2 Erforderlichkeit 20 mwN).

[6] b) Nach diesen Maßstäben durfte sich der Angeklagte wie geschehen mit einem Schlag mit dem Baseballschläger verteidigen. Die Feststellungen belegen nicht, dass ein Hinausdrängen aus der Wohnung den Angriff des Nebenklägers ebenfalls mit an Sicherheit grenzender Wahrscheinlichkeit beendet hätte. Im Gegenteil: Der Angeklagte hatte den Nebenkläger bereits nach dem ersten Angriff in Richtung Wohnungstür gedrängt. Bei dem daraus entstehenden Gerangel hatte der Nebenkläger den Angeklagten verletzt. Sodann hatte er den Angriff auf den Angeklagten mit dem Ergreifen des Baseballschlägers noch einmal intensiviert. Bei einem weiteren Zurückdrängen des Nebenklägers durch den Angeklagten drohte deshalb naheliegend eine weitere Gegenwehr mit der möglichen Folge weiterer Verletzungen des Angeklagten. In dieser sich dynamisch entwickelnden Situation, die aus Sicht des Angeklagten eine schnelle, sichere und endgültige Beseitigung der Gefahr erforderte, brauchte er sich nicht auf Mittel und Möglichkeiten verweisen lassen, deren Abwehrerfolg derart ungewiss war.

[7] c) Da lediglich ein Mangel in der rechtlichen Würdigung vorliegt und auszuschließen ist, dass weitergehende Feststellungen getroffen werden können, entscheidet der Senat in der Sache selbst (§ 354 Abs. 1 StPO).

■ PRAXISTIPP

Die vorliegende Entscheidung handelt die Voraussetzungen einer Notwehrsituation geradezu lehrbuchartig ab und sollte daher in vergleichbaren Fällen immer zur Hand sein.

---

43 BGH, Beschluss vom 26.11.2013 – 3 StR 331/13.

TOPENTSCHEIDUNG ■

Eine in einer **objektiven Notwehrlage** verübte Tat ist nach § 32 Abs. 2 StGB gerechtfertigt, wenn sie zu einer **sofortigen und endgültigen Abwehr** des Angriffs führt und es sich bei ihr um das **mildeste Abwehrmittel** handelt, das dem Angegriffenen in der konkreten Situation zur Verfügung stand. Ob dies der Fall ist, muss auf der Grundlage einer objektiven ex-ante-Betrachtung der tatsächlichen Verhältnisse im Zeitpunkt der Verteidigungshandlung beurteilt werden. Danach muss der Angegriffene auf weniger gefährliche Verteidigungsmittel nur dann zurückgreifen, wenn deren Abwehrwirkung unzweifelhaft ist und genügend Zeit zur Abschätzung der Lage zur Verfügung steht. Auch der sofortige, das Leben des Angreifers gefährdende Einsatz einer Waffe kann mithin durch Notwehr gerechtfertigt sein. Gegenüber einem unbewaffneten Angreifer ist der Gebrauch eines bis dahin noch nicht in Erscheinung getretenen Messers allerdings in der Regel anzudrohen.[44] **47**

[3] Abends ging der Angeklagte gemeinsam mit einem Mitbewohner des Wohnheims zu einem nahe gelegenen Einkaufsmarkt, wo sie Getränke kauften. Der aidskranke, körperlich schwächliche Angeklagte war bewaffnet mit einem Küchenmesser mit einer Klingenlänge von 13 cm, das er möglicherweise stets zu seinem Schutz bei sich zu tragen pflegte. Auf dem Rückweg kamen sie an einem Haus vorbei, in dem R. eine Wohnung im ersten Obergeschoss dazu nutzte, gelegentlich dort mit Freunden zu feiern und Alkohol zu trinken. Als der Angeklagte sich mit seinem Begleiter auf dem Gehweg dem Haus näherte, bemerkte ihn R., der mit mehreren Personen auf dem Balkon stand. Dieser rief ihm in aggressivem Ton zu, ob „er immer noch seinen Hammer dabei habe“, was der Angeklagte verneinte. Daraufhin schrie ihm R., der dem Angeklagten körperlich überlegen war, zu, dass er dann jetzt herunterkommen würde. Der Angeklagte, der nun damit rechnete, dass R. ihn verprügeln wolle, blieb trotzdem auf dem Gehweg stehen, weil er nicht als Feigling gelten und Widerstand leisten wollte. Sein Begleiter, der die Gefährlichkeit der Situation erkannt hatte und in die Auseinandersetzung nicht hineingezogen werden wollte, ging unterdessen weiter und forderte den Angeklagten auf, sich ebenfalls zu entfernen. Dies lehnte der Angeklagte, der alkoholbedingt enthemmt, jedoch uneingeschränkt steuerungsfähig war, lautstark mit dem Zuruf ab, dass er die Angelegenheit „mal klären müsse“. Auch er war wütend auf R. und pöbelte zu den weiterhin auf dem Balkon stehenden Personen. Als R., der eine Blutalkoholkonzentration von 2,76 Promille hatte, aus dem Haus auf ihn zugelaufen kam, erkannte der Angeklagte dessen hohe Alkoholisierung und fehlende Bewaffnung. R. versuchte ihm mit der Faust in das Gesicht zu schlagen. Aufgrund seiner Alkoholisierung kam er jedoch ins Straucheln und verfehlte den Angeklagten, der ihm hatte ausweichen können. Dann erhob er erneut die Faust zum Schlag. Nunmehr zog der Angeklagte sein in der Hosentasche verborgenes Messer hervor, „um sich nicht ausschließbar damit gegen einen weiteren Angriff zu wehren“. Obwohl ihm ein erneutes Ausweichen ohne weiteres möglich gewesen wäre, stach der Angeklagte ohne Vorwarnung und mit bedingtem Tötungsvorsatz mit dem Messer in Richtung des Oberkörpers seines Kontrahenten, wobei er möglicherweise dessen Schlagfaust treffen wollte. Der Stich traf R. jedoch direkt in die Brust und verletzte dort die Hauptschlagader. Er brach

[44] BGH, Urteil vom 1.07.2014 – 5 StR 134/14.

infolge dieser Verletzung sofort zusammen und verstarb noch am Tatort, von dem der Angeklagte flüchtete.

[4] Eine Rechtfertigung wegen Notwehr nach § 32 StGB hat das Landgericht verneint. Zwar habe objektiv eine Notwehrlage bestanden, da der Geschädigte erneut mit erhobener Faust auf den Angeklagten zugegangen sei; zudem habe der Angeklagte mit dem Messereinsatz unwiderlegt zumindest auch den Zweck verfolgt, sich gegen den weiterhin drohenden körperlichen Angriff zu verteidigen. Eine Rechtfertigung des Angeklagten scheitere jedoch an der fehlenden Erforderlichkeit des lebensgefährlichen Messereinsatzes. Außerdem sei dieser gegen den erheblich alkoholisierten Geschädigten nicht geboten gewesen; es wäre für den Angeklagten zumutbar gewesen, sich dem Angriff durch Ausweichen oder Flucht zu entziehen, zumal er sich durch eigenes Verhalten in diese Situation gebracht habe.

[5] Die Strafe hat das Landgericht dem Strafrahmen des § 213 StGB entnommen. Es hat zwar die Voraussetzungen der ersten Alternative verneint, jedoch nach einer Gesamtabwägung die zweite Alternative des § 213 StGB zur Anwendung gebracht.

[6] Die Nachprüfung des angefochtenen Urteils auf Grund der Sachrüge ergibt zum Schuldspruch keinen Rechtsfehler zum Nachteil des Angeklagten.

[7] Zu Recht hat das Landgericht den tödlichen Stich nicht als durch Notwehr gerechtfertigt angesehen, weil es an der Erforderlichkeit der Abwehrhandlung mangelte.

[8] Eine in einer objektiven Notwehrlage verübte Tat ist nach § 32 Abs. 2 StGB gerechtfertigt, wenn sie zu einer sofortigen und endgültigen Abwehr des Angriffs führt und es sich bei ihr um das mildeste Abwehrmittel handelt, das dem Angegriffenen in der konkreten Situation zur Verfügung stand (st. Rspr.; vgl. BGH, Urteile vom 21. März 1996 – 5 StR 432/95, BGHSt 42, 97, 100, und vom 19. Dezember 2013 – 4 StR 347/13, NStZ 2014, 147, 148 mwN). Ob dies der Fall ist, muss auf der Grundlage einer objektiven ex-ante-Betrachtung der tatsächlichen Verhältnisse im Zeitpunkt der Verteidigungshandlung beurteilt werden (BGH, Urteil vom 27. September 2012 – 4 StR 197/12, NStZ-RR 2013, 139, 140 mwN; Beschlüsse vom 21. November 2012 – 2 StR 311/12, NStZ-RR 2013, 105, 106, und vom 21. August 2013 – 1 StR 449/13, NJW 2014, 1121, 1122). Danach muss der Angegriffene auf weniger gefährliche Verteidigungsmittel nur dann zurückgreifen, wenn deren Abwehrwirkung unzweifelhaft ist und genügend Zeit zur Abschätzung der Lage zur Verfügung steht. Auch der sofortige, das Leben des Angreifers gefährdende Einsatz einer Waffe kann mithin durch Notwehr gerechtfertigt sein. Gegenüber einem unbewaffneten Angreifer ist der Gebrauch eines bis dahin noch nicht in Erscheinung getretenen Messers allerdings in der Regel anzudrohen (BGH, Urteile vom 27. September 2012 – 4 StR 197/12, NStZ-RR 2013, 139, 140 mwN, vom 19. Dezember 2013 – 4 StR 347/13, NStZ 2014, 147, 148 f., und vom 25. März 2014 – 1 StR 630/13; Beschlüsse vom 11. August 2010 – 1 StR 351/10, NStZ-RR 2011, 238, und vom 21. November 2012 – 2 StR 311/12, NStZ-RR 2013, 105, 106).

[9] Das Landgericht hat zutreffend darauf abgestellt, dass dem Angeklagten erfolgversprechende mildere Mittel zur Angriffsabwehr zur Verfügung standen: Er hätte seinen Messereinsatz zunächst androhen müssen, zumal er bei der vorausgehenden Auseinandersetzung am Nachmittag die Erfahrung gemacht hatte, R. mit einer Waffe erfolgreich drohen und von sich fernhalten zu können. Dass einer Bewaffnung des Angeklagten für das Verhalten von R. weiterhin Bedeutung zukam, wird auch durch dessen unmittelbar vor Beginn der neuen Auseinandersetzung gestellte Frage nach einem fortdauernden Mitsichführen des Hammers belegt. Erst nach deren Ver-

neinung durch den Angeklagten kündigte R. an, „dass er dann jetzt runterkommen würde" (UA S. 11 f.).

[10] Darüber hinaus hat das Landgericht eine Erforderlichkeit des lebensgefährlichen Messereinsatzes zu Recht auch deshalb verneint, weil der Angeklagte zumindest auf einen weniger sensiblen Körperteil des Angreifers hätte zielen müssen. Eine solche mildere Abwehrhandlung war dem Angeklagten nach den Feststellungen zur Kampfsituation ohne weiteres möglich, da er auch in der Lage war, den gegen ihn geführten Schlagbewegungen des erheblich betrunkenen R. auszuweichen.

[11] Danach kann dahinstehen, ob hier das Notwehrrecht des Angeklagten außerdem unter dem Gesichtspunkt der Gebotenheit der Verteidigung eine Einschränkung erfahren musste, wie das Landgericht gemeint hat, ohne allerdings zu prüfen, ob das Vorverhalten des Angeklagten als sozialethisch verwerflich zu werten ist (vgl. zur Einschränkung der Notwehr nach Provokation BGH, Urteile vom 21. März 1996 – 5 StR 432/95, BGHSt 42, 97, 100 f., vom 2. November 2005 – 2 StR 237/05, NStZ 2006, 332, 333 f. und vom 25. März 2014 – 1 StR 630/13; Beschluss vom 4. August 2010 – 2 StR 118/10, NStZ 2011, 82, 83 mwN). Eine entsprechende Einschränkung liegt indes schon allein angesichts der dem Angeklagten bekannten massiven alkoholischen Beeinträchtigung des Opfers nahe (vgl. Perron in Schönke/Schröder, StGB, 29. Aufl., § 32 Rn. 52; Rosenau in SSW-StGB, 2. Aufl., § 32 Rn. 32), und zwar trotz der eigenen Alkoholisierung des Angeklagten.

PRAXISBEDEUTUNG ■

Auch wenn die Tatgerichte vielfach davor zurückschrecken, in konkreten Situationen Notwehrlagen uneingeschränkt anzuerkennen, sollte die vorstehende Entscheidung wichtige Handlungsreichungen geben, um die Erforderlichkeit einer konkreten Abwehrhandlung zutreffend beurteilen zu können.

Eine in einer objektiven Notwehrlage verübte Tat ist nach § 32 Abs. 2 StGB **gerechtfertigt**, wenn sie zu einer **sofortigen und endgültigen Abwehr des Angriffs** führt und es sich bei ihr um das mildeste Abwehrmittel handelt, das dem Angegriffenen in der konkreten Situation zur Verfügung stand. Ob dies der Fall ist, muss auf der Grundlage einer objektiven ex-ante-Betrachtung der tatsächlichen Verhältnisse im Zeitpunkt der Verteidigungshandlung beurteilt werden. Auf weniger gefährliche Verteidigungsmittel muss der Angegriffene nur dann zurückgreifen, wenn deren Abwehrwirkung unter den gegebenen Umständen unzweifelhaft ist und genügend Zeit zur Abschätzung der Lage zur Verfügung steht. Gegenüber einem unbewaffneten Angreifer ist der Gebrauch eines bis dahin noch nicht in Erscheinung getretenen **Messers** in der Regel anzudrohen.[45] **48**

[3] Der zum Tatzeitpunkt 20 Jahre und einen Monat alte und bislang unbestrafte Angeklagte lebte mit seinem 10-jährigen Bruder bei seinen Eltern. Nach anfänglichen Schwierigkeiten erlangte er den Qualifizierenden Hauptschulabschluss und absolvierte zuletzt ein Einstiegsqualifizierungsjahr im Bereich Elektroniker für Betriebstechnik in der Firma, in der auch sein Vater arbeitete.

[45] BGH, Urteil vom 25.03.2014 – 1 StR 630/13.

[4] Sein späteres Tatopfer, seinen fünf Jahre jüngeren Cousin A., kannte er von klein auf; dessen Mutter ist die Patentante des Angeklagten. Nachdem es zwischen dem Angeklagten und seinem Cousin anlässlich einer gemeinsamen Fahrt nach Polen zu Konflikten gekommen war, hatten beide ca. drei Jahre keinen Kontakt mehr. Zum 20. Geburtstag des Angeklagten am 16. November 2012 besuchte ihn sein Cousin A. und war anschließend fast jedes Wochenende beim Angeklagten zu Besuch. Das Verhältnis der beiden war im Wesentlichen gut, aber nicht konfliktfrei. Der Angeklagte war bei einer Körpergröße von 175 cm und einem Körpergewicht von ca. 92 kg kleiner als sein sehr sportlicher und allseits beliebter Cousin A., der bei einer Körpergröße von 189 cm etwa 90 kg wog.

[5] A. war ab dem 22. Dezember 2012 bei dem Angeklagten zu Besuch und übernachtete mit in dessen Zimmer. Als seine Eltern A. am Heiligabend abholen wollten, kamen beide Familien überein, den Heiligabend gemeinsam zu feiern. Als Weihnachtsgeschenk erhielt der Angeklagte von seinem Vater ein einschneidiges, insgesamt 22 cm langes scharfes Klappmesser mit 10 cm langer spitzer schmaler Klinge; die Schärfe testete der Angeklagte noch am selben Abend, indem er sich mit dem Messer in den Unterarm ritzte. Auf Wunsch der beiden Cousins blieb A. noch weiter bei der Familie des Angeklagten.

[6] Am ersten Weihnachtsfeiertag schliefen beide auf der ausgezogenen Couch des Angeklagten bis in die Mittagsstunden. Nachdem nachmittags zwei Freunde des Angeklagten zu Besuch gewesen und wieder gegangen waren, kam gegen 18.00 Uhr ein weiterer guter Freund des Angeklagten, der spätere Tatzeuge M., der auch A. kannte. Diesem zeigte der Angeklagte auch sein neues Messer. Als M. die Klinge testete, indem er das Messer in die Couch stach, nahm ihm der Angeklagte das Messer weg und legte es aufgeklappt auf das Sofa.

[7] Schließlich lagen alle drei auf dem aufgeklappten Sofa des Angeklagten. Dieser spielte auf dem an den Fernseher angeschlossenen Computer alleine das Spiel „Warcraft“, die anderen beiden schauten zu. Die Stimmung war ruhig, man machte Späße über das Spiel. Als sich der Angeklagte und A. über Arbeit unterhielten, kam es zwischen den beiden zu einer verbalen Auseinandersetzung mit gegenseitigen Beleidigungen, in deren Verlauf A. den Angeklagten als „strunzdumm“ bezeichnete. Nunmehr schlug der Angeklagte A. mit der rechten Faust mehrmals auf die rechte Schulter. A. forderte den Angeklagten auf, damit aufzuhören und bezeichnete ihn als „Opfer“. Der Angeklagte beschimpfte A. daraufhin als „Krüppel“ oder „Spasti“. Als der Angeklagte A. erneut auf die Schulter schlagen wollte, dreht dieser sich weg, wodurch der Angeklagte ihn unabsichtlich ins Gesicht traf. A. stand auf, stellte sich hinter den im Schneidersitz auf dem Sofa sitzenden Angeklagten, packte ihn mit der linken Hand an den langen Haaren und schlug ihn nun mehrfach mit der rechten Faust ins Gesicht und auf den Hinterkopf, mindestens einmal davon auch auf die rechte Schläfe. Auch als der Angeklagte zu A. sagte, dass dieser aufhören solle, schlug A. weiterhin zu. Dabei befand er sich direkt hinter dem Angeklagten, seine Brust direkt hinter der Schulter des Angeklagten.

[8] Um sich A. vom Leib zu halten, wofür ihm jedes Mittel recht war, nahm der Angeklagte das vor ihm liegende aufgeklappte Messer so in die Hand, dass die Klinge auf der Daumenseite aus der Hand herausschaute und stach mit den Worten „so, jetzt stirbst du!“ mit einer schnellen und ausholenden Bewegung über seine rechte Schulter einmal gezielt in Richtung des Oberkörpers von A. Hierbei rechnete er mit der Möglichkeit, A. im Oberkörperbereich zu treffen und erkannte, dass eine solche Verletzung tödlich sein könnte, was er billigend in Kauf nahm. Der Stich führte zu

einer Verletzung von Lunge und Herz und zu massiven Blutungen. A. fragte noch, ob der Angeklagte ihn jetzt abgestochen habe, brach dann bald bewusstlos zusammen und starb schließlich infolge massiven Blutverlustes.

...

[18] 2. Zutreffend hat das Landgericht eine Rechtfertigung des tödlichen Stichs durch Notwehr mangels Erforderlichkeit der Notwehrhandlung ausgeschlossen.

[19] a) Eine in einer objektiven Notwehrlage verübte Tat ist nach § 32 Abs. 2 StGB gerechtfertigt, wenn sie zu einer sofortigen und endgültigen Abwehr des Angriffs führt und es sich bei ihr um das mildeste Abwehrmittel handelt, das dem Angegriffenen in der konkreten Situation zur Verfügung stand. Ob dies der Fall ist, muss auf der Grundlage einer objektiven ex-ante-Betrachtung der tatsächlichen Verhältnisse im Zeitpunkt der Verteidigungshandlung beurteilt werden. Auf weniger gefährliche Verteidigungsmittel muss der Angegriffene nur dann zurückgreifen, wenn deren Abwehrwirkung unter den gegebenen Umständen unzweifelhaft ist und genügend Zeit zur Abschätzung der Lage zur Verfügung steht. Gegenüber einem unbewaffneten Angreifer ist der Gebrauch eines bis dahin noch nicht in Erscheinung getretenen Messers in der Regel anzudrohen (BGH, Urteil vom 19. Dezember 2013 – 4 StR 347/13 mwN).

[20] b) Das Landgericht hat zutreffend darauf abgestellt, dass der Angeklagte den Messereinsatz zunächst hätte androhen oder zumindest mit dem Messer auf einen weniger gefährlichen Körperteil des Opfers stechen müssen wie insbesondere auf das Bein von A.. Damit standen ihm erfolgversprechende mildere Mittel zur Angriffsabwehr zur Verfügung.

[21] c) Hinzu kommt Folgendes: Wer durch ein sozialethisch zu beanstandendes Vorverhalten einen Angriff auf sich schuldhaft provoziert hat, auch wenn er ihn nicht in Rechnung gestellt haben sollte oder gar beabsichtigt hat, darf nicht bedenkenlos von seinem Notwehrrecht Gebrauch machen und sofort ein lebensgefährliches Mittel einsetzen. Er muss vielmehr dem Angriff nach Möglichkeit ausweichen und darf zur Trutzwehr mit einer lebensgefährdenden Waffe erst übergehen, nachdem er alle Möglichkeiten der Schutzwehr ausgenutzt hat; nur wenn sich ihm diese Möglichkeit verschließt, ist er zu entsprechend weitreichender Verteidigung befugt. Steht fremde Hilfe – auch privater Art – zur Verfügung, so hat er auf sie zurückzugreifen. Gegen einen unbewaffneten Gegner kommt der Gebrauch einer lebensgefährlichen Waffe nur in Ausnahmefällen in Betracht; er darf nur das letzte Mittel zur Verteidigung sein (BGH, Urteil vom 30. Mai 1996 – 4 StR 109/96, NStZ-RR 1997, 65 mwN; zur Notwehreinschränkung bei Angriffsprovokation umfassend Fasten, Die Grenzen der Notwehr im Wandel der Zeit, 2011, S. 151 ff. mwN).

[22] Vorliegend hat der Angeklagte als erster die körperliche Auseinandersetzung mit seinem fünf Jahre jüngeren Cousin begonnen, nachdem sich beide zuvor lediglich gegenseitig verbal beleidigt hatten. Die Schläge gegen sich hat der Angeklagte durch seinen vorherigen körperlichen Angriff auf A. schuldhaft provoziert. Richtig ist deshalb die Erwägung der Kammer in diesem Zusammenhang, der Angeklagte habe vor Setzen des tödlichen Stichs zunächst den unmittelbar neben dem Geschehen befindlichen Zeugen M. oder die in der Wohnung anwesenden Erwachsenen um Hilfe anrufen müssen.

[23] d) Zur gleichen Einschränkung des Notwehrrechts könnte die Erwägung führen, dass bei einem derartigen persönlichen Näheverhältnis wie dem des Angeklagten zu seinem – zumal jugendlichen – Opfer lebensgefährliche Verteidigungsmittel nicht ohne weiteres angewendet werden dürfen, wenn nur leichte Körperverletzun-

gen drohen (vgl. BGH, Urteil vom 25. September 1974 – 3 StR 159/74, NJW 1975, 62 f.; vgl. demgegenüber auch BGH, Urteil vom 11. Januar 1984 – 2 StR 541/83, NJW 1984, 986 f.; Urteil vom 18. April 2002 – 3 StR 503/01, NStZ-RR 2002, 203, 204; hierzu umfassend auch Fasten aaO S. 199 ff.).

[24] e) Weil angesichts dieser Umstände eine Rechtfertigung durch Notwehr im Ergebnis ersichtlich ausscheidet, ist es nicht rechtsfehlerhaft, dass das Landgericht – wie die Revision rügt – unter Hinweis auf die Gesamtumstände und die vorherige körperliche Gewalt des Angeklagten gegen A. an dieser Stelle letztlich offen gelassen hat, ob überhaupt eine Notwehrlage vorlag.

[25] 3. Die Ablehnung eines Notwehrexzesses nach § 33 StGB hat die Jugendkammer ebenfalls rechtsfehlerfrei begründet. Die Überschreitung der Grenzen der Notwehr aus Furcht ist entschuldigt, wenn bei dem Täter ein durch das Gefühl des Bedrohtseins verursachter psychischer Ausnahmezustand mit einem solchen Störungsgrad vorliegt, dass er das Geschehen nur noch in erheblich reduziertem Maße verarbeiten kann (BGH, Urteil vom 30. Mai 1996 – 4 StR 109/96, NStZ-RR 1997, 65 f. mwN). Dies war nach den Feststellungen bei dem Angeklagten nicht der Fall. Danach war er trotz der affektiven Aufladung der Situation noch in der Lage, das Geschehen richtig zu verarbeiten (UA S. 36). Einen erheblichen asthenischen Affekt als Ursache für das Überschreiten der Notwehrgrenze (vgl. BGH aaO) hat die Jugendkammer damit rechtsfehlerfrei ausgeschlossen.

49 Eine in einer objektiven Notwehrlage verübte Tat ist nach § 32 Abs. 2 StGB gerechtfertigt, wenn sie zu einer **sofortigen und endgültigen Abwehr des Angriffs** führt und es sich bei ihr um **das mildeste Abwehrmittel** handelt, das dem Angegriffenen in der konkreten Situation zur Verfügung stand. Ob dies der Fall ist, muss auf der Grundlage einer objektiven **ex-ante-Betrachtung** der tatsächlichen Verhältnisse im Zeitpunkt der Verteidigungshandlung beurteilt werden. Auf weniger gefährliche Verteidigungsmittel muss der Angegriffene nur dann zurückgreifen, wenn deren Abwehrwirkung unter den gegebenen Umständen unzweifelhaft ist und genügend Zeit zur Abschätzung der Lage zur Verfügung steht. Auch der sofortige, das Leben des Angreifers gefährdende Einsatz einer Waffe kann danach durch Notwehr gerechtfertigt sein. Dabei geht die Rechtsprechung jedoch davon aus, dass gegenüber einem unbewaffneten Angreifer der Gebrauch eines bis dahin noch nicht in Erscheinung getretenen Messers in der Regel anzudrohen ist. Angesichts der schweren Kalkulierbarkeit des Fehlschlagrisikos dürfen an die regelmäßig in einer zugespitzten Situation zu treffende Entscheidung für oder gegen eine vorherige Androhung des Messereinsatzes dabei jedoch keine überhöhten Anforderungen gestellt werden.[46]

50 Macht der Angeklagte von seinem **Schweigerecht Gebrauch**, darf ihm kein Nachteil daraus entstehen, dass er deshalb nicht in der Lage ist, zum Vorliegen einer Notwehrsituation vorzutragen. In einem solchen Fall ist von der für ihn günstigsten Möglichkeit auszugehen. Dabei sind jedoch nicht alle nur denkbaren Gesichtspunkte, zu denen keine Feststellungen getroffen werden können, zu Gunsten des Angeklagten zu unterstellen. Für ihn vorteilhafte Geschehensabläufe sind vielmehr erst dann bedeutsam, wenn für ihr Vorliegen reale Anhaltspunkte erbracht

46 BGH, Urteil vom 19.12.2013 – 4 StR 347/13.

sind und sie deshalb nach den gesamten Umständen als möglich in Betracht kommen.[47]

Zu den Voraussetzungen eines **Notwehrexzesses.**[48] 51

[3] Das Landgericht ist davon ausgegangen, dass der mit Körperverletzungsvorsatz erfolgte Schuss auf die Körpermitte nicht durch Notwehr gerechtfertigt war. Zwar habe eine Notwehrlage vorgelegen. Der Schuss in den Rumpf sei jedoch nicht erforderlich im Sinne des § 32 StGB gewesen. Hierbei sei zu beachten gewesen, dass der Angeklagte mit seiner tätlichen Beleidung selbst die Ursache für die Eskalation gesetzt hatte, weshalb sein Notwehrrecht eingeschränkt gewesen sei. Unter Berücksichtigung dessen sei es ihm zuzumuten gewesen, vor dem Schuss weitere mildere Mittel einzusetzen, um den Geschädigten von dem Laden der Flinte abzuhalten, wie etwa eine energische mündliche Aufforderung, die Waffe abzulegen und die Ankündigung, einen weiteren Schuss abzugeben, das gewaltsame Entreißen der Flinte oder ein Schuss in weniger gefährdete Körperregionen. Für einen Notwehrexzess lägen keine Anhaltspunkte vor.

[4] 2. Die Annahme des Landgerichts, dass die Verteidigungshandlung des Angeklagten nicht erforderlich im Sinne des § 32 StGB war, begegnet jedenfalls im Ergebnis keinen durchgreifenden Bedenken.

[5] 3. Die Erwägungen, mit denen das Landgericht das Vorliegen eines Notwehrexzesses (§ 33 StGB) abgelehnt hat, sind indes rechtfehlerhaft.

[6] Das Landgericht ist davon ausgegangen, der Angeklagte habe nicht aus Angst, Furcht oder Schrecken die Grenzen der Notwehr überschritten. Er habe vielmehr im hohen Maße gesteuert, kontrolliert und zielgerichtet sowie außerordentlich überlegt gehandelt. Zur Begründung hat das Gericht die Einlassung des Angeklagten herangezogen, der angegeben hatte, er habe deshalb auf den Geschädigten geschossen, weil dieser zuvor auf ihn geschossen habe. Die Strafkammer hat daraus den Schluss gezogen, der Angeklagte mache lediglich geltend, aus Notwehr geschossen und nicht etwa aus Angst, Furcht oder Schrecken das Notwehrrecht überschritten zu haben.

[7] a) Die zur Begründung herangezogene Einlassung des Angeklagten hat das Landgericht jedoch an anderer Stelle als widerlegt erachtet; es ist in den getroffenen Feststellungen gerade nicht davon ausgegangen, dass der Geschädigte zuvor auf den Angeklagten geschossen habe. Die widerlegte Einlassung des Angeklagten durfte daher auch im Rahmen der Prüfung des § 33 StGB nicht herangezogen werden, um ein überlegtes Handeln des Angeklagten zu begründen.

[8] b) Die bisherigen Feststellungen rechtfertigen auch im Gesamtzusammenhang nicht die Wertung, der Angeklagte könne die Grenzen der Notwehr nicht aus Verwirrung, Furcht oder Schrecken im Sinne von § 33 StGB überschritten haben. Dagegen spricht, dass der Angeklagte jedenfalls nach eigener Einlassung vor der Schussabgabe in den Rumpf des Geschädigten „kurz vor dem Durchdrehen“ gewesen und „hektisch hin und her gelaufen“ sei (UA S. 21). Damit hat sich das Landgericht nicht auseinandergesetzt.

---

[47] BGH, Urteil vom 3.07.2014 – 4 StR 137/14.

[48] BGH, Beschluss vom 16.09.2014 – 2 StR 113/14.

8. Strafzumessung – §§ 46 ff. StGB

52 Auffällig war auch in diesem Berichtszeitraum die relativ hohe Zahl von Revisionsentscheidungen, welche auf Fehlern in den Strafzumessungserwägungen des Tatrichters beruhten. Somit ist die bisher von Verteidigern vielfach geäußerte Meinung, Strafmaßrevisionen seien eher aussichtslos, erneut widerlegt worden. Vielmehr waren **zweifelhafte** oder sogar ersichtlich **fehlerhafte Formulierungen** eines Landgerichts bei seinen Ausführungen zur Strafzumessung durchaus Grund für zahlreiche Aufhebung von Urteilen zumindest bezüglich des Strafausspruches.

53 Die Strafrahmenwahl bei einem Versuch ist unter Berücksichtigung aller schuldrelevanten Umstände vorzunehmen. Dabei hat das Tatgericht neben der Persönlichkeit des Täters die Tatumstände im weitesten Sinne und dabei vor allem die versuchsbezogenen Gesichtspunkte, namentlich die Nähe zur Tatvollendung, die Gefährlichkeit des Versuchs und die eingesetzte kriminelle Energie in einer Gesamtschau umfassend zu würdigen.[49]

[4] 1. In den Fällen B. I. 2. und 3. der Urteilsgründe hat das Landgericht gegen den Angeklagten wegen versuchter besonders schwerer räuberischer Erpressung bzw. versuchter räuberischer Erpressung jeweils ein Jahr Freiheitsstrafe festgesetzt. Dabei hat es minder schwere Fälle gemäß § 250 Abs. 3 StGB bzw. § 249 Abs. 2 StGB angenommen, ohne den vertypten Milderungsgrund des Versuchs zu berücksichtigen. Eine weitere Milderung der Strafrahmen gemäß § 23 Abs. 2, § 49 Abs. 1 StGB hat die Strafkammer ohne hinreichende Begründung abgelehnt.

[5] a) Die Strafrahmenwahl bei einem Versuch ist unter Berücksichtigung aller schuldrelevanten Umstände vorzunehmen. Dabei hat das Tatgericht neben der Persönlichkeit des Täters die Tatumstände im weitesten Sinne und dabei vor allem die versuchsbezogenen Gesichtspunkte, namentlich die Nähe zur Tatvollendung, die Gefährlichkeit des Versuchs und die eingesetzte kriminelle Energie in einer Gesamtschau umfassend zu würdigen (st. Rspr.; vgl. etwa BGH, Beschluss vom 28. September 2010 – 3 StR 261/10, wistra 2011, 18, 19 mwN). Hieran fehlt es.

[6] Die Strafkammer hat lediglich ausgeführt, die Taten hätten nahe vor ihrer Vollendung gestanden; die kriminelle Energie des Angeklagten habe nicht nachgelassen, die Versuche seien vielmehr fehlgeschlagen. Somit hat es die Persönlichkeit des Täters überhaupt nicht und die konkreten Tatumstände nur teilweise in den Blick genommen. Bei der Bewertung der kriminellen Energie des Angeklagten hat es etwa nicht bedacht, dass dieser allein aufgrund der Bekundungen der potentiellen Opfer, diese hätten kein Geld, von der weiteren Ausführung der Taten Abstand nahm und im Fall B. I. 3. der Urteilsgründe keine konkrete Drohung aussprach.

[7] b) Den Urteilsgründen lässt sich daneben nicht entnehmen, weshalb die Strafkammer in den beiden genannten Fällen auf dieselbe Einzelstrafe erkannt hat, obwohl der Angeklagte nur im Fall B. I. 2. der Urteilsgründe die Schreckschusspistole verwendete und die Strafrahmen der § 250 Abs. 3 StGB und § 249 Abs. 2 StGB deutlich voneinander abweichen.

[8] 2. Im Fall B. I. 4. der Urteilsgründe hat das Landgericht auf eine Einzelfreiheitsstrafe von zwei Jahren und drei Monaten erkannt. Zur Begründung hat es allein angegeben, diese Strafe dem Strafrahmen des § 250 Abs. 3 StGB entnommen zu

---

49 BGH, Beschluss vom 17.02.2014 – 3 StR 7/14.

haben. Dies ist mit Blick auf die in § 267 Abs. 3 Satz 1 StPO gesetzlich geregelten Anforderungen an die Gründe eines Strafurteils betreffend die Zumessung der Strafe ungenügend (vgl. etwa Meyer-Goßner, StPO, 56. Aufl., § 267 Rn. 18 ff. mwN).

Die durch **§ 46 Abs. 2 StGB gezogene Grenze zulässiger strafschärfender Berücksichtigung nicht angeklagter, aber prozessordnungsgemäß festgestellter Taten** ist jedenfalls dann überschritten, wenn diese mangels enger Beziehung zur angeklagten Tat keine Rückschlüsse auf Schuld oder Gefährlichkeit des Täters zulassen, sondern als sonstiges strafrechtlich relevantes Verhalten ohne gesonderte Anklage und damit außerhalb der Anforderungen eines geordneten Strafverfahrens einer gesonderten Bewertung zugeführt werden sollen.[50] **54**

[7] 1. a) Gemäß § 46 Abs. 2 StGB hat der Tatrichter bei der Strafzumessung die für und gegen den Täter sprechenden Umstände gegeneinander abzuwägen und dabei namentlich auch sein Vorleben zu berücksichtigen. Dies umfasst die im Urteil festgestellten Vorstrafen. Es ist in der ständigen Rechtsprechung des Bundesgerichtshofs aber auch anerkannt, dass der Tatrichter bei der Feststellung und Bewertung von Strafzumessungstatsachen durch den Anklagegrundsatz (§§ 155, 264 StPO) nicht beschränkt ist und daher auch strafbare Handlungen ermitteln und würdigen kann, die nicht Gegenstand der Anklage sind, soweit diese für die Beurteilung der Persönlichkeit des Angeklagten bedeutsam sein können und Rückschlüsse auf die Tatschuld des Angeklagten gestatten, sofern sie prozessordnungsgemäß und damit hinreichend bestimmt festgestellt werden (BGH, Urteil vom 7. Mai 1974 – 1 StR 42/75, MDR 1975, 195 f.; BGH, Urteil vom 6. März 1992 – 2 StR 581/91, BGHR StGB § 46 Abs. 2 Vorleben 19; Beschluss vom 22. Mai 2013 – 2 StR 68/13; Beschluss vom 2. Juli 2004, 359 mwN).

[8] Allerdings bedarf es für die gesonderte Bewertung sonstiger strafrechtlich relevanter Verhaltensweisen ohne gesonderte Anklage und damit außerhalb der Anforderungen eines geordneten Strafverfahrens nicht nur der Beachtung des Gewährleistungsgehalts der Unschuldsvermutung gemäß Art. 6 Abs. 2 EMRK (vgl. dazu BVerfG, Beschluss vom 5. April 2010 – 2 BvR 366/10, BVerfGK 17, 223, 225 mwN) und – mangels Verbrauchs der Strafklage – der Vermeidung einer Doppelbestrafung (BGH, Urteil vom 7. Mai 1974 – 1 StR 42/74, MDR 1975, 195 f.; vgl. auch BGH, Urteil vom 16. Dezember 1975 – 1 StR 755/75, NStZ 1981, 99, 100; Urteil vom 17. April 1996 – 2 StR 57/96; BGHR StGB § 46 Abs. 2 Vorleben 26; Beschluss vom 5. Februar 1998 – 4 StR 16/98, NStZ 1998, 404 bezüglich späterer Straftaten; Beschluss vom 25. April 2006 – 4 StR 125/06, NStZ 2006, 620). Ein sachlich-rechtlicher Gesichtspunkt kommt hinzu: Es kann in aller Regel nur darum gehen, Umstände festzustellen, die wegen ihrer engen Beziehung zur Tat als Anzeichen für Schuld oder Gefährlichkeit des Täters verwertbar sind. Diese durch Sinn und Zweck von § 46 Abs. 2 StGB *gezogene Grenze ist jedenfalls dann überschritten, wenn es an dem notwendigen inneren Zusammenhang mit dem angeklagten Tatvorwurf fehlt (BGH, Urteil vom 7. Mai 1974 aaO).*

[9] b) Ausgehend von diesen Grundsätzen lassen die Ausführungen des Landgerichts besorgen, dass es den Taten des Angeklagten zum Nachteil seiner Stieftöchter bei der Zumessung der schuldangemessenen Strafe für die angeklagte Tat ein zu großes Gewicht beigemessen hat. Es hat im vorliegenden Fall die nicht angeklagten

---

[50] BGH, Beschluss vom 19.11.2014 – 4 StR 448/13.

Taten zwar unter Wahrung der Verteidigungsrechte des Angeklagten prozessordnungsgemäß festgestellt. Dabei hat es aber das Erfordernis des inneren Zusammenhangs jedenfalls derjenigen Taten, die vor der verfahrensgegenständlichen Tat begangen wurden, mit dem (zeitlich nachfolgenden) Tatvorwurf aus dem Blick verloren. Denn es handelt sich bei diesen Taten weder um vergleichbare bzw. gleichartige Schuldvorwürfe, aus denen sich unmittelbare Rückschlüsse auf die Tatschuld des Angeklagten ableiten ließen, noch waren die Sexualstraftaten Anlass für die Tötung der Ehefrau oder standen dazu in einem sonstigen inneren Zusammenhang. Allein das verwandtschaftliche Verhältnis der Geschädigten zueinander und das familiäre Beziehungsgeflecht von Opfern und Täter sind dafür nicht ausreichend. Gegen einen solchen Zusammenhang sprechen ferner die große Zahl der festgestellten Einzeltaten und der lange Tatzeitraum.

[10] Zudem deutet auch die in den Urteilsgründen geäußerte Hoffnung des Landgerichts, dass es wegen aller Sexualstraftaten im Hinblick auf die für das Tötungsdelikt verhängte Strafe nicht zu einem weiteren Strafverfahren kommen werde (UA S. 42), darauf hin, dass die außerhalb der Anklage festgestellten Taten durch das angefochtene Urteil mitbestraft worden sind, was unzulässig wäre (BVerfG, Beschluss vom 5. April 2010 aaO). Da das Urteil keine Feststellungen zu einem die Taten betreffenden Ermittlungs- oder Strafverfahren enthält, bestünde insoweit die konkrete Gefahr einer unzulässigen Doppelbestrafung.

[11] 2. Die Sache bedarf deshalb zum Strafausspruch neuer Verhandlung und Entscheidung.

55 Die Strafen haben Bestand. Der Revision ist allerdings zuzugeben, dass das Landgericht bei der Bemessung der wegen des versuchten Mordes verhängten Einzelstrafe und der Gesamtstrafe dem Angeklagten nicht anlasten durfte, dieser habe versucht, „den Lebenswandel der Geschädigten gegen sie zu verwenden, um sie in ein schlechtes Licht zu rücken". Denn mit seinen sich gegen deren Glaubwürdigkeit richtenden Einwänden hat der Angeklagte die **Grenzen zulässigen Verteidigungsverhaltens** nicht überschritten.[51]

Dieser Rechtsfehler nötigt indes nicht zur Aufhebung der betreffenden Strafen. Dabei braucht der Senat nicht zu entscheiden, ob diese angesichts der weiteren gewichtigen Strafzumessungsgründe auf dem Fehler überhaupt beruhen können (§ 337 Abs. 1 StPO). Denn er sieht die angeordneten Rechtsfolgen in Übereinstimmung mit dem Generalbundesanwalt angesichts des konkreten Tatbildes als angemessen an.

56 Das Landgericht hat bei der Bemessung **sämtlicher Einzelstrafen nicht nur Freiheitsstrafen, sondern auch Geldstrafen für geboten erachtet** (§ 41 StGB). Die Vorschrift erlaubt indes keine Zusatzstrafe. Wird neben einer verwirkten Freiheitsstrafe auch auf eine Geldstrafe erkannt, so muss sich vielmehr die Strafe in ihrer Gesamtheit im Rahmen des Schuldangemessenen halten. Das Verhältnis zwischen den beiden Sanktionsmitteln richtet sich dabei nach allgemeinen Strafzumessungsgrundsätzen, weshalb bei der Bemessung der Freiheitsstrafe die Verhängung einer zusätzlichen Geldstrafe als bestimmende Strafzumessungstatsache Berücksichtigung zu finden hat. Zu den Auswirkungen der Geldstrafen auf die Bemessung der Freiheitsstrafen verhält sich das Urteil jedoch nicht. Was den Angeklagten M. betrifft, hätte sich das Land-

[51] BGH, Urteil vom 5.11.2013 – 1 StR 387/13.

gericht überdies damit auseinandersetzen müssen, ob die Verhängung einer Geldstrafe neben einer Freiheitsstrafe nach dessen Vermögensverhältnissen überhaupt angebracht ist (hierzu BGH aaO, 148). Nach den Feststellungen verfügt er über kein Vermögen, ist mit 100.000 € verschuldet und bezieht lediglich Sozialleistungen.[52]

Die Strafzumessung ist grundsätzlich Sache des Tatrichters. Es ist seine Aufgabe, **57** auf der Grundlage des umfassenden Eindrucks, den er **in der Hauptverhandlung von der Tat und der Persönlichkeit des Täters gewonnen hat, die wesentlichen entlastenden und belastenden Umstände festzustellen, sie zu bewerten und hierbei gegeneinander abzuwägen.** In die Strafzumessungsentscheidung des Tatrichters kann das Revisionsgericht nur eingreifen, wenn diese Rechtsfehler aufweist, weil die Zumessungserwägungen in sich fehlerhaft sind, das Tatgericht gegen rechtlich anerkannte Strafzwecke verstoßen hat oder sich die verhängte Strafe nach oben oder unten von ihrer Bestimmung löst, gerechter Schuldausgleich zu sein. Nur in diesem Rahmen kann eine Verletzung des Gesetzes im Sinne des § 337 Abs. 1 StPO vorliegen.[53]

[5] 2. Von diesem revisionsrechtlichen Prüfungsmaßstab ausgehend können die Strafaussprüche des angefochtenen Urteils keinen Bestand haben, weil die von der Strafkammer sowohl bei der Strafrahmenwahl als auch bei der konkreten Bemessung der Einzelstrafen jeweils zu Gunsten sämtlicher Angeklagten berücksichtigte Erwägung, die Angeklagten hätten die Taten aus Geldnot begangen, von den Urteilsausführungen nicht getragen wird. Nach den Feststellungen betrieben die Angeklagten ein Geschäft zum An- und Verkauf von Gold- und Silberschmuck mit Filialen in D. und R. Während die Filiale in R. nach den abgeurteilten Taten wegen Verlusten geschlossen wurde, wird das Geschäft in D. von den Angeklagten G. und V.B. fortgeführt, die aus ihrer Geschäftstätigkeit jeweils legale Einkommen von monatlich 1.000 € bis 1.400 € erzielen. Zu der finanziellen Situation der Angeklagten zur Tatzeit hat das Landgericht lediglich festgestellt, dass die Angeklagten mit dem legalen An- und Verkauf von Schmuck „nur wenig verdienten“. Damit ist indes eine wirtschaftliche Notlage, der im Rahmen der Strafzumessung – je nach Sachlage – strafmildernde Bedeutung beigemessen werden kann (vgl. BGH, Beschlüsse vom 15. Januar 1988 – 2 StR 657/87, BGHR StGB § 46 Abs. 2 Lebensumstände 7; vom 18. Juli 1988 – 2 StR 311/88, BGHR StGB § 46 Abs. 2 Lebensumstände 8; vom 9. Juni 1993 – 3 StR 157/93, BGHR StGB § 46 Abs. 2 Lebensumstände 14; vgl. Theune in LK-StGB, 12. Aufl., § 46 Rn. 193), nicht im Ansatz dargetan.

[6] Die Bemessung der gegen die Angeklagten zu verhängenden Einzel- und Gesamtstrafen bedarf daher einer neuen tatrichterlichen Verhandlung und Entscheidung. Dabei wird der neue Tatrichter sowohl im Rahmen der Prüfung minder schwerer Fälle nach § 260a Abs. 2 StGB als auch bei der Strafzumessung im engeren Sinne auf die Werte des jeweils gehehlten Schmuckes Bedacht zu nehmen haben. Hierzu können – soweit erforderlich – ergänzende, den bisherigen nicht widersprechende Feststellungen getroffen werden.

---

[52] BGH, Beschluss vom 24.07.2014 – 3 StR 176/14.

[53] BGH, Urteil vom 25.09.2014 – 4 StR 222/14.

a) Strafzumessung im engeren Sinn – § 46 StGB

58 Es ist grundsätzlich zulässig, bei der Strafzumessung zu berücksichtigen, dass der Angeklagte noch sonstige – **bisher nicht abgeurteilte – Straftaten** begangen hat; dies gilt allerdings nur, wenn diese **Taten prozessordnungsgemäß und so bestimmt festgestellt sind,** dass sie in ihrem wesentlichen Unrechtsgehalt abzuschätzen sind und eine unzulässige Berücksichtigung des bloßen Verdachts weiterer Straftaten ausgeschlossen werden kann.[54]

[2] Der Strafausspruch hat keinen Bestand. Nach den Feststellungen missbrauchte der Angeklagte im Tatzeitraum zwischen dem 3. Juni 2004 und dem 2. Juni 2007 in sechs näher bezeichneten Fällen seinen zwischen elf und dreizehn Jahre alten Stiefsohn, dessen Betreuung und Erziehung er zusammen mit der Mutter übernommen hatte. In zwei dieser Fälle übte er den Oralverkehr an dem Kind aus, einmal versuchte er den Analverkehr. Im gesamten Tatzeitraum und darüber hinaus bis zum Jahr 2011 sei es zudem zu einer Vielzahl von sexuellen Übergriffen gekommen, deren Gesamtzahl sich nicht feststellen lasse. Durchschnittlich zweimal die Woche habe der Angeklagte seinen Stiefsohn missbraucht, wobei er überwiegend bei dem Nebenkläger masturbiert und weniger häufig den Oralverkehr ausgeübt habe. Einen Analverkehr habe der Angeklagte in maximal 40 Fällen versucht. Das Landgericht hat im Rahmen der Strafzumessung jeweils zulasten des Angeklagten den Zeitraum des Missbrauchs und die Anzahl der Missbrauchstaten berücksichtigt. Die angeklagten Taten seien lediglich eine „Teilmenge einer Vielzahl von Übergriffen, die aber zeitlich nicht mehr zu konkretisieren waren".

[3] Diese strafschärfende Erwägung begegnet durchgreifenden rechtlichen Bedenken. Zwar ist es grundsätzlich zulässig, bei der Strafzumessung zu berücksichtigen, dass der Angeklagte noch sonstige – bisher nicht abgeurteilte – Straftaten begangen hat; dies gilt allerdings nur, wenn diese Taten prozessordnungsgemäß und so bestimmt festgestellt sind, dass sie in ihrem wesentlichen Unrechtsgehalt abzuschätzen sind und eine unzulässige Berücksichtigung des bloßen Verdachts weiterer Straftaten ausgeschlossen werden kann (vgl. BGH, Beschlüsse vom 12. Mai 1995 – 3 StR 179/95, BGHR StGB § 54 Serienstraftaten 2; vom 9. Oktober 2003 – 4 StR 359/03, bei Pfister NStZ-RR 2004, 353, 359 Nr. 37; vom 2. Juli 2009 – 3 StR 251/09, NStZ-RR 2009, 306). Diesen Anforderungen genügen die pauschalen Feststellungen zu einer Vielzahl weiterer Missbrauchstaten im Tatzeitraum nicht. So kann den Darlegungen schon nicht hinreichend entnommen werden, in wie viel weiteren Fällen es zu sexuellen Übergriffen gekommen ist. Das Landgericht geht zwar von einem „durchschnittlich" zweimal in der Woche stattgefundenen Missbrauch aus. Da es diese Missbrauchstaten jedoch „zeitlich nicht konkretisieren" kann, ist auch das Landgericht offensichtlich davon ausgegangen, dass der Angeklagte nicht im gesamten Zeitraum zwischen dem 3. Juni 2004 und dem Jahr 2011 an dem Nebenkläger zweimal wöchentlich sexuelle Handlungen vorgenommen hat. Darüber hinaus lässt sich aufgrund der Feststellungen nicht ermessen, in welchem Umfang der Angeklagte sich nach welchen gesetzlichen Tatbeständen, denen jeweils ein unterschiedlicher Unrechtsgehalt zugrunde liegt, strafbar gemacht haben soll. Dabei ist zu berücksichtigen, dass der Nebenkläger am 2. Juni 2007 vierzehn Jahre und am 2. Juni 2009 sechzehn Jahre alt wurde. Auch sagt der Umstand, dass der Angeklagte

---

[54] BGH, Beschluss vom 20.08.2014 – 3 StR 315/14.

in „maximal“ 40 Fällen den Analverkehr versucht haben soll, nichts darüber aus, in wieviel Fällen es vor dem 14. Geburtstag des Nebenklägers wenigstens zu solchen Übergriffen kam. Die nicht näher eingrenzbare Möglichkeit weiterer, nicht angeklagter Taten durfte das Landgericht deshalb bei der Strafzumessung nicht zu Lasten des Angeklagten berücksichtigen.

Nachvollziehbare, verständliche Motive für eine Tatbegehung können ebenso wie die Tatverstrickung durch Dritte strafmildernd zu Buche schlagen; ihr **Fehlen berechtigt allerdings nicht, dies zu Lasten des Angeklagten zu berücksichtigen.** Die Erwägungen verstoßen im Übrigen gegen das Verbot der Doppelverwertung von Strafzumessungserwägungen (entsprechend § 46 Abs. 3 StGB), da sie in ihrem sachlichen Gehalt nicht über die Hervorhebung des Umstandes hinausgehen, dass der Angeklagte an der Tat mitgewirkt hat.[55] 59

Einem Angeklagten dürfen **Anlass und Modalitäten der Tat** nur dann ohne Abstriche strafschärfend zur Last gelegt werden, wenn sie **in vollem Umfang vorwerfbar sind,** nicht aber, wenn ihre Ursache in einer von ihm nicht oder nur eingeschränkt zu vertretenden geistig-seelischen Beeinträchtigung zu finden ist.[56] 60

[4] Diesen Maßstäben wird das angefochtene Urteil nicht gerecht. Das Landgericht lastet dem Angeklagten bei der Strafbemessung wesentlich an, dass die Tat „mit nicht unerheblicher Brutalität und massiver Gewaltanwendung einherging“ und dass „objektiv ein erhebliches Missverhältnis zwischen der Tat und deren Anlass“ bestand (UA S. 37). Indessen hat der Angeklagte die Tat nach den Feststellungen in einem schuldmindernden „destruktiven Impulsdurchbruch“ begangen, der auf ihn seit Jahren beherrschende wahnhafte Vorstellungen zurückgeht (UA S. 25 f.). Hiermit setzen sich die Urteilsgründe nicht auseinander, obgleich sich aufdrängt, dass die genannten Umstände Ausfluss des beim Angeklagten bestehenden und zur Unterbringung nach § 63 StGB führenden gravierenden Defektzustandes gewesen sind. Auch bei einer Gesamtschau der Ausführungen zur Strafzumessung kann der Senat nicht ausschließen, dass das Landgericht diese Möglichkeit bei der strafschärfenden Berücksichtigung der angeführten Strafzumessungstatsachen aus den Augen verloren hat.

[5] 3. Der Strafausspruch bedarf deshalb neuer Verhandlung und Entscheidung. Die der Strafzumessung zugrunde liegenden tatsächlichen Feststellungen werden von dem Wertungsfehler nicht berührt und können daher bestehen bleiben. Ergänzende Feststellungen bleiben zulässig, sofern sie den bisher getroffenen nicht widersprechen.

Einer Angeklagten darf es **nicht zum Nachteil gereichen,** dass sie **bestimmte Tatbeteiligungen oder auch Tatveranlassungen bestreitet** und infolgedessen bspw. **keine Einsicht darin zeigt,** dass möglicherweise nur auf ihre Hinweise hin die Angeklagten sich zur Tat entschlossen. Zum Nachteil eines bestreitenden Angeklagten darf bspw. nicht verwertet werden, dass er kein Mitgefühl und keine Schuldeinsicht gezeigt hat oder nach Rechtskraft eines Schuldspruchs auch noch weiterhin die Tat leugnet. Eine andere Bewertung ist nur zulässig, wenn ein Angeklagter bei seiner Verteidi- 61

[55] BGH, Beschluss vom 26.06.2014 – 2 StR 157/14.

[56] BGH, Beschluss vom 9.04.2014 – 5 StR 106/14.

gung ein Verhalten an den Tag legt, das im Hinblick auf die Art der Tat und die Persönlichkeit des Täters auf besondere Rechtsfeindlichkeit und Gefährlichkeit schließen lässt.[57]

62 Das Landgericht hat **strafschärfend berücksichtigt**, dass der Angeklagte **„einen nichtigen Anlass gesucht (habe), um sein Gewaltpotential auszuleben“**. Das Landgericht hat dabei ersichtlich nicht gesehen, dass nach den Urteilsfeststellungen die Tat ihre Ursache in der erheblichen Verminderung der Schuldfähigkeit des Angeklagten hat und dem Angeklagten daher der Umstand besonderer krimineller Energie auch nur eingeschränkt anzulasten ist. Die weitere strafschärfende Erwägung des Landgerichts, der Angeklagte sei **zu der Tat durch das Opfer nicht provoziert** worden, lässt zudem besorgen, dass dem Angeklagten – rechtsfehlerhaft – **das Fehlen eines Strafmilderungsgrunds angelastet** wird.[58]

63 Nicht zu beanstanden ist, dass das Landgericht der **vierfachen Begehung von Überfällen innerhalb kurzer Zeit** – unter gleichzeitiger Berücksichtigung des Charakters der Handlungen als Tatserie mit sinkender Hemmschwelle – auch **straferhöhende Bedeutung** beigemessen hat.[59]

[9] 2. Der Strafausspruch begegnet keinen rechtlichen Bedenken. Die Annahme, schädliche Neigungen des Angeklagten und die Schwere seiner Schuld geböten die Verhängung einer Jugendstrafe (§ 17 Abs. 2 JGG), ist rechtsfehlerfrei. Auch die Bemessung der Jugendstrafe unter Berücksichtigung des Erziehungsgedankens (§ 18 Abs. 2 JGG) weist keinen Rechtsfehler zum Nachteil des Angeklagten auf.

[10] a) Nicht zu beanstanden ist, dass das Landgericht der vierfachen Begehung von Überfällen innerhalb kurzer Zeit – unter gleichzeitiger Berücksichtigung des Charakters der Handlungen als Tatserie mit sinkender Hemmschwelle – auch straferhöhende Bedeutung beigemessen hat.

[11] b) Der untergeordnete Tatbeitrag des Angeklagten S. im Fall II.1. bedurfte keiner ausdrücklichen Erwähnung, denn die Urteilsgründe lassen nicht besorgen, dass die Jugendkammer diesen Umstand übersehen hat.

[12] c) Es liegt auch kein Rechtsfehler darin, dass die Jugendkammer unter erzieherischen Gesichtspunkten berücksichtigt hat, der Angeklagte S.habe einen fünften, nicht angeklagten Überfall auf das Bistro „B.“ geplant und die Ausführung dieser Tat „erst vor Ort abgebrochen“. Nach den Feststellungen des Landgerichts war der Überfall lediglich daran gescheitert, „dass der gesondert verfolgte Si. zur Verärgerung des Angeklagten S.“ kurzfristig und überraschend seine Bereitschaft zur Mitwirkung aufgegeben hatte. Damit lag für den Angeklagten S. kein freiwilliger Rücktritt von einer versuchten Beteiligung an diesem Überfall vor; vielmehr war der Überfall zu seiner Verärgerung ohne sein Zutun gescheitert. Er hat das nach § 30 Abs. 2 StGB verabredete Verbrechen weder verhindert (§ 31 Abs. 1 Nr. 3 StGB) noch sich zumindest darum bemüht (§ 31 Abs. 2 StGB).

64 Eine Anstiftung (§ 26 StGB) setzt voraus, dass ein anderer zur Begehung einer vorsätzlichen rechtswidrigen Tat bestimmt wird. Wird – wie hier – die vorsätzliche

[57] BGH, Beschluss vom 29.01.2014 – 1 StR 589/13.
[58] BGH, Beschluss vom 8.01.2014 – 2 StR 514/13.
[59] BGH, Urteil vom 2.04.2014 – 2 StR 349/13.

rechtswidrige Haupttat begangen, besteht regelmäßig die Gefahr strafrechtlicher Verfolgung (vgl. auch § 160 Abs. 1, § 163 Abs. 1 StPO). **Die regelmäßigen Auswirkungen der Anstiftungshandlung** stellen aber **keinen Strafschärfungsgrund** dar.[60]

[4] Das Landgericht hat die Strafe gemäß § 52 Abs. 2 Satz 1 StGB aus dem Strafrahmen des § 153 StGB i.V.m. § 26 StGB – drei Monate bis fünf Jahre Freiheitsstrafe – gebildet. Es hat dabei u.a. zu Lasten des Angeklagten gewertet, dass er die von ihm angestiftete Haupttäterin „der Gefahr strafrechtlicher Verfolgung ausgesetzt hat" (UA S. 10).

[5] Diese Wertung hält rechtlicher Überprüfung nicht stand. Anstiftung (§ 26 StGB) setzt voraus, dass ein anderer zur Begehung einer vorsätzlichen rechtswidrigen Tat bestimmt wird. Wird – wie hier – die vorsätzliche rechtswidrige Haupttat begangen, besteht regelmäßig die Gefahr strafrechtlicher Verfolgung (vgl. auch § 160 Abs. 1, § 163 Abs. 1 StPO). Die regelmäßigen Auswirkungen der Anstiftungshandlung stellen aber keinen Strafschärfungsgrund dar (vgl. auch Senat, Beschluss vom 3. April 1998 – 2 StR 101/98, BGHR StGB § 46 Abs. 3 Beihilfe 3 zu den regelmäßigen Auswirkungen der Beihilfehandlung). Der Senat kann nicht ausschließen, dass bei rechtsfehlerfreier Strafzumessung eine niedrigere Strafe ausgesprochen worden wäre.

Vor- und Nachtatverhalten sind bei der Strafzumessung zu berücksichtigen, wenn ein **schuldrelevanter Zusammenhang mit der Tat** besteht. Die fehlende Berücksichtigung entsprechenden relevanten Verhaltens im Rahmen der Strafzumessung stellt einen den Angeklagten begünstigenden Rechtsfehler dar.[61] **65**

[23] b) Das Landgericht hat dem festgestellten Vortatverhalten des Angeklagten – mit Blick auf dessen Auswirkungen auf die Tatschuld – indes ausreichend Rechnung getragen.

[24] Die „Exerzierübungen und Handgreiflichkeiten" (UA S. 89) des Angeklagten gegenüber L.-S. hat das Landgericht bei der Gesamtbewertung nicht aus dem Blick verloren. Es hat die „Erziehungsmethoden" des Angeklagten bereits im Rahmen der Erwägungen zum Mordmerkmal der niedrigen Beweggründe berücksichtigt und eine Nähe (auch) zu diesem Mordmerkmal angenommen (UA S. 137, 146). Die Schwurgerichtskammer hat all dieses im Zusammenhang mit § 212 Abs. 2 StGB rechtsfehlerfrei gewürdigt. Die (auch) im Vortatverhalten zum Ausdruck kommende Gesinnung des Angeklagten hat das Landgericht strafschärfend berücksichtigt (UA S. 138, 147), was sich nicht zuletzt in der im oberen Bereich des Strafrahmens angesiedelten Strafe niedergeschlagen hat.

Wenn bei der Zumessung der Einzelstrafen die Strafkammer „mit vollem Gewicht strafschärfend" berücksichtigt, „dass diese bei der Geschädigten nicht unerhebliche konkrete Tatfolgen verursacht haben", ist dies nur zulässig, wenn festgestellt ist, dass sie die **unmittelbare Folge gerade dieser Taten** sind.[62] **66**

---

60 BGH, Beschluss vom 11.12.2013 – 2 StR 478/13.

61 BGH, Urteil vom 16.04.2014 – 2 StR 608/13.

62 BGH, Beschluss vom 22.07.2014 – 2 StR 84/14.

[3] Der Strafausspruch hält jedoch sachlich-rechtlicher Nachprüfung nicht stand. Bei der Zumessung der Einzelstrafen hat die Strafkammer „mit vollem Gewicht strafschärfend" berücksichtigt, „dass diese bei der Geschädigten nicht unerhebliche konkrete Tatfolgen verursacht haben – wobei diese zwar erst nach der dritten Tat nach außen getreten sind, aber davon auszugehen ist, dass hier die Erfahrungen aller drei Übergriffe zusammenwirken".

[4] Diese Erwägung ist rechtsfehlerhaft. Mit ihrem vollen Gewicht können psychische Schäden bei der Bemessung einzelner Strafen nur in Ansatz gebracht werden, wenn festgestellt ist, dass sie die unmittelbare Folge gerade dieser Taten sind, nicht aber in gleicher Weise auch bei der Bemessung sämtlicher anderer Einzelstrafen. Sind die psychischen Schäden dagegen Folge aller Taten, wovon die Strafkammer hier offenbar ausgeht, so können sie dem Angeklagten nur einmal, nämlich bei der Gesamtstrafenbildung, angelastet werden.

67 Das in § 46 Abs. 3 StGB normierte **Doppelverwertungsverbot** ist verletzt, wenn die Strafe wegen einer Verurteilung von Taten nach § 176a Abs. 2 Nr. 1 StGB damit begründet werden, dass diese mit dem Eindringen in den Körper des Opfers verbunden gewesen sind; denn damit hat es die Verwirklichung der Qualifikation in § 176a Abs. 2 Nr. 1 StGB strafschärfend verwertet.[63]

68 Nach ständiger Rechtsprechung des Bundesgerichtshofs dürfen einem Angeklagten **Anlass und Modalitäten der Tat** nur dann ohne Abstriche strafschärfend zur Last gelegt werden, wenn sie in vollem Umfang vorwerfbar sind, nicht aber, wenn ihre Ursache in einer von ihm nicht oder nur eingeschränkt zu vertretenden geistig-seelischen Beeinträchtigung zu finden ist.[64]

[6] b) Gleichwohl sind die – auch in ihrer Abfolge nicht geglückten – Strafzumessungserwägungen nicht frei von Rechtsfehlern. Nach ständiger Rechtsprechung des Bundesgerichtshofs dürfen nämlich einem Angeklagten Anlass und Modalitäten der Tat nur dann ohne Abstriche strafschärfend zur Last gelegt werden, wenn sie in vollem Umfang vorwerfbar sind, nicht aber, wenn ihre Ursache in einer von ihm nicht oder nur eingeschränkt zu vertretenden geistig-seelischen Beeinträchtigung zu finden ist (vgl. BGH, Beschluss vom 29. Juni 2000 – 1 StR 223/00, StV 2001, 615; Urteil vom 17. Juli 2003 – 4 StR 105/03, NStZ-RR 2003, 294; Beschlüsse vom 8. Oktober 2002 – 5 StR 365/02, NStZ-RR 2003, 104; vom 31. Januar 2012 – 3 StR 453/11, NStZ-RR 2012, 169).

[7] Dem wird das angefochtene Urteil nicht gerecht. Mit der Frage, ob dem Angeklagten das Handeln aus „äußerst nichtigem Anlass" und die Brutalität sowie die Dauer seines Vorgehens trotz der Annahme einer die gesamte Tat umfassenden schuldmindernden Wahrnehmungsverengung uneingeschränkt vorwerfbar sind, setzen sich die Urteilsgründe nicht auseinander. Dass die genannten Umstände Ausfluss des Defektzustands gewesen sind, drängt sich hier indessen auf. Überdies bringt die Schwurgerichtskammer bei der Prüfung des Mordmerkmals der Grausamkeit selbst Zweifel zum Ausdruck, ob der Angeklagte vollständig zu erkennen vermochte, welches Leid er dem Nebenkläger zufügte (UA S. 35). Auch bei einer Gesamtschau der Ausführungen zur Strafzumessung kann der Senat nicht aus-

---

63 BGH, Beschluss vom 6.05.2014 – 4 StR 88/14.

64 BGH, Beschluss vom 12.03.2014 – 5 StR 69/14.

schließen, dass das Landgericht diese Möglichkeit bei der strafschärfenden Berücksichtigung der angeführten Strafzumessungstatsachen aus den Augen verloren hat.
[8] 4. Der Strafausspruch bedarf deshalb neuer Verhandlung und Entscheidung. Das neue Tatgericht wird bei der Strafrahmenwahl die durch die Rechtsprechung vorgegebene Prüfungsreihenfolge zu beachten haben (vgl. etwa BGH, Beschluss vom 19. November 2013 – 2 StR 494/13 Rn. 4; Schäfer/Sander/van Gemmeren, Praxis der Strafzumessung, 5. Aufl., Rn. 930 mwN). Der Senat weist ferner darauf hin, dass auch die weiteren von der Revision gegen die im angefochtenen Urteil vorgenommene Strafzumessung vorgebrachten Beanstandungen nicht jeglicher Berechtigung entbehren. Die Versagung einer Versuchsmilderung ist freilich nicht zu beanstanden.

Zuungunsten eines Angeklagten kann grundsätzlich nicht berücksichtigt, dass die 69
Geschädigte sich tatbedingt nicht nur mehrfachen polizeilichen Vernehmungen und den Explorationsgesprächen für das aussagepsychologische Gutachten stellen musste, sondern auch der Zeugenvernehmung durch die Kammer, wenn die Vernehmungen der Geschädigten sowie deren Glaubhaftigkeitsbegutachtung, die durch Besonderheiten in ihrer Persönlichkeit veranlasst war, nur deshalb erforderlich waren, weil der Angeklagte die Tat bestritten hat; denn hierzu war er befugt. Ein **zulässiges Prozessverhalten** des bestreitenden Angeklagten darf aber nicht zu seinen Lasten berücksichtigt werden.[65]

Bei der Strafzumessung bzgl. **Mittätern** ist die **Unterschiedlichkeit von Tatbeiträgen** 70
zu berücksichtigen, vor allem auch dann, wenn ein Angeklagter an ihm zugerechneten Tathandlungen nicht konkret beteiligt war und/oder sein Beitrag sich bspw. in einem im Wesentlichen folgenlosen Angriff auf ein anderes Mitglied einer Gruppe im Rahmen einer Schlägerei erschöpfte.[66]

Ist eine vom Angeklagten **im Ausland erlittene Freiheitsentziehung** auf die ver- 71
hängte Strafe anzurechnen (§ 51 Abs. 1, Abs. 3 StGB), so hat der Tatrichter gemäß § 51 Abs. 4 Satz 2 StGB nach pflichtgemäßem Ermessen – in der Urteilsformel den Maßstab der Anrechnung zu bestimmen.[67]

b) Verbot der Doppelverwertung

Das **Verbot der Doppelverwertung von Strafzumessungstatsachen** wird in dem 72
Bemühen, die gegen einen Angeklagten ausgesprochene Strafe zumeist mit vielen Argumenten zu begründen, nicht selten verletzt, indem Merkmale des Tatbestandes, einer Qualifikation oder von Regelbeispielen als besonders ausdruckstarke Darstellungsmöglichkeiten auch im Rahmen des Strafzumessung mit herangezogen werden, was jedoch nach § 46 Abs. 3 StGB strikt untersagt ist. Besonders deutlich wird dies bei den nachstehenden Entscheidungen:

---

65 BGH, Beschluss vom 15.10.2013 – 3 StR 282/13; vgl. hierzu auch Beschluss vom 8.01.2014 – 3 StR 272/13.
66 BGH, Beschluss vom 12.9.2013 – 2 StR 226/13.
67 BGH, Beschluss vom 17.04.2014 – 3 StR 133/14.

73 Der Strafausspruch hält entgegen der Ansicht des Generalbundesanwalts rechtlicher Nachprüfung nicht stand. Das Landgericht hat zu Lasten des Angeklagten dessen hohe kriminelle Energie berücksichtigt, „zumal hier nicht eigener Suchtdruck oder massive finanzielle Nöte Triebfeder des Handelns waren, sondern reines Gewinnstreben". Diese Formulierung lässt nicht nur besorgen, dass die Kammer entgegen § 46 Abs. 3 StGB mit dem Gewinnstreben einen bereits zum Tatbestand des Handeltreibens mit Betäubungsmitteln gehörenden Umstand verwertet hat. Sie deutet darüber hinaus darauf hin, dass das Landgericht das bloße Fehlen genannter strafmildernder Umstände strafschärfend berücksichtigt hat.[68]

Der Senat kann letztlich nicht sicher ausschließen, dass das Landgericht bei richtiger Würdigung trotz der großen Mengen von Betäubungsmitteln, mit denen Handel getrieben wurde, angesichts zahlreicher zu Gunsten wirkender Umstände einen minder schweren Fall angenommen oder bei Anwendung des Normalstrafrahmens jedenfalls zu niedrigeren Einzelstrafen gelangt wäre.

74 Im Rahmen der hierfür vorzunehmenden Gesamtwürdigung hat das Landgericht u.a. indes **zu Lasten des Angeklagten berücksichtigt**, dass er sich aus egoistischen Gründen in gravierender Form und mit einem erheblichen Maß an krimineller Energie über die Rechtsordnung hinweggesetzt und seine eigenen sexuellen Bedürfnisse über die Integrität des Kindes gestellt habe. Damit hat die Strafkammer rechtsfehlerhaft darauf abgestellt, dass der Angeklagte die Straftaten überhaupt begangen hat. Denn dass sich der Angeklagte über die Interessen des missbrauchten Kindes hinwegsetzt, **gehört zum Regelbild der Tatbestände** der §§ 176 und 176a StGB und bildet deshalb für sich keinen Umstand, der den Unrechtsgehalt der Tat erhöht.[69]

[5] Denn dass sich der Angeklagte über die Interessen des missbrauchten Kindes hinwegsetzt, gehört zum Regelbild der Tatbestände der §§ 176 und 176a StGB und bildet deshalb für sich keinen Umstand, der den Unrechtsgehalt der Tat erhöht (BGH, Beschluss vom 14. Dezember 2004 – 4 StR 237/04, juris Rn. 11; vgl. auch BGH, Beschluss vom 5. Juni 2013 – 2 StR 189/13, NStZ-RR 2013, 291). Da das Landgericht diese rechtsfehlerhafte Erwägung im Rahmen der in Anlehnung an das Erwachsenstrafrecht vorzunehmenden Bestimmung des Unrechtsgehalts der Taten angestellt hat, ist es vorliegend ohne Bedeutung, dass § 46 Abs. 3 StGB bei der Bemessung der Jugendstrafe grundsätzlich keine Bedeutung zukommt (BGH, Urteil vom 28. August 1996 – 3 StR 205/96, NStZ-RR 1997, 21, 22; Beschlüsse vom 10. Januar 2007 – 1 StR 617/06, NStZ 2008, 693; vom 16. April 2007 – 5 StR 335/06, NStZ 2007, 522, 523; vom 20. Januar 2009 – 1 StR 662/08, NStZ-RR 2009, 155).
[6] Der Senat kann nicht ausschließen, dass das Gericht ohne Berücksichtigung der vorgenannten Erwägung eine niedrigere Jugendstrafe verhängt hätte.

75 Das Landgericht hat bei der Strafrahmenwahl die Strafe dem Regelstrafrahmen des § 224 Abs. 1 StGB entnommen. Die Annahme eines minder schweren Falles der gefährlichen Körperverletzung hat es maßgeblich **mit der Erwägung abgelehnt, dass der Angeklagte ausreichend Zeit gehabt habe, „die für ihn absehbare und gewollt(e) eskalierende Bedrohungs- und Gewaltsituation zu stoppen"**, in deren Verlauf sein

---

[68] BGH, Beschluss vom 29.04.2014 – 2 StR 616/13.
[69] BGH, Beschluss vom 8.01.2014 – 3 StR 318/13.

Mittäter dem Geschädigten mit einem Holzschläger kräftig auf die Hand schlug. Damit wertet die Strafkammer bei der Strafrahmenwahl unter Verstoß gegen § 46 Abs. 3 StGB **den Umstand, dass der Angeklagte sich überhaupt als Mittäter einer gefährlichen Körperverletzung schuldig gemacht habe.**[70]

Das Landgericht hat in diesen Fällen neben anderen Zumessungserwägungen sowohl bei der Strafrahmenbestimmung als auch – durch Bezugnahme – bei der Strafzumessung im engeren Sinn zu Lasten des Angeklagten gewertet, dass bei ihm „keine eigene Betäubungsmittelabhängigkeit" vorliege und er „auch keine Aufklärungshilfe geleistet" habe. Diese Erwägungen begegnen durchgreifenden rechtlichen Bedenken, weil das Landgericht damit **das Fehlen möglicher Strafmilderungsgründe zu Lasten des Angeklagten berücksichtigt** hat.[71] **76**

Ein Verstoß gegen das Doppelverwertungsverbot des § 46 Abs. 3 StGB liegt im Ergebnis nicht vor. Zwar ist der Revision zuzugeben, dass dem objektiven Tatbestand der Nachstellung gemäß § 238 Abs. 1 StGB mit dem **Merkmal „beharrlich"** eine in der Tatbegehung zum Ausdruck kommende besondere Hartnäckigkeit und gesteigerte Gleichgültigkeit des Täters gegenüber dem gesetzlichen Verbot innewohnt. Das Tatgericht hat **mit der strafschärfenden Berücksichtigung der „besonderen Hartnäckigkeit" und „Bedenkenlosigkeit" des Angeklagten** jedoch nicht auf die Beharrlichkeit als Merkmal des gesetzlichen Tatbestandes abgestellt, sondern – wie sich aus der Bezugnahme auf die Äußerung des Angeklagten in der Hauptverhandlung, ihm sei das gerichtlich angeordnete Kontaktverbot zu der Nebenklägerin egal – die **ablehnende Einstellung des Angeklagten gegenüber den durch Einzelanordnungen konkretisierten Verhaltensanforderungen der Rechtsordnung berücksichtigt.** Soweit zudem auf die rechtsfehlerfrei festgestellten gravierenden Auswirkungen der Tat für die körperliche und psychische Gesundheit der Nebenklägerin abgestellt worden ist, handelt es sich ohnehin nicht um zum Tatbestand von § 238 Abs. 1 StGB gehörende Merkmale, dafür aber um berücksichtigungsfähige, verschuldete Auswirkungen der Tat gemäß § 46 Abs. 2 StGB.[72] **77**

9. Täter-Opfer-Ausgleich, Schadenswiedergutmachung – § 46a StGB

Wenn das geschädigte Opfer ein Angebot des Angeklagten in der Hauptverhandlung zu einer Ausgleichszahlung nicht akzeptiert, sondern sich nur eine spätere Annahme vorbehält, fehlt es an dem nach der ständigen Rechtsprechung des Bundesgerichtshofs für § 46a Nr. 1 StGB verlangten **kommunikativen Prozess zwischen Täter und Opfer**, der auf einen **umfassenden friedensstiftenden Ausgleich** der durch die Straftat verursachten Folgen angelegt ist und Ausdruck der Übernahme von Verantwortung sein muss. Voraussetzung eines solchen kommunikativen Prozesses ist, dass sich das geschädigte Opfer auf freiwilliger Basis zu einem Ausgleich mit dem Täter bereit findet und sich darauf einlässt. Die vom **Täter angebotenen Leistungen müssen vom Tatopfer als friedensstiftender Ausgleich akzeptiert** werden.[73] **78**

---

[70] BGH, Beschluss vom 8.01.2014 – 5 StR 596/13.
[71] BGH, Beschluss vom 19.11.2013 – 4 StR 480/13.
[72] BGH, Beschluss vom 8.04.2014 – 1 StR 126/14.
[73] BGH, Beschluss vom 8.07.2014 – 1 StR 266/14.

Nach den rechtsfehlerfrei getroffenen Feststellungen hatte der Angeklagte über seinen später verstorbenen Bruder vor Oktober 2013 dem Vater des Geschädigten C. eine Ausgleichszahlung von 10.000 Euro angeboten. Nach dem Tod des Bruders kam es zu keinen weiteren unmittelbaren oder mittelbaren Kontakten zwischen dem Angeklagten und dem Geschädigten mehr. Erst in der Hauptverhandlung erneuerte der Angeklagte das frühere Angebot. Der Geschädigte nahm dieses jedoch nicht an, behielt sich aber eine spätere Annahme vor.

Bei dieser Sachlage fehlt es an dem nach der ständigen Rechtsprechung des Bundesgerichtshofs für § 46a Nr. 1 StGB verlangten kommunikativen Prozess zwischen Täter und Opfer, der auf einen umfassenden friedensstiftenden Ausgleich der durch die Straftat verursachten Folgen angelegt ist und „Ausdruck der Übernahme von Verantwortung sein muss" (BGH, Urteile vom 19. Dezember 2002 – 1 StR 405/02, BGHSt 48, 134, 139 und 141; vom 7. Dezember 2005 – 1 StR 287/05, NStZ 2006, 275, 276; vom 23. Mai 2013 – 4 StR 109/13 mwN, NStZ-RR 2013, 240 [LS]). Voraussetzung eines solchen kommunikativen Prozesses ist, dass sich das geschädigte Opfer auf freiwilliger Basis zu einem Ausgleich mit dem Täter bereit findet und sich darauf einlässt (BGH, Urteil vom 7. Dezember 2005 – 1 StR 287/05, NStZ 2006, 275, 276). Die vom Täter angebotenen Leistungen müssen vom Tatopfer als friedensstiftender Ausgleich akzeptiert werden (vgl. nur BGH, Urteile vom 7. Dezember 2005 – 1 StR 287/05, NStZ 2006, 275, 276; vom 23. Mai 2013 – 4 StR 109/13, NStZ-RR 2013, 240 [LS]).

An einem derartigen kommunikativen Prozess fehlt es hier. Zwar steht einem vom Opfer als friedensstiftend akzeptierten Ausgleich weder entgegen, dass der Angeklagte seine Ausgleichszahlung ursprünglich lediglich über Vermittler auf beiden Seiten unterbreitet hatte (vgl. BGH, Urteil vom 7. Dezember 2005 – 1 StR 287/05, NStZ 2006, 275, 276) noch, dass das Angebot erst in der Hauptverhandlung (erneut) erfolgte (dazu BGH, Beschluss vom 9. Oktober 2008 – 1 StR 359/08, NStZ-RR 2009, 17, 18). Nach den getroffenen Feststellungen hat sich der Geschädigte C. aber gerade nicht auf einen kommunikativen Prozess mit dem Angeklagten eingelassen und die angebotene Ausgleichszahlung auch nicht als friedensstiftende Leistung akzeptiert. Bereits auf das erste vermittelte Angebot hat der Geschädigte nicht reagiert. Unabhängig von dem Tod des zuvor als Überbringer des Ausgleichsangebots auftretenden Bruders des Angeklagten ist keinerlei Eingehen des Geschädigten C. auf den Vorschlag – auch nicht über seinen Vater als Empfänger des Angebots – festgestellt. In der Hauptverhandlung hat C. die Zahlung ebenfalls nicht als friedensstiftend akzeptiert. Der Vorbehalt dies zukünftig möglicherweise noch tun zu wollen, ändert daran nichts.

■ PRAXISBEDEUTUNG

Die vorstehende Entscheidung macht ein weiteres Mal deutlich, dass es der Angeklagte nicht allein in der Hand hat, in einer Hauptverhandlung durch mehr oder minder werthaltige finanzielle Angebote einen Täter-Opfer-Ausgleich zu erzwingen, soweit das Opfer, dessen Interessen in direkter Weise von einem solchen Ausgleich betroffen sind, hierzu nicht bereit ist. Schon deswegen sollten ernsthafte Ausgleichsgespräche lange vor einer Hauptverhandlung stattfinden und vom Verteidiger und ggfs. dem Vertreter des Opfers vorbereitet und möglichst auch abgeschlossen werden!

Zwar ist die Anerkennung eines Täter-Opfer-Ausgleichs nicht von vornherein ausgeschlossen, wenn der Täter einzelne Umstände der Tat beschönigt, jedoch stellt es die erforderliche, in einem **ernsten Bestreben um Wiedergutmachung zum Ausdruck kommende Verantwortungsübernahme** in Frage, wenn ein Täter in einem Entschuldigungsschreiben an das Opfer eines arbeitsteilig geplanten und unter Würgen sowie Einsatz eines Messers durchgeführten Raubüberfalls ausführt, die Sache „sei dumm gelaufen" und es sei nur Zufall gewesen, dass es gerade dieses Opfer getroffen habe.[74] 79

Wenn der Angeklagte ‚sich entschuldigt und 500 Euro Schmerzensgeld gezahlt hat', kann dies einen Ausgleich mit dem Opfer im Sinne des § 46a Nr. 1 StGB nahelegen, so dass es einen durchgreifenden Rechtsfehler darstellt, dass das Landgericht nicht geprüft hat, ob diese **Wiedergutmachungsbemühungen** des Angeklagten die Voraussetzungen des Täter-Opfer-Ausgleichs erfüllen. Die allgemeine strafmildernde Berücksichtigung der Schadenswiedergutmachung kann die so gebotene Prüfung des Vorliegens der Voraussetzungen des § 46a StGB nicht ersetzen.[75] 80

Der Strafausspruch hat in den Fällen des schweren sexuellen Missbrauchs eines Kindes keinen Bestand, weil das Landgericht nicht das Vorliegen der **Voraussetzungen des § 46a StGB geprüft** und dementsprechend sein Ermessen hinsichtlich einer möglichen Strafrahmenmilderung nach § 49 Abs. 1 StGB nicht ausgeübt hat.[76] 81

[3] Nach den Urteilsfeststellungen hat der überwiegend geständige Angeklagte, der in beengten wirtschaftlichen Verhältnissen lebt, sich nach den Taten bei dem Tatopfer und dessen Eltern entschuldigt und diesen aus eigener Initiative 2.800 € als (immaterielle) Wiedergutmachung gezahlt. Zudem hat er die Taten 1 bis 3 als solche detailliert eingeräumt und somit dem Geschädigten eine Vernehmung in der Hauptverhandlung erspart.

[4] Die Berücksichtigung dieser mildernden Umstände lediglich im Rahmen der allgemeinen Strafzumessung erweist sich als rechtsfehlerhaft, weil zumindest die Annahme der Voraussetzungen des § 46a Nr. 1 StGB naheliegend erscheint. Die Strafzumessung bedarf daher insoweit neuer Bewertung durch das Tatgericht. Die Feststellungen können bestehen bleiben, weil lediglich ein Subsumtionsfehler vorliegt. Weitergehende Feststellungen können getroffen werden, soweit sie nicht den bisherigen widersprechen.

Der **vertypte Strafmilderungsgrund** des § 46a Nr. 1 StGB ist auf den vorsätzlichen **Eingriff in den Straßenverkehr nach § 315b StGB nicht anwendbar.**[77] 82

Werden durch eine Straftat **mehrere Opfer** betroffen, muss hinsichtlich **jedes Geschädigten zumindest eine Alternative des § 46a StGB erfüllt sein.**[78] 83

---

[74] BGH, Urteil vom 11.03.2014 – 5 StR 19/14.
[75] BGH, Urteil vom 2.07.2014 – 4 StR 195/14.
[76] BGH, Beschluss vom 11.12.2013 – 5 StR 586/13.
[77] BGH, Urteil vom 4.12.2014 – 4 StR 213/14.
[78] BGH, Urteil vom 5.03.2014 – 2 StR 496/13.

10. Aufklärungshilfe – § 46b StGB

84 Die Versagung einer **Strafrahmenverschiebung** wegen der vom Beschwerdeführer geleisteten Aufklärungshilfe **nach §§ 46b, 49 Abs. 1 StGB** mit der Begründung, dass er nach Benennung der maskierten Person seinen eigenen Tatbeitrag im Sinne einer Beihilfehandlung als möglichst gering darzustellen versucht hat, erscheint mit Blick auf die getroffenen, über seine Einlassung nicht hinausgehenden Feststellungen nicht bedenkenfrei.[79]

85 Der Strafausspruch gegen den Angeklagten der Aufhebung, weil das Landgericht versäumt hat, eine **Strafmilderung nach § 46b Abs. 1 Satz 1 Nr. 1 StGB zu erörtern**; denn nach den Urteilsgründen hatte der Angeklagte mit seinen Angaben im Rahmen einer polizeilichen Vernehmung wesentlich dazu beigetragen, dass die Tat der Mitangeklagten, wie sie vom Landgericht festgestellt wurde, aufgedeckt werden konnte. Das hätte Anlass zur Prüfung der Strafmilderungsnorm gegeben.[80]

86 § 46b StGB ist auch dann anwendbar, wenn der durch den Aufklärenden Belastete **von dem Versuch** des im Katalog des § 100a Abs. 2 StPO aufgeführten Delikts **strafbefreiend zurückgetreten** ist.[81]

[4] 2. Danach sind die Schuldsprüche und der den erheblich, auch einschlägig vorbestraften Angeklagten I. betreffende Strafausspruch rechtsfehlerfrei. Hingegen halten die Entscheidungen zu den Rechtsfolgen bei den Angeklagten B. und K. rechtlicher Prüfung nicht stand. Beide waren schon im Ermittlungsverfahren umfassend geständig und haben hierdurch maßgeblich zur Aufklärung der Tat bezüglich des Angeklagten I. beigetragen. Dennoch hat das Landgericht § 46b Abs. 1 Nr. 1 StGB für nicht anwendbar gehalten, weil es sich bei der aufgeklärten Tat nicht um eine Katalogtat im Sinne des § 100a Abs. 2 StPO handele. Dies hält rechtlicher Prüfung nicht stand.

[5] Zwar trifft es zu, dass der I.s Verurteilung zugrundeliegende § 224 StGB im gemäß § 46b Abs. 1 Nr. 1 StGB maßgeblichen Katalog des § 100a Abs. 2 StPO nicht aufgeführt ist. Zudem ist das Landgericht bei seiner Prüfung zu Recht davon ausgegangen, dass es für die insofern maßgebliche rechtliche Bewertung auf seine Beurteilung der aufgeklärten Tat zum Urteilszeitpunkt ankommt (vgl. Schäfer/Sander/van Gemmeren, Praxis der Strafzumessung, 5. Aufl. Rn. 1046). Dabei hat es auch bedacht, dass der Angeklagte I. nur wegen seines Rücktritts nicht wegen versuchten Totschlags verurteilt worden ist, hieraus aber nicht die richtige Folgerung gezogen.

[6] Beim Rücktritt handelt es sich um einen persönlichen Strafaufhebungsgrund. Während weitere nicht zurückgetretene Beteiligte strafbar bleiben, führt er dazu, dass eine Strafe wegen des versuchten Delikts gegen denjenigen, der die jeweiligen Voraussetzungen des § 24 StGB erfüllt hat, nicht verhängt werden darf. Ein Rücktritt lässt jedoch die Rechtswidrigkeit und Schuld des Täters – auch insoweit – unberührt (vgl. BGH, Urteil vom 13. Oktober 1981 – 5 StR 433/81, NStZ 1982, 78), hier also diejenige des vom Angeklagten I. versuchten Totschlags. Bei diesem aber handelt es sich um eine Katalogtat (§ 100a Abs. 2 Nr. 1 lit. h StPO). Denn

---

79 BGH, Beschluss vom 26.03.2014 – 5 StR 91/14.

80 BGH, Beschluss vom 26.03.2014 – 2 StR 505/13.

81 BGH, Beschluss vom 11.03.2014 – 5 StR 29/14.

erfasst werden nicht nur – wie der Generalbundesanwalt meint – vollendete Delikte, sondern alle mit Strafe be-drohten Stadien der aufgeführten Tatbestände (zum versuchten Raub vgl. BGH, Beschluss vom 13. April 2011 – 4 StR 124/11, StV 2011, 534).

[7] Die Angeklagten B. und K. haben mithin dazu beigetragen, dass eine „Tat" im Sinne des § 46b Abs. 1 Nr. 1 StGB aufgedeckt werden konnte, da sich das Landgericht vom versuchten Totschlag des Angeklagten I. hat überzeugen können. Es kommt nicht darauf an, dass deswegen letztlich eine Verurteilung ergeht. Dies wäre etwa auch dann nicht der Fall, wenn die Tat eines schuldlos oder entschuldigt agierenden Täters aufgeklärt werden würde, bei dem die Anordnung von Maßregeln der Besserung und Sicherung nicht in Betracht käme. Auch dann könnte dennoch ein anerkennenswerter Aufklärungserfolg bejaht werden. Dies aber gilt dann erst recht für die vorliegende Fallgestaltung.

[8] 3. Die fehlerhafte Prüfung des § 46b StGB führt zur Aufhebung der die Angeklagten B. und K. betreffenden Rechtsfolgenaussprüche. Denn das Landgericht hat jeweils eine Freiheitsstrafe „im unteren Bereich des Strafrahmens für tat- und schuldangemessen gehalten" (UA S. 28). Der Senat kann deshalb trotz der maßvollen Strafen wegen der durch § 46b StGB eröffneten Möglichkeit, bei der Strafrahmenbestimmung gemäß § 49 Abs. 1 Nr. 3 StGB das gesetzliche Mindestmaß zugrundezulegen, nicht ausschließen, dass das Urteil auf dem Rechtsfehler beruht (§ 337 Abs. 1 StPO). Die zugehörigen Feststellungen können bestehen bleiben, weil lediglich Wertungsfehler vorliegen. Ergänzende Feststellungen, die den getroffenen nicht widersprechen, sind zulässig.

Wenn eine Strafkammer ihre Überzeugung im Wesentlichen auf die Aussage eines Mitangeklagten stützt, der bereits vor Eröffnung des Hauptverfahrens im Rahmen einer mündlichen Haftprüfung ein umfassendes Geständnis abgelegt und die Mitangeklagten als Mittäter benannt hat, im Anschluss an die Aussage vom weiteren Vollzug der Untersuchungshaft verschont worden ist, und dann im Hinblick auf diese Angaben des Angeklagten bei ihm die Voraussetzungen des § 46b Abs. 1 StGB angenommen hat, liegt es nahe, sich bei der Beweiswürdigung mit dem naheliegenden, für die **Beurteilung der Glaubhaftigkeit der Aussage wesentlichen Gesichtspunkt auseinandersetzen** müssen, dass sich der dieser Angeklagte mit seiner Aussage die **Voraussetzungen und Vorteile der Kronzeugenregelung** (§ 46b StGB) sichern wollte und damit der Versuchung ausgesetzt war, Dritte deswegen wahrheitswidrig zu belasten.[82] **87**

Die **Nichterörterung von § 46b StGB** ist **rechtsfehlerhaft**, wenn es die getroffenen Feststellungen nahelegen, dass die Voraussetzungen der §§ 46b Abs. 1 Satz 1 Nr. 1 StGB, 100a Abs. 2 Nr. 1 Buchst. n StPO gegeben sind. Trotz der insgesamt maßvollen Bemessung der Einzelstrafen und deren straffen Zusammenzug bei der Bildung der Gesamtstrafe ist nicht mit der nötigen Sicherheit auszuschließen, dass das Landgericht zu einem abweichenden Strafausspruch gelangt wäre, wenn es § 46b StGB in seine Erwägungen zur Wahl des anzuwendenden Strafrahmens einbezogen hätte.[83] **88**

[82] BGH, Beschluss vom 26.11.2013 – 3 StR 217/13.
[83] BGH, Beschluss vom 28.08.2014 – 4 StR 330/14.

a) Nach den Feststellungen des Landgerichts war der Angeklagte als Mitglied einer professionell organisierten und von Polen aus gesteuerten Gruppierung tätig, die unter Verwendung des sogenannten Enkel-/Neffentricks vornehmlich ältere, alleinstehende Opfer unter Ausnutzung ihrer Hilfsbereitschaft gegenüber vermeintlich in eine finanzielle Zwangslage geratenen Verwandten oder Bekannten zur Herausgabe von hohen Geldbeträgen veranlassten. In den Fällen, in denen der Tatplan unter Mitwirkung des Angeklagten zum Erfolg führte (Fälle II. 2, 3 und 4 der Urteilsgründe), hat das Landgericht den Strafrahmen des Qualifikationstatbestandes des § 263 Abs. 5 StGB zu Grunde gelegt; blieb es beim Versuch (Fälle II. 1, 5, 6 und 7 der Urteilsgründe), ist die Strafkammer von minder schweren Fällen im Sinne von § 263 Abs. 5 StGB ausgegangen und hat den insoweit eröffneten Strafrahmen von sechs Monaten bis zu fünf Jahren Freiheitsstrafe jeweils gemäß §§ 22, 23, 49 Abs. 1 StGB zusätzlich gemildert. Eine weitere Strafmilderung gemäß §§ 46b, 49 Abs. 1 StGB hat es nicht erörtert, bei der Strafzumessung im engeren Sinne jedoch zu Gunsten des Angeklagten berücksichtigt, dass er sich schon früh im Ermittlungsverfahren umfassend und schonungslos geständig gezeigt und detaillierte Angaben zu Aufbau und Struktur der hierarchisch organisierten Gruppierung gemacht, insbesondere führende Hintermänner in Polen sowie vor Ort agierende Personen namentlich benannt habe. Dadurch habe er wesentlich zur Aufklärung der dieser Organisation zuzuschreibenden Straftaten beigetragen.

11. Besondere gesetzliche Milderungsgründe – § 49 StGB

89 Sieht das Gesetz den **Sonderstrafrahmen** eines **minder schweren Falles** vor und ist auch ein **gesetzlich vertypter Milderungsgrund** gegeben, so muss bei der Strafrahmenwahl zunächst geprüft werden, ob der Sonderstrafrahmen zur Anwendung kommt. Dabei ist im Rahmen einer Gesamtwürdigung vorab auf die allgemeinen Strafzumessungsgründe abzustellen. Vermögen bereits diese die Annahme eines minder schweren Falles allein zu tragen, stehen die den gesetzlich vertypten Milderungsgrund verwirklichenden Umstände noch für eine (weitere) Strafrahmenmilderung nach § 49 StGB zur Verfügung. Ist jedoch nach einer Abwägung aller allgemeinen Strafzumessungsumstände das Vorliegen eines minder schweren Falles abzulehnen, so sind zusätzlich die den gesetzlich vertypten Strafmilderungsgrund verwirklichenden Umstände in die gebotene Gesamtabwägung einzubeziehen. Erst wenn der Tatrichter danach weiterhin die Anwendung des milderen Sonderstrafrahmens nicht für gerechtfertigt hält, darf er seiner konkreten Strafzumessung den (allein) wegen des vorliegenden gesetzlich vertypten Strafmilderungsgrundes herabgesetzten Regelstrafrahmen zugrunde legen.[84]

90 In den Fällen, in denen das Gesetz bei einer Straftat einen **minder schweren Fall** vorsieht und im Einzelfall ein **gesetzlicher Milderungsgrund nach § 49 StGB gegeben** ist, bei der Strafrahmenwahl vorrangig zu prüfen ist, ob ein minder schwerer Fall vorliegt. Ist nach einer Abwägung aller allgemeinen Strafzumessungsumstände das Vorliegen eines minder schweren Falls abzulehnen, sind bei der weitergehenden Prüfung, ob der mildere Sonderstrafrahmen zur Anwendung kommt, gesetzlich vertypte Strafmilderungsgründe zusätzlich heranzuziehen. Erst wenn der Tatrichter

[84] BGH, Beschluss vom 24.06.2014 – 3 StR 168/14.

danach weiterhin keinen minder schweren Fall für gerechtfertigt hält, darf er seiner konkreten Strafzumessung den (allein) wegen des gegebenen gesetzlich vertypten Milderungsgrunds gemilderten Regelstrafrahmen zugrunde legen.[85]

Führt die **Anwendung des § 49 Abs. 1 StGB** zu einem milderen Strafrahmen als **91**
die Annahme eines minder schweren Falles unter Verbrauch von vertypten Milderungsgründen, so ist der Tatrichter zwar nicht von vornherein gehalten, bei der Bemessung der Strafe von dem milderen Strafrahmen auszugehen. Er hat vielmehr im Rahmen einer Gesamtabwägung zu prüfen und darzulegen, welchen Strafrahmen er nach den konkreten Umständen des Einzelfalls für angemessen hält.[86]

Das Landgericht hat nach – nicht zu beanstandender – Ablehnung eines minder schweren Falls nach § 213 Alt. 1 StGB einen sonstigen minder schweren Fall nach § 213 Alt. 2 StGB angenommen. Hierzu hat es neben anderen Milderungsgründen herangezogen, dass aufgrund der „erheblichen Alkoholisierung des Angeklagten eine Verminderung der Schuldfähigkeit nicht auszuschließen" und die Tat im Versuchsstadium, wenn auch mit Nähe zum Erfolgseintritt, stecken geblieben sei. Eine weitere Verschiebung des Strafrahmens wegen des Vorliegens der Milderungsgründe des § 21 StGB oder des § 23 StGB hat es sodann ausgeschlossen. Der Annahme eines minder schweren Falls nach § 213 Alt. 2 StGB hat es sodann die Möglichkeit der zweimaligen Strafrahmenverschiebung nach diesen Milderungsgründen gegenüber gestellt, da der danach eröffnete Strafrahmen eine Strafrahmenobergrenze unter der verhängten Strafe bereit halte. Eine solche Strafrahmenbestimmung hat es aber auch „unter Berücksichtigung dessen, dass eine verminderte Schuldfähigkeit lediglich nicht auszuschließen" sei, nicht vorgenommen. Die letztgenannte Erwägung erweist sich als rechtsfehlerhaft. Führt die Anwendung des § 49 Abs. 1 StGB zu einem milderen Strafrahmen als die Annahme eines minder schweren Falles unter Verbrauch von vertypten Milderungsgründen, so ist der Tatrichter zwar nicht von vornherein gehalten, bei der Bemessung der Strafe von dem milderen Strafrahmen auszugehen. Er hat vielmehr im Rahmen einer Gesamtabwägung zu prüfen und darzulegen, welchen Strafrahmen er nach den konkreten Umständen des Einzelfalls für angemessen hält (BGH, Urteil vom 28. Mai 2013 – 3 StR 54/13; vgl. auch Beschluss vom 23. Januar 2013 – 5 StR 635/12). Die hierzu vom Landgericht getroffenen Strafzumessungserwägungen lassen jedoch besorgen, dass das Landgericht der erheblichen Schuldminderung in diesem Zusammenhang geringeres Gewicht beigemessen hat, weil sie nicht positiv festgestellt, sondern lediglich aufgrund des Zweifelssatzes unterstellt worden ist (vgl. zur Anwendung des Zweifelssatzes auf nicht behebbare tatsächliche Zweifel hinsichtlich Art und Grad des psychischen Ausnahmezustands BGH, Beschluss vom 25. Juli 2006 – 4 StR 141/06, NStZ-RR 2006, 335; Urteil vom 29. April 1997 – 1 StR 511/95, BGHSt 43, 66). Dies ist unzulässig (vgl. BGH, Beschlüsse vom 12. Oktober 2005 – 1 StR 369/05, NStZ-RR 2006, 6; vom 15. Oktober 1991 – 1 StR 548/91). Denn auch in den Fällen, in denen unter Anwendung des Zweifelssatzes von einem bestimmten Sachverhalt auszugehen ist, ist dieser Sachverhalt bei der rechtlichen Würdigung von der gleichen Bedeutung, wie ein zur Überzeugung des Gerichts festgestellter (BGH, Urteil vom 9. Februar 2000 – 3 StR 392/99, NStZ-RR 2000, 166).

[85] BGH, Beschluss vom 19.11.2013 – 2 StR 494/13.
[86] BGH, Beschluss vom 12.02.2014 – 1 StR 10/14.

12. Anrechnung von Freiheitsentziehungen – § 51 StGB

92 Gemäß § 51 Abs. 4 Satz 2 StGB hat das Gericht den **Anrechnungsmaßstab** für eine in dieser Sache erlittene Freiheitsentziehung zu bestimmen. Die Ergänzung der Urteilsformel ist erforderlich, um die von der Strafkammer lediglich in den Gründen des Urteils getroffene Entscheidung über den Anrechnungsmaßstab nach § 51 Abs. 4 Satz 2 StGB – wie geboten – im Urteilstenor zum Ausdruck zu bringen.[87]

93 Die **Vornahme eines Härteausgleichs** ist nach den allgemeinen Grundsätzen immer dann geboten, wenn sich für den Angeklagten aus der Nichtberücksichtigung einer Vorverurteilung bei der Bemessung einer Gesamtstrafe eine unbillige Härte ergibt und die Summe der Strafen anderenfalls schuldunangemessen wäre. Ist nach § 55 StGB eine nachträgliche Gesamtstrafenbildung an sich möglich, scheitert sie aber daran, dass die zunächst erkannte Strafe bereits vollstreckt, verjährt oder erlassen ist, oder wird durch die Zäsurwirkung einer früheren Strafe die Bildung einer Gesamtstrafe verhindert, so ist die darin liegende Härte nach ständiger Rechtsprechung des Bundesgerichtshofs bei der Bemessung der nunmehr zu verhängenden Strafe auszugleichen. Im Ergebnis das gleiche gilt **im Falle der Verurteilung des Angeklagten durch ein ausländisches Gericht, soweit hypothetisch eine Aburteilung der Auslandstat auch im Inland nach deutschem Recht möglich gewesen** wäre.[88]

[18] Im Ergebnis das gleiche gilt im Falle der Verurteilung des Angeklagten durch ein ausländisches Gericht, soweit hypothetisch eine Aburteilung der Auslandstat auch im Inland nach deutschem Recht möglich gewesen wäre (vgl. BGH, Urteil vom 30. April 1997 – 1 StR 105/97, BGHSt 43, 79, 80; Beschluss vom 2. September 1997 – 1 StR 317/97, NStZ 1998, 134; BGH, Beschluss vom 30. Oktober 1997 – 1 StR 659/97, NStZ-RR 1998, 204; Beschluss vom 15. Dezember 1999 – 5 StR 608/99, NStZ-RR 2000, 105; Urteil vom 26. September 2007 – 1 StR 276/07, NStZ 2008, 709, 710; Beschluss vom 27. Januar 2010 – 5 StR 432/09, NJW 2010, 2677, 2678; Fischer StGB, 61. Aufl., § 55 Rn. 21b mwN). Zwar sind im Ausland verhängte Strafen der nachträglichen Gesamtstrafenbildung über § 55 StGB nicht zugänglich, weil eine Gesamtstrafe mit einer von einem ausländischen Gericht verhängten Strafe schon wegen des damit verbundenen Eingriffs in deren Vollstreckbarkeit ausgeschlossen ist (vgl. BGHSt 43, 79, 80; BGH, BGHR StGB § 55 Abs. 1 Satz 1 Härteausgleich 16; Beschluss vom 27. Januar 2010 – 5 StR 432/09, NJW 2010, 2677). Die Grundsätze des Härteausgleichs greifen demgegenüber aber Platz. Dem liegen dieselben Erwägungen zugrunde, als wenn nach Jugendrecht und Erwachsenenrecht getrennt abgeurteilte Straftaten an sich gesamtstrafenfähig wären; auch in diesem Fall ist die Härte auszugleichen, die darin liegt, dass die Bildung einer Gesamtstrafe aus einer Jugendstrafe und einer Freiheitsstrafe des allgemeinen Strafrechts unzulässig ist (vgl. BGHSt 14, 287, 288; 36, 270, 272; 43, 79, 80). Auch bei der Verurteilung eines Angeklagten in zwei verschiedenen Staaten hängt die getrennte oder gemeinsame Verurteilung von Zufälligkeiten wie insbesondere der Art der Zusammenarbeit der Bundesrepublik Deutschland mit dem betroffenen ausländischen Staat auf dem Gebiet der Strafrechtspflege und dem Bestehen bi- oder multinationaler Übereinkommen ab.

---

[87] BGH, Beschluss vom 10.07.2014 – 1 StR 247/14.

[88] BGH, Urteil vom 5.11.2014 – 1 StR 299/14.

Ausländische Strafen sind wegen des damit verbundenen Eingriffs in deren Vollstreckbarkeit zwar nicht gesamtstrafenfähig; liegen aber ansonsten die Voraussetzungen einer Gesamtstrafenbildung vor, muss der Tatrichter regelmäßig einen **Härteausgleich** vornehmen, dies insbesondere dann, wenn es in der Addition beider Strafen zu einer Überschreitung der gesetzlichen Höchstgrenzen kommt. Zwar berücksichtigt die Strafkammer, dass die in Belgien verhängte Freiheitsstrafe von sechs Jahren als ausländische Verurteilung nicht gesamtstrafenfähig ist, und nimmt auch einen nicht näher ausgeführten Härteausgleich vor. Der Senat besorgt jedoch, dass die Strafkammer dem im vorliegenden Fall nicht das erforderliche Gewicht beigemessen hat, vor allem auch deshalb, weil sie nicht ausdrücklich in den Blick nimmt, dass beide Strafen zusammen zu einer Gesamtverbüßungsdauer von insgesamt 18 Jahren führen.[89] **94**

13. Tateinheit, Tatmehrheit, Gesamtstrafenbildung – §§ 52 ff. StGB

a) Tateinheit, Tatmehrheit – §§ 52, 53 StGB

Bei bei Einreichung mehrerer gefälschter Überweisungsträger jeweils am selben Tag **95**
bei demselben Bankinstitut kommt eine **natürliche Handlungseinheit** und damit jeweils auch nur **eine Tat im Rechtssinne** in Betracht.[90]

Dient eine Körperverletzung der Beendigung einer mit der Entgegennahme des **96**
Geldes bereits vollendeten schweren räuberischen Erpressung, ist **Tateinheit** gegeben.[91]

[2] Nach den Feststellungen des Landgerichts übergab die Geschädigte dem Angeklagten unter dem Eindruck der Drohung mit einem etwa vier Kilogramm schweren Stein 5.144,66 €, indem sie das Geld in eine vom Angeklagten gehaltene Tüte steckte. Sie erkannte den Angeklagten und äußerte, er solle ihr nichts tun, sie sage auch nicht, dass er es gewesen sei. Der Angeklagte befürchtete jedoch, die Geschädigte werde ihn anzeigen. Um Zeit für seine Flucht zu gewinnen, forderte er sie auf sich hinzuknien und schlug ihr sodann mit dem Stein gegen den Kopf; danach entfernte er sich mit dem Geld.

[3] 1. Der Schuldspruch hält sachlichrechtlicher Nachprüfung nicht stand, soweit die Strafkammer angenommen hat, die besonders schwere räuberische Erpressung (§§ 253, 255, 250 Abs. 2 Nr. 1 StGB) und die gefährliche Körperverletzung (§§ 223, 224 Abs. 1 Nr. 2 und 5 StGB) stünden zueinander im Verhältnis der Tatmehrheit. Der Generalbundesanwalt hat hierzu in seiner Antragsschrift ausgeführt:

> *„Jedoch erweist sich die Annahme einer tatmehrheitlichen Verwirklichung der beiden vorgenannten Straftaten als rechtsfehlerhaft. Die gefährliche Körperverletzung diente der Beendigung der mit der Entgegennahme des Geldes in der Tüte bereits vollendeten schweren räuberischen Erpressung. Damit ist Tateinheit gegeben (vgl. Rissing-van Saan in Leipziger Kommentar, StGB, 12. Aufl., § 52*

---

[89] BGH, Beschluss vom 26.03.2014 – 2 StR 202/13.
[90] BGH, Beschluss vom 11.09.2014 – 4 StR 207/14.
[91] BGH, Beschluss vom 11.11.2014 – 3 StR 455/14.

Rn. 21 m.w.N.). Dies gilt selbst, wenn eine Absicht der Beutesicherung nicht (eindeutig) festgestellt werden kann, weil dann zumindest auf Grund des engen räumlichen und zeitlichen Zusammenhangs des Tatgeschehens und des einheitlichen Handlungswillens von einer natürlichen Handlungseinheit auszugehen ist (BGH, Urteil vom 15. Mai 1992 – 3 StR 535/91, NJW 1992, 2103, 2104). Insoweit bedarf der Schuldspruch der Abänderung. § 265 StPO steht einer derartigen Umstellung grundsätzlich nicht entgegen (BGH, Beschluss vom 21. Dezember 1995 – 5 StR 392/95, NStZ 1996, 296 f.) Der – geständige – Angeklagte hätte sich bei einem entsprechenden Hinweis nicht anders oder gar besser verteidigen können."

[4] Dem stimmt der Senat zu.

97 Bei **Zusammenarbeit mehrerer Beteiligter** im Rahmen einer Tatserie wird die Zahl der rechtlich selbständigen Handlungen im Sinne von § 53 Abs. 1 StGB für jeden Täter grundsätzlich nach **der Anzahl seiner eigenen Handlungen** zur Verwirklichung der Einzeldelikte bestimmt. Wirkt ein Täter an einzelnen Taten anderer Beteiligter selbst nicht unmittelbar mit, sondern erschöpfen sich seine Tatbeiträge hierzu im Aufbau und in der Aufrechterhaltung des auf die Straftaten ausgerichteten „Geschäftsbetriebes", sind diese Tathandlungen als – uneigentliches – Organisationsdelikt zu einer einheitlichen Tat im Sinne des § 52 Abs. 1 StGB zusammenzufassen.[92]

98 **Mehrere strafbare Gesetzesverstöße** stehen **zueinander in Tateinheit**, wenn die jeweiligen **Ausführungshandlungen in einem für sämtliche Tatbestandsverwirklichungen.**[93]

[9] aa) Nach den insofern getroffenen Feststellungen führte der Angeklagte am 6. März 2012 in Tschechien erworbene, zum gewinnbringenden Verkauf bestimmte Betäubungsmittel (118,48 g Crystal und 1448 g Marihuana) nach Deutschland ein. Noch während dieser Fahrt musste er in Gera an einer roten Ampel anhalten (Fall 1.19). Daraufhin stellten die ihn observierenden Polizeibeamten „zwecks Zugriffs" Polizeifahrzeuge diagonal vor und hinter den vom Angeklagten geführten Pkw und sprangen mit gezogenen Waffen aus ihren Fahrzeugen. „Zur Meidung der Feststellung seines Drogenbesitzes und der daraufhin erwarteten Festnahme" (UA S. 14) entschloss sich der Angeklagte zur Flucht, legte den Rückwärtsgang ein und entfernte sich „mit Vollgas", wobei er einen Polizeibeamten verletzte und ein Polizeifahrzeug beschädigte; auf der sich anschließenden „Fluchtfahrt" beging er weitere Straftaten (Fall 2.1).

[10] Die Strafkammer sieht in dem Anhalteversuch der Polizei eine Zäsur und leitet daraus Tatmehrheit zwischen den im Fall 1.19 und 2.1 verwirklichten Straftatbeständen her (UA S. 124).

[11] bb) Dies begegnet durchgreifenden rechtlichen Bedenken.

[12] Zwar vermögen ein einheitliches Motiv, eine Gleichzeitigkeit von Geschehensabläufen oder eine Mittel-Zweck-Verknüpfung eine Tateinheit nicht zu begründen. Mehrere strafbare Gesetzesverstöße stehen aber zueinander in Tateinheit, wenn die

---

[92] BGH, Beschluss vom 14.10.2014 – 3 StR 365/14.

[93] BGH, Beschluss vom 11.02.2014 – 4 StR 437/13.

jeweiligen Ausführungshandlungen in einem für sämtliche Tatbestandsverwirklichungen notwendigen Teil zumindest teilweise identisch sind. Begeht ein Täter, der Rauschgift zu Handelszwecken in einem Pkw befördert (Einfuhrfahrt, Transportfahrt vom Lieferanten zum Depot, Fahrt zu Abnehmern etc.) durch das Führen des Transportfahrzeuges weitere Gesetzesverstöße, stehen diese daher regelmäßig zu dem in der Beförderung liegenden Betäubungsmittelhandel im Verhältnis der Tateinheit. Denn ihr Tatbestand wird durch dieselbe Ausführungshandlung verwirklicht (zum Ganzen: BGH, Beschluss vom 2. Juli 2013 – 4 StR 187/13, NStZ-RR 2013, 320).

[13] So liegt es hier. Anders als in Fällen, bei denen durch die Fluchtfahrt lediglich die Festnahme verhindert werden soll (vgl. BGH, Beschluss vom 20. Februar 2001 – 4 StR 556/00, NZV 2001, 265), diente sie hier nach den vom Landgericht getroffenen Feststellungen auch dem Transport der unmittelbar zuvor eingeführten Betäubungsmittel, da durch sie die „Meidung der Feststellung seines Drogenbesitzes" erreicht und der ohne Unterbrechung andauernde, lediglich infolge Gesetzeskonkurrenz gegenüber der Einfuhr und dem Handeltreiben zurücktretende Besitz der Betäubungsmittel aufrechterhalten werden sollte (vgl. zur Tateinheit zwischen einem Diebstahl mit Waffen und den während der sich anschließenden Fluchtfahrt begangenen Straftaten auch BGH, Beschluss vom 12. Juli 2005 – 4 StR 170/05, NZV 2005, 650, 651).

[14] b) Im Fall 2.2 ist der Angeklagte nicht der Urkundenfälschung, sondern des Kennzeichenmissbrauchs gemäß § 22 StVG schuldig.

[15] Denn rote Kennzeichen bilden – anders als die mit dem Stempel der Zulassungsstelle versehenen amtlichen Kennzeichen – zusammen mit dem Fahrzeug, an dem sie angebracht sind, keine Urkunde im Sinne von § 267 StGB (BGH, Urteil vom 14. Mai 1987 – 4 StR 49/87, BGHSt 34, 375).

Beruhen Freiheitsberaubung und die in deren Zuge verwirklichten Nötigungshandlungen auf einem **einheitlichen Tatentschluss** des Angeklagten, und verfolgten diese dasselbe Ziel und sind sie aufgrund des zeitlichen, räumlichen und situativen **Zusammenhangs eng miteinander** verknüpft, ist das gesamte Geschehen als eine natürliche Handlungseinheit zu bewerten.[94] **99**

Eine **Verurteilung**, die durch **Vollstreckung** der erkannten Strafe **erledigt** ist, entfaltet **keine Zäsurwirkung.**[95] **100**

Der Ausspruch über eine **Gesamtstrafe** kann nicht bestehen bleiben, wenn sich die angefochtene Entscheidung nicht dazu verhält, ob die gegen den Angeklagten verhängte – einbezogene – **Geldstrafe** aus dem Strafbefehl eines Amtsgerichts **bereits erledigt** ist.[96] **101**

b) Gesamtstrafenbildung – §§ 54, 55 StGB

Für die **Anwendbarkeit des § 55 StGB** kommt es auf **die letzte tatrichterliche Sachentscheidung zur Schuld- oder Straffrage** an. Anders hingegen ist es bei der **102**

---

94 BGH, Beschluss vom 8.07.2013 – 5 StR 279/13.

95 BGH, Beschluss vom 26.06.2014 – 1 StR 166/14.

96 BGH, Beschluss vom 21.08.2014 – 3 StR 245/14.

Vollstreckungssituation: für deren Beurteilung ist der Zeitpunkt der früheren tatrichterlichen Verurteilung maßgeblich, da dem Angeklagten der einmal erlangte Rechtsvorteil der nachträglichen Gesamtstrafenbildung durch sein Rechtsmittel nicht genommen werden soll.[97]

[4] Die Anordnung der Maßregel gemäß § 64 StGB ist rechtsfehlerfrei; die auf die allgemeine Sachrüge gestützte Revision des Angeklagten ist insoweit unbegründet im Sinne von § 349 Abs. 2 StPO. Das Urteil war aber aufzuheben, soweit von der Bildung einer nachträglichen Gesamtstrafe abgesehen wurde.

[5] 1. Für die Anwendbarkeit des § 55 StGB kommt es auf die letzte tatrichterliche Sachentscheidung zur Schuld- oder Straffrage an (vgl. Senat, Beschluss vom 30. Juni 1960 – 2 StR 147/60, BGHSt 15, 66, 69 f.; BGH, Beschluss vom 1. September 2009 – 3 StR 178/09, NStZ-RR 2010, 41; LK/Rissing-van Saan, 12. Aufl., § 55 Rn. 6 f.; Sternberg/Lieben in Schönke/Schröder, StGB, 28. Aufl., § 55 Rn. 6 ff.). Anders hingegen ist es bei der Vollstreckungssituation: für deren Beurteilung ist der Zeitpunkt der früheren tatrichterlichen Verurteilung maßgeblich, da dem Angeklagten der einmal erlangte Rechtsvorteil der nachträglichen Gesamtstrafenbildung durch sein Rechtsmittel nicht genommen werden soll (st. Rspr.; vgl. BGH, Beschluss vom 22. August 2013 – 3 StR 141/13, StraFo 2013, 474 f.; Fischer, StGB, 61. Aufl., § 55 Rn. 6a, 37, jeweils mwN).

[6] 2. Danach ist – entgegen der Ansicht des Landgerichts – für die Anwendbarkeit des § 55 StGB auf das zweite Urteil vom 19. April 2013 abzustellen.

[7] Hierbei handelt es sich schon deswegen um eine tatrichterliche Sachentscheidung im Sinne des § 55 Abs. 1 Satz 2 StGB, weil das Landgericht auch über ein nachträglich hinzuverbundenes Verfahren verhandelt und – indem es den Angeklagten aus tatsächlichen Gründen freigesprochen hat – entschieden hat.

[8] Hinzu kommt, dass auch die Frage der Unterbringungsanordnung eine tatrichterliche Sachentscheidung, insoweit zur Straffrage, darstellt. Zwar handelt es sich dabei – isoliert betrachtet – um eine vom eigentlichen Strafausspruch getrennte Entscheidung über eine Maßregel der Besserung und Sicherung. Diese betrifft aber wegen der vom Tatgericht in der Folge zu prüfenden Frage, wie die Vollstreckungsreihenfolge geregelt werden soll (§ 67 Abs. 1 und 2 StGB), zwangsläufig den Strafausspruch; dies wird insbesondere in den Fällen deutlich, in denen eine Entscheidung über den Vorwegvollzug nach § 67 Abs. 2 Satz 2 und 3, Abs. 5 Satz 1 StGB zu treffen ist, bei der es wegen der Orientierung am Halbstrafenzeitpunkt entscheidend auf die Dauer der (Gesamt-)Freiheitsstrafe ankommt. Insoweit, aber auch außerhalb des Anwendungsbereichs dieser Sollvorschrift ist daher noch eine Entscheidung über den Strafausspruch zu fällen (vgl. Fischer aaO § 67 Rn. 9), zu der gegebenenfalls gesonderte Feststellungen (Therapiedauer) getroffen werden müssen. Solange diese Entscheidung – wie hier – noch aussteht, ist über die Straffrage gerade nicht abschließend tatrichterlich entschieden und eine nachträgliche Gesamtstrafenbildung möglich.

[9] Insoweit ist diese Konstellation mit dem Fall vergleichbar, dass nach Aufhebung und Zurückverweisung durch das Revisionsgericht nur noch eine Entscheidung über die Strafaussetzung zur Bewährung zu treffen ist. In der Rechtsprechung ist anerkannt, dass es sich dabei um eine Entscheidung über die Straffrage im Sinne des § 55

---

[97] BGH, Beschluss vom 19.02.2014 – 2 StR 558/13.

Abs. 1 Satz 2 StGB handelt, obwohl die Strafhöhe nicht mehr abänderbar ist (vgl. Senat, Beschluss vom 30. Juni 1960 – 2 StR 147/60, BGHSt 15, 66, 70; LK/Rissing-van Saan aaO; Fischer aaO § 55 Rn. 6; Sternberg/Lieben aaO Rn. 9). Gleiches gilt für die Entscheidung über eine unterbliebene Gesamtstrafenbildung selbst (vgl. BGH, Beschluss vom 1. September 2009 – 3 StR 178/09, NStZ-RR 2010, 41 mwN).

[10] Die Teilrechtskraft des Strafausspruchs steht dabei der Anwendung des § 55 StGB nicht entgegen, da sogar das nachrangige Beschlussverfahren gemäß § 460 StPO einen Eingriff in die Rechtskraft erlaubt (vgl. BGH, Beschluss vom 22. Februar 2012 – 4 StR 22/12, wistra 2012, 221; vgl. auch Beschluss vom 7. Juli 2010 – 1 StR 212/10, BGHSt 55, 220 Rn. 35 ff.).

Zwar ist grundsätzlich nach § 55 Abs. 1 StGB nachträglich eine Gesamtstrafe zu **103**
bilden, wenn die dafür erforderlichen Voraussetzungen vorliegen. Von diesem Grundsatz kann aber eine Ausnahme zu machen sein, wenn durch eine Einbeziehung die Gefahr einer verbotenen Doppelbestrafung (Art. 103 Abs. 3 GG) begründet würde. **Von der Einbeziehung** rechtskräftiger Einzelstrafen ist **abzusehen,** die bereits in eine andere noch nicht rechtskräftige Verurteilung einbezogen wurden oder aus einem Verfahren stammen, in dem über die Gesamtstrafe noch nicht rechtskräftig entschieden ist.[98]

[4] 2. Die gegen den Angeklagten D. festgesetzte Gesamtstrafe kann keinen Bestand haben, weil die Einbeziehung der beiden noch nicht erledigten Einzelfreiheitsstrafen von drei und vier Monaten aus dem Urteil des Amtsgerichts Marl vom 3. Mai 2012 in der Fassung des Urteils des Landgerichts Essen vom 19. Oktober 2012 (im Tenor unzutreffend als Urteil des Landgerichts Essen vom 3. Mai 2012 bezeichnet) rechtlichen Bedenken begegnet.

[5] Zwar hat das erkennende Gericht grundsätzlich nach § 55 Abs. 1 StGB nachträglich eine Gesamtstrafe zu bilden, wenn die dafür erforderlichen Voraussetzungen vorliegen. Von diesem Grundsatz kann aber eine Ausnahme zu machen sein, wenn durch eine Einbeziehung die Gefahr einer verbotenen Doppelbestrafung (Art. 103 Abs. 3 GG) begründet würde. Der Bundesgerichtshof hat deshalb entschieden, dass von der Einbeziehung rechtskräftiger Einzelstrafen abzusehen ist, die bereits in eine andere noch nicht rechtskräftige Verurteilung einbezogen wurden (vgl. BGH, Urteil vom 10. November 1965 – 2 StR 387/65, BGHSt 20, 292, 293 f.) oder aus einem Verfahren stammen, in dem über die Gesamtstrafe noch nicht rechtskräftig entschieden ist (vgl. BGH, Urteil vom 8. Juli 2005 – 2 StR 120/05, NJW 2005, 3155).

[6] Eine Gefahr der Doppelbestrafung besteht auch in dem hier zu entscheidenden Fall. Nach den Feststellungen wurde vom Landgericht Essen auf die Berufung des Angeklagten gegen das Urteil des Amtsgerichts Marl vom 3. Mai 2012 aus den hier einbezogenen Einzelfreiheitsstrafen und zwei Einzelgeldstrafen aus einem Urteil des Landgerichts Bochum vom 28. September 2011 nach § 55 Abs. 1 StGB eine Gesamtstrafe gebildet. Dies war unzulässig, weil die einbezogenen Geldstrafen mangels Rechtskraft für die Bildung einer Gesamtstrafe nach § 55 Abs. 1 StGB nicht zur Verfügung standen und infolge einer Verfahrensbeschränkung in der Revisionsinstanz weggefallen sind. Die Staatsanwaltschaft hat die Wiederaufnahme des rechts-

[98] BGH, Beschluss vom 3.12.2013 – 4 StR 404/13.

kräftig abgeschlossenen Verfahrens beantragt, um die Bildung einer (neuen) Gesamtstrafe nur aus den hier einbezogenen Einzelstrafen zu erreichen. Über diesen Antrag war bei Verkündung des angefochtenen Urteils am 21. Mai 2013 noch nicht entschieden. Bliebe die hiesige Gesamtstrafe bestehen, bestünde die Gefahr, dass bei einem Erfolg des Wiederaufnahmeantrages der Staatsanwaltschaft die in die hiesige Gesamtstrafe einbezogenen Einzelstrafen aus dem Urteil des Amtsgerichts Marl in der Fassung des Landgerichts Essen ein weiteres Mal für die Bildung einer Gesamtstrafe herangezogen werden.

[7] Die Gesamtstrafe war daher aufzuheben, sodass es bei der vom Landgericht rechtsfehlerfrei festgesetzten Einzelstrafe von acht Monaten Freiheitsstrafe verbleibt. Der Senat schließt aus, dass das Landgericht in diesem Fall eine andere Bewährungsentscheidung getroffen hätte. Nach dem Abschluss des Wiederaufnahmeverfahrens wird die zuständige Vollstreckungsbehörde zu prüfen haben, ob von Amts wegen ein Verfahren nach den §§ 460, 462 StPO einzuleiten ist.

104 Der **Wegfall des Gesamtstrafenausspruchs** erfasst auch die Bestimmung der **Dauer des Vorwegvollzugs der Strafe** vor der Maßregel (§ 67 Abs. 2 Sätze 2 und 3 StGB). Die jeweils zugehörigen Feststellungen werden von dem Rechtsfehler nicht berührt und können aufrechterhalten bleiben; der neue Tatrichter kann ergänzende Feststellungen treffen, die zu den bisherigen nicht in Widerspruch treten. Wie der Generalbundesanwalt zutreffend bemerkt, wird er bei der ihm obliegenden erneuten Berechnung des vorab zu vollziehenden Teils der Strafe auch zu beachten haben, dass vom Angeklagten verbüßte Untersuchungshaft erst im Vollstreckungsverfahren anzurechnen ist und deshalb bei der tatrichterlichen Entscheidung außer Ansatz zu bleiben hat.[99]

105 Ist durch die **Einbeziehung** der in einem Urteil verhängten Strafe gemäß § 55 Abs. 1 StGB in das angefochtene Urteil die **ursprünglich gewährte Strafaussetzung zur Bewährung entfallen**, ist in solchen Fällen gemäß § 58 Abs. 2 Satz 2 i.V.m. § 56f Abs. 3 Satz 2 StGB ein **gebotener Ausgleich für die Nichterstattung erfüllter Auflagen** (vgl. § 58 Abs. 2 Satz 2 i.V.m. § 56f Abs. 3 Satz 1 StGB) durch eine die Strafvollstreckung der Gesamtfreiheitsstrafe verkürzende Anrechnung zu bewirken. Eine **Berücksichtigung bei der Bemessung der Gesamtfreiheitsstrafe** genügt regelmäßig **nicht.**[100]

106 Eine **Beschränkung der Revision** auf die **Anfechtung der Gesamtstrafe** ist prinzipiell möglich. § 54 Abs. 1 Satz 3 StGB enthält eigene, über § 46 StGB hinausgehende Bewertungsgrundsätze, so dass die **Gesamtstrafenbildung** grundsätzlich einen **gesonderten Strafzumessungsvorgang** erfordert. Innerhalb des Rechtsfolgenausspruchs ist die Gesamtstrafenbildung als Beschwerdepunkt von dem nicht angegriffenen Teil des Strafausspruchs hinsichtlich der Einzelstrafen einer getrennten und umfassenden Überprüfung und Beurteilung durch das Revisionsgericht und den neuen Tatrichter jedenfalls dann zugänglich, wenn bei der Bildung der Gesamtstrafe nicht zur Vermeidung von Wiederholungen auf die zur Festsetzung der Einzelstrafen niedergelegten Erwägungen Bezug genommen wird.[101]

---

[99] BGH, Beschluss vom 8.07.2014 – 3 StR 198/14.
[100] BGH, Beschluss vom 18.02.2014 – 3 StR 442/13.
[101] BGH, Beschluss vom 28.2.2013 – 4 StR 537/12.

Die **Bemessung der Gesamtstrafe** nach § 54 Abs. 1 Satz 3 StGB ist ein **eigenständiger Strafzumessungsakt**, bei dem die Person des Täters und die einzelnen Straftaten zusammenfassend zu würdigen sind. Dabei ist im Rahmen einer Gesamtschau vor allem das **Verhältnis der einzelnen Taten zueinander**, ihre **größere oder geringere Selbstständigkeit**, die **Häufigkeit der Begehung**, die **Gleichheit oder Verschiedenheit der verletzten Rechtsgüter** und **der Begehungsweisen** sowie das **Gesamtgewicht des abzuurteilenden Sachverhalts** zu berücksichtigen. Die Erhöhung der Einsatzstrafe hat in der Regel niedriger auszufallen, wenn zwischen gleichartigen Taten ein enger zeitlicher, sachlicher und situativer Zusammenhang besteht. Wird die Einsatzstrafe erheblich erhöht, bedarf dies näherer Begründung. Kommt die Gesamtstrafe der Summe der Einzelstrafen nahe, ist eine eingehende Darlegung erforderlich, aus welchen Gründen der durch § 54 Abs. 1 Satz 2, Abs. 2 Satz 1 StGB vorgesehene Rahmen für die Gesamtstrafenbildung nahezu ausgeschöpft wurde.[102] **107**

Hebt das Revisionsgericht einen Gesamtstrafenausspruch auf, darf die wegen desselben Verfahrensgegenstands **neu zu bildende Gesamtstrafe** die **frühere nicht übersteigen.** Hatte das erste Tatgericht in der aufgehobenen Entscheidung bei der Bildung der Gesamtstrafe rechtsfehlerhaft eine Einzelstrafe aus einem früherem Urteil herangezogen, so ergibt sich wegen des Verschlechterungsverbots (§ 358 Abs. 2 StPO) die Obergrenze für die neu zu bildende Gesamtstrafe aus der Höhe der vom ersten Tatrichter verhängten Gesamtstrafe abzüglich der rechtsfehlerhaft einbezogenen Strafe.[103] **108**

Wird von der **Einbeziehung mehrerer nicht erledigter Geldstrafen in eine Gesamtstrafe** gemäß § 53 Abs. 1 Satz 2 1. Halbsatz StGB abgesehen, ist auch im Verfahren nach § 55 Abs. 1 Satz 1 StGB insoweit gemäß § 53 Abs. 2 Satz 2 2. Halbsatz StGB auf eine Gesamtgeldstrafe zu erkennen.[104] **109**

Wurden die **neu abzuurteilenden Taten zwischen zwei Vorverurteilungen begangen,** die untereinander nach der Regelung des § 55 StGB gesamtstrafenfähig sind, darf aus den Strafen für die neu abgeurteilten Taten und der Strafe aus der letzten Vorverurteilung keine Gesamtstrafe gebildet werden. Der letzten Vorverurteilung kommt, da die Taten aus beiden Vorverurteilungen bereits in dem früheren Erkenntnis hätten geahndet werden können, gesamtstrafenrechtlich keine eigenständige Bedeutung zu. Dies gilt nicht nur in Fällen, in denen eine nachträgliche Gesamtstrafe tatsächlich gebildet wurde oder im Verfahren nach § 460 StPO noch nachgeholt werden kann, sondern auch dann, wenn nach § 55 Abs. 1 StGB i.V.m. § 53 Abs. 2 Satz 2 StGB von der Einbeziehung einer Geldstrafe in eine Gesamtfreiheitsstrafe abgesehen worden ist. Durch eine Entscheidung nach § 55 Abs. 1 StGB i.V.m. § 53 Abs. 2 Satz 2 StGB wird eine gegebene Gesamtstrafenlage nicht beseitigt.[105] **110**

[4] 2. Der Gesamtstrafenausspruch des angefochtenen Urteils kann keinen Bestand haben, weil die Strafkammer dem Urteil des Landgerichts Wuppertal vom 9. Juni 2009 zu Unrecht Zäsurwirkung beigemessen hat.

[5] a) Wurden die neu abzuurteilenden Taten zwischen zwei Vorverurteilungen begangen, die untereinander nach der Regelung des § 55 StGB gesamtstrafenfähig

---

102 BGH, Beschluss vom 17.12.2013 – 4 StR 261/13.
103 BGH, Beschluss vom 29.04.2014 – 2 StR 636/13.
104 BGH, Beschluss vom 18.12.2013 – 4 StR 501/13.
105 BGH, Beschluss vom 18.12.2013 – 4 StR 356/13.

sind, darf aus den Strafen für die neu abgeurteilten Taten und der Strafe aus der letzten Vorverurteilung keine Gesamtstrafe gebildet werden. Der letzten Vorverurteilung kommt, da die Taten aus beiden Vorverurteilungen bereits in dem früheren Erkenntnis hätten geahndet werden können, gesamtstrafenrechtlich keine eigenständige Bedeutung zu. Dies gilt nach der Rechtsprechung des Bundesgerichtshofs nicht nur in Fällen, in denen eine nachträgliche Gesamtstrafe tatsächlich gebildet wurde (vgl. BGH, Beschluss vom 7. Mai 2013 – 4 StR 111/13, wistra 2013, 354; Urteil vom 12. August 1998 – 3 StR 537/97, BGHSt 44, 179, 180 f.; Beschluss vom 22. Juli 1997 – 1 StR 340/97, BGHR StGB § 55 Abs. 1 Satz 1 Zäsurwirkung 13) oder im Verfahren nach § 460 StPO noch nachgeholt werden kann (vgl. BGH, Beschlüsse vom 21. Juli 2009 – 5 StR 269/09; vom 17. Juli 2007 – 4 StR 266/07, NStZ-RR 2007, 369; vom 7. Dezember 1983 – 1 StR 148/83, BGHSt 32, 190, 193), sondern auch dann, wenn nach § 55 Abs. 1 StGB i.V.m. § 53 Abs. 2 Satz 2 StGB von der Einbeziehung einer Geldstrafe in eine Gesamtfreiheitsstrafe abgesehen worden ist (vgl. BGH, Beschlüsse vom 15. September 2010 – 5 StR 325/10, BGHR StGB § 55 Abs. 1 Satz 1 Zäsurwirkung 19; vom 10. Juli 2007 – 3 StR 232/07; vom 3. November 1999 – 3 StR 346/99). Durch eine Entscheidung nach § 55 Abs. 1 StGB i.V.m. § 53 Abs. 2 Satz 2 StGB wird eine gegebene Gesamtstrafenlage nicht beseitigt (st. Rspr.; vgl. BGH, Beschluss vom 10. Januar 2012 – 3 StR 370/11, NStZ-RR 2012, 170; Urteil vom 12. August 1998 – 3 StR 537/97, BGHSt 44, 179, 184).

[6] b) Bei der im angefochtenen Urteil vorgenommenen Gesamtstrafenbildung hat die Strafkammer übersehen, dass die dem Urteil des Landgerichts Wuppertal vom 9. Juni 2009 zugrunde liegende Tat bereits vor der Verurteilung des Angeklagten durch das Amtsgericht Duisburg vom 7. Dezember 2006 beendet war. Aus dem Umstand, dass die Geldstrafe aus dem Straferkenntnis vom 7. Dezember 2006 in das Urteil des Amtsgerichts Duisburg-Ruhrort vom 2. Mai 2007 einbezogen worden ist, lässt sich ferner hinreichend sicher entnehmen, dass auch die Tat aus dem Urteil des Amtsgerichts Duisburg-Ruhrort vor der Verurteilung durch das Amtsgericht Duisburg vom 7. Dezember 2006 begangen wurde. Der insoweit bestehenden Gesamtstrafenlage wurde im Urteil des Landgerichts Wuppertal vom 9. Juni 2009 Rechnung getragen, indem das Landgericht eine Entscheidung nach § 55 Abs. 1 StGB i.V.m. § 53 Abs. 2 Satz 2 StGB traf und die zum damaligen Zeitpunkt noch nicht erledigte (Gesamt-)Geldstrafe aus dem Urteil des Amtsgerichts Duisburg-Ruhrort vom 2. Mai 2007 gesondert bestehen ließ. Demgegenüber wurden sämtliche in dem angefochtenen Urteil abgeurteilten Taten erst ab Februar 2009 und damit nach dem Straferkenntnis vom 7. Dezember 2006 begangen, so dass eine nachträgliche Gesamtstrafe unter Einbeziehung der genannten Vorverurteilungen nicht in Betracht kommt. Da es für die Gesamtstrafenlage zwischen den Vorverurteilungen, die einer nachträglichen Gesamtstrafenbildung im vorliegenden Verfahren unter Einbeziehung der Strafe aus dem Urteil des Landgerichts Wuppertal vom 9. Juni 2009 entgegensteht, allein auf den Vollstreckungsstand zum Zeitpunkt des Urteils vom 9. Juni 2009 ankommt, ist die zwischenzeitlich erfolgte Bezahlung der (Gesamt-) Geldstrafe aus dem Urteil vom 2. Mai 2007 für die gesamtstrafenrechtliche Beurteilung ohne Belang (vgl. BGH, Beschlüsse vom 15. September 2010 – 5 StR 325/10, aaO; vom 17. Juli 2007 – 4 StR 266/07, aaO).

[7] c) Durch die fehlerhafte Bildung von zwei Gesamtfreiheitsstrafen unter Einbeziehung der zur Bewährung ausgesetzten Freiheitsstrafe von einem Jahr und sechs Monaten aus dem Urteil des Landgerichts Wuppertal vom 9. Juni 2009 in die erste Gesamtfreiheitsstrafe ist der Angeklagte beschwert. Der Gesamtstrafenausspruch kann daher nicht bestehen bleiben.

Das Rechtsmittel ist unbegründet im Sinne des § 349 Abs. 2 StPO, soweit es sich gegen den Schuldspruch und die verhängte Einzelstrafe richtet. Dagegen kann das **Urteil keinen Bestand haben, soweit eine Entscheidung darüber unterblieben ist, ob gemäß § 55 StGB mit der Einzelgeldstrafe aus dem Urteil des Amtsgerichts Erfurt eine nachträgliche Gesamtstrafe zu bilden ist.** Das Landgericht hat zwar nicht verkannt, dass die Voraussetzungen einer Gesamtstrafenfähigkeit gemäß § 55 StGB hier „grundsätzlich" gegeben sind; es hat allerdings weder eine Gesamtstrafe gebildet noch eine Entscheidung nach § 53 Abs. 2 Satz 2 StGB getroffen, weil es – rechtsfehlerhaft – angenommen hat, dass die Geldstrafe „im Wege der Verbüßung von Ersatzfreiheitsstrafe vollständig erledigt" sei. Die Strafkammer hat deshalb einen (unbezifferten) Härteausgleich vorgenommen. Zum – insoweit allein maßgebenden (vgl. nur Senatsbeschluss vom 14. April 2010 – 2 StR 92/10 mwN) – Zeitpunkt des angefochtenen Urteils am 3. Mai 2013 dauerte indes die Vollstreckung der Ersatzfreiheitsstrafe, die der Angeklagte nach den landgerichtlichen Feststellungen bis zum 7. Mai 2013 verbüßt hat, noch an.[106] **111**

14. Strafaussetzung zur Bewährung – §§ 56 ff. StGB

§ 56 Abs. 2 in Verbindung mit Abs. 1 StGB ermöglicht es dem Gericht, bei **Vorliegen einer günstigen Sozialprognose** und **besonderer, in der Tat oder der Persönlichkeit des Angeklagten liegender Umstände** auch die Vollstreckung einer Freiheitsstrafe von bis zu zwei Jahren zur Bewährung auszusetzen. Dabei sind die Voraussetzungen des Abs. 1 stets vorrangig zu prüfen. Dies gilt schon deshalb, weil zu den nach Abs. 2 zu berücksichtigenden Faktoren nicht allein, aber auch solche gehören, die schon für die Prognose nach Abs. 1 von Belang sind.[107] **112**

TOPENTSCHEIDUNG ■

Die **Verhängung einer Bewährungsauflage** gemäß § 56b Abs. 1 Satz 1 StGB verstößt gegen den Grundsatz des fairen Verfahrens und unterliegt im Beschwerdeverfahren der Aufhebung, wenn der Angeklagte vor Vereinbarung einer **Verständigung gemäß § 257c StPO**, deren Gegenstand die Verhängung einer zur Bewährung auszusetzenden Freiheitsstrafe ist, nicht auf konkret in Betracht kommenden Bewährungsauflagen hingewiesen worden ist.[108] **113**

[7] b) Die Anordnung der Dauer der Bewährungszeit findet ihre Rechtsgrundlage in § 56a Abs. 1 StGB. Soweit die Wirtschaftsstrafkammer dem Angeklagten auferlegt hat, 150 Sozialstunden zu erbringen, ist die Anordnung jedoch gesetzwidrig im Sinne des § 305a Abs. 1 Satz 2 StPO.

[8] aa) Die „Anweisung" des Landgerichts stellt eine Auflage im Sinne des § 56b Abs. 2 Satz 1 Nr. 3 StGB dar, durch deren Verhängung der Beschwerdeführer in seinem Anspruch auf ein faires Verfahren (Art. 20 Abs. 3 GG, Art. 6 Abs. 1 EMRK) verletzt worden ist. Die Gesetzwidrigkeit einer Anordnung im Sinne des § 305a StPO kann sich nicht nur aus ihrem Inhalt, sondern – wie hier – auch aus der Art

---

106 BGH, Beschluss vom 19.11.2013 – 2 StR 468/13.
107 BGH, Beschluss vom 10.07.2014 – 3 StR 232/14.
108 BGH, Beschluss vom 11.09.2014 – 4 StR 148/14.

und Weise ihres Zustandekommens ergeben (OLG Saarbrücken, NJW 2014, 238, 239; SK-StPO/Frisch, 4. Aufl., § 305a Rn. 13).

[9] Aus der Gewährleistung eines fairen Verfahrens ergibt sich, dass der Angeklagte vor Vereinbarung einer Verständigung gemäß § 257c StPO, deren Gegenstand die Verhängung einer zur Bewährung auszusetzenden Freiheitsstrafe ist, konkret auf in Betracht kommende Bewährungsauflagen hingewiesen werden muss, die nach § 56b Abs. 1 Satz 1 StGB der Genugtuung für das begangene Unrecht dienen und deren Erteilung Voraussetzung für die in Aussicht gestellte Strafaussetzung ist (vgl. BGH, Beschluss vom 29. Januar 2014 – 4 StR 254/13, NJW 2014, 1831; OLG Saarbrücken, NJW 2014, 238, 239; OLG Köln, NJW 1999, 373; Meyer-Goßner/Schmitt, StPO, 57. Aufl., § 257c Rn. 12; MüKoStGB/Groß, 2. Aufl., § 56b Rn. 35; Hubrach in LK-StGB, 12. Aufl., § 56b Rn. 30; SK-StPO/Frisch, 4. Aufl., § 305a Rn. 13; aA OLG Dresden, NStZ-RR 2007, 267; Stree/Kinzig in Schönke/Schröder, StGB, 28. Aufl., § 56b Rn. 28; Kaetzler, wistra 1999, 253, 255).

■ PRAXISBEDEUTUNG

Mit der Entscheidung wird verdeutlicht, dass auch bezüglich „angebotener" Bewährung der Angeklagte darüber informiert werden muss, durch welche Maßnahmen die Bewährungszeit flankiert wird.

114 1a. Im Rahmen des § 32 BVerfGG hat das BVerfG bei offenem Ausgang des Hauptsacheverfahrens in einer Folgenabwägung die Nachteile abzuwägen, die einerseits bei Nichterlass der einstweiligen Anordnung, aber späterem Erfolg der Verfassungsbeschwerde und anderseits bei Erlass, aber späterer Erfolgslosigkeit der Verfassungsbeschwerde eintreten.

1b. Auflagen gem § 56b StGB und Weisungen nach § 56c StGB müssen gem Art 2 Abs 2 GG in Verbindung mit dem Rechtsstaatsprinzip dem verfassungsrechtlichen Bestimmtheitsgebot genügen, dem gerade im Zusammenhang mit strafrechtlichen Vorschriften freiheitsgewährende Funktion zukommt.

1c. Danach hat das Gericht und nicht erst der Bewährungshelfer die Vorgaben so bestimmt zu formulieren, dass Verstöße einwandfrei festgestellt werden können und der Verurteilte unmissverständlich weiß, wann er einen Widerruf der Strafaussetzung zur Bewährung nach § 56f Abs 1 S 1 Nr 3 StGB zu erwarten hat.[109]

2. Hier:

2a. Angesichts der verfassungsrechtlichen Bedenken bzgl der Bewährungsauflage – „unverzüglich nach Rechtskraft 50 Stunden gemeinnützige Arbeit nach Weisung der Gerichtshilfe in C zu leisten" – fällt die nach § 32 BVerfGGnotwendige Folgenabwägung zugunsten des Beschwerdeführers aus, der den Widerruf seiner rechtskräftigen zweimonatigen Bewährungsstrafe gem § 56f Abs. 1 S. 1 Nr. 3 StGB unter dem Gesichtspunkt des Art 2 Abs 2 GG undArt 104 Abs 1 GG gerügt hatte. (Rn. 14)

2b. Bei der Frist „unverzüglich nach Rechtskraft" fehlt es jedenfalls an der ausdrücklichen Festlegung des Fristendes. Zudem erscheint es angesichts der neueren obergerichtlichen Rechtsprechung (vgl OLG Dresden, 29.04.2008, 2 Ws 81/08, StV

---

[109] BVerfG, Einstweil. Anordnung vom 14.10.2014 – 2 BvR 2343/14.

2009, 531) insbesondere auch zweifelhaft, ob die Delegation der konkreten Bestimmung der Arbeitsleistung und der dafür vorgesehenen Institution an die Gerichtshilfe dem Bestimmtheitsgebot von Auflagen genügt. (Rn. 15) (Rn. 16)

2c. Da eine nicht hinreichend bestimmte Bewährungsauflage nicht taugliche Grundlage für einen Bewährungswiderruf gem § 56f Abs 1 S 1 Nr 3 StGB sein kann, würde bei einem späteren Erfolg der Verfassungsbeschwerde durch das Unterlassen einer einstweiligen Anordnung und der zwischenzeitlichen Vollstreckung der Freiheitsstrafe ein erheblicher, nicht wiedergutzumachender Eingriff in das Recht auf die Freiheit der Person, einem Grundrecht von besonderem Gewicht, eintreten. Bei dem Erlass der einstweiligen Anordnung und späterer Erfolgslosigkeit der Verfassungsbeschwerde kann dagegen die Freiheitsstrafe – wenn auch zeitlich verzögert – immer noch vollstreckt werden.

Strafaussetzung zur Bewährung kann nach § 56 Abs. 3 StGB dann versagt werden, **115**
wenn sie im Hinblick auf **schwerwiegende Besonderheiten des Einzelfalls für das allgemeine Rechtsempfinden** unverständlich erscheinen müsste und dadurch das Vertrauen der Bevölkerung in die Unverbrüchlichkeit des Rechts erschüttert werden könnte. Eine Erörterung der Frage, ob die Verteidigung der Rechtsverordnung die Vollstreckung einer verhängten Freiheitsstrafe gebietet, ist jedenfalls dann unerlässlich, wenn die aus dem Urteil ersichtlichen Tatsachen dies nahelegen.[110]

Besondere Umstände im Sinne von **§ 56 Abs. 2 StGB** sind Milderungsgründe von **116**
erheblichem Gewicht, die eine Strafaussetzung trotz des Unrechts- und Schuldgehalts, der sich in der über einem Jahr liegenden Strafhöhe widerspiegelt, nicht unangebracht erscheinen lassen. Dabei ist eine **Gesamtwürdigung** von Tat und Persönlichkeit des Verurteilten in einer für das Revisionsgericht nachprüfbaren Weise vorzunehmen; zu den zu berücksichtigenden Faktoren können solche gehören, die bereits für die Prognose nach § 56 Abs. 1 StGB von Bedeutung waren sowie Umstände, die erst nach der Tat eingetreten sind.[111]

[2] 1. Das Landgericht hat angenommen, dass bei der Angeklagten trotz nicht näher ausgeführter positiver Sozialprognose keine besonderen Umstände im Sinne von § 56 Abs. 2 StGB vorlägen. Zwar seien die „Voraussetzungen des § 31 BtMG in einer beeindruckenden Weise" gegeben, doch sei dem bereits durch Verhängung einer relativ moderaten Strafe Rechnung getragen worden. Auch wenn die Angeklagte in vorbildlicher Weise Aufklärungshilfe geleistet und dadurch sogar zur Aufklärung einer weiteren Straftat beigetragen habe, habe man dies bereits im Rahmen des ermäßigten Strafrahmens sehr weitgehend in Rechnung gestellt. Eine weitergehende Berücksichtigung sei nicht angezeigt.

[3] 2. Diese Begründung hält der rechtlichen Prüfung nicht stand. Besondere Umstände im Sinne von § 56 Abs. 2 StGB sind Milderungsgründe von erheblichem Gewicht, die eine Strafaussetzung trotz des Unrechts- und Schuldgehalts, der sich in der über einem Jahr liegenden Strafhöhe widerspiegelt, nicht unangebracht erscheinen lassen (BGH, Beschluss vom 28. August 2012 – 3 StR 305/12, StV 2013, 85). Dabei ist eine Gesamtwürdigung von Tat und Persönlichkeit des Verurteilten in

---

110 BGH, Beschluss vom 6.08.2014 – 2 StR 153/14.

111 BGH, Beschluss vom 13.03.2014 – 2 StR 4/14.

einer für das Revisionsgericht nachprüfbaren Weise vorzunehmen; zu den zu berücksichtigenden Faktoren können solche gehören, die bereits für die Prognose nach § 56 Abs. 1 StGB von Bedeutung waren sowie Umstände, die erst nach der Tat eingetreten sind (BGH, Beschluss vom 22. Oktober 1980 – 3 StR 376/80, BGHSt 29, 370, 372; Fischer StGB, 61. Aufl. § 56 Rdn. 20, 21 m.w.N.).

[4] Diesen Maßstäben wird die Ablehnung der Strafaussetzung nicht gerecht. Die Begründung des Landgerichts lässt besorgen, dass es rechtsfehlerhaft nur auf den Unrechts- und Schuldgehalt des eigentlichen Tatgeschehens abgestellt hat, ohne die erforderliche Gesamtbewertung aller relevanten Faktoren vorzunehmen. Insoweit war der Gesichtspunkt, dass die Angeklagte „in vorbildlicher Weise Aufklärungshilfe geleistet hat" – die Benennung ihrer Auftraggeberin hatte zu deren Festnahme mit ca. 1 kg Kokainzubereitung geführt – entgegen der Ansicht der Kammer für die Frage der Strafaussetzung zur Bewährung nicht bereits durch die Anwendung des gemilderten Strafrahmens gewissermaßen „verbraucht", sondern als nach der Tat eingetretener Umstand bei der gebotenen Gesamtwürdigung mit zu berücksichtigen. Dies gilt gleichermaßen für die unerwähnt gebliebene Tatsache, dass die Angeklagte in Deutschland nicht vorbestraft und bisher auch weder in der Dominikanischen Republik, noch in Italien polizeilich aufgefallen ist. Schließlich ist es rechtsfehlerhaft, bei der Prüfung des § 56 Abs. 2 StGB zu berücksichtigen, dass sich die Angeklagte „noch nicht sehr lange in Untersuchungshaft befindet und eine nahe Entlassungsperspektive hat"; insoweit wird in unzulässiger Weise die mutmaßliche Dauer der Vollstreckung der Freiheitsstrafe mit der vorrangig und unabhängig davon zu prüfenden Frage verknüpft, ob die verhängte Strafe überhaupt zu vollstrecken ist.

117 Veranlassung zu einer ausdrücklichen Erörterung, ob die **Verteidigung der Rechtsordnung die Strafvollstreckung gebietet** (§ 56 Abs. 3 StGB), besteht nur dann, wenn konkrete Umstände vorliegen, welche die Anwendung der Vorschrift nahe legen.[112]

[5] Die Entscheidung, mit der das Landgericht Strafaussetzung zur Bewährung gewährt hat, weist im Ergebnis keine Rechtsfehler zum Vorteil der Angeklagten auf.

[6] 1. Die Annahme einer positiven Sozialprognose hat die Strafkammer mit rechtsfehlerfreier Begründung angenommen.

[7] 2. Den Urteilsgründen ist auch noch hinreichend zu entnehmen, dass die Strafkammer die nach § 56 Abs. 2 StGB gebotene Gesamtschau von Tat und Täterpersönlichkeit ausreichend vorgenommen und dabei den zutreffenden Maßstab angelegt hat, wonach es für die Entscheidung darauf ankommt, ob besondere Umstände trotz des erheblichen Unrechts- und Schuldgehalts der Tat, wie er sich in der Strafe widerspiegelt, eine Strafaussetzung als nicht unangebracht und allgemeinen, vom Strafrecht geschützten Interessen nicht zuwiderlaufend erscheinen lassen. Das Landgericht hat im Rahmen seiner Würdigung ausdrücklich § 56 Abs. 2 StGB in Bezug genommen, woraus sich ergibt, dass für eine Strafaussetzung zur Bewährung zusätzlich zum Vorliegen einer positiven Sozialprognose das Vorliegen besonderer Umstände erforderlich ist. Die von der Strafkammer in den Blick genommenen Umstände, insbesondere das selbständige Abstandnehmen von weiteren gegen das Tatopfer gerichteten Taten sowie die straffreie Führung seit diesem Zeitpunkt seit Frühjahr 2010, tragen, jedenfalls im Zusammenhang mit den an anderer Stelle

---

112 BGH, Urteil vom 19.03.2014 – 2 StR 596/13.

erwähnten für die Angeklagte sprechenden Umständen, die Annahme besonderer Umstände.

[8] 3. Einer ausdrücklichen Erörterung, ob die Verteidigung der Rechtsordnung die Strafvollstreckung gebietet (§ 56 Abs. 3 StGB), bedurfte es hier – entgegen der Ansicht der Revision – nicht. Veranlassung dazu besteht nur, wenn konkrete Umstände vorliegen, welche die Anwendung der Vorschrift nahe legen (vgl. BGHR StGB § 56 Abs. 3 Verteidigung 9). Das ist hier nach den von der Strafkammer getroffenen Feststellungen nicht der Fall. Schadenshöhe und Bewährungsversagen mussten das Landgericht im Hinblick auf die seit mehreren Jahren stabilisierte Lebensführung der Angeklagten, die die Strafkammer mehrfach in den Blick genommen hat, nicht zu einer ausdrücklichen Erörterung veranlassen.

Entfällt die Strafaussetzung zur Bewährung wegen **nachträglicher Bildung einer** **118**
Gesamtfreiheitsstrafe, deren Vollstreckung nicht zur Bewährung ausgesetzt wird, so sind Geldleistungen, die der Verurteilte zur Erfüllung von Auflagen nach § 56b Abs. 2 Satz 1 Nr. 2 bis 4 StGB erbracht hat, gemäß § 58 Abs. 2 i.V.m. § 56f Abs. 3 Satz 2 StGB in aller Regel auf die Strafe anzurechnen; es ist nur in eng begrenzten Ausnahmefällen denkbar, dass eine Anrechnung der erbrachten Leistungen unterbleiben kann. Grund hierfür ist, dass nicht ein nachträgliches Verhalten des Verurteilten, sondern die nachträgliche Gesamtstrafenbildung zum Verlust der Strafaussetzung führt. Zudem würde ein Verurteilter bei Nichtanrechnung schlechter gestellt als ein Verurteilter, der sich um die ihm erteilten Auflagen nicht gekümmert und diese nicht erbracht hat. Schließlich widerspräche eine Nichtanrechnung auch dem der nachträglichen Gesamtstrafenbildung zugrunde liegenden Gedanken, wonach der Angeklagte bei getrennter Aburteilung seiner Taten nicht schlechter gestellt werden darf als bei ihrer gemeinsamen Aburteilung.[113]

Nach **§ 57 Abs. 1 Satz 1 Nr. 2 StGB** ist die **Vollstreckung des Restes einer zeitigen** **119**
Freiheitsstrafe bei Vorliegen der sonstigen Voraussetzungen dieses Absatzes dann **zur Bewährung auszusetzen**, wenn dem Verurteilten eine günstige Prognose für eine Legalbewährung in Freiheit gestellt werden kann. Dabei sind an die Erwartung künftiger Straffreiheit umso strengere Anforderungen zu stellen, je gewichtiger das im Falle eines Rückfalls bedrohte Rechtsgut ist.[114]

[3] Die vorzunehmende Abwägung zwischen den zu erwartenden Wirkungen des bereits erlittenen Strafvollzugs und dem Sicherheitsinteresse der Allgemeinheit kann auch bei Kapitaldelikten, schweren Sexualstraftaten oder terroristischen Verbrechen zu dem Ergebnis führen, dass die bedingte Entlassung aus dem Strafvollzug verantwortbar ist; die Voraussetzungen an eine positive Legalprognose dürfen auch in diesem Bereich nicht so hochgeschraubt werden, dass dem Verurteilten letztlich kaum eine Chance auf vorzeitige Haftentlassung bleibt (BGH, Beschluss vom 4. Oktober 2011 – StB 14/11, NStZ-RR 2012, 8). Insbesondere wenn sich ein terroristischer Straftäter im Vollzug ordnungsgemäß führt und von seiner früheren Gewaltbereitschaft glaubhaft lossagt, kann auch hier eine Aussetzung der Vollstreckung der Restfreiheitsstrafe zur Bewährung in Betracht kommen (vgl. BGH, Beschluss vom

---

113 BGH, Beschluss vom 12.02.2014 – 1 StR 601/13.
114 BGH, Beschluss vom 10.04.2014 – StB 4/14.

15. Januar 1990 – StB 39/89, BGHR StGB § 57 Abs. 1 Erprobung 1). Dazu ist es letztlich auch nicht zwingend erforderlich, dass der Verurteilte, der seine Tat während des gesamten Strafverfahrens und im Strafvollzug bestritten hat, sein strafbares Verhalten nunmehr einräumt (vgl. S/S-Stree/Kinzig, 29. Aufl., § 57 Rn. 16a mwN).

[4] b) Nach diesen Maßstäben ist der angefochtene Beschluss nicht zu beanstanden. Das Oberlandesgericht hat – sachverständig beraten (§ 454 Abs. 2 Satz 1 Nr. 2 StPO) – die nach § 57 Abs. 1 Satz 2 StGB für die Entscheidung zu berücksichtigenden Umstände einer Gesamtwürdigung unterzogen und ist zu dem Ergebnis gelangt, dass eine hinreichend günstige Prognose für eine bedingte Entlassung des Verurteilten zum jetzigen Zeitpunkt nicht gestellt werden kann. Dem schließt sich der Senat an. Zwar liegt eine Reihe prognoserelevanter Faktoren vor, die grundsätzlich die Erwartung künftiger Straffreiheit begründen könnten. Der Verurteilte ist Erstverbüßer, hat ein beanstandungsfreies Vollzugsverhalten gezeigt, im Vollzug einen beruflichen Abschluss erlangt sowie sich Gesprächen mit der Anstaltspsychologin und im Rahmen eines Kurses für Extremismusprävention gestellt. Auch verfügt er über eine stabile familiäre Entlassungssituation in Marokko. Doch lässt sich unter Berücksichtigung des kriminalprognostischen Sachverständigengutachtens auch aus Sicht des Senats keine Änderung der deliktsursächlichen Persönlichkeitsanteile und der islamistisch-jihadistischen Einstellung des Verurteilten feststellen, die eng mit der abgeurteilten Tat verknüpft sind. Ausweislich der Gründe des Urteils vom 19. August 2005 nahm der Verurteilte im Rahmen seiner Mitgliedschaft in der sogenannten Hamburger Zelle, die sich um Atta und weitere spätere Attentäter des 11. September 2001 gruppiert hatte, eine untergeordnete Rolle ein. Während seines Aufenthaltes in einem Ausbildungslager der Al Quaida in Afghanistan im Mai 2000, in dem er sich einer Überprüfung auf seine Verwendungsmöglichkeiten unterzog, wurde er als ungeeignet für eine Beteiligung an Anschlägen eingestuft. Das erkennende Oberlandesgericht ging davon aus, dass der Verurteilte als zu weich für ein operatives Vorgehen bewertet worden war. Es stützt sich dafür auf weitere Zeugenaussagen, die den Verurteilten als eher konfliktscheu und um ein harmonisches Auskommen bemüht beschrieben haben. Gleichwohl hat er in Kenntnis geplanter Anschläge mit Flugzeugen, bei denen mit dem Tod vieler Menschen zu rechnen war, und trotz bestehender familiärer Verpflichtungen die festgestellten Hilfestellungen in Hamburg geleistet. Dem Gutachten und insbesondere auch den Äußerungen des Verurteilten anlässlich der Exploration durch den Sachverständigen können Hinweise auf Änderungen in der ersichtlich beeinflussbaren Persönlichkeit des Verurteilten und in seiner islamistischen Einstellung nicht entnommen werden. Vielmehr hat der Verurteilte zu seinem Aufenthalt in einem Ausbildungslager in Afghanistan, den er im Gegensatz zu seiner Tat einräumt, weiterhin behauptet, es sei ihm dabei nur um die Erfüllung religiöser Verpflichtungen gegangen. Dies hat das Oberlandesgericht mit Recht als unglaubhaft und als Indiz dafür gewertet, dass sich der Verurteilte von seiner islamistisch-jihadistischen Einstellung noch nicht gelöst hat. Damit fehlt es an hinreichenden Erkenntnissen, die es im Sinne des § 57 Abs. 1 Satz 1 Nr. 2 StGB verantwortbar erscheinen lassen, die Vollstreckung des Strafrestes zur Bewährung auszusetzen. Im Gegenteil besteht weiterhin die Möglichkeit, dass der Verurteilte, sollte er sich in einem entsprechenden Umfeld wiederfinden, Erwartungshaltungen Gleichgesinnter hinsichtlich einer Beteiligung an islamistisch motivierten Gewalttaten nicht verschließen wird. Angesichts der außergewöhnlichen Schwere des in seinen Dimensionen in der neueren Geschichte einmaligen Terroraktes, in dessen Vorbereitung der Verurteilte sich hat verstricken lassen, lässt das Sicherheitsinteresse der Allgemeinheit derzeit eine bedingte Haftentlassung des Verurteilten daher nicht zu.

15. Maßregeln der Besserung und Sicherung

a) Unterbringung in einem psychiatrischen Krankenhaus – § 63 StGB

TOPENTSCHEIDUNG ■

Die **grundsätzlich unbefristete Unterbringung** in einem psychiatrischen Krankenhaus gemäß § 63 StGB ist **eine außerordentlich belastende Maßnahme**, die einen **besonders gravierenden Eingriff in die Rechte des Betroffenen** darstellt. Sie darf daher nur dann angeordnet werden, wenn zweifelsfrei feststeht, dass der Unterzubringende bei der Begehung der Anlasstaten aufgrund eines psychischen Defekts schuldunfähig oder vermindert schuldfähig war und die Tatbegehung hierauf beruht. Daneben muss eine **Wahrscheinlichkeit höheren Grades** bestehen, der **Täter werde infolge seines fortdauernden Zustandes in Zukunft erhebliche rechtswidrige Taten begehen**; die zu erwartenden Taten müssen schwere Störungen des Rechtsfriedens besorgen lassen. Die erforderliche Prognose ist auf der Grundlage einer umfassenden Würdigung der Persönlichkeit des Täters, seines Vorlebens und der von ihm begangenen Anlasstat(en) zu entwickeln. Neben der sorgfältigen Prüfung dieser Anordnungsvoraussetzungen ist der Tatrichter auch verpflichtet, die wesentlichen Umstände in den Urteilsgründen so umfassend darzustellen, dass das Revisionsgericht in die Lage versetzt wird, die Entscheidung nachzuvollziehen.[115] **120**

[4] 2. Die Anordnung der Unterbringung in einem psychiatrischen Krankenhaus hält rechtlicher Nachprüfung nicht stand.

[5] a) Die grundsätzlich unbefristete Unterbringung in einem psychiatrischen Krankenhaus gemäß § 63 StGB ist eine außerordentlich belastende Maßnahme, die einen besonders gravierenden Eingriff in die Rechte des Betroffenen darstellt. Sie darf daher nur dann angeordnet werden, wenn zweifelsfrei feststeht, dass der Unterzubringende bei der Begehung der Anlasstaten aufgrund eines psychischen Defekts schuldunfähig oder vermindert schuldfähig war und die Tatbegehung hierauf beruht. Daneben muss eine Wahrscheinlichkeit höheren Grades bestehen, der Täter werde infolge seines fortdauernden Zustandes in Zukunft erhebliche rechtswidrige Taten begehen; die zu erwartenden Taten müssen schwere Störungen des Rechtsfriedens besorgen lassen. Die erforderliche Prognose ist auf der Grundlage einer umfassenden Würdigung der Persönlichkeit des Täters, seines Vorlebens und der von ihm begangenen Anlasstat(en) zu entwickeln (st. Rspr.; vgl. BGH, Beschluss vom 5. Juni 2013 – 2 StR 94/13 mwN). Neben der sorgfältigen Prüfung dieser Anordnungsvoraussetzungen ist der Tatrichter auch verpflichtet, die wesentlichen Umstände in den Urteilsgründen so umfassend darzustellen, dass das Revisionsgericht in die Lage versetzt wird, die Entscheidung nachzuvollziehen.

[6] b) Durch die angefochtene Entscheidung wird weder die vom Landgericht angenommene erhebliche Verminderung der Schuldunfähigkeit des Angeklagten bei Tatbegehung noch der notwendige Zusammenhang zwischen der psychischen Erkran-

---

[115] BGH, Beschluss vom 24.10.2013 – 3 StR 349/13; vgl. hierzu auch BGH, Beschlüsse vom 15.10.2013 – 3 StR 215/13 –, vom 27.05.2014 – 3 StR 113/14 – und vom 24.06.2014 – 3 StR 237/14.

kung und der Tat hinreichend belegt. Die Feststellungen beschränken sich auf die Wiedergabe der Diagnosen und auf die Mitteilung, der Angeklagte sei immer wieder in psychiatrische Krankenhäuser eingewiesen worden und habe während einer seit Ende 2012 andauernden akut psychotischen Phase die notwendigen Psychopharmaka nicht mehr regelmäßig eingenommen (UA S. 7 und 8). Im Rahmen der Beweiswürdigung wird das Gutachten des Sachverständigen referiert. Danach habe es beim Angeklagten „im Tatvorfeld akustische Halluzinationen und auch Beeinträchtigungserleben gegeben". Der Angeklagte habe dem Sachverständigen „von Impulsdurchbrüchigkeit, Insomnie, Größenvorstellungen, Leichtfertigkeit ohne Risikoabwägung, Sprunghaftigkeit, Inkohärenz und Ideensturm berichtet". Von diesen „deutlichen Symptomen einer manischen Symptomatik" sei der Angeklagte „noch immer nicht vollständig entaktualisiert" (UA S. 12 und 13). Mit diesen im Allgemeinen verbleibenden Darlegungen ist nicht ausreichend erklärt, dass sich der Angeklagte im Zeitpunkt der Tat sicher in einem Zustand erheblich eingeschränkter Schuldfähigkeit befand. Aus welchem Anlass und auf welcher Grundlage der Angeklagte eine gute Woche vor der Tat für eine Nacht in einem psychiatrischen Krankenhaus „untergebracht" war, wird ebenso wenig erläutert wie das Erscheinungsbild und die Verhaltensweise des Angeklagten in der Hauptverhandlung. Zudem weist die Tat alle Anzeichen eines alltäglichen Raubüberfalls auf eine Spielhalle auf: Der Angeklagte wartete mit der Tatbegehung längere Zeit ab, bis sich in der Spielhalle neben ihm und dem Opfer keine weiteren Personen mehr aufhielten. Er nahm der Nebenklägerin das Mobiltelefon weg, um eine Information der Polizei zu verhindern, und verschaffte sich Kenntnis von den Personalien der Frau, um seine Drohung mit späterer Gewalt für den Fall der Unterrichtung der Polizei zu verstärken. Zur Motivation des Angeklagten enthält das Urteil keine Angaben. Damit bleibt auch offen, ob die Tat in einem inneren Zusammenhang mit der angenommenen psychischen Störung stand.

[7] c) Auch eine zukünftige Gefährlichkeit des Angeklagten ist nicht ausreichend dargetan. Das Landgericht hat sich insoweit dem Sachverständigen angeschlossen, der aufgrund einer „Gesamtschau der hier zusammentreffenden ungünstigen Faktoren wie brüchiger Kompliance, Doppeldiagnose mit Sucht, Fehlen eines Betreuers, Fehlen eines sozialen Unterstützungsnetzwerks und Gewaltbereitschaft als Krankheitssymptom" (UA S. 15) dem Anlassdelikt vergleichbare Taten mit hoher Wahrscheinlichkeit prognostiziert hat. Damit fehlt die notwendige umfassende Erörterung unter Einschluss des bisherigen Lebens des Angeklagten. Seit dem Ausbruch der Erkrankung im Jahr 1996 ist der Angeklagte wenige Male zu geringen Geldstrafen verurteilt worden. Zweimal wurde auf eine Freiheitsstrafe unter einem Jahr erkannt, die Vollstreckung zur Bewährung ausgesetzt und die Strafe sodann jeweils erlassen. Zuletzt wurde der Angeklagte im Jahr 2000 wegen unerlaubten Entfernens vom Unfallort und Anfang 2013 wegen Diebstahls zu Geldstrafen verurteilt. Gegenstand und Hintergründe der Verurteilungen teilt das Landgericht ebenso wenig mit wie nähere Einzelheiten zu den im Jahr 2004 gegenüber der Ehefrau begangenen „Gewalttätigkeiten" und dem Ergebnis der daraufhin durchgeführten forensisch-psychiatrischen Untersuchung. Damit stellt sich die verfahrensgegenständliche Tat jedenfalls nach den bisherigen Feststellungen als das erste gravierende Delikt dar, für das sich der Angeklagte zu verantworten hatte. Angesichts der langen Zeitspanne, in der der Angeklagte bereits erkrankt ist, fehlt der Gefahrenprognose daher die erforderliche Tatsachenfundierung.

[8] 3. Die Sache bedarf insgesamt der neuen Verhandlung und Entscheidung. Der Senat war durch den Umstand, dass allein der Angeklagte Revision eingelegt hat,

nicht gehindert, auch den Freispruch aufzuheben; denn durch das Gesetz zur Sicherung der Unterbringung in einem psychiatrischen Krankenhaus und in einer Entziehungsanstalt vom 16. Juli 2007 (BGBl I S. 1327) wurde der frühere Rechtszustand dahin geändert, dass es gemäß § 358 Abs. 2 Satz 2 StPO nunmehr möglich ist, in einer neuen Hauptverhandlung an Stelle der Unterbringung in einem psychiatrischen Krankenhaus den Täter schuldig zu sprechen und eine Strafe zu verhängen. Dies bedeutet, dass auf die Revision des Angeklagten in Fällen wie dem vorliegenden ein Freispruch aufgehoben werden kann (vgl. KK-Gericke, 7. Aufl.; § 358 Rn. 24). Die Aufhebung (auch) des Freispruchs entspricht im vorliegenden Fall dem Ziel des Gesetzgebers, durch die Neuregelung zu vermeiden, dass nach einer erfolgreichen Revision eines Angeklagten gegen die alleinige Anordnung der Unterbringung in einem psychiatrischen Krankenhaus wegen angenommener Schuldunfähigkeit gemäß § 20 StGB die Tat ohne strafrechtliche Sanktion bleibt, wenn sich in der neuen Hauptverhandlung herausstellt, dass der Angeklagte bei Begehung der Tat schuldfähig war. Das Gericht bleibt jedoch gehindert, nach Aufhebung einer isoliert angeordneten Unterbringung in einem psychiatrischen Krankenhaus erneut die Unterbringung anzuordnen und zugleich erstmals Strafe zu verhängen (vgl. BT-Drucks. 16/1344 S. 17 f.; BGH, Beschlüsse vom 27. Oktober 2009 – 3 StR 369/09 – juris; vom 14. September 2010 – 5 StR 229/10, StraFo 2011, 55).

PRAXISBEDEUTUNG ■

Die Entscheidung stellt fast schon lehrbuchartig die Voraussetzungen einer Unterbringung gemäß § 63 StGB zusammen und sollte bei entsprechenden Fällen stets zu Rate gezogen werden!

Entscheidungen, die den Entzug der persönlichen Freiheit betreffen, müssen **auf zureichender richterlicher Sachaufklärung** beruhen und eine in tatsächlicher Hinsicht genügende Grundlage haben. **121**

Mit **zunehmender Dauer des Freiheitsentzugs** steigen die verfassungsrechtlichen Anforderungen an die Sachverhaltsaufklärung und die Begründungstiefe einer Überprüfungsentscheidung. Im Falle einer länger andauernden Unterbringung des Betroffenen in ein und demselben psychiatrischen Krankenhaus ist es daher in der Regel geboten, von Zeit zu Zeit einen externen Sachverständigen hinzuzuziehen.

Die **Einholung eines externen Sachverständigengutachtens** ist regelmäßig auch dann nicht verzichtbar, wenn der Betroffene seine Mitwirkung an der Erstellung des Gutachtens verweigert.

Das zunehmende Gewicht des Freiheitsanspruchs bei langdauernden Unterbringungen in einem psychiatrischen Krankenhaus beeinflusst sowohl die Verhältnismäßigkeitsprüfung als auch die Anforderungen, die an die Begründung einer Entscheidung nach § 67d Abs 2 StGB zu stellen sind. Bejaht dabei das Gericht die Annahme, dass vom Untergebrachten weiterhin eine Gefahr der Begehung erheblicher Straftaten ausgeht, so ist dies hinreichend zu konkretisieren.[116]

---

116 BVerfG, Kammerbeschluss vom 4.03.2014 – 2 BvR 1020/13.

[28] a) Die freiheitssichernde Funktion des Art. 2 Abs. 2 GG hat dabei auch verfahrensrechtliche Bedeutung. Aus ihr ergeben sich Mindesterfordernisse für eine zuverlässige Wahrheitserforschung. Es ist unverzichtbare Voraussetzung eines rechtsstaatlichen Verfahrens, dass Entscheidungen, die den Entzug der persönlichen Freiheit betreffen, auf zureichender richterlicher Sachaufklärung beruhen und eine in tatsächlicher Hinsicht genügende Grundlage haben (vgl. BVerfGE 70, 297 <308>; BVerfGK 15, 287 <294 f.>; BVerfG, Beschluss der 3. Kammer des Zweiten Senats vom 19. Juni 2012 – 2 BvR 2521/11 –, juris, Rn. 15).

[29] Das Gebot bestmöglicher Sachaufklärung gilt auch für den Straf- und Maßregelvollzug (vgl. BVerfGE 70, 297 <309>; BVerfGK 15, 287 <295>). Im Rahmen dieses Gebotes besteht bei Prognoseentscheidungen, bei denen geistige und seelische Anomalien in Frage stehen, in der Regel die Pflicht, einen erfahrenen Sachverständigen hinzuzuziehen. Dies gilt insbesondere dort, wo die Gefährlichkeit eines in einem psychiatrischen Krankenhaus Untergebrachten zu beurteilen ist; denn die Umstände, die diese bestimmen, sind für den Richter oft schwer erkennbar und abzuwägen (BVerfGE 70, 297 <309>). Daraus folgt zwar noch nicht, dass bei jeder nach § 67e Abs. 2 StGB turnusmäßig vorzunehmenden Überprüfung der Unterbringung von Verfassungs wegen zwingend ein ärztliches Sachverständigengutachten einzuholen wäre (BVerfGK 15, 287 <295>; BVerfG, Beschluss der 1. Kammer des Zweiten Senats vom 16. Juni 2008 – 2 BvR 598/08 –, juris, Rn. 4). Nicht bei jeder Überprüfung der Unterbringung muss der gleiche Aufwand veranlasst sein (BVerfGE 70, 297 <309>). Bestehen keine zwingenden gesetzlichen Vorgaben, hängt es von dem sich nach den Umständen des einzelnen Falles bestimmenden pflichtgemäßen Ermessen des Richters ab, in welcher Weise er die Aussetzungsreife prüft. Immer ist allerdings eine für den Einzelfall hinreichende Gründlichkeit bei der Entscheidungsfindung zu gewährleisten (vgl. BVerfGE 70, 297 <309 f.>; BVerfGK 15, 287 <295>).

[30] Befindet sich der Untergebrachte seit langer Zeit in ein und demselben psychiatrischen Krankenhaus, ist es in der Regel geboten, von Zeit zu Zeit einen anstaltsfremden Sachverständigen hinzuzuziehen, um der Gefahr repetitiver Routinebeurteilungen vorzubeugen (vgl. BVerfGE 70, 297 <311, 316>; 109, 133 <162>; 117, 71 <105, 106>; BVerfGK 5, 40 <43>; 15, 287 <295>) und um auszuschließen, dass Belange der Anstalt oder die Beziehung zwischen Untergebrachtem und Therapeuten das Gutachten beeinflussen (vgl. BVerfGE 109, 133 <164>; BVerfGK 15, 287 <295>). Aus denselben Gründen kann es bei langdauernder Unterbringung weitergehend angezeigt sein, den Untergebrachten von einem solchen externen Sachverständigen begutachten zu lassen, der im Laufe des Vollstreckungsverfahrens noch überhaupt nicht mit dem Untergebrachten befasst war (BVerfGE 109, 133 <164>; BVerfGK 15, 287 <295 f.>).

[31] b) Mit der Einführung von § 463 Abs. 4 StPO im Jahr 2007 hat der Gesetzgeber diese verfassungsrechtlichen Vorgaben einfachrechtlich prozedural besonders abgesichert. Danach soll im Rahmen der Überprüfungen nach § 67e StGB das Gericht nach jeweils fünf Jahren vollzogener Unterbringung in einem psychiatrischen Krankenhaus das Gutachten eines Sachverständigen einholen (§ 463 Abs. 4 Satz 1 StPO), der weder im Rahmen des Vollzugs der Unterbringung mit der Behandlung der untergebrachten Person befasst gewesen ist (§ 463 Abs. 4 Satz 2 Alt. 1 StPO) noch in dem psychiatrischen Krankenhaus arbeitet, in dem sich die untergebrachte Person befindet (§ 463 Abs. 4 Satz 2 Alt. 2 StPO). Die Vorschrift konkretisiert das verfassungsrechtliche Gebot bestmöglicher Sachaufklärung im

Strafvollstreckungsverfahren, indem durch die Hinzuziehung eines bisher nicht mit der untergebrachten Person befassten Gutachters, der eine kritische Distanz zu den bisherigen – im Laufe der letzten fünf Jahre eingeholten – Stellungnahmen hält, der Gefahr von Routinebeurteilungen vorgebeugt und die Prognosesicherheit des Gerichts entscheidend verbessert werden soll (vgl. BTDrucks 16/1110, S. 19; BVerfGK 15, 287 <296 f.>).

[32] Nach dieser Regelung ist ein externes Gutachten als Grundlage einer nach fünf Jahren zu treffenden Überprüfungsentscheidung nur in sehr eng begrenzten Ausnahmefällen entbehrlich (BVerfGK 15, 287 <297> m.w.N.). Eine Ausgestaltung des § 463 Abs. 4 StPO als Mussvorschrift ist im Gesetzgebungsverfahren zunächst nur unterblieben, um dem Umstand Rechnung zu tragen, dass einige Ländergesetze zum Maßregelvollzug bereits regelmäßige externe Begutachtungen in kürzeren Zeitabständen vorsahen. Wenn in diesen Fällen nach fünf Jahren vollzogener Unterbringung bereits ein aktuelles externes Gutachten vorliegt, könne – so der Gesetzgeber – auf die neuerliche Einholung eines externen Gutachtens verzichtet werden (BTDrucks 16/5137, S. 11). Dasselbe könne gelten, wenn die untergebrachte Person sich bereits in der Entlassungsvorbereitung befinde, da die Einholung eines externen Gutachtens hier zu einer ungewollten Verlängerung der Unterbringung führen könne (BTDrucks 16/5137, S. 11 f.), sowie in Fällen, in denen die untergebrachte Person neben der Unterbringung in einem psychiatrischen Krankenhaus zu einer langen Freiheitsstrafe verurteilt worden ist, sodass es sich als sachgerechter darstellen könne, eine externe Begutachtung mit dem möglichen Zeitpunkt der Strafaussetzung nach § 67 Abs. 5 StGB abzustimmen (BTDrucks 16/5137, S. 12). Die möglicherweise fehlende Bereitschaft des Betroffenen zur Mitwirkung an der Begutachtung ist demgegenüber im Gesetzgebungsverfahren nicht als Grund für die Ausgestaltung von § 463 Abs. 4 StPO als Sollvorschrift genannt worden.

Die für die Maßregelanordnung erforderliche **Gefährlichkeitsprognose** ist auf der Grundlage einer **umfassenden Würdigung der Persönlichkeit des Täters, seines Vorlebens und der von ihm begangenen Anlasstaten** zu entwickeln; dabei sind an die Darlegungen umso höhere Anforderungen zu stellen, je mehr es sich bei dem zu beurteilenden Sachverhalt unter Berücksichtigung des Verhältnismäßigkeitsgrundsatzes (§ 62 StGB) um einen Grenzfall handelt.[117] **122**

[5] 2. Das Landgericht hat, sachverständig beraten, angenommen, dass die Steuerungsfähigkeit des Angeklagten bei der Tatbegehung sicher erheblich vermindert war. In Übereinstimmung mit der Sachverständigen ist die Strafkammer der Ansicht, dass der Angeklagte aufgrund seiner affektiven und kognitiven Beeinträchtigungen, die auf die schizotype – nach Ansicht der Sachverständigen nicht heilbaren – Störung zurückzuführen sei, schnell in Konflikte mit seinen Mitmenschen gerate, in denen er sein Verhalten nicht mehr vollständig steuern könne. Mit hoher Wahrscheinlichkeit seien daher den Anlasstaten gleichgelagerte Taten zu erwarten.

[6] 3. Die Anordnung der Unterbringung in einem psychiatrischen Krankenhaus (§ 63 StGB) hält rechtlicher Nachprüfung nicht stand. Die Feststellungen des Land-

---

[117] BGH, Beschluss vom 12.03.2014 – 2 StR 604/13; siehe hierzu auch Beschluss vom 8.01.2014 – 5 StR 602/13.

gerichts belegen nicht hinreichend, dass von dem Beschuldigten aufgrund seines Zustands erhebliche rechtswidrige Taten zu erwarten sind und er deshalb für die Allgemeinheit gefährlich ist. Die für die Maßregelanordnung erforderliche Gefährlichkeitsprognose ist auf der Grundlage einer umfassenden Würdigung der Persönlichkeit des Täters, seines Vorlebens und der von ihm begangenen Anlasstaten zu entwickeln; dabei sind an die Darlegungen umso höhere Anforderungen zu stellen, je mehr es sich bei dem zu beurteilenden Sachverhalt – wie hier – unter Berücksichtigung des Verhältnismäßigkeitsgrundsatzes (§ 62 StGB) um einen Grenzfall handelt (BGH, Beschluss vom 8. Januar 2014 – 5 StR 602/13, NJW 2014, 565 mwN). Nach diesen Maßstäben hat die Strafkammer die Unterbringungsanordnung nicht tragfähig begründet.

[7] Es fehlt an der gebotenen umfassenden Würdigung aller für die Beurteilung der Gefährlichkeit des Angeklagten relevanten Faktoren. Insoweit hat die Strafkammer nicht erkennbar berücksichtigt, dass der Angeklagte abgesehen von einem für die Gefährlichkeitsprognose irrelevanten Strafbefehl wegen falscher Verdächtigung lediglich eine Vorstrafe aus dem Jahr 2012 wegen Beleidigung und Bedrohung zum Nachteil des Zeugen B. aufweist, die ebenfalls vor der Garage des A. und im Kontext der dortigen Lagerung von Gasflaschen erfolgte. Darüber hinaus stellt die vorliegend abgeurteilte Beleidigung und Bedrohung des Zeugen das exakte Abbild der damaligen Tat dar. Die sich anschließende Körperverletzung zum Nachteil des Zeugen L. hat sich wiederum dynamisch aus der verbalen Auseinandersetzung mit dem Zeugen B. entwickelt. Sie ist zudem die erste über bloße Verbalinjurien und Drohungen hinausgehende aggressive Handlung des Angeklagten. Ebenso wenig hat das Landgericht bedacht, dass der Angeklagte über viele Jahre in verschiedenen Arbeitsverhältnissen beschäftigt war, ohne dass es zu Auffälligkeiten oder Gewalthandlungen gekommen ist. Dies gilt – auch wenn der Angeklagte nach den Feststellungen zurückgezogen lebt – auch für seine privaten Lebensumstände.

[8] Bei dieser Sachlage hätte es der Darlegung konkreter Anhaltspunkte für die Annahme bedurft, der Angeklagte neige auch in anderen, nicht in dem beschriebenen isolierten Wohnumfeld und den Auseinandersetzungen mit den Zeugen L. und B. wurzelnden Konfliktsituationen zu aggressiven, für die Allgemeinheit gefährlichen „Impulsdurchbrüchen".

123 Die Unterbringung in einem psychiatrischen Krankenhaus nach § 63 StGB darf nur angeordnet werden, wenn **zweifelsfrei feststeht**, dass der Unterzubringende **bei der Begehung der Anlasstaten aufgrund eines psychischen Defekts schuldnfähig oder vermindert schuldfähig** war und die **Tatbegehung auf diesem Zustand beruht**. Der Defektzustand muss, um eine Gefährlichkeitsprognose tragen zu können, von längerer Dauer sein. Der Tatrichter hat die der Unterbringungsanordnung zugrunde liegenden Umstände in den Urteilsgründen so umfassend darzustellen, dass das Revisionsgericht in die Lage versetzt wird, die Entscheidung nachzuvollziehen.[118]

[6] b) Soweit die Strafkammer im Anschluss an den Sachverständigen davon ausgeht, dass der Angeklagte an einer schizophrenen Psychose mit akustischen Halluzinationen leide, werden die diese Bewertung tragenden Anknüpfungs- und Befund-

---

[118] BGH, Beschl. v. 30.07.2014 – 4 StR 183/14; siehe hierzu auch Beschluss vom 15.07.2014 – 4 StR 228/14 sowie Beschluss vom 5.08.2014 – 3 StR 271/14.

tatsachen nicht in ausreichendem Umfang wiedergegeben (vgl. BGH, Beschlüsse vom 14. September 2010 – 5 StR 229/10, StraFo 2011, 55; vom 16. Januar 2013 – 4 StR 520/12 aaO; vom 30. Juli 2013 – 4 StR 275/13, NStZ 2014, 36, 37). Es fehlt eine nähere Darstellung der vom Angeklagten im Rahmen der Exploration durch den Sachverständigen gemachten Angaben, so dass nicht beurteilt werden kann, ob seine Schilderung angeblicher Beschimpfungen und Beleidigungen von Seiten der jeweils Geschädigten den Schluss auf ein psychotisches Erleben in der jeweiligen Tatsituation zu tragen vermögen oder es sich bei den entsprechenden Äußerungen des Angeklagten lediglich um den vergeblich unternommenen Versuch gehandelt hat, sein strafbares Tun gegenüber dem Sachverständigen in einem milderen Licht erscheinen zu lassen. Mit der letztgenannten Möglichkeit hat sich das Landgericht nicht auseinandergesetzt. Darüber hinaus bleibt in den Urteilsgründen unerörtert, welche Erkenntnisse zu einer möglichen psychischen Erkrankung des Angeklagten sich aus der auf landesrechtlicher Grundlage erfolgten zweiwöchigen Unterbringung in einem psychiatrischen Krankenhaus im Juni 2013 und der seit Dezember 2013 vollzogenen einstweiligen Unterbringung ergeben haben.

[7] c) Aufgrund der unterbliebenen Darstellung der vom Angeklagten im Rahmen der Exploration durch den Sachverständigen gemachten Angaben zu den angeblichen Beschimpfungen und Beleidigungen seitens der Geschädigten ist schließlich auch die Annahme des Landgerichts, die Anlasstaten seien durch psychotisches Erleben in Form akustischer Halluzinationen ausgelöst worden, nicht tragfähig belegt.

[8] d) Die Anordnung der Maßregel nach § 63 StGB kann daher nicht bestehen bleiben. Mit Blick auf die Vorschrift des § 358 Abs. 2 Satz 2 StPO ist auch der Freispruch des Angeklagten aufzuheben (vgl. BGH, Beschlüsse vom 30. Juli 2013 – 4 StR 275/13 Rn. 18, insoweit in NStZ 2014, 36 nicht abgedruckt; vom 24. Oktober 2013 – 3 StR 349/13 Rn. 8). Der neu zur Verhandlung und Entscheidung berufene Tatrichter wird in den Fällen II.6 und 8 der Urteilsgründe gegebenenfalls die Frage eines Rücktritts vom Versuch zu prüfen haben.

Eine **Unterbringung** nach § 63 StGB kommt nur in Betracht, wenn eine **Wahrscheinlichkeit höheren Grades** dafür besteht, dass der Täter infolge seines Zustands in Zukunft **Straftaten von erheblicher Bedeutung** begehen wird, also solche, die eine schwere Störung des Rechtsfriedens zur Folge haben. Auch wenn dem Gesetz in diesem Zusammenhang eine Beschränkung auf bestimmte Tatbestände nicht entnommen werden kann, können wegen des außerordentlich beschwerenden Charakters der Maßregel nach § 63 StGB und mit Blick darauf, dass deren Anordnung und Fortdauer vom Grundsatz der Verhältnismäßigkeit beherrscht werden (§ 62 StGB), **Straftaten, die im Höchstmaß mit Freiheitsstrafe unter fünf Jahren bedroht sind,** nicht ohne Weiteres dem Bereich der Taten von erheblicher Bedeutung zugerechnet werden. Hierzu gehört neben den Tatbeständen der Nötigung (§ 240 StGB), der Bedrohung (§ 241 StGB) und der fahrlässigen Körperverletzung (§ 229 StGB) generell auch die Nachstellung im Sinne von § 238 Abs. 1 StGB, sofern sie nicht mit aggressiven Übergriffen einhergeht. Ergibt sich die Erheblichkeit drohender Taten nicht aus dem Delikt selbst, wie etwa bei Verbrechen, kommt der zu befürchtenden **konkreten Ausgestaltung der Taten maßgebliche Bedeutung** zu.[119] **124**

[119] BGH, Beschluss vom 16.06.2014 – 4 StR 111/14.

125 Die Unterbringung in einem psychiatrischen Krankenhaus ist zeitlich unbefristet und für den Betroffenen daher besonders beschwerend. Sie darf deshalb nur angeordnet werden, wenn eine Wahrscheinlichkeit höheren Grades dafür besteht, dass der Täter infolge seines Zustands in Zukunft erhebliche rechtswidrige Taten begehen wird, die eine schwere Störung des Rechtsfriedens zur Folge haben. Ob eine zu erwartende Straftat zu einer **schweren Störung des Rechtsfriedens** führt, ist anhand der konkreten Umstände des Einzelfalls zu entscheiden. Dabei kann sich – wie in der Regel bei Verbrechen oder Gewalt- und Aggressionsdelikten – eine schwere Störung des Rechtsfriedens **bereits allein aus dem Gewicht des Straftatbestandes ergeben,** mit dessen Verwirklichung gerechnet werden muss.[120]

In der Rechtsprechung ist aber ebenfalls anerkannt, dass selbst Verbrechen in Ausnahmefällen, etwa wenn sie aufgrund ihres äußeren Erscheinungsbildes von der Allgemeinheit als eher harmlos oder als nur belästigend wahrgenommen werden und überdies nur zu geringen Beeinträchtigungen des Tatopfers geführt haben, trotz ihres Deliktcharakters die in § 63 StGB vorausgesetzte Gefährlichkeitsprognose nicht zu begründen vermögen (vgl. BGH, Beschluss vom 28. Juni 2005 – 4 StR 223/05, NStZ-RR 2005, 303, 304; Urteil vom 14. Februar 2001 – 3 StR 455/00, Rn. 6). Dies gilt auch für zu erwartende Vergehen aus dem Bereich der vorsätzlichen Körperverletzungsdelikte.

126 Wenn sich der **Tatrichter darauf beschränkt,** sich der **Beurteilung eines Sachverständigen zur Frage der Schuldfähigkeit anzuschließen,** muss er dessen **wesentliche Anknüpfungspunkte und Darlegungen im Urteil so wiedergeben,** wie dies zum Verständnis des Gutachtens und zur Beurteilung seiner Schlüssigkeit erforderlich ist. Dies gilt auch in Fällen einer Psychose aus dem Formenkreis der Schizophrenie; denn die Diagnose einer solchen Erkrankung führt für sich genommen noch nicht zur Feststellung einer generellen oder zumindest längere Zeiträume überdauernden gesicherten erheblichen Beeinträchtigung der Schuldfähigkeit. Erforderlich ist vielmehr die Feststellung eines akuten Schubs der Erkrankung sowie die konkretisierende Darlegung, in welcher Weise sich die festgestellte psychische Störung bei Begehung der Tat auf die Handlungsmöglichkeiten des Angeklagten in der konkreten Tatsituation und damit auf die Einsichts- oder Steuerungsfähigkeit ausgewirkt hat.[121]

[7] Diese Darlegungsanforderungen hat der Tatrichter auch dann zu beachten, wenn der Angeklagte – wie im vorliegenden Fall – eine Exploration abgelehnt hat (BGH, Beschluss vom 31. Januar 1997 – 2 StR 668/96, BGHR StGB § 63 Zustand 21).

[8] 2. Dem wird das angefochtene Urteil nicht gerecht.

[9] Dabei kann dahinstehen, ob die im Allgemeinen verbleibende, zusammenfassende Darlegung der Ausführungen des psychiatrischen Sachverständigen schon nicht hinreichend deutlich macht, ob die Einschränkung der Schuldfähigkeit auf dem für die Anordnung der Maßregel erforderlichen, länger andauernden und nicht nur vorü-

---

120 BGH, Urteil vom 10.04.2014 – 4 StR 47/14; siehe hierzu auch Beschluss vom 6.05.2014 – 5 StR 168/14.

121 BGH, Beschluss vom 17.06.2014 – 4 StR 171/14.

bergehenden Defekt beruht hat (vgl. dazu BGH, Beschluss vom 17. November 1987 – 5 StR 575/87, BGHR StGB § 63 Zustand 6 mwN), weil der Sachverständige eine Chronifizierung der in Betracht gezogenen Erkrankung lediglich für möglich gehalten hat. Jedenfalls fehlt eine nähere Darlegung des Einflusses des diagnostizierten Störungsbildes auf die Handlungsmöglichkeiten des Angeklagten in der konkreten Tatsituation. Die Urteilsgründe teilen auch insoweit lediglich das Ergebnis der medizinischen Diagnose des psychiatrischen Sachverständigen mit, wonach das Verhalten des Angeklagten gegenüber der Geschädigten und den Polizeibeamten die Annahme einer Psychose aus dem Formenkreis der Schizophrenie mit paranoider Symptomatik nahelege. Als Anknüpfungspunkte für diese Diagnose werden Umstände herangezogen, die zum einen in der früheren Krankengeschichte des Angeklagten liegen, so etwa sein vor über zehn Jahren eingetretener „Leistungsknick", zum anderen Umstände von nur begrenzter und nicht näher erläuterter Aussagekraft, wie etwa häufige Umzüge, durch die der Angeklagte versucht habe, sich wahnhaft empfundenen negativen Einflüssen seiner Nachbarn zu entziehen. Demgegenüber wird das Vorliegen eines akuten psychotischen Schubs – im Rahmen der Erörterung einer möglicherweise vollständig aufgehobenen Schuldfähigkeit – lediglich abstrakt als Möglichkeit in Betracht gezogen und mit der Erwägung, es komme auch psychotisch bedingter Ärger ernsthaft in Betracht, wieder relativiert. Eine situationsbezogene Erörterung der Handlungsmöglichkeiten des Angeklagten unter dem Einfluss der psychischen Erkrankung zum Zeitpunkt der Taten fehlt. So wird auch nicht erkennbar erwogen, dass der Angeklagte vor den Widerstandshandlungen gegenüber den Polizeibeamten freiwillig in den Streifenwagen stieg, sich mithin situationsangepasst verhielt.

Im Zusammenhang mit der **erforderlichen Darlegung der zukünftigen Gefährlichkeit des Beschuldigten** kann sich der Tatrichter nicht mit der Feststellung begnügen auszuführen, die Gefahr bestehe zwar nicht nur abstrakt, eine konkrete Wahrscheinlichkeitsprognose sei jedoch schwierig; denn damit bleibt das vom Tatgericht zu beurteilende Maß der vom Beschuldigten zukünftig ausgehenden Gefahr offen.[122] **127**

[3] 1. Die Anordnung der Maßregel nach § 63 StGB hält sachlichrechtlicher Nachprüfung nicht stand; denn das Landgericht hat jedenfalls nicht rechtsfehlerfrei begründet, dass von dem Beschuldigten in Zukunft mit hoher Wahrscheinlichkeit erhebliche rechtswidrige Taten zu erwarten sind und er deshalb für die Allgemeinheit gefährlich ist.

[4] a) Die grundsätzlich unbefristete Unterbringung in einem psychiatrischen Krankenhaus gemäß § 63 StGB ist eine außerordentlich belastende Maßnahme, die einen besonders gravierenden Eingriff in die Rechte des Betroffenen darstellt. Sie darf daher nur dann angeordnet werden, wenn zweifelsfrei feststeht, dass der Unterzubringende bei der Begehung der Anlasstaten aufgrund eines psychischen Defekts schuldunfähig oder vermindert schuldfähig war und die Tatbegehung hierauf beruht. Daneben muss eine Wahrscheinlichkeit höheren Grades bestehen, der Täter werde infolge seines fortdauernden Zustandes in Zukunft erhebliche rechtswidrige Taten begehen; die zu erwartenden Taten müssen schwere Störungen des Rechtsfriedens

---

[122] BGH, Beschluss vom 16.09.2014 – 3 StR 372/14.

besorgen lassen. Die notwendige Prognose ist auf der Grundlage einer umfassenden Würdigung der Persönlichkeit des Täters, seines Vorlebens und der von ihm begangenen Anlasstat(en) zu entwickeln. Neben der sorgfältigen Prüfung dieser Anordnungsvoraussetzungen ist das Tatgericht auch verpflichtet, die wesentlichen Gesichtspunkte in den Urteilsgründen so umfassend darzustellen, dass das Revisionsgericht in die Lage versetzt wird, die Entscheidung nachzuvollziehen (st. Rspr.; vgl. BGH, Beschlüsse vom 29. April 2014 – 3 StR 171/14, juris Rn. 5; vom 24. Oktober 2013 – 3 StR 349/13, juris Rn. 5).

[5] b) Das Landgericht hat – dem Gutachten des Sachverständigen folgend – angenommen, dass der Beschuldigte an einer endogenen Psychose aus dem „schizophrenen Formenkreis" leidet (ICD-10 F20.0 bzw. 23.0). Sein Verhalten sei durch eine wahnhafte Verkennung und Verarbeitung der Realität sowie ein wahnhaftes Verfolgungserleben gekennzeichnet. Seine Stimmung sei wechselhaft, er verhalte sich unvermittelt gereizt sowie aggressiv und werde verbal übergriffig und beleidigend. Es ist weiter davon ausgegangen, die Einsichts- und Steuerungsfähigkeit des Beschuldigten seien aufgrund seiner Erkrankung aufgehoben gewesen (§ 20 StGB). Den Zusammenhang zwischen der Erkrankung des Beschuldigten und der Tat hat die Strafkammer nicht näher dargelegt. Zur Gefährlichkeit des Beschuldigten hat sie ausgeführt, die Krankheit des Beschuldigten werde sich weiter verschlechtern. Der Beschuldigte erlebe die Außenwelt als ausgesprochen feindselig. Es bestehe daher die Gefahr, dass er es aufgrund seines Verfolgungswahns für erforderlich halte, sich gegen andere Personen zur Wehr zu setzen und diese anzugreifen. Auch gravierende Straftaten könnten nicht ausgeschlossen werden. Die Gefahr schwerwiegender Straftaten bestehe dabei nicht nur abstrakt, wenngleich eine konkrete Wahrscheinlichkeitsprognose schwierig sei.

[6] c) Diese Begründung trägt die Anordnung der Unterbringung des Beschuldigten in einem psychiatrischen Krankenhaus nicht.

[7] Dabei kann dahinstehen, ob die Schuldunfähigkeit des Beschuldigten hier ausnahmsweise sowohl auf die fehlende Einsichts- als auch die nicht vorhandene Steuerungsfähigkeit gestützt werden kann (vgl. BGH, Urteil vom 18. Januar 2006 – 2 StR 394/05, BGHR StGB § 20 Steuerungsfähigkeit 2 mwN auch zu den Besonderheiten der Beeinträchtigung der Schuldfähigkeit bei einer Psychose aus dem Formenkreis der Schizophrenie). Ebenfalls bedarf es keiner abschließenden Entscheidung, ob der notwendige Zusammenhang zwischen der psychischen Störung und der Tat dem Gesamtzusammenhang der Urteilsgründe hinreichend entnommen werden kann, obwohl die Tat nach den Feststellungen der sexuellen Befriedigung des Beschuldigten diente, sein Krankheitsbild indes vor allem solche Verhaltensweisen erwarten lässt, die einen vermeintlichen Angriff auf den Beschuldigten abwehren sollen. Es fehlt jedenfalls an einer ausreichenden Darlegung der zukünftigen Gefährlichkeit des Beschuldigten. Dabei erscheint bereits zweifelhaft, ob die Strafkammer sich insoweit an dem nach ständiger Rechtsprechung erforderlichen Grad einer hohen Wahrscheinlichkeit orientiert hat. Jedenfalls durfte sie sich nicht damit begnügen auszuführen, die Gefahr bestehe zwar nicht nur abstrakt, eine konkrete Wahrscheinlichkeitsprognose sei jedoch schwierig. Damit bleibt das vom Tatgericht zu beurteilende Maß der vom Beschuldigten zukünftig ausgehenden Gefahr offen. Dieser Mangel wiegt hier umso schwerer, als der Beschuldigte vor der Tat und danach, obgleich er sich noch etwa ein halbes Jahr in Freiheit befand, zwar auffällige, übergriffige Verhaltensweisen an den Tag legte, jedoch keine in den Bereich der mittleren Kriminalität reichenden Straftaten beging.

Die **Überzeugung** von der verminderten Schuldfähigkeit als Voraussetzung für die Unterbringung in einem psychiatrischen Krankenhaus kann regelmäßig nicht **auf die (sicher) „erheblich verminderte Einsichts- und Steuerungsfähigkeit“** gestützt werden.[123] **128**

[2] Der Freispruch des Angeklagten und die Anordnung seiner Unterbringung in einem psychiatrischen Krankenhaus haben keinen Bestand, da die Voraussetzungen der §§ 20, 21, 63 StGB im angefochtenen Urteil nicht hinlänglich dargelegt sind.

[3] Die Überzeugung von der verminderten Schuldfähigkeit als Voraussetzung für die Unterbringung in einem psychiatrischen Krankenhaus kann regelmäßig nicht – wie in dem angefochtenen Urteil geschehen – auf die (sicher) „erheblich verminderte Einsichts- und Steuerungsfähigkeit“ (UA S. 14, 28) gestützt werden (vgl. BGH, Urteil vom 25. Januar 1995 – 3 StR 535/94, BGHR StGB § 21 Einsichtsfähigkeit 6; Beschlüsse vom 27. Oktober 2010 – 2 StR 505/10, NStZ 2011, 336 und vom 5. August 2014 – 3 StR 271/14).

[4] Abgesehen davon ist ein die Schuldfähigkeit des Angeklagten im Tatzeitpunkt zumindest erheblich vermindernder Zustand im Sinne der §§ 20, 21 StGB auch tatsächlich nicht hinreichend belegt. Nach den im Urteil wiedergegebenen Ausführungen des vom Landgericht hinzugezogenen psychiatrischen Sachverständigen leidet der Angeklagte zum einen an einer drogeninduzierten Psychose und zum anderen als Grunderkrankung an einer paranoid-halluzinatorischen Psychose. Die Grunderkrankung führe zu einer schweren Persönlichkeitsstörung, die nicht nur Einfluss auf Handlungsabläufe des Angeklagten habe, sondern bereits in dessen Entscheidungsfindung eingreife. „In akuten Phasen“ müsse davon ausgegangen werden, „dass die Fähigkeit des Angeklagten das Unrecht seines Handelns zu erkennen und auch danach zu handeln zumindest erheblich vermindert, wenn nicht sogar ausgeschlossen sei“ (UA S. 26). Dass bei dem Angeklagten im Zeitpunkt der Taten am 9. Juni 2012 eine solche akute Krankheitsphase bestand, ist jedoch nicht dargelegt. Zwar wurde der Angeklagte vom 21. bis zum 25. Juni 2012 mit der Diagnose einer „akut polymorphen psychotischen Episode und einer drogeninduzierten Psychose“ in einer psychiatrischen Klinik behandelt. Angesichts des dargestellten Zeitablaufs zwischen den Taten und dem Behandlungszeitraum kann indes die Beurteilung des Sachverständigen nicht nachvollzogen werden, die Taten seien der Behandlung „zeitlich unmittelbar vorgelagert“ gewesen (UA S. 26). Weder aus den Taten selbst noch aus dem Nachtatgeschehen lässt sich schließen, dass der Angeklagte sich dabei in einem akut psychotischen Zustand befand. Vielmehr ließ sich der Angeklagte, der in einem Lokal beim Handel mit Amphetaminen aufgefallen war, von einem „Türsteher“ durchsuchen und verhielt sich dabei ruhig. Dem Urteil sind auch keinerlei Hinweise zu entnehmen, dass der Angeklagte bei dem anschließenden Polizeieinsatz und bei seiner vorläufigen Festnahme Verhaltensauffälligkeiten gezeigt hätte, die auf einen akut psychotischen Zustand schließen lassen könnten.

[5] Darüber hinaus begegnet auch die Gefährlichkeitsprognose durchgreifenden rechtlichen Bedenken.

[6] Eine Unterbringung nach § 63 StGB kommt nur in Betracht, wenn eine Wahrscheinlichkeit höheren Grades dafür besteht, dass der Täter infolge seines Zustandes erhebliche rechtswidrige Taten begehen wird und deshalb für die Allgemeinheit

[123] BGH, Beschl. v. 21.10.2014 – 5 StR 439/14.

gefährlich ist. Zwar ist das im Höchstmaß mit einer Freiheitsstrafe von bis zu fünf Jahren oder Geldstrafe bedrohte Handeltreiben mit Betäubungsmitteln (§ 29 Abs. 1 Nr. 1 BtMG) bereits der mittleren Kriminalität zuzurechnen (hinsichtlich der Bedeutung der angedrohten Höchststrafe vgl. BVerfG – Kammer –, RuP 2014, 31, 32); ob es den Rechtsfrieden empfindlich stört und geeignet ist, das Gefühl der Rechtssicherheit der Bevölkerung erheblich zu beeinträchtigen, hängt indes von den Umständen ab. Jedenfalls ist die nicht näher konkretisierte Gefahr weiterer „Drogendelikte" nicht geeignet, die Unterbringung nach § 63 StGB zu tragen.

[7] Soweit das Landgericht im Anschluss an den Sachverständigen daneben auch mit „sexuellen Übergriffen" des am 16. September 2011 rechtskräftig wegen schwerer Vergewaltigung zu einer Bewährungsstrafe verurteilten Angeklagten und mit „Drogen- und Gewaltdelikten mit gefährlichen Gegenständen" (UA S. 30) rechnet, sind diese Gefahren nicht ausreichend belegt. In seinem Urteil vom 16. September 2011 ist das Landgericht Hamburg nicht von einer erheblichen Verminderung der Schuldfähigkeit des Angeklagten ausgegangen. Die zum Beleg der Gefahr weiterer Gewaltdelikte herangezogene Feststellung, der Angeklagte habe im März 2013 seinen Vater mit einem Messer bedroht und im Flur seines Elternhauses Feuerwerkskörper gezündet, wird nicht näher konkretisiert und ist im Rahmen der Beweiswürdigung nicht belegt. Dieser Vorfall, der unter Umständen eine Unterbringung nach § 63 StGB rechtfertigen könnte, ist im Übrigen – soweit aus dem angefochtenen Urteil ersichtlich – nicht zum Anlass für die Einleitung eines Straf- oder Sicherungsverfahrens genommen worden, sondern hat lediglich zu einer einmonatigen Unterbringung nach landesrechtlichen Vorschriften geführt.

129 Der Bestand des Urteils wird nicht dadurch in Frage gestellt, dass das sachverständig beratene Landgericht als **Eingangsmerkmale gemäß §§ 20, 21 StGB** entweder eine auf einer wahnhaften Störung (ICD-10: F22.0) oder einer paranoiden Persönlichkeitsstörung (ICD-10: F60.0) beruhende „andere schwere seelische Abartigkeit" oder eine durch eine paranoide Schizophrenie (ICD-10: F20.0) bedingte „krankhafte seelische Störung" angenommen hat. Zwar bedarf es grundsätzlich schon im Hinblick auf den symptomatischen Zusammenhang zwischen der Erkrankung und den Anlasstaten sowie deren **Bedeutung im Rahmen der Gefährlichkeitsprognose der Feststellung, welche Ursachen bei dem Beschuldigten zu welchem von §§ 20, 21 StGB erfassten Zustand geführt haben** (siehe nur van Gemmeren in MüKo-StGB, 2. Aufl., § 63 Rn. 37 und 45; siehe auch BGH, Beschluss vom 5. Februar 2003 – 2 StR 1/03, NStZ-RR 2003, 168). **Ausnahmsweise** kann jedoch auf eine zweifelsfreie Aufklärung verzichtet werden, wenn mehrere Störungen in Betracht kommen, die aber jeweils die Schuldfähigkeit des Täters sicher beeinträchtigen (vgl. BGH aaO). Allerdings muss der Tatrichter bei einer solchen Konstellation im Rahmen der Gefährlichkeitsprognose jede der die Schuldfähigkeit beeinträchtigenden Ursachen auf ihre Bedeutung für die Beurteilung der zukünftigen Gefährlichkeit des Täters hin gesondert untersuchen.[124]

130 Das Landgericht ist davon ausgegangen, dass der an **einer vaskulären Demenz leidende Angeklagte** bei allen **Taten im Zustand erheblich verminderter Steuerungsfähigkeit** gehandelt hat.

---

[124] BGH, Urteil vom 18.11.2013 – 1 StR 594/13.

Von einer Unterbringung des Angeklagten nach § 63 StGB hat die Strafkammer abgesehen. Nach ihrer Ansicht fehlte es entgegen der Auffassung der Sachverständigen an der erforderlichen Erwartung, der Angeklagte werde infolge seines Zustandes erhebliche rechtswidrige Taten begehen.

Nach deren Einschätzung lägen bei dem Angeklagten ersatzpädophile Handlungen vor, von denen eine geringere Gefährlichkeit ausgehe. Sie stünden aber im Zusammenhang mit der demenziellen Erkrankung des Angeklagten, die ihrerseits progredient verlaufe und die bei ihrem Fortschreiten die Rückfallgefahr erhöhe. Erst ab einem gewissen Schweregrad der Demenz werde dieser Trend wieder gestoppt. Soweit der Angeklagte aber körperlich mobil und personell und örtlich orientiert sei, sei deshalb mit begründeter Wahrscheinlichkeit von der Begehung ähnlicher Straftaten auch in Zukunft auszugehen.

Dieser sachverständigen Einschätzung ist die Strafkammer nicht gefolgt. Das von der Sachverständigen geschilderte statistisch erhöhte Deliquenzrisiko bei Alterspädophilie reiche nicht aus, um die von § 63 StGB geforderte erhöhte Wahrscheinlichkeit erheblicher rechtswidriger Taten zu begründen. Es sei grundsätzlich vielmehr eine Gesamtwürdigung von Tat und Täter anhand konkreter Anhaltspunkte vorzunehmen. Dabei lasse sich bei dem zuvor unauffälligen Angeklagten, der es trotz vielfältiger Kontakte in drei Jahren zu nicht mehr als sechs Missbrauchshandlungen habe kommen lassen, die geforderte erhöhte Wahrscheinlichkeit weiterer erheblicher Straftaten nicht feststellen. Dass der Angeklagte trotz fortschreitender Demenz über längere Zeit keine Straftaten begangen habe, sei ein wichtiges Indiz gegen die erhöhte Wahrscheinlichkeit der Begehung künftiger Straftaten. Hinzu käme, dass sich der geistige Zustand des Angeklagten in den letzten Wochen und Monaten mit Zunahme der Demenz rapide verschlechtert habe und bei der zu erwartenden weiteren Entwicklung abzusehen sei, dass der Angeklagte nicht mehr die erforderliche persönliche und örtliche Orientierung vorweise, die die Sachverständige ihrer Prognose zu Grunde gelegt habe. Dies führe bereits zum jetzigen Zeitpunkt zur Einschätzung der Kammer, dass in naher Zukunft mit der geforderten erhöhten Wahrscheinlichkeit keine weiteren erheblichen Straftaten zu erwarten seien.

Demgegenüber ist die Strafkammer davon ausgegangen, dass die für die Anordnung von Führungsaufsicht erforderliche einfache Wahrscheinlichkeit der Begehung von Straftaten bestehe.

Die wirksam auf den Maßregelausspruch begrenzte Revision der Staatsanwaltschaft bleibt ohne Erfolg. Das Landgericht hat im Ergebnis ohne durchgreifenden Rechtsfehler von der Unterbringung des Angeklagten im psychiatrischen Krankenhaus abgesehen.

Dabei kann dahinstehen, ob die Strafkammer mit ihrer Gefahrenprognose, in naher Zukunft seien angesichts der progredienten Entwicklung der Erkrankung des Angeklagten mit der erforderlichen hohen Wahrscheinlichkeit keine weiteren erheblichen Straftaten zu erwarten, womöglich einen in der Zukunft liegenden und damit nach bisheriger unbestrittener Rechtsprechung unzutreffenden Beurteilungszeitpunkt für die im Rahmen des § 63 StGB anzustellende Prognose gewählt hat. Denn aufgrund der Annahme des Landgerichts, das unter Zugrundelegung der eingeholten gutachterlichen Stellungnahme einerseits und unter Berücksichtigung der fortschreitenden Erkrankung des Angeklagten andererseits nachvollziehbar und ohne Rechtsfehler darlegt, dass die Anordnung von Führungsaufsicht (nach Vollzug der zu verbüßenden Freiheitsstrafe) ausreiche, um den Angeklagten von der Begehung künftiger Straftaten abzuhalten, ist hinreichend dargetan, dass die Unterbringung des Angeklagten im psychiatrischen Krankenhaus zur Bekämpfung der von ihm (noch) ausgehenden Gefahren nicht erforderlich ist. Selbst wenn also davon auszugehen wäre, dass die Voraussetzungen für eine Anordnung nach § 63 StGB derzeit anzunehmen wären, ergibt sich doch aus diesen Erwägungen des Landgerichts zweifelsfrei, dass insoweit der zur Zweckerreichung ebenso geeigneten Führungsaufsicht als weniger beschwerender Maßregel der Vorzug vor einer Unterbringung nach § 63 StGB zu geben ist (§ 72 Abs. 1 Satz 2 StGB).[125]

131 Wird eine Unterbringung gemäß § 63 StGB angeordnet, muss **zweifelsfrei feststehen**, dass der **Unterzubringende** bei der Begehung der Anlasstaten aufgrund eines psychischen Defekts **schuldunfähig** oder **vermindert schuldfähig** war und **die Tatbegehung hierauf beruht**. Daneben muss eine Wahrscheinlichkeit höheren Grades bestehen, der Täter werde infolge seines fortdauernden Zustandes in Zukunft erhebliche rechtswidrige Taten begehen; die zu erwartenden Taten müssen schwere Störungen des Rechtsfriedens besorgen lassen. Die notwendige Prognose ist auf der Grundlage einer umfassenden Würdigung der Persönlichkeit des Täters, seines Vorlebens und der von ihm begangenen Anlasstat(en) zu entwickeln. All dies gilt uneingeschränkt auch dann, wenn die Vollstreckung der Maßregel zur Bewährung ausgesetzt wird; insbesondere sind auch in diesem Fall an die vorausgesetzte Gefährlichkeit des Täters keine geringeren Anforderungen zu stellen. Der Tatrichter muss die die Unterbringung tragenden Umstände in den Urteilsgründen so umfassend darstellen, dass das Revisionsgericht in die Lage versetzt wird, die Entscheidung nachzuvollziehen.[126]

[6] b) Durch die Urteilsgründe werden weder die vom Landgericht angenommene erhebliche Verminderung der Schuldfähigkeit des Beschuldigten bei Tatbegehung noch der notwendige Zusammenhang zwischen der psychischen Erkrankung und der Tat hinreichend belegt.

[7] Die Diagnose einer Psychose aus dem Formenkreis der Schizophrenie führt für sich allein genommen nicht zur Feststellung einer generellen oder zumindest längere Zeiträume überdauernden gesicherten erheblichen Beeinträchtigung der Schuldfähigkeit (st. Rspr.; vgl. BGH, Beschlüsse vom 24. April 2012 – 5 StR 150/12, NStZ-RR 2012, 239; vom 23. August 2012 – 1 StR 389/12, NStZ 2013, 98). Erforderlich ist vielmehr die Feststellung eines akuten Schubs der Erkrankung sowie die konkretisierende Darlegung, in welcher Weise sich die festgestellte psychische Störung bei Begehung der Tat auf die Einsichts- oder Steuerungsfähigkeit ausgewirkt hat (vgl. BGH, Beschluss vom 29. Mai 2012 – 2 StR 139/12, NStZ-RR 2012, 306, 307).

[8] Für seine Annahme, der Zeitraum um die Tat sei „mit hoher Wahrscheinlichkeit mit psychotischen Zuständen zusammengefallen“, benennt das Landgericht lediglich das Gefühl des Beschuldigten, er sei während der Tat „Gabriel der Friedensengel“ gewesen und habe „Angst vor den beiden Mittätern“ gehabt. Mit dieser im Allgemeinen verbleibenden Darlegung ist – auch unter Berücksichtigung des in Einzelheiten ungeklärt gebliebenen, vorangegangenen Konsums von Alkohol und Drogen – nicht genügend belegt, dass sich der Beschuldigte im Zeitpunkt der Tat in einem Zustand gesichert erheblich eingeschränkter Schuldfähigkeit befand. Hinzu kommt,

---

125 BGH, Urteil. v. 23.10.2013 – 2 StR 343/13.

126 BGH, Beschl. v. 29.04.2014 – 3 StR 171/14.

dass nach den Feststellungen die Tat bereits bei einem vorangegangenen gemeinsamen Treffen verabredet worden war, bei dem Anhaltspunkte dafür, dass der Beschuldigte akut psychotisch gewesen wäre, nicht festgestellt sind.

[9] c) Auch eine zukünftige Gefährlichkeit des Beschuldigten ist nicht ausreichend dargetan. Das Landgericht hat – auch insoweit in Übereinstimmung mit dem Sachverständigen – in den Vordergrund seiner Darlegung die Tatsache gestellt, der Beschuldigte sei unter dem Eindruck des letzten, zeitlich nach der Tat gelegenen Aufenthalts in einer psychiatrischen Klinik krankheitseinsichtig, stehe unter dauerhafter Behandlung mit einem Depot-Neuroleptikum, besuche eine Tagesstätte und halte sich häufig in einer Selbsthilfegruppe für schizophrene Erkrankte auf; es könne deshalb derzeit von einer „eher niedrigen Wahrscheinlichkeit" neuer gleichartiger Taten ausgegangen werden; die Prognose verschlechtere sich indes, sobald der Beschuldigte die medikamentöse Behandlung abbreche und sich der fachpsychiatrischen Betreuung entziehe. Die Begründung des Landgerichts für eine vorhandene, die Unterbringung im Grundsatz rechtfertigende Gefährlichkeit des Beschuldigten beschränkt sich auf den Hinweis, dass es bei fehlender Medikation „hinreichend wahrscheinlich" zu Straftaten komme, die der Anlasstat sowie früheren Taten vergleichbar seien.

[10] Somit fehlt die notwendige umfassende Erörterung der Gefährlichkeit unter Einschluss des bisherigen Lebens des Beschuldigten. Seit dem Ausbruch der Erkrankung im Jahr 2003 wurde dieser zu einer Jugendstrafe von einem Jahr verurteilt, die er nach Widerruf der zunächst angeordneten Bewährung ebenso verbüßte wie eine danach verhängte zehnmonatige Freiheitsstrafe. Was den Verurteilungen im Einzelnen zugrunde lag, ist dem Urteil ebenso wenig zu entnehmen, wie Anlass und Auswirkungen einer Aggressionstat innerhalb der Familie im Jahr 2008 und der Grund für eine zwangsweise Unterbringung des Beschuldigten in der Psychiatrie wegen „Fremdgefährdung" im Jahr 2009. Eine genaue Darlegung dieser zum Teil lange zurück liegenden Umstände wäre indes erforderlich gewesen, um die Prognose nachvollziehbar zu machen (vgl. BGH, Beschluss vom 4. Juli 2012 – 4 StR 224/12, NStZ-RR 2012, 337, 338), zumal der Beschuldigte seit seiner Entlassung aus dem Strafvollzug Anfang 2008 nur noch zweimal zu geringen Geldstrafen verurteilt wurde, denen keine Aggressionstaten zugrunde lagen.

[11] Daneben lässt das Urteil eine Auseinandersetzung mit Tatbesonderheiten vermissen, die darin bestehen, dass der Beschuldigte zwar an der Verabredung zu der Tat teilgenommen hatte und das Opfer zu Beginn mit zwei Faustschlägen und einem Fußtritt und gegen Ende mit einem weiteren Schlag misshandelte, sich indes an den nachhaltigen Gewalttätigkeiten und Erniedrigungen, die der Tat das Gepräge einer schweren Gewalttat geben, nicht beteiligte und sogar teilweise vom Tatort abwesend war.

Liegen die **Voraussetzungen sowohl des § 66 StGB (bzw. § 66a StGB) als auch des § 64 StGB vor,** erfordert das Absehen von der (vorbehaltenen) Sicherungsverwahrung im Hinblick auf die Unterbringung nach § 64 StGB ein hohes Maß an prognostischer Sicherheit, dass mit der alleinigen Unterbringung gemäß § 64 StGB die vom Angeklagten ausgehende Gefahr beseitigt werden kann. Unsicherheiten über den Erfolg der milderen Maßnahme müssen dagegen – bei Vorliegen der Voraussetzungen im Übrigen – zur kumulativen Anordnung der Maßregeln führen.[127] **132**

[127] BGH, Urteil vom 16.01.2014 – 4 StR 496/13.

[18] 4. Keinen Bestand hat die Anordnung der Unterbringung des Angeklagten in einer Entziehungsanstalt. Denn die Annahme des Landgerichts, diese habe hinreichende Erfolgsaussichten, entbehrt einer tragfähigen Grundlage.

[19] a) Die Anordnung der Unterbringung in einer Entziehungsanstalt ist an die Voraussetzung geknüpft, dass eine hinreichend konkrete Aussicht besteht, den Süchtigen zu heilen oder doch über eine gewisse Zeitspanne vor dem Rückfall in die akute Sucht zu bewahren (§ 64 Satz 2 StGB; vgl. auch BVerfG, Beschlüsse vom 25. Juli 2008 – 2 BvR 573/08 [juris Rn. 2]; vom 5. Juli 2013 – 2 BvR 708/12 [juris Rn. 28] jeweils mwN). Erforderlich ist deshalb jedenfalls in Fällen, in denen sich dies angesichts der Feststellungen nicht von selbst versteht, die Darlegung im Urteil, dass sich unter Berücksichtigung der Art und des Stadiums seiner Sucht sowie bereits eingetretener physischer und psychischer Veränderungen und Schädigungen (BGH, Beschluss vom 18. Dezember 2012 – 4 StR 453/12) in Persönlichkeit und Lebensumständen des Angeklagten konkret zu benennende Anhaltspunkte dafür finden lassen, dass es innerhalb eines zumindest „erheblichen" Zeitraums nicht (mehr) zu einem Rückfall kommen wird (vgl. BGH, Beschlüsse vom 18. Dezember 2007 – 3 StR 516/07, NStZ-RR 2009, 48; vom 16. September 2008 – 5 StR 378/08; vom 13. Januar 2010 – 2 StR 519/09, NStZ-RR 2010, 141; sowie vom 13. September 2011 – 3 StR 277/11).

[20] b) Die auf dieser Grundlage gebotene Gesamtwürdigung konkret festgestellter Umstände lässt das landgerichtliche Urteil vermissen.

[21] Vielmehr verweist die Strafkammer lediglich darauf, dass eine in früheren Urteilen als möglich angesehene hirnorganische Persönlichkeitsveränderung beim Angeklagten auf von diesem frei erfundenen Angaben beruht habe und mangelnde Therapiebereitschaft nicht mehr zu sehen sei, sondern der Angeklagte gezeigt habe, „dass er an einer Bewältigung seiner Suchtproblematik interessiert und zu der erforderlichen Mitarbeit auch in der Lage" sei (UA S. 25). Unerörtert geblieben sind hingegen der langjährige, teilweise in der Strafhaft fortgesetzte oder unmittelbar anschließend wieder begonnene, bereits mit einer „süchtigen Abhängigkeit" (UA S. 24) verbundene Alkohol- und Drogenkonsum des Angeklagten, ferner der Umstand, dass er bereits mehrere Substitutions- und Therapieangebote erfolglos durchlaufen, abgelehnt oder nach wenigen Tagen abgebrochen hat. Im Hinblick auf dieses frühere Verhalten des Angeklagten wäre es für die Annahme eines die Behandlung im Maßregelvollzug erheblich überdauernden Therapieerfolgs zudem geboten gewesen, sich mit der Ernsthaftigkeit und dem Grad der Therapiewilligkeit des Angeklagten auseinanderzusetzen.

[22] c) Der Senat schließt angesichts der vom Landgericht angeführten Strafzumessungserwägungen aus, dass dieses in den Fällen II.2. und II.3. der Urteilsgründe ohne die angeordnete Unterbringung des Angeklagten gemäß § 64 StGB geringere Einzelstrafen verhängt hätte. Diese können daher Bestand haben.

[23] Ergänzend weist der Senat den neu zur Entscheidung berufenen Tatrichter darauf hin, dass es an den Erfolgsaussichten fehlt, wenn eine erfolgreiche Therapie länger als zwei Jahren andauern müsste (vgl. Senat, Beschluss vom 17. Juli 2012 – 4 StR 223/12 mwN; zum Einfluss einer Persönlichkeitsstörung auf die Erfolgsaussichten einer Therapie: Senat, Beschluss vom 25. Oktober 2011 – 4 StR 455/11 [juris Rn. 12]).

[24] Die Revision der Staatsanwaltschaft hat Erfolg. Dies – aus den oben dargelegten Gründen – nicht nur zu Gunsten des Angeklagten (§ 301 StPO), soweit dessen Unterbringung in einer Entziehungsanstalt angeordnet wurde, sondern – insofern in

vollem Umfang – auch zum Nachteil des Angeklagten. Denn die Erwägungen, mit denen die Strafkammer von der Unterbringung des Angeklagten in der Sicherungsverwahrung abgesehen hat, halten der Überprüfung nicht stand.

[25] 1. Das Rechtsmittel der Staatsanwaltschaft ist – entgegen der Ansicht des Generalbundesanwalts – nicht auf die Nicht-Anordnung der Sicherungsverwahrung beschränkt. Es richtet sich vielmehr ausdrücklich gegen den gesamten Rechtsfolgenausspruch, wodurch der aus § 72 StGB herzuleitenden Verknüpfung der Maßregeln nach § 64 und § 66 bzw. § 66a StGB Rechnung getragen wird, die nicht losgelöst voneinander geprüft und beurteilt werden können (vgl. etwa BGH, Urteil vom 14. Mai 2013 – 1 StR 573/12, sowie unten 4.).

[26] 2. Soweit das Landgericht bereits wegen des Vorrangs der Maßregel des § 64 StGB und der daraus von ihm hergeleiteten Unverhältnismäßigkeit der den Angeklagten ungleich schwerer belastenden Sicherungsverwahrung von deren Anordnung abgesehen hat (UA S. 27), hat schon die Aufhebung der Anordnung der Unterbringung des Angeklagten in einer Entziehungsanstalt zur Folge, dass die Nicht-Anordnung der Unterbringung in der Sicherungsverwahrung keinen Bestand haben kann.

[27] a) Erweist sich die Ablehnung einer Maßregelanordnung nach § 64 StGB als rechtsfehlerhaft, so ist damit zugleich einer angeordneten Unterbringung des Angeklagten in der Sicherungsverwahrung die Grundlage entzogen (§ 72 Abs. 1 StGB; vgl. BGH, Beschluss vom 20. Dezember 2011 – 3 StR 374/11, NStZ-RR 2012, 106, 107). Nichts anderes gilt im umgekehrten Fall, wenn also das Landgericht – wie hier – von der Anordnung der Sicherungsverwahrung abgesehen hat, weil es rechtsfehlerhaft davon ausgegangen ist, dass der vom Angeklagten ausgehenden Gefahr schon durch die Anordnung einer Maßnahme nach § 64 StGB und eine erfolgreiche Therapie begegnet werden kann.

b) Unterbringung in einer Entziehungsanstalt – § 64 StGB

Nach § 64 Satz 2 StGB ergeht die Anordnung der Unterbringung in einer Entziehungsanstalt nur, wenn die Voraussetzungen von § 64 Satz 1 StGB erfüllt sind und eine **hinreichend konkrete Aussicht** besteht, **den Täter durch die Behandlung zu heilen oder über eine erhebliche Zeit vor einem Rückfall in den Hang zu bewahren** und vor der Begehung erheblicher rechtswidriger Taten abzuhalten, die auf seinen Hang zurückgehen. Damit das Revisionsgericht in die Lage versetzt wird zu prüfen, ob eine Erfolgsaussicht in dem vom Gesetzgeber geforderten Ausmaß besteht, bedarf es insoweit der hinreichenden Darlegung konkreter Umstände für einen die Behandlung im Maßregelvollzug überdauernden Therapieerfolg gehört.[128] **133**

[3] Jedoch hält der Maßregelausspruch rechtlicher Nachprüfung nicht stand.

[4] 1. Nach den Feststellungen konsumierte der mehrfach, u.a. wegen Eigentumsdelikten und Verstößen gegen das BtMG vorbestrafte Angeklagte zunächst zwischen 1990 und 2004 regelmäßig Heroin und Kokain. In diesem Zeitraum absolvierte er mehrere Entgiftungen; es gelang ihm jedoch erst nach einer Drogentherapie im Jahr 2004, den Konsum „harter" Drogen einzustellen. Nachdem 2011 die lang an-

[128] BGH, Beschl. v. 4.11.2014 – 4 StR 467/14; vgl. hierzu auch Beschluss vom 21.01.2014 – 2 StR 650/13.

dauernde Beziehung des Angeklagten zu seiner Lebensgefährtin zerbrochen war, begann er erneut mit dem Konsum von Betäubungsmitteln; seine tägliche Konsummenge betrug drei bis vier Gramm Cannabis und ein bis vier Gramm Amphetamin. Zuletzt wurde der Angeklagte am 30. Oktober 2012 wegen unerlaubten Besitzes von Betäubungsmitteln in nicht geringer Menge zu einer Freiheitsstrafe von einem Jahr und neun Monaten mit Strafaussetzung zur Bewährung verurteilt.

[5] Vor dem Hintergrund dieser Feststellungen hat das sachverständig beratene Landgericht ausgeführt, beim Angeklagten bestehe ein Hang, im Übermaß Betäubungsmittel zu sich zu nehmen. Die hier abgeurteilte Tat gehe auf diesen Hang zurück, da sie auch der Beschaffung von Betäubungsmitteln zum Eigenkonsum gedient habe. Bei einer prognostizierten Therapiedauer von „eineinhalb bis zwei Jahren" und der bereits durch spätere Anrechnung verbüßten Untersuchungshaft ergebe sich gemäß § 67 Abs. 2 StGB eine Dauer des Vorwegvollzugs von einem Jahr und sechs Monaten.

[6] 2. Mit dieser Begründung kann der Maßregelausspruch nicht bestehen bleiben.

[7] a) Nach § 64 Satz 2 StGB ergeht die Anordnung der Unterbringung in einer Entziehungsanstalt nur, wenn die Voraussetzungen von § 64 Satz 1 StGB erfüllt sind und eine hinreichend konkrete Aussicht besteht, den Täter durch die Behandlung zu heilen oder über eine erhebliche Zeit vor einem Rückfall in den Hang zu bewahren und vor der Begehung erheblicher rechtswidriger Taten abzuhalten, die auf seinen Hang zurückgehen (st. Rspr.; vgl. nur BGH, Beschluss vom 13. Januar 2010 – 2 StR 519/09, NStZ-RR 2010, 141). Damit das Revisionsgericht in die Lage versetzt wird zu prüfen, ob eine Erfolgsaussicht in dem vom Gesetzgeber geforderten Ausmaß besteht, bedarf es insoweit der hinreichenden Darlegung konkreter Umstände für einen die Behandlung im Maßregelvollzug überdauernden Therapieerfolg (BGH aaO; vgl. auch BGH, Beschluss vom 16. September 2008 – 5 StR 378/08; SSW-StGB/Schöch, 2. Aufl., § 64 Rn. 51). Daran fehlt es hier.

[8] b) Zwar lassen die – allerdings sehr knappen – Urteilsausführungen noch hinreichend erkennen, dass sich das Landgericht auf der Grundlage der Stellungnahme des medizinischen Sachverständigen und mit Blick auf die Vorstrafen vom Vorliegen der Voraussetzungen der Unterbringungsanordnung nach § 64 Satz 1 StGB – einschließlich der Gefahrprognose – überzeugt hat. Zu den Erfolgsaussichten im Sinne von § 64 Satz 2 StGB verhalten sich die Urteilsgründe indes nicht, auch nicht zu der diesbezüglichen Einschätzung des Sachverständigen (§ 246a Abs. 1 Satz 1 StPO). Insoweit wird lediglich mitgeteilt, dass der Sachverständige eine Therapiedauer von „eineinhalb bis zwei Jahren" prognostiziert hat. Dies genügt den Anforderungen an die Darlegung hinreichend konkreter Erfolgsaussichten und deren eigenständige Beurteilung durch die Strafkammer nicht, auch nicht unter Berücksichtigung des Gesamtzusammenhangs der Urteilsgründe. Dies gilt umso mehr, als der Angeklagte nach den Feststellungen in der Vergangenheit bereits mehrere Entgiftungen und eine mehrmonatige Drogentherapie absolviert hat.

134 Eine Unterbringung kann nur noch angeordnet werden, wenn eine **„hinreichend konkrete Aussicht" auf einen Behandlungserfolg** besteht. Die Feststellung, die Behandlung im Maßregelvollzug sei „nicht von vornherein aussichtslos", ist für die Anordnung einer Unterbringung nicht ausreichend.[129]

[129] BGH, Beschluss vom 30.09.2014 – 3 StR 261/14.

[1] Das Landgericht hat den Angeklagten K. wegen versuchter besonders schwerer räuberischer Erpressung zu einer Freiheitsstrafe von zwei Jahren und drei Monaten, den Angeklagten M. unter Freisprechung im Übrigen wegen versuchter besonders schwerer räuberischer Erpressung sowie wegen Körperverletzung zu einer Gesamtfreiheitsstrafe von drei Jahren und sechs Monaten verurteilt. Darüber hinaus hat es die Unterbringung der Angeklagten in einer Entziehungsanstalt (§ 64 StGB) angeordnet. Die Revision des Angeklagten K. wendet sich mit sachlichrechtlichen Angriffen gegen das Urteil, die Revision des Angeklagten M. ist auf die Verurteilung wegen Körperverletzung und den Rechtsfolgenausspruch beschränkt. Beide Rechtsmittel haben den aus der Entscheidungsformel ersichtlichen Teilerfolg. Im Übrigen sind sie unbegründet.

[2] 1. Während die Schuld- und Strafaussprüche keinen durchgreifenden Rechtsfehler enthalten, kann der Maßregelausspruch nicht bestehen bleiben. Bei beiden Angeklagten führt die Strafkammer aus, die Behandlung im Maßregelvollzug sei „nicht von vornherein aussichtslos" (UA S. 66 und 67). Dies ist seit der Entscheidung des Bundesverfassungsgerichts vom 16. März 1994 (BVerfGE 91, 1) nicht mehr der rechtlich zulässige Maßstab. Vielmehr kann seither, was der Gesetzgeber durch die Änderung von § 64 StGB durch das Gesetz zur Sicherung der Unterbringung in einem psychiatrischen Krankenhaus und in einer Entziehungsanstalt vom 16. Juli 2007 (BGBI. I 1327) mit Wirkung vom 20. Juli 2007 nachvollzogen hat, eine Unterbringung nur noch angeordnet werden, wenn eine „hinreichend konkrete Aussicht" auf einen Behandlungserfolg besteht. Der Senat kann auch dem Gesamtzusammenhang der Entscheidungsgründe nicht entnehmen, dass sich das Landgericht dieses an die Unterbringungsentscheidung höhere Anforderungen stellenden Maßstabs bewusst gewesen ist oder unabhängig davon diese Voraussetzung festgestellt hat. Über die Anordnung der Maßregel muss daher erneut entschieden werden.

[3] 2. Das Urteil gibt zudem Anlass darauf hinzuweisen, dass die Feststellungen zur Schuldfähigkeit der Angeklagten nicht frei von Rechtsbedenken sind. Danach war die Fähigkeit beider Angeklagter, „das Unrecht ihrer Tat einzusehen oder nach dieser Einsicht zu handeln, ... zum Zeitpunkt der Tat erheblich vermindert". Nimmt der Tatrichter eine erheblich verminderte Einsichtsfähigkeit des Täters an, so muss er darüber befinden, ob diese sodann zum Fehlen der Unrechtseinsicht geführt oder ob der Täter gleichwohl das Unrecht der Tat eingesehen hat (st. Rspr.; BGH, Urteile vom 13. November 1990 – 1 StR 514/90, BGHR StGB § 20 Einsichtsfähigkeit 3; vom 25. Januar 1995 – 3 StR 535/94, BGHR StGB § 21 Einsichtsfähigkeit 6; Beschluss vom 5. August 2014 – 3 StR 271/14, juris Rn. 7). Hat ihm die Einsicht gefehlt, so ist weiter zu prüfen, ob ihm dies zum Vorwurf gemacht werden kann. Ist ihm das Fehlen nicht vorwerfbar, so ist auch bei nur verminderter Einsichtsfähigkeit nicht § 21 StGB, sondern § 20 StGB anwendbar. Nur wenn dem Täter die Einsicht gefehlt hat, dies ihm aber zum Vorwurf gemacht werden kann, lägen die Voraussetzungen des § 21 StGB in den Fällen verminderter Einsichtsfähigkeit vor. Hat dagegen der Angeklagte ungeachtet seiner erheblich verminderten Einsichtsfähigkeit das Unrecht seines Tuns zum Tatzeitpunkt tatsächlich eingesehen, so ist seine Schuld nicht gemindert und § 21 StGB im Hinblick auf die verminderte Einsichtsfähigkeit nicht anwendbar. Der Senat kann aber dem Urteil, das unter Rückgriff auf psychodiagnostische Beweisanzeichen rechtsfehlerfrei die Annahme von Schuldunfähigkeit ausgeschlossen hat, entnehmen, dass die Strafkammer letztlich bei beiden Angeklagten von erhaltenen gebliebener Einsichtsfähigkeit ausgegangen ist.

135 An die **Feststellung der Erfolgsaussicht** im Sinne des § 64 Satz 2 StGB dürfen keine überspannten Maßstäbe angelegt werden, wenn neben der Unterbringung in der Entziehungsanstalt auch diejenige in der Sicherungsverwahrung in Frage steht. Sofern nämlich der Hang zur Begehung erheblicher Straftaten (§ 66 Abs. 1 Satz 1 Nr. 4 StGB) vom Hang des Täters zum übermäßigen Konsum von berauschenden Mitteln im Sinne von § 64 Satz 1 StGB verursacht ist – was die Verhängung der Sicherungsverwahrung nicht in Frage stellt –, bietet die erfolgreiche Suchttherapie die einzige Möglichkeit für den Angeklagten, die Vollstreckung der Sicherungsverwahrung zu vermeiden.[130]

Die Anordnung der Unterbringung des Angeklagten in der Entziehungsanstalt (§ 64 StGB) und in der Sicherungsverwahrung (§ 66 StGB) unter Voranstellung der Entziehungsanstalt (§ 72 Abs. 3 Satz 1 StGB) und Vorwegvollstreckung von drei Jahren der zehnjährigen Gesamtfreiheitsstrafe (§ 67 Abs. 2 Satz 2 und 3 StGB) begegnet keinen rechtlichen Bedenken. Näherer Erörterung bedarf nur die Annahme der hinreichend konkreten Erfolgsaussicht im Sinne von § 64 Satz 2 StGB.

Der Sachverständige hat angesichts der ausgeprägten Dissozialität des Angeklagten eine Therapiedauer von zwei Jahren und neun Monaten für voraussichtlich notwendig erachtet. Er hat weiterhin ausgeführt, dass es im Strafvollzug im Rahmen von Gruppen- oder Sozialtherapien Möglichkeiten gebe, eine Therapie nach § 64 StGB vorzubereiten. Hierauf könne sodann im Maßregelvollzug aufgebaut werden, was die Behandlungszeit verkürzen könne. Das Landgericht hat mangels Kenntnis vom Betreuungsangebot in der für den Angeklagten zuständigen Justizvollzugsanstalt nicht mit Bestimmtheit vorhersagen können, dass sich die Behandlungsdauer auf zwei Jahre verkürzen könnte. Es hat trotzdem, ungeachtet der möglicherweise über zwei Jahre hinaus andauernden Behandlungszeit, die hinreichend konkrete Erfolgsaussicht bejaht.

Dies ist in der hier gegebenen, besonderen Fallkonstellation nicht zu beanstanden. Hierzu im Einzelnen:

a) Im Grundsatz besteht die von § 64 Satz 2 StGB geforderte hinreichend konkrete Erfolgsaussicht nicht, wenn die voraussichtlich notwendige Dauer der Behandlung die Höchstfrist des § 67d Abs. 1 Satz 1 StGB (zwei Jahre) überschreitet (BGH, Beschlüsse vom 17. April 2012 – 3 StR 65/12, NJW 2012, 2292; vom 17. Juli 2012 – 4 StR 223/12, juris Rn. 6, sowie vom 8. August 2012 – 2 StR 279/12, NStZ-RR 2013, 7; Urteil vom 27. März 2013 – 2 StR 384/12, StV 2013, 698). Dabei kommt es auf die geschlossene Unterbringung in der Maßregeleinrichtung an. Notwendige ambulant durchzuführende Nachsorgemaßnahmen zählen nicht zu diesem Zeitrahmen (vgl. BGH, Urteil vom 20. Dezember 2012 – 3 StR 377/12, StV 2013, 698 (nur LS)). Nichts anderes gilt für Gruppen- oder sozialtherapeutische Maßnahmen, die die eigentliche Entwöhnungsbehandlung vorbereiten.

b) An die Feststellung der Erfolgsaussicht im Sinne des § 64 Satz 2 StGB dürfen keine überspannten Maßstäbe angelegt werden, wenn – wie hier – neben der Unterbringung in der Entziehungsanstalt auch diejenige in der Sicherungsverwahrung in Frage steht (vgl. BGH, Beschluss vom 6. Dezember 2007 – 3 StR 355/07, StV 2008, 300). Sofern nämlich der Hang zur Begehung erheblicher Straftaten (§ 66 Abs. 1 Satz 1 Nr. 4 StGB) vom Hang des Täters zum übermäßigen Konsum von berau-

---

[130] BGH, Beschluss vom 25.03.2014 – 3 StR 11/14.

schenden Mitteln im Sinne von § 64 Satz 1 StGB verursacht ist – was die Verhängung der Sicherungsverwahrung nicht in Frage stellt (vgl. BGH, Urteile vom 11. März 2010 – 3 StR 538/09, NStZ-RR 2011, 5, 6 und vom 8. Juli 2010 – 4 StR 210/10, juris Rn. 15) –, bietet die erfolgreiche Suchttherapie die einzige Möglichkeit für den Angeklagten, die Vollstreckung der Sicherungsverwahrung zu vermeiden.

c) Hinzu kommt, dass durch die Regelung des Gesetzes zur bundesrechtlichen Umsetzung des Abstandsgebotes im Recht der Sicherungsverwahrung vom 5. Dezember 2012 (BGBl I, 2425) derjenige Angeklagte, gegen den Sicherungsverwahrung angeordnet worden ist, nunmehr einen Anspruch darauf hat, dass ihm bereits im Vollzug der vorangehenden Freiheitsstrafe eine intensive, in § 66c Abs. 1 Nr. 1 StGB näher beschriebene Betreuung, insbesondere eine sozialtherapeutische Behandlung angeboten wird (§ 66c Abs. 2 StGB).

Die **Nachholung der Unterbringungsanordnung** ist **nicht** deshalb **ausgeschlossen,** **136**
weil **allein der Angeklagte Revision eingelegt hat** (§ 358 Abs. 2 Satz 3 StPO). Der Umstand, dass die Nichtanordnung der Unterbringung in einer Entziehungsanstalt den Angeklagten nicht beschwert, hindert das Revisionsgericht nicht, auf eine zulässig erhobene – und die Nichtanwendung des § 64 StGB nicht ausdrücklich vom Angriff ausnehmende Revision des Angeklagten das Urteil insoweit aufzuheben, wenn eine Prüfung der Maßregel unterblieben ist, obwohl die tatrichterlichen Feststellungen dazu Anlass gegeben haben.[131]

Bei den **freiheitsentziehenden Maßregeln der Besserung und Sicherung** gilt das Sub- **137**
sidiaritätsprinzip nur für die Frage der Aussetzung der Vollstreckung, nicht aber für die Frage ihrer Anordnung.[132]

[3] 2. Das Urteil hat indes keinen Bestand, soweit das Landgericht von der Anordnung der Unterbringung des Angeklagten in einer Entziehungsanstalt abgesehen hat.

[4] a) Nach den Feststellungen trinkt der erheblich vorbestrafte Angeklagte seit dem 15. Lebensjahr regelmäßig Alkohol. Er führte eine erste Alkoholentgiftung im Jahr 1990/91 mit anschließender Entwöhnungstherapie für vier Monate durch, eine zweite folgte im Jahr 2006 mit anschließender Langzeittherapie, wobei der Angeklagte nach drei Monaten erneut rückfällig wurde. Eine dritte Entgiftung fand im Jahr 2007 statt. Im Jahr 2011 setzte der Angeklagte ihm verschriebene Antidepressiva ab, wodurch es zu einem erneuten Rückfall kam. Am Tattag, dem 4. April 2013, begann der zu dieser Zeit obdachlose Angeklagte, nach längerer Zeit der Abstinenz wieder zu trinken. Im weiteren Verlauf kam es zu dem abgeurteilten Tatgeschehen, bei dem der Angeklagte eine maximale Blutalkoholkonzentration von 2,25 ‰ aufwies. Vom 15. April bis zum 8. Mai 2013 hielt sich der Angeklagte freiwillig in der Psychiatrie in Rotenburg auf. Im Anschluss fand er eine Wohnung und besuchte ambulant aus eigenem Antrieb u.a. eine Gruppe der anonymen Alkoholiker. Am 15. oder 16. Mai 2013 wurde der Angeklagte wieder rückfällig. Es folgte eine Entgiftung im Heidekreisklinikum Walsrode. Vom 17. bis 29. Juli 2013 befand sich der Angeklagte zum „qualifizierten Entzug“ auf einer „Extra-Station“ der Psychiatrie in Rotenburg. Seit dieser Zeit konsumierte der Angeklagte keinen Alkohol mehr.

---

131 BGH, Beschluss vom 5.03.2014 – 3 StR 12/14.

132 BGH, Beschluss vom 8.07.2014 – 3 StR 287/14.

[5] Das Landgericht hat den Hang des Angeklagten, Alkohol im Übermaß zu sich zu nehmen, ebenso bejaht wie den symptomatischen Zusammenhang zwischen dem Hang und der abgeurteilten Straftat. Es hat jedoch aus Gründen der Verhältnismäßigkeit von der Anordnung der Unterbringung des Angeklagten abgesehen. Eine Maßnahme sei dann nicht erforderlich, wenn mildere Mittel zur Verfügung ständen. Hier sei das mildere Mittel letztlich dasjenige, „was der Angeklagte bereits seit Jahren für sich bemühe und aus eigenem Antrieb heraus umsetze". Denn er habe schon regelmäßig Entgiftungen und Langzeittherapien durchgeführt. Darüber hinaus zeige sich, dass dieses Verhalten Früchte trage. Die Sachverständige habe insoweit überzeugend ausgeführt, dass eine weitere Verbesserung der Prognose, den Angeklagten vor einem erneuten Rückfall zu bewahren, durch die Anordnung der Maßregel nicht zu erwarten sei.

[6] b) Diese Begründung der Strafkammer zur Nichtanordnung der Unterbringung des Angeklagten in einer Entziehungsanstalt begegnet durchgreifenden rechtlichen Bedenken.

[7] Die Ausführungen zur Unverhältnismäßigkeit der Unterbringung des Angeklagten sind nicht tragfähig. Soweit die Strafkammer die Auffassung vertritt, es beständen gegenüber der Unterbringung in einer Entziehungsanstalt mildere Mittel, verkennt sie, dass im Falle der Gefährlichkeit des Täters für die Allgemeinheit die Notwendigkeit einer Unterbringungsanordnung grundsätzlich nicht durch minder einschneidende Mittel außerhalb des Bereichs der strafrechtlichen Maßregeln aufgehoben wird, weil bei den freiheitsentziehenden Maßregeln der Besserung und Sicherung das Subsidiaritätsprinzip nur für die Frage der Aussetzung der Vollstreckung, nicht aber für die Frage ihrer Anordnung gilt (vgl. BGH, Urteile vom 23. Februar 2000 – 3 StR 595/99, NStZ-RR 2000, 300, 301; vom 14. Februar 2001 – 3 StR 455/00, juris Rn. 8; vom 23. Juni 1993 – 3 StR 260/93, BGHR StGB § 63 Beweiswürdigung 1; vgl. zum Grundsatz der Verhältnismäßigkeit im Rahmen der Prüfung des § 64 StGB auch BGH, Beschluss vom 20. Juli 2010 – 4 StR 291/10, NStZ 2010, 692, 693).

[8] c) Die Entscheidung des Landgerichts erweist sich entgegen der Auffassung des Generalbundesanwalts auch nicht deshalb im Ergebnis als rechts-fehlerfrei, weil die Feststellungen keinen Hang des Angeklagten im Sinne des § 64 Satz 1 StGB belegen. Zwar ergibt sich aus diesen, dass der Angeklagte seit Sommer 2013 keinen Alkohol mehr trank. Jedoch steht eine kurzfristige Abstinenz der Feststellung eines Hangs nicht entgegen (BGH, Beschluss vom 11. Februar 2009 – 5 StR 13/09, NStZ-RR 2009, 184). Sie lässt gerade in Fällen wie dem vorliegenden, die durch eine über viele Jahre hinweg erworbene, tief verwurzelte Neigung, Alkohol im Übermaß zu sich zu nehmen, sowie eine hohe Blutalkoholkonzentration des Täters zur Tatzeit gekennzeichnet sind, nicht ohne weiteres den Schluss zu, dass ein Hang nicht mehr besteht.

[9] d) Dass die Unterbringung als nicht erforderlich anzusehen wäre, weil von dem Angeklagten keine Gefahr weiterer erheblicher rechtswidriger Taten ausgeht, lässt sich den Urteilsgründen nicht entnehmen. Diese verhalten sich zu der Gefahrenprognose nicht. Entsprechendes gilt für die Frage der Erfolgsaussichten einer Behandlung des Angeklagten im Wege des Maßregelvollzuges. Diese hat das Landgericht nur in ihrer relativen Beziehung zu außerstrafrechtlichen Maßnahmen erörtert.

[10] e) Über die Frage der Unterbringung des Angeklagten in einer Entziehungsanstalt muss deshalb neu verhandelt und entschieden werden. Dass nur der Ange-

klagte Revision eingelegt hat, hindert die Nachholung der Unterbringungsanordnung nicht (BGH, Beschluss vom 11. Juli 2013 – 3 StR 193/13, juris Rn. 6; Urteil vom 10. April 1990 – 1 StR 9/90, BGHSt 37, 5, 9 f.). Der Beschwerdeführer hat die Nichtanwendung des § 64 StGB durch den Tatrichter auch nicht vom Rechtsmittelangriff ausgenommen (vgl. BGH, Urteil vom 7. Oktober 1992 – 2 StR 374/92, BGHSt 38, 362, 363).

Beantwortet ein Tatgericht eine Frage, für deren Beantwortung es sachverständige Hilfe in Anspruch nehmen musste, **im Widerspruch zu dem Gutachten,** muss es die Gründe hierfür in einer Weise darlegen, die dem Revisionsgericht die Nachprüfung erlaubt, ob es das Gutachten zutreffend gewürdigt und aus ihm rechtlich zulässige Schlüsse gezogen hat. Hierzu bedarf es einer erschöpfenden Auseinandersetzung mit den Darlegungen des Sachverständigen, insbesondere zu den Gesichtspunkten, auf welche das Gericht seine abweichende Auffassung stützt.[133] **138**

[4] 2. Während die Unterbringung des Angeklagten in einem psychiatrischen Krankenhaus (§ 63 StGB) keinen Rechtsfehler aufweist, kann die Unterbringung in einer Entziehungsanstalt (§ 64 StGB) nicht bestehen bleiben. Das Landgericht war entgegen der Auffassung des gehörten Sachverständigen der Auffassung, beim Angeklagten sei die zur Anordnung der Maßregel erforderliche hinreichende Erfolgsaussicht im Sinne von § 64 Satz 2 StGBgegeben. Zwar ist ein Gericht nicht gehindert, von dem Gutachten eines vernommenen Sachverständigen abzuweichen, da dieses stets nur Grundlage der richterlichen Überzeugungsbildung sein kann; insbesondere kann ihm das erstattete Gutachten die erforderliche Sachkunde verschafft haben, um die zu klärende Beweisfrage eigenständig und auch im Gegensatz zum Sachverständigen zu beantworten. Will es jedoch eine Frage, für deren Beantwortung es sachverständige Hilfe in Anspruch nehmen musste, im Widerspruch zu dem Gutachten beantworten, muss es die Gründe hierfür in einer Weise darlegen, die dem Revisionsgericht die Nachprüfung erlaubt, ob es das Gutachten zutreffend gewürdigt und aus ihm rechtlich zulässige Schlüsse gezogen hat. Hierzu bedarf es einer erschöpfenden Auseinandersetzung mit den Darlegungen des Sachverständigen, insbesondere zu den Gesichtspunkten, auf welche das Gericht seine abweichende Auffassung stützt (st. Rspr.; vgl. BGH, Beschluss vom 13. September 2001 – 3 StR 333/01, NStZ-RR 2002, 259 bei Becker; Urteil vom 10. Dezember 2009 – 4 StR 435/09, NStZ-RR 2010, 105, 106 jeweils mwN). Dies lässt die angefochtene Entscheidung vermissen. Das Landgericht referiert zwar den gehörten Sachverständigen dahingehend, dass eine Alkohol- und Drogenentwöhnungstherapie solange keinen Sinn mache, wie der Angeklagte nicht hinsichtlich seiner schizophrenen Erkrankung einsichtig und therapiewillig sei. Die eigene Auffassung rechtfertigt es im Anschluss daran allein mit der Überlegung, der Angeklagte sei hinsichtlich einer Unterbringung in der Entziehungsanstalt therapiewillig und habe bislang eine solche Therapie noch nicht absolviert. Dies reicht vorliegend nicht aus, um das Abweichen von der Einschätzung des Sachverständigen über die hinreichende Erfolgsaussicht zu rechtfertigen. Die Strafkammer hat zudem außer Betracht gelassen, dass das Suchtproblem des Angeklagten auch im Rahmen der Unterbringung im psychiatrischen Krankenhaus behandelt werden kann und zudem im Verlauf der Maßregel – nachdem

133 BGH, Beschluss vom 21.08.2014 – 3 StR 341/14.

eine Therapie der Psychose begonnen worden ist – die Möglichkeit besteht, den Angeklagten in den Vollzug der Maßregel nach § 64 StGB zu überweisen (vgl. § 67a StGB).

[5] Über die Anordnung einer Maßregel nach § 64 StGB muss deshalb erneut entschieden werden.

139 Eine **rechtlich erhebliche Einschränkung der Steuerungsfähigkeit** ist bei einem Rauschgiftsüchtigen nur ausnahmsweise gegeben, etwa wenn langjähriger Betäubungsmittelmissbrauch zu schwersten Persönlichkeitsänderungen geführt hat, der Täter unter starken Entzugserscheinungen leidet und durch sie dazu getrieben wird, sich mittels einer Straftat Drogen zu verschaffen, oder unter Umständen, wenn er die Tat im Zustand eines akuten Rauschs verübt. In Ausnahmefällen kann auch die Angst vor unmittelbar bevorstehenden Entzugserscheinungen, die der Angeklagte schon einmal als äußerst unangenehm („intensivst" oder „grausamst") erlitten hat, zu einer erheblichen Beeinträchtigung der Steuerungsfähigkeit führen. Nur wenn solche besonderen Umstände vorliegen, drängt sich die Erörterung der Voraussetzungen von § 21 StGB auf, so dass ein Erörterungsmangel vorliegen kann, wenn solche Erwägungen unterbleiben.[134]

140 Hat ein Täter den **Hang, berauschende Mittel im Übermaß zu sich zu nehmen,** und wird er **wegen einer auf den Hang zurückzuführenden rechtswidrigen Tat verurteilt,** soll nach § 64 StGB das Gericht eine **Unterbringung in einer Entziehungsanstalt anordnen,** wenn die Gefahr besteht, dass er **auch in Zukunft infolge seines Hanges erhebliche rechtswidrige Taten begehen wird.** Ob von einer Anordnung der Unterbringung in einer Entziehungsanstalt zu Recht abgesehen worden ist, kann vom Revisionsgericht auf die Sachrüge hin überprüft werden, auch wenn nur der Angeklagte Revision eingelegt und die Nichtanwendung des § 64 StGB nicht vom Revisionsangriff ausgenommen hat. Anlass hierfür besteht allerdings nur dann, wenn es nach den Urteilsfeststellungen nahe liegt, dass die Voraussetzungen für eine Unterbringungsanordnung gegeben sind.[135]

[3] Dies ist hier der Fall. Nach den Feststellungen begann der Angeklagte „im Alter von 16 Jahren, Alkohol zu konsumieren ...; mit 26 Jahren ... fing er ... ‚richtig' mit dem Trinken an". Bereits morgens nahm er Whiskey, Wodka, Wein oder Bier zu sich und litt infolgedessen „diverse Male unter körperlichen Symptomen wie Herzrasen und Schweißausbruch". Vornehmlich abends rauchte er mehrere „Joints" (UA S. 9). Da die von ihm bezogenen Hartz-IV-Leistungen nicht ausreichten, um seinen täglichen Drogen- und Alkoholkonsum zu finanzieren, beging er im Zustand erheblich verminderter Steuerungsfähigkeit das abgeurteilte Betäubungsmitteldelikt (UA S. 13). In den ersten Tagen seiner Inhaftierung in dieser Sache hatte er „Entzugssymptome wie zittrige Hände und Muskelkrämpfe, die medikamentös behandelt werden mussten". Da er sich bereit erklärt hat, „seine Drogen- und Alkoholproblematik anzugehen", hat die Strafkammer ihm die Bewährungsweisung erteilt, eine Drogentherapie zu absolvieren (UA S. 37).

---

134 BGH, Beschluss vom 20.05.2014 – 1 StR 90/14.

135 BGH, Urteil vom 7.05.2014 – 5 StR 133/14; siehe hierzu auch Beschluss vom 27.05.2014 – 3 StR 67/14.

[4] Die Frage der Unterbringung des Angeklagten in einer Entziehungsanstalt bedarf daher unter Hinzuziehung eines Sachverständigen (§ 246a StPO) der Prüfung und Entscheidung durch ein neues Tatgericht. Die überaus milde Strafe kann bestehen bleiben.

Im Hinblick auf die Nichtanordnung der Unterbringung nach § 64 StGB hätte die Strafkammer erörtern müssen, ob der Angeklagte gemäß § 64 StGB in einer Entziehungsanstalt unterzubringen war, da die getroffenen Feststellungen den für eine Unterbringung erforderlichen **Hang**, also eine chronische, auf körperlicher Sucht beruhende Abhängigkeit oder zumindest eine eingewurzelte, auf psychischer Disposition beruhende und durch Übung erworbene intensive Neigung **nahe legen**, immer wieder (vorwiegend) Alkohol im Übermaß zu sich zu nehmen.[136] **141**

[5] a) Nach den Feststellungen kam der Angeklagte schon im Alter von zwölf Jahren erstmals mit Alkohol und Drogen in Kontakt. Vor allem der Alkoholkonsum steigerte sich ab dem dreizehnten Lebensjahr kontinuierlich. Ab dem sechzehnten Lebensjahr war auch der tägliche Konsum von Marihuana für den Angeklagten normal. Zwar konnte er trotz des damit einhergehenden Abfalls seiner schulischen Leistungen noch eine Lehre abschließen, es kam aber zu häufigen Fehlzeiten auf Grund massiven Alkoholkonsums und letztlich zum Verlust des Arbeitsplatzes. Bis zu seiner Selbsteinweisung in eine Therapieeinrichtung im Juni 2012 trank der Angeklagte täglich bis zu 1,5 Liter hochprozentigen Alkohol. Auch am Nachmittag vor der Tat trank der Angeklagte bei einem Freund mehrere Gläser Wodka und dann in einer Bar weitere vier Gläser Whisky-Cola mit jeweils etwa 8 cl Whisky. Dazu konsumierte er Kokain und eine Tablette Benzodiazepin, woraufhin er beschloss, einen bewaffneten Überfall auf einen Taxifahrer zu verüben.

[6] b) Da auch das Vorliegen der weiteren Voraussetzungen des § 64 StGB nicht mit der erforderlichen Gewissheit ausgeschlossen und den Urteilsgründen insbesondere nicht entnommen werden kann, dass bei dem therapiebereiten Angeklagten die hinreichend konkrete Aussicht eines Behandlungserfolges nicht besteht, erweist sich der Erörterungsmangel als durchgreifend rechtsfehlerhaft. Einer etwaigen Unterbringungsanordnung steht auch nicht entgegen, dass nur der Angeklagte Revision eingelegt hat (§ 358 Abs. 2 Satz 3 StPO; BGH, Urteil vom 10. April 1990 – 1 StR 9/90, BGHSt 37, 5), zumal er die Nichtanwendung des § 64 StGB durch die Strafkammer nicht von seinem Rechtsmittelangriff ausgenommen hat (vgl. dazu BGH, Urteil vom 7. Oktober 1992 – 2 StR 374/92, BGHSt 38, 362).

Werden im Zusammenhang **mit mehreren Btm-Straftaten im zeitlichen Zusammenhang mit dem Abbruch der einer Therapie nachfolgenden Adaptionsphase**, weitere Taten begangen, wird sich dem Tatrichter regelmäßig die Prüfungspflicht aufdrängen, ob bei einem u.a. wegen Erwerbs und Besitzes von Betäubungsmitteln vorbestraften Täter ein Hang zum Konsum von Betäubungsmitteln im Übermaß gegeben ist, auf dem die vorliegenden Taten beruhen und aufgrund dessen die Gefahr weiterer erheblicher rechtswidriger Taten besteht. Diese Prüfungspflicht entfällt auch nicht dadurch, dass das Landgericht bei der Erörterung der Schuldfähigkeit eines Angeklagten ausgeführt, die „lediglich pauschalen Hinweise" des Angeklagten auf **142**

[136] BGH, Beschluss vom 13.08.2014 – 4 StR 241/14.

seinen Konsum von Drogen und Geldbedarf u.a. für deren Beschaffung ließen „weder auf tatbegehungsrelevante hochgradige Rausch- oder Entzugszustände noch auf einen aufgrund einer hochgradigen körperlichen und/oder psychischen Suchtmittelabhängigkeit beruhenden persönlichkeitsdeterminierenden hochgradigen Beschaffungsdruck“ schließen.[137]

143 Der **Hang** im Sinne von § 64 StGB verlangt eine **chronische, auf körperlicher Sucht beruhende Abhängigkeit oder zumindest eine eingewurzelte, auf psychischer Disposition beruhende oder durch Übung erworbene intensive Neigung, immer wieder Alkohol oder andere Rauschmittel im Übermaß zu sich zu nehmen.** Ausreichend für die Annahme eines Hangs zum übermäßigen Genuss von Rauschmitteln ist jedenfalls, dass der Betroffene aufgrund seiner Konsumgewohnheiten sozial gefährdet oder gefährlich erscheint. Insoweit kann dem Umstand, dass durch den Rauschmittelgenuss bereits die Gesundheit, Arbeits- und Leistungsfähigkeit erheblich beeinträchtigt sind, zwar indizielle Bedeutung für das Vorliegen eines Hangs zukommen; das Fehlen dieser Beeinträchtigungen schließt indes nicht notwendigerweise die Bejahung eines Hangs aus.[138]

[8] Das Landgericht hat – sachverständig beraten – ausgeschlossen, dass der Brand anders als durch vorsätzliche Brandlegung entstanden ist. Von der Täterschaft des Angeklagten, der in der Hauptverhandlung keine Aussage gemacht hat, hat es sich aufgrund einer Gesamtschau von Indizien überzeugt. Danach kündigten der Angeklagte und M. kurz vor dem Brand an, in das später vom Brand betroffene Haus gehen zu wollen. Der Angeklagte bestritt, nachdem er von der Polizei in der Tatnacht in der Wohnung seiner Eltern am Küchentisch schlafend und in der Hand ein Feuerzeug haltend angetroffen worden war, bei seiner polizeilichen Vernehmung zwar den Tatvorwurf, räumte aber ein, in der Wohnung seines Cousins gewesen zu sein. Der Zeuge M. belastete bei seiner polizeilichen Vernehmung den Angeklagten dahin, dass dieser in die Wohnung gegangen und aus der Wohnung alsbald ein Lichtschein zu sehen gewesen sei. Dieser Aussage ist das Landgericht gefolgt und hat damit zugleich den Zeugen M. als (Mit)Verursacher des Brandes ausgeschlossen. Es hat dabei die Widersprüche, die sich zwischen den Aussagen gegenüber zwei Polizeibeamten in der Tatnacht und den Bekundungen in der Hauptverhandlung ergeben haben, nicht außer Betracht gelassen, indes mit der Besonderheit der Befragungssituation, insbesondere der fehlenden Information der Vernehmungspersonen über die Hintergründe, sowie mit der Alkoholisierung des Zeugen in der Tatnacht und seinem Bemühen, zwar den Tatverdacht von sich zu weisen, aber zugleich den Angeklagten nicht übermäßig zu belasten, nachvollziehbar erklärt. Ergänzend hat die Strafkammer darauf abgestellt, dass dem Angeklagten die Zerstörung von Sachen durch Feuer nicht fremd war. Zudem war ein Motiv für den Zeugen, die Wohnung in Brand zu setzen, nicht erkennbar, während nach Darlegungen des gehörten psychiatrischen Sachverständigen für den Angeklagten in der zur Tatzeit

---

[137] BGH, Beschluss vom 28.05.2014 – 3 StR 67/14; vgl. hierzu auch Beschluss vom 5.03.2014 – 3 StR 12/14, ebenso Beschlüsse vom 26.03.2014 – 5 StR 45/14 – und vom 4.02.2014 – 5 StR 640/13.

[138] BGH, Urteil vom 15.05.2014 – 3 StR 386/13; vgl. hierzu auch Beschluss vom 7.10.2014 – 1 StR 317/14.

herrschenden Stresssituation und der alkoholischen Enthemmung ein Abreagieren durch die Brandlegung in Betracht gekommen ist.

[9] 3. Das Urteil hält indes rechtlicher Nachprüfung nicht stand, soweit das Landgericht eine Unterbringung des Angeklagten in der Entziehungsanstalt abgelehnt und dies damit begründet hat, bei dem Angeklagten liege keine Abhängigkeitserkrankung, sondern lediglich ein schädlicher Gebrauch von Alkohol gemäß ICD 10 F10.1 vor. Damit hat das Landgericht einen unzutreffenden Maßstab für die Annahme eines Hangs im Sinne von § 64 StGB angelegt.

[10] Der Hang im Sinne von § 64 StGB verlangt eine chronische, auf körperlicher Sucht beruhende Abhängigkeit oder zumindest eine eingewurzelte, auf psychischer Disposition beruhende oder durch Übung erworbene intensive Neigung, immer wieder Alkohol oder andere Rauschmittel im Übermaß zu sich zu nehmen. Ausreichend für die Annahme eines Hangs zum übermäßigen Genuss von Rauschmitteln ist jedenfalls, dass der Betroffene aufgrund seiner Konsumgewohnheiten sozial gefährdet oder gefährlich erscheint. Insoweit kann dem Umstand, dass durch den Rauschmittelgenuss bereits die Gesundheit, Arbeits- und Leistungsfähigkeit erheblich beeinträchtigt sind, zwar indizielle Bedeutung für das Vorliegen eines Hangs zukommen; das Fehlen dieser Beeinträchtigungen schließt indes nicht notwendigerweise die Bejahung eines Hangs aus. Dass der Angeklagte in der Lage war, während der Arbeitszeiten seinen Alkoholkonsum zu unterlassen, steht daher dem Vorliegen eines Hangs nicht entgegen (vgl. BGH, Beschluss vom 20. Dezember 2011 – 3 StR 421/11, NStZ-RR 2012, 204 mwN). Das Landgericht bejaht den konstellativen Faktor der erheblichen Alkoholisierung zur Tatzeit, derentwegen es auch von einer erheblich verminderten Steuerungsfähigkeit des Angeklagten ausgegangen ist. Es liegt angesichts der Vorstrafe des Angeklagten sowie der weiteren von der Kammer festgestellten Geschehnisse in der Vergangenheit auch nicht fern, dass die von § 64 StGB vorausgesetzte Gefahr erheblicher künftiger Taten infolge des Hangs festgestellt werden wird. Es sind zuletzt keine Anhaltspunkte dafür ersichtlich, dass keine hinreichend konkrete Aussicht besteht, den Angeklagten von seinem Hang zu heilen oder doch über eine gewisse Zeitspanne vor dem Rückfall in die akute Sucht zu bewahren.

[11] Über die Frage der Unterbringung in einer Entziehungsanstalt muss deshalb neu verhandelt und entschieden werden. Dass nur der Angeklagte Revision eingelegt hat, hindert die Nachholung der Unterbringungsanordnung nicht (§ 358 Abs. 2 Satz 3 StPO; BGH, Urteil vom 10. April 1990 – 1 StR 9/90, BGHSt 37, 5).

Anhaltspunkte dafür, dass die Tat, obwohl nicht im Rausch begangen, doch auf den **Hang des Angeklagten zum übermäßigen Alkoholkonsum** zurückging, bestehen nicht. Bei Taten, die nicht auf die Erlangung von Rauschmitteln selbst oder von Geld zu deren Beschaffung abzielen, bedarf die Annahme eines ursächlichen Zusammenhangs zwischen Hang und Anlasstat besonderer hierfür sprechender Umstände. Insbesondere bei Konflikttaten oder bei **Taten, denen eine Provokation des Täters durch das Opfer vorausging**, liegt ein solcher Zusammenhang wenig nahe. Für eine Hangtat sprechende Anhaltspunkte sind hier nicht gegeben. Nach den Ausführungen im angefochtenen Urteil beging der Angeklagte die Tat, weil er das zudringliche und penetrante Verhalten des Nebenklägers, der unbedingt eine Mitnahme im Fahrzeug des Angeklagten erzwingen wollte, als nervend und ärgerlich empfand und er den ihm extrem lästig gewordenen Nebenkläger loswerden wollte. Dass die Alkoholabhängigkeit des Angeklagten bei der Tatbegehung eine Rolle **144** spielte, ist nicht erkennbar. Schließlich vermag der Umstand, dass der Hang des Angeklagten zum übermäßigen Alkoholkonsum für dessen frühere Delinquenz mitursächlich war, den Symptomcharakter der Anlasstat nicht zu begründen.[139]

[3] 1. Die Anordnung der Unterbringung in einer Entziehungsanstalt hat keinen Bestand, weil die Urteilsfeststellungen einen symptomatischen Zusammenhang zwischen der Tat und dem Hang des Angeklagten zum übermäßigen Alkoholkonsum nicht ergeben.

[4] a) Die Unterbringung in einer Entziehungsanstalt setzt nach § 64 Satz 1 StGB – neben dem Hang, alkoholische Getränke oder andere berauschende Mittel im Übermaß zu sich zu nehmen – voraus, dass die Anlasstat im Rausch begangen wurde oder zumindest mitursächlich auf den Hang zurückgeht, wobei die erste auf die Intoxikationswirkung des Rauschmittels abstellende Alternative einen Unterfall der zweiten Alternative darstellt. Erforderlich ist, dass die konkrete Tat in dem Hang ihre Wurzel findet, sie also Symptomwert für den Hang des Täters zum Missbrauch von Alkohol oder anderen berauschenden Mitteln hat, indem sich in ihr seine hangbedingte Gefährlichkeit äußert (vgl. BGH, Urteile vom 11. September 1990 – 1 StR 293/90, BGHR StGB § 64 Abs. 1 Hang 2; vom 18. Februar 1997 – 1 StR 693/96, BGHR StGB § 64 Abs. 1 Rausch 1; Beschluss vom 28. August 2013 – 4 StR 277/13, NStZ-RR 2014, 75). Da es sich bei der Unterbringung nach § 64 StGB um eine den Angeklagten beschwerende Maßregel handelt (vgl. BGH, Beschluss vom 13. Juni 1991 – 4 StR 105/91, BGHSt 38, 4, 7), muss der symptomatische Zusammenhang ebenso wie die weiteren tatbestandlichen Voraussetzungen des § 64 StGB bei einer Anordnung sicher feststehen (vgl. BGH, Urteil vom 24. Juni 2003 – 1 StR 25/03, StraFo 2003, 431; Beschlüsse vom 1. März 2001 – 4 StR 36/01, NStZ-RR 2001, 295; vom 18. Juni 2013 – 4 StR 145/13).

[5] b) Einen Rausch des Angeklagten im Sinne eines für das Rauschmittel Alkohol typischen, die geistig-psychischen Fähigkeiten beeinträchtigenden Intoxikationszustands (vgl. BGH, Urteil vom 20. September 2011 – 1 StR 120/11, NStZ-RR 2012, 72, 73) bei Begehung der Tat hat die Schwurgerichtskammer nicht festgestellt. Der Angeklagte, der in den siebeneinhalb Stunden vor der Tat den Inhalt von sechs Flaschen Bier à 0,5 Liter zu sich genommen hatte, wies zum Tatzeitpunkt eine Blutalkoholkonzentration von 0,0 bis maximal 1,0 ‰ auf. Sein Leistungsverhalten war nicht beeinträchtigt. Alkoholbedingte Ausfallserscheinungen beim Angeklagten sind weder von den zum Tatgeschehen gehörten Zeugen geschildert worden, noch haben die Filmaufnahmen der Überwachungskameras hierfür Anhaltspunkte ergeben. Die Annahme des Landgerichts, der Angeklagte sei gleichwohl alkoholbedingt in gewissem Umfange in seiner Steuerungsfähigkeit eingeschränkt gewesen, entbehrt daher einer tatsächlichen Grundlage.

[6] Anhaltspunkte dafür, dass die Tat, obwohl nicht im Rausch begangen, doch auf den Hang des Angeklagten zum übermäßigen Alkoholkonsum zurückging, bestehen nicht. Bei Taten, die nicht auf die Erlangung von Rauschmitteln selbst oder von Geld zu deren Beschaffung abzielen, bedarf die Annahme eines ursächlichen Zusammenhangs zwischen Hang und Anlasstat besonderer hierfür sprechender Umstände (vgl. BGH, Urteil vom 18. Februar 1997 – 1 StR 693/96, aaO; Beschluss vom 28. August 2013 – 4 StR 277/13, aaO).

---

139 BGH, Beschluss vom 12.03.2014 – 4 StR 572/13.

Die **Prognoseentscheidung** über **den Behandlungserfolg** erfordert eine **Gesamtwürdigung**, die auch die **Persönlichkeit des Täters**, die Art und das **Stadium seiner Sucht** sowie **bereits eingetretene physische und psychische Veränderungen und Schädigungen** in den Blick zu nehmen hat. Das Vorhandensein oder Fehlen einer Therapiebereitschaft des Angeklagten ist zwar ein Indiz, dem bei der Prüfung einer hinreichend konkreten Aussicht auf einen Behandlungserfolg eine – gegebenenfalls gewichtige – Bedeutung zukommt. Jedoch können mehrfache erfolglose Therapieversuche darauf hindeuten, dass es an der erforderlichen Erfolgsaussicht der Unterbringung fehlt.[140] **145**

Die Anordnung der **Unterbringung** des Angeklagten **in einer Entziehungsanstalt** kommt nur in Betracht, wenn die Therapie voraussichtlich innerhalb der Höchstfrist des § 67d Abs. 1 S. 1 StGB, mithin **innerhalb von zwei Jahren**, erfolgreich abgeschlossen werden kann. Die Feststellung der sachverständig beratenen Strafkammer zu der erwarteten Therapiedauer von insgesamt ‚5 oder mehr Jahren', belegt dies nicht.[141] **146**

[3] 2. Durchgreifenden rechtlichen Bedenken begegnet jedoch die Unterbringung des Angeklagten in einer Entziehungsanstalt gemäß § 64 StGB. Der Generalbundesanwalt hat seinen hierauf bezogenen Aufhebungsantrag wie folgt begründet:

„a) Dem steht nicht entgegen, dass nach dem Willen des Beschwerdeführers die Anordnung der Maßregel nach § 64 StGB vom Rechtsmittelangriff ausgenommen sein soll.

Eine Beschränkung der Revision nach § 344 Abs. 1 StPO ist nur zulässig, soweit die Beschwerdepunkte nach dem inneren Zusammenhang des Urteils – losgelöst von seinem nicht angefochtenen Teil – tatsächlich und rechtlich unabhängig beurteilt werden können, ohne eine Überprüfung des Urteils im Übrigen erforderlich zu machen. Weiter muss gewährleistet sein, dass die nach Teilanfechtung stufenweise entstehende Gesamtentscheidung frei von inneren Widersprüchen bleiben kann (vgl. BGH, Urteil vom 2. März 1995 – 1 StR 595/14, BGHSt 41, 57, 59). Eine Revisionsbeschränkung unter Ausklammerung des Maßregelausspruchs ist nach diesen Maßstäben unwirksam, wenn zugleich der Schuldspruch angegriffen wird, der von der Maßregelfrage nicht getrennt werden kann; die Feststellung einer Symptomtat ist unerlässliche Voraussetzung der Maßregelanordnung (vgl. Senat, Beschluss vom 19. Januar 2010 – 4 StR 504/09, NStZ-RR 2010, 171 f.; BGH, Urteil vom 18. Juli 2012 – 2 StR 605/11 m.w.N.). Der Angeklagte, der mit der Sachrüge auch den Schuldspruch angreift, kann mit der erklärten Rechtsmittelbeschränkung nicht wirksam auf die Anfechtung der Anordnung der Unterbringung verzichten (BGH, Beschluss vom 24. September 2013 – 2 StR 397/13, NStZ-RR 2014, 58).

b) Die Anordnung der Unterbringung des Angeklagten in einer Entziehungsanstalt hält rechtlicher Nachprüfung nicht stand. Die Anordnung dieser Maßregel kommt nur in Betracht, wenn die Therapie voraussichtlich innerhalb der Höchstfrist des § 67d Abs. 1 S. 1 StGB, mithin innerhalb von zwei Jahren, er-

---

[140] BGH, Beschluss vom 26.02.2014 – 4 StR 577/13.

[141] BGH, Beschl. v. 5.11.2014 – 4 StR 358/14; vgl. hierzu aber auch die nachstehende Entscheidung des 5. Strafsenats.

folgreich abgeschlossen werden kann (vgl. Senat, Beschluss vom 11. März 2014 – 4 StR 36/14 sowie vom 27. März 2013 – 4 StR 60/13 und vom 17. Juli 2012 – 4 StR 223/12 jeweils m.w.N.). Die Feststellung der sachverständig beratenen Strafkammer zu der erwarteten Therapiedauer von insgesamt ‚5 oder mehr Jahren' (wobei zunächst eine ‚schätzungsweise ein Jahr' dauernde Behandlung der Psychose erforderlich ist, an die sich dann die ‚mehrjährige Entwöhnungsbehandlung' anschließen kann, UA S. 48) belegt dies nicht.

Die Auffassung der Kammer, bei der Zwei-Jahres-Frist des § 67d Abs. 1 S. 1 StGB handele es sich um eine ‚Grundfrist, die sich in den Grenzen des § 67 Abs. 4 S. 1 StGB um den durch Unterbringung abzugeltenden Teil der Strafe verlängert', geht fehl. Die hiermit angesprochene Verlängerung der Höchstfrist um die Dauer der Freiheitsstrafe (soweit auf sie die Zeit des Maßregelvollzugs nach § 67 Abs. 4 StPO anzurechnen ist) greift nach dem eindeutigen Wortlaut des § 67d Abs. 1 S. 3 StGB nur bei einem Vorwegvollzug der Maßregel vor der Strafe ein. Ein solcher Fall liegt nach § 67 Abs. 2 S. 2 StGB jedoch nicht vor.

Auch im Übrigen lässt sich § 67d Abs. 1 S. 3 StGB nicht entnehmen, der Gesetzgeber halte Unterbringungen über zwei Jahre hinaus in Einzelfällen für therapeutisch sinnvoll. § 67d Abs. 1 S. 3 StGB knüpft die Höchstfristverlängerung nicht an die tatrichterliche Prognose, eine die Zweijahresfrist des § 67d Abs. 1 S. 1 StGB überschreitende Therapie werde ausnahmsweise erfolgreich sein, sondern will ausschließlich Systembrüche korrigieren, die sich aus der Vollstreckungsreihenfolge ergeben können (BGH, Beschluss vom 17. April 2012 – 3 StR 65/12 unter Rn. 5 m.w.N.; BGH, Urteil vom 11. März 2010 – 3 StR 538/09; vgl. auch Senat, Beschluss vom 17. Juli 2012 – 4 StR 223/12, Rn. 6 unter ausdrücklicher Bezugnahme auf die hier zitierte Rechtsprechung des 3. Senats)."

[4] Dem schließt sich der Senat an.

147 Die Voraussetzungen des § 64 Satz 2 StGB liegen nicht vor, wenn die Entzugsbehandlung voraussichtlich nicht innerhalb der in § 67d Abs. 1 Satz 1 StGB für die Maßregel **vorgesehenen Höchstfrist zum Erfolg führen** kann.[142]

148 Eine **Behandlungsdauer von mehr als zwei Jahren** steht einer **konkreten Erfolgsaussicht** jedenfalls nicht grundsätzlich entgegen. Eine strikte Begrenzung der Unterbringungsdauer auf zwei Jahre mit der Folge der generellen Aussichtslosigkeit bei absehbar eine längere Dauer erfordernden Unterbringungen lässt sich dem Gesetzwortlaut nicht entnehmen.[143]

[9] 4. Bei dieser Sachlage braucht der Senat nicht zu entscheiden, ob es an einer hinreichend konkreten Erfolgsaussicht im Sinne des § 64 Satz 2 StGB im vorliegenden Fall bereits allein deshalb fehlt, weil die prognostizierte Therapiedauer zwei Jahre überschreitet (in diesem Sinne BGH, Urteile vom 11. März 2010 – 3 StR 538/09, JR 2010, 500; vom 20. Dezember 2012 – 3 StR 377/12, StV 2013, 698;

---

[142] BGH, Beschluss vom 18.03.2014 – 3 StR 79/14; vgl. hierzu aber auch die nachstehende Entscheidung des 5. Strafsenats.

[143] BGH, Urteil vom 10.04.2014 – 5 StR 37/14; siehe hierzu aber auch die beiden vorstehenden Entscheidungen!

vom 27. März 2013 – 2 StR 384/12, StV 2013, 698; vom 16. Januar 2014 – 4 StR 496/13; Beschlüsse vom 17. April 2012 – 3 StR 65/12, BGHR StGB § 64 Abs. 2 Erfolgsaussicht 1; vom 17. Juli 2012 – 4 StR 223/12, StraFo 2012, 413; vom 8. August 2012 – 2 StR 279/12, NStZ-RR 2013, 7). Der Senat hält jedoch an seiner gegenteiligen Auffassung (BGH, Beschluss vom 6. Februar 1996 – 5 StR 16/96) fest; danach steht eine Behandlungsdauer von mehr als zwei Jahren einer konkreten Erfolgsaussicht jedenfalls nicht grundsätzlich entgegen. Eine strikte Begrenzung der Unterbringungsdauer auf zwei Jahre mit der Folge der generellen Aussichtslosigkeit bei absehbar eine längere Dauer erfordernden Unterbringungen lässt sich dem Gesetzwortlaut nicht entnehmen (vgl. van Gemmeren aaO Rn. 73 mwN). § 67d Abs. 1 Satz 1 StGB enthält gerade keine starre Beschränkung der Unterbringungsdauer; die Vorschrift ist vielmehr im Zusammenhang mit § 67d Abs. 1 Satz 3 StGB zu sehen, der ausdrücklich eine Verlängerung der Zweijahresfrist vorsieht. Eine solche Begrenzung lässt sich auch nicht mit systematischen Erwägungen begründen, findet in den Gesetzesmaterialien keinen Niederschlag (vgl. BT-Drucks. IV/650, S. 218, siehe auch BT-Drucks. V/4095, S. 33) und widerstreitet dem Gesetzeszweck, die Allgemeinheit bei Bedarf auch durch im Einzelfall zwei Jahre übersteigende Therapie vor gefährlichen Tätern zu schützen (vgl. dazu auch Trenckmann, JR 2010, 501). Insbesondere ergäben sich im Vorfeld und in Konkurrenz zu schwereren freiheitsentziehenden Maßregeln (§§ 63, 66 StGB) prinzipielle Sperren gegen unter Umständen konkret aussichtsreiche längere Entzugstherapien. Diese wären – gerade auch im Blick auf § 72 StGB – mit dem Verhältnismäßigkeitsgrundsatz schwerlich vereinbar und widersprächen in Fällen der Sicherungsverwahrung dem vom Bundesverfassungsgericht (BVerfGE 128, 326) initiierten gesetzlichen Konzept, Sicherungsverwahrung durch individuelle und intensive Therapie vermeidbar zu machen (vgl. § 66c Abs. 2 StGB).

Auch nach der Umgestaltung des § 64 StGB zur Sollvorschrift mit der Gesetzesnovelle vom 16. Juli 2007 (BGBl. I 1327) sollte es im Grundsatz dabei verbleiben, dass die **Sprachunkundigkeit eines Ausländers** nicht ohne Weiteres allein ein Grund für einen Verzicht auf seine Unterbringung sein kann. Zwar muss nicht gegen jeden Sprachunkundigen, insbesondere wenn eine therapeutisch sinnvolle Kommunikation mit ihm schwer möglich sein wird, eine Unterbringung nach § 64 StGB angeordnet werden. Der Tatrichter hat insoweit aber eine Ermessensentscheidung zu treffen, die für das Revisionsgericht nachprüfbar sein muss.[144] **149**

Von der Anordnung der Unterbringung gemäß § **64 StGB darf nicht abgesehen** werden, weil eine **Entscheidung nach § 35 BtMG** ins Auge gefasst ist.[145] **150**

Die Unterbringung des Angeklagten nach § 63 StGB hätte keinen Bestand haben können, weil der Angeklagte – wie er mit einer zulässigen Rüge der **Verletzung der Hinweispflicht des Gerichtes** (§ 265 Abs. 1 und 2 StPO) geltend macht – in der Hauptverhandlung nicht ordnungsgemäß auf die Möglichkeit einer Unterbringung nach § 63 StGB hingewiesen worden ist. Die **Beobachtung dieser Förmlichkeit** kann **151**

[144] BGH, Beschluss vom 12.03.2014 – 2 StR 436/13.

[145] BGH, Beschluss vom 18.02.2014 – 2 StR 623/13; siehe hierzu auch Beschluss vom 20.05.2014 – 4 StR 146/14.

nur durch die Sitzungsniederschrift bewiesen werden (§ 274 StPO), so dass die abgegebenen dienstlichen Erklärungen ohne Bedeutung sind. Eine Protokollberichtigung ist nicht erfolgt.[146]

c) Anordnung der Sicherungsverwahrung – § 66 StGB

152 Wegen **bis zum 31. Mai 2013 begangener Taten** darf die Sicherungsverwahrung weiterhin nur mit der Einschränkung strikter Verhältnismäßigkeit im Sinne des Urteils des Bundesverfassungsgerichts vom 4. Mai 2011 (BVerfGE 128, 326) angeordnet werden.[147]

153 Soweit die **Anordnung der Sicherungsverwahrung** nach § 66 Abs. 2 StGB oder nach § 66 Abs. 3 Satz 2 StGB in Betracht kommt, ist es dem Tatrichter grundsätzlich gestattet, bei der **Ausübung seines Ermessens** die zu erwartenden **Wirkungen eines langjährigen Strafvollzugs** auf die Gefährlichkeit des Angeklagten zu berücksichtigen. Ihm ist die Möglichkeit eröffnet, sich ungeachtet der hangbedingten Gefährlichkeit des Angeklagten zum Zeitpunkt der Urteilsfindung auf die Verhängung einer Freiheitsstrafe zu beschränken, sofern erwartet werden kann, dass sich der Angeklagte schon die Strafe hinreichend zur Warnung dienen lässt. Ein Absehen von der Verhängung der Sicherungsverwahrung bei Ausübung dieses Ermessens ist jedoch nur gerechtfertigt, wenn konkrete Anhaltspunkte erwarten lassen, dass dem Täter aufgrund der Wirkungen eines langjährigen Strafvollzugs und diesen begleitender resozialisierender sowie therapeutischer Maßnahmen zum Strafende eine günstige Prognose gestellt werden kann. Nur denkbare positive Veränderungen und Wirkungen künftiger Maßnahmen im Strafvollzug reichen nicht aus.[148]

154 Der **Hang als „eingeschliffenes Verhaltensmuster"** bezeichnet einen aufgrund umfassender Vergangenheitsbetrachtung festgestellten gegenwärtigen Zustand. Sein Vorliegen hat der Tatrichter – nach sachverständiger Beratung – unter sorgfältiger Gesamtwürdigung aller für die Beurteilung der Persönlichkeit des Täters und seiner Taten maßgebenden Umstände in eigener Verantwortung festzustellen und in den Urteilsgründen darzulegen. Diese Würdigung bedarf in den Fällen von § 66 Abs. 2 und § 66 Abs. 3 Satz 1 StGB, bei denen Vortaten und Vorverbüßungen fehlen, besonderer Sorgfalt.[149]

[3] Der Maßregelausspruch hält rechtlicher Überprüfung nicht stand. Zwar hat das Landgericht rechtsfehlerfrei die formellen Voraussetzungen für die Anordnung der Sicherungsverwahrung nach § 66 Abs. 2 und § 66 Abs. 3 Satz 1 StGB festgestellt und die im vorliegenden Fall fortgeltenden erhöhten Anforderungen an die Voraussetzungen der Sicherungsverwahrung aus der Entscheidung des Bundesverfassungsgerichts (Urteil vom 4. Mai 2011 – 2 BvR 2365/09 u.a., BVerfGE 128, 326) gesehen (vgl. BGH, Urteil vom 11. März 2014 – 5 StR 563/13, NJW 2014, 1316; Beschluss

[146] BGH, Beschluss vom 20.05.2014 – 5 StR 173/14.
[147] BGH, Urteil vom 11.03.2014 – 5 StR 563/13; vgl. hierzu auch BGH, Beschluss vom 1.04.2014 – 2 StR 603/13.
[148] BGH, Urteil vom 15.10.2014 – 2 StR 240/14.
[149] BGH, Beschluss vom 6.05.2014 – 3 StR 382/13.

vom 17. April 2014 – 3 StR 355/13, juris). Hingegen hat das Landgericht einen Hang des Angeklagten zur Begehung erheblicher Straftaten im Sinne des § 66 Abs. 1 Satz 1 Nr. 4 StGB nicht tragfähig begründet. Dieses Merkmal verlangt nach der ständigen Rechtsprechung einen eingeschliffenen inneren Zustand des Täters, der ihn immer wieder neue Straftaten begehen lässt. Hangtäter ist derjenige, der dauerhaft zu Straftaten entschlossen ist oder aufgrund einer fest eingewurzelten Neigung straffällig wird, wenn sich die Gelegenheit bietet, ebenso wie derjenige, der willensschwach ist und aus innerer Haltlosigkeit Tatanreizen nicht zu widerstehen vermag. Der Hang als „eingeschliffenes Verhaltensmuster" bezeichnet einen aufgrund umfassender Vergangenheitsbetrachtung festgestellten gegenwärtigen Zustand. Sein Vorliegen hat der Tatrichter – nach sachverständiger Beratung – unter sorgfältiger Gesamtwürdigung aller für die Beurteilung der Persönlichkeit des Täters und seiner Taten maßgebenden Umstände in eigener Verantwortung festzustellen und in den Urteilsgründen darzulegen (vgl. BGH, Urteil vom 17. Dezember 2009 – 3 StR 399/09, juris; Beschluss vom 27. September 1994 – 4 StR 528/94, BGHR StGB § 66 Abs. 1 Hang 8). Diese Würdigung bedarf in den Fällen von § 66 Abs. 2 und § 66 Abs. 3 Satz 1 StGB, bei denen Vortaten und Vorverbüßungen fehlen, besonderer Sorgfalt (BGH, Beschlüsse vom 30. März 2010 – 3 StR 69/10, NStZ-RR 2010, 203; vom 2. August 2011 – 3 StR 208/11, juris Rn. 5).

[4] Diesen Maßstäben wird das angefochtene Urteil nicht in vollem Umfang gerecht. Es teilt im Anschluss an den gehörten Sachverständigen mit, der Angeklagte entspreche auf der Grundlage der Kriteriensammlung von Habermeyer/Saß (Nervenarzt 2004, 1061, 1066 f.) bei einer Gesamtschau „keiner ganz typisch psychiatrisch zu identifizierenden Fallkonstellation eines Hangtäters", er erfülle einen Großteil („zehn von elf", keine Psychopathie; UA S. 76), aber nicht alle Merkmale, die aus psychiatrischer Sicht für einen Hangtäter typisch seien (UA S. 72). Zwar befasst sich das Landgericht im Folgenden mit einzelnen der in dem besagten Katalog genannten Kriterien und gleicht sie mit der Persönlichkeit des Angeklagten und seinen früheren Straftaten ab; indes bleibt offen, worin genau sich die Persönlichkeit des Angeklagten aufgrund der fehlenden Psychopathie von derjenigen eines „typischen Hangtäters" unterscheidet und warum trotz dieser Unterschiede ein Hang des Angeklagten im Sinne des § 66 Abs. 1 Satz 1 Nr. 4 StGB zu bejahen ist.

[5] Dieser Mangel wird auch nicht dadurch ausgeräumt, dass sich das Landgericht zur Begründung des Hanges auf die vom Sachverständigen referierten Ergebnisse der Anwendung mehrerer statistischer Prognoseinstrumente auf den Angeklagten stützt, ohne dabei allerdings in den Blick zu nehmen, dass diese Prognoseinstrumente maßgeblich nicht der Beurteilung des Hangs des Täters zur Begehung von Straftaten, sondern der Einschätzung seiner künftigen Gefährlichkeit für die Allgemeinheit dienen sollen (zur Differenzierung zwischen diesen beiden Anordnungsvoraussetzungen des § 66 Abs. 1 Satz 1 Nr. 4 StGB vgl. BGH, Urteil vom 8. Juli 2005 – 2 StR 120/05, BGHSt 50, 188, 196). Insoweit braucht sich der Senat auch hier nicht näher mit der Frage zu befassen, ob es grundsätzlich zulässig ist, aus einer Gefährlichkeitsprognose auf den Hang des Täters zur Begehung von Straftaten rückzuschließen (vgl. BGH, Beschluss vom 13. November 2007 – 3 StR 341/07, StV 2008, 301, 302; vgl. demgegenüber etwa BGH, Urteil vom 11. Mai 2005 – 1 StR 37/05, BGHSt 50, 121, 132: naheliegend, dass die Feststellung der Gefährlichkeitsprognose im Regelfall auf das Vorliegen eines Hangs hindeutet; BGH, Urteil vom 20. Februar 2002 – 2 StR 486/01, juris Rn. 8: Bejahung der Gefährlichkeitsprognose unvereinbar mit dem Schluss, bei dem Täter liege kein „Hang" zur Begehung von Straftaten vor). Denn selbst wenn dieser Schluss regelmäßig gerechtfertigt sein

sollte, so bedarf das Ergebnis statistischer Bewertung der Gefährlichkeit des Täters gerade dann, wenn es auch zum Beleg seines Hanges zur Begehung von Straftaten herangezogen werden soll, stets des konkreten Abgleichs mit dem individuell zu beurteilenden Angeklagten und seinen früheren Taten. Dies bleibt aus den schon aufgezeigten Gründen in dem angefochtenen Urteil lückenhaft, denn gerade wenn es sich bei dem Angeklagten um einen untypischen Fall handelt, bedarf die Aussagekraft rein statistischer Prognoseinstrumente schon für sich besonders gründlicher Prüfung, insbesondere aber der kritischen Gegenüberstellung mit der konkreten Analyse der Persönlichkeit des Angeklagten und seinen früheren Taten. Daran mangelt es; denn auch nach der Darstellung der einzelnen Prognoseinstrumente bleibt für das Landgericht das Fazit, dass der Angeklagte kein ganz typischer Hangtäter sei (UA S. 76). Eine Erläuterung der Unterschiede zum „typischen Hangtäter“ und deren Unerheblichkeit für das Vorliegen eines Hangs im Sinne des § 66 Abs. 1 Satz 1 Nr. 4 StGB unterbleibt auch hier.

[6] Über den Maßregelausspruch ist deshalb nochmals zu verhandeln und zu entscheiden.

155 Für einen Hang ist eine eingewurzelte, auf psychische Disposition zurückgehende oder durch Übung erworbene Neigung, immer wieder Rauschmittel zu konsumieren, ausreichend, wobei diese Neigung noch nicht den Grad einer physischen Abhängigkeit erreicht haben muss. Ein übermäßiger Genuss von Rauschmitteln ist jedenfalls dann gegeben, wenn der Betroffene auf Grund seiner psychischen Abhängigkeit sozial gefährdet oder gefährlich erscheint. Nicht erforderlich ist, dass beim Täter bereits eine Persönlichkeitsdepravation eingetreten ist. Dem Umstand, dass durch den Rauschmittelkonsum die Gesundheit sowie die Arbeits- und Leistungsfähigkeit des Betroffenen beeinträchtigt sind, kommt nur eine indizielle Bedeutung zu. Das Fehlen solcher Beeinträchtigungen schließt nicht notwendigerweise die Bejahung eines Hangs aus.[150]

[12] c) Anhand des vorgenannten Maßstabs hat das Tatgericht auf der Grundlage des festgestellten Drogenkonsumverhaltens des Angeklagten das Vorliegen eines Hangs ohne Rechtsfehler angenommen. Dass es dabei dem einen Hang verneinenden Sachverständigen nicht gefolgt ist, stellt den Bestand der Maßregelanordnung nicht in Frage. Es ist gerade Aufgabe des Tatrichters, sich gegenüber dem Sachverständigen die Eigenständigkeit der Beurteilung zu bewahren (vgl. Senat, Urteil vom 22. Januar 2002 – 1 StR 512/01; van Gemmeren in MünchKommStGB, Band 2, 2. Aufl., § 64 Rn. 109). Beantwortet er allerdings eine für die Entscheidung über die Anordnung der Maßregel relevante Frage abweichend von der Bewertung des Sachverständigen, muss der Tatrichter seine vom Sachverständigen verschiedene Beurteilung in einer für das Revisionsgericht nachvollziehbaren Weise begründen (Senat aaO).

156 Bei der Anordnung der Sicherungsverwahrung ist für die **Gefährlichkeitsprognose auf den Zeitpunkt der Verurteilung** abzustellen (vgl. § 66 Abs. 1 Nr. 4 StGB). Der Tatrichter darf – zumal bei der Frage der obligatorischen Sicherungsverwahrung gemäß § 66 Abs. 1 StGB – dem Alter des Angeklagten wie auch den Wirkungen des

[150] BGH, Urteil vom 11.03.2014 – 1 StR 655/13.

jahrelangen Strafvollzugs daher nur dann Bedeutung beimessen, wenn schon bei der Urteilsfindung abzusehen ist, dass aufgrund dessen eine Gefährlichkeit bei Ende des Vollzugs der Strafe nicht mehr bestehen wird. Die bloße Möglichkeit abnehmender Körperkräfte beim Angeklagten mit der Folge, dass er nach Strafverbüßung zu einer gewaltsamen Durchsetzung seiner sexuellen Wünsche nicht mehr in der Lage sein wird, vermag seine Gefährlichkeit nicht auszuräumen. Zwar denkbare, aber nur erhoffte Veränderungen der Umstände bleiben der obligatorischen Prüfung vor Ende des Strafvollzugs gemäß § 67c Abs. 1 StGB vorbehalten.[151]

[9] 2. Auch die Anordnung der Sicherungsverwahrung ist – entgegen der Auffassung des Generalbundesanwalts – nicht zu beanstanden.

[10] a) Zutreffend hat das Landgericht die formellen Voraussetzungen der Maßregel gemäß § 66 Abs. 1 StGB bejaht. Sachverständig beraten hat es zudem mit tragfähiger Begründung festgestellt, dass der Angeklagte nach Maßgabe der auch nach Inkrafttreten des Gesetzes zur bundeseinheitlichen Umsetzung des Abstandsgebots im Recht der Sicherungsverwahrung für „Altfälle" vorzunehmenden strikten Verhältnismäßigkeitsprüfung (vgl. BVerfG, Urteil vom 4. Mai 2011 – 2 BvR 2365/09 u.a., NJW 2011, 1931; zur Weitergeltung vgl. BGH, Urteile vom 11. Juli 2013 – 3 StR 148/13 und vom 12. Juni 2013 – 5 StR 129/13) infolge eines Hangs zu schweren Sexualstraftaten, zu denen regelmäßig auch die Vergewaltigung zählt (vgl. BGH, Beschluss vom 10. Januar 2013 – 1 StR 93/11, BGHR StGB § 66 Strikte Verhältnismäßigkeit 2; Urteil vom 4. August 2011 – 3 StR 175/11, NStZ 2011, 692), für die Allgemeinheit gefährlich ist.

[11] b) Das Landgericht musste sich im Rahmen der Gefährlichkeitsprognose nicht weitergehend mit dem hohen Lebensalter des Angeklagten auseinandersetzen, der nach der zu erwartenden Vollverbüßung der verhängten Gesamtfreiheitsstrafe bereits 82 Jahre alt sein wird. Bei der Anordnung der Sicherungsverwahrung ist für die Gefährlichkeitsprognose auf den Zeitpunkt der Verurteilung abzustellen (vgl. § 66 Abs. 1 Nr. 4 StGB). Der Tatrichter darf – zumal bei der Frage der obligatorischen Sicherungsverwahrung gemäß § 66 Abs. 1 StGB – dem Alter des Angeklagten wie auch den Wirkungen des jahrelangen Strafvollzugs daher nur dann Bedeutung beimessen, wenn schon bei der Urteilsfindung abzusehen ist, dass aufgrund dessen eine Gefährlichkeit bei Ende des Vollzugs der Strafe nicht mehr bestehen wird (vgl. auch BGH, Urteile vom 19. Juli 2005 – 4 StR 184/05, NStZ-RR 2005, 337; und vom 4. Februar 2004 – 1 StR 474/03, BGHR StGB § 66 Abs. 1 Gefährlichkeit 7 jeweils mwN). Die bloße Möglichkeit abnehmender Körperkräfte beim Angeklagten mit der Folge, dass er nach Strafverbüßung zu einer gewaltsamen Durchsetzung seiner sexuellen Wünsche nicht mehr in der Lage sein wird, vermag seine Gefährlichkeit nicht auszuräumen. Zwar denkbare, aber nur erhoffte Veränderungen der Umstände bleiben der obligatorischen Prüfung vor Ende des Strafvollzugs gemäß § 67c Abs. 1 StGB vorbehalten (vgl. BGH, jeweils aaO mwN).

[12] c) Auch Verhältnismäßigkeitserwägungen stehen einer Anordnung der Sicherungsverwahrung nicht entgegen.

[13] Es kann dahinstehen, ob in Fällen, in denen die Voraussetzungen des § 66 Abs. 1 StGB vorliegen, unter Berufung auf den Verhältnismäßigkeitsgrundsatz von der

[151] BGH, Urteil vom 22.10.2013 – 1 StR 210/13.

obligatorischen Anordnung der Sicherungsverwahrung abgesehen werden kann (vgl. BGH, Beschluss vom 31. Juli 1997 – 4 StR 339/97, NStZ-RR 1998, 135; offen gelassen in BGH, Beschluss vom 9. Januar 2013 – 1 StR 558/12, NStZ-RR 2013, 256; zweifelnd Rissing-van Saan/Peglau in LK, 12. Aufl., § 66 Rn. 225). Jedenfalls war die Anordnung der Sicherungsverwahrung hier verhältnismäßig.

[14] Das gilt auch vor dem Hintergrund, dass gegen den Angeklagten bereits mit Urteil des Landgerichts Nürnberg-Fürth vom 23. Oktober 2001 die Maßregel der Sicherungsanordnung verhängt wurde und nun aufgrund der erneuten Straffälligkeit der Widerruf der am 21. Juni 2010 bewilligten Aussetzung zur Bewährung gemäß § 67g Abs. 1 StGB droht. Die erneute Verhängung der Maßregel der Sicherungsverwahrung bleibt nämlich auch dann möglich, wenn diese bereits durch ein früheres Urteil angeordnet war, aber noch nicht vollständig erledigt ist (BGH, Beschlüsse vom 9. Januar 2013 – 1 StR 558/12, NStZ-RR 2013, 256; vom 17. September 1998 – 5 StR 404/98, StV 2000, 258; vom 31. Juli 1997 – 4 StR 339/97, NStZ-RR 1998, 135; Urteil vom 31. August 1995 – 4 StR 292/95, StV 1996, 541).

[15] Das Landgericht hat sich damit auseinandergesetzt, ob mildere, gleich wirksame Maßnahmen gegeben sind, um der vom Angeklagten ausgehenden Gefahr für die Allgemeinheit zu begegnen. Es hat dies mit tragfähiger Begründung verneint. Das Landgericht brauchte dabei entgegen der Auffassung des Generalbundesanwalts nicht weitergehend der Frage nachgehen, inwieweit durch Maßnahmen im Rahmen der Führungsaufsicht ein ausreichendes Maß an Kontrolle der sozialen Kontakte des Angeklagten zu erreichen ist, insbesondere ob für ihn eine Aufnahmeeinrichtung gefunden werden kann, in der er keine Gelegenheit haben wird, gegenüber ihm unterlegenen Männern gewaltsam sexuelle Handlungen zu erzwingen. Dies lässt sich zum gegenwärtigen Zeitpunkt nicht hinreichend sicher beurteilen. Auch die Beantwortung dieser Frage hängt vielmehr von den konkreten Verhältnissen bei Ende des Vollzugs ab, die im Rahmen der obligatorischen Prüfung nach § 67c Abs. 1 StGB Berücksichtigung finden müssen (zur Berücksichtigung von Maßnahmen der Führungsaufsicht bei der Entscheidung über die Fortdauer der Unterbringung in der Sicherungsverwahrung vgl. BVerfG, Beschluss vom 28. März 2013 – 2 BvR 553/12).

157 **Zulässiges Verteidigungsverhalten** darf im Rahmen der Prüfung des § 66 StGB jedoch weder hang- noch gefahrbegründend verwertet werden.

Ermessensentscheidungen nach § 66 Abs. 2 und Abs. 3 S. 2 StGB haben schon von Gesetzes wegen **Ausnahmecharakter**, da sie, anders als Anordnungen nach § 66 Abs. 1 StGB, keine Vortaten oder Vorverbüßungen. Eine weitere Verengung des Ermessensspielraums ergibt sich zusätzlich aus dem Umstand, dass der Angeklagte bei den einzelnen Taten zwischen 20 und 22 Jahre alt gewesen ist. Insbesondere bei frühkriminellen Hangtätern, die das 21. Lebensjahr gerade erst überschritten haben, ist die Sicherungsverwahrung jedoch nur in Ausnahmefällen unter strengen Anforderungen bei besonders schweren Straftaten zulässig und bedarf besonders sorgfältiger Würdigung in den Urteilsgründen.[152]

---

[152] BGH, Urteil v. 4.02.2014 – 3 StR 451/13; siehe hierzu auch Beschluss vom 21.08.2014 – 1 StR 320/14.

[2] 1. Die auf § 66 Abs. 2, Abs. 3 Satz 2 StGB gestützte Anordnung der Unterbringung des Angeklagten in der Sicherungsverwahrung hat keinen Bestand. Der Generalbundesanwalt hat hierzu in seiner Antragsschrift ausgeführt:

> *„Ein wesentliches Begründungselement der sachverständig beratenen Strafkammer für die Gefahr weiterer Straftaten ist eine beim Angeklagten vorliegende Externalisierung eigener Verantwortlichkeit dahingehend, dass er in der Hauptverhandlung zwar das äußere Tatgeschehen objektiv eingeräumt habe, im Übrigen aber gegenüber Gericht, Sachverständigen und seinem privaten Umfeld angab, zu den Taten von einem 'Russen' gezwungen worden zu sein (UA S. 22 ff., 29 f., 38). Diese Ausführungen lassen besorgen, dass das Landgericht die Einlassung des Angeklagten im Rahmen der Gefährlichkeitsprognose zu seinem Nachteil verwertet hat. Zulässiges Verteidigungsverhalten darf im Rahmen der Prüfung des § 66 StGB jedoch weder hang- noch gefahrbegründend verwertet werden (BGH NJW 1992, 3247; NStZ 2001, 595, 596; 2010, 270, 271; Senat, Beschl. v. 5. April 2011 – 3 StR 12/11 – Rn. 7; BGH, Beschl. v. 13. September 2011 – 5 StR 189/11 – Rn. 17). Anderenfalls wäre der Angeklagte gezwungen, seine Verteidigungsstrategie zu ändern, um der Anordnung von Sicherungsverwahrung zu entgehen (BGH StV 2002, 19; Beschl. v. 26. Oktober 2011 – 5 StR 267/11 – Rn. 6).*

Auch die tatrichterliche Ermessensausübung gem. § 66 Abs. 2, 3 StGB ist nicht frei von Rechtsfehlern. Zwar war sich die Strafkammer des ihr eingeräumten Ermessens bewusst (UA S. 38). Es ist jedoch zu besorgen, dass sie ihrer Ermessensausübung einen unzutreffenden Prüfungsmaßstab zugrunde gelegt hat und auf diese Weise zu einem defizitären Ergebnis gelangt ist. Ermessensentscheidungen nach § 66 Abs. 2 und Abs. 3 S. 2 StGB haben schon von Gesetzes wegen Ausnahmecharakter, da sie, anders als Anordnungen nach § 66 Abs. 1 StGB, keine Vortaten oder Vorverbüßungen erfordern (Senat, Beschl. v. 2. August 2011 – 3 StR 208/11 – Rn. 5; Beschl. v. 4. Oktober 2012 – 3 StR 207/12 – Rn. 4; Urteil v. 11. Juli 2013 – 3 StR 148/13 – Rn. 6). Eine weitere Verengung des Ermessensspielraums ergibt sich zusätzlich aus dem Umstand, dass der Angeklagte bei den einzelnen Taten zwischen 20 und 22 Jahre alt gewesen ist. Insbesondere bei frühkriminellen Hangtätern, die das 21. Lebensjahr gerade erst überschritten haben, ist die Sicherungsverwahrung jedoch nur in Ausnahmefällen unter strengen Anforderungen bei besonders schweren Straftaten zulässig und bedarf besonders sorgfältiger Würdigung in den Urteilsgründen (Senat, Beschl. v. 5. Oktober 1988 – 3 StR 406/88 – Rn. 3; Beschl. v. 4. August 2011 – 3 StR 235/11 – Rn. 7; BGH, Beschl. v. 6. August 1997 – 2 StR 199/97 – Rn. 13).

Zwar hat das Landgericht das Alter des Angeklagten im Rahmen der Ermessensausübung berücksichtigt und auch geprüft, ob nicht die Verhängung einer Freiheitsstrafe als Warnung ausgereicht hätte (UA S. 38). Dass es aber den durch die vorstehend dargelegte zweifache Ausnahmekonstellation vorliegend stark verengten Ermessenspielraum und die daraus resultierenden gesteigerten Sorgfaltsanforderungen als Maßstab zugrunde gelegt hat, lässt sich den Urteilsgründen nicht entnehmen. Eine Prüfung, ob das besonders geschickte Vorgehen des Angeklagten durch Gründung eines eigenen Kinderbetreuungsdienstes (UA S. 9) sowie die Vielzahl der Geschädigten die Annahme einer Ausnahme nach den geschilderten Grundsätzen rechtfertigen könnten, hat die Strafkammer nicht vorgenommen. Sie kann in der Revisionsinstanz auch nicht nachgeholt werden, da es dem Revisionsgericht verwehrt ist, die Ermessensentscheidung des Tatgerichts durch eigene Ermessenserwä-

gungen zu modifizieren (Senat, Beschl. v. 4. Oktober 2012 – 3 StR 207/12 – Rn. 4)."

158 Liegen die **Voraussetzungen sowohl des § 66 StGB (bzw. § 66a StGB) als auch des § 64 StGB vor,** erfordert das Absehen von der (vorbehaltenen) Sicherungsverwahrung im Hinblick auf die Unterbringung nach § 64 StGB ein hohes Maß an prognostischer Sicherheit, dass mit der alleinigen Unterbringung gemäß § 64 StGB die vom Angeklagten ausgehende Gefahr beseitigt werden kann. Unsicherheiten über den Erfolg der milderen Maßnahme müssen dagegen – bei Vorliegen der Voraussetzungen im Übrigen – zur kumulativen Anordnung der Maßregeln führen.[153]

[27] a) Erweist sich die Ablehnung einer Maßregelanordnung nach § 64 StGB als rechtsfehlerhaft, so ist damit zugleich einer angeordneten Unterbringung des Angeklagten in der Sicherungsverwahrung die Grundlage entzogen (§ 72 Abs. 1 StGB; vgl. BGH, Beschluss vom 20. Dezember 2011 – 3 StR 374/11, NStZ-RR 2012, 106, 107). Nichts anderes gilt im umgekehrten Fall, wenn also das Landgericht – wie hier – von der Anordnung der Sicherungsverwahrung abgesehen hat, weil es rechtsfehlerhaft davon ausgegangen ist, dass der vom Angeklagten ausgehenden Gefahr schon durch die Anordnung einer Maßnahme nach § 64 StGB und eine erfolgreiche Therapie begegnet werden kann.

d) Vorwegvollzug – § 67 Abs. 2 StGB

159 Wenn wegen der **Zäsurwirkung einer Vorverurteilung zwei Gesamtstrafen gebildet werden müssen,** ist die Vorschrift über die Reihenfolge der Vollstreckung (§ 67 StGB) auf beide Strafen anzuwenden, so dass auch die Sollvorschrift des § 67 Abs. 2 Satz 2 StGB für beide Strafen nicht getrennt, sondern einheitlich gilt. Bei der Berechnung des Vorwegvollzugs nach § 67 Abs. 2 Satz 3 StGB ist somit von der Summe beider Gesamtstrafen und der Hälfte hiervon auszugehen.[154]

[6] Die Anordnung der Unterbringung des Angeklagten in einer Entziehungsanstalt (§ 64 StGB) hält ebenfalls rechtlicher Nachprüfung stand. Auch hat das Landgericht die Dauer des Vorwegvollzugs der beiden Gesamtfreiheitsstrafen vor der Unterbringung nach der Maßgabe des § 67 Abs. 2 StGB an sich zutreffend berechnet.
[7] Selbst wenn wie hier wegen der Zäsurwirkung einer Vorverurteilung zwei Gesamtstrafen gebildet werden müssen, ist nach der Rechtsprechung des Bundesgerichtshofs die Vorschrift über die Reihenfolge der Vollstreckung (§ 67 StGB) auf beide Strafen anzuwenden, so dass auch die Sollvorschrift des § 67 Abs. 2 Satz 2 StGB für beide Strafen nicht getrennt, sondern einheitlich gilt. Bei der Berechnung des Vorwegvollzugs nach § 67 Abs. 2 Satz 3 StGB ist somit von der Summe beider Gesamtstrafen und der Hälfte hiervon auszugehen (vgl. BGH, Beschlüsse vom 7. Juli 2010 – 2 StR 182/10, NStZ-RR 2010, 306 und vom 19. Januar 2010 – 3 StR 499/09, BGHR StGB § 67 Abs. 2 Satz 3 Berechnung 1). Dieser Zeitpunkt ist hier nach drei Jahren und einem Monat erreicht. Bei einer Unterbringungsdauer von zwei Jahren beträgt hiernach der Vorwegvollzug ein Jahr und einen Monat.

---

[153] BGH, Urteil vom 16.01.2014 – 4 StR 496/13.
[154] BGH, Beschluss vom 24.06.2014 – 1 StR 162/14.

[8] Gleichwohl hat das Landgericht die Dauer des Vorwegvollzugs gemäß § 67 Abs. 2 StGB im Ergebnis zu niedrig bemessen.

[9] Es hat bei Bestimmung der Dauer des Vorwegvollzugs zu Unrecht die als Ausgleich für die Erfüllung einer Bewährungsauflage gemäß § 55, § 58 Abs. 2 Satz 2, § 56f Abs. 3 StGB auf die erste Gesamtfreiheitsstrafe anzurechnenden zwei Monate in Abzug gebracht und demzufolge angeordnet, dass von den Gesamtfreiheitsstrafen insgesamt elf Monate vor der Maßregel zu vollstrecken sind.

[10] Dies ist rechtsfehlerhaft; denn der gemäß § 58 Abs. 2 Satz 2 StGB vorzunehmende Ausgleich ist für die Bemessung der Dauer des Vorwegvollzugs ohne Bedeutung. Nicht anders als erlittene Untersuchungshaft verringert dieser Ausgleich nicht von vornherein die Dauer des Vorwegvollzugs, vielmehr ist er auf den nach § 67 Abs. 2 StGB vorweg zu vollstreckenden Teil der Strafe anzurechnen. Diese Anrechnung obliegt allerdings nicht schon dem Tatgericht, sondern erst dem Vollstreckungsgericht.

[11] 4. Der Senat setzt die Dauer des Vorwegvollzugs durch Beschluss (§ 349 Abs. 4 StPO) selbst auf ein Jahr und einen Monat fest.

Das Landgericht hat zwar an sich die Dauer des **Vorwegvollzugs** der Freiheitsstrafe **160**
vor der Unterbringung nach der Maßgabe des § 67 Abs. 2 StGB zutreffend bemessen. Es hat jedoch hiervon die zum Urteilszeitpunkt bereits verbüßte Untersuchungshaft von zehn Monaten in Abzug gebracht und hat deshalb einen Vorwegvollzug von **noch** einem Jahr und einem Monat angeordnet. Dies ist rechtsfehlerhaft; denn die erlittene Untersuchungshaft ist für die Bemessung der Dauer des Vorwegvollzugs ohne Bedeutung, sie ist vielmehr gemäß § 51 StGB auf den nach § 67 Abs. 2 StGB vorweg zu vollstreckenden Teil der Strafe anzurechnen.[155]

Die Maßregelanordnung erweist sich als noch hinnehmbar. Jedoch ist im Blick auf **161**
die von der Strafkammer rechtsfehlerfrei festgestellte Therapiedauer von zwei Jahren bei der verhängten Freiheitsstrafe von drei Jahren und zehn Monaten **kein Raum für die Anordnung des Vorwegvollzugs** eines Teils der Freiheitsstrafe. Denn Bezugspunkt für die Beurteilung ist nach der eindeutigen gesetzlichen Regelung des § 67 Abs. 2 Satz 3 StGB die Halbstrafenentlassung nach § 67 Abs. 5 Satz 1 StGB (st. Rspr.; vgl. etwa BGH, Beschluss vom 18. März 2008 – 1 StR 103/08, NStZ-RR 2008, 182). Der Senat bringt daher die Anordnung über die Vorwegvollziehung von Strafe zum Wegfall.[156]

Die angeordnete **Dauer des Vorwegvollzugs** begegnet jedoch durchgreifenden sach- **162**
lich-rechtlichen Bedenken.

Der Generalbundesanwalt hat hierzu ausgeführt:

„Allerdings kann die Festsetzung des Teiles der Freiheitsstrafe, der vor der Maßregel zu vollziehen ist (§ 67 Abs. 2 StGB), nicht bestehen bleiben. Sie verstößt gegen § 67 Abs. 2 S. 3 StGB. Danach ist, sofern bei einer Freiheitsstrafe von über drei Jahren nicht ausnahmsweise von einer Vikariierung abgesehen wird, der vorweg zu vollstreckende Teil der Freiheitsstrafe so zu bemessen, dass

---

155 BGH, Beschluss vom 14.01.2014 – 1 StR 531/13; vgl. auch Beschluss vom 18.11.2014 – 4 StR 505/14 sowie Beschluss vom 26.02.2014 – 4 StR 564/13.

156 BGH, Beschluss vom 4.06.2014 – 5 StR 219/14.

nach seiner Vollziehung und einer anschließenden Unterbringung eine Entscheidung nach § 67 Abs. 5 S. 1 StGB, also eine Entlassung nach Erledigung der Hälfte der Strafe möglich ist (vgl. BGH, Beschluss vom 12. Februar 2009 – 3 StR 569/09, NStZ-RR 2009, 172 mwN). Eine vom Angeklagten erlittene Untersuchungshaft bleibt insoweit außer Ansatz, da diese im Vollstreckungsverfahren auf die Dauer des vor der Unterbringung zu vollziehenden Teils der Strafe anzurechnen ist (vgl. BGH, Beschluss vom 15. November 2007 – 3 StR 390/07, NStZ 2008, 213, 214; ...). Dem wird die vorliegende Bestimmung der Dauer des Vorwegvollzugs nicht gerecht. Da die Strafkammer – sachverständig beraten – von einer voraussichtlichen Therapiedauer von zwei Jahren ausgegangen ist (UA S. 36), ergibt sich bei Abzug dieses Zeitraumes von der Hälfte der verhängten Gesamtfreiheitsstrafe von sieben Jahren und neun Monaten die Dauer des Vorwegvollzugs der Strafe vor der Maßregel mit ein Jahr, zehn Monaten und zwei Wochen. Der Senat kann hier die Festsetzung in entsprechender Anwendung des § 354 Abs. 1 StPO selbst vornehmen (vgl. BGH, Beschluss vom 9. November 2011 – 2 StR 444/11, NStZ-RR 2012, 71; BGH, Beschluss vom 19. Januar 2010 – 3 StR 499/09, NStZ-RR 2010, 307)."

Dem stimmt der Senat zu und ändert die Dauer des Vorwegvollzugs entsprechend ab.[157]

e) Dauer der Unterbringung – § 67d StGB

163 Bei der Prüfung, ob der **Vollzug einer Maßregel gem § 67d Abs 2 StGB ausgesetzt** werden kann, muss der **Verhältnismäßigkeitsgrundsatz** berücksichtigt werden. Das sich aus diesem Grundsatz ergebende Spannungsverhältnis zwischen dem Freiheitsanspruch des betroffenen Einzelnen und dem Sicherungsbedürfnis der Allgemeinheit verlangt nach gerechtem und vertretbarem Ausgleich. Bejaht dabei das Gericht die Annahme, dass vom Untergebrachten **weiterhin eine Gefahr der Begehung erheblicher Straftaten** ausgeht, so ist dies hinreichend zu konkretisieren. Außerdem sind die voraussichtlichen Wirkungen der im Falle der Aussetzung der Maßregelvollstreckung eintretenden Führungsaufsicht (§ 67d Abs 2 S 2 StGB) und der damit verbindbaren weiteren Maßnahmen gem §§ 68a, 68b StGB zu berücksichtigen. Das zunehmende Gewicht des Freiheitsanspruchs bei langdauernden Unterbringungen in einem psychiatrischen Krankenhaus beeinflusst sowohl die Verhältnismäßigkeitsprüfung als auch die Anforderungen, die an die Begründung einer Entscheidung nach § 67d Abs 2 StGB zu stellen sind.[158]

[37] b) Die freiheitssichernde Funktion des Art. 2 Abs. 2 GG hat auch verfahrensrechtliche Bedeutung. Unverzichtbare Voraussetzung eines rechtsstaatlichen Verfahrens ist, dass Entscheidungen, die den Entzug der persönlichen Freiheit betreffen, auf zureichender richterlicher Sachaufklärung beruhen (vgl. BVerfGE 58, 208 <222>) und eine in tatsächlicher Hinsicht genügende Grundlage haben, die der Bedeutung der Freiheitsgarantie entspricht (vgl. BVerfGE 58, 208 <230>).

[38] c) Der Grundsatz der Verhältnismäßigkeit beherrscht Anordnung und Fortdauer der Unterbringung in einem psychiatrischen Krankenhaus. Das Spannungs-

---

[157] BGH, Beschluss vom 8.07.2014 – 3 StR 291/14.

[158] BVerfG. Kammerbeschluss vom 17.02.2014 – 2 BvR 1795/12, 2 BvR 1852/13.

verhältnis zwischen dem Freiheitsanspruch des betroffenen Einzelnen und dem Sicherungsbedürfnis der Allgemeinheit vor zu erwartenden erheblichen Rechtsgutverletzungen verlangt nach gerechtem und vertretbarem Ausgleich. Dieser lässt sich für die Entscheidung über die Aussetzung der Maßregelvollstreckung nur dadurch bewirken, dass Sicherungsbelange und der Freiheitsanspruch des Untergebrachten als wechselseitiges Korrektiv gesehen und im Einzelfall gegeneinander abgewogen werden (vgl. BVerfGE 70, 297 <311>). Der Grundsatz der Verhältnismäßigkeit ist in die Prüfung der Aussetzungsreife der Maßregel nach § 67d Abs. 2 StGB einzubeziehen (integrative Betrachtung). Die darauf aufbauende Gesamtwürdigung hat die von dem Täter ausgehenden Gefahren zur Schwere des mit der Maßregel verbundenen Eingriffs ins Verhältnis zu setzen (vgl. BVerfGE 70, 297 <312 f.>).

[39] Abzustellen ist auf die Gefahr solcher rechtswidriger Taten, die ihrer Art und ihrem Gewicht nach ausreichen, auch die Anordnung der Maßregel zu tragen; diese müssen mithin „erheblich" im Sinne des § 63 StGB sein.

[40] Die Beurteilung hat sich darauf zu erstrecken, ob und welche Art rechtswidriger Taten von dem Untergebrachten drohen, wie ausgeprägt das Maß der Gefährdung ist (Häufigkeit und Rückfallfrequenz) und welches Gewicht den bedrohten Rechtsgütern zukommt. Dabei ist die von dem Untergebrachten ausgehende Gefahr hinreichend zu konkretisieren; die Art und der Grad der Wahrscheinlichkeit zukünftiger rechtswidriger Taten sind zu bestimmen; deren bloße Möglichkeit vermag die weitere Maßregelvollstreckung nicht zu rechtfertigen. Bei allem ist auf die Besonderheiten des jeweiligen Einzelfalles einzugehen. Zu erwägen sind das frühere Verhalten des Untergebrachten und von ihm bislang begangene Taten. Abzuheben ist aber auch auf die seit der Anordnung der Maßregel veränderten Umstände, die für die künftige Entwicklung bestimmend sind (vgl. BVerfGE 70, 297 <314 f.>; BVerfGK 16, 501 <506>).

[41] Der Grundsatz der Verhältnismäßigkeit gebietet es zudem, die Unterbringung in einem psychiatrischen Krankenhaus nach § 63 StGB nur solange zu vollstrecken, wie der Zweck der Maßregel dies unabweisbar erfordert und zu seiner Erreichung den Untergebrachten weniger belastende Maßnahmen nicht genügen. Bei der Prüfung der Verhältnismäßigkeit kann es daher auf die voraussichtlichen Wirkungen der im Falle der Aussetzung der Maßregelvollstreckung zur Bewährung kraft Gesetzes eintretenden Führungsaufsicht (§ 67d Abs. 2 Satz 2 StGB) und der damit verbindbaren weiteren Maßnahmen der Aufsicht und Hilfe (vgl. §§ 68a, 68b StGB), insbesondere also die Tätigkeit eines Bewährungshelfers und die Möglichkeit bestimmter Weisungen, ankommen (vgl. BVerfGE 70, 297 <313 f.>).

[42] d) Je länger die Unterbringung in einem psychiatrischen Krankenhaus gemäß § 63 StGB andauert, umso strenger sind die Voraussetzungen für die Verhältnismäßigkeit des Freiheitsentzuges. Das zunehmende Gewicht des Freiheitsanspruchs bei der Verhältnismäßigkeitsprüfung wirkt sich bei langdauernden Unterbringungen in einem psychiatrischen Krankenhaus (§ 63 StGB) auch auf die an die Begründung einer Entscheidung nach § 67d Abs. 2 StGB zu stellenden Anforderungen aus. In diesen Fällen engt sich der Bewertungsrahmen des Strafvollstreckungsrichters ein; mit dem immer stärker werdenden Freiheitseingriff wächst die verfassungsgerichtliche Kontrolldichte. Dem lässt sich dadurch Rechnung tragen, dass der Richter seine Würdigung eingehender abfasst, sich also nicht etwa mit knappen, allgemeinen Wendungen begnügt, sondern seine Bewertung anhand der dargestellten einfachrechtlichen Kriterien substantiiert offenlegt. Erst dadurch wird es möglich, im Rahmen verfassungsgerichtlicher Kontrolle nachzuvollziehen, ob die von dem Täter aus-

gehende Gefahr seinen Freiheitsanspruch gleichsam aufzuwiegen vermag. Zu verlangen ist mithin vor allem die Konkretisierung der Wahrscheinlichkeit weiterer rechtswidriger Taten, die von dem Untergebrachten drohen, und deren Deliktstypus (vgl. BVerfGE 70, 297 <315 f.>; BVerfG, Beschluss der 2. Kammer des Zweiten Senats vom 4. Oktober 2012 – 2 BvR 442/12 –, NStZ-RR 2013, S. 72).

16. Entziehung der Fahrerlaubnis – § 69 StGB

164 **Ungeeignetheit** im Sinne von § 69 StGB liegt vor, wenn eine Würdigung der körperlichen, geistigen oder charakterlichen Voraussetzungen und der sie wesentlich bestimmenden objektiven und subjektiven Umstände ergibt, dass die Teilnahme des Tatbeteiligten am Kraftfahrzeugverkehr zu einer nicht hinnehmbaren Gefährdung der Verkehrssicherheit führen würde. Dabei muss sich die Ungeeignetheit gerade aus der verfahrensgegenständlichen Tat bzw. den Taten ergeben. Kommt ausschließlich eine charakterliche Ungeeignetheit in Betracht, muss die Anlasstat selbst tragfähige Rückschlüsse auf die Bereitschaft des Täters zulassen, die Sicherheit des Straßenverkehrs seinen eigenen kriminellen Zielen unterzuordnen.[159]

[6] 2. Die Anordnung der Maßregel hat dagegen keinen Bestand. Die getroffenen Feststellungen tragen die Entziehung der Fahrerlaubnis gemäß § 69 Abs. 1 StGB nicht. Das Landgericht ist von einem rechtlich unzutreffenden Verständnis der in § 69 StGB verlangten „Ungeeignetheit" des Täters zum Führen von Kraftfahrzeugen ausgegangen.

[7] a) Ausweislich der tatrichterlichen Feststellungen bestanden die Tatbeiträge des Angeklagten darin, Teilmengen der von den nicht revidierenden Mitangeklagten gehandelten Betäubungsmittel von diesen zu übernehmen, die Drogen an die Endabnehmer der Betäubungsmittel persönlich auszuliefern, die dafür vereinbarten Entgelte zu vereinnahmen und später an die Mitangeklagten W. und Z. zu übergeben. Bei den vorgenannten Vorgängen benutzte der Angeklagte jeweils seinen PKW. Auf diese Nutzung des Kraftwagens bei sämtlichen ihn betreffenden Taten hat das Landgericht die für die Maßregel des § 69 Abs. 1 StGB erforderliche Ungeeignetheit des Angeklagten zum Führen eines Kraftfahrzeugs gestützt.

[8] b) Die vom Tatgericht herangezogene Nutzung des Fahrzeugs zur Begehung der Betäubungsmittelstraftaten allein begründet das Vorliegen der Voraussetzungen von § 69 Abs. 1 StGB nicht. Ungeeignetheit im Sinne dieser Vorschrift liegt vor, wenn eine Würdigung der körperlichen, geistigen oder charakterlichen Voraussetzungen und der sie wesentlich bestimmenden objektiven und subjektiven Umstände ergibt, dass die Teilnahme des Tatbeteiligten am Kraftfahrzeugverkehr zu einer nicht hinnehmbaren Gefährdung der Verkehrssicherheit führen würde (Fischer, StGB, 61. Aufl., § 69 Rn. 14). Dabei muss sich die Ungeeignetheit gerade aus der verfahrensgegenständlichen Tat bzw. den Taten ergeben. Kommt – wie hier – ausschließlich eine charakterliche Ungeeignetheit in Betracht, muss die Anlasstat selbst tragfähige Rückschlüsse auf die Bereitschaft des Täters zulassen, die Sicherheit des Straßenverkehrs seinen eigenen kriminellen Zielen unterzuordnen (vgl. BGH, Beschlüsse vom 27. April 2005 – GSSt 2/04, BGHSt 50, 93, 102 f.; vom 23. Mai

[159] BGH, Urteil vom 4.11.2014 – 1 StR 233/14.

2012 – 5 StR 185/12, StraFo 2012, 282 mwN; siehe auch BVerfG, Beschluss vom 20. Juni 2002 – 1 BvR 2062/96, NJW 2002, 2378, 2380).

[9] Feststellungen dazu enthält das angefochtene Urteil nicht. Das Landgericht ist ersichtlich davon ausgegangen, die Durchführung der Drogenauslieferungen sowie der damit verbundenen Vorgänge mit einem Kraftfahrzeug als solche würde die Ungeeignetheit begründen. Dabei hat es jedoch in rechtlicher Hinsicht verkannt, dass die Belange der Verkehrssicherheit in Kurierfällen, in denen – wie auch vorliegend – der Tatbeteiligte in seinem Fahrzeug lediglich Rauschgift transportiert, gerade nicht ohne Weiteres beeinträchtigt sind (BGH jeweils aaO). Ein allgemeiner Erfahrungssatz, dass Rauschgifttransporteure bei Verkehrskontrollen zu besonders riskanter Fahrweise entschlossen sind, besteht nicht (BGH, Beschluss vom 3. Dezember 2002 – 4 StR 458/02, NStZ 2003, 311 sowie BGH jeweils aaO).

[10] Über die bloße Nutzung des Fahrzeugs als Transportmittel der Betäubungsmittel sowie bei dem Vereinnahmen der Entgelte hinausgehende Umstände, aus denen eine Ungeeignetheit abgeleitet werden könnte, weist das Urteil nicht aus. Anhaltspunkte für durch Drogenkonsum bedingte Beeinträchtigungen der Eignung des Angeklagten zum Führen eines Kraftfahrzeugs bei den der Verurteilung zugrunde liegenden Taten lassen sich dem angefochtenen Urteil ebenfalls nicht entnehmen. Im Gegenteil sprechen die zu den persönlichen Verhältnissen getroffenen Feststellungen über die geringe Häufigkeit des Konsums von Kokain und die Anlässe für diesen Konsum dagegen, dass es bei dem Angeklagten zu einem den Auslieferungsfahrten vorausgegangenen Gebrauch von Kokain oder sonstigen Betäubungsmitteln gekommen sein könnte. Es fehlt damit an tragfähigen Feststellungen für das Vorliegen verkehrssicherheitsrelevanter Eignungsmängel bei dem Angeklagten. Solcher Mängel bedarf es aber für die Maßregel der Entziehung der Fahrerlaubnis.

[11] c) Angesichts der festgestellten Modalitäten der Auslieferungsfahrten durch den Angeklagten und dessen lediglich sporadischen, nicht mit diesen Fahrten in Zusammenhang stehenden Drogenkonsums schließt der Senat die Möglichkeit weitergehender Feststellungen, die eine verkehrssicherheitsrelevante Ungeeignetheit im Sinne von § 69 Abs. 1 StGB begründen könnten, aus. Er lässt daher in entsprechender Anwendung von § 354 Abs. 1 StPOden Maßregelausspruch entfallen.

17. Verfall und Einziehung – §§ 73 ff. StGB

Die oberstgerichtliche Rechtsprechung zum Allgemeinen Teil des StGB hat sich in den zurückliegenden Monaten wiederum mehrfach mit Entscheidungen zum Verfall und zur Einziehung (§§ 73 ff. StGB) befasst, wobei neben anderen Fragen teilweise beanstandet wurde, dass der Tatrichter sein durch § 73c Abs. 1 StGB **zugestandenes Ermessen** nicht ausgeübt hatte. **165**

Für alle Fälle der obligatorischen oder fakultativen Einziehung ist die **Bestimmung des § 74b Abs. 2 StGB zu berücksichtigen** und daher zu prüfen, ob unter Anordnung des Vorbehalts der Einziehung eine weniger einschneidende Maßnahme zu treffen ist, sofern der Zweck der Einziehung auch dadurch erreicht werden kann. Als Ausprägung des Grundsatzes der Verhältnismäßigkeit hat die Vorschrift – anders als die Absätze 1 und 3 dieser Norm – **zwingenden Charakter.**[160] **166**

[160] BGH, Beschluss vom 18.06.2014 – 4 StR 128/14.

[7] Jedoch kann die Anordnung über die Einziehung des Laptops Acer „Aspire 5315" nicht bestehen bleiben.

[8] Das Landgericht hat zwar im rechtlichen Ausgangspunkt zutreffend angenommen, dass der Laptop als Einziehungsgegenstand in Betracht kommt, weil der Angeklagte ihn zur Speicherung der von ihm angefertigten Videoaufzeichnungen benutzt hat. Auch dass es die Einziehung nicht auf § 201a Abs. 4 Satz 1 StGB gestützt hat, macht die Anordnung für sich genommen noch nicht durchgreifend rechtsfehlerhaft. Denn durch diese Bestimmung werden die allgemeinen Voraussetzungen der Einziehung für Straftaten nach § 201a StGB lediglich erweitert (vgl. § 74 Abs. 4 StGB; dazu MüKoStGB/Joecks, 2. Aufl., § 74 Rn. 52). Nach den Feststellungen waren im vorliegenden Fall auch die Voraussetzungen des § 74 Abs. 1 StGB gegeben.

[9] Das Landgericht hat jedoch die für alle Fälle der obligatorischen oder fakultativen Einziehung geltende Bestimmung des § 74b Abs. 2 StGB (vgl. dazu BGH, Beschluss vom 28. November 2008 – 2 StR 501/08, BGHSt 53, 69, 71; OLG Schleswig, Beschluss vom 15. März 1988 – 1 Ss 85/88, StV 1989, 156; Altenhain in Matt/Renzikowski, StGB, § 74b Rn. 5) übersehen und daher nicht erkennbar geprüft, ob unter Anordnung des Vorbehalts der Einziehung eine weniger einschneidende Maßnahme zu treffen war, sofern der Zweck der Einziehung auch dadurch erreicht werden konnte. Als Ausprägung des Grundsatzes der Verhältnismäßigkeit hat die Vorschrift – anders als die Absätze 1 und 3 dieser Norm – zwingenden Charakter (Senatsbeschluss vom 28. August 2012 – 4 StR 278/12, BGHR StGB § 74b Abs. 2 Einziehung 1 mwN).

[10] Da eine Rückgabe des Laptops mit den betreffenden Videodateien an den Angeklagten nicht in Betracht kommt, hätte hier geprüft werden müssen, welche Dateien auf der Festplatte des Laptops im Einzelnen die Videoaufnahmen enthalten und ob deren Löschung technisch möglich ist. Stünde damit ein milderes geeignetes Mittel als die sonst gebotene (vorbehaltlose) Einziehung zur Verfügung, ist letztere vorzubehalten und eine entsprechende Anordnung zu treffen; es ist dann Sache des Verurteilten, ob er die Anordnung befolgt und dadurch die Einziehung abwendet oder nicht. Ein Ermessen, etwa hinsichtlich der anfallenden Kosten für die Löschung im Verhältnis zum Wert des Computers, ist dem Tatrichter bei dieser Entscheidung schon nach dem Gesetzeswortlaut nicht eröffnet (Senatsbeschluss aaO). Diese Prüfung wird nunmehr nachzuholen sein.

167 Die **strafprozessuale Sicherstellung** von aus Drogengeschäften erlangten Kauferlösen als solche **bewirkt nicht die Aufhebung der unmittelbaren Zuordnung von sichergestellten Geldern zum Täter.** Aber auch die Einzahlung bei der Gerichtskasse führt diese Wirkung nicht herbei. Denn nach der maßgeblichen Anschauung des täglichen Lebens macht es keinen Unterschied, wenn eine bestimmte Banknote als vertretbare Sache durch einen gleichwertigen Anspruch auf den entsprechenden Geldbetrag gegen die Staatskasse ersetzt wird.[161]

[6] Das Rechtsmittel der Staatsanwaltschaft ist – ungeachtet des Wortlauts der Begründungsschrift, die beantragt, gemäß § 73a StGB auf Verfall von Wertersatz in Höhe von 27.400 Euro zu erkennen – nicht auf das Unterbleiben der Anordnung des Verfalls von Wertersatz nach § 73a StGB beschränkt. Aus der Begründung des

[161] BGH, Urteil vom 23.07.2014 – 2 StR 20/14.

Rechtsmittels ergibt sich hinreichend deutlich, dass die Staatsanwaltschaft – ohne Beschränkung auf eine bestimmte rechtliche Einordnung – eine Verfallsentscheidung anstrebt, die im wirtschaftlichen Ergebnis zur Abschöpfung des sichergestellten Bargeldbetrags führt (§ 300 StPO). Mit diesem Anfechtungsumfang – Überprüfung des Absehens jeglicher Verfallsentscheidung – ist die Rechtsmittelbeschränkung auch wirksam (vgl. BGH, Urteil vom 2. Dezember 2004 – 3 StR 246/04, NStZ-RR 2005, 104).

[7] Das Rechtsmittel hat Erfolg. Das Landgericht hat zu Unrecht von einer Verfallsentscheidung hinsichtlich des sichergestellten Geldbetrages in Höhe von 27.400 Euro abgesehen. Der Senat holt dies in entsprechender Anwendung von § 354 Abs. 1 StPO nach.

[8] Das beim Angeklagten bzw. seiner Großmutter sichergestellte Geld im Wert von 27.400 Euro stammte – wie das Landgericht rechtsfehlerfrei festgestellt hat – aus strafbaren Verkäufen von Betäubungsmitteln, wobei der Erlös konkreten Taten, insbesondere den angeklagten Taten, nicht zugeordnet werden konnte. Damit liegen grundsätzlich die Voraussetzungen für die Anordnung eines erweiterten Verfalls gemäß §§ 33 Abs. 1 BtMG i.V.m. 73d Abs. 1 Satz 1 und 2 StGB vor (UA S. 98).

[9] Dieser ist auch nicht – entgegen der Ansicht des Landgerichts – deshalb ausgeschlossen, weil der sichergestellte Betrag bei der Gerichtskasse eingezahlt worden ist. Dadurch ist nämlich die Verfallsanordnung im Sinne von § 73d Abs. 2 StGB (mit der Maßgabe, dass allenfalls der Verfall von Wertersatz im Sinne von § 73a StGB angeordnet werden könnte) nicht unmöglich geworden. Dies wäre nur dann der Fall, wenn das für die Tat oder aus ihr Erlangte damit nicht mehr als solches „bei dem Angeklagten" vorhanden wäre (vgl. BGH, Beschluss vom 21. Oktober 2008 – 4 StR 437/08, NStZ 2010, 85). Davon aber ist nicht auszugehen. Die strafprozessuale Sicherstellung von aus Drogengeschäften erlangten Kauferlösen als solche bewirkt nicht die Aufhebung der unmittelbaren Zuordnung von sichergestellten Geldern zum Täter. Aber auch die Einzahlung bei der Gerichtskasse führt diese Wirkung nicht herbei. Denn nach der maßgeblichen Anschauung des täglichen Lebens macht es keinen Unterschied, wenn eine bestimmte Banknote als vertretbare Sache durch einen gleichwertigen Anspruch auf den entsprechenden Geldbetrag gegen die Staatskasse ersetzt wird (vgl. BGH, Urteil vom 14. Juli 1993 – 3 StR 251/93, BGHR StGB § 74 Identität 1 zum vergleichbaren Problem bei der Einziehung).

[10] Schließlich steht auch § 73c StGB der Anordnung des erweiterten Verfalls nicht entgegen, wenn – wie dargelegt – das aus Betäubungsmittelgeschäften Erlangte auch nach Einzahlung der sichergestellten Geldscheine auf der Gerichtskasse nach maßgeblicher Anschauung des täglichen Lebens beim Angeklagten als Täter verblieben ist. Dies gibt dem Senat Anlass, in der Sache selbst zu entscheiden und den (erweiterten) Verfall selbst anzuordnen.

Die Mitteilung der Strafkammer in den Urteilsgründen, sie habe **„keine Veranlassung" gehabt,** „von der Härtevorschrift des § 73c Abs. 1 StGB Gebrauch zu machen", nicht aus, um die entsprechende Entscheidung des Landgerichts zu rechtfertigen.[162] **168**

---

[162] BGH, Beschluss vom 23.01.2014 – 3 StR 373/13.

Während der Schuld- und der Strafausspruch keine durchgreifenden Rechtsfehler zum Nachteil des Angeklagten aufweisen, kann die Anordnung des Verfalls von Wertersatz keinen Bestand haben. Wie der Generalbundesanwalt zutreffend ausgeführt hat, reicht die Mitteilung der Strafkammer in den Urteilsgründen, sie habe „keine Veranlassung" gehabt, „von der Härtevorschrift des § 73c Abs. 1 StGB Gebrauch zu machen", nicht aus, um die Entscheidung des Landgerichts zu rechtfertigen. Nach den Feststellungen des Landgerichts ist der Angeklagte seit Februar 1998 ohne Arbeit und bezog zunächst Arbeitslosengeld I und danach Leistungen nach dem SGB II. Das Landgericht hätte deshalb prüfen müssen, ob das durch die Verkäufe der Betäubungsmittel Erlangte wertmäßig noch im Vermögen des Angeklagten vorhanden war (BGH, Beschluss vom 10. Januar 2008 – 5 StR 365/07, NStZ 2008, 565). Für den Fall einer Entreicherung des Angeklagten hätte das Landgericht sodann prüfen und begründen müssen, ob in Ausübung des durch § 73c Abs. 1 Satz 2 StGB eingeräumten Ermessens von einem Verfall ganz oder teilweise abgesehen werden soll.

169 Im Rahmen einer Verfallsentscheidung ist nach der Feststellung des Erlangten vorrangig zu erörtern, ob **dessen Wert noch im Vermögen des Angeklagten vorhanden** ist; sodann wäre ggf. eine Ermessensentscheidung nach § 73c Abs. 1 Satz 2 StGB zu treffen.. Erst danach ist zu prüfen und darzulegen, ob und inwieweit in der Verfallsentscheidung eine – nicht allein durch das Nichtmehrvorhandensein des Wertes des Erlangten begründete – unbillige Härte liegen würde, die nach § 73c Abs. 1 Satz 1 StGB zwingend einen Verfall ausschließt.[163]

[3] Nach den rechtsfehlerfrei getroffenen Feststellungen des Landgerichts erlangte der Angeklagte aus den Betäubungsmittelgeschäften insgesamt 494.000 €. Die Strafkammer hat zur Begründung ihrer Verfallsentscheidung lediglich ausgeführt, sie beschränke die Anordnung „gemäß § 73c Abs. 1 Satz 1 StGB allerdings auf rund ein Drittel des erlangten Betrages". Diese Erwägung vermag die Entscheidung nicht zu rechtfertigen. Es ist zu besorgen, dass das Landgericht den systematischen Zusammenhang zwischen den verschiedenen Alternativen des § 73c Abs. 1 StGB verkannt hat (vgl. hierzu BGH, Urteil vom 26. März 2009 – 3 StR 579/08, BGHR StGB § 73c Härte 14 mwN). Danach hätte nach der Feststellung des Erlangten vorrangig erörtert werden müssen, ob dessen Wert noch im Vermögen des Angeklagten vorhanden ist; sodann wäre ggf. eine Ermessensentscheidung nach § 73c Abs. 1 Satz 2 StGB zu treffen gewesen. Erst danach hätte geprüft und dargelegt werden müssen, ob und inwieweit in der Verfallsentscheidung eine – nicht allein durch das Nichtmehrvorhandensein des Wertes des Erlangten begründete (vgl. BGH aaO) – unbillige Härte liegen würde, die nach § 73c Abs. 1 Satz 1 StGB zwingend einen Verfall ausschließt.

170 Einzuziehende **Gegenstände** müssen **so genau angegeben** werden, dass bei allen Beteiligten und den Vollstreckungsorganen **Klarheit über den Umfang der Einziehung** besteht.[164]

---

[163] BGH, Beschluss vom 26.06.2014 – 3 StR 83/14.
[164] BGH, Beschluss vom 14.05.2014 – 3 StR 398/13.

[6] Dagegen ist die im Urteil ausgesprochene Einziehungsanordnung fehlerhaft. Der Generalbundesanwalt hat in seinen Antragsschriften hierzu ausgeführt:

> *„Allerdings kann die Einziehungsanordnung nicht bestehen bleiben; denn das Landgericht hat die einzuziehenden Gegenstände nicht ausreichend konkret bezeichnet. Einzuziehende Gegenstände müssen so genau angegeben werden, dass bei allen Beteiligten und den Vollstreckungsorganen Klarheit über den Umfang der Einziehung besteht (Senat NStZ-RR 2009, 384 sowie Beschluss vom 16. Oktober 2012 – 3 StR 406/12 und vom 23. November 2011 [richtig: 2010] – 3 StR 393/10). Diesen Anforderungen wird die Kennzeichnung der Einziehungsgegenstände in der Urteilsformel nicht gerecht. Einer Zurückverweisung der Sache bedarf es jedoch nicht, wenn die Urteilsgründe die erforderlichen Angaben enthalten und das Revisionsgericht gemäß § 354 Abs. 1 StPO die Entscheidung selbst treffen kann (Senat a.a.O.). Soweit die Einziehung der ‚sichergestellten Betäubungsmittel' angeordnet worden ist, die das Landgericht allerdings auf § 33 Abs. 2 BtMG hätte stützen müssen, enthalten die Urteilsgründe die bei Betäubungsmitteln erforderlichen Angaben über Art und Menge, so dass die konkrete Bezeichnung der einzuziehenden Gegenstände insoweit nachgeholt werden kann (UA S. 8 und 41). In Bezug auf die ‚sichergestellten Handelsutensilien' hält die Einziehungsanordnung indes rechtlicher Nachprüfung nicht stand (UA S. 47). Hinsichtlich der Mobiltelefone enthält das Urteil keine Bezeichnung zu ihrer Individualisierung; damit bleibt zugleich offen, ob es sich bei ihnen um die bei der Tat benutzten handelt und mithin die sachlichrechtlichen Einziehungsvoraussetzungen vorliegen. Ebenso enthält das Urteil keine Angaben zur Art und zur Menge des Verpackungsmaterials. Auch lässt sich den Urteilsgründen nicht entnehmen, ob auch die – jedoch der Menge nach nicht konkretisierten – sichergestellten Streckmittel (UA S. 42) der Einziehung unterfallen (UA S. 47). In Bezug auf die ‚sichergestellten Handelsutensilien' besteht daher allein hinsichtlich der Feinwaage Klarheit über den Umfang der Einziehung. Gleichwohl erscheint es angezeigt, die Einziehungsentscheidung hinsichtlich der ‚sichergestellten Handelsutensilien' insgesamt aufzuheben, um dem neuen Tatgericht eine einheitliche Entscheidung hierüber zu ermöglichen.*
>
> *Gemäß § 357 StPO ist eine Erstreckung der Aufhebung des angefochtenen Urteils auf die Einziehungsanordnung gegen den nicht revidierenden Mitangeklagten K. geboten."*

[7] Dem schließt sich der Senat an.

Das **Fehlen der Voraussetzungen des § 73 Abs. 3 StGB** schließt es freilich nicht aus, dass gegen den Empfänger einer Leistung Verfall gemäß § 73 Abs. 1 Satz 1 StGB angeordnet werden kann, wenn er sich beim Empfang einer **zumindest leichtfertig begangenen Geldwäsche** (§ 261 Abs. 5 StGB) schuldig gemacht hat.[165] **171**

Der Verfallsanordnung nach § 73 Abs. 1 Satz 1 i.V.m. § 73a Satz 1 StGB steht die Vorschrift des § 73 Abs. 1 Satz 2 StGB entgegen, wonach eine solche **Anordnung zu unterbleiben** hat, soweit **dem Verletzten aus der Tat ein Anspruch erwachsen ist, dessen Erfüllung dem Täter den Wert des aus der Tat Erlangten entziehen** würde. Maßgebend hierfür ist nach der Rechtsprechung lediglich die rechtliche Existenz **172**

---

165 BGH, Urteil vom 3.12.2013 – 1 StR 53/13.

des Anspruchs, nicht dagegen die Frage, ob dieser voraussichtlich auch geltend gemacht wird.[166]

Dass den Geschädigten der abgeurteilten Diebstahlstaten Ansprüche gegen den Angeklagten zustehen, die die Grundlage für Feststellungen gemäß § 111i Abs. 2 StPO zu einem Auffangrechtserwerb des Staates bilden können, liegt im vorliegenden Fall auf der Hand.

173 Maßgebend für die **Ermessensentscheidung** nach § 73c Abs. 1 Satz 2 1. Alt. StGB ist neben der **Gesamthöhe des Erlangten** und den **wirtschaftlichen Verhältnissen des Betroffenen** insbesondere der **Grund, aus welchem das Erlangte bzw. dessen Wert sich nicht mehr im Vermögen des Angeklagten befindet**. Hierbei können etwa das „Verprassen" der erlangten Mittel oder ihre Verwendung für Luxus und zum Vergnügen gegen die Anwendung der Härtevorschrift sprechen; andererseits kann ihr Verbrauch in einer Notlage oder zum notwendigen Lebensunterhalt des Betroffenen und seiner Familie als Argument für eine positive Ermessensentscheidung dienen.[167]

174 Das Landgericht hat den Verfall von Wertersatz im Umfang des Bruttoerlöses für den Verkauf von Betäubungsmitteln angeordnet. Es hat angemerkt, darin liege weder eine unbillige Härte noch sei nach dem Ermessen des Gerichts gemäß § 73c Abs. 1 Satz 2 – 1. Alt. – StGB von der Anordnung abzusehen. **Letztere Bemerkung wurde jedoch nicht mit Ausführungen begründet, die auf den Einzelfall bezogen sind**, obwohl das Landgericht festgestellt hat, der Angeklagte habe nach dem Verkauf seines Hausgrundstücks noch Schulden, die er allerdings auf einen „überschaubaren Betrag" zurückgeführt habe. Nähere Feststellungen zu den wirtschaftlichen Verhältnissen hat die Strafkammer nicht getroffen.

Anhand dieser Ausführungen kann der Senat nicht nachprüfen, ob die Entscheidung rechtsfehlerfrei getroffen wurde. Die Anordnung des Verfalls von Wertersatz bedarf daher neuer Verhandlung und Entscheidung.[168]

175 Aus dem **systematischen Verhältnis zwischen** der bei **„unbilliger Härte"** zwingend zum Ausschluss der Verfallsanordnung führenden Regelung in § 73c Abs. 1 Satz 1 StGB einerseits und der **Ermessensvorschrift in § 73c Abs. 1 Satz 2 StGB** andererseits ergibt sich, dass regelmäßig zunächst auf der Grundlage letztgenannter Vorschrift zu prüfen ist, ob von einer Anordnung des Verfalls oder Wertersatzverfalls abgesehen werden kann. Gemäß § 73c Abs. 1 Satz 2 StGB kann eine Verfallsanordnung unterbleiben, soweit das Erlangte oder dessen Wert zum Zeitpunkt der tatrichterlichen Entscheidung im Vermögen des Betroffenen nicht mehr vorhanden sind. Es ist deshalb zunächst festzustellen, was der Angeklagte aus der Tat „erlangt" hat, sodann ist diesem Betrag der Wert seines noch vorhandenen Vermögens gegenüber zu stellen. Wenn hiernach auch ein Gegenwert des Erlangten im Vermögen des Angeklagten nicht mehr vorhanden ist, kann der Tatrichter von einer Verfallsanordnung absehen.[169]

---

166 BGH, Beschluss vom 8.05.2014 – 4 StR 115/14.

167 BGH, Beschluss vom 14.10.2014 – 2 StR 134/14; vgl. hierzu auch Beschluss vom 29.01.2014 – 1 StR 699/13.

168 BGH, Beschluss vom 17.06.2014 – 2 StR 65/14.

169 BGH, Beschluss vom 13.02.2014 – 1 StR 336/13.

[13] Die Anordnung von Wertersatzverfall in das Vermögen beider Verfallsbeteiligter hält rechtlicher Überprüfung nicht stand. Die Handhabung der Härtevorschrift des § 73c StGB durch das Landgericht weist Rechtsfehler auf.

[14] 1. Die Anwendung von § 73c StGB ist zwar Sache des Tatrichters (BGH, Urteile vom 14. September 2004 – 1 StR 202/04, JR 2004, 517, 518; vom 2. Oktober 2008 – 4 StR 153/08, NStZ-RR 2009, 234; Beschluss vom 20. August 2013 – 3 StR 128/13, NStZ-RR 2013, 340 jeweils mwN). Daraus folgt aber nicht, dass Auslegung und Anwendung (bzw. Nichtanwendung) der Vorschrift jeglicher Kontrolle durch das Revisionsgericht entzogen wären.

[15] Wegen der Beurteilungsprärogative des Tatrichters ist zwar die Gewichtung der für das Vorliegen einer unbilligen Härte i.S.d. § 73c Abs. 1 Satz 1 StGB maßgeblichen Umstände der revisionsrechtlichen Kontrolle nicht zugänglich. Allerdings kann mit der Revision die rechtsfehlerhafte Auslegung des Tatbestandsmerkmals „unbillige Härte" beanstandet werden (BGH, jeweils aaO). Um dem Revisionsgericht die Überprüfung der Auslegung der Härteklausel zu ermöglichen, bedarf es – soweit nicht auf die Ausführungen zu § 73c StGB überhaupt verzichtet werden kann (vgl. BGH, Beschluss vom 15. März 2011 – 1 StR 75/11, BGHSt 56, 191, 195 f.) – Ausführungen im Urteil, die die revisionsgerichtliche Überprüfung, ob das Tatgericht den Begriff der unbilligen Härte nach § 73c Abs. 1 Satz 1 StGB richtig angewandt hat (vgl. BGH, Beschluss vom 20. August 2013 – 3 StR 128/13, NStZ-RR 2013, 340), erlauben.

[16] Nach der Rechtsprechung des Bundesgerichtshofs ergibt sich zudem aus dem systematischen Verhältnis zwischen der bei „unbilliger Härte" zwingend zum Ausschluss der Verfallsanordnung führenden Regelung in § 73c Abs. 1 Satz 1 StGB einerseits und der Ermessensvorschrift in § 73c Abs. 1 Satz 2 StGB andererseits, dass regelmäßig zunächst auf der Grundlage letztgenannter Vorschrift zu prüfen ist, ob von einer Anordnung des Verfalls oder Wertersatzverfalls abgesehen werden kann (BGH, Beschluss vom 21. März 2013 – 3 StR 52/13, StV 2013, 630 f.; vgl. auch BGH, Urteil vom 26. März 2009 – 3 StR 579/08, NStZ 2010, 86). Gemäß § 73c Abs. 1 Satz 2 StGB kann eine Verfallsanordnung unterbleiben, soweit das Erlangte oder dessen Wert zum Zeitpunkt der tatrichterlichen Entscheidung im Vermögen des Betroffenen nicht mehr vorhanden sind (BGH, Urteil vom 12. September 1984 – 3 StR 333/84, BGHSt 33, 37, 39 f.; Beschlüsse vom 29. Oktober 2002 – 3 StR 364/02, insoweit nicht abgedruckt in NStZ-RR 2003, 75; vom 14. Mai 2008 – 3 StR 136/08, StV 2008, 576 f.; vom 21. März 2013 – 3 StR 52/13, StV 2013, 630 f.). Es ist deshalb zunächst festzustellen, was der Angeklagte aus der Tat „erlangt" hat, sodann ist diesem Betrag der Wert seines noch vorhandenen Vermögens gegenüber zu stellen (BGH, Urteil vom 26. März 2009 – 3 StR 579/08, NStZ 2010, 86, 87; Beschluss vom 21. März 2013 – 3 StR 52/13, StV 2013, 630 f.). Wenn hiernach auch ein Gegenwert des Erlangten im Vermögen des Angeklagten nicht mehr vorhanden ist, kann der Tatrichter von einer Verfallsanordnung absehen.

[17] 2. Den vorgenannten Maßstäben ist das Tatgericht hinsichtlich beider Verfallsbeteiligter weder bei der Anwendung der Ermessensvorschrift in § 73c Abs. 1 Satz 2 StGB noch bei der Härteklausel aus § 73c Abs. 1 Satz 1 StGB in ausreichendem Maße gerecht geworden.

[18] a) Hinsichtlich der Anordnung von Wertersatzverfall in das Vermögen der im Insolvenzverfahren befindlichen Verfallsbeteiligten zu 1. hat das Tatgericht zwar im rechtlichen Ausgangspunkt zutreffend beachtet, dass nach der Rechtsprechung des Senats in einer solchen Konstellation für die Anwendung von § 73c Abs. 1 Satz 2

Alt. 1 StGB grundsätzlich maßgeblich ist, dass die Insolvenzmasse nicht zur Befriedigung vorrangiger Forderungen ausreicht und somit kein verwertbares Vermögen (mehr) vorhanden ist (Senat, Urteil vom 30. Mai 2008 – 1 StR 166/07, BGHSt 52, 227, 253 Rn. 114). Die dazu getroffenen Feststellungen und die ihnen zugrunde liegende Beweiswürdigung ermöglichen dem Senat jedoch nicht in der gebotenen Weise die Nachprüfung, ob das Landgericht sein Ermessen bei der Anwendung von § 73c Abs. 1 Satz 2 Alt. 1 StGB rechtsfehlerfrei ausgeübt hat. Das Urteil gibt insoweit lediglich die vom Tatrichter als glaubhaft bewertete Aussage des Insolvenzverwalters der Verfallsbeteiligten zu 1. wieder, die vorhandene Masse von „derzeit" mehr als 1.500.000 Euro werde „voraussichtlich ausreichen", um vorrangige Gläubiger zu befriedigen (UA S. 79).

[19] Das genügt für die revisionsgerichtliche Überprüfung der Ermessensentscheidung nicht. Wie dargelegt (II.1.) ist bei der Anwendung von § 73c Abs. 1 Satz 2 Alt. 1 StGB durch den Tatrichter festzustellen, was von dem durch die Tat bzw. die Taten Erlangten noch in dem Vermögen des Täters bzw. des Drittbegünstigten vorhanden ist. Ist selbst ein Gegenwert des Erlangten nicht mehr im Vermögen vorhanden, kann von der Ermessensvorschrift Gebrauch gemacht werden. Das angefochtene Urteil enthält aber über das im vorstehenden Absatz Genannte hinaus keine Feststellungen dazu, was bei der Verfallsbeteiligten zu 1. von dem Erlangten noch vorhanden ist. Selbst dem Gesamtzusammenhang des Urteils ist nicht zu entnehmen, in welchem Umfang noch wertmäßig aus den Taten des Angeklagten Erlangtes in dem Vermögen der Verfallsbeteiligten zu 1. vorhanden ist. Da das Tatgericht keine Feststellungen zu deren Geschäftstätigkeit außerhalb der den Taten C.II.1. bis 5. der Urteilsgründe zugrundeliegenden Verträge getroffen hat, lässt sich nicht erkennen, ob das noch vorhandene Vermögen der Verfallsbeteiligten zu 1. wertmäßig aus den Taten herrührt. Die für den Senat im Übrigen mangels näherer Angaben zu den Vermögensverhältnissen der Verfallsbeteiligten zu 1. nicht überprüfbare Angabe, die vorhandene Insolvenzmasse werde „voraussichtlich" zur Befriedigung vorrangiger Gläubiger genügen, trägt damit die Anwendung der Ermessensvorschrift des § 73c Abs. 1 Satz 2 Alt. 1 StGB durch das Tatgericht nicht.

[20] In Bezug auf eine „unbillige Härte" i.S.v. § 73c Abs. 1 Satz 1 StGB erschöpft sich das Urteil in der Behauptung des Fehlens einer solchen. Das reicht ungeachtet der Feststellungen über das Vorhandensein einer Insolvenzmasse im Wert von rund 1.500.000 Euro nicht aus, um die Anwendung der Vorschrift auszuschließen. Zwar ist eine „unbillige Härte" erst dann gegeben, wenn die Anordnung des Verfalls schlechthin ungerecht wäre und das Übermaßverbot verletzen würde. Die Auswirkungen des Verfalls müssen mithin im konkreten Einzelfall außer Verhältnis zu dem vom Gesetzgeber mit der Maßnahme angestrebten Zweck stehen (st. Rspr.; siehe nur BGH, Urteil vom 26. März 2009 – 3 StR 579/08, NStZ 2010, 86 f.). Das Nichtvorhandensein des Erlangten bzw. eines Gegenwertes im Vermögen des von der Verfallsanordnung Betroffenen kann nach der inneren Systematik des § 73c Abs. 1 StGB für sich genommen regelmäßig keine unbillige Härte begründen (BGH, aaO). Maßgeblich für das Vorliegen einer „unbilligen Härte" gemäß § 73c Abs. 1 Satz 1 StGB ist, wie sich die Verfallsanordnung auf das davon betroffene Vermögen auswirken würde (vgl. BGH, Urteil vom 13. Juni 2001 – 3 StR 131/01, wistra 2001, 388, 389; MünchKommStGB/Joecks, Band 2, 2. Aufl., § 73c Rn. 11 mwN). Da sich das angefochtene Urteil nicht näher als geschildert zu der „unbilligen Härte" verhält, ist dem Senat die Überprüfung nicht möglich, ob das Tatgericht das genannte Merkmal rechtsfehlerfrei ausgelegt hat.

[21] b) Die gegen die Verfallsbeteiligte zu 2. getroffene Anordnung von Wertersatzverfall war schon deshalb aufzuheben, weil das Landgericht sich mit den Voraussetzungen von § 73c Abs. 1 StGB überhaupt nicht befasst hat. Da das Urteil sich mit den geschäftlichen Aktivitäten der Verfallsbeteiligten zu 2. – mit Ausnahme der Schilderung des Motivs des Angeklagten für deren Gründung – sowie zu deren Vermögensverhältnissen außerhalb der Überweisung der Vergütung im Fall C.II.5. der Urteilsgründe und zu der von dem Angeklagten selbst getätigten Überweisung von 600.000 Euro von einem Konto der Verfallsbeteiligten zu 1. auf das der Verfallsbeteiligten zu 2. nicht beschäftigt, kann der Senat nicht einmal beurteilen, ob auf Ausführungen zu § 73c StGB verzichtet werden konnte (vgl. BGH, Beschluss vom 15. März 2011 – 1 StR 75/11, BGHSt 56, 191, 195 f.).

Der Umstand, dass es **naheliegend sein mag**, dass ein Betäubungsmittelhändler bei **176**
Geschäften **im festgestellten Umfang Einnahmen in entsprechender Höhe erzielt,** enthebt das Tatgericht nicht entsprechender Feststellungen oder zumindest der Angabe einer nachvollziehbaren Schätzgrundlage.[170]

[12] Die Strafkammer ist davon ausgegangen, dass der Angeklagte dadurch, dass er im Fall II. 26. der Urteilsgründe seinen Abnehmer benannte – in diesem Fall lieferte der Angeklagte die Handelsmenge von fünf Kilogramm Marihuana selbst aus –, die Voraussetzungen des § 31 BtMG erfüllt habe, ohne dass dies allerdings näher ausgeführt wird. In den Erwägungen zur Strafzumessung in den Fällen II. 1.–24. und 26.–27. der Urteilsgründe hat sie die Annahme minder schwerer Fälle mit Blick auf die Menge der gelieferten Betäubungsmittel – insgesamt und in jedem Einzelfall – abgelehnt. Erschwerend käme die strafrechtliche Vorbelastung des Angeklagten hinzu. Sodann hat die Strafkammer ausgeführt, dass schon aufgrund dieser Umstände trotz der geleisteten Aufklärungshilfe eine Strafrahmenmilderung „nach einer Gesamtabwägung" nicht in Betracht komme.

[13] Dies ist nicht frei von Rechtsfehlern: Im Ausgangspunkt zutreffend hat das Landgericht zwar angenommen, dass es sich bei der Entscheidung über eine Strafrahmenmilderung nach § 31 BtMG um eine Ermessensentscheidung des Gerichts handelt, die nach einer Gesamtwürdigung aller Umstände des Falles zu treffen ist. Die Ablehnung der Strafrahmenverschiebung hat es dann aber im Wesentlichen mit der großen Menge der Betäubungsmittel und der Vielzahl der Taten begründet, ohne – wie es geboten gewesen wäre – die Bedeutung und das Gewicht des Aufklärungserfolges erkennbar zu berücksichtigen (Körner/Patzak, aaO, § 31 Rn. 71 mwN). Dies ergibt sich bereits daraus, dass sich die Urteilsgründe zur Bedeutung des Aufklärungserfolges – immerhin benannte der Angeklagte den Abnehmer von fünf Kilogramm Marihuana – nicht verhalten. Sollte die Strafkammer – was der Senat aufgrund des Darstellungsmangels nicht abschließend beurteilen kann – letztlich von einer unwesentlichen Aufklärungshilfe ausgegangen sein, hätte sie auch dies in den Urteilsgründen näher darlegen müssen (BGH, Beschluss vom 2. Juni 2010 – 5 StR 42/10, NStZ-RR 2010, 319).

[14] 5. Die Aufhebung der Anordnung von Wertersatzverfall gegen den Angeklagten folgt schon aus der weitgehenden Aufhebung der Schuldsprüche, weil das Landgericht das aus den Taten Erlangte keiner bestimmten Straftat zugeordnet hat. Für die neue Verhandlung weist der Senat darauf hin, dass die Anordnung auch deshalb

---

[170] BGH, Beschluss vom 15.10.2013 – 3 StR 224/13.

rechtsfehlerhaft war, weil die Strafkammer keine Tatsachen mitgeteilt hat, aus denen sich ergibt, dass der Angeklagte überhaupt etwas – und wenn mindestens 5.000 € – aus den Straftaten erlangt hat. Der Umstand, dass es naheliegend sein mag, dass ein Betäubungsmittelhändler bei Geschäften im festgestellten Umfang Einnahmen in dieser Höhe erzielt, enthebt das Tatgericht nicht entsprechender Feststellungen oder zumindest der Angabe einer nachvollziehbaren Schätzgrundlage. Ob sich eine solche für das Landgericht aus den Angaben eines vernommenen Polizisten ergeben hat, kann der Senat nicht beurteilen, weil diese in den Urteilsgründen nicht mitgeteilt werden.

177 Der Ausspruch über die Anordnung des Wertersatzverfalls hat keinen Bestand. Das Landgericht hat es versäumt, die Voraussetzungen der Regelung des § 73c Abs. 1 StGB zu prüfen und das gemäß § 73c Abs. 1 Satz 2 Alt. 1 StGB **eröffnete Ermessen auszuüben.** Jedenfalls dafür, dass die Voraussetzungen des § 73c Abs. 1 Satz 2 Alt. 1 StGB im vorliegenden Fall nicht zu erörtern gewesen wären, bieten die Feststellungen zu den persönlichen und wirtschaftlichen Verhältnissen keinen Anlass.[171]

178 Einer **Anordnung des Verfalls von Wertersatz** steht entgegen, dass aus den Taten einem Verletzten Ansprüche erwachsen sind, deren Erfüllung dem Angeklagten den Wert des Erlangten entziehen würde (§ 73 Abs. 1 Satz 2 StGB).[172]

[5] Nimmt ein Angestellter oder Beauftragter eines geschäftlichen Betriebs im geschäftlichen Verkehr einen Vorteil als Gegenleistung dafür an, dass er einen anderen im Wettbewerb bevorzuge, so ist er dem Geschäftsherrn nach § 687 Abs. 2 Satz 1, § 681 Satz 2, § 667 BGB zur Herausgabe des Erlangten verpflichtet. Der Geschäftsherr des Bestochenen ist auch Verletzter der Bestechlichkeit bzw. der Bestechung im geschäftlichen Verkehr, denn die Gewährung von Sondervorteilen für einen bestimmten Wettbewerber lässt regelmäßig eine Willensbeeinflussung zum Nachteil des Geschäftsherrn besorgen (BGH, Beschluss vom 31. März 2008 – 5 StR 631/07, wistra 2008, 262, 263; Urteil vom 15. März 2001 – 5 StR 454/00, BGHR StGB § 73 Verletzter 5). Eine solche Besorgnis besteht auch dann, wenn der Bestochene dem Wettbewerber – wie hier – absprachegemäß das „günstigste Angebot" ermöglicht, denn damit eröffnet er diesem zugleich einen Rahmen, in dem sich, losgelöst von der tatsächlichen kaufmännischen Kalkulation, ein annahmefähiges Angebot noch bewegen kann. Der Anspruch auf Herausgabe der Schmiergelder dient letztlich der Kompensation für eine solche Beeinträchtigung der Interessen des Geschäftsherrn (BGH aaO); dass der Geschäftsherr durch das Handeln des Bestochenen keine – zum Tatbestand der Untreue (§ 266 Abs. 1 StGB) führende – Vermögenseinbuße erlitten hat, bleibt somit entgegen der Auffassung des Landgerichts ohne Belang.
[6] 2. Soweit anstelle der Anordnung des Verfalls von Wertersatz eine Feststellung nach § 111i Abs. 2 Satz 1 StPO in Betracht kommt, ist der Senat an einer eigenen Sachentscheidung gehindert, denn hierüber ist nach pflichtgemäßem tatrichterlichem Ermessen zu befinden. Der neue Tatrichter wird allerdings zu beachten haben, dass die Vorschrift auf Taten, die bereits vor dem 1. Januar 2007 beendet waren, keine Anwendung findet (zu alledem BGH, Beschluss vom 18. Dezember 2008 – 3 StR 460/08, wistra 2009, 241).

---

171 BGH, Beschluss vom 26.03.2014 – 1 StR 35/14.
172 BGH, Beschluss vom 20.03.2014 – 3 StR 28/14.

Nach § 74 Abs. 1 StGB können **nur Gegenstände eingezogen** werden, die **durch die Straftat hervorgebracht** oder **zu ihrer Begehung oder Vorbereitung gebraucht** werden oder bestimmt gewesen sind. Der Gegenstand muss gerade bei der abgeurteilten Tat eine bestimmende Rolle gespielt haben, die im Urteil festzustellen ist.[173] 179

Diese Voraussetzungen sind in den Urteilsgründen lediglich hinsichtlich der Motorradkutten mit Club-Emblemen belegt. Diese wurden unmittelbar vor der Tat übergezogen, um das optische Droh-Potenzial zu verstärken.

Einzuziehende Gegenstände müssen **so genau angegeben werden**, dass bei allen Beteiligten und den Vollstreckungsorganen Klarheit über den Umfang der Einziehung besteht. Die Bezugnahme auf die Anklageschrift oder ein Asservatenverzeichnis genügt dafür nicht.[174] 180

Die Entscheidung über den Verfall der drei sichergestellten Armbanduhren hat keinen Bestand. Das Landgericht begründet seine auf **§ 73d StGB gestützte Verfallsentscheidung** damit, die hochwertigen Uhren müssten mit aus illegalen Geschäften herrührenden Geldern erworben sein, da der Angeklagte – auch in der Vergangenheit – über keine nennenswerten legalen Einkünfte verfügt habe. 181

Die Strafkammer hat – wie von der Revision beanstandet – bei Anordnung des erweiterten Verfalls ihrer Aufklärungspflicht nicht genügt. Ihr war aufgrund umfangreicher Korrespondenz mit dem Verteidiger bekannt, dass zwei Armbanduhren der Marke Breitling Gegenstand eines früheren Strafverfahrens gegen den Angeklagten gewesen und dort mit Verfügung der Staatsanwaltschaft vom 12. Oktober 2006 freigegeben worden waren. Da es nicht fernliegend ist, dass diese Uhren mit den hier für verfallen erklärten Breitling-Uhren identisch sind, **hätte es sich aufgedrängt**, z.B. durch Beiziehung der Strafakten des früheren Verfahrens **aufzuklären,** warum seinerzeit eine Verfallsanordnung unterblieben war.[175]

18. Strafantrag – § 78 StGB

Wirksamkeit des Strafantrags eines vom Amtsgericht **bestellten Betreuers** ohne ausdrückliche Erstreckung des Aufgabenkreises auf eine Strafantragstellung.[176] 182

[7] Mit Beschluss vom 5. September 2011 setzte das über die rückständigen Heimkosten am 7. Juli 2011 informierte Amtsgericht Ottweiler Rechtsanwalt S. zunächst als Kontrollbetreuer gemäß § 1896 Abs. 3 BGB zur Wahrnehmung der Rechte der Betroffenen gegenüber dem Bevollmächtigten ein. Die für dieses Verfahren bereits zuvor bestellte Verfahrenspflegerin hatte das Amtsgericht mit Schreiben vom 29. August 2011 darauf hingewiesen, dass der Angeklagte eine Auflistung mit Nachweisen über die Verwendung des Kauferlöses aus dem Verkauf des Wohnanwesens schuldig geblieben sei und „begründeter Verdacht" bestehe, dass „die Gelder nicht zweckentsprechend verwendet worden" seien. Nachdem Rechtsanwalt S. am 14. Sep-

173 BGH, Beschluss vom 14.01.2014 – 2 StR 187/13.
174 BGH, Beschluss vom 4.11.2014 – 1 StR 474/14.
175 BGH, Beschluss vom 18.02.2014 – 2 StR 391/13.
176 BGH, Urteil vom 29.07.2014 – 5 StR 46/14.

tember 2011 die dem Angeklagten erteilte Vorsorgevollmacht widerrufen hatte, wurde er vom Amtsgericht Ottweiler im Wege der einstweiligen Anordnung am 19. September 2011 mit sofortiger Wirkung zum vorläufigen Betreuer der B. mit den Aufgabenkreisen Gesundheitssorge, Aufenthaltsbestimmung, Vermögenssorge, Vertretung gegenüber Ämtern und Behörden, Entgegennahme und Öffnen der Post bestellt. Mit an die Polizei gerichtetem Schriftsatz vom 20. September 2011 stellte Rechtsanwalt S. Strafantrag aus allen in Betracht kommenden Gründen wegen des gegen den Angeklagten bestehenden Verdachts, die ihm erteilte Vollmacht missbraucht und Gelder für eigene Zwecke verwandt zu haben.

[8] 3. Ein Verfahrenshindernis besteht nicht. Zwar hat der Generalbundesanwalt zutreffend darauf hingewiesen, dass aufgrund des zwischen dem Angeklagten und B. fortbestehenden Pflegeverhältnisses im Sinne des § 11 Abs. 1 Nr. 1 lit.b StGB (vgl. LK/Hilgendorf, 12. Aufl., § 11 Rn. 15; MünchKommStGB/Radtke, 2. Aufl., § 11 Rn. 14) nach §§ 247, 266 Abs. 2 StGB ein Strafantrag erforderlich war. Entgegen der vor Anberaumung der auptverhandlung vertretenen, in der Verhandlung indes nicht aufrecht erhaltenen Auffassung des Generalbundesanwalts ist der Strafantrag jedoch wirksam gestellt worden.

[9] a) Der Betreuer war nach § 77 Abs. 3 StGB berechtigt, als derjenige, dem die Sorge für die Person B.s zusteht, einen Strafantrag gemäß §§ 247, 266 Abs. 2 StGB zu stellen. Einer ausdrücklichen Zuweisung der Strafantragsbefugnis bedurfte es angesichts der ihm übertragenen Aufgabenkreise im vorliegenden Fall nicht. Letztlich kann dahinstehen, ob bei Übertragung derart eitreichender Aufgabenkreise, die neben den Bereichen der Vermögenssorge und der Antragstellung gegenüber Behörden auch weitgehende persönliche Belange betreffen, die Strafantragsbefugnis nach § 247 StGB gesondert übertragen werden muss (so aber z.B. OLG Karlsruhe, Beschluss vom 12. Dezember 2012 – 3 Ws 397/12, teilweise in NStZ-RR 2014, 143 abgedruckt; OLG Celle, NStZ 2012, 702; OLG Köln, wistra 2005, 392; aA LG Ravensburg, FamRZ 2001, 937). Denn im vorliegenden Fall ergab sich die Notwendigkeit einer gesetzlichen Betreuung gerade aus der Aufdeckung möglicher Untreuevorwürfe. Die Klärung und Entscheidung der dringlich gewordenen Frage, welche Maßnahmen im Einzelnen zu ergreifen sind, so auch, ob im Namen der Betreuten ein Strafantrag zu stellen ist, war demgemäß Teil des objektiven Betreuungsbedarfs der B.

[10] aa) Der im Betreuungsrecht geltende Erforderlichkeitsgrundsatz (vgl. Regierungsentwurf eines Betreuungsgesetzes, BT-Drucks. 11/4528, S. 58, 120) steht hier der Annahme der Strafantragsbefugnis nicht entgegen. Nach § 1896 Abs. 2 Satz 1 BGB darf ein Betreuer nur für Aufgabenkreise bestellt werden, in denen die Betreuung erforderlich ist. Ob und für welche Aufgabenbereiche ein Betreuungsbedarf besteht, ist aufgrund der konkreten, gegenwärtigen Lebenssituation des Betroffenen zu beurteilen (vgl. BGH, Beschluss vom 6. Juli 2011 – XII ZB 80/11, NJW-RR 2011, 1506, 1507; MünchKommBGB/Schwab, 6. Aufl., § 1896 Rn. 39, 41; Palandt/Götz, BGB, 73. Aufl., § 1896 Rn. 10). Die Regelung verlangt nicht, dass bei der Bestimmung der jeweiligen Aufgabenkreise die einzelnen Besorgungen, die dem Betreuer zukommen, insbesondere die Rechtsgeschäfte, die er abzuschließen hat, gesondert bezeichnet werden müssen (vgl. Regierungsentwurf, aaO, S. 121). Daraus folgt, dass die Strafantragsbefugnis sich grundsätzlich aus bestimmten Aufgabenkreisen ergeben kann, die sich auch aus einem möglicherweise verletzten Rechtsgut ableiten lassen (vgl. auch MünchKommBGB/Schwab aaO, Rn. 100).

[11] bb) Die Höchstpersönlichkeit des Strafantragsrechts gebietet eine ausdrückliche Übertragung der Befugnis nach § 77 Abs. 3 StGB auf den Betreuer nicht.

[12] Der Strafantrag ist ein an ein Strafverfolgungsorgan gerichtetes förmliches Verlangen, eine bestimmte Straftat zu verfolgen (vgl. BGH, Urteil vom 19. Juni 1956 – 5 StR 188/56, GA 1957, 17, 19; LK/Schmid, StGB, 12. Aufl., § 77 Rn. 6; Meyer, Zur Rechtsnatur und Funktion des Strafantrags, 1984, S. 1). Die Entscheidung darüber, ob eine Tat im Hinblick auf den von § 247 StGB geschützten Familienfrieden vom Verletzten als nicht strafwürdig hingenommen (vgl. Meyer, aaO S. 45) werden soll, ist zwar höchstpersönlicher Natur, sie steht aber – anders als der Generalbundesanwalt ursprünglich gemeint hat – nicht mit den gänzlich betreuungsfeindlichen höchstpersönlichen Rechten wie den Rechten auf Eheschließung und auf Errichtung eines Testaments auf einer Stufe, bei denen weder eine Vertretung in der Erklärung und im Willen noch ein Einwilligungsvorbehalt nach § 1903 Abs. 2 BGB zulässig ist. Dies folgt schon daraus, dass die Strafantragsbefugnis bei nicht voll geschäftsfähigen Personen vom gesetzlichen Vertreter (§ 77 Abs. 3 StGB) wahrgenommen wird.

[13] cc) Der sich in der konkreten Lebenssituation ergebende Betreuungsbedarf der B. umfasste auch die Geltendmachung und Durchsetzung ihrer sich aus den etwaigen Untreuehandlungen des Angeklagten ergebenden Rechte, einschließlich der Wahrnehmung ihrer Verletztenrechte nach § 77 Abs. 1, § 247 StGB.

B. StGB – Besonderer Teil

I. Grundsätzliches

1. Überblick

Die wichtigsten Bereiche des Besonderen Teils des Strafrechts, zu denen im zurückliegenden Jahr Entscheidungen des Bundesgerichtshofes ergangen sind, waren – wie bereits auch in den Vorjahren – vor allem die Sachverhalte, bei denen erfahrungsgemäß eher selten Vereinbarungen geschlossen werden, insbesondere Tötungsdelikte, Sexualdelikte in Verbindung mit Kindern sowie Pornografie-Straftaten, Delikte der Körperverletzung, des Raubes und der räuberischen Erpressung, Betrugstaten verschiedener Art, Brandstiftungs- und Straßenverkehrsdelikte. **183**

Im Einzelnen zu nennen sind: **184**

- Entscheidungen zu den immer häufiger vorkommenden Straftaten des Computerbetrugs und der missbräuchlichen Verwendung von **Geld- und Kreditkarten,**[177]
- zahlreiche Entscheidungen zum **Tötungsvorsatz** und der damit teilweise verbundenen Rücktrittsproblematik bei gefährlichen Handlungen,[178]
- die umfangreiche Rechtsprechung zur Körperverletzung, insbesondere mittels eines gefährlichen Werkzeugs[179]
- zahlreiche Entscheidungen zum **Raub und zur räuberischen Erpressung,** insbes. zum **Führen von Waffen**[180] sowie der Frage der **Vollendung** und **Beendigung** von Diebstahls- und Raubtaten,[181]
- differenzierende Entscheidungen zu **Betrug** und **Untreue,**[182] insbesondere zur Problematik des **Vermögensschadens,**[183] sowie
- mehrere Entscheidungen zum Tatbestand der **schweren Brandstiftung**[184] gem. § 306a StGB, und schließlich
- mehrere Entscheidungen wegen gefährlicher Eingriffe in den Straßenverkehr nach **§ 315b StGB**[185] und wegen **Gefährdung des Straßenverkehrs** gemäß § 315c StGB.

---

[177] Vgl. Rn. 193 ff., 310 ff.
[178] Vgl. Rn. 215 ff.
[179] Vgl. hierzu Rn. 234 ff.
[180] Rn. 269 ff.
[181] Rn. 254 ff.
[182] Rn. 290 ff, 315 ff.
[183] Rn. 303 ff.
[184] Rn. 325 ff.
[185] Vgl. Rn. 331 f.

2. Ausblick

185 Auch wenn derzeit in vielen Bereichen zunächst nur Reform- und Expertenkommissionen berufen sind, wird wohl spätestens in der 2. Hälfte der Legislaturperiode auch mit partiellen Reformen des materiellen Strafrechts zu rechnen sein. Ein Umfang ist insoweit noch nicht absehbar. Die parlamentarische Diskussion um eine Reform des Sexualstrafrechts hat bereits begonnen.

II. Neuere höchstrichterliche Rechtsprechung zu Einzelfragen des StGB Besonderer Teil

1. Verwenden von Kennzeichen verfassungswidriger Organisationen – § 86a StGB

Das **abstrakte Gefährdungsdelikt** des **§ 86a StGB** umschreibt keinen zum Tatbestand gehörenden Erfolg, so dass eine **Inlandstat** über § 9 Abs. 1 Var. 3 oder 4 StGB nicht begründet werden kann. Jedenfalls an dem Ort, an dem die hervorgerufene abstrakte Gefahr in eine konkrete umgeschlagen ist oder gar nur umschlagen kann, ist kein zum Tatbestand gehörender Erfolg eingetreten.[186] **186**

[7] 1. Durch das Einfügen von Hakenkreuzen in die von ihm eingerichtete Internetplattform „Arische Musikfraktion" im Fall B. III. der Urteilsgründe verwendete der Angeklagte Kennzeichen verfassungswidriger Organisationen (vgl. BGH, Urteil vom 25. Juli 1979 – 3 StR 182/79, BGHSt 29, 73, 83 f.) zwar öffentlich (§ 86a Abs. 1 Nr. 1 StGB). Da er dies in Tschechien tat, fehlt es jedoch an dem Tatbestandsmerkmal der Inlandstat im Sinne dieser Vorschrift. Dessen Auslegung bestimmt sich nach §§ 3, 9 StGB. Danach muss im Inland entweder die Tathandlung begangen bzw. unterlassen worden oder ein zum Tatbestand gehörender Erfolg eingetreten bzw. beabsichtigt gewesen sein (§ 9 Abs. 1 StGB).

[8] a) Das abstrakte Gefährdungsdelikt des § 86a StGB (vgl. BGH, Urteil vom 29. Mai 1970 – 3 StR 2/70, BGHSt 23, 267, 268) umschreibt keinen zum Tatbestand gehörenden Erfolg, so dass eine Inlandstat über § 9 Abs. 1 Var. 3 oder 4 StGB nicht begründet werden kann. Selbst wenn man der Ansicht zustimmen wollte, dass die Frage nach dem Erfolgsort im Sinne des § 9 Abs. 1 StGB normspezifisch am Schutzzweck der jeweiligen Strafvorschrift ausgerichtet werden muss (so BGH, Urteil vom 22. August 1996 – 4 StR 217/96, BGHSt 42, 235, 242 zur objektiven Bedingung der Strafbarkeit des abstrakten Gefährdungsdelikts des § 323a StGB), die Regelung mithin nicht nur auf Erfolgsdelikte im Sinne der allgemeinen Deliktslehre abstellt, ist jedenfalls an dem Ort, an dem die hervorgerufene abstrakte Gefahr in eine konkrete umgeschlagen ist oder gar nur umschlagen kann, kein zum Tatbestand gehörender Erfolg eingetreten (ebenso S/S-Eser, StGB, 29. Aufl., § 9 Rn. 6a; Lackner/Kühl/Heger, StGB, 28. Aufl., § 9 Rn. 2; Satzger, NStZ 1998, 112, 114 f.; offengelassen für den Fall, dass sich die abstrakte Gefahr realisiert hat, von BGH, Urteil vom 12. Dezember 2000 – 1 StR 184/00, BGHSt 46, 212, 221). Dieser muss vielmehr in einer von der tatbestandsmäßigen Handlung räumlich und/oder zeitlich abtrennbaren Außenweltsveränderung bestehen (Hilgendorf, NJW 1997, 1873, 1876). Das Argument, diese Auffassung konterkariere die Bemühung, den Schutz bestimmter Rechtsgüter durch die Schaffung von abstrakten Gefährdungsdelikten zu erhöhen (so Heinrich, GA 1999, 72, 81), vermag nicht zu überzeugen. Gerade die

---

[186] BGH, Beschluss v. 19.08.2014 – 3 StR 88/14.

diesen Schutz ausmachende Vorverlagerung der Strafbarkeit kann Anlass sein, diese – schon mit Blick auf völkerrechtliche Fragen (vgl. hierzu Roegele, Deutscher Strafrechtsimperialismus, 2014, 53 ff., 132 ff.) – nicht ausnahmslos auf Sachverhalte mit internationalem Bezug zu erstrecken. Auch soweit die Gegenmeinung betont, dass der Gesetzgeber mit der Neufassung des § 9 StGB durch das 2. Strafrechtsreformgesetz vom 4. Juli 1969 (BGBl. I, S. 717) keine Einschränkung der bis dahin zu § 3 Abs. 3 StGB aF herrschenden Auffassung zum Begehungsort abstrakter Gefährdungsdelikte habe erreichen wollen (so LK/Werle/Jeßberger, StGB, 12. Aufl., § 9 Rn. 33 mwN), steht dieser etwaige Gesetzgeberwille im diametralen Widerspruch zu der mit der Neufassung eingefügten Voraussetzung, dass der Erfolg zum Tatbestand der Strafnorm gehören muss (ebenso Satzger aaO, S. 115 f.).

[9] b) Der Angeklagte hat auch allein im Ausland gehandelt (§ 9 Abs. 1 Var. 1 StGB). Der Handlungsort wird bei aktivem Tun durch den Aufenthaltsort des Täters bestimmt (MüKoStGB/Ambos, 2. Aufl., § 9 Rn. 8 mwN). Schon deshalb vermag die Ansicht nicht zu überzeugen, nach der ein Handlungsort auch dort gegeben sein soll, wo die durch mediale Übertragung transportierte Handlung ihre Wirkung entfaltet (so aber KG, Urteil vom 16. März 1999 – 1 Ss 7/98, NJW 1999, 3500, 3502; zustimmend S/S-Eser aaO, § 9 Rn. 4). Der Radius der Wahrnehmbarkeit einer Handlung ist nicht Teil ihrer selbst (ebenso Heinrich, NStZ 2000, 533, 534; ablehnend auch MüKoStGB/Steinmetz aaO, § 86 Rn. 8 f.). Aus denselben Erwägungen kommt es auch nicht in Betracht, den Standort des vom Täter angewählten Servers für ausschlaggebend zu erachten (so aber S/S-Eser aaO, § 9 Rn. 7b).

[10] Ebenfalls eine Frage der Wirkung der tatbestandlichen Handlung wäre es, wenn man in dem Abruf der vom Angeklagten bereitgestellten Inhalte von Deutschland aus den Abschluss des Verwendens durch Verbreiten von Schriften sehen würde. Denn anders als bei der Beförderung durch andere Personen fehlt es bei der rein technischen Übertragung im Internet an der Möglichkeit, Handeln Dritter und damit deren Handlungsort selbst dem Täter gemäß § 25 Abs. 1 Alt. 2 bzw. § 25 Abs. 2 StGB zuzurechnen (vgl. hierzu MüKoStGB/Steinmetz aaO, § 86 Rn. 7). Der Senat kann daher offenlassen, ob der zu der Vorgängerregelung des heutigen § 176a Abs. 3 StGBergangenen Entscheidung (BGH, Urteil vom 27. Juni 2001 – 1 StR 66/01, BGHSt 47, 55, 58 ff.), die sich für das Internet von dem herkömmlichen Verständnis des Verbreitens von Schriften als einem Akt deren körperlicher Übergabe löst und die gespeicherten Daten mit dem Datenspeicher gleichsetzt (kritisch hierzu Kudlich, JZ 2002, 310, 311; SK-StGB/Rudolphi/Stein, 40. Lfg., § 11 Rn. 61 f.), zu folgen wäre, zumal angesichts der weiteren Tathandlungsvariante des öffentlichen Verwendens im Rahmen des § 86a Abs. 1 Nr. 1 StGB hierzu ein Bedürfnis nicht besteht.

[11] c) Der Angeklagte hat sich dadurch, dass er als Betreiber der Plattform es im Inland unterlassen hat, die von ihm eingestellten Kennzeichen wieder zu entfernen, auch nicht gemäß § 86a Abs. 1 Nr. 1, § 13 StGB strafbar gemacht. Unabhängig von den Fragen, ob § 13 StGB überhaupt auf abstrakte Gefährdungsdelikte Anwendung findet und ob eine Pflicht zur Abwehr von Gefahren bestehen kann, die durch eigenes vorsätzliches Verhalten hervorgerufen wurden (vgl. BGH, Urteil vom 24. Oktober 1995 – 1 StR 465/95, NStZ-RR 1996, 131), fehlt es angesichts der bereits objektiven Tatbestandslosigkeit des Vorverhaltens jedenfalls an der eine Garantenstellung begründenden Pflichtwidrigkeit.

[12] d) Da die diesem Fall zugrundeliegenden Feststellungen rechtsfehlerfrei getroffen wurden und weitere Feststellungen, die eine Verurteilung des Angeklagten recht-

fertigen könnten, nicht zu erwarten sind, spricht der Senat den Angeklagten insoweit frei (§ 354 Abs. 1 StPO). Er verkennt nicht, dass seine Auffassung dazu führen kann, dass Personen – wie vorliegend der Angeklagte -gezielt die Grenze überqueren werden, um Kennzeichen in das Internet einzustellen, deren Verwendung im Inland mit Strafe bedroht wäre. Es ist jedoch Aufgabe des Gesetzgebers, diese Strafbarkeitslücke zu schließen, falls er dies für erforderlich erachtet.

2. Vorbereitung einer schweren staatsgefährdenden Gewalttat – § 89a StGB

1. **§ 89a Abs. 1, Abs. 2 Nr. 3 StGB** verstößt nicht gegen das Bestimmtheitsgebot des Art. 103 Abs. 2 GG. **187**

2. § 89a StGB entspricht dem verfassungsrechtlichen Grundsatz der Verhältnismäßigkeit; dieser gebietet es jedoch, die Vorschrift dahin einschränkend auszulegen, dass der Täter bei der Vornahme der in § 89a Abs. 2 StGB normierten Vorbereitungshandlungen zur Begehung der schweren staatsgefährdenden Gewalttat bereits fest entschlossen sein muss.

3. Zur Auslegung des Begriffs der schweren staatsgefährdenden Gewalttat im Sinne des § 89a Abs. 1 Satz 2 StGB.[187]

3. Straftaten gegen die öffentliche Ordnung – §§ 123 ff. StGB

a) Landfriedensbruch – §§ 125, 125a StGB

Der Angeklagte, der zunächst gemeinsam mit anderen aus einer gewaltbereiten Gruppe von Demonstranten heraus Steine und Gegenstände in Richtung der vorrückenden Polizeibeamten warf, blieb auch nach dem Durchbrechen der Polizeikette Teil dieser Menschenmenge. Bei seinem Angriff gegen die drei Polizeibeamten, bei dem er die Regelbeispiele des § 125a Satz 2 Nr. 2 und Nr. 3 StGB erfüllte, handelte es sich daher noch um eine **Gewalttätigkeit im Sinne des § 125 Abs. 1 StGB, die „mit vereinten Kräften" aus dieser Menge heraus begangen wurde.** Dem steht nicht entgegen, dass sich der Angeklagte zu diesem Zeitpunkt räumlich von der Gruppe entfernt hatte. Maßgebend für die Beurteilung, ob es sich bei einem Angriff um eine Einzelaktion eines Täters oder aber um eine „mit vereinten Kräften" „aus einer Menschenmenge" heraus begangene Gewalttätigkeit handelt, ist, ob die konkret ausgeführte Gewalttätigkeit von der in der gewaltbereiten Menge vorhandenen Grundstimmung und zustimmenden Haltung getragen wird.[188] **188**

[11] Dem steht nicht entgegen, dass sich der Angeklagte zu diesem Zeitpunkt räumlich von der Gruppe entfernt hatte. Maßgebend für die Beurteilung, ob es sich bei einem Angriff um eine Einzelaktion eines Täters oder aber um eine „mit vereinten Kräften" „aus einer Menschenmenge" heraus begangene Gewalttätigkeit handelt, ist, ob die konkret ausgeführte Gewalttätigkeit von der in der gewaltbereiten Menge vorhandenen Grundstimmung und zustimmenden Haltung getragen wird (vgl.

---

[187] BGH, Urteil vom 8.05.2014 – 3 StR 243/13.
[188] BGH, Urteil vom 9.10.2013 – 2 StR 119/13.

Lenckner in Schönke/Schröder, StGB 28. Aufl. § 125 Rn. 10; Schäfer in Münchener Kommentar, StGB 2. Aufl. § 125 Rn. 17). In diesem Fall ist der Angriff eines Täters als Ausdruck des die Menge beherrschenden feindlichen Willens und damit als ein mit vereinten Kräften aus der Menschenmenge heraus begangener Angriff anzusehen.

*[**12**] So war es nach den Feststellungen hier. Zwar hatten sich durch das Vorrücken der Polizeikette von der zuvor kompakten Menge der Demonstranten Kleingruppen abgespalten. Mindestens eine dieser Gruppen ging aber im Kreuzungsbereich und ebenfalls im Rücken der Polizei weiterhin gewalttätig vor. Für die Messerangriffe des Angeklagten bildete sie sowie die von den Polizeibeamten zurückgedrängte Menge, aus der heraus sich der Angeklagte erst unmittelbar zuvor räumlich gelöst hatte, daher nicht nur Kulisse, sondern durch ihre feindliche Haltung gegen die eingesetzten Beamten weiterhin die Basis (vgl. BGH, Urteil vom 20. Juli 1995 – 1 StR 126/95, NJW 1995, 2643, 2644, insoweit in BGHSt 41, 182 nicht abgedruckt; Lenckner aaO, § 125 Rn. 10). Die Messerangriffe des Angeklagten, die sich – entsprechend der Grundstimmung in der zurückgedrängten Gruppe von gewaltbereiten Demonstranten – gegen die eingesetzten Polizeibeamten richteten, waren Teil der von dieser Gruppe ausgehenden Gewalttätigkeiten, so dass er den Tatbestand des § 125 Abs. 1 StGB verwirklichte.*

b) Kriminelle Vereinigungen / Terroristische Vereinigungen – §§ 129, 129a StGB

189 Es bedarf keiner Entscheidung, ob die Ermächtigung nach § 129b Abs. 1 Satz 3 StGB inhaltlich jeder gerichtlichen Kontrolle entzogen oder – ähnlich wie dies für einen von einer hoheitlich handelnden Behörde gestellten Strafantrag vertreten wird – jedenfalls in begrenztem Maße auf Willkür überprüfbar ist. Anhaltspunkte, die für eine willkürlich erteilte Verfolgungsermächtigung sprechen könnten, sind nicht zu erkennen. Die Ermächtigung vom 6. September 2011 ist allgemein bis zur Ebene der Gebietsverantwortlichen erteilt. Sie erfasst somit alle für die PKK in herausgehobener Funktion Tätigen, ohne in sachwidriger Weise zwischen einzelnen Mitgliedern zu differenzieren. Hinweise darauf, dass das Bundesministerium die Ermächtigung aus sonstigen Gesichtspunkten in willkürlicher Weise erteilt hat, sind nicht ersichtlich.[189]

c) Unerlaubtes Entfernen vom Unfallort – § 142 StGB

190 Im Rahmen einer Verurteilung gemäß **§ 142 StGB** müssen die **Feststellungen** des Tatrichters die Prüfung ermöglichen, ob sich ein Angeklagter möglicherweise berechtigt oder entschuldigt vom Unfallort entfernt hat.[190]

Die Verurteilung wegen unerlaubten Entfernens vom Unfallort hält rechtlicher Nachprüfung nicht stand. Die vom Landgericht insoweit getroffenen Feststellungen sind lückenhaft; sie erlauben nicht die Prüfung, ob sich der Angeklagte möglicherweise berechtigt oder entschuldigt vom Unfallort entfernt hat (vgl. § 142 Abs. 2 Nr. 2 StGB). Ausweislich der Urteilsgründe lief der Angeklagte nach dem von ihm

---

[189] BGH, Beschluss vom 6.05.2014 – 3 StR 407/13.

[190] BGH, Beschluss vom 27.08.2014 – 4 StR 259/14.

verursachten Unfall einem Fluchtimpuls folgend zu dem Pkw seines Bekannten N.W., der an der Unfallstelle vorbeigefahren und nach rechts in die Straße abgebogen war. Beim Öffnen der Beifahrertür bemerkte er, dass die Fingerkuppe des Mittelfingers seiner rechten Hand abgeknickt war und die Wunde massiv blutete. Er bestieg das Fahrzeug und ließ sich zur Universitätsklinik nach M. fahren. Nachdem dort die Blutung gestillt worden war, rief der Angeklagte 40 Minuten nach dem Unfallgeschehen bei der Polizei an, um sich als Fahrer und Unfallverursacher zu erkennen zu geben.

Diese Feststellungen lassen nicht erkennen, ob N.W. noch im Bereich der Unfallstelle gehalten hat. Wenn der Angeklagte noch vor Verlassen der Unfallstelle seine eigene Verletzung bemerkt hatte und die Unfallstelle zumindest auch deshalb verließ, um seine massiv blutende Wunde versorgen zu lassen, könnte sein Entfernen vom Unfallort gerechtfertigt gewesen sein.

4. Geld- und Wertzeichenfälschung – §§ 146 ff. StGB

a) Geldfälschung – § 146 StGB

Eine **Bande** setzt den **Zusammenschluss von mindestens drei Personen** voraus, die sich **mit dem Willen verbunden** haben, künftig für eine gewisse Dauer mehrere selbstständige, im Einzelnen noch ungewisse Straftaten des im Gesetz genannten Deliktstyps zu begehen.[191] 191

[6] b) Im Fall I. c) der Urteilsgründe sind die Voraussetzungen des § 146 Abs. 2 StGB nicht dargetan; denn die Feststellungen des Landgerichts tragen die Annahme einer Bande nicht.

[7] Eine Bande setzt den Zusammenschluss von mindestens drei Personen voraus, die sich mit dem Willen verbunden haben, künftig für eine gewisse Dauer mehrere selbstständige, im Einzelnen noch ungewisse Straftaten des im Gesetz genannten Deliktstyps zu begehen (st. Rspr. seit BGH, Beschluss vom 22. März 2001 – GSSt 1/00, BGHSt 46, 321). Die Vereinbarung zwischen dem Angeklagten, dem gesondert verfolgten B. und dem weiteren unbekannten Mittäter richtet sich indes nur auf die Begehung einer Tat im materiellrechtlichen Sinne und scheidet deshalb als taugliche Bandenabrede aus. Sie ging lediglich dahin, dass eine bestimmte Menge Falschgeld, welche die Beteiligten sich beschafft hatten, nach einem vorgefassten Plan in mehreren Teilakten abgesetzt werden sollte. In einem solchen Fall liegt nach den Grundsätzen der Bewertungseinheit nur eine Tat der Geldfälschung vor (BGH, Beschluss vom 9. März 2011 – 3 StR 51/11, NStZ 2011, 516).

[8] Die Feststellungen belegen somit lediglich eine vollendete Geldfälschung nach § 146 Abs. 1 Nr. 2, 3 StGB. Die Übergabe des gefälschten Geldscheines an die Bedienung des Glühweinstandes stellt dabei ein vollendetes Inverkehrbringen dar, denn der Angeklagte entließ das Falschgeld derart aus seiner eigenen Verfügungsgewalt, dass ein unbeteiligter Dritter tatsächlich in die Lage versetzt wurde, sich dessen zu bemächtigen (vgl. Lackner/Kühl, StGB, 28. Aufl., § 146 Rn. 7). Der Umstand, dass die Bedienung die Fälschung erkannte, steht der Vollendung nicht entgegen.

---

[191] BGH, Beschluss vom 22.07.2014 – 3 StR 314/14.

b) Fälschung von Zahlungskarten – §§ 152a, 152b StGB

192 Zu der Fälschung von Zahlungskarten mit Garantiefunktion bei Erlangung der Kartendaten mittels „Skimming" wird durch das **Auswerten und Systematisieren der Videoaufzeichnungen der PIN-Eingaben** sowie dem **Erfassen der ausgelesenen Kartendaten der Kunden** auf einem Datenträger noch nicht unmittelbar zu der Tat angesetzt.[192]

1. Nach den Feststellungen des Landgerichts gehörten der Angeklagte und der nicht revidierende Mitangeklagte S. einer professionell strukturierten Bande an, die sich gebildet hatte, um gewerbsmäßig Zahlungskarten mit Garantiefunktion zu fälschen. Dem Angeklagten und seinem Mitangeklagten kam dabei die Aufgabe von „Skimmern" zu. Sie waren dafür zuständig, jeweils eine Kameraleiste an Geldautomaten anzubringen, um mit Hilfe der Kamera die Eingabe der PIN durch die Nutzer des Automaten zu filmen. Zudem brachten sie Kartenlesegeräte auf die jeweilige Einzugsvorrichtung der Geldautomaten für die verwendeten Zahlungskarten auf. Damit konnten die auf dem Magnetstreifen der Karten gespeicherten Daten ausgelesen werden.

[4] Dem Angeklagten fiel zusätzlich die Aufgabe zu, die aufgenommenen Videoaufzeichnungen auszuwerten, die PINs der Nutzer anhand der Videoaufzeichnungen herauszuschreiben und zu ordnen, sowie die – für ihn nicht lesbaren – ausgelesenen Kartendaten auf einen Datenträger zu überschreiben, um diese zusammen mit den PINs unter Verwendung von Chat- oder Messenger-Programmen über das Internet an namentlich nicht ermittelte Bandenmitglieder im Ausland zu übermitteln. Diese stellten auf der Grundlage der übersandten Informationen die später zur Bargeldabhebung eingesetzten Kartendubletten her. Für seine Tätigkeit war dem Angeklagten von dem Anführer der Bande jeweils die Hälfte der mit den Kartendubletten abgehobenen Gelder zugesagt worden. Der Angeklagte sollte davon einen Teil an den Mitangeklagten S. weitergeben.

[5] Im Fall III.B.4. der Urteilsgründe hatten der Angeklagte und S. in einem Zeitraum von rund einer Woche täglich die beschriebenen Skimming-Gerätschaften an dem Geldautomaten in einer Bankfiliale an- und abgebaut. Dabei konnten in einer nicht näher festgestellten Anzahl Kartendaten ausgelesen und PINs ermittelt werden. Die entsprechenden Daten befanden sich im Zeitpunkt der Festnahme des Angeklagten und seines Mitangeklagten auf einem Datenträger. Der Angeklagte hatte auch bereits Teile der Videoaufzeichnungen ausgewertet, die PINs erfasst und geordnet. Eine Übertragung der Daten an die im Ausland agierenden Bandenmitglieder ließ sich nicht feststellen.

[6] Entsprechend verhielt es sich nach den Feststellungen im Fall III.B.5. bezüglich des „Skimmings" in einer weiteren Bankfiliale. Die dort in Erfahrung gebrachten Daten waren von dem Angeklagten nach teilweiser Auswertung der gefertigten Aufnahmen bereits auf einem Datenträger erfasst worden. Die Übermittlung der Daten konnte das Tatgericht wiederum nicht feststellen. Diese Feststellungen tragen die Schuldsprüche wegen versuchter gewerbs- und bandenmäßiger Fälschung von Zahlungskarten mit Garantiefunktion nicht. Weder mit dem Verwenden der „Skimming-Gerätschaften" an den Geldautomaten noch mit dem Auswerten der Videoaufzeichnungen, dem systematischen Erfassen der so ermittelten PINs oder dem

[192] BGH, Beschluss vom 29.01.2014 – 1 StR 654/13.

Aufspielen der ausgelesenen Kartendaten auf einen Datenträger haben der Angeklagte oder der Mitangeklagte S. unmittelbar zu der Begehung einer Tat gemäß § 152b Abs. 1, Abs. 2, Abs. 4 i.V.m. § 152a Abs. 1 Nr. 1 StGB angesetzt. Ein unmittelbares Ansetzen zu den Taten in den Fällen III.B.4. und 5. begründende Verhaltensweisen anderer Bandenmitglieder, die als Mittäter an den fraglichen Taten beteiligt waren (zum einheitlichen Versuchsbeginn für sämtliche Mittäter vgl. Fischer, StGB, 61. Aufl., § 22 Rn. 21 mwN), hat das Tatgericht ebenfalls nicht festgestellt.

[8] a) Gemäß § 22 StGB versucht eine Straftat, wer nach seiner Vorstellung von der Tat unmittelbar zu der Verwirklichung des Tatbestandes ansetzt. Der Verwirklichung eines Tatbestandsmerkmals bedarf es dafür nicht. Es genügt vielmehr, dass der Täter solche Handlungen vornimmt, die nach seinem Tatplan der Erfüllung eines Merkmals des gesetzlichen Tatbestands vorgelagert sind und unmittelbar in die straftatbestandliche Handlung einmünden. Der Versuch einer Straftat erstreckt sich damit auch auf Handlungen, die bei ungestörtem Fortgang unmittelbar zur Tatbestandsverwirklichung führen sollen oder die in unmittelbarem räumlichen und zeitlichen Zusammenhang mit ihr stehen. Dies ist der Fall, wenn der Täter subjektiv die Schwelle zum „jetzt geht es los" überschreitet, es eines weiteren Willensimpulses nicht mehr bedarf und er objektiv zur tatbestandlichen Ausführungshandlung dergestalt ansetzt, dass sein Tun ohne Zwischenakte in die Erfüllung des Tatbestands übergeht (BGH, Urteile vom 9. Oktober 2002 – 5 StR 42/02, BGHSt 48, 34, 36 mwN; vom 27. Januar 2011 – 4 StR 338/10, NStZ 2011, 517 Rn. 6; Beschlüsse vom 15. März 2011 – 3 StR 15/11, wistra 2011, 299, 300 Rn. 5; vom 11. August 2011 – 2 StR 91/11, NStZ-RR 2011, 367, 368).

[9] Die vorstehenden abstrakt-generellen Maßstäbe des Versuchsbeginns bedürfen angesichts der Vielzahl denkbarer Sachverhaltsgestaltungen stets einer wertenden Konkretisierung unter Beachtung der Umstände des Einzelfalls (BGH, Urteile vom 12. Dezember 2001 – 3 StR 303/01, NJW 2002, 1057; vom 27. Januar 2011 – 4 StR 338/10, NStZ 2011, 517 Rn. 6). Auf die strukturellen Besonderheiten des in Frage kommenden Tatbestands ist dabei Bedacht zu nehmen (BGH, Urteil vom 7. November 2007 – 5 StR 371/07, NStZ 2008, 409, 410; Beschluss vom 15. März 2011 – 3 StR 15/11, wistra 2011, 299, 300 Rn. 5).

[10] b) Bei der Bestimmung des Versuchsbeginns zu der Straftat des Nachmachens (§ 152a Abs. 1 Nr. 1 StGB) einer Zahlungskarte mit Garantiefunktion i.S.v. § 152b Abs. 4 StGB muss – den vorgenannten Grundsätzen entsprechend – das unmittelbare Ansetzen auf die Fälschungshandlung, also das Übertragen der zuvor ausgespähten Kartendaten auf die Kartendublette, bezogen werden (vgl. BGH aaO, wistra 2011, 299, 300 Rn. 6; Saliger StV 2012, 528 mwN). In der Rechtsprechung des Bundesgerichtshofs ist deshalb anerkannt, dass das bloße Anbringen von Skimming-Gerätschaften an einem Geldautomaten noch kein unmittelbares Ansetzen zu der Tat des Nachmachens von Zahlungskarten begründet (BGH aaO, wistra 2011, 299, 300 Rn. 6; BGH, Beschluss vom 11. August 2011 – 2 StR 91/11, NStZ-RR 2011, 367, 368; siehe auch BGH, Beschluss vom 14. September 2010 – 5 StR 336/10, NStZ 2011, 89). Gelingt es dem Täter nicht, die mit Hilfe der Skimming-Geräte aufgezeichneten Datensätze in seinen Besitz zu bringen, fehlt es ebenfalls am Versuchsbeginn des Nachmachens von Zahlungskarten (BGH aaO, NStZ 2011, 89).

[11] c) Ob bei der gebotenen wertenden tatbestands- und einzelfallbezogenen Konkretisierung des Versuchsbeginns ein unmittelbares Ansetzen zu der Tat gemäß § 152b i.V.m. § 152a Abs. 1 Nr. 1 StGB bei dem zeitlich gestreckten Vorgang von der Erlangung der Kartendaten durch die Skimming-Gerätschaften bis zu der Über-

tragung dieser Daten auf die Kartendubletten vor dem Beginn der Fälschungshandlung selbst gegeben sein kann, ist in der Rechtsprechung des Bundesgerichtshofs noch nicht vollständig geklärt.

[12] Der 4. Strafsenat hat bei der geplanten Zahlungskartenfälschung unter Verwendung mittels „Skimming" erlangter Kartendaten die Übermittlung der gewonnenen, aber noch nicht ausgewerteten Daten an die für die Herstellung der Dubletten zuständigen Mittäter im Ausland als unmittelbares Ansetzen ausreichen lassen (BGH, Urteil vom 27. Januar 2011 – 4 StR 338/10, NStZ 2011, 517 f. Rn. 8). Dabei hat er maßgeblich auf das – für den konkreten Fall festgestellte – eingespielte System von Tatbeiträgen abgestellt, innerhalb dessen den für die Erstellung der Dubletten zuständigen Mittätern im Ausland die einzelnen Datenübersendungen jeweils avisiert wurden. Der die Übersendung veranlassende Angeklagte habe damit „gleichsam einen automatisierten Ablauf" in Gang gesetzt, bei dem die Auswertung der Speichermedien durch Abgleich der Videoaufzeichnungen und der ausgelesenen Kartendaten als der Fälschung vorgelagerte Verhaltensweisen bei wertender Betrachtung keine dem Versuchsbeginn entgegen stehenden Zwischenschritte bedeuteten (BGH aaO, NStZ 2011, 517 f. Rn. 8). ….

[14] d) Der Senat braucht nicht zu entscheiden, ob und gegebenenfalls unter welchen Voraussetzungen ein unmittelbares Ansetzen zum Nachmachen von Zahlungskarten mit Garantiefunktion vor dem Beginn der eigentlichen Fälschungshandlung den Versuchsbeginn begründen kann.

[15] Die vom Tatgericht für die Fälle III.B.4. und 5. festgestellten Umstände lassen selbst unter Berücksichtigung der vom 4. Strafsenat vertretenen Rechtsauffassung die Annahme unmittelbaren Ansetzens jedenfalls nicht zu. Es wären hier auch bei wertender Betrachtung der innerhalb der Bande verabredeten und durchgeführten Abläufe durch den Angeklagten weitere Zwischenschritte bis zu dem Beginn der Fälschungshandlung durch das „Beschreiben" der Kartendubletten erforderlich gewesen. Anders als in der dem 4. Strafsenat vorliegenden tatsächlichen Konstellation fehlte es hier nicht nur an der Weitergabe der ermittelten Kartendaten und den die PINs betreffenden Informationen an die für den Fälschungsakt allein zuständigen weiteren Mittäter. Vielmehr war selbst die dem Angeklagten nach der verabredeten Vorgehensweise überantwortete Aufgabe nicht vollständig abgeschlossen. Nach den Urteilsfeststellungen hatte er in beiden Fällen lediglich einen Teil der täglich gefertigten Videoaufnahmen hinsichtlich der Ermittlung der PINs ausgewertet und die erkannten Identifikationsnummern geordnet.

[16] Angesichts dessen kann nicht davon gesprochen werden, es habe sich auf der Grundlage der Tätervorstellungen um dem Beginn der Fälschungshandlung unmittelbar vorgelagerte Verhaltensweisen gehandelt, die ohne weitere Zwischenschritte in die Tatbestandserfüllung einmünden sollen. Solange den für das Herstellen der zu fälschenden Zahlungskarten zuständigen Tatbeteiligten die erforderlichen Kartendaten nicht zugänglich gemacht sind, lässt sich aus der Perspektive der Tätervorstellungen auch noch keine Gefährdung des tatbestandlich geschützten Rechtsguts annehmen.

II.

[17] Die vom Tatrichter rechtsfehlerfrei getroffenen Feststellungen tragen aber in den Fällen III.B.4. und 5. der Urteilsgründe jeweils Schuldsprüche wegen Verabredung zur gewerbs- und bandenmäßigen Fälschung von Zahlungskarten mit Garantiefunktion (§ 152b Abs. 1, Abs. 2 und 4, § 152a Abs. 1 Nr. 1, § 30 Abs. 2 StGB). Der Senat hat deshalb in entsprechender Anwendung von § 354 Abs. 1 StPO die Schuldsprüche entsprechend umgestellt.

[18] 1. Die Feststellungen belegen, dass der Angeklagte gemeinsam mit dem Mitangeklagten S. sowie – wenigstens – den Bandenmitgliedern N., L. und M. verabredet hatte, bei arbeitsteiligem Vorgehen Zahlungskarten mit Garantiefunktion auf der Grundlage zuvor durch „Skimming" erlangter Daten echter Zahlungskarten zu fälschen. Nach den getroffenen Abreden waren sowohl dem Angeklagten als auch dem Mitangeklagten S. Funktionen im Vorbereitungsstadium der Fälschungstaten zugewiesen, die zusammen mit dem bei beiden vorhandenem erheblichen Tatinteresse im Hinblick auf die Höhe ihres Anteils an den erlangten und erwarteten abgehobenen Geldbeträgen eine Beteiligung als Mittäter begründen. Die Anzahl der verabredeten Verbrechen mit mittäterschaftlicher Beteiligung des Angeklagten (dazu BGH, Beschluss vom 15. März 2011 – 3 StR 15/11, wistra 2011, 299, 300 Rn. 7) hat das Tatgericht ebenfalls festgestellt.

[19] § 265 StPO steht der Schuldspruchänderung nicht entgegen. Der Angeklagte hätte sich nicht erfolgreicher als geschehen verteidigen können.

Der Schuldspruch wegen gewerbsmäßiger Fälschung von Zahlungskarten mit Garantiefunktion (§ 152 b Abs. 1 und 2 StGB) begegnet im Grundsatz keinen rechtlichen Bedenken. Nach der Rechtsprechung des Bundesgerichtshofs zu § 152a a.F. kommt es darauf, ob die **vom Täter nachgemachte oder verwendete Karte einen Einsatz mit Auslösung einer Garantiefunktion tatsächlich ermöglicht** oder diese Möglichkeit nur vortäuscht, nicht an. Trotz der in der Literatur hiergegen erhobenen Kritik hält der Senat an dieser Rechtsprechung fest, weil § 152b den Zahlungsverkehr schon gegen den Anschein schützen will, der von Falsifikaten garantieauslösender Karten ausgeht.[193] **193**

[6] Der Schuldspruch wegen gewerbsmäßiger Fälschung von Zahlungskarten mit Garantiefunktion (§ 152b Abs. 1 und 2 StGB) begegnet im Grundsatz keinen rechtlichen Bedenken. Anders als die Revision meint, wurde das Vorhandensein einer Zahlungskarte (mit Garantiefunktion) bei der vom Angeklagten vorgenommenen Einsatzart nicht nur vorgetäuscht. Die Karten wurden nach den Feststellungen des Landgerichts jeweils in ein Handgerät eingelesen, der von diesem Gerät ausgegebene Beleg wurde vom Angeklagten – mit seinem richtigen Namen, auf welchen auch die Karten ausgegeben waren – unterschrieben. Nach der Landung wurden die Daten des Handgeräts an einem Online-Terminal übertragen. Das Verfahren entsprach also weitgehend dem üblichen Lastschrift-Verfahren. Auf die konkrete Einsatzart der Karte kommt es jedoch nicht an (vgl. Maier in Matt/Renzikowski StGB § 152b Rn. 6; Erb in MünchKomm StGB 2. Aufl. § 152b Rn. 5). Nach der Rechtsprechung des Bundesgerichtshofs zu § 152a a.F. kommt es darauf, ob die vom Täter nachgemachte oder verwendete Karte einen Einsatz mit Auslösung einer Garantiefunktion tatsächlich ermöglicht oder diese Möglichkeit nur vortäuscht, nicht an (BGHSt 46, 146, 148). Trotz der in der Literatur hiergegen erhobenen Kritik (Erb aaO § 152b Rn. 9; vgl. auch Fischer StGB 61. Aufl. § 152b Rn. 5) hält der Senat an dieser Rechtsprechung fest, weil § 152b den Zahlungsverkehr schon gegen den Anschein schützen will, der von Falsifikaten garantieauslösender Karten ausgeht.

[7] Auch der Schuldspruch wegen jeweils tateinheitlich begangenem gewerbsmäßigem Betrug begegnet keinen rechtlichen Bedenken. Der Schuldspruch war gleichwohl insgesamt aufzuheben, weil das Landgericht der Frage der Konkurrenz nicht

---

[193] BGH, Urteil vom 4.12.2013 – 2 StR 2/13.

hinreichende Aufmerksamkeit gewidmet hat. Nach den – rechtsfehlerfreien – Feststellungen bestehen konkrete Anhaltspunkte dafür, dass der Angeklagte mehrere Karten gleichzeitig einsetzte, so dass die Taten unter Umständen in mehreren jeweils zur Tateinheit verbundenen Gruppen abzuurteilen wären. Ergänzende Feststellungen hierzu sind möglich, denn es liegen sämtliche Einzelabrechnungen der Karteneinsätze vor. Das Revisionsgericht kann die erforderlichen Feststellungen nicht selbst treffen.

5. Straftaten gegen die sexuelle Selbstbestimmung – §§ 174 ff. StGB

a) Sexueller Missbrauch von Schutzbefohlenen – § 174a StGB

194 Die Annahme eines **Obhutsverhältnisses** im Sinne des § 174 Abs. 1 Nr. 1 StGB erfordert eine Beziehung zwischen Täter und Opfer, aus der sich für den Täter das Recht und die Pflicht ergibt, Erziehung, Ausbildung oder Lebensführung des Schutzbefohlenen und damit dessen geistig-sittliche Entwicklung zu überwachen und zu leiten. Ein die Anforderungen der Vorschrift erfüllendes Anvertraut sein setzt ein den persönlichen, allgemein menschlichen Bereich **umfassendes Abhängigkeitsverhältnis** des Jugendlichen zu dem jeweiligen Betreuer im Sinne einer Unter- und Überordnung voraus. Der konkreten Feststellung eines Missbrauchs des Obhutsverhältnisses bedarf es dabei nicht; im Hinblick auf dessen soziale Funktion wird die Missbräuchlichkeit vielmehr unwiderlegbar vermutet.[194]

[11] 1. Die Annahme eines Obhutsverhältnisses zwischen dem Angeklagten und der Nebenklägerin im Sinne des § 174 Abs. 1 Nr. 1 StGB wird durch die im angefochtenen Urteil getroffenen Feststellungen hinreichend belegt.

[12] a) Nach der ständigen Rechtsprechung des Bundesgerichtshofs erfordert ein solches Obhutsverhältnis eine Beziehung zwischen Täter und Opfer, aus der sich für den Täter das Recht und die Pflicht ergibt, Erziehung, Ausbildung oder Lebensführung des Schutzbefohlenen und damit dessen geistig-sittliche Entwicklung zu überwachen und zu leiten, wobei sich die Begriffe der Erziehung, der Ausbildung und der Betreuung in der Lebensführung in ihrem Bedeutungsgehalt überschneiden (vgl. nur BGH, Beschluss vom 31. Januar 1967 – 1 StR 595/65, BGHSt 21, 196, 199 ff.; Senatsbeschluss vom 26. Juni 2003 – 4 StR 159/03, NStZ 2003, 661). Ein die Anforderungen der Vorschrift erfüllendes Anvertrautsein setzt ein den persönlichen, allgemein menschlichen Bereich umfassendes Abhängigkeitsverhältnis des Jugendlichen zu dem jeweiligen Betreuer im Sinne einer Unter- und Überordnung voraus (BGH, Beschluss vom 21. April 1995 – 3 StR 526/94, BGHSt 41, 137, 139). Ob ein solches Verhältnis besteht und welchen Umfang es hat, ist regelmäßig nach den tatsächlichen Verhältnissen des Einzelfalles zu beurteilen (BGH, Urteil vom 5. November 1985 – 1 StR 491/85, BGHSt 33, 340, 344; Urteil vom 10. Juni 2008 – 5 StR 180/08, BGHR StGB § 174 Abs. 1 Obhutsverhältnis 11). Der konkreten Feststellung eines Missbrauchs des Obhutsverhältnisses bedarf es dabei nicht; im Hinblick auf dessen soziale Funktion wird die Missbräuchlichkeit vielmehr unwiderlegbar vermutet (BT-Drucks. 6/3521, S. 21; vgl. dazu SSW-StGB/Wolters, 2. Aufl., § 174 Rn. 5).

---

[194] BGH, Beschluss vom 6.05.2014 – 4 StR 503/13.

[13] b) Schon mit Blick darauf, dass dieses Abhängigkeitsverhältnis den persönlichen, allgemein menschlichen Bereich umfassen muss, wird es im Verhältnis eines Lehrers zu seinen Schülern, insbesondere an größeren Schulen mit nur schwer überschaubarem Lehrerkollegium, nicht schon durch die bloße Zugehörigkeit zu derselben Schule konstituiert, sondern regelmäßig erst mit der Zuweisung eines Schülers zu einem bestimmten Lehrer, der dadurch die in § 174 Abs. 1 StGB vorausgesetzten Pflichten übernimmt (BGH, Urteil vom 30. Oktober 1963 – 2 StR 357/63, BGHSt 19, 163, 166; anders noch für den Leiter einer Schule: BGH, Urteil vom 24. November 1959 – 5 StR 518/59, BGHSt 13, 352, 355). Wie der Senat bereits in seinem Beschluss vom 25. April 2012 (NStZ 2012, 690) ausgeführt hat, ist die für das Anvertrautsein erforderliche Obhutsbeziehung im Lehrer-Schüler-Verhältnis aber nicht auf die Erteilung von (verbindlichem) Regelunterricht etwa durch den Klassen- oder Fachlehrer beschränkt, mag sie sich in diesem Falle auch von selbst verstehen und keiner weiteren Darlegung bedürfen (vgl. Senatsbeschluss vom 26. Juni 2003 – 4 StR 159/03, NStZ 2003, 661). Sie kann auch unabhängig davon zu bejahen sein, etwa bei Aufsichtstätigkeiten oder im Rahmen besonderer Veranstaltungen der Schule, zu denen auch die Durchführung einer von den Schulbehörden genehmigten, nicht zum regulären Unterricht zählenden Arbeitsgemeinschaft gehören kann. Ob ergänzende Lehrleistungen außerhalb des Regelunterrichts die Annahme eines Obhutsverhältnisses im Sinne von § 174 Abs. 1 Nr. 1 StGB rechtfertigen, hat der Tatrichter auf der Grundlage einer Gesamtwürdigung zu beurteilen, in die alle für die rechtliche Bewertung bedeutsamen Umstände einzubeziehen sind. Es muss sich dabei am Schutzzweck der Vorschrift orientieren, wonach Minderjährige und daher regelmäßig noch nicht ausgereifte Menschen vor sexuellen Übergriffen durch Autoritätspersonen bewahrt werden sollen, denen sie durch einen Vertrauensbeweis überantwortet und damit gewissermaßen in die Hand gegeben sind (vgl. BGH, Urteil vom 5. November 1985 – 1 StR 491/85, BGHSt 33, 340, 344).

[14] 2. Gemessen daran war die Nebenklägerin dem Angeklagten im Tatzeitraum im Sinne von § 174 Abs. 1 Nr. 1 StGB anvertraut. Zwischen ihm und der Nebenklägerin bestand ein über das bloße öffentlich-rechtliche Schulverhältnis, das gemäß § 42 Abs. 1 Satz 1 SchulG NRW bereits durch die Aufnahme des Schülers in eine Schule zustande kommt, hinausgehendes Abhängigkeitsverhältnis.

Der **subjektive Tatbestand** des § 174 Abs. 2 StGB setzt neben dem Vorsatz bezüglich der objektiven Tatbestandsmerkmale die Absicht des Täters voraus, sich oder den Schutzbefohlenen sexuell zu erregen.[195] **195**

[2] 1. Die Verurteilung im Fall II. 5 der Urteilsgründe wegen Anstiftung zum sexuellen Missbrauch von Schutzbefohlenen (§ 174 Abs. 1 Nr. 3, Abs. 2 Nr. 2, § 26 StGB) hält sachlichrechtlicher Prüfung nicht stand.

[3] a) Der subjektive Tatbestand des § 174 Abs. 2 StGB setzt neben dem Vorsatz bezüglich der objektiven Tatbestandsmerkmale die Absicht des Täters voraus, sich oder den Schutzbefohlenen sexuell zu erregen. Diese Absicht wird durch die Feststellungen nicht belegt. Danach handelte die Zeugin B. allein aufgrund der ständig wiederholten Wünsche, Aufforderungen und Ermunterungen durch den Angeklagten, nicht aber aus eigenem sexuellen Interesse oder um ihren Sohn Y. sexuell zu

[195] BGH, Beschluss vom 18.03.2014 – 3 StR 1/14.

stimulieren. Da es somit an einer tatbestandsmäßigen Haupttat fehlt, kommt eine Strafbarkeit des Angeklagten wegen einer – insoweit akzessorischen – Anstiftung hierzu nicht in Betracht (S/S-Heine, 28. Aufl., Vorbem. §§ 25 ff. Rn. 27 f.; § 26 Rn. 25).

[4] b) Die Umstellung des Schuldspruchs auf Anstiftung zum sexuellen Missbrauch von Kindern (§§ 176, 26 StGB) scheidet aus, weil – wie das Landgericht in seiner rechtlichen Würdigung zutreffend ausgeführt hat – die Tathandlung von der zum Tatzeitpunkt geltenden Fassung des § 176 StGB noch nicht erfasst war (§ 2 Abs. 3 StGB).

b) Sexueller Missbrauch von Kindern – §§ 176, 176a StGB

196 Ein zum Zweck sexueller Erregung vorgenommenes Urinieren des Täters in den Mund eines Kindes oder die Veranlassung des Kindes zum Urinieren in den Mund des Täters ist eine **sexuelle Handlung**, die mit einem Eindringen in den Körper verbunden und als beischlafähnlich zu werten ist.[196]

[17] a) Tathandlung des § 176 Abs. 1 StGB ist die Vornahme einer sexuellen Handlung durch den Täter an dem Kind oder aber das Vornehmen-Lassen von Handlungen des Kindes am Täter.

[18] aa) Das gegenseitige Urinieren in den Mund stellt eine Handlung des Täters „an“ dem Kind bzw. des Kindes „am“ Täter im Sinne dieser Vorschrift dar. § 176 Abs. 1 StGB erfasst zwar – im Gegensatz zu seinem Absatz 2 – nur solche Handlungen, bei denen es zum Körperkontakt zwischen dem Täter und dem Kind kommt (BGH, Urteil vom 24. September 1991 – 5 StR 364/91, BGHSt 38, 68, 70; Urteil vom 7. September 1995 – 1 StR 236/95, 41, 242, 243; Urteil vom 31. Oktober 1995 – 1 StR 527/95, 285, 287; Senat, Urteil vom 20. Mai 1992 – 2 StR 73/92, NStZ 1992, 433; Beschluss vom 26. August 1998 – 2 StR 357/98). Dies setzt eine körperliche Berührung voraus, d.h. der Täter muss mit seiner sexuellen Handlung auf den Körper des Tatopfers einwirken, ihn in Mitleidenschaft ziehen. Allerdings ist mit „körperlicher Berührung“ bzw. „Körperkontakt“ nicht nur der unmittelbare Hautkontakt, d.h. die Berührung nackter Körperstellen gemeint (Senat, Urteil vom 20. Mai 1992 – 2 StR 73/92, NStZ 1992, 433 mwN). Vielmehr kann auch der Griff über der Kleidung oder die Berührung des Körpers mit einem Gegenstand eine sexuelle Handlung „an“ einem anderen jedenfalls dann darstellen, wenn der Körper des anderen selbst – nicht nur seine Kleidung und gegebenenfalls seine psychische Verfassung – in Mitleidenschaft gezogen wird (vgl. BGH, Urteil vom 10. Mai 1995 – 3 StR 150/95, BGHR StGB § 178 Abs. 1 sexuelle Handlung 8 mwN; Senat, Urteil vom 6. Mai 1992 – 2 StR 490/91, NStZ 1992, 432; vgl. Wolters in SK-StGB, Oktober 2012, § 184g Rn. 6; demgegenüber fordert Wolters an anderer Stelle – aaO, August 2012 § 176a Rn. 16 – einen unmittelbaren beidseitigen Körperkontakt). Entsprechend wird nicht nur das Berühren des Körpers mit einem Gegenstand, sondern auch das Ejakulieren auf den (nackten) Körper des Tatopfers als ausreichend erachtet (Senat, Beschluss vom 19. Dezember 2008 – 2 StR 383/08, BGHSt 53, 118, 121; vgl. zu § 178 Abs. 1 StGB a.F. BGH, Urteil vom 20. Mai 1992 – 2 StR 73/92, NStZ 1992, 433 mwN).

---

[196] BGH, Urteil vom 9.07.2014 – 2 StR 13/14.

[19] bb) Das gegenseitige Urinieren in den Mund verbunden mit der oralen Aufnahme des Urins stellte schon seinem äußeren Erscheinungsbild nach auch eine sexualbezogene Handlung im Sinne des § 176 Abs. 1 StGB dar (allgemein zu den Voraussetzungen, vgl. BGH, Urteil vom 24. September 1980 – 3 StR 255/80, BGHSt 29, 336; Urteil vom 20. Dezember 2007 – 4 StR 459/07, NStZ-RR 2008, 339), denn es erfolgte jeweils unter Einbeziehung eines Geschlechtsteils (vgl. insoweit BGH, Urteil vom 18. November 1999 – 4 StR 389/99, NJW 2000, 672; Beschluss vom 19. Dezember 2008 – 2 StR 383/08, BGHSt 53, 118, 120 f.), wobei jedenfalls die Geschädigte regelmäßig auch vollständig unbekleidet war; zudem handelt es sich bei dem Urinieren auf den Körper oder in den Mund eines anderen um eine nicht ganz selten vorkommende sexuelle Praktik.

[20] Das Handeln des Angeklagten war schließlich auch – wie festgestellt – in allen Fällen sexuell motiviert.

[21] cc) Die Handlungen waren auch erheblich im Sinne von § 184g Nr. 1 StGB, denn sie lassen sowohl nach ihrer Bedeutung als auch nach ihrer Intensität und Dauer eine sozial nicht mehr hinnehmbare Beeinträchtigung des durch die §§ 174 ff. StGB geschützten Rechtsguts besorgen (zu den allgemeinen Voraussetzungen vgl. Senat, Beschluss vom 12. September 2012 – 2 StR 219/12, NStZ 2013, 280; BGH, Urteil vom 1. Dezember 2011 – 5 StR 417/11, NStZ 2012, 269, 270; Urteil vom 24. September 1980 – 3 StR 255/80, BGHSt 29, 336). Das ist schon deshalb anzunehmen, weil das Tatopfer bei den Handlungen regelmäßig vollständig entkleidet war und das Geschehen in seinem Zusammenhang nach allgemeinem Empfinden weit entfernt ist von bloßen Taktlosigkeiten oder bagatellhaften Übergriffen.

[22] b) Das Urinieren in den Mund des Opfers stellt ebenso wie das Urinieren des Opfers in den Mund des Täters ein „Eindringen in den Körper" im Sinne des § 176a Abs. 2 Nr. 1 StGB dar.

[23] aa) Schon der Gesetzeswortlaut setzt nicht voraus, dass eine beteiligte Person mit einem eigenen Körperteil in den Körper einer anderen Person eindringt, sondern nur dass „etwas" in den Körper des Anderen gelangt (vgl. Renzikowski in Münchener Kommentar zum StGB, 2. Aufl. § 176a Rn. 22; Hörnle in LK, StGB, 12. Aufl. § 176a Rn. 28). Ausreichend ist, dass eine sexuelle Handlung die Körpergrenze durchdringt (vgl. Frommel in Kindhäuser/ Neumann/Paeffgen, StGB, 4. Aufl. § 176a Rn. 4), weshalb sowohl das männliche Glied, andere Körperteile und feste Gegenstände als auch weiche Substanzen und Flüssigkeiten wie Sperma oder Urin vom Wortlaut erfasst sind (vgl. auch Senat, Beschluss vom 19. Dezember 2008 – 2 StR 383/08, BGHSt 53, 118, 120 f.; vgl. auch Schönke/Schröder/Eisele, StGB 29. Aufl. § 176a Rn. 8a; Ziegler in BeckOK StGB, Stand 22. Juli 2013, § 176a Rn. 11; Renzikowski in Münchener Kommentar zum StGB, 2. Aufl. § 176a Rn. 22).

[24] bb) Auch unter Berücksichtigung der Entstehungsgeschichte und von seinem Sinn und Zweck her erfasst § 176a Abs. 2 Nr. 1 StGB das Urinieren in den Mund als ein „Eindringen in den Körper".

[25] Der Begriff „Eindringen in den Körper" in § 176a Abs. 2 Nr. 1 StGB umschreibt besonders nachhaltige Begehungsweisen und stellt sie unter erhöhte Strafdrohung (Senat, Urteil vom 16. Juni 1999 – 2 StR 28/99, BGHSt 45, 131, 132). „Eindringen"erfordert zwar eine Penetration des Körpers, also nicht nur die bloße Berührung (BGH, Beschluss vom 14. September 1999 – 4 StR 381/99, NStZ 2000, 27, 28). Er ist aber nicht ausdrücklich auf den Beischlaf, den Anal- und Oralverkehr beschränkt (BGH, Urteil vom 18. November 1999 – 4 StR 389/99, NJW 2000, 672).

[26] Dafür spricht schon seine Entstehungsgeschichte. Der ualifikationstatbestand des § 176a Abs. 2 Nr. 1 StGB wurde als § 176a Abs. 1 Nr. 1 durch das 6. StrRG vom 26. Januar 1998 (BGBl. I S. 164) in das Strafgesetzbuch eingeführt. Nach der Begründung des Gesetzentwurfs sollte dieses qualifizierende Merkmal im Wesentlichen dem durch das 33. StrÄndG vom 1. Juli 1997 (BGBl. I S. 1607) in § 177 Abs. 3 Satz 2 Nr. 1 StGB (heute § 177 Abs. 2 Satz 2 Nr. 1 StGB) eingeführten Regelbeispiel eines besonders schweren Falls der Vergewaltigung nachgebildet werden (BT-Drucks. 13/8587, S. 31 f.). Hiernach sollte „vor allem das Eindringen des Geschlechtsgliedes in den Körper als orale oder anale Penetration erfasst" werden (BT-Drucks. 13/2463, S. 7 und BT-Drucks. 13/7324, S. 6; BGH, Beschluss vom 14. September 1999 – 4 StR 381/99, NStZ 2000, 27). Mag danach der Gesetzgeber in erster Linie an den Anal- und Oralverkehr gedacht haben, so hat er die Anwendung des Tatbestandes neben dem Beischlaf nicht auf diese Arten sexueller Betätigung beschränkt. Dies folgt schon daraus, dass ausdrücklich auch „das Eindringen mit Gegenständen" erfasst werden sollte, das „eine in gleicher Weise belastende und erniedrigende Verhaltensweise darstellen (kann)" (BT-Drucks. 13/2463, S. 7, BT-Drucks. 13/7324, S. 6, jew. zu § 177 Abs. 3 Satz 2 Nr. 1 StGB i.d.F. des 33. StrRG; vgl. BGH, Urteil vom 18. November 1999 – 4 StR 389/99, NJW 2000, 672). Demzufolge ist nach der Rechtsprechung des Bundesgerichtshofs nicht nur das Eindringen des männlichen Glieds erfasst, sondern auch das Eindringen jedes anderen Körperteils oder von Gegenständen (st. Rspr.; vgl. BGH, Urteil vom 18. November 1999 – 4 StR 389/99, NJW 2000, 672; Urteil vom 30. September 2004 – 4 StR 134/04, NStZ 2005, 152, 153 – jeweils zum Finger; Urteil vom 15. Juni 2005 – 1 StR 499/04, NStZ-RR 2007, 195, 196; Beschluss vom 14. April 2011 – 2 StR 65/11, NJW 2011, 3111 – Zunge; Beschluss vom 12. März 2014 – 4 StR 562/13 – Vibrator).

[27] Ein Eindringen in den Körper ist daher nach dem Sinn und Zweck der Vorschrift auch dann gegeben, wenn Körpersekrete oder Ausscheidungsprodukte in Körperöffnungen gelangen und gerade (auch) hierin jedenfalls aus Sicht des Täters die Sexualbezogenheit des Vorgangs liegt. Anders als das Regelbeispiel des § 177 Abs. 2 Satz 2 Nr. 1 StGB stellt § 176a Abs. 2 Nr. 1 StGB nicht auf die besondere Erniedrigung des Opfers ab, sondern allein auf das Eindringen in den Körper, welches – soweit beischlafähnlich – als schwerwiegende Beeinträchtigung der körperlichen Integrität anzusehen ist (Senat, Beschluss vom 19. Dezember 2008 – 2 StR 282/08, BGHSt 53, 118, 120).

[28] cc) Das gilt auch für solche Fälle, in denen das Urinieren in den Mund des Täters vorgenommen wird, denn tatbestandlich erfasst wird sowohl das Eindringen in den Körper des Opfers als auch in den des Täters (vgl. Senat, Urteil vom 16. Juni 1999 – 2 StR 28/99, BGHSt 45, 131, 133 ff. m. Anm. Hörnle, NStZ 2000, 310; Beschluss vom 19. Dezember 2008 – 2 StR 282/08, BGHSt 53, 118, 119; vgl. Eisele in Schönke/Schröder, StGB 27. Aufl., § 176a Rn. 8a; Renzikowski in Münchener Kommentar zum StGB, 2. Aufl. § 176a Rn. 22).

[29] c) Bei den in den Fällen 5 bis 12 festgestellten sexuellen Handlungen handelt es sich auch um solche, die einem Beischlaf ähnlich sind.

[30] Die gemäß § 176a Abs. 2 Nr. 1 StGB erforderliche Beischlafähnlichkeit der mit einem Eindringen in den Körper verbundenen sexuellen Handlung setzt nicht unbedingt äußerliche Ähnlichkeit mit dem Bewegungsablauf beim Vollzug des Beischlafs voraus (vgl. Hörnle in LK-StGB, 12. Aufl. § 176a Rn. 26, 28; Fischer, aaO Rn. 8; a.A. Wolters in SK, StGB, August 2012, § 176a Rn. 16). Eine Ähnlichkeit

mit dem Beischlaf liegt vielmehr regelmäßig schon dann vor, wenn die sexuelle Handlung ihrem äußeren Erscheinungsbild nach entweder auf Seiten des Opfers oder des Täters unter Einbeziehung des (primären) Geschlechtsteils geschieht (vgl. BGH, Urteil vom 18. November 1999 – 4 StR 389/99, NJW 2000, 672; Beschluss vom 19. Dezember 2008 – 2 StR 383/08, BGHSt 53, 118, 121; Beschluss vom 14. April 2011 – 2 StR 65/11, BGHSt 56, 223, 225; Fischer, aaO Rn. 8a; Eisele in Schönke/Schröder, StGB, 27. Aufl. § 176a Rn. 8a). Sie ist aber vor allem auch an dem Gewicht der Rechtsgutverletzung zu messen (Senat, Beschluss vom 14. April 2011 – 2 StR 65/11, BGHSt 56, 223, 225; a.A. Wolters in SK, StGB August 2012, § 176a Rn. 16), also an ihrer Erheblichkeit im Hinblick auf das in § 176a StGB geschützte Rechtsgut der sexuellen Selbstbestimmung und ungestörten sexuellen Entwicklung des Kindes. Entscheidend ist mithin, dass das Ausmaß der insoweit zu besorgenden Rechtsgutverletzung mit einem Beischlaf vergleichbar ist und diese Rechtsgutverletzung ebenfalls von einem Eindringen in den Körper herrührt. Richtigerweise ist darin ein (weiteres) Erheblichkeitsmerkmal zu sehen, wodurch die zweite Tatalternative angesichts des weiten Begriffs des Eindringens die notwendige Beschränkung erfährt (vgl. Ziegler in BeckOK StGB § 176a Rn. 12; Fischer, aaO Rn. 8; Eisele in Schönke/Schröder, StGB, 27. Aufl. § 176a Rn. 8a).

[31] Gemessen daran, handelt es sich bei dem unter Einbeziehung eines Geschlechtsteils erfolgten Urinieren in den geöffneten Mund verbunden mit der oralen Aufnahme des Urins sowohl von seinem äußeren Erscheinungsbild her als auch im Hinblick auf die Intensität des Eingriffs in die sexuelle Selbstbestimmung und vor allem aber die ungestörte sexuelle Entwicklung des zur Tatzeit 12- bis 13-jährigen Kindes ohne Weiteres um eine dem Beischlaf ähnliche sexuelle Handlung.

PRAXISBEDEUTUNG ■

Die vorliegende Entscheidung fasst den Anwendungsbereich der Vorschrift des § 176a StGB weiter, indem Fälle herausgestellt werden, welche als beischlafähnlich zu werten sind. Auch der Begriff des „Eindringens“ wird unter Bezugnahme auf wörtliche Auslegung des Begriffs weiter gefasst, als dies bisher unbestritten angenommen werden konnte. Die Praxis wird sich hierauf einzustellen haben!

Als **Täter** nach § 176a Abs. 2 Nr. 1 StGB kann nur bestraft werden, wer entweder **selbst (eigenhändig) entsprechend § 90 Abs. 1 StGB Körperkontakt** zu dem Kind **aufnimmt** und dabei mit ihm den Beischlaf vollzieht oder ähnliche sexuelle Handlungen an ihm vornimmt oder an sich von ihm vornehmen lässt, die mit einem Eindringen in den Körper verbunden sind oder wer entsprechend § 176 Abs. 2 StGB das Kind dazu bestimmt, eine der genannten Handlungen an einem Dritten vorzunehmen oder von diesem an sich vornehmen zu lassen.[197] **197**

[4] 2. Die auf § 176a Abs. 2 Nr. 1 StGB gestützte Verurteilung des Angeklagten wegen schweren sexuellen Missbrauchs von Kindern in den Fällen II.2 zu 1 und II.2 zu 2 der Urteilsgründe begegnet durchgreifenden rechtlichen Bedenken.

[5] a) Nach den Feststellungen führte die Mitangeklagte I. am 9. Dezember 2011 gegen 10.00 Uhr in einem Zeitraum von 20 Minuten „gemäß einem gemeinsamen

---

[197] BGH, Beschluss vom 12.03.2014 – 4 StR 562/13.

Tatplan auf Initiative des Angeklagten" zwei verschieden große Vibratoren abwechselnd mehrfach über teils kürzere, teils längere Zeiträume in den Anus und die Vagina ihrer zu diesem Zeitpunkt drei Jahre alten Tochter ein. Das Geschehen wurde von dem Angeklagten zur eigenen sexuellen Befriedigung mit seiner Digitalkamera gefilmt. Zwischenzeitlich forderte er die Mitangeklagte I. auf, das Gleitgel zu erneuern. Kurz bevor der Angeklagte die Videoaufzeichnung abbrach, äußerte er gegenüber der Mitangeklagten I., „es sei ja auch am Abend noch Zeit" (Fall II.2 zu 1 der Urteilsgründe). Gegen Abend desselben Tages wiederholte sich dieses Geschehen in einem in etwa entsprechenden Zeitraum, wobei der Angeklagte hiervon nunmehr Fotos fertigte (Fall II.2 zu 2 der Urteilsgründe).

[6] b) Diese Feststellungen belegen nicht, dass sich der Angeklagte jeweils eines schweren sexuellen Missbrauchs gemäß § 176a Abs. 2 Nr. 1 StGB schuldig gemacht hat.

[7] Der Tatbestand des § 176a Abs. 2 Nr. 1 StGB ist hinsichtlich der Beschreibung der sexuellen Handlung § 177 Abs. 2 Satz 2 Nr. 1 StGB nachgebildet (vgl. BT-Drucks. 13/8587 S. 31 f.) und stellt eine Qualifikation gegenüber § 176 Abs. 1 und 2 StGB dar. Als Täter nach § 176a Abs. 2 Nr. 1 StGB kann daher nur bestraft werden, wer entweder selbst („eigenhändig") entsprechend § 176 Abs. 1 StGB Körperkontakt zu dem Kind aufnimmt (BGH, Beschluss vom 26. August 1998 – 2 StR 357/98, NStZ-RR 1999, 321, 322, bei Pfister; Urteil vom 7. September 1995 – 1 StR 236/95, BGHSt 41, 242, 243) und dabei mit ihm den Beischlaf vollzieht oder ähnliche sexuelle Handlungen an ihm vornimmt oder an sich von ihm vornehmen lässt, die mit einem Eindringen in den Körper verbunden sind (Hörnle in: LK-StGB, 12. Aufl., § 176a Rn. 45; vgl. BGH, Beschluss vom 8. November 2011 – 4 StR 468/11, NStZ-RR 2012, 45; Urteil vom 22. April 1999 – 4 StR 3/99, BGHR StGB § 177 Abs. 2 Satz 2 Nr. 1 Mittäter 1, jeweils zu § 177 Abs. 2 Satz 2 Nr. 1 StGB) oder wer entsprechend § 176 Abs. 2 StGB das Kind dazu bestimmt, eine der genannten Handlungen an einem Dritten vorzunehmen oder von diesem an sich vornehmen zu lassen (vgl. BGH, Urteil vom 30. September 2004 – 4 StR 134/04, NStZ 2005, 152, 153; Hörnle in: LK-StGB, 12. Aufl., § 176a Rn. 46). Nach den Feststellungen hat nur die Mitangeklagte I. an dem Tatopfer eine mit dem Eindringen in dessen Körper verbundene sexuelle Handlung (Einführen der Vibratoren) vorgenommen. Dass der Angeklagte auf die Geschädigte eingewirkt hat, damit sie die Missbrauchshandlungen der Mitangeklagten I. an sich vornehmen lässt, kann den Feststellungen ebenfalls nicht entnommen werden.

[8] c) Die Sache bedarf daher insoweit neuer Verhandlung und Entscheidung. Die rechtsfehlerfrei getroffenen Feststellungen zum äußeren Tatgeschehen können bestehen bleiben. Ergänzende Feststellungen, die hierzu nicht in Widerspruch stehen, sind möglich. Dabei wird der neue Tatrichter auch zu prüfen haben, ob sich der Angeklagte einer Anstiftung oder einer Beihilfe zum schweren sexuellen Missbrauch gemäß § 176a Abs. 2 Nr. 1, §§ 26, 27 StGB schuldig gemacht hat.

198 **Schmerzhafte anale Penetrationshandlungen** gegenüber Kindern können eine körperlich schwere Misshandlung (§ 176a Abs. 5, § 177 Abs. 4 Nr. 2 Buchst. a StGB) darstellen.[198]

---

[198] BGH, Urteil vom 9.12.2014 – 5 StR 422/14.

[8] a) Nach gefestigter Rechtsprechung des Bundesgerichtshofs verlangt das Merkmal der schweren körperlichen Misshandlung einerseits nicht den Eintritt der in § 226 Abs. 1 StGB (schwere Körperverletzung) bezeichneten gravierenden Folgen; andererseits genügt eine „nicht nur unerhebliche Beeinträchtigung" der körperlichen Unversehrtheit nicht (vgl. BGH, Beschluss vom 14. Dezember 1993 – 4 StR 717/93, bei Miebach NStZ 1994, 223). Erforderlich, aber auch ausreichend ist es, dass die körperliche Integrität des Opfers in einer Weise verletzt wird, die mit erheblichen Schmerzen verbunden ist (vgl. BGH, Beschluss vom 27. Mai 1998 – 5 StR 216/98, NStZ 1998, 461; BGH, Urteile vom 13. September 2000 – 3 StR 347/00, BGHR StGB § 177 Abs. 4 Misshandlung 1; vom 13. Februar 2007 – 1 StR 574/06; vom 15. September 2010 – 2 StR 395/10, NStZ-RR 2011, 337, 338; vgl. zu § 176a Abs. 3 Nr. 2 StGB aF BGH, Urteil vom 11. August 1993 – 3 StR 325/93). Dabei schadet es nicht, wenn die Misshandlung nicht gerade als Nötigungsmittel eingesetzt wird, sondern im Zuge der sexuellen Handlungen erfolgt (vgl. BGH, Beschluss vom 12. Dezember 2000 – 4 StR 464/00, BGHSt 46, 225, 229).

[9] b) Daran gemessen ist das Merkmal hier gegeben. Der Angeklagte erzwang an der zur Tatzeit allenfalls zwölfjährigen Nebenklägerin den (erstmaligen) Analverkehr bis zum Samenerguss. Hierdurch fügte er ihr derart gravierende Schmerzen zu, dass er sich veranlasst sah, ihre lauten Schreie (vgl. auch UA S. 23: „... dass sie vor Schmerzen gebrüllt habe") zu ersticken, indem er ihren Kopf in ein Kissen drückte. Den Ausführungen der Jugendkammer ist zu entnehmen, dass sich die Misshandlung über geraume Zeit erstreckte.

[10] aa) Der Senat verkennt nicht, dass namentlich anale Penetrationen bei Kindern auf dieser Basis nicht selten den Qualifikationstatbestand des § 176a Abs. 5 StGB (§ 177 Abs. 4 Nr. 2 Buchst. a StGB) erfüllen werden. Er sieht jedoch keinen Grund, solche schwerwiegenden Taten nicht der verschärften Strafdrohung zu unterwerfen. Dem lässt sich nicht überzeugend entgegenhalten, dass mit dem Eindringen in den Körper von Kindern typischerweise Schmerzen verbunden sein werden, der Gesetzgeber für derartige Taten in § 176a Abs. 2 Nr. 1 StGB (§ 177 Abs. 2 Satz 1, 2 Nr. 1 StGB) aber einen günstigeren Strafrahmen vorgesehen hat (vgl. dazu SK-Wolters, StGB, § 177 Rn. 33; LK-Hörnle, StGB, 12. Aufl., § 176a Rn. 84; Kudlich, JR 2001, 378, 380). Denn es existieren – wie auch die Tatserie des Angeklagten erweist – Vorgänge des Eindringens, die nicht schmerzhaft sind oder insoweit jedenfalls nicht den erforderlichen Erheblichkeitsgrad erreichen. Es kann also nicht die Rede davon sein, dass die Verursachung beträchtlicher Schmerzen regelmäßige und damit vom Tatbestand des § 176a Abs. 2 Nr. 1 StGB (§ 177 Abs. 2 Satz 1, 2 Nr. 1 StGB) abschließend umfasste Begleiterscheinung der darin bezeichneten Tathandlungen ist. Dass eine Privilegierung schon für sich genommen äußerst schmerzhafter Sexualhandlungen gegenüber sonstigen körperlichen Misshandlungen wie etwa heftigen und mit Schmerzen verbundenen Schlägen (vgl. BGH, Beschluss vom 27. Mai 1998 – 5 StR 216/98, aaO) vom Gesetzgeber intendiert gewesen sein könnte, liegt nicht nahe (vgl. auch BGH, Beschluss vom 12. Dezember 2000 – 4 StR 464/00, *aaO).*

[11] Genauso wenig lässt sich aus dem in der Vorschrift weiter aufgeführten Qualifikationsmerkmal der Verursachung einer Todesgefahr ein plausibler Grund für eine Ausgrenzung von (höchst schmerzhaften) „Penetrationshandlungen" gewinnen (sowohl MüKo/Renzikowski, 2. Aufl., § 176a Rn. 34). Denn es handelt sich um qualitativ unterschiedliche Merkmale mit divergierender Schutzrichtung.

[12] bb) Allerdings bedarf es für die Annahme einer schweren körperlichen Misshandlung hinreichender Feststellungen zu Ausmaß und Dauer der Schmerzen.

Anders als bei den weiteren ausgeurteilten Fällen (analer) Vergewaltigungen bzw. deren Versuch zum Nachteil der Nebenklägerin genügen die Urteilsgründe diesem Erfordernis im Fall 4.

199 **Berührungen** andere Körperstellen als des primären Geschlechtsorgans stellen nicht ohne weiteres **sexuelle Handlungen von einiger Erheblichkeit** dar; zur Beurteilung der Erheblichkeit bedarf es näherer Fehlstellungen vor allem zu der Art, Intensität und Dauer dieser Berührungen.[199]

[1] Das Landgericht hat ***den Angeklagten*** *wegen schweren sexuellen Missbrauchs von Kindern in vier Fällen, davon in drei Fällen in Tateinheit mit vorsätzlicher Körperverletzung, und wegen sexuellen Missbrauchs von Kindern in fünf Fällen zu einer Gesamtfreiheitsstrafe von drei Jahren und drei Monaten verurteilt. Hiergegen richtet sich die auf die Sachrüge gestützte Revision des Angeklagten. Das Rechtsmittel hat in dem aus der Entscheidungsformel ersichtlichen Umfang Erfolg. Im Übrigen ist es unbegründet im Sinne von § 349 Abs. 2 StPO.*

[2] Zu Fall II.1. der Urteilsgründe hat das Landgericht hinsichtlich der Tat des Angeklagten zum Nachteil der Nebenklägerin festgestellt: „Als beide abends im Bett lagen, streichelte der Angeklagte mit seiner Hand die mit einem T-Shirt bekleidete Brust des Kindes, die bereits körperlich entwickelt war." Berührungen anderer Körperstellen als des primären Geschlechtsorgans stellen nicht ohne Weiteres sexuelle Handlungen „von einiger Erheblichkeit" dar; zur Beurteilung der Erheblichkeit hätte es näherer Feststellungen vor allem zu Art, Intensität und Dauer dieser Berührungen bedurft (vgl. BGH, Beschluss vom 23. Juli 2013 – 1 StR 204/13, NStZ 2013, 708).

[3] Die Aufhebung der Verurteilung im Fall II.1. zwingt auch zur Aufhebung des Ausspruchs über die Gesamtfreiheitsstrafe.

■ TOPENTSCHEIDUNG

200 Es ist zur Erfüllung des objektiven Tatbestandes des § 176 Abs. 4 Nr. 1 StGB ausreichend, dass die **sexuelle Handlung von dem Kind** zeitgleich **akustisch wahrgenommen** wird.[200]

[9] Der Schuldspruch hält revisionsrechtlicher Prüfung stand. Insbesondere hat das Landgericht auf der Grundlage der rechtsfehlerfreien Feststellungen die Taten zu Recht als versuchten sexuellen Missbrauch von Kindern durch Vornahme sexueller Handlungen vor einem Kind nach § 176 Abs. 4 Nr. 1 StGB gewürdigt, für den das Gesetz in § 176 Abs. 6 StGB die Versuchsstrafbarkeit vorsieht.

[10] 1. Sein Vorsatz war darauf gerichtet, sexuelle Handlungen vor einem Kind vorzunehmen, das den Vorgang wahrnimmt.

[11] a) Durch die Telefonanrufe hat E.S. die Handlungen des Angeklagten wahrgenommen.

[12] aa) Auf eine körperliche Nähe zwischen dem Täter und dem wahrnehmenden Kind kommt es dabei nicht an (BGH, Beschluss vom 21. April 2009 – 1 StR 105/09,

---

[199] BGH, Beschluss vom 8.07.2014 – 2 StR 175/14.

[200] BGH, Beschluss vom 21.10.2014 – 1 StR 79/14.

BGHSt 53, 283, 286; Fischer, StGB, 61. Aufl., § 176 Rn. 9; Eisele in Schönke/Schröder, StGB, 29. Aufl., § 176 Rn. 12; ders. aaO § 184g Rn. 20; Hörnle in LK, 12. Aufl., § 176 Rn. 74; Renzikowski in MüKo-StGB, 2. Aufl., § 176 Rn. 32; Wolters in Satzger/Schluckebier/Widmaier, 2. Aufl., § 176 Rn. 16). Die Strafbarkeit von sexuellen Handlungen „vor" einem anderen ist gemäß § 184g Nr. 2 StGB auf solche Handlungen beschränkt, die vor einem anderen vorgenommen werden, der den Vorgang wahrnimmt. Dies bedeutet aber nicht, dass sich Täter und Opfer bei der Tatbegehung zwangsläufig in unmittelbarer räumlicher Nähe zueinander befinden müssen. Für die Verwirklichung des Straftatbestandes ist nicht die räumliche Gegenwart des Opfers bei Vornahme der sexuellen Handlungen ausschlaggebend, sondern dessen Wahrnehmung von dem äußeren Vorgang der sexuellen Handlung, die angesichts moderner Übermittlungsformen von der bloßen Gegenwart des Betrachters nicht abhängig ist. Allein dieses soll durch das Erfordernis des Handelns „vor" einem anderen zum Ausdruck gebracht werden. Dem entspricht es auch, dass der Gesetzgeber stets davon ausgegangen ist, dass solche Handlungen erfasst werden, die ohne unmittelbaren Körperkontakt erfolgen (BT-Drucks. VI/3521 S. 37; BT-Drucks. 13/9064 S. 10) und sich bewusst in Ansehung der Möglichkeit, dass auch exhibitionistische Handlungen mit einer gewissen Distanz zwischen Täter und Betrachter unter die Norm fallen, gegen die Einfügung des Wortes „unmittelbar" vor dem Wort „vor" in § 176 Abs. 5 Nr. 1 StGB aF (heute § 176 Abs. 4 Nr. 1 StGB nF) entschieden hat (BT-Drucks. VI/3521 S. 37; vgl. auch Hörnle in MüKo-StGB, 2. Aufl., § 184g Rn. 14 unter Hinweis darauf, dass der Gesetzgeber bei der Schaffung der Norm im Jahre 1973 das Problem medial vermittelter Kontakte noch nicht gesehen hat).

[13] Dass es bei der Verwirklichung des Tatbestandes des § 176 Abs. 4 Nr. 1 StGB maßgeblich auf die Wahrnehmung des Kindes ankommt und nicht auf eine unmittelbare räumliche Nähe zwischen Täter und Opfer, wird auch bei einem Vergleich mit den übrigen in § 176 Abs. 4 StGB enthaltenen Tatbestandsvarianten deutlich. Keine der in § 176 Abs. 4 Nr. 2 bis 4 StGB genannten sexualbezogenen Einwirkungen auf ein Kind erfordert eine unmittelbare räumliche Nähe zwischen Täter und Opfer. Selbst Tathandlungen, die wie in § 176 Abs. 4 Nr. 3 und 4 StGB von wesentlich geringerer Intensität sind als die von § 176 Abs. 4 Nr. 1 StGB erfassten und dennoch dieselbe Strafandrohung aufweisen, setzen eine unmittelbare räumliche Beziehung nicht voraus. Vielmehr stellen auch diese Varianten, die für die Tatbestandsverwirklichung ein Einwirken auf ein Kind mittels bloßer Gedankenäußerung, etwa durch Schriften im Sinne des § 11 Abs. 3 StGB (§ 176 Abs. 4 Nr. 3 StGB) oder durch Vorzeigen pornographischer Abbildungen, durch Abspielen von Tonträgern pornographischen Inhalts oder durch Reden mit entsprechendem Inhalt (§ 176 Abs. 4 Nr. 4 StGB), ausreichen lassen, wesentlich auf die Wahrnehmung solcher Gedankenäußerungen durch das Kind ab. Nichts anderes gilt deshalb für die von § 176 Abs. 4 Nr. 1 StGB erfassten sexuellen Handlungen (so schon BGH, Beschluss vom 21. April 2009 – 1 StR 105/09, BGHSt 53, 283).

[14] bb) Auch das von der Revision für eine gegenteilige Sicht angeführte Urteil des Bundesgerichtshofs vom 31. Oktober 1995 (1 StR 527/95, BGHSt 41, 285, die Berufung auf BT-Drucks. VI/3521 S. 37 lässt freilich außer Acht, dass der historische Gesetzgeber sehr wohl in Kauf genommen hat, auch Fälle mit einer „gewissen Distanz" von der Norm zu erfassen, es war ihm nur wichtig, dass für Täter nach § 176 Abs. 5 StGB aF die „gleiche Behandlung" wie für Täter nach § 183 StGB möglich sein müsse) führt zu keinem anderen Ergebnis. Zwar verneinte der Bundesgerichtshof in dieser Entscheidung eine Strafbarkeit nach § 176 Abs. 5 Nr. 2 StGB aF

(„ein Kind dazu bestimmt, dass es sexuelle Handlungen vor ihm oder einem Dritten vornimmt") in der bis zum 31. März 1998 geltenden Fassung in einem Fall, in dem der Täter nur über eine Telefonverbindung ein Kind zu sexuellen Handlungen „vor ihm" bestimmen wollte, weil es an einer räumlichen Nähe zwischen Täter und Opfer fehlte (in diesem Sinne auch BGH, Urteil vom 20. Juni 1979 – 3 StR 143/79, BGHSt 29, 29, 31 in Abgrenzung zu der Begehungsvariante der Nr. 3, nicht tragend und ohne Begründung). Danach – ersichtlich auch mit Blick auf die Entscheidung vom 31. Oktober 1995 – änderte der Gesetzgeber die Fassung der Vorschrift dahin, dass es ausreicht, dass das Kind sexuelle Handlungen „an sich" vornimmt (§ 176 Abs. 3 Nr. 2 StGB in Kraft seit dem 1. April 1998). Mit dieser erweiterten Fassung wollte der Gesetzgeber gerade auch den Fall erfassen, „dass sogenannte Verbalerotiker Kinder durch Telefonanrufe" zu sexuellen Manipulationen veranlassen (BT-Drucks. 13/9064 S. 11). Die abweichenden Entscheidungen erfolgten damit zum alten Recht und sind hinfällig (so schon BGH, Beschluss vom 21. April 2009 – 1 StR 105/09, BGHSt 53, 283).

[15] cc) Es ist zur Erfüllung des objektiven Tatbestandes des § 176 Abs. 4 Nr. 1 StGB ausreichend, dass die sexuelle Handlung von dem Kind zeitgleich akustisch wahrgenommen wird (Hörnle in LK, 12. Aufl., § 176 Rn. 74; Renzikowski in MüKo-StGB, 2. Aufl., § 176 Rn. 32; vgl. auch Laufhütte/Roggenbuck in LK, 12. Aufl., § 184g Rn. 18; Hörnle in MüKo-StGB, 2. Aufl., § 184g Rn. 13 f.; Wolters in Satzger/Schluckebier/Widmaier, 2. Aufl., § 176 Rn. 16, der allgemein das Zurückgreifen auf Hilfsmittel für die Wahrnehmung genügen lässt).

[16] Anhaltspunkte dafür, die tatbestandsmäßige Wahrnehmung auf eine optische zu beschränken, ergeben sich weder aus dem Wortlaut der Vorschrift noch lassen sie sich aus einer teleologischen Auslegung gewinnen. Der Gesetzgeber hat zudem deutlich zum Ausdruck gebracht, dass auch Telefonanrufe, mithin akustische Vermittlungen ausreichen können (BT-Drucks. 13/9064 S. 11 zu § 176 Abs. 3 Nr. 2 StGB aF, heute § 176 Abs. 4 Nr. 2 StGB). Bereits bei der Schaffung der Vorschrift durch das 4. StrRG (BGBl. I 1973 S. 1727) hat er zur Ausfüllung des Begriffs der Vornahme einer sexuellen Handlung vor einem anderen ausgeführt, dass die Wahrnehmung derselben nicht notwendig auf das Visuelle beschränkt ist (BT-Drucks. VI/3521 S. 25 zu § 174 Abs. 2 StGB).

[17] Gesetzeswortlaut, Materialien und Sinn und Zweck der Vorschrift lassen aber deutlich werden, dass in Abgrenzung zu den Begehungsvarianten des § 176 Abs. 4 Nr. 3 und 4 StGB nur eine zeitgleiche Wahrnehmung genügen kann (so schon BGH, Beschluss vom 21. April 2009 – 1 StR 105/09, BGHSt 53, 283: unmittelbare Wahrnehmung im Sinne einer simultanen Übertragung). Das Abspielen von Aufzeichnungen fällt danach nicht unter § 176 Abs. 4 Nr. 1 StGB (Renzikowski in MüKo-StGB, 2. Aufl., § 176 Rn. 33, der auf die Wahrnehmung in Echtzeit abstellt; Hörnle in MüKo-StGB, 2. Aufl., § 184g Rn. 14, auf die Gleichzeitigkeit von Handlung und Wahrnehmung abstellend; Wolters in Satzger/Schluckebier/Widmaier, 2. Aufl., § 176 Rn. 16: zeitgleiche, simultane Übertragung, „Live").

[18] b) Der Angeklagte rechnete damit, dass das angerufene Mädchen unter 14 Jahre alt und damit ein Kind sein könnte und nahm dies billigend in Kauf.

[19] c) Es kam ihm bei seinen Taten gerade darauf an, das Kind in das sexuelle Geschehen miteinzubeziehen (vgl. zu diesem, den Wortlaut des § 176 Abs. 4 Nr. 1 StGB einschränkenden Erfordernis BGH, Urteil vom 14. Dezember 2004 – 4 StR 255/04, BGHSt 49, 376). Die Wahrnehmung seiner sexuellen Handlung durch das Mädchen war für ihn von handlungsbestimmender Bedeutung, erst durch deren

Zuhören konnte er seine sexuelle Befriedigung erlangen. Dies war auch der Grund, wieso der Angeklagte mehrmals kurz hintereinander anrief, wenn das Mädchen auflegte, bevor er noch seine Befriedigung erlangt hatte. Denn ihm kam es auf das Zuhören durch das Mädchen an. Ob das Kind den sexuellen Charakter der Handlung erkannt hat, ist hingegen unerheblich (BGH, Urteil vom 14. Dezember 2004 – 4 StR 255/04, BGHSt 49, 376 mwN).

[20] 2. Der Angeklagte nahm durch das Onanieren und die dabei abgesonderten Geräusche eine sexuelle Handlung an sich selbst vor. Diese war im Hinblick auf das geschützte Rechtsgut – der Schutz von Kindern vor einer Beeinträchtigung ihrer Gesamtentwicklung durch das Erleben von exhibitionistischen Handlungen (vgl. BT-Drucks. VI/1552 S. 17) – auch von einiger Erheblichkeit im Sinne des § 184g Nr. 1 StGB (vgl. zur Masturbation Hörnle in LK, 12. Aufl., § 176 Rn. 74). Er setzte damit nach seiner Vorstellung jeweils unmittelbar zur Verwirklichung des Tatbestands des § 176 Abs. 4 Nr. 1 StGB an. Zur Tatvollendung kam es nur deswegen nicht, weil E. schon 14 Jahre alt war.

PRAXISBEDEUTUNG ■

Nachdem der Senat bereits entschieden hatte, dass der Tatbestand des § 176 Abs. 4 Nr. 1 StGB auch dann erfüllt ist, wenn das Opfer die über das Internet übermittelten sexuellen Handlungen des Täters zeitgleich am Bildschirm mitverfolgt (Beschl. v. 21.4.2009 – 1 StR 105/09), wird mit der vorliegenden Entscheidung auch das weitere wichtige Telekommunikationsmittel des Telefongesprächs als Möglichkeit zur Tatbestandsverwirklichung einbezogen. Der Tatbestand wird damit zugleich sicherer in seiner Auslegung für die Praxis. erfolgen, zumindest spätestens dann, wenn eine Verdachtslage im Raum steht.

Schmerzhafte anale Penetrationshandlungen gegenüber Kindern können eine körperlich schwere Misshandlung (§ 176a Abs. 5, § 177 Abs. 4 Nr. 2 Buchst. a StGB) darstellen.[201] **201**

c) Sexuelle Nötigung, Vergewaltigung – § 177 StGB

Gewalt im Sinne von § 177 Abs. 1 Nummer eins StGB liegt vor, wenn der Täter physische Kraft entfaltet, um den erkannten oder erwarteten Widerstand des Opfers gegen die Vornahme sexueller Handlungen zu überwinden, wobei das Opfer durch die Handlung des Täters körperlich wirkendem Zwang ausgesetzt sein muss. Nach der Rechtsprechung des Bundesgerichtshofs ist **Beischlaf** das Eindringen des männlichen Gliedes in die Scheide; dafür genügt der Kontakt des männlichen Gliedes mit dem Scheidenvorhof, ein vollständiges Eindringen des Gliedes in die Scheide ist jedenfalls gerade keine Voraussetzung für die Vollendung des Beischlaf.[202] **202**

§ 240 StGB ist gegenüber § 177 StGB subsidiär, soweit die Nötigung der Erzwingung der sexuellen Handlung dient. Nur dann, wenn der Täter mit der Nötigung **203**

[201] BGH, Urteil vom 9.12.2014 – 5 StR 422/14.
[202] BGH, Beschluss vom 27.03.2014 – 1 StR 106/14.

ein darüber hinausgehendes Ziel verfolgt oder die Deliktsverwirklichung über die Vollendung des § 177 StGB hinaus andauert, ist Tateinheit gegeben.[203]

[10] 1. Der Schuldspruch hält der sachlich-rechtlichen Prüfung nicht stand, soweit der Angeklagte – tateinheitlich mit versuchter besonders schwerer Vergewaltigung und gefährlicher Körperverletzung – auch wegen Nötigung verurteilt worden ist. Der Generalbundesanwalt hat in seiner Antragsschrift insoweit Folgendes ausgeführt:

„§ 240 StGB ist gegenüber § 177 StGB subsidiär, soweit die Nötigung der Erzwingung der sexuellen Handlung dient. Nur dann, wenn der Täter mit der Nötigung ein darüber hinausgehendes Ziel verfolgt oder die Deliktsverwirklichung über die Vollendung des § 177 StGB hinaus andauert, ist Tateinheit gegeben (Renzikowski in Münchener Kommentar, StGB, 2. Aufl., § 177 Rn. 100 m.w.N.). Ein solcher Ausnahmefall liegt nach den Feststellungen jedoch nicht vor. Das Landgericht hat – rechtsfehlerfrei – angenommen, dass der Angeklagte mit dem Einsatz des Elektroschockgeräts gegenüber der Geschädigten E. zum Verbrechen der versuchten besonders schweren Vergewaltigung unmittelbar angesetzt hat (UA S. 65). Die dann folgenden Handlungsabläufe – insbesondere die zwangsweise Mitnahme der Zeugin aus der Wohnung, die das Landgericht als selbständige Nötigung deutet – waren lediglich Mittel und Bestandteil der auf die Erzwingung des Geschlechtsverkehrs gerichteten Nötigung. Der vom ursprünglichen Tatplan abweichende Ortswechsel war nur durch das Überleben W.s und dessen Schreien bedingt, diente aber ausschließlich dem weiter verfolgten Ziel einer Vergewaltigung der Geschädigten E. in unmittelbarem zeitlichen Kontext zum vorangegangenen Geschehen und war mithin nicht darauf gerichtet, einen darüber hinausgehenden Nötigungserfolg zu verwirklichen …

… Die insoweit erforderliche Schuldspruchberichtigung … macht den Strafausspruch nicht rechtsfehlerhaft. Das Landgericht hat lediglich übersehen, dass das vom Angeklagten mitverwirklichte Vergehen nach § 240 Abs. 1, 2 StGB im Wege der Gesetzeskonkurrenz hinter dem Verbrechen des § 177 StGB zurücktritt und ist deshalb unzutreffend von Tateinheit ausgegangen. Auf den Unrechtsgehalt hat dieser Fehler jedoch keine Auswirkungen.“

[11] Dem stimmt der Senat zu; er hat daher den Schuldspruch entsprechend geändert.

204 Wird **Geschlechtsverkehr** ohne wesentliche zeitliche Zäsur im Anschluss an massive Gewalt und ausgesprochene Drohungen in deren bewusster Ausnutzung erzwungen, kann er sich als **Teil eines einheitlichen Geschehens** darstellen.[204]

[4] Die Annahme des Landgerichts, wonach der Geschlechtsverkehr „nach dem Intermezzo im Badezimmer“ (UA S. 59) im Rahmen eines in natürlicher Handlungseinheit stehenden Gesamtgeschehens (vgl. LK-Hörnle, StGB, 12. Aufl., § 177 Rn. 183) als Vergewaltigung zu werten ist, hält sachlich-rechtlicher Nachprüfung stand. Entgegen der Ansicht des Generalbundesanwalts kommt es hier – anders als etwa im Falle des Ausnutzens eines „Klimas der Gewalt“ (vgl. BGH, Beschlüsse vom 5. Oktober 2004 – 3 StR 256/04, NStZ 2005, 268, 269, vom 20. März 2012 –

---

203 BGH, Urteil vom 6.02.2014 – 3 StR 315/13.

204 BGH, Urteil vom 10.09.2014 – 5 StR 261/14.

4 StR 561/11, StV 2012, 534, 536, und vom 27. Februar 2013 – 4 StR 544/12, NStZ-RR 2013, 207) – nicht darauf an, ob der Angeklagte bei Vornahme des Geschlechtsverkehrs durch schlüssiges Verhalten nochmals auf den gewaltsamen Übergriff und die Todesdrohungen Bezug genommen hat. Denn die durch die Todesdrohungen geschaffene Zwangslage dauerte noch an, als der Angeklagte sein „Ziel" (UA S. 20), den Geschlechtsverkehr mit der Nebenklägerin, seinem ursprünglichen Ansinnen entsprechend verwirklichte (vgl. auch BGH, Urteil vom 21. August 1991 – 2 StR 274/91, BGHR StGB § 177 Abs. 1 Drohung 7). Die gerade für die Ausübung des Geschlechtsverkehrs geschaffene Bedrohungssituation ist durch die allein der Beruhigung und der Deeskalation dienenden Gespräche nicht beendet worden. Der Angeklagte stand weiter unter Anspannung (vgl. UA S. 19 f., 56) und hatte sein Vorhaben, mit der Nebenklägerin sexuell zu verkehren, noch nicht aufgegeben. Die Todesdrohungen begründeten aufgrund des engen zeitlichen und situativen Zusammenhangs für die Nebenklägerin weiterhin eine Gefahr und waren noch wirkungsvoll und gegenwärtig. Der Geschlechtsverkehr wurde ohne wesentliche zeitliche Zäsur im Anschluss an die massive Gewalt und die ausgesprochenen Drohungen in deren bewusster Ausnutzung erzwungen und stellt sich als Teil eines einheitlichen Geschehens dar (vgl. BGH, Urteil vom 21. August 1991 – 2 StR 274/91 aaO).

Zur Verwirklichung des Tatbestands des **Verwendens eines gefährlichen Werkzeugs** bei einer sexuellen Nötigung reicht es aus, wenn der Täter das Werkzeug ohne Nötigungskomponente, sondern **allein zur eigenen Luststeigerung** im unmittelbaren Zusammenhang mit dem sexuellen Geschehen gegen das Tatopfer einsetzt.[205] **205**

Eine besonders schwere Vergewaltigung liegt dann nicht vor, wenn der Täter ein **gefährliches Werkzeug** bei der Nötigungshandlung **nicht mit dem Ziel** einsetzt, den **Widerstand der Geschädigten zu verhindern** oder zu überwinden.[206] **206**

[8] 1. Das Landgericht konnte sich nicht davon überzeugen, dass der Angeklagte die Axt bei der Vergewaltigung verwendet hat. Er habe das gefährliche Werkzeug bei der Nötigungshandlung nicht mit dem Ziel eingesetzt, den Widerstand der Nebenklägerin zu verhindern oder zu überwinden. Dies ist revisionsrechtlich nicht zu beanstanden.

[9] Das Landgericht hat alle Umstände gewürdigt und abgewogen. So ist der sexuelle Übergriff – was auch den Angaben der Geschädigten in der Hauptverhandlung entspricht – erst erfolgt, nachdem der Angeklagte die Axt beiseite gestellt hatte. Bis dahin hatte er diese nur gegen Sachen eingesetzt, um sich gewaltsam Zutritt zur Wohnung zu verschaffen und eine Aussprache herbeizuführen. Zu keinem Zeitpunkt vor oder während der Vergewaltigung hat der Angeklagte die Geschädigte mit der Axt bedroht, obwohl er sich der jederzeitigen Zugriffsmöglichkeit bewusst war. Dass er die Axt in einer Art und Weise weggestellt hatte, die F. konkludent bedeutet hätte, er werde sein sexuelles Verlangen erforderlichenfalls mit Hilfe des gefährlichen Werkzeugs durchsetzen, vermochte die Strafkammer in ihrer Würdigung nicht festzustellen. Entgegen der Ansicht der Revision musste sich das Landgericht nicht mit einer nur bei der polizeilichen Vernehmung getätigten Aussage des Opfers, sie habe

---

205 BGH, Beschluss vom 15.04.2014 – 2 StR 545/13.

206 BGH, Beschluss vom 20.11.2013 – 2 StR 427/13.

gedacht „lieber das, als dass er die Axt in der Hand hat" auseinandersetzen. Es ist schon nicht erkennbar, ob das Landgericht die in diesen Angaben zum Ausdruck kommenden Empfindungen seinen Feststellungen zugrunde gelegt hat. Zudem gibt es keine Hinweise, dass eine solche Motivation der Geschädigten, dem sexuellen Verlangen des Angeklagten nachzukommen, für diesen erkennbar gewesen und von ihm in seinen Willen aufgenommen worden wäre. Hinzu kommt, dass die Geschädigte, wenn sie auch durch das gewaltsame Eindringen des Angeklagten beeindruckt war, die Vergewaltigung keineswegs – etwa unter dem Eindruck einer so empfundenen Drohung mit der Axt – widerstandslos hat über sich ergehen lassen. Vielmehr hat sie erheblichen Widerstand geleistet, den der Angeklagte mit einfacher körperlicher Gewalt überwunden hat, ohne dabei ausdrücklich oder konkludent auf den ihm grundsätzlich möglich gewesenen Einsatz des gefährlichen Werkzeugs hinzuweisen. Dass dieser dann beim Eintreffen der Polizeibeamten erneut zur Axt gegriffen hatte, hält die Strafkammer zu Recht für unerheblich, weil zu diesem Zeitpunkt die Vergewaltigung bereits beendet war.

[10] 2. Ebenso wenig ist zu beanstanden, dass die Strafkammer eine gefährliche Körperverletzung in Form einer lebensgefährdenden Behandlung durch die massive Einwirkung auf den Hals des Opfers, nicht aber durch den Einsatz eines gefährlichen Werkzeugs in Form der Spaltaxt angenommen hat. Die Verletzungen der Nebenklägerin sind zwar beim Ringen um die Axt, nicht aber durch diese entstanden. Soweit die Revisionsführerin von einem anderen Lebenssachverhalt ausgeht, verkennt sie, dass maßgeblich die Feststellungen in der Hauptverhandlung und nicht die in der Anklageschrift geschilderten Geschehnisse sind.

207 Ein **gefährliches Werkzeug** wird nicht nur dann **benutzt**, wenn der Täter ein generell gefährliches Tatmittel einsetzt, sondern auch, wenn sich die **objektive Gefährlichkeit** des eingesetzten Gegenstandes erst **aus der konkreten Art seiner Verwendung ergibt**, die geeignet ist, erhebliche Verletzungen herbeizuführen. Werkzeug ist dabei jeder bewegliche Gegenstand, mit dem gleich auf welche Weise auf den Körper des Opfers eingewirkt werden kann. Die Gefährlichkeit des Tatmittels kann sich gerade daraus ergeben, dass ein Gegenstand bestimmungswidrig gebraucht wird. Damit ist gefährliches Werkzeug im Sinne von § 177 Abs. 4 Nr. 1 StGB ein beliebiger Gegenstand immer schon dann, wenn er seine objektive Gefährlichkeit durch die konkrete Art und Weise seiner (zweckwidrigen) Verwendung erhält.[207]

Der Schuldspruch der besonders schweren Vergewaltigung gemäß § 177 Abs. 4 Nr. 1 StGB ist rechtsfehlerfrei. Indem der Angeklagte der 86 Jahre alten Geschädigten ein 80 × 80 cm großes Kopfkissen über mindestens eine Minute lang derart auf das Gesicht drückte, dass diese unter starker, quälender Atemnot und Todesangst litt, kurz vor der Bewusstlosigkeit stand und infolge der Atemnot Einblutungen im gesamten Gesichtsbereich (u.a. den Lidinnen- und Bindehäuten und im Augenweiß) eintraten, hat er ein gefährliches Werkzeug im Sinne von § 177 Abs. 4 Nr. 1 StGB verwendet.

Ein gefährliches Werkzeug in diesem Sinne wird nach der Rechtsprechung des Bundesgerichtshofs nicht nur dann benutzt, wenn der Täter ein generell gefährliches Tatmittel einsetzt, sondern auch, wenn sich die objektive Gefährlichkeit des eingesetzten Gegenstandes erst aus der konkreten Art seiner Verwendung ergibt, die ge-

---

207 BGH, Beschluss vom 5.11.2014 – 1 StR 503/14.

eignet ist, erhebliche Verletzungen herbeizuführen. Werkzeug ist dabei jeder bewegliche Gegenstand, mit dem gleich auf welche Weise auf den Körper des Opfers eingewirkt werden kann. Die Gefährlichkeit des Tatmittels kann sich gerade daraus ergeben, dass ein Gegenstand bestimmungswidrig gebraucht wird. Damit ist gefährliches Werkzeug im Sinne von § 177 Abs. 4 Nr. 1 StGB ein beliebiger Gegenstand immer schon dann, wenn er – wie hier – seine objektive Gefährlichkeit durch die konkrete Art und Weise seiner (zweckwidrigen) Verwendung erhält (st. Rspr.; vgl. ausführlich dazu BGH, Urteil vom 27. Januar 2011 – 4 StR 487/10, NStZ-RR 2011, 275, 276 mwN).

Zu Recht ist das Landgericht zudem im vorliegenden Fall von Tateinheit zwischen einer besonders schweren Vergewaltigung nach § 177 Abs. 4 Nr. 1, Nr. 2a StGB und einer gefährlichen Körperverletzung mittels einer das Leben gefährdenden Behandlung nach § 224 Abs. 1 Nr. 5 StGB ausgegangen (vgl. Hörnle, in: LK-StGB, 12. Aufl. 2009, § 177 Rn. 323). Der Unrechtsgehalt des potentiellen Gefährdungsdelikts in § 224 Abs. 1 Nr. 5 StGB geht nicht in dem Unrechtsgehalt von § 177 Abs. 4 Nr. 1, Nr. 2a StGB auf, so dass die Klarstellungsfunktion der Idealkonkurrenz (vgl. Sternberg-Lieben/Bosch, in: Schönke/Schröder, StGB, 29. Aufl. 2014, § 52 Rn. 2) für die Annahme von Tateinheit spricht (vgl. auch zum Verhältnis von § 224 Abs. 1 Nr. 5 StGB zu § 250 Abs. 2 Nr. 3 StGB; BGH, Beschluss vom 9. Juli 2004 – 2 StR 170/04, StraFo 2004, 396, und vom 12. August 2005 – 2 StR 317/05, NStZ 2006, 449).

d) Sexueller Missbrauch von Jugendlichen – § 182 StGB

Hinsichtlich des Tatbestandes des § 182 Abs. 3 StGB hat der Tatrichter darzulegen, **208**
dass dem Tatopfer zur Tatzeit die **Fähigkeit zur sexuellen Selbstbestimmung** gefehlt und der Angeklagte dies ausgenutzt hat.

Beim Herunterladen von Bildern und Videos aus dem Internet kommt beim **„Sichverschaffen“ kinderpornographischer Schriften** eine Tat im Sinne einer natürlichen Handlungseinheit in Betracht, wenn mehrere Dateien im Verlauf eine Internetsitzung heruntergeladen werden.[208]

[2] 1. Der Schuldspruch wegen sexuellen Missbrauchs von Kindern hält aus den vom Generalbundesanwalt dargelegten Gründen rechtlicher Nachprüfung stand. Dagegen begegnen die Verurteilung wegen sexuellen Missbrauchs von Jugendlichen und wegen Erwerbs und Besitzes kinderpornographischer Schriften in 23 Fällen durchgreifenden rechtlichen Bedenken.

[3] a) Das Landgericht hat im Fall II.3 der Urteilsgründe nicht rechtsfehlerfrei dargelegt, dass dem Tatopfer zur Tatzeit die Fähigkeit zur sexuellen Selbstbestimmung gefehlt und der Angeklagte dies ausgenutzt hat (§ 182 Abs. 3 StGB). Es hat zwar zutreffend angenommen, dass sich das Fehlen der Fähigkeit zur sexuellen Selbstbestimmung daraus ergibt, ob der Jugendliche aus Gründen altersbedingter Reife im konkreten Fall außerstande ist, die Entscheidung über die Vornahme oder Duldung sexueller Handlungen intellektuell, moralisch oder emotional in ein Selbstbild und Lebensbild zu integrieren, welche der Bedeutung sexueller Selbstbestimmung gerecht wird. Es ist weiter auch ohne Rechtsfehler davon ausgegangen, dass dies der

[208] BGH, Beschluss vom 10.07.2014 – 2 StR 166/14.

Feststellung im Einzelfall bedarf und dabei auch die Persönlichkeit des Täters und die Struktur des Verhältnisses zwischen Täter und Opfer in den Blick zu nehmen ist (vgl. Fischer, StGB, 61. Aufl., § 182, Rn. 12, 13). Bei der insoweit erforderlichen Würdigung hat die Strafkammer allerdings vor allem Gesichtspunkte erörtert, die – wie etwa der Umstand, dass der Angeklagte alleiniger Ansprechpartner für Probleme der Nebenklägerin war – ohne wirkliche Bedeutung für die erforderliche Einschätzung des Fehlens der sexuellen Selbstbestimmung ist. Soweit sie weiter darauf abstellt, die Nebenklägerin habe in der konkreten Tatsituation auf Widerstand gegen den Angeklagten verzichtet, weil dies ja nichts bringe, wäre dies – abstrakt betrachtet – zwar grundsätzlich geeignet, die landgerichtliche Einschätzung mit zu tragen. Im Rahmen der vorzunehmenden Gesamtwürdigung hätten freilich weitere Umstände der Erörterung bedurft, etwa dass die Nebenklägerin sich zu dem Angeklagten hingezogen fühlte und sie – nach Vollzug des Geschlechtsverkehrs, der „nicht so schlimm" gewesen sei, ihr vielmehr eine gewisse Befriedigung in sexueller Hinsicht verschafft habe – das Verhältnis mit dem Angeklagten fortsetzte. Dies gilt insbesondere vor dem Hintergrund, dass die Strafkammer in dieser unmittelbar nach der ersten Tat getroffenen Entscheidung der Nebenklägerin einen von ausreichender Fähigkeit zur sexuellen Selbstbestimmung getragenen Entschluss gesehen hat, weitere sexuelle Kontakte der Nebenklägerin nicht als strafbar angesehen und insoweit freigesprochen hat. Die Sache bedarf deshalb der Aufhebung und Neuverhandlung.

[4] b) Die Verurteilung wegen Erwerbs und Besitzes kinderpornographischer Schriften in 23 Fällen (Fälle II.4 der Urteilsgründe) durch Herunterladen von Bildern und Videos aus dem Internet wird von den Feststellungen nicht getragen. Zum einen ist der einzelne Schuldspruch – wie der Generalbundesanwalt zutreffend ausführt – in „Sichverschaffen" kinderpornographischer Schriften zu ändern. Zum anderen ist nach der Rechtsprechung des Bundesgerichtshofs die Annahme von 23 Einzelfällen nicht hinreichend belegt. Danach kommt eine Tat im Sinne einer natürlichen Handlungseinheit in Betracht, wenn mehrere Dateien im Verlauf einer Internetsitzung herunter geladen werden (BGH NStZ 2009, 208). Zwar schließt dies – worauf das Landgericht abstellt – nicht aus, dass während einer Internetsitzung immer wieder neue Tatentschlüsse gefasst werden können und so die Annahme einer neuen einzelnen Tat gerechtfertigt sein kann. Ob davon allerdings wie hier bei zeitlich kurz hintereinander folgenden Download-Vorgängen ohne Weiteres ausgegangen werden kann, erscheint bedenklich, jedenfalls hat das Landgericht dies nicht tragfähig belegt. Der Senat, der ausschließt, dass dahingehende zuverlässige Feststellungen in einer neuen Hauptverhandlung getroffen werden könnten, nimmt mit Blick auf fünf Tage, an denen der Angeklagte Daten herunter geladen hat, fünf selbständige Taten an und ändert den Schuldspruch selbst ab. § 265 StPO steht nicht entgegen, da sich der geständige Angeklagte insoweit nicht anders hätte verteidigen können und dies im Übrigen seinem Vorbringen in der Revisionsbegründung entspricht.

209 Eine einschränkenden Auslegung des § 182 Abs. 3 StGB, wonach nur einverständlich vorgenommene sexuelle Handlungen den Tatbestand erfüllen könnten, ist nicht zu folgen. Eine solche einschränkende Auslegung ist nicht durch den Wortlaut der Vorschrift veranlasst, denn ein **„Ausnutzen"** ist nicht nur dann gegeben, wenn der Jugendliche infolge seiner fehlenden Selbstbestimmungsfähigkeit keinen der sexuellen Handlung entgegenstehenden Willen entwickeln kann, sondern auch dann, **wenn das jugendliche Opfer seinen noch unterentwickelten und deshalb nur bedingt vorhanden entgegenstehenden Willen nicht verwirklichen, etwa aufgrund der Dominanz des Täters bzw. eines bestehenden „Machtgefälles" nicht durchsetzen kann;**

allein diese Auffassung entspricht im Übrigen derjenigen des Gesetzgebers. Auch das „Überspielen“ bzw. die Missachtung des zwar gebildeten, aber infolge der Reifemängel nicht durchsetzbaren entgegenstehenden Willens des Opfers stellt eine in den Schutzbereich der Norm fallende Fremdbestimmung dar. Auch der Jugendliche, bei dem die nicht abgeschlossene Entwicklung der sexuellen Selbstbestimmungsfähigkeit dazu führt, dass er einen entgegenstehenden Willen nicht verwirklichen kann, erweist sich nicht als „eigenverantwortlich“.[209]

e) Verbreitung, Erwerb und Besitz kinderpornographischer Schriften – § 184b StGB

TOPENTSCHEIDUNG ■

Die Strafbarkeit nach § 184b StGB setzt nicht voraus, dass die Darstellung der sexuellen Handlung einen **vergröbernd-reißerischen Charakter** aufweist.[210] **210**

[39] Soweit das Landgericht den Angeklagten Dr. N. nur wegen des Besitzes einer jugendpornographischen Schrift, nicht jedoch wegen (tateinheitlichen) Besitzes weiterer kinderpornographischer Schriften verurteilt hat, hält auch dies revisionsrechtlicher Überprüfung nicht in vollem Umfang stand.

[40] 1. Die Erwägungen, mit denen das Landgericht die Abbildung des Angeklagten mit B. als nicht kinderpornographisch einstuft, begegnen durchgreifenden rechtlichen Bedenken.

[41] Mit Recht ist die Strafkammer zwar von der Sexualbezogenheit der auf dem Diapositiv abgebildeten Situation – die dem Senat über die Beschreibung im Urteilstext und über den gemäß § 267 Abs. 1 Satz 3 StPO zum Bestandteil der Urteilsgründe gemachten, aktenkundigen Abdruck des Bildes zugänglich ist (vgl. BGH, Urteil vom 15. Dezember 1999 – 2 StR 365/99, NStZ 2000, 307, 309) – ausgegangen.

[42] Allerdings legt sie im weiteren Verlauf einen unzutreffenden rechtlichen Maßstab zugrunde, indem sie zusätzlich fordert, dass die Darstellung der sexuellen Handlung einen vergröbernd-reißerischen Charakter aufweisen müsse, und insoweit die am Pornographie-Begriff der §§ 184, 184a StGB entwickelten Maßstäbe überträgt.

[43] a) Gemäß § 184b Abs. 1 StGB sind kinderpornographische Schriften „pornographische Schriften (§ 11 Abs. 3), die sexuelle Handlungen von, an oder vor Kindern (§ 176 Abs. 1) zum Gegenstand haben“. Infolgedessen bedarf es deshalb auch für § 184b Abs. 1 StGB eines in diesem Sinne „pornographischen“ Charakters der Abbildung.

[44] aa) Der Bundesgerichtshof hat sich zur Auslegung dieses Begriffs für den Tatbestand des § 184b StGB bislang noch nicht geäußert und – soweit er sich mit der Einordnung von Schriften, insbesondere Lichtbildern, als „kinderpornographisch“ im Sinne von § 184 StGB aF, § 184b StGB nF befasst hat – ersichtlich nur die Frage des Sexualbezugs der dargestellten Handlungen thematisiert (vgl. BGH, Urteil vom 16. Januar 2014 – 4 StR 370/13; Beschlüsse vom 21. November 2013 – 2 StR 459/13 <jeweils zum Posieren in sexualbetonter Körperhaltung>; vom 19. März 2013 –

[209] BGH, Beschluss vom 24.07.2014 – 3 StR 286/14.
[210] BGH, Urteil vom 11.02.2014 – 1 StR 485/13.

1 StR 8/13, BGHSt 58, 197; vom 8. Februar 2012 – 4 StR 657/11, StV 2012, 540; vom 10. Juli 2008 – 3 StR 215/08, StraFo 2008, 477; Urteil vom 24. März 1999 – 3 StR 240/98, BGHSt 45, 41; Beschluss vom 17. Dezember 1997 – 3 StR 567/97, NJW 1998, 1502).

[45] bb) Im Schrifttum ist die Auslegung des Merkmals „pornographisch" in § 184b Abs. 1 StGB umstritten.

[46] Nach einer Ansicht (Wolters in SK-StGB, 136. Lfg., § 184b Rn. 3a) ergibt sich der pornographische Charakter bei der Darstellung sexueller Handlungen von, an oder vor Kindern jedenfalls in den Fällen, in denen die Schrift einen sexuellen Missbrauch von Kindern (§§ 176 bis 176b StGB) zum Inhalt hat, bereits aus der Strafbarkeit des dargestellten Vorgangs, weil in diesen Fällen das Kind stets zum Objekt fremdbestimmter Sexualität degradiert werde. Außerhalb der Missbrauchsfälle sei eine Einzelfallbetrachtung erforderlich, dabei sei darauf abzustellen, ob das abgebildete Kind zum Opfer fremdbestimmter Sexualität degradiert werde.

[47] Die vorherrschende Meinung verweist zur Auslegung des Begriffs „pornographisch" auf die anhand der §§ 184, 184a StGB entwickelten Maßstäbe (Hörnle in MüKo-StGB, 2. Aufl., § 184b Rn. 14 mwN; Hilgendorf in SSW-StGB, 2. Aufl., § 184b Rn. 3; Fischer, StGB, 61. Aufl., § 184b Rn. 3); erforderlich ist danach eine vergröbernde Darstellung sexuellen Verhaltens, die den Menschen unter weitgehender Ausklammerung emotional-individualisierter Bezüge zum bloßen – auswechselbaren – Objekt geschlechtlicher Begierde oder Betätigung macht (zu § 184 Abs. 1 StGB vgl. BGH, Urteil vom 21. Juni 1990 – 1 StR 477/89, BGHSt 37, 55, 59 f.; Beschluss vom 22. Juni 2010 – 3 StR 177/10, NStZ 2011, 455).

[48] b) Der Senat teilt die letztgenannte Auffassung nicht.

[49] „Pornographie" ist die Vermittlung sexueller Inhalte, die ausschließlich oder überwiegend auf die Erregung eines sexuellen Reizes beim Betrachter abzielt und dabei die im Einklang mit allgemeinen gesellschaftlichen Wertvorstellungen gezogenen Grenzen des sexuellen Anstandes überschreitet (so bereits Prot. des Sonderausschusses des Deutschen Bundestages für die Strafrechtsreform WP 6, S. 1932; vgl. Laufhütte/Roggenbuck in LK-StGB, 12. Aufl., § 184 Rn. 5). Nach heutigem Verständnis bestimmt sich die im Einzelfall schwer zu bestimmende Grenze nach der Wahrung der sexuellen Selbstbestimmung des Einzelnen (vgl. Fischer, StGB, 61. Aufl., § 184 Rn. 7b mwN); pornographisch ist demgemäß die Darstellung entpersönlichter sexueller Verhaltensweisen, die die geschlechtliche Betätigung von personalen und sozialen Sinnbezügen trennt und den Menschen zum bloßen – bloßen – auswechselbaren – Objekt geschlechtlicher Begierde oder Betätigung macht (vgl. hierzu BGH, Urteil vom 21. Juni 1990 – 1 StR 477/89, BGHSt 37, 55).

[50] Eine derartig degradierende Wirkung wohnt der Darstellung sexueller Handlungen von, an und vor Kindern jedoch in aller Regel inne. Von Fallgestaltungen abgesehen, in denen es der Darstellung am pornographischen Charakter schon deshalb fehlt, weil sie nicht überwiegend auf die Erregung sexueller Reize abzielt (so auch bereits Hörnle in MüKo-StGB, 2. Aufl., § 184b Rn. 14) – z.B. bei der Abbildung der Genitalien hierzu „posierender" Kinder in medizinischen Lehrbüchern –, sind realitiätsbezogene Darstellungen sexueller Handlungen von, an oder vor Kindern daher regelmäßig auch „pornographisch" i.S.v. § 184b Abs. 1 StGB. Eines darüber hinausgehenden „vergröbernd-reißerischen" Charakters der Darstellung bedarf es demgegenüber nicht.

[51] Das ergibt sich aus Folgendem:

[52] aa) Der Wortlaut des § 184b Abs. 1 StGB, der die absolute Grenze einer Gesetzesauslegung zum Nachteil des Angeklagten bildet (vgl. BGH, Urteil vom

22. Februar 2012 – 1 StR 378/11, NStZ 2013, 120), bestimmt, dass nur eine „pornographische“ Schrift auch „kinderpornographisch“ i.S.v. § 184b Abs. 1 StGB sein kann. Wie der Begriff „pornographische Schriften“ innerhalb des § 184b Abs. 1 StGB jedoch ausgefüllt werden soll, lässt das Gesetz offen.

[53] bb) Die gleichzeitige Verwendung des Begriffs in anderen Strafnormen, namentlich in den §§ 184, 184a StGB, gebietet nicht von vornherein eine gleichlautende Auslegung auch für § 184b StGB.

[54] Maßgeblich ist stets der Schutzzweck der betroffenen Norm, der auch eine differenzierte Interpretation erforderlich machen kann (vgl. auch BGH, Urteil vom 4. Februar 2010 – 1 StR 95/09, BGHSt 55, 36 ff. <zum Merkmal des Sichverschaffens>; für eine unterschiedliche Definition des Begriffs „Pornographie“ innerhalb der verschiedenen Tatbestände des § 184 StGB daher auch Wolters in SK-StGB, 136. Lfg., § 184 Rn. 5; Schroeder, Pornographie, Jugendschutz und Kunstfreiheit, 1992, S. 21 ff.).

[55] Eine Betrachtung nach dem Schutzzweck des § 184 StGB einerseits und dem des § 184b StGB andererseits legt keine einheitliche Interpretation des Begriffs „pornographisch“ nahe.

[56] Die Vorschrift des § 184 StGB soll den Bürger vor unerwünschter Konfrontation mit Pornographie schützen (BGH, Beschlüsse vom 30. Juni 2005 – 5 StR 156/05, NStZ 2005, 688; vom 10. Juni 1986 – 1 StR 41/86, BGHSt 34, 94, 97); darüber hinaus dient er dem Jugendschutz (Laufhütte/Roggenbuck in LK-StGB, 12. Aufl., § 184 Rn. 1; krit. Fischer, StGB, 61. Aufl., § 184 Rn. 2), wobei auch hier vor allem der Schutz Jugendlicher vor der Konfrontation mit Pornographie gemeint ist.

[57] Demgegenüber schützt § 184b StGB nicht nur den Konsumenten der Abbildung, sondern auch die sexuelle Integrität des Kindes, das an ihrer Herstellung mitwirkt (BT-Drucks. 12/3001, S. 5; vgl. auch BGH, Urteil vom 31. Juli 2013 – 2 StR 220/13, NStZ-RR 2013, 339, 340; Beschluss vom 26. Oktober 2011 – 2 StR 328/11, StV 2012, 212). Insbesondere soll potenziellen Tätern kein Anreiz zu sexuellen Missbrauchstaten gewährt werden.

[58] Schon nach dem Maßstab des Konsumentenschutzes bedarf es bei der Darstellung sexueller Handlungen von, an und vor Kindern keines vergröbernd-reißerischen Charakters. Denn deren Degradierung zum Objekt fremder sexueller Begierde ergibt sich allein daraus, dass ihnen eine selbstbestimmte Mitwirkung an sexuellen Handlungen per se nicht möglich ist (zur Unwirksamkeit einer Einwilligung des Kindes in sexuelle Handlungen vgl. Hörnle in LK-StGB, 12. Aufl., § 176 Rn. 4 mwN; Renzikowski in MüKo-StGB, 2. Aufl., § 176 Rn. 2 mwN; Wolters in SK-StGB, 135. Lfg., § 176 Rn. 2; Fischer, StGB, 61. Aufl., § 176 Rn. 2).

[59] Vor allem aber spricht die Verknüpfung mit dem Schutzzweck der §§ 176 ff. StGB gegen eine Restriktion des Tatbestands am Maßstab des für §§ 184, 184a StGB entwickelten Pornographie-Begriffs. Der Gesetzgeber hat einen umfassenden Schutz von Kindern vor sexuellem Missbrauch angestrebt. Die Ausdehnung dieses Schutzes auf die Fälle mittelbarer Förderung in § 184b StGB lässt sich daher nur umsetzen, wenn es für die Begründung der Strafbarkeit nicht noch der vergröbernd-reißerischen Darstellung bedarf.

[60] cc) Auch der Gesetzgeber ist bei der Neufassung des heutigen § 184b StGB ersichtlich nicht davon ausgegangen, dass es für die Qualifizierung einer Schrift als „kinderpornographisch“ auf eine i.S.v. § 184 StGB „vergröbernd-reißerische“ Darstellung ankommt.

[61] Die aktuelle Regelung entstammt dem Gesetz zur Umsetzung des Rahmenbeschlusses des Rates der Europäischen Union zur Bekämpfung der sexuellen Ausbeutung von Kindern und der Kinderpornographie vom 31. Oktober 2008 (BGBl. I, S. 2149). Das bereits in der früheren Fassung enthaltene Merkmal „pornographisch" wurde im Entwurf der Neuregelung zunächst stillschweigend übernommen (vgl. Art. 1 Nr. 8, BT-Drucks. 16/3439, S. 5, 9). Bereits während der Beratungen des Rechtsausschusses wurde im Rahmen zweier Entschließungsanträge – allerdings erfolglos – beantragt, „zur Klarstellung" das Tatbestandsmerkmal „pornographisch" zu streichen, weil diesem keine Funktion zukomme (BT-Drucks. 16/9646, S. 10, 14).

[62] Auch die Ausschussmehrheit, deren Beschlüsse im Gesetz zur Umsetzung gelangt sind, ging ersichtlich nicht davon aus, dass es für eine i.S.v. § 184b Abs. 1 StGB „pornographische" Darstellung eines vergröbernd-reißerischen Charakters bedürfe: In der Beschlussempfehlung zur Begründung der Neuregelung in § 184c StGB (jugendpornographische Schriften) heißt es hierzu: „Außerdem wird durch die Regelung außerhalb von § 184b StGB klargestellt, dass es sich um pornographische Schriften handeln muss. Für eine Strafbarkeit nach § 184b StGB genügt es nämlich, dass die Schrift den sexuellen Missbrauch von Kindern zum Gegenstand hat, ohne dass es auf den pornographischen Charakter der Darstellung (vergröbernde Darstellung des Sexuellen unter Ausklammerung aller sonstigen menschlichen Bezüge) ankommt, da sexuelle Handlungen mit Kindern generell verboten sind. Für die nach § 184a strafbare Gewalt- und Tierpornographie ist hingegen der Pornographiebegriff derselbe wie in § 184. Entsprechend gilt dies auch für § 184c – neu –. Weder für § 184a noch für § 184c – neu – gelten die für § 184b maßgeblichen Überlegungen (generelle Strafbarkeit aller dargestellten sexuellen Handlungen)" (vgl. BT-Drucks. 16/9646, S. 18).

[63] dd) Nach dem Schutzzweck des § 184b StGB ist der Begriff „pornographisch" indes auch nicht auf Fälle der Darstellung strafbewehrter sexueller Missbrauchstaten im Sinne der §§ 176 bis 176b StGB beschränkt.

[64] Denn zum einen war es erklärtes Ziel der Neuregelung des § 184b StGB, die als zu eng empfundene Erfassung nur solcher Darstellungen, „die den sexuellen Missbrauch von Kindern zum Gegenstand haben" durch die Erweiterung auf Darstellungen, die sexuelle Handlungen von, an und vor Kindern zum Gegenstand haben zu ersetzen (vgl. BT-Drucks. 16/3439, S. 9). Diesem Ziel liefe eine wiederum auf Missbrauchsfälle begrenzte Auslegung des Tatbestandsmerkmals „pornographisch" ersichtlich zuwider.

[65] Zum anderen würden durch eine Anknüpfung an die Tatbestände der §§ 176 bis 176b StGB Darstellungen solcher Handlungen aus dem Anwendungsbereich des § 184b StGB ausgeschlossen, die den §§ 176 bis 176b StGB nur deshalb nicht unterfallen, weil sie nicht i.S.v. § 184g Nr. 1 StGB „von einiger Erheblichkeit" sind. Das Merkmal „Erheblichkeit" in § 184g Nr. 1 StGB ist jedoch nicht einheitlich am Maßstab des § 176 Abs. 1 StGB, sondern gemäß dem Wortlaut des § 184g Nr. 1 StGB „im Hinblick auf das jeweils geschützte Rechtsgut" zu bestimmen. Nachdem § 184b StGB aber schon mögliche Anreize für potenzielle Missbrauchstäter vermeiden soll, versagt der für § 176 StGB entwickelte Maßstab der „Erheblichkeit" gerade in den Fällen, in denen es dort z.B. auf die Intensität und Dauer einer Berührung ankommt (vgl. Fischer, StGB, 61. Aufl., § 184g Rn. 7 mwN). Die Übernahme dieses Maßstabs würde den Zweck der Anreizvermeidung verkürzen; die Kriterien wären auch zur Bestimmung der „Erheblichkeit" für einen großen Teil der von § 184b StGB erfassten „Schriften" völlig ungeeignet.

[66] c) Das Merkmal „pornographisch" läuft damit nicht ins Leere. Es dient dem Ausscheiden von Fallgestaltungen, in denen die dargestellte sexuelle Handlung keine Straftat darstellt und nicht überwiegend auf die Erregung sexueller Reize abzielt.

[67] d) Nachdem die Strafkammer den Sexualbezug der Abbildung ohne Rechtsfehler festgestellt hat und ersichtlich kein Fall vorliegt, in dem es der Darstellung ausnahmsweise am pornographischen Charakter mangelt (s.o. 1. b.), kann der Senat bezüglich der rechtlichen Bewertung als „kinderpornographische Schrift" eine eigene Entscheidung treffen.

§ 184b Abs. 5 StGB ist eine eng auszulegende Ausnahme von dem auch zum Schutz **211**
der Intimsphäre der abgebildeten Kinder umfassenden Verbot des Unternehmens der Besitzverschaffung an kinderpornographischen Schriften. Diese Ausnahme betrifft „ausschließlich" solche Handlungen, welche der Erfüllung rechtmäßiger dienstlicher oder beruflicher Pflichten dienen. Zwar ist der Ausnahmetatbestand nicht auf die Tätigkeit der Behörden bei der Wahrnehmung öffentlicher Aufgaben beschränkt, sondern kann auch Strafverteidiger und Sachverständige betreffen (vgl. BT-Drucks. 12/4883 S. 8). Zu **Verteidigungszwecken** kann der **Strafverteidiger** das Aktenmaterial, das kinderpornographische Schriften enthält, auswerten und dazu auch Berufshelfer einschalten. Die Besitzverschaffung an Dritte innerhalb dieses Personenkreises ist aber nach der Regelungskonzeption eines umfassenden Verkehrsverbots bezüglich kinderpornographischer Schriften auch dem Strafverteidiger nur erlaubt, soweit dies zur Wahrnehmung seiner Verteidigungsaufgabe erforderlich ist. Ob das konkret der Fall ist, ist anhand des Gegenstands, der Methodik und der Zielsetzung des den Sachverständigen erteilten Gutachtenauftrags zu prüfen.[211]

[2] 1. Nach den Feststellungen des Landgerichts verteidigte der als Rechtsanwalt tätige Angeklagte einen Mandanten, dem der Besitz kinderpornographischer Schriften in Form von Computerdateien vorgeworfen wurde. Die polizeiliche Auswertung sichergestellter Personalcomputer wurde in einem Untersuchungsbericht erläutert, dem Ausdrucke der Bilddateien mit kinderpornographischem Inhalt beigefügt wurden. Aufgrund eines Akteneinsichtsgesuchs des Angeklagten als Strafverteidiger übersandte die Staatsanwaltschaft ihm die Akten mitsamt dem Untersuchungsbericht und dessen Bildanlagen. Dieses Aktenmaterial wurde in der Kanzlei des Angeklagten in Computerdateien als digitalisierte Handakte übertragen. Am 24. Juli 2008 suchte der Mandant die Kanzlei auf und bat die Sekretärin des Angeklagten um Überlassung einer Datenkopie des Aktenmaterials. Die Sekretärin rief den Angeklagten an, der sich nicht in der Kanzlei aufhielt, und schilderte das Ersuchen. Der Angeklagte machte sich keine Gedanken um den genauen Inhalt der Aktenkopien und gestattete seiner Sekretärin, dem Mandanten eine Datenkopie auf einem Datenträger zu übergeben. Das Landgericht hat die Einlassung des Angeklagten als unwiderlegt angesehen, ihm sei zurzeit des Telefonats mit der Sekretärin nicht bewusst gewesen, dass die Dateien auch die Reproduktion kinderpornographischer Bilder enthielten.

[3] 2. Die Staatsanwaltschaft beauftragte mit der Überprüfung eines sichergestellten Personalcomputers einen Sachverständigen, der gelöschte kinderpornographische Bilddateien rekonstruierte und in ausgedruckter Form einem Bericht beifügte; auch diese Unterlagen wurden vom Angeklagten im Rahmen seiner Akteneinsicht in

211 BGH, Beschluss vom 19.03.2014 – 2 StR 445/13.

Computerdateien als Handakte der Verteidigung übertragen. Sein Mandant teilte ihm mit, ein weiterer Verteidiger habe auf die Notwendigkeit eines Gegengutachtens hingewiesen, mit dessen Erstellung er den Sachverständigen T. beauftragt habe. Diesem übermittelte der Angeklagte zunächst nur den polizeilichen Untersuchungsbericht ohne Anlagen, am 19. November 2008 aber auch das im Behördenauftrag erstellte Gutachten nebst Bildanlagen in Dateiform. Insoweit hat das Landgericht den Angeklagten aus Rechtsgründen freigesprochen, weil die Handlung gemäß § 184b Abs. 5 StGB nicht im Sinne von § 184b Abs. 2 StGB strafbar gewesen sei.

[4] 3. Der Angeklagte erbat von der Staatsanwaltschaft die Erstellung und Überlassung eines Speicherabbilds der sichergestellten Daten für eigene Begutachtungszwecke. Nachdem die Behörde dies abgelehnt hatte, beantragte er, dass der Sachverständige T. die Daten in den Räumen der Behörde untersuchen dürfe. Am 14. April 2009 suchte er zusammen mit dem Sachverständigen die Behörde auf, wo dem Sachverständigen die Einsicht erlaubt, aber die Herstellung einer Datenkopie untersagt wurde. Nachdem der Angeklagte die Behörde verlassen hatte, fertigte der Sachverständige verbotswidrig eine Kopie der Daten an, um diese später zu untersuchen. Das Landgericht hat sich nicht davon überzeugen können, dass dies mit Wissen des Angeklagten geschehen ist.

[5] 4. Der Sachverständige T. übersandte dem Mandanten des Angeklagten als seinem Auftraggeber eine Dateikopie mit den kinderpornographischen Bilddateien. Das Landgericht konnte nicht feststellen, dass der Angeklagte den Sachverständigen dazu veranlasst hatte.

212 Nicht jede Aufnahme des nackten Körpers oder des Geschlechtsteils eines Kindes ist **Kinderpornografie im Sinne des § 184b Abs. 1 StGB**. Tatobjekte sind nur pornografische Schriften, die sexuelle Handlungen von, an oder vor Kindern zum Gegenstand haben. Zu den sexuellen „Handlungen" von Kindern gehört zwar nach der Neufassung des Gesetzes durch das Gesetz zur Umsetzung des Rahmenbeschlusses des Rates der Europäischen Union zur Bekämpfung der sexuellen Ausbeutung von Kindern und der Kinderpornographie vom 31. Oktober 2008 (BGBl. I 2008, S. 2149) auch ein Posieren in sexualbetonter Körperhaltung. Voraussetzung ist aber, dass die von dem Kind eingenommene **Körperposition objektiv, also allein gemessen an ihrem äußeren Erscheinungsbild, einen eindeutigen Sexualbezug aufweist.**[212]

f) Begriffsbestimmungen (der sexuellen Handlung) – § 184g StGB

213 Seit der Neufassung der Vorschrift durch das 6. Gesetz zur Reform des Strafrechts vom 26. Januar 1998 (BGBl. I S. 164) setzt das Vergehen der Vornahme sexueller Handlungen vor einem Kind zwar nicht mehr voraus, dass der Täter dabei in der Absicht handelt, sich, das Kind oder einen anderen sexuell zu erregen. Um eine vom Gesetzgeber nicht beabsichtigte Ausdehnung der Strafbarkeit zu vermeiden, hat der Bundesgerichtshof die Regelung der § 176 Abs. 4 Nr. 1, § 184g Nr. 2 StGB aber insoweit einengend ausgelegt, als für die Annahme einer sexuellen Handlung vor einem Kind über deren Wahrnehmung durch das Tatopfer hinaus **erforderlich** ist,

[212] BGH, Beschluss vom 3.12.2014 – 4 StR 342/14.

dass der Täter **das Kind so in das sexuelle Geschehen einbezieht**, dass für ihn die Wahrnehmung der sexuellen Handlung durch das Tatopfer von handlungsleitender Bedeutung ist.[213]

6. Straftaten gegen das Leben – §§ 211 ff. StGB

a) Tötungsvorsatz und Tötungsmotiv bei §§ 211, 212 StGB

Bedingten Tötungsvorsatz hat, wer den Eintritt des Todes als mögliche, nicht ganz fernliegende Folge seines Handelns erkennt (Wissenselement) und billigend in Kauf nimmt (Willenselement). Beide Elemente müssen getrennt voneinander geprüft und durch tatsächliche Feststellungen belegt werden. Ihre Bejahung oder Verneinung kann nur auf der **Grundlage einer Gesamtbetrachtung aller objektiven und subjektiven** Umstände erfolgen. In die Prüfung sind dabei neben der objektiven Gefährlichkeit der Tathandlung und der konkreten Angriffsweise des Täters auch seine psychische Verfassung bei Tatbegehung und seine Motivationslage einzubeziehen.[214] **214**

[16] b) Den sich daraus ergebenden Anforderungen werden die Darlegungen des Landgerichts zur inneren Tatseite bei beiden Angeklagten nicht gerecht.

[17] aa) Das Landgericht hat seine Annahme, der Angeklagte A.G. habe um die objektive Lebensgefährlichkeit seines Tuns auch schon bei der Tatbegehung gewusst, aus den gezielt gegen Kopf, Hals und Nacken des Nebenklägers geführten Messerangriffen und seinen im Rahmen des Notrufes gemachten Äußerungen hergeleitet (UA 18). Damit ist jedoch nur das Wissenselement belegt. Dass bei ihm auch das voluntative Vorsatzelement gegeben ist, hat die Strafkammer dagegen nicht in ausreichender Weise begründet.

[18] (1) Wird eine lebensgefährliche Gewalttat – wie hier – spontan, unüberlegt und in affektiver Erregung ausgeführt, kann aus dem Wissen um den möglichen Eintritt des Todes nicht ohne Berücksichtigung der sich aus der Tat und der Persönlichkeit des Täters ergebenden Besonderheiten auf eine billigende Inkaufnahme des Erfolgseintritts geschlossen werden (BGH, Urteil vom 17. Juli 2013 – 2 StR 139/13, NStZ-RR 2013, 343; Urteil vom 16. August 2012 – 3 StR 237/12, NStZ-RR 2012, 369, 370; Urteil vom 25. November 2010 – 3 StR 364/10, NStZ 2011, 338 f.; weitere Nachweise bei Fischer, StGB, 61. Aufl., § 212 Rn. 11).

[19] (2) Danach hätte das Landgericht erkennbar in seine Erwägungen einbeziehen müssen, dass der Angeklagte von weiteren Tathandlungen absah, als er realisierte, „dass er in seiner Wut viel zu weit gegangen war und den Nebenkläger möglicherweise tödlich verwundet hatte" (UA 11). Auch wäre an dieser Stelle der alsbald danach abgesetzte Notruf zu erörtern gewesen (zur Indizwirkung von Rettungsversuchen bei der Vorsatzfrage vgl. BGH, Urteil vom 23. Februar 2012 – 4 StR 608/11, NStZ 2012, 443, 444; Urteil vom 18. Januar 2007 – 4 StR 489/06, NStZ 2007, 331 f. mwN). Schließlich durfte das Landgericht in diesem Zusammenhang auch die dem Angeklagten zugebilligte „Anpassungsstörung" – unabhängig von deren Be-

---

[213] BGH, Beschluss vom 21.11.2013 – 2 StR 459/13.

[214] BGH, Urteil vom 14.08.2014 – 4 StR 163/14; vgl. hierzu auch Urteile vom 30.04.2014 – 2 StR 383/12 sowie vom 26.11.2014 – 2 StR 54/14.

wertung unter dem Gesichtspunkt des § 21 StGB – und seine affektive Erregung nicht unerwähnt lassen. Psychische Ausnahmesituationen oder Störungen können neben einer – hier fernliegenden – Beeinträchtigung der Erkenntnisfähigkeit dazu führen, dass der Täter die von seinem Handeln ausgehende Lebensgefahr für das Opfer unzutreffend beurteilt (zu den möglichen Schlüssen vgl. BGH, Urteil vom 17. Juli 2013 – 2 StR 139/13, NStZ-RR 2013, 343 mwN). Dies ist in den schriftlichen Urteilsgründen zu erörtern (vgl. BGH, Beschluss vom 20. September 2005 – 3 StR 324/05, NStZ 2006, 169; Beschluss vom 6. März 2002 – 4 StR 30/02, BGHR StGB § 212 Abs. 1 Vorsatz, bedingter 54; Beschluss vom 15. Januar 1987 – 1 StR 704/86, BGHR StGB § 212 Abs. 1 Vorsatz, bedingter 7).

[20] bb) Bei der Angeklagten B.G. hat das Landgericht die Annahme eines bedingten Tötungsvorsatzes allein mit der Erwägung begründet, dass sie das Vorgehen ihres Mannes gegen den Nebenkläger sah und durch ihre weitere „Unterstützung" billigte (UA 11 und 19). Dass auch sie an einer „Anpassungsstörung" litt und schon vor dem Eingreifen ihres Ehemannes unter einer so hohen affektiven Anspannung stand, dass sie „die Kontrolle über ihre Wut verlor", hat es nicht berücksichtigt. Beides hätte aus den bereits dargelegten Gründen auch bei ihr ausdrücklicher Erörterung bedurft.

215 Nach der ständigen Rechtsprechung des Bundesgerichtshofs zur **Abgrenzung von bedingtem Vorsatz und bewusster Fahrlässigkeit** handelt der Täter vorsätzlich, wenn er den Eintritt des tatbestandlichen Erfolges als möglich und nicht ganz fernliegend erkennt und damit in der Weise einverstanden ist, dass er die Tatbestandsverwirklichung billigend in Kauf nimmt oder sich um des erstrebten Zieles willen wenigstens mit ihr abfindet, mag ihm auch der Erfolgseintritt an sich unerwünscht sein; bewusste Fahrlässigkeit liegt hingegen dann vor, wenn der Täter mit der als möglich erkannten Tatbestandsverwirklichung nicht einverstanden ist und ernsthaft – nicht nur vage – darauf vertraut, der tatbestandliche Erfolg werde nicht eintreten.[215]

[44] Da beide Schuldformen im Grenzbereich eng beieinander liegen, müssen bei der Annahme bedingten Vorsatzes beide Elemente der inneren Tatseite, also sowohl das Wissenselement als auch das Willenselement, in jedem Einzelfall besonders geprüft und durch tatsächliche Feststellungen belegt werden (BGH aaO, vgl. auch Urteil vom 7. Juli 2011 – 5 StR 561/10, BGHSt 56, 277 ff.). Insbesondere die Würdigung zum voluntativen Vorsatzelement, also zur billigenden Inkaufnahme des Erfolges, muss sich mit den Feststellungen des Urteils zur Persönlichkeit des Täters auseinandersetzen und auch die zum Tatgeschehen bedeutsamen Umstände mit in Betracht ziehen (vergleiche BGH, Urteil vom 4. November 1988 – 1 StR 262/88, BGHSt 36, 1, 10, und vom 25. November 1987 – 3 StR 449/87, NStZ 1988, 175). Der Tatrichter darf nicht ohne Weiteres aus der Erkenntnisfähigkeit eines Täters oder seiner vorhandenen Erkenntnis auf die billigende Inkaufnahme des Erfolgs schließen (vgl. BGH, Urteil vom 25. November 1987 – 3 StR 449/87, NStZ 1988, 175).

[45] Bei der Körperverletzung im Arzt-Patienten-Verhältnis ist zu berücksichtigen, dass die Annahme, die Art und Weise der Behandlung eines Patienten durch einen Arzt sei nicht am Wohl des Patienten orientiert, auch bei medizinisch grob fehlerhaf-

[215] BGH, Beschluss vom 16.01.2014 – 1 StR 389/13.

tem Verhalten des Arztes häufig fernliegt (vgl. BGH, Urteil vom 26. Juni 2003 – 1 StR 269/02, NStZ 2004, 35 f.). Selbst erhebliche Sorgfaltspflichtverstöße schließen eine Verurteilung wegen nur fahrlässiger Tat nicht von vornherein aus.

Bedingter Tötungsvorsatz ist gegeben, wenn der Täter den Tod als mögliche, nicht ganz fern liegende Folge seines Handelns erkennt (Wissenselement) und dies billigt oder sich um des erstrebten Zieles willen zumindest mit dem Eintritt des Todes abfindet (Willenselement). Beide Elemente des bedingten Vorsatzes müssen in jedem Einzelfall umfassend geprüft und gegebenenfalls durch tatsächliche Feststellungen belegt werden. Ihre Bejahung oder Verneinung kann nur auf der Grundlage einer Gesamtbetrachtung aller objektiven und subjektiven Umstände des Einzelfalles erfolgen, in welche insbesondere die objektive Gefährlichkeit der Tathandlung, die konkrete Angriffsweise des Täters, seine psychische Verfassung bei der Tatbegehung und seine Motivationslage einzubeziehen ist. Im Rahmen der vorzunehmenden Gesamtschau stellt die auf der Grundlage der dem Täter bekannten Umstände zu bestimmende objektive Gefährlichkeit der Tathandlung einen wesentlichen Indikator sowohl für das kognitive, als auch für das voluntative Vorsatzelement dar. Hat der Täter eine offensichtlich äußerst gefährliche Gewalthandlung begangen, liegt es – vorbehaltlich in die Gesamtbetrachtung einzustellender gegenläufiger Umstände im Einzelfall – nahe, dass er den Eintritt des Todes als mögliche Folge seines Tuns erkannt und, indem er gleichwohl sein gefährliches Handeln begonnen oder fortgesetzt hat, den Todeserfolg auch billigend in Kauf genommen hat.[216] 216

[8] b) Diesen Anforderungen werden die Erwägungen, mit denen das Landgericht das Vorliegen eines bedingten Tötungsvorsatzes des Angeklagten verneint hat, nicht gerecht.

[9] Es ist bereits zu besorgen, dass das Landgericht mit der Hervorhebung der „sehr hohen natürlichen Hemmschwelle" bei der Tötung eines anderen Menschen diesem Gesichtspunkt eine Bedeutung beigemessen hat, die ihm nicht zukommt (vgl. BGH, Urteil vom 22. März 2012 – 4 StR 558/11, aaO Rn. 31 ff.).

[10] Die Ausführungen zur Beweiswürdigung im angefochtenen Urteil lassen ferner nicht erkennen, ob die Schwurgerichtskammer es schon für nicht nachweisbar gehalten hat, dass der Angeklagte mit Gefahren für das Leben von Fahrzeuginsassen als Folge seines Tuns rechnete, oder sich nicht hat davon überzeugen können, dass der Angeklagte einen als möglich erkannten tödlichen Erfolg billigte oder sich zumindest um des erstrebten Zieles willen mit ihm abfand (vgl. BGH, Urteil vom 22. März 2012 – 4 StR 558/11, aaO Rn. 27). Die erforderliche Gesamtschau aller in objektiver und subjektiver Hinsicht für das Tatgeschehen bedeutsamen Umstände hat das Landgericht weder zum kognitiven noch hinsichtlich des voluntativen Elements des bedingten Tötungsvorsatzes erkennbar vorgenommen. Soweit die Schwurgerichtskammer bei ihrer Beurteilung der von den Abdeckrosten oder ihren Trümmerteilen ausgehenden Gefahren für den Kraftfahrzeugverkehr maßgeblich darauf abgestellt hat, dass infolge des Überfahrens der Hindernisse tatsächlich keine Personenschäden eintraten, hat sie übersehen, dass aus der im konkreten Fall ausgebliebenen Realisierung einer Gefahr nicht ohne Weiteres auf das Ausmaß der Gefährdung geschlossen werden kann (vgl. BGH, Urteil vom 23. Februar 2012 –

[216] BGH, Urteil vom 17.7.2013 – 2 StR 176/13.

4 StR 608/11, aaO). Auch die Höhe der an den Fahrzeugen jeweils entstandenen Sachschäden ist für die Einschätzung der mit dem Überfahren der Hindernisse verbundenen Risiken für Leib und Leben der Fahrzeuginsassen ohne jede Aussagekraft. Das Landgericht hätte in diesem Zusammenhang vielmehr unter Berücksichtigung der konkreten Gegebenheiten – wie etwa der Blickrichtung des Angeklagten bei den Abwürfen, der Beschaffenheit der gusseisernen Abdeckroste und deren Trümmerteile, des Verkehrsaufkommens auf der Bundesautobahn zur Tatzeit, der unter der Fußgängerbrücke gefahrenen Geschwindigkeiten, der beim Überfahren der Hindernisse drohenden Schäden insbesondere an den Reifen der Fahrzeuge und deren zu erwartenden Auswirkungen auf das Fahrverhalten der Fahrzeuge – eine Bewertung der Gefahrenlage, die von der vom Angeklagten bewusst geschaffenen Situation ausging, vornehmen und sich mit der Frage befassen müssen, ob sich aus der Perspektive des Angeklagten für jedermann die Möglichkeit von in ihrem Verlauf weder vorhersehbaren noch beherrschbaren Unfallgeschehen mit unkalkulierbaren Folgen auch für das Leben von Fahrzeuginsassen aufgedrängt hätte. Hierbei wäre auch zu berücksichtigen gewesen, dass das Überfahren des unzerbrochenen Rostes in einem Fall bei dem betroffenen Fahrzeug zum Platzen des rechten Vorderreifens mit einem anschließenden Schleudervorgang vom linken auf den rechten Fahrstreifen der Fahrbahn der Bundesautobahn führte, welchen das Landgericht als „Beinahe-Unfall" mit konkreter Gefahr für Leib oder Leben der vier Insassen gewertet hat. Insgesamt entbehrt die Annahme des Landgerichts, der Angeklagte habe als Folge seines Handelns zwar nicht näher umschriebene Personenschäden, nicht aber den Tod von Menschen billigend in Kauf genommen, einer tragfähigen Begründung.

b) Mordmerkmale

217 Das Zusammentreffen zweier Mordmerkmale führt aber für sich genommen nicht ohne weiteres zur Bejahung der **besonderen Schuldschwere**, und zwar auch dann nicht, wenn die Mordmerkmale auf materiell verschiedenen schulderhöhenden Umständen beruhen; erforderlich ist auch in diesem Fall eine Gesamtwürdigung anhand der Umstände des Einzelfalles.[217]

[8] Soweit das Landgericht ausdrücklich den tateinheitlich begangenen Raub mit Todesfolge schulderhöhend berücksichtigt, hat es jedoch nicht bedacht, dass bei dem Zusammentreffen von Raub mit Todesfolge und Mord aus Habgier der Unrechtskern beider Tatbestände sich weitgehend überschneidet (vgl. auch BGH, Urteil vom 9. Oktober 2008 – 4 StR 354/08, NStZ 2009, 203, 204). Aus dem Umstand, dass der Angeklagte sein Ziel, sich auf Kosten des Geschädigten zu bereichern, über einen Zeitraum von mehr als einem Monat zielstrebig verfolgt und dabei ab dem Zeitpunkt seiner Anreise auch den Einsatz von Gewalt einkalkuliert hat, lässt sich der Vorwurf besonders großer krimineller Energie nicht ohne Weiteres ableiten.

[9] Demgegenüber hat das Landgericht zu Gunsten des Angeklagten lediglich seine geständige Einlassung berücksichtigt. Es fehlt eine umfassende Auseinandersetzung mit der Täterpersönlichkeit; insbesondere die bisherige Unbestraftheit des Angeklagten hat das Landgericht nicht erkennbar in seine Würdigung einbezogen.

---

[217] BGH, Beschluss vom 23.01.2014 – 2 StR 637/13.

[10] Ungeachtet dessen, dass schon die Bezugnahme des Landgerichts auf den hier nicht einschlägigen § 57b StGB die Besorgnis begründen könnte, dass es seiner Entscheidung nicht den richtigen Maßstab zu Grunde gelegt hat, kann daher der Senat nicht ausschließen, dass die Feststellung der besonderen Schwere der Schuld auf den aufgezeigten Rechtsfehlern beruht. Die Sache bedarf daher insoweit erneuter Entscheidung. Eine Aufhebung der Feststellungen war nicht erforderlich, weil diese von den Rechtsfehlern nicht betroffen sind. Ergänzende Feststellungen bleiben zulässig.

aa) Niedrige Beweggründe

Die Strafkammer beschränkt sich bei ihrer rechtlichen Würdigung darauf, die subjektiven Voraussetzungen einer Tötung aus niedrigen Beweggründen zu verneinen, weil die Angeklagten in der konkreten Tatsituation, die durch eine erhebliche Beeinträchtigung der Steuerungsfähigkeit geprägt gewesen sei, nicht erkannt hätten, dass ihre Beweggründe nach allgemeiner sittlicher Wertung auf tiefster Stufe stünden und deshalb besonders verachtenswert seien. Diese knappen Erwägungen knüpfen zwar der Sache nach an die nach der Rechtsprechung maßgeblichen Anforderungen an die subjektive Tatseite beim Merkmal der niedrigen Beweggründe an, wonach **der Täter die tatsächlichen Umstände, welche die Niedrigkeit der Beweggründe ausmachen, in ihrer Bedeutung für die Tatausführung in sein Bewusstsein aufgenommen und erkannt haben** sowie – auch bei affektiver Erregung und gefühlsmäßigen oder triebhaften Regungen wie Wut und Eifersucht – **in der Lage gewesen sein muss, sie gedanklich zu beherrschen und zu steuern.**[218] **218**

Sie machen freilich nicht hinreichend deutlich, in welcher Weise die nicht ausschließbare erhebliche Verminderung der Steuerungsfähigkeit sich auf die Fähigkeit ausgewirkt haben soll, die Umstände, die die Niedrigkeit der Beweggründe ausmachen, in ihrer Bedeutung zu erkennen. Erläuternde Ausführungen, die es nachvollziehbar erscheinen lassen, dass die beschriebene geistig-seelische Verfassung, die in erster Linie Einfluss auf das Steuerungsvermögen der Angeklagten hat, schon die Einsicht in die Niedrigkeit von Beweggründen versperrt haben könnte (vgl. etwa BGH NStZ 2004, 620, 621), lassen sich den Urteilsgründen nicht entnehmen. Sie geben vielmehr sogar Hinweise, dass dies gerade nicht der Fall war, wenn die Strafkammer ausführt, die Mischintoxikation habe die Fähigkeit der Angeklagten nicht erheblich beeinträchtigt, sich der Gefährlichkeit der Handlungen und ihrer Folgen bewusst zu werden.

Kommt in einem **äußerst brutalen Vorgehen** ein den personalen Eigenwert des Opfers **negierender Vernichtungswille** zum Ausdruck, ist zu prüfen, ob dieser nach allgemeiner sittlicher Wertung auf tiefster Stufe steht und daher der Motivgeneralklausel des § 211 Abs. 2 StGB unterfällt.[219] **219**

[8] a) Zu dem durch die Schwurgerichtskammer nur beiläufig erwähnten Mordmerkmal des sonst niedrigen Beweggrundes hat der Generalbundesanwalt in seiner Zuschrift ausgeführt:

> *„Die Auseinandersetzung des Schwurgerichts mit möglichen Tatmotiven des Angeklagten ist rechtlich unzulänglich, weil es sich im Zuge der beweiswürdigen-*

---

[218] BGH, Beschluss vom 14.05.2014 – 2 StR 556/13.

[219] BGH, Urteil vom 22.10.2014 – 5 StR 380/14.

den Analyse des Tatgeschehens nicht der Frage zugewendet hat, ob in dem äußerst brutalen Vorgehen des psychisch (angeblich) weitgehend unauffälligen Angeklagten ein den personalen Eigenwert des Opfers negierender Vernichtungswille zum Ausdruck kommt, der nach allgemeiner sittlicher Wertung auf tiefster Stufe steht und daher der Motivgeneralklausel des § 211 Abs. 2 StGB unterfällt (siehe dazu BGH, Urteil vom 5. November 2002 – 1 StR 247/02, NStZ-RR 2003, 78, 79).

... Neben ungehemmter Eigensucht und krasser Rücksichtslosigkeit ist ein weiteres Leitprinzip die in der Tötung motivational zu Tage tretende Missachtung des personellen Eigenwerts des Opfers (vgl. dazu BGH, Urteil vom 22. August 1995 – 1 StR 393/95, NStZ-RR 1996, 98 f.; LK-Jähnke, StGB, 11. Aufl., § 211 Rn. 26–28; Müko-Schneider, § 211 Rn. 75). Eine solchermaßen antisoziale Einstellung kann darin erblickt werden, dass der Täter das Opfer in menschenverachtender Weise tötet (vgl. BGH NStZ-RR 2003, 78, 79). Hierzu rechnen Sachverhalte, in denen der Täter das Opfer vor oder während der Tat in besonders herabsetzender Weise quält und damit eine gesellschaftlichen Grundwerten kategorial zuwider laufende Einstellung dergestalt manifestiert, dass der Adressat des Angriffs nicht einmal mehr ansatzweise als Person, sondern nur noch wie ein beliebiges Objekt, mit dem man nach hemmungslosem Gutdünken verfahren kann, behandelt wird (vgl. BGH, aaO).

Der vorliegende Fall weist dahingehende Sachverhaltskomponenten auf: Allein schon das Herausreißen verschiedener Darmteile bei lebendigem Leib durch dreimaliges tiefes Eindringen in den Anus des Opfers wirkt grauenhaft und weckt spontane Erinnerungen an das Ausweiden eines Tieres. Nimmt man zusätzlich das Legen eines Darmstücks um den Hals des Opfers in den Blick, so wird die menschenverachtende Dimension der Tat vollends deutlich. Es erstaunt, dass das Schwurgericht die Qualität dieser Umstände zutreffend erkannt (vgl. UA S. 75), jedoch nicht in seine Überlegungen zum Vorliegen subjektiver Mordmerkmale einbezogen hat. Hierzu hätte indessen nach der einschlägigen höchstrichterlichen Rechtsprechung Veranlassung bestanden.

Der möglichen Annahme eines aus dem Tatbild hergeleiteten niedrigen Beweggrundes steht nicht entgegen, dass der Angeklagte nach den Urteilsfeststellungen lediglich mit bedingtem Tötungsvorsatz gehandelt und also keinen Vernichtungswillen in Form eines dolus directus aufgewiesen hat. Einerseits ist auch der Täter der mehrfach zitierten höchstrichterlichen Referenzentscheidung gegen das von ihm malträtierte Opfer ‚nur' mit bedingtem Tötungsvorsatz vorgegangen, ohne dass dieser Umstand auf die rechtliche Bewertung des Tatmotivs Einfluss gewinnen konnte. Andererseits erachtet die Bundesanwaltschaft die vom Schwurgericht vorgenommene rechtliche Einordnung des Tötungsvorsatzes ohnehin für schlichtweg indiskutabel. ... Ein ausgebildeter Schlachter, dem – wie dem Angeklagten – das Ausweiden von Tieren berufsbedingt geläufig ist, geht mit Sicherheit davon aus, dass ein bewusstlos zurückgelassener Mensch, dem Vergleichbares widerfahren ist, an den Folgen einer solchen Tat geraume Zeit später verstirbt."

[9] Dem tritt der Senat bei (vgl. auch BGH, Urteil vom 19. Oktober 2001 – 2 StR 259/01, BGHSt 47, 128, 132) und bemerkt ergänzend, dass angesichts des Tatbildes auch das Merkmal der Mordlust zu prüfen sein wird (vgl. zu den Voraussetzungen LK/Jähnke, 11. Aufl., § 211 Rn. 6 mwN).

bb) Heimtücke

TOPENTSCHEIDUNG ■

Für das **bewusste Ausnutzen von Arg- und Wehrlosigkeit** genügt es, dass der Täter sich bewusst ist, **einen durch seine Ahnungslosigkeit gegenüber einem Angriff schutzlosen Menschen zu überraschen.** Dabei kommt es nicht darauf an, ob der Täter die Arglosigkeit herbeiführt oder bestärkt; worauf die Arglosigkeit des Angegriffenen beruht, ist ohne Belang.[220] **220**

[8] Für das bewusste Ausnutzen von Arg- und Wehrlosigkeit genügt es, dass der Täter sich bewusst ist, einen durch seine Ahnungslosigkeit gegenüber einem Angriff schutzlosen Menschen zu überraschen. Dabei kommt es nicht darauf an, ob der Täter die Arglosigkeit herbeiführt oder bestärkt (vgl. BGH, Urteil vom 10. März 2006 – 2 StR 561/05, NStZ 2006, 338, 339); worauf die Arglosigkeit des Angegriffenen beruht, ist ohne Belang (vgl. BGH, Urteil vom 18. Oktober 2007 – 3 StR 226/07, NStZ 2008, 93, 94). …

[10] Soweit darauf abgestellt wird, der Angeklagte habe, weil er vorausgegangen sei, die Verhältnisse hinter sich – insbesondere den Abstand zur Geschädigten und deren Möglichkeiten abwehrend zu reagieren bzw. auszuweichen – gar nicht beobachten und in sein Bewusstsein aufnehmen können, hat das Landgericht erkennbar nicht bedacht, dass es sich um einen lediglich zwei Meter langen und einen Meter breiten Flur handelte, auf dessen Seite zudem eine Kommode stand. Auch war der Angeklagte zum Zeitpunkt des ersten Angriffs auf die Geschädigte erst in der Mitte des Flurs angelangt. Weshalb es für das Ausnutzungsbewusstsein des Angeklagten von Belang sein sollte, dass er – worauf das Landgericht ergänzend abgestellt hat – sich nicht sicher sein konnte, den ersten Angriff gegen die Geschädigte noch bei fehlender Deckenbeleuchtung im Flur führen zu können, erschließt sich nicht.

[11] Auch die Spontanität des Tatentschlusses sowie die affektive Erregung des Angeklagten sprechen entgegen der Annahme des Landgerichts nicht ohne Weiteres gegen ein bewusstes Ausnutzen der Arg- und Wehrlosigkeit der Geschädigten. Zwar kann die Spontanität des Tatentschlusses im Zusammenhang mit der Vorgeschichte der Tat und dem psychischen Zustand des Täters ein Beweisanzeichen dafür sein, dass dem Täter das Ausnutzungsbewusstsein fehlte (BGH Beschluss vom 29. November 2011 – 3 StR 326/11, NStZ 2012, 270, 271; Urteil vom 20. Januar 2005 – 4 StR 491/04, NStZ 2005, 691, 692). Maßgeblich sind aber die in der Tatsituation bestehenden tatsächlichen Auswirkungen des psychischen Zustands des Täters auf seine Erkenntnisfähigkeit.

Heimtückisch handelt, wer in feindseliger Willensrichtung die Arg- und Wehrlosigkeit des Tatopfers bewusst zur Tötung ausnutzt. Wesentlich ist, dass der Mörder sein Opfer, das keinen Angriff erwartet, also arglos ist, in einer hilflosen Lage überrascht und dadurch daran hindert, dem Anschlag auf sein Leben zu begegnen oder ihn wenigstens zu erschweren. Maßgebend für die Beurteilung ist die Lage bei Beginn des ersten mit Tötungsvorsatz geführten Angriffs. Für das **bewusste Ausnut-** **221**

[220] BGH, Urteil vom 11.06.2014 – 2 StR 117/14; vgl. hierzu auch Urteil vom 31.07.2014 – 4 StR 147/14.

zen von Arg- und Wehrlosigkeit ist es erforderlich, dass der Täter diese in ihrer Bedeutung für die hilflose Lage des Angegriffenen und die Ausführung der Tat in dem Sinne erfasst, dass er sich bewusst ist, einen durch seine Ahnungslosigkeit gegenüber einem Angriff schutzlosen Menschen zu überraschen. Die Rechtsprechung hat den Grundsatz, dass Heimtücke Arglosigkeit des Angegriffenen bei Tatbeginn voraussetzt, für einzelne typische Ausnahmefälle modifiziert; ein solcher Ausnahmefall liegt etwa vor, wenn der Täter das Opfer mit Tötungsvorsatz planmäßig in einen Hinterhalt lockt, um eine günstige Gelegenheit zur Tötung zu schaffen, und die entsprechenden Vorkehrungen und Maßnahmen bei Ausführung der Tat noch fortwirken.[221]

[4] Die Verurteilung wegen eines versuchten Heimtückemordes gemäß § 211 Abs. 2, §§ 22, 23 Abs. 1 StGB begegnet durchgreifenden rechtlichen Bedenken.

[5] 1. Die Feststellungen belegen nicht, dass der Angeklagte zur heimtückischen Tötung seiner Ehefrau unmittelbar angesetzt hat.

[6] Heimtückisch handelt, wer in feindseliger Willensrichtung die Arg- und Wehrlosigkeit des Tatopfers bewusst zur Tötung ausnutzt. Wesentlich ist, dass der Mörder sein Opfer, das keinen Angriff erwartet, also arglos ist, in einer hilflosen Lage überrascht und dadurch daran hindert, dem Anschlag auf sein Leben zu begegnen oder ihn wenigstens zu erschweren. Maßgebend für die Beurteilung ist die Lage bei Beginn des ersten mit Tötungsvorsatz geführten Angriffs (st. Rspr.; vgl. u.a. BGH, Urteil vom 27. Juni 2006 – 1 StR 113/06, NStZ 2006, 502 mwN). Für das bewusste Ausnutzen von Arg- und Wehrlosigkeit ist es erforderlich, dass der Täter diese in ihrer Bedeutung für die hilflose Lage des Angegriffenen und die Ausführung der Tat in dem Sinne erfasst, dass er sich bewusst ist, einen durch seine Ahnungslosigkeit gegenüber einem Angriff schutzlosen Menschen zu überraschen (vgl. hierzu zuletzt BGH, Urteil vom 31. Juli 2014 – 4 StR 147/14). Die Rechtsprechung hat den Grundsatz, dass Heimtücke Arglosigkeit des Angegriffenen bei Tatbeginn voraussetzt, für einzelne typische Ausnahmefälle modifiziert (vgl. BGH, Urteile vom 17. Januar 1968 – 2 StR 523/67, BGHSt 22, 77, 79 f., und vom 4. Juli 1984 – 3 StR 199/84, BGHSt 32, 382, 385 f.; Beschluss vom 4. Juni 2013 – 4 StR 180/13). Ein solcher Ausnahmefall liegt etwa vor, wenn der Täter das Opfer mit Tötungsvorsatz planmäßig in einen Hinterhalt lockt, um eine günstige Gelegenheit zur Tötung zu schaffen, und die entsprechenden Vorkehrungen und Maßnahmen bei Ausführung der Tat noch fortwirken (BGH, Urteil vom 17. Januar 1968, aaO; Beschluss vom 7. April 1989 – 3 StR 83/89, NStZ 1989, 364; Urteile vom 14. Juni 1960 – 1 StR 73/60, und vom 9. Dezember 1980 – 1 StR 620/80). Nach diesen Maßstäben ist hier nicht belegt, dass der Angeklagte heimtückisches Vorgehen in seine Vorstellung aufgenommen hatte, als er zur Tötung seiner Ehefrau unmittelbar ansetzte:

[7] Das Landgericht ist zu Gunsten des Angeklagten davon ausgegangen, dass er seine Tatvorbereitungen „zumindest“ traf, „um ein Gespräch mit (seiner Ehefrau) zu erzwingen“. Tötungsvorsatz lässt sich dem Gesamtzusammenhang der Urteilsgründe erst für den Zeitpunkt entnehmen, indem er die Geschädigte von hinten umklammerte, ihr die Spitze des Fleischspießes an den Hals hielt und ihr sagte: „Ich bringe Dich jetzt um“. Mit dieser Äußerung und dem unmittelbar darauf folgenden Tatgeschehen hat das Schwurgericht seine Annahme begründet, der Angeklagte habe

[221] BGH, Urteil vom 6.11.2014 – 4 StR 416/14.

„zumindest mit bedingtem Tötungsvorsatz" gehandelt. Dann aber war die Geschädigte in dem Moment, in dem der Angeklagte zustach, also bei Beginn des ersten mit Tötungsvorsatz geführten Angriffs, nicht mehr arglos. Denn der Angeklagte hatte von hinten den linken Arm um ihren Oberkörper gelegt und ihr die Spitze des Spießes spürbar an den Hals gehalten; in dieser Situation hatte er ihr angekündigt, sie zu töten. Die Annahme eines versuchten Heimtückemordes kann hier auch nicht auf die aufgezeigte Ausnahme von dem Grundsatz, dass Heimtücke Arglosigkeit des Angegriffenen bei Tatbeginn voraussetzt, gestützt werden. Denn auch in den Fällen, in denen der Täter das Opfer in eine Falle lockt, hat die Rechtsprechung stets daran festgehalten, dass der Täter bereits in diesem Moment mit Tötungsvorsatz handelt (BGH, Urteile vom 4. Juli 1984 – 3 StR 199/84, BGHSt 32, 382, 384, vom 11. März 2003 – 1 StR 507/02 [Rn. 32], und vom 10. Februar 2010 – 2 StR 503/09, NStZ 2010, 450). Daran fehlt es hier: Sämtliche Verhaltensweisen des Angeklagten, die das Landgericht auf UA 22 f. zum Beleg der Ausnutzung der Arg- und Wehrlosigkeit des Opfers anführt, liegen vor dem Zeitpunkt, in dem der Angeklagte nach den bisherigen Feststellungen erstmals seinen Tötungsvorsatz gefasst hat.

PRAXISBEDEUTUNG ■

Die vorstehende Entscheidung stellt eine neue Stufe der Differenzierung eines Tatablaufs dar. Ob allerdings der 4. Strafsenat bei seiner Aufteilung des Tatablaufs und der Beurteilung des Endes der Arglosigkeit der Ehefrau die grundlegende Entscheidung des 1. Strafsenats vom 27.06.2006 – 1 StR 113/06 – zu weit interpretiert hat, muss der wissenschaftlichen Diskussion überlassen bleiben, welche sicherlich folgen wird. Allerdings sei an dieser Stelle die tragende Aussage dieser Entscheidung wiederholt: „Maßgebend für die Beurteilung ist die Lage bei Beginn des ersten mit Tötungsvorsatz geführten Angriffs. Dabei macht es aber keinen Unterschied, ob der überraschende Angriff von vornherein mit Tötungsvorsatz geführt wird oder ob der ursprüngliche Handlungswille derart schnell in den Tötungsvorsatz umschlägt, dass der Überraschungseffekt bis zu dem Zeitpunkt andauert, zu dem der Täter mit Tötungsvorsatz angreift. In beiden Fällen bleibt dem Opfer keine Zeit zu irgendwie gearteten Gegenmaßnahmen."

Heimtücke ist gegeben, wenn der Täter die **Arg- und Wehrlosigkeit des Opfers** **222**
bewusst zur Ausführung des tödlichen Angriffs ausnutzt. Arglos ist das Tatopfer, wenn es bei Beginn des ersten mit Tötungsvorsatz geführten Angriffs nicht mit einem gegen seine körperliche Unversehrtheit gerichteten schweren oder doch erheblichen Angriff rechnet. Hat das Opfer in der Tatsituation mit ernsthaften Angriffen auf seine körperliche Unversehrtheit gerechnet, scheidet Arglosigkeit im Allgemeinen aus.[222]

[11] Ob die Arglosigkeit auch dann ausgeschlossen ist, wenn die Kontrahenten ausdrücklich oder zumindest konkludent einen Faustkampf ohne Waffen verabredet haben, aber der Täter abredewidrig und überraschend mit Tötungsvorsatz eine

[222] BGH, Urteil vom 20.08.2014 – 1 StR 605/13.

Waffe einsetzt (vgl. Hofmann NStZ 2011, 66 f.; NK/Neumann, StGB, 4. Aufl., § 211 Rn. 60; Matt/Renzikowski/Safferling, StGB, 2013, § 211 Rn. 42), muss der Senat nicht entscheiden, weil das Landgericht jedenfalls ohne Rechtsfehler das Bewusstsein des Angeklagten zur Ausnutzung von Arg- und Wehrlosigkeit des Geschädigten gegenüber dem auf sein Leben zielenden Angriff ausgeschlossen hat.

[12] Voraussetzung heimtückischer Begehungsweise ist nämlich auch, dass der Täter die von ihm erkannte Arg- und Wehrlosigkeit des Opfers bewusst zur Tatbegehung ausnutzt (vgl. BGH, Beschluss vom 2. Dezember 1957 – GSSt 3/57, BGHSt 11, 139, 144; Urteil vom 11. Dezember 2012 – 5 StR 438/12, NStZ 2013, 232, 233). Er muss die Lage nicht nur in einer äußerlichen Weise wahrgenommen, sondern in ihrer Bedeutung für die Tatbegehung erfasst haben und ihm muss bewusst gewesen sein, einen durch Ahnungslosigkeit gegenüber dem Angriff schutzlosen Menschen zu überraschen (vgl. Senat, Urteil vom 29. April 2009 – 2 StR 470/08, NStZ 2009, 569, 570); das kann allerdings „mit einem Blick" geschehen (BGH, Urteil vom 8. Oktober 1969 – 3 StR 90/69, BGHSt 23, 119, 121).

[13] Dabei kann die Spontanität des Tatentschlusses im Zusammenhang mit der Vorgeschichte der Tat und dem psychischen Zustand des Täters ein Beweisanzeichen dafür sein, dass ihm das Ausnutzungsbewusstsein fehlte. Andererseits hindert nicht jede affektive Erregung oder heftige Gemütsbewegung einen Täter daran, die Bedeutung der Arg- und Wehrlosigkeit des Opfers für die Tat zu erkennen (vgl. Senat, Urteil vom 11. Juni 2014 – 2 StR 117/14); dies ist vielmehr eine vom Tatgericht zu bewertende Tatfrage (BGH, Urteil vom 11. Dezember 2012 – 5 StR 438/12, NStZ 2013, 232, 233 mwN). Insoweit können auch psychische Ausnahmezustände unterhalb der Schwelle des § 21 StGB der Annahme des Ausnutzungsbewusstseins entgegenstehen.

[14] Das Landgericht ist hinsichtlich der mit Tötungsvorsatz begangenen Handlung von einer „Augenblickstat" ausgegangen. Es hat die starken Wut- und Rachegefühle des Angeklagten berücksichtigt, die „in ihm hochgekommen" sind, als er vom Geschädigten zu Boden geschlagen wurde; seine Persönlichkeitsstörung vom emotional-instabilen Typ hat die Anspannung verstärkt und die Alkoholisierung ist als enthemmender Faktor hinzugekommen. Zwar erscheint jeder dieser Faktoren für sich genommen nicht notwendigerweise geeignet, das Ausnutzungsbewusstsein des Angeklagten hinsichtlich der Arglosigkeit des Geschädigten gegenüber einem tödlichen Angriff auszuschließen. Das Landgericht hat die Umstände aber in ihrem Zusammenwirken bewertet. Dagegen ist rechtlich nichts zu erinnern.

223 **Heimtückisch** handelt, wer in feindlicher Willensrichtung die Arg- und Wehrlosigkeit des Opfers bewusst zur Tötung ausnutzt; wesentlich ist, dass der Mörder sein keinen Angriff erwartendes, mithin argloses Opfer in einer hilflosen Lage überrascht und dadurch daran hindert, dem Anschlag auf sein Leben zu begegnen oder ihn wenigstens zu erschweren, wobei für die Beurteilung die Lage bei Beginn des ersten mit Tötungsvorsatz geführten Angriffs maßgebend ist. Bei einem offen feindseligen Angriff ist erforderlich, dass dem Opfer wegen der kurzen Zeitspanne zwischen Erkennen der Gefahr und unmittelbarem Angriff keine Möglichkeit der Abwehr verblieben ist.[223]

---

[223] BGH, Urteil vom 24.09.2014 – 2 StR 160/14; vgl. hierzu auch Beschluss vom 29.04.2014 – 3 StR 21/14 sowie Beschluss vom 22.10.2014 – 5 StR 451/14.

[8] Voraussetzung heimtückischer Begehungsweise ist weiter, dass der Täter die von ihm erkannte Arg- und Wehrlosigkeit des Opfers bewusst zur Tatbegehung ausnutzt. Dafür genügt es, wenn er die die Heimtücke begründenden Umstände nicht nur in einer äußerlichen Weise wahrgenommen, sondern in dem Sinne in ihrer Bedeutung für die Tatbegehung erfasst hat, dass ihm bewusst geworden ist, einen durch seine Ahnungslosigkeit gegenüber dem Angriff schutzlosen Menschen zu überraschen.

Bei der **Tötung eines wenige Wochen oder Monate alten Kleinkindes** kommt es für die Frage der Heimtücke nicht auf dessen Arg- und Wehrlosigkeit ankommt, da es aufgrund seines Alters noch zu keinerlei Argwohn oder Gegenwehr fähig ist, sondern auf die Arg- und Wehrlosigkeit eines im Hinblick auf das Kind schutzbereiten Dritten. Schutzbereiter Dritter ist jede Person, die den Schutz eines Kleinkindes vor Leib- und Lebensgefahr dauernd oder vorübergehend übernommen hat und diesen im Augenblick der Tat entweder tatsächlich ausübt oder dies deshalb nicht tut, weil sie dem Täter vertraut oder vom Täter ausgeschaltet wurde.[224] **224**

[7] Schutzbereiter Dritter ist jede Person, die den Schutz eines Kleinkindes vor Leib- und Lebensgefahr dauernd oder vorübergehend übernommen hat und diesen im Augenblick der Tat entweder tatsächlich ausübt oder dies deshalb nicht tut, weil sie dem Täter vertraut (BGH, aaO) oder vom Täter ausgeschaltet wurde (vgl. BGH, Beschluss vom 13. Oktober 2005 – 5 StR 401/05, NStZ-RR 2006, 43). Zwar ist es nicht erforderlich, dass der potentiell schutzbereite Dritte „zugegen" ist. Der schutzbereite Dritte muss auf Grund der Umstände des Einzelfalls den Schutz allerdings auch wirksam erbringen können, wofür eine gewisse räumliche Nähe erforderlich ist (vgl. BGH, Urteile vom 21. November 2012 – 2 StR 309/12, NStZ 2013, 158, und vom 18. Oktober 2007 – 3 StR 226/07, NStZ 2008, 93, 94).

[8] bb) An letzterem fehlt es vorliegend. Wer – wie hier der Kindesvater – den räumlichen Bereich des Kleinkindes für eine nicht nur unerhebliche Dauer verlässt und sich über einen Kilometer davon entfernt, ist mangels tatsächlicher Einwirkungsmöglichkeit auf das Geschehen nicht mehr in der Lage, seinen Schutz wirksam zu erbringen und kann deshalb nicht mehr als „schutzbereiter Dritter" im oben genannten Sinne angesehen werden. Eine gleichsam stellvertretende Zurechnung der Arg- und Wehrlosigkeit eines schutzbereiten Dritten zu Gunsten eines strukturell zu Argwohn und Gegenwehr unfähigen Menschen ist nur gerechtfertigt, wenn beide derart räumlich verbunden sind, dass der Dritte dem Täter bei dem tödlichen Angriff grundsätzlich etwas entgegensetzen könnte. Dies ist nicht der Fall, wenn aufgrund der räumlichen Entfernung des Dritten der tödliche Angriff schon überhaupt nicht wahrgenommen werden kann und eine Gegenwehr auch deshalb zu spät käme, weil hierfür erst eine erhebliche räumliche Distanz überwunden werden muss.

[9] Ursache für die Abwesenheit des Kindesvaters war auch nicht etwa eine Aufforderung oder Täuschung durch die Angeklagte mit dem Ziel, während seiner Abwesenheit einen ungehinderten Angriff auf das gemeinsame Kind vorzunehmen. Vielmehr hat sich der Vater aus freien Stücken aus der Wohnung zum Arzt begeben und damit den zuvor ausgeübten Schutz des gemeinsamen Kindes ohne Einwirkung durch die Angeklagte aufgegeben.

[224] BGH, Beschluss vom 5.08.2014 – 1 StR 340/14.

[10] d) Weil nach den rechtsfehlerfreien Feststellungen der Schwurgerichtskammer ein anderes Mordmerkmal ausscheidet und angesichts der gründlichen und erschöpfenden Beweiserhebung aus Sicht des Senats auszuschließen ist, dass noch weitergehende Feststellungen getroffen werden könnten, die nach den oben genannten Maßstäben eine heimtückische Tötung belegen, hat der Senat den Schuldspruch entsprechend § 354 Abs. 1 StPO geändert. Dass sich die Angeklagte gegen den Vorwurf des Totschlags anders hätte verteidigen können, schließt der Senat aus.

225 Den Urteilsfeststellungen läßt sich schon nicht mit hinreichender Deutlichkeit die für die Annahme des Mordmerkmals der Heimtücke erforderliche Arglosigkeit des – mehrere Abwehrverletzungen aufweisenden – Opfers entnehmen. Hierfür wäre bei dem festgestellten **offen feindseligen Angriff** nach ständiger Rechtsprechung erforderlich, dass dem Opfer wegen der kurzen Zeitspanne zwischen Erkennen der Gefahr und unmittelbarem Angriff keine Möglichkeit der Abwehr verblieben ist. Zu einem derart abrupten Tatverlauf verhalten sich die Urteilsgründe jedoch nicht. Entsprechendes gilt für das angesichts der möglichen Spontantat in einer spannungsgeladenen Situation in Verbindung mit der bei dem Angeklagten diagnostizierten psychischen Störung nicht etwa naheliegende Ausnutzungsbewusstsein im Zeitpunkt der Tat.[225]

cc) Habgier

226 Die Annahme des Landgerichts, die Angeklagte habe aus **Habgier** gehandelt, ist ebenfalls ohne Rechtsfehler. Nach den Feststellungen des Landgerichts tötete die Angeklagte ihre Schwiegereltern, um den Erbfall zugunsten ihres (in das Vorhaben nicht eingeweihten) Mannes, des einzigen Erben, eintreten zu lassen und damit die Familie, d.h. die Angeklagte, ihren Ehemann und die drei Töchter, aus der etwas beengten finanziellen Situation zu befreien, in der diese sich ungeachtet regelmäßiger Zuwendung seitens der über Vermögen verfügenden Schwiegereltern befand. Damit ist die vom Merkmal der Habgier vorausgesetzte Verknüpfung zwischen dem geplanten Tod der Opfer und einer Bereicherung der Täterin gegeben. Eine „unmittelbare Vermehrung des Vermögens des Täters“ in dem Sinn, dass durch die Tat **direkt ein Vermögenszuwachs beim Täter** entsteht, ist nicht erforderlich.[226]

c) Besondere Schuldschwere

227 Bei der Prüfung der **besonderen Schuldschwere** hat sich das Tatgericht an den für die Strafzumessungsschuld im Sinne von § 46 StGB geltenden Regeln zu orientieren. Dementsprechend kann nach den hierfür von der Rechtsprechung entwickelten Grundsätzen auch das Nachtatverhalten bei der Frage zu berücksichtigen sein, ob Umstände von Gewicht die Annahme besonderer Schuldschwere indizieren, wenn ein innerer Zusammenhang mit dem Schuldvorwurf besteht und sichere Schlüsse auf die Einstellung des Täters zur Tat möglich sind.[227]

---

[225] BGH, Urteil vom 28.08.2014 – 5 StR 332/14.
[226] BGH, Beschluss vom 27.05.2014 – 3 StR 60/14.
[227] BGH, Urteil vom 16.06.2014 – 5 StR 60/14.

[7] b) Die Schwurgerichtskammer hat die Tötung der Ehefrau des Angeklagten als Heimtückemord gewertet. Das Mordmerkmal des Handelns aus niedrigen Beweggründen hat sie verneint, weil sich der Angeklagte auch in Verzweiflung befunden habe. Die besondere Schuldschwere hat sie unter anderem im Blick auf eine bei ihm diagnostizierte narzisstische Persönlichkeitsakzentuierung abgelehnt. Dass der Angeklagte seinen Sohn R. hinsichtlich beider Taten der Täterschaft bezichtigt habe, sei zulässiges und deswegen nicht berücksichtigungsfähiges Verteidigungsverhalten. Zudem habe er in der Hauptverhandlung geschwiegen und daher die Vorwürfe nicht wiederholt. Die Mithilfe seiner Kinder bei der Spurenbeseitigung und dem Wegtragen der Leiche habe er nicht geplant und seine Kinder auch nicht dazu gezwungen. Die gefährliche Körperverletzung und der Mord stünden nicht „in kriminologischem Zusammenhang" und seien von unterschiedlicher Zielrichtung geprägt. Auch bei einer zusammenfassenden Bewertung beider Taten sei die Annahme besonderer Schuldschwere deshalb nicht geboten.

[8] 2. Die Ablehnung der besonderen Schuldschwere im Sinne der § 57a Abs. 1 Satz 1 Nr. 2, § 57b StGB hält rechtlicher Nachprüfung nicht stand. Zwar ist dem Revisionsgericht dabei eine ins Einzelne gehende Richtigkeitskontrolle versagt; jedoch ist auf die Sachrüge zu prüfen, ob das Tatgericht alle maßgeblichen Umstände bedacht und rechtsfehlerfrei abgewogen hat (vgl. BGH, Beschluss vom 22. November 1994 – GSSt 2/94, BGHSt 40, 360, 370; Urteile vom 1. Juli 2004 – 3 StR 494/03, BGHR StGB § 57a Abs. 1 Schuldschwere 25; vom 9. Oktober 2008 – 4 StR 354/08, NStZ 2009, 203, 204, und vom 27. Juni 2012 – 2 StR 103/12, BGHR StGB § 57a Abs. 1 Schuldschwere 27). Daran fehlt es hier in mehrfacher Hinsicht.

[9] a) Bei der Prüfung der besonderen Schuldschwere hat sich das Tatgericht an den für die Strafzumessungsschuld im Sinne von § 46 StGB geltenden Regeln zu orientieren (vgl. LK/Hubrach, 12. Aufl., § 57a Rn. 16 mwN). Dementsprechend kann nach den hierfür von der Rechtsprechung entwickelten Grundsätzen (vgl. LK/Theune, 12. Aufl., § 46 Rn. 197 ff.) auch das Nachtatverhalten bei der Frage zu berücksichtigen sein, ob Umstände von Gewicht (vgl. BGH, Beschluss vom 22. November 1994 – GSSt 2/94, aaO) die Annahme besonderer Schuldschwere indizieren, wenn ein innerer Zusammenhang mit dem Schuldvorwurf besteht und sichere Schlüsse auf die Einstellung des Täters zur Tat möglich sind. Nach diesen Maßstäben hat die Schwurgerichtskammer die von Seiten des Angeklagten erfolgte Falschbezichtigung seines Sohnes auch eingedenk des dem Tatgericht in diesem Bereich zustehenden Beurteilungsspielraums (vgl. BGH, Beschluss vom 21. April 1995 – 1 StR 69/95, StV 1995, 633, 634; LK/Theune, aaO, § 46 Rn. 210 mwN) zu Unrecht als zulässiges Verteidigungsverhalten gewertet und daher nicht in seine Schuldschwereabwägung eingestellt. Nach ständiger Rechtsprechung des Bundesgerichtshofs kann dem Angeklagten ein Verhalten gegenüber Zeugen oder Mitangeklagten ausnahmsweise dann angelastet werden, wenn es eindeutig die Grenzen angemessener Verteidigung überschreitet und Rückschlüsse auf eine rechtsfeindliche Haltung zulässt; dies kann etwa dann anzunehmen sein, wenn der Angeklagte einen völlig Unschuldigen der Tatbegehung bezichtigt (vgl. BGH, Urteil vom 22. Januar 1974 – 1 StR 593/73, MDR bei Dallinger 1974, 721; Beschlüsse vom 21. April 1995 – 1 StR 69/95, aaO; vom 22. März 2007 – 4 StR 60/07, NStZ 2007, 463; LK/Theune, aaO, § 46 Rn. 210 f.).

[10] So liegt der Fall hinsichtlich beider Taten hier. Die besonders verwerfliche Einstellung des Angeklagten (vgl. dazu BGH, Urteil vom 14. November 1990 – 3 StR 160/90, NStZ 1991, 181, 182) kommt dabei augenfällig dadurch zum Ausdruck,

dass dieser seinen eigenen Sohn, der ihm ergeben (UA S. 8) und durch den Verlust der Mutter sowie die vom Angeklagten „energisch" befohlene Mitwirkung beim Wegtragen der Leiche und der Säuberung des Tatorts ohnehin traumatisiert war, als Alleinverantwortlichen für die Vergiftung und Tötung der Mutter bezeichnet hat. Zwar hat der in der Hauptverhandlung schweigende Angeklagte seine Vorwürfe dort nicht dezidiert wiederholt. Dies lässt sein Verhalten aber schon deswegen nicht in einem entscheidend milderen Licht erscheinen, weil sie dort – ihm zurechenbar – insbesondere im Zusammenhang mit der Vernehmung des psychiatrischen Sachverständigen zentraler Gegenstand der Erörterung waren, was sich auch in breiten Ausführungen in den Urteilsgründen niedergeschlagen hat (UA S. 44 ff., 58 ff.).

[11] b) Die bewusste und energische Instrumentalisierung seiner Kinder bei der Spurenbeseitigung am Tatort und die – von der Schwurgerichtskammer in diesem Zusammenhang trotz ihrer Wesentlichkeit überhaupt nicht erörterten – auch dadurch verursachten psychischen Beeinträchtigungen seiner Tochter (UA S. 23, 49) und seines Sohns, die bei diesem eine 17 Wochen dauernde stationäre Behandlung und eine anschließende ambulante Therapie erforderlich machten, sind allein für sich genommen Umstände von besonderem Gewicht, die bei der Prüfung der § 57a Abs. 1 Nr. 2, § 57b StGB zu würdigen gewesen wären. Die Überlegungen der Schwurgerichtskammer zum Fehlen hypothetisch noch weiter schulderhöhend wirkender Umstände (Zwang, Einbindung der Kinder als Teil eines vorgefassten Tötungsplans) vermögen in Bezug auf die festgestellten und den Angeklagten bereits für sich genommen außerordentlich schwer belastenden Strafzumessungstatsachen keine schuldmindernde Wirkung zu entfalten.

d) Minder schwerer Fall des Totschlags – § 213 StGB

228 Überdies besorgt der Senat, dass die Strafkammer bei ihren Zumessungserwägungen dem von ihr selbst zugrunde gelegten Umstand, der Angeklagte habe bis unmittelbar vor seiner Tat auf Grund des Verhaltens des Opfers „nicht rechtswidrig" gehandelt, nicht das genügende Gewicht beigemessen hat.[228]

[5] Überdies besorgt der Senat, dass die Strafkammer bei ihren Zumessungserwägungen dem von ihr selbst zugrunde gelegten Umstand, der Angeklagte habe bis unmittelbar vor seiner Tat auf Grund des Verhaltens des Opfers „nicht rechtswidrig" (UA S. 15) gehandelt, nicht das genügende Gewicht beigemessen hat. Damit hat das Tatgericht eine dem Tatbestand des § 213, 1. Alt. StGB mindestens ähnliche Situation beschrieben, die in die Zumessungserwägungen deutlich einzubeziehen gewesen wäre (vgl. BGH, Beschlüsse vom 9. August 1988 – 4 StR 221/88, BGHR StGB § 46 Abs. 1 Beurteilungsrahmen 4, und vom 10. August 2004 – 3 StR 263/04, StV 2004, 654, 655).

[6] c) Angesichts der Schwere der Verletzungen des Opfers ist zwar nachvollziehbar, dass die Tat erhebliche Sanktionen zur Folge haben muss. Dies kann indes nicht ohne weitere Begründung damit untermauert werden, dass mit einem entsprechenden Strafausspruch auch generalpräventive Zwecke erfüllt würden. Zwar ist es nach ständiger Rechtsprechung des Bundesgerichtshofs zulässig, generalpräventive Gesichtspunkte bei der Strafzumessung zu berücksichtigen. Allerdings dürfen dafür nur Umstände herangezogen werden, die über die bei der Bestimmung eines konkreten

---

[228] BGH, Beschluss vom 11.4.2013 – 5 StR 113/13.

Strafrahmens vom Gesetzgeber bereits berücksichtigte allgemeine Abschreckung hinausgehen. Dies ist gegeben, wenn sich eine gemeinschaftsgefährdende Zunahme solcher oder ähnlicher Straftaten, wie sie zur Aburteilung stehen, feststellen lässt (vgl. BGH, Urteil vom 29. Januar 1992 – 2 StR 427/91, BGHR StGB § 46 Abs. 1 Generalprävention 6). Daran fehlt es hier.

Das Landgericht ist zwar von einem minderschweren Fall nach § 213 StGB ausgegangen, hat dies aber auf eine **Gesamtwürdigung** nach § 213 Var. 2 StGB gestützt, **ohne zu prüfen**, ob nicht bereits nach § 213 Var. 1 StGB ein **minderschwerer Fall** gegeben ist. Dies erweist sich als rechtsfehlerhaft, weil die Voraussetzungen des § 213 Var. 1 StGB nach den getroffenen Feststellungen nahe liegen.[229] **229**

[2] Das Landgericht ist zwar von einem minderschweren Fall nach § 213 StGB ausgegangen, hat dies aber auf eine Gesamtwürdigung nach § 213 Var. 2 StGB gestützt, ohne zu prüfen, ob nicht bereits nach § 213 Var. 1 StGB ein minderschwerer Fall gegeben ist. Dies erweist sich als rechtsfehlerhaft, weil – worauf der Generalbundesanwalt zutreffend hinweist – die Voraussetzungen des § 213 Var. 1 StGB nach den getroffenen Feststellungen nahe liegen. „Durch den stundenlangen Streit, seine wiederholten, durch R. vereitelten Versuche, den Streit mit diesem zu beenden, zermürbt und durch diese Abwertung an den Rand des für ihn Erträglichen gebracht, wusste der Angeklagte nicht mehr, wie er die für ihn unerträgliche Situation beenden sollte. Er verlor die Beherrschung, etwas rastete in seinem Kopf aus und ihm wurde „irgendwie schwindlig im Kopf", und wurde von einer großen Wut ergriffen, griff nach … einem Messer … und stach wuchtig auf den Oberkörper des R. ein …" (UA S. 15). Hätte die Strafkammer die erforderliche Prüfung des § 213 Var. 1 StGB vor- und dessen Voraussetzungen angenommen, hätte sie zwingend von dem darin vorgesehenen Strafrahmen ausgehen und weiter erörtern müssen, ob dieser Strafrahmen nicht weiter gemäß §§ 21, 49 StGB – dessen Voraussetzungen die Strafkammer angenommen hatte – zu mindern gewesen wäre. Der Senat kann nicht ausschließen, dass die Strafkammer bei rechtsfehlerfreier Prüfung zu einem geringeren Strafrahmen und damit gegebenenfalls auch zu einer geringeren Strafe gelangt wäre.

Den Anforderungen an eine Misshandlung oder schwere Beleidigung im Sinne des § 213 1. Alt. StGB genügen zwar grundsätzlich nur solche **Provokationen**, die auf der Grundlage aller dafür maßgebenden Umstände unter objektiver Betrachtung und nicht nur **aus der Sicht des Täters als schwer zu beurteilen** sind; denn der hohe Rang des durch § 212 StGB geschützten Rechtsguts und die unter den Voraussetzungen des § 213 StGB mildere Beurteilung der Vernichtung menschlichen Lebens gebieten es, die Anforderungen an die Schwere der Misshandlung oder Beleidigung und auch der auf die tatauslösende Situation zulaufenden Entwicklung der Täter-Opfer-Beziehung nicht zu niedrig anzusetzen. Mit dieser Maßgabe kann jedoch auch eine für sich gesehen nicht als gravierend einzustufende Provokation dann als schwer zu bewerten sein, wenn sie nach einer Reihe von Kränkungen oder ehrverletzenden Situationen der „Tropfen" war, der „das Fass zum Überlaufen" brachte (st. Rspr.; vgl. etwa BGH, Beschluss vom 21. Dezember 2010 – 3 StR 454/10, NStZ 2011, 339, 340 mwN). Erforderlich ist deshalb stets eine Gesamtbetrachtung aller für die Beurteilung maßgeblichen Umstände.[230] **230**

---

[229] BGH, Beschluss vom 27.05.2014 – 2 StR 520/13.

[230] BGH, Beschluss vom 8.07.2014 – 3 StR 228/14.

[6] Diesen Anforderungen genügt das angefochtene Urteil nicht. Das Landgericht hat lediglich den durch die später Getötete bekundeten Respektverlust und das endgültige Beziehungsaus als tatauslösend bewertet. Dagegen misst es offensichtlich der Ohrfeige kein wesentliches tatbestimmendes Gewicht bei. Indes hätte es die gesamte Entwicklung der Beziehung zwischen der später Getöteten und dem Angeklagten in den Blick nehmen und prüfen müssen, ob die dem Angriff des Angeklagten auf sein Opfer unmittelbar vorausgehende Ohrfeige im Zusammenwirken mit dem geäußerten Respektverlust vor dem Hintergrund früherer – auch tätlicher – „Zurechtweisungen" des sich immer wieder fügenden Angeklagten nicht „das Fass zum Überlaufen brachte", weshalb bei einer sachgerechten Bewertung aller maßgebenden Umstände, die immerhin beim Angeklagten so starke Affekte auslösten, dass eine Verminderung der Schuldfähigkeit nicht ausgeschlossen werden konnte, die Voraussetzungen des § 213 1. Alt. StGB möglicherweise gegeben waren.

7. Straftaten gegen die körperliche Unversehrtheit – §§ 223 ff. StGB

a) Vorsätzliche Körperverletzung – § 223 StGB

231 Wer eine **fremde Selbstverletzung oder -gefährdung veranlasst,** macht sich nicht wegen Tötungs- oder Körperverletzungsdelikten strafbar, wenn sich das mit der Gefährdung vom Opfer bewusst eingegangene Risiko realisiert. Wer eine solche Verletzung oder Gefährdung veranlasst, ermöglicht oder fördert, kann daher nicht wegen eines Körperverletzungs- oder Tötungsdelikts verurteilt werden, denn er nimmt an einem Geschehen teil, welches – soweit es um die Strafbarkeit wegen Tötung oder Körperverletzung geht – kein tatbestandsmäßiger und damit kein strafbarer Vorgang ist.[231]

[19] Wer eine fremde Selbstverletzung oder -gefährdung veranlasst, macht sich nicht wegen Tötungs- oder Körperverletzungsdelikten strafbar, wenn sich das mit der Gefährdung vom Opfer bewusst eingegangene Risiko realisiert. Wer eine solche Verletzung oder Gefährdung veranlasst, ermöglicht oder fördert, kann daher nicht wegen eines Körperverletzungs- oder Tötungsdelikts verurteilt werden, denn er nimmt an einem Geschehen teil, welches – soweit es um die Strafbarkeit wegen Tötung oder Körperverletzung geht – kein tatbestandsmäßiger und damit kein strafbarer Vorgang ist (BGH, Beschluss vom 11. Januar 2011 – 5 StR 491/10; Urteile vom 29. April 2009 – 1 StR 518/08, BGHSt 53, 288, 290; vom 11. Dezember 2003 – 3 StR 120/03, BGHSt 49, 34, 39; vom 14. Februar 1984 – 1 StR 808/83, BGHSt 32, 262).
[20] Maßgebliches Abgrenzungskriterium zwischen strafloser Beteiligung an einer eigenverantwortlichen Selbstgefährdung und einer – grundsätzlich tatbestandsmäßigen – Fremdgefährdung eines anderen ist die Trennungslinie zwischen Täterschaft und Teilnahme. Entscheidend ist damit die Eigen- bzw. Freiverantwortlichkeit des Entschlusses des Rechtsgutsinhabers, sein Leben oder seine körperliche Unversehrtheit selbst zu gefährden. Eine Täterschaft des die Selbstgefährdung Fördernden kommt daher nur in Betracht, wenn er infolge eines bei dem sich selbst Gefährdenden bestehenden Mangels der Eigenverantwortlichkeit Tat- bzw. Handlungsherrschaft über das Geschehen erlangt.

---

[231] BGH, Beschluss vom 16.01.2014 – 1 StR 389/13.

[21] b) Die Strafkammer hat – im Ansatz zutreffend – eine solche Handlungsherrschaft des Angeklagten wegen dessen überlegenen Wissens bejaht, aber nicht rechtsfehlerfrei begründet.

[22] aa) Hierzu hat sie ausgeführt, als „erfahrener Drogenarzt" habe der Angeklagte im „Wissen um das Risiko eines Missbrauchs durch Patienten mit problematischem Drogenhintergrund" das „weitere Geschehen aus der Hand" gegeben, indem er dem Patienten „unkontrolliert Fentanyl in großen Mengen überlassen" habe. Nicht „in Rechnung" zu stellen, dass Drogenabhängige „im Entzug jede Kontrolle über sich verlieren oder ein ihnen überlassenes Suchtmittel entgegen ärztlicher Anordnung intravenös injizieren und dabei auch eine Überdosis anwenden" können, schaffe geradezu einen „Anreiz zur Selbstgefährdung, der als täterschaftliche Schaffung einer gefahrträchtigen Lage zu werten" sei.

[23] bb) Diese Begründung hält rechtlicher Prüfung nicht stand.

[24] (1) Allerdings kann nach der Rechtsprechung des Bundesgerichtshofs überlegenes Sachwissen des die Selbstgefährdung bzw. -verletzung Fördernden dessen Handlungsherrschaft begründen (vgl. BGH, Beschluss vom 11. Januar 2011 – 5 StR 491/10; BGH, Urteile vom 29. April 2009 – 1 StR 518/08, BGHSt 53, 288, 290 f.; vom 11. April 2000 – 1 StR 638/99, NStZ 2001, 205).

[25] Die Strafkammer hat jedoch den rechtlichen Maßstab für die Prüfung überlegenen Wissens verkannt. Denn sie hat ausschließlich an den besonderen Kenntnissen des Angeklagten Maß genommen, dabei aber den Wissensstand des Geschädigten völlig unberücksichtigt gelassen (vgl. BayObLG, Beschluss vom 11. Dezember 2001 – 5St RR 298/01). Die Beurteilung der Überlegenheit des Sachwissens setzt jedoch Feststellungen zum Wissensstand sowohl des die Selbstgefährdung Fördernden als auch des sich selbst Gefährdenden zwingend voraus (zum Prüfungsmaßstab vgl. BGH, Urteil vom 11. April 2000 – 1 StR 638/99, NStZ 2001, 205 mwN).

[26] (2) Durch diesen verkürzten Maßstab hat sich die Strafkammer im Weiteren den Blick auf Umstände verstellt, die hinreichend adäquates Sachwissen auch des Geschädigten in Bezug auf das rechtsgutsbezogene Risiko seines Verhaltens nahelegten und daher der Erörterung bedurft hätten:

[27] So verfügte der Geschädigte über eine lange Suchtkarriere und kannte die grundlegenden Risiken des Drogenkonsums einschließlich des Risikos einer Überdosierung (vgl. auch BGH, Urteil vom 29. April 2009 – 1 StR 518/08, BGHSt 53, 288 ff.; BayObLG, Beschlüsse vom 11. Dezember 2001 – 5St RR 298/01, vom 14. Februar 1997 – 4St RR 4/97, NStZ 1997, 341, 342, und – zu einem insoweit anders gelagerten Fall – vom 28. August 2002 – 5St RR 179/02, NJW 2003, 371). Auch hinsichtlich des von ihm konkret praktizierten Fentanyl-Missbrauchs legten die von der Strafkammer als glaubhaft erachteten Aussagen der Zeugen M., A. und H. es nahe, dass der Geschädigte sich der Risiken seines Handelns, insbesondere der Gefahr einer Überdosis aufgrund der Injektion, bewusst war.

[28] Eines darüber hinaus gehenden Verständnisses der exakten medizinischen Wirkzusammenhänge zwischen der Einnahme des als bei Überdosierung als lebensgefährlich bekannten Opiats und den möglichen Auswirkungen auf das eigene Leben und die eigene körperliche Unversehrtheit bedurfte es demgegenüber nicht.

Die Stellung als **behandelnder Substitutionsarzt** eines opiatabhängigen Patienten als solche begründet **keine Handlungsherrschaft des Arztes bei missbräuchlicher Verwendung des verschriebenen Substitutionsmedikaments** durch den Patienten. Ein **232**

Arzt kann in solchen Konstellationen lediglich als Täter eines Körperverletzungs- oder Tötungsdelikts strafbar sein, wenn die selbstschädigende oder selbstgefährdende Handlung des Patienten nicht eigenverantwortlich erfolgte.[232]

b) Gefährliche Körperverletzung – § 224 Abs. 1 StGB

233 Eine das Leben gefährdende Behandlung setzt zwar nicht voraus, dass das Opfer der Körperverletzung tatsächlich in Lebensgefahr geraten ist; erforderlich ist aber, dass die nach den konkreten Umständen des Einzelfalls als Körperverletzung zu beurteilende Handlung geeignet war, eine Lebensgefahr herbeizuführen.[233]

Das Landgericht hat eine lebensgefährdende Behandlung nach § 224 Abs. 1 Nr. 5 StGB angenommen, da der Angeklagte den Geschädigten bis zum Eintritt von Luftnot würgte. Die Feststellungen tragen die Annahme einer das Leben gefährdenden Behandlung indessen nicht. Diese setzt zwar nicht voraus, dass das Opfer der Körperverletzung tatsächlich in Lebensgefahr geraten ist. Erforderlich ist aber, dass die nach den konkreten Umständen des Einzelfalls als Körperverletzung zu beurteilende Handlung geeignet war, eine Lebensgefahr herbeizuführen (st. Rspr.; vgl. BGH, Beschluss vom 13. Juni 2006 – 4 StR 123/06, BGHR StGB § 224 Abs. 1 Nr. 5 Lebensgefährdung 1). Ein kurzfristiges Würgen, das der Geschädigte durch einfaches Zurückstoßen beenden konnte und das keine Würgemale, sondern allenfalls eine leichte Rötung hinterließ, erfüllt diese Voraussetzungen nicht.

234 Die gefährliche **Körperverletzung** in der **Qualifikationsform der gemeinschaftlichen Begehung** mit einem anderen Beteiligten steht in Tateinheit mit der durch die Tathandlung verursachten schweren Körperverletzung.[234]

[2] Die Verurteilung des Angeklagten wegen versuchten Totschlags erweist sich als rechtsfehlerfrei. Nach den Feststellungen des Landgerichts ist zwar zu Gunsten des Angeklagten davon auszugehen, dass der Mitangeklagte H. dem Opfer den Tritt gegen den Kopf versetzte, aufgrund dessen dieser gegen den Türpfosten schlug. Dieser Tritt stellt jedoch keinen Exzess des Mitangeklagten dar, für den nur dieser einzustehen hätte. Entgegen der Auffassung des Landgerichts reicht es allerdings für die Annahme der Mittäterschaft bezüglich des durch diese Handlung begangenen versuchten Tötungsdelikts nicht aus, dass der Angeklagte zu dem Zeitpunkt der Handlung bezüglich des Erfolgseintritts bedingten Vorsatz fasste; denn allein die Billigung fremden Tuns genügt zur Begründung der Mittäterschaft nicht. Dem Zusammenhang der Urteilsgründe ist jedoch zu entnehmen, dass der Tritt des Mittäters gegen den Kopf des Opfers noch vom gemeinsamen ursprünglichen Tatplan der Angeklagten umfasst war. Danach sollte das Opfer durch die Ausübung körperlicher Gewalt in Form von Schlägen und Tritten misshandelt werden. Mit Blick auf die konkreten Umstände, insbesondere die emotional aufgeladene Situation sowie die Persönlichkeitsstrukturen von Tätern und Opfer, war zu erwarten, dass es im Verlauf der tätlichen Auseinandersetzung zu mit jedenfalls bedingtem Tötungsvorsatz ausgeführten Einwirkungen der Angeklagten auf den Kopf des Opfers kommen konnte. Eine ins

---

[232] BGH, Urteil vom 28.01.2014 – 1 StR 494/13.
[233] BGH, Beschluss vom 11.03.2014 – 5 StR 20/14.
[234] BGH, Beschluss vom 20.12.2012 – 4 StR 292/12.

Einzelne gehende Vorstellung des Angeklagten von den möglichen Tathandlungen des Mitangeklagten war dabei nicht erforderlich; vielmehr gelten alle diejenigen Handlungen des Mitangeklagten als vom gemeinsamen Tatplan umfasst, mit denen nach den Umständen des Einzelfalls gerechnet werden musste (BGH, Urteile vom 15. September 2004 – 2 StR 242/04, BGHR StGB § 25 Abs. 2 Mittäter 32; vom 28. Oktober 2009 – 1 StR 205/09, juris Rn. 101).

[3] Die gefährliche Körperverletzung in der Qualifikationsform der gemeinschaftlichen Begehung mit einem anderen Beteiligten nach § 224 Abs. 1 Nr. 4 StGB steht in Tateinheit (§ 52 StGB) mit der durch die Tathandlung verursachten schweren Körperverletzung nach § 226 Abs. 1 Nr. 1 und 3 StGB. Die Annahme von Gesetzeskonkurrenz mit der Folge, dass die gefährliche Körperverletzung zurückträte, würde das gesonderte Tatunrecht des § 224 Abs. 1 Nr. 4 StGB nicht angemessen berücksichtigen. Dieses besteht – über die schweren Folgen der Körperverletzung hinausgehend – in der besonders verwerflichen Art der Tatbegehung mit der Folge eingeschränkter Verteidigungsmöglichkeiten des Opfers (vgl. BGH, Urteil vom 3. September 2002 – 5 StR 210/02, BGHSt 47, 383, 387; MüKoStGB/Hardtung, 2. Aufl., § 224 Rn. 31; Schönke/Schröder/Stree/Sternberg-Lieben, 28. Aufl., § 224 Rn. 2, 11; zum Verhältnis von § 224 Abs. 1 Nr. 5 StGB zu § 226 StGB vgl. BGH, Beschluss vom 21. Oktober 2008 – 3 StR 408/08, BGHSt 53, 23).

Einen auf die Begehung einer gefährlichen Körperverletzung in der Variante des **235**
§ 224 Abs. 1 Nr. 2 StGB gerichteten Vorsatz hat, wer eine andere Person durch ein von außen unmittelbar auf den Körper einwirkendes gefährliches Tatmittel im Sinne von § 223 Abs. 1 StGB misshandeln oder an der Gesundheit beschädigen will oder dies zumindest billigend in Kauf nimmt. Fährt der Täter mit einem Pkw auf einen anderen Verkehrsteilnehmer zu, ist der innere Tatbestand des§ 224 Abs. 1 Nr. 2 StGB daher nur dann erfüllt, wenn er sich dabei wenigstens mit der Möglichkeit abgefunden hat, dass die betroffene Person angefahren oder überfahren wird und unmittelbar hierdurch eine Körperverletzung erleidet. Rechnet der Täter – wie hier – dagegen nur mit Verletzungen infolge von Ausweichbewegungen oder einem Sturz, scheidet die Annahme einer versuchten gefährlichen Körperverletzung gemäß § 224 Abs. 1 Nr. 2, Abs. 2, §§ 22, 23 Abs. 1 StGB aus.[235]

[3] 2. Die (tateinheitliche) Verurteilung wegen versuchter gefährlicher Körperverletzung gemäß § 224 Abs. 1 Nr. 2, Abs. 2, §§ 22, 23 Abs. 1 StGB im Fall II.9.a der Urteilsgründe hält rechtlicher Überprüfung nicht stand, weil sich aus den Urteilsgründen nicht ergibt, dass der Angeklagte den erforderlichen Tatvorsatz hatte.

[4] a) Nach den Feststellungen fasste der mit seinem Pkw vor einer Rotlicht zeigenden Ampel wartende Angeklagte den Entschluss, einen Anstoß mit dem direkt vor ihm stehenden Motorroller des Zeugen E. zu provozieren. Als die Ampelanlage grünes Licht zeigte, überholte er E. und scherte ohne zu blinken direkt vor ihm ein. Dabei stieß er mit der rechten hinteren Fahrzeugseite gegen die linke Seite des Motorrollers. Der mit ca. 40 bis 50 km/h fahrende E. konnte einen Sturz nur mit großer Mühe verhindern. Das Landgericht hat zwar angenommen, dass der Angeklagte erhebliche Beeinträchtigungen der körperlichen Unversehrtheit des Zeugen billigend in Kauf nahm, hierzu in der rechtlichen Würdigung aber weiter ausgeführt, dass sich diese Inkaufnahme auf einen Sturz und dadurch ausgelöste Verletzungen bezog.

235 BGH, Beschluss vom 4.11.2014 – 4 StR 200/14.

[5] b) Damit ist nicht belegt, dass der Angeklagte mit dem für die Annahme einer versuchten gefährlichen Körperverletzung gemäß § 224 Abs. 1 Nr. 2, Abs. 2, §§ 22, 23 Abs. 1 StGB erforderlichen Vorsatz gehandelt hat.

236 Einer Verurteilung nach dem in der Liste der angewendeten Vorschriften insofern allein aufgeführten § 224 Abs. 1 Nr. 2 StGB steht die Rechtsprechung des Senats entgegen, wonach in Fällen, in denen eine Person **nach einem gezielten Anfahren mit einem Kraftfahrzeug** stürzt, die Annahme einer gefährlichen Körperverletzung gemäß § 224 Abs. 1 Nr. 2 StGB voraussetzt, dass bereits durch **den Anstoß eine nicht unerhebliche Beeinträchtigung des körperlichen Wohlbefindens und damit eine körperliche Misshandlung gemäß § 223 Abs. 1 StGB ausgelöst** worden ist. Erst infolge des anschließenden Sturzes erlittene Verletzungen, die nicht auf den unmittelbaren Kontakt zwischen Kraftfahrzeug und Körper zurückzuführen sind, können dagegen für sich allein die Beurteilung als gefährliche Körperverletzung nach § 224 Abs. 1 Nr. 2 StGB nicht tragen.[236]

237 Ein **gefährliches Werkzeug** im Sinne des § 224 Abs. 1 Nr. 2 StGB ist jeder feste Gegenstand, der nach seiner Beschaffenheit und der Art seiner Benutzung dazu geeignet ist, erhebliche Körperverletzungen herbeizuführen. Mit einer erheblichen Verletzung ist eine nach Dauer oder Intensität gravierende, jedenfalls nicht nur ganz leichte Verletzung oder Gesundheitsschädigung gemeint. Eine solche Gefahr ist beim **Einsatz des Messergriffs** durch einen Schlag gegen den Kopf des Geschädigten nicht so fernliegend, dass auf eine Erörterung der Frage verzichtet werden konnte, ob deshalb § 224 Abs. 1 Nr. 2 StGB eingreift.[237]

238 Dass die **Gummigeschosse** „von ihrer Laborierung her darauf angelegt waren, keine tödliche Wirkung zu entfalten", ändert nichts an der insoweit ausreichenden **mit dem Verschießen dieser Munition verbundenen abstrakten Lebensgefahr**; sie ergibt sich ohne weiteres daraus, dass die Geschosse geeignet waren, in den Körper einzudringen, was etwa bei Einschüssen in der Nähe der Halsschlagader zweifellos lebensgefährliche Verletzungen verursachen könnte. Die generelle Eignung des in Frage stehenden Schusswaffeneinsatzes zur Herbeiführung lebensgefährlicher Verletzungen folgt zudem schon aus der Feststellung des Landgerichts, dass nur die vom intensiv Kraftsport treibenden Nebenkläger zusätzlich aufgebaute Muskelmasse schwerere Verletzungen verhinderte und ärztlicherseits eine Bauchspiegelung durchgeführt wurde, um eine Verletzung der Milz auszuschließen.[238]

239 Einen **minder schweren Fall nach § 224 Abs. 1 Halbsatz 2 StGB**, der einen Strafrahmen von drei Monaten bis zu fünf Jahren Freiheitsstrafe eröffnet hätte, hat das Landgericht demgegenüber unter Abwägung der bestimmenden allgemeinen Strafzumessungsgründe verneint. Dagegen ist für sich gesehen noch nichts zu erinnern. Nicht bedacht hat das Landgericht jedoch, dass nach Ablehnung eines minder schweren Falles auf der Grundlage der allgemeinen Strafzumessungsumstände zunächst weitergehend zu prüfen ist, ob der mildere Sonderstrafrahmen bei zusätzlicher Heranziehung eventuell gegebener gesetzlich vertypter Strafmilderungsgründe

---

236 BGH, Beschluss vom 14.01.2014 – 4 StR 453/13.
237 BGH, Urteil vom 14.05.2014 – 2 StR 275/13.
238 BGH, Beschluss vom 9.04.2014 – 5 StR 65/14.

eröffnet ist. Erst wenn der Tatrichter danach weiterhin keinen minder schweren Fall für gerechtfertigt hält, darf er seiner konkreten Strafzumessung den – wegen des gegebenen gesetzlich vertypten Milderungsgrundes gemilderten – Regelstrafrahmen zugrunde legen.[239]

[2] 1. Der Strafausspruch hat keinen Bestand.

[3] Das Landgericht ist bei der Bemessung der Strafe vom Regelstrafrahmen des § 224 Abs. 1 Halbsatz 1 StGB ausgegangen und hat diesen wegen einer zur Tatzeit alkoholbedingt erheblich verminderten Steuerungsfähigkeit des Angeklagten gemäß §§ 21, 49 Abs. 1 StGB auf Freiheitsstrafe von einem Monat bis zu sieben Jahren und sechs Monaten gemildert.

[4] Einen minder schweren Fall nach § 224 Abs. 1 Halbsatz 2 StGB, der einen Strafrahmen von drei Monaten bis zu fünf Jahren Freiheitsstrafe eröffnet hätte, hat das Landgericht demgegenüber unter Abwägung der bestimmenden allgemeinen Strafzumessungsgründe verneint. Dagegen ist für sich gesehen noch nichts zu erinnern. Nicht bedacht hat das Landgericht jedoch, dass nach Ablehnung eines minder schweren Falles auf der Grundlage der allgemeinen Strafzumessungsumstände zunächst weitergehend zu prüfen ist, ob der mildere Sonderstrafrahmen bei zusätzlicher Heranziehung eventuell gegebener gesetzlich vertypter Strafmilderungsgründe eröffnet ist. Erst wenn der Tatrichter danach weiterhin keinen minder schweren Fall für gerechtfertigt hält, darf er seiner konkreten Strafzumessung den – wegen des gegebenen gesetzlich vertypten Milderungsgrundes gemilderten – Regelstrafrahmen zugrunde legen (st. Rspr.; vgl. BGH, Beschluss vom 27. April 2010 – 3 StR 106/10, juris Rn. 2).

[5] Dazu, ob bei zusätzlicher Heranziehung der zur Tatzeit alkoholbedingt erheblich verminderten Steuerungsfähigkeit des Angeklagten ein minder schwerer Fall der gefährlichen Körperverletzung anzunehmen gewesen wäre, verhält sich das Urteil nicht. Der Senat kann nicht ausschließen, dass die Bemessung der Strafe hierauf beruht.

c) Mißhandlung von Schutzbefohlenen – § 225 StGB

Die Qualifikation gemäß § **225 Abs. 3 Nr. 1 StGB** wird nicht von § **212** **StGB** verdrängt. Beide Tatbestände stehen im Verhältnis der **Tateinheit** zueinander.[240] **240**

[17] Nach der Rechtsprechung des Bundesgerichtshofs liegt Gesetzeseinheit nur vor, wenn der Unrechtsgehalt einer Handlung durch einen von mehreren, dem Wortlaut nach anwendbaren Straftatbeständen erschöpfend erfasst wird. Maßgebend für die Beurteilung sind die Rechtsgüter, gegen die sich der Angriff des Täters richtet, und die Tatbestände, die das Gesetz zu ihrem Schutz aufstellt. Die Verletzung des durch den einen Straftatbestand geschützten Rechtsguts muss eine – wenn nicht notwendige, so doch regelmäßige – Erscheinungsform des anderen Tatbestandes sein (vgl. BGH, Beschluss vom 20. Oktober 1992 – GSSt 1/92, BGHSt 39, 100, 108; Fischer, StGB, 61. Aufl., Vor § 52 Rn. 39, jeweils mwN).

[239] BGH, Beschluss vom 8.07.2014 – 3 StR 276/14.

[240] BGH, Urteil vom 16.04.2014 – 2 StR 608/13.

[18] Diese Voraussetzungen sind in § 212 StGB und § 225 Abs. 3 Nr. 1 StGB gerade nicht erfüllt. § 225 StGB enthält spezifisches Unrecht. Neben der körperlichen Unversehrtheit wird – über § 223 StGB hinaus – auch die psychische Integrität einer unter besonderen Schutzverhältnissen stehenden Person geschützt (vgl. Hirsch in LK, StGB, 11. Aufl., § 225 Rn. 1; Horn/Wolters in SK-StGB, 57. Lfg., § 225 Rdn. 2; Paeffgen in NK-StGB, 4. Aufl., § 225 Rn. 2; Hardtung in Münchener Kommentar, StGB, 2. Aufl., § 225 Rn. 1; Engländer in Matt/Renzikowski, StGB § 225 Rn. 1; Fischer, aaO, § 225 Rn. 2, jeweils mwN; vgl. auch BGH, Urteil vom 30. März 1995 – 4 StR 768/94, BGHSt 41, 113, 116).

[19] In diesem Fall gebietet schon die Klarstellungsfunktion des Schuldspruchs die Annahme von Tateinheit. Andernfalls brächte der Schuldspruch den Unrechtsgehalt einer Handlung, die – wie hier – mehrere Straftatbestände erfüllt, nicht erschöpfend zum Ausdruck. Mit dieser Begründung hat der Bundesgerichtshof schon in der Entscheidung vom 30. März 1995 (4 StR 768/94, BGHSt 41, 113) bei Zusammentreffen von Quälen eines Schutzbefohlenen im Sinne von § 223b StGB (a.F.) und Körperverletzung mit Todesfolge (§ 226 StGB a.F.) Tateinheit bejaht (vgl. auch BGH, Beschluss vom 29. September 1998 – 4 StR 357/98, BGHR StGB § 223b Konkurrenzen 4, für das Verhältnis von Misshandlung eines Schutzbefohlenen und schwerer Körperverletzung). Für das Verhältnis von (schwerer) Misshandlung von Schutzbefohlenen und Totschlag, der weder eine bloße qualifizierte Körperverletzung darstellt noch an eine spezifische Täter-Opfer-Beziehung anknüpft, gilt nichts anderes (so auch: Neumann in NK-StGB, 4. Aufl., § 212 Rn. 36; Eser/Sternberg-Lieben in Schönke/Schröder, StGB, 29. Aufl., § 212 Rn. 20; Safferling in Matt/Renzikowski, StGB, § 212 Rn. 86; aA Schneider in Münchener Kommentar, aaO, § 212 Rn. 92, jeweils mwN).

d) Schwere Körperverletzung – § 226 StGB

241 Für die Beurteilung, ob ein **wichtiges Glied** im Sinne des § 226 Abs. 1 Nr. 2 StGB nicht mehr gebraucht werden kann, ist im Wege einer wertenden Gesamtbetrachtung zu ermitteln, ob als Folge der vorsätzlichen Körperverletzung so viele Funktionen ausgefallen sind, dass das **Körperglied weitgehend unbrauchbar** geworden ist und von daher die wesentlichen faktischen Wirkungen denjenigen eines physischen Verlustes entsprechen.[241]

[2] 1. Nach den Feststellungen zu Fall 2 der Urteilsgründe schoss der Angeklagte dem Nebenkläger am 20. Juni 2011 mit einer mit Schrotpatronen geladenen Pumpgun aus einem Meter Entfernung in dessen rechtes Knie. Der Geschädigte befand sich wegen der erlittenen Schussverletzung mehr als zwei Monate lang in stationärer Behandlung. Er wurde zwölfmal operiert, zuletzt im Sommer 2012. Seit der letzten Operation kann der Geschädigte erstmals seit der Tat wieder ohne Unterarmgehstützen gehen. Infolge der Schussverletzung ist das rechte Knie dauerhaft geschädigt. Es besteht ein Muskeldefizit rechts sowie eine Beugehemmung von 60 Grad. Außerdem liegt eine Instabilität vor, die muskulär nur teilweise kompensiert werden kann, so dass in Zukunft mit dem Auftreten einer Arthrose im rechten Kniegelenk zu rechnen ist, die eine Knieprothese notwendig machen wird. Dem Geschädigten

---

[241] BGH, Beschluss vom 15.01.2014 – 4 StR 509/13.

werden dauerhaft keine schweren körperlichen Belastungen, sondern nur sitzende Tätigkeiten möglich sein. Es besteht eine Minderung der Erwerbstätigkeit von 30 %.

[3] 2. Für die Beurteilung, ob ein wichtiges Glied im Sinne des § 226 Abs. 1 Nr. 2 StGB nicht mehr gebraucht werden kann, ist im Wege einer wertenden Gesamtbetrachtung zu ermitteln, ob als Folge der vorsätzlichen Körperverletzung so viele Funktionen ausgefallen sind, dass das Körperglied weitgehend unbrauchbar geworden ist und von daher die wesentlichen faktischen Wirkungen denjenigen eines physischen Verlustes entsprechen (BGH, Urteile vom 15. März 2007 – 4 StR 522/06, BGHSt 51, 252, 257 mwN und vom 6. November 2008 – 4 StR 375/08 Rn. 9).

[4] Diese strengen Voraussetzungen sind nach den Urteilsfeststellungen nicht erfüllt. Die dort genannten gesundheitlichen Folgen der Tat für den Nebenkläger stellen für ihn zwar eine erhebliche Gebrauchsbeeinträchtigung dar, da er das Knie nur eingeschränkt beugen kann und ihm schwere körperliche Belastungen dauerhaft nicht möglich sein werden. Diese erheblichen Beeinträchtigungen belegen aber noch keinen Funktionsverlust, der einem physischen Verlust des Körpergliedes gleichzustellen wäre. Damit ist der Tatbestand der schweren Körperverletzung nicht erfüllt.

[5] 3. Das Verhalten des Angeklagten erfüllt jedoch den Tatbestand einer gefährlichen Körperverletzung gemäß § 224 Abs. 1 Nrn. 2 und 5 StGB.

Eine **Lähmung** im Sinne des § 226 Abs. 1 Nr. 3 StGB ist die **erhebliche Beeinträchtigung der bestimmungsgemäßen Bewegungsfähigkeit eines Körperteiles,** wenn sie Integrität des gesamten Körpers aufhebt. Die Versteifung etwa des Handgelenks oder einzelner Finger genügt dagegen nicht.[242] **242**

[2] Die Überprüfung des Urteils aufgrund der Revisionsrechtfertigung hat zum Schuldspruch keinen durchgreifenden Rechtsfehler zum Nachteil des Angeklagten erbracht. Allerdings wird die Annahme des Landgerichts, die durch den Angeklagten begangenen Körperverletzungen hätten – neben einer erheblichen dauernden Entstellung im Sinne von § 226 Abs. 1 Nr. 3 Alt. 1 StGB – auch zur Folge gehabt, dass die Geschädigte in eine Lähmung im Sinne von § 226 Abs. 1 Nr. 3 Alt. 3 StGB verfallen ist, durch die Urteilsgründe nicht hinreichend belegt.

[3] Eine Lähmung im Sinne dieser Tatbestandsalternative des § 226 Abs. 1 Nr. 3 StGB ist die erhebliche Beeinträchtigung der bestimmungsgemäßen Bewegungsfähigkeit eines Körperteiles, wenn sie die Integrität des gesamten Körpers aufhebt (BGH, Beschluss vom 3. Mai 1988 – 1 StR 167/88, NJW 1988, 2622). Die Versteifung etwa des Handgelenks oder einzelner Finger genügt dagegen nicht (vgl. BGH aaO).

[4] Mit Blick auf die danach zu stellenden Anforderungen sind die Urteilgründe nicht eindeutig: Nach den Feststellungen kann die Geschädigte infolge eines – im Rahmen der Versorgung der durch den Angeklagten verursachten Körperverletzungen – erlittenen Schlaganfalles, „ihren linken Arm kaum bewegen“; dementsprechend hat das Landgericht im Rahmen der rechtlichen Würdigung ausgeführt, der Angeklagte habe (fahrlässig) verursacht, dass „ein Körperteil – hier der linke Arm – der Zeugin M. gelähmt sein wird“. Demgegenüber hat der Hausarzt der Geschädigten, der sachverständige Zeuge Dr. G. – wie sich aus der Beweiswürdigung ergibt –,

---

242 BGH, Beschluss vom 24.06.2014 – 3 StR 168/14.

in der Hauptverhandlung angegeben, die Geschädigte sei – nach einem Aufenthalt in der neurologischen Rehabilitation – „körperlich beeinträchtigt gewesen, insbesondere in der Feinmotorik der linken Hand". Danach wird durch das Urteil nicht eindeutig belegt, dass bei der Geschädigten eine Lähmung im Sinne von § 226 Abs. 1 Nr. 3 StGB vorliegt.

[5] Dieser Mangel gefährdet zwar den Bestand des Schuldspruches nicht, da die Verwirklichung der Tatbestandsalternative der dauernden Entstellung in erheblicher Weise gemäß § 226 Abs. 1 Nr. 3 Alt. 1 StGB durch den Angeklagten rechtsfehlerfrei festgestellt ist. Indes kann der Strafausspruch nicht bestehen bleiben, da das Landgericht im Rahmen der Strafzumessung – sowohl bei der Strafrahmenwahl als auch bei der konkreten Strafzumessung – zu Lasten des Angeklagten ausdrücklich berücksichtigt hat, dass die schwere Körperverletzung „in zwei Alternativen verwirklicht wurde". Der Senat kann nicht ausschließen, dass das Landgericht bei Fehlen einer Lähmung im Rechtssinne den Angeklagten milder bestraft hätte.

e) Körperverletzung mit Todesfolge – § 227 StGB

243 Das Landgericht ist bei seiner Strafbemessung vom Strafrahmen des § 227 Abs. 2 StGB ausgegangen. Dabei hat es unter anderem berücksichtigt, dass Auslöser der spontanen Tat eine Provokation durch das Opfer gewesen sei, ist aber zur Annahme eines minderschweren Falles erst unter zusätzlicher Berücksichtigung des vertypten Strafmilderungsgrundes des § 21 StGB gelangt. Eine Prüfung der Voraussetzungen des § 213 Alt. 1 StGB, deren Annahme zur zwingenden Milderung nach § 227 Abs. 2 StGB geführt hätte, hat die Strafkammer nicht vorgenommen. Dies wäre vorliegend aber geboten gewesen. Das Landgericht ist vom Vorliegen einer spontanen Tat ausgegangen, deren unmittelbarer Auslöser Beschimpfungen und Beleidigungen des Angeklagten gewesen sein können und die ihren Ausgangspunkt jedenfalls auch in einem tätlichen Angriff des späteren Opfers hatten. Dies legte eine Prüfung des § 213 Alt. 1 StGB zumindest nahe, insbesondere wenn man – worauf der Generalbundesanwalt zu Recht hinweist – davon ausgeht, dass zwischen dem Vorfall im Wohnzimmer und dem zum Tode des Opfers führenden Übergriff im Badezimmer ein „motivationspsychologischer Zusammenhang" bestand.

Dieser Rechtsfehler führt zur Aufhebung des Strafausspruchs. Der Senat kann nicht ausschließen, dass das Landgericht bei Prüfung der Voraussetzungen einen Fall des § 213 StGB angenommen, den Strafrahmen des § 227 Abs. 2 StGB wegen der erheblich verminderten Schuldfähigkeit des Angeklagten nochmals gemildert und eine niedrigere Strafe verhängt hätte.[243]

f) Beteiligung an einer Schlägerei – § 231 StGB

244 Eine Schlägerei im Sinne des § 231 Abs. 1 1. Alt. StGB ist eine **mit gegenseitigen Tätlichkeiten verbundene Auseinandersetzung**, an der mehr als zwei Personen aktiv mitwirken. Als eine für das Tatbestandsmerkmal Schlägerei konstitutive Tätlichkeit können neben zu vollendeten Körperverletzungen führenden Handlungen auch solche in Betracht kommen, die auf deren Herbeiführung abzielen. Eine **Tätlichkeit** in

[243] BGH, Beschluss vom 14.05.2014 – 2 StR 23/14.

diesem Sinn **verübt auch, wer sich in Ausübung seines Notwehrrechts gegen einen Angriff in „Trutzwehr"** wendet.[244]

[10] Die Revision des Angeklagten hat Erfolg.

[11] 1. Die Verurteilung wegen Beteiligung an einer Schlägerei gemäß § 231 Abs. 1 1. Alt. StGB wird von den Urteilsfeststellungen nicht getragen.

[12] Eine Schlägerei im Sinne des § 231 Abs. 1 1. Alt. StGB ist eine mit gegenseitigen Tätlichkeiten verbundene Auseinandersetzung, an der mehr als zwei Personen aktiv mitwirken (BGH, Urteile vom 12. März 1997 – 3 StR 627/96, NStZ 1997, 402, 403; vom 21. Oktober 1982 – 4 StR 526/82, BGHSt 31, 124, 125; vom 21. Februar 1961 – 1 StR 624/60, BGHSt 15, 369, 370). Die Feststellungen des angefochtenen Urteils ergeben nicht, dass es im Rahmen eines einheitlichen Tatgeschehens zu Tätlichkeiten unter mindestens drei Personen gekommen ist.

[13] a) Als eine für das Tatbestandsmerkmal Schlägerei konstitutive Tätlichkeit können neben zu vollendeten Körperverletzungen führenden Handlungen auch solche in Betracht kommen, die auf deren Herbeiführung abzielen (vgl. BGH, Urteil vom 22. September 1959 – 5 StR 289/59, GA 1960, 213; LK-StGB/Hanack, 11. Aufl., § 231 Rn. 4; Schönke/Schröder/Stree, StGB, 27. Aufl., § 231 Rn. 3 mwN). Eine Tätlichkeit in diesem Sinn verübt auch, wer sich in Ausübung seines Notwehrrechts gegen einen Angriff in „Trutzwehr" wendet (BGH, Urteil vom 12. März 1997 – 3 StR 627/96, NStZ 1997, 402, 403; Urteil vom 21. Februar 1961 – 1 StR 624/60, BGHSt 15, 369, 370 f.; Küper, Strafrecht BT, 5. Aufl., S. 246).

[14] Daran gemessen begegnet die Annahme einer Schlägerei durchgreifenden rechtlichen Bedenken. Soweit die Strafkammer darauf abgestellt hat, dass es zu wechselseitigen Körperverletzungen zwischen F. und den Zeugen D., G., Su. und Ga. gekommen sei, findet sich dafür in den Feststellungen und der zugehörigen Beweiswürdigung nur in Bezug auf F. und D. („heftige Schlägerei") ein ausreichender Beleg. Hinsichtlich G. und Su. ist lediglich eine „verbale Auseinandersetzung" festgestellt, an der auch noch Gr. beteiligt war. Zudem drohte G. beiden mit einem Messer. Dass in diesem Zusammenhang auch Tätlichkeiten verübt wurden, lässt sich den Urteilsgründen nicht entnehmen. Die zu den „Schubsereien" getroffenen Feststellungen lassen nicht erkennen, ob es dabei zu Körperverletzungen oder darauf abzielenden Handlungen gekommen ist. Zudem bleibt offen, ob neben den dabei zu Boden gegangenen D. und F. noch weitere Personen beteiligt waren. Die Feststellungen zum Wurf der Wodkaflasche reichen für eine Beurteilung als tatbestandskonstitutive Tätlichkeit einer dritten Person nicht aus, da er nicht ausschließbar von D. ausgeführt worden sein kann.

[15] b) Mit der Frage, ob es sich bei dem abschließenden Geschehen, bei dem es zu (weiteren) Tätlichkeiten zwischen F. (ein bis zwei Schläge und Tritte) und dem Angeklagten (Messerstich) kam, um einen Teilakt einer bereits zuvor begonnenen und noch fortdauernden einheitlichen tätlichen Auseinandersetzung handelte, hat sich das Landgericht nicht auseinandergesetzt. Dies versteht sich indes nicht von selbst.

[16] Die für die Erfüllung des Tatbestandsmerkmals Schlägerei erforderlichen wechselseitigen Tätlichkeiten zwischen mehr als zwei Personen müssen nicht gleichzeitig begangen werden (BGH, Urteil vom 12. März 1997 – 3 StR 627/96, NStZ 1997,

---

[244] BGH, Urteil vom 19.12.2013 – 4 StR 347/13.

402, 403; RG, Urteil vom 15. Oktober 1940 – 1 D 464/40, HRR 1941 Nr. 369). Eine Schlägerei im Sinne des § 231 Abs. 1 1. Alt. StGB kann vielmehr auch anzunehmen sein, wenn nacheinander jeweils nur zwei Personen gleichzeitig wechselseitige Tätlichkeiten verüben, zwischen diesen Vorgängen aber ein so enger innerer Zusammenhang besteht, dass eine Aufspaltung in einzelne „Zweikämpfe" nicht in Betracht kommt und die Annahme eines einheitlichen Gesamtgeschehens mit mehr als zwei aktiv Beteiligten gerechtfertigt ist (BGH, Urteil vom 12. März 1997 – 3 StR 627/96, NStZ 1997, 402, 403; RG, Urteil vom 15. Oktober 1940 – 1 D 464/40, HRR 1941 Nr. 369; vgl. RG, Urteil vom 24. Februar 1925 – I 61/25, RGSt 59, 107, 108 f. zum von mehreren verübten Angriff; Fischer, StGB, 61. Aufl., § 231 Rn. 2; NK-StGB/Paeffgen, 3. Aufl., § 231 Rn. 5; Pichler, Beteiligung an einer Schlägerei, 2010, S. 47). Allerdings verliert eine tätliche Auseinandersetzung zwischen mehr als zwei Personen den Charakter einer Schlägerei, wenn sich so viele Beteiligte entfernen, dass nur noch zwei Personen verbleiben, die aufeinander einschlagen oder in anderer Weise gegeneinander tätlich sind (RG, Urteil vom 27. September 1938 – 4 D 646/38, JW 1938, 3157; Eisele, ZStW 110 [1998], S. 69, 72; Henke, Jura 1985, 585, 586; Saal, Die Beteiligung an einer Schlägerei, 2005, S. 44).

[17] Ob ein einheitliches Gesamtgeschehen bis zum Ende vorlag, hätte der Prüfung durch die Strafkammer bedurft. Daran fehlt es indes. Das Schwurgericht hat in seiner rechtlichen Würdigung zwar darauf verwiesen, dass „eine Gesamtbetrachtung vorzunehmen" sei. Es hat dabei aber nicht – wie geboten – darauf abgestellt, ob in diese auch der Messerstich des Angeklagten einzubeziehen ist, sondern allein darauf, ob „eine Beteiligung des Angeklagten ... von Beginn der Tätlichkeiten an" vorlag.

■ PRAXISBEDEUTUNG

Auch die vorliegende Entscheidung gewinnt zusätzliche Bedeutung durch die derzeit immer häufiger – vor allem nach großen Sportereignissen/dort als dritte Halbzeit bezeichnet – stattfindenden, in der Regel nicht spontanen sondern geplanten, Massenprügeleien zwischen den unterschiedlichen Lagern/Anhängern, bei denen oft genug zusätzlich Alkohol in nicht unerheblichen Mengen im Spiel ist. Gerade wenn in solchen Fällen mehrere zusammen Andere angreifen, kann oft nicht mehr festgestellt werden, wer provoziert hat und/oder nur Opfer ist. Es bleibt in solchen Fällen die oft kaum zu erfüllende Aufgabe für das Gericht, zu entscheiden, ob nun wechselseitige Tätlichkeiten vorlagen oder letztlich Hilflose, die zu keiner Gegenwehr mehr fähig waren, angegriffen und verletzt wurden.

8. Straftaten gegen die persönliche Freiheit – §§ 232 ff. StGB

a) Menschenhandel zum Zweck der sexuellen Ausbeutung – § 232 StGB

245 Der Schuldspruch wegen Menschenhandels zum Zwecke der sexuellen Ausbeutung gemäß § 232 Abs. 1 StGB enthält keinen Rechtsfehler zum Nachteil der Angeklagten. Der Senat entnimmt den Feststellungen, dass das **Merkmal der „Zwangslage"** schon bei der „Rekrutierung" der drei Nebenklägerinnen in Nigeria erfüllt war. Alle Nebenklägerinnen befanden sich in ihrem Heimatland in prekären wirtschaftlichen Verhältnissen. Die damit verbundene Einschränkung ihrer Entscheidungs- und Handlungsmöglichkeiten war – was genügt – konkret geeignet, ihren Widerstand gegen Angriffe auf die sexuelle Selbstbestimmung herabzusetzen. Es ist dementsprechend nicht erforderlich, dass zu den im Heimatland der Opfer herrschenden schlechten sozialen Verhältnissen in Bezug auf das jeweilige Opfer noch weitere erschwerende Umstände hinzukommen. Damit kann letztlich offenbleiben, ob die Opfer bereits vor ihrer Einschleusung beschlossen hatten, in Deutschland die Prostitution aufzunehmen, oder ob dieser Entschluss erst durch die Maßnahmen der Angeklagten in Deutschland (unter anderem Forderung, Beträge von über 50.000 € „abzuarbeiten", Hinweis auf den „Voodoo-Eid") endgültig bewirkt worden ist.[245]

b) Entziehung Minderjähriger – § 235 StGB

1. **Entziehung Minderjähriger** liegt auch dann vor, wenn ein sorgeberechtigter Elternteil zwangsweise für eine gewisse Dauer von seinem unter achtzehnjährigen Kind entfernt wird. **246**

2. Entziehung Minderjähriger und Nötigung können in Tateinheit stehen.[246]

[8] 2. Die Verurteilung wegen Entziehung Minderjähriger (§ 235 StGB) ist rechtlich nicht zu beanstanden.

[9] Der Angeklagte hat eine Person (hier sogar zwei) unter achtzehn Jahren durch Drohung mit einem empfindlichen Übel einem Elternteil entzogen (§ 235 Abs. 1 Nr. 1 StGB).

[10] Den Eltern „entzogen" ist der Minderjährige schon dann, wenn das Recht zur Erziehung, Beaufsichtigung und Aufenthaltsbestimmung durch räumliche Trennung für eine gewisse, nicht nur ganz vorübergehende Dauer so beeinträchtigt wird, dass es nicht ausgeübt werden kann (vgl. BGH, Urteil vom 7. März 1996 – 4 StR 35/96, NStZ 1996, 333, 334 mwN).

[11] Eine Entziehung im Sinne dieser Vorschrift liegt nicht nur vor, wenn der Minderjährige unter den Voraussetzungen des § 235 Abs. 1 Nr. 1 StGB vom Elternteil entfernt wird, sondern auch, wenn der Elternteil unter diesen Voraussetzungen vom Minderjährigen entfernt und ferngehalten wird (vgl. hierzu auch Eser/Eisele in Schönke/Schröder, StGB, 29. Aufl., § 235 Rn. 6; MüKo-StGB/Wieck-Noodt, 2. Aufl., § 235 Rn. 38; SK-StGB/Wolters, 8. Aufl., § 235 Rn. 4; LK-StGB/Gribbohm, 11. Aufl., § 235 Rn. 49 ff.). Denn das von § 235 StGB vorrangig geschützte Rechtsgut des Sorgerechts der für den jungen Menschen verantwortlichen Personen und das daraus abgeleitete Obhuts- und Aufenthaltsbestimmungsrecht (vgl. hierzu BGH, Urteil vom 11. Februar 1999 – 4 StR 594/98, BGHSt 44, 355, 357) sind auch verletzt, wenn ein Elternteil selbst räumlich entfernt wird und seine Rechte deshalb nicht wahrnehmen kann.

[12] Dass der Angeklagte selbst ebenfalls sorgeberechtigt war (das Ergebnis seiner Anträge vor dem Familiengericht in Istanbul ist den Urteilsgründen nicht zu entnehmen; ohnehin hätte die Ehefrau dann das alleinige Sorgerecht für beide Kinder), steht der Anwendung des § 235 StGB nicht entgegen. Grundsätzlich kann eine Kindesentziehung auch von einem Elternteil gegenüber dem anderen begangen werden, sofern jedem Elternteil das Personensorgerecht zumindest teilweise zusteht (vgl. u.a.

---

[245] BGH, Beschluss vom 16.07.2014 – 5 StR 154/14.

[246] BGH, Beschluss vom 17. September 2014 – 1 StR 387/14.

BGH, Urteil vom 11. Februar 1999 – 4 StR 594/98, BGHSt 44, 355, 358). Die räumliche Trennung war im vorliegenden Fall auch nicht von nur ganz vorübergehender Dauer.

c) Freiheitsberaubung – § 239 StGB

247 1. Hat es der hierfür **verantwortliche Polizeibeamte** unterlassen, nach einer ohne richterliche Entscheidung erfolgten Ingewahrsamnahme oder Festnahme, an der er selbst nicht beteiligt war, die für die Fortdauer der Freiheitsentziehung **erforderliche unverzügliche Vorführung beim Richter vorzunehmen** bzw. die für sie gebotene richterliche Entscheidung unverzüglich herbeizuführen, ist dies geeignet, den **Vorwurf der Freiheitsberaubung durch Unterlassen** zu begründen.

2. Jedoch entfällt die Kausalität eines solchen Unterlassens jedenfalls dann, wenn mit an Sicherheit grenzender Wahrscheinlichkeit davon auszugehen ist, dass der zuständige Richter bei unverzüglicher Vorführung und rechtmäßiger Entscheidung – unter Ausschöpfung ihm zustehender Beurteilungsspielräume zugunsten des Angeklagten – die Fortdauer der Freiheitsentziehung angeordnet hätte.[247]

[58] bb) Ferner nimmt das Schwurgericht rechtsfehlerfrei an, dass dem Angeklagten hinsichtlich der in seinen Verantwortungsbereich fallenden Fortdauer der Freiheitsentziehung des J. kein aktives Tun, sondern ein Unterlassen zur Last zu legen wäre.

[59] Die Rechtsprechung fasst die Abgrenzung zwischen Tun und Unterlassen als Wertungsfrage auf, die nicht nach rein äußeren oder formalen Kriterien zu entscheiden ist, sondern eine wertende (normative) Betrachtung unter Berücksichtigung des sozialen Handlungssinns verlangt. Maßgeblich ist insofern, wo der Schwerpunkt der Vorwerfbarkeit liegt (vgl. BGH, Urteil vom 14. März 2003 – 2 StR 239/02, BGHR StGB § 13 Abs. 1 Tun 3; Beschluss vom 1. Februar 2005 – 1 StR 422/04, BGHR StGB § 222 Pflichtverletzung 6; Urteile vom 7. September 2011 – 2 StR 600/10, NJW 2011, 3528, 3529; vom 7. Juli 2011 – 5 StR 561/10, BGHSt 56, 277, 286 mwN).

[60] Daran gemessen ist nicht zu beanstanden, dass das Schwurgericht hinsichtlich des hier maßgeblichen Zeitraums ab etwa 9.30 Uhr von einem Unterlassen ausgegangen ist. Denn der Schwerpunkt des insofern strafrechtlich möglicherweise relevanten Verhaltens des Angeklagten lag ab diesem Zeitpunkt im Aufrechterhalten des Gewahrsams von J. ohne Einschalten eines Richters, also in einem passiven Verhalten, nicht aber in einem aktiven Tun (vgl. RG, Urteil vom 20. Oktober 1893 – Rep. 2727/93, RGSt 24, 339, 340). Hinsichtlich des davor liegenden Zeitraums kann dahinstehen, ob insofern ein aktives Tun des Angeklagten (insbesondere mit der in dem Eintrag in das Buch über Freiheitsentziehungen liegenden Entscheidung [„i.O."]) oder ein Unterlassen vorliegt. Denn ein aktives Tun hätte ebenso wie ein Unterlassen nicht zu einer rechtswidrigen Freiheitsberaubung geführt, da auch in diesem Zeitraum, in dem die Einholung einer richterlichen Entscheidung noch nicht unerlässlich war, ein Gewahrsamsgrund vorlag (vgl. dazu im Einzelnen die nachfolgenden Ausführungen).

[61] cc) Der Angeklagte war jedenfalls insofern auch Garant für den Schutz des J. vor rechtswidriger Freiheitsentziehung, als deren Rechtmäßigkeit von Handlungen

[247] BGH, Urteil vom 4.09.2014 – 4 StR 473/12.

oder Unterlassungen abhing, die ihm oblagen oder für die er die Verantwortung trug.

[62] Denn als Dienstgruppenleiter trug er an diesem Tag die Verantwortung dafür, dass die zulässige Dauer der Freiheitsentziehung nicht überschritten wird (Nummer 33.2. PGO) und der Gewahrsam „ordnungsgemäß" vollzogen wird (Nummer 2.1. Satz 4 PGO). Dementsprechend oblag es dem Angeklagten auch, dafür Sorge zu tragen, dass in den ihm bekannten Gewahrsamsfällen die der Polizei zugeordneten Voraussetzungen der gesetzesgemäßen Fortdauer einer Ingewahrsamnahme gewahrt und erfüllt werden bzw. bleiben. Deshalb hat er es zu Recht als seine Aufgabe angesehen, „das Dienstgeschehen zu überwachen" und dies auch auf den Gewahrsam von J. bezogen, für den er als Dienstgruppenleiter verantwortlich gewesen ist.

[63] dd) Als sogenanntem „Beschützergaranten" (vgl. BGH, Urteil vom 6. November 2002 – 5 StR 281/01, BGHSt 48, 77, 82 ff., 91 f. mwN) oblag dem Angeklagten eine Erfolgsabwendungspflicht, hier mithin die Pflicht, die unverzügliche Vorführung von J. beim zuständigen Richter zu veranlassen bzw. unverzüglich dessen Entscheidung über die Fortdauer des Gewahrsams herbeizuführen.

[64] (1) Der Inhalt und der Umfang der Garantenpflicht bestimmen sich aus dem konkreten Pflichtenkreis, den der Verantwortliche übernommen hat (BGH, Urteil vom 17. Juli 2009 – 5 StR 394/08, BGHSt 54, 44, 49).

[65] (2) Dieser Pflichtenkreis umfasste beim Angeklagten – wie sich aus obigen Ausführungen zu seiner Garantenstellung ergibt – die Wahrung der der Polizei zugeordneten Voraussetzungen für die Rechtmäßigkeit der Freiheitsentziehung von J.

[66] Dabei bedarf es – wie ausgeführt – schon wegen der fehlenden Kenntnis und des damit fehlenden Vorsatzes hinsichtlich eines entsprechenden Pflichtenverstoßes auch an dieser Stelle keiner Entscheidung darüber, ob die Ingewahrsamnahme von J. als solche rechtmäßig war. Maßgeblich ist vielmehr, ob die Freiheitsentziehung zur Wahrung ihrer Rechtmäßigkeit ab dem Zeitpunkt, in dem der Angeklagte mit ihr befasst war, weiteren polizeilichen Handelns bedurfte und ob bejahendenfalls der Angeklagte vorsätzlich ihm obliegende und mögliche Handlungen unterlassen hat, um einen drohenden oder bestehenden rechtswidrigen Zustand zu verhindern oder zu beseitigen.

[67] Dies hat das Schwurgericht rechtsfehlerfrei bejaht, da dem Angeklagten bekannt war, dass die Freiheitsentziehung weder mit dem Einverständnis von J. erfolgt war noch von einem Richter angeordnet oder bestätigt worden war. Dass er hierauf gerichtete Handlungen gleichwohl unterließ, ist angesichts des Gewichts eines solchen Eingriffs in das Freiheitsrecht des Betroffenen und der Bedeutung der für eine solche Maßnahme erforderlichen richterlichen Entscheidung grundsätzlich geeignet, den Vorwurf der Freiheitsberaubung durch Unterlassen zu begründen. ……

[71] Soweit § 128 Abs. 1, § 163c Abs. 1 StPO und § 38 Abs. 1 SOG LSA die „unverzügliche" Vorführung bzw. das „unverzügliche" Herbeiführen einer richterlichen Entscheidung fordern, ist dem schon im Hinblick auf den seit der Ingewahrsamnahme des J. (ca. 8.30 Uhr) und Befassung des Angeklagten (spätestens ab 8.44 Uhr) bis zum Tod des J (nach 12.00 Uhr) vergangenen Zeitraum nicht genügt. Denn „unverzüglich" ist – wie bei Art. 104 Abs. 2 Satz 2 GG – dahin auszulegen, dass die richterliche Entscheidung ohne jede Verzögerung, die sich nicht aus sachlichen Gründen rechtfertigen lässt, nachgeholt werden muss (BVerfG, Beschlüsse vom 15. Mai 2002 – 2 BvR 2292/00, aaO; vom 19. Januar 2007 – 2 BvR 1206/04, NVwZ 2007, 1044, 1045; vom 4. September 2009 – 2 BvR 2520/07, jeweils mwN). Zwar sind nicht vermeidbar z.B. die Verzögerungen, die durch die Länge des Weges,

Schwierigkeiten beim Transport, die notwendige Registrierung und Protokollierung, ein renitentes Verhalten des Festgenommenen oder vergleichbare Umstände bedingt sind (BVerfG aaO). Solche Umstände waren vorliegend aber nicht gegeben bzw. ihnen konnte – etwa hinsichtlich des renitenten Verhaltens des J. – durch geeignete Maßnahmen, wie sie etwa mit seiner Fesselung und der Überwachung durch Polizeibeamte schon nach der Festnahme ergriffen worden waren, zumindest so weit entgegengewirkt werden, dass eine Vorführung möglich gewesen wäre. Dass sich J. in einem Zustand befunden hat, der seine unverzügliche Vorführung schlechterdings unmöglich machte, ergeben die vom Landgericht getroffenen Feststellungen nicht. Auch lagen die Voraussetzungen des § 420 Abs. 2 FamFG, die ohnehin lediglich ein Absehen von der Anhörung, nicht aber der richterlichen Befassung ermöglichen, ersichtlich nicht vor (vgl. dazu auch VGH Baden-Württemberg, NVwZ-RR 2012, 346). Unabhängig davon, ob der Zustand von J. dazu ausgereicht hätte, zumindest eine lediglich „symbolische" Vorführung – wie sie Nr. 51 RiStBV für Fälle des § 128 StPO vorsieht (siehe dazu auch Träger/Schluckebier in LK-StGB, 11. Aufl., § 239 Rn. 23) – vorzunehmen, zielt der Richtervorbehalt auf eine Kontrolle der Maßnahme in ihren konkreten gegenwärtigen Voraussetzungen durch eine unabhängige und neutrale Instanz (vgl. BVerfG, Beschluss vom 12. Februar 2007 – 2 BvR 273/06, NJW 2007, 1345, 1346 [zu § 81a StPO]), erschöpft sich mithin nicht in der bloßen Gewährung rechtlichen Gehörs, sondern dient auch dazu, dem Richter insbesondere in den Fällen des „Schutzgewahrsams" die Möglichkeit eines persönlichen Eindrucks von dem Betroffenen zu verschaffen (vgl. BVerfG, Beschluss vom 14. Juni 2007 – 1 BvR 338/07, NJW 2007, 3560 mwN).

[72] Die in § 163c Abs. 2 StPO und § 40 Abs. 2 SOG LSA geregelte 12-Stunden-Frist, auf die sich der Angeklagte beruft, setzt dem Festhalten einer Person zur Identitätsfeststellung lediglich eine äußerste Grenze, befreit aber nicht von der Verpflichtung, eine richterliche Entscheidung unverzüglich herbeizuführen (vgl. – zu Art. 104 Abs. 2 Satz 3 GG – auch BVerfG, Beschlüsse vom 15. Mai 2002 – 2 BvR 2292/00; vom 4. September 2009 – 2 BvR 2520/07, aaO).

[73] Es bestehen auch keine tragfähigen Anhaltspunkte dafür, dass die richterliche Entscheidung über die Freiheitsentziehung längere Zeit in Anspruch genommen hätte als die Identitätsfeststellung (vgl. § 163c Abs. 1 Satz 2 StPO; § 38 Abs. 1 Satz 2 SOG LSA) bzw. erst nach dem Wegfall des Grundes für den „Schutzgewahrsam" ergangen wäre (vgl. § 38 Abs. 1 Satz 2 SOG LSA sowie VGH Baden-Württemberg aaO). Denn der 7. Januar 2005 war ein Werktag und die Vorführung wäre zu einer üblichen Arbeitszeit erfolgt, so dass – entsprechend den Feststellungen des Schwurgerichts – davon auszugehen ist, dass die richterliche Entscheidung alsbald ergangen wäre. Zudem sollte mit der erkennungsdienstlichen Behandlung von J. erst um 14.00 Uhr begonnen werden; dies war auch der vom Angeklagten prognostizierte Zeitpunkt, bis zu dem J. in der Zelle verbleiben sollte.

[74] (3) Jedoch fehlt es nach den vom Schwurgericht getroffenen Feststellungen an der Kausalität des Unterlassens des Angeklagten für eine rechtswidrige Freiheitsberaubung.

[75] (a) Ein Unterlassen, also ein Nichtgeschehen kann – ontologisch – nicht Ursache eines Erfolges sein. Deshalb stellen die ständige Rechtsprechung und die allgemeine Lehre zur – notwendigerweise normativen – Beurteilung der Kausalität bei den unechten Unterlassungsdelikten auf die „hypothetische Kausalität", die so genannte „Quasi-Kausalität", ab. Diese birgt für die Fälle des Unterlassens die Entsprechung zu der nach der Äquivalenztheorie in den Fällen aktiven Tuns anzuwen-

denden conditio sine qua non-Formel. Nach ihr ist ein Unterlassen mit dem tatbestandsmäßigen Erfolg als „quasi-ursächlich" in Zurechnungsverbindung zu setzen und zu prüfen, ob dieser beim Hinzudenken der gebotenen Handlung entfiele, ob also die gebotene Handlung den Erfolg verhindert hätte (st. Rspr., vgl. BGH, Urteile vom 4. März 1954 – 3 StR 281/53, BGHSt 6, 1, 2; vom 26. Juni 1990 – 2 StR 549/89, BGHSt 37, 106, 126; vom 19. Dezember 1997 – 5 StR 569/96, BGHSt 43, 381, 397; vom 6. November 2002 – 5 StR 281/01, BGHSt 48, 77, 93). Hierfür muss – da es sich nicht um die Feststellung realer Kausalzusammenhänge handelt – das Gericht eine hypothetische Erwägung anstellen und sich auf deren Grundlage eine Überzeugung bilden (BGH, Urteil vom 12. Januar 2010 – 1 StR 272/09, BGHR StGB § 13 Abs. 1 Ursächlichkeit 3 mwN; vgl. auch SSW-StGB/Schluckebier, aaO, § 239 Rn. 8 a.E. mwN).

[76] Dabei streitet für einen Angeklagten der Grundsatz in dubio pro reo. Allerdings steht der Bejahung der Ursächlichkeit die bloße gedankliche Möglichkeit eines gleichen Erfolgs auch bei Vornahme der gebotenen Handlung nicht entgegen. Ebenso wenig genügt es, dass das Unterlassen der gebotenen Handlung lediglich das Risiko des Erfolgseintritts erhöht hat (BGH, Urteil vom 12. Januar 2010 – 1 StR 272/09, aaO, mwN). Vielmehr muss sich die alternative Bewertung, der gleiche Erfolg wäre auch bei Vornahme der gebotenen Handlung eingetreten, aufgrund bestimmter Tatsachen so verdichtet haben, dass die Überzeugung vom Gegenteil mit an Sicherheit grenzender Wahrscheinlichkeit vernünftigerweise ausgeschlossen ist (BGH, Beschlüsse vom 25. September 1957 – 4 StR 354/57, BGHSt 11, 1; vom 29. November 1985 – 2 StR 596/85, NStZ 1986, 217; vom 25. April 2001 – 1 StR 130/01; vom 6. März 2008 – 4 StR 669/07, BGHSt 52, 159, 164; Urteile vom 26. Juni 1990 – 2 StR 549/89, BGHSt 37, 106, 126 f.; vom 19. April 2000 – 3 StR 442/99, BGHR StGB § 13 Abs. 1 Ursächlichkeit 1; vom 12. Januar 2010 – 1 StR 272/09, aaO, mwN).

[77] Die Formulierung, „mit an Sicherheit grenzender Wahrscheinlichkeit" müsse die Ursächlichkeit der Pflichtverletzung für den Taterfolg in diesem Sinn feststehen, bedeutet jedoch nicht, dass höhere Anforderungen an das erforderliche Maß an Gewissheit von der Kausalität als sonst gestellt werden müssen. „Mit an Sicherheit grenzender Wahrscheinlichkeit" ist nichts anderes als die überkommene Beschreibung des für die richterliche Überzeugung erforderlichen Beweismaßes (vgl. BGH, Urteil vom 26. Juni 1990 – 2 StR 549/89, BGHSt 37, 106, 127).

[78] (b) Für den vorliegenden Fall ergibt sich hieraus das Folgende:

[79] Welche Handlung eines Unterlassungstäters im Rahmen der Kausalitätsprüfung hinzuzudenken ist, bestimmt sich bei bestehenden Handlungsalternativen vorrangig danach, ob und gegebenenfalls welche von ihnen geeignet ist, den Erfolgseintritt zu verhindern. Bei erfolgsqualifizierten Delikten wie § 239 Abs. 4 StGB ist dabei der für diese Prüfung maßgebliche „Erfolg" – jedenfalls zunächst – nicht die Todesfolge, sondern der des Grunddelikts, mithin eine rechtswidrige Freiheitsentziehung, da deren Verhinderung bei Vornahme einer der gebotenen Handlungen zur Straflosigkeit führen würde. Kommen dabei – wie vorliegend – alternative Handlungen in Betracht, die den Erfolgseintritt entweder durch die Beendigung der Freiheitsentziehung als solcher (z.B. durch Entlassen des J. aus dem Gewahrsam) oder aber durch das Herbeiführen ihrer Rechtmäßigkeit verhindert hätten, besteht bei der Prüfung der hypothetischen Kausalität kein „Vorrang" von sich auf die Freiheitsentziehung als solche beziehenden Handlungen gegenüber denjenigen, die (erst) deren Rechtswidrigkeit beseitigen. Dies gilt jedenfalls im vorliegenden Fall, in dem der

Wille des Angeklagten als dem Unterlassenden auf die Fortsetzung des Gewahrsams gerichtet war (im Ergebnis ebenso: BGH, Urteil vom 4. April 1978 – 1 StR 628/77, bei Holtz MDR 1978, 624; Träger/Schluckebier in LK-StGB, aaO, § 239 Rn. 17).

[80] Da die gebotene Handlung des Angeklagten bei Fortführung des Gewahrsams das Veranlassen der unverzüglichen (zumindest „symbolischen") Vorführung des J. beim zuständigen Richter bzw. das unverzügliche Herbeiführen von dessen Entscheidung war, entfällt die Kausalität, wenn diese Handlung vorgenommen worden wäre und der Richter den Gewahrsam jedenfalls bis einschließlich zum Zeitpunkt des Todes von J. mit an Sicherheit grenzender Wahrscheinlichkeit angeordnet hätte (ähnlich für den Fall der Fixierung eines Heiminsassen ohne vormundschaftgerichtliche Anordnung: Träger/Schluckebier in LK-StGB, aaO, § 239 Rn. 17; vgl. auch BGH, Urteil vom 4. April 1978 – 1 StR 628/77, bei Holtz MDR 1978, 624). Hierbei ist eine Recht und Gesetz entsprechende Entscheidung des Richters zugrunde zu legen. Soweit dem Richter dabei jedoch Beurteilungsspielräume eingeräumt sind, gebietet es der Grundsatz in dubio pro reo, diese zugunsten des Angeklagten auszuschöpfen (vgl. dazu auch Träger/Schluckebier in LK-StGB, aaO, § 239 Rn. 20 a.E.).

[81] (c) Auf dieser Grundlage ist für die Beurteilung der „Quasi-Kausalität" des Unterlassens des Angeklagten davon auszugehen, dass der zuständige Richter den Gewahrsam des J. angeordnet hätte. Damit entfällt die Ursächlichkeit des Unterlassens des Angeklagten für eine rechtswidrige Freiheitsentziehung des J..

248 Wird das **Opfer eines Raubüberfalls** nur an den **Händen gefesselt**, liegt darin noch **keine Freiheitsberaubung**, weil diese Fesselung nicht die Fortbewegungsfreiheit aufhebt. Soweit das Opfer während des Raubüberfalls daran gehindert wird, diesen Ort zu verlassen, tritt der Tatbestand der Freiheitsberaubung im Wege der Gesetzeskonkurrenz hinter den Tatbestand des Raubes zurück, da die Freiheitsberaubung insoweit nur das Mittel zur Begehung des Raubes ist.[248]

[4] Das Landgericht hat folgende Feststellungen und Wertungen getroffen:

[5] 1. In der Nacht vom 12. zum 13. September 2010 überfielen die maskierten und mit Reizstoffsprühgeräten sowie mit einer Spielzeugpistole ausgerüsteten Angeklagten B., S. und L. die Angestellten des Bowling-Center in Be. Der Angeklagte S. bedrohte die Zeuginnen Sch. und O. mit der Pistole, die Angeklagten B. und L. jeweils mit Reizstoffsprühgeräten, die sie im Anschlag hielten. Die Angeklagten fesselten die Zeuginnen so mit Kabelbindern, dass sie schmerzhafte Einschnürungen an den Handgelenken erlitten. Der Angeklagte B. zog die Zeugin Sch. an den Haaren und schüttelte sie, bis sie dazu bereit war, die Kasse zu öffnen. Aus der Kasse nahmen die Täter 155 Euro Wechselgeld weg, ferner entnahmen sie den Portemonnaies der Zeuginnen deren Bargeld von 150 Euro. Dann entfernten sie sich vom Tatort. Nachdem sie festgestellt hatten, dass sie ein Reizstoffsprühgerät am Tatort vergessen hatten, drang der Angeklagte B. durch ein Fenster nochmals in das Gebäude ein, um das Gerät zu holen. Die Zeuginnen hatten sich unter der Ladeneinrichtung versteckt, wurden vom Angeklagten B. nicht mehr entdeckt und dieser nahm an, dass sie in der Zwischenzeit geflohen seien.

[6] 2. Am 13. Dezember 2010 überfielen die Angeklagten B. und S. ein ein Bekleidungsgeschäft in M. Der Angeklagte B. führte dabei eine funktionsfähige Softair-

[248] BGH, Beschluss vom 11.09.2014 – 2 StR 269/14.

pistole als Drohmittel mit. Die maskierten Täter überwältigten und fesselten die Zeuginnen K. und Ba. an Händen und Füßen. Mit Hilfe eines Schlüssels der Zeugin K. öffnete der Angeklagte B. einen Tresor, in dem sich der Schlüssel zu einem zweiten Tresor befand. Daraus nahmen die Täter rund 32.000 Euro weg. …

[9] Die Revision des Angeklagten B. ist begründet, soweit im Fall II.1. tateinheitlich eine Freiheitsberaubung angenommen wurde. Wird das Opfer eines Raubüberfalls nur an den Händen gefesselt, liegt darin noch keine Freiheitsberaubung, weil diese Fesselung nicht die Fortbewegungsfreiheit aufhebt. Soweit das Opfer während des Raubüberfalls daran gehindert wird, diesen Ort zu verlassen, tritt der Tatbestand der Freiheitsberaubung im Wege der Gesetzeskonkurrenz hinter den Tatbestand des Raubes zurück, da die Freiheitsberaubung insoweit nur das Mittel zur Begehung des Raubes ist (vgl. BGH, Beschluss vom 30. Oktober 2007 – 4 StR 470/07).

[10] Nach den Feststellungen lag im Fall II.1. keine Aufhebung der Fortbewegungsfreiheit vor, weil die Zeuginnen sich unter der Ladeneinrichtung verstecken konnten, so dass der Angeklagte B. auch glaubte, sie seien geflohen. Anders als im Fall II.2. ist eine Fesselung an den Füßen nicht festgestellt.

d) Erpresserischer Menschenraub – § 239a StGB

In der Variante des **Entführens bzw. Sichbemächtigens im Zwei-Personen-Verhältnis** ist § 239a Abs. 1 StGB nach ständiger Rechtsprechung des Bundesgerichtshofs dahin einschränkend auszulegen, dass der Täter durch die Anwendung von Gewalt oder durch Drohungen gegen das Opfer eine **stabile Bemächtigungslage schaffen und beabsichtigen muss**, diese Lage für sein weiteres Vorgehen auszunutzen. Aus dieser Bemächtigungslage muss sich über die in jeder mit Gewalt verbundenen Nötigungshandlung liegende Beherrschungssituation hinaus eine weiter gehende Drucksituation auf das Opfer ergeben. Der **erforderliche funktionale Zusammenhang** liegt dann nicht vor, wenn sich der Täter des Opfers durch Nötigungsmittel bemächtigt, die zugleich unmittelbar der beabsichtigten Erpressung dienen, wenn also Bemächtigungs- und Nötigungsmittel zusammenfallen.[249] **249**

[8] Gemessen daran sind die Voraussetzungen des erpresserischen Menschenraubes bis zur vollendeten Wegnahme von Ausweis, Mobiltelefon, Portemonnaie und Autoschlüssel des Geschädigten im vorliegenden Fall nach den Feststellungen nicht hinreichend dargetan. Durch die bis dahin erfolgte Gewaltanwendung, ausgeführt von dem anderweitig verfolgten Zeugen Ka. durch Faustschläge in die Rippen des Geschädigten, unter deren Eindruck dieser die Wegnahme der genannten Gegenstände duldete, hatten die Angeklagten zwar eine andauernde physische Herrschaft über ihr Opfer erlangt. Die Wegnahme erfolgte jedoch bereits im unmittelbaren, engen Zusammenhang mit der dadurch entstandenen Beherrschungssituation, so dass, entgegen der Auffassung des Generalbundesanwalts, eine stabile Bemächtigungslage als Basis einer weiteren Erpressung zu diesem Zeitpunkt noch nicht hergestellt war.

[9] b) Auch die Voraussetzungen des Ausnutzungstatbestandes im Sinne von § 239a Abs. 1 Halbs. 2 StGB sind nicht belegt.

---

[249] BGH, Beschluss vom 11.02.2014 – 4 StR 522/13.

[10] Diese Tatvariante liegt vor, wenn sich der Täter nach einer von ihm selbst oder ihm zurechenbar von einem Mittäter geschaffenen Bemächtigungssituation entschließt, diese zu einer Erpressung auszunutzen (SSW-StGB/Schluckebier, 2. Aufl., § 239a Rn. 14). Da der Tatbestand der Erpressung nach der ständigen Rechtsprechung des Bundesgerichtshofs den des Raubes mit umfasst, vermag die vom Landgericht in diesem Zusammenhang festgestellte, im weiteren Geschehensverlauf in der Wohnung des Geschädigten erfolgte Wegnahme des Druckers und der Aktentasche eine Strafbarkeit wegen erpresserischen Menschenraubes grundsätzlich zu begründen (vgl. nur BGH, Beschluss vom 4. Dezember 2007 – 3 StR 459/07, NStZ-RR 2009, 16, 17 mwN). Jedoch hat das Landgericht diese Tatbestandsalternative nicht in den Blick genommen und keine Feststellungen dazu getroffen, ob gerade die von den Tätern geschaffene Bemächtigungslage den Raub ermöglichte und ob die Angeklagten diese Verknüpfung auch subjektiv herstellten. Es kommt hinzu, dass den Urteilsgründen ein vollendeter Raub nicht entnommen werden kann. Es ist weder festgestellt, in wessen Eigentum der mitgenommene Drucker stand, noch, ob sich die Angeklagten die ihrem Opfer weggenommene Aktentasche und darin befindliche Sachen zueignen wollten oder die Aktentasche nur an sich nahmen, weil sie darin Bargeld oder andere wertvolle Gegenstände vermuteten (zur st. Rspr. vgl. Senatsbeschluss vom 19. Dezember 2012 – 4 StR 494/12, NStZ-RR 2013, 309 mwN).

250 **Die tateinheitliche Verurteilung** der Angeklagten wegen erpresserischen Menschenraubes im Fall II. 3 der Urteilsgründe hält rechtlicher Nachprüfung nicht stand. Zwar haben sich die Angeklagten des Geschädigten im Sinne von § 239a Abs. 1 Fall 2 StGB bemächtigt, nachdem es der Angeklagten B. gelungen war, ihn dazu zu bewegen, mit in ihre Wohnung zu kommen. Denn sie hielten ihn in ihrer Wohnung über Nacht fest, schlossen ihn für mehrere Stunden in dem zu der Wohnung gehörenden Kellerabteil in einem Holzschrank ein und forderten ihn während dieser Bemächtigungslage unter Schlägen, Fesselung an Händen und Füßen sowie Drohungen zur Zahlung von 1.500 Euro auf. Es fehlt aber an dem **erforderlichen funktionalen und zeitlichen Zusammenhang** zwischen der **Bemächtigungslage und der beabsichtigten Erpressung** und zugleich subjektiv auch an der erforderlichen Absicht des „Ausnutzens“ im Sinne von § 239a Abs. 1 StGB. Im vorliegenden Fall sollte die Geldzahlung – auch nach der Vorstellung der Angeklagten – erst nach Beendigung der Bemächtigungslage erfolgen, nachdem der Geschädigte frei gelassen wurde, um die Wohnung seiner Eltern aufzusuchen und das Geld dort zu beschaffen.[250]

e) **Geiselnahme – § 239b StGB**

251 Wenn eine **qualifizierte Drohung** zugleich dazu dient, **sich des Opfers zu bemächtigen und es in unmittelbarem Zusammenhang damit zu weitergehenden Handlungen zu nötigen**, werden die abgenötigten Handlungen ausschließlich durch diese Drohung durchgesetzt, ohne dass der Bemächtigungssituation die in § 239b StGB vorausgesetzte eigenständige Bedeutung zukommt.[251]

---

[250] BGH, Beschluss vom 7.11.2013 – 4 StR 340/13.

[251] BGH, Beschluss vom 27.05.2014 – 2 StR 606/13.

[2] Die Verurteilung im Fall II.1 der Urteilsgründe wegen Geiselnahme hält rechtlicher Nachprüfung nicht stand.

[3] 1. Nach den Feststellungen des Landgerichts lockte der Angeklagte die Nebenklägerin in seine Wohnung, verschloss die Tür und stieß sie auf ein Sofa. Als sie versuchte, zur Ausgangstür zu gelangen, hielt er sie zurück und verklebte ihr mit einem Klebeband den Mund. Er umfasste sodann mit seiner Hand den Hals des Tatopfers und drückte dabei so fest zu, dass sie kaum noch Luft bekam, während er ihr sagte „Entweder Du machst jetzt mit oder ...". Danach entfernte er das Klebeband wieder und zwang sie, sexuelle Handlungen an ihm vorzunehmen bzw. seine sexuellen Handlungen zu dulden.

[4] 2. Dieser Sachverhalt erfüllt unter Beachtung der vom Großen Senat des Bundesgerichtshofs für Strafsachen (Beschluss vom 22. November 1994 – GSSt 1/94, BGHSt 40, 350, 359) zur Auslegung des § 239b StGB im Zwei-Personen-Verhältnis aufgestellten Grundsätze nicht den Tatbestand der Geiselnahme. Wenn die qualifizierte Drohung – hier die mit dem Zudrücken des Halses einhergehende konkludente Drohung mit dem Tod – zugleich dazu dient, sich des Opfers zu bemächtigen und es in unmittelbarem Zusammenhang damit zu weitergehenden Handlungen zu nötigen, werden die abgenötigten Handlungen ausschließlich durch diese Drohung durchgesetzt, ohne dass der Bemächtigungssituation die in § 239b StGB vorausgesetzte eigenständige Bedeutung zukommt (vgl. auch BGH, StraFo 2013, 389). Dass – wie die Kammer annimmt – bereits vor dieser Drohung eine durch die vorangegangenen Handlungen herbeigeführte stabile Bemächtigungslage bestanden hat, ist angesichts des gedrängten und ohne erkennbare Zwischenschritte aufeinanderfolgenden Tatablaufs nicht belegt.

[5] 3. Dies führt zur Aufhebung des Schuldspruchs insgesamt, auch soweit die tateinheitlich verwirklichten Sexualdelikte zum Nachteil des Tatopfers betroffen sind. Dies gibt dem neuen Tatrichter Gelegenheit zu prüfen, ob hinsichtlich der Verwendung des Klebebands gegebenenfalls die Voraussetzungen einer Verurteilung nach § 177 Abs. 3 Nrn. 1, 2 bzw. § 177 Abs. 4 Nr. 1 StGB gegeben sind.

Wenn die **qualifizierte Drohung** zugleich **dazu dient, sich des Opfers zu bemächtigen** und es **in unmittelbarem Zusammenhang damit zu weitergehenden Handlungen zu nötigen**, werden die abgenötigten Handlungen ausschließlich durch diese Drohung durchgesetzt, ohne dass der Bemächtigungssituation die in § 239b StGB vorausgesetzte eigenständige Bedeutung zukommt.[252] **252**

[2] Die Verurteilung im Fall II.1 der Urteilsgründe wegen Geiselnahme hält rechtlicher Nachprüfung nicht stand.

[3] 1. Nach den Feststellungen des Landgerichts lockte der Angeklagte die Nebenklägerin in seine Wohnung, verschloss die Tür und stieß sie auf ein Sofa. Als sie versuchte, zur Ausgangstür zu gelangen, hielt er sie zurück und verklebte ihr mit einem Klebeband den Mund. Er umfasste sodann mit seiner Hand den Hals des Tatopfers und drückte dabei so fest zu, dass sie kaum noch Luft bekam, während er ihr sagte „Entweder Du machst jetzt mit oder ...". Danach entfernte er das Klebeband wieder und zwang sie, sexuelle Handlungen an ihm vorzunehmen bzw. seine sexuellen Handlungen zu dulden.

---

[252] BGH, Beschluss vom 27.05.2014 – 2 StR 606/13.

[4] 2. Dieser Sachverhalt erfüllt unter Beachtung der vom Großen Senat des Bundesgerichtshofs für Strafsachen (Beschluss vom 22. November 1994 – GSSt 1/94, BGHSt 40, 350, 359) zur Auslegung des § 239b StGB im Zwei-Personen-Verhältnis aufgestellten Grundsätze nicht den Tatbestand der Geiselnahme. Wenn die qualifizierte Drohung – hier die mit dem Zudrücken des Halses einhergehende konkludente Drohung mit dem Tod – zugleich dazu dient, sich des Opfers zu bemächtigen und es in unmittelbarem Zusammenhang damit zu weitergehenden Handlungen zu nötigen, werden die abgenötigten Handlungen ausschließlich durch diese Drohung durchgesetzt, ohne dass der Bemächtigungssituation die in § 239b StGB vorausgesetzte eigenständige Bedeutung zukommt (vgl. auch BGH, StraFo 2013, 389). Dass – wie die Kammer annimmt – bereits vor dieser Drohung eine durch die vorangegangenen Handlungen herbeigeführte stabile Bemächtigungslage bestanden hat, ist angesichts des gedrängten und ohne erkennbare Zwischenschritte aufeinanderfolgenden Tatablaufs nicht belegt.

9. Diebstahl und Unterschlagung – §§ 242 ff. StGB

253 Mit dem bloßen **Verladen des Metalls in den Transporter** auf dem Betriebsgelände und damit noch **innerhalb der Gewahrsamssphäre** des Geschädigten hat der Angeklagte den Gewahrsam des Eigentümers lediglich gelockert und selbst **noch keinen eigenen Gewahrsam** an dem Diebesgut begründet. Es kommt daher nur eine Verurteilung wegen versuchten Diebstahls in Betracht.[253]

254 Das Landgericht hat zutreffend angenommen, dass der Diebstahl noch nicht beendet war. Denn hierfür hätte der Angeklagte den **Gewahrsam an den entwendeten Gegenständen bereits gefestigt und gesichert** haben müssen; dies war nach den insofern maßgeblichen Umständen des Einzelfalls noch nicht geschehen. Zwar hatte der Angeklagte den Einkaufsmarkt und damit den unmittelbaren Herrschaftsbereich der Bestohlenen bereits verlassen. Er befand sich aber noch immer **in Sichtweite der ihn sofort verfolgenden Inhaberin** und war mithin – worauf das Landgericht richtigerweise abgestellt hat – einem erhöhten Risiko ausgesetzt, die Beute infolge der Nacheile wieder herausgeben zu müssen. Hieran ändert nichts, dass bereits wenige Minuten vergangen waren, als er tatsächlich zur Herausgabe der entwendeten Lebensmittel aufgefordert wurde.[254]

255 Sind an einer Deliktserie **mehrere Personen als Mittäter, mittelbare Täter, Anstifter oder Gehilfen beteiligt**, ist die Frage, ob die einzelnen Taten tateinheitlich oder tatmehrheitlich zusammentreffen, bei jedem Beteiligten gesondert zu prüfen und zu entscheiden. Maßgeblich ist dabei der Umfang des erbrachten Tatbeitrags. Leistet ein Mittäter für alle oder einige Einzeltaten einen individuellen, nur je diese fördernden Tatbeitrag, so sind ihm diese Taten – soweit keine natürliche Handlungseinheit vorliegt – als tatmehrheitlich begangen zuzurechnen. Fehlt es an einer solchen individuellen Tatförderung, erbringt der Täter aber im Vorfeld oder während des Laufs der Deliktserie Tatbeiträge, durch die alle oder mehrere Einzeltaten seiner Tatgenossen gleichzeitig gefördert werden, sind ihm die gleichzeitig geförderten einzelnen Straftaten als tateinheitlich begangen zuzurechnen, da sie in seiner Person durch den einheitlichen Tatbeitrag zu einer Handlung im Sinne des

---

[253] BGH, Beschluss vom 17.09.2014 – 2 StR 191/14.

[254] BGH, Urteil vom 8.10.2014 – 5 StR 395/14.

§ 52 Abs. 1 StGB verknüpft werden. Ohne Bedeutung ist dabei, ob die Mittäter die einzelnen Delikte tatmehrheitlich begangen haben.[255]

[3] 2. Die Annahme real konkurrierender Taten in den Fällen B.I.4 und B.I.5 sowie B.I.15 und B.I.16 der Urteilsgründe hält rechtlicher Überprüfung nicht stand.

[4] a) Nach den Feststellungen fuhr der Angeklagte die Mitangeklagten T. A. und D. A. am 13. Januar 2013 in ein Wohngebiet in S., um dort Wohnungseinbrüche zu begehen. In der Folge drangen die Mitangeklagten durch das aufgehebelte Küchenfenster in das Haus des Geschädigten H. in der N. Straße 16 ein und entwendeten Bargeld und Schmuck im Wert von ca. 5.000 €, während der Angeklagte in unmittelbarer Tatortnähe umherfuhr (Fall B.I.4 der Urteilsgründe). T. A. und D. A. versuchten sodann, in das in unmittelbarer Nähe gelegene Haus des Geschädigten Hä., N. Straße 12, einzudringen (Fall B.I.5 der Urteilsgründe). Da der Zeuge Hä. unerwartet nach Hause zurückkehrte, brachen sie die weitere Tatausführung ab. Der Angeklagte nahm die beiden sodann in den Wagen auf und man entfernte sich gemeinsam. Am 8. Februar 2013 fuhr der Angeklagte die Mitangeklagten T. A. und D. A. in ein Wohngebiet in B.. Hier hebelten T.A. und D. A. abredegemäß in dem Mehrfamilienhaus Am Sü. zunächst eine Terrassentür zur Wohnung des Geschädigten K. auf und entwendeten daraus eine Winterjacke sowie Schmuck und Parfüm im Gesamtwert von 600 € (Fall B.I.15 der Urteilsgründe). Sodann hebelten T. A. und D. A. im gleichen Haus die Eingangstür zur Wohnung der Geschädigten Kr. im ersten Stock auf (Fall B.I.16 der Urteilsgründe). Da sie kein stehlenswertes Gut vorfanden, verließen sie anschließend das Mehrfamilienhaus, um mit dem Angeklagten ihre Fahrt fortzusetzen.

[5] b) Sind an einer Deliktserie mehrere Personen als Mittäter, mittelbare Täter, Anstifter oder Gehilfen beteiligt, ist die Frage, ob die einzelnen Taten tateinheitlich oder tatmehrheitlich zusammentreffen, bei jedem Beteiligten gesondert zu prüfen und zu entscheiden. Maßgeblich ist dabei der Umfang des erbrachten Tatbeitrags. Leistet ein Mittäter für alle oder einige Einzeltaten einen individuellen, nur je diese fördernden Tatbeitrag, so sind ihm diese Taten – soweit keine natürliche Handlungseinheit vorliegt – als tatmehrheitlich begangen zuzurechnen. Fehlt es an einer solchen individuellen Tatförderung, erbringt der Täter aber im Vorfeld oder während des Laufs der Deliktserie Tatbeiträge, durch die alle oder mehrere Einzeltaten seiner Tatgenossen gleichzeitig gefördert werden, sind ihm die gleichzeitig geförderten einzelnen Straftaten als tateinheitlich begangen zuzurechnen, da sie in seiner Person durch den einheitlichen Tatbeitrag zu einer Handlung im Sinne des § 52 Abs. 1 StGB verknüpft werden. Ohne Bedeutung ist dabei, ob die Mittäter die einzelnen Delikte tatmehrheitlich begangen haben (st. Rspr., vgl. nur BGH, Beschluss vom 3. Juli 2014 – 4 StR 191/14, Rn. 4 mwN, juris).

[6] c) Da nach den Feststellungen der Angeklagte nicht selbst in die Wohnungen und Häuser eingedrungen ist, sondern an den von seinen Mittätern ausgeführten Einbrüchen durch die Fahrten zu den Tatorten und das Absichern der Umgebung mitgewirkt hat, hat er in Bezug auf die beiden Taten in S. und die beiden Taten in B. jeweils keinen individuellen, sondern jeweils nur einen einheitlichen Tatbeitrag erbracht, so dass insoweit (gleichartige) Tateinheit gemäß § 52 Abs. 1 StGB gegeben ist (vgl. BGH, Beschlüsse vom 3. Juli 2014 – 4 StR 191/14, Rn. 5, juris, und vom 30. Juli 2013 – 4 StR 29/13, Rn. 5).

---

[255] BGH, Beschluss vom 24.09.2014 – 4 StR 231/14.

a) Regelbeispiele

256 **Einsteigen in einen Raum** ist über den engeren Sprachsinn hinaus jedes nur unter Schwierigkeiten mögliche Eindringen durch eine zum ordnungsgemäßen Eintritt nicht bestimmte Öffnung. Es erfordert, dass der Täter wenigstens einen Fuß in den Raum stellt; bloßes Hineingreifen oder Ähnliches genügt dagegen nicht. Bei einem Einbruch muss der Täter zur Ausführung des Diebstahls zwar nicht in den umschlossenen Raum hineingelangen; vielmehr genügt, dass er die Wegnahme mittels eines Werkzeugs durch eine Öffnung des Raumes bewirkt.[256]

[3] a) Nach den Feststellungen der Strafkammer zu diesem Fall entwendeten der Angeklagte sowie weitere Bandenmitglieder und Mittäter Anfang April 2013 aus einem Tank auf dem Gelände der Spedition-Baustoffe GmbH & Co. KG 4.500 Liter Dieselkraftstoff. Hierzu führten sie den Schlauch einer Pumpe in das Entlüftungsrohr des Tanks ein und leiteten den Kraftstoff in Fässer sowie andere Behältnisse. „Der Angeklagte J. erhoffte sich in diesem Fall allerdings keinen Anteil an der Beute, sondern er wollte lediglich dem Angeklagten L., der sich an diesem Abend in akuten Geldsorgen befunden hatte, dabei helfen, hinreichend Kraftstoff für sein Fahrzeug zu bekommen“ (UA S. 12).

[4] Die Strafkammer bewertete dies beim Angeklagten als „Beihilfe zum schweren Bandendiebstahl nach § 244a Abs. 1 i.V.m. § 243 Abs. 1 S. 2 Nr. 1 und 3 (durch ‚Einsteigen‘ zum in 3,50 m Höhe gelegenen Ende des Entlüftungsrohres) und § 27 StGB“ (UA S. 13).

[5] b) Dies begegnet durchgreifenden rechtlichen Bedenken.

[6] aa) Entgegen der Annahme des Landgerichts belegen die Feststellungen ein Einsteigen im Sinn des § 243 Abs. 1 Satz 2 Nr. 1 StGB nicht.

[7] Einsteigen in einen Raum ist über den engeren Sprachsinn hinaus jedes nur unter Schwierigkeiten mögliche Eindringen durch eine zum ordnungsgemäßen Eintritt nicht bestimmte Öffnung (BGH, Beschluss vom 27. Juli 2010 – 1 StR 319/10, NStZ-RR 2010, 374, 375). Es erfordert, dass der Täter wenigstens einen Fuß in den Raum stellt; bloßes Hineingreifen oder Ähnliches genügt dagegen nicht (SSW-StGB/Kudlich, 2. Aufl., § 243 Rn. 12 mwN).

[8] An einem solchen Einsteigen fehlt es hinsichtlich des Tanks offensichtlich. Aber auch hinsichtlich des Betriebsgeländes ist dieses Tatbestandsmerkmal nicht belegt. Denn Feststellungen dazu, dass dieses beispielsweise eingezäunt war oder auf andere Weise nur unter Schwierigkeiten durch eine zum ordnungsgemäßen Eintritt nicht bestimmte Öffnung betreten wurde, enthält das Urteil nicht.

[9] bb) Auch ein Einbrechen im Sinn des § 243 Abs. 1 Satz 2 Nr. 1 StGB belegen die Feststellungen nicht.

[10] Bei einem Einbruch muss der Täter zur Ausführung des Diebstahls zwar nicht in den umschlossenen Raum hineingelangen; vielmehr genügt, dass er die Wegnahme mittels eines Werkzeugs durch eine Öffnung des Raumes bewirkt (vgl. BGH, Beschluss vom 22. August 1984 – 3 StR 209/84, NStZ 1985, 217, 218). Erforderlich ist aber das gewaltsame, also das durch eine nicht unerhebliche körperliche Anstrengung verbundene Öffnen oder Erweitern eines Zugangs zu dem umschlossenem

---

[256] BGH, Beschluss vom 26.02.2014 – 4 StR 584/13.

Raum (LK-StGB/Vogel, 12. Aufl., § 243 Rn. 20 mwN). Daran fehlt es nach den vom Landgericht getroffenen Feststellungen sowohl hinsichtlich des Betriebsgeländes als auch hinsichtlich des Tanks.

Einsteigen in einen Raum ist über den engeren Sprachsinn hinaus jedes nur unter Schwierigkeiten mögliche Eindringen durch eine zum ordnungsgemäßen Eintritt nicht bestimmte Öffnung.[257] 257

Die Feststellungen belegen die Voraussetzungen des § 244 Abs. 1 Nr. 3 StGB nicht hinreichend. Die Vorschrift setzt in ihrer 1. Alternative den Einbruch in eine Wohnung voraus. Ob hierzu auch der Schuppen als ein dem Begriff des Wohnens typischerweise zuzuordnender Raum gehört, weil er etwa einem Keller oder dem Dachboden eines Einfamilienhauses gleichsteht, lässt sich den Ausführungen des Landgerichts nicht entnehmen (vgl. BGH, Beschluss vom 24. April 2008 – 4 StR 126/08, NStZ 2008, 514, 515; Urteil vom 22. Februar 2012 – 1 StR 378/11, NStZ 2013, 120, 121; Fischer, StGB, 61. Aufl., § 244 Rn. 47a, 48). Ebenso wenig teilt das Landgericht mit, ob der Angeklagte auch die von dem Schuppen in das Wohnhaus führende Tür aufgebrochen hat.

Ein „Einsteigen" im Sinne der 2. Alternative des § 244 Abs. 1 Nr. 3 StGB, auf die das Landgericht in der rechtlichen Würdigung ebenfalls verweist (UA S. 30), liegt dagegen ersichtlich nicht vor. Denn Einsteigen in einen Raum ist über den engeren Sprachsinn hinaus jedes nur unter Schwierigkeiten mögliche Eindringen durch eine zum ordnungsgemäßen Eintritt nicht bestimmte Öffnung.

Der **durch eine Tat verursachte Schaden** ist aber ein **für die Strafbemessung wesentlicher Umstand**, der das Unrecht der Tat mitbestimmt und nicht außer Betracht bleiben darf.[258] 258

Das Landgericht hat hinsichtlich sämtlicher Taten, bei denen der Angeklagte Gegenstände aus verschlossenen Fahrzeugen entwendete und deshalb der Strafrahmen des § 243 Abs. 1 StGB Anwendung findet, jeweils Freiheitsstrafen von zwei Jahren und sechs Monaten verhängt (Fälle II. 3, 4, 5, 7, 9, 10, 11, 13, 15–31). Dabei ist unberücksichtigt geblieben, dass durch die Taten jeweils Schäden in unterschiedlicher Höhe entstanden sind; sie reichen von ca. 20 € im Fall II. 13 bis zu 2.300 € im Fall II. 9. Der durch eine Tat verursachte Schaden ist aber ein für die Strafbemessung wesentlicher Umstand, der das Unrecht der Tat mitbestimmt und nicht außer Betracht bleiben darf. Die Strafkammer hätte deshalb den jeweils verursachten Schaden nicht aus dem Blick verlieren dürfen, sondern hätte die Einzelstrafen nach den festgestellten Schadenssummen differenzierend festsetzen müssen. Dass das Landgericht dabei zu geringeren Einzelstrafen gekommen wäre, hat der Senat nahe liegender Weise nicht ausschließen können.

---

[257] BGH, Beschluss vom 3.06.2014 – 4 StR 173/14.
[258] BGH, Beschluss vom 15.04.2014 – 2 StR 566/13.

b) Diebstahl mit Waffen; Bandendiebstahl; Wohnungseinbruchsdiebstahl – § 244 StGB

■ TOPENTSCHEIDUNG

259 Eine **Bande** im Sinne des § 244a StGB setzt **den Zusammenschluss von mindestens drei Personen** voraus, von denen jede auf der Grundlage einer ausdrücklichen oder konkludenten Abrede den Willen hat, mit den anderen Bandenmitgliedern in Zukunft für eine gewisse Dauer eine unbestimmte Zahl von Straftaten zu begehen.[259]

[12] Nach der Rechtsprechung des Bundesgerichtshofs setzt eine Bande im Sinne des § 244a StGB den Zusammenschluss von mindestens drei Personen voraus, von denen jede auf der Grundlage einer ausdrücklichen oder konkludenten Abrede den Willen hat, mit den anderen Bandenmitgliedern in Zukunft für eine gewisse Dauer eine unbestimmte Zahl von Straftaten zu begehen (vgl. BGH, Beschluss vom 22. März 2001 – GSSt 1/00, BGHSt 46, 321, 328 ff.; Senat, Beschluss vom 28. September 2011 – 2 StR 93/11, NStZ-RR 2012, 172). Dazu hat das Landgericht in Bezug auf den zweiten Tatkomplex keine Feststellungen getroffen. Zwar hat es angenommen, dass der Angeklagte Z. auch insoweit in der Absicht handelte, sich durch die Tatbeute den Lebensunterhalt zu sichern. Daraus folgt aber nur, dass er selbst gewerbsmäßig gehandelt hat. Eine Übereinstimmung aller Mittäter darin, gemeinschaftlich fortgesetzt Diebstähle zu begehen, ergibt sich hieraus noch nicht. Weder Gewerbsmäßigkeit der Tatbegehung noch Mittäterschaft sind für die Annahme einer bandenmäßigen Begehung von Diebstählen ausreichend.

■ PRAXISBEDEUTUNG

Die vorliegende Entscheidung bestätigt die inzwischen gefestigte Rechtsprechung zum Bandenbegriff und legt die Grundlagen einer Subsumption der Bandenmitgliedschaft dar. Weiterhin gilt, dass Bandenabreden nicht gleichzeitig erfolgen müssen!

260 Dass der Angeklagte von den in § 244 Abs. 1 StGB geregelten Tatmodalitäten sowohl die Nr. 1a (Diebstahl mit Waffen) als auch die Nr. 3 (Wohnungseinbruchsdiebstahl) verwirklicht hat, ändert nichts daran, dass er nur eines Tatvergehens nach § 244 Abs. 1 StGB schuldig zu sprechen ist. Das **Vorliegen mehrerer Begehungsweisen** ist lediglich **bei der Strafzumessung zu Ungunsten** des Täters zu bewerten. Die Verwirklichung zweier Qualifikationen kann in der Urteilsformel durch die rechtliche Bezeichnung „Wohnungseinbruchsdiebstahl mit Waffen“ zum Ausdruck gebracht werden.[260]

261 Der jeweilige Schuldspruch kann in beiden Fällen schon deswegen keinen Bestand haben, weil die Annahme des Landgerichts, die Angeklagten hätten bandenmäßig im Sinne des **§ 244a Abs. 1 StGB** gehandelt, einer sie **tragenden Beweiswürdigung**

---

[259] BGH, Beschluss vom 14.05.2014 – 2 StR 465/13.
[260] BGH, Beschluss vom 4.12.2013 – 4 StR 367/13.

entbehrt. Das Landgericht teilt an keiner Stelle des Urteils mit, aufgrund welcher Umstände es sich von einer Bandenabrede der Angeklagten überzeugt hat. Auch dem Gesamtzusammenhang der Urteilsgründe lässt sich dies nicht entnehmen. Der von der Strafkammer festgestellte Wille der Angeklagten, sich auf Dauer zur Begehung einer Vielzahl von Einbruchsdiebstählen zu verbinden und hierbei zusammenzuwirken, liegt trotz des festgestellten, in den Taten zum Ausdruck kommenden professionellen Vorgehens der Angeklagten auch nicht derart auf der Hand, dass eine andere Möglichkeit gänzlich ausgeschlossen erscheint und sich weitere Ausführungen deshalb erübrigten. Hinsichtlich des Angeklagten G. kommt hinzu, dass das Urteil konkrete Feststellungen nur zu einer einzigen Tat enthält, an der dieser beteiligt war. Dass er daran mitgewirkt hatte, mögliche Tatorte auszukundschaften, führt zu keinem anderen Ergebnis. Den Feststellungen ist nicht zu entnehmen, dass die Angeklagten die hierdurch gewonnenen Erkenntnisse für weitere Taten nutzen wollten. Die Evidenz einer Bandenabrede folgt schließlich auch nicht aus dem Umstand, dass die Staatsanwaltschaft zunächst zwei weitere gleich gelagerte Anklagevorwürfe gegen die Angeklagten erhoben hatte, die in der Hauptverhandlung gemäß § 154 Abs. 2 StPO eingestellt worden sind. Zu der Beteiligung der Angeklagten an diesen Taten hat die Kammer keine Feststellungen getroffen.[261]

Das Gesetz sieht eine aus **Dieben und Hehlern bestehende „gemischte“ Bande** als Qualifikationsmerkmal nur bei den Hehlereitatbeständen (§§ 260 Abs. 1 Nr. 2, 260a Abs. 1 StGB) vor, nicht dagegen bei den entsprechenden Diebstahlstatbeständen (§§ 244 Abs. 1 Nr. 2, 244a Abs. 1 StGB). Damit **scheidet die Annahme einer Diebesbande** aus, wenn sich **Personen, die nur Hehler sind**, mit ein oder zwei anderen am Diebstahl Beteiligten zusammenschließen.[262] **262**

[8] Die Urteilsgründe tragen die Verurteilung wegen schweren Bandendiebstahls in den Fällen II. 1, 10, 16, 23, 26, 41, 45, 58 und 60 der Urteilsgründe nicht. Die Feststellungen belegen nicht hinreichend, dass sich die vier Mitangeklagten G., Go., B. und S. zur Begehung von Diebstahlstaten zusammengeschlossen hatten. Der Angeklagte S. beging absprachegemäß die Diebstähle allein; gemeinschaftlich wurden dann die erbeuteten EC- und Kreditkarten bei späteren Einkäufen betrügerisch eingesetzt.

[9] Das Gesetz sieht eine aus Dieben und Hehlern bestehende „gemischte“ Bande als Qualifikationsmerkmal nur bei den Hehlereitatbeständen (§§ 260 Abs. 1 Nr. 2, 260a Abs. 1 StGB) vor, nicht dagegen bei den entsprechenden Diebstahlstatbeständen (§§ 244 Abs. 1 Nr. 2, 244a Abs. 1 StGB). Damit scheidet die Annahme einer Diebesbande aus, wenn sich Personen, die nur Hehler sind, mit ein oder zwei anderen am Diebstahl Beteiligten zusammenschließen. Dies gilt nur dann nicht, wenn die Betreffenden nach der Bandenabrede auch zugleich an den Diebstahlstaten, und sei es auch nur als Gehilfen, teilnehmen sollen. Hierzu fehlen indes Feststellungen. Der Senat schließt aus, dass sich in einer neuen Hauptverhandlung entsprechende Feststellungen treffen ließen und ändert den Schuldspruch entsprechend.

[10] Die Änderung des Schuldspruchs führt zur Aufhebung der Einzelstrafen in den betroffenen Fällen. Die Strafkammer hat in diesen Fällen der Strafzumessung den

[261] BGH, Beschluss vom 7.08.2014 – 3 StR 105/14.
[262] BGH, Beschluss vom 21.05.2014 – 4 StR 70/14.

nach §§ 21, 49 Abs. 1 StGB gemilderten Strafrahmen des § 244a Abs. 1 StGB zugrunde gelegt. Der Senat kann trotz derselben Strafobergrenzen angesichts der unterschiedlichen Strafuntergrenzen letztlich nicht ausschließen, dass sie bei Anwendung des nach §§ 21, 49 Abs. 1 StGB gemilderten Strafrahmens des § 243 Abs. 1 StGB noch niedrigere Einzelstrafen verhängt hätte.

c) Unbefugter Gebrauch eines Fahrzeugs – § 248b StGB

263 Die **Ingebrauchnahme eines Fahrzeugs** durch einen an sich Unberechtigten allein zum Zwecke der Rückführung an den Berechtigten ist regelmäßig von dessen mutmaßlichen Willen gedeckt und daher nicht tatbestandsmäßig im Sinne des § 248b Abs. 1 StGB.[263]

10. Raub und Erpressung – §§ 249 ff. StGB

264 Die Würdigung des Landgerichts, die Tat sei wahlweise als versuchter schwerer Raub oder versuchte schwere räuberische Erpressung zu werten, da nicht feststehe, ob der Angeklagte dem Geldboten den Koffer habe wegnehmen oder diesen sich habe übergeben lassen wollen, hält rechtlicher Überprüfung nicht stand. Die **wahlweise Verurteilung wegen versuchten schweren Raubes hat zu entfallen,** weil der **Tatbestand der räuberischen Erpressung den engeren Tatbestand des Raubes mitumfasst.** Denn die Wegnahme einer fremden beweglichen Sache im Sinne des § 249 StGB schließt auch die Nötigung eines anderen zur Duldung der Wegnahme im Sinne der §§ 253, 255 StGB ein.[264]

Die Wegnahme einer fremden beweglichen Sache im Sinne des § 249 StGB schließt auch die Nötigung eines anderen zur Duldung der Wegnahme im Sinne der §§ 253, 255 StGB ein (vgl. BGH, Urteil vom 5. Juli 1960 – 5 StR 80/60, BGHSt 14, 386, 390 f.). Soweit in der Rechtsprechung früher die Auffassung vertreten worden war, eine wahlweise Verurteilung wegen Raubes oder räuberischer Erpressung sei zulässig (vgl. BGH, Urteil vom 12. Januar 1954 – 1 StR 631/53, BGHSt 5, 280, 281), hatte sich zum damaligen Zeitpunkt die heute in ständiger Rechtsprechung vertretene Auffassung, dass § 249 StGB im Verhältnis zu den §§ 253, 255 StGB das speziellere Delikt darstellt (Fischer, StGB, 61. Aufl., § 253 Rn. 10 mwN), noch nicht entwickelt.

265 Zwischen der Drohung oder dem Einsatz von Gewalt und der Wegnahme beim Raub muss eine **finale Verknüpfung** bestehen; **Gewalt oder Drohung müssen das Mittel zur Ermöglichung der Wegnahme** sein. An einer solchen Verknüpfung fehlt es, wenn eine Nötigungshandlung nicht zum Zwecke der Wegnahme vorgenommen wird, sondern der Täter den Entschluss zur Wegnahme erst nach Abschluss dieser Handlung fasst.[265]

---

263 BGH, Beschluss vom 24.06.2014 – 2 StR 73/14.

264 BGH, Beschluss vom 15.04.2014 – 3 StR 92/14.

265 BGH, Beschluss vom 21.10.2014 – 4 StR 363/14; vgl. hierzu auch Beschluss vom 12.11.2013 – 3 StR 313/13 sowie Beschluss vom 18.02.2014 – 5 StR 41/14.

Nach ständiger Rechtsprechung muss zwischen der Drohung oder dem Einsatz von Gewalt und der Wegnahme beim Raub eine finale Verknüpfung bestehen; Gewalt oder Drohung müssen das Mittel zur Ermöglichung der Wegnahme sein. An einer solchen Verknüpfung fehlt es, wenn eine Nötigungshandlung nicht zum Zwecke der Wegnahme vorgenommen wird, sondern der Täter den Entschluss zur Wegnahme erst nach Abschluss dieser Handlung fasst (vgl. BGH, Beschluss vom 18. Februar 2014 – 5 StR 41/14; Fischer, StGB, 61. Aufl., § 249 Rn. 6 jeweils mwN). Hier lässt sich den Feststellungen – anders als in der vom Generalbundesanwalt angeführten Entscheidung (BGH, Beschluss vom 13. März 2002 – 1 StR 47/02, NStZ 2003, 89) – nicht entnehmen, dass der Angeklagte den Entschluss zur Wegnahme der Geldbörse schon vor der Gewaltanwendung gefasst hat. Eine Äußerung oder sonstige Handlung des Angeklagten vor der Wegnahme, die eine auch nur konkludente Drohung mit weiterer Gewalt nach dem Fassen des Wegnahmeentschlusses beinhaltet, ist ebenfalls nicht festgestellt. Allein der Umstand, dass die Wirkungen eines ohne Wegnahmeabsicht eingesetzten Nötigungsmittels noch andauern und der Täter dies ausnutzt, genügt für die Annahme eines Raubes nicht.

§ 249 StGB setzt voraus, dass die **eingesetzte Gewalt oder Drohung Mittel gerade zur Ermöglichung der Wegnahme** ist. Folgt die Wegnahme der Anwendung der Nötigungsmittel zu anderen Zwecken nur zeitlich nach, ohne dass diese finale Verknüpfung besteht, so scheidet ein Schuldspruch wegen Raubes aus. Zwar genügt es, wenn die zunächst zu anderen Zwecken begonnene Gewaltanwendung beim Fassen des Wegnahmevorsatzes fortgesetzt wird. Jedoch **enthält das bloße Ausnutzen der Angst des Opfers vor erneuter Gewaltanwendung für sich genommen noch keine Drohung**. Erforderlich hierfür ist, dass der Täter die Gefahr für Leib oder Leben deutlich in Aussicht stellt, sie also durch ein bestimmtes Verhalten genügend erkennbar macht. Es reicht nicht aus, wenn das Opfer nur erwartet, der Täter werde es an Leib oder Leben schädigen. Das bloße Ausnutzen der Angst eines der Einwirkung des Täters schutzlos ausgelieferten Opfers mag sich als das Ausnutzen einer hilflosen Lage darstellen, die vom Gesetzgeber indes ausschließlich in § 177 Abs. 1 StGB neben Gewalt oder Drohung mit gegenwärtiger Gefahr für Leib oder Leben zu einem selbstständigen tatbestandlichen Nötigungsmittel erhoben wurde.[266] **266**

Nach diesen Maßstäben kommt ein Raub hier nicht in Betracht. Nach den Feststellungen des Landgerichts dienten die von den Angeklagten ausgeübte Gewalt und die ausgesprochenen Drohungen ausschließlich dazu, die Nebenklägerin in erheblicher Weise zu demütigen und zu quälen, nicht aber der Ermöglichung der Wegnahme der Gegenstände aus deren Wohnung. Den dahin gehenden Entschluss fassten die Angeklagten erst im Verlauf des sich lange hinziehenden Tatgeschehens. Die Nebenklägerin duldete schließlich das Wegschaffen ihres Eigentums zwar aus Angst vor weiteren Übergriffen. In diesem Zusammenhang ist jedoch lediglich festgestellt, dass den Angeklagten dieser Umstand bewusst war. Dies allein reicht jedoch nicht aus. Der erneute Einsatz von – nunmehr final auf die Wegnahme gerichteter – Gewalt lässt sich den Urteilsgründen nicht entnehmen. Ausreichende Feststellungen dahin, dass die Angeklagten, und sei es nur durch schlüssiges Verhalten, zum Zwecke der Wegnahme der Gegenstände auf den Willen der Nebenklägerin

[266] BGH, Beschluss vom 26.11.2013 – 3 StR 261/13.

einwirkten, indem sie dieser weitere Erniedrigungen deutlich in Aussicht stellten, enthält das Urteil ebenfalls nicht. Damit scheidet die Annahme aus, die zuvor ausgeübte Gewalt habe als aktuelle Drohung erneuter Gewaltanwendung weitergewirkt.

b) Eine Waffe führt im Sinne des § 250 Abs. 1 Nr. 1 Buchst. a StGB bei sich, wer sie in irgendeinem Zeitpunkt vom Ansetzen zur Tat bis zu deren Beendigung bei sich hat. Nicht vorausgesetzt ist, dass der Täter oder Teilnehmer den Gegenstand in der Hand hält oder am Körper trägt; es genügt, wenn dieser sich in Griffweite befindet oder der Beteiligte sich seiner jederzeit ohne nennenswerten Zeitaufwand bedienen kann. Erforderlich ist weiter, dass der Beteiligte die Waffe bewusst gebrauchsbereit bei sich hat, d.h. mit dem allgemeinen, noch auf keinen bestimmten Zweck gerichteten Bewusstsein, ein funktionsbereites Werkzeug zur Verfügung zu haben, das dazu bestimmt ist, erhebliche Verletzungen zu verursachen.

■ PRAXISBEDEUTUNG

Bei Delikten wie Raub oder Erpressung stellt sich in der Praxis oft das Problem, dass Opfer unter dem Eindruck vorangegangener Drohungen oder gar Gewaltanwendungen handeln. Insoweit bringt die vorstehende Entscheidung gute Abgrenzungsgrundsätze für die Entscheidung, ob im konkreten Fall eine neue Gewaltanwendung im Zusammenhang mit einer Wegnahme vorlag oder nicht.

267 Nach der Rechtsprechung des Bundesgerichtshofs gehört zur **Absicht der rechtswidrigen Zueignung** im Sinne von § 242 Abs. 1 bzw. § 249 Abs. 1 StGB der bestimmte Wille des Täters, **das Tatobjekt der Substanz oder dem Sachwert nach dem eigenen Vermögen „einzuverleiben"**, es also, wenn auch nur für begrenzte Zeit, seinem Sach-(Substanz-)werte nach „für sich auszunutzen".[267]

[2] 1. Die Verurteilung des Angeklagten im Fall II.2.a) wegen vollendeten Raubes begegnet durchgreifenden rechtlichen Bedenken.

[3] a) Nach den vom Landgericht getroffenen Feststellungen entschloss sich der mittellose Angeklagte, „jede sich bietende Möglichkeit dazu zu benutzen, Passanten ihre Wertgegenstände ... entweder unbemerkt zu stehlen oder sich diese notfalls auch mit Gewalt zu verschaffen", um seinen Lebensunterhalt und Drogenkonsum zu finanzieren. Hierzu näherte er sich am Abend des 29. Dezember 2012 der 66jährigen Zeugin R., als diese eine Spielhalle verlassen hatte und im Begriff war, das ihr verbliebene Geld in ihr Portemonnaie zu stecken. Er riss an „dem oder den Geldscheinen", die die Zeugin mit aller Kraft festhielt. „Hierdurch zerriss ein 50-€-Schein, der Angeklagte rannte mit seiner Beute davon, die Geschädigte hielt in ihrer Hand lediglich noch den Rest des zerrissenen 50 €-Scheines" (UA S. 11).

[4] Im Rahmen der Beweiswürdigung führt die Strafkammer aus, dass es nicht ausgeschlossen sei, dass die Geschädigte die vor dem Spielhallenbesuch abgehobene Rente „bis auf den von ihr in der Hand gehaltenen 50 € Schein verspielt" habe (UA S. 19).

[5] b) Damit ist ein vollendeter Raub nicht belegt. Nach den Feststellungen der Strafkammer handelte der Angeklagte bei der gewaltsamen Wegnahme zwar mit

[267] BGH, Beschluss vom 25.02.2014 – 4 StR 567/13.

Zueignungsabsicht, jedoch war diese auf „Wertgegenstände“ gerichtet; ob sie sich auch auf den tatsächlich weggenommenen Teil des Geldscheins bezogen hat, ergibt sich aus den Feststellungen des Landgerichts dagegen nicht.

[6] aa) Nach der Rechtsprechung des Bundesgerichtshofs gehört zur Absicht der rechtswidrigen Zueignung im Sinne von § 242 Abs. 1 bzw. § 249 Abs. 1 StGB der bestimmte Wille des Täters, das Tatobjekt der Substanz oder dem Sachwert nach dem eigenen Vermögen „einzuverleiben“, es also, wenn auch nur für begrenzte Zeit, seinem Sach-(Substanz-)werte nach „für sich auszunutzen“ (vgl. BGH, Urteil vom 10. Mai 1977 – 1 StR 167/77, NJW 1977, 1460 mwN).

[7] bb) Dies hat das Landgericht hinsichtlich des weggenommen Teils des Geldscheins nicht festgestellt.

[8] Zwar ist es für die „Einverleibung in das Vermögen“ ohne Bedeutung, ob der Täter den Wert seines Vermögens erhöht und ob er sich bereichern will; denn Diebstahl ist keine Bereicherungsstraftat. Infolgedessen ist es für das subjektive Unrechtselement der Zueignungsabsicht ausreichend, dass der Täter, wenn er zur Wegnahme ansetzt, den bestimmten Willen hat, sich eine eigentümerähnliche Verfügungsgewalt anzumaßen, durch deren Ausübung der Bestand seines Vermögens geändert und der Berechtigte auf Dauer von der Sachsubstanz oder dem (vollen) Sachwert ausgeschlossen wird (vgl. BGH aaO mwN). Dies ändert aber nichts daran, dass sich bei einem vollendeten Diebstahl oder Raub – schon nach dem Gesetzeswortlaut – die Zueignungsabsicht grundsätzlich auf die tatsächlich weggenommene Sache bezogen haben muss. Treten daher im Verlaufe der Tatbegehung Änderungen in Bezug auf das Tatobjekt oder die Vorstellungen des Täters von diesem ein, ist für die Beurteilung der Kongruenz von objektivem und subjektivem Tatbestand der Zeitpunkt der letzten Ausführungshandlung entscheidend (BGH, Urteil vom 13. November 2003 – 3 StR 282/03, NStZ 2004, 386, 387). Dies war hier der Augenblick, in dem der Angeklagte der Zeugin den Teil des Geldscheins entriss (vgl. BGH aaO). Auf diesen Zeitpunkt bezogene Feststellungen zur Zueignungsabsicht des Angeklagten hat die Strafkammer jedoch nicht getroffen.

a) Waffe, Gefährliches Werkzeug – § 250 Abs. 2 Nr. 1 StGB

Eine Waffe oder ein anderes gefährliches Werkzeug wird nur dann im Sinne von **268**
§ 250 Abs. 2 Nr. 1 StGB **„bei der Tat verwendet“**, wenn das Opfer die Drohung mit gegenwärtiger Gefahr für Leib oder Leben mittels des Gegenstandes wahrnimmt und somit in die entsprechende qualifizierte Zwangslage versetzt wird.[268]

Die Strafkammer bewertet die Aussage des Zeugen unter anderem deshalb als glaubhaft, weil sie keine „übersteigende Belastungstendenzen“ gezeigt habe; denn der Zeuge habe bekundet, „dass er zwar einen Gegenstand in der Hand des Angeklagten habe erkennen können, diesen jedoch nicht als Messer wahrgenommen habe“. Eine Waffe oder – wie hier – ein anderes gefährliches Werkzeug wird aber nur dann im Sinne von § 250 Abs. 2 Nr. 1 StGB „bei der Tat verwendet“, wenn das Opfer die Drohung mit gegenwärtiger Gefahr für Leib oder Leben mittels des Gegenstandes wahrnimmt und somit in die entsprechende qualifizierte Zwangslage versetzt wird.

[268] BGH, Beschluss vom 21.10.2014 – 4 StR 351/14.

Die Feststellungen belegen indes eine schwere räuberische Erpressung gemäß §§ 255, 250 Abs. 1 Nr. 1a StGB, da der Angeklagte bei der Tat ein gefährliches Werkzeug bei sich führte. Bei dieser Tatqualifikation wird eine Kenntnis des Opfers von der Existenz des gefährlichen Werkzeugs nicht vorausgesetzt.

■ PRAXISHINWEIS

Die vorstehende Entscheidung ruft deutlich in Erinnerung, dass es für den Tatbestand des § 250 Abs. 1 Nr. 1 StGB nicht nur auf „das Verwenden" allein ankommt, sondern das Opfer muss davon auch Kenntnis nehmen und dadurch in eine so empfundene Zwangslage geraten sein.

269 Die Verwirklichung des **Qualifikationsmerkmals** des § 250 Abs. 2 Nr. 1 StGB ist im Schuldspruch durch die Bezeichnung der Tat als (versuchter) **besonders schwerer Raub** zum Ausdruck zu bringen.[269]

270 Ein **Verwenden des gefährlichen Werkzeugs** im Sinne von § 250 Abs. 2 Nr. 1 StGB und nicht nur ein „offenes Mitsichführen" ist gegeben, wenn ein Brecheisen zum Zweck der Einschüchterung dem Geschädigten so vorgehalten wurde, dass sich die Spitze unmittelbar vor seinen Augen befand, was ihn zu Tode ängstigte.[270]

b) Räuberischer Diebstahl – § 252 StGB

271 Die Wegnahme in Zueignungsabsicht ist dann vollendet, wenn fremder Gewahrsam gebrochen und **neuer Gewahrsam begründet** ist. Für die Frage des Wechsels der **tatsächlichen Sachherrschaft** ist entscheidend, dass der Täter die Herrschaft über die Sache derart erlangt, dass er sie ohne Behinderung durch den alten Gewahrsamsinhaber ausüben und dieser über die Sache nicht mehr verfügen kann, ohne seinerseits die Verfügungsgewalt des Täters zu brechen. Ob dies der Fall ist, richtet sich nach den Anschauungen des täglichen Lebens. Einen bereits gesicherten Gewahrsam setzt die Tatvollendung nicht voraus.

Täter des § 252 StGB kann nicht derjenige sein, der weder selbst im Besitz der entwendeten Sache ist, noch am Diebstahl mittäterschaftlich beteiligt war.[271]

[2] Nach den Feststellungen des Landgerichts lernten der Angeklagte und die Nichtrevidentin in den frühen Morgenstunden des 14. April 2012 den später geschädigten J. kennen und konsumierten gemeinsam in dessen Wohnung Alkohol, möglicherweise auch Amphetamin. Während einer kurzen Abwesenheit des Gastgebers fassten sie aufgrund einer entsprechenden Idee der Nichtrevidentin gemeinsam den Entschluss, diesem dessen Notebook zu entwenden. Die Nichtrevidentin wollte das Gerät als Ersatz für ihren eigenen, defekten Computer nutzen. Sie nahm das Notebook an sich und steckte es samt Ladekabeln in einen Jute-Beutel. Als sie und der Angeklagte die Wohnung des Geschädigten verlassen wollten, stellte dieser sie im

---

[269] BGH, Beschluss vom 8.07.2014 – 2 StR 144/14.
[270] BGH, Beschluss vom 27.03.2014 – 1 StR 24/14.
[271] BGH, Beschluss vom 16.09.2014 – 3 StR 373/14.

Wohnungsflur und näherte sich der Nichtrevidentin, um dieser den Computer wieder abzunehmen. Um „den einmal erlangten Gewahrsam" an dem Notebook nicht wieder zu verlieren, entschloss sich der Angeklagte, die erstrebte Rückerlangung des Notebooks durch Anwendung körperlicher Gewalt zu verhindern. Hierzu versetzte der Angeklagte dem Geschädigten in der Folgezeit mehrere Faustschläge und brachte ihn wiederholt zu Boden, wobei sich der Ort des Geschehens verlagerte, da der Geschädigte der Nichtrevidentin, die ihrerseits mehrfach auf ihn einschlug, und dem Angeklagten immer wieder nacheilte. Zuletzt versetzte dieser dem Geschädigten ohne Wissen der Nichtrevidentin mehrere Schläge mit einem Ast gegen Körper und Kopf.

[3] Diese Feststellungen belegen nicht, dass sich der Angeklagte als Mittäter des besonders schweren räuberischen Diebstahls (§§ 252, 249 Abs. 1, § 250 Abs. 2 Nr. 1, § 25 Abs. 2 StGB) schuldig gemacht hat.

[4] Allerdings hat das Landgericht zu Recht auf § 252 StGB und nicht auf § 249 StGB abgestellt. Denn der Diebstahl war zum Zeitpunkt der ersten Gewaltanwendung bereits vollendet (hierzu BGH, Beschluss vom 6. Juli 2010 – 3 StR 180/10, NStZ 2011, 36, 37). Die Wegnahme in Zueignungsabsicht ist dann vollendet, wenn fremder Gewahrsam gebrochen und neuer Gewahrsam begründet ist. Für die Frage des Wechsels der tatsächlichen Sachherrschaft ist entscheidend, dass der Täter die Herrschaft über die Sache derart erlangt, dass er sie ohne Behinderung durch den alten Gewahrsamsinhaber ausüben und dieser über die Sache nicht mehr verfügen kann, ohne seinerseits die Verfügungsgewalt des Täters zu brechen. Ob dies der Fall ist, richtet sich nach den Anschauungen des täglichen Lebens. Einen bereits gesicherten Gewahrsam setzt die Tatvollendung nicht voraus (BGH, Urteil vom 26. Juni 2008 – 3 StR 182/08, NStZ 2008, 624, 625 mwN). Hiervon ausgehend genügt es bei handlichen und leicht beweglichen Sachen, wenn der Täter diese in seiner Kleidung oder in einem seinerseits leicht zu transportierenden Behältnis verbirgt. Das Verlassen des grundsätzlichen Herrschaftsbereichs des Geschädigten ist keine Voraussetzung für die Vollendung der Wegnahme (BGH, Urteil vom 6. November 1974 – 3 StR 200/74, BGHSt 26, 24, 25 f.). Danach war vorliegend – wovon auch das Landgericht ausgegangen ist – der Diebstahl durch das Einstecken des Notebooks in den mitgeführten Jute-Beutel vollendet.

[5] Indes kann nach allgemeiner Ansicht – bei Unterschieden im Einzelnen (umfassend Weigend, GA 2007, 274) – Täter des § 252 StGB nicht derjenige sein, der weder selbst im Besitz der entwendeten Sache ist (vgl. zum Gehilfen BGH, Urteil vom 8. Juli 1954 – 4 StR 350/54, BGHSt 6, 248, 250; hiergegen LK/Vogel, StGB, 12. Aufl., § 252 Rn. 14 ff.), noch am Diebstahl mittäterschaftlich beteiligt war. Dies folgt aus der von § 252 StGB verlangten Besitzerhaltungsabsicht. Der Angeklagte erfüllte indes keine der die Täterschaft begründenden Voraussetzungen. Besitz am Notebook hatte die Nichtrevidentin. Dieser kann dem Angeklagten nicht gemäß § 25 Abs. 2 StGB zugerechnet werden. Denn die Annahme des Landgerichts von Mittäterschaft bei Begehung des Diebstahls wird von den Feststellungen nicht getragen. Die Einfügung der Drittzueignungsabsicht durch das 6. Strafrechtsreformgesetz vom 26. Januar 1998 (BGBl. I S. 164) hat zwar den Anwendungsbereich der Mittäterschaft ausgedehnt, die allgemeinen Abgrenzungskriterien zwischen Täterschaft und Teilnahme in diesem Bereich jedoch nicht außer Kraft gesetzt. Voraussetzung ist weiterhin die gemeinsame Beherrschung des Tatgeschehens aufgrund eines gemeinsamen Tatentschlusses (Weigend aaO, 281). Nach den Feststellungen fehlte es jedoch an jeglichem Einfluss des Angeklagten auf das Geschehen der Weg-

nahme: diese war eine Idee der Nichtrevidentin, die allein handelte und die allein Nutzen aus der Tat ziehen sollte. Auch der festgestellte, allerdings nicht weiter erläuterte gemeinsame Tatentschluss vermag vor diesem Hintergrund Mittäterschaft nicht zu begründen.

c) Erpressung / Räuberische Erpressung – §§ 253, 255 StGB

272 Eine Strafbarkeit nach § 253 StGB setzt voraus, dass die **Bereicherung** nach der materiellen Rechtslage **zu Unrecht angestrebt** wird. Daran fehlt es, wenn der Täter auf den Vermögensvorteil einen fälligen einredefreien Anspruch besitzt.[272]

Eine Strafbarkeit nach § 253 StGB setzt voraus, dass die Bereicherung nach der materiellen Rechtslage zu Unrecht angestrebt wird. Daran fehlt es, wenn der Täter auf den Vermögensvorteil einen fälligen einredefreien Anspruch besitzt. Daher wird gegebenenfalls zunächst zu prüfen sein, in welchem Umfang dem Angeklagten für seine Beförderungsleistungen sowie den sonstigen Zeitaufwand ein Entgelt zustand und inwieweit er ein Schmerzensgeld zu fordern berechtigt war. Darüber hinaus wird festzustellen sein, welche Vorstellungen er sich insofern gemacht hat; denn sollte er etwa irrtümlich von gegebenen Ansprüchen ausgegangen sein, wäre der Vorsatz zu verneinen (vgl. BGH, Urteil vom 3. März 1999 – 2 StR 598/98, BGHR StGB § 253 Abs. 1 Bereicherungsabsicht 9; Beschluss vom 17. Juni 1999 – 4 StR 12/99, StV 2000, 79, 80). Sollte in diesem Fall das Beweisergebnis wiederum sein, dass der Angeklagte die Herausgabe des Handys als Pfand und das Erstellen der Schuldscheine durch Drohungen erzwungen hat, so wäre dies unter dem Gesichtspunkt der Nötigung (§ 240 StGB) zu prüfen.

273 Eine **Drohung** im Sinne der §§ 253, 255 StGB kann nicht nur mit klaren und eindeutigen Worten, sondern auch mit allgemeinen Redensarten und **mit unbestimmten, versteckten Andeutungen** ausgesprochen werden, so dass es also auf deren äußere Form regelmäßig nicht ankommt. Das Tatbestandsmerkmal der erpresserischen Drohungen kann danach auch hinter harmlos erscheinenden Äußerungen, Mitteilungen, Ratschlägen, Vorschlägen, Mahnungen oder Warnungen gesehen werden, wenn sich aus den Umständen ergibt, dass der Erklärende in Wahrheit droht. Voraussetzung ist jedoch in jedem Fall eine seelische Einwirkung auf den Bedrohten in Gestalt einer auf Angst und Furcht abzielenden Ankündigung eines hinreichend erkennbaren Übels, die der Täter an den Bedrohten richtet, dessen Willen gebeugt werden soll.[273]

[6] In der Rechtsprechung des Bundesgerichtshofs ist anerkannt, dass eine Drohung im Sinne der §§ 253, 255 StGB nicht nur mit klaren und eindeutigen Worten, sondern auch mit allgemeinen Redensarten und mit unbestimmten, versteckten Andeutungen ausgesprochen werden kann, es also auf deren äußere Form regelmäßig nicht ankommt (Senatsurteil vom 17. März 1955 – 4 StR 8/55, BGHSt 7, 252, 253; Urteil vom 21. Februar 1989 – 5 StR 586/88, BGHR StGB § 255 Drohung 6; vgl. auch LK-StGB/Vogel, 12. Aufl., § 253 Rn. 6). Das Tatbestandsmerk-

---

272 BGH, Beschluss vom 26.08.2014 – 5 StR 358/14; vgl. hierzu auch BGH, Urteil vom 9.10.2014 – 4 StR 201/14.

273 BGH, Beschluss vom 4.12.2013 – 4 StR 422/13.

mal der erpresserischen Drohungen kann danach auch hinter harmlos erscheinenden Äußerungen, Mitteilungen, Ratschlägen, Vorschlägen, Mahnungen oder Warnungen gesehen werden, wenn sich aus den Umständen ergibt, dass der Erklärende in Wahrheit droht (BGH, jeweils aaO). Voraussetzung ist jedoch in jedem Fall eine seelische Einwirkung auf den Bedrohten in Gestalt einer auf Angst und Furcht abzielenden Ankündigung eines hinreichend erkennbaren Übels, die der Täter an den Bedrohten richtet, dessen Willen gebeugt werden soll (RGSt 53, 281, 283; Senatsurteil vom 17. März 1955 aaO; vgl. auch BGH, Urteil vom 16. März 1994 – 2 StR 8/94, BGHR StGB § 255 Drohung 7; Vogel aaO).

[7] Gemessen daran fehlt es im angefochtenen Urteil an ausreichenden Feststellungen für eine Drohung des Angeklagten gegenüber seiner Mutter.

[8] Für den Zeitpunkt, als der Angeklagte in aggressiver Stimmung in das Wohnzimmer zurückkehrte und mit dem Messer „herumfuchtelte", hat das Landgericht eine gezielte, an eine der anwesenden Personen gerichtete Drohung mit gegenwärtiger Leibesgefahr ebenso verneint wie einen Erpressungsvorsatz, den er nach den Feststellungen erst fasste, nachdem er das Messer wieder eingesteckt hatte. Ob die nachfolgend an keinen konkreten Adressaten gerichtete Äußerung, „Ich stech die Alte ab, die muss mir 50 Euro geben" als ernst gemeinte Drohung mit gegenwärtiger Gefahr für Leib oder Leben gerade seiner Mutter gegenüber zu werten war, hätte schon vor dem Hintergrund des zwar aggressiven, aber nicht gegen eine bestimmte Person gerichteten Vorverhaltens des stark alkoholisierten Angeklagten näherer Erörterung bedurft. Dabei wäre auch zu bedenken gewesen, dass sich der Angeklagte erst nach dieser Äußerung konkret an seine Mutter wandte und sie – wenn auch in beleidigender Form – ohne eine ausdrückliche Drohung lediglich nach Geld fragte.

[9] Auch der Erpressungsvorsatz ist nicht hinreichend mit Tatsachen belegt. Die Annahme des Landgerichts, der Angeklagte habe gehofft, der durch das Herumfuchteln mit dem Messer geschaffene Eindruck werde noch fortwirken, reicht dafür nicht aus. Zwar können frühere Drohungen grundsätzlich eine in die Tatgegenwart fortwirkende Drohwirkung entfalten (vgl. Fischer, StGB, 61. Aufl., § 177 Rn. 20 mwN zum „Ausnutzen eines Klimas der Gewalt" bei sexuellen Übergriffen). Ob sich der Täter dieser Umstände bewusst ist, bedarf indes genauer Prüfung und Darlegung in den Urteilsgründen. Hier verstand sich die Annahme einer solchen Fallgestaltung schon deshalb nicht von selbst, weil die Strafkammer im Verhalten des Angeklagten vor Fassung des Tatentschlusses gerade keine gezielte Drohung gegenüber seiner Mutter gesehen hat.

Allein das Vorliegen einer Zahlungsaufforderung, der eine Körperverltzung zum Nachteil des Aufgeforderten folgt, belegt noch nicht die **erforderliche finale Verknüpfung der verübten Gewalthandlung mit der erstrebten Vermögensverfügung.**[274] **274**

[3] Der Angeklagte erwarb für den Geschädigten auftragsgemäß auf eigene Rechnung sechs Gramm Marihuana für 50 € sowie Alkohol und Zigaretten für 30 €. Die Zusage, dem Angeklagten diese Auslagen zu erstatten, hielt der Geschädigte nicht ein. Bei einem zufälligen Treffen verlangte der Angeklagte die Zahlung. Der Geschädigte erklärte indes, er schulde dem Angeklagten nichts. Hierauf zog der Angeklagte

---

[274] BGH, Beschluss vom 27.03.2014 – 3 StR 103/14.

ein Messer hervor, wiederholte seine Zahlungsaufforderung und stach gezielt gegen den Bauch des Geschädigten. Dieser konnte das Messer abwehren und erlitt deshalb lediglich eine Schnittverletzung an der rechten Hand sowie eine oberflächliche Schnittwunde im Bauchbereich. „Der Angeklagte flüchtete."

[4] Dies trägt in zweifacher Hinsicht nicht die Verurteilung des Angeklagten auch wegen versuchter besonders schwerer räuberischer Erpressung (§§ 255, 250 Abs. 2 Nr. 1 StGB).

[5] Schon die nach diesen Vorschriften erforderliche finale Verknüpfung der verübten Gewalthandlung mit der erstrebten Vermögensverfügung (vgl. zuletzt BGH, Beschluss vom 13. November 2012 – 3 StR 422/12, juris Rn. 8) ist nicht hinreichend belegt. Der Angeklagte stach unvermittelt zu und flüchtete danach. Welche Zwangswirkung auf den Geschädigten von dem Einsatz des Messers ausgehen sollte, lässt das Landgericht offen. Zwar verband der Angeklagte das Zustechen mit einer weiteren Zahlungsaufforderung. Allein dies belegt aber angesichts der sofortigen Flucht nicht hinreichend, dass der Angeklagte den Geschädigten etwa in Angst vor weiteren körperlichen Misshandlungen versetzen und hierdurch zur Zahlung veranlassen wollte.

[6] Von seinem Ansatz her wäre das Landgericht überdies zu einer Auseinandersetzung damit gehalten gewesen, ob der fliehende Angeklagte freiwillig die weitere Ausführung der Tat aufgab und so strafbefreiend vom Versuch der besonders schweren räuberischen Erpressung zurücktrat (§ 24 Abs. 1 Satz 1 StGB). Was den Angeklagten zur Flucht bewog und welche Vorstellungen er dabei in Bezug auf die weitere Durchsetzung der von ihm erhobenen Zahlungsansprüche hatte, ist nicht festgestellt.

275 Die Tatbestandsvoraussetzungen einer schweren räuberischen Erpressung gemäß §§ 253, 255, 250 Abs. 1 Nr. 1a StGB erfordern **eine finale Verknüpfung zwischen dem Nötigungsmittel und der von dem Opfer vorzunehmenden vermögensschädigenden Handlung**. Nicht anders als beim Raub genügt es daher nicht, wenn der Einsatz des Nötigungsmittels nicht zum Zwecke der – hier erfolgten – Herausgabe des Geldes vorgenommen wird, sondern der Täter den Entschluss, dem Opfer eine Handlung abzunötigen, erst nach der Gewaltanwendung oder Drohung fasst.[275]

[6] Die Tatbestandsvoraussetzungen einer schweren räuberischen Erpressung gemäß §§ 253, 255, 250 Abs. 1 Nr. 1a StGB erfordern eine finale Verknüpfung zwischen dem Nötigungsmittel und der von dem Opfer vorzunehmenden vermögensschädigenden Handlung (vgl. BGH, Beschlüsse vom 13. November 2012 – 3 StR 400/12 [juris Rn. 4], und vom 5. November 2013 – 2 StR 388/13 [juris Rn. 11], jeweils mwN). Nicht anders als beim Raub genügt es daher nicht, wenn der Einsatz des Nötigungsmittels nicht zum Zwecke der – hier erfolgten – Herausgabe des Geldes vorgenommen wird, sondern der Täter den Entschluss, dem Opfer eine Handlung abzunötigen, erst nach der Gewaltanwendung oder Drohung fasst (vgl. Beschluss vom 31. Juli 2012 – 3 StR 232/12, NStZ-RR 2012, 342).

[7] Die Strafkammer hat jedoch nicht festgestellt, dass der Beschuldigte bereits im Zeitpunkt der Körperverletzungen oder Drohungen vorhatte, die Geschädigte zur Herausgabe des Geldes für einen Kaffee zu bewegen. Nach den Feststellungen der

---

[275] BGH, Beschluss vom 25.02.2014 – 4 StR 544/13.

Strafkammer forderte der Beschuldigte vielmehr zunächst wegen angeblich durch die Zeugin verursachter Schulden mindestens 25.000 €, bevor er – erhebliche Zeit später, insbesondere nach der Wegnahme des Mobiltelefons und des Schlüsselbundes sowie der Fahrt zur Arbeitsstelle der Zeugin – diese nach dem Geld für einen Kaffee „fragte".

[8] bb) Die Feststellungen der Strafkammer belegen auch nicht, dass der Beschuldigte für den Fall der Nichterfüllung seiner „Frage" zumindest konkludent mit weiterer Gewalt gedroht hat.

[9] Zwar hatte die Geschädigte weiterhin Angst vor dem Beschuldigten. Dies ist auch nachvollziehbar, obwohl die Zeugin nach ihrer Aussage – der die Strafkammer folgt – in die Fahrt mit dem Pkw einwilligte, weil sie davon ausging, dass der Beschuldigte dabei „nicht unmittelbar sofort eine neue Bedrohungslage unter Verwendung des Messers herstellen konnte" (UA S. 20; Hervorhebung nur hier). Das bloße Ausnutzen einer vorangegangenen Nötigung reicht indes nicht aus, wenn nicht die Nötigungslage bei Hinzutreten der Bereicherungsabsicht wenigstens aktualisiert aufrechterhalten wird (vgl. BGH, Beschluss vom 13. November 2012 – 3 StR 400/12 [juris Rn. 5], mwN). Dies und einen entsprechenden Vorsatz des Beschuldigten hat die Strafkammer aber nicht festgestellt.

Der Schuldspruch ist rechtlich nicht zu beanstanden. Dies gilt auch, soweit in dem **276** als schwere räuberische Erpressung (§ 253 Abs. 1, § 255, § 250 Abs. 1 Nr. 1b, § 25 Abs. 2 StGB) bewerteten Fall der Mitangeklagte die Beute herausgab und dabei nur vortäuschte, zu den Geschädigten zu gehören. Hierbei wurde zumindest die von dem weiteren Mitangeklagten bedrohte Zeugin, die Schwester des Betreibers des Bowlingcenters, dazu genötigt, nicht einzuschreiten. Dies begründet die Annahme der **Ursächlichkeit der qualifizierten Drohung** im Sinne des § 253 Abs. 1 Satz 1 und des § 255 StGB für die Vermögensschädigung des Betreibers des Bowlingcenters.[276]

Die Feststellungen der Strafkammer tragen eine Verurteilung wegen vollendeter **277** besonders schwerer räuberischer Erpressung (§§ 253, 255, 250 Abs. 2 Nr. 1 StGB) nicht. Ein **Vermögensnachteil** im Sinne eines **Gefährdungsschadens** durch eine unmittelbare Zugriffsmöglichkeit auf den Auszahlungsanspruch des berechtigten Kontoinhabers gegen die die EC-Karte akzeptierende Bank läge nur dann vor, wenn dem Täter die zutreffende Geheimzahl bekannt gemacht worden wäre.[277]

11. Hehlerei – § 259 StGB

Die dem Wortlaut des Art. 103 Abs. 2 GG nicht zu entnehmende Möglichkeit der **278** **Verurteilung eines Angeklagten wegen Diebstahls oder gewerbsmäßiger Hehlerei beruht auf Richterrecht.** Dies verstößt gegen den aus Art. 103 Abs. 2 GG folgenden Grundsatz, dass keine Straftat vorliegt und keine Bestrafung erfolgen darf, soweit dies nicht auf dem Gesetz beruht. Es handelt sich bei der gesetzesalternativen Wahlfeststellung nicht nur um richterrechtliche Rechtsfortbildung im Bereich des Strafverfahrensrechts, für die Art. 103 Abs. 2 GG nicht gelten würde. Vielmehr

---

276 BGH, Urteil vom 2.04.2014 – 2 StR 349/13.

277 BGH, Beschluss vom 17.06.2014 – 5 StR 216/14.

wirkt die Rechtsfigur strafbegründend; sie verletzt daher das Analogieverbot aus Art. 103 Abs. 2 GG.

(Anfragebeschluss des 2. Strafsenats)[278]

[3] Die Beweiswürdigung des Landgerichts weist keinen Rechtsfehler zum Nachteil der Angeklagten auf. Auch die Ablehnung einer eindeutigen Verurteilung wegen gewerbsmäßiger Hehlerei aufgrund einer Postpendenzfeststellung ist rechtlich nicht zu beanstanden. Deshalb stünde die Verurteilung im Weg der Wahlfeststellung zwischen Diebstahl oder gewerbsmäßiger Hehlerei im Einklang mit der bisherigen Rechtsprechung des Bundesgerichtshofs. Der Senat beabsichtigt jedoch, diese Rechtsprechung aufzugeben.

[4] Die dem Wortlaut des Art. 103 Abs. 2 GG nicht zu entnehmende Möglichkeit der Verurteilung eines Angeklagten wegen Diebstahls o d e r gewerbsmäßiger Hehlerei beruht auf Richterrecht (unten III.). Dies verstößt gegen den aus Art. 103 Abs. 2 GG folgenden Grundsatz (unten IV.1.), dass keine Straftat vorliegt (unten IV.2.) und keine Bestrafung erfolgen darf (unten IV.3.), soweit dies nicht auf dem Gesetz beruht.

[5] Die Rechtsfigur der gesetzesalternativen Wahlfeststellung beruht auf Richterrecht, das vom Reichsgericht zuerst für die Alternative von Diebstahl oder Hehlerei entwickelt wurde. Eine gesetzliche Regelung in § 2b RStGB, die eine gesetzesalternative Wahlfeststellung in unbegrenzter Weise vorsah, wurde vom Alliierten Kontrollrat aufgehoben. Seither fehlt eine Gesetzesbestimmung, die eine gesetzesalternative Wahlfeststellung, unter anderem zwischen (gewerbsmäßigem) Diebstahl oder gewerbsmäßiger Hehlerei, gestatten könnte.

[6] 1. Nach der anfänglichen Rechtsprechung des Reichsgerichts wurde eine alternative Sachverhaltsfeststellung nur dann nicht beanstandet, wenn es sich bei den Alternativen um unterschiedliche Ausführungsarten desselben Delikts handelte (RG, Urteil vom 18. Juni 1920 – II 476/20, RGSt 55, 44). Das im Schuldspruch genannte Delikt musste eindeutig nachgewiesen sein (RG, Urteil vom 29. September 1884 – Rep. 1763/84, RGSt 11, 103, 104). Mit Blick auf den Grundsatz „nullum crimen sine lege" durfte eine Strafe nur ausgesprochen werden, wenn die zugrunde liegende Handlung einen bestimmten Straftatbestand erfüllte (RG, Urteil vom 9. November 1891 – Rep. 2638/91, RGSt 22, 213, 216). Eine Ausnahme hiervon kam nur in Frage, wenn der Straftatbestand selbst verschiedene Umstände als Modalitäten desselben Delikts und dafür auch dieselbe Strafe vorsah (RG, Urteil vom 8. April 1892 – Rep. 822/92, RGSt 23, 47, 48; Urteil vom 1. Februar 1921 – II 899/20, RGSt 55, 228, 229; Urteil vom 19. April 1921 – IV 483/21, RGSt 56, 35 f.; Urteil vom 4. Januar 1923 – II 538/22, RGSt 57, 174 f.).

[7] Davon wurde der Fall unterschieden, dass die vom Gericht in Betracht gezogenen Sachverhaltsalternativen unterschiedliche Straftatbestände erfüllten. In diesem Fall war weder eine eindeutige noch eine alternative Verurteilung möglich. Das galt auch dann, wenn alternativ Diebstahl oder Hehlerei in Betracht kamen (RG, Urteil vom 30. April 1919 – III 156/19, RGSt 53, 231, 232).

[8] 2. Von dieser Rechtsprechung rückten die Vereinigten Strafsenate des Reichsgerichts durch Beschluss vom 2. Mai 1934 – 1 D 1096/33 (RGSt 68, 257, 259 ff. mit Anm. Oetker GS 106 [1935], 401, 408 ff.) ab, soweit es die Variante von Diebstahl

[278] BGH, Beschluss vom 28.1.2014 – 2 StR 495/12.

oder Hehlerei betraf. Sie führten aus, der Gesetzgeber habe zwar bewusst davon abgesehen, eine Regelung dieser Frage zu treffen. Die Rechtsprechung sei an den Willen des Gesetzgebers gebunden. Die zu beurteilende Fragestellung führe aus dem Aufgabenkreis der reinen Gesetzesanwendung hinaus. Die Rechtsprechung sei aber dazu berechtigt, zur Ergänzung einer im Verfahrensrecht vorhandenen Gesetzeslücke rechtsschöpferisch tätig zu werden, wobei sie „gleich dem Gesetzgeber arbeiten" müsse (RGSt 68, 257, 259). Die Zulassung einer Wahlfeststellung zwischen Diebstahl oder Hehlerei trage dem allgemeinen Rechtsempfinden Rechnung, weil es der Tat des Hehlers dieselbe sittliche Missbilligung angedeihen lasse, wie derjenigen des Diebes (RGSt 68, 257, 262). Für andere Tatbestandsalternativen wurde eine Wahlfeststellung weiter abgelehnt (RGSt 68, 257, 260 f.). …

[18] 1. Die Rechtsprechung des Bundesgerichtshofs hat insgesamt am Ansatz des Reichsgerichts festgehalten, dessen richterrechtliche Ausnahme vom Grundsatz der Unzulässigkeit von gesetzesalternativen Verurteilungen aber so ausgedehnt, dass von einer grundsätzlichen Anerkennung der Wahlfeststellung gesprochen wird. Die Erweiterung des Anwendungsbereichs der Rechtsfigur der echten Wahlfeststellung hat das Regel- und Ausnahmeverhältnis verschoben, jedoch ihren Rechtscharakter als richterrechtliche Ausnahme von den Grundsätzen „nullum crimen sine lege" und „nulla poena sine lege" nicht verändert. Es wurden auch keine neuen Gründe für ihre Legitimation genannt. Die Frage nach der Vereinbarkeit mit dem Gesetzlichkeitsprinzip des Art. 103 Abs. 2 GG ist nicht gestellt worden. Auch Richterrecht ist aber an Art. 103 Abs. 2 GG zu messen, soweit es materiellrechtlicher Natur ist (vgl. BGH, Urteil vom 22. August 1996 – 4 StR 217/96, BGHSt 42, 235, 241). Die Nachprüfung ergibt, dass eine gesetzesalternative Verurteilung, auch in den Fällen der Alternative von Diebstahl oder Hehlerei, mit dem Gesetzesvorbehalt für das Strafrecht gemäß Art. 103 Abs. 2 GG unvereinbar ist.

[19] 2. Es handelt sich bei der gesetzesalternativen Wahlfeststellung nicht nur um richterrechtliche Rechtsfortbildung im Bereich des Strafverfahrensrechts, für die Art. 103 Abs. 2 GG nicht gelten würde. Vielmehr wirkt die Rechtsfigur strafbegründend; sie verletzt daher das Analogieverbot aus Art. 103 Abs. 2 GG.

[20] a) Art. 103 Abs. 2 GG gewährleistet, dass eine Tat nur bestraft werden kann, wenn die Strafbarkeit gesetzlich bestimmt war, bevor die Tat begangen wurde.

[21] Daraus folgt ein strenger Gesetzesvorbehalt für das Strafrecht, der die Strafgerichte auf bloße Rechtsanwendung beschränkt (vgl. BVerfG, Beschluss vom 10. Januar 1995 – 1 BvR 718/89 u.a., BVerfGE 92, 1, 12) und richterrechtliche Rechtsfortbildung mit strafbegründender Wirkung ausschließt (vgl. Kunig in: von Münch/Kunig, GG, 6. Aufl., Art. 103 Rn. 26). Der Gesetzgeber hat durch Festlegung der tatbestandlichen Voraussetzungen zu entscheiden, ob und in welchem Umfang ein bestimmtes Rechtsgut mit den Mitteln des Strafrechts verteidigt werden muss. Den Strafgerichten ist es verwehrt, die gesetzgeberischen Entscheidungen in strafausdehnender Weise zu korrigieren (BVerfG, Beschluss vom 7. Dezember 2011 – 2 BvR 2500/09 u.a., BVerfGE 130, 1, 43). Dies gilt auch, wenn durch die Gesetzesbindung Einzelfälle aus dem Anwendungsbereich eines Strafgesetzes herausfallen, obwohl sie ähnlich strafwürdig erscheinen wie das vom Strafgesetz erfasste Verhalten. Aus dem Erfordernis gesetzlicher Bestimmtheit der Strafbarkeit folgt ein Verbot analoger oder gewohnheitsrechtlicher Strafbegründung. Ausgeschlossen ist jede Rechtsanwendung, die über den Inhalt einer Sanktionsnorm hinausgeht (BVerfG, Beschluss vom 23. Oktober 1991 – 1 BvR 850/88, BVerfGE 85, 69, 78). Auch dürfen einzelne Tatbestandsmerkmale nicht so ausgelegt werden, dass sie in anderen

Tatbestandsmerkmalen aufgehen; es besteht ein Verbot der „Entgrenzung" oder „Verschleifung" von Tatbestandsmerkmalen (BVerfG, Beschluss vom 23. Juni 2010 – 2 BvR 2559/08 u.a., BVerfGE 127, 170, 198).

[22] An diesem Maßstab gemessen ist die gesetzesalternative Verurteilung mit Art. 103 Abs. 2 GG unvereinbar.

[35] 3. Im Übrigen müssen nach Art. 103 Abs. 2 GG auch die Grundlagen der Strafbemessung eindeutig sein („nulla poena sine lege"). Dem Gesetz muss nicht nur entnommen werden, wann Strafen einer bestimmten Art zu verhängen sind und welcher Strafrahmen dafür gilt, sondern auch nach welchen Leitgesichtspunkten innerhalb dieses Rahmens die Zumessung der Strafe zu erfolgen hat (vgl. BVerfG, Urteil vom 20. März 2002 – 2 BvR 794/95, BVerfGE 105, 135, 164). Zur Herbeiführung einer der Schuld des Täters angemessenen Strafe reicht nicht nur ein quantitativer Strafrahmenvergleich der alternativ in Frage kommenden Normen aus, sondern es muss auch die Qualität der Strafe mit Blick auf eine bestimmte strafbare Handlung und diesbezügliche Schuld bewertet werden. Der Strafgrund liegt in der konkret begangenen Tat, die auch deshalb nicht durch gesetzesalternative Verurteilung offen gelassen werden darf.

[36] Bleibt für den Strafrichter unklar, welche Unrechtshandlung überhaupt begangen wurde und welche Strafnorm einschlägig ist, so kann seine Strafzumessung aufgrund einer nur per Saldo festgestellten Schuld des Angeklagten nicht im Einklang mit der gesetzlichen Vorwertung erfolgen (vgl. Alwart GA 1992, 545, 562 ff.). Lässt der Strafrichter offen, welcher Straftatbestand anzuwenden ist und greift er nur auf den geringsten Strafrahmen aus den Alternativen zurück, begleiten zwangsläufig Ungenauigkeiten den Strafzumessungsvorgang; diese sind mit Art. 103 Abs. 2 GG unvereinbar (vgl. BVerfG aaO, BVerfGE 105, 135, 159 für die Vermögensstrafe). Die Umwertung der Verhaltensnormverletzung in ein Strafquantum gelingt bei der gesetzesalternativen Wahlfeststellung nicht im Einklang mit einem bestimmten Gesetz (vgl. Jakobs GA 1971, 257, 268 f.). Das macht der vorliegende Fall deutlich: Geht es entweder um Einbruchsdiebstähle durch Mittäter mit großem Sachschaden und mit umfangreicher Diebesbeute oder um eine später – auch als andere Tat im prozessualen Sinn – begangene Hehlerei durch Alleintäter in Bezug auf einzelne Beutestücke, so sind die Tatbilder derart verschieden, dass sie bei der Strafbemessung nicht alternativ als Grundlage einer gesetzeskonformen Strafzumessung dienen können. Weder besteht Gleichartigkeit des besonderen Unrechtscharakters der alternativ in Frage kommenden Sachverhalte und Tatbestände (vgl. Zeiler ZStW 72 [1960], 4, 16), noch dieselbe seelische Beziehung des Täters zur Tat (vgl. Dreher MDR 1970, 369; Montenbruck GA 1988, 531, 537; J. Schulz in: Bemmann/Zweihoff [Hrsg.], Beiträge zur gesamten Strafrechtswissenschaft, 2007, 1, 7).

[37] 4. Die Anfrage des Senats beschränkt sich auf die richterrechtliche Rechtsfigur der gesetzesalternativen Wahlfeststellung. Die oben dargelegten Einwände gelten nicht, wenn unter Beachtung des Art. 103 Abs. 2 GG ein eindeutiger Schuldspruch möglich ist.

■ PRAXISBEDEUTUNG

Mit dem vorliegenden Anfragebeschluss an die anderen Strafsenate versucht der 2. Strafsenat die Umkehr von der bisher ständigen Rechtsprechung, wonach eine wahldeutige Verurteilung wegen (gewerbsmäßigen) Diebstahls oder gewerbsmäßiger Hehlerei unzulässig sein soll. Wenn es insoweit um richtige Anwendung des Verfassungsrechts geht, verbietet sich der Hinweis darauf, dass die bisherige Regelung in der Praxis keinerlei Beanstandungen gefunden hat. Dennoch dürfte aufgrund der bisherigen Stellungnahmen der anderen Senate nicht mit einem Erfolg in dem anzurufenden Großen Senat für Strafsachen zu rechnen sein (s. auch die nachstehenden Beschlüsse des 1., 3., 4. und 5. Strafsenat)!

Die ständige Rechtsprechung des 1. Strafsenats steht der beabsichtigten Entscheidung des 2. Strafsenats entgegen (vgl. bereits Senat, Urteile vom 2. Oktober 1951 – 1 StR 353/51, BGHSt 1, 327, 328, und vom 12. Januar 1954 – 1 StR 631/53, BGHSt 5, 280; zuletzt Beschluss vom 5. März 2013 – 1 StR 613/12, NStZ 2014, 42). Der Senat hält an dieser Rechtsprechung fest: Bei der **gesetzesalternativen (ungleichartigen) Wahlfeststellung handelt es sich um eine prozessuale Entscheidungsregel, auf die Art. 103 Abs. 2 GG keine Anwendung findet**. Selbst wenn dieser Regel ein materiell-rechtlicher Gehalt zukommt, liegt kein Verstoß gegen Art. 103 Abs. 2 GG vor. Dies entspricht im Ergebnis der Ansicht des Gesetzgebers. Das einschränkende Merkmal der „rechtsethischen und psychologischen“ Gleichwertigkeit der verschiedenen Straftaten stellt sicher, dass die Rechtsfolgenentscheidung trotz Tatsachenalternativität an einen ausreichend einheitlichen Schuldvorwurf anknüpfen kann.[279] **279**

Die Rechtsfigur der ungleichartigen (echten) Wahlfeststellung **verstößt nicht gegen Art. 103 Abs. 2 GG.** Auch die aus dem Rechtsstaatsgebot folgenden Grundsätze des Schuldprinzips und der Unschuldsvermutung sind nicht betroffen.[280] **280**

Die **Verurteilung auf wahldeutiger Grundlage verstößt nicht gegen Art. 103 Abs. 2 GG und § 1 StGB.** **281**

Art. 103 Abs. 2 GG enthält – neben dem hier nicht zu erörternden Rückwirkungsverbot – die Verpflichtung des Gesetzgebers, die Voraussetzungen der Strafbarkeit so konkret zu umschreiben, dass Tragweite und Anwendungsbereich der Straftatbestände sowie die Rechtsfolgen eines Verstoßes zu erkennen sind und sich durch Auslegung ermitteln lassen. Diese Verpflichtung dient einem doppelten Zweck. Es geht einerseits um den rechtsstaatlichen Schutz des Normadressaten: Jedermann soll vorhersehen können, welches Verhalten verboten und mit Strafe bedroht ist. Andererseits soll sichergestellt werden, dass der Gesetzgeber selbst über die Strafbarkeit entscheidet. Insoweit enthält Art. 103 Abs. 2 GG einen strengen Gesetzesvorbehalt, der es der rechtsprechenden Gewalt verbietet, Straftatbestände oder Strafen im Wege richterlicher Rechtsfortbildung – etwa durch die Bildung von Analogien oder die Verschleifung von Tatbestandsmerkmalen – zu begründen oder zu verschärfen.

Die Wahlfeststellung berührt keine dieser Garantien.[281]

Die vom Gesetzgeber bewusst der Rechtsprechung und dem Schrifttum überlassene höchstrichterlich entwickelte Rechtsfigur der ungleichartigen (gesetzesalternativen) **Wahlfeststellung verstößt nicht gegen Art. 103 Abs. 2 GG.** Der Grundsatz nulla poena sine lege (Art. 103 Abs. 2 GG) wird nicht berührt oder gar verletzt. **282**

---

279 BGH, Beschluss vom 24.6.2014 – 1 ARs 14/14.

280 BGH, Beschluss vom 30.9.2014 – 3 ARs 13/14.

281 BGH, Beschluss vom 11.09.2014 – 4 ARs 12/14.

Die ungleichartige Wahlfeststellung ist eine prozessuale Entscheidungsregel. Sie stellt ihrerseits eine Ausnahme von der Entscheidungsregel „in dubio pro reo" dar und gelangt erst dann zur Anwendung, wenn nach dieser keine eindeutige Tatsachengrundlage zustande kommt, insbesondere keine eindeutige Verurteilung nach einem sachlogischen oder aber einem normativ-ethischen Stufenverhältnis der Geschehensabläufe erfolgen kann.[282]

■ TOPENTSCHEIDUNG

283 Eine Verurteilung wegen vollendeter Hehlerei durch Absetzen setzt die **Feststellung eines Absatzerfolges** voraus.[283]

[5] III. Der Schuldspruch hält indes materiellrechtlicher Prüfung nicht stand. Die Feststellungen tragen eine Verurteilung des Angeklagten wegen vollendeter Hehlerei in Form des Absetzens nicht. Diese setzt einen Absatzerfolg voraus. Bleiben die Absatzbemühungen ohne Erfolg, kommt nur eine Verurteilung wegen versuchter Hehlerei in Betracht.

[6] 1. Mit seiner abweichenden Würdigung befindet sich das Landgericht allerdings im Einklang mit der bisherigen ständigen Rechtsprechung. Diese Rechtsprechung gründet auf mehrere Entscheidungen des Reichsgerichts. Dieses hat wiederholt die Auffassung vertreten, dass für die Absatzhilfe der Eintritt eines Absatzerfolges nicht erforderlich sei. Zur Begründung hat das Reichsgericht unter Hinweis auf die damalige Fassung des § 253 StGB, in der die Tathandlung – abweichend von der heutigen Fassung („absetzt oder absetzen hilft") – mit „zu deren Absatze bei anderen mitwirkt" beschrieben war, betont, dass danach nicht die Mitbewirkung des Absatzes, sondern die Mitwirkung zum Absatz unter Strafe gestellt sei. Ein weiteres Argument für das Reichsgericht war die fehlende Strafbarkeit des Versuchs (RGSt 5, 241, 242 f.; RGSt 40, 199; RGSt 55, 58, 59; RGSt 56, 191 f.). An dieser Rechtsprechung hielt der Bundesgerichtshof – trotz der mit Wirkung vom 15. Juni 1943 erfolgten Einführung der Versuchsstrafbarkeit – fest (BGH, Urteile vom 24. Januar 1952 – 3 StR 927/51, BGHSt 2, 135, 136 und vom 7. Dezember 1954 – 2 StR 471/54, NJW 1955, 350, 351).

[7] Auch die am 1. Januar 1975 in Kraft getretene Neufassung des § 259 StGB mit der noch heute gültigen Formulierung „absetzt oder absetzen hilft" durch Art. 19 Nr. 132 EGStGB führte zu keiner Rechtsprechungsänderung. Zwar entschied der 2. Strafsenat unter Bezugnahme auf den Wortlaut zunächst (Urteil vom 26. Mai 1976 – 2 StR 634/75, NJW 1976, 1698, 1699), dass die Tathandlung des Absetzens nur bei Eintritt eines Absatzerfolges vollendet sei. Diese Rechtsprechung gab er jedoch bereits wenige Monate später auf Anfrage des 4. Strafsenats wieder auf, der unter Verweis auf den „eindeutigen" Gesetzgeberwillen an der bisherigen Auslegung festhielt (Urteil vom 4. November 1976 – 4 StR 255/76, BGHSt 27, 45, 48 ff.).

[8] Eine Einschränkung dieser Rechtsprechung fand in der Folgezeit nur insoweit statt, als verlangt wurde, dass das Bemühen um Absatz geeignet sein müsse, die rechtswidrige Vermögenssituation aufrechtzuerhalten oder zu vertiefen, was bei

---

282 BGH, Beschluss vom 16.07.2014 – 5 ARs 39/14.
283 BGH, Beschluss vom 22.10.2013 – 3 StR 69/13.

einer Lieferung an einen verdeckten Ermittler bzw. an eine Vertrauensperson der Polizei nicht der Fall sei (BGH, Urteil vom 17. Juni 1997 – 1 StR 119/97, BGHSt 43, 110 sowie Beschluss vom 19. April 2000 – 5 StR 80/00, NStZ-RR 2000, 266).

[9] 2. An dieser ständigen Rechtsprechung hält der Senat nicht mehr fest.

[10] a) Für die Auslegung des Tatbestands der Hehlerei als Erfolgsdelikt auch in den Fällen des Absetzens und der Absatzhilfe spricht der Wortlaut der Vorschrift. Schon der allgemeine Sprachgebrauch unterscheidet zwischen dem erfolgreichen Absetzen und bloßen Absatzbemühungen. Im Verkehr unter Kaufleuten, aus dem der Begriff stammt, würde niemand davon sprechen, dass ein Händler Waren abgesetzt hat, wenn er sich nur vergeblich um den Verkauf bemüht hat. Von diesem Verständnis ging auch das Reichsgericht aus, das den Verzicht auf den im Absatzbegriff enthaltenen Erfolg – wie dargelegt – allein aus der Handlungsformulierung des Mitwirkens herleitete (RGSt 5, 241, 242 f.).

[11] b) Zudem führt die bisherige Auslegung zu einem systematischen Bruch zwischen den Tathandlungsalternativen des Absetzens und der Absatzhilfe einerseits sowie des Ankaufens und des sonstigen sich Verschaffens andererseits, wenn nur bei letzteren zur Vollendung – wie es einhelliger Auffassung entspricht – der Übergang der Verfügungsgewalt verlangt wird (vgl. Zieschang, Gedächtnisschrift für Ellen Schlüchter, 2002, 403, 409). Wie wenig sachgerecht dieser systematische Bruch ist, wird besonders deutlich beim Blick auf die Konsequenzen für die Absatzhilfe: Diese ist vor allem deshalb als eigenständige, täterschaftliche Tatbestandsalternative ausgestaltet, weil die Absatzbemühungen des Vortäters ihrerseits § 259 StGB nicht unterfallen, mithin keine taugliche Vortat darstellen können. Kommt jedoch dem Absatzhelfer im Vergleich zum Gehilfen des Ankäufers schon die zwingende Strafrahmenverschiebung des § 27 Abs. 2 Satz 2 StGB nicht zugute, sollte dies nicht noch dadurch verstärkt werden, dass ihm die Möglichkeit einer solchen nach § 23 Abs. 2 StGB zusätzlich genommen wird (so auch Küper, JuS 1979, 633, 635 f.).

[12] Dem Argument aus der systematischen Auslegung kann nicht überzeugend entgegengehalten werden, die einzelnen Stadien der auf Absatz zielenden Tätigkeiten – Vorbereitung, Versuch, Vollendung – seien anders als beim Sichverschaffen einer klaren Abgrenzung nicht zugänglich (vgl. hierzu Wessels/Hillenkamp, Strafrecht, BT 2, 35. Auflage, Rn. 864). Denn gerade durch das Erfordernis eines Absatzerfolges wird eine klare Grenze zwischen den Stadien vor und nach Vollendung geschaffen. Die bisherige Rechtsprechung lässt demgegenüber – systemwidrig – die Versuchsstrafbarkeit im Bereich des Absetzens und der Absatzhilfe weitestgehend leerlaufen. Ihr Anliegen ist es, befürchtete Strafbarkeitslücken zu vermeiden, die bei einem Abstellen auf einen Absatzerfolg entstehen könnten (so ausdrücklich Wessels/Hillenkamp, aaO), und die deswegen als besonders misslich angesehen werden, weil die Hehlerei in Form des Absetzens durch das Schaffen von Anreizen zur Begehung von (weiteren) Diebstahlstaten als besonders gefährlich gelten müsse (in diese Richtung Rosenau, NStZ 1999, 352, 353). Solche Lücken entstehen indes nicht, weil, soweit der Täter zum Absetzen (oder der Absatzhilfe) unmittelbar angesetzt hat, die dann angemessene Versuchsstrafbarkeit zum Tragen kommt, und, sofern sie – etwa in Fällen des Rücktritts – entfällt, dies dem Willen des Gesetzes entspricht. Im Übrigen ist die Schließung von Strafbarkeitslücken nicht Sache der Rechtsprechung, sondern die der Gesetzgebung.

[13] c) Das Verständnis des Absetzens als Erfolgsdelikt verdient schließlich auch bei teleologischer Auslegung den Vorzug. Denn wenn das Wesen der Hehlerei in der Aufrechterhaltung der durch die Vortat geschaffenen rechtswidrigen Vermögenslage

besteht, „die durch das Weiterschieben der durch die Vortat erlangten Sache im Einverständnis mit dem Vortäter erreicht wird" (BT-Drucks. 7/550, S. 252, sogenannte Perpetuierungstheorie), liegt die Annahme von Vollendung fern, wenn diese Weiterschiebung noch nicht abgeschlossen ist (so auch Küper, aaO, 635). Dies stellt keinen Rückfall in das Verständnis der Hehlerei als Restitutionsvereitelungsdelikt dar (so aber Rosenau, aaO, 352 f.), sondern berücksichtigt, dass der Absetzende im Lager des Vortäters steht (Zieschang, aaO, 411).

[14] d) Der beabsichtigten Auslegung steht der Wille des Gesetzgebers nicht entgegen. Soweit es in der Begründung des Entwurfs der Bundesregierung zum EGStGB vom 11. Mai 1973 heißt, die Änderung diene „nur der Klarstellung, dass Hehler auch derjenige ist, der die Sache zwar im Einverständnis mit dem Vortäter, aber sonst völlig selbständig auf dessen Rechnung absetzt" (BT-Drucks., aaO, S. 253), folgt daraus zwar, dass eine Änderung der Rechtslage mit der Neuformulierung nicht beabsichtigt war. Es ist jedoch nichts dafür ersichtlich, dass der Gesetzgeber die bisherige Auslegung durch die Rechtsprechung, die sich von Beginn an systematischer und teleologischer Kritik ausgesetzt sah, festschreiben wollte (vgl. Zieschang, aaO, 410).

[15] 3. Der Auffassung des Senats haben sich die anderen Strafsenate des Bundesgerichtshofs auf Anfrage unter Aufgabe entgegenstehender Rechtsprechung angeschlossen (1. Strafsenat: Beschluss vom 21. August 2013 – 1 ARs 6/13; 2. Strafsenat: Beschluss vom 15. August 2013 – 2 ARs 299/13; 4. Strafsenat: Beschluss vom 8. Oktober 2013 – 4 ARs 7/13; 5. Strafsenat: Beschluss vom 20. August 2013 – 5 ARs 34/13).

■ PRAXISBEDEUTUNG

Mit dem vorliegenden Beschluss wird der seit vielen Jahren andauernde Streit, ob eine vollendete Hehlerei einen Absatzerfolg voraussetzt, nunmehr eindeutig in diesem Sinne unter Aufgabe bisheriger Rechtsprechung entschieden. Die Praxis kann sich ab sofort auf dieses klare Ergebnis einstellen.

284 Unter **Absetzen** im Sinne des § 259 Abs. 1 StGB ist die **im Einvernehmen mit dem Vortäter**, im Übrigen aber **selbständig vorgenommene wirtschaftliche Verwertung** einer bemakelten Sache durch ihre rechtsgeschäftliche Weitergabe an gut- oder bösgläubige Dritte gegen Entgelt zu verstehen. Eine Bestrafung des Absetzens als Hehlerei kommt dann nicht in Betracht, wenn der Hehler zuvor die Sache angekauft und sich bereits dadurch der Hehlerei (§ 259 Abs. 1 StGB) strafbar gemacht hat. Das Absetzen ist dann, wenn der Hehler überhaupt noch im Einvernehmen mit dem Vortäter tätig wurde und „in dessen Lager" stand, als Nachtat mitbestraft.[284]

[8] Der Schuldspruch in den Fällen III.1. und III.2. Nr. 1 bis 30 der Urteilsgründe hält rechtlicher Nachprüfung nicht stand.

[9] Unabhängig davon, dass ein vollendetes Absetzen im Sinne des § 259 Abs. 1 StGB nach neuer Rechtsprechung des Bundesgerichtshofs einen Absatzerfolg voraussetzt (BGH, Beschluss vom 22. Oktober 2013 – 3 StR 69/13, NJW 2014, 951), der hier in einigen Fällen nicht eingetreten ist, begegnet die Verurteilung des Ange-

[284] BGH, Beschluss vom 7.05.2014 – 1 StR 150/14.

klagten wegen Hehlerei in der Tatbestandsvariante des Absetzens durchgreifenden rechtlichen Bedenken. Denn der Angeklagte hatte die Waren zuvor vom Vortäter angekauft.

[10] Unter Absetzen im Sinne des § 259 Abs. 1 StGB ist die im Einvernehmen mit dem Vortäter, im Übrigen aber selbständig vorgenommene wirtschaftliche Verwertung einer bemakelten Sache durch ihre rechtsgeschäftliche Weitergabe an gut- oder bösgläubige Dritte gegen Entgelt zu verstehen (vgl. BGH, Urteil vom 26. Mai 1976 – 2 StR 634/75, NJW 1976, 1698; Stree/Hecker in Schönke/Schröder, StGB, 29. Aufl., § 259 Rn. 28; Walter in LK-StGB, 12. Aufl., § 259 Rn. 51; Fischer, StGB, 61. Aufl., § 259 Rn. 15 f.). Der Senat braucht nicht zu entscheiden, ob der Angeklagte hier beim Weiterverkauf der vom Vortäter F. erworbenen Elektronikgegenstände noch im Einvernehmen mit dem Vortäter oder allein im eigenen wirtschaftlichen Interesse gehandelt hat. Denn eine Bestrafung des Absetzens als Hehlerei kommt jedenfalls dann nicht in Betracht, wenn der Hehler zuvor die Sache angekauft und sich bereits dadurch der Hehlerei (§ 259 Abs. 1 StGB) strafbar gemacht hat. Das Absetzen ist dann, wenn der Hehler überhaupt noch im Einvernehmen mit dem Vortäter tätig wurde und „in dessen Lager" (vgl. Fischer aaO Rn. 16) stand, als Nachtat mitbestraft (vgl. BGH, Urteil vom 3. Juni 1975 – 1 StR 228/75, NJW 1975, 2109 sowie Walter aaO Rn. 107).

[11] Ausgehend von diesen Maßstäben hat das Landgericht rechtsfehlerhaft statt des „Ankaufens" des Diebesgutes allein dessen „Absatz" durch den Angeklagten in den Blick genommen. Denn die Urteilsfeststellungen belegen, dass der Angeklagte die Elektronikgegenstände, die er im Tatkomplex III.2. der Urteilsgründe zur Erzielung eines eigenen Gewinns verkaufte oder zumindest zum Verkauf anbot, zuvor vom Mitangeklagten F. angekauft hatte. Damit war der Ankauf der gestohlenen Elektronikgegenstände die für die Verurteilung des Angeklagten maßgebliche Hehlereihandlung im Sinne des § 259 Abs. 1 StGB, nicht die spätere Verwertung der angekauften Waren.

[12] Es ist dem Senat – ungeachtet etwaiger Hinweispflichten aus § 265 StPO – verwehrt, den Schuldspruch als vom Ankauf der Elektronikgegenstände durch den Angeklagten getragen anzusehen. Denn das Urteil enthält keine ausreichenden Feststellungen dazu, wann und aufgrund wie vieler Ankäufe der Angeklagte sich die zum Weiterverkauf bestimmten Elektronikgegenstände verschafft hat. Erwirbt aber ein Hehler einheitlich mehrere aus einer oder verschiedenen Vortaten stammende Sachen, liegt nur eine Hehlerei vor (vgl. BGH, Beschluss vom 2. Juni 2005 – 4 StR 64/05, NStZ-RR 2005, 236). Damit kann der Senat nicht entscheiden, in wie vielen Fällen der Hehlerei gemäß § 259 Abs. 1 StGB sich der Angeklagte strafbar gemacht hat. Auch fehlen Feststellungen zum Schuldumfang der jeweiligen Taten.

[13] Auch der Schuldspruch im Fall III.1. der Urteilsgründe kann keinen Bestand haben. Zwar beschwert es den Angeklagten nicht, dass das Landgericht die sich über einen Zeitraum von achtzehn Monaten erstreckenden Ankäufe von zehn aus Diebstählen stammenden Elektronikgeräten lediglich als eine Tat angesehen hat. Die Urteilsfeststellungen lassen jedoch nicht erkennen, durch welche Ankäufe der Angeklagte die zehn Gegenstände erworben hat. Damit bleibt auch offen, ob und gegebenenfalls in wie vielen Fällen vom Angeklagten Gegenstände aus dem Tatkomplex III.1. der Urteilsgründe zusammen mit solchen aus dem Tatkomplex III.2. der Urteilsgründe angekauft worden sind. Da sämtliche Elektronikgegenstände aus Diebstählen des Mitangeklagten F. bei der Firma C. stammten, liegt ein solcher gemeinsamer Ankauf mehrerer Gegenstände hier jedenfalls nicht fern. Der Schuldspruch

im Fall III.1. der Urteilsgründe kann daher nicht isoliert bestehen bleiben. Das neue Tatgericht wird zu den Umständen des Ankaufs Feststellungen zu treffen haben.

285 **Gewerbsmäßigkeit** bedeutet, dass der Täter die Absicht verfolgt, sich durch wiederholte Tatbegehung eine fortlaufende Einnahmequelle von einiger Dauer und einigem Umfang zu verschaffen. Die Wiederholungsabsicht des Täters muss sich dabei auf dasjenige Delikt beziehen, dessen Tatbestand durch das Merkmal der Gewerbsmäßigkeit qualifiziert ist.[285]

[4] Der Schuldspruch der gewerbsmäßigen Hehlerei bei den Angeklagten B. und N. wird von den Feststellungen nicht getragen.

[5] Gewerbsmäßigkeit bedeutet, dass der Täter die Absicht verfolgt, sich durch wiederholte Tatbegehung eine fortlaufende Einnahmequelle von einiger Dauer und einigem Umfang zu verschaffen. Die Wiederholungsabsicht des Täters muss sich dabei auf dasjenige Delikt beziehen, dessen Tatbestand durch das Merkmal der Gewerbsmäßigkeit qualifiziert ist (st. Rspr.; vgl. nur Beschluss vom 2. Februar 2011 – 2 StR 511/10, NStZ 2011, 515, 516).

[6] Die Revisionen und der Generalbundesanwalt weisen zutreffend darauf hin, dass – anders als das Landgericht meint – beim einmaligen Sichverschaffen mehrerer gestohlener Gegenstände die Gewerbsmäßigkeit der Hehlerei nicht daraus geschlossen werden kann, dass die Hehlerware anschließend sukzessive nur einzeln verkauft wird (vgl. Reichsgericht, Urteil vom 22. November 1918 – IV 740/18, RGSt 53, 155; BGH, Urteil vom 19. Juni 1952 – 5 StR 491/52; Fischer, StGB, 61. Aufl., Vor § 52 Rn. 61a mwN; vgl. auch [jeweils zu § 146 Abs. 1 StGB] BGH, Beschlüsse vom 1. September 2009 – 3 StR 601/08, NStZ 2010, 148, 149; vom 2. Februar 2011 – 2 StR 511/10, NStZ 2011, 515, 516). Feststellungen dazu, dass die Angeklagten B. und N. neben der festgestellten Tat weitere Hehlereitaten beabsichtigt hätten, was für die Annahme von Gewerbsmäßigkeit trotz einmaliger Tatbegehung ausreichen würde, enthält das Urteil nicht. Weil es sich bei dem Angebot des Kaufs gestohlener Waffen um ein überraschendes einmaliges Angebot handelte, schließt der Senat mit dem Generalbundesanwalt aus, dass insoweit weitere Feststellungen getroffen werden können, die den Schuldspruch der gewerbsmäßigen Hehlerei tragen könnten. Der Schuldspruch war deshalb entsprechend § 354 Abs. 1 StPO bei beiden Angeklagten auf (einfache) Hehlerei zu ändern.

[7] Soweit der Generalbundesanwalt meint, bei dem Angeklagten B. könne der Schuldspruch der gewerbsmäßigen Hehlerei gleichwohl bestehen bleiben, weil sich dieser in zwei Fällen wegen (gewerbsmäßig begangener) Steuerhehlerei nach § 374 AO schuldig gemacht hat, vermag der Senat dem nicht zu folgen. Gemäß § 260 Abs. 1 StGB muss „die Hehlerei" gewerbsmäßig begangen werden, weshalb sich die Wiederholungsabsicht auf den Tatbestand des § 259 StGB beziehen muss.

286 Hat ein **Teilnehmer** nur zu konkurrenzrechtlich unselbstständigen Teilakten einer mehraktigen Haupttat Beihilfe geleistet, kommt es für die Beurteilung seiner Schuld grundsätzlich nur auf die rechtliche Bewertung dieser Einzelhandlungen an. Dies gilt auch dann, wenn diesen Teilakten für die rechtliche Bewertung der in der Person des Haupttäters zu einer Handlung zusammengefassten Aktivitäten keine Bedeutung zukommt.

---

[285] BGH, Beschluss vom 27.02.2014 – 1 StR 15/14.

Daran gemessen hat sich der Angeklagte nur der **Beihilfe zur versuchten** und nicht zur vollendeten **Hehlerei** schuldig gemacht.[286]

12. Geldwäsche – § 261 StGB

Nach § 261 Abs. 5 StGB muss sich **die leichtfertige Verkennung des Täters auf die Herkunft des jeweiligen Vermögensgegenstandes** aus einer in § 261 Abs. 1 StGB genannten Katalogtat beziehen. Dazu ist die Feststellung konkreter Umstände erforderlich, denen der Täter eine Katalogtat des Geldwäschetatbestandes als Vortat hätte entnehmen können.[287] **287**

[4] Die Verurteilung wegen leichtfertiger Geldwäsche im Sinne von § 261 Abs. 5 StGB begegnet in zweifacher Hinsicht durchgreifenden rechtlichen Bedenken.

[5] 1. Nach dieser Vorschrift muss sich die leichtfertige Verkennung des Täters auf die Herkunft des jeweiligen Vermögensgegenstandes aus einer in § 261 Abs. 1 StGB genannten Katalogtat beziehen. Dazu ist die Feststellung konkreter Umstände erforderlich, denen der Täter eine Katalogtat des Geldwäschetatbestandes als Vortat hätte entnehmen können (BGH, Urteil vom 17. Juli 1997 – 1 StR 791/96, BGHSt 43, 158, 168; Urteil vom 24. Juni 2008 – 5 StR 89/08, BGHR StGB § 261 Vortat 2). Daran fehlt es hier.

[6] Feststellungen dazu, dass der Angeklagte das tatsächliche Ausmaß der von den gesondert verfolgten Hintermännern mit hohem Organisationsgrad durchgeführten Phishing-Straftaten jedenfalls in den wesentlichen Grundzügen hätte erkennen können, hat das Landgericht nicht getroffen. Die Strafkammer ist vielmehr davon ausgegangen, der Angeklagte habe insoweit keine Details gekannt. Man habe ihm zu den Hintergründen schon deshalb nicht viel mitgeteilt, um Begehrlichkeiten nach einer höheren Belohnung gar nicht erst aufkommen zu lassen.

[7] 2. Ferner vermögen, wie der Generalbundesanwalt in seiner Antragsschrift vom 6. August 2014 im Einzelnen zutreffend ausgeführt hat, die zur subjektiven Tatseite getroffenen Feststellungen auch insoweit die gemäß § 261 Abs. 5 StGB erforderliche Leichtfertigkeit nicht zu belegen, als sich die Herkunft eines Gegenstandes aus einer Katalogtat nach Sachlage geradezu aufdrängen muss und der Täter gleichwohl handelt, weil er dies aus besonderer Gleichgültigkeit oder grober Unachtsamkeit außer Acht lässt (vgl. dazu BGH, Urteil vom 17. Juli 1997, aaO).

[8] 3. Vor dem Hintergrund der zum konkreten Tatablauf getroffenen Feststellungen wird die zu neuer Verhandlung und Entscheidung berufene Strafkammer bedenken müssen, dass Beihilfe zur Haupttat bis zu deren materieller Beendigung möglich ist, regelmäßig also bis zur endgültigen Sicherung des Taterfolgs. Von der materiellen Beendigung einer Tat des Computerbetruges im Sinne von § 263a StGB, bei der auf Grund einer Manipulation von Datenverarbeitungsvorgängen ein Geldbetrag vom Konto des Geschädigten auf ein Empfängerkonto geleitet wird, ist erst auszugehen, wenn entweder das überwiesene Geld vom Empfängerkonto abgehoben oder auf ein zweites Konto weiterüberwiesen worden ist (vgl. BGH, Beschluss vom 28. Februar 2012 – 3 StR 435/11, wistra 2012, 302, Tz. 7).

---

[286] BGH, Beschluss vom 27.03.2014 – 4 StR 341/13.

[287] BGH, Beschluss vom 11.09.2014 – 4 StR 312/14.

288 In den beiden Verurteilungsfällen (Fälle 1 und 2) belegt das Landgericht nicht hinreichend tragfähig (§ 261 StPO), dass die auf das Konto der D. GmbH überwiesenen **Gelder zweifelsfrei aus einer konkreten Katalogtat** im Sinne des § 261 Abs. 1 Satz 2 Nr. 4 lit. a StGB herrühren. Die vorgenommene Beweiswürdigung begegnet – auch eingedenk des beschränkten revisionsgerichtlichen Prüfungsmaßstabes – durchgreifenden Bedenken, weil sie Lücken zu erörterungsbedürftigen Tatumständen aufweist.[288]

[15] Die Strafkammer stützt ihre Feststellungen zur Vortat in Frankreich im Wesentlichen auf die Aussage des Geschäftsführers der P., ohne die Glaubhaftigkeit seiner Angaben angesichts sich aufdrängender außergewöhnlicher Umstände näher zu erörtern oder zu hinterfragen. Insoweit meint zwar das Landgericht, der Einschätzung des Zeugen G. nicht uneingeschränkt folgen zu müssen, dass der Chefbuchhalter C. die Überweisungen gutgläubig vorgenommen habe. Die Revision des Angeklagten – und ihm folgend der Generalbundesanwalt – weist aber zu Recht darauf hin, dass es in der Beweiswürdigung eines Eingehens auf die Frage bedurft hätte, wie es – insbesondere angesichts der als nicht gänzlich ausschließbar angesehenen dolosen Handlung C.s – möglich gewesen sein soll, bei einem Zeitraum von nahezu eineinhalb Monaten eine Vielzahl von Geldtransaktionen mit einem Volumen von über 13,5 Millionen Euro mit mehreren Unternehmen, die in keiner geschäftlichen Beziehung zur P. standen, manipulationslos vorzunehmen, ohne dass die Geschäftsleitung der Unternehmensgruppe – mittels Kontrollsystems – von dem Geldabfluss Kenntnis erlangt haben soll. Schließlich hätte ein anderer Hintergrund der zu verschleiernden Millionenzahlungen unter einverständlicher Mitwirkung der P. in den Blick genommen werden müssen.

13. Betrug

■ **TOPENTSCHEIDUNG**

289 Eine **Täuschungshandlung** im Sinne des § 263 StGB ist jede Einwirkung des Täters auf die Vorstellung des Getäuschten, welche objektiv geeignet und subjektiv bestimmt ist, beim Adressaten eine Fehlvorstellung über tatsächliche Umstände hervorzurufen. Sie besteht in der Vorspiegelung falscher oder in der Entstellung oder Unterdrückung wahrer Tatsachen. Dabei kann die Täuschung nicht nur ausdrücklich, sondern auch konkludent erfolgen, wenn der Täter die Unwahrheit zwar nicht expressis verbis zum Ausdruck bringt, sie aber durch sein Verhalten miterklärt. Ein solches Verhalten wird dann zur tatbestandlichen Täuschung, wenn der Täter die Eignung einer – inhaltlich richtigen – Erklärung, einen Irrtum hervorzurufen, planmäßig einsetzt und damit unter dem Anschein äußerlich verkehrsgerechten Verhaltens gezielt die Schädigung des Adressaten verfolgt, wenn also die Irrtumserregung nicht die bloße Folge, sondern der Zweck der Handlung ist. Dies ist insbesondere dann der Fall, wenn durch die äußere Gestaltung eines Angebotsschreibens gezielt der Eindruck erweckt werden soll, es handele sich um eine amtliche Kostenforderung.[289]

---

[288] BGH, Urteil vom 26.08.2014 – 5 StR 185/14.
[289] BGH, Urteil vom 28.05.2014 – 2 StR 437/13.

[21] Das Landgericht hat den Gesamterklärungswert der von dem Angeklagten R. und seinen Mittätern versandten Angebotsschreiben in diesem Sinne zu Recht dahin gewertet, dass es sich um eine amtliche Kostenforderung bzw. Rechnung für einen bereits erfolgten Registereintrag handelte, denn den Gesamteindruck der versandten Schreiben prägten vor allem typische Rechnungsmerkmale, so dass demgegenüber die lediglich – kleingedruckten – Hinweise auf den Angebotscharakter völlig in den Hintergrund traten:

[22] Schon die äußere Gestaltung der Schreiben glich einer amtlichen Kostenforderung bzw. einer Rechnung für den jeweils vorangegangenen Registereintrag. Die Schreiben enthielten zahlreiche typische Merkmale einer Rechnung, wie das Fehlen einer persönlichen Anrede und Grußformel, die Aufschlüsselung des zu zahlenden Betrags in eine Netto- und Bruttosumme sowie die Beifügung eines ausgefüllten Überweisungsträgers. Ausdrücklich wurde auf den jeweils erfolgten Registereintrag mit Datum teilweise auch mit Registernummer Bezug genommen und dessen Text zumindest auszugsweise wiedergegeben. Absender der Schreiben waren durchweg Firmen, die die Bezeichnung „Zentralregister", „Register Zentrale" oder „Deutsches Marken- und Patentregister" im Namen führten und damit einen Bezug zu dem tatsächlich erfolgten Registereintrag aufwiesen. Vor der in der Mitte der Schreiben platzierten und optisch hervorgehobenen Auflistung der einzelnen Kostenpositionen (Pos. 1: Eintragung, Pos. 2: Sonderzuschläge, Pos. 3: Mehrwertsteuer und Pos. 4: Endbetrag), befand sich der Hinweis, dass es im Fall einer nicht erfolgten Zahlung zu einer Löschung der „Unternehmensdaten" bzw. des „Marken- und Patentsatzes" komme, was den Eindruck verstärkte, es handele sich um eine Rechnung für den bereits erfolgten Eintrag, nicht aber um ein Angebot für eine künftig zu erbringende Leistung, die darin bestehen sollte, den Firmendatensatz des Empfängers in ein elektronisches Register aufzunehmen. Diese tatsächlich angebotene Leistung wurde im Vergleich zu den einzelnen Kostenpositionen nur in einer kleiner gedruckten Textpassage im Fließtext ohne optische Hervorhebung oder nähere Beschreibung erwähnt. Zwar enthielten einige der verwendeten Schreiben auch den ausdrücklichen Hinweis, dass es sich nicht um eine Rechnung handele. Dieser Hinweis befand sich aber ebenfalls nur in der kleingedruckten Textpassage und war dort in keiner Form optisch hervorgehoben, was den Schluss zulässt, dass es dem Angeklagten R. und seinen Mittätern gerade nicht darauf angekommen ist, auf den Angebotscharakter ihrer Schreiben hinzuweisen, ihr Verhalten vielmehr darauf abzielte, trotz Übermittlung dieser Information die Fehlvorstellung vom Vorliegen einer zu zahlenden Rechnung hervorzurufen. Zudem stand er in diesen Fällen im offenen Widerspruch zu der Auflistung einzelner Kostenpositionen, die – optisch hervorgehoben in der Mitte des Schreibens – unter „Pos. 01" bzw. „Pos. 001" den tatsächlich erfolgten Registereintrag mit Datum und näherer Bezeichnung aufführten und dazu einen jeweils zu zahlenden Betrag auswiesen. Der Umstand, dass hier der tatsächlich bereits erfolgte Registereintrag als Kostenposition 1 bezeichnet wurde, ließ auch diese Schreiben vom Gesamteindruck her als Kostenforderung bzw. Rechnung erscheinen.

[23] Der Umstand, dass die Täuschung bei hinreichend sorgfältiger Prüfung erkennbar war, lässt weder die Täuschungshandlung noch eine darauf beruhende Fehlvorstellung der Adressaten entfallen (vgl. BGH, Urteil vom 22. Oktober 1986 – 3 StR 226/86, BGHSt 34, 199, 201 f.; Urteil vom 5. Dezember 2002 – 3 StR 161/02, NStZ 2003, 313, 314; Urteil vom 4. Dezember 2003 – 5 StR 308/03, NStZ-RR 2004, 110, 111), wenn – wie hier – durch die äußere Gestaltung des Angebotsschreibens gezielt die Irrtumserregung und Schädigung des Adressaten verfolgt wird.

Zu berücksichtigen ist insoweit auch, dass die Schreiben bewusst an einen Personenkreis gerichtet waren, für den unmittelbar zuvor ein Registereintrag erfolgt war und der deshalb mit einer Kostenforderung rechnen musste.

[24] An dieser Rechtsprechung ist auch mit Blick auf die Richtlinie 2005/29/EG des Europäischen Parlaments und des Rates vom 11. Mai 2005 über unlautere Geschäftspraktiken im binnenmarktinternen Geschäftsverkehr zwischen Unternehmen und Verbrauchern (Richtlinie über unlautere Geschäftspraktiken; Abl. 2005 L149 S. 22) festzuhalten. Dabei kann dahinstehen, ob die Richtlinie 2005/29/EG auch dann gilt, wenn sich die irreführende Geschäftspraktik an einen Unternehmer richtet (vgl. hierzu Rönnau/Wegner, GA 2013, 561, 565). Denn die Richtlinie führt nicht zu einer Einschränkung des strafrechtlichen Rechtsgüterschutzes (vgl. Senatsurteil vom 5. März 2014 – 2 StR 616/12).

[25] b) Soweit die jeweiligen Adressaten in der Fehlvorstellung, es handele sich um eine amtliche Kostenforderung, Zahlungen auf die Konten der Angeklagten geleistet haben, führten diese Vermögensverfügungen zu einem Vermögensschaden in Höhe der jeweils angewiesenen Geldbeträge. In den Fällen, in denen die Adressaten die Täuschung erkannten und kein Geld anwiesen, hat das Landgericht zutreffend einen versuchten Betrug angenommen.

[26] Die beabsichtigte Aufnahme in eine elektronische Datenbank war insoweit nicht geeignet, den eingetretenen bzw. intendierten Vermögensverlust zu kompensieren. Unter Berücksichtigung der von dem Landgericht zu Inhalt und Aufbau der von dem Angeklagten und seinen Mittätern geführten elektronischen Register getroffenen Feststellungen kam den Eintragungen aufgrund ihres nahezu völlig fehlenden Informationsgehalts kein eigenständiger wirtschaftlicher Wert zu (vgl. OLG Frankfurt a.M., NStZ-RR 2002, 47, 49; NJW 2003, 3215, 3216; Garbe, NJW 1999, 2868, 2870). Das Landgericht hat daher zutreffend darauf abgestellt, dass die Gegenleistung „keinerlei Nutzen oder Gewinn für die betroffenen Personen und Unternehmen" hatte und für die getäuschten Adressaten „vollkommen wertlos" war (UA S. 62/75f./103).

■ PRAXISBEDEUTUNG

Die Ausführungen der vorstehenden Entscheidung legen die grundsätzlichen Voraussetzungen eines Betruges mustergültig dar. Jeder Richter sollte diese Entscheidung bei Bedarf immer beiziehen!

■ TOPENTSCHEIDUNG

290 Eine **Täuschungshandlung** im Sinne des § 263 StGB ist **jede Einwirkung des Täters auf die Vorstellung des Getäuschten,** welche objektiv geeignet und subjektiv bestimmt ist, beim Adressaten eine Fehlvorstellung über tatsächliche Umstände hervorzurufen. Sie besteht in der Vorspiegelung falscher oder in der Entstellung oder Unterdrückung wahrer Tatsachen. Dabei kann die Täuschung nicht nur ausdrücklich, sondern auch konkludent erfolgen.[290]

---

[290] BGH, Urteil vom 5.03.2014 – 2 StR 616/12.

[14] 1. Ohne Rechtsfehler ist das Landgericht davon ausgegangen, dass bei dem Angeklagten Vorsatz hinsichtlich aller Tatbestandsmerkmale des Betrugs gegeben ist.

[15] a) Die Annahme des Landgerichts, der Angeklagte habe den Vorsatz gehabt, die Nutzer der Internetseite „www.routenplaner-server.com" über die Kostenpflichtigkeit der angebotenen Leistung zu täuschen, wird von den Feststellungen getragen.

[16] aa) Eine Täuschungshandlung im Sinne des § 263 StGB ist jede Einwirkung des Täters auf die Vorstellung des Getäuschten, welche objektiv geeignet und subjektiv bestimmt ist, beim Adressaten eine Fehlvorstellung über tatsächliche Umstände hervorzurufen. Sie besteht in der Vorspiegelung falscher oder in der Entstellung oder Unterdrückung wahrer Tatsachen. Dabei kann die Täuschung nicht nur ausdrücklich, sondern auch konkludent erfolgen (vgl. BGH, Urteil vom 26. April 2001 – 4 StR 439/00, BGHSt 47, 1, 3).

[17] Auf eine solche Täuschungshandlung richtete sich der Vorsatz des Angeklagten. Der Internetseite und den Allgemeinen Geschäftsbedingungen war zwar bei genauer Lektüre zu entnehmen, dass die Inanspruchnahme des Routenplaners zum Abschluss eines Abonnementvertrages führte und zur Zahlung eines Entgelts in Höhe von 59,95 € verpflichtete. Die Strafkammer hat den Vorsatz aber ohne Rechtsfehler daraus abgeleitet, dass der Angeklagte durch den gewählten Aufbau der Internetseite die Kostenpflichtigkeit der angebotenen Leistung verschleiert hat, indem er den Hinweis auf das anfallende Nutzungsentgelt an einer Stelle platziert hat, an der mit einem solchen Hinweis nicht zu rechnen war. Der Hinweis war nicht – wie insbesondere bei Leistungen zu erwarten ist, die im Internet problemlos kostenfrei in Anspruch genommen werden können – im örtlichen und inhaltlichen Zusammenhang mit den Angaben angebracht, die sich auf die angebotene Leistung beziehen. Er war vielmehr in einem Fußnotentext enthalten, dessen Inhalt der Nutzer nur dann zur Kenntnis nehmen konnte, wenn er dem neben der Überschrift zur Anmeldemaske befindlichen Verweis in Form eines Sternchens folgte. Diese Gestaltung spricht dafür, dass der Angeklagte tatsächlich eine Kenntnisnahme der Kostenpflichtigkeit durch die Nutzer verhindern wollte. Hierfür spricht auch, dass der Fußnotentext bei der im Tatzeitraum statistisch am häufigsten verwendeten Bildschirmgröße und -auflösung erst nach vorherigem „Scrollen" wahrgenommen werden konnte (so auch OLG Frankfurt am Main, NJW 2011, 398, 400 f.). Auch die wiederholte Hervorhebung der Gewinnspielteilnahme zielte erkennbar darauf ab, die Aufmerksamkeit des Nutzers darauf zu lenken und so durch die Gesamtgestaltung der Internetseite darüber hinwegzutäuschen, dass für die Inanspruchnahme des Routenplaners ein Entgelt zu zahlen war.

[18] Zudem liegt in der Gestaltung der Internetseite ein Verstoß gegen die Vorschriften der Preisangabenverordnung (PAngV). Diesem Umstand kommt in Fällen, in denen – wie hier – ein Kostenhinweis lediglich an versteckter Stelle enthalten ist, für die Beurteilung einer Täuschungshandlung und eines darauf gerichteten Vorsatzes indizielle Bedeutung zu (vgl. Fischer, 61. Aufl., § 263 Rn. 28a; Eisele, NStZ 2010, 193, 196; Brammsen/Apel, WRP 2011, 1254, 1255; Hatz, JA 2012, 186, 187). Gemäß § 1 Abs. 1 Satz 1 PAngV hat derjenige, der Letztverbrauchern gewerbs- oder geschäftsmäßig oder regelmäßig in sonstiger Weise Waren oder Leistungen anbietet, die Preise anzugeben, die einschließlich der Umsatzsteuer und sonstiger Preisbestandteile zu zahlen sind (Endpreise). Diese Angaben müssen der allgemeinen Verkehrsauffassung und den Grundsätzen von Preisklarheit und Preiswahrheit entsprechen (§ 1 Abs. 6 Satz 1 PAngV). Nach § 1 Abs. 6 Satz 2 PAngV sind die

Angaben dem Angebot oder der Werbung eindeutig zuzuordnen und leicht erkennbar sowie deutlich lesbar oder sonst gut wahrnehmbar zu machen. Soweit auf der Internetseite des Angeklagten lediglich ein Sternchen auf eine Fußnote verwiesen hat, in der das zu zahlende Entgelt ausgewiesen war, genügt dies den beschriebenen Anforderungen nicht (vgl. BGH, Urteil vom 8. Oktober 1998 – I ZR 187/97, BGHZ 139, 368, 377; OLG Frankfurt am Main, GRUR-RR 2009, 265, 266) und trägt den landgerichtlichen Schluss, der Angeklagte sei bestrebt gewesen, die Kostenpflichtigkeit des Angebots täuschend zu verschleiern.

[19] Nichts anderes ergibt sich aus der Tatsache, dass die für die Nutzung anfallenden Kosten in den Allgemeinen Geschäftsbedingungen ausgewiesen waren. Da bereits die Hauptseite keinen deutlichen und leicht erkennbaren Hinweis auf die Kostenpflichtigkeit enthielt, konnten und mussten die Nutzer nicht damit rechnen, dass die Allgemeinen Geschäftsbedingungen eine solche für die Entscheidung über die Inanspruchnahme der Leistung wesentliche Angabe beinhalteten (ebenso OLG Frankfurt am Main, NJW 2011, 398, 402). Dass der Angeklagte trotz Mitteilung des anfallenden Entgelts auch insoweit beabsichtigte, potentielle Nutzer zu täuschen, wird zudem daraus ersichtlich, dass die entsprechende Preisklausel erstmals in einer drucktechnisch nicht hervorgehobenen Bestimmung auf der dritten Bildschirmseite enthalten und das konkret zu zahlende Entgelt in Höhe von 59,95 € erst einer weiteren Bestimmung auf der fünften Bildschirmseite zu entnehmen war (UA S. 19 f.).

[20] bb) Der Annahme von Täuschungsabsicht steht nicht entgegen, dass der Hinweis auf die Entgeltlichkeit bei sorgfältiger, vollständiger und kritischer Prüfung erkennbar war. Es ist zwar nicht Aufgabe des Strafrechts (und des Betrugstatbestands), allzu sorglose Menschen vor den Folgen ihres eigenen unbedachten Tuns zu schützen (vgl. BGH, Urteil vom 10. Juli 1952 – 5 StR 358/52, BGHSt 3, 99, 103; Urteil vom 26. April 2001 – 4 StR 439/00, BGHSt 47, 1, 4). Doch lassen Leichtgläubigkeit des Opfers oder Erkennbarkeit einer auf die Herbeiführung eines Irrtums gerichteten Täuschungshandlung weder aus Rechtsgründen die Täuschungsabsicht entfallen (vgl. BGH, Urteil vom 22. Oktober 1986 – 3 StR 226/86, BGHSt 34, 199, 201 f.; Urteil vom 5. Dezember 2002 – 3 StR 161/02, NStZ 2003, 313, 314; Urteil vom 4. Dezember 2003 – 5 StR 308/03, NStZ-RR 2004, 110, 111) noch schließen sie eine irrtumsbedingte Fehlvorstellung aus.

[21] An dieser Rechtsprechung ist auch unter Berücksichtigung der Richtlinie 2005/29/EG des Europäischen Parlaments und des Rates vom 11. Mai 2005 über unlautere Geschäftspraktiken im binnenmarktinternen Geschäftsverkehr zwischen Unternehmen und Verbrauchern (Richtlinie über unlautere Geschäftspraktiken; ABl. 2005 L149 S. 22) festzuhalten.

[22] Gemäß Art. 6 (1) d) der Richtlinie 2005/29/EG gilt eine Geschäftspraxis als irreführend, wenn sie falsche Angaben enthält und somit unwahr ist oder wenn sie in irgendeiner Weise, einschließlich sämtlicher Umstände ihrer Präsentation, selbst mit sachlich richtigen Angaben den Durchschnittsverbraucher in Bezug auf den Preis täuscht oder ihn zu täuschen geeignet ist und ihn in jedem Fall tatsächlich oder voraussichtlich zu einer geschäftlichen Entscheidung veranlasst, die er ansonsten nicht getroffen hätte. Der Richtlinie liegt daher im Grundsatz das Leitbild eines durchschnittlich verständigen und aufmerksamen Verbrauchers zugrunde (vgl. auch den Erwägungsgrund 18).

[23] Soweit unter Verweis auf dieses Leitbild in der Literatur teilweise die Ansicht vertreten wird, aufgrund einer richtlinienkonformen Auslegung des Betrugstatbestands liege eine strafrechtlich relevante Täuschung nur dann vor, wenn die im

Geschäftsverkehr getätigte Aussage geeignet ist, eine informierte, aufmerksame und verständige Person zu täuschen (Soyka, wistra 2007, 127, 132; SSW/Satzger, 2. Aufl., § 263 Rn. 113 f.; Hecker, Europäisches Strafrecht, 4. Aufl., 2012, § 10 Rn. 17, 21; Satzger, Internationales und Europäisches Strafrecht, 6. Aufl., 2013, § 9 Rn. 104 f.; Ruhs in Festschrift für Rissing-van Saan, 2011, S. 567, 579 ff.; vgl. auch Dannecker, ZStW 2005, 697, 711 f.), folgt der Senat dieser Ansicht nicht.

[24] Die Verpflichtung zur richtlinienkonformen Auslegung wird überwiegend aus Art. 4 Abs. 3 EUV (früher: Art. 10 EGV) und aus Art. 288 Abs. 3 AEUV (früher: Art. 249 Abs. 3 EGV) abgeleitet (vgl. Satzger in Sieber u.a., Europäisches Strafrecht, 1. Aufl., § 9 Rn. 52; Hecker, Europäisches Strafrecht, 4. Aufl., § 10 Rn. 6 ff.; Ambos, Internationales Strafrecht, 3. Aufl., § 11 Rn. 37). Richtlinienkonform auszulegen sind dabei zunächst diejenigen Vorschriften, die unmittelbar der Umsetzung einer EU-Richtlinie dienen (Satzger in Sieber u.a., Europäisches Strafrecht, 1. Aufl., § 9 Rn. 63; Hecker, Europäisches Strafrecht, 4. Aufl., § 10 Rn. 10); darüber hinaus ist aber auch das sonstige nationale Recht im Einklang mit den Vorgaben des Unionsrechts auszulegen, selbst wenn es sich um Vorschriften handelt, die vor oder unabhängig von dem Erlass der Richtlinie ergangen sind (EuGH, Urteil vom 13. November 1990 – C-106/89; Urteil vom 14. Juli 1994 – C-91/92, NJW 1994, 2473, 2474; Urteil vom 16. Juli 1998 – C-355/96, NJW 1998, 3185, 3187).

[25] Infolgedessen besteht die Pflicht zur richtlinienkonformen Auslegung auch im Bereich des Strafrechts (Satzger, Die Europäisierung des Strafrechts, 2001, S. 560; ders., Internationales und Europäisches Strafrecht, 6. Aufl., § 9 Rn. 104; Hecker, Europäisches Strafrecht, 4. Aufl., § 10 Rn. 10 ff.). Sie kann dazu führen, dass unter mehreren vertretbaren Auslegungsvarianten einer Strafnorm diejenige zugrunde zu legen ist, die dem Unionsrecht am besten gerecht wird (s. Ambos, Internationales Strafrecht, 3. Aufl., § 11 Rn. 46; Satzger in Sieber u.a., Europäisches Strafrecht, 1. Aufl., § 9 Rn. 55; ders., Internationales und Europäisches Strafrecht, 6. Aufl., § 9 Rn. 93; Hecker, Europäisches Strafrecht, 4. Aufl., § 10 Rn. 15; LK-Weigend, StGB, 12. Aufl., Einleitung Rn. 87; Schönke/Schröder/Eser/Hecker, StGB, 29. Aufl., Vorbemerkungen vor § 1 Rn. 28).

[26] Im Hinblick darauf, dass das Landgericht das Betreiben der von dem Angeklagten gestalteten Internetseite seit dem 2. Juli 2007 als Täuschungshandlung gewertet hat und die Pflicht zur richtlinienkonformen Auslegung spätestens mit Ablauf der Umsetzungsfrist der Richtlinie besteht (EuGH, Urteil vom 4. Juli 2006 – C-212/04, NJW 2006, 2465, 2468), war die gemäß Art. 19 bis zum 12. Juni 2007 umzusetzende Richtlinie 2005/29/EG im Tatzeitraum zwar anwendbar; sie erfordert indes keine strafbarkeitseinschränkende Auslegung des Betrugstatbestands.

PRAXISBEDEUTUNG ■

Die vorstehende Entscheidung war überfällig, um dem andauernden Versuch, „wenig lesefreudigen" Internetnutzern quasi beiläufig teurere Abonnements zu verkaufen, endgültig die strafrechtliche Karte zu zeigen. Die zugrundeliegende „Technik" beruhte darauf, dass viele Nutzer ein versehentlich abgeschlossenes „Internetabo" bei Kosten bis knapp 100 Euro eher akzeptieren und bezahlen würden, als den Weg zu einem Rechtsanwalt zu nehmen oder sich mit bösartigen Schreiben von Inkassounternehmen und in der Folge mit Eintreibungsschreiben von einschlägigen Rechtsanwaltskanzleien herumzuschlagen.

291 In den **Urteilsgründen** ist grundsätzlich festzustellen und darzulegen, welche **irrigen Vorstellungen** die Person hatte, die die Verfügung getroffen hat; regelmäßig ist es deshalb erforderlich, die irrende Person zu ermitteln und in der Hauptverhandlung über die tatrelevante Vorstellung zu vernehmen. Ausnahmsweise kann in Fällen eines **normativ geprägten Vorstellungsbildes des Verfügenden die Vernehmung weniger Zeugen genügen.** Belegen deren Angaben das Vorliegen eines Irrtums in den sie betreffenden Fällen, kann auf die Erregung eines Irrtums auch bei anderen Verfügenden geschlossen werden.[291]

[8] 2. Die Verurteilung wegen vollendeten Betrugs in 29 Fällen begegnet durchgreifenden Bedenken.

[9] a) Bereits die Beweiswürdigung, die der Annahme des Tatgerichts zugrunde liegt, in den Fällen II. b) 1. bis 29. der Urteilsgründe habe der Angeklagte jeweils eine natürliche Person getäuscht und nicht nur im Sinne des § 263a StGB auf einen Datenverarbeitungsvorgang eingewirkt, begegnet durchgreifenden rechtlichen Bedenken. Das Tatgericht stellt insoweit allein darauf ab, dass der Angeklagte in den Fällen II. b) 3. bis 16. und 19. bis 22. über online-Bestellplattformen diverse Speisen bestellt hat, die entsprechend der übermittelten Daten jeweils „persönlich zubereitet" werden mussten. Dieser Umstand stellt indes keine hinreichende Tatsachengrundlage für die Schlussfolgerung dar, dass in den genannten Fällen und in den Fällen II. b) 1., 2., 17., 18. und 23. bis 29., denen unter anderem Bestellungen von Elektroartikeln und nicht mehr feststellbaren Waren oder Dienstleistungen zugrunde lagen, jeweils natürliche Personen getäuscht wurden.

[10] b) Ungeachtet dessen wird eine Täuschung selbst nicht hinreichend belegt, denn aufgrund der (möglicherweise) bestehenden Garantiefunktion des Kreditkartenausstellers könnte es auch an einer Täuschungshandlung des Angeklagten gegenüber Mitarbeitern der Internet-Versandanbieter fehlen (vgl. dazu: Trück in Müller-Gugenberger/Bieneck, Wirtschaftsstrafrecht, 5. Aufl., § 49 Rdn. 119).

[11] c) Ebenso wenig hinreichend belegt wird, dass die Verfügenden einem Irrtum erlegen sind. Die Strafkammer hat insoweit die Anforderungen an die beweisrechtliche Grundlage der Feststellung eines täuschungsbedingten Irrtums im Sinne von § 263 Abs. 1 StGB verkannt. Die jeweils irrenden Personen hat das Landgericht nicht ermittelt, weil es „als selbstverständlich anzusehen ist, dass die Mitarbeiter von Internet-Versandanbietern eine Bestellung ... grundsätzlich im Vertrauen auf die Zahlungswilligkeit des Bestellers und ... im Vertrauen auf die Berechtigung zur Verwendung der Kreditkartendaten ausführen" (UA S. 14).

[12] Den Feststellungen zu den Fällen II. b) 18., 23. und 24. der Urteilsgründe lässt sich indes schon nicht entnehmen, ob der Angeklagte überhaupt bei Internet-Versandanbietern bestellt hat, so dass die Argumentation des Landgerichts bereits aus diesem Grunde nicht verfängt.

[13] In den Urteilsgründen ist zudem grundsätzlich festzustellen und darzulegen, welche irrigen Vorstellungen die Person hatte, die die Verfügung getroffen hat (vgl. BGH, Urteile vom 5. Dezember 2002 – 3 StR 161/02, BGHR StGB § 263 Abs. 1 Irrtum 14, vom 22. November 2013 – 3 StR 162/13, NStZ 2014, 215, 216 und vom 22. Mai 2014 – 4 StR 430/13, NJW 2014, 2132, 2133 mwN); regelmäßig ist es des-

---

[291] BGH, Beschluss vom 17.06.2014 – 2 StR 658/13.

halb erforderlich, die irrende Person zu ermitteln und in der Hauptverhandlung über die tatrelevante Vorstellung zu vernehmen. Ausnahmsweise kann in Fällen eines normativ geprägten Vorstellungsbildes des Verfügenden die Vernehmung weniger Zeugen genügen. Belegen deren Angaben das Vorliegen eines Irrtums in den sie betreffenden Fällen, kann auf die Erregung eines Irrtums auch bei anderen Verfügenden geschlossen werden (vgl. auch BGH, Urteile vom 22. November 2013 – 3 StR 162/13, NStZ 2014, 215, 216; vom 22. Mai 2014 – 4 StR 430/13, NJW 2014, 2132, 2133). Diesen Anforderungen wird das Urteil nicht gerecht. Insbesondere vor dem Hintergrund, dass in den Fällen II. b) 3. bis 16. und 19. bis 22. der Urteilsgründe jeweils (mehrfach) nur ein Internet-Versandanbieter betroffen war, hätte sich gerade hier die Vernehmung von (wenigen) Zeugen aufgedrängt, zumal Feststellungen zum Irrtum von Versandmitarbeitern auch nicht aufgrund des – im Rahmen einer Verständigung nach § 257c StPO abgegebenen – Geständnisses des Angeklagten getroffen werden können.

*[**14**] d) Nicht nachvollziehbar dargelegt ist auch, bei wem und gegebenenfalls in welcher Höhe in den Fällen II. b) 1. bis 22. der Urteilsgründe zum maßgeblichen Zeitpunkt der Verfügung (vgl. Fischer, StGB, 61. Aufl., § 263 Rdn. 111 mwN) ein betrugsrelevanter Schaden eingetreten ist. Nach den landgerichtlichen Feststellungen erlangte der Angeklagte Waren und Dienstleistungen im Gesamtwert von 2.956,87 €. Das Kreditkartenkonto der Zeugin M. wurde in den Fällen II. b) 1. bis 22. der Urteilsgründe in Höhe von 1.218,78 € belastet. „Diese musste den Schaden aufgrund einer entsprechenden Versicherung jedoch nicht endgültig tragen" (UA S. 12).*

*[**15**] Damit ist weder dargetan, dass ein Vermögensschaden bei den (möglicherweise) getäuschten Internet-Versandanbietern eingetreten ist, noch ob die vorgenommenen Verfügungen zulässigerweise (vgl. dazu Fischer, aaO, Rn. 82 ff.) einem geschädigten Dritten zuzurechnen sind. Die bloße Feststellung einer Tathandlung im Sinne des § 263 Abs. 1 StGB und einer Vermögensschädigung bei – möglicherweise – verschiedenen Beteiligten genügt nicht. Tatbestandserfüllend sind vielmehr (nur) diejenigen Vermögensschädigungen, die für sich genommen unmittelbare Folge einer vermögensrelevanten Verfügung sind; diese Vermögensverfügung muss ihrerseits unmittelbar durch die Tathandlung beeinflusst sein.*

*[**16**] Die neu zur Entscheidung berufene Strafkammer wird in diesem Zusammenhang deshalb eingehender als bislang geschehen darzustellen haben, welche spezifische Form der Zahlung durch die Nutzung der Kreditkartendaten durch den (dazu nichtberechtigten) Angeklagten vorliegt (vgl. dazu Trück in Müller-Gugenberger/Bieneck, aaO, § 49 Rn. 61, 109 ff., 119 ff.; Fischer, StGB, 61. Auf., § 263a Rn. 12a, 15 f., jeweils mwN). Gegebenenfalls wird zu erwägen sein, ob sich der Angeklagte (tateinheitlich) gemäß §§ 269, 270 StGB strafbar gemacht hat.*

PRAXISBEDEUTUNG ■

Gerade bei massenhafter Begehung derselben Delikte bzw. Begehungsweisen ist es wegen der ansonsten an Dauer nicht zu beschränkenden Prozesse unvermeidbar, bei bspw. mehr als 50 Taten jede(n) der Geschädigte(n) über die Art und Weise der Ausführung zeugenschaftlich zu vernehmen. Die vorstehende Entscheidung zeigt Wege auf, aus der Vernehmung nur einiger Geschädigter auf die weiteren Täuschungen zu schließen (vgl. hierzu auch nachstehende Entscheidung Rn. 292).

292 Eine **Täuschungshandlung** im Sinne des § 263 StGB ist jede Einwirkung des Täters auf die Vorstellung des Getäuschten, welche objektiv geeignet und subjektiv bestimmt ist, beim Adressaten eine Fehlvorstellung über tatsächliche Umstände hervorzurufen. Sie besteht in der Vorspiegelung falscher oder in der Entstellung oder Unterdrückung wahrer Tatsachen. **Tatsachen** sind alle gegenwärtigen oder vergangenen Ereignisse oder Zustände, die dem Beweis zugänglich sind. Hierzu zählen auch innere Tatsachen wie etwa das Vorhandensein bestimmter Absichten oder Überzeugungen. Dagegen sind bloße Werturteile, seien es Rechtsauffassungen, Meinungsäußerungen oder reklamehafte Anpreisungen, grundsätzlich keine Tatsachen im Sinne des § 263 StGB. Etwas anderes gilt allerdings dann, wenn diese Werturteile zugleich einen greifbaren, dem Beweis zugänglichen Tatsachenkern enthalten.[292]

[3] I. Das Landgericht hat im Wesentlichen folgende Feststellungen getroffen:

[4] 1. Die von den Angeklagten verkauften Eigentumswohnungen standen überwiegend im Eigentum verschiedener von ihnen beherrschter Gesellschaften. Zur Kundengewinnung und Vermarktung der Wohnungen nutzten sie ein vom Angeklagten M. S. geschaffenes weit verzweigtes Vertriebsnetz aus (vom Landgericht so bezeichneten) Haupt- und Untervermittlern, denen die Aufgabe zukam, Kunden anzuwerben. War der Immobilienverkauf erfolgreich, erhielten die Hauptvermittler eine Provision in Höhe von 20 bis 25 Prozent des erzielten Kaufpreises.

[5] Der Vertrieb der Wohnungen zu überteuerten Preisen folgte folgendem Grundmuster: Die Vermittler sprachen gezielt potentielle Kunden an, die über wenig Erfahrung in finanziellen Angelegenheiten verfügten oder sich in einer schwierigen finanziellen Lage befanden, weil sie bereits Konsumentenratenkredite in Höhe von mehreren Tausend Euro zu tilgen hatten. Diese Personen hatten in der Regel kein Interesse an dem Erwerb einer Immobilie als Wertanlage; für sie standen geringere monatliche Raten als bisher oder der Erhalt eines weiteren Darlehensbetrages im Vordergrund (UA S. 9). Die Untervermittler unterbreiteten ihnen in einem Erstgespräch die Möglichkeit, durch eine Umschuldung die Darlehensraten zu verringern und darüber hinaus auch noch einen Barbetrag zur freien Verfügung zu erhalten. Die bestehenden Altkredite würden dabei abgelöst. Die Untervermittler hielten sich bei diesem Erstgespräch „hinsichtlich der Umstände vage" (UA S. 9). Der Kauf einer Immobilie wurde dabei allenfalls am Rande angesprochen.

[6] Nach einer ersten Prüfung, ob die geworbenen Personen als Immobilienerwerber geeignet waren, fand ein zweites Gespräch der Untervermittler mit den Kunden statt. Hierbei wurde ihnen anhand falscher Rechenbeispiele dargelegt, dass sie über ein Finanzierungsmodell die Ablösung der bisherigen Kredite und die Verringerung ihrer monatlichen Belastungen erreichen könnten. Die zukünftigen Belastungen wurden entweder als Festbetrag oder mit einer näher beschriebenen Bandbreite angegeben. Die Untervermittler spiegelten den Kunden anhand der Rechenbeispiele vor, dass sich die verringerte monatliche Belastung nur über den Kauf einer Immobilie erreichen lasse. Sie stützten sich dabei auf unzutreffende Behauptungen. Insbesondere wurden die mit dem Immobilienerwerb verbundenen Steuervorteile zu hoch dargestellt, Laufzeiten von Krediten zu kurz angegeben und anfallende Hausgeldzahlungen unerwähnt gelassen. In Wirklichkeit überstiegen für die Kunden die

[292] BGH, Beschluss vom 8.10.2014 – 1 StR 359/13.

tatsächlichen monatlichen Belastungen die in Aussicht gestellten auch unter Berücksichtigung von Mieteinnahmen und Steuervorteilen weit. Zudem fand teilweise auch nicht die versprochene Tilgung von Altschulden statt.

[7] Die Untervermittler versuchten, den Kunden den „notwendigen" Kauf einer Immobilie möglichst spät mitzuteilen und als „bloße Formalie" darzustellen. Einige Kunden erfuhren von der „Notwendigkeit" eines Immobilienkaufs erst auf der Fahrt zu einem Notar. Vor dem Notar gaben die Kunden dann gegenüber einer der von den Angeklagten beherrschten Immobiliengesellschaften ein bindendes Kaufangebot für eine Eigentumswohnung ab, das dann angenommen wurde, wenn die Finanzierungszusage einer Bank vorlag.

[8] Einzelne Kunden hatten – abweichend von dem dargestellten Grundmuster – keine (nennenswerten) offenen Kreditverbindlichkeiten oder suchten sogar eine Anlagemöglichkeit. Den Kunden wurden in diesen Fällen überwiegend finanzielle Vorteile in Form von Barauszahlungen (sog. Kick-Back-Zahlungen) versprochen, zum Teil wurde der Wohnungskauf als „gute Geldanlagemöglichkeit" oder als Möglichkeit zur „privaten Rentenabsicherung" dargestellt. Auch in all diesen Fällen wurden die Kunden mit unzutreffenden Tatsachenbehauptungen getäuscht und zum Kauf einer Wohnung veranlasst. Keiner der Kunden hätte „in Kenntnis der wahren Tatsachen" den jeweiligen Kaufvertrag abgeschlossen.

[9] 2. Die Finanzierung erfolgte durch Kreditinstitute, die bereit waren, den Kunden die Immobilienerwerbe vollständig zu finanzieren. Die Kreditvermittlung hierzu übernahmen die Angeklagten. Da die Kunden wegen ihrer angespannten finanziellen Situation die Kreditvoraussetzungen in der Regel nicht erfüllten, spiegelten die Angeklagten den Kreditunternehmen „falsche Kreditparameter" wie etwa ein höheres Einkommen oder vorhandenes Eigenkapital der Kunden vor (UA S. 11). Die Auszahlung der Kreditsumme durch die kreditgebende Bank erfolgte jeweils unmittelbar an die jeweilige als Verkäuferin der Immobilie auftretende Gesellschaft der Angeklagten.

[10] 3. Die Angeklagten gingen arbeitsteilig vor. Der Angeklagte M. S. entschied, ob der Kunde für das Geschäft geeignet („machbar") war, ob bestehende Kredite abgelöst werden konnten, in welcher Höhe Provisionen an die Vermittler zu zahlen waren und zu welchem Kaufpreis die jeweilige Wohnung veräußert werden sollte. Dem Angeklagten Ma. S. fiel die Aufgabe zu, den Kunden die für die Finanzierung der Kaufpreise erforderlichen Darlehen zu vermitteln. Der Mitangeklagte Man. S. erledigte im Zusammenhang mit der Immobilienbeschaffung und -verwaltung anfallende Aufgaben und gab vielfach beim Notar für die jeweilige Gesellschaft, über die die Wohnungen erworben worden waren, die Erklärungen zur Annahme der Kaufangebote der Kunden ab.

[11] 4. Den Angeklagten waren die Vorgehensweise der Untervermittler und deren unwahre Versprechungen bekannt; sie billigten das Vorgehen der Untervermittler und deren Versprechungen, um sich an der Differenz zwischen Kaufpreis und dem Verkehrswert der Immobilien zu bereichern.

[12] II. Das Landgericht hat jeden einzelnen Immobilienverkauf als eigenständige Tat eines gewerbs- und bandenmäßigen Betruges gewertet. Dies hat es damit begründet, dass die Angeklagten jeweils eigene Tatbeiträge erbracht hätten. Die Täuschung der Wohnungskäufer seitens der Untervermittler hat das Landgericht den Angeklagten zugerechnet. Die Täuschungen hätten sich auf Tatsachen (insbesondere über die Finanzierung der Wohnungen) bezogen und nicht in der Forderung eines überhöhten Kaufpreises erschöpft (UA S. 99).

[13] Den Vermögensschaden der Käufer sieht das Landgericht in der Differenz zwischen Verkaufspreis und dem mit sachverständiger Hilfe bestimmten Verkehrswert der verkauften Eigentumswohnungen. Soweit Altkredite abgelöst wurden oder Barauszahlungen erfolgten, hat das Landgericht die entsprechenden Beträge bei der Bestimmung der Höhe des entstandenen Vermögensschadens in Abzug gebracht.

■ **ANMERKUNG**

Zwar dürften bei der vorliegenden Entscheidung auch die Käufer im Ergebnis zumindest teilweise getäuscht sein, sofern diese sich überhaupt entsprechende Vorstellungen gemacht hatten; weshalb die Staatsanwaltschaft aber sich stattdessen nicht auch hinsichtlich der tatsächlich betrogenen Banken zur Anklage auch der möglicherweise teilweise beteiligten Käufer entschlossen hat, dürfte deren Geheimnis bleiben.

293 Da Betrug ist **beendet**, wenn der **Vermögensvorteil** beim Täter **endgültig eingetreten** ist.[293]

Die Annahme des Landgerichts, der Betrug des Haupttäters zum Nachteil der Käufer sei zurzeit der Handlungen des Angeklagten zwar vollendet, aber noch nicht beendet gewesen, ist nicht ausreichend belegt. Betrug ist beendet, wenn der Vermögensvorteil beim Täter endgültig eingetreten ist. Das war hier nach den Feststellungen bereits mit Eingang der Vorschusszahlungen auf den Konten der Fall, weil der Haupttäter von diesem Zeitpunkt an die volle Verfügungsgewalt besaß. Die Unterstützungshandlung des Angeklagten – Abheben von Bargeld – stellte sich danach nicht mehr als Beihilfe zur Haupttat, sondern als Begünstigung gemäß § 257 StGB dar.

294 Zur Verwirklichung des Betrugstatbestandes können **auch mehraktige Verfügungen** ausreichen; insbesondere steht dem nicht notwendig entgegen, dass die Vermögensverfügung den Vermögensschaden unmittelbar herbeiführen muss. Dies ist insbesondere anzunehmen, wenn die Kette der Verfügungen zwingende oder wirtschaftliche Folge des durch Täuschung hervorgerufenen Irrtums und der Teilakt, der zum Vermögensverlust führt, dem Getäuschten zuzurechnen ist.[294]

[8] Nach den Feststellungen des Landgerichts organisierte der Angeklagte Verkaufsveranstaltungen in Form von sog. Kaffeefahrten, zu denen er überwiegend ältere Personen mit Einladungsschreiben anwarb, in denen Geldgeschenke oder Gewinnausschüttungen in Aussicht gestellt und kostenlose Mahlzeiten oder diverse Unterhaltungsprogramme angekündigt wurden. Nachdem sie sich angemeldet hatten, wurden die Teilnehmer am frühen Morgen des Veranstaltungstages mit dem Bus abgeholt und in Gruppen von bis zu etwa 50 Personen in die von dem Angeklagten als Veranstaltungsort ausgewählten Gasthäuser gebracht. Dort erwartete sie eines

---

[293] BGH, Beschluss vom 16.04.2014 – 2 StR 435/13.
[294] BGH, Beschluss vom 11.12.2013 – 3 StR 302/13.

der vier Verkaufsteams des Angeklagten, die aus einem Verkaufsleiter und weiteren Mitarbeitern bestanden. Deren Aufgabe war es, in zumeist reißerischer Weise die vom Angeklagten für den Verkauf vorgesehenen Artikel zu bewerben und sie anschließend zu in der Regel überteuerten Preisen an die Anwesenden zu verkaufen.

[9] In den verfahrensgegenständlichen Fällen ließ der Angeklagte „Magnetfeldmatratzenauflagen" zum Preis von 899 € veräußern. Die Kunden mussten beim Erwerb für den Abschluss des Kaufvertrages, die Bestätigung des Erhalts der Ware, die Widerrufsbelehrung und die Einziehungsermächtigung insgesamt vier Unterschriften auf dem Kaufvertragsformular leisten. Der Angeklagte hatte seine Mitarbeiter aber außerdem angewiesen, sich von jedem Kunden zusätzlich einen bereits vorbereiteten Überweisungsträger unterschreiben zu lassen, durch den die Kunden ihr Geldinstitut anwiesen, den Kaufpreis auf ein Konto des Angeklagten zu überweisen. Die Verkaufsteams erklärten den Kunden, die Unterschrift auf dem Überweisungsträger sei zur Abwicklung des geschlossenen Kaufvertrages technisch notwendig; die Kunden glaubten aufgrund der Angaben der Mitarbeiter des Angeklagten, sie berechtigten diesen zum einmaligen Einzug des Kaufpreises. Tatsächlich beabsichtigte der Angeklagte indes von Anfang an, die Überweisungsträger abredewidrig zu einem späteren Zeitpunkt einzusetzen, um sich den Kaufpreis ein weiteres Mal bezahlen zu lassen und sich so eine nicht nur vorübergehende, nicht ganz unerhebliche Einnahmequelle zu verschaffen.

[10] Die Kaffeefahrten fanden von montags bis donnerstags statt, an den Freitagen bestellte der Angeklagte seine Verkaufsteams ein und rechnete mit ihnen ab; bei dieser Gelegenheit übergaben diese die Vertragsunterlagen und die unterschriebenen Überweisungsträger. Wenige Tage später ließ der Angeklagte mittels der Einziehungsermächtigungen die jeweiligen Kaufpreise von den Konten der Kunden abbuchen und vereinnahmte sie. …

Im Ergebnis zu Recht hat das Landgericht den Tatbestand des Betruges in 38 Fällen als erfüllt angesehen. Die Geschädigten wurden durch die Mitarbeiter des Angeklagten über die Notwendigkeit der Unterschrift auf den Überweisungsträgern getäuscht und erlagen einem entsprechenden Irrtum. …

[14] Durch das Unterschreiben und die Übergabe der Überweisungsträger händigten die Geschädigten dem Angeklagten jeweils eine Weisung an ihr Geldinstitut aus, welche grundsätzlich eine Vermögensverfügung zu seinen Gunsten darstellte. Zu ihrer zivilrechtlichen Wirksamkeit bedurfte die Weisung – wie dargelegt – indes noch des Zugangs bei den Geldinstituten, den der Angeklagte nach Belieben herbeiführen konnte, nach seinem Tatplan aber erst etliche Zeit nach der Erlangung der Überweisungsträger herbeiführen wollte. Der effektive Verlust des von der Verfügung der Geschädigten betroffenen Vermögenswertes trat damit erst durch die von dem Angeklagten durchgeführte Übermittlung der Überweisungsträger an die Geldinstitute und die anschließende Ausführung des Zahlungsauftrags ein. Es handelte sich mithin um eine mehraktige Verfügung, an der mehrere Personen dergestalt beteiligt waren, dass erst die letzte Teilverfügung zur endgültigen Schädigung führte (vgl. zum Begriff LK/Tiedemann, StGB, 12. Aufl., § 263 Rn. 111, der insoweit auch von „gestreckten Verfügungen" spricht; S/S-Cramer/Perron, StGB, 28. Aufl., § 263 Rn. 62). Nach der Rechtsprechung des Bundesgerichtshofs und der herrschenden Auffassung im Schrifttum können solche mehraktigen Verfügungen zur Verwirklichung des Betrugstatbestandes ausreichen; insbesondere steht dem nicht notwendig entgegen, dass die Vermögensverfügung den Vermögensschaden unmittelbar herbeiführen muss. Dies wird insbesondere angenommen, wenn die Kette der Verfügungen

zwingende oder wirtschaftliche Folge des durch Täuschung hervorgerufenen Irrtums und der Teilakt, der zum Vermögensverlust führt, dem Getäuschten zuzurechnen ist. So verhält es sich hier:

[15] Die bei den Geldinstituten eingehenden Überweisungsträger waren Weisungen der Geschädigten und damit deren Vermögensverfügungen zu Gunsten des Angeklagten, nicht aber Verfügungen des Angeklagten, der – ohne nach außen in Erscheinung zu treten – lediglich den Zugang dieser Erklärungen bewirkte. Die Auszahlung der Überweisungsbeträge durch die Geldinstitute war auch die vom Angeklagten von vornherein bezweckte wirtschaftliche Folge des durch die Täuschung der Geschädigten hervorgerufenen Irrtums, die ausgefüllten und über seine Mitarbeiter dem Angeklagten überlassenen Überweisungsträger würden zur technischen Abwicklung der Kaufverträge benötigt.

■ TOPENTSCHEIDUNG

295 Der Tatrichter muss insbesondere mitteilen, wie er sich die **Überzeugung davon verschafft** hat, dass der Verfügende einem Irrtum erlegen ist. In einfach gelagerten Fällen mag sich dies von selbst verstehen. Im Bereich **gleichförmiger, massenhafter oder routinemäßiger Geschäfte,** die von selbstverständlichen Erwartungen geprägt sind, kann der Tatrichter befugt sein, auf die täuschungsbedingte Fehlvorstellung auf der Grundlage eines „sachgedanklichen Mitbewusstseins" indiziell zu schließen, wobei er dies im Urteil darzulegen hat. Ist das Vorstellungsbild des Verfügenden normativ geprägt, kann bei einem Tatvorwurf, dem zahlreiche Einzelfälle zu Grunde liegen, die Vernehmung weniger Zeugen ausreichen; wenn deren Angaben das Vorliegen eines Irrtums belegen, kann auf die Erregung eines Irrtums auch bei anderen Verfügenden geschlossen werden. In komplexeren Fällen wird es regelmäßig erforderlich sein, die betreffenden Personen über ihr tatrelevantes Vorstellungsbild als Zeugen zu vernehmen sowie deren Bekundungen im Urteil mitzuteilen und zu würdigen.[295]

[8] 1. Das Landgericht hat folgende Feststellungen und Wertungen getroffen:

[9] a) Die Angeklagten schlossen sich Anfang 2008 aufgrund einer zumindest stillschweigend getroffenen Vereinbarung zusammen, um spätestens ab Juli 2008 von einer Vielzahl von Personen unter Vorspiegelung eines tatsächlich nicht bestehenden Vertragsverhältnisses im Wege des Lastschriftverfahrens Geldbeträge einzuziehen. Das von den Angeklagten im arbeitsteiligen Zusammenwirken im Folgenden in die Tat umgesetzte Geschäftsmodell bestand in einer Variante darin, eine möglichst große Zahl von Personen durch entsprechend angeleitete Callcenter-Mitarbeiter anzurufen und bei diesen den Eindruck eines – tatsächlich nicht bestehenden – Vertragsverhältnisses über die Teilnahme an Gewinnspielen hervorzurufen. Auf diese Weise wollten die Angeklagten an die Kontodaten der Angerufenen gelangen und von diesen Konten Lastschriften vornehmen, wobei sie davon ausgingen, dass die Angerufenen infolge der Annahme, es bestehe tatsächlich ein Vertragsverhältnis und die Lastschrift sei daher rechtmäßig erfolgt, den Lastschrifteinzügen nicht widersprechen würden. Bei einer weiteren Tatvariante, bei der die Kontodaten bereits bekannt und Telefonanrufe daher entbehrlich waren, sollte den Betroffenen allein durch die durchgeführte Lastschrift ein bestehendes Vertragsverhältnis vorgespiegelt

295 BGH, Urteil vom 22.05.2014 – 4 StR 430/13.

werden, um diese von einem Widerspruch abzuhalten. Dabei nahmen die Angeklagten einerseits billigend in Kauf, dass die Kontoinhaber von den Lastschriftabbuchungen durch Lektüre ihrer Kontoauszüge Kenntnis erhalten, sich den Zugriff auf ihr Konto aber nicht anders erklären würden, als dass der jeweiligen Abbuchung ein wirksamer Vertrag zu Grunde lag, sei es auch nur in der Form, dass sie sich insoweit unsicher waren und/oder die Sache wegen des relativ geringen Betrages auf sich beruhen ließen. Andererseits handelten die Angeklagten auch in der Erwartung, die Betroffenen würden in zahlreichen Fällen mangels ausreichend sorgfältiger Kontrolle ihrer Kontoauszüge die Abbuchungen nicht bemerken oder einfach übersehen.

*[**10**] Zur Verwirklichung des Tatplans bedienten sich die Angeklagten insbesondere der in der S. ansässigen AG, die vom Angeklagten W. vertreten wurde. Dieser schloss für die AG zahlreiche Verträge unter anderem mit Callcentern, Zahlungsdienstleistern sowie mit Banken ab, über die die Lastschrifteneinzüge erfolgen sollten und später auch tatsächlich erfolgten. Auch mit dem von der Angeklagte D. S. betriebenen Callcenter GmbH & Co KG, bei dem der Angeklagte T. S. angestellt war, schloss der Angeklagte W. sog. Vertriebspartnerverträge ab. Insgesamt waren für die Angeklagten im Tatzeitraum mindestens 66 Callcenter mit etwa 400 bis 600 Mitarbeitern in der sog. Gewinnspielvermittlung tätig. Die Callcenter erhielten für jeden Fall, in dem sie die Kontodaten erlangten, einen Betrag in Höhe von 45 bis 60 Euro.*

*[**11**] Die zur Erschwerung von Nachforschungen meist unter falschen Namen handelnden Mitarbeiter der Callcenter gaben bei ihren Anrufen (1. Tatvariante) entsprechend den Vorgaben eines ihnen auf Veranlassung der Angeklagten ausgehändigten sog. Negativleitfadens für die Gesprächsführung vor, sie hätten die Möglichkeit, einen vermeintlich bestehenden Gewinnspielvertrag entweder unbefristet weiterlaufen zu lassen oder ihn zum Ablauf von drei Monaten zu beenden, wobei für die letzten drei Monate, sollten Gewinne ausbleiben, eine „Geld-zurück-Garantie" bestehe. Tatsächlich war die Übernahme einer solchen Garantie zu keinem Zeitpunkt beabsichtigt; in keinem Fall wurden zuvor abgebuchte Geldbeträge zurückerstattet. Der durch den Leitfaden im Einzelnen vorgegebene Erstanruf diente dazu, die Angerufenen jeweils zur Kündigung eines in Wirklichkeit nicht bestehenden Vertrages und – abwicklungshalber – zur Herausgabe ihrer Kontodaten zu veranlassen. Widersprachen die angerufenen Personen – wie in der weit überwiegenden Zahl der Fälle – der Behauptung an einem derartigen Gewinnspiel teilgenommen zu haben, bemühten sich die von den Angeklagten angewiesenen Callcenter-Mitarbeiter dies – wahrheitswidrig – zu widerlegen und behaupteten beispielsweise, auf die Kontodaten aus Datenschutzgründen keinen Zugriff zu haben, sie aber nun zu benötigen, etwa um den Betroffenen aus dem Vertrag „herauszuhelfen".*

*[**12**] Im Anschluss an den Erstanruf erfolgte sodann ein Zweitanruf (sog. Quality Call), der zum Teil elektronisch aufgezeichnet wurde und dazu diente, mittels geschickter Gesprächsführung von den Betroffenen eine telefonisch erteilte Einzugsermächtigung zu erhalten, um die Betroffenen selbst, aber auch die beteiligten Banken oder im Fall von Nachforschungen die Strafverfolgungsbehörden über den auf diesem Weg dokumentierten angeblichen Vertragsschluss zu täuschen. Im Anschluss daran erhielten die Angerufenen – auch diejenigen, die den vermeintlichen Vertrag gekündigt hatten – von der GmbH, die von der AG mit der „technischen Abwicklung" beauftragt worden war, sog. Begrüßungsschreiben, in denen behauptet wurde, die Empfänger hätten „die Chance, bei 200 Internet-Gewinnspielen monatlich eingetragen zu werden"; diese Leistung sei „ebenfalls in Ihrem Servicebetrag ... enthalten, den wir wie besprochen jeden Monat im voraus automatisch von Ihrem*

Konto... abbuchen". Tatsächlich war ab dem Jahr 2008 – wie die Angeklagten wussten – eine Eintragung in 200 Gewinnspiele monatlich je Kunde nicht mehr möglich, sondern erfolgte „in einem deutlich geringeren Umfang".

[13] Der Einzug der vermeintlichen Forderungsbeträge in Höhe von jeweils zwischen 55 und 79,80 Euro erfolgte im Tatzeitraum vom 9. März 2009 bis zum 22. Januar 2010 mittels Einzugsermächtigungslastschriftverfahren. Die auf dem jeweiligen Kontoauszug der Betroffenen wiedergegebene Belastungsbuchung enthielt den Namen des Zahlungsdienstleisters, den Namen des „Produkts", den abgebuchten Betrag sowie eine zwölfstellige ID-Nummer. Es wurden bei insgesamt 136.890 Betroffenen (teilweise mehrfach) Beträge im Lastschriftverfahren eingezogen, die im angefochtenen Urteil auf 4.885 Seiten im Einzelnen in Tabellenform aufgeführt sind. In 198.070 Fällen wurde die Lastschrift nicht zurückgegeben, so dass das Geld bei den Angeklagten verblieb. Dagegen erfolgte in 129.708 Fällen eine Rückgabe der Lastschriften. Die Angeklagten erzielten durch ihr Vorgehen einen Gewinn „im deutlich siebenstelligen Bereich".

[14] b) Zur Beweiswürdigung hat das Landgericht lediglich mitgeteilt, dass die Angeklagten im Rahmen einer nach § 257c StPO durchgeführten Verständigung den Anklagevorwurf gestanden und weitere Fragen der Kammer glaubhaft, ausführlich und nachvollziehbar beantwortet hätten. Von der Richtigkeit der geständigen Einlassungen sei die Strafkammer überzeugt, da sie „mit dem Ermittlungsergebnis sowie auch mit dem übrigen Ergebnis der nach Maßgabe des Hauptverhandlungsprotokolls durchgeführten umfassenden Beweisaufnahme im Einklang" stünden. Weitere Ausführungen hierzu enthält das Urteil nicht.

[15] 2. Die Verurteilung der Angeklagten wegen vollendeten gewerbsmäßigen Bandenbetruges begegnet durchgreifenden rechtlichen Bedenken, weil offen bleibt, auf welche Weise sich die Strafkammer auch unter Berücksichtigung der umfassenden Geständnisse der Angeklagten die Überzeugung verschafft hat, die Betroffenen hätten die Lastschriften in den 198.070 festgestellten Fällen hingenommen, weil sie sich über das Bestehen einer Zahlungspflicht im Irrtum befanden.

[16] a) In welchem Umfang der Tatrichter seine Überzeugungsbildung in den Urteilsgründen mitzuteilen hat, hängt von den Gegebenheiten des jeweiligen Falles ab. Zwar sind, wenn sich die Angeklagten – wie hier – auf der Grundlage einer Absprache geständig einlassen, an die Überprüfung dieser Einlassungen und deren Darlegung im Urteil regelmäßig keine strengeren Anforderungen zu stellen als bei einem in herkömmlicher Verfahrensweise abgegebenen Geständnis (BVerfG, Urteil vom 19. März 2013 – 2 BvR 2628/10 u.a., NJW 2013, 1058, 1063, Tz. 71; BGH, Beschluss vom 25. Juni 2013 – 1 StR 163/13); es gibt auch keine forensische Erfahrung dahin, dass bei einem Geständnis im Rahmen einer Verständigung regelmäßig mit einer wahrheitswidrigen Selbstbelastung zu rechnen ist (BGH, Beschluss vom 23. Mai 2012 – 1 StR 208/12, NStZ 2012, 584). Aber auch in einem solchen Fall müssen die Urteilsgründe erkennen lassen, dass die Würdigung der Beweise auf einer tragfähigen, verstandesmäßig einsichtigen Tatsachengrundlage beruht, die dem Revisionsgericht eine Überprüfung nach den Maßstäben rationaler Argumentation ermöglicht (st. Rspr.; vgl. nur BGH, Urteil vom 24. November 1992 – 5 StR 456/92, BGHR StPO § 261 Vermutung 11; Beschluss vom 15. September 1999 – 2 StR 373/99, BGHR StPO § 261 Überzeugungsbildung 34; Beschluss vom 31. Januar 2012 – 3 StR 285/11, StV 2012, 653, Tz. 4, Beschluss vom 25. September 2012 – 5 StR 372/12, NStZ-RR 2012, 361; vgl. Meyer-Goßner, StPO, 56. Aufl. § 261 Rn. 2a).

[17] Da der Betrugstatbestand voraussetzt, dass die Vermögensverfügung durch den Irrtum des Getäuschten veranlasst worden ist, und das gänzliche Fehlen einer Vorstellung für sich allein keinen tatbestandsmäßigen Irrtum begründen kann, muss der Tatrichter insbesondere mitteilen, wie er sich die Überzeugung davon verschafft hat, dass der Verfügende einem Irrtum erlegen ist (BGH, Urteile vom 5. Dezember 2002 – 3 StR 161/02, NJW 2003, 1198, 1199 f; vom 22. November 2013 – 3 StR 162/13, NStZ 2014, 215, Tz. 8; zu den Darlegungsanforderungen bei einem „uneigentlichen Organisationsdelikt" vgl. BGH, Beschluss vom 31. Januar 2012 aaO, Tz. 6; Beschluss vom 29. Juli 2009 – 2 StR 160/09, BGHR StPO § 267 Abs. 1 Satz 1 Sachdarstellung 15; Beschluss vom 2. November 2007 – 2 StR 384/07, NStZ 2008, 89, Tz. 5). In einfach gelagerten Fällen mag sich dies von selbst verstehen. Im Bereich gleichförmiger, massenhafter oder routinemäßiger Geschäfte, die von selbstverständlichen Erwartungen geprägt sind, kann der Tatrichter befugt sein, auf die täuschungsbedingte Fehlvorstellung auf der Grundlage eines „sachgedanklichen Mitbewusstseins" indiziell zu schließen, wobei er dies im Urteil darzulegen hat. Ist das Vorstellungsbild des Verfügenden normativ geprägt, kann bei einem Tatvorwurf, dem zahlreiche Einzelfälle zu Grunde liegen, die Vernehmung weniger Zeugen ausreichen; wenn deren Angaben das Vorliegen eines Irrtums (in den sie betreffenden Fällen) belegen, kann auf die Erregung eines Irrtums auch bei anderen Verfügenden geschlossen werden (BGH, Urteil vom 22. November 2013 – 3 StR 162/13; Beschluss vom 6. Februar 2013 – 1 StR 263/12, NJW 2013, 1545, 1546; Beschluss vom 17. Juli 2009 – 5 StR 394/08, Tz. 15, insoweit in BGHSt 54, 44 nicht abgedruckt). In komplexeren Fällen wird es regelmäßig erforderlich sein, die betreffenden Personen über ihr tatrelevantes Vorstellungsbild als Zeugen zu vernehmen sowie deren Bekundungen im Urteil mitzuteilen und zu würdigen (BGH, Beschluss vom 6. Februar 2013 – 1 StR 263/12, NJW 2013, 1545, Tz. 15, Urteil vom 22. November 2013 – 3 StR 162/13, NStZ 2014, 215, Tz. 8 f.).

[18] b) Gemessen daran vermögen – jedenfalls im vorliegenden Fall – weder der Hinweis auf das „Ermittlungsergebnis" noch die ebenfalls nicht näher belegte Bezugnahme auf die „umfassende Beweisaufnahme" und die „umfassende geständige Einlassung der Angeklagten" eine Irrtumserregung bei den von den Lastschrifteinzügen betroffenen Bankkunden zu belegen.

[19] aa) Den Urteilsgründen ist nicht zu entnehmen, dass die Strafkammer Geschädigte als Zeugen vernommen hat oder dass deren Angaben auf andere Weise in die Hauptverhandlung eingeführt worden sind.

[20] bb) Die Annahme eines täuschungsbedingten Irrtums und einer dadurch kausal hervorgerufenen Vermögensverfügung versteht sich hier auch nicht von selbst. Denn nach den Feststellungen der Strafkammer wurde bei den Betroffenen im Rahmen der Telefonanrufe durch die Callcenter-Mitarbeiter der Eindruck erweckt, sie hätten die Möglichkeit, einen bestehenden Vertrag entweder unbefristet weiterlaufen zu lassen oder ihn zum Ablauf von drei Monaten zu beenden. In der „weit überwiegenden Anzahl" der Fälle hatten die Betroffenen jedoch der Behauptung widersprochen, sie hätten einen derartigen Vertrag abgeschlossen. Danach liegt es – auch soweit dem Bestehen eines Vertragsverhältnisses nicht ausdrücklich widersprochen wurde – nicht auf der Hand, dass die Betroffenen die Rückforderung der abgebuchten Beträge gerade aufgrund der irrtümlichen Annahme unterließen, sie seien aufgrund eines bestehenden Vertragsverhältnisses verpflichtet, die Abbuchung dieser Beträge (dauerhaft) als rechtmäßig zu dulden.

[21] Was die Fälle betrifft, in denen die Täter bereits über die Bankdaten verfügten und Anrufe bei den jeweiligen Kontoinhabern daher entbehrlich waren, vermögen die Urteilsgründe ebenfalls nicht hinreichend zu vermitteln, auf welcher Grundlage sich das Landgericht die Überzeugung gebildet hat, die Bankkunden hätten sich gegen die Lastschriften nicht zur Wehr gesetzt, weil ihnen das Bestehen eines Vertragsverhältnisses oder die Erteilung einer Einzugsermächtigung vorgespiegelt wurde. Diese Annahme ist schon mit der von der Strafkammer festgestellten, ausweislich der Urteilsgründe aber nicht näher überprüften Erwartung der Angeklagten unvereinbar, die Kontoinhaber würden die Lastschriften gar nicht bemerken, möglicherweise also noch nicht einmal einer täuschungsbedingten Fehlvorstellung im Sinne eines sog. sachgedanklichen Mitbewusstseins unterliegen.

■ PRAXISBEDEUTUNG

Die vorliegende Entscheidung ist für die Praxis sehr wichtig, um die Fälle prozessual korrekt zu lösen, welche eine Vielzahl von Taten zum Gegenstand haben, die alle jeweils nur kleinere Schäden verursacht haben, das strafwürdige Verhalten aber letztlich durch das planvolle Vorgehen der Täter charakterisiert ist, und welche genau diesen Tatplan verfolgt haben.

a) Besondere Sachverhalte

296 Ein Wettteilnehmer, der den Gegenstand des **Wettvertrags zu seinen Gunsten beeinflusst**, begeht einen Betrug, wenn er diesen Umstand bei Abschluss des Vertrags verschweigt: Denn dem Vertragsangebot kann die stillschweigende Erklärung entnommen werden, der Wetter selbst habe die Geschäftsgrundlage der Wette nicht durch eine rechtswidrige Manipulation verändert; in dem Verschweigen der Manipulation kann eine Täuschung durch schlüssiges Handeln liegen.[296]

[6] Der Bundesgerichtshof hat bereits wiederholt entschieden, dass ein Wettteilnehmer, der den Gegenstand des Wettvertrags zu seinen Gunsten beeinflusst, einen Betrug begeht, wenn er diesen Umstand bei Abschluss des Vertrags verschweigt: Dem Vertragsangebot könne die stillschweigende Erklärung entnommen werden, der Wetter selbst habe die Geschäftsgrundlage der Wette nicht durch eine rechtswidrige Manipulation verändert; in dem Verschweigen der Manipulation liege eine Täuschung durch schlüssiges Handeln (BGH, Urteile vom 19. Dezember 1979 – 3 StR 313/79, BGHSt 29, 165, 167 f.; vom 15. Dezember 2006 – 5 StR 181/06, BGHSt 51, 165, 169, 171 f.; vom 20. Dezember 2012 – 4 StR 55/12, BGHSt 58, 102, 106 f.; vom 20. Dezember 2012 – 4 StR 125/12, wistra 2013, 186, 187; Beschluss vom 20. Dezember 2012 – 4 StR 580/11, BGHR StGB § 263a Anwendungsbereich 3). Diese Auslegung beruht auf einer Bewertung des konkret zu beurteilenden Geschäftstyps und der dabei typischen Pflichten- und Risikoverteilung zwischen den Partnern, ist Gegenstand des Vertrags das in der Zukunft stattfindende und von den Sportwettenteilnehmern nicht beeinflussbare Sportereignis. Auf diesen Vertragsgegenstand nimmt jede der Parteien bei Abgabe und Annahme des Wettscheins

[296] BGH, Beschluss vom 11.03.2014 – 4 StR 479/13.

Bezug (BGH, Urteile vom 19. Dezember 1979 und vom 15. Dezember 2006, jew. aaO).

[7] bb) So liegt der Fall hier jedoch nicht: Das Landgericht hat nicht festzustellen vermocht, ob das Spiel überhaupt manipuliert worden war. Der Angeklagte hatte jedenfalls an einer etwaigen Beeinflussung des Spielergebnisses nicht mitgewirkt. Ihm war lediglich von unbekannter Seite ein „Tipp" im „Café", in dem ein an Fußball- und sonstigen Sportwetten interessiertes Publikum verkehrte, zugetragen worden. Er ging bei seinem Wettverhalten nicht von einer mit Sicherheit zutreffenden Information aus. Das Verhalten des Angeklagten ist daher lediglich als der Versuch einer straflosen Ausnutzung eines – wirklichen oder vermeintlichen – Informationsvorsprungs zu bewerten. Dies ist kein Eingriff in das Wettereignis selbst, in dessen Geschäftsgrundlage; vielmehr gehört die Nutzung solcher Informationsvorsprünge zum allgemeinen und daher straflosen Geschäftsrisiko bei Wetten. Der Angeklagte akzeptierte bei seinem Vorgehen die für Wetten typische Unsicherheit und überschritt nicht die identitätswesentlichen Merkmale einer Wette. Wie es sich verhält, wenn der Wettende die sichere Information erhält, dass das Spiel manipuliert ist, bedarf hier keiner Entscheidung.

Verfügen die Mitarbeiter eines ambulanten Pflegedienstes nicht über die mit der Kranken- und Pflegekasse **vertraglich vereinbarte Qualifikation**, kann ein Abrechnungsbetrug der Betreiberin vorliegen.[297] **297**

Mit der **Einreichung eines Subventionsantrags** gibt der Antragsteller zugleich die Erklärung ab, dass die geltend gemachten Kosten tatsächlich entstanden sind und keine verdeckten Zahlungsrückflüsse oder sonstige nicht näher angegebene Provisionen enthalten.[298] **298**

[46] Das Landgericht hat rechtsfehlerfrei einen Betrug zum Nachteil der I. gemäß § 263 StGB bejaht. Der Angeklagte hat – unabhängig von der Auslegung der Nebenbestimmung des Zuwendungsbescheids betreffend die Förderfähigkeit von Gewinnaufschlägen von verbundenen oder sonst wirtschaftlich, rechtlich oder personell verflochtenen Unternehmen – als (Mit-)Geschäftsführer der Zuwendungsempfängerin T. bei der Antragstellung über subventionsrechtlich erhebliche Preisbestandteile getäuscht.

[47] Der zwischen der T. und der P. vereinbarte Preis war nicht ordnungsgemäß zustande gekommen. Der Angeklagte war nämlich als Geschäftsführer der T. verpflichtet, gegenüber den Mitgeschäftsführern die ihm selbst zugeflossenen Provisionen offen zu legen. Dies folgt aus den ihm in seiner Rolle als Geschäftsführer der T. obliegenden Pflichten. Als Geschäftsführer musste er die Vermögensinteressen der T. wahrnehmen, was insbesondere das Verbot der Schädigung des Unternehmensvermögens beinhaltete. Dies begründet für den Geschäftsführer nicht nur die Pflicht zur aktiven Förderung der Gesellschaft, die ihn treffende Treuepflicht verwehrt es ihm ebenso, die Ressourcen der Gesellschaft für eigene Zwecke zu verwenden (Oetker in Henssler/Strohn, Gesellschaftsrecht, 2. Aufl., § 35 GmbHG Rn. 15). Kommt es hierbei zu Kollisionen zwischen den Interessen der Gesellschaft und denen des Geschäftsführers, muss der Geschäftsführer solche vermeiden, zumindest aber offen-

[297] BGH, Beschluss vom 16.06.2014 – 4 StR 21/14.
[298] BGH, Beschluss vom 25.04.2014 – 1 StR 13/13.

legen (Zöllner/Noack in Baumbach/Hueck, GmbHG, 20. Aufl., § 43 Rn. 17). Deshalb muss der Geschäftsführer auch alles tun, um eine Geschäftschance (und sei es nur die Realisierung möglicher Preissenkungsspielräume) für die Gesellschaft zu nutzen (BGH, Urteil vom 4. Dezember 2012 – II ZR 159/10 Rn. 31, NJW-RR 2013, 363).

[48] Es liegt auf der Hand, dass die Rückvergütungen, die von dem Generalunternehmer und den Nachunternehmern an den Angeklagten geflossen sind, für die Preisbildung im Verhältnis zwischen der P. und der T. von entscheidender Bedeutung waren. Der Bundesgerichtshof hat solche Zahlungsflüsse in ständiger Rechtsprechung als schadensbegründend angesehen. Dem liegt die Erwägung zugrunde, dass jedenfalls mindestens der Betrag, den der Vertragspartner für solche Zahlungen leistet, als Nachlass regelmäßig in die Preisgestaltung einfließen wird (BGH, Beschluss vom 11. November 2004 – 5 StR 299/03, BGHSt 49, 313, 332 f.; Urteil vom 2. Dezember 2005 – 5 StR 119/05, BGHSt 50, 299, 314 f.; vgl. auch Raum in Wabnitz/Janovsky, Handbuch des Wirtschafts- und Steuerstrafrechts, 4. Aufl., Kap. IV Rn. 199 f.). Bei der vorliegenden Sachverhaltsgestaltung bestand zwar die Besonderheit, dass der Angeklagte der Alleingeschäftsführer und Alleingesellschafter der P. (GmbH) war, mithin der Vermögensverlust durch die Zahlungsrückflüsse nur das allein ihm zugeordnete Gesellschaftsvermögen der P. betraf. Gleichwohl gelten diese Grundsätze auch hier, weil durch den Pauschalvertrag mit der T. die im Preis enthaltenen verschleierten Rückflussbeträge an diese weiterberechnet wurden. Als Mitgesellschafter und Mitgeschäftsführer dieser Gesellschaft, der gegenüber der Angeklagte aufgrund seiner Geschäftsführerstellung dort zu ausschließlich am Wohl dieser Gesellschaft orientierten unternehmerischen Entscheidungen verpflichtet war, hätte er nicht ohne weiteres einen Preis akzeptieren dürfen, der – wie er wusste – in diesem Umfang Rückflussbeträge an ihn persönlich enthielt. Zumindest hätte er diese aufdecken müssen, was der Angeklagte, weil der Mitgeschäftsführer Ti. nach den Urteilsfeststellungen keinen Überblick über die Finanzinterna hatte, nicht getan hat. Dies wird im Übrigen schon aus seiner verdeckten Vorgehensweise deutlich.

[49] Der Umstand, dass der Angeklagte als von den Beschränkungen des § 181 BGB befreiter Geschäftsführer der T. bereits einen Preis vereinbart hat, der in unzulässiger Weise die an ihn zurückgeflossenen Beträge nicht herausgerechnet hat, wirkt sich im Verhältnis zur I. als Subventionsgeberin aus. Wie für den Angeklagten offensichtlich war, wollte die Subventionsgeberin nur diejenigen Kosten gegenüber der T. in Höhe der Subventionsquote abdecken, die dieser entstanden sind. In diesem Sinne ansatzfähig sind aber nur solche Kosten, welche die T. gegenüber der P. überhaupt nur übernehmen durfte. Soweit an den Angeklagten zurückgeflossene Beträge in die Preisbildung der P. eingegangen sind, war der Angeklagte in seiner Eigenschaft als zugleich weiterer Geschäftsführer der T. nicht berechtigt, diese als Preisbestandteile der T. weiter zu berechnen. Damit stellen jedenfalls die Rückflussbeträge auch keine gegenüber der I. subventionsfähigen Preisbestandteile dar. Dies war dem Angeklagten als erfahrenem Unternehmer bewusst. Deshalb hat er die Zahlungsrückflüsse verdeckt, um sie sowohl der T. als auch mittelbar der I. weiterberechnen zu können.

[50] Mit der Einreichung des Förderantrags hat der Angeklagte damit konkludent getäuscht. Er hat mit dem Subventionsantrag nämlich sinngemäß erklärt, dass die geltend gemachten Kosten aufwandsgestützt sind. Dies war – ohne dass es auf die Auslegung der Nebenbestimmung über „verbundene Unternehmen" ankäme – aber schon deshalb unrichtig, weil die geltend gemachten Kosten verdeckte Zahlungs-

rückflüsse an ihn ausgewiesen haben, die damit lediglich zum Schein als subventionsfähiger Aufwand in die Preisbildung eingestellt wurden.

Mit einem **Anruf, bei dem die Rufnummer hinterlassen** wird, wird nach der objektiv zu bestimmenden Verkehrsanschauung zugleich die **Erklärung übermittelt**, der Anrufer habe mit dem Angerufenen kommunizieren wollen. – Strafbarkeit durch sog. „Ping"-Anrufe.[299] **299**

[12] Das Landgericht hat in dem eingehenden Anruf die schlüssige Übermittlung eines Kommunikationswunsches gesehen. Dieses Abstellen auf einen stillschweigenden Erklärungsinhalt ist zunächst im Ausgangspunkt nicht zu beanstanden: Beim Betrug kann auch konkludent getäuscht werden, namentlich durch ein irreführendes Verhalten, das nach der Verkehrsanschauung als stillschweigende Erklärung zu verstehen ist (BGH, Urteil vom 26. April 2001 – 4 StR 439/00, BGHSt 47, 1, 3 mwN).

[13] Rechtlich beanstandungsfrei ist das Landgericht aber auch davon ausgegangen, dass mit einem Anruf, bei dem die Rufnummer hinterlassen wird, nach der objektiv zu bestimmenden Verkehrsanschauung (BGH, Urteil vom 26. April 2001 – 4 StR 439/00, BGHSt 47, 1, 3 f.) zugleich die Erklärung übermittelt wird, der Anrufer habe mit dem Angerufenen kommunizieren wollen. Diese Auffassung, der sich der Senat anschließt, entspricht der ganz herrschenden Meinung in Rechtsprechung und Schrifttum (OLG Oldenburg aaO, wistra 2010, 453, 454; LG Hildesheim, Urteil vom 10. Februar 2004 – 26 KLs 16 Js 26785/02, MMR 2005, 130, 131; Ellbogen/Erfurth, CR 2008, 635; Eiden, Jura 2011, 863, 865 f.; Kölbel, JuS 2013, 193, 195 f.; LK/Tiedemann, StGB, 12. Aufl., § 263 Rn. 11 f.; Fischer, StGB, 61. Aufl., § 263 Rn. 28c; Park/Zieschang, Kapitalmarktstrafrecht, 3. Aufl., § 263 Rn. 36 Fn. 40; Geppert/Schütz, BeckTKG-Komm/Ditscheid/Rudloff, 4. Aufl., Vorbemerkung vor § 66a Rn. 40; so wohl auch Brand/Reschke, NStZ 2011, 379, 381; im Ergebnis auch BeckOK- v. Heintschel-Heinegg/Beukelmann, StGB, § 263 Rn. 17.2 [Stand: 8. März 2013]). Da die Angeklagten tatsächlich keine Kommunikation mit den Geschädigten anstrebten, war diese Erklärung unwahr.

[14] Soweit einige Autoren die Auffassung vertreten, das Hinterlassen der Rufnummer in der Anrufliste eines Mobiltelefons erlaube insbesondere mit Blick darauf, dass ein Anruf in Abwesenheit automatisch in der Anrufliste gespeichert werde, keine Rückschlüsse auf den Willen des Anrufers, der Erklärungswert erschöpfe sich vielmehr darin, dass ein Anruf mit Rufnummernübermittlung eingegangen sei (Erb, ZIS 2011, 368, 369, der im Folgenden allerdings den von ihm angenommenen, durch Suggestion erregten Irrtum der Angerufenen ebenfalls unter § 263 StGB subsumiert; MüKoStGB/Hefendehl, 2. Aufl., § 263 Rn. 119; Lux/Schumann, ZWH 2013, 10, 13 f.; im Ergebnis ebenso Ladiges, JuS 2012, 50, 54 f.; kritisch auch Jahn, JuS 2010, 1119, 1120; NK-StGB-Kindhäuser, 4. Aufl., § 263 Rn. 109 mit Fn. 3; Becker, JuS 2014, 307, 311 f.), kann dem nicht gefolgt werden: Ein Telefon stellt nach allgemeiner Auffassung ein Kommunikationsmittel dar, so dass die damit vorgenommene Anwahl eines anderen Telefons – wenn zwischen den Teilnehmern nichts anderes vereinbart ist (vgl. insoweit Eiden, Jura 2011, 863, 866) – von dem durchschnittlichen Nutzer eines Mobiltelefons als Angerufenem zu Recht so verstanden werden darf, dass auch der Anrufer sein Telefon als Kommunikationsmittel nutzen wollte (Eiden, Jura 2011, 863, 866; Kölbel, JuS 2013, 193, 196). Der

---

[299] BGH, Urteil vom 27.03.2014 – 3 StR 342/13.

Umstand der automatischen Erstellung der Anrufliste ist in diesem Zusammenhang ohne Bedeutung, zumal durch den Anrufer in jedem Fall eingestellt werden kann, ob die Rufnummer übermittelt werden soll (insoweit zustimmend Lux/Schumann, ZWH 2013, 10, 13); die automatisch erstellte Mitteilung, von welcher Rufnummer aus der Kommunikationswunsch kommuniziert wurde, ist dem Anrufer mithin objektiv zurechenbar. Dass manche Personen Mobiltelefone auch zu anderen – in aller Regel missbräuchlichen – Zwecken anrufen (Klingelstreiche, sog. Telefonterror oder eben die hier getätigten Ping-Anrufe), wohnt der mit dem Anruf schlüssig übermittelten Nachricht über ein Kommunikationsanliegen als einschränkende Möglichkeit inne, stellt diese nach der Verkehrsanschauung in dem Anruf enthaltene Botschaft indes nicht grundsätzlich in Frage (Kölbel aaO).

[15] Eine weitere den Tatbestand des § 263 Abs. 1 StGB erfüllende Täuschung liegt in der den Angerufenen zugleich konkludent vorgespiegelten Möglichkeit, einen Rückruf bei der in ihrem Mobiltelefon hinterlassenen Nummer zu dem jeweils mit ihrem Netzbetreiber vereinbarten Tarif ohne darüber hinausgehende Kosten durchführen zu können (Kölbel, JuS 2013, 193, 196; MüKoStGB/Hefendehl aaO, § 263 Rn. 119). Hierzu gilt:

[16] Tatsächlich wurden die Mobiltelefone von Festnetzanschlüssen aus angewählt, an denen der Angeklagte O. die von ihm genutzten Telefon-Server betrieb, nicht aber von der Mehrwertdienstenummer, die im Anrufspeicher der Mobiltelefone hinterlegt wurde. Letzteres war auch gar nicht möglich, da von Mehrwertdienstenummern tatsächlich keine ausgehenden Anrufe getätigt werden können (vgl. Ellbogen/Erfurth, CR 2008, 635). Die hinterlegte Rufnummer war mithin falsch, worauf auch die Strafkammer maßgeblich mit ihrer Würdigung abgestellt hat, die Angerufenen seien darüber getäuscht worden, woher der Anruf technisch kam. Allein darin liegt indes eine betrugsrelevante Täuschung noch nicht, weil die rein technische Herkunft des Anrufs für die Angerufenen ohne Bedeutung war.

[17] Darin erschöpft sich der Erklärungsinhalt der übermittelten Telefonnummer allerdings nicht. Kommt eine konkludente Täuschung in Betracht, so sind bei der Ermittlung des Inhalts einer stillschweigenden Erklärung anhand der Verkehrsanschauung auch solche Konstellationen zu berücksichtigen, in denen einer (schlüssigen) Erklärung aufgrund Gesetzes oder Vereinbarung ein bestimmter Gehalt zugewiesen wird; will der Handelnde eine Erklärung dieses normativ vorstrukturierten Erklärungsgehalts indes tatsächlich nicht abgeben, täuscht er zumindest konkludent (MüKoStGB/Hefendehl aaO, § 263 Rn. 105).

[18] Danach ergibt sich der schlüssige Erklärungsinhalt, ein Rückruf sei mit keinen erhöhten Kosten verbunden, daraus, dass nur solche Nummern im Rufnummernspeicher eines angerufenen Mobiltelefons hinterlassen werden durften, für die dies zutraf. Das Hinterlassen einer Mehrwertdienstenummer im Rufnummernspeicher war und ist hingegen unzulässig. Nach heutiger Rechtslage ergibt sich die gesetzliche Unzulässigkeit aus § 66k TKG. Das Verbot der Übermittlung von Mehrwertdienstenummern als Rufnummer des Anrufers trat mit § 66j TKG aF zwar erst mit Gesetz zur Änderung telekommunikationsrechtlicher Vorschriften (BGBl. I 2007, S. 106) zum 1. September 2007 in Kraft und sollte gerade auch sog. Ping-Anrufe unterbinden (BT-Drucks. 16/2581, S. 32 f.; 16/3635, S. 32, 46). Für die Tatzeit ergibt sich die Unzulässigkeit dieses Vorgehens aber aus der von der Strafkammer festgestellten Selbstverpflichtung der deutschen Telekommunikationsunternehmen, die Bestandteil der Verträge zur Anmietung der Mehrwertdienstenummern geworden und nach der das „Anpingen" unzulässig war. Angesichts dieser Um-

stände wird der täuschende Erklärungswert der – falschen – übermittelten Rufnummer nicht dadurch aufgehoben, dass der Angerufene – jedenfalls bei gehöriger Überprüfung – die hinterlassene Rufnummer als eine solche erkennen konnte, die eine besondere Kostenpflicht auslösen (MüKoStGB/Hefendehl aaO, § 263 Rn. 119), zumal dies von den Angeklagten durch die mit der Voranstellung der Länderkennziffer verbundene „Rufnummerntarnung" bewusst erschwert wurde (vgl. dazu Kölbel, JuS 2013, 193, 196).

[19] bb) Die Angerufenen, die bei der hinterlassenen Rufnummer zurückriefen, befanden sich im Irrtum über den tatsächlich nicht bestehenden Kommunikationswunsch sowie – jedenfalls in Form eines sachgedanklichen Mitbewusstseins (vgl. dazu BGH, Urteile vom 22. November 2013 – 3 StR 162/13, NStZ 2014, 215, 216; vom 20. Dezember 2012 – 4 StR 55/12, NJW 2013, 883, 884) – über die Kostenpflichtigkeit des von ihnen getätigten Rückrufs. Dass dieser Irrtum vermeidbar gewesen sein mag – was insbesondere in den etwa 60.000 Fällen, in denen die Angerufenen die Mehrwertdienstenummer zuvor von ihrem Mobiltelefon auf ihr Festnetztelefon übertrugen, nicht fernliegend erscheint –, steht der Verwirklichung dieses Tatbestandsmerkmals nicht entgegen (BGH, Urteile vom 26. April 2001 – 4 StR 439/00, BGHSt 47, 1, 5, und vom 22. Oktober 1986 – 3 StR 226/86, BGHSt 34, 199, 201; kritisch Jahn, JuS 2010, 1119, 1120 mwN; gegen den Ansatz der „Viktimodogmatik" in Fällen wie dem vorliegenden überzeugend Erb, ZIS 2011, 368, 372 ff.). Dass die Angeklagten diesen Irrtum auch hervorrufen wollten, zeigt das die Mehrwertdienstenummer verschleiernde Format, mit dem diese auf den angerufenen Mobiltelefonen hinterlassen wurde. Nur in diesem Kontext ist auch das von der Strafkammer schon im Zusammenhang mit der Täuschung angeführte, von den Angeklagten bewusst gewählte Zeitfenster der Ping-Anrufe in der Weihnachtszeit von Bedeutung, da die von ihnen erwartete und bei den Angerufenen tatsächlich vorhandene Erwartungshaltung, einen Weihnachtsgruß verpasst zu haben, deren Sorgfalt, mit der sie die zurückzurufende Nummer überprüften, nachteilig beeinflusst haben mag.

Ein – durch die Täuschungshandlung erregter oder unterhaltener – **Irrtum** im Sinne **300**
des Betrugstatbestandes ist **jeder Widerspruch zwischen einer subjektiven Vorstellung (des Getäuschten) und der Wirklichkeit.** Das gänzliche Fehlen einer Vorstellung begründet für sich allein keinen Irrtum. Allerdings kann ein solcher auch in den Fällen gegeben sein, in denen die täuschungsbedingte Fehlvorstellung in der Abweichung eines „sachgedanklichen Mitbewusstseins" von den tatsächlichen Umständen besteht. Danach ist insbesondere der Bereich gleichförmiger, massenhafter oder routinemäßiger Geschäfte von als selbstverständlich angesehenen Erwartungen geprägt, die zwar nicht in jedem Einzelfall bewusst aktualisiert werden, jedoch der vermögensrelevanten Handlung als hinreichend konkretisierte Tatsachenvorstellung zugrunde liegen.[300]

[6] II. Die Verurteilung des Angeklagten wegen – tateinheitlich mit vollendetem Inverkehrbringen von Falschgeld begangenen – versuchten („gewerbsmäßigen") Betruges in 15 Fällen hält der rechtlichen Nachprüfung nicht stand. Insoweit beruht die Annahme des Landgerichts, die vom Angeklagten tateinheitlich begangenen Betrugstaten seien lediglich versucht, auf einer unzureichenden rechtlichen Prüfung und Würdigung der Feststellungen.

---

300 BGH, Beschluss vom 22.11.2013 – 3 StR 162/13.

[7] Das Landgericht hat seine Annahme, in diesen 15 Fällen sei hinsichtlich des Betruges Vollendung nicht eingetreten, in zwei Fällen (Fälle II. 12 und 36 der Urteilsgründe) darauf gestützt, dass sich die Kassierer keine bewussten Gedanken über die Echtheit des 200-Euro-Scheines gemacht hätten und deshalb „kein Irrtum eingetreten" sei. In den übrigen 13 Fällen (Fälle II. 9, 13, 14, 20, 21, 23, 24, 27 bis 30, 39 und 43) hat es diese Annahme damit begründet, dass die beteiligten Kassierer nicht oder überhaupt keine Zeugen dieser Taten ermittelt werden konnten und deshalb das Vorliegen eines – von dem Angeklagten durch Täuschung erregten – tatbestandlichen Irrtums im Sinne von § 263 StGB nicht nachzuweisen sei. Diese Annahmen zeigen auf, dass die Strafkammer einen zu strengen Maßstab an das Vorliegen des Tatbestandmerkmals „Irrtum" angelegt und die Anforderungen an ihre Überzeugungsbildung überspannt hat; sie sind mithin zugunsten des Angeklagten rechtsfehlerhaft.

[8] 1. Ein – durch die Täuschungshandlung erregter oder unterhaltener – Irrtum im Sinne des Betrugstatbestandes ist jeder Widerspruch zwischen einer subjektiven Vorstellung (des Getäuschten) und der Wirklichkeit (vgl. LK/Tiedemann, StGB, 12. Aufl., § 263 Rn. 77 ff. mwN). Das gänzliche Fehlen einer Vorstellung begründet für sich allein keinen Irrtum. Allerdings kann ein solcher auch in den Fällen gegeben sein, in denen die täuschungsbedingte Fehlvorstellung in der Abweichung eines „sachgedanklichen Mitbewusstseins" von den tatsächlichen Umständen besteht. Danach ist insbesondere der Bereich gleichförmiger, massenhafter oder routinemäßiger Geschäfte von als selbstverständlich angesehenen Erwartungen geprägt, die zwar nicht in jedem Einzelfall bewusst aktualisiert werden, jedoch der vermögensrelevanten Handlung als hinreichend konkretisierte Tatsachenvorstellung zugrunde liegen (vgl. LK/Tiedemann, aaO Rn. 79). Diese Grundsätze hätte das Landgericht in den vorbezeichneten Fällen in seine Prüfung eines tatbestandlichen Irrtums der kassierenden Personen einbeziehen müssen.

[9] 2. In den Einzelfällen, in denen die Kassierer oder Tatzeugen nicht ermittelt werden konnten, kommt hinzu, dass das Landgericht die Anforderungen an die beweisrechtliche Grundlage der Feststellung eines täuschungsbedingten Irrtums im Sinne von § 263 Abs. 1 StGB verkannt hat. Zwar ist in den Urteilsgründen grundsätzlich festzustellen und darzulegen, welche irrigen Vorstellungen die Person hatte, die die Verfügung getroffen hat (vgl. BGH, Urteil vom 5. Dezember 2002 – 3 StR 161/02, NJW 2003, 1198, 1199 f.); danach wird es regelmäßig erforderlich sein, die irrende Person zu ermitteln und in der Hauptverhandlung über die tatrelevante Vorstellung zu vernehmen. Allerdings gilt dies nicht ausnahmslos. Vielmehr kann in Fällen eines normativ geprägten Vorstellungsbildes des Verfügenden die Vernehmung weniger Zeugen genügen; wenn deren Angaben das Vorliegen eines Irrtums (in den sie betreffenden Fällen) belegen, kann auf die Erregung eines Irrtums auch bei anderen Verfügenden geschlossen werden. In der Regel kann das Gericht auch aus Indizien auf einen Irrtum schließen. In diesem Zusammenhang kann etwa eine Rolle spielen, ob der Verfügende ein eigenes Interesse daran hatte oder im Interesse eines anderen verpflichtet war, sich von der Wahrheit der Behauptungen des Täters zu überzeugen (vgl. BGH, Beschlüsse vom 6. Februar 2013 – 1 StR 263/12, NStZ 2013, 422, 423; vom 9. Juni 2009 – 5 StR 394/08, NStZ 2009, 506, 507; Urteil vom 17. Juli 2009 – 5 StR 394/08, wistra 2009, 433, 434). Wenn keine Anhaltspunkte dafür bestehen, dass der Verfügende kollusiv mit dem täuschenden Täter zusammengearbeitet oder aus einem sonstigen Grund Kenntnis von der Täuschung erlangt hatte und der durch die Täuschung erregte Irrtum deshalb nicht verfügungsursächlich geworden sein könnte, können sogar nähere Feststellungen dazu,

wer verfügt hat, entbehrlich sein (vgl. BGH, Urteil vom 20. Dezember 2012 – 4 StR 55/12, NJW 2013, 883, 885).

[10] So verhält es sich hier. Da an einer Kasse beschäftigte Mitarbeiter eines Unternehmens schon aufgrund ihrer arbeitsvertraglichen Verpflichtung den Antrag eines Kunden auf Abschluss eines Kaufvertrages zurückweisen müssen, wenn der Kunde seiner Zahlungspflicht nicht sofort oder nicht vollständig nachkommt, es sich vorliegend um sehr gut gefälschte 200-Euro-Scheine handelte und auch sonst keine Anhaltspunkte für eine bewusste Entgegennahme von Falschgeld durch die Kassierenden gegeben sind, liegt auch in diesen Fällen – selbst wenn die Verfügenden keine konkrete Erinnerung an den jeweiligen Vorgang mehr hatten oder diese sowie andere Tatzeugen nicht ermittelt werden konnten – das Vorliegen eines Irrtums nahe. Dies hat das Landgericht nicht bedacht.

Für die **Beweiswürdigung in Massenbetrugsverfahren** gilt: Da der Betrugstatbestand **301**
voraussetzt, dass die Vermögensverfügung durch den Irrtum des Getäuschten veranlasst worden ist, und das gänzliche Fehlen einer Vorstellung für sich allein keinen tatbestandsmäßigen Irrtum begründen kann, muss der Tatrichter insbesondere mitteilen, wie er sich die Überzeugung davon verschafft hat, dass der Verfügende einem Irrtum erlegen ist. In einfach gelagerten Fällen mag sich dies von selbst verstehen. Im Bereich gleichförmiger, massenhafter oder routinemäßiger Geschäfte, die von selbstverständlichen Erwartungen geprägt sind, kann der Tatrichter befugt sein, auf die täuschungsbedingte Fehlvorstellung auf der Grundlage eines „sachgedanklichen Mitbewusstseins" indiziell zu schließen, wobei er dies im Urteil darzulegen hat.[301]

[20] bb) Dies hat das Landgericht im vorliegenden Fall getan. Es hat aus einer Reihe von Indizien den Schluss gezogen, dass mindestens einer der jeweils Angeschriebenen auf die inhaltlich unzutreffenden, als „Rechnung" oder „Zahlungsaufforderung" bezeichneten Schreiben in der irrigen Vorstellung gezahlt hat, er sei zur Zahlung des geforderten Geldbetrages aufgrund des (konkludent) vorgespiegelten Vertragsinhalts verpflichtet. Vor dem Hintergrund, dass die Forderungen eine nicht unerhebliche Summe (deutlich über der Geringwertigkeitsgrenze von 25 Euro, vgl. Fischer, 61. Aufl., § 243 Rn. 25 mwN) betrafen und bei derartigen Beträgen jedenfalls grundsätzlich davon auszugehen ist, dass niemand eine so hohe angebliche Forderung bezahlt, von der er weiß, dass sie zu Unrecht erhoben wird, konnte die Strafkammer aus den erfolgten Zahlungen insgesamt den Schluss ziehen, dass mindestens eine von über 50 Personen irrtumsbedingt gezahlt hat. Die Schlussfolgerung des Landgerichts, dass jedenfalls nicht alle Geschädigten nur deshalb gezahlt haben, „um ihre Ruhe zu haben", ist lebensnah und nachvollziehbar und deshalb vom Revisionsgericht nicht zu beanstanden. Die Erwägung eines solchen Zahlungsmotivs gewinnt bei unberechtigt übersandten Rechnungen und Mahnschreiben zwar an Gewicht, je niedriger der angeforderte Zahlbetrag und je stärker die Mahnfrequenz und Mahnintensität – und damit die nötigungsnahe Lästigkeit – ist. Bei Fällen wie dem vorliegenden (Zahlbetrag deutlich über 25 Euro, jeweils über 50 Geschädigte, keine hohe Aufforderungsfrequenz und -intensität) lässt die Annahme, mindestens eine dieser Personen habe irrtumsbedingt und nicht lästigkeitsbedingt verfügt, Rechtsfehler nicht erkennen.

---

301 BGH, Beschluss vom 4.09.2014 – 1 StR 314/14.

[21] cc) Ein Rechtsfehler liegt auch nicht darin, dass sich das Gericht zur Feststellung dieses Irrtums nicht auf die Aussage eines oder mehrerer Zeugen, sondern auf äußere Umstände und allgemeine Erfahrungssätze gestützt hat.

[22] Es entspricht gefestigter Rechtsprechung des Bundesgerichtshofs, dass das Gericht in der Regel – vor allen Dingen bei einem normativ geprägten Vorstellungsbild der Geschädigten – auch lediglich aus Indizien auf einen Irrtum schließen kann (vgl. BGH, Urteil vom 22. November 2013 – 3 StR 162/13, NStZ 2014, 215, 216 mwN). Die Feststellung des Vorstellungsbildes geschädigter Personen beim Betrug folgt dabei keinen anderen Regeln als die Feststellung sonstiger innerer Tatsachen wie etwa des Vorsatzes beim Angeklagten. Auch dort ist der Schluss von äußeren Umständen auf eine innere Einstellung regelmäßig möglich und teilweise auch geboten (vgl. nur zum Tötungsvorsatz bei objektiv äußerst gefährlichen Gewalthandlungen BGH, Urteil vom 22. März 2012 – 4 StR 558/11, BGHSt 57, 183, 186). Feste Beweisregeln für die Feststellung innerer Sachverhalte kennt das Gesetz weder hinsichtlich des Angeklagten noch hinsichtlich möglicher Geschädigter. Es gilt vielmehr – unabhängig vom Tatbestand – der Grundsatz der freien Beweiswürdigung (§ 261 StPO).

[23] Soweit in einigen Entscheidungen des Bundesgerichtshofs anklingt, Feststellungen zum Irrtum seien beim Betrug in aller Regel nur möglich, wenn die irrende Person oder bei Massenbetrugsfällen jedenfalls einige der Geschädigten ermittelt und als Zeugen in der Hauptverhandlung vernommen würden (vgl. BGH, Beschluss vom 17. Juni 2014 – 2 StR 658/13, NStZ 2014, 644, 645; BGH, Urteil vom 22. Mai 2014 – 4 StR 430/13, NStZ 2014, 459 f.), könnte der Senat dem nicht ohne weiteres folgen. Denn gerade bei einem normativ geprägten Vorstellungsbild wird der Schluss auf einen Irrtum des Verfügenden häufig allein auf tragfähige Indizien gestützt werden können (vgl. BGH, Urteil vom 22. November 2013 – 3 StR 162/13, NStZ 2014, 215, 216). Grundlage eines solchen Indizschlusses können auch äußere Umstände sein, die der Angeklagte glaubhaft gestanden hat, weshalb es keinen Rechtssatz des Inhalts gibt, Feststellungen zu einem Irrtum beim Betrug könnten nicht auf der Grundlage eines Geständnisses des Angeklagten getroffen werden (in diese Richtung aber wohl BGH, Beschluss vom 17. Juni 2014 – 2 StR 658/13, NStZ 2014, 644, 645; vgl. zu dieser Problematik auch BGH, Urteil vom 22. Mai 2014 – 4 StR 430/13, NStZ 2014, 459, 460).

[24] dd) In Massenbetrugsverfahren kann sich das Gericht seine Überzeugung von einem Irrtum vieler Geschädigter auch dadurch verschaffen, dass es einige der Geschädigten als Zeugen vernimmt (oder deren Aussagen auf andere Art und Weise in die Hauptverhandlung einführt) und aus deren Angaben zum Vorliegen eines Irrtums indiziell auf einen Irrtum bei anderen Geschädigten schließt (vgl. BGH, Beschluss vom 6. Februar 2013 – 1 StR 263/12, NStZ 2013, 422; Urteil vom 22. November 2013 – 3 StR 162/13, NStZ 2014, 215; Urteil vom 5. März 2014 – 2 StR 616/12, NJW 2014, 2595; Urteil vom 27. März 2014 – 3 StR 342/13, NJW 2014, 2054; Urteil vom 22. Mai 2014 – 4 StR 430/13, NStZ 2014, 459).

b) Vermögensschaden

302 Ein **Vermögensschaden** im Sinne des § 263 Abs. 1 StGB tritt ein, wenn die Vermögensverfügung des Getäuschten unmittelbar zu einer **nicht durch Zuwachs ausgeglichenen Minderung des wirtschaftlichen Gesamtwerts** seines Vermögens führt (Prinzip der Gesamtsaldierung). Maßgeblich ist der Zeitpunkt der Vermögensverfügung, also der Vergleich des Vermögenswerts unmittelbar vor und nach der Verfügung. Ob und in welchem Umfang die Hingabe eines Darlehens einen Vermögensschaden bewirkt, ist daher durch einen für den Zeitpunkt der Darlehenshingabe anzustellenden Wertvergleich mit dem Rückzahlungsanspruch des Darlehensgläubigers zu ermitteln. Die Werthaltigkeit des Rückzahlungsanspruchs wird dabei durch die Bonität des Schuldners und den Wert der bestellten Sicherheiten bestimmt. Ein Schaden entsteht nur insoweit, als die vorgespiegelte Rückzahlungsmöglichkeit nicht besteht und auch gegebene Sicherheiten wertlos oder minderwertig sind. Auch bei einer eingeschränkten oder fehlenden finanziellen Leistungsfähigkeit des Schuldners entsteht demnach insoweit kein Schaden, als der getäuschte Gläubiger über werthaltige Sicherheiten verfügt, die – ohne dass der Schuldner dies vereiteln könnte – mit nur unerheblichem zeitlichen und finanziellen Aufwand realisierbar sind. Ein Minderwert des Rückzahlungsanspruchs kann mithin durch den Wert hinreichend werthaltiger und liquider Sicherheiten kompensiert werden.[302]

Ein Vermögensschaden im Sinne des § 263 StGB tritt ein, wenn die Vermögens- **303**
verfügung des Getäuschten bei wirtschaftlicher Betrachtungsweise unmittelbar **zu einer nicht durch Zuwachs ausgeglichenen Minderung des wirtschaftlichen Gesamtwerts seines Vermögens** führt (Prinzip der Gesamtsaldierung). Wurde der Getäuschte zum Abschluss eines Vertrages verleitet (Eingehungsbetrug), sind bei der für die Schadensfeststellung erforderlichen Gesamtsaldierung der Geldwert des erworbenen Anspruchs gegen den Vertragspartner und der Geldwert der eingegangenen Verpflichtung miteinander zu vergleichen. Der Getäuschte ist geschädigt, wenn sich dabei ein Negativsaldo zu seinem Nachteil ergibt.[303]

[11] Ein Vermögensschaden im Sinne des § 263 StGB tritt ein, wenn die Vermögensverfügung des Getäuschten bei wirtschaftlicher Betrachtungsweise unmittelbar zu einer nicht durch Zuwachs ausgeglichenen Minderung des wirtschaftlichen Gesamtwerts seines Vermögens führt (Prinzip der Gesamtsaldierung, vgl. BGH, Beschlüsse vom 18. Februar 2009 – 1 StR 731/08, BGHSt 53, 199, 201, und vom 29. Januar 2013 – 2 StR 422/12, NStZ 2013, 711, jeweils mwN; Urteil vom 27. Juni 2012 – 2 StR 79/12, NStZ 2012, 629). Wurde der Getäuschte zum Abschluss eines Vertrages verleitet (Eingehungsbetrug), sind bei der für die Schadensfeststellung erforderlichen Gesamtsaldierung der Geldwert des erworbenen Anspruchs gegen den Vertragspartner und der Geldwert der eingegangenen Verpflichtung miteinander zu vergleichen. Der Getäuschte ist geschädigt, wenn sich dabei ein Negativsaldo zu seinem Nachteil ergibt (BGH, Beschluss vom 18. Juli 1961 – 1 StR 606/60, BGHSt 16, 220, 221; Urteil vom 20. Dezember 2012 – 4 StR 55/12, BGHSt 58, 102, 111 f. mwN).

[12] Ist der Getäuschte – wie die Anleger im vorliegenden Fall durch den Abschluss des Vertrages über den Erwerb einer Inhaberschuldverschreibung – ein Risikogeschäft eingegangen, kommt es für die Bestimmung des Schadens maßgeblich auf die täuschungs- und irrtumsbedingte Verlustgefahr an. Ein nur drohender, ungewisser Vermögensabfluss stellt erst dann einen Schaden dar, wenn der wirtschaftliche Wert des gefährdeten Vermögens bereits gesunken ist (BGHSt 58, aaO sowie Beschluss vom 18. Februar 2009 – 1 StR 731/08, BGHSt 53, 199, 202 f.). Dies ist der Fall,

[302] BGH, Beschluss vom 20.05.2014 – 4 StR 143/14.
[303] BGH, Beschluss vom 19.02.2014 – 5 StR 510/13.

wenn der Geldwert des seitens des Getäuschten erworbenen Anspruchs infolge der Verlustgefahr geringer ist als derjenige der eingegangenen Verpflichtung. Dieser Minderwert des im Synallagma Erlangten ist unter wirtschaftlicher Betrachtungsweise zu bestimmen und entsprechend der Rechtsprechung des Bundesverfassungsgerichts (BVerfGE 126, 170, 229; 130, 1, 47) konkret festzustellen sowie gegebenenfalls unter Hinzuziehung eines Sachverständigen zur wirtschaftlichen Schadensfeststellung zu beziffern.

[13] Im vorliegenden Fall steht ein Eingehungsbetrug durch den Abschluss des – im angefochtenen Urteil allerdings nicht im Einzelnen dargestellten – Vertrages in Rede, der auf den Erwerb einer ein Rückzahlungsversprechen der E. AG enthaltenden Inhaberschuldverschreibung gegen Zahlung eines bestimmten Nennbetrages nebst Stückzinsen gerichtet war, was der Sache nach auf ein Unternehmensdarlehen hinausläuft. Da es sich bei den durch den Vertragsschluss erworbenen Ansprüchen letztlich jeweils um Geldforderungen handelt – den Anspruch der E. AG auf Einzahlung der gezeichneten Anlagesumme einerseits und den Anspruch der Anleger auf Zahlung der Zinsen und Rückzahlung des Nennbetrages nach dem Ende der Laufzeit andererseits – liegt ein Risikogeschäft vor, bei dem sich ein Minderwert der seitens der Anleger erlangten Gegenleistung aus der im Zeitpunkt des Vertragsschlusses bestehenden Verlustgefahr ergeben kann, der Gefahr also, dass die E. AG nicht in der Lage sein wird, ihre gegenüber den Anlegern eingegangenen Zahlungspflichten zu erfüllen. Zur Feststellung eines im Moment des Vertragsschlusses eingetretenen Vermögensschadens bedarf es daher entsprechend den von der Rechtsprechung entwickelten Grundsätzen einer an wirtschaftlichen Maßstäben ausgerichteten Bestimmung des Wertes der seitens der Anleger erworbenen Rückzahlungsansprüche. Soweit dieser jeweils hinter der von den Anlegern zu zahlenden Summe zurückgeblieben sein sollte, läge ein Vermögensschaden im Sinne des § 263 StGB vor.

[14] Etwas anderes ergibt sich auch nicht aus der an die Rechtsfigur des persönlichen Schadenseinschlags anknüpfenden Rechtsprechung des Bundesgerichtshofs zum Anlagebetrug, nach der bei der Gesamtsaldierung auch der subjektive Wert des Erlangten für den Verletzten zu berücksichtigen ist und die gesamte Leistung eines Anlegers als Schaden anzusehen sein kann, wenn er über Eigenart und Risiko des Geschäfts derart getäuscht worden ist, dass er etwas völlig anderes erwirbt, als er erwerben wollte („aliud"), die empfangene Leistung für ihn mithin in vollem Umfang unbrauchbar ist. …

[17] Ist das tatsächliche Verlustrisiko im Vergleich zu dem vertraglich vorausgesetzten erhöht, kann dies allein somit nicht die Annahme rechtfertigen, im Hinblick auf die darin liegende Abweichung des Erlangten von dem täuschungsbedingt Vorgestellten könne der objektive Geldwert des Erlangten außer Betracht bleiben; denn das Verlustrisiko lässt die Realisierbarkeit des dennoch verbleibenden Geldwerts prinzipiell unberührt. In Fällen, in denen der Minderwert der Leistung des Täuschenden ausschließlich auf einer erhöhten Verlustgefahr beruht, kann der Aspekt des subjektiven Schadenseinschlags folglich auf die Bestimmung des Vermögensschadens keinen Einfluss haben (5 StR 510/13).

304 Der **Vermögensschaden** beim Betrug ist durch einen **umfassenden Vergleich der Vermögenslage des Getäuschten vor und nach dessen Vermögensverfügung** festzustellen. An einem Vermögensschaden fehlt es etwa dann, wenn der Verfügende seinerseits eine Forderung – insbesondere auf Rückzahlung – geltend machen kann, soweit er über werthaltige Sicherheiten verfügt, die sein diesbezügliches Ausfallrisiko abdecken und die er ohne finanziellen und zeitlichen Aufwand, namentlich ohne Mitwirkung des Schuldners und ohne Gefährdung durch ihn sofort nach Fälligkeit realisieren kann, wobei hinsichtlich der Bonität der Sicherheiten auf den Zeitpunkt der Vermögensverfügung abzustellen ist.[304]

[5] Danach ist in den genannten Fällen der Eintritt eines Schadens bzw. dessen Höhe nicht hinreichend belegt. Das Landgericht hat im Rahmen der Strafzumessung ausgeführt, der Angeklagte habe etwaige Provisionsrückforderungsansprüche der „S. Versicherung", die in den oben genannten sieben Fällen Provisionszahlungen von mehr als 21.700 € leistete, durch die Verpfändung eines Wertpapierdepots mit einem Bestand von rund 55.000 € abgesichert, so dass diese Versicherung ihren Schaden durch die Verwertung der Sicherheit habe „begrenzen" können. Damit besteht aber die Möglichkeit, dass die „S. Versicherung" über werthaltige Sicherheiten verfügte, die die Vermögensminderung bereits zum Zeitpunkt der jeweiligen Provisionszahlung ausglichen oder jedenfalls verringerten. Ob diese Sicherheit vorliegend ohne finanziellen und zeitlichen Aufwand, namentlich ohne Mitwirkung des Angeklagten und ohne Gefährdung durch ihn sofort nach Fälligkeit realisiert werden konnte, so dass ein Schaden nicht oder nur in „begrenzter" Höhe entstanden ist, lässt sich den Urteilsgründen nicht entnehmen.

Einer Bank oder Sparkasse kann bereits bei Auszahlung von Darlehensbeträgen an **305**
einen Angeklagten ein Schaden entstanden sein, wenn sich sowohl eine **teilweise Zahlungsunwilligkeit** auch auf Grund der Entnahmen zu privaten Zwecken sich ergibt und im Übrigen – aufgrund der festgestellten wirtschaftlichen Verhältnisse des Angeklagten und des von ihm übernommenen, hoch verschuldeten Unternehmens – jedenfalls **auch eine Zahlungsunfähigkeit** zu bejahen ist.[305]

[2] Die von einer rechtsfehlerfreien Beweiswürdigung getragenen Feststellungen belegen, dass sich der Angeklagte wegen Betruges in Tateinheit mit Urkundenfälschung schuldig gemacht hat.

[3] Das Landgericht hat festgestellt, dass der Angeklagte die zuständigen Mitarbeiter der Sparkasse D. nicht darüber in Kenntnis setzte, dass seine Verhandlungen über den von ihm geplanten Kauf eines Unternehmensteils, mit dem er sich selbständig machen wollte, im Juli 2007 gescheitert waren, sondern weiterhin den Eindruck erweckte, der Abschluss dieses – teilweise von der Sparkasse zu finanzierenden – Geschäfts stehe unmittelbar bevor. Im November 2007 ließ er sich zunächst – angeblich zur Leistung einer Anzahlung – die Überziehung eines Kontos in Höhe von 178.500 € genehmigen und im Dezember 2007 – nach Vorlage eines von ihm gefälschten Kaufvertrages – die weitere Überziehung um 1.011.500 €, welche angeblich der Restzahlung des von der Sparkasse finanzierten Teils des Kaufpreises diente. Die Negativsalden der beiden Konten sollten später mit den Auszahlungsbeträgen aus noch abzuschließenden Darlehensverträgen verrechnet werden. Tatsächlich verwendete der Angeklagte den an ihn ausgezahlten Betrag in Höhe von insgesamt 1.190.000 € teils für private Zwecke, insbesondere aber zum Erwerb eines anderen Unternehmens, das sich – dem Angeklagten bekannt – in einer kritischen wirtschaftlichen Lage befand und offene Verbindlichkeiten in Höhe von über 2 Mio. € auf-

304 BGH, Beschluss vom 23.01.2014 – 3 StR 365/13.
305 BGH, Beschluss vom 4.02.2014 – 3 StR 347/13.

wies. Der Angeklagte war sich der „sehr großen Gefahr" bewusst, dass der tatsächlich von ihm getätigte Unternehmenskauf ein wirtschaftlicher Misserfolg werden würde und er die ihm zur Verfügung gestellten Beträge nicht würde zurückzahlen können. Gleichwohl verschwieg er diese Risiken, die sich in der Folgezeit verwirklichten; der Angeklagte zahlte nichts an die Sparkasse zurück, diese konnte allerdings aus der Verwertung von Sicherheiten Erlöse in Höhe von ca. 88.000 € erzielen.

[4] Danach ergeben sich keine Zweifel hinsichtlich des Vorliegens einer Urkundenfälschung nach § 267 Abs. 1 StGB sowie – mit Blick auf den Tatbestand des Betrugs nach § 263 Abs. 1 StGB – der Merkmale der Täuschung, des Irrtums sowie der Vermögensverfügung. Angesichts der im Verhältnis zur Darlehenssumme geringen Höhe, in der die Verwertung von Sicherheiten Erlöse erbracht hat, schließt der Senat aus, dass der Wert dieser Sicherheiten, der – sollten sie zu diesem Zeitpunkt bereits ausgereicht worden sein – zur Feststellung des Schadens zum Stichtag der Zahlungen zu ermitteln und mit den ausgezahlten Beträgen zu saldieren gewesen wäre, letztere vollständig hätte kompensieren und damit den Minderwert des Rückzahlungsanspruchs der Sparkasse bei wirtschaftlicher Betrachtungsweise voll hätten abdecken können (vgl. BGH, Urteil vom 6. Februar 1996 – 1 StR 705/95, StV 1997, 416, 417). Mit Blick auf die sich aus den Entnahmen zu privaten Zwecken ergebende teilweise Zahlungsunwilligkeit und im Übrigen – aufgrund der festgestellten wirtschaftlichen Verhältnisse des Angeklagten und des von ihm übernommenen, hoch verschuldeten Unternehmens – jedenfalls zu bejahende Zahlungsunfähigkeit ist danach sicher davon auszugehen, dass der Sparkasse bereits bei Auszahlung der Darlehensbeträge an den Angeklagten ein Schaden entstanden ist. Auch die weiteren Voraussetzungen des Betrugstatbestandes sind gegeben.

c) Gewerbsmäßiges Handeln

306 **Gewerbsmäßig** handelt, wer sich durch eine wiederholte Tatbegehung eine nicht nur vorübergehende **Einnahmequelle von einigem Umfang** und einiger Dauer verschafft. Dem steht nicht entgegen, dass der Angeklagte auch wesentliche Beträge der veruntreuten Gelder dritten Personen hat zukommen lassen. Dadurch entfällt die Eigennützigkeit seines Handelns nicht.[306]

Es kommt daher nicht einmal darauf an, welche – eventuell mittelbaren – Vorteile sich der Angeklagte versprach, als er den Prostituierten Geldbeträge überließ. Ein Fall, in dem Untreuehandlungen nur zu altruistischen Zwecken erfolgten, liegt im Übrigen schon angesichts der beträchtlichen Differenz zwischen der veruntreuten Gesamtsumme und den Zuwendungen an die Prostituierten nicht vor.

307 Die jeweils am 23. November 2012 gegen 18.01 Uhr und 18.04 Uhr bzw. 18.42 Uhr, 18.46 Uhr und 18.47 Uhr mit derselben EC-Karte getätigten Einkäufe in jeweils denselben Geschäften sind nach der Rechtsprechung des Bundesgerichtshofs vielmehr **zu natürlichen Handlungseinheiten** verbunden.[307]

---

[306] BGH, Urteil vom 9.07.2013 – 5 StR 181/13.
[307] BGH, Beschluss vom 21.05.2014 – 4 StR 70/14.

[1] Das Landgericht hat den Angeklagten G. wegen gewerbsmäßigen Bandenbetrugs in 22 Fällen, versuchten gewerbsmäßigen Bandenbetrugs, Betrugs (im besonders schweren Fall) in 24 Fällen sowie versuchten Betrugs (im besonders schweren Fall) in drei Fällen zu einer Gesamtfreiheitsstrafe von vier Jahren und vier Monaten verurteilt und seine Unterbringung in einer Entziehungsanstalt angeordnet. Die Angeklagte Go. hat es wegen gewerbsmäßigen Bandenbetrugs in 14 Fällen, versuchten gewerbsmäßigen Bandenbetrugs und wegen Betrugs (im besonders schweren Fall) unter Auflösung der Gesamtstrafe und Einbeziehung der Einzelstrafen aus einer früheren Verurteilung zu der Gesamtfreiheitsstrafe von einem Jahr und neun Monaten verurteilt. Zudem hat es gegen die Angeklagte wegen gewerbsmäßigen Bandenbetrugs in acht Fällen und Betrugs (im besonders schweren Fall) in zehn Fällen die weitere Gesamtfreiheitsstrafe von einem Jahr und drei Monaten verhängt. Den Angeklagten S. hat das Landgericht wegen gewerbsmäßigen Bandenbetrugs in acht Fällen und wegen schweren Bandendiebstahls in neun Fällen zu einer Gesamtfreiheitsstrafe von drei Jahren und sechs Monaten verurteilt und seine Unterbringung in einer Entziehungsanstalt angeordnet. Hiergegen wenden sich die Angeklagten mit ihren mit der Sachrüge begründeten Revisionen; die Angeklagten G. und S. haben zudem eine Verletzung des Verfahrens gerügt. Das Rechtsmittel führt nach einer Teileinstellung des Verfahrens bezüglich der Angeklagten Go. bei allen drei Angeklagten zu einer Änderung des Schuldspruchs sowie beim Angeklagten S. zu einer teilweisen Aufhebung des Strafausspruchs. Im Übrigen sind die Rechtsmittel unbegründet im Sinne des § 349 Abs. 2 StPO.

[2] 1. Die Revisionen der Angeklagten G. und Go. führen lediglich zu einer Änderung der Schuldsprüche.

[3] Der Senat stellt das Verfahren bezüglich der Angeklagten Go. auf Antrag des Generalbundesanwalts im Fall II. 8 der Urteilsgründe aus verfahrensökonomischen Gründen gemäß § 154 Abs. 2 StPO ein, weil die bisher getroffenen Feststellungen der Strafkammer eine Mittäterschaft der Angeklagten Go. in diesem Fall nicht belegen.

[4] In den Fällen II. 50 und 51 sowie II. 52 bis 54 der Urteilsgründe hält die Annahme von zwei bzw. drei selbständigen, real konkurrierenden Taten des gewerbsmäßigen Betrugs nach § 263 Abs. 3 Satz 2 Nr. 1 StGB einer rechtlichen Prüfung nicht stand. Die jeweils am 23. November 2012 gegen 18.01 Uhr und 18.04 Uhr bzw. 18.42 Uhr, 18.46 Uhr und 18.47 Uhr mit derselben EC-Karte getätigten Einkäufe in jeweils denselben Geschäften sind nach der Rechtsprechung des Bundesgerichtshofs vielmehr zu natürlichen Handlungseinheiten verbunden (vgl. nur BGH, Beschlüsse vom 24. Juli 2012 – 4 StR 193/12, vom 4. November 2010 – 4 StR 404/10, wistra 2011, 147, und vom 1. Februar 2011 – 3 StR 432/10 jeweils mwN). Der Senat ändert die Schuldsprüche entsprechend. § 265 StPO steht nicht entgegen, da sich die geständigen Angeklagten G. und Go. nicht wirksamer als geschehen hätten verteidigen können.

[5] Die Schuldspruchänderung führt zum Wegfall der in den Fällen II. 51, 53 und 54 verhängten Einzelfreiheitsstrafen von jeweils einem Jahr beim Angeklagten G. und jeweils neun Monaten bei der Angeklagten Go.. Bei der Angeklagten Go. entfällt durch die Teileinstellung auch die Einzelstrafe von einem Jahr und einem Monat im Fall II. 8 der Urteilsgründe. Die Gesamtstrafen bleiben bei beiden Angeklagten hiervon unberührt. Der Senat kann angesichts der verbleibenden Einzelstrafen ausschließen, dass die Strafkammer ohne die entfallenen Einzelstrafen auf niedrigere Gesamtfreiheitsstrafen erkannt hätte.

14. Computerbetrug – § 263a StGB

308 Einzelne, **in kurzem zeitlichen Abstand getätigte Zugriffe** an ein und demselben Geldautomaten stellen keine selbständigen Taten, sondern als in natürlicher Handlungseinheit stehende Teile einer einheitlichen Tat nach § 263a Abs. 1 StGB dar.[308]

[5] Die Urteilsgründe belegen nicht, dass der Angeklagte sich in den Fällen II. 2. b) (2) und (3) der Urteilsgründe wegen zweier Fälle des Computerbetruges (§ 263a Abs. 1 StGB) strafbar gemacht hat.

[6] Nach den Feststellungen hob der Angeklagte mit der auf unbekannte Weise erlangten EC-Karte des Kontoinhabers am gleichen Bankautomaten um 16.52 Uhr 550 € und um 16.53 Uhr 450 € von dem Konto ab, auf dem die nicht autorisierten Überweisungen gutgeschrieben worden waren. Auf dieser Tatsachengrundlage erweist sich die konkurrenzrechtliche Beurteilung der beiden Abhebungen als zwei selbständige Taten als nicht tragfähig. Vielmehr stellen sich die einzelnen, in kurzem zeitlichen Abstand getätigten Zugriffe an ein und demselben Geldautomaten nicht als selbständige Taten, sondern als in natürlicher Handlungseinheit stehende Teile einer einheitlichen Tat nach § 263a Abs. 1 StGB dar (BGH, Beschlüsse vom 1. Februar 2011 – 3 StR 432/10, juris Rn. 19; vom 24. Juli 2012 – 4 StR 193/12, NStZ-RR 2013, 13). Mithin liegt lediglich ein Computerbetrug vor.

[7] Der Senat ändert den Schuldspruch entsprechend ab. Dem steht § 265 StPO nicht entgegen, weil der Angeklagte sich gegen den abweichenden Tatvorwurf nicht anders als geschehen hätte verteidigen können. ...

[9] Bei den Fällen II. 2. b) (1) der Urteilsgründe – Urkundenfälschung in Tateinheit mit Betrug oder Computerbetrug – einerseits und II. 2. b) (2) und (3) der Urteilsgründe – Computerbetrug – andererseits handelt es sich um zueinander im Verhältnis der Tatmehrheit (§ 53 StGB) stehende, materiellrechtlich selbständige Straftaten, die insbesondere nicht als mitbestrafte Vor- oder Nachtat hinter die jeweils andere zurücktreten.

[10] Der durch das Abheben des Geldes verwirklichte Computerbetrug bleibt nicht als mitbestrafte Nachtat straflos.

[11] Die mitbestrafte Nachtat ist eine selbständige, den Tatbestand eines Strafgesetzes erfüllende rechtswidrige und schuldhafte Handlung, durch die der Täter den Erfolg der Vortat oder die durch diese erlangte Position sichert, ausnutzt oder verwertet. Sie bleibt straflos, wenn die Bewertung des konkreten Sachverhalts ergibt, dass dieser nachfolgenden, an sich strafbaren Handlung wegen ihres inneren – funktionalen – Zusammenhangs mit der (Vor-) Haupttat kein eigener Unwertgehalt zukommt, so dass auch kein Bedürfnis besteht, sie neben der Haupttat selbständig zu bestrafen. Voraussetzung für die Straflosigkeit der Nachtat ist, dass die Geschädigten der beiden Straftaten identisch sind, die Nachtat kein neues Rechtsgut verletzt und der Schaden qualitativ nicht über das durch die Haupttat verursachte Maß hinaus erweitert wird (BGH, Urteil vom 18. Juli 2007 – 2 StR 69/07, NStZ 2008, 396 mwN).

[12] Diese Voraussetzungen liegen nicht vor. Die durch das Einreichen gefälschter Überweisungsträger veranlasste Überweisung vom Konto der D. e.G. auf das des anderen Bankkunden führte bei der D. e.G. einen Vermögensschaden im Sinne der §§ 263, 263a StGB herbei. Es kann dahinstehen, ob bereits durch diese Transaktion

---

[308] BGH, Urteil vom 20.02.2014 – 3 StR 178/13.

daneben auch die Bank einen strafrechtlich relevanten Schaden erlitt. Diese wurde jedenfalls (endgültig bzw. vertiefend) durch das unbefugte Abheben des Geldes geschädigt. Ob der betreffende Kontoinhaber beim Abheben des Geldes in der hiesigen Fallkonstellation, die dadurch gekennzeichnet ist, dass seinem Konto zunächst ein Geldbetrag gutgeschrieben und dieser sodann abgehoben wird, neben der Bank als Geschädigter anzusehen ist, bedarf somit keiner Entscheidung. Im Einzelnen:

*[**13**] (1) Mit dem Überweisungsauftrag erhält die Bank den Auftrag, zu Lasten des Girokontos des Überweisenden eine Gutschrift auf einem Empfängerkonto zu bewirken. Bei hausinternen Überweisungen erfolgt dies durch eine bankinterne Verrechnung, bei der der Betrag dem Empfängerkonto gutgeschrieben wird. Das Buchgeld verbleibt dabei, da ein weiteres Kreditinstitut auf Seiten des Empfängers der Gutschrift nicht beteiligt ist, bei der überweisenden Bank. Zwar erwirbt der Empfänger mit der Gutschrift auf seinem Konto, die ein abstraktes Schuldversprechen begründet, einen Anspruch gegen die Bank auf Auszahlung des Betrages. Doch ist die Bank damit nicht der Gefahr einer zweifachen Forderung – durch den Inhaber des Überweisungskontos wie den des Empfängerkontos – hinsichtlich des selben Betrages ausgesetzt. Denn ihr steht bei Fehlbuchungen nach AGB-Banken Nr. 8 ein Stornorecht zu, das sie ohne Beteiligung des Inhabers des Kontos, dem der Betrag fälschlicherweise gutgeschrieben wurde, ausüben kann; diese Rückbuchung beseitigt den materiellen Anspruch des Kontoinhabers aus dem abstrakten Schuldversprechen (BGH, Beschlüsse vom 8. November 2000 – 5 StR 433/00, BGHSt 46, 196, 201 f.; vom 6. März 2012 – 4 StR 669/11, StV 2012, 407, 408). Durch die nicht autorisierte Überweisung wegen eines möglichen Zugriffs des Täters auf das Zielkonto tritt somit allenfalls eine Vermögensgefährdung für die Bank ein (vgl. BGH, Beschlüsse vom 17. Oktober 1995 – 1 StR 372/95, NStZ 1996, 203; vom 24. April 2007 – 4 StR 558/06, NStZ-RR 2007, 236 f.; vgl. auch Beschluss vom 6. März 2012 – 4 StR 669/11, StV 2012, 407, 408). Ob diese nach den Vorgaben aus der Rechtsprechung des Bundesverfassungsgerichts (BVerfG, Beschlüsse vom 10. März 2009 – 2 BvR 1980/07, NJW 2009, 2370; vom 23. Juni 2010 – 2 BvR 2559/08 u.a., NJW 2010, 3209) bereits einen Schaden im Sinne der Tatbestände des Betrugs bzw. Computerbetrugs darstellt, erscheint zweifelhaft. Einen insoweit relevanten Vermögensschaden erleidet die Bank aber spätestens dann, wenn das Geld – wie vorliegend – vom Täter an einem Geldautomaten vom Empfängerkonto abgehoben wird. Denn das am Geldautomaten abgehobene Bargeld wird aus dem Vermögen des Geldinstituts ausgefolgt; ein Aufwendungsersatzanspruch gegenüber dem Kontoinhaber hat die Bank bei unberechtigten Abhebungen nicht (BGH, Urteil vom 18. Juli 2007 – 2 StR 69/07, NStZ 2008, 396, 397).*

*[**14**] (2) Durch die mittels eines gefälschten Überweisungsträgers veranlasste Überweisung von ihrem Konto entstand (auch) der D. e.G. ein Schaden im Sinne der §§ 263, 263a StGB. Zwar wird das Vermögen des Inhabers des Überweisungskontos durch die Fehlbuchung materiell nicht vermindert, da er seinen Anspruch aus dem Bankguthaben nicht verliert. Daneben kann er jederzeit – unter Einhaltung der Frist des § 676b Abs. 2 BGB – nach § 675u Satz 2 BGB eine Wiederherstellung seines Kontostandes verlangen. Dennoch entsteht ihm in Höhe des überwiesenen Betrages ein faktischer, messbarer wirtschaftlicher Nachteil. Der Inhaber des Überweisungskontos trägt nämlich das Risiko, die Fehlbuchung überhaupt zu bemerken, um eine Wiederherstellung seines Kontostandes verlangen zu können. Bis dahin weist sein Konto einen um den abgebuchten Betrag verminderten Kontostand auf, was – wenn auch nur vorübergehend – seine Bonität berührt und ihn jedenfalls faktisch daran hindert, über diesen Betrag zu disponieren (BGH, Beschluss vom*

22. Januar 2013 – 1 StR 416/12, BGHSt 58, 119, 127). Das „Buchgeld" ist – solange die Wiedergutschrift aussteht – für den Kontoinhaber nicht verfügbar (BGH, Urteil vom 19. Juli 2001 – IX ZR 62/00, NJW 2001, 3190, 3191). Die unberechtigte Kontobelastung kann im weiteren Verlauf auch zu Folgeschäden führen, etwa dadurch, dass die Bank einen begebenen Scheck nicht einlöst, einen Wechsel zu Protest gehen lässt oder eine Überweisung nicht ausführt, so dass sich der Kontoinhaber seinerseits Regressansprüchen ausgesetzt sehen kann (BGH, Urteil vom 10. Juli 2001 – VI ZR 206/00, NJW 2001, 3183, 3184).

[15] Umgekehrt erweist sich die manipulierte Überweisung des Geldbetrages nicht im Verhältnis zum späteren unbefugten Abheben als mitbestrafte Vortat.

[16] Eine straflose mitbestrafte Vortat liegt vor, wenn diese das notwendige oder regelmäßige Mittel zur Haupttat ist. Diese Voraussetzungen sind nicht gegeben; denn das unbefugte Abheben des Geldes von einem Konto erfordert nicht notwendigerweise oder regelmäßig, dass auf dieses Konto zuvor von einem anderen mittels eines gefälschten Überweisungsträgers ein Geldbetrag überwiesen wurde.

[17] Da der Angeklagte nach alldem mit der manipulierten Überweisung eine Straftat – jedenfalls auch – zum Nachteil der D. e.G. als Inhaberin des Überweisungskontos und mit dem Abheben des Geldes am Bankautomaten eine weitere Straftat mit einem eigenständigen Unwertgehalt – jedenfalls auch – zum Nachteil der Bank begangen hat, hat er sich wegen Urkundenfälschung in Tateinheit mit Betrug oder Computerbetrug (zur Zulässigkeit der Wahlfeststellung zwischen Betrug und Computerbetrug vgl. BGH, Beschluss vom 12. Februar 2008 – 4 StR 623/07, NStZ 2008, 281, 282) sowie wegen eines nachfolgenden Computerbetruges strafbar gemacht.

309 Die Beantragung eines Mahn- und eines Vollstreckungsbescheides im automatisierten Mahnverfahren auf der Grundlage einer fingierten, tatsächlich nicht bestehenden Forderung stellt eine **Verwendung unrichtiger Daten** im Sinne des § 263a Abs. 1, 2. Var. StGB dar.[309]

[5] Das Landgericht meint, die Angeklagte habe sich bei der Beantragung des Pfändungs- und Überweisungsbeschlusses des Betrugs durch Unterlassen schuldig gemacht, weil sie den zuständigen Rechtspfleger nicht über die Umstände der Titelerlangung aufgeklärt habe. Hierzu sei sie nach § 13 Abs. 1 StGB aus dem Gesichtspunkt der Ingerenz verpflichtet gewesen, weil der Vollstreckungsbescheid zuvor von ihr vorsätzlich in sittenwidriger Weise erwirkt worden sei.

[6] Gegen diese Wertung bestehen durchgreifende rechtliche Bedenken. Eine Garantenstellung aus Ingerenz ergeben die Feststellungen nicht.

[7] Ein (pflichtwidriges) Vorverhalten führt nur dann zu einer Garantenstellung aus Ingerenz, wenn dadurch die naheliegende Gefahr des Eintritts des konkreten tatbestandsmäßigen Erfolges verursacht worden ist (BGH, Urteil vom 17. Juli 2009 – 5 StR 394/08, BGHSt 54, 44, 47 Rn. 21; Urteil vom 23. September 1997 – 1 StR 430/97, BGHR StGB § 13 Abs. 1 Garantenstellung 14). Der durch die Vorhandlung herbeigeführte Zustand muss so beschaffen sein, dass bereits ein bloßes Untätigbleiben die Gefahr vergrößert, dass es zum Eintritt des tatbestandsmäßigen Erfolges kommt oder ein bereits eingetretener Schaden vertieft wird.

---

309 BGH, Beschluss vom 19.11.2013 – 4 StR 292/13.

[8] Eine solche Gefahrlage bestand hier nicht. Wäre die Angeklagte nach dem Erlass des von ihr erwirkten Vollstreckungsbescheides untätig geblieben, hätte sich für das Opfervermögen keine zusätzliche Gefährdung ergeben. Die Pfändung und Überweisung wurde erst durch den nachfolgenden Antrag nach § 829 ZPO veranlasst, der auf einem neuen Tatentschluss der Angeklagten beruhte.

[9] Der Senat muss unter diesen Umständen nicht entscheiden, ob ein vorsätzliches Vorverhalten, das auf denselben Erfolg gerichtet ist wie das nachfolgende Unterlassen, überhaupt eine Garantenstellung aus Ingerenz zu begründen vermag.

[10] Die Angeklagte hat bei der Stellung des Antrags auf Erlass eines Pfändungs- und Überweisungsbeschlusses auch nicht konkludent über das Bestehen einer vollstreckbaren Forderung getäuscht, sodass eine Strafbarkeit wegen Betrugs durch ein aktives Tun gleichfalls nicht in Betracht kommt.

[11] Ob in einer bestimmten Kommunikationssituation neben einer ausdrücklichen auch eine konkludente Erklärung abgegeben worden ist und welchen Inhalt sie hat, bestimmt sich nach dem objektiven Empfängerhorizont, der unter Berücksichtigung der Gesamtumstände und der Verkehrsanschauung festzulegen ist. Findet die Kommunikation – wie hier – im Rahmen eines geregelten Verfahrens statt, wird der Inhalt der abgegebenen Erklärungen maßgeblich durch die diesem Verfahren zugrunde liegenden Vorschriften geprägt. Dies sind hier die Bestimmungen der Zivilprozessordnung (Wagemann, GA 2007, 146, 148).

[12] Danach ist davon auszugehen, dass bei der Beantragung eines Pfändungs- und Überweisungsbeschlusses der Bestand der titulierten Forderung kein Gegenstand der Kommunikation zwischen dem Antragsteller und dem Rechtspfleger ist. Dies ergibt sich aus Folgendem:

[13] Der Rechtspfleger als Vollstreckungsorgan hat bei Erlass eines Pfändungs- und Überweisungsbeschlusses nur die formalen Voraussetzungen der Zwangsvollstreckung zu untersuchen. Eine Prüfungskompetenz hinsichtlich der zu vollstreckenden Forderung (Titelforderung) steht ihm nicht zu. Der Titelgläubiger ist daher auch nicht gehalten, die materiell-rechtliche Grundlage der titulierten Forderung in seinem Antrag auf Erlass eines Pfändungs- und Überweisungsbeschlusses näher zu bezeichnen. Einwendungen gegen die Berechtigung der titulierten Forderung können grundsätzlich allein mit der Vollstreckungsabwehrklage bei dem Prozessgericht des ersten Rechtszugs und nur innerhalb der Grenzen des § 767 Abs. 2 ZPO geltend gemacht werden, nicht aber gegenüber dem Rechtspfleger bei Erlass von Vollstreckungsmaßnahmen (vgl. BGH, Beschluss vom 29. Juni 2011 – VII ZB 89/10, BGHZ 190, 172, 183 Tz. 26). Dies zeigt auch die Regelung in § 775 ZPO, nach dessen Ziff. 4 und 5 eine Einstellung der Zwangsvollstreckung nur erfolgen kann, wenn die Befriedigung des Gläubigers durch Urkunden nachgewiesen wird, nicht aber bei Geltendmachung sonstiger Einwendungen gegen den Bestand der Titelforderung. Auch die in Ausnahmefällen mögliche Klage auf Unterlassung der Zwangsvollstreckung und Herausgabe des Titels nach § 826 BGB ist vor dem Zivilgericht zu erheben und führt als solche nicht zu einem vom Rechtspfleger als Vollstreckungsorgan zu beachtenden Vollstreckungshindernis.

Nach den Feststellungen des Landgerichts verwendete der Angeklagte zwei der vier **310**
sogenannten „Botnetze“, die er sich im Zeitraum von Oktober 2012 bis Juni 2013 verschaffte und verwahrte, in den Fällen 4 und 5 der Urteilsgründe zur Begehung eines versuchten Computerbetruges, wobei er nicht ausschließbar ebenfalls eigenhändig im Fall 15 der Urteilsgründe ein weiteres „der Botnetze“ zur Begehung des

vollendeten Computerbetruges einsetzte; letzteres gilt für den nach den Feststellungen zu Fall 13 auf seinem Rechner aufgefundenen „Trojaner", der zur Erlangung von Zugangsdaten von Computern Dritter und deren Online-Zahlungsdaten diente. Das Landgericht hat nicht erkennbar bedacht, dass eine **Vorbereitungstat gemäß § 263a Abs. 3 StGB** hinter die vorbereiteten Delikte nach § 263a Abs. 1 StGB **als subsidiär zurücktritt**, sobald deren **Versuchsstadium erreicht** ist.[310]

15. Subventionsbetrug/Kreditbetrug – §§ 264 ff. StGB

311 Für die **Auslegung schriftlicher unrichtiger Angaben im Rahmen von § 265b Abs. 1 Nr. 1 Buchstabe b StGB** ist – wie bei der Auslegung sonstiger Erklärungen auch – nicht nur auf die schriftlich verkörperten Angaben selbst, sondern auch auf ihren Kontext abzustellen. Dies ergibt sich zum einen aus dem Sinn und Zweck der Norm, die als abstraktes Gefährdungsdelikt nicht nur das Vermögen potentieller Kreditgeber, sondern auch die Funktionsfähigkeit des Kreditwesens schützen soll.[311]

[15] (1) Vor dem Hintergrund der wirtschaftlichen Interessen der Beteiligten ist der Schluss der Kammer nicht nur nachvollziehbar, sondern naheliegend, dass es bei der im Original in englischer Sprache abgefassten schriftlichen Erklärung des Angeklagten vom 19. März 2009 um die Bestätigung desjenigen Betrages ging, den P. nach Abzug von auf diese Optionen entfallenden Sicherheiten und Erträgen noch tatsächlich in Zukunft benötigte, um wie geplant seinen Anteil an der V. AG um 20 % aufzustocken. Diese Schlussfolgerung stützt die insoweit sachverständig beratene Kammer auf eine Vielzahl von Zeugenaussagen und schriftliche Unterlagen, vor allen Dingen aber auf die offen zu Tage liegenden wirtschaftlichen Interessen des Kreditgebers B.

[16] Auf dieser Grundlage hält sie die Einlassung des Angeklagten für widerlegt, der im Kern vorbringt, bei den angegebenen Zahlen habe es sich nicht um die zukünftig für die Optionsausübung benötigte Liquidität, sondern darum gehandelt, wie viel die Anteilsaufstockung P. insgesamt, also unter Berücksichtigung der mit diesen Optionen in der Vergangenheit erwirtschafteten Gewinne oder Verluste, kostet. Im Einklang mit der Kammer hält es der Senat für fernliegend, dass es im Rahmen von Kreditverhandlungen dem Kreditgeber in einem für ihn entscheidend wichtigen Punkt, bei dem er ausdrücklich eine schriftliche Bestätigung anfordert, darum gehen könnte, welche Gewinne oder Verluste in der Vergangenheit angefallen sind. Wirtschaftlich entscheidend ist in einer solchen Situation – für jedermann ersichtlich – nicht die Vergangenheit, sondern vielmehr der künftige Kreditbedarf.

[17] (2) Dass dieses von allen Mitarbeitern der B. ausdrücklich geteilte Verständnis auch dasjenige des Angeklagten war, hat die Kammer vor dem Hintergrund der offensichtlichen Interessenlage der B. aus einer Vielzahl von Umständen gefolgert (Wortlaut der schriftlichen Erklärung des Angeklagten vom 19. März 2009, dem Angeklagten bekannte Zusammensetzung der Kreditsumme auf der Grundlage von Verhandlungen über die Zweckbindung eines Teilbetrages in Höhe von 4 Mrd. Euro, Begriffsverwendung im „Kick-off-Meeting" am 3. Februar 2009, E-Mails des Zeugen S. vom 26. Februar 2009 und 3. März 2009). Soweit die Kammer in diesem Zusammenhang bei der Berechnung UA S. 34 versehentlich versäumt haben könnte,

---

310 BGH, Beschluss vom 29.07.2014 – 5 StR 233/14.
311 BGH, Beschluss vom 10.04.2014 – 1 StR 649/13.

den in der Berechnung des Zeugen Pe. UA S. 26 genannten Teilbetrag in Höhe von 10,6 Mrd. Euro abzuziehen, schließt der Senat aufgrund der Vielzahl von jeweils für sich tragfähigen Beweiswürdigungserwägungen, die im Kern auf das wirtschaftliche Interesse des Kreditgebers an der Kenntnis zukünftig benötigter Liquidität (nicht an in der Vergangenheit erwirtschafteten Gewinnen oder Verlusten) zurückgehen, aus, dass sich ein solcher Fehler auf die Beweiswürdigung der Kammer zum Nachteil des Angeklagten ausgewirkt haben könnte. Im Übrigen zeigt die Revision zwar alternative Verständigungsmöglichkeiten und Berechnungsmodelle, aber keinen durchgreifenden Rechtsfehler bei der ausführlichen und überzeugenden Beweiswürdigung des Landgerichts auf.

[18] b) Die nach dem Vorstehenden rechtsfehlerfrei getroffenen Feststellungen tragen den Schuldspruch. Der Schluss der Kammer, dass die schriftliche Bestätigung des Angeklagten vom 19. März 2009 eine relevante schriftliche Falschangabe im Sinne von § 265b Abs. 1 Nr. 1 Buchstabe b StGB ist, die für den Kreditnehmer vorteilhaft und für die Kreditentscheidung erheblich war, ist auf der Grundlage der getroffenen Feststellungen zutreffend.

[19] aa) Entgegen der Auffassung der Revision ist für die Auslegung schriftlicher unrichtiger Angaben im Rahmen von § 265b Abs. 1 Nr. 1 Buchstabe b StGB – wie bei der Auslegung sonstiger Erklärungen auch – nicht nur auf die schriftlich verkörperten Angaben selbst, sondern auch auf ihren Kontext abzustellen. Dies ergibt sich zum einen aus dem Sinn und Zweck der Norm, die als abstraktes Gefährdungsdelikt nicht nur das Vermögen potentieller Kreditgeber (vgl. BGH, Beschluss vom 21. Februar 1989 – 4 StR 643/88, BGHSt 36, 130, 131), sondern auch die Funktionsfähigkeit des Kreditwesens schützen soll (vgl. BT-Drucks. 7/5291 S. 14, 16; vgl. auch Wiedner in Graf/Jäger/Wittig, Wirtschafts- und Steuerstrafrecht, 2011, § 265b StGB Rn. 2 f. mwN). Zum anderen zeigt dies auch der Vergleich mit der zweiten Alternative von § 265b Abs. 1 Nr. 1 Buchstabe b StGB, die schriftliche unvollständige Angaben den schriftlichen unwahren Angaben gleichsetzt. Dass schriftliche Angaben unvollständig sind, lässt sich in aller Regel nicht der schriftlichen Erklärung selbst, sondern nur außerhalb der Erklärung liegenden Umständen entnehmen. Da das Gesetz in beiden Fällen Schriftlichkeit voraussetzt, ist nicht davon auszugehen, dass der Gesetzgeber mit diesem Tatbestandsmerkmal eine Einschränkung der üblichen Auslegungsmethoden formulieren wollte. Die Gesetzesmaterialien enthalten für eine solche, den Wortlaut einschränkenden Interpretation ebenfalls keinen Anhaltspunkt.

[20] bb) Nach den Feststellungen der Kammer erfolgten die falschen Angaben auch vor der abschließenden Kreditentscheidung und waren deshalb für die Kreditentscheidung erheblich. Soweit der Rechtsmittelführer im Zusammenhang mit der Beanstandung dieser Sichtweise urteilsfremde Unterlagen vorträgt, ist dies im Rahmen der Sachrüge unbehelflich; eine erfolgreiche Verfahrensrüge ist insoweit nicht erhoben (siehe oben unter 1.).

[21] cc) Für die von der Revision geforderte teleologische Reduktion des Anwendungsbereichs von § 265b StGB in Fällen, in denen ein Kreditausfallrisiko des Kreditgebers durch ausreichende Sicherheiten oder gar eine Übersicherung praktisch ausgeschlossen werden kann, sieht der Senat vorliegend keinen Anlass. Zum einen enthält schon das Urteil keine hinreichenden Feststellungen dazu, dass durch die Verpfändung von V. – Stammaktien und die Pflicht zur Nachsicherung ein Kreditausfall mit Sicherheit ausgeschlossen war. Dies ist vielmehr eine Interpretation des Revisionsführers auf der Grundlage damaliger (urteilsfremder) Aktienkurse. Zum

anderen ist aufgrund des zweifachen Schutzzwecks der Norm (siehe oben unter aa), ihrer bewussten Gestaltung als abstraktes Gefährdungsdelikt durch den Gesetzgeber (vgl. BT-Drucks. 7/5291 S. 14) und der Tatsache, dass selbst bei Verpfändung im Kreditvergabezeitpunkt werthaltiger Sicherheiten aufgrund der Unwägbarkeiten wirtschaftlicher Entwicklungen ein zukünftiger Kreditausfall nie „absolut ausgeschlossen“ werden kann (vgl. zu diesem Maßstab einer teleologischen Einschränkung bei abstrakten Gefährdungsdelikten BGH, Urteil vom 24. April 1975 – 4 StR 120/75, BGHSt 26, 121, 124 f.), eine teleologische Reduktion nicht veranlasst.

312 § 265b StGB umfasst auch **Straftaten zu Lasten ausländischer Kreditgeber.** **Genussrechtekapital** kann die Voraussetzungen eines Kredits i.S.v. § 265b Abs. 1 StGB erfüllen.[312]

[46] bb) § 265b StGB umfasst auch Taten zum Nachteil ausländischer Kreditgeber. Die transnationale Wirkung ergibt sich bereits aus der Betroffenheit des Individualvermögens der betroffenen Kreditgeber. Dass der Norm daneben auch noch eine kollektivschützende Komponente zukommt, ändert hieran nichts.

[47] cc) Soweit die Revision dem Gesetz verschiedene Anhaltspunkte für einen dem Auslandsbezug entgegenstehenden Willen des Gesetzgebers entnehmen will, vermag der Senat dem nicht zu folgen.

[48] (1) Eine Begrenzung des Tatbestandes auf Taten gegen inländische Kreditgeber kann – entgegen auch in der Instanzrechtsprechung und im Schrifttum vertretener Auffassung (OLG Stuttgart NStZ 1993, 545; Heger in Lackner/Kühl, StGB, § 265b Rn. 1; Saliger in SSW-StGB, 2. Aufl., § 265b Rn. 2) – nicht aus einem inneren Bezug der Norm zum Gesetz über das Kreditwesen (KWG) abgeleitet werden.

[49] Zwar hat § 265b StGB seine kriminalpolitischen Wurzeln in dem früheren Tatbestand der Krediterschleichung (§ 50 KWG aF, vgl. RGBl. 1934 I, S. 1203 ff.; zur Streichung der Norm vgl. die Neufassung des KWG mit Wirkung ab 1. Januar 1962, BGBl. 1961 I, S. 881; dazu näher Kießner, Kreditbetrug, 1985, S. 25 ff.). Weder im Rahmen der der Schaffung des § 265b StGB vorausgegangenen rechtspolitischen Diskussion um eine erneute Pönalisierung betrügerischer Verhaltensweisen im Vorfeld des Betruges noch im Gesetzgebungsverfahren zu § 265b StGB stand jedoch eine erneute dogmatische Verortung im KWG im Raum (vgl. hierzu Kießner aaO S. 29 ff.).

[50] Auch inhaltlich hat der Gesetzgeber bei der Einführung des § 265b StGB die Möglichkeit einer akzessorischen Ausgestaltung gerade nicht aufgegriffen: Einerseits hat er aus dessen Begriffsbestimmungen nur bestimmte Elemente übernommen (vgl. § 19 Abs. 1 Nr. 1, 2 und 4 KWG aF i.d. bis zum 30. Juni 1993 geltenden Fassung). Andererseits geht § 265b StGB deutlich über die Grenzen des KWG hinaus, indem er auch den wirtschaftlich bedeutsamen Kreis der Betriebs- und Unternehmenskredite erfasst (BR-Drucks. 5/75, S. 4 ff.; BT-Drucks. 7/3441, S. 4 f., 32).

[51] (2) Auch dass § 265b StGB – anders als § 264 StGB – keinen Eingang in den Katalog der von § 6 StGB erfassten internationalen Rechtsgüter gefunden hat, schließt eine Anwendung des § 265b StGB auf Inlandstaten zum Nachteil ausländischer Kreditgeber nicht aus. § 6 StGB begründet eine vom Tatortprinzip unabhängige Verfolgungszuständigkeit; die Regelung erfasst universell anerkannte Rechtsgüter, die die

[312] BGH, Urteil vom 8.10.2014 – 1 StR 114/14.

(internationale oder – im Fall des § 6 Nr. 8 StGB – europäische) Staatengemeinschaft als solche betreffen, und deren Verletzung eine Bedrohung der gemeinsamen Sicherheitsinteressen der Staaten bedeutet (vgl. Safferling, Internationales Strafrecht, 2011, S. 28; vgl. auch Werle/Jeßberger in LK-StGB, 12. Aufl., § 6 Rn. 2 aE).

1. **§ 264 Abs. 7 Satz 1 Nr. 1 StGB** erfasst auch Subventionen, die nicht nur Betrieben und Unternehmen, sondern **auch Privatpersonen** gewährt werden können. **313**

2. § 4 SubvG enthält subventionserhebliche Regelungen im Sinne des § 264 Abs. 8 Nr. 2 StGB.[313]

16. Untreue – § 266 StGB

TOPENTSCHEIDUNG ■

Zwar erstreckt sich die **Belehrungspflicht des Notars** in der Regel nicht auf die wirtschaftlichen Folgen des zu beurkundenden Geschäftes. Jedoch besteht eine entsprechende Belehrungspflicht des Notars dann, wenn es nach den besonderen Umständen des Einzelfalles naheliegt, dass eine Schädigung eines Beteiligten eintreten kann, und der Notar nicht mit Sicherheit annehmen kann, dass sich der Gefährdete dieser Lage bewusst ist oder dass er dieses Risiko auch bei einer Belehrung auf sich nehmen würde.[314] **314**

[7] Im Ergebnis zu Recht hat das Landgericht angenommen, dass der Angeklagte sich durch die Beurkundung der zehn Immobilienkaufangebote jeweils der Untreue nach § 266 Abs. 1 StGB in der Form des Treubruchtatbestandes schuldig gemacht hat.

[8] a) Der Angeklagte war als Notar unabhängiger Träger eines öffentlichen Amtes (§ 1 BNotO) und hatte als unparteiischer Betreuer der an dem zu beurkundenden Rechtsgeschäft Beteiligten (§ 14 Abs. 1 Satz 2 BNotO) die Pflicht, deren Vermögensinteressen wahrzunehmen. Zu dieser Vermögensbetreuungspflicht gehörte, dass er die Beteiligten auch insoweit zu belehren hatte, als er annehmen musste, sie würden die Bedeutung und Tragweite der zu beurkundenden Erklärungen nicht erkennen. Zwar erstreckt sich die Belehrungspflicht des Notars in der Regel nicht auf die wirtschaftlichen Folgen des zu beurkundenden Geschäftes. Jedoch besteht eine entsprechende Belehrungspflicht des Notars dann, wenn es nach den besonderen Umständen des Einzelfalles naheliegt, dass eine Schädigung eines Beteiligten eintreten kann, und der Notar nicht mit Sicherheit annehmen kann, dass sich der Gefährdete dieser Lage bewusst ist oder dass er dieses Risiko auch bei einer Belehrung auf sich nehmen würde (vgl. BGH, Urteil vom 12. Juni 1990 – 5 StR 268/89, NJW 1990, 3219, 3220). So lag es hier, nachdem der Angeklagte es spätestens ab Mitte September 2008 als naheliegend erkannt hatte, dass die Vermittler des gesondert Verurteilten K. eine unseriöse Überrumpelungstaktik anwandten und ihre Verkaufsmethoden betrügerisch ausgestaltet hatten (UA S. 154 f.). Gleichwohl erteilte der Angeklagte die gebotenen Belehrungen nicht.

[9] b) Dies führte für die Käufer jeweils auch zu einem Vermögensnachteil im Sinne des § 266 Abs. 1 StGB.

---

313 BGH, Beschluss vom 28.05.2014 – 3 StR 206/13.

314 BGH, Beschluss vom 2.07.2014 – 5 StR 182/14.

[10] aa) Rechtsfehlerhaft ist allerdings die durch das Landgericht hierzu unter Heranziehung der Rechtsfigur des persönlichen Schadenseinschlags vorgenommene Schadensbestimmung, wonach der Vermögensnachteil den gesamten angebotenen Kaufpreis umfasst habe (UA S. 156 f.). Ob die Rechtsfigur des persönlichen Schadenseinschlags angesichts der neueren Rechtsprechung des Bundesverfassungsgerichts (BVerfGE 126, 170; 130, 1), nach der normative Gesichtspunkte bei der Bewertung von Schäden zwar eine Rolle spielen, die wirtschaftliche Betrachtung allerdings nicht überlagern oder verdrängen dürfen (vgl. schon BGH, Beschluss vom 28. Juni 1983 – 1 StR 576/82, BGHSt 32, 22, 23), in Teilen einer Korrektur bedarf, muss auch hier weiterhin nicht entschieden werden (vgl. zuletzt Senat, Beschluss vom 19. Februar 2014 – 5 StR 510/13, NStZ 2014, 318). Denn das Landgericht hat bereits die Tragweite der Rechtsfigur des persönlichen Schadenseinschlags verkannt, die von der Rechtsprechung für Fallgestaltungen einer objektiven Gleichwertigkeit von Leistung und Gegenleistung entwickelt worden ist.

[11] § 266 Abs. 1 StGB schützt als Vermögensdelikt nur das zu betreuende Vermögen als Ganzes, nicht die allgemeine Dispositionsfreiheit des Vermögensinhabers. Ob ein Vermögensnachteil eingetreten ist, muss grundsätzlich durch einen Vergleich des gesamten Vermögens vor und nach der beanstandeten Verfügung unter wirtschaftlichen Gesichtspunkten geprüft werden (st. Rspr.; vgl. BGH, Urteil vom 23. Mai 2002 – 1 StR 372/01, BGHSt 47, 295, 301). Bei wirtschaftlich ausgeglichenen Verträgen können Gesichtspunkte eines persönlichen Schadenseinschlags einen Vermögensnachteil bei der Untreue bzw. einen Vermögensschaden beim Betrug nur in engen Ausnahmefällen begründen, etwa wenn der Vermögensinhaber durch deren Abschluss zu vermögensschädigenden Maßnahmen genötigt oder wenn er durch die Verfügung sonst in seiner wirtschaftlichen Bewegungsfreiheit weitgehend beeinträchtigt wird (BGH, Beschluss vom 16. August 1961 – 4 StR 166/61, BGHSt 16, 321, 327 f.; Urteile vom 4. November 1997 – 1 StR 273/97, BGHSt 43, 293, 298 f., und vom 24. Juni 2010 – 3 StR 90/10, wistra 2010, 445, 447).

[12] Vorrangig ist jedoch stets zunächst der sich aus dem Vergleich des Vermögens vor und nach der Verfügung bzw. Pflichtverletzung ergebende Saldo zu ermitteln. Nur soweit sich hiernach kein Negativsaldo ergibt, kann bei Vorliegen entsprechender Anhaltspunkte in einem zweiten Schritt zu prüfen sein, ob im Hinblick auf eine weitgehende Beeinträchtigung der wirtschaftlichen Bewegungsfreiheit gleichwohl unter dem Aspekt des persönlichen Schadenseinschlags ein Vermögensnachteil anzunehmen ist. Dies würde indessen – insoweit in Einklang mit der zitierten Rechtsprechung des Bundesverfassungsgerichts – wiederum voraussetzen, dass ein objektiver Wert des Erlangten für den Erwerber nicht realisierbar ist, da es ihm unmöglich (oder unzumutbar) ist, diesen letztlich in Geld umzusetzen (BGH, Beschluss vom 19. Februar 2014 – 5 StR 510/13, aaO). Diesen für die Nachteilsfeststellung bestehenden Anforderungen wird das angefochtene Urteil schon deswegen nicht gerecht, weil es die gebotene Prüfungsreihenfolge nicht wahrt.

■ PRAXISBEDEUTUNG

Die vorliegende Entscheidung sollte die immer wieder als nicht ausreichend angesehene Belehrungsverpflichtung der Notare diesen in besonderer Weise in Erinnerung rufen.

Ein Rechtsanwalt, der sich im Rahmen eines bestehenden Anwaltsvertrages zur Weiterleitung **bestimmte Fremdgelder auf sein Geschäftskonto einzahlen lässt und weder uneingeschränkt bereit noch jederzeit fähig ist, einen entsprechenden Betrag aus eigenen flüssigen Mitteln vollständig auszukehren, begeht eine Untreue.** Soweit dem Angeklagten in Einzelfällen möglicherweise Honoraransprüche in einer die Zahlungseingänge übersteigenden Höhe zustanden, hindert dies nicht die Annahme eines Vermögensnachteils. Zwar fehlt es an einem Vermögensnachteil, wenn der Täter einen fälligen Geldanspruch gegen das von ihm treuhänderisch verwaltete Vermögen hat und hierüber in entsprechender Höhe zu eigenen Gunsten verfügt, so dass der Treugeber von einer bestehenden Verbindlichkeit befreit wird. Dies setzt aber voraus, dass die Verwendung der Mandantengelder nicht mit dem Vorsatz rechtswidriger Bereicherung erfolgt, sondern tatsächlich dem Zweck dient, bestehende Honoraransprüche zu befriedigen.[315] **315**

Fehlt es an einer gesetzlich oder vertraglich begründeten Pflicht einer Zuführung vereinnahmter Gelder auf ein von den sonstigen Konten des Vermögensbetreuungspflichtigen getrenntes Konto, kann eine **Pflichtwidrigkeit** bereits des Einforderns solcher Gelder auf ein nicht separates Konto weder aus dem Umstand hergeleitet werden, dass es dort zu einer Verrechnung (Kontokorrent) mit Schulden des Treupflichtigen kommt, noch daraus, dass dieser zum Zeitpunkt der Vereinnahmung nicht in der Lage war, die entsprechenden Beträge aus eigenen flüssigen Mitteln vollständig auszukehren.[316] **316**

[4] Die rechtsfehlerfrei getroffenen Feststellungen tragen den Schuldspruch wegen Untreue in sieben Fällen nicht.

[5] 1. Das Landgericht hat zwar angesichts der Art der Einbindung des Angeklagten in die Durchführung der Versicherungsverträge zutreffend eine gegenüber dem Vermögen der X. bestehende Betreuungspflicht angenommen (zu den Anforderungen vgl. BGH, Beschluss vom 5. März 2013 – 3 StR 438/12, NStZ 2013, 407 f. mwN). Die rechtliche Würdigung, das straftatbestandsmäßige Verhalten des Angeklagten bestehe darin, dass er die für die X. zu vereinnahmenden Versicherungsprämien auf ein allgemeines Geschäftskonto seines Unternehmens statt auf ein Anderkonto durch die Versicherungsnehmerin hat zahlen lassen, findet in den Feststellungen jedoch keine Grundlage.

[6] a) Eine aus gesetzlichen Vorschriften resultierende Pflicht zur Zuführung anvertrauter Gelder auf ein Anderkonto, wie sie etwa § 54b Abs. 1 BeurkG für Notare begründet (vgl. zur Untreue durch einen Notar etwa BGH, Urteil vom 6. April 1982 – 5 StR 8/82, NStZ 1982, 331 f.), bestand für den Angeklagten nicht. Vertragliche Vereinbarungen zwischen der X. und dem Angeklagten mit dem Inhalt einer Verwahrung der vereinnahmten Versicherungsprämien auf einem Anderkonto hat das Tatgericht nicht ausdrücklich festgestellt. Aus dem Gesamtzusammenhang der Urteilsgründe lässt sich eine derartige, vertraglich begründete Pflicht ebenfalls nicht ableiten. Die mitgeteilten tatsächlichen und rechtlichen Umstände der ertragsbeziehungen zwischen dem Angeklagten und dem Versicherungsunternehmen deuten gerade nicht auf eine solche Pflicht zur Zuführung auf ein gesondertes Konto hin. Die erheblichen Zeitspannen zwischen den für die F. maßgeblichen Zeitpunkten der

[315] BGH, Beschluss vom 24.07.2014 – 2 StR 221/14.
[316] BGH, Beschluss vom 3.12.2013 – 1 StR 526/13.

Fälligkeit (jeweils 1. Januar 2011) der von ihnen zu zahlenden Versicherungsprämien einerseits und den Fälligkeitszeitpunkten der Abführungspflicht des Angeklagten (1. Mai, 15. Juli und 1. August 2011) gegenüber der X. andererseits weisen eher in die gegenteilige Richtung.

[7] b) Angesichts dieser konkreten Verhältnisse lässt sich die Pflichtwidrigkeit auch nicht auf obergerichtliche Rechtsprechung stützen, nach der ein Rechtsanwalt, der Gelder für einen Mandanten in Empfang nimmt und nicht einem Anderkonto zuführt, sondern anderweitig verwendet, sich grundsätzlich wegen Untreue – regelmäßig nach dem Treubruchtatbestand (§ 266 Abs. 1 Var. 2 StGB) – strafbar macht (siehe nur BGH, Beschluss vom 30. Oktober 2003 – 3 StR 276/03, NStZ-RR 2004, 54 f.; KG NJW 2007, 3366 f. jeweils mwN). In den Fallgestaltungen der Veruntreuung von zur Auskehrung an den Mandanten erhaltenen Geldern oder von diesem zur Ausführung des Mandats zur Verfügung gestellten Mitteln (BGH aaO) wird die Pflicht zur Zuführung auf ein Anderkonto aus dem Anwaltsvertrag hergeleitet (vgl. KG aaO). Eine entsprechende Pflicht begründet das hier bestehende Vertragsverhältnis aus den genannten Gründen gerade nicht.

[8] Fehlt es an einer gesetzlich oder vertraglich begründeten Pflicht einer Zuführung vereinnahmter Gelder auf ein von den sonstigen Konten des Vermögensbetreuungspflichtigen getrenntes Konto, kann eine Pflichtwidrigkeit bereits des Einforderns solcher Gelder auf ein nicht separates Konto weder aus dem Umstand hergeleitet werden, dass es dort zu einer Verrechnung (Kontokorrent) mit Schulden des Treupflichtigen kommt, noch daraus, dass dieser zum Zeitpunkt der Vereinnahmung nicht in der Lage war, die entsprechenden Beträge aus eigenen flüssigen Mitteln vollständig auszukehren (zu diesem Gesichtspunkt vgl. BGH und KG jeweils aaO; siehe auch BGH, Urteil vom 19. Mai 1953 – 2 StR 116/53, NJW 1953, 1600, 1601). Eine solche Begründung der Pflichtwidrigkeit, auf die das Tatgericht in der Sache abstellt, wäre bei fehlender sonstiger Pflicht zur Zuführung auf ein Anderkonto mit dem aus Art. 103 Abs. 2 GG folgenden sog. Verschleifungs- oder Entgrenzungsverbot (BVerGE 126, 170, 198; BVerfG NJW 2013, 365, 366) nicht zu vereinbaren. Dieses Verbot schließt es aus, Straftatbestandsmerkmale in einer Weise auszulegen, dass sie vollständig in einem anderen Tatbestandsmerkmal aufgehen, also zwangsläufig mit diesem mitverwirklicht werden (BVerfG jeweils aaO). Vorliegend würde die Pflichtwidrigkeit des Einforderns der von der Versicherungsnehmerin geschuldeten Versicherungsprämien auf ein allgemeines Geschäftskonto allein aus dem Fehlen der Fähigkeit des Angeklagten resultieren, die vereinnahmten Gelder aus eigenen flüssigen Mitteln an die X. auszukehren. Die Pflichtwidrigkeit ginge dann aber vollständig in dem Merkmal des Vermögensnachteils auf.

[9] c) Von der im Urteil des 2. Strafsenats vom 19. Mai 1953 (2 StR 116/53, NJW 1953, 1600, 1601) vertretenen Rechtsauffassung weicht der Senat nicht ab. Dort wurde die Pflichtwidrigkeit mit der zweckwidrigen Verwendung vereinnahmter Gelder durch den Treupflichtigen begründet. Die dort erfolgte „Vermischung" vereinnahmter Beträge mit eigenem Geld war gerade nicht pflichtwidrig. Es kann daher offenbleiben, ob die in der genannten Entscheidung vertretene Rechtsauffassung mit den nunmehr maßgeblichen verfassungsrechtlichen Anforderungen des Bestimmtheitsgebots in Gestalt des Verschleifungsverbots vereinbar wäre.

[10] 2. Die vom Tatgericht zur Schuldfrage rechtsfehlerfrei getroffenen Feststellungen gestatten aber eine Änderung des Schuldspruchs dahingehend, dass der Angeklagte sich wegen Untreue (§ 266 Abs. 1 Alt. 2 StGB) in vier Fällen durch das pflichtwidrige Unterbleiben der Abführung der vereinnahmten Versicherungsprä-

mien an die X. zu den genannten Fälligkeitszeitpunkten strafbar gemacht hat. Aus dem mit dem Versicherungsunternehmen geschlossenen Vertrag war der Angeklagte verpflichtet, zum jeweils vereinbarten Termin die auf die vier Versicherungsverträge mit der F. entfallenden, bereits von ihm vereinnahmten Versicherungsprämien an die X. abzuführen. Die Erfüllung dieser Pflicht hat er in Bezug auf sämtliche von der F. bzw. deren Tochterunternehmen gezahlten Prämien für die vier Versicherungsverträge im Jahr 2011 nicht erfüllt. Daraus ist der X. ein Vermögensnachteil entstanden. Da der Angeklagte eine Inkassovollmacht für den Versicherer hatte, hat die Versicherungsnehmerin durch die Überweisung der geschuldeten Prämien auf das vom Angeklagten genannte Konto mit befreiender Wirkung geleistet.

[11] Der Verwirklichung des Treubruchtatbestandes (§ 266 Abs. 1 Alt. 2 StGB) durch Unterlassen in vier Fällen steht die festgestellte fehlende Leistungsfähigkeit des Angeklagten zu den Fälligkeitsterminen der Weiterleistung der vereinnahmten Prämien an die X. nicht entgegen. Angesichts der an den Saldenständen der Konten des Angeklagten ablesbaren Liquiditätsschwierigkeiten war dieser verpflichtet, für seine Leistungsfähigkeit zu den verschiedenen Abführungszeitpunkten Sorge zu tragen (Rechtsgedanke der omissio libera in causa; vgl. dazu im Kontext von § 266a StGB BGH, Beschluss vom 28. Mai 2002 – 5 StR 16/02, BGHSt 47, 318, 320 ff. sowie bei § 283 Abs. 1 Nr. 7b StGB BGH, Beschluss vom 30. August 2011 – 2 StR 652/10, NJW 2011, 3733, 3734).

Der rechtliche Ansatz des Landgerichts, die Untreuehandlungen des Angeklagten in den Mittelabrufen zur Tilgung privater Verbindlichkeiten als verwirklicht anzusehen, ist unzutreffend. Maßgeblicher Anknüpfungspunkt für den Tatbestand der Untreue (§ 266 StGB) sind vorliegend vielmehr bereits die vom Angeklagten zum Nachteil der Fa. K. durch „Zuruf" **bewirkten Rechnungsstellungen** seitens der V., die jeweils wegen tatsächlich nicht erbrachter Leistungen überschießende Geldabflüsse zur Folge hatten, mit denen **die schwarze Kasse gespeist** wurden. Mit den Geldabflüssen sind die jeweiligen Beträge der Fa. K. endgültig entzogen worden, so dass ein späteres Abrufen etwaiger Geldbeträge vom verdeckten Konto zur Verwirklichung des Untreuetatbestandes rechtlich irrelevant ist.[317] **317**

[4] Nach den Urteilsfeststellungen entschied der Angeklagte als Abteilungsleiter der Gleisbauabteilung der Firma K. (nachfolgend: Fa. K.) eigenständig darüber, von welchem Lieferanten und zu welchen Konditionen die Fa. K. die Materialien zur Ausführung von Gleisbauaufträgen der Deutschen Bundesbahn bezog. Einer dieser Lieferanten war die V. (nachfolgend: V.), deren Niederlassungsleiter in Berlin dem Angeklagten im Jahr 2000 das Angebot unterbreitete, für ihn eine sogenannte schwarze Kasse zu bilden. Dies lehnte der Angeklagte zunächst ab; in der Folgezeit entwickelte sich jedoch eine Praxis, dass auf „Zuruf" des Angeklagten die V. die Ausgangsrechnungen „erhöhte", ohne die entsprechenden Leistungen erbracht zu haben (UA S. 4). Die überschießenden Beträge wurden auf einem Konto der V. „geparkt"; der Angeklagte konnte Gelder zur freien Verwendung nach Einreichung von Scheinrechnungen durch Mitarbeiter der V. abrufen (UA S. 4, 16). Im Gegenzug bestellte der Angeklagte in Fällen, bei denen Bahnschienen kurzfristig zu liefern waren, zu den üblichen Preisen mit Aufschlägen ausschließlich bei der V., deren Mitarbeitern er gegebenenfalls mitteilte – falls er Vergleichsangebote anderer Firmen

[317] BGH, Beschluss vom 27.08.2014 – 5 StR 181/14.

eingeholt hatte –, dass günstigere Anbieter vorhanden seien, so dass die V. ihre Preisgestaltung diesem Umstand anpassen konnte.

[5] Die vom Angeklagten getätigten Mittelabrufe vom Konto der V. dienten zunächst dazu, geschäftliche Angelegenheiten der Fa. K. zu finanzieren. Im Zeitraum 2006 bis 2008 veranlasste der Angeklagte die Abbuchung von drei Beträgen in Höhe von 12.180 Euro, 18.000 Euro und 25.287,50 Euro zur Begleichung der Kosten seiner privat veranstalteten Tauchreisen.

[6] Der rechtliche Ansatz des Landgerichts, die Untreuehandlungen des Angeklagten in den Mittelabrufen zur Tilgung privater Verbindlichkeiten als verwirklicht anzusehen, ist unzutreffend. Maßgeblicher Anknüpfungspunkt für den Tatbestand der Untreue (§ 266 StGB) sind vorliegend vielmehr bereits die vom Angeklagten zum Nachteil der Fa. K. durch „Zuruf" bewirkten Rechnungsstellungen seitens der V., die jeweils wegen tatsächlich nicht erbrachter Leistungen überschießende Geldabflüsse zur Folge hatten, mit denen die schwarze Kasse gespeist wurden. Mit den Geldabflüssen sind die jeweiligen Beträge der Fa. K. endgültig entzogen worden (vgl. BGH, Urteile vom 29. August 2008 – 2 StR 587/07, BGHSt 52, 323, 336 ff., und vom 27. August 2010 – 2 StR 111/09, BGHSt 55, 266, 282 ff.), so dass ein späteres Abrufen etwaiger Geldbeträge vom verdeckten Konto zur Verwirklichung des Untreuetatbestandes rechtlich irrelevant ist.

17. Vorenthalten und Veruntreuen von Arbeitsentgelt – § 266a StGB

318 Wer **Arbeitgeber** i.S.v. § 266a StGB ist, richtet sich nach dem Sozialversicherungsrecht, das seinerseits diesbezüglich auf das Dienstvertragsrecht der §§ 611 ff. BGB abstellt. Arbeitgeber ist danach **derjenige, dem gegenüber der Arbeitnehmer zur Erbringung von Arbeitsleistungen verpflichtet** ist und zu dem er in einem **persönlichen Abhängigkeitsverhältnis** steht, das sich vor allem durch die Eingliederung des Arbeitnehmers in den Betrieb des Arbeitgebers ausdrückt. Das Bestehen eines solchen Beschäftigungsverhältnisses zum Arbeitgeber bestimmt sich dabei nach den tatsächlichen Gegebenheiten, die einer wertenden Gesamtbetrachtung zu unterziehen sind. In diese Gesamtbetrachtung sind vor allem das Vorliegen eines umfassenden arbeitsrechtlichen Weisungsrechts, die Gestaltung des Entgelts und seiner Berechnung (etwa Entlohnung nach festen Stundensätzen), Art und Ausmaß der Einbindung in den Betriebsablauf des Arbeitgeberbetriebes sowie die Festlegung des täglichen Beginns und des Endes der konkreten Tätigkeit einzustellen. Die Vertragsparteien können aus einem nach den tatsächlichen Verhältnissen bestehenden Beschäftigungsverhältnis resultierende sozialversicherungsrechtliche Abführungpflichten nicht durch eine abweichende Vertragsgestaltung beseitigen.[318]

An diesen Maßstäben gemessen hat die Strafkammer rechtsfehlerfrei das Bestehen sozialversicherungspflichtiger Beschäftigungsverhältnisse zwischen der W. GmbH und den Fahrern angenommen. Sie hat die betrieblichen Abläufe sowohl hinsichtlich der Durchführung der Transporte für die G. (UA S. 9 ff.) als auch für die P. im Einzelnen festgestellt und dabei insbesondere die betriebliche Arbeitsorganisation, das Bestehen von Weisungsrechten des Angeklagten im Hinblick auf die detaillierten Regelungen zur Durchführung der Transporte in den Verträgen mit den Auftragge-

[318] BGH, Urteil vom 16.04.2014 – 1 StR 516/13.

bern G. bzw. P. sowie das Fehlen weiterer Auftraggeber der Fahrer in Bedacht genommen. Sie hat in ihre Betrachtungen aber auch gegenläufige Gesichtspunkte einbezogen, nämlich dass die Vergütung der Fahrer aufgrund der Bemessung nach der Anzahl der Pakete bzw. Anzahl der Stopps monatlich variierte, die Fahrer die Kosten für die Nutzung der Fahrzeuge selbst trugen, die Fahrer die Reihenfolge der Auslieferung bzw. Abholung innerhalb der ihnen zugeteilten festen Route selbst bestimmen konnten und dass die Fahrer jeweils ein Gewerbe angemeldet und Umsatzsteuer abgeführt hatten. Die auf Grundlage der festgestellten tatsächlichen Gegebenheiten erfolgte Bewertung als sozialversicherungspflichtiges Arbeitsverhältnis ist nach alledem nicht zu beanstanden.

Wer **Arbeitgeber im Sinne von § 266a StGB** ist, richtet sich nach dem Sozialversicherungsrecht, das seinerseits diesbezüglich auf das Dienstvertragsrecht der §§ 611 ff. BGB abstellt. Arbeitgeber ist danach derjenige, **dem gegenüber der Arbeitnehmer zur Erbringung von Arbeitsleistungen verpflichtet ist und zu dem er in einem persönlichen Abhängigkeitsverhältnis steht,** das sich vor allem durch die Eingliederung des Arbeitnehmers in den Betrieb des Arbeitgebers ausdrückt. Das Bestehen eines solchen Beschäftigungsverhältnisses zum Arbeitgeber bestimmt sich dabei nach den tatsächlichen Gegebenheiten, die einer wertenden Gesamtbetrachtung zu unterziehen sind. In diese Gesamtbetrachtung sind vor allem das Vorliegen eines umfassenden arbeitsrechtlichen Weisungsrechts, die Gestaltung des Entgelts und seiner Berechnung (etwa Entlohnung nach festen Stundensätzen), Art und Ausmaß der Einbindung in den Betriebsablauf des Arbeitgeberbetriebes sowie die Festlegung des täglichen Beginns und des Endes der konkreten Tätigkeit einzustellen. Die Vertragsparteien können aus einem nach den tatsächlichen Verhältnissen bestehenden Beschäftigungsverhältnis resultierende sozialversicherungsrechtliche Abführungspflichten nicht durch eine abweichende Vertragsgestaltung beseitigen.[319] **319**

[14] 1. Die Strafkammer ist ohne Rechtsfehler davon ausgegangen, dass es sich bei der W. GmbH um eine Arbeitgeberin i.S.v. § 266a StGB handelte, zu der die Fahrer in einem sozialversicherungspflichtigen Beschäftigungsverhältnis (vgl. § 7 Abs. 1 SGB IV) standen.

[15] a) Wer Arbeitgeber im Sinne von § 266a StGB ist, richtet sich nach dem Sozialversicherungsrecht, das seinerseits diesbezüglich auf das Dienstvertragsrecht der §§ 611 ff. BGB abstellt. Arbeitgeber ist danach derjenige, dem gegenüber der Arbeitnehmer zur Erbringung von Arbeitsleistungen verpflichtet ist und zu dem er in einem persönlichen Abhängigkeitsverhältnis steht, das sich vor allem durch die Eingliederung des Arbeitnehmers in den Betrieb des Arbeitgebers ausdrückt. Das Bestehen eines solchen Beschäftigungsverhältnisses zum Arbeitgeber bestimmt sich dabei nach den tatsächlichen Gegebenheiten, die einer wertenden Gesamtbetrachtung zu unterziehen sind. In diese Gesamtbetrachtung sind vor allem das Vorliegen eines umfassenden arbeitsrechtlichen Weisungsrechts, die Gestaltung des Entgelts und seiner Berechnung (etwa Entlohnung nach festen Stundensätzen), Art und Ausmaß der Einbindung in den Betriebsablauf des Arbeitgeberbetriebes sowie die Festlegung des täglichen Beginns und des Endes der konkreten Tätigkeit einzustellen. Die Vertragsparteien können aus einem nach den tatsächlichen Verhältnissen bestehenden Beschäftigungsverhältnis resultierende sozialversicherungsrechtliche Ab-

---

[319] BGH, Urteil vom 16.04.2014 – 1 StR 638/13.

führungspflichten nicht durch eine abweichende Vertragsgestaltung beseitigen (insgesamt st. Rspr. vgl. zusammenfassend zuletzt BGH, Beschluss vom 4. September 2013 – 1 StR 94/13, wistra 2014, 23 mwN).

[16] b) An diesen Maßstäben gemessen hat die Strafkammer rechtsfehlerfrei das Bestehen sozialversicherungspflichtiger Beschäftigungsverhältnisse zwischen der W. GmbH und den Fahrern angenommen. Sie hat die betrieblichen Abläufe sowohl hinsichtlich der Durchführung der Transporte für die G. (UA S. 11 ff.) als auch für die P. (UA S. 18 ff.) im Einzelnen festgestellt und dabei insbesondere die betriebliche Arbeitsorganisation, das Bestehen von Weisungsrechten Be.s im Hinblick auf die detaillierten Regelungen zur Durchführung der Transporte in den Verträgen mit den Auftraggebern G. bzw. P. sowie das Fehlen weiterer Auftraggeber der Fahrer in Bedacht genommen. Sie hat in ihre Betrachtungen aber auch gegenläufige Gesichtspunkte einbezogen, nämlich dass die Vergütung der Fahrer aufgrund der Bemessung nach der Anzahl der Pakete bzw. Anzahl der Stopps monatlich variierte, die Fahrer die Kosten für die Nutzung der Fahrzeuge selbst trugen, die Fahrer die Reihenfolge der Auslieferung bzw. Abholung innerhalb der ihnen zugeteilten festen Route selbst bestimmen konnten und dass die Fahrer jeweils ein Gewerbe angemeldet und Umsatzsteuer abgeführt hatten. Die auf Grundlage der festgestellten tatsächlichen Gegebenheiten erfolgte Bewertung als sozialversicherungspflichtiges Arbeitsverhältnis ist nach alledem nicht zu beanstanden.

[17] c) Der Senat hat erwogen, ob die Fahrer im Wege einer – dann ersichtlich unerlaubten – Arbeitnehmerüberlassung bei der G. und der P. tätig waren. Allerdings wäre die W. GmbH auch in diesem Fall Arbeitgeberin und der Angeklagte damit tauglicher Täter. Gemäß § 10 Abs. 1 i.V.m. § 9 Nr. 1 AÜG wäre ein Arbeitsverhältnis zwischen der G. bzw. der P. als Entleiherinnen und den Fahrern entstanden. Da jedoch die W. GmbH als Verleiherin das Entgelt an die Fahrer gezahlt hat, würde sie neben den Entleiherfirmen G. bzw. P. als Arbeitgeberin gelten und mit diesen als Gesamtschuldnerin haften soweit sich die Sozialversicherungsbeiträge auf das von ihr gezahlte Entgelt beziehen (vgl. § 28e Abs. 2 Sätze 3 und 4 SGB IV). Dies hätte allerdings gegebenenfalls Auswirkungen auf die Bestimmung der subjektiven Tatseite oder auch auf die Strafzumessung wegen der dann im Innenverhältnis möglicherweise primären Haftung der G. und der P. Letztlich kann dies jedoch offen bleiben, weil kein Fall der Arbeitnehmerüberlassung vorliegt.

[18] (1) Eine Überlassung zur Arbeitsleistung i.S.v. § 1 Abs. 1 Satz 1, Abs. 2 AÜG liegt vor, wenn einem Entleiher Arbeitskräfte zur Verfügung gestellt werden, die in dessen Betrieb eingegliedert sind und ihre Arbeit allein nach Weisungen des Entleihers und in dessen Interesse ausführen (vgl. BAG, Urteile vom 18. Januar 2012 – 7 AZR 723/10, EzA AÜG § 1 Nr. 14, und vom 6. August 2003 – 7 AZR 180/03, EzA AÜG § 1 Nr. 13).

[19] Von der Arbeitnehmerüberlassung zu unterscheiden ist die Tätigkeit eines Arbeitnehmers bei einem Dritten aufgrund eines Werk- oder Dienstvertrags. In diesen Fällen wird der Unternehmer für einen anderen tätig. Der Unternehmer organisiert die zur Erreichung eines wirtschaftlichen Erfolgs notwendigen Handlungen nach eigenen betrieblichen Voraussetzungen und bleibt für die Erfüllung der in dem Vertrag vorgesehenen Dienste oder für die Herstellung des geschuldeten Werks gegenüber dem Drittunternehmen verantwortlich. Die zur Ausführung des Dienst- oder Werkvertrags eingesetzten Arbeitnehmer unterliegen den Weisungen des Unternehmers und sind dessen Erfüllungsgehilfen. Der Werkbesteller kann jedoch dem Werkunternehmer selbst oder dessen Erfüllungsgehilfen Anweisungen für die Aus-

führungen des Werks erteilen. Entsprechendes gilt für Dienstverträge. Über die rechtliche Einordnung eines Vertrags entscheidet der Geschäftsinhalt und nicht die von den Parteien gewünschte Rechtsfolge oder eine Bezeichnung, die dem Geschäftsinhalt tatsächlich nicht entspricht (vgl. BAG aaO).

[20] (2) Gegenstand des Vertrages zwischen der W. GmbH und der G. bzw. der P. war die Auslieferung und Abholung von Sendungen in einem bestimmten Gebiet. Es ist nicht zu beanstanden, dass die Strafkammer im Rahmen der auch hier gebotenen Gesamtbewertung – auch unter Berücksichtigung des genannten Inhalts der Verträge zwischen W. und den Express-Kurier-Dienstleistern und den Vorgaben zu deren Einhaltung – insbesondere im Hinblick auf die eigenständige Organisation der Touren und des Einsatzes der Fahrer von der Erteilung arbeitsrechtlicher Weisungen durch Be. und nicht durch G. bzw. P. ausgegangen ist.

18. Urkundenfälschung – § 267 StGB

In der **Nutzung** des mit falschen amtlichen Kennzeichen versehenen Fahrzeugs im öffentlichen Straßenverkehr, durch die den anderen Verkehrsteilnehmern die unmittelbare Kenntnisnahme der am Fahrzeug angebrachten Kennzeichen ermöglicht wurde, liegt ein **einheitliches Gebrauchmachen** von einer unechten zusammengesetzten Urkunde im Sinne des § 267 Abs. 1 3. Alt. StGB, das nicht nur die Fahrten zu und von der Bankfiliale, sondern auch das **kurzzeitige Abstellen des Fahrzeugs** vor dem Bankgebäude umfasste. Da diese Nutzung des Fahrzeugs dem vom Angeklagten bereits beim Anbringen der falschen Kennzeichen verfolgten Tatvorhaben entsprach, bilden das durch das Anbringen der Kennzeichen verwirklichte Herstellen der unechten Urkunde und deren nachfolgender Gebrauch als tatbestandliche Handlungseinheit eine Tat der Urkundenfälschung nach § 267 Abs. 1 StGB.[320] **320**

Der Angeklagte ist nicht der Urkundenfälschung, sondern des Kennzeichenmissbrauchs gemäß § 22 StVG schuldig; denn **rote Kennzeichen** bilden – anders als die mit dem Stempel der Zulassungsstelle versehenen amtlichen Kennzeichen – zusammen mit dem Fahrzeug, an dem sie angebracht sind, **keine Urkunde im Sinne von § 267 StGB.**[321] **321**

Wird eine **gefälschte Urkunde** dem ursprünglichen Tatplan entsprechend **mehrfach gebraucht,** liegt nur eine Urkundenfälschung vor.[322] **322**

[2] 1. Nach den Feststellungen zum Fall II.3.b der Urteilsgründe erwarb der Angeklagte B. für 2.500 € einen zuvor in Frankreich entwendeten Pkw in Kenntnis dessen deliktischer Herkunft. Er beschaffte sich Blanko-Unterlagen und stellte gefälschte Fahrzeugpapiere her. Anschließend bemühte er sich im Internet um Kaufinteressenten, die er mit Hilfe der gefälschten Papiere über die illegale Herkunft des Fahrzeugs täuschen wollte. In seinem Auftrag führte ein Bekannter unter dem Decknamen „M. E.“ ein Verkaufsgespräch am 17. April 2013. Den Kaufinteressenten fielen jedoch Unstimmigkeiten an den (gefälschten) Fahrzeugpapieren auf, so dass sie

---

320 BGH, Beschluss vom 28.01.2014 – 4 StR 528/14.

321 BGH, Beschluss vom 4.6.2013 – 2 StR 59/13.

322 BGH, Beschluss vom 7.05.2014 – 4 StR 95/14.

von dem Kauf Abstand nahmen. Auf Grund der Anzeige im Internet meldete sich ein weiterer Interessent. Bei einem Treffen mit „M. E." am 21. April 2013 fielen jedoch auch ihm Unstimmigkeiten an den vorgelegten Papieren auf. Als der Interessent daraufhin ein Telefonat führen wollte, ergriff „M. E." die Flucht.

[3] Das Landgericht hat den Angeklagten B. wegen gewerbsmäßiger Hehlerei gemäß § 260 Abs. 1 Nr. 1 StGB in Form des Ankaufens zu der Einzelfreiheitsstrafe von einem Jahr und acht Monaten verurteilt. Tatmehrheitlich hierzu hat es ihn für den ersten Verkaufsversuch wegen (gewerbsmäßiger) Urkundenfälschung gemäß § 267 Abs. 1 und 3 Satz 2 Nr. 1 StGB in Tateinheit mit versuchtem (gewerbsmäßigem) Betrug gemäß §§ 22, 23 Abs. 1, § 263 Abs. 1 und 3 Satz 2 Nr. 1 StGB zu der weiteren Einzelfreiheitsstrafe von einem Jahr und sechs Monaten verurteilt. Wegen des zweiten Verkaufsversuchs hat es den Angeklagten ein weiteres Mal der (gewerbsmäßigen) Urkundenfälschung in Tateinheit mit versuchtem (gewerbsmäßigem) Betrug schuldig gesprochen und ihn zu der weiteren Einzelfreiheitsstrafe von einem Jahr und acht Monaten verurteilt.

[4] 2. Die Würdigung der beiden Verkaufsversuche als selbständige Taten hält sachlich-rechtlicher Nachprüfung nicht stand. In beiden Fällen machte „M. E." von den zuvor vom Angeklagten B. gefälschten Fahrzeugpapieren Gebrauch. Wird eine gefälschte Urkunde dem ursprünglichen Tatplan entsprechend mehrfach gebraucht, liegt indes nur eine Urkundenfälschung vor (BGH, Beschluss vom 7. Februar 2012 – 3 StR 406/11 mwN). Der Angeklagte hat sich daher im Fall II.3.b der Urteilsgründe nur wegen einer (gewerbsmäßigen) Urkundenfälschung strafbar gemacht. Diese Urkundenfälschung verklammert den zweimaligen Betrugsversuch zur Tateinheit.

19. Straftaten gegen den Wettbewerb – §§ 298 ff. StGB

323 1. Der **Tatbestand des § 298 Abs. 1 StGB** erfasst beschränkte Ausschreibungen öffentlicher Auftraggeber gemäß § 3 Nr. 3 VOB/A (2006) (heute § 3 Abs. 3 und 4 VOB/A) auch dann, wenn diesen kein öffentlicher Teilnahmewettbewerb vorausgegangen ist.

2. Auch ein Angebot, das an so schwerwiegenden vergaberechtlichen Mängeln leidet, dass es zwingend vom Ausschreibungsverfahren ausgeschlossen werden müsste, kann den Tatbestand des § 298 Abs. 1 StGB erfüllen.[323]

20. Brandstiftung/Schwere Brandstiftung/Besonders Schwere Brandstiftung – §§ 306, 306a, 306b ff. StGB

324 Insbesondere die Frage, in welchen Fällen bei **gemischt-genutzten Immobilien** (gewerbliche und Nutzung als Wohnraum) auch die Voraussetzungen nach § 306a StGB gegeben sind, war erneut Gegenstand mehrerer Entscheidungen des BGH im Berichtszeitraum.

325 **In Brand gesetzt** ist ein Gebäude, wenn es so vom Feuer erfasst ist, dass es **selbständig ohne Fortwirken des Zündstoffs weiterbrennt**, wobei es erforderlich, aber auch ausreichend ist, dass sich der Brand auf Teile des Gebäudes ausbreiten kann, die für

---

[323] BGH, Beschluss vom 17.10.2013 – 3 StR 167/13.

dessen bestimmungsgemäßen Gebrauch von wesentlicher Bedeutung sind. Zu den wesentlichen Bestandteilen eines Gebäudes können insbesondere auch die Fußböden zählen.[324]

[8] Die Urteilsgründe verhalten sich nicht zu dem Vorstellungsbild des Angeklagten von dem möglichen Brandverlauf, das er in dem Zeitpunkt hatte, in dem er den Verdünner auf den Boden des Schlafzimmers goss und mit einem Feuerzeug anzündete. Der Einlassung des Angeklagten folgend hat die Strafkammer lediglich für die Zeit unmittelbar danach festgestellt, dass der Angeklagte über die Stichflamme erschrocken war, ihm nunmehr klar wurde, dass der Brand sich ausbreiten könnte, er nicht wollte, dass das Haus abbrannte und er deshalb versuchte, die Flammen mit einer Decke zu ersticken.

[9] Dies genügt nicht. In Brand gesetzt ist ein Gebäude, wenn es so vom Feuer erfasst ist, dass es selbständig ohne Fortwirken des Zündstoffs weiterbrennt, wobei es erforderlich, aber auch ausreichend ist, dass sich der Brand auf Teile des Gebäudes ausbreiten kann, die für dessen bestimmungsgemäßen Gebrauch von wesentlicher Bedeutung sind (st. Rspr.; s. zuletzt BGH, Urteil vom 14. November 2013 – 3 StR 336/13, NStZ 2014, 404 mwN). Zu den wesentlichen Bestandteilen eines Gebäudes können insbesondere auch die Fußböden zählen (vgl. etwa BGH, Beschlüsse vom 25. September 1990 – 1 StR 483/90, BGHR StPO § 261 Zeuge 8 [Holzfußböden]; vom 14. Oktober 1993 – 1 StR 532/93, BGHR StGB § 306 Nr. 2 Inbrandsetzen 7 [fest verklebter Teppichboden]). Maßgeblich dafür, ob der Angeklagte durch das vorsätzliche (s. UA S. 18: „bewusst und gewollt") Anzünden des Verdünners gemäß § 22 StGB zu einer schweren (§ 306a Abs. 1 Nr. 1 StGB) oder – sollte die Bestimmung des Hauses zu Wohnzwecken durch den zeitweiligen Auszug des Angeklagten und seiner Familie aufgehoben gewesen sein (s. S/S-Heine/Bosch, StGB, 29. Aufl., § 306a Rn. 5 mwN) – einfachen Brandstiftung (§ 306 Abs. 1 Nr. 1 StGB) unmittelbar ansetzte, ist daher, ob er in diesem Moment zumindest für möglich hielt und billigend in Kauf nahm, dass sich die Flammen auf wesentliche Gebäudeteile im dargestellten Sinne ausbreiten und diese ohne Fortwirken des Verdünners selbständig weiterbrennen könnten.

[10] Hiermit hätte sich das Landgericht auseinandersetzen müssen, denn angesichts der besonderen Gefährlichkeit des Anzündens einer hoch brennbaren Flüssigkeit im Inneren eines Gebäudes lagen entsprechende Vorstellungen des Angeklagten nicht so fern, dass sich nähere Erörterungen dazu erübrigt hätten. Zwar hat die Strafkammer in der rechtlichen Würdigung ausgeführt, dass der Angeklagte den Verdünner nicht mit dem Vorsatz entzündet habe, das Haus in Brand zu setzen, weshalb die Annahme eines nicht gelungenen Rücktritts vom Versuch der Brandstiftung ausscheide. Auch dadurch wird indes die aufgezeigte Lücke nicht geschlossen, weil das Landgericht zwar seine Wertung mitteilt, der Angeklagte habe nicht mit Brandstiftungsvorsatz gehandelt, aber gleichwohl keine Feststellungen dazu getroffen hat, welche Einstellung er denn tatsächlich zu seinem Handeln hatte. Die Annahme der Strafkammer, der Angeklagte habe beim Anzünden des Verdünners „nicht mit dem Vorsatz der Brandlegung an dem Haus" gehandelt, wird zudem durch die Beweiswürdigung, die sich zur subjektiven Tatseite im Zeitpunkt des Anzündens des Verdünners nicht verhält, nicht belegt.

[324] BGH, Urteil vom 10.07.2014 – 3 StR 210/14.

326 Eine **teilweise Zerstörung**, bei der es sich um eine solche von Gewicht handeln muss, ist gegeben, wenn einzelne **wesentliche Teile eines Objekts**, die seiner tatbestandlich geschützten Zweckbestimmung entsprechen, **unbrauchbar geworden** sind oder eine von mehreren tatbestandlich geschützten Zweckbestimmungen brandbedingt aufgehoben ist. Für die Unbrauchbarkeit genügt grundsätzlich die Beeinträchtigung der bestimmungsgemäßen Nutzbarkeit für eine „nicht nur unerhebliche Zeit". Ob ein Zerstörungserfolg vorliegt, muss der Tatrichter nach den Umständen des einzelnen Falles unter Berücksichtigung der konkreten Nutzungszwecke bei wertender Betrachtung beurteilen.[325]

[9] Die vom Tatrichter festgestellten brandbedingten Schäden sind lediglich in dem unmittelbar brandbetroffenen Kellerraum eingetreten. Auswirkungen auf die zum Wohnen benutzten Räumlichkeiten innerhalb des Gebäudes werden im Rahmen der Beweiswürdigung lediglich insoweit mitgeteilt, dass es in der Wohnung eines Zeugen zu Verrußungen an Wohn- und Schlafzimmermöbeln gekommen sei (UA S. 26). Das belegt eine teilweise Zerstörung durch Brandlegung nicht.

[10] Eine teilweise Zerstörung, bei der es sich um eine solche von Gewicht handeln muss (BGH, Urteile vom 12. September 2002 – 4 StR 165/02, BGHSt 48, 14, 20 und vom 17. November 2010 – 2 StR 399/10, BGHSt 56, 94, 96 Rn. 9; BGH, Beschlüsse vom 20. Oktober 2011 – 4 StR 344/11, BGHSt 57, 50, 51 f. Rn. 7 und vom 6. März 2013 – 1 StR 578/12, StV 2013, 632, 634 mwN), ist gegeben, wenn einzelne wesentliche Teile eines Objekts, die seiner tatbestandlich geschützten Zweckbestimmung entsprechen, unbrauchbar geworden sind oder eine von mehreren tatbestandlich geschützten Zweckbestimmungen brandbedingt aufgehoben ist (BGH, Beschlüsse vom 20. Oktober 2011 – 4 StR 344/11, BGHSt 57, 50, 51 f. Rn. 7 und vom 6. März 2013 – 1 StR 578/12, StV 2013, 632, 634 mwN). Für die Unbrauchbarkeit genügt grundsätzlich die Beeinträchtigung der bestimmungsgemäßen Nutzbarkeit für eine „nicht nur unerhebliche Zeit" (BGH, Urteil vom 12. September 2002 – 4 StR 165/02, BGHSt 48, 14, 20 f.). Ob ein Zerstörungserfolg vorliegt, muss der Tatrichter nach den Umständen des einzelnen Falles unter Berücksichtigung der konkreten Nutzungszwecke bei wertender Betrachtung beurteilen (BGH, Beschlüsse vom 20. Oktober 2011 – 4 StR 344/11, BGHSt 57, 50, 52 Rn. 8; vom 6. März 2013 – 1 StR 578/12, StV 2013, 632, 634). Er hat objektiv anhand des Maßstabs eines „verständigen Wohnungsinhabers" zu bewerten, ob die Zeitspanne der Nutzungseinschränkung oder -aufhebung für eine teilweise Zerstörung durch Brandlegung ausreicht (BGH, Urteil vom 12. September 2002 – 4 StR 165/02, BGHSt 48, 14, 20 f.; BGH, Beschlüsse vom 6. Mai 2008 – 4 StR 20/08, NStZ 2008, 519; vom 6. März 2013 – 1 StR 578/12, StV 2013, 632, 634). Die erhebliche Einschränkung oder Aufhebung der Nutzbarkeit für nur wenige Stunden oder einen Tag genügt hierfür regelmäßig nicht (BGH, Beschluss vom 6. Mai 2008 – 4 StR 20/08, NStZ 2008, 519).

[11] Nutzungseinschränkungen oder gar eine zeitweilige Aufhebung der Benutzbarkeit der Wohnung des betroffenen Zeugen werden vom Tatrichter nicht ausdrücklich festgestellt. Solche lassen sich auch dem Gesamtzusammenhang des Urteils nicht entnehmen. Die Mitteilung über vorhandene Verrußungen in der Wohnung genügt dafür nicht. Zwar können erhebliche Verrußungen in einem Tatobjekt grundsätzlich genügen, um einen Taterfolg in Gestalt der teilweisen Zerstörung durch

[325] BGH, Beschluss vom 14.01.2014 – 1 StR 628/13.

Brandlegung anzunehmen (BGH, Beschluss vom 5. Dezember 2001 – 3 StR 422/01, StV 2002, 145; BGH, Urteil vom 17. November 2010 – 2 StR 399/10, BGHSt 56, 94, 95 Rn. 8; BGH, Beschlüsse vom 20. Oktober 2011 – 4 StR 344/11, BGHSt 57, 50, 52 Rn. 7 aE; vom 6. März 2013 – 1 StR 578/12, StV 2013, 632, 634). Dafür bedarf es aber durch die Verrußung selbst oder deren Beseitigung hervorgerufener Beeinträchtigungen der Nutzbarkeit der Wohnung in dem vorgenannten Sinne. Dazu verhält sich das Urteil nicht. Der Hinweis auf Verrußungen an Möbeln und ein auf die Wohnung bezogener Schadensumfang von rund 1.500 Euro tragen einen entsprechenden Schluss ebenfalls nicht.

[12] Ob es aufgrund der kompletten Beschädigung der Heizungsanlage zu einer zeitweiligen Unbenutzbarkeit der Wohnungen gekommen ist, teilt das Urteil nicht mit.

[13] Ein vollendetes Inbrandsetzen eines Wohngebäudes ist ebenfalls nicht festgestellt. Zwar handelt es sich bei einem Fensterrahmen um einen wesentlichen Gebäudebestandteil (Nachw. bei Radtke in MünchKommStGB, aaO, § 306 Rn. 52), dessen Brennen an sich den Taterfolg des Inbrandsetzens begründet. Das Inbrandsetzen von nicht dem Wohnen dienenden Gebäudeteilen führt ein vollendetes Inbrandsetzen eines Tatobjekts gemäß § 306a Abs. 1 Nr. 1 StGB aber allenfalls dann herbei, wenn das Feuer sich von dort aus auf die als Wohnung genutzten Teile hätte ausbreiten können (vgl. insoweit BGH, Urteil vom 12. September 2002 – 4 StR 165/02, BGHSt 48, 14, 19, 21; BGH, Beschlüsse vom 20. Oktober 2009 – 3 StR 392/09, NStZ-RR 2010, 279; vom 26. Januar 2010 – 3 StR 442/09, NStZ 2010, 452 und vom 6. März 2013 – 1 StR 578/12, StV 2013, 632, 635). Dazu hat der Tatrichter nichts festgestellt.

[14] Die Feststellungen tragen aber einen Schuldspruch wegen versuchter schwerer Brandstiftung gemäß § 306a Abs. 1 Nr. 1 StGB. Das Landgericht hat ohne Rechtsfehler einen auf das Inbrandsetzen oder die teilweise Zerstörung durch Brandlegung gerichteten Vorsatz der Angeklagten angenommen.

In Brand gesetzt ist ein Gebäude, wenn es so vom Feuer erfasst ist, dass es **selbständig ohne Fortwirken des Zündstoffs weiterbrennt**, wobei es erforderlich, aber auch ausreichend ist, dass sich der Brand auf Teile des Gebäudes ausbreiten kann, die für dessen bestimmungsgemäßen Gebrauch von wesentlicher Bedeutung sind.[326] **327**

[5] Das Landgericht geht davon aus, dass der Angeklagte den Bungalow in Brand gesetzt hat. Dies wird durch die Urteilsgründe indes nicht hinreichend belegt.

[6] In Brand gesetzt ist ein Gebäude, wenn es so vom Feuer erfasst ist, dass es selbständig ohne Fortwirken des Zündstoffs weiterbrennt, wobei es erforderlich, aber auch ausreichend ist, dass sich der Brand auf Teile des Gebäudes ausbreiten kann, die für dessen bestimmungsgemäßen Gebrauch von wesentlicher Bedeutung sind (st. Rspr.; etwa BGH, Urteile vom 20. Juni 1986 – 1 StR 270/86, BGHSt 34, 115, 117; vom 12. September 2002 – 4 StR 165/02, BGHSt 48, 14, 18; vom 11. August 1998 – 1 StR 326/98, NJW 1999, 299; Beschluss vom 10. Januar 2007 – 5 StR 401/06, NStZ 2007, 270; vgl. schon Urteil vom 22. Mai 1963 – 2 StR 133/63, BGHSt 18, 363, 365 f.; enger BGH, Urteil vom 26. Juli 1990 – 4 StR 249/90, BGHR StGB § 30 Abs. 1 Satz 1 Konkurrenzen 1; Beschlüsse vom 5. Dezember

326 BGH, Urteil vom 14.11.2013 – 3 StR 336/13.

2001 – 3 StR 422/01, BGHR StGB § 306 Abs. 1 Inbrandsetzen 1 Nr. 1; vom 14. Juli 1993 – 3 StR 335/93, BGHR StGB § 306 Nr. 2 Inbrandsetzen 6). Dass hier ein gebrauchswesentlicher Gebäudeteil selbständig brannte, lässt sich dem Urteil nicht eindeutig entnehmen. Nach den Feststellungen erfasste das vom Angeklagten entfachte Feuer die „Holzdecke". Eine Zimmerdecke ist zwar regelmäßig als Bestandteil eines Gebäudes und damit als wesentlicher Gebäudeteil anzusehen (vgl. BGH, Urteil vom 26. Juli 1990 – 4 StR 301/90, BGHR StGB § 306 Beweiswürdigung 3). In der rechtlichen Würdigung geht die Strafkammer jedoch von einem Brand der „Deckenverkleidung" aus. Eine Deckenverkleidung stellt aber nur dann einen wesentlichen Gebäudeteil dar, wenn sie so mit der Decke verbunden oder in sie eingearbeitet ist, dass sie als Bestandteil der Decke nicht entfernt werden kann, ohne dass hierdurch das Bauwerk selbst beeinträchtigt wird (BGH, Urteil vom 26. Juli 1990 – 4 StR 249/90, aaO; vgl. auch Beschluss vom 5. Dezember 2001 – 3 StR 422/01, aaO; Beschluss 14. Juli 1993 – 3 StR 335/93, aaO). Nach den unklaren Feststellungen ist damit offen, ob ein wesentlicher Gebäudeteil selbständig brannte. Die Feststellungen belegen darüberhinaus auch nicht, dass der Brand der Deckenverkleidung, sollte es sich insoweit um einen nicht wesentlichen Gebäudeteil gehandelt haben, jedenfalls geeignet war, das Feuer anderen Gebäudeteilen, die als wesentlich anzusehen sind, mitzuteilen.

[7] Ebensowenig tragen die Feststellungen eine Verurteilung wegen vollendeter Brandstiftung in der Tatbestandsalternative der teilweisen Zerstörung des Gebäudes.

[8] Das Landgericht hat seine Auffassung, dass auch die zweite Tatbestandsalternative des § 306 Abs. 1 StGB erfüllt sei, lediglich damit begründet, dass das Haus durch das Feuer jedenfalls teilweise unbewohnbar geworden und damit teilweise zerstört worden sei. Auf welche Feststellungen es die rechtliche Würdigung als teilweises Zerstören im Einzelnen stützt, hat es offengelassen.

[9] Die festgestellten erheblichen Rußschäden und Putzabplatzungen im Schlafzimmer lassen für sich allein genommen nicht hinreichend erkennen, dass der Bungalow durch die Brandlegung teilweise zerstört worden ist.

[10] Allerdings kann die Zerstörung auch nur eines Zimmers eines Einfamilienhauses zu einer teilweisen Zerstörung des Gebäudes im Sinne von § 306 Abs. 1 und § 306a Abs. 1, Abs. 2 StGB führen. Nach dem Willen des Gesetzgebers soll der Begriff des teilweisen Zerstörens wie das gleichlautende Tatbestandsmerkmal der §§ 305, 305a StGB verstanden werden (BT-Drucks. 13/8587 S. 88; vgl. BGH, Urteil vom 12. September 2002 – 4 StR 165/02, BGHSt 48, 14, 19). Zur Konkretisierung dieser Tatvariante kann deshalb auf die Auslegung der genannten Vorschriften zurückgegriffen werden (LK/Wolff, StGB, 12. Aufl., § 306 Rn. 13). Ein teilweises Zerstören ist danach anzunehmen, wenn Bestandteile des Tatobjekts, die zu einem selbständigen Gebrauch bestimmt sind, gänzlich vernichtet werden, ein für die ganze Sache zwecknötiger Teil unbrauchbar oder das Tatobjekt wenigstens für einzelne seiner Zweckbestimmungen unbrauchbar gemacht wird (vgl. BGH, Urteil vom 12. September 2002 – 4 StR 165/02, BGHSt 48, 14, 20 mwN). Damit kommt ein teilweises Zerstören nicht nur dann in Betracht, wenn ein wesentlicher funktionell selbstständiger Bestandteil des Tatobjekts zerstört wird, indem etwa eine Wohnung als „Untereinheit" eines Mehrfamilienhauses für beträchtliche Zeit für Wohnzwecke insgesamt ungeeignet wird (etwa BGH, Beschlüsse vom 6. Mai 2008 – 4 StR 20/08, NStZ 2008, 519; vom 10. Januar 2007 – 5 StR 401/06, NStZ 2007, 270, 271; vom 14. Dezember 2000 – 3 StR 414/00, NStZ 2001, 252; vom 14. Juli 2009 – 3 StR 276/09, NStZ 2010, 151, 152). Vielmehr ist eine teilweise Zerstörung auch

dann anzunehmen, wenn in Folge der brandbedingten Einwirkung das Tatobjekt einzelne von mehreren seiner Zweckbestimmungen nicht mehr erfüllen kann. Beim Brand eines Wohnhauses, das als Mittelpunkt des menschlichen Lebens (BGH, Urteil vom 12. September 2002 – 4 StR 165/02, BGHSt 48, 14, 20; Beschluss vom 10. Januar 2007 – 5 StR 401/06, NStZ 2007, 270, 271) jedenfalls dem Zweck des Aufenthaltes, der Nahrungsversorgung und des Schlafens dient, kann die brandbedingte Vereitelung nur eines dieser wesentlichen Zwecke das Tatbestandsmerkmal des teilweisen Zerstörens erfüllen. Die brandbedingte Unbenutzbarkeit eines Zimmers stellt demnach dann eine teilweise Zerstörung des gesamten Einfamilienhauses dar, wenn dadurch nicht allein dieses Zimmer unbewohnbar wird, sondern die Nutzung des Wohnhauses zu einem der genannten Zwecke in – gemessen an den Vorstellungen eines verständigen Wohnungsinhabers (BGH, Beschluss vom 6. Mai 2008 – 4 StR 20/08, NStZ 2008, 519) – unzumutbarer Weise beeinträchtigt wird.

[11] Ob die brandbedingte Beschädigung des Schlafzimmers hier die teilweise Zerstörung des Bungalows in diesem Sinne zur Folge hatte, kann den Feststellungen nicht entnommen werden. Diese ergeben nicht, dass das Wohnhaus wegen der Brandschäden in einem Schlafzimmer für die Bewohner nicht mehr in zumutbarer Weise als Schlafstätte genutzt werden konnte.

[12] Auch die Schäden in den übrigen Zimmern des Hauses beründen nach den bisherigen Feststellungen nicht die teilweise Zerstörung des Bungalows. Zwar kann eine brandbedingte teilweise Zerstörung eines Gebäudes auch durch den Einsatz von Löschmitteln bewirkt werden (Fischer, StGB, 61. Aufl., § 306 Rn. 15 mwN; vgl. BGH, Beschluss vom 22. Mai 2001 – 3 StR 140/01, StV 2001, 576, 577). Doch ergeben die Feststellungen hier lediglich, dass die Räume durch „Löschwasser in Mitleidenschaft genommen" wurden. Eine Aufhebung der Nutzbarkeit dieser Räume und dem folgend des Hauses zu Wohnzwecken lässt sich dem nicht entnehmen.

[13] Schließlich ergeben die Feststellungen auch nicht deshalb eine (teilweise) Zerstörung des Gebäudes, weil das Haus infolge der Gesamtheit der brandbedingten Schäden für eine nicht unbeträchtliche Zeit nicht bewohnbar war. Tatbestandsmäßig im Sinne von § 306 Abs. 1 und § 306a Abs. 1 StGB ist eine teilweise Zerstörung nur, wenn sie von einigem Gewicht ist. Dies ist erst dann anzunehmen, wenn das Gebäude infolge des Brandes für eine nicht unbeträchtliche Zeit unbewohnbar wird (vgl. BGH, Urteil vom 12. September 2002 – 4 StR 165/02, BGHSt 48, 14, 21; Beschluss vom 6. Mai 2008 – 4 StR 20/08, NStZ 2008, 519). Dabei ist auf die Zeit abzustellen, die für die tatbedingt erforderlichen Renovierungsarbeiten tatsächlich benötigt wird (BGH, Urteil vom 12. September 2002 – 4 StR 165/02, BGHSt 48, 14, 21). Den Feststellungen kann vorliegend indes nur entnommen werden, dass der Angeklagte und seine Familie nach dem Brand acht Wochen bei Freunden lebte und danach nicht mehr in das Haus zurückkehrte. Dies muss allerdings nicht (allein) auf das Tatgeschehen zurückzuführen gewesen sein.

Voraussetzung für § **306f Abs. 1 Nr. 3 StGB** ist es, dass eine konkrete Gefährdung **328**
des fremden Objekts vorhanden war. Es muss allein vom Zufall abhängen, ob an ihm ein Schaden eintritt.[327]

[6] Das Landgericht hat angenommen, die Beschuldigte habe eine Brandgefahr herbeigeführt, indem sie mit natürlichem Vorsatz fremde Wälder durch offenes Feuer in

[327] BGH, Urteil vom 24.06.2014 – 3 StR 223/14.

Brandgefahr brachte (§ 306f Abs. 1 Nr. 3 StGB). Vorausgesetzt ist hierfür aber die konkrete Gefährdung des fremden Objekts. Es muss allein vom Zufall abhängen, ob an ihm ein Schaden eintritt (vgl. S/S-Heine/Bosch, StGB, 29. Aufl., § 306f Rn. 8). Von diesem Grundsatz ist zwar auch das Landgericht ausgegangen, indem es ausgeführt hat, es sei „letztlich nur dem Zufall geschuldet", dass das Feuer nicht auf den Baumbestand der Gemeinde übergegriffen habe (UA S. 13). Indes lässt sich den Feststellungen des Landgerichts nichts Entscheidendes zum Beleg dieser Einschätzung entnehmen. Danach war die Brandstelle, als der Nachbar an sie herantrat, von einer Blechplatte bedeckt und nur noch am Glimmen und Qualmen. Der Nachbar „schätzte die Situation als gefährlich ein" und stellte sich deshalb mit einem Feuerlöscher daneben, sah aber keine Veranlassung, den Feuerlöscher zu betätigen. Angaben zur Höhe des Feuers, zu einem tatsächlichen Funkenflug und zu den sonstigen für ein Entzünden von Wäldern wesentlichen Umständen (Unterholz, in das Funken hätten hineinfallen können; Trockenheit des Bodens) fehlen.

[7] Der Senat kann nicht ausschließen, dass sich solche weitergehenden, eine konkrete Brandgefahr belegenden Umstände noch feststellen lassen, und verweist die Sache deshalb unter Aufhebung allein der Feststellungen zu der konkreten Entwicklung des Feuers zurück.

329 Bei einem **Fischkutter** handelt es sich entgegen der Ansicht des Landgerichts **nicht um ein Wasserfahrzeug im Sinne des § 306 Abs. 1 Nr. 4 StGB.** Dieses Tatbestandsmerkmal ist gesetzlich nicht definiert; aus der Regelung des § 1 Abs. 2 StVG zum Kraftfahrzeug erschließt sich jedoch, dass das Wesen eines (jeden) Fahrzeugs in seiner generellen Bestimmung und Eignung zur Fortbewegung liegt. Bereits daran fehlt es, weil der Kutter allein als ortsfester Verkaufsstand dienen sollte. Der Fischkutter stellte auch keine Betriebsstätte im Sinne des § 306 Abs. 1 Nr. 2 StGB (mehr) dar. Dem steht allerdings nicht entgegen, dass es sich bei einem Verkaufsstand um keinen technischen Betrieb handelt. Eine entsprechende Differenzierung ist weder vom Wortlaut noch der Systematik her zwingend und erwiese sich nach Sinn und Zweck der Vorschrift als willkürlich. Dadurch, dass der Kutter durch die bereits zwei Jahre dauernde Reparatur für einen erheblichen Zeitraum seiner eigentlichen Verwendung entzogen worden war, hatte er jedoch seine ursprüngliche Eigenschaft als Betriebsstätte eingebüßt.[328]

21. Gefährlicher Eingriff in den Straßenverkehr – § 315b StGB

330 Ein **vollendeter gefährlicher Eingriff** in den Straßenverkehr im Sinne des § 315b Abs. 1 StGB liegt erst dann vor, wenn durch eine der in § 315b Abs. 1 Nr. 1 bis 3 StGB genannten Tathandlungen eine **Beeinträchtigung der Sicherheit des Straßenverkehrs herbeigeführt** worden ist und sich diese **abstrakte Gefahrenlage zu einer konkreten Gefährdung von Leib und Leben** eines anderen Menschen oder fremder Sachen von bedeutendem Wert verdichtet hat.[329]

[5] Nach ständiger Rechtsprechung des Senats liegt ein vollendeter gefährlicher Eingriff in den Straßenverkehr im Sinne des § 315b Abs. 1 StGB erst dann vor, wenn

---

328 BGH, Beschluss vom 20.03.2014 – 3 StR 353/13.

329 BGH, Beschluss vom 9.09.2014 – 4 StR 251/14.

durch eine der in § 315b Abs. 1 Nr. 1 bis 3 StGB genannten Tathandlungen eine Beeinträchtigung der Sicherheit des Straßenverkehrs herbeigeführt worden ist und sich diese abstrakte Gefahrenlage zu einer konkreten Gefährdung von Leib und Leben eines anderen Menschen oder fremder Sachen von bedeutendem Wert verdichtet hat (Senatsurteil vom 4. Dezember 2002 – 4 StR 103/02, BGHSt 48, 119, 122; Senatsbeschlüsse vom 25. April 2012 – 4 StR 667/11, NStZ 2012, 700, 701 und vom 18. Juni 2013 – 4 StR 145/13, Rn. 7; SSW-StGB/Ernemann, 2. Aufl., § 315b Rn. 5, 17). Die Annahme einer solchen, über die abstrakte Beeinträchtigung der Sicherheit des Straßenverkehrs hinausgehende konkrete Gefährdung wird im angefochtenen Urteil in keinem der betreffenden Fälle belegt.

[6] b) Die Angeklagten führten nach den Feststellungen des Landgerichts als Fahrer verschiedener Kraftfahrzeuge absichtlich insgesamt neun Verkehrsunfälle herbei und machten im Anschluss gegenüber den gegnerischen Haftpflichtversicherungen unberechtigte Schadensersatzansprüche geltend, um sich dadurch eine nicht nur vorübergehende und nicht ganz unerhebliche Einnahmequelle zu verschaffen. Zum Beleg der Voraussetzungen des gefährlichen Eingriffs in den Straßenverkehr in insgesamt sieben Fällen teilt die Strafkammer in den Urteilsgründen den jeweiligen Anschaffungs- bzw. Zeitwert des Fahrzeugs des Unfallgegners sowie, aufgeschlüsselt nach einzelnen Schadenspositionen, die Beträge mit, die die Angeklagten mit Anwaltsschreiben bei den gegnerischen Haftpflichtversicherungen geltend machten und welche Summen sie letztlich ausgezahlt erhielten. Daraus sowie aus den Feststellungen zum jeweiligen Unfallhergang folgert das Landgericht, in den betreffenden Fällen seien schon deshalb fremde Sachen von bedeutendem Wert, nämlich in der vom Senat in ständiger Rechtsprechung angenommenen Mindesthöhe von 750,00 € (vgl. dazu Senatsbeschluss vom 28. September 2010 – 4 StR 245/10, BGHR StGB § 315b Abs. 1 Gefährdung 5) gefährdet worden, weil es im Zuge der jeweiligen Vorfälle tatsächlich zu Kollisionen zwischen den beteiligten Kraftfahrzeugen gekommen sei. Feststellungen zu den jeweils konkret eingetretenen Fremdschäden werden in den Urteilsgründen indes nicht mitgeteilt. Diese und die konkrete Gefahr weiterer Schäden lassen sich auch dem Gesamtzusammenhang der Schilderung der jeweiligen Kollisionen und dem jeweils mitgeteilten Schadensbild nicht hinreichend sicher entnehmen. Die Sache bedarf daher insoweit neuer Prüfung durch den Tatrichter, der auch über die Gesamtstrafe neu zu befinden haben wird. Da sich der durchgreifende Rechtsfehler auf die Feststellungen zur konkreten Gefährdung fremder Sachen von bedeutendem Wert beschränkt, hat der Senat die übrigen Urteilsfeststellungen aufrecht erhalten.

Der **vertypte Strafmilderungsgrund** des § 46a Nr. 1 StGB ist auf den vorsätzlichen **Eingriff in den Straßenverkehr nach § 315b StGB nicht anwendbar.**[330] **331**

22. Gefährdung des Straßenverkehrs – § 315c StGB

Befindet sich ein Angeklagter im Tatzeitpunkt auf der **Flucht vor der Polizei**, kann nicht ohne Weiteres davon ausgegangen werden, dass seine Fahrweise Folge der Betäubungsmittelintoxikation und nicht etwa der **fluchtbedingt unangepassten Geschwindigkeit** war.[331] **332**

---

[330] BGH, Urteil vom 4.12.2014 – 4 StR 213/14.

[331] BGH, Beschluss vom 11.02.2014 – 4 StR 520/13.

333 Hat ein Angeklagter unter **Verletzung straßenverkehrsrechtlicher Bestimmungen** eine Körperverletzung oder eine fahrlässige Tötung begangen, ist die **Zuständigkeit des 4. Strafsenats begründet.**[332]

[5] 1. Der Geschäftsverteilungsplan weist dem 4. Strafsenat die Revisionen in Verkehrsstrafsachen – einschließlich der Fälle, in denen eine Verkehrsordnungswidrigkeit mit anderen Straftaten zusammentrifft – zu (S. 16, dort Ziffer A. II.). Nach der von den Strafsenaten geübten Praxis sind „Verkehrsstrafsachen" nur solche Straftaten, durch die verkehrsrechtliche Strafbestimmungen (§§ 142, 315 bis 316 StGB) verletzt worden sind oder die Straftatbestände und Ordnungswidrigkeiten nach dem StVG, der StVO und der StVZO oder sich der strafrechtliche Vorwurf auf eine Verletzung straßenverkehrsrechtlicher Bestimmungen gründet, z.B. §§ 222, 229 StGB wegen nicht angepasster Geschwindigkeit oder Vorfahrtsverletzungen (BGH, Beschluss vom 17. Juni 1999 – 4 StR 216/99). Hat ein Angeklagter unter Verletzung straßenverkehrsrechtlicher Bestimmungen eine Körperverletzung oder eine fahrlässige Tötung begangen, ist die Zuständigkeit des 4. Strafsenats begründet.

[6] 2. Dem Angeklagten liegt zur Last, im öffentlichen Verkehrsraum eine Körperverletzung mit Todesfolge (§ 227 StGB) begangen zu haben, indem er als Taxifahrer mit seinem Taxi den von ihm abgewiesenen Fahrgast überrollt hat. Hierbei legt ihm das Landgericht die Verletzung straßenverkehrsrechtlicher Bestimmungen – § 1 Abs. 2 StVO – zur Last. Das Landgericht hat ausgeführt (UA S. 13), dass der Angeklagte den Tod des M. fahrlässig verursacht hat, „indem er … gegen die Sorgfaltspflicht verstoßen hat, sein Fahrzeug so zu führen, dass andere Personen dabei nicht geschädigt werden (§ 1 Abs. 2 StVO)."

[7] a) Nach den Feststellungen des Landgerichts war der Angeklagte als Taxifahrer in der Silvesternacht vom 31. Dezember 2012 auf den 1. Januar 2013 mit seinem Großraumtaxi unterwegs. Das Fahrzeug verfügte hinten über zwei Sitzreihen. Der Zustieg erfolgte über Schiebetüren. Der Angeklagte war auf dem Weg zu einer Kundin. Am Nachbarhaus der ihm telefonisch genannten Adresse wurde er von M. und seinen beiden Begleitern angehalten, die mit einem Taxi zum Bahnhof fahren wollten. M. war alkoholisiert. Er hatte eine Blutalkoholkonzentration von 1,02 Promille. Allerdings war er durch diese Alkoholisierung in seiner Urteilsfähigkeit und seinem Verhalten nicht wesentlich eingeschränkt. Der Angeklagte lehnte die Beförderung mit der Begründung ab, er könne sie wegen einer anderen Bestellung nicht mitnehmen. Währenddessen hatte M. die hintere rechte Schiebetür des Taxis geöffnet und war eingestiegen. Der Angeklagte forderte ihn auf, das Fahrzeug wieder zu verlassen. Während M. ausstieg, entspann sich ein Wortwechsel mit dem Angeklagten, da M. auf der Beförderung bestand. Unmittelbar nachdem M. das Taxi verlassen hatte und mit beiden Füßen auf der Straße stand, fuhr der Angeklagte mit seinem Taxi an, wobei die hintere rechte Schiebetür noch offen war. Dies war dem Angeklagten bewusst. M. wollte nun den Angeklagten dazu bewegen, das Taxi anzuhalten. Er griff mit seiner linken Hand durch die geöffnete Schiebetür in das Fahrzeug und hielt sich im Inneren fest. Dann lief er neben dem Fahrzeug her, wobei er sich mit dem Oberkörper halb im Fahrzeug befand, rief einige Male „Stopp!" und versuchte, sich in das Fahrzeug hineinzuziehen, während der Angeklagte das Fahrzeug beschleunigte. Der Angeklagte hörte die Rufe und bemerkte, dass M. an der offenen Tür neben dem Fahrzeug herlief. Gleichwohl setzte er seinen

---

332 BGH, Beschluss vom 24.9.2013 – 4 StR 324/13.

Beschleunigungsvorgang fort. Dabei nahm er in Kauf, dass das Taxi M. touchieren könnte, dieser möglicherweise zu Fall kommen und sich dabei durch Prellungen oder Abschürfungen leicht verletzen könnte. Mit diesen möglichen Folgen hatte sich der Angeklagte abgefunden. Ihm war bewusst, dass es auch zu einem schweren oder tödlichen Unfall kommen könnte, wenn das Fahrzeug die nebenherlaufende Person berühren sollte. Nach einigen Sekunden geriet M. ins Straucheln, löste seinen Griff im Inneren des Fahrzeugs und fiel hin. Im Fallen verhakte sich seine Jacke in der Schiebetüre, so dass er in eine horizontale Drehbewegung versetzt wurde, durch die sein Kopf unter das Fahrzeug geriet und vom rechten Hinterrad überrollt wurde. Er war sofort tot.

[8] Das Landgericht führt in der rechtlichen Würdigung aus, der Angeklagte habe eine Verletzung M.s durch eine Berührung mit seinem Fahrzeug billigend in Kauf genommen und damit den Tatbestand einer gefährlichen Körperverletzung (§ 224 Abs. 1 Nr. 2 StGB) erfüllt. Er habe dessen Tod fahrlässig verursacht, indem er – abgesehen von der vorangegangenen Körperverletzung – gegen die Sorgfaltspflicht verstoßen habe, sein Fahrzeug so zu führen, dass andere Personen dabei nicht geschädigt werden (§ 1 Abs. 2 StVO). Der Kausalverlauf (Sturz des Opfers durch die Weiterfahrt trotz der dicht neben dem Fahrzeug laufenden Person) und die mögliche Folge des Todes lägen nicht außerhalb der Lebenserfahrung und seien für den Angeklagten vorhersehbar gewesen. Bei rechtmäßigem Handeln (wenn der Angeklagte alsbald gebremst hätte, nachdem er bemerkte, dass M. in der offenen Tür neben seinem Fahrzeug herlief) wäre der Erfolg mit an Sicherheit grenzender Wahrscheinlichkeit nicht eingetreten.

[9] Das Landgericht hat nach Abwägung für und gegen den Angeklagten sprechender Umstände einen minder schweren Fall der Körperverletzung mit Todesfolge (§ 227 Abs. 2 StGB) angenommen.

[10] b) Die Staatsanwaltschaft führt zur Begründung ihrer Revision aus, das Urteil weise – ohne hierdurch eine Beschränkung der allgemeinen Sachrüge vornehmen zu wollen – insbesondere folgende Mängel auf: Die Begründung des minder schweren Falls sei rechtsfehlerhaft. Das Landgericht habe die im Rahmen der Gesamtwürdigung maßgeblichen Aspekte nicht hinreichend erörtert und teilweise fehlerhaft gewichtet. So sei zu Gunsten des Angeklagten gewertet worden, dass dessen Vorsatz lediglich auf eine geringfügige Körperverletzung gerichtet gewesen sei. Zugleich aber sei festgestellt worden, dass dem Angeklagten auch bewusst gewesen sei, dass ein tödlicher Unfall die Folge sein könnte, wenn das beschleunigende Fahrzeug die nebenherlaufende Person berühren sollte. Die Schlussfolgerung, die zur Begründung des minder schweren Falles herangezogen worden sei, werde also durch die vom Landgericht getroffenen Feststellungen nicht getragen. Einerseits stelle das Landgericht fest, dass der Angeklagte die Möglichkeit des tödlichen Ausgangs im Falle einer Berührung zwischen dem Fahrzeug und dem Geschädigten erkannt und billigend in Kauf genommen habe, dass M. zu Fall kommen könnte. Andererseits fehlten der Kammer Anhaltspunkte dafür, dass der Angeklagte den Tod des M. als mögliche Folge in Betracht gezogen und sich mit dieser Folge abgefunden hätte. Konkrete Gründe, warum das Landgericht lediglich davon ausging, dass der Angeklagte nur geringfügige Verletzungen als mögliche Folge seines Tuns billigend in Kauf nahm, habe es nicht genannt. Insoweit bestehe ein Erörterungsmangel. Weiterhin habe die Kammer im Rahmen der Prüfung des minder schweren Falls keine Feststellungen zum Grad der Fahrlässigkeit getroffen. Es bestünden jedoch Gründe, die dafür sprächen, dass dem Angeklagten ein erhöhtes Maß an Fahrlässigkeit zur Last zu legen sei.

[11] Auch die Strafzumessung im engeren Sinne sei fehlerhaft, da das Landgericht strafmildernde Umstände zu Unrecht berücksichtigt und strafschärfende Aspekte nicht in ihre Abwägung eingestellt habe.

[12] Eine korrekte Gewichtung der relevanten Strafzumessungskriterien hätte daher eine empfindlichere und mithin unbedingte Freiheitsstrafe nach sich gezogen, zumal dann auch die Anwendung des Regelstrafrahmens nahe gelegen hätte.

[13] 3. Auch wenn das Rechtsmittel der Staatsanwaltschaft auf den Strafausspruch beschränkt gewesen sein sollte, begründet dies die Zuständigkeit des 1. Strafsenats nicht. Sowohl bei einer wirksamen Rechtsmittelbeschränkung als auch bei einer unbeschränkten Revision besteht noch Entscheidungsbedarf.

23. Räuberischer Angriff auf Kraftfahrer – § 316a StGB

334 Für die Frage, ob der Nebenkläger „Führer" eines Kraftfahrzeugs im Sinne von § 316a Abs. 1 StGB war, kommt es darauf an, **zu welchem Zeitpunkt der „Angriff" der Angeklagten erfolgte**. Nach Ansicht des Senats war der Beginn des Angriffs nicht erst in dem Moment gegeben, als der Angeklagte den Nebenkläger auf dem Rastplatz bedrohte. Vielmehr begann der Angriff bereits mit dem Herauswinken auf der BAB 3, also zu einem Zeitpunkt, als der Nebenkläger den LKW führte. Nach der (neuen) Rechtsprechung des Bundesgerichtshofs und herrschender **Meinung reicht es für das Merkmal des „Angriffs" nicht aus, wenn auf den Führer eines Kraftfahrzeugs mit List eingewirkt wird, um ihn in eine Situation zu bringen, in der ein Raub durchgeführt werden soll.** Dies ist etwa der Fall, wenn ein vermeintlicher Fahrgast gegenüber einem Taxifahrer ein falsches Fahrziel angibt; ebenso bei Vortäuschen eines Unfalls oder einer sonstigen Notlage, um einen Kraftfahrzeugführer zum Anhalten zu bewegen. Hiervon abzugrenzen sind Handlungen, welche auf den Führer eines Kfz eine objektiv nötigungsgleiche Wirkung haben. Es kommt hierfür nicht darauf an, ob diese Wirkung vorgetäuscht ist oder ob der objektiv Genötigte von einer Rechtswidrigkeit der Einwirkung ausgeht.[333]

[10] Fälle einer vorgetäuschten Polizeikontrolle unterscheiden sich daher substanziell von bloßen Vortäuschungen allgemein motivierender Umstände (vorgetäuschte Panne; Anhalter); sie entsprechen vielmehr Fällen der Straßensperre. Denn dem Kraftfahrzeugführer ist bei der Einwirkung durch Haltezeichen durch Polizeibeamte kein Ermessen eingeräumt; er ist vielmehr bei Androhung von Geldbuße (§ 36 Abs. 1 i.V.m. § 49 Abs. 3 Nr. 1 StVO) verpflichtet, Haltezeichen Folge zu leisten, und befindet sich daher objektiv in einer (irrtümlich als gerechtfertigt angesehenen) Nötigungssituation.

[11] Auf die Entschlussfreiheit eines Kraftfahrzeugführers wird daher bereits dann eingewirkt, wenn vom Täter eines geplanten Raubs eine Polizeikontrolle vorgetäuscht wird und sich der Geschädigte dadurch zum Anhalten gezwungen sieht (vgl. auch Geppert, DAR 2014, 128, 130; Sander in MünchKomm, StGB, 2. Aufl., § 316a Rn. 11; Steinberg, NZV 2007, 545, 550; LK-Sowada, StGB, 12. Aufl., § 316a Rn. 11).

---

[333] BGH, Beschluss vom 23.07.2014 – 2 StR 104/14.

[12] 2. Kommt demnach die Anwendung des § 316a StGB ernstlich in Betracht, so ist nach dem Geschäftsverteilungsplan des Bundesgerichtshofs für das Geschäftsjahr 2014 (S. 16) für diese Prüfung ausschließlich der 4. Strafsenat zuständig, auch wenn der Tatbestand mit anderen Straftaten zusammentrifft.

[13] Der Senat hat die Sache daher an den 4. Strafsenat abzugeben. Dies gilt unbeschadet des Umstands, dass eine Revisionshauptverhandlung durchgeführt wurde. Aus Ziffer VI.1.b der Schlussbestimmungen zum Geschäftsverteilungsplan, die – anders als Ziffer VI.1.a – für Strafsachen gilt, ergibt sich, dass eine Spezialzuständigkeit eines Senats nicht durch Verfahrensbeschränkungen aufgehoben werden kann, unabhängig davon, ob eine solche außerhalb oder innerhalb einer Hauptverhandlung erfolgt. Dem liegt ersichtlich der Gedanke zugrunde, dass der Gesetzliche Richter unabhängig von solchen Verfahrenszufälligkeiten zu bestimmen ist. Soweit Ziffer VI.1.a der Schlussbestimmungen zum Geschäftsverteilungsplan vom Verfahren „vor einer mündlichen Verhandlung" spricht, ist damit schon in der Terminologie das Verfahren der Zivilsenate gemeint. Aus der Regelung eines Verfahrens für die Abgabe vor der mündlichen Verhandlung folgt überdies nicht, dass eine solche in oder nach mündlicher Verhandlung nicht möglich wäre. Schließlich ist die Verweisung der genannten Regelung auf die „Zweckmäßigkeit" ersichtlich auf die Abgrenzung zwischen den Sachgebieten der Zivilsenate zugeschnitten, weil sich dort relativ häufig Überschneidungen von Rechtsgebieten ergeben. Für die Bestimmung des gesetzlichen Richters in Strafsachen kann es auf eine nicht näher bestimmte „Zweckmäßigkeit" im Einzelfall nicht ankommen.

Die **Übernahme ist abzulehnen**, weil die Abgabe durch den 2. Strafsenat erst in der Revisionshauptverhandlung erfolgt ist. In diesem Verfahrensstadium ist die Abgabe einer Strafsache an einen anderen Strafsenat nach Buchstabe A. Nr. VI.1.a) Satz 1 des Geschäftsverteilungsplans des Bundesgerichtshofs nicht mehr möglich.[334] **335**

Durch Beschluss vom 9. September 2014 – 4 ARs 20-1/14 – hat der 4. Strafsenat die Übernahme des Verfahrens abgelehnt, weil die Abgabe verspätet erfolgt sei. Der Abgabebeschluss des 2. Strafsenats sei für den 4. Strafsenat nicht bindend geworden, weil der 4. Strafsenat zu einer möglichen Verfahrensübernahme nicht angehört worden sei. Wegen der Einzelheiten wird auf die Begründung des Beschlusses verwiesen. **Das Verfahren war zur Wahrung des Rechts des Angeklagten auf den gesetzlichen Richter (Art. 101 Abs. 1 Satz 2 GG) – erneut – an den 4. Strafsenat abzugeben.** Dieser Abgabebeschluss ist – nachdem der 4. Strafsenat jedenfalls im Übernahmeverfahren angehört wurde und Stellung genommen hat – für diesen bindend.[335] **336**

24. Vorteilsannahme, Bestechlichkeit – §§ 331 f. StGB

Hat ein Amtsträger bei der Auswahl seines Vertragspartners einen Gestaltungsspielraum, gelten für ihn die Grundsätze, die für Ermessensentscheidungen entwickelt worden sind. Bei solchen Entscheidungen handelt der Täter **nicht nur dann pflichtwidrig, wenn er sachwidrig entscheidet**, sondern bereits dann, **wenn er sich von** **337**

[334] BGH, Beschluss vom 9.09.2014 – 4 ARs 20/14.

[335] BGH, Beschluss vom 8.10.2014 – 2 StR104/14.

dem Vorteil beeinflussen lässt, selbst wenn seine Entscheidung sonst innerhalb des Ermessensspielraums läge. Es kommt somit nicht darauf an, ob ein gezahlter Kaufpreis angemessen ist. Dies gilt insbesondere, wenn für eine anderweitige Vermarktung noch ausreichend Zeit ist und es zumindest einen weiteren ernsthaften Kaufinteressenten gibt.[336]

[13] 2. Der Freispruch der Angeklagten hält sachlich-rechtlicher Prüfung nicht stand.

[14] a) Auf der Grundlage der rechtsfehlerfrei getroffenen Feststellungen zum objektiven Tatgeschehen hat die Angeklagte – wovon wohl auch das Landgericht ausgeht – jedenfalls durch Abschluss des notariellen „Geschäftsbesorgungsvertrags" vom 22. Oktober 2007 und Zurverfügungstellung ihres Bankkontos für die Überweisung des vereinbarten Betrages den objektiven Tatbestand der Beihilfe zur Bestechlichkeit (§§ 332, 27 StGB) erfüllt.

[15] Als ehrenamtlicher Bürgermeister (§ 68 Abs. 3 NGO in der Fassung vom 28. Oktober 2006) war H. R. Ehrenbeamter nach § 6 Abs. 1 Nr. 5 NBG (in der Fassung vom 6. Dezember 2006) und als solcher Amtsträger nach § 11 Abs. 1 Nr. 2 lit. a StGB (vgl. BGH, Urteil vom 3. Dezember 1987 – 4 StR 554/87, BGHSt 35, 128, 132; LK/Sowada, StGB, 12. Aufl., § 331 Rn. 5; LK/Hilgendorf, StGB, 12. Aufl., § 11 Rn. 26).

[17] Der Verkauf der Grundstücke durch R. erfolgte in Ausübung des Amtes des Bürgermeisters. Nach dem Erschließungs- und Finanzierungsvertrag mit der NI. oblag es der Gemeinde, vertreten durch ihren jeweiligen Bürgermeister, für den Verkauf der Gewerbegrundstücke Sorge zu tragen. Die Entscheidung über den Verkauf stellte als Geschäft der laufenden Verwaltung (§§ 67, 62 Abs. 1 Nr. 5 NGO in der Fassung vom 28. Oktober 2006) eine Dienstpflicht für R. als Bürgermeister dar. Ausdrücklich in dieser Funktion war er durch die NI. bevollmächtigt worden; in dieser Funktion und unter Vorlage der entsprechenden Vollmacht der NI. unterschrieb R. am 22. Oktober 2007 den notariellen Grundstückskaufvertrag samt Auflassung.

[18] Für den Verkauf der Grundstücke an die B&. ließ R. sich von B. die Zahlung von 350.000 € an die Angeklagte versprechen. Zwischen B. und R. war vor Abschluss der notariellen Verträge spätestens Ende 2006 eine entsprechende Unrechtsvereinbarung geschlossen worden. Diese bezog sich auf eine konkrete Diensthandlung, durch die R. seine dienstlichen Pflichten verletzte. Als Amtsträger hatte R. bei der Auswahl seines Vertragspartners einen Gestaltungsspielraum. Insoweit gelten für ihn die Grundsätze, die für Ermessensentscheidungen entwickelt worden sind (BGH, Urteile vom 14. Februar 2007 – 5 StR 323/06, NStZ-RR 2008, 13, 14, und vom 21. März 2002 – 5 StR 138/01, BGHSt 47, 260, 263). Bei solchen Entscheidungen handelt der Täter nicht nur dann pflichtwidrig, wenn er sachwidrig entscheidet, sondern bereits dann, wenn er sich von dem Vorteil beeinflussen lässt, selbst wenn seine Entscheidung sonst innerhalb des Ermessensspielraums läge (vgl. BGH aaO). Es kommt somit nicht darauf an, dass der von der B&. für die Gewerbegrundstücke gezahlte Kaufpreis angemessen war. R. hatte – wie das Landgericht festgestellt hat – in der konkreten Situation neben dem Verkauf der Grundstücke an die B&. weitere rechtmäßige Entscheidungsmöglichkeiten. Zum einen war die

[336] BGH, Urteil vom 9.09.2014 – 5 StR 200/14.

Gemeinde Weyhausen zwar vertraglich verpflichtet, die Grundstücke bis zum 30. November 2008 zu vermarkten oder diese nach Ablauf der Frist in den eigenen Bestand zu übernehmen. Als der Kaufvertrag mit der B&. im Oktober 2007 geschlossen wurde, war für eine anderweitige Vermarktung mithin aber noch über ein Jahr Zeit; zum anderen gab es jedenfalls einen weiteren ernsthaften Kaufinteressenten.

[19] b) Soweit das Landgericht das Fehlen eines (Eventual-)Vorsatzes der Angeklagten nicht auszuschließen vermochte, beruht dies auf einer rechtsfehlerhaften Beweiswürdigung.

[20] aa) Das Revisionsgericht muss es zwar grundsätzlich hinnehmen, wenn das Tatgericht einen Angeklagten freispricht, weil es Zweifel an seiner Täterschaft nicht zu überwinden vermag. Die Beweiswürdigung ist Sache des Tatgerichts; die revisionsgerichtliche Prüfung beschränkt sich darauf, ob ihm Rechtsfehler unterlaufen sind, weil die Beweiswürdigung lückenhaft, in sich widersprüchlich oder unklar ist, gegen Denkgesetze oder Erfahrungssätze verstößt oder wenn an die zur Verurteilung erforderliche Gewissheit übertriebene Anforderungen gestellt worden sind (st. Rspr.; vgl. BGH, Urteil vom 6. November 1998 – 2 StR 636/97, BGHR StPO § 261 Beweiswürdigung 16). Insbesondere ist es weder im Hinblick auf den Zweifelssatz noch sonst geboten, zugunsten des Angeklagten von Annahmen auszugehen, für deren Vorliegen das Beweisergebnis keine konkreten tatsächlichen Anhaltspunkte erbracht hat (vgl. BGH, Urteil vom 18. September 2008 – 5 StR 224/08, BGHR StPO § 261 Beweiswürdigung unzureichende 20).

[21] bb) Solche Rechtsfehler liegen hier vor; die Beweiswürdigung des Landgerichts hinsichtlich eines Gehilfenvorsatzes der Angeklagten ist lückenhaft.

[22] (1) Auf der Grundlage der Feststellungen war der Angeklagten klar, dass die in dem „Geschäftsbesorgungsvertrag" versprochene Zahlung in Zusammenhang mit dem Verkauf der Gewerbegrundstücke an die B&. stand und dass der Verkauf der im Eigentum der NI. stehenden Gewerbegrundstücke mit deren Vollmacht durch H. R. in dessen Funktion als Bürgermeister der Gemeinde Weyhausen geschah. Die Angeklagte war bei Abschluss des notariellen Grundstückskaufvertrags anwesend, mit dem der am selben Tag mit der B&. abgeschlossene „Geschäftsbesorgungsvertrag" in unmittelbarem Sachzusammenhang stand. Sie wusste nach den Feststellungen auch, dass die Angaben im Vertrag falsch waren, da sie selbst für die vereinbarte Zahlung keine Gegenleistung erbracht hatte (UA S. 51). Ihr war mithin bewusst, dass es sich bei dem „Geschäftsbesorgungsvertrag" um ein Scheingeschäft handelte, das einen vorgetäuschten Rechtsgrund für die Zahlung des Betrages von 350.000 € an sie schaffen sollte.

[23] (2) Soweit das Landgericht davon ausgeht, die Angeklagte könnte dennoch geglaubt haben, ihr Ehemann hätte entsprechende Leistungen erbracht, für die der Betrag von 350.000 € gezahlt werden sollte, hat es folgende Umstände nicht bedacht:

[24] Die in dem Geschäftsbesorgungsvertrag genannten Leistungen konnte H. R. auch nach der Vorstellung der Angeklagten jedenfalls nicht als Angestellter ihres Gewerbebetriebes erbracht haben. Die Erfüllung der vereinbarten Gegenleistungen im Rahmen des von der Angeklagten kurz vor Abschluss der notariellen Verträge angemeldeten Gewerbebetriebes hätte nämlich vorausgesetzt, dass die Angeklagte den im Vertrag genannten Unternehmen die Gewerbegrundstücke hätte zur Verfügung stellen können. Dies war ihr aber – wie sie wusste – nicht möglich, nachdem der Rat der Gemeinde Weyhausen sich ausdrücklich geweigert hatte, dem Verkauf

der Grundstücke an sie zuzustimmen. Darüber hinaus war es für die Angeklagte aufgrund dieser Vorgänge offensichtlich, dass jedenfalls der in dem Geschäftsbesorgungsvertrag genannte Bau von Geschäftsgebäuden für die Firmen L. und A. und der Abschluss von Miet- bzw. Kaufverträgen mit diesen Firmen ihrem Ehemann auch auf eigene Rechnung nicht möglich gewesen wäre und er auf sie deshalb nicht zugunsten der B&. „verzichten" konnte.

[25] Die (Fehl-)Vorstellung der Angeklagten konnte also allenfalls dahin gehen, ihr Ehemann habe die Ansiedlung der im Vertrag genannten Unternehmen im künftigen Gewerbegebiet im Rahmen seiner Tätigkeit als Bürgermeister gefördert. Damit lag für sie aber auf der Hand, dass die – vermeintlich von ihrem Ehemann erbrachten – Leistungen in dem „Geschäftsbesorgungsvertrag" zur Rechtfertigung des hohen Betrages der Zahlung der B&. zumindest deutlich gewichtiger dargestellt waren, als sie es tatsächlich sein konnten. Dass vor diesem Hintergrund die Angeklagte – wie die Strafkammer unterstellt – davon ausgegangen sein könnte, die geschlossene Vertragsvereinbarung habe allein „steuerliche Hintergründe", erhellt sich ohne weitere Erläuterung überhaupt nicht. Mit der angesichts der genannten Umstände näherliegenden Möglichkeit, dass auch die Angeklagte die Verschleierung des wahren Zahlungszweckes – Gegenleistung für die Bereitschaft zum Verkauf der Grundstücke an die B&. durch Gewinnbeteiligung als Ausgleich für eigenen entgangenen Gewinn – erkannte, setzt sich das Landgericht nicht hinreichend auseinander.

25. Rechtsbeugung – § 339 StGB

338 1. Der subjektive Tatbestand der Rechtsbeugung setzt **mindestens bedingten Vorsatz** hinsichtlich eines Verstoßes gegen geltendes Recht sowie einer Bevorzugung oder Benachteiligung einer Partei voraus. Das darüber hinausgehende **subjektive Element einer bewussten Abkehr von Recht und Gesetz** bezieht sich auf die Schwere des Rechtsverstoßes. Auf eine persönliche Gerechtigkeitsvorstellung des Richters kommt es nicht an.

2. Indizien für das Vorliegen des subjektiven Tatbestands der Rechtsbeugung können sich aus der Gesamtheit der konkreten Tatumstände ergeben, insbesondere auch aus dem Zusammentreffen mehrerer gravierender Rechtsfehler.[337]

[7] Wegen Rechtsbeugung macht sich ein Richter strafbar, wenn er bei der Entscheidung einer Rechtssache vorsätzlich das Recht falsch anwendet und dadurch einem Verfahrensbeteiligten zu Unrecht einen Vor- oder Nachteil verschafft. Das angefochtene Urteil geht insoweit von einem unzutreffenden Beurteilungsmaßstab aus und weist Erörterungsmängel auf.

[8] 1. Tathandlung im Sinne von § 339 StGB ist eine Verletzung von Recht und Gesetz. Dies setzt eine Rechtsanwendung voraus, die im Ergebnis nicht vertretbar ist. Diese Voraussetzung hat das Landgericht rechtsfehlerfrei bejaht, denn die Annahmen des Angeklagten, im Bußgeldverfahren gelte die Aufklärungspflicht nicht oder nur eingeschränkt, aus dem Fehlen einzelner Beweisurkunden ergebe sich ein Verfahrenshindernis und bei dessen Vorliegen sei durch Beschluss freizusprechen, entbehrten einer rechtlichen Grundlage und waren unvertretbar. Ebenso rechts-

[337] BGH, Urteil vom 22.01.2014 – 2 StR 479/13.

fehlerfrei ist das Landgericht davon ausgegangen, dass hier jeweils unzweifelhaft die Tatbestandsvoraussetzung der Bevorzugung einer Partei gegeben wäre.

[9] 2. Der Tatbestand der Rechtsbeugung bedarf darüber hinaus nach der ständigen Rechtsprechung des Bundesgerichtshofs insoweit einer Einschränkung, als eine „Beugung des Rechts" nicht schon durch jede (bedingt) vorsätzlich begangene Rechtsverletzung verwirklicht wird (vgl. BGH, Urteil vom 15. September 1995 – 5 StR 713/94, BGHSt 41, 247, 251; Urteil vom 4. September 2001 – 5 StR 92/01, BGHSt 47, 105, 109; BGH, Urteil vom 29. Oktober 2009 – 4 StR 97/09; NStZ-RR 2010, 310). Vielmehr wird vorausgesetzt, dass der Richter „sich bewusst in schwer wiegender Weise von Recht und Gesetz entfernt" (vgl. BGH, Urteil vom 29. Oktober 1992 – 4 StR 353/92, BGHSt 38, 381, 383; Urteil vom 9. Mai 1994 – 5 StR 354/93, BGHSt 40, 169, 178; Urteil vom 6. Oktober 1994 – 4 StR 23/94, BGHSt 40, 272, 283; Urteil vom 5. Dezember 1996 – 1 StR 376/96, BGHSt 42, 343, 345; Urteil vom 21. August 1997 – 5 StR 652/96, BGHSt 43, 183, 190; Urteil vom 4. September 2001 – 5 StR 92/01, BGHSt 47, 105, 109; Urteil vom 11. April 2013 – 5 StR 261/12, NStZ 2013, 648, 651; Urteil vom 18. Juli 2013 – 4 StR 84/13; NStZ 2013, 655, 656). Diese Differenzierung zwischen Rechtsverstoß und „Beugung des Rechts" in objektiver Hinsicht, bedingtem Vorsatz und „bewusster Entfernung von Recht und Gesetz" in subjektiver Hinsicht enthält, entgegen in der Literatur erhobener Kritik, keinen Widerspruch, wenn für die praktische Anwendung des Tatbestands hinsichtlich der Tatbestandsvoraussetzung der Verletzung einer Rechtsnorm bedingter Vorsatz ausreicht und für die Schwerebeurteilung die Bedeutung der verletzten Rechtsvorschrift maßgebend ist.

[10] Der Täter des § 339 Abs. 1 StGB muss also einerseits die Unvertretbarkeit seiner Rechtsansicht zumindest für möglich gehalten und billigend in Kauf genommen haben; andererseits muss er sich der grundlegenden Bedeutung der verletzten Rechtsregel für die Verwirklichung von Recht und Gesetz bewusst gewesen sein (vgl. MünchKomm/Uebele, StGB, 2. Aufl. § 339 Rn. 64). Bedingter Vorsatz reicht für das Vorliegen eines Rechtsverstoßes aus; Bedeutungskenntnis im Sinn direkten Vorsatzes ist hinsichtlich der Schwere des Rechtsverstoßes erforderlich. Diese Differenzierung trägt dem berechtigten Anliegen Rechnung, einerseits den Verbrechenstatbestand der Rechtsbeugung nicht auf jede – später möglicherweise aufgehobene oder als unzutreffend angesehene – „nur" rechtsfehlerhafte Entscheidung anzuwenden, andererseits aber ein sachwidriges Privileg für Richter auszuschließen, die unter bedingt vorsätzlicher Anwendung objektiv unvertretbarer Rechtsansichten bei der Entscheidung von Rechtssachen Normen verletzen, deren grundlegende – materiellrechtliche oder verfahrensrechtliche – Bedeutung für die Rechtsordnung im Allgemeinen oder für die zu entscheidende Sache ihnen bewusst ist.

[11] 3. Allein der Wunsch oder die Vorstellung des Richters, „gerecht" zu handeln oder „das Richtige" zu tun, schließen eine Rechtsbeugung daher nicht aus (vgl. BGH, Urteil vom 23. Mai 1984 – 3 StR 102/84, BGHSt 32, 357, 361; Fischer, StGB, 61. Aufl. § 339 Rn. 11d, 17; Matt/Renzikowski/Sinner, StGB, 2013, § 339 Rn. 30; SK/Stein/Rudolphi, StGB, 2011, § 339 Rn. 19a). Jedenfalls bei der fehlerhaften Anwendung oder Nichtanwendung zwingenden Rechts ist es nicht erforderlich, dass der Richter entgegen seiner eigenen Überzeugung oder aus sachfremden Erwägungen handelt (zu Fällen einer Ermessensentscheidung vgl. BGH, Urteil vom 3. Dezember 1998 – 1 StR 240/98, BGHSt 44, 258, 260). Verschließt er sich, obgleich er die Unvertretbarkeit seiner Ansicht erkennt oder für möglich hält, der Erkenntnis des rechtlich Gebotenen, so unterliegt er einem unbeachtlichen Subsum-

tionsirrtum, wenn er gleichwohl sein Handeln für „gerecht" hält, etwa weil er die gesetzliche Regelung selbst ablehnt oder ihre Anwendung im konkreten Fall für überflüssig hält (vgl. Schönke/Schröder/Heine, StGB, 28. Aufl. § 339 Rn. 8; MünchKomm/Uebele, aaO § 339 Rn. 65; Seebode, Das Verbrechen der Rechtsbeugung, 1969, S. 106).

[12] 4. Die Urteilsausführungen lassen besorgen, dass das Landgericht die genannten Voraussetzungen sowohl in objektiver als auch in subjektiver Hinsicht vermischt hat und bei seiner Entscheidung von einem unzutreffenden Maßstab ausgegangen ist.

[13] a) Soweit die Strafkammer hervorgehoben hat, der Angeklagte sei zwar einer kaum nachvollziehbaren Rechtsauffassung gefolgt, habe aber nicht gegen seine eigene Überzeugung entschieden, ist dies für das Vorliegen des Rechtsbeugungsvorsatzes aus den oben genannten Gründen grundsätzlich unerheblich, denn auf die „Überzeugung" kommt es nur im Hinblick auf die Rechtsfehlerfreiheit an. Ein Richter, der die Unvertretbarkeit seiner Entscheidung kennt oder billigend in Kauf nimmt, kann nicht zugleich „überzeugt" von ihrer Richtigkeit sein, sondern allenfalls von den Gründen, aus denen er das rechtlich Gebotene nicht tut. Die Sachwidrigkeit dieser Motive kann zwar ein gravierendes Indiz für das Vorliegen des Tatvorsatzes sein; dieser kann aber auch bei Anknüpfen an grundsätzlich sachbezogene Motive (etwa „Gerechtigkeit") gegeben sein.

[14] Im Hinblick auf die seine früheren freisprechenden Beschlüsse aufhebenden Entscheidungen des Oberlandesgerichts, die Offenkundigkeit seiner Rechtsfehler und die Ankündigungen des Angeklagten gegenüber der Bußgeldbehörde, es sei „mit anderen Entscheidungen zu rechnen" – er werde also anders als bisher entscheiden –, wenn seinen Wünschen nicht Rechnung getragen werde, lag hier die Annahme nahe, dass der Angeklagte die Unvertretbarkeit seiner Rechtsansicht zumindest billigend in Kauf genommen und dass er seine fehlerhaften Entscheidungen nach entsprechender Ankündigung zur „Disziplinierung" der Bußgeldbehörde eingesetzt hat. Dies wird im angefochtenen Urteil nicht ausreichend erörtert, so dass dem Revisionsgericht die Prüfung nicht möglich ist, ob das Landgericht insoweit rechtsfehlerfrei vorgegangen ist. Dazu hätte es auch der Mitteilung von Einzelheiten der Entscheidungsgründe der freisprechenden Beschlüsse des Angeklagten und derjenigen des Rechtsbeschwerdegerichts bedurft, gegebenenfalls auch der Mitteilung von Äußerungen des Angeklagten, mit denen er seine Entscheidungspraxis im Kollegenkreis erläuterte.

[15] b) Soweit es die erforderliche Bedeutungskenntnis betrifft, hat das Landgericht nicht alle wesentlichen Umstände in die Gesamtschau einbezogen. Die konkrete Bedeutung der im Einzelfall verletzten Rechtsnorm hat auch indizielle Bedeutung für die Kenntnis des Richters von der Schwere des Rechtsverstoßes (vgl. Fischer, StGB § 339 Rn. 18). Die Urteilsgründe lassen nicht erkennen, ob das Landgericht dies gesehen hat.

[16] aa) Der Angeklagte hat in objektiv schwer wiegender Weise seine Aufklärungspflicht verletzt: Er hat das Fehlen einer Beweisurkunde in der Bußgeldakte unzutreffend einem funktionalen Mangel des Bußgeldbescheids gleichgesetzt. Er hat aus dem angeblichen Verfahrenshindernis einen Grund dafür abgeleitet, Betroffene durch Sachentscheidung ohne Beweiserhebung freizusprechen. Für seine Entscheidungen hat er das Beschlussverfahren gewählt, das nur für Fälle eines tatsächlich vorliegenden Einstellungsgrunds oder einer Sachentscheidung aufgrund einer ausreichend geklärten Sachlage vorgesehen ist (§ 72 Abs. 1 OWiG). Diese Sachurteilsvoraus-

setzung durfte er nicht durch Verknüpfung mit einem behaupteten Verfahrensmangel umgehen, der allenfalls eine prozessuale Maßnahme (vgl. § 69 Abs. 3 OWiG) ermöglicht hätte. Die Aufklärungspflicht des Gerichts hat besondere Bedeutung (vgl. BVerfG, Beschluss vom 8. Oktober 1985 – 2 BvR 1150/80 und 1504/82, BVerfGE 70, 297, 309); das Aufklärungsgebot wird entgegen der – wiederum fern liegenden – Ansicht des Angeklagten nicht durch das Gewaltenteilungsprinzip relativiert oder gar aufgehoben.

[17] bb) Die Kombination verschiedener, jeweils grob fehlerhafter Überlegungen hätte vom Landgericht bei der Beweiswürdigung zur Bedeutungskenntnis des Angeklagten berücksichtigt werden müssen. Das gilt gleichermaßen für Art und Zahl der aufhebenden Rechtsbeschwerdeentscheidungen des Thüringer Oberlandesgerichts sowie für Erklärungen des Angeklagten im Kollegenkreis, die nicht näher mitgeteilt sind.

26. Verbotene Mitteilungen über Gerichtsverhandlungen – § 353d StGB

1a. Das **Analogieverbot** des Art 103 Abs 2 GG verbietet jede Rechtsanwendung, die über den Inhalt einer gesetzlichen Sanktionsnorm hinausgeht. Das Analogieverbot wird auch dann verletzt, wenn ein Strafurteil auf der Anwendung einer Strafnorm beruht, die das BVerfG zuvor als nichtig oder als mit dem GG unvereinbar erklärt hat. **339**

1b. Eine derartige, ausdrückliche Feststellung mit Gesetzeskraft, dass **§ 353d Nr 3 StGB** mit dem GG unvereinbar oder nichtig wäre, sofern die Veröffentlichung mit dem Willen des Betroffenen erfolgt, hat das BVerfG nicht getroffen, auch nicht im Beschluss vom 03.12.1985.

2. Eine Verurteilung wegen einer Tat nach § 353d Nr 3 StGB verletzt nicht die Meinungsfreiheit (Art 5 Abs 1 S 1 GG), auch wenn die Veröffentlichung mit dem Willen des Betroffenen erfolgt. § 353d Nr 3 StGB ist auf in diesem Falle geeignet, verfassungsrechtlich relevante Rechtsgüter zu schützen. (Rn. 23)

2a. Die **Zwecktauglichkeit eines Gesetzes** – auch einer Strafnorm – unterliegt **lediglich einer zurückgenommenen verfassungsgerichtlichen Kontrolle**. Vorliegend bestünden nur dann verfassungsrechtliche Bedenken, wenn das Verbot des § 353d Nr 3 StGB zum Schutz der betroffenen Rechtsgüter schlechthin ungeeignet wäre.

2b. § 353d Nr 3 StGB verfolgt eine doppelte Schutzrichtung. In erster Linie will die Norm verhindern, dass Verfahrensbeteiligte – insb Schöffen und Zeugen – in ihrer Unbefangenheit beeinträchtigt werden. Daneben sollen die Persönlichkeitsrechte der vom Verfahren Betroffenen sowie die zugunsten des Angeklagten greifende Unschuldsvermutung geschützt werden. Die Zwecktauglichkeit des § 353d Nr 3 StGB entfällt daher nicht schon dann, wenn ein Verfahrensbeteiligter auf die – seinem Schutz dienenden – Rechte verzichtet.

2c. § 353d Nr 3 StGB ist zur Erreichung dieser Ziele nicht schlechthin ungeeignet. Dies gilt insb für die Beschränkung der Strafbarkeit auf Veröffentlichungen im Wortlaut. Zum einen reduziert diese Einschränkung den Eingriff in die Meinungsfreiheit auf ein Minimum. Zum anderen kommt einem wörtlichen Zitat – im Gegensatz zu einer erkennbaren Meinungsäußerung – die besondere Überzeugungs- und Beweiskraft des Faktums zu. Dieser Unterschied ist gerade für den Schutz der Unbefangenheit der Verfahrensbeteiligten wesentlich.

2d. § 353d Nr 3 StGB ist zur Verwirklichung seines Schutzzwecks auch dann erforderlich und verhältnismäßig ieS, wenn die Veröffentlichung mit dem Willen des Betroffenen erfolgt. Der Eingriff in die Meinungsfreiheit wird dadurch gemindert, dass lediglich Tatsachenbehauptungen, nicht aber auch persönliche Meinungsäußerungen vom – zeitlich beschränkten – Verbot erfasst sind. Die Lückenhaftigkeit des Schutzes ist sowohl der möglichst weitgehenden Gewährleistung der Meinungsfreiheit als auch dem Bestimmtheitsgebot geschuldet.[338]

338 BVerfG, Kammerbeschluss vom 27.06.2014 – 2 BvR 429/12.

C. Strafrechtliche Nebengesetze

I. Grundsätzliches

1. Überblick

In der neueren Rechtsprechung des Bundesgerichtshofs finden sich zu den strafrechtlichen Nebengesetzen eine Vielzahl von Entscheidungen zum **Betäubungsmittelstrafrecht** sowie weitere Leitentscheidungen zum **Steuerrecht** (AO) durch den hierzu seit 2008 zuständigen 1. Strafsenat, außerdem zum **Jugendgerichtsgesetz**, zum Außenwirtschaftsgesetz und zu weiteren Nebengesetzen. **340**

2. Ausblick

Im Betäubungsmittelstrafrecht sind weitere Differenzierungen zur Abgrenzung von (Mit-)**Täterschaft** und **Teilnahme** zu erwarten, insbesondere auch in Fällen, in denen die Beteiligten durch Bandenstrukturen verbunden sind und zumeist auch gewerbstätig Handel treiben. Spannend dürften die zu erwartenden Entscheidungen der Strafsenate zu dem aktuell besonders problematischen Handeltreiben mit sog. **Kräutermischungen**, welche teilweise über sehr hohe **Wirkstoff-Konzentrationen** verfügen, sein. **341**

Aktuell ist auch weiterhin nicht völlig absehbar, ob in der restlichen Legislaturperiode der Bundesregierung mit weiterreichenden Änderungen von Nebengesetzen zu rechnen ist. **342**

II. Neuere höchstrichterliche Rechtsprechung zu Einzelfragen

1. Betäubungsmittelgesetz (BtMG)

343 Die in den vergangenen Monaten ergangenen Entscheidungen betreffen insbesondere **Fragen des Handeltreibens**, die Abgrenzung von **Mittäterschaft und Beihilfe**, die Annahme von **Bewertungseinheiten** sowie weiterhin die **Anwendung von § 31 und § 35 BtMG.** Entscheidende Impulse dürften auch von dem nachstehenden **Anfragebeschluss des 5. Strafsenats** ausgehen.

344 Der (5.) Senat beabsichtigt zu entscheiden:

Das **gewerbsmäßige Inverkehrbringen von zum Rauchen bestimmten Kräutermischungen**, denen nicht in die Anlage II zum Betäubungsmittelgesetz aufgenommene synthetische Cannabinoide zugesetzt sind, kann nach § 52 Abs. 2 Nr. 1, § 20 Abs. 1 Nr. 1, 2 VTabakG strafbar sein.

Der Senat fragt beim 2. und 3. Strafsenat an, ob an etwa entgegenstehender Rechtsprechung im Beschluss vom 13. August 2014 – 2 StR 22/13 – sowie im Urteil vom 4. September 2014 – 3 StR 437/12 – festgehalten wird.[339]

[2] Nach den Feststellungen bestellte und verkaufte der Angeklagte von Mai 2010 bis Mai 2011 zunächst allein über seinen Onlineshop und nach dessen Aufgabe von Oktober 2012 bis November 2012 mit einem Mittäter handelnd fertig verpackte Tüten mit bis zu 3 g Kräutermischungen aus getrocknetem Pflanzenmaterial, dem verschiedene, dem Betäubungsmittelgesetz zum damaligen Zeitpunkt weitgehend noch nicht unterfallende synthetische Cannabinoide zugesetzt waren. Der Verkauf erfolgte mit der Bestimmung, dass die Mischungen von den Kunden „durch Rauchen (z.B. in Form von Joints)" und dadurch verursachter Rauschwirkung konsumiert werden sollten. Der Angeklagte informierte sich über die Rechtslage und gelangte so zu der Erkenntnis, dass es einen illegalen Bereich gebe. Er vertraute jedoch auf die Angaben der Hersteller, wonach der Vertrieb der Mischungen legal sei. Behördliche Auskünfte oder anderweitigen Rechtsrat holte er nicht ein.

[3] Eine positive Wirkung, etwa einen therapeutischen oder prophylaktischen Nutzen, hatten die Kräutermischungen nicht. Vielmehr waren sie gesundheitsgefährdend. Nach Auffassung des Landgerichts handelte es sich im Hinblick auf deren physiologische Funktionen durch pharmakologische Wirkung um Funktionsarzneimittel im Sinne des § 2 Abs. 1 Nr. 2a AMG; ein therapeutischer Nutzen oder eine positive Beeinflussung sei nicht erforderlich.

[4] 2. Die vom Angeklagten vertriebenen Kräutermischungen können im Lichte der Rechtsprechung des Gerichtshofs der Europäischen Union (Urteil vom 10. Juli 2014 – C-358/13 und C-181/14, NStZ 2014, 461) nicht als Arzneimittel im Sinne des § 2 Abs. 1 AMG angesehen werden (vgl. BGH, Beschluss vom 13. August 2014 – 2 StR 22/13 Rn. 3 f.; Urteil vom 4. September 2014 – 3 StR 437/12 Rn. 15), weswegen der

[339] BGH, Beschluss vom 5.11.2014 – 5 StR 107/14.

Schuldspruch keinen Bestand haben kann. Der Senat sieht sich jedoch an einem Freispruch gehindert. Das gilt zum einen – insoweit unproblematisch – für den Vertrieb von Kräutermischungen, die zur Tatzeit bereits in die Anlage II zum Betäubungsmittelgesetz aufgenommene Cannabinoide enthielten; insoweit kann sich der Angeklagte wegen (hier: fahrlässigen) Handeltreibens mit Betäubungsmitteln nach § 29 Abs. 1 Nr. 1, Abs. 4 BtMG strafbar gemacht haben. Für solche Kräutermischungen, die Cannabinoide enthielten, die zur Tatzeit noch nicht als Betäubungsmittel definiert waren, kommt nach Auffassung des Senats hingegen eine Strafbarkeit wegen gewerbsmäßigen Inverkehrbringens von Tabakerzeugnissen unter Verwendung nicht zugelassener Stoffe (§ 52 Abs. 2 Nr. 1, § 20 Abs. 1 Nr. 1, 2 VTabakG) in Betracht.

[5] a) Das angefochtene Urteil stellt ausdrücklich fest, dass alle vertriebenen Kräutermischungen zum Rauchen bestimmt waren. Damit können sie als „Tabakerzeugnissen ähnliche Waren" im Sinne von § 3 Abs. 2 Nr. 1 VTabakG vom Anwendungsbereich des Gesetzes erfasst sein. Nach dieser Vorschrift ist allein maßgebend die dem Rohtabak ähnliche Zweckbestimmung (hier: Rauchen). Einbezogen sind unter anderem Erzeugnisse ähnlich Zigaretten, die aus Kräutern oder synthetisch erzeugten Rohstoffen hergestellt werden, ohne dass es darauf ankommt, ob sie mit Tabakerzeugnissen verwechselbar sind (vgl. Zipfel/Rathke, Lebensmittelrecht, 157. EL 2011, Teil 9, Nr. 900, § 3 VTabakG Rn. 22; vgl. auch RGSt 14, 145, 147).

[6] Die Zweckbestimmung trifft nach den Feststellungen auf die vertriebenen Kräutermischungen zu. Wortlaut und Wortsinn des § 3 Abs. 2 Nr. 1 VTabakG bieten dabei keinen Ansatz, etwa solche tabakähnliche Erzeugnisse auszugrenzen, bei denen der Konsument wegen – in welcher Form auch immer – zugesetzter psychoaktiver Stoffe in der Folge des Rauchens eine Rauschwirkung erzielen will (vgl. aber dazu in Abgrenzung zum Arzneimittel – unklar – OLG Nürnberg, PharmR 2013, 94, 97). Der auch mit der Verbotsvorschrift des § 20 Abs. 1 Nr. 1, 2 VTabakG verfolgte Zweck des Verbraucher- und Gesundheitsschutzes (vgl. VG Augsburg, Urteil vom 1. Oktober 2013 – Au 1 K 13.767, juris Rn. 22; Rohnfelder/Freytag in Erbs/Kohlhaas, Strafrechtliche Nebengesetze, 195. EL 2013, Vorläufiges Tabakgesetz, Vorbemerkungen Rn. 1) würde einer Reduktion im genannten Sinn widerstreiten. Gleichfalls enthält der Tatbestand anders als die in § 17 VTabakG normierten strafbewehrten (§ 52 Abs. 1 Nr. 9, 10 VTabakG) Verbote kein Täuschungselement, weswegen es nicht darauf ankommt, ob die Abnehmer die Zusammensetzung der jeweiligen Mischung kannten, insbesondere wussten, dass sie Cannabinoide enthielten.

[7] b) Allerdings fallen unter das Vorläufige Tabakgesetz nur solche Mischungen, die keine zur Tatzeit bereits in der Anlage II zu § 1 Abs. 1 BtMG aufgeführten Substanzen enthielten. Betäubungsmittel sind nämlich keine Tabakerzeugnisse oder tabakähnliche Waren im Sinne von § 3 Abs. 1, 2 Nr. 1 VTabakG (vgl. zu Cannabis und Heroin Zipfel/Rathke, aaO, § 3 VTabakG Rn. 10; Rohnfelder/Freytag, aaO, § 3 VTabakG Rn. 1; s. auch Art. 2 Abs. 3 Buchst. f und g der Verordnung [EG] Nr. 178/2002 des Europäischen Parlaments und des Rates zur Festlegung der allgemeinen Grundsätze und Anforderungen des Lebensmittelrechts, zur Errichtung der Europäischen Behörde für Lebensmittelsicherheit und zur Festlegung von Verfahren zur Lebensmittelsicherheit vom 28. Januar 2002, ABl. Nr. L 31/1). Dem entspricht die Regelungssystematik des Vorläufigen Tabakgesetzes, die ersichtlich nicht auf per se illegale Substanzen abzielt (vgl. insbesondere die Verbotsvorschriften des § 20 VTabakG).

[8] 3. Der Senat möchte die Sache deshalb insgesamt zu neuer Verhandlung und Entscheidung an das Landgericht zurückverweisen. Der beabsichtigten Entscheidung stehen indessen möglicherweise der Beschluss des 2. Strafsenats vom 13. August 2014 – 2 StR 22/13 – sowie das Urteil des 3. Strafsenats vom 4. September 2014 – 3 StR 437/12 – entgegen. Dem Urteil des 3. Strafsenats lag ebenfalls der Vertrieb von zum Rauchen bestimmten, mit synthetischen Cannabinoiden versetzten Kräutermischungen zugrunde (s. dort Rn. 3). Hinsichtlich des Beschlusses des 2. Strafsenats liegt dies nahe. In beiden Fällen erfolgte jedoch ein Freispruch bzw. ein Teilfreispruch. Eine Strafbarkeit nach dem Vorläufigen Tabakgesetz wurde jeweils nicht angesprochen.

[9] 4. Die Vorlegungsvoraussetzungen nach § 132 Abs. 2 GVG sind nicht ausschließbar gegeben. Nach der Rechtsprechung des Bundesgerichtshofs kann eine rechtliche Divergenz auch dann bestehen, wenn die inmitten stehende Rechtsfrage zwar nicht ausdrücklich erörtert worden ist, die frühere Entscheidung jedoch von ihrer Bejahung oder Verneinung begrifflich notwendig abhängt, so dass sie auf einer stillschweigenden Stellungnahme zu ihr beruht (vgl. BGH, Beschluss vom 24. Oktober 1957 – 4 StR 395/57, BGHSt 11, 31, 34). Der Senat fragt daher gemäß § 132 Abs. 3 Satz 1 GVG beim 2. und 3. Strafsenat an, ob an etwa entgegenstehender Rechtsprechung im Beschluss vom 13. August 2014 – 2 StR 22/13 – bzw. im Urteil vom 4. September 2014 – 3 StR 437/12 – festgehalten wird.

345 Bezüglich der sichergestellten **Betäubungsmittel, die noch nicht geerntet** waren, ist der Angeklagte wegen Besitzes von Betäubungsmitteln in nicht geringer Menge (§ 29a Abs. 1 Nr. 2 BtMG) strafbar. Es bestand hinsichtlich dieser Betäubungsmittel ein von einem Besitzwillen getragenes tatsächliches Herrschaftsverhältnis im Sinne einer tatsächlichen Verfügungsmacht über das Rauschgift, die es dem Angeklagten ermöglichte, mit den Betäubungsmitteln nach Belieben zu verfahren.[340]

[12] aa) Bezüglich der auf den Maisfeldern sowie im Anwesen des Angeklagten sichergestellten Betäubungsmittel, die noch nicht geerntet waren, ist der Angeklagte wegen Besitzes von Betäubungsmitteln in nicht geringer Menge (§ 29a Abs. 1 Nr. 2 BtMG) strafbar. Es bestand hinsichtlich dieser Betäubungsmittel ein von einem Besitzwillen getragenes tatsächliches Herrschaftsverhältnis im Sinne einer tatsächlichen Verfügungsmacht über das Rauschgift, die es dem Angeklagten ermöglichte, mit den Betäubungsmitteln nach Belieben zu verfahren (vgl. BGH, Beschluss vom 26. Januar 2011 – 5 StR 555/10 juris Rn. 12 f. mwN). Die Strafbarkeit wegen Besitzes von Betäubungsmitteln in nicht geringer Menge verdrängt insoweit diejenige wegen Anbaus von Betäubungsmitteln; denn derjenige, der Cannabispflanzen aufzieht und dabei Besitz an ihnen hat, macht sich bei Überschreiten der Grenze zur nicht geringen Menge nicht nur wegen des Vergehens des Anbaus von Betäubungsmitteln nach § 29 Abs. 1 Nr. 1 BtMG, sondern wegen des Verbrechens des Besitzes von Betäubungsmitteln in nicht geringer Menge strafbar (BGH, Beschluss vom 26. Januar 2011 – 5 StR 555/10, juris Rn. 12; Weber, BtMG, 4. Aufl., § 29 Rn. 113 mwN). Eine tateinheitliche Aburteilung aus „Klarstellungsgründen" scheidet insoweit aus. Da schon der Wirkstoffgehalt der auf den Maisfeldern aufgefundenen Betäubungsmittel über der Grenze zur nicht geringen Menge lag, kann bei der recht-

340 BGH, Beschluss vom 16.10.2014 – 3 StR 268/14.

lichen Bewertung als Besitz in nicht geringer Menge dahinstehen, ob dies bei den im Anwesen des Angeklagten sichergestellten Pflanzen auch der Fall war.

[13] bb) Hinsichtlich des in seinem sowie dem Anwesen seiner Eltern aufgefundenen Rauschgifts, das bereits abgeerntet und getrocknet war, ist der Angeklagte des Herstellens von Betäubungsmitteln in nicht geringer Menge (§ 29a Abs. 1 Nr. 2 BtMG) schuldig. Der Angeklagte erntete ausweislich der Feststellungen das Rauschgift und machte es verbrauchsfähig; damit sind die Voraussetzungen des Herstellens erfüllt (Körner/Patzak/Volkmer, aaO, § 29 Teil 3 Rn. 11 ff.). Hinter dieser Tatbestandsalternative tritt der hier bezüglich dieser Betäubungsmittel ebenfalls gegebene Auffangtatbestand des Besitzes von Betäubungsmitteln in nicht geringer Menge zurück (Weber, aaO, § 29a Rn. 196 mwN). Weil bereits die Wirkstoffmenge des in dem Anwesen der Eltern des Angeklagten sichergestellten getrockneten Marihuanas die Grenze zur nicht geringen Menge überschritt, kommt es für den Schuldspruch wegen Herstellens von Betäubungsmitteln in nicht geringer Menge nicht darauf an, ob der Wirkstoffgehalt des abgeernteten Rauschgifts, das sich in dem Anwesen des Angeklagten befand, für sich betrachtet ebenfalls über dieser Grenze lag.

[14] cc) Es liegt insgesamt nur eine Tat im materiellrechtlichen Sinne vor (§ 52 StGB). Der gleichzeitige Besitz verschiedener, zum Eigenverbrauch bestimmter Betäubungsmittel durch den Angeklagten ist nur als ein Verstoß gegen das Betäubungsmittelgesetz zu werten. Dies gilt auch dann, wenn wie hier verschiedene Rauschgiftmengen separat an unterschiedlichen Orten aufbewahrt werden (BGH, Beschluss vom 12. Oktober 2004 – 4 StR 358/04, BGHR BtMG § 29a Abs. 1 Nr. 2 Besitz 4; Weber, aaO, § 29 Rn. 1365 mwN) und wenn der Besitz von Betäubungsmitteln in nicht geringer Menge teilweise hinter das Herstellen von Betäubungsmitteln in nicht geringer Menge zurücktritt.

Die Stellung als **behandelnder Substitutionsarzt** eines opiatabhängigen Patienten als solche begründet **keine Handlungsherrschaft des Arztes bei missbräuchlicher Verwendung** des verschriebenen Substitutionsmedikaments durch den Patienten. Ein Arzt kann in solchen Konstellationen lediglich als Täter eines Körperverletzungs- oder Tötungsdelikts strafbar sein, wenn die selbstschädigende oder selbstgefährdende Handlung des Patienten nicht eigenverantwortlich erfolgte. **346**

Erfolgt die Verschreibungen von Methadon bzw. anderen Substitutionsmedikationen an Patienten erfolgte **ohne Vorliegen der materiellen Voraussetzungen einer Substitutionsbehandlung** Opiatabhängiger aus § 13 BtMG i.V.m. § 5 BtMVV, begründet dies die Strafbarkeit aus § 29 Abs. 1 Satz 1 Nr. 6 Buchst. a BtMG.[341]

[36] Das Landgericht hat auf der Grundlage rechtsfehlerfrei getroffener Feststellungen in sämtlichen noch verfahrensgegenständlichen Fällen die Verschreibungen von Methadon bzw. L-Polamidon (Levomethadon) durch den Angeklagten zutreffend als gemäß § 29 Abs. 1 Satz 1 Nr. 6 Buchst. a i.V.m. § 13 Abs. 1 BtMG strafbares Verhalten gewertet.

[37] 1. § 29 Abs. 1 Satz 1 Nr. 6 Buchst. a BtMG stellt das gegen § 13 Abs. 1 BtMG verstoßende Verschreiben von Betäubungsmitteln unter Strafe. Die letztgenannte Vorschrift bestimmt, dass Ärzte die in Anlage III des Betäubungsmittelgesetzes

---

[341] BGH, Urteil vom 28.01.2014 – 1 StR 494/13; vgl. auch die nachstehende Entscheidung 1 StR 389/13.

genannten Stoffe – wie hier Methadon und L-Polamidon – nur dann verschreiben dürfen, wenn ihre Anwendung im oder am menschlichen Körper „begründet" ist. Unter welchen Voraussetzungen eine im Sinne von § 13 Abs. 1 BtMG „begründete Anwendung" der erfassten Betäubungsmittel anzunehmen ist, legt das Betäubungsmittelgesetz selbst in den Einzelheiten nicht fest. Konkretisierungen der begründeten Anwendungen von Betäubungsmitteln ergeben sich aus der auf der Verordnungsermächtigung in § 13 Abs. 3 BtMG beruhenden (Rechts)Verordnung über das Verschreiben, die Abgabe und den Nachweis des Verbleibs von Betäubungsmitteln (Betäubungsmittel-Verschreibungsverordnung [BtMVV] in den jeweils im Tatzeitraum geltenden Fassungen). Für die hier in Rede stehende Substitutionsbehandlung von opiatabhängigen Patienten durch Ärzte ergeben sich nähere Beschreibungen der „begründeten Anwendung" von Betäubungsmitteln bei deren Verschreibung aus § 5 BtMVV. So gestaltet § 5 Abs. 1 BtMVV (in der seit 21. Juli 2009 geltenden Fassung sowie entsprechend die Vorgängerregelungen) die Ziele einer Substitutionsbehandlung aus; Abs. 2 beschreibt die für eine Verschreibung gemäß § 13 Abs. 1 BtMG erforderlichen Voraussetzungen im Einzelnen. In § 5 Abs. 8 BtMVV hat der Verordnungsgeber die Erfordernisse für die Anwendung der sog. Take-Home-Verordnung in den Details festgelegt. Entsprechende Vorgaben fanden sich auch in den vom Tatgericht jeweils herangezogenen, in den jeweiligen Tatzeiträumen geltenden früheren Fassungen der Betäubungsmittel-Verschreibungsverordnung.

[38] Verfassungsrechtliche Bedenken gegen § 29 Abs. 1 Satz 1 Nr. 6 Buchst. a i.V.m. § 13 Abs. 1 BtMG im Hinblick auf die Anforderungen des Bestimmtheitsgrundsatzes des Art. 103 Abs. 2 GG bestehen nicht (vgl. BGH, Beschluss vom 17. Mai 1991 – 3 StR 8/91, BGHSt 37, 383, 384 f.; Urteil vom 2. Februar 2012 – 3 StR 321/11, NStZ 2012, 337, 338; siehe auch Nestler MedR 2009, 211, 215 sowie BGH, Urteil vom 8. Mai 1979 – 1 StR 118/79, BGHSt 29, 6, 8 hinsichtlich der Vorgängerregelung § 11 Abs. 1 Nr. 9 Buchst. a BtMG aF). Die näheren Voraussetzungen der Strafbarkeit dürfen in einer Rechtsverordnung geregelt werden, wenn diese – wie vorliegend die Betäubungsmittel-Verschreibungsverordnung – Art. 80 Abs. 1 Satz 2 GG entspricht (BVerfGE 14, 174, 185) und die die Strafvorschrift ausfüllende Rechtsverordnung ihrerseits den Anforderungen aus Art. 103 Abs. 2 GG an die inhaltliche Bestimmtheit genügt (vgl. BVerfG NStZ-RR 2002, 22; Radtke in Epping/Hillgruber, GG, 2. Aufl., Art. 103 Rn. 29 mwN). Die Voraussetzungen der Strafbarkeit müssen sich allerdings bereits dem Straftatbestand als solchem entnehmen lassen. Der Verordnung dürfen lediglich Konkretisierungen überlassen bleiben (BVerfGE 75, 329, 342; siehe auch BVerfGE 14, 174, 185 f.).

[39] Dem genügen § 29 Abs. 1 Satz 1 Nr. 6 Buchst. a, § 13 Abs. 1 BtMG i.V.m. § 5 BtMVV. Mit den gesetzlichen Regelungen selbst wird hinreichend zum Ausdruck gebracht, dass (u.a.) Ärzten die Verschreibung von in Anlage III des Betäubungsmittelgesetzes erfassten Betäubungsmitteln lediglich dann gestattet ist, wenn die Anwendung der entsprechenden Stoffe am oder im menschlichen Körper medizinisch begründet ist, also eine Indikation für eine solche Anwendung nach dem Stand der medizinischen Wissenschaft besteht (vgl. BGH, Urteil vom 2. Februar 2012 – 3 StR 321/11, NStZ 2012, 337, 338). Der Bundesgerichtshof hat in der Sache damit weitgehend übereinstimmend auch bereits die frühere Regelung in § 11 Abs. 1 Nr. 9 Buchst. a BtMG 1972 dahingehend ausgelegt, dass eine begründete Verschreibung von Betäubungsmitteln durch einen Arzt vorliegt, wenn das Mittel nach den allgemeinen oder weitaus überwiegend anerkannten Regeln der ärztlichen Wissenschaft als Heilmittel für das Leiden des Patienten geeignet ist (BGH, Urteil vom 8. Mai 1979 – 1 StR 118/79, BGHSt 29, 6, 9 mwN; siehe auch BGH, Beschluss vom

17. Mai 1991 – 3 StR 8/91, BGHSt 37, 383, 384). Ob an der vorgenannten Auslegung auch für das geltende Recht in jeder Hinsicht festgehalten werden kann, bedarf vorliegend keiner Entscheidung (siehe bereits BGH aaO, BGHSt 37, 383, 384). Für die geltende Strafvorschrift lässt sich jedenfalls aus § 13 Abs. 1 Satz 2 BtMG, der im Sinne einer ultima ratio (BGH, Urteil vom 2. Februar 2012 – 3 StR 321/11, NStZ 2012, 337, 338; näher Patzak in Körner/Patzak/Volkmer, BtMG, 7. Aufl., § 13 Rn. 20–23) eine Anwendung von Betäubungsmitteln bei Vorhandensein anderer Möglichkeiten der Zweckerreichung ausschließt, erkennen, dass die in § 13 Abs. 1 BtMG enthaltene Verhaltensnorm auf die medizinische Notwendigkeit einer (Substitutions-)Behandlung mit an sich verbotenen Betäubungsmitteln, also eine ärztliche Bewertung der Voraussetzungen einer solchen Behandlung, abstellt (Nestler aaO). Das legt das erlaubte Verhalten von Ärzten und anderen in § 13 BtMG genannten Berufsgruppen im Umgang mit Betäubungsmitteln bei der Substitutionsbehandlung im Gesetz selbst ausreichend bestimmt fest. Da die Strafvorschrift § 29 Abs. 1 Satz 1 Nr. 6 Buchst. a BtMG an eine gegen § 13 Abs. 1 BtMG verstoßende Verschreibung anknüpft, entspricht sie ihrerseits dem verfassungsrechtlichen Bestimmtheitsgebot. Die inhaltlich klaren und sehr detaillierten Vorgaben in § 5 BtMVV stehen mit Art. 103 Abs. 2 GG ebenfalls in Einklang. In ihrem Zusammenspiel normieren § 13 BtMG und § 5 BtMVV die materiellen Voraussetzungen einer erlaubten ärztlichen Substitutionsbehandlung (vgl. BGH, Urteil vom 4. Juni 2008 – 2 StR 577/07, BGHSt 52, 271, 273 Rn. 11) bei Anwendung ansonsten unerlaubter Stoffe in einer für den solche Behandlungen durchführenden Arzt eindeutig erkennbaren Weise.

[40] 2. Die Verschreibungen von Methadon bzw. L-Polamidon (Levomethadon) an die betroffenen Patienten erfolgte in sämtlichen noch verfahrensgegenständlichen Fällen ohne Vorliegen der materiellen Voraussetzungen einer Substitutionsbehandlung Opiatabhängiger aus § 13 BtMG i.V.m. § 5 BtMVV. Das begründet die Strafbarkeit aus § 29 Abs. 1 Satz 1 Nr. 6 Buchst. a BtMG.

[41] a) Nach der Rechtsprechung des Bundesgerichtshofs verwirklicht eine ärztliche Substitutionsbehandlung den Straftatbestand § 29 Abs. 1 Satz 1 Nr. 6 Buchst. a BtMG, wenn eine solche ohne Indikationsstellung oder ohne ausreichende Prüfung von Behandlungsalternativen (§ 13 Abs. 1 Satz 2 BtMG) erfolgt (BGH, Urteil vom 2. Februar 2012 – 3 StR 321/11, NStZ 2012, 337, 338). Gleiches gilt im Hinblick auf die Konkretisierung der gesetzlichen Verhaltensnormen durch § 5 Abs. 2 Satz 1 BtMVV bei einer unzureichenden Kontrolle bzw. Begleitung der Behandlung durch den verschreibenden Arzt (BGH aaO). Der in § 5 Abs. 2 Satz 1 Nr. 5 BtMVV vorgegebene „erforderliche Umfang" der Konsultation des behandelnden Arztes bildet dabei eine „verbindliche Richtschnur" einer sorgfältigen Substitutionsbehandlung (BGH aaO).

[42] Über die bereits in der bisherigen Rechtsprechung anerkannten Konstellationen einer aus der unterbliebenen oder unzureichenden Beachtung der in § 5 BtMVV enthaltenen Vorgaben abgeleiteten Strafbarkeit aus § 29 Abs. 1 Satz 1 Nr. 6 Buchst. a i.V.m. § 13 BtMG hinaus erweisen sich auch andere Verstöße gegen die in der Verordnung niedergelegten Maßstäbe der Substitutionsbehandlung als Verletzung der materiellen Voraussetzungen dieser Therapie und damit als nach § 29 Abs. 1 Satz 1 Nr. 6 Buchst. a BtMG strafbares Verhalten. Das gilt neben der Nichtbeachtung des in § 5 Abs. 1 BtMVV formulierten Behandlungsziels jedenfalls für die Ausschlussgründe des § 5 Abs. 2 BtMVV sowie die in § 5 Abs. 8 BtMVV niedergelegten Voraussetzungen bzw. spezifischen Ausschlussgründe von Take-Home-Verordnungen. Diese

Vorschriften dienen der Sicherstellung der materiellen Erfordernisse in § 13 Abs. 1 BtMG, Ärzten eine Substitutionsbehandlung mit an sich unerlaubten Betäubungsmitteln lediglich im Rahmen einer entsprechenden Indikation unter Beachtung des ultima-ratio-Gedankens (§ 13 Abs. 1 Satz 2 BtMG) sowie bei Sicherstellung einer dem Stand der medizinischen Wissenschaft entsprechenden Durchführung der Therapie zu gestatten.

[43] Allerdings ist bei der Anwendung von § 29 Abs. 1 Satz 1 Nr. 6 Buchst. a BtMG ungeachtet der Konkretisierungen der Bedingungen von Suchttherapien vor allem durch § 5 BtMVV dem Arzt eine gewisse Therapiefreiheit zu belassen (vgl. BGH, Beschluss vom 17. Mai 1991 – 3 StR 8/91, BGHSt 37, 383, 385; siehe auch bereits BGH, Urteil vom 8. Mai 1979 – 1 StR 118/79, BGHSt 29, 6, 11 f.; Patzak in Körner/Patzak/Volkmer, aaO, § 29 Teil 15 Rn. 9). Der Verordnungsgeber hat diesen Aspekt im Rahmen von § 5 BtMVV berücksichtigt, indem in einzelnen Regelungen, etwa in § 5 Abs. 2 Satz 2 und Abs. 8 Satz 6 BtMVV, für die Bewertung von Voraussetzungen oder Ausschlussgründen der Substitutionstherapie auf den „allgemein anerkannten Stand der medizinischen Wissenschaft" abgestellt wird. Zur Ausfüllung dessen kann auf die von der Bundesärztekammer zuletzt am 19. Februar 2010 verabschiedeten Richtlinien zur Durchführung der substitutionsgestützten Behandlung Opiatabhängiger bzw. deren Vorgängerrichtlinien abgestellt werden. Für die hier relevanten Verschreibungen von Betäubungsmitteln im Rahmen der Substitutionstherapie ergibt sich bei Anwendung des Take-Home-Verfahrens aus § 5 Abs. 8 Satz 6 BtMVV, dass die Bewertung des Verlaufs der Behandlung dem behandelnden Arzt obliegt, der sich allerdings an dem allgemein anerkannten Stand der medizinischen Wissenschaft zu orientieren hat. Dies eröffnet dem Arzt im Rahmen der Therapiefreiheit in den Grenzen der Vorgaben der Betäubungsmittel-Verschreibungsverordnung Bewertungsspielräume. Werden diese überschritten und die Voraussetzungen der Substitutionsbehandlung im Take-Home-Verfahren aus § 13 BtMG i.V.m. § 5 BtMVV nicht eingehalten, begründet dies die Strafbarkeit aus § 29 Abs. 1 Satz 1 Nr. 6 Buchst. a BtMG. …

[69] Die Revision der Staatsanwaltschaft bleibt ebenfalls ohne Erfolg.

[70] Das Landgericht hat auf der Grundlage der von ihm rechtsfehlerfrei getroffenen Feststellungen zu Recht die Voraussetzungen einer Strafbarkeit des Angeklagten aus einem Tötungsdelikt wegen der Verschreibung von Methadon in den Fällen 121 bis 125 und des durch eine Überdosis Methadon eingetretenen Todes seines Patienten K. verneint. Es hat dabei zutreffend zwischen einer strafbaren täterschaftlichen Begehung eines Tötungsdelikts und einer straflosen Beteiligung an einer Selbstgefährdung bzw. Selbstverletzung des zu Tode gekommenen Rechtsgutsinhabers abgegrenzt.

I.

[71] 1. Nach der ständigen Rechtsprechung des Bundesgerichtshofs unterfällt eine eigenverantwortlich gewollte und verwirklichte Selbstgefährdung grundsätzlich nicht den Tatbeständen eines Körperverletzungs- oder Tötungsdelikts, wenn sich das mit der Gefährdung vom Opfer bewusst eingegangene Risiko realisiert. Wer eine solche Gefährdung veranlasst, ermöglicht oder fördert, kann daher nicht wegen eines Körperverletzungs- oder Tötungsdelikts verurteilt werden; denn er nimmt an einem Geschehen teil, welches – soweit es um die Strafbarkeit wegen Tötung oder Körperverletzung geht – kein tatbestandsmäßiger und damit kein strafbarer Vorgang ist (BGH, Urteile vom 14. Februar 1984 – 1 StR 808/83, BGHSt 32, 262, 264 f.; vom 7. August 1984 – 1 StR 200/84, NStZ 1985, 25, 26; vom 11. April 2000 – 1 StR

638/99, NStZ 2001, 205; vom 7. Februar 2001 – 5 StR 474/00, BGHSt 46, 279, 288 f.; vom 29. April 2009 – 1 StR 518/08, BGHSt 53, 288, 290 Rn. 5; BGH, Beschluss vom 11. Januar 2011 – 5 StR 491/10, NStZ 2011, 341, 342). Diese Grundsätze gelten sowohl für die vorsätzliche als auch die fahrlässige Veranlassung, Ermöglichung oder Förderung einer eigenverantwortlichen Selbstgefährdung oder Selbstverletzung (einschließlich der Selbsttötung; vgl. BGH, Urteil vom 14. Februar 1984 – 1 StR 808/83, BGHSt 32, 262, 264 f.).

[72] 2. Maßgebend ist damit die Eigen- bzw. Freiverantwortlichkeit des Entschlusses des Rechtsgutsinhabers, sein Leben oder seine körperliche Unversehrtheit selbst zu gefährden oder zu verletzen. Fehlt es daran, kann sich der an dem entsprechenden Geschehen Beteiligende als Täter eines fahrlässigen oder vorsätzlichen Körperverletzungs- oder Tötungsdelikts strafbar machen.

[73] In der Rechtsprechung des Bundesgerichtshofs ist bereits über Konstellationen entschieden worden, in denen es an der Eigenverantwortlichkeit des sich selbst gefährdenden oder verletzenden Rechtsgutsinhabers fehlt und deshalb eine zur Täterschaft des sich Beteiligenden führende – normativ zu bestimmende – Handlungsherrschaft gegeben ist. Dies ist dann der Fall, wenn der sich beteiligende Dritte kraft überlegenen Fachwissens das Risiko besser erfasst als der sich selbst Gefährdende oder Verletzende (siehe BGH, Urteile vom 9. November 1984 – 2 StR 257/84, NStZ 1985, 319, 320; vom 11. April 2000 – 1 StR 638/99, NStZ 2001, 205; vom 29. April 2009 – 1 StR 518/08, BGHSt 53, 288, 290; BGH, Beschluss vom 11. Januar 2011 – 5 StR 491/10, NStZ 2011, 341, 342). Ein solches überlegenes Wissen kommt vor allem bei einem Irrtum des sich Gefährdenden in Betracht (BGH aaO NStZ 2011, 341, 342); wobei es sich lediglich um für die Entscheidung zur Gefährdung oder Verletzung des Rechtsguts bedeutsame Irrtümer handeln kann. Darüber hinaus hat der Bundesgerichtshof die Eigenverantwortlichkeit ausgeschlossen, wenn der sich Gefährdende oder Verletzende infolge einer Intoxikation bzw. Intoxikationspsychose nicht (mehr) zu einer hinreichenden Risikobeurteilung und -abwägung in der Lage ist (vgl. BGH, Urteile vom 27. November 1985 – 3 StR 426/85, NStZ 1986, 266, 267; vom 29. April 2009 – 1 StR 518/08, BGHSt 53, 288, 290 Rn. 7; BGH, Beschluss vom 11. Januar 2011 – 5 StR 491/10, NStZ 2011, 341, 342).

II.

[74] Unter Anwendung dieser Grundsätze hat das Landgericht eine Strafbarkeit des Angeklagten wegen eines Tötungsdelikts zu Lasten seines Patienten Karlin ohne Rechtsfehler verneint.

[75] 1. In tatsächlicher Hinsicht hat der später zu Tode gekommene K. durch die intravenöse Einnahme von drei Fläschchen Methadon eine selbstschädigende Handlung vorgenommen. Das Landgericht ist daher im rechtlichen Ausgangspunkt zutreffend davon ausgegangen, zu einem strafbaren Verhalten des Angeklagten durch die Verschreibung von Methadon lediglich bei fehlender Eigenverantwortlichkeit K.s bei der Vornahme der Injektion gelangen zu können.

[76] 2. Fehlende Eigenverantwortlichkeit lässt sich angesichts der Feststellungen des Tatgerichts jedoch unter keinem der vorstehend genannten Gesichtspunkte annehmen.

[77] a) Ein zur täterschaftlichen Begehung eines Tötungsdelikts durch den Angeklagten führendes, gegenüber K. überlegenes Sachwissen liegt nicht vor.

[78] Das Landgericht hat insoweit festgestellt, dass der Patient bereits seit mehreren Jahren die ihm verschriebenen Substitutionsmittel nicht wie vorgesehen oral, son-

dern intravenös über die Beinvenen einnahm. Er war daher gerade bei dieser Anwendungsform erfahren (UA S. 22). Ihm waren die Risiken dieser Anwendungsform sowie diejenigen einer Überdosierung bekannt.

[79] Diese Feststellungen konnte das Landgericht ohne revisiblen Rechtsfehler auf die als detailliert und glaubhaft bewerteten Aussagen der Ehefrau K.s stützen. Lücken oder Widersprüche in der Beweiswürdigung liegen nicht vor. Aus dem Gesamtzusammenhang der Feststellungen und der ihnen zugrunde liegenden Beweiswürdigung lässt sich ableiten, dass dem Patienten auch das Risiko bekannt gewesen ist, durch eine zu hohe Dosis Methadon, insbesondere bei intravenöser Einnahme, sterben zu können.

[80] Ob er Kenntnis über eventuell in der medizinischen Wissenschaft vorhandene Erkenntnisse hinsichtlich erfahrungsgemäß zum Tod führender Dosen von Methadon oder Levomethadon hatte, ist zwar nicht festgestellt. Darauf kommt es aber für die Eigenverantwortlichkeit der Entscheidung zur Einnahme von drei Fläschchen Methadon auch nicht an. Maßgebend ist, ob der sich selbst Gefährdende bzw. Verletzende das rechtsgutsbezogene Risiko seines Verhaltens zutreffend eingeschätzt hat. Dafür bedarf es – jedenfalls bei den sonstigen festgestellten Umständen des Einzelfalls – nicht der exakten medizinischen Wirkzusammenhänge zwischen der Einnahme eines bei Überdosierung als lebensgefährlich bekannten Mittels und den Auswirkungen auf das eigene Leben und die eigene körperliche Unversehrtheit.

[81] Dementsprechend hat der Bundesgerichtshof auch bereits entschieden, dass es der Eigenverantwortlichkeit nicht entgegensteht, wenn die sich selbst gefährdende Person bei grundsätzlich vorhandener Kenntnis über die Risiken der Einnahme von ihnen bekannten Stoffen nicht über sämtliche vorhandenen Risiken aufgeklärt war (vgl. BGH, Beschluss vom 11. Januar 2011 – 5 StR 491/10, NStZ 2011, 341, 342).

[82] Auch wenn der Angeklagte genauere Erkenntnisse über die – falls medizinisch überhaupt generell benennbar – regelmäßig tödliche Dosis bei der Einnahme von Methadon oder Levomethadon als sein Patient K. gehabt haben sollte, stünde dies der Eigenverantwortlichkeit K.s bei der Einnahme der zu seinem Tod führenden Dosis Methadon nicht entgegen. Das Tatgericht war daher nicht gehalten, weitergehende Feststellungen darüber zu treffen.

347 Wer eine **fremde Selbstverletzung oder -gefährdung veranlasst,** macht sich nicht wegen Tötungs- oder Körperverletzungsdelikten strafbar, wenn sich das mit der Gefährdung vom Opfer bewusst eingegangene Risiko realisiert. Wer eine solche Verletzung oder Gefährdung veranlasst, ermöglicht oder fördert, kann daher nicht wegen eines Körperverletzungs- oder Tötungsdelikts verurteilt werden, denn er nimmt an einem Geschehen teil, welches – soweit es um die Strafbarkeit wegen Tötung oder Körperverletzung geht – kein tatbestandsmäßiger und damit kein strafbarer Vorgang ist.[342]

[20] Maßgebliches Abgrenzungskriterium zwischen strafloser Beteiligung an einer eigenverantwortlichen Selbstgefährdung und einer – grundsätzlich tatbestandsmäßigen – Fremdgefährdung eines anderen ist die Trennungslinie zwischen Täterschaft und Teilnahme. Entscheidend ist damit die Eigen- bzw. Freiverantwortlichkeit des Entschlusses des Rechtsgutsinhabers, sein Leben oder seine körperliche Unversehrt-

[342] BGH, Beschluss vom 16.01.2014 – 1 StR 389/13.

heit selbst zu gefährden. Eine Täterschaft des die Selbstgefährdung Fördernden kommt daher nur in Betracht, wenn er infolge eines bei dem sich selbst Gefährdenden bestehenden Mangels der Eigenverantwortlichkeit Tat bzw. Handlungsherrschaft über das Geschehen erlangt.

[21] b) Die Strafkammer hat – im Ansatz zutreffend – eine solche Handlungsherrschaft des Angeklagten wegen dessen überlegenen Wissens bejaht, aber nicht rechtsfehlerfrei begründet.

[22] aa) Hierzu hat sie ausgeführt, als „erfahrener Drogenarzt" habe der Angeklagte im „Wissen um das Risiko eines Missbrauchs durch Patienten mit problematischem Drogenhintergrund" das „weitere Geschehen aus der Hand" gegeben, indem er dem Patienten „unkontrolliert Fentanyl in großen Mengen überlassen" habe. Nicht „in Rechnung" zu stellen, dass Drogenabhängige „im Entzug jede Kontrolle über sich verlieren oder ein ihnen überlassenes Suchtmittel entgegen ärztlicher Anordnung intravenös injizieren und dabei auch eine Überdosis anwenden" können, schaffe geradezu einen „Anreiz zur Selbstgefährdung, der als täterschaftliche Schaffung einer gefahrträchtigen Lage zu werten" sei.

[23] bb) Diese Begründung hält rechtlicher Prüfung nicht stand.

[24] (1) Allerdings kann nach der Rechtsprechung des Bundesgerichtshofs überlegenes Sachwissen des die Selbstgefährdung bzw. -verletzung Fördernden dessen Handlungsherrschaft begründen (vgl. BGH, Beschluss vom 11. Januar 2011 – 5 StR 491/10; BGH, Urteile vom 29. April 2009 – 1 StR 518/08, BGHSt 53, 288, 290 f.; vom 11. April 2000 – 1 StR 638/99, NStZ 2001, 205).

[25] Die Strafkammer hat jedoch den rechtlichen Maßstab für die Prüfung überlegenen Wissens verkannt. Denn sie hat ausschließlich an den besonderen Kenntnissen des Angeklagten Maß genommen, dabei aber den Wissensstand des Geschädigten völlig unberücksichtigt gelassen (vgl. BayObLG, Beschluss vom 11. Dezember 2001 – 5St RR 298/01). Die Beurteilung der Überlegenheit des Sachwissens setzt jedoch Feststellungen zum Wissensstand sowohl des die Selbstgefährdung Fördernden als auch des sich selbst Gefährdenden zwingend voraus (zum Prüfungsmaßstab vgl. BGH, Urteil vom 11. April 2000 – 1 StR 638/99, NStZ 2001, 205 mwN).

[26] (2) Durch diesen verkürzten Maßstab hat sich die Strafkammer im Weiteren den Blick auf Umstände verstellt, die hinreichend adäquates Sachwissen auch des Geschädigten in Bezug auf das rechtsgutsbezogene Risiko seines Verhaltens nahelegten und daher der Erörterung bedurft hätten:

[27] So verfügte der Geschädigte über eine lange Suchtkarriere und kannte die grundlegenden Risiken des Drogenkonsums einschließlich des Risikos einer Überdosierung (vgl. auch BGH, Urteil vom 29. April 2009 – 1 StR 518/08, BGHSt 53, 288 ff.; BayObLG, Beschlüsse vom 11. Dezember 2001 – 5St RR 298/01, vom 14. Februar 1997 – 4St RR 4/97, NStZ 1997, 341, 342, und – zu einem insoweit anders gelagerten Fall – vom 28. August 2002 – 5St RR 179/02, NJW 2003, 371). Auch hinsichtlich des von ihm konkret praktizierten Fentanyl-Missbrauchs legten die von der Strafkammer als glaubhaft erachteten Aussagen der Zeugen M., A. und H. es nahe, dass der Geschädigte sich der Risiken seines Handelns, insbesondere der Gefahr einer Überdosis aufgrund der Injektion, bewusst war.

[28] Eines darüber hinaus gehenden Verständnisses der exakten medizinischen Wirkzusammenhänge zwischen der Einnahme des als bei Überdosierung als lebensgefährlich bekannten Opiats und den möglichen Auswirkungen auf das eigene Leben und die eigene körperliche Unversehrtheit bedurfte es demgegenüber nicht.

[29] c) Auch unter dem Aspekt eines etwaigen Ausschlusses der Fähigkeit zu eigenverantwortlicher Entscheidung belegen die Ausführungen der Strafkammer keine Tatherrschaft des Angeklagten.

[30] Auch hier hat die Strafkammer bereits den rechtlichen Maßstab verfehlt.

Ihre – für sich genommen rechtsfehlerfrei getroffene – Feststellung der Opiatabhängigkeit des Geschädigten führt nicht automatisch zum Ausschluss der Eigenverantwortlichkeit (vgl. auch BGH, Beschluss vom 9. November 2011 – 2 StR 427/11, NStZ-RR 2012, 71; Urteile vom 17. Juni 2010 – 4 StR 47/10, und vom 14. Februar 1984 – 1 StR 808/83, NStZ 1984, 410, 411 m. Anm. Roxin; sehr weitgehend demgegenüber noch BGH, Urteil vom 18. Juli 1978 – 1 StR 209/78, JR 1979, 429; Fischer, StGB, 61. Aufl., § 21 Rn. 13 mwN; ebenso für „Erfahrungen im Umgang mit Drogen" BGH, Beschluss vom 11. Januar 2011 – 5 StR 491/10; Urteil vom 11. April 2000 – 1 StR 638/99, BGHR StGB § 222 Zurechenbarkeit 2). Ein allgemeiner Erfahrungssatz, dass Betäubungsmittelkonsumenten zu eigenverantwortlicher Entscheidung nicht fähig sind, besteht nicht (s.a. BayObLG, Beschluss vom 11. Dezember 2001 – 5St RR 298/01). Vielmehr bedarf es der Feststellung konkreter die Eigenverantwortlichkeit einschränkender Umstände, etwa einer akuten Intoxikation (vgl. BGH, Urteil vom 28. Oktober 1982 – 1 StR 501/82, NStZ 1983, 72), unter Umständen auch eines entzugsbedingten akuten Suchtdrucks, verbunden mit der Angst vor körperlichen Entzugserscheinungen (zu §§ 20, 21 StGB vgl. BGH, Urteile vom 2. November 2005 – 2 StR 389/05, NStZ 2006, 151; vom 6. Juni 1989 – 5 StR 175/89, BGHR StGB § 21 BtM-Auswirkungen 5; Beschluss vom 10. April 1990 – 4 StR 148/90, BGHR StGB § 21 BtM-Auswirkungen 7 jew. mwN) oder konsumbedingter schwerer Persönlichkeitsveränderungen, die zum Verlust der Eigenverantwortlichkeit führen können (zu §§ 20, 21 StGB vgl. BGH, Beschluss vom 9. November 2011 – 2 StR 427/11, StV 2012, 282; Urteil vom 17. Juni 2010 – 4 StR 47/10).

[32] Solche Feststellungen hat die Strafkammer jedoch nicht getroffen.

[33] d) Soweit dem Urteil des Senats vom 18. Juli 1978 (1 StR 209/78, JR 1979, 429) über die Besonderheiten des dortigen konkreten Falles hinaus allgemein die Rechtsauffassung entnommen werden könnte, die aus der Behandlung eines opiatabhängigen Patienten resultierende Garantenpflicht des behandelnden Substitutionsarztes begründe eine „besondere Sorgfaltspflicht" des Arztes, Schaden von seinem Patienten abzuwenden, und führe – unabhängig von der Freiverantwortlichkeit des Patienten – stets zu einer Täterschaft begründenden Herrschaft des Arztes über das selbstschädigende Verhalten des Patienten, wäre daran nicht festzuhalten.

348 Gemäß § 13 Abs. 1 BtMG darf der **Arzt Betäubungsmittel lediglich verschreiben, verabreichen oder einem anderen zum unmittelbaren Verbrauch überlassen.** Die **Abgabe von Betäubungsmitteln ist dagegen** – von dem Ausnahmefall des zum Tatzeitpunkt nicht geltenden und hier nicht einschlägigen § 13 Abs. 1a BtMG abgesehen – nur im **Rahmen des Betriebs einer öffentlichen Apotheke erlaubt.** Dementsprechend lässt auch die auf der Grundlage des § 13 Abs. 3 BtMG erlassene Betäubungsmittel-Verschreibungsverordnung, die in § 5 BtMVV die Voraussetzungen für eine ärztliche Substitutionsbehandlung normiert, eine Abgabe von Betäubungsmitteln durch den Arzt nicht zu.[343]

[343] BGH, Beschluss vom 27.05.2014 – 2 StR 354/13.

[14] Die Abgabe der Substitutionsmittel war dem Angeklagten auch nicht in entsprechender Anwendung des § 13 Abs. 2 BtMVV erlaubt (offen gelassen von BGH, Beschluss vom 28. Juli 2009 – 3 StR 44/09, BGHR BtMG § 13 Abs. 1 Abgabe 1). Die Voraussetzungen einer Analogie liegen nicht vor. Die Regelung des § 13 Abs. 2 BtMG, die eine Abgabe von Betäubungsmitteln im Rahmen einer ärztlichen Behandlung nicht vorsieht, beruht auf einer bewussten Entscheidung des Gesetzgebers (vgl. BT-Drucks. 8/3551, S. 31 f.). Sie soll die Sicherheit des Betäubungsmittelverkehrs gewährleisten und dazu beitragen, Missbräuche zu verhindern (vgl. Weber, BtMG, 4. Aufl., § 29 Rn. 1477; Winkler, A&R 2010, 38, 39). Die Abgabe von Betäubungsmitteln durch einen Arzt ist daher auch dann strafbar, wenn sie im Rahmen einer Substitutionsbehandlung erfolgt (vgl. Hügel/Junge/Lander/Winkler, Deutsches Betäubungsmittelrecht, 8. Aufl., § 5 BtMVV Rn. 12.1; Nestler, MedR 2009, 211, 213; Winkler, aaO; Weber, aaO Rn. 1476 f.).

Der **Inhaber einer Wohnung** hat nicht ohne weiteres rechtlich dafür einzustehen, **349**
dass in seinen Räumen durch Dritte keine Straftaten begangen werden. So erfüllt allein die Kenntnis und Billigung der Lagerung, der Aufbereitung oder des Vertriebs von Betäubungsmitteln in der Wohnung für den Wohnungsinhaber noch nicht die **Voraussetzung strafbarer Beihilfe.** Anders verhält es sich aber, wenn er schon **bei der Überlassung der Wohnung von deren geplanter Verwendung für Rauschgiftgeschäfte wusste** und die Aufnahme des Täters in die Wohnung in diesem Fall nicht allein aus persönlichen Gründen erfolgte. Eine Beihilfe zum unerlaubten Handeltreiben mit Betäubungsmitteln liegt auch vor, wenn der Wohnungsinhaber den Betäubungsmittelhandel aktiv unterstützt, etwa die Wohnung in Kenntnis des beabsichtigten Verwendungszwecks vermietet oder die Betäubungsmittel für oder gemeinsam mit dem Täter in Besitz nimmt und verwahrt. Unter Umständen kommt in solchen Fällen sogar täterschaftliches Handeltreiben mit Betäubungsmitteln in Betracht.[344]

Objektive **Voraussetzung des Versuchs** ist, dass der Täter nach Maßgabe seines Tat- **350**
plans zur Tat unmittelbar ansetzt.

Die Verurteilung des Angeklagten in den betroffenen Fällen beruht darauf, dass der Angeklagte in 18 Fällen Betäubungsmittel gekauft, übernommen, in seine Wohnung verbracht und dort zum gewinnbringenden Weiterverkauf aufbewahrt hat. Damit hat der Angeklagte jedoch noch nicht unmittelbar zur Tat der Abgabe angesetzt.

Im Übrigen setzt das **Tatbestandsmerkmal des Abgebens** im Sinne der §§ 29a Abs. 1 Nr. 1, 30 Abs. 1 Nr. 2 BtMG eine Übertragung der eigenen tatsächlichen Verfügungsmacht an den Betäubungsmitteln auf einen Minderjährigen zu dessen eigener freier Verfügung voraus. Die Strafbarkeit knüpft – im Unterschied zum weiter gefassten Begriff des Handeltreibens – damit an die tatsächliche Verschaffung der Verfügungsmacht an. Vor diesem Hintergrund kann in dem bloßen Aufbewahren von Betäubungsmitteln, auch wenn es dem gewinnbringenden Weiterverkauf dient, ein unmittelbares Ansetzen zum Tatbestand der unerlaubten gewerbsmäßigen Abgabe von Betäubungsmitteln an Minderjährige nicht gesehen werden.[345]

---

[344] BGH, Urteil vom 19.12.2013 – 4 StR 300/13.
[345] BGH, Beschluss vom 5.02.2014 – 1 StR 693/14.

a) Handeltreiben

351 Bei der als Handeltreiben zu bewertenden Herstellung von Betäubungsmitteln zum gewinnbringenden Weiterverkauf bestimmt sich die nicht geringe Menge i.S.v. § 29a Abs. 1 Nr. 2 BtMG nach der **Menge, die letztlich erzielt und veräußert** werden soll. Demgegenüber kommt es beim nicht auf Gewinnerzielung gerichteten Herstellen für die Abgrenzung des Herstellens von Betäubungsmitteln gemäß § 29 Abs. 1 Satz 1 Nr. 1 BtMG vom Herstellen von Betäubungsmitteln in nicht geringer Menge (§ 29a Abs. 1 Nr. 2 BtMG) auf die tatsächlich erzeugte Betäubungsmittelmenge an.[346]

[1] Der Schuldspruch war wie aus der Urteilsformel ersichtlich abzuändern, weil sich der Angeklagte durch die bis zur Erarbeitung eines Zwischenprodukts vorangetriebene Synthese von Methamphetamin hinsichtlich der für den Eigenverbrauch bestimmten Menge nur wegen (vollendeten) Herstellens von Betäubungsmitteln gemäß § 29 Abs. 1 Satz 1 Nr. 1 BtMG, nicht aber wegen Herstellens von Betäubungsmitteln in nicht geringer Menge (§ 29a Abs. 1 Nr. 2 BtMG) schuldig gemacht hat (zum Begriff des Herstellens vgl. BGH, Urteil vom 3. Dezember 1997 – 2 StR 270/97, BGHSt 43, 336, 344).

[2] Bei der als Handeltreiben zu bewertenden Herstellung von Betäubungsmitteln zum gewinnbringenden Weiterverkauf bestimmt sich die nicht geringe Menge i.S.v. § 29a Abs. 1 Nr. 2 BtMG nach der Menge, die letztlich erzielt und veräußert werden soll (vgl. BGH, Urteil vom 20. Dezember 2012 – 3 StR 407/12, BGHSt 58, 99; Urteil vom 6. November 2013 – 5 StR 302/13, NStZ-RR 2014, 48, jeweils zum unerlaubten Anbau von Betäubungsmitteln). Demgegenüber kommt es beim nicht auf Gewinnerzielung gerichteten Herstellen für die Abgrenzung des Herstellens von Betäubungsmitteln gemäß § 29 Abs. 1 Satz 1 Nr. 1 BtMG vom Herstellen von Betäubungsmitteln in nicht geringer Menge (§ 29a Abs. 1 Nr. 2 BtMG) auf die tatsächlich erzeugte Betäubungsmittelmenge an. Da es dem Angeklagten bis zum Eingreifen der Polizei nur gelungen war, Produkte mit Spuren von Amphetamin und Methamphetamin zu gewinnen, hat er sich – soweit es dabei um die Erzeugung von Methamphetamin für den Eigenverbrauch ging – daher nur des unerlaubten Herstellens von Betäubungsmitteln gemäß § 29 Abs. 1 Satz 1 Nr. 1 BtMG schuldig gemacht.

352 **Handeltreiben mit Betäubungsmitteln** im Sinne von § 29a Abs. 1 Nr. 2 BtMG ist **jede eigennützige auf den Umsatz von Betäubungsmitteln gerichtete Tätigkeit,** wobei verschiedene Betätigungen, die auf die Förderung ein und desselben Güterumsatzes abzielen, eine tatbestandliche Bewertungseinheit bilden. Dem Begriff des Handeltreibens mit Betäubungsmitteln unterfallen sowohl Handlungen, die unmittelbar der Beschaffung und der Überlassung von Betäubungsmitteln an Abnehmer dienen, als auch dem eigentlichen Betäubungsmittelumsatz nachfolgende Zahlungsvorgänge, ohne dass danach differenziert wird, ob der Handelnde als Abnehmer oder als Lieferant tätig wird. Auch Tätigkeiten, die der Erfüllung von Zahlungsverbindlichkeiten dienen, wie etwa die Übermittlung des für eine Betäubungsmittellieferung zu entrichtenden Geldbetrages vom Abnehmer zum Lieferanten, erfüllen daher den Tatbestand des Handeltreibens mit Betäubungsmitteln.[347]

---

[346] BGH, Beschluss vom 23.09.2014 – 4 StR 375/14.
[347] BGH, Beschluss vom 5.08.2014 – 3 StR 340/14.

[4] 2. Auf dieser Grundlage erweisen sich die den Fällen 15 und 16 zugrunde liegenden Handlungen des Angeklagten nicht als zwei tatmehrheitliche Delikte des Handeltreibens mit Betäubungsmitteln in nicht geringer Menge.

[5] Handeltreiben mit Betäubungsmitteln im Sinne von § 29a Abs. 1 Nr. 2 BtMG ist jede eigennützige auf den Umsatz von Betäubungsmitteln gerichtete Tätigkeit (vgl. BGH, Beschluss vom 26. Oktober 2005 – GSSt 1/05, BGHSt 50, 252, 256), wobei verschiedene Betätigungen, die auf die Förderung ein und desselben Güterumsatzes abzielen, eine tatbestandliche Bewertungseinheit bilden (BGH, Beschluss vom 31. Juli 2013 – 4 StR 223/13, NStZ-RR 2014, 144, 145; Weber, BtMG, 4. Aufl., vor §§ 29 ff. Rn. 563 ff. mwN). Dem Begriff des Handeltreibens mit Betäubungsmitteln unterfallen sowohl Handlungen, die unmittelbar der Beschaffung und der Überlassung von Betäubungsmitteln an Abnehmer dienen, als auch dem eigentlichen Betäubungsmittelumsatz nachfolgende Zahlungsvorgänge, ohne dass danach differenziert wird, ob der Handelnde als Abnehmer oder als Lieferant tätig wird (vgl. etwa BGH, Urteile vom 17. Juli 1997 – 1 StR 791/96, BGHSt 43, 158, 162; vom 7. Februar 2008 – 5 StR 242/07, NStZ 2008, 465; Beschluss vom 27. Juni 2008 – 3 StR 212/08, BGHR BtMG § 29 Abs. 1 Nr. 1 Konkurrenzen 7). Auch Tätigkeiten, die der Erfüllung von Zahlungsverbindlichkeiten dienen, wie etwa die Übermittlung des für eine Betäubungsmittellieferung zu entrichtenden Geldbetrages vom Abnehmer zum Lieferanten, erfüllen daher den Tatbestand des Handeltreibens mit Betäubungsmitteln (vgl. BGH, Beschlüsse vom 5. November 1991 – 1 StR 361/91, NJW 1992, 1905 vom 17. Mai 1996 – 5 StR 119/96, BGHR BtMG § 29 Abs. 1 Nr. 1 Handeltreiben 50; Urteil vom 7. Februar 2008 – 5 StR 242/07, NStZ 2008, 465).

[6] Nach diesen Maßstäben gilt: Sämtliche auf den Verkauf bzw. Absatz der Betäubungsmittel ausgerichtete Aktivitäten des Angeklagten in Fall 16 dienten der Erfüllung der anlässlich der Lieferung zu Fall 15 eingegangenen Schulden gegenüber „S.". Sie waren mithin funktionell mit den einzelnen Handelsaktivitäten des Falles 15 verknüpft und bildeten mit diesen eine tatbestandliche Bewertungseinheit.

[7] Die auf die Auslieferung der im Rahmen von Fall 16 erhaltenen Betäubungsmittel gerichteten Tätigkeiten stellen sich aber bei wertender Betrachtung darüber hinaus auch als Beihilfe des Angeklagten zum Handeltreiben des „S." mit Betäubungsmitteln in nicht geringer Menge dar. Im Rahmen des Gesamtgeschäfts kam der konkreten Beteiligungshandlung des Angeklagten angesichts der von „S." erteilten festen Vorgaben nur eine untergeordnete Bedeutung zu, die sich im Aufbewahren und Ausliefern der Betäubungsmittel erschöpfte. Die insoweit verwirklichte Beihilfe zur Tat des „S." tritt nicht hinter das eigene Handeltreiben des Angeklagten zurück, weil jeweils andere Betäubungsmittelmengen betroffen sind. Es besteht insgesamt Tateinheit (vgl. BGH, Urteil vom 13. August 2009 – 3 StR 224/09, juris Rn. 40; Beschluss vom 17. April 2014 – 3 StR 84/14, juris Rn. 11). Hinsichtlich des in Fall 16 übergebenen Marihuanas gilt dies entsprechend auch für den verwirklichten Besitz von Betäubungsmitteln in nicht geringer Menge.

Da der weit auszulegende **Begriff des Handeltreibens** mit Betäubungsmitteln nach der Rechtsprechung des Bundesgerichtshofs sowohl das Aufsuchen des Lieferanten zur Abholung einer verabredeten Lieferung zur Weiterveräußerung vorgesehener Betäubungsmittel als auch die Übermittlung des für eine Betäubungsmittellieferung zu entrichtenden Geldbetrages vom Abnehmer zum Lieferanten tatbestandlich erfasst, sind die objektiven Ausführungshandlungen der jeweils unmittelbar aufeinander folgenden Umsatzgeschäfte teilweise identisch. Denn das Aufsuchen des Lieferanten diente nach den Feststellungen jeweils zugleich der Übermittlung des Ent- **353** gelts für die vorangegangene und der Abholung der vereinbarten neuerlichen Betäubungsmittellieferung. Die Teilidentität der Ausführungshandlungen der jeweils unmittelbar aufeinander folgenden Umsatzgeschäfte hat zur Folge, dass sämtliche auf die einzelnen Handelsmengen bezogenen tatbestandlichen Bewertungseinheiten des Handeltreibens im Wege der gleichartigen Idealkonkurrenz zu einer Tat des unerlaubten Handeltreibens mit Betäubungsmitteln in nicht geringer Menge verknüpft sind.[348]

[2] 1. Die Annahme von 20 selbständigen, real konkurrierenden Taten des unerlaubten Handeltreibens mit Betäubungsmitteln in nicht geringer Menge in Tateinheit mit unerlaubtem Erwerb von Betäubungsmitteln in den Fällen II.1. bis 20. der Urteilsgründe hält einer rechtlichen Prüfung nicht stand.

[3] a) Nach den Feststellungen kaufte der Angeklagte in der Zeit von November 2010 bis März 2011 in mindestens 19 Fällen von seinem Lieferanten jeweils 100 g Marihuana mit einem Wirkstoffgehalt von mindestens 12 % und 50 g Amphetamin mit einem Wirkstoffgehalt von mindestens 6 %, das zur gewinnbringenden Weiterveräußerung und lediglich zu einem geringen Teil zum Eigenkonsum bestimmt war. Der Angeklagte erhielt die Betäubungsmittel auf Kommissionsbasis und musste bei Abholung der neuen Lieferung jeweils die vorangegangene bezahlen (II.1. bis 19. der Urteilsgründe). Bei einem weiteren Kommissionsgeschäft in dem genannten Tatzeitraum bezog der Angeklagte 250 g Marihuana und 150 g Amphetamin jeweils der vorgenannten Qualität, das er überwiegend gewinnbringend weiterverkaufte und zu einem kleinen Teil selbst konsumierte.

[4] b) Da der – weit auszulegende (BGH, Beschluss vom 26. Oktober 2005 – 1 GSSt 1/05, BGHSt 50, 252, 262) – Begriff des Handeltreibens mit Betäubungsmitteln nach der Rechtsprechung des Bundesgerichtshofs sowohl das Aufsuchen des Lieferanten zur Abholung einer verabredeten Lieferung zur Weiterveräußerung vorgesehener Betäubungsmittel als auch die Übermittlung des für eine Betäubungsmittellieferung zu entrichtenden Geldbetrages vom Abnehmer zum Lieferanten tatbestandlich erfasst (vgl. BGH, Urteil vom 25. April 2013 – 4 StR 418/12, BGHR BtMG § 29 Abs. 1 Nr. 1 Konkurrenzen 14 mwN), sind die objektiven Ausführungshandlungen der jeweils unmittelbar aufeinander folgenden Umsatzgeschäfte teilweise identisch. Denn das Aufsuchen des Lieferanten diente nach den Feststellungen jeweils zugleich der Übermittlung des Entgelts für die vorangegangene und der Abholung der vereinbarten neuerlichen Betäubungsmittellieferung. Die Teilidentität der Ausführungshandlungen der jeweils unmittelbar aufeinander folgenden Umsatzgeschäfte hat zur Folge, dass sämtliche auf die einzelnen Handelsmengen bezogenen tatbestandlichen Bewertungseinheiten des Handeltreibens im Wege der gleichartigen Idealkonkurrenz zu einer Tat des unerlaubten Handeltreibens mit Betäubungsmitteln in nicht geringer Menge verknüpft sind (vgl. BGH, Urteil vom 25. April 2013 – 4 StR 418/12 aaO; Beschluss vom 31. Juli 2013 – 4 StR 223/13, NStZ-RR 2014, 144; Beschluss vom 22. Januar 2010 – 2 StR 563/09, NStZ 2011, 97). Durch das einheitliche Delikt des unerlaubten Handeltreibens mit Betäubungsmitteln in nicht geringer Menge nach § 29a Abs. 1 Nr. 2 BtMG werden die tateinheitlich verwirklichten, an sich rechtlich selbständigen 20 Taten des unerlaubten Erwerbs von Betäubungsmitteln gemäß § 29 Abs. 1 Satz 1 Nr. 1 BtMG zu einer Erwerbstat verklammert, sodass sich der Angeklagte in den Fällen II.1. bis 20. der Urteilsgründe

---

[348] BGH, Beschluss vom 2.07.2014 – 4 StR 188/14.

insgesamt wegen einer Tat des unerlaubten Handeltreibens mit Betäubungsmitteln in nicht geringer Menge in Tateinheit mit unerlaubtem Erwerb von Betäubungsmitteln schuldig gemacht hat.

Handeltreiben mit Betäubungsmitteln im Sinne des § 29 Abs. 1 Satz 1 Nr. 1 BtMG ist **jede eigennützige auf den Umsatz von Betäubungsmitteln gerichtete Tätigkeit,** wobei verschiedene Betätigungen, die auf die Förderung ein und desselben Güterumsatzes abzielen, eine tatbestandliche Bewertungseinheit bilden. Eine solche auf den gewinnorientierten Umsatz von Betäubungsmitteln ausgerichtete Tätigkeit liegt auch darin, dass sich der Zwischenhändler zu der Örtlichkeit begibt, an welcher er von seinem Lieferanten eine zuvor abgesprochene, zur gewinnbringenden Weiterveräußerung bestimmte Betäubungsmittellieferung vereinbarungsgemäß übernehmen soll. Das Aufsuchen des Lieferanten zur Abholung einer bereits zuvor verabredeten Lieferung zur Weiterveräußerung vorgesehener Betäubungsmittel verwirklicht daher den Tatbestand des unerlaubten Handeltreibens mit Betäubungsmitteln.[349] **354**

Die **beabsichtigte Entscheidung des 4. Strafsenats widerspricht der Rechtsprechung des 3. Strafsenats,** der an dieser festhält.[350] **355**

[7] Der Senat hat in der genannten Entscheidung ausgeführt, dass mehrere Fälle des Handeltreibens mit Betäubungsmitteln in nicht geringer Menge, bei denen der Täter die vorangegangene Lieferung bei Abholung der nächsten Lieferung bezahle, jedenfalls dann nicht zu Tateinheit verknüpft werden, wenn der Täter die Betäubungsmittel jeweils zu Handelszwecken in die Bundesrepublik einführe; denn die schwerer wiegenden Taten der Einfuhr von Betäubungsmitteln in nicht geringer Menge könnten nicht durch das minder schwere Delikt des Handeltreibens mit Betäubungsmitteln in nicht geringer Menge zu Tateinheit verklammert werden. An dieser Rechtsprechung hält er fest.

[8] a) Der Senat gibt zu erwägen, ob die Annahme des 4. Strafsenats, die Anfahrt nach Rotterdam stelle einen identischen Teilakt sowohl des Handeltreibens mit den Betäubungsmitteln der vorangegangenen als auch des Handeltreibens mit den Betäubungsmitteln der abzuholenden Lieferung dar, nicht zuletzt mit Blick auf die weitreichenden Folgen beim Strafklageverbrauch (BGH, Beschluss vom 13. April 1999 – 4 StR 42/99, NStZ 1999, 411; vgl. etwa BGH, Beschluss vom 17. April 1996 – 5 StR 147/96, StV 1996, 650; s. auch BGH, Urteil vom 1. Oktober 1997 – 2 StR 520/96, BGHSt 43, 252, 257) Bedenken begegnen müsste.

[9] Im Übrigen weist der Senat darauf hin, dass es auch bedenklich erschiene, allein aufgrund des Umstands, dass der Angeklagte bei Abholung der Folgelieferung die vorangegangene Lieferung bezahlte, Tateinheit zwischen beiden Taten über die Rechtsfigur der natürlichen Handlungseinheit anzunehmen (vgl. BGH, Beschlüsse vom 13. April 1999 – 4 StR 42/99, NStZ 1999, 411; vom 27. Juni 2008 – 3 StR 212/08, NStZ 2009, 392; anders bisher BGH, Beschluss vom 22. Januar 2010 – 2 StR 563/09, NStZ 2011, 97 mwN). Dem mitgeteilten Sachverhalt lässt sich nicht entnehmen, ob über die örtliche und zeitliche Nähe von Bezahlung der Altlieferung und Abholung der Neulieferung hinaus eine derartige innere Verknüpfung der beiden Vorgänge gegeben war, die eine andere Beurteilung rechtfertigen könnte.

---

[349] BGH, Beschluss vom 22.05.2014 – 4 StR 223/13.

[350] BGH, Urteil vom 25.4.2013 – 4 StR 418/12; vgl. hierzu auch BGH, Beschluss vom 17.7.2013 – 2 StR 259/13.

[10] b) Jedenfalls vermag der Senat die Rechtsauffassung des anfragenden 4. Strafsenats nicht zu teilen, zwischen den Tatbeständen des unerlaubten Handeltreibens mit Betäubungsmitteln in nicht geringer Menge gemäß § 29a Abs. 1 Nr. 2 BtMG und der unerlaubten Einfuhr von Betäubungsmitteln in nicht geringer Menge nach § 30 Abs. 1 Nr. 4 BtMG liege – ohne das Hinzutreten von Besonderheiten im konkreten Fall – annähernde Wertgleichheit vor, so dass eine Tat des Handeltreibens mit Betäubungsmitteln in nicht geringer Menge in aller Regel mehrere voneinander unabhängige Taten der Einfuhr von Betäubungsmitteln in nicht geringer Menge zu einer Tat verklammern könne. Das Verbrechen der Einfuhr von Betäubungsmitteln in nicht geringer Menge nach § 30 Abs. 1 Nr. 4 BtMG mit einer Mindeststrafe von zwei Jahren Freiheitsstrafe stellt gegenüber dem – mit Gesetz zur Bekämpfung des illegalen Rauschgifthandels und anderer Erscheinungsformen der organisierten Kriminalität (OrgKG) vom 15. Juli 1992 (BGBl. I S. 1302) ebenfalls als Verbrechen ausgestalteten – Tatbestand des Handeltreibens mit Betäubungsmitteln in nicht geringer Menge nach § 29a Abs. 1 Nr. 2 BtMG, der eine Mindeststrafe von lediglich einem Jahr vorsieht, ungeachtet der gleichen Obergrenze des jeweiligen Strafrahmens (jeweils 15 Jahre, vgl. § 38 Abs. 2 StGB) das schwerer wiegende Delikt dar (BGH, Urteil vom 24. Februar 1994 – 4 StR 708/93, BGHSt 40, 73, 74 f.; Beschluss vom 7. November 2007 – 1 StR 366/07, NStZ-RR 2008, 88). Diese gesetzgeberische Wertung würde nicht hinreichend berücksichtigt, ließe man das weniger schwerwiegende Delikt des Handeltreibens mit Betäubungsmitteln in nicht geringer Menge mehrere selbständige Taten der Einfuhr von Betäubungsmitteln in nicht geringer Menge zu einer Tat verklammern.

[11] Soweit der Bundesgerichtshof in mehreren Entscheidungen gleichwohl davon ausgegangen ist, eine Tat des Handeltreibens könne mehrere zur Erfüllung des Handelsgeschäfts durchgeführte Einfuhren zu einer Tat verbinden, gilt Folgendes: Der Fall, in dem der 2. Strafsenat erstmalig so entschieden hat (Urteil vom 18. Juli 1984 – 2 StR 322/84, BGHSt 33, 4, 6 ff.), wies die Besonderheit auf, dass das Tatgericht – vor der Einführung des § 29a BtMG – das Handeltreiben mit Betäubungsmitteln in nicht geringer Menge als besonders schweren Fall nach § 29 Abs. 3 Nr. 4 BtMG aF mit einer Mindeststrafe von einem Jahr Freiheitsstrafe bewertet hatte, die Einfuhrtaten hingegen als minder schwere Fälle im Sinne von § 30 Abs. 2 BtMG aF mit einem Strafrahmen von drei Monaten bis zu fünf Jahren Freiheitsstrafe. Nur für diesen Fall ist die Vergleichbarkeit der sozial-ethischen Bewertung der beiden Delikte – tragend – angenommen worden, auch wenn weiter ausgeführt wird, das fortgesetzte Handeltreiben in einem besonders schweren Fall könne zwei Einfuhrtaten auch dann zu einer Tat verbinden, wenn vom Regelstrafrahmen des § 30 Abs. 1 BtMG auszugehen sei (BGH aaO, S. 8).

[12] In späteren Entscheidungen ist sodann ohne nähere Begründung von einer sozial-ethischen Vergleichbarkeit der Straftatbestände des § 29a und des § 30 BtMG ausgegangen worden (BGH, Beschlüsse vom 5. November 1993 – 2 StR 534/93, NStZ 1994, 135 und vom 22. Oktober 1996 – 1 StR 548/96, NStZ 1997, 136). Diese Auffassung vermag der Senat – wie dargelegt – nicht zu teilen und weist ergänzend noch auf Folgendes hin: Auch die Ansicht des anfragenden 4. Strafsenats, es komme für die Verklammerung der Einfuhrtaten nicht auf die Umstände an, die zur tateinheitlichen Verknüpfung zu einer Tat des Handeltreibens nach § 29a Abs. 1 Nr. 2 BtMG geführt hätten, begegnet Bedenken: Soll – wie hier – allein die Fahrt zum Tatort in den Niederlanden die im Übrigen voneinander unabhängigen, gesonderte Handelsmengen betreffenden Betäubungsmittelgeschäfte zu einer Tat des Handeltreibens verbinden, darf aus Sicht des Senats nicht außer Acht gelassen werden,

dass die Fahrt in die Niederlande – bezogen allein auf die spätere Einfuhr von Betäubungsmitteln – lediglich eine straflose Vorbereitungshandlung darstellen würde, was ebenfalls dagegen spricht, dass dieser Teilakt des Handeltreibens die Kraft hat, auch die Einfuhrtaten zu verklammern und damit alle begangenen Verstöße gegen das Betäubungsmittelgesetz insgesamt zu einer Tat im Rechtssinne zu verbinden.

Der beabsichtigten Entscheidung des 4. Strafsenats – 4 StR 223/13 – steht bisherige **356**
Rechtsprechung des Senats – soweit ersichtlich – nicht entgegen.

Der Senat neigt aber mehrheitlich dazu, **die Annahme von Handlungseinheit nicht auf selbständige Einfuhrhandlungen auszudehnen,** die jeweils dem Zweck des Handeltreibens dienen, auch wenn die nachträgliche Zahlung für eine frühere Lieferung und die Übernahme der nächsten Lieferung zeitlich zusammentreffen.[351]

b) Einfuhr

Der Tatbestand der **Einfuhr** erfordert **keinen eigenhändigen Transport** des Betäu- **357**
bungsmittels über die Grenze. Mittäter einer Einfuhr im Sinne von § 25 Abs. 2 StGB kann ein Beteiligter deshalb auch dann sein, wenn das Rauschgift von einer anderen Person in das Inland verbracht wird. Voraussetzung dafür ist nach den auch hier geltenden Grundsätzen des allgemeinen Strafrechts aber ein die **Tatbegehung objektiv fördernder Beitrag,** der sich als ein Teil der Tätigkeit aller darstellt und der die Handlungen der anderen als Ergänzung des eigenen Tatanteils erscheinen lässt.[352]

[3] Der Tatbestand der Einfuhr erfordert zwar keinen eigenhändigen Transport des Betäubungsmittels über die Grenze. Mittäter einer Einfuhr im Sinne von § 25 Abs. 2 StGB kann ein Beteiligter deshalb auch dann sein, wenn das Rauschgift von einer anderen Person in das Inland verbracht wird. Voraussetzung dafür ist nach den auch hier geltenden Grundsätzen des allgemeinen Strafrechts aber ein die Tatbegehung objektiv fördernder Beitrag, der sich als ein Teil der Tätigkeit aller darstellt und der die Handlungen der anderen als Ergänzung des eigenen Tatanteils erscheinen lässt (BGH, Beschlüsse vom 1. September 2004 – 2 StR 353/04, NStZ 2005, 229; vom 14. Dezember 1988 – 4 StR 565/88, StV 1990, 264). Ob dies gegeben ist, hat der Tatrichter auf der Grundlage einer umfassenden wertenden Betrachtung festzustellen; von besonderer Bedeutung sind dabei der Grad des eigenen Interesses am Taterfolg, der Einfluss bei der Vorbereitung der Tat und der Tatplanung, der Umfang der Tatbeteiligung und die Teilhabe an der Tatherrschaft oder jedenfalls der Wille dazu, so dass die Durchführung und der Ausgang der Tat maßgeblich auch von dem Willen des Betreffenden abhängen. Entscheidender Bezugspunkt bei allen diesen Merkmalen ist der Einfuhrvorgang selbst (Weber, BtMG, 4. Aufl., § 29 Rn. 907 mwN). Keine ausschlaggebende Bedeutung kann dabei indes dem Interesse eines mit der zu beschaffenden Betäubungsmittelmenge Handel Treibenden am Gelingen des Einfuhrvorgangs zukommen; in einem solchen Falle gewinnt insbesondere die Tatherrschaft bei der Einfuhr oder der Wille hierzu an Gewicht (Weber aaO, Rn. 908). Bloßes Veranlassen einer Beschaffungsfahrt ohne Einfluss auf deren

351 BGH, Beschluss vom 24.10.2013 – 2 ARs 319/13.
352 BGH, Beschluss vom 27.05.2014 – 3 StR 2137/14.

Durchführung genügt dagegen nicht (BGH, Beschluss vom 16. Februar 2012 – 3 StR 470/11, StV 2012, 410 mwN).

[4] Nach den Feststellungen des Landgerichts ließ der Angeklagte in den genannten beiden Fällen das Rauschgift von einem Kurier aus den Niederlanden nach Deutschland verbringen. Ein Einfluss des Angeklagten auf die Einzelheiten der Beschaffungsfahrten ist nicht festgestellt. Dies gilt auch in Ansehung des Umstands, dass der Angeklagte bei der Tat 4 „die Übergabe der Betäubungsmittel über das Handy überwachte" (UA S. 11), indem er wiederholt bei dem holländischen Lieferanten anrief, während er sich selbst auf der Reise nach Berlin befand. Damit ist lediglich eine Anstiftung zur Rauschgifteinfuhr festgestellt.

c) Bewertungseinheit oder selbstständige Taten

358 Werden Betäubungsmittel einem Abnehmer **jeweils auf Kommissionsbasis überlassen und erst bei Übernahme der nächsten Lieferung bezahlt,** überschneiden sich die unmittelbar aufeinanderfolgenden Umsätze in der Entgegennahme des Kaufpreises und der Übergabe der bestellten neuen Mengen, so dass die Rauschgiftgeschäfte in einem Handlungsteil des Handeltreibens mit Betäubungsmitteln zusammentreffen. Auch wenn teilweise gleichzeitig weitere Betäubungsmittel mitverkauft werden, steht dies der Annahme von Tateinheit nicht entgegen.[353]

359 Fällt ein **Teilakt des Handeltreibens,** nämlich die Entgegennahme des Kaufpreises oder eines Teils davon, für **mehrere Lieferungen in einer Handlung** zusammen, führt dies zur Annahme von Tateinheit zwischen den beiden so verbundenen Taten des Handeltreibens.[354]

[2] 1. Nach den Feststellungen des Landgerichts vereinbarten die Angeklagten Anfang des Jahres 2008, gemeinsam über einen längeren Zeitraum gewinnbringend mit Betäubungsmitteln zu handeln. Im Frühjahr 2009 schloss sich der ehemalige Mitangeklagte M. zum selben gemeinsamen Zweck den Angeklagten an. Im Tatzeitraum zwischen Mai 2008 und Mai 2010 kam es zu diversen Amphetamingeschäften in der Größenordnung von 100 bis 2.000 g in wechselnder Beteiligung, wobei stets zumindest einer der Angeklagten als Veräußerer des Rauschgifts in Erscheinung trat. Das Amphetamin wurde auf Kommissionsbasis an Abnehmer abgegeben, die es ihrerseits gewinnbringend verkauften und den Kaufpreis anschließend – oftmals über zwischengeschaltete Personen – beiden Angeklagten oder einem von ihnen zumeist in mehreren Teilbeträgen zukommen ließen.

[3] 2. Hinsichtlich des Angeklagten D. H. hält die Annahme zweier selbständiger Taten des Handeltreibens mit Betäubungsmitteln in nicht geringer Menge gemäß § 29a Abs. 1 Nr. 2 StGB in den Fällen 13 und 14 sachlich-rechtlicher Überprüfung nicht stand. Das Landgericht hat ausdrücklich festgestellt, dass der Erwerber der zwei Amphetaminlieferungen über jeweils 1 kg zum Preis von je 6.000 € einen aus diesen Lieferungen noch offenen Betrag von 10.000 € in einem Vorgang an den gesondert verfolgten M. bezahlt hat, der diesen Betrag sodann an D.H. weiterleitete.

---

353 BGH, Beschluss vom 15.07.2014 – 5 StR 169/14.

354 BGH, Beschluss vom 4.06.2014 – 5 StR 494/13; siehe hierzu auch Beschluss vom 24.06.2014 – 3 StR 207/14.

Damit fällt ein Teilakt des Handeltreibens, nämlich die Entgegennahme des Kaufpreises oder eines Teils davon, für beide Lieferungen in einer Handlung zusammen.

Beziehen sich **mehrere Unterstützungsakte** auf eine **einzige Haupttat** eines Mittäters, stellen diese ihrerseits nur ein einheitliches Beihilfedelikt dar.[355] **360**

d) Abgrenzung Täterschaft und Teilnahme

Täterschaftliches Handeln setzt die Feststellung voraus, dass der Handelnde selbst **eigennützige Bemühungen entfaltet,** die darauf gerichtet sind, den Umsatz mit Betäubungsmitteln zu ermöglichen oder zu fördern. Nicht ausreichend ist es hingegen, wenn ein Täter nur den Eigennutz eines anderen mit seinem Tatbeitrag unterstützen will.[356] **361**

[2] I. Der Schuldspruch in den Fällen II.3 – II.5, II.7 – II.8, II.10, II.15 – II.16 wegen unerlaubten Handeltreibens in nicht geringer Menge hat keinen Bestand. Insoweit ist das Landgericht davon ausgegangen, dass die Angeklagte – anders als in den Fällen II.2, II.6 und II.12, in denen sie auf eigene Rechnung selbst Betäubungsmittel gewinnbringend veräußerte – sich lediglich an den Betäubungsmittelgeschäften der Mitangeklagten M. und E.-M. beteiligte und hierdurch eine Möglichkeit sah, sich (ebenfalls) eine dauerhafte Einnahmequelle von einigem Umfang und Gewicht zu verschaffen (UA S. 15). Ob und in welchem Umfang die Angeklagte hierbei tatsächlich „Erlöse" erzielte, hat die Strafkammer nicht festzustellen vermocht und deshalb auf Berücksichtigung möglicher Erträge aus der Beteiligung an „Fremdgeschäften" im Rahmen der Verfallsentscheidung verzichtet (vgl. UA S. 43).

[3] Bei dieser Sachlage ist die Annahme täterschaftlichen Handeltreibens mit Betäubungsmitteln nicht hinreichend mit Tatsachen belegt. Täterschaftliches Handeln setzt die Feststellung voraus, dass der Handelnde selbst eigennützige Bemühungen entfaltet, die darauf gerichtet sind, den Umsatz mit Betäubungsmitteln zu ermöglichen oder zu fördern. Nicht ausreichend ist es hingegen, wenn ein Täter nur den Eigennutz eines anderen mit seinem Tatbeitrag unterstützen will (BGHSt 34, 124, 125 f.; BGH StV 2012, 414; BGH NStZ 2013, 550). Die Strafkammer ist zwar davon ausgegangen, dass die Angeklagte auch insoweit ihre finanzielle Situation verbessern wollte; worauf die Kammer diese Annahme stützt und welche Vorteile sie sich aus der Beteiligung versprochen hat, lässt sich aber auch dem Gesamtzusammenhang der Urteilsgründe nicht entnehmen. Es ist auch nicht ohne Weiteres davon auszugehen, dass Betäubungsmittelgeschäfte einer gewissen Größenordnung regelmäßig nicht uneigennützig gemacht werden (vgl. BGH StV 1992, 469). Vielmehr sind auch in diesen Fällen konkrete Feststellungen zur Eigennützigkeit des Handelns vonnöten (BGH NStZ 2013, 550). Dies gilt hier um so mehr, als die Angeklagte mit dem Mitangeklagten M. kurz zuvor eine Beziehung eingegangen war und es jedenfalls nicht völlig fernliegend ist, dass eine Beteiligung an dessen Geschäften nicht von vornherein auf die Verschaffung eigener Vorteile gerichtet war.

Ob die Beteiligung an einem unerlaubten Handeltreiben mit Betäubungsmitteln als **Mittäterschaft oder Beihilfe** zu werten ist, beurteilt sich **nach den allgemeinen** **362**

---

[355] BGH, Beschluss vom 21.01.2014 – 1 StR 664/13.

[356] BGH, Beschluss vom 24.09.2014 – 2 StR 276/14.

Grundsätzen über die Abgrenzung zwischen diesen Beteiligungsformen. Mittäter ist, wer nicht nur fremdes Tun fördert, sondern einen eigenen Tatbeitrag derart in eine gemeinschaftliche Tat einfügt, dass sein Beitrag als Teil der Tätigkeit des anderen und umgekehrt dessen Tun als Ergänzung seines eigenen Tatanteils erscheint. Ob ein Beteiligter ein so enges Verhältnis zur Tat hat, ist nach den gesamten Umständen, die von seiner Vorstellung umfasst sind, in wertender Betrachtung zu beurteilen. Wesentliche Anhaltspunkte können der Grad des eigenen Interesses am Taterfolg, der Umfang der Tatbeteiligung und die Tatherrschaft oder wenigstens der Wille zur Tatherrschaft sein. Diese Grundsätze gelten auch für denjenigen, der ein Betäubungsmittelgeschäft vermittelt.[357]

[6] bb) Daran gemessen hat sich der Angeklagte an dem Verkauf des Marihuanas durch den Zeugen W. nur als Gehilfe beteiligt. Er vermittelte lediglich ein fremdes Umsatzgeschäft, indem er den Kontakt zwischen dem Kaufinteressenten P. und dem Verkäufer W. herstellte. Einen eigenen Einfluss auf die verkaufte Menge und deren Preis hatte er nicht. Bei der Abwicklung des Geschäftes war er durch die Bereitstellung seiner Wohnung und die Hilfe beim Abwiegen lediglich unterstützend tätig. Die Feststellungen zur Entlohnung des Angeklagten, die in der Überlassung von Marihuana bestand, vermögen ein besonderes eigenes Interesse an der Tat nicht zu belegen.

363 Für die **rechtliche Einordnung der Beteiligung eines Kuriers** an einem Rauschgiftgeschäft ist auf dessen konkreten Beitrag für das Umsatzgeschäft insgesamt abzustellen. Erschöpft sich die Tätigkeit eines Beteiligten allein im Transport von Betäubungsmitteln oder des Entgelts dafür, kommt dieser mit Blick auf das Umsatzgeschäft in der Regel keine täterschaftliche Gestaltungsmöglichkeit zu. Insoweit kommt es auch nicht entscheidend darauf an, ob der Kurier hinsichtlich des Transports ein hohes Maß an Selbständigkeit und Tatherrschaft innehat, denn auch bei faktischen Handlungsspielräumen insoweit wird das Handeln des Kuriers zumeist nur eine untergeordnete Hilfstätigkeit darstellen und deshalb als Beihilfe zu werten sein.[358]

[3] 2. In den verbleibenden 15 Fällen hält der Schuldspruch rechtlicher Überprüfung nicht stand, soweit die Strafkammer den Angeklagten – neben der tateinheitlich verwirklichten Einfuhr – wegen täterschaftlichen Handeltreibens mit Betäubungsmitteln in nicht geringer Menge verurteilt hat. Die vom Landgericht festgestellte Kuriertätigkeit des Angeklagten ist mit Blick auf den Vorwurf des Handeltreibens vielmehr lediglich als Beihilfe zu werten.

[4] Nach der Rechtsprechung des Bundesgerichthofs gelten für die Abgrenzung von Täterschaft und Teilnahme auch im Betäubungsmittelrecht die Grundsätze des allgemeinen Strafrechts. Für die rechtliche Einordnung der Beteiligung eines Kuriers an einem Rauschgiftgeschäft ist mithin auf dessen konkreten Beitrag für das Umsatzgeschäft insgesamt abzustellen. Erschöpft sich die Tätigkeit eines Beteiligten allein im Transport von Betäubungsmitteln oder des Entgelts dafür, kommt dieser mit Blick auf das Umsatzgeschäft in der Regel keine täterschaftliche Gestaltungsmöglichkeit

---

357 BGH, Beschluss vom 27.03.2014 – 4 StR 20/14; vgl. hierzu auch Beschluss vom 12.08.2014 – 4 StR 174/14.

358 BGH, Beschluss vom 20.03.2014 – 3 StR 375/13.

zu. Insoweit kommt es auch nicht entscheidend darauf an, ob der Kurier hinsichtlich des Transports ein hohes Maß an Selbständigkeit und Tatherrschaft innehat, denn auch bei faktischen Handlungsspielräumen insoweit wird das Handeln des Kuriers zumeist nur eine untergeordnete Hilfstätigkeit darstellen und deshalb als Beihilfe zu werten sein (BGH, Urteil vom 5. Mai 2011 – 3 StR 445/10, BGHR BtMG § 29 Abs. 1 Nr. 1 Handeltreiben 77 mwN).

[5] Etwas anderes könnte nur gelten, wenn der Kurier erhebliche, über den reinen Transport hinausgehende Tätigkeiten entfaltet, etwa am An- und Verkauf des Rauschgifts unmittelbar beteiligt ist oder sonst ein eigenes Interesse am weiteren Schicksal des Gesamtgeschäfts hat, weil er eine Beteiligung am Umsatz oder dem zu erzielenden Gewinn erhalten soll. Auch eine Einbindung des Transporteurs in eine gleichberechtigt verabredete arbeitsteilige Durchführung des Umsatzgeschäfts spricht für die Annahme von Mittäterschaft, selbst wenn seine konkrete Tätigkeit in diesem Rahmen auf die Beförderung der Drogen, von Kaufgeld oder Verkaufserlös beschränkt ist. Im Einzelfall kann auch eine weit gehende Einflussmöglichkeit des Transporteurs auf Art und Menge der zu transportierenden Drogen sowie auf die Gestaltung des Transports für eine über das übliche Maß reiner Kuriertätigkeit hinausgehende Beteiligung am Gesamtgeschäft sprechen (BGH aaO).

[6] Solche Umstände hat die Strafkammer indes nicht festgestellt: Der Angeklagte war weder am An- und Verkauf der Betäubungsmittel unmittelbar beteiligt, noch hatte er Einfluss auf Art und Menge der zu transportierenden Drogen. Er erhielt keine Umsatzbeteiligung, sondern einen festen Kurierlohn. Er war nicht gleichberechtigt in die arbeitsteilige Durchführung des Umsatzgeschäftes eingebunden, sondern befolgte – mit Ausnahme des reinen Transports, den er eigenverantwortlich gestalten konnte – die Vorgaben seiner Auftraggeber.

Bei einer Bewertung von **Transporttätigkeit eines Beteiligten** an Rauschgiftgeschäften kommt es für die **Frage, ob täterschaftliches Handeltreiben** angenommen werden muss, nicht entscheidend darauf an, welches Maß an Selbständigkeit und Tatherrschaft der Beteiligte hinsichtlich dieses isolierten Teilakts des Umsatzgeschäfts innehat. Abzustellen ist vielmehr darauf, welche Bedeutung der konkreten Beteiligungshandlung im Rahmen des Gesamtgeschäfts zukommt. Mittäterschaftliches Handeltreiben wird daher vor allem dann in Betracht kommen, wenn der Beteiligte erhebliche, über den reinen Transport hinausgehende Tätigkeiten entfaltet, etwa am An- und Verkauf des Rauschgifts unmittelbar beteiligt ist oder sonst ein eigenes Interesse am weiteren Schicksal des Gesamtgeschäfts hat, weil er eine Beteiligung am Umsatz oder dem zu erzielenden Gewinn erhalten soll.[359] **364**

[9] Unter Zugrundelegung dieser Maßstäbe hat das Landgericht das Verhalten des Angeklagten zu Recht nicht als bloße Förderung fremden Tuns, sondern als Mittäterschaft bewertet. Hierbei durfte es neben den zutreffend als gewichtig bezeichneten Tatbeiträgen auch den Umstand heranziehen, dass der Angeklagte ein erhebliches Eigeninteresse an der Tat hatte und über eine maßgebliche Tatherrschaft verfügte. Zwar konnte die Strafkammer insoweit keinerlei konkrete Feststellungen über die Höhe einer finanziellen Beteiligung des Angeklagten treffen; gleiches gilt hinsichtlich seiner Einbindung in die Planung des Erwerbs und des Absatzes des

---

[359] BGH, Beschluss vom 24.04.2014 – 5 StR 123/14; siehe hierzu auch Beschluss vom 3.07.2014 – 4 StR 240/14.

Kokains. Es ist indessen nicht zu beanstanden, wenn sich das Tatgericht auch ohne nähere Konkretisierung aufgrund tragfähiger Indizien die Überzeugung verschafft, der Angeklagte habe mit Erbringung seiner Tatbeiträge „gewichtige Eigeninteressen verfolgt" (UA S. 111) und „den Tatausgang maßgeblich mitbestimmt" (UA S. 110). Beides ist dem Gesamtzusammenhang der Urteilsgründe in ausreichendem Maße zu entnehmen. Das „deutliche Tatinteresse" hat das Landgericht nachvollziehbar mit dem erheblichen Risiko begründet, das der Angeklagte durch die Fahrt in die Schweiz und seine Anwesenheit beim Einbringen des Kokains eingegangen sei, wobei er seinen Beitrag nicht auf das Minimum dessen beschränkt habe, wofür seine Hilfe benötigt wurde (UA S. 111), was wiederum auf ein Eigeninteresse am Erfolg des Gesamtgeschäfts hinweist. Hinsichtlich der Tatplanung hat das Landgericht zum einen konkret festgestellt, dass sich der Angeklagte neben D. und dem weiteren früheren Mitangeklagten Y., für den zumindest 13 der 36 Kilogramm Kokain bestimmt waren, an den Überlegungen zum Transport von der Schweiz nach Deutschland beteiligt hat (vgl. UA S. 25). Zum anderen hat es in vertretbarer Weise angenommen, aus den Umständen des Aufenthalts des Angeklagten in der Schweiz, insbesondere seiner Verabredung des Treffens mit D. und seinem detaillierten Informationsstand, folge eine – wenngleich nicht näher aufklärbare – besondere Einbindung in die Absprachen über die Abwicklung des Geschäfts. Ausgehend hiervon ist sowohl ein eigenes Interesse des Angeklagten am Schicksal des Gesamtgeschäfts als auch die Annahme einer gleichberechtigt verabredeten, arbeitsteiligen Durchführung des Umsatzgeschäfts hinreichend belegt, so dass die Annahme von Mittäterschaft auch in Ansehung des Umstands gerechtfertigt ist, dass sich die konkreten Tathandlungen des Angeklagten lediglich auf den Transport des Rauschgifts bezogen (vgl. BGH, Beschlüsse vom 20. März 2014 – 3 StR 375/13 – und vom 24. April 2013 – 5 StR 135/13, NStZ 2013, 549).

[10] b) Die vorstehenden Erwägungen greifen ebenso in Bezug auf die tateinheitlich verwirklichte Einfuhr von Betäubungsmitteln in nicht geringer Menge. Der Tatbestand der Einfuhr erfordert nicht, dass der Täter das Betäubungsmittel eigenhändig über die Grenze bringt. (Mit-)Täter kann vielmehr auch sein, wer das Rauschgift über die Grenze transportieren lässt (BGH, Beschluss vom 1. September 2004 – 2 StR 353/04, NStZ 2005, 229). Insoweit gelten die dargestellten Kriterien zur Abgrenzung von Mittäterschaft und Beihilfe prinzipiell in gleicher Weise. Gründe, den – gerade wesentlich auf den Transport des Kokains über die schweizerisch-deutsche Grenze gerichteten – Tatbeitrag des Angeklagten in Bezug auf die Einfuhr etwa anders als hinsichtlich des Handeltreibens lediglich als Beihilfe zu bewerten, sind nicht ersichtlich. Zur Vermeidung eines irreführenden Schuldspruchs ändert der Senat diesen entsprechend ab. An einer Schuldspruchverschärfung ist er durch das Verschlechterungsverbot nicht gehindert.

365 Eine Verurteilung wegen **täterschaftlichen unerlaubten Handeltreibens** von Betäubungsmitteln setzt voraus, dass der **Handelnde selbst eigennützige Bemühungen entfaltet**, die darauf gerichtet sind, den Umsatz mit Betäubungsmitteln zu ermöglichen oder zu fördern. Nicht ausreichend ist es hingegen, wenn ein Täter nur den Eigennutz eines anderen mit seinem Tatbeitrag unterstützen will.[360]

[360] BGH, Beschluss vom 20.02.2014 – 2 StR 563/13.

[2] Die von dem Landgericht getroffenen Feststellungen belegen im Fall II. 21. der Urteilsgründe eine Beihilfehandlung des Angeklagten nicht.

[3] Das Landgericht hat festgestellt, dass der Angeklagte im Fall II. 19. der Urteilsgründe beim Aufbau der Plantage die elektrischen Arbeiten vorgenommen hat. Diese Unterstützungshandlung rechtfertigt seine Verurteilung wegen Beihilfe nur hinsichtlich der im Dezember 2010 erfolgten ersten Ernte auf der Plantage (Fall II. 19.). Eine eigenständige Beihilfehandlung des Angeklagten für die zweite Ernte auf dieser Plantage im Februar 2011 (Fall II. 21.) ist hingegen nicht belegt.

Nicht hinreichend ist belegt, dass der Angeklagte, wie der Tatbestand des unerlaub- **366**
ten Handeltreibens mit Betäubungsmitteln voraussetzt, eigennützig handelte. **Eigennützig handelt der Täter, dem es auf seinen persönlichen Vorteil, insbesondere auf die Erzielung von Gewinn ankommt.** Sein Handeln muss vom Streben nach Gewinn geleitet Voraussetzung nicht hinreichend belegt, dass der Angeklagte, wie der Tatbestand des unerlaubten Handeltreibens mit Betäubungsmitteln voraussetzt, eigennützig handelte. Eigennützig handelt der Täter, dem es auf seinen persönlichen sein oder er muss sich sonst irgendeinen persönlichen Vorteil von ihm versprechen, durch den er materiell oder immateriell besser gestellt wird. Ein Vorteil immaterieller Art kommt bei der gebotenen zurückhaltenden Auslegung nur in Betracht, wenn er einen objektiv messbaren Inhalt hat und den Empfänger in irgendeiner Weise tatsächlich besser stellt.[361]

[13] 1. Im Fall II.1 der Urteilsgründe hält die tateinheitlich ausgesprochene Verurteilung wegen Beihilfe zur Einfuhr von Betäubungsmitteln in nicht geringer Menge der rechtlichen Überprüfung nicht stand.

[14] Das Landgericht hat insoweit festgestellt, der Angeklagte Sch. sei im April 2011 zusammen mit dem Mitangeklagten J. nach Rotterdam gefahren, wo dieser von seinem Lieferanten für 26.000 € ein Kilogramm Kokain erworben habe. Diese Betäubungsmittel hätten sie selbst oder – „was wahrscheinlicher sein dürfte" – unter Einschaltung eines unbekannt gebliebenen Kuriers am frühen Morgen des Folgetages in die Bundesrepublik eingeführt. Der Angeklagte Sch. habe dem Mitangeklagten J. durch seine Anwesenheit Sicherheit bei dem Geldtransport vermittelt und ihm geholfen, den Eindruck einer unverdächtigen Urlaubsreise zu erwecken.

[15] Diese Feststellungen tragen zwar die Verurteilung wegen Beihilfe zum Handeltreiben mit Betäubungsmitteln in nicht geringer Menge, nicht aber die wegen Beihilfe zur Einfuhr von Betäubungsmitteln in nicht geringer Menge. Voraussetzung der Strafbarkeit wegen Beihilfe zu einer Straftat ist, dass der Gehilfe durch eine Handlung die Verwirklichung des Tatbestandes durch den Haupttäter objektiv fördert (SSW-StGB/Murmann, 1. Aufl., § 27 Rn. 3). Dies wird indes durch die Feststellungen nicht belegt. Da die Strafkammer sich nicht davon hat überzeugen können, dass der Angeklagte Sch. zusammen mit dem Mitangeklagten J. das in Rotterdam übernommene Kokain selbst in die Bundesrepublik Deutschland einführte – anders ist die Wendung, dass die Einfuhr durch einen unbekannt gebliebenen Kurier wahrscheinlicher sei, nicht zu verstehen – hätte es konkreter Feststellungen dazu bedurft, dass und gegebenenfalls durch welche Handlung der Angeklagte Sch. die mittels eines Kuriers vollzogene Einfuhrtat des Mitangeklagten J. gefördert haben könnte. Daran fehlt es.

361 BGH, Beschluss vom 12.06.2013 – 2 StR 608/12.

e) Bandenmäßiges Handeltreiben

367 Wesentliches **Merkmal einer Bande** ist die auf eine gewisse Dauer angelegte **Verbindung von mindestens drei Personen** zur gemeinsamen Deliktsbegehung. Daran fehlt es, wenn sich die Beteiligten eines Betäubungsmittelgeschäfts auf der Verkäufer- und der Erwerberseite selbständig gegenüber stehen, auch wenn sie in einem eingespielten Bezugs- und Absatzsystem im Rahmen einer andauernden Geschäftsbeziehung handeln. Ob eine Person, die regelmäßig von einem bestimmten Verkäufer Betäubungsmittel zum Zwecke des gewinnbringenden Weiterverkaufs bezieht, in dessen Absatzorganisation als verlängerter Arm eingebunden ist oder dieser auf der Abnehmerseite als selbständiger Geschäftspartner gegenüber steht, beurteilt sich wesentlich nach der getroffenen Risikoverteilung.[362]

[18] Die Revision der Staatsanwaltschaft

[19] I. Der Schuldspruch hält der sachlich-rechtlichen Nachprüfung nicht stand; er enthält allein den Angeklagten begünstigende Rechtsfehler. Die Ausführungen zur Frage, ob es sich bei dem Angeklagten einerseits und den anderen Beteiligten P., K. und J. andererseits um eine Bande oder um sich jeweils selbständig gegenüber stehende Verkäufer und Erwerber handelte, begegnen durchgreifenden rechtlichen Bedenken. Die Wertung, der Angeklagte habe nicht bandenmäßig gehandelt, kann daher keinen Bestand haben.

[20] 1. Wesentliches Merkmal einer Bande ist die auf eine gewisse Dauer angelegte Verbindung von mindestens drei Personen zur gemeinsamen Deliktsbegehung (BGH, Beschluss vom 22. März 2001 – GSSt 1/00, BGHSt 46, 321; Urteile vom 22. April 2004 – 3 StR 28/04, NStZ 2004, 696, und vom 29. Februar 2012 – 2 StR 426/11). Daran fehlt es, wenn sich die Beteiligten eines Betäubungsmittelgeschäfts auf der Verkäufer- und der Erwerberseite selbständig gegenüber stehen, auch wenn sie in einem eingespielten Bezugs- und Absatzsystem im Rahmen einer andauernden Geschäftsbeziehung handeln. Ob eine Person, die regelmäßig von einem bestimmten Verkäufer Betäubungsmittel zum Zwecke des gewinnbringenden Weiterverkaufs bezieht, in dessen Absatzorganisation als verlängerter Arm eingebunden ist oder dieser auf der Abnehmerseite als selbständiger Geschäftspartner gegenüber steht, beurteilt sich wesentlich nach der getroffenen Risikoverteilung (BGH, Beschlüsse vom 6. Februar 2007 – 4 StR 612/06, NStZ 2007, 533; vom 5. Oktober 2007 – 2 StR 436/07, NStZ-RR 2008, 55; vom 5. Juli 2011 – 3 StR 129/11, StraFo 2011, 413 mwN; vom 31. Juli 2012 – 5 StR 315/12, NStZ 2013, 49).

[21] 2. Diese Obersätze hat das Landgericht zwar seinen Ausführungen vorangestellt, bezieht für die erforderliche Abgrenzung aber danach wesentliche Aspekte nicht ein. Die rechtliche Bewertung ist daher auf einer lückenhaften Grundlage erfolgt.

[22] Die Ausführungen des Landgerichts nehmen zur Frage, ob eine Bande vorliegt, nur den der Beschaffung des Rauschgifts nachfolgenden Verkauf durch den Angeklagten und seine Mittäter in den Blick. Dies erweist sich als unzureichend, da Bezugspunkt für die Prüfung, ob der Angeklagte einerseits und die anderen Beteiligten andererseits auf wirtschaftlich unterschiedlichen Seiten dieses Geschäfts stehen, sämtliche Teilakte des Handeltreibens sind, mithin auch der Teilakt der mittäter-

---

[362] BGH, Urteil vom 3.09.2014 – 1 StR 145/14.

schaftlich organisierten Beschaffung. Anders als in den Fallkonstellationen, in denen es um die Bewertung reiner Absatzbeziehungen zwischen Verkäufer und Erwerber geht, war der stets „auf eine bestimmte Art und Weise" (UA S. 17) erfolgende Tatablauf nicht nur durch ein Zusammenwirken beim Absatzgeschäft gekennzeichnet, sondern auch durch eine arbeitsteilig erfolgende Beschaffung des Rauschgifts, weswegen das Landgericht insoweit die Beteiligten und den Angeklagten als Mittäter angesehen hat.

[23] Dieser Teilakt war durch ein gemeinsames Interesse an dem Vollzug des vom Angeklagten zuvor mit seinem Händler ausgehandelten Ankaufgeschäfts und mithin durch ein gemeinsames Agieren auf der Erwerberseite geprägt. Dies kommt in den Modalitäten zur Fahrt nach F., der Versendung der Drogen an die Mittäter des Angeklagten und der damit verbundenen Überbürdung des Entdeckungsrisikos auf diese zum Ausdruck.

[24] 3. Eine Schuldspruchumstellung durch den Senat kam nicht in Betracht, da es an tragfähigen Feststellungen zur erforderlichen Bandenabrede fehlt. Insoweit ist der Verteidigung darin Recht zu geben, dass die Mittäterschaft allein noch nicht ausreichend ist für die Annahme einer bandenmäßigen Begehung, es vielmehr einer ausdrücklichen oder konkludenten Abrede darüber bedarf, mit den anderen Bandenmitgliedern in Zukunft für eine gewisse Dauer eine unbestimmte Zahl von Straftaten zu begehen (vgl. BGH, Beschluss vom 22. März 2001 – GSSt 1/00, BGHSt 46, 321, 328 ff.; Beschluss vom 14. Mai 2014 – 2 StR 465/13).

[25] 4. Da es sich allein um einen Subsumtionsfehler handelt, bedurfte es nicht der Aufhebung von Feststellungen, die rechtsfehlerfrei getroffen sind. Das neu zuständige Tatgericht wird aber ergänzende, nicht im Widerspruch zu den bisherigen stehende Feststellungen, insbesondere zu den Umständen der Verabredung der Begehung der Taten zwischen dem Angeklagten und P., K. und J., zu treffen haben.

f) Handeltreiben mit Waffen

Das Landgericht hat mit Rücksicht auf das bei dem Angeklagten **sichergestellte und einsatzbereite Einhandmesser** ohne Rechtsfehler bewaffnetes Handeltreiben mit Betäubungsmitteln in nicht geringer Menge angenommen (§ 30a Abs. 2 Nr. 2 BtMG). Das Landgericht hat darauf abgestellt, dass es im Drogenhandel nicht unüblich sei, sich entsprechend für den Fall abzusichern, dass ein neuer und damit nicht als zuverlässig bekannter Kunde das Rauschgift ohne zu bezahlen an sich nehmen würde, zumal im vorliegenden Fall die Abnehmer in der Überzahl gewesen seien. Es sei daher davon auszugehen, dass das Einhandmesser nicht ausschließlich für „unverfängliche" Zwecke, sondern jedenfalls auch zur Sicherung des geplanten Rauschgiftgeschäftes gedient habe. Diese Erwägungen tragen die Annahme des Landgerichts, dass es sich bei dem Einhandmesser um einen sonstigen Gegenstand im Sinne von § 30a Abs. 2 Nr. 2 BtMG handelt, der seiner Art nach zur Verletzung von Personen geeignet und bestimmt ist.[363] **368**

Der Tatbestand des **§ 30a Abs. 2 Nr. 2 BtMG** setzt voraus, dass der Täter den bei der Tatbegehung mit sich geführten Gegenstand, wenn es sich bei diesem – wie hier – nicht um eine Schusswaffe handelt, **zur Verletzung von Personen bestimmt hat**. Um **369**

[363] BGH, Beschluss vom 25.7.2013 – 3 StR 143/13.

dieses Qualifikationsmerkmal zu verwirklichen, bedarf es einer darauf gerichteten Zweckbestimmung des Täters. Eine solche Zweckbestimmung muss grundsätzlich vom Tatrichter näher festgestellt und begründet werden. Das Landgericht hat allerdings nicht erkennbar bedacht, dass solche näheren Feststellungen zur Zweckbestimmung durch den Täter nicht erforderlich sind, wenn es sich bei dem mitgeführten Gegenstand um eine sogenannte gekorene Waffe i.S.v. § 1 Abs. 2 Nr. 2b WaffG („tragbare Gegenstände") handelt; bei derartigen Waffen liegt die Zweckbestimmung zur Verletzung von Personen ohne weitere Feststellungen regelmäßig auf der Hand. Gekorene Waffen sind die von Anlage 1 Abschnitt 1 Unterabschnitt 2 Nr. 2.1. zu § 1 Abs. 4 WaffG erfassten Gegenstände, zu denen u.a. Springmesser, Fallmesser, Faustmesser sowie Butterfly- oder Faltmesser gehören.[364]

370 Es fehlt an einer Feststellung, dass es sich bei dem **Messer** um einen **zur Verletzung von Personen bestimmten Gegenstand** im Sinne des § 30a Abs. 2 Nr. 2 2. Alt. BtMG gehandelt hat. Aus seiner Beschreibung als Fahrtenmesser mit einer abgebrochenen Klinge ergibt sich lediglich, dass das Messer objektiv zur Verletzung von Personen geeignet war. Dies reicht allerdings noch nicht aus, um auch die zur Verwirklichung des Qualifikationstatbestands notwendige subjektive Zweckbestimmung des Gegenstands durch den Täter zu belegen, zu der sich die Urteilsgründe überhaupt nicht verhalten. Das beschriebene Messer ist weder eine Waffe im technischen Sinne, noch unterfällt es – wie sich aus der fehlenden Erwähnung dieses Messertyps in der Anlage 1 Abschnitt 1 Unterabschnitt 2 Nr. 2.1 zu § 1 Abs. 4 WaffG ergibt – der Kategorie der sogenannten gekorenen Waffen im Sinne des § 1 Abs. 2 Nr. 2 lit. b WaffG, bei denen die subjektive Zweckbestimmung zur Verletzung von Personen regelmäßig auf der Hand liegt. Vielmehr handelt es sich hier um einen werkzeugartig auch zu handwerklichen Zwecken nutzbaren Gebrauchsgegenstand, bei dem die Annahme, dass der Täter ihn (auch) zur Verletzung von Menschen bestimmt habe, der ausdrücklichen Feststellung und Begründung bedarf.[365]

371 Die **Bewaffnung der gesondert Verfolgten** bei der Lagerung und Portionierung der Betäubungsmittel in ihrer Wohnung führt **bei dem Angeklagten**, den die Strafkammer rechtsfehlerfrei als Täter des Handeltreibens mit Betäubungsmitteln in nicht geringer Menge angesehen hat, **nicht zur Anwendung des Qualifikationstatbestandes** des § 30a Abs. 2 Nr. 2 BtMG. Zwar stellt die Bewaffnung im Sinne dieser Vorschrift ein tatbezogenes Merkmal dar, so dass nicht nur derjenige, der unmittelbaren Zugriff etwa auf eine Schusswaffe hat, Täter eines Verbrechens nach § 30a Abs. 2 Nr. 2 BtMG sein kann; **vielmehr kann die vom gemeinsamen Tatplan umfasste Bewaffnung eines Mittäters den anderen Tätern nach allgemeinen Grundsätzen gemäß § 25 Abs. 2 StGB zugerechnet werden.** Nach dem Wortlaut der Norm, nach dem „der Täter" die Waffe mit sich führen muss, ist die Bewaffnung eines Teilnehmers hingegen nicht ausreichend; das Mitsichführen einer Waffe durch den Gehilfen des Rauschgifthändlers führt demnach grundsätzlich weder bei diesem noch beim Haupttäter zum Vorliegen der Voraussetzungen des § 30a Abs. 2 Nr. 2 BtMG.[366]

---

[364] BGH, Urteil vom 21.10.2014 – 1 StR 78/14.
[365] BGH, Beschluss vom 8.01.2014 – 5 StR 542/13.
[366] BGH, Beschluss vom 3.12.2013 – 4 StR 404/13.

g) § 30a Abs. 2 BtMG

§ 30a Abs. 2 Nr. 1 BtMG in der Variante des **Bestimmens eines Minderjährigen zum Fördern einer der dort genannten Kataloghandlungen** erfordert, dass der Minderjährige neben den objektiven auch die subjektiven Voraussetzungen einer Beihilfehandlung im Sinne des § 27 StGB verwirklicht.[367] **372**

h) §§ 31 ff. BtMG

„Die Tat" im Sinne von § 31 BtMG, zu der Aufklärungshilfe geleistet werden muss, **373** ist nicht nur der dem Angeklagten im einzelnen Strafverfahren vorgeworfene einheitliche geschichtliche Lebensvorgang; der „eigenständige" – weil von § 264 StPO losgelöste – Tatbegriff im Sinne von § 31 BtMG umfasst vielmehr auch die Betäubungsmitteltaten anderer Personen, die als rechtlich selbständig zu werten und nicht Gegenstand des anhängigen Verfahrens sind. Denn Zweck der Vorschrift ist gerade auch die Aufklärung strafrechtlich relevanten Verhaltens Dritter jenseits der dem „Kronzeugen" angelasteten Tat im prozessualen Sinne; es soll ein Anreiz zur Mithilfe bei der Aufklärung und Verfolgung auch anderer gewichtiger Betäubungsmitteldelikte geboten werden, weshalb auch diejenigen die Vergünstigung einer Strafmilderung erhalten sollen, die zur Aufdeckung weiterer Straftaten beitragen.[368]

§ 31 Nr. 1 BtMG verlangt lediglich, dass der **Täter durch freiwillige Offenbarung** **374** **seines Wissens wesentlich dazu beigetragen** hat, dass die Tat über den eigenen Tatbeitrag hinaus aufgeklärt werden konnte, wobei es ausreicht, dass der Täter lediglich seine Abnehmer preisgibt. Erforderlich ist nicht, dass die **Verurteilung** eines an der Straftat Beteiligten **auf den Angaben des Aufklärungshilfe leistenden ursprünglichen Täters** in der Hauptverhandlung.[369]

Das Landgericht geht zwar zu Recht davon aus, dass § **31 Satz 1 Nr. 1 BtMG** nicht **375** zur Anwendung kommt, wenn der Tatrichter nicht die Überzeugung gewinnt, dass die Darstellung des Angeklagten über die Beteiligung anderer an der Tat zutrifft, wobei der Zweifelsgrundsatz dem Täter hier nicht zugute kommt. **Die Begründung eines Verdachts und die damit verbundene Schaffung einer Aufklärungsmöglichkeit reicht nicht aus.** Sieht der Tatrichter von der Strafmilderung des § 31 BtMG ab, muss er die vom Angeklagten über den eigenen Tatbeitrag hinausgehenden Angaben vollständig wiedergeben und die Gründe eingehend erörtern, die ihn zur Verneinung der Strafmilderung gemäß § 31 BtMG bewogen haben. Nur so wird das Revisionsgericht in die Lage versetzt zu prüfen, ob sich der Tatrichterbei seiner Entscheidung von rechtlich zutreffenden und zulässigen Erwägungen hat leiten lassen.[370]

Daran fehlt es hier: Die Strafkammer hat sich von der Richtigkeit der Darstellung des Angeklagten nicht überzeugen können. Wenn es die Glaubwürdigkeit des Angeklagten zudem durch die unzutreffenden Angaben im Fall 5 erschüttert sieht (UA

---

367 BGH, Beschluss vom 7.8.2014 – 3 StR 17/14; allgemein zur Strafzumessung bei Btm-Delikten siehe Urteil vom 8.10.2014 – 1 StR 350/14.

368 BGH, Urteil vom 20.03.2014 – 3 StR 429/13.

369 BGH, Beschluss vom 18.02.2014 – 2 StR 3/14.

370 BGH, Beschluss vom 27.11.2014 – 2 StR 311/14.

S. 12) ohne hier zu berücksichtigen, dass der Angeklagte im Fall 5 versucht hat, seinen eigenen Tatbeitrag herunter zu spielen und zu beschönigen, was einer Anwendung des § 31 BtMG nicht notwendig entgegenstünde (siehe Körner/Patzak/Volkmer BtMG 7. Aufl. § 31 Rn. 57), liegt in dieser Überlegung noch kein durchgreifender Rechtsfehler. Die Begründung ist indes rechtlich nicht tragfähig, als das Landgericht vornehmlich auf die fehlende Stimmigkeit der Angaben des Angeklagten abstellt (UA S. 12), wonach es sich nicht erschließe, weshalb der Angeklagte einerseits seinen Eigenbedarf von Herrn G. bezogen, andererseits aber an diesen Betäubungsmittel veräußert haben will. Dieser Einwand ist nur nachvollziehbar, wenn der Angeklagte seinen Eigenbedarf tatsächlich aus den von ihm an G. verkauften Rauschgiftmengen auch bezogen hat. Ob dies aber der Fall war und ob der Angeklagte hierzu Angaben gemacht hat, ist den Urteilsgründen indes nicht zu entnehmen. Nach den Urteilsgründen hat der Angeklagte lediglich angegeben, „Herr K.“ sei zudem die Person gewesen, von der er seinen Eigenbedarf bezogen habe“ (UA S. 11). Das angefochtene Urteil ist insoweit lückenhaft.

i) Allgemeine Strafzumessungserwägungen

376 Die **Strafzumessung** ist in einem wesentlichen Punkt lückenhaft. Das Landgericht hat nicht erkennbar bedacht, dass die bei beiden abgeurteilten Taten erfolgte Sicherstellung aller gehandelten und verwahrten Betäubungsmittel angesichts damit **verbundenen Wegfalls jeglicher Gefahr für die Allgemeinheit** einen **bestimmenden Strafzumessungsgrund** zugunsten des Angeklagten, der auch schon bei der Strafrahmenwahl zu würdigen ist. Auch wäre die polizeiliche Überwachung der Tat strafmildernd zu berücksichtigen gewesen. Bedenklich erscheint es darüber hinaus, dass die Strafkammer trotz des Bagatellcharakters der einschlägigen Vorstrafe des cannabisabhängigen Angeklagten wegen Besitzes von Betäubungsmitteln (einer Geldstrafe von 15 Tagessätzen) diese strafschärfend als „ins Gewicht“ fallend gewertet hat.[371]

377 Das **Unrecht einer Betäubungsmittelstraftat** und die **Schuld des Täters** werden maßgeblich durch die Wirkstoffkonzentration und die Wirkstoffmenge bestimmt.[372]

378 Grundsätzlich stellt es einen **gewichtigen und deshalb erörterungsbedürftigen Strafmilderungsgrund** dar, wenn die **Betäubungsmittel sichergestellt** werden und es deshalb nicht zu einer Gefährdung von Drogenkonsumenten kommen kann. Der Senat kann ein Beruhen der Strafe auf dem Fehler in diesem Fall nicht ausschließen.[373]

[6] 4. Im Rechtsfolgenausspruch führt die Nachprüfung des Urteils auf die Sachrüge zur teilweisen Aufhebung.

[7] a) Der Strafausspruch enthält lediglich im Fall II. 2. 33 der Urteilsgründe einen durchgreifenden Rechtsfehler zum Nachteil des Angeklagten. In diesem Fall rügt die Revision zu Recht, dass das Landgericht die Sicherstellung des Betäubungsmittels bei der Strafzumessung nicht bedacht hat. Grundsätzlich stellt es einen gewichtigen

---

371 BGH, Beschluss vom 10.09.2014 – 5 StR 383/14.
372 BGH, Beschluss vom 26.03.2014 – 5 StR 119/14.
373 BGH, Beschluss vom 22.05.2014 – 4 StR 514/13.

und deshalb erörterungsbedürftigen Strafmilderungsgrund dar, wenn die Betäubungsmittel sichergestellt werden und es deshalb nicht zu einer Gefährdung von Drogenkonsumenten kommen kann (st. Rspr., vgl. Senatsbeschlüsse vom 5. Juni 2013 – 4 StR 169/13 Rn. 8, NStZ 2013, 662, und vom 7. Februar 2012 – 4 StR 653/11 Rn. 6, NStZ-RR 2012, 153, 154 jeweils mwN). Der Senat kann ein Beruhen der Strafe auf dem Fehler in diesem Fall nicht ausschließen. Das Landgericht hat im Fall II. 2. 33 der Urteilsgründe eine signifikant höhere Einzelstrafe verhängt als in den Fällen II. 2. 6 bis 8 der Urteilsgründe, in denen die Menge des Wirkstoffgehalts des jeweils gehandelten Crystal über derjenigen des im Fall II. 2. 33 sichergestellten Crystal lag.

[8] Die Aufhebung der Einsatzstrafe hat die Aufhebung der gegen den Angeklagten verhängten Gesamtstrafe zur Folge. Der Aufhebung von Feststellungen bedarf es dagegen nicht, da es sich insoweit nur um einen Wertungsfehler handelt. Ergänzende Feststellungen, die den bisher getroffenen nicht widersprechen, sind möglich.

Bei der Strafrahmenwahl und bei der Strafzumessung kommt es hinsichtlich der Ein- **379**
zelstrafen vor allem auf die **Menge der Betäubungsmittel an, die bei der Einzeltat** eingeführt und mit der dort Handel getrieben wurde. In den Fällen des § 29a Abs. 1 Nr. 2 BtMG und des § 30 Abs. 1 Nr. 4 BtMG hat der Gesetzgeber der im Einzelfall gehandelten beziehungsweise eingeführten Betäubungsmittelmenge ein bestimmtes Unrechtsgewicht beigemessen. Die zuletzt **erreichte Gesamtmenge der Drogeneinfuhr und des Handeltreibens** war bei der Begehung der Einzeltaten nicht von vornherein absehbar und ist daher erst für die Gesamtstrafenbildung bestimmend.[374]

[3] Das Landgericht hat den Beschwerdeführern bei der Strafrahmenwahl und bei der Strafzumessung hinsichtlich der Einzelstrafen angelastet, dass sie sich bei den drei Taten „insgesamt mit einer großen Gesamtmenge an Rauschgift im zweistelligen Kilobereich (rund 40 kg) befasst" haben. Dagegen bestehen rechtliche Bedenken (vgl. Senat, Beschluss vom 15. Juni 2011 – 2 StR 645/10, StV 2013, 149). Die zuletzt erreichte Gesamtmenge der Drogeneinfuhr und des Handeltreibens war bei der Begehung der Einzeltaten nicht von vornherein absehbar. Auch sonst kann sie hier nicht bereits bei der Bewertung der Einzeltaten als Gesichtspunkt der Schuld im Sinne von § 46 Abs. 1 Satz 1 StGB berücksichtigt werden. In den Fällen des § 29a Abs. 1 Nr. 2 BtMG und des § 30 Abs. 1 Nr. 4 BtMG hat der Gesetzgeber der im Einzelfall gehandelten beziehungsweise eingeführten Betäubungsmittelmenge ein bestimmtes Unrechtsgewicht beigemessen. Für die Strafbemessung kommt es dabei vor allem auf die Menge der Betäubungsmittel an, die bei der Einzeltat eingeführt und mit der dort Handel getrieben wurde. Die Gesamtmenge aus mehreren Einzeltaten ist erst für die Gesamtstrafenbildung bestimmend.

Der Ausspruch über die **Anordnung einer Einziehung** hat die einzuziehenden **380**
Gegenstände so genau zu kennzeichnen, dass bei allen Beteiligten und der Vollstreckungsbehörde Klarheit über den Umfang der Einziehung besteht; im Falle von Betäubungsmitteln gehört dazu die Angabe von Art und Menge des einzuziehenden Rauschgifts, die sich aus dem Urteilstenor ergeben muss.[375]

---

[374] BGH, Beschluss vom 5.11.2014 – 2 StR 419/14.

[375] BGH, Beschluss vom 5.11.2014 – 2 StR 418/14.

381 **Untersuchungshaft** ist, jedenfalls bei der Verhängung einer zu verbüßenden Freiheitsstrafe, **kein Strafmilderungsgrund**, es sei denn, mit ihrem Vollzug wären ungewöhnliche, über die üblichen deutlich hinausgehende Beschwernisse verbunden. Will der Tatrichter wegen besonderer Nachteile für den Angeklagten den Vollzug der Untersuchungshaft bei der Strafzumessung mildernd berücksichtigen, müssen diese Nachteile in den Urteilsgründen dargelegt werden.[376]

[5] Der Strafausspruch in den von der Staatsanwaltschaft angegriffenen Fällen hat keinen Bestand.

[6] 1. Schon die Erwägungen, mit denen die Strafkammer den Strafrahmen des § 30a Abs. 3 BtMG bejaht hat, begegnen rechtlichen Bedenken. Die Formulierung, „der Gesetzgeber hatte bei Schaffung des zusätzlich verschärften Verbrechenstatbestandes des § 30a BtMG international organisierte Drogensyndikate im Blick, die nicht nur mittels Kurieren Drogen in die Bundesrepublik einschleusen, sondern auch Absatzorganisationen aufbauen und Maßnahmen für das Waschen und den Rückfluss der Gelder aus Rauschgifthandel treffen" lässt besorgen, dass die Strafkammer im Rahmen der Gesamtabwägung zu hohe Anforderungen an die Annahme eines „Normalfalles" nach § 30a Abs. 1 BtMG gestellt hat (vgl. BGH, Urteil vom 25. Januar 1996 – 5 StR 402/95, BGHR BtMG § 30a Bande 2; Urteil vom 18. Juni 2009 – 3 StR 171/09, NStZ-RR 2009, 320, 321). Zudem sind die Wertungen zur Bandenstruktur widersprüchlich. Bei der Erörterung des minder schweren Falles geht die Strafkammer davon aus, dass die Bande um den Angeklagten besonders schlecht organisiert war (UA S. 16). Bei der rechtlichen Würdigung spricht sie hingegen von einer „ausgeklügelten Organisationsstruktur" (UA S. 13).

[7] 2. Rechtsfehlerhaft hat die Strafkammer außerdem bei der konkreten Strafzumessung eine zu geringe Strafrahmenuntergrenze zugrunde gelegt, indem sie den Strafrahmen von sechs Monaten bis zehn Jahren Freiheitsstrafe des § 30a Abs. 3 BtMG angewendet hat. Dabei hat sie übersehen, dass die durch den schwereren Qualifikationstatbestand des § 30a Abs. 1 BtMG im Wege der Gesetzeskonkurrenz verdrängten Tatbestände sowohl des § 29a Abs. 1 BtMG als auch des § 30 Abs. 1 BtMG eine Sperrwirkung hinsichtlich der Mindeststrafe entfalten (BGH, Urteil vom 13. Februar 2003 – 3 StR 349/02, BGHR BtMG § 30a Abs. 3 Strafzumessung 1); für die Höchststrafe gilt demgegenüber nach der ständigen Rechtsprechung die für den Schuldspruch maßgebliche Bestimmung (vgl. BGH, Beschluss vom 25. Mai 2010 – 1 StR 59/10, NStZ 2011, 98, 99; Beschluss vom 14. August 2013 – 2 StR 144/13; vgl. aber auch Beschluss vom 25. Juli 2013 – 3 StR 143/13 Rn. 7 ff., juris).

[8] Die Strafkammer hat nicht erwogen, ob auch minder schwere Fälle nach § 29a Abs. 2 und § 30 Abs. 2 BtMG vorliegen. Der Senat kann deshalb nicht ausschließen, dass die Einzelstrafen in den Fällen des bandenmäßigen unerlaubten Handeltreibens mit Betäubungsmitteln auf diesem Fehler beruhen. Im Fall I. 1.f unterschreitet die Einzelstrafe den Strafrahmen des § 30 Abs. 1 BtMG, in den Fällen I. 1.b bis 1.d ist auf die Mindeststrafe des § 30 Abs. 1 BtMG erkannt worden. Im Fall I. 1.a ist lediglich auf eine die Mindeststrafe des § 30 Abs. 1 BtMG geringfügig übersteigende Einzelstrafe erkannt worden. Überdies lässt das Urteil zum Fall I. 1.a angesichts der Betäubungsmittelmenge, die nicht über der im Fall I. 1.d gehandelten lag, eine nachvollziehbare Begründung für die Bemessung dieser Strafe vermissen. Insoweit wirkt die Aufhebung auch zugunsten des Angeklagten (§ 301 StPO).

---

[376] BGH, Urteil vom 19.12.2013 – 4 StR 302/13.

[9] 3. Hinzu kommt ein weiterer Fehler zugunsten des Angeklagten bei der Bemessung aller Einzelstrafen. Das Landgericht hat im Rahmen der konkreten Strafzumessung die erlittene Untersuchungshaft strafmildernd berücksichtigt. Untersuchungshaft ist indes, jedenfalls bei der Verhängung einer zu verbüßenden Freiheitsstrafe, kein Strafmilderungsgrund, es sei denn, mit ihrem Vollzug wären ungewöhnliche, über die üblichen deutlich hinausgehende Beschwernisse verbunden (BGH, Urteile vom 28. März 2013 – 4 StR 467/12 Rn. 25 und vom 10. Oktober 2013 – 4 StR 258/13, Rn. 18, jeweils mwN). Will der Tatrichter wegen besonderer Nachteile für den Angeklagten den Vollzug der Untersuchungshaft bei der Strafzumessung mildernd berücksichtigen, müssen diese Nachteile in den Urteilsgründen dargelegt werden (BGH, Urteil vom 14. Juni 2006 – 2 StR 34/06, NJW 2006, 2645). Daran fehlt es hier.

Rechtsfehlerhaft hat die Strafkammer bei der konkreten Strafzumessung eine zu **382**
geringe **Strafrahmenuntergrenze** zugrunde gelegt, indem sie den Strafrahmen von sechs Monaten bis zehn Jahren Freiheitsstrafe des § 30a Abs. 3 BtMG angewendet hat. Dabei hat sie übersehen, dass die durch den schwereren Qualifikationstatbestand des § 30a Abs. 1 BtMG im Wege der Gesetzeskonkurrenz verdrängten Tatbestände sowohl des § 29a Abs. 1 BtMG als auch des § 30 Abs. 1 BtMG eine **Sperrwirkung** hinsichtlich der Mindeststrafe entfalten; für die Höchststrafe gilt demgegenüber nach der ständigen Rechtsprechung die für den Schuldspruch maßgebliche Bestimmung.[377]

Die ein Regelbeispiel bestimmenden Umstände sind zudem wie Tatbestandsmerk- **383**
male zu behandeln. Es verstößt daher gegen das **Doppelverwertungsverbot gemäß § 46 Abs. 3 StGB**, wenn die zur Begründung eines besonders schweren Falles nach § 29 Abs. 3 BtMG aufgeführten Umstände – wie hier die Gewerbsmäßigkeit – bei der Strafzumessung im engeren Sinne zu Lasten des Angeklagten nochmals berücksichtigt werden.[378]

Das Landgericht hat in den Strafzumessungserwägungen des nach dreitägiger **384**
Hauptverhandlung ergangenen Urteils als **strafmildernd berücksichtigt**, dass der **Angeklagte ein umfangreiches Geständnis abgelegt** und damit dem Gericht eine langwierige, umfangreiche Beweisaufnahme erspart habe. Die Annahme der Revision, das Landgericht könne bei der strafmildernden Gewichtung des Geständnisses übersehen haben, dass sich der Angeklagte dabei (auch) von prozesstaktischen Überlegungen habe leiten lassen, liegt bereits fern und wird durch das Revisionsvorbringen nicht belegt.[379]

[3] 2. Mit ihrer auf § 261 StPO gestützten Verfahrensrüge zeigt die Staatsanwaltschaft keinen Rechtsfehler auf.

[4] Die Staatsanwaltschaft rügt, das Landgericht habe sich nicht ausdrücklich mit den Auswirkungen seiner Verständigungsversuche auseinandergesetzt, in deren Rahmen dem Angeklagten am zweiten Hauptverhandlungstag als Rechtsfolgenprognose für den Fall eines Geständnisses eine Bewährungsstrafe in Aussicht gestellt worden

---

377 BGH, Urteil vom 19.12.2013 – 4 StR 303/13.
378 BGH, Beschluss vom 15.10.2014 – 2 StR 25/14.
379 BGH, Urteil vom 12.12.2013 – 5 StR 444/13.

sei. Obwohl die Verständigungsbemühungen Gegenstand der Hauptverhandlung gewesen seien, habe das Landgericht diesen Umstand im Urteil nicht erwähnt.

[5] Die Rüge ist jedenfalls unbegründet. Das Landgericht hat in den Strafzumessungserwägungen des nach dreitägiger Hauptverhandlung ergangenen Urteils als strafmildernd berücksichtigt, dass der Angeklagte ein umfangreiches Geständnis abgelegt und damit dem Gericht eine langwierige, umfangreiche Beweisaufnahme erspart habe. Die Annahme der Revision, das Landgericht könne bei der strafmildernden Gewichtung des Geständnisses übersehen haben, dass sich der Angeklagte dabei (auch) von prozesstaktischen Überlegungen habe leiten lassen, liegt bereits fern und wird durch das Revisionsvorbringen nicht belegt. Allein der Umstand, dass die protokollierten Verständigungsbemühungen der Strafkammer nicht auch in den Urteilsgründen Erwähnung gefunden haben, rechtfertigt die von der Revision gezogene Schlussfolgerung jedenfalls nicht. Denn nach ständiger, durch die Judikatur des Bundesverfassungsgerichts (BVerfG, NJW 2013, 1058) nicht berührter Rechtsprechung ist es dem Tatgericht nicht verwehrt, dem Geständnis des Angeklagten eine wesentliche strafmildernde Bedeutung auch dann zuzumessen, wenn der Angeklagte das Geständnis nicht offensichtlich in erster Linie aus Schuldeinsicht und Reue, sondern aus verfahrenstaktischen Gründen – etwa im Rahmen einer Verständigung – abgegeben hat und es ihm deshalb vor allem als Beitrag zur Sachaufklärung und Verfahrensabkürzung zugute gehalten werden kann (vgl. BGH, Urteil vom 28. August 1997 – 4 StR 240/97, BGHSt 43, 195, 209).

[6] Letztlich richtet sich die Inbegriffsrüge der Staatsanwaltschaft aber auch nicht gegen eine mangelhafte Verwertung eines eingeführten Beweismittels, sondern gegen die nach ihrer Ansicht fehlerhafte Gewichtung eines Strafzumessungsgesichtspunkts. Dies kann mit der Verfahrensrüge nach § 261 StPO nicht geltend gemacht werden. Fehl geht insoweit der von der Staatsanwaltschaft bemühte Vergleich mit einer Verfahrensverletzung durch Nichtberücksichtigung von Inhalt und Begleitumständen einer für die Beweiswürdigung relevanten verfahrensbeendenden Absprache mit einem Mitangeklagten, wie sie der Senatsentscheidung vom 6. März 2013 (BGH, Beschluss vom 6. März 2013 – 5 StR 423/12, BGHSt 58, 184, 189) zugrunde lag.

j) Verjährung

385 Die für das Vergehen nach **§ 29 Abs. 1 Nr. 1 BtMG** maßgebliche **Verjährungsfrist** beträgt fünf Jahre (§ 78 Abs. 3 Nr. 4, Abs. 4 StGB). Ihr Lauf begann nach § 78a StGB jeweils mit dem Abschluss des Rauschgiftumsatzes, d.h. hier mit der Übergabe der Stecklinge an den Erwerber und der Entgegennahme des Veräußerungserlöses durch den Angeklagten.[380]

k) Tatprovokation

386 Eine rechtsstaatswidrige Tatprovokation zieht nach ständiger Rechtsprechung des Bundesgerichtshofs kein Verfahrenshindernis nach sich; ihr ist vielmehr im Rahmen der Strafzumessung Rechnung zu tragen (sogenannte Strafzumessungslösung). Für diese Auffassung ist maßgebend, dass selbst ein massiver Verstoß gegen § 136a

---

[380] BGH, Beschluss vom 5.08.2014 – 3 StR 138/14.

StPO nach ausdrücklicher gesetzlicher Regelung lediglich zu einem Beweisverwertungsverbot führt, nach den Prinzipien des deutschen Verfahrensrechts ein Beweisverbot stets nur die jeweils unzulässige Ermittlungshandlung betrifft und im Falle eines Verfahrenshindernisses der Schutz unbeteiligter Dritter sowie ihrer Individualrechtsgüter – etwa Leib und Leben – Not leiden, ferner die Genugtuungsfunktion des Strafrechts verfehlt werden könnte. Angesichts dieser gewichtigen Argumente gibt der vorliegende Fall einer – freilich besonders schwerwiegenden – rechtsstaatswidrigen Einwirkung auf drei der Angeklagten keinen Anlass, über die bisherige Rechtsprechung hinauszugehen.[381]

[32] Der Verurteilung der Angeklagten steht kein Verfahrenshindernis entgegen (lit. a). Die Schuldsprüche erweisen sich ebenso als rechtsfehlerfrei (lit. b) wie die Strafaussprüche (lit. c).

[33] a) Die Annahme des Landgerichts, durch den festgestellten Einsatz verdeckt agierender Personen sei gegen den Grundsatz des fairen Verfahrens (Art. 6 Abs. 1 Satz 1 MRK) verstoßen worden, ist rechtlich nicht zu beanstanden.

[34] aa) Die Strafkammer hat zunächst zu Recht angenommen, der Angeklagte A. sei zu seiner Tat rechtsstaatswidrig provoziert worden. Zwar bestand gegen ihn zunächst ein gewisser Anfangsverdacht. In der Folge wurde das tatprovozierende Verhalten aber bei Abwägung aller Umstände „unvertretbar übergewichtig" (vgl. BGH, Urteil vom 23. September 1983 – 2 StR 370/83, NStZ 1984, 78, 79; Schäfer/Sander/van Gemmeren, Praxis der Strafzumessung, 5. Aufl., Rn. 853). Hierbei durfte das Landgericht maßgeblich auf den außergewöhnlich langen Zeitraum abstellen, während dessen nicht nur durch die VP „M.", sondern ergänzend durch den VE „Kl. in vielfältiger, einen hohen Tatanreiz schaffender Weise – auch mit gewissem Druck – auf den Angeklagten eingewirkt sowie die Durchführung der Kokaineinfuhr seitens der Ermittlungsbehörden zudem durch weiteres Tun wesentlich erleichtert worden ist. Es durfte weiter berücksichtigen, dass der Umfang der staatlicherseits initiierten Tat um ein Vielfaches über das Ausmaß des ursprünglichen Anfangsverdachtes hinausging und die übrigen Ermittlungen – soweit sie überhaupt geführt wurden – keinerlei belastende Momente ergeben haben. In der Gesamtschau spricht letztlich nichts dafür, dass der bislang unbestrafte Angeklagte A. die Tat ohne die gewichtigen Maßnahmen der Ermittlungsbehörden und das dem Staat zuzurechnende (vgl. BGH, Urteil vom 18. November 1999 – 1 StR 221/99, BGHSt 45, 321, 336) Vorgehen „M.s" verübt hätte. Das Verfahren war mithin nicht fair im Sinne des Art. 6 Abs. 1 Satz 1 MRK (vgl. EGMR [Große Kammer], NJW 2009, 3565, 3568).

[35] bb) Bei der festgestellten besonderen Fallgestaltung durfte das Landgericht auch in Bezug auf die Angeklagten Sa. und So. einen Verstoß gegen den Grundsatz des fairen Verfahrens bejahen. Zu diesen beiden hatten die VP „M." und der VE „Kl." nach den Feststellungen allerdings keinen unmittelbaren Kontakt, so dass es an einer direkten staatlichen Einflussnahme fehlt (vgl. hierzu BGH, Beschlüsse vom 17. März 1994 – 1 StR 1/94, NStZ 1994, 335; vom 17. August 2004 – 1 StR 315/04, NStZ 2005, 43). Allein deshalb stehen Rechtsgründe der Annahme einer rechtsstaatswidrigen Tatprovokation jedoch nicht von vornherein entgegen. Denn eine solche kommt etwa auch dergestalt in Betracht, dass der durch die Vertrauensperson Provozierte deren Anweisung befolgt, einen weiteren Beteiligten in die Tat zu

[381] BGH, Urteil vom 11.12.2013 – 5 StR 240/13.

verstricken (vgl. zu dieser Konstellation BGH, Urteil vom 18. November 1999 – 1 StR 221/99, BGHSt 45, 321, 334).

[36] Eine derartige ausdrückliche Anweisung ist zwar nicht festgestellt worden. Dem Urteil lässt sich aber entnehmen, dass „die Ermittlungsbehörden ... stets damit gerechnet" haben, „dass der Angeklagte A. einen Betäubungsmittelschmuggel nicht alleine begehen, sondern dabei zumindest Helfer haben werde. Ihnen war daher bewusst, dass sich die provozierende Wirkung des zur Verfügung gestellten Einfuhrweges auch auf andere Personen als den Angeklagten A. erstrecken würde" (UA S. 104). Angesichts der Größe des Drogengeschäfts erscheint diese Einschätzung als geradezu zwingend. Tatsächlich sind die Angeklagten Sa. und So. wesentlich durch das seitens des Staates geschaffene, ihnen vom Angeklagten A. erwartungsgemäß vermittelte Szenario beeinflusst worden, da sie „ihre Tatbeiträge gerade im Hinblick auf den infolge der staatlichen Einflussnahme sicher erscheinenden Einfuhrweg erbracht haben" (UA S. 104). Angesichts dessen hält der Senat die landgerichtliche Bewertung der nur mittelbaren Einwirkung auf die beiden im Lager des unmittelbar provozierten A. stehenden Angeklagten für rechtsfehlerfrei.

[37] cc) Eine rechtsstaatswidrige Tatprovokation zieht jedoch nach ständiger Rechtsprechung des Bundesgerichtshofs kein Verfahrenshindernis nach sich; ihr ist vielmehr im Rahmen der Strafzumessung Rechnung zu tragen (sogenannte Strafzumessungslösung). Für diese Auffassung ist maßgebend, dass selbst ein massiver Verstoß gegen § 136a StPO nach ausdrücklicher gesetzlicher Regelung lediglich zu einem Beweisverwertungsverbot führt, nach den Prinzipien des deutschen Verfahrensrechts ein Beweisverbot stets nur die jeweils unzulässige Ermittlungshandlung betrifft und im Falle eines Verfahrenshindernisses der Schutz unbeteiligter Dritter sowie ihrer Individualrechtsgüter – etwa Leib und Leben – Not leiden (vgl. BGH, aaO, 323, 334; siehe auch Urteil vom 23. Mai 1984 – 1 StR 148/84, BGHSt 32, 345, 353), ferner die Genugtuungsfunktion des Strafrechts verfehlt werden könnte. Angesichts dieser gewichtigen Argumente gibt der vorliegende Fall einer – freilich besonders schwerwiegenden – rechtsstaatswidrigen Einwirkung auf drei der Angeklagten keinen Anlass, über die bisherige Rechtsprechung hinauszugehen. Dies gilt jedenfalls angesichts einer nur verhältnismäßig gering zu gewichtenden Zwangseinwirkung durch die VP auf den Angeklagten A. und unter Berücksichtigung von dessen nach der Tatprovokation aufgewendeter erheblicher krimineller Energie bei zugleich nur mittelbarer Einwirkung auf die beiden anderen betroffenen Angeklagten.

[38] Anderes folgt auch nicht aus dem Umstand, dass durch das Gesetz zur Abwehr von Gefahren des internationalen Terrorismus durch das Bundeskriminalamt vom 25. Dezember 2008 (BGBl. I S. 3083, 3085) in § 20g Abs. 2 Nr. 4 BKAG mit Wirkung zum 1. Januar 2009 der „Einsatz von Privatpersonen, deren Zusammenarbeit mit dem Bundeskriminalamt Dritten nicht bekannt ist (Vertrauensperson)", normiert worden ist. Denn diese Regelung betrifft primär polizeirechtliche Präventivmaßnahmen innerhalb eines speziellen Anwendungsbereichs. Sie legt den von der Revision des Angeklagten A. befürworteten Schluss nicht nahe, der Gesetzgeber habe durch diese – sich auf die dem Bundeskriminalamt in § 4a Abs. 1 BKAG übertragenen Aufgaben beziehende – Teilregelung einen nicht ausdrücklich gesetzlich normierten Einsatz von Vertrauenspersonen im Rahmen des Strafverfahrens als nicht mehr zulässig ansehen wollen. Ein dahingehender Wille des Gesetzgebers lässt sich insbesondere den Materialien nicht entnehmen (vgl. BT-Drucks. 16/10121 S. 16, 25).

2. Jugendgerichtsgesetz (JGG)

Lagen die **Voraussetzungen für die Bildung einer Einheitsjugendstrafe im Zeitpunkt** des auf die Revision des Angeklagten **aufgehobenen Urteils vor**, so sind §§ 105 Abs. 2, 31 Abs. 2 JGG auch dann anzuwenden, wenn die früher verhängte Strafe inzwischen vollstreckt ist. Wie bei der nachträglichen Gesamtstrafenbildung nach § 55 StGB ist auch gemäß §§ 105 Abs. 2, 31 Abs. 2 JGG auf die Vollstreckungssituation zum Zeitpunkt der ersten Tatsachenverhandlung abzustellen.[382] **387**

Sowohl bei der **Beurteilung der Schuldschwere** im Sinne des § 17 Abs. 2 Alt. 2 JGG als auch bei der **Zumessung der konkreten Jugendstrafe** ist der **äußere Unrechtsgehalt der Tat insofern von Belang** ist, als aus ihm Schlüsse auf die Persönlichkeit des Täters und die Höhe der Schuld gezogen werden können. Dabei ist zur Bestimmung der zurechenbaren Schuld des jugendlichen oder heranwachsenden Täters das Tatunrecht am Maßstab der gesetzlichen Strafandrohungen des Erwachsenenstrafrechts heranzuziehen; denn die Strafrahmen des allgemeinen Strafrechts behalten insoweit ihre Bedeutung, als in ihnen die Bewertung des Tatunrechts zum Ausdruck kommt. Dies gilt namentlich dort, wo sich die Tat, nach Erwachsenenstrafrecht beurteilt, als minder schwerer Fall darstellen würde.[383] **388**

[5] Im Rahmen der hierfür vorzunehmenden Gesamtwürdigung hat das Landgericht u.a. indes zu Lasten des Angeklagten berücksichtigt, dass er sich aus egoistischen Gründen in gravierender Form und mit einem erheblichen Maß an krimineller Energie über die Rechtsordnung hinweggesetzt und seine eigenen sexuellen Bedürfnisse über die Integrität des Kindes gestellt habe. Damit hat die Strafkammer rechtsfehlerhaft darauf abgestellt, dass der Angeklagte die Straftaten überhaupt begangen hat. Denn dass sich der Angeklagte über die Interessen des missbrauchten Kindes hinwegsetzt, gehört zum Regelbild der Tatbestände der §§ 176 und 176a StGB und bildet deshalb für sich keinen Umstand, der den Unrechtsgehalt der Tat erhöht (BGH, Beschluss vom 14. Dezember 2004 – 4 StR 237/04, juris Rn. 11; vgl. auch BGH, Beschluss vom 5. Juni 2013 – 2 StR 189/13, NStZ-RR 2013, 291). Da das Landgericht diese rechtsfehlerhafte Erwägung im Rahmen der in Anlehnung an das Erwachsenstrafrecht vorzunehmenden Bestimmung des Unrechtsgehalts der Taten angestellt hat, ist es vorliegend ohne Bedeutung, dass § 46 Abs. 3 StGB bei der Bemessung der Jugendstrafe grundsätzlich keine Bedeutung zukommt (BGH, Urteil vom 28. August 1996 – 3 StR 205/96, NStZ-RR 1997, 21, 22; Beschlüsse vom 10. Januar 2007 – 1 StR 617/06, NStZ 2008, 693; vom 16. April 2007 – 5 StR 335/06, NStZ 2007, 522, 523; vom 20. Januar 2009 – 1 StR 662/08, NStZ-RR 2009, 155).
[6] Der Senat kann nicht ausschließen, dass das Gericht ohne Berücksichtigung der vorgenannten Erwägung eine niedrigere Jugendstrafe verhängt hätte.

Schädliche Neigungen im **Sinne des § 17 Abs. 2 JGG sind** erhebliche Anlage- oder Erziehungsmängel, die ohne längere Gesamterziehung des Täters die Gefahr weiterer Straftaten begründen. Sie können in der Regel nur bejaht werden, wenn **erhebliche Persönlichkeitsmängel**, aus denen sich eine Neigung zur Begehung von Straf- **389**

---

382 BGH, Beschluss vom 20.03.2014 – 2 StR 584/13.
383 BGH, Beschluss vom 8.01.2014 – 3 StR 318/13.

taten ergibt, schon vor der Tat angelegt waren. Die schädlichen Neigungen müssen auch **noch zum Urteilszeitpunkt bestehen.**[384]

[6] 2. Der Strafausspruch hat keinen Bestand.

[7] Das Landgericht hat gegen den zur Tatzeit 15jährigen Angeklagten, der durch gewaltsame Übergriffe durch die Lebenspartner seiner Mutter geprägt wurde, eine Jugendstrafe wegen schädlicher Neigungen im Sinne von § 17 Abs. 2 JGG verhängt. Dies hat es im Wesentlichen damit begründet, dass Defizite in seiner Entwicklung vorlägen, der Angeklagte keine Schul- und Berufsausbildung abgeschlossen und therapeutische Angebote abgelehnt habe. Zwar habe er seine Defizite erkannt, jedoch seien keine Wandlungen in der Lebensführung eingetreten. Die Tatsache, dass der Angeklagte eine Freundin habe, deren Kinder er mitbetreue, ändere nichts an der Bewertung. Ferner liege in der Tatsache, dass der Angeklagte seit einer letzten Vorverurteilung am 31. Mai 2011 nicht mehr durch Straftaten aufgefallen sei, keine Änderung seines Verhaltens.

[8] Die Ausführungen lassen besorgen, dass das Landgericht von einem falschen Maßstab ausgegangen ist. Schädliche Neigungen im Sinne des § 17 Abs. 2 JGG sind erhebliche Anlage- oder Erziehungsmängel, die ohne längere Gesamterziehung des Täters die Gefahr weiterer Straftaten begründen. Sie können in der Regel nur bejaht werden, wenn erhebliche Persönlichkeitsmängel, aus denen sich eine Neigung zur Begehung von Straftaten ergibt, schon vor der Tat angelegt waren. Die schädlichen Neigungen müssen auch noch zum Urteilszeitpunkt bestehen. Diese Voraussetzung für die Verhängung einer Jugendstrafe ist im angefochtenen Urteil nicht ausreichend belegt worden.

[9] Die Tatsache, dass der im Urteilszeitpunkt 18jährige Angeklagte zuvor rund zwei Jahre lang nicht mehr durch Straftaten aufgefallen war, deutet darauf hin, dass eine Gefahr künftiger Straftaten nicht mehr besteht. Dies gilt auch dann, wenn der Angeklagte im Berufsleben noch nicht Fuß gefasst hat. Schwer wiegende Persönlichkeitsmängel des Angeklagten sind nicht festgestellt worden; die ihn prägenden Gewalterfahrungen im Haushalt der Mutter hat er nicht verschuldet.

[10] Das Landgericht hat sich darauf beschränkt, positive Faktoren als unerheblich zu bezeichnen. Das trifft aber auch nicht zu. Die Tatsache, dass der Angeklagte die Kinder seiner Freundin mitbetreut, spricht tendenziell gegen Persönlichkeitsdefizite.

390 Die Jugendkammer hat nicht bedacht, dass – anders als bei einer nachträglich gebildeten Gesamtfreiheitsstrafe im Erwachsenenstrafrecht – **bei der Anwendung von Jugendstrafrecht** für **einen die Strafvollstreckung verkürzenden Ausspruch durch die Anrechnung von Bewährungsleistungen kein Raum ist,** wenn eine Verurteilung zu Jugendstrafe mit Bewährung **nachträglich in eine Verurteilung zu einer Einheitsjugendstrafe ohne Bewährung einbezogen** wird. Erbrachte Bewährungsleistungen können und müssen jedoch gegebenenfalls – wenn sie unter Berücksichtigung des Gewichts der Tat, des Umfangs der erbrachten Bewährungsleistungen und der übrigen Umstände des Einzelfalles Rückschlüsse auf den bestehenden Erziehungsbedarf zulassen – bei der Strafzumessung berücksichtigt werden.[385]

---

[384] BGH, Beschluss vom 13.11.2013 – 2 StR 455/13.

[385] BGH, Beschluss vom 11.02.2014 – 4 StR 551/13.

Ist einem Urteil weder ausdrücklich noch in seinem weder ausdrücklich noch in seinem Gesamtzusammenhang zu entnehmen, dass die Jugendkammer die gemäß § 5 **Abs. 3, § 105 Abs. 1 JGG gebotene Prüfung** vorgenommen hätte, ob von Jugendstrafe wegen der Unterbringung in einem psychiatrischen Krankenhaus abgesehen werden kann, kann dies einen Rechtsfehler darstellen.[386] **391**

[2] 2. Während der Schuldspruch ohne den Angeklagten benachteiligenden Rechtsfehler ist (§ 349 Abs. 2 StPO), kann der Rechtsfolgenausspruch nicht bestehen bleiben (§ 349 Abs. 4 StPO):

[3] a) Dem Urteil ist weder ausdrücklich noch in seinem Gesamtzusammenhang zu entnehmen, dass die Jugendkammer die gemäß § 5 Abs. 3, § 105 Abs. 1 JGG gebotene Prüfung vorgenommen hätte, ob von Jugendstrafe wegen der Unterbringung in einem psychiatrischen Krankenhaus abgesehen werden kann.

Gemäß § 18 Abs. 2 JGG bemisst sich die Höhe der Jugendstrafe – auch wenn deren Verhängung vollständig auf die Schwere der Schuld gestützt wird – vorrangig **nach erzieherischen Gesichtspunkten.** Die Urteilsgründe müssen deshalb erkennen lassen, dass dem **Erziehungsgedanken die ihm zukommende Beachtung geschenkt** und bei der Bemessung der Jugendstrafe das Gewicht des Tatunrechts gegen die Folgen der Strafe für die weitere Entwicklung des Heranwachsenden abgewogen worden ist.[387] **392**

[13] Diesen Anforderungen genügen die Strafzumessungserwägungen des angefochtenen Urteils nicht. Die Urteilsgründe verhalten sich zum Erziehungsgedanken nur formelhaft und stellen – wie bei einem Erwachsenen – ausschließlich auf das Gewicht des Tatunrechts und auf die Tatfolgen ab.

[14] aa) Den Erziehungsgedanken hat die Jugendkammer nur im Rahmen der von ihr vorgenommenen Gesamtabwägung „aller“ – an dieser Stelle nicht ausgeführten – Umstände nach § 18 Abs. 2 JGG erwähnt und gefolgert, dass „zur Ermöglichung der erforderlichen erzieherischen Einwirkung auf den Angeklagten“ die Verhängung einer Jugendstrafe in der erkannten Höhe erforderlich sei. Weiter hat sie ausgeführt, dass insbesondere die Verhängung einer „aussetzungsfähigen“ Jugendstrafe von bis zu zwei Jahren dafür nicht ausreiche. Eine derartige lediglich formelhafte Erwähnung des Erziehungsgedankens reicht aber grundsätzlich nicht aus (BGH, Beschluss vom 19. November 2009 – 3 StR 400/09, NStZ 2010, 281).

[15] bb) Den Urteilsgründen lässt sich auch in ihrem Zusammenhang nicht entnehmen, dass die Jugendkammer den Erziehungsgedanken in der erforderlichen Weise beachtet hat.

Bei einem zum Aburteilungszeitpunkt 24 Jahre alten Angeklagten ist hinreichend zu belegen, dass **aus erzieherischen Gründen die Verhängung einer Jugendstrafe noch erforderlich** ist.[388] **393**

[5] 2. Die Begründung, mit der das Landgericht die Verhängung einer Jugendstrafe wegen Schwere der Schuld als erzieherisch erforderlich angesehen hat, trägt nicht.

---

386 BGH, Beschluss vom 17.9.2013 – 1 StR 372/12.

387 BGH, Urteil vom 19.02.2014 – 2 StR 413/13.

388 BGH, Beschl. vom 22.01.2014 – 5 StR 555/13.

[6] a) Die Jugendkammer geht zwar zutreffend davon aus, dass bei der Beurteilung der Schuldschwere im Sinne des § 17 Abs. 2 JGG allein dem äußeren Unrechtsgehalt der Tat keine selbständige Bedeutung zukommt, sondern in erster Linie auf die innere Tatseite des Täters abzustellen ist; maßgeblich ist, inwieweit sich die charakterliche Haltung und die Persönlichkeit sowie die Tatmotivation des Heranwachsenden in vorwerfbarer Schuld niedergeschlagen hat.

[7] b) Das Landgericht sieht jedoch die die Tat kennzeichnenden Persönlichkeitsdefizite des Angeklagten darin, dass seine innere Haltung und Motivationslage von einer „tief Frauen verachtenden Einstellung" zeugten. Er habe die Geschädigte als „ein der Befriedigung seiner sexuellen Bedürfnisse ... dienendes Objekt behandelt". Zudem zeige seine Beteiligung bei einer etwa ein Jahr später erfolgten Sexualhandlung zum Nachteil eines anderen Tatopfers, dass der Angeklagte auch zu diesem Zeitpunkt (Anfang Juli 2007) noch ein ähnliches Frauenbild hatte. Es sei „nicht erkennbar, dass der Angeklagte inzwischen ein anderes Frauenbild gewonnen" habe.

[8] c) Mit dieser Begründung hat die Jugendkammer bei dem zum Aburteilungszeitpunkt 24 Jahre alten Angeklagten nicht hinreichend belegt, dass aus erzieherischen Gründen die Verhängung einer Jugendstrafe noch erforderlich ist. Die Tat ist trotz des erhöhten Strafrahmens nach dem äußeren Unrechtsgehalt als Vergehen nicht mit gegen die sexuelle Selbstbestimmung und gegen die persönliche Freiheit gerichteten Verbrechen auf einer Stufe. Bedenken begegnet auch die Bewertung, dass seit der Tatbegehung eine Änderung der inneren Einstellung des Angeklagten im Umgang mit Frauen nicht erkennbar sei. Dies belegende Verhaltensmuster hat das Landgericht nicht festgestellt. Hinsichtlich des etwa ein Jahr nach der Tat stattgefundenen Vorfalls zum Nachteil einer anderen Geschädigten hat das Landgericht den Angeklagten und andere Tatbeteiligte – nach Verfahrensabtrennung vom hiesigen Verfahren – freigesprochen, „weil nicht mit der für eine Verurteilung erforderlichen Sicherheit bezüglich jedes Angeklagten festgestellt werden konnte, dass ihm bei den Tathandlungen bewusst war, dass die Geschädigte mit dem – tatsächlich aufgezwungenen – Sexualverkehr nicht einverstanden war" (UA S. 12). Inwieweit sich der Angeklagte, der „später hinzu kam und mitwirkte", an dem Geschehen beteiligt hat, wird nicht näher dargelegt, so dass zu seiner beschriebenen inneren Haltung nichts Ausreichendes gefolgert werden kann. Des Weiteren besorgt der Senat, dass die Jugendkammer die tilgungsreifen und daher unverwertbaren Eintragungen des Angeklagten im Erziehungsregister (§ 63 Abs. 1, Abs. 4, § 51 Abs. 1 BZRG) auch bei der Bewertung der Schuldschwere in ihre Überlegungen eingestellt hat.

394 Im Wesentlichen ist es **Tatfrage**, ob ein **Heranwachsender** bei seiner Tat im Sinn des § 105 Abs. 1 Nr. 1 JGG noch **einem Jugendlichen gleichsteht**, wobei der Jugendkammer hierbei ein erheblicher Beurteilungsspielraum zusteht.[389]

[8] 2. Die Begründung, mit der die Jugendkammer zur Anwendung von Erwachsenenstrafrecht auf den Angeklagten gelangt ist, der zur Tatzeit knapp 19 Jahre alt und damit Heranwachsender war, weist keinen Rechtsfehler auf.

[9] Sie hat die gemäß § 105 Abs. 1 Nr. 1 JGG erforderliche Gesamtwürdigung seiner Persönlichkeit und der Lebensverhältnisse, unter denen er aufgewachsen ist und vor und nach der Tat lebte, vorgenommen und festgestellt, dass er bereits zum Zeit-

[389] BGH, Urteil vom 20.05.2014 – 1 StR 610/13.

punkt der Tat zu einer realistischen Lebensplanung in der Lage war und zugleich ernsthaft und motiviert seiner Ausbildung nachging. Weder ergebe die Gesamtwürdigung der Persönlichkeit des Angeklagten, dass er zur Zeit der Tat nach seiner sittlichen und geistigen Entwicklung einem Jugendlichen gleichstand, noch handele es sich nach der Art, den Umständen oder den Beweggründen der Tat um eine Jugendverfehlung entsprechend § 105 Abs. 1 JGG. Auch handele es sich nicht um eine Spontantat; vielmehr habe der Angeklagte, der seit mehreren Tagen auf den Geschädigten wütend war, sich mit dem alleinigen Ziel zum Tatort begeben, diesen körperlich zu attackieren. Dabei habe es sich nicht um eine Verhaltensweise gehandelt, die Ausdruck jugendlicher Unreife sei, sondern die gleichermaßen bei Erwachsenen vorkomme.

[10] Zutreffend ist die Jugendkammer hierbei davon ausgegangen, dass es im Wesentlichen Tatfrage ist, ob ein Heranwachsender bei seiner Tat im Sinn des § 105 Abs. 1 Nr. 1 JGG noch einem Jugendlichen gleichsteht, und dass der Jugendkammer hierbei ein erheblicher Beurteilungsspielraum zusteht (BGH, Beschluss vom 14. August 2012 – 5 StR 318/12; Urteil vom 6. Dezember 1988 – 1 StR 620/88, BGHSt 36, 37 f. mwN).

[11] Den dabei anzulegenden Maßstab für die Reifebeurteilung nach § 105 Abs. 1 Nr. 1 JGG, ob der Heranwachsende zur Zeit der Tat nach seiner sittlichen und geistigen Entwicklung noch einem Jugendlichen gleichstand, hat die Jugendkammer bei ihrer Entscheidung zutreffend angewendet. Entgegen dem Vorbringen der Revision und der Stellungnahme des Generalbundesanwalts ergibt sich aus der angefochtenen Entscheidung nicht, dass die Jugendkammer ihrer Beurteilung rechtsfehlerhaft den Zeitpunkt der Hauptverhandlung statt den Zeitpunkt der Tat zugrunde gelegt hat. Soweit die Kammer ausgeführt hat, der Angeklagte habe sich zum Zeitpunkt der Tat im dritten Lehrjahr befunden, liegt offensichtlich ein Schreibversehen vor, zumal es vom Zeitpunkt der Tat bis zum Beginn des dritten Lehrjahrs nur knapp drei Monate dauerte.

[12] Die Jugendkammer hat zutreffend darauf abgestellt, dass es für die Gleichstellung eines Heranwachsenden mit einem Jugendlichen im Sinne von § 105 Abs. 1 Nr. 1 JGG nicht entscheidend ist, ob er das Bild eines noch nicht 18-jährigen bietet; vielmehr ist maßgebend, ob in dem Täter noch in größerem Umfang Entwicklungskräfte wirksam sind (st. Rspr.; vgl. BGH, Urteile vom 23. Oktober 1958 – 4 StR 327/58, BGHSt 12, 116, 118; vom 16. Januar 1968 – 1 StR 604/67, BGHSt 22, 41, 42; vom 6. Dezember 1988 – 1 StR 620/88, BGHSt 36, 37, 39; vom 20. Mai 2002 – 2 StR 2/02, BGHR JGG § 105 Abs. 1 Nr. 1 Entwicklungsstand 8). Dies hat die Jugendkammer aufgrund einer ausführlichen Gesamtwürdigung unter Einbeziehung der Umweltbedingungen für den Angeklagten im Ergebnis rechtsfehlerfrei verneint. Weiter hat sie festgestellt, dass er gegenüber seinen Eltern bereits eigenständig war und sein Freundeskreis nicht nur aus jüngeren, sondern auch aus älteren Personen bestand, wobei er zudem in der Lage war, eine feste Beziehung zu beginnen und aufrecht zu erhalten, weshalb sie den Angeklagten als eine zur Tatzeit bereits gereifte Persönlichkeit angesehen hat. Dass sie bei ihrer Beurteilung wesentliche Gesichtspunkte übersehen hätte, ist nicht ersichtlich. Der Jugendkammer steht hier ein erheblicher Beurteilungsspielraum zu (vgl. BGH, Urteile vom 9. August 2001 – 1 StR 211/01, NJW 2002, 73, 75; vom 22. Dezember 1992 – 1 StR 586/92). Das vom Tatrichter rechtsfehlerfrei gefundene Ergebnis hat das Revisionsgericht hinzunehmen. Auch im Übrigen ist der Strafausspruch rechtsfehlerfrei.

3. Steuerstrafrecht und Abgabenordnung (AO)

395 Nach § 15 Abs. 1 Satz 1 Nr. 1 UStG kann ein Unternehmer die gesetzlich geschuldete Steuer für Lieferungen und sonstige Leistungen, die von einem anderen Unternehmer für sein Unternehmen ausgeführt worden sind, abziehen. Die Ausübung des Vorsteuerabzugs setzt dabei voraus, dass der Unternehmer eine nach §§ 14, 14a UStG ausgestellte Rechnung besitzt.

Für die Frage, wann die Voraussetzungen für den Vorsteuerabzug vorliegen müssen, kommt es **nicht auf den Zeitpunkt der Abgabe** der Steueranmeldung an, in welcher der Vorsteuerabzug vorgenommen wird. Vielmehr ist ein Vorsteuerabzug gemäß § 15 Abs. 1 Satz 1 Nr. 1 UStG dann zulässig, wenn dessen Voraussetzungen zum Zeitpunkt der Ausführung der Lieferungen bzw. sonstigen Leistungen vorgelegen haben. Eine einmal bestehende Berechtigung zum Vorsteuerabzug entfällt auch nicht etwa deshalb nachträglich wieder, weil der Unternehmer später von Umständen Kenntnis erlangt, die einem Vorsteuerabzug entgegengestanden hätten, wenn er sie bereits beim Bezug der Waren gekannt hätte.[390]

[6] Der Schuldspruch hält sachlich-rechtlicher Prüfung nicht stand. Nach den Feststellungen ist eine durch die Mitangeklagte S. begangene Haupttat nicht tragfähig belegt.

[7] 1. Zwar stellt die Strafkammer im Rahmen der Sachverhaltsdarstellung fest, dass die Angeklagte S. schon bei Abschluss der Geschäfte mit den „missing trader“, mithin der R., die Einbindung ihrer Firmen in ein Umsatzsteuerkarussell billigend in Kauf genommen hat. Dies wird jedoch von den beweiswürdigenden Erwägungen zum Vorstellungsbild der Angeklagten nicht getragen. Denn dort ist als Ergebnis der von der Strafkammer angestellten Würdigung festgehalten, dass aufgrund der Gesamtheit der Indizien keine Zweifel daran bestünden, dass „die Angeklagte bei Abgabe der Umsatzsteuererklä- rungen einen unberechtigten Vorsteuerabzug aus den Rechnungen der „missing trader“ bzw. „buffer“ um ihrer Geschäfte willen zumindest billigend in Kauf nahm“. Bei den allein die hier relevante, als „missing trader“ agierende R. betreffenden Erwägungen ist dann zwar noch festgestellt, dass die Angeklagte „auch während der Geschäftsbeziehungen“ dieses Vorstellungsbild hatte. Damit ist aber nicht hinreichend nachvollziehbar gemacht, dass die Angeklagte S. dieses Vorstellungsbild auch zum relevanten Zeitpunkt hatte.

[8] 2. Abzustellen gewesen wäre vielmehr auf den Zeitpunkt des Bezuges der Waren. Hierzu gilt Folgendes:

[9] Nach § 15 Abs. 1 Satz 1 Nr. 1 UStG kann ein Unternehmer die gesetzlich geschuldete Steuer für Lieferungen und sonstige Leistungen, die von einem anderen Unternehmer für sein Unternehmen ausgeführt worden sind, abziehen. Die Ausübung des Vorsteuerabzugs setzt dabei voraus, dass der Unternehmer eine nach §§ 14, 14a UStG ausgestellte Rechnung besitzt. Nach der Rechtsprechung des EuGH ist der Vorsteuerabzug dann zu versagen, wenn der Steuerpflichtige – im unionsrechtlichen Sinne – selbst eine Steuerhinterziehung begeht oder wenn er wusste oder hätte wissen müssen, dass er sich mit seinem Erwerb an einem Umsatz beteiligt, der in eine Mehrwertsteuerhinterziehung einbezogen ist und er deswegen

[390] BGH, Beschluss vom 19.11.2014 – 1 StR 219/14.

als an dieser Hinterziehung Beteiligter anzusehen ist (EuGH, Urteil vom 6. Juli 2006 in den Rechtssachen C-439/04 und C-440/04 „Kittel und Recolta Recycling", Slg. 2006, I-6161, Rn. 53, 55 f.; BGH, Beschluss vom 1. Oktober 2013 – 1 StR 312/13, NStZ 2014, 331 ff. mwN).

[10] Für die Frage, wann die Voraussetzungen für den Vorsteuerabzug vorliegen müssen, kommt es nicht auf den Zeitpunkt der Abgabe der Steueranmeldung an, in welcher der Vorsteuerabzug vorgenommen wird. Vielmehr ist ein Vorsteuerabzug gemäß § 15 Abs. 1 Satz 1 Nr. 1 UStG dann zulässig, wenn dessen Voraussetzungen zum Zeitpunkt der Ausführung der Lieferungen bzw. sonstigen Leistungen vorgelegen haben. Eine einmal bestehende Berechtigung zum Vorsteuerabzug entfällt auch nicht etwa deshalb nachträglich wieder, weil der Unternehmer später von Umständen Kenntnis erlangt, die einem Vorsteuerabzug entgegengestanden hätten, wenn er sie bereits beim Bezug der Waren gekannt hätte (BGH, Beschluss vom 1. Oktober 2013 – 1 StR 312/13, NStZ 2014, 331, 334).

[11] 3. Ob die Angeklagte S. beim Bezug der Rasierklingen, die sie von der R. bezog, die die Waren wiederum von der Sm. des Angeklagten B. erworben hatte, ein Vorstellungsbild hatte, das zur Versagung des Vorsteuerabzugs führt, wird von den beweiswürdigenden Erwägungen nicht tragfähig belegt. Die Wertung, sie habe „während der Geschäftsbeziehung", die nach den Feststellungen am 6. September 2010 begannen und bis zum 25. Februar 2011 andauerten, eine entsprechende Vorstellung gehabt, ist zeitlich nicht ausreichend bestimmt. Dass das Landgericht damit schon den Zeitpunkt des Bezugs der Rasierklingen abdecken wollte, ist durchgreifend zweifelhaft. Denn hierbei war Folgendes zu berücksichtigen:

[12] a) Zum einen differenziert die Strafkammer hinsichtlich des Zeitpunkts des Vorliegens eines bedingten Vorsatzes der Mitangeklagten S. Hat sie sich betreffend der Handelsbeziehungen zum „missing trader" Ra. davon überzeugt, dass dieser schon zu deren Beginn vorlag, so ist für die Feststellung zum Vorstellungsbild in Bezug auf den „missing trader" R. ein anderer, späterer Zeitpunkt gewählt. Dies verbot die Annahme einer nur ungenauen Formulierung.

[13] b) Aber auch die von der Strafkammer herangezogenen Indizien lassen besorgen, dass sie sich des rechtlich relevanten Zeitpunkts für das Vorstellungsbild der Mitangeklagten S. nicht bewusst war und sich mithin auch keine entsprechende Überzeugung gebildet hat. So gründet sie ihre Überzeugung maßgeblich auf Fehler und Mängel, die sich aus den Rechnungen der jeweils betroffenen Firmen ergeben. Das Landgericht stellt aber nicht fest, wann der Angeklagten diese Unterlagen zugegangen sind. Ob dies tatsächlich vor der hier relevanten Lieferung erfolgte, ist weder festgestellt, noch kann es den sonstigen Umständen der Handelstätigkeit der Angeklagten, die die Waren erst nach dem Weiterverkauf an ihre Kunden selber erwarb, entnommen werden.

Eine **Schätzung der Besteuerungsgrundlagen** ist zulässig, wenn feststeht, dass der Steuerpflichtige einen Besteuerungstatbestand erfüllt hat, das Ausmaß der verwirklichten Besteuerungsgrundlagen aber ungewiss ist. Zur Durchführung der Schätzung kommen die auch **im Besteuerungsverfahren anerkannten Schätzungsmethoden** zur Anwendung. Der Tatrichter muss dann in den Urteilsgründen für das Revisionsgericht nachvollziehbar darlegen, wie er zu den Schätzungsergebnissen gelangt ist. Erweist sich eine konkrete Ermittlung oder Schätzung der tatsächlichen Umsätze von vorneherein oder nach entsprechenden Berechnungsversuchen als nicht möglich, kann pauschal geschätzt werden, auch unter Heranziehung der **396**

Richtwerte für Rohgewinnaufschlagsätze aus der Richtsatzsammlung des Bundesministeriums der Finanzen.[391]

[17] 1. Die Würdigung des Landgerichts, bei den Entnahmen des Angeklagten handele es sich um verdeckte Gewinnausschüttungen, die den Gewinn nicht minderten (§ 8 Abs. 3 Satz 2 KStG), und nicht um Betriebsausgaben (§ 4 Abs. 4 EStG i.V.m. § 8 Abs. 1 KStG), wird von den auf einer rechtsfehlerfreien Beweiswürdigung beruhenden Feststellungen getragen.

[18] 2. Das Landgericht hat die der Berechnung der verkürzten Steuern zugrunde liegenden Mehrumsätze in nicht zu beanstandender Weise im Wege der Schätzung ermittelt.

[19] a) Eine Schätzung der Besteuerungsgrundlagen ist zulässig, wenn – wie hier – feststeht, dass der Steuerpflichtige einen Besteuerungstatbestand erfüllt hat, das Ausmaß der verwirklichten Besteuerungsgrundlagen aber ungewiss ist. Zur Durchführung der Schätzung kommen die auch im Besteuerungsverfahren anerkannten Schätzungsmethoden zur Anwendung. Der Tatrichter muss dann in den Urteilsgründen für das Revisionsgericht nachvollziehbar darlegen, wie er zu den Schätzungsergebnissen gelangt ist. Erweist sich eine konkrete Ermittlung oder Schätzung der tatsächlichen Umsätze von vorneherein oder nach entsprechenden Berechnungsversuchen als nicht möglich, kann pauschal geschätzt werden, auch – wie hier – unter Heranziehung der Richtwerte für Rohgewinnaufschlagsätze aus der Richtsatzsammlung des Bundesministeriums der Finanzen (vgl. BGH, Urteil vom 28. Juli 2010 – 1 StR 643/09, NStZ 2011, 233; Beschluss vom 24. Mai 2007 – 5 StR 58/07, BGHR AO § 370 Abs. 1 Steuerschätzung 3).

[20] b) Das Landgericht hat der Schätzung ohne Rechtsfehler einen Rohgewinnaufschlagsatz von 300 % zugrunde gelegt. Ausgehend von den genannten Grundsätzen durfte es eine Schätzung auf der Basis der Richtsatzsammlung vornehmen. Auch im Übrigen ist die Schätzung frei von Rechtsfehlern. Zwar liegt der vom Landgericht zugrunde gelegte Prozentsatz über den amtlichen Mittelwerten der Richtsatzsammlung für Pizzerien von 270 % in den Jahren 2003 bis 2006 bzw. 285 % in den Jahren 2007 und 2008. Bei der Festsetzung des Rohgewinnaufschlagsatzes muss sich das Gericht jedoch nicht zugunsten eines Angeklagten an den unteren Werten der in der Richtsatzsammlung genannten Spannen orientieren, wenn sich Anhaltspunkte für eine positivere Ertragslage ergeben (BGH, Urteil vom 28. Juli 2010 – 1 StR 643/09, NStZ 2011, 233). So verhielt es sich auch hier. Denn das Landgericht hat derartige Anhaltspunkte ohne Rechtsfehler in der „überdurchschnittlichen guten Lage" und der „jedenfalls mittleren Preisgestaltung" des Restaurants gesehen. Zudem durfte es die durch „Auslesung" der Registrierkasse im Mai 2009 für einen Zeitraum von 19 Tagen festgestellten Umsätze der F. GmbH sowie die Erkenntnisse des als Zeugen gehörten Steuerfahnders Fe. aus den von diesem vorgenommenen Fahndungsprüfungen heranziehen.

[21] c) Entgegen der Auffassung der Revision ist nicht zu besorgen, dass das Landgericht bei der Ermittlung der Gesamtumsätze die Gutscheinaktion „2 für 1" oder „4 für 2" ab dem Jahr 2005 unberücksichtigt gelassen hat. Zwar hat das Landgericht die auf Grundlage der in den Gewinnermittlungen enthaltenen Warenein-

[391] BGH, Beschluss vom 29.01.2014 – 1 StR 561/13; siehe hierzu auch Beschluss vom 6.10.2014 – 1 StR 214/14; siehe auch Beschluss vom 8.07.2014 – 1 StR 240/14.

satzbeträge und eines Rohgewinnaufschlagsatzes von 300 % ermittelten Umsätze nicht um Erlösschmälerungen aufgrund der Gutscheinaktion gekürzt. Jedoch hat es die umsatzmindernden Auswirkungen der Gutscheinaktion ersichtlich bereits bei der Höhe des Rohgewinnaufschlagsatzes berücksichtigt. Das Landgericht hat bei der Bemessung des Rohgewinnaufschlagsatzes in nicht zu beanstandender Weise darauf abgestellt, dass dieser ohne die Erlösschmälerungen aufgrund der Gutscheinaktion noch höher anzusetzen gewesen wäre. In den Jahren vor 2005 hat es lediglich zugunsten des Angeklagten davon abgesehen, einen höheren Wert zugrunde zu legen (UA S. 27/28).

*[**22**] 3. Allerdings ist die Berechnung der verkürzten Gewerbesteuer der Jahre 2003 bis 2007 nicht frei von Rechtsfehlern. Denn das Landgericht hat nicht bedacht, dass die in Bezug auf die verdeckten Gewinnausschüttungen zusätzlich anfallende Gewerbesteuer auch die Bemessungsgrundlage der Gewerbesteuer selbst mindert. Es hätte deshalb den bei Berechnung der Körperschaftsteuerverkürzung unter Berücksichtigung der Gewerbesteuerrückstellung ermittelten Gewinn auch der Berechnung der Gewerbesteuerverkürzung zugrunde legen müssen (vgl. BGH, Urteil vom 11. August 2010 – 1 StR 199/10; Beschluss vom 17. April 2008 – 5 StR 547/07, wistra 2008, 310). Wegen der lediglich geringfügigen Abweichung zum tatsächlichen Verkürzungsumfang schließt der Senat aber aus, dass sich der Rechtsfehler zum Nachteil des Angeklagten ausgewirkt hat.*

Eine Tathandlung gemäß § 370 Abs. 1 Nr. 2 AO begeht derjenige, der die **Finanzbehörden pflichtwidrig über steuerlich erhebliche Tatsachen in Unkenntnis lässt** (§ 370 Abs. 1 Nr. 2 AO). Das Delikt der Steuerhinterziehung ist somit ein **Erklärungsdelikt**. Es unterscheidet sich insoweit vom Straftatbestand der gewerbs- oder bandenmäßigen Schädigung des Umsatzsteueraufkommens (§ 26c UStG), der an die Nichtentrichtung von in Rechnungen gemäß § 14 UStG ausgewiesener Umsatzsteuer zum Fälligkeitszeitpunkt anknüpft.[392] **397**

Nach § 15 Abs. 1 Satz 1 Nr. 1 UStG kann ein Unternehmer die gesetzlich geschuldete Steuer für Lieferungen und sonstige Leistungen, die von einem anderen Unternehmer für sein Unternehmen ausgeführt worden sind, abziehen. Die **Ausübung des Vorsteuerabzugs** setzt dabei voraus, dass der Unternehmer eine nach §§ 14, 14a UStG ausgestellte Rechnung besitzt.[393] **398**

*[**13**] b) Entgegen der Auffassung des Landgerichts kommt es für die Frage, wann die Voraussetzungen für den Vorsteuerabzug vorliegen müssen, nicht auf den Zeitpunkt der Abgabe der Steueranmeldung an, in welcher der Vorsteuerabzug vorgenommen wird. Vielmehr ist ein Vorsteuerabzug gemäß § 15 Abs. 1 Satz 1 Nr. 1 UStG dann zulässig, wenn dessen Voraussetzungen zum Zeitpunkt der Ausführung der Lieferungen bzw. sonstigen Leistungen vorgelegen haben. Insbesondere fällt eine einmal bestehende Berechtigung zum Vorsteuerabzug nicht deshalb nachträglich weg, weil der Unternehmer später von Umständen Kenntnis erlangt, die einem Vorsteuerabzug entgegengestanden hätten, wenn er sie bereits beim Bezug der Waren gekannt hätte. Auch wird er durch diese nachträgliche Kenntnis nicht rückwirkend zum Nichtunternehmer.*

392 BGH, Beschluss vom 22.07.2013 – 1 StR 189/14.
393 BGH, Beschluss vom 1.10.2013 – 1 StR 312/13.

[14] aa) Im Rahmen der Auslegung des § 15 UStG sind die dieser Vorschrift zugrunde liegende Richtlinie 2006/112/EG des Rates vom 28. November 2006 über das gemeinsame Mehrwertsteuersystem (ABl. EU Nr. L 347 S. 1; im Folgenden: Mehrwertsteuersystemrichtlinie) und die hierzu ergangene Rechtsprechung des Gerichtshofs der Europäischen Union (EuGH) zu beachten (sog. richtlinienkonforme Auslegung). Danach gilt Folgendes:

[15] Bei dem in Art. 167 ff. der Mehrwertsteuersystemrichtlinie vorgesehenen Recht zum Vorsteuerabzug handelt es sich um einem integralen Bestandteil des Mehrwertsteuersystems; es kann sofort ausgeübt werden (vgl. EuGH, Urteil vom 6. Dezember 2012 in der Rechtssache C-285/11 „Bonik", DStRE 2013, 803). Die Mehrwertsteuersystemrichtlinie unterscheidet dabei zwischen der Entstehung des Rechts auf Vorsteuerabzug (Art. 167 i.V.m. Art. 63 der Mehrwertsteuersystemrichtlinie) und der Ausübung dieses Rechts (Art. 178 f. der Mehrwertsteuersystemrichtlinie). Nach Art. 167 der Mehrwertsteuersystemrichtlinie entsteht das Recht auf Vorsteuerabzug, wenn der Anspruch auf die abziehbare Steuer entsteht. Dies ist nach Art. 63 der Richtlinie bereits dann der Fall, wenn die Lieferung oder die Dienstleistung bewirkt ist; lediglich die Ausübung des Vorsteuerabzugsrechts setzt zusätzlich den Besitz einer den Anforderungen des Art. 178 Buchst. a der Mehrwertsteuersystemrichtlinie entsprechenden Rechnung voraus (vgl. EuGH, Urteil vom 29. April 2004 in der Rechtssache C-152/02 „Terra Baubedarf" zu Art. 17, 18 der von der Mehrwertsteuersystemrichtlinie abgelösten „Sechste(n) Richtlinie des Rates vom 17. Mai 1977 zur Harmonisierung der Rechtsvorschriften der Mitgliedstaaten über die Umsatzsteuern – Gemeinsames Mehrwertsteuersystem: einheitliche steuerpflichtige Bemessungsgrundlage 77/388/EWG", im Folgenden: Sechste Richtlinie 77/388/EWG).

[16] bb) Aus der Maßgeblichkeit des Zeitpunkts, zu dem die Lieferung oder sonstige Leistung bewirkt wird, für die Entstehung des Rechts auf Vorsteuerabzug folgt, dass für die Berechtigung zum Vorsteuerabzug die Verhältnisse bei Bezug der Leistung maßgebend sind (vgl. BFH, Urteil vom 13. Mai 2009 – XI R 84/07, BStBl II 2009, 868 unter Hinweis auf Art. 17 Abs. 1 i.V.m. Art. 10 Abs. 2 Satz 1 der Sechsten Richtlinie 77/388/EWG; vgl. auch BFH, Urteile vom 18. April 2013 – V R 19/12, BFH/NV 2013, 1515 und vom 8. September 2011 – V R 43/10, BFHE 235, 501).

[17] cc) Nach der Rechtsprechung des EuGH ist der Vorsteuerabzug dann zu versagen, wenn der Steuerpflichtige – im unionsrechtlichen Sinne – selbst eine Steuerhinterziehung begeht oder wenn er wusste oder hätte wissen müssen, dass er sich mit seinem Erwerb an einem Umsatz beteiligt, der in eine Mehrwertsteuerhinterziehung einbezogen ist und er deswegen als an dieser Hinterziehung Beteiligter anzusehen ist (EuGH, Urteil vom 6. Juli 2006 in den Rechtssachen C-439/04 und C-440/04 „Kittel und Recolta Recycling", Slg. 2006, I-6161, Rn. 53, 55 f.; vgl. auch EuGH, Urteile vom 6. Dezember 2012 in der Rechtssache C-285/11 „Bonik", DStRE 2013, 803, Rn. 37 ff. und vom 21. Juni 2012 in den Rechtssachen C-80/11 und C-142/11 „Mahagében und Dávid", DStRE 2012, 1336 Rn. 42, 45). Demgegenüber wäre es nach der Rechtsprechung des EuGH mit den Regelungen über den Vorsteuerabzug in der Mehrwertsteuersystemrichtlinie nicht vereinbar, einen Steuerpflichtigen, der weder wusste noch wissen konnte, dass der betreffende Umsatz in eine vom Leistenden begangene Steuerhinterziehung einbezogen war oder dass in der Lieferkette bei einem anderen Umsatz, der dem vom Steuerpflichtigen getätigten Umsatz vorausging oder nachfolgte, Mehrwertsteuer hinterzogen wurde, durch die Versagung des Vorsteuerabzugsrechts mit einer Sanktion zu belegen (vgl. EuGH, Urteil vom 21. Juni 2012 in den Rechtssachen C-80/11 und C-142/11

„Mahagében und Dávid", DStRE 2012, 1336 Rn. 47 mwN). Denn Wirtschaftsteilnehmer, die alle Maßnahmen treffen, die vernünftigerweise von ihnen verlangt werden können, um sicherzustellen, dass ihre Umsätze nicht in einen Betrug – sei es eine Mehrwertsteuerhinterziehung oder ein sonstiger Betrug – einbezogen sind, dürfen auf die Rechtmäßigkeit dieser Umsätze vertrauen (vgl. EuGH, Urteil vom 11. Mai 2006 in der Rechtssache C-384/04 „Federation of Technological Industries u.a.", Slg. 2006 I-4191 Rn. 33).

[18] c) Gemessen an diesen sich aus dem Unionsrecht ergebenden Maßstäben hat es für die Berechtigung zum Vorsteuerabzug keine Bedeutung, ob der Leistungsempfänger, der eine Lieferung noch „in gutem Glauben" erhalten hat, nachträglich erkennt, dass er sich mit seinem Erwerb an einem Umsatz beteiligt hat, der in eine anderweit begangene „Mehrwertsteuerhinterziehung" einbezogen war. Es verstieße auch gegen den Grundsatz der Rechtssicherheit (vgl. hierzu EuGH, Urteil vom 29. Februar 1996 in der Rechtssache C-110/94 „Inzo", Slg. 1996 I-857 Rn. 21), wenn einem Unternehmer, der von solchen Umständen zum Zeitpunkt des Leistungsbezuges weder wusste noch hätte wissen müssen, wegen nachträglich eingetretener „Bösgläubigkeit" rückwirkend das Recht auf den Vorsteuerabzug entzogen werden könnte.

[19] d) Trotz des unrichtigen rechtlichen Ansatzes des Landgerichts tragen die Feststellungen in den Fällen VIII. 4. bis 10. der Urteilsgründe den Schuldspruch der Steuerhinterziehung (§ 370 Abs. 1 Nr. 1 AO). Denn die Urteilsfeststellungen belegen, dass dem Angeklagten bereits seit dem 18. März 2010 und damit in diesen Fällen auch schon beim Warenbezug bekannt war, dass die von ihm geleitete Firma M. OHG (und später auch die M. GmbH) in ein Umsatzsteuerkarussell einbezogen war und die Waren von „missing tradern" bzw. einem „buffer" erhalten hatte. Damit fehlte es in diesen Fällen an einer zum Vorsteuerabzug berechtigenden Lieferung an diese Unternehmen (vgl. BGH, Beschluss vom 8. Februar 2011 – 1 StR 24/10, wistra 2011, 264). Indem der Angeklagte in diesen Fällen gleichwohl in den Steueranmeldungen einen Vorsteuerabzug vorgenommen hat, hat er gegenüber den Finanzbehörden unrichtige Angaben gemacht.

§ 370 Abs. 1 AO ist nicht lediglich ein Erklärungs-, sondern auch ein **Erfolgsdelikt.** **399**
Vollendung tritt erst ein, wenn der Täter durch seine Tathandlung Steuern verkürzt oder für sich oder einen anderen nicht gerechtfertigte Steuervorteile erlangt hat. Liegt bei allen verfahrensgegenständlichen Taten beider revidierender Angeklagter eine Voranmeldung der Umsatzsteuer zugrunde, tritt für **die Fälle der Herabsetzung der bisher zu entrichtenden Steuer oder der Steuervergütung** der tatbestandliche **Verkürzungserfolg erst** aufgrund der gemäß § 168 Satz 2 AO erforderlichen Zustimmung der Finanzbehörde ein. In den Konstellationen des § 168 Satz 1 AO ist die Steuerhinterziehung dagegen bereits mit der (unrichtigen) Anmeldung vollendet.[394]

Die **Verweisung in § 370 Abs. 6 Satz 2 AO** in ihrer geltenden Fassung wie in ihren **400**
früheren Fassungen auf unionsrechtliche Vorschriften dient lediglich der begrifflichen Konkretisierung der im Gesetz genannten „harmonisierten Verbrauchsteuern für Waren". Für diesen Zweck kommt es auf die Geltung der unionsrechtlichen Vorschrift nicht an.

---

394 BGH, Beschluss vom 23.07.2014 – 1 StR 196/14.

Der Bestimmtheitsgrundsatz (Art. 103 Abs. 2 GG) ist nicht verletzt, wenn eine Begriffskonkretisierung von Straftatbestandsmerkmalen durch Verweisung auf eine inhaltlich eindeutige Rechtsvorschrift erfolgt, die nicht (mehr) in Kraft ist.[395]

401 Nach der Rechtsprechung des Bundesfinanzhofs sind die Voraussetzungen des § 14 Abs. 3 UStG aF, mithin des § 14c Abs. 2 Satz 2 UStG, erfüllt, wenn eine Rechnung oder eine ähnliche **Urkunde blanko ausgestellt** und dem Adressaten ausgehändigt wird und der Aussteller dabei in Kauf nimmt, dass der Adressat die für den Vorsteuerabzug notwendigen Ergänzungen vornimmt. Denn der **Unterzeichner** gibt damit eine **Risikoerklärung** dahin ab, dass er mit jeder nachträglich eingefügten Erklärung einverstanden ist.[396]

[16] bb) Soweit das Landgericht angenommen hat, dass der Angeklagte auch im Tatkomplex III der Urteilsgründe hinsichtlich der von ihm unterschriebenen Blanko-Rechnungen seiner Verpflichtung nicht nachgekommen ist, die vom gesondert verfolgten R. nachträglich eingefügten Umsatzsteuerbeträge anzumelden, ist dies ebenfalls rechtsfehlerfrei. Allerdings ermöglichen die vom Landgericht getroffenen Feststellungen nicht die revisionsgerichtliche Nachprüfung, ob das Landgericht für die Voranmeldungszeiträume Juni und Juli 2010 von einem zutreffenden Schuldumfang ausgegangen ist.

[17] (1) Das Landgericht hat auch hinsichtlich der Blanko-Rechnungen die pflichtwidrig unterlassene Anmeldung der von R. nachträglich eingefügten Umsatzsteuerbeträge dem Voranmeldungszeitraum zugeordnet, in dem der Angeklagte die Blanko-Rechnungen unterschrieben und an R. übergeben hatte, weil damit „sein Tatbeitrag erschöpft“ gewesen sei. Dies trifft jedoch nicht zu, denn angeklagte und abgeurteilte Tat war hier nicht das Unterschreiben von Blanko-Rechnungen, sondern die Unterlassungstat der Nichtanmeldung der gemäß § 14c Abs. 2 Satz 2 i.V.m. § 13 Abs. 1 Nr. 4 UStG geschuldeten Umsatzsteuer.

[18] (2) Nach der Rechtsprechung des Bundesfinanzhofs sind die Voraussetzungen des § 14 Abs. 3 UStG aF, mithin des § 14c Abs. 2 Satz 2 UStG, erfüllt, wenn eine Rechnung oder eine ähnliche Urkunde blanko ausgestellt und dem Adressaten ausgehändigt wird und der Aussteller dabei in Kauf nimmt, dass der Adressat die für den Vorsteuerabzug notwendigen Ergänzungen vornimmt (BFH, Beschluss vom 28. Dezember 2004 – V B 154–156/04 u.a., BFH/NV 2005, 727; BFH, Urteil vom 16. März 1993 – XI R 103/90, BStBl. II 1993, 531; vgl. auch BFH, Urteil vom 7. April 2011 – V R 44/09, BStBl. II 2011, 954, jeweils mwN; Korn in Bunjes, UStG, 12. Aufl., § 14c Rn. 7; Wagner in Sölch/Ringleb, Umsatzsteuer, 71. Lfg., § 14c UStG Rn. 221). Denn der Unterzeichner gibt damit eine Risikoerklärung dahin ab, dass er mit jeder nachträglich eingefügten Erklärung einverstanden ist (vgl. BFH, Urteil vom 30. März 2006 – V R 46/03, DStR 2006, 1084). So verhält es sich im Ergebnis auch hier.

[19] (3) Gemäß § 14c Abs. 2 Satz 2 UStG geschuldet und anzumelden ist der ausgewiesene Steuerbetrag. Ausgewiesen ist ein Betrag bei einer Blanko-Rechnung jedoch erst dann, wenn er eingefügt worden ist. Bis zu diesem Zeitpunkt fehlt es für die Steuerentstehung gemäß § 14c Abs. 2 Satz 2 UStG noch an einem wesentlichen Merkmal, nämlich dem gesonderten Ausweis eines Steuerbetrages (vgl. BFH, Urteil vom 17. Februar 2011 – V R 39/09, BStBl. II 2011, 734). Infolgedessen kann auch

---

[395] BGH, Beschluss vom 20.11.2013 – 1 StR 544/13.
[396] BGH, Beschluss vom 15.01.2014 – 1 StR 648/13.

eine Anmeldepflicht gemäß § 18 Abs. 4b UStG solange nicht bestehen, wie bei einer Blanko-Rechnung noch kein Betrag eingefügt worden ist, den der Aussteller der Blanko-Rechnung anmelden und der Adressat als Vorsteuer geltend machen könnte. Eine Anmeldung vor Einfügung des Umsatzsteuerbetrages ist daher, soweit sie tatsächlich überhaupt möglich ist, rechtlich nichtgefordert.

Die Umsatzsteuer aus **Gutschriften über tatsächlich nicht durchgeführte Lieferungen** berechtigt nicht gemäß § 15 Abs. 1 Satz 1 Nr. 1 UStG zum Vorsteuerabzug. **402** Allerdings kann ein Vorsteuerabzug allenfalls beim Aussteller der Gutschriften, nicht aber beim Gutschriftsempfänger zu einer Steuerverkürzung führen.

Die **Nichteinreichung von Umsatzsteuervoranmeldungen** stellt eine Steuerhinterziehung durch Unterlassen (§ 370 Abs. 1 Nr. 2 AO) dar.[397]

Derjenige, der in Umsatzsteuererklärungen die in einer Rechnung ausgewiesene **403** Umsatzsteuer geltend macht, macht **unrichtige Angaben über steuerlich erhebliche Tatsachen** im Sinne von § 370 Abs. 1 Nr. 1 AO, wenn er sich mit dem der Rechnung zu Grunde liegenden Erwerb an einem in eine „Mehrwertsteuerhinterziehung" einbezogenen Umsatz beteiligte, denn aus solchen Erwerben steht ihm kein Vorsteuerabzugsrecht zu. Dies gilt jedoch nur dann, wenn er bereits zum Zeitpunkt des Leistungsbezuges von der Einbeziehung in die „Mehrwertsteuerhinterziehung" wusste oder hätte wissen müssen. Bei nachträglicher – also nach Leistungsbezug eintretender – „Bösgläubigkeit" bleibt das **Vorsteuerabzugsrecht** aus § 15 Abs. 1 Satz 1 Nr. 1 UStG hingegen unberührt.[398]

Auch ein **„Strohmann"** kann **Unternehmer und Leistender** im Sinne des Umsatz- **404** steuergesetzes sein. Dies ist jedoch dann nicht der Fall, wenn die Geschäfte des „Strohmanns" lediglich zum Schein getätigt werden, d.h. wenn beide Vertragsparteien einverständlich oder stillschweigend davon ausgehen, dass die Rechtswirkungen des Geschäfts gerade nicht zwischen ihnen, sondern zwischen dem Leistungsempfänger und dem „Hintermann" eintreten sollen. Letzteres ist insbesondere dann zu bejahen, wenn der Leistungsempfänger weiß oder davon ausgehen muss, dass derjenige, mit dem oder in dessen Namen das Rechtsgeschäft abgeschlossen wird, selbst keine eigene – ggf. auch durch Subunternehmer auszuführende – Verpflichtung aus dem Rechtsgeschäft übernehmen will.[399]

[27] a) Allerdings ist das Landgericht zu Unrecht davon ausgegangen, dass es sich bei den „Soldaten" deshalb um die leistenden Unternehmer i.S.v. § 2 Abs. 1 UStG gehandelt habe, weil sie bei den Goldlieferungen „wie Gewerbetreibende" aufgetreten seien.

[28] Zwar kann auch ein „Strohmann" Unternehmer und Leistender im Sinne des Umsatzsteuergesetzes sein (vgl. BGH, Urteil vom 9. April 2013 – 1 StR 586/12, BGHSt 58, 218, 233 f.). Dies ist jedoch dann nicht der Fall, wenn die Geschäfte des „Strohmanns" lediglich zum Schein getätigt werden, d.h. wenn beide Vertragsparteien einverständlich oder stillschweigend davon ausgehen, dass die Rechtswirkun-

---

[397] BGH, Beschluss vom 3.12.2013 – 1 StR 579/13; vgl. hierzu auch Beschluss vom 8.07.2014 – 1 StR 29/14.

[398] BGH, Beschluss vom 5.02.2014 – 1 StR 422/13.

[399] BGH, Beschluss vom 6.02.2014 – 1 StR 577/13; siehe hierzu auch Beschluss vom 6.02.2014 – 1 StR 578/13.

gen des Geschäfts gerade nicht zwischen ihnen, sondern zwischen dem Leistungsempfänger und dem „Hintermann" eintreten sollen (vgl. § 41 Abs. 2 AO; BGH aaO mit weiteren Nachweisen aus der Rechtsprechung des Bundesgerichtshofs und des Bundesfinanzhofs). Letzteres ist insbesondere dann zu bejahen, wenn der Leistungsempfänger weiß oder davon ausgehen muss, dass derjenige, mit dem oder in dessen Namen das Rechtsgeschäft abgeschlossen wird, selbst keine eigene – ggf. auch durch Subunternehmer auszuführende – Verpflichtung aus dem Rechtsgeschäft übernehmen will (BGH aaO).

[29] So verhielt es sich hier. Im Gegensatz zu dem Sachverhalt, der dem vom Landgericht angeführten Urteil des Bundesgerichtshofs vom 9. April 2013 im Verfahren 1 StR 586/12 (BGHSt 58, 218) zugrunde lag, war hier – worauf der Generalbundesanwalt in seiner Antragsschrift mit Recht hinweist – auch den Ankäufern des Goldes bekannt, dass die „Soldaten" lediglich ihren Namen für die von den „Fahrern" als Vertreter der Hintermänner abgewickelten Transaktionen hergaben. Damit kamen die Kaufverträge mit den Hintermännern zustande, die damit auch die Unternehmer waren, welche die Goldlieferungen ausführten.

[30] b) Die Urteilsfeststellungen tragen gleichwohl beim Angeklagten A. die rechtliche Würdigung seines Verhaltens als drei Fälle der (zumindest) versuchten Hinterziehung von Umsatzsteuern.

[31] aa) Das Landgericht ist im Ergebnis zu Recht davon ausgegangen, dass der Angeklagte die in den von ihm ausgestellten Rechnungen ausgewiesenen Umsatzsteuerbeträge anzumelden hatte.

[32] Der Umstand, dass die Hintermänner als leistende Unternehmer die Umsatzsteuern aus den Goldlieferungen schuldeten und nicht der Angeklagte A. als „vorgeschobener Strohmann", steht einer Hinterziehung von Umsatzsteuern durch den „Soldaten" A. nicht entgegen. Denn der Angeklagte stellte für den Verkauf von Gold Rechnungen aus, in denen nicht die wirklich leistenden Unternehmer angegeben waren, mithin Scheinrechnungen, und schuldete deshalb gemäß § 14c Abs. 2 Satz 2 UStG die darin unberechtigt ausgewiesenen Umsatzsteuerbeträge. Seiner sich hieraus ergebenden Erklärungspflicht (§ 18 Abs. 4a, 4b UStG) kam der Angeklagte A. nicht nach; vielmehr ließ er Steuerbeträge entgegen § 15 Abs. 1 Satz 1 Nr. 1 UStG von seinem Steuerberater mit nicht entstandenen Vorsteuerbeträgen aus Schein-Eingangsrechnungen „verrechnen".

[33] bb) Auch für die Voranmeldungszeiträume November und Dezember 2010, für die vom Steuerberater des Angeklagten auftragswidrig keine Umsatzsteuervoranmeldungen beim Finanzamt eingereicht wurden, ist das Verhalten des Angeklagten A. jeweils (zumindest) als Versuch der Steuerhinterziehung (§ 370 Abs. 2 AO, § 22 StGB) zu qualifizieren.

[34] (1) In Betracht kommt allerdings, dass sich der Angeklagte A. statt wegen versuchter Steuerhinterziehung sogar wegen vollendeter Steuerhinterziehung durch Unterlassen (§ 370 Abs. 1 Nr. 2 AO) strafbar gemacht hat. Denn er erreichte sein Ziel, dass die in den von ihm ausgestellten Ausgangsrechnungen über den Verkauf von Gold gesondert ausgewiesene Umsatzsteuer nicht festgesetzt wurde. Da die Umsatzsteuervoranmeldungen für November und Dezember 2010 nicht innerhalb der vorgeschriebenen Frist (vgl. § 18 Abs. 1 UStG) beim Finanzamt eingereicht worden sind, wurde jeweils die anzumeldende Umsatzsteuer verkürzt (vgl. § 370 Abs. 4 Satz 1 AO); denn gemäß § 168 Satz 1 AO hätte die Steueranmeldung einer Steuerfestsetzung unter Vorbehalt der Nachprüfung gleichgestanden, wenn sie rechtzeitig eingereicht worden wäre.

[35] Allerdings stellte sich der Angeklagte A. insoweit einen anderen Kausalverlauf vor. Er wollte die Verkürzung der in den Rechnungen ausgewiesenen Umsatzsteuer dadurch erreichen, dass zwar diese Umsatzsteuerbeträge angemeldet werden, sie aber mit überschießenden, in Wirklichkeit nicht entstandenen Vorsteuerbeträgen aus Schein-Eingangsrechnungen saldiert werden. Tatsächlich kam es aber deshalb zu keiner Festsetzung der Umsatzsteuer aus diesen Rechnungen, weil der Steuerberater entgegen dem ihm vom Angeklagten erteilten Auftrag für die Monate November und Dezember 2010 keine Umsatzsteuervoranmeldungen einreichte.

[36] Zwar muss vom Vorsatz auch der Kausalverlauf umfasst sein. Nach der Rechtsprechung des Bundesgerichtshofs genügt es hierfür jedoch, dass die Vorstellungen des Täters dem tatsächlichen Geschehensablauf im Wesentlichen entsprechen. Abweichungen des tatsächlichen vom vorgestellten Kausalverlauf sind für die rechtliche Bewertung bedeutungslos, wenn sie sich innerhalb der Grenzen des nach allgemeiner Lebenserfahrung Voraussehbaren halten und keine andere Bewertung der Tat rechtfertigen (vgl. BGH, Beschluss vom 11. Juli 1991 – 1 StR 357/91, BGHR StGB § 16 Abs. 1 Kausalverlauf 1; Fischer, StGB, 61. Aufl., § 16 Rn. 7 f. mwN). Ob aber bei Beauftragung einer weiteren Person der Taterfolg der Steuerverkürzung dadurch eintritt, dass diese auftragsgemäß für den Täter eine unrichtige Steueranmeldung abgibt, bei der die angemeldete Steuer durch einen nicht gerechtfertigten Vorsteuerabzug sogleich wieder vollständig bzw. weitestgehend kompensiert wird, oder dadurch, dass die beauftragte Person abredewidrig die Steueranmeldung überhaupt nicht abgibt, beeinflusst die Bewertung der Tat als Steuerhinterziehung nicht (vgl. für Fälle der Beihilfe: BGH, Urteil vom 9. April 2013 – 1 StR 586/12 Rn. 17, BGHSt 58, 218, 222).

[37] (2) Ob es hierbei einen erheblichen Unterschied darstellt, dass der Steuerberater nach den Vorstellungen des Angeklagten für den Monat November 2010 eine Umsatzsteuervoranmeldung einreichen sollte, die sogar auf eine Steuervergütung gerichtet war, so dass die Festsetzungswirkung der Steueranmeldung erst mit der Zustimmung der Finanzbehörde eintreten konnte (§ 168 Satz 2 AO), bedarf keiner abschließenden Entscheidung. Denn jedenfalls belegen die Urteilsfeststellungen – wie vom Landgericht angenommen – zumindest das Vorliegen eines Versuchs der Steuerhinterziehung durch aktives Tun in mittelbarer Täterschaft (§ 370 Abs. 1 Nr. 1, Abs. 2 AO, § 25 Abs. 1 Var. 2 StGB), so dass der Angeklagte nicht beschwert ist.

Ein **„Strohmann“**, der nach außen im eigenen Namen auftritt, kann im Verhältnis **405**
zum „Hintermann“ jedoch auf dessen Rechnung handeln und dabei **Unternehmer im Sinne des Umsatzsteuergesetzes** sein. Ein „Strohmann“, der von einem Dritten im eigenen Namen Leistungen bezieht, ist daher nicht etwa deshalb nicht selbständig i.S.d. § 2 Abs. 1 Satz 1 UStG tätig, weil er die Leistungen auf Rechnung des „Hintermanns“ empfängt und er dessen Weisungen verpflichtet ist. Dementsprechend kann es bei „Strohmanngeschäften“ zu einer Verdoppelung der Leistungsbeziehungen kommen, so dass z.B. der Verkäufer an den „Strohmann“ und dieser an den „Hintermann“ liefert oder leistet.

„Vorgeschobene“ Strohmanngeschäfte hingegen sind dann umsatzsteuerrechtlich (wie auch zivilrechtlich) unbeachtlich, wenn sie nur zum Schein abgeschlossen sind, also die Vertragsparteien einverständlich oder stillschweigend davon ausgehen, dass die Rechtswirkungen des Geschäfts gerade nicht zwischen ihnen eintreten sollen.[400]

[400] BGH, Beschluss vom 29.01.2014 – 1 StR 469/13.

406 **Die Verjährungsfrist für Steuerhinterziehung** gemäß § 370 AO beträgt nach § 78 Abs. 3 Nr. 4 StGB fünf Jahre, sofern § 376 Abs. 1 AO nicht zur Anwendung kommt.[401]

[5] 1. Hinsichtlich der dem Angeklagten zur Last gelegten Steuerhinterziehung war das Verfahren gemäß § 206a Abs. 1 StPO wegen eingetretener Verfolgungsverjährung einzustellen.

[6] Die Verjährungsfrist für Steuerhinterziehung gemäß § 370 AO beträgt nach § 78 Abs. 3 Nr. 4 StGB fünf Jahre, sofern – wie hier – § 376 Abs. 1 AO nicht zur Anwendung kommt. Die Einkommensteuererklärung für das Jahr 2001 hatte der Angeklagte im November 2002 abgegeben, der Einkommensteuerbescheid erging dann am 12. Dezember 2002. Die mit Bekanntgabe des Bescheids (§ 122 Abs. 2 Nr. 1 AO) begonnene Verjährungsfrist wurde unterbrochen durch die am 24. August 2005 durchgeführte Durchsuchung des Wohnhauses des Angeklagten, durch welche dieser infolge der hierbei hinterlassenen Dokumente über die Durchsuchung von den gegen ihn geführten Ermittlungen Kenntnis erlangte (§ 78c Abs. 1 Nr. 1 StGB). Seine Kenntnis zeigt sich auch darin, dass der Angeklagte am 9. September 2005 einen Verteidiger in dieser Angelegenheit bestellte. Entgegen der Auffassung des Landgerichts konnten weitere Aufforderungen zur Stellungnahme oder die Vernehmung durch die Steuerfahndung im März 2009 nicht zu einer erneuten Unterbrechung der Verfolgungsverjährung führen, weil nach der Bekanntgabe der Einleitung des steuerstrafrechtlichen Ermittlungsverfahrens sämtliche in § 78c Abs. 1 Nr. 1 StGB genannten Unterbrechungstatbestände nicht zu einer nochmaligen Unterbrechung führen können. Alle in Nr. 1 aufgeführten Handlungen sind lediglich zur einmaligen Unterbrechung geeignet und stehen nur alternativ zur Verfügung (BGH, Beschluss vom 19. Juni 2008 – 3 StR 545/07, NStZ 2009, 205). Erst die Anklageerhebung am 30. September 2010 hätte die Verjährung wieder unterbrechen können (§ 78c Abs. 1 Nr. 6 StGB); die am 24. August 2005 aufgrund Unterbrechung neu angelaufene Verjährungsfrist von fünf Jahren war aber im September 2010 bereits abgelaufen.

[7] 2. Die dem Angeklagten zur Last gelegte Straftat der Untreue ist demgegenüber nicht verjährt, wie der Generalbundesanwalt in seinem Antragsschreiben zutreffend dargelegt hat. Die der diesbezüglichen Verurteilung zugrunde liegende Beweiswürdigung des Landgerichts ist jedoch lückenhaft und auch die insoweit getroffenen Feststellungen belegen nicht, weshalb dem Angeklagten ein Gefährdungsschaden zugerechnet wird, obwohl zeitgleich mit dem Angeklagten auch der Sachgebietsleiter für Recht und Verträge des L. über die Änderung der vorgenommenen Baumaßnahmen informiert war und dieser die zuständige Bauleitung zu einer Vertragsänderung aufgefordert hatte, womit dann auch eine ggfs. entstandene Minderleistung festzustellen gewesen wäre. Eine entsprechende Feststellung war aber offenbar erst etwa zehn Jahre später im Juni 2009 durch ein dann vorliegendes Gutachten vonM. möglich, während die Kürzungen durch den Angeklagten bei Vorlage der Abschlagsrechnungen zwischen September 1999 und März 2000 hätten erfolgen sollen. Im Übrigen wird insoweit auf die zutreffenden Ausführungen des Generalbundesanwalts verwiesen.

---

401 BGH, Beschluss vom 7.08.2014 – 1 StR 198/14.

Der Umstand, dass das Regelbeispiel des § 370 Abs. 3 Satz 2 Nr. 1 AO bis zur Änderung durch Gesetz vom 21.12.2007 (BGBl. I, 3198, 3209) [und damit zum Zeitpunkt der Tatbeendigung] enger gefasst war, steht der Anwendung der **verlängerten Verjährungsfrist** des § 376 Abs. 1 AO nicht entgegen.[402] **407**

Auch die vom Angeklagten am 28. März 2006 durch Abgabe einer unrichtigen Umsatzsteuerjahreserklärung begangene Steuerhinterziehung (§ 370 Abs. 1 Nr. 1 AO i.V.m. § 168 Satz 1 AO) mit einem Verkürzungsumfang von 133.269,08 Euro (Tat 1 der Urteilsgründe) ist nicht verjährt.

Zwar betrug die Verjährungsfrist für diese Tat zunächst nur fünf Jahre (vgl. § 78 Abs. 3 Nr. 4 StGB), die bei Bekanntgabe der Einleitung des Ermittlungsverfahrens (vgl. § 78c Abs. 1 Satz 1 Nr. 1 StGB) bereits verstrichen waren. Die Verjährungsfrist hatte sich jedoch durch Gesetz vom 19. Dezember 2008 (BGBl. I, 2794, 2828) auf zehn Jahre erhöht (§ 376 Abs. 1 AO). Diese Vorschrift gilt für alle bei Inkrafttreten des Änderungsgesetzes noch nicht abgelaufenen Verjährungsfristen (vgl. Art. 97 § 23 EGAO).

Die Voraussetzungen des § 376 Abs. 1 AO liegen hier vor, denn die Tat erfüllt das Regelbeispiel des § 370 Abs. 3 Satz 2 Nr. 1 AO (Steuerverkürzung in großem Ausmaß). Der Umstand, dass das Regelbeispiel des § 370 Abs. 3 Satz 2 Nr. 1 AO bis zur Änderung durch Gesetz vom 21. Dezember 2007 (BGBl. I, 3198, 3209) und damit zum Zeitpunkt der Tatbeendigung enger gefasst war – es enthielt noch das einschränkende Merkmal des Handelns aus grobem Eigennutz – steht der Anwendung der verlängerten Verjährungsfrist des § 376 Abs. 1 AO nicht entgegen (vgl. Jäger in Klein, Abgabenordnung, 11. Aufl., § 376 Rn. 14; Rolletschke in Graf/Jäger/Wittig, Wirtschafts- und Steuerstrafrecht, 1. Aufl. 2011, Rn. 10; a.A. Joecks in Franzen/Gast/Joecks, Steuerstrafrecht, 7. Aufl., § 376 AO Rn. 14e; Spatscheck/Albrecht Stbg 2012, 501, 506). Maßgeblich ist allein, dass die Voraussetzungen des § 376 Abs. 1 AO erfüllt sind und die Tat zum Zeitpunkt des Inkrafttretens dieser Verjährungsvorschrift noch nicht verjährt war. Beides ist hier der Fall. Damit kommt die zehnjährige Verjährungsfrist des § 376 Abs. 1 AO zur Anwendung, obwohl die Tat zum Zeitpunkt der Tatbegehung keines der Regelbeispiele des § 370 Abs. 3 Satz 2 AO erfüllt hat.

Der Anwendung der zehnjährigen Verjährungsfrist des § 376 Abs. 1 AO steht auch nicht entgegen, dass das Landgericht für diese Tat die Strafe nicht dem Strafrahmen des § 370 Abs. 3 AO entnommen hat. Entscheidend ist, ob ein Regelbeispiel eines besonders schweren Falles verwirklicht ist, nicht, ob sich die Tat nach der gebotenen Gesamtwürdigung der Umstände im konkreten Einzelfall als besonders schwer darstellt (vgl. Jäger in Klein, Abgabenordnung, 11. Aufl., § 376 Rn. 11, 15; Joecks in Franzen/Gast/Joecks, Steuerstrafrecht, 7. Aufl., § 376 AO Rn. 14 f.; a.A. Schauf in Kohlmann, Steuerstrafrecht, Lfg. 40, § 376 AO Rn. 20 ff.). Die typisierende Anknüpfung der Verjährungsregelung des § 376 Abs. 1 AO an Regelbeispielen besonders schwerer Fälle der Steuerhinterziehung ist auch verfassungsrechtlich unbedenklich.

Bei **Schmuggel** gemäß § 373 AO handelt es sich um einen **Qualifikationstatbestand,** **408**
der den Grundtatbestand des § 370 AO verdrängt. Dies gilt für vor dem 1. Januar 2008 begangene Taten trotz unterschiedlicher Strafandrohungen auch dann, wenn –

[402] BGH, Beschluss vom 5.3.2013 – 1 StR 73/13.

wie hier – zugleich die Voraussetzungen eines besonders schweren Falls der Steuerhinterziehung gemäß § 373 Abs. 3 AO aF gegeben sind.[403]

[5] Das Landgericht hat bei 171 Fällen des gewerbs- und bandenmäßigen Schmuggels, bei denen der Tatzeitpunkt vor dem 1. Januar 2008 lag und bei denen die Voraussetzungen eines besonders schweren Falls der Steuerhinterziehung gemäß § 370 Abs. 3 AO aF rechtsfehlerfrei angenommen wurden, zugleich eine Verurteilung wegen tateinheitlich begangener „gemeinschaftlicher" Steuerhinterziehung vorgenommen, um „den besonderen Tatbestandsmerkmalen der Gewerbsmäßigkeit und Bandenmäßigkeit, die in § 370 AO aF nicht aufgeführt sind, ausreichend Rechnung zu tragen und gleichwohl deutlich zu machen, dass der Strafrahmen des § 370 AO aF zur Anwendung kam" (UA S. 301). Dies begegnet durchgreifenden Bedenken.

[6] Bei Schmuggel gemäß § 373 AO handelt es sich um einen Qualifikationstatbestand, der den Grundtatbestand des § 370 AO verdrängt (vgl. BGH, Urteile vom 22. Mai 2012 – 1 StR 103/12, NStZ 2012, 637; und vom 28. September 1983 – 3 StR 280/83, BGHSt 32, 95). Dies gilt für vor dem 1. Januar 2008 begangene Taten trotz unterschiedlicher Strafandrohungen auch dann, wenn – wie hier – zugleich die Voraussetzungen eines besonders schweren Falls der Steuerhinterziehung gemäß § 373 Abs. 3 AO aF gegeben sind.

[7] Der Umstand, dass § 373 AO in seiner bis zum 31. Dezember 2007 geltenden Fassung einen Strafrahmen von drei Monaten bis fünf Jahren Freiheitsstrafe vorsah, während § 370 Abs. 3 AO aF für einen besonders schweren Fall der Steuerhinterziehung Freiheitsstrafe von sechs Monaten bis zu zehn Jahren androhte, lässt das konkurrenzrechtliche Verhältnis zwischen § 373 AO und § 370 AO unberührt (vgl. im weiteren Sinne auch § 12 Abs. 3 StGB).

[8] Die unterschiedlichen Strafandrohungen wirken sich vielmehr bei der Strafzumessung auf die Strafrahmenwahl aus.

[9] Für vor dem 1. Januar 2008 begangene Taten gemäß § 373 AO aF, bei denen zugleich die Voraussetzungen eines besonders schweren Falls der Steuerhinterziehung gemäß § 370 Abs. 3 AO aF verwirklicht sind, ist die Strafe dem Strafrahmen des § 370 Abs. 3 AO aF zu entnehmen. Denn es wäre sinnwidrig, diesen Strafrahmen nur deshalb nicht zur Anwendung zu bringen, weil zum Grundtatbestand zusätzlich ein Merkmal, das die Tat als Schmuggel qualifiziert – wie hier Gewerbsmäßigkeit (§ 373 Abs. 1 AO) bzw. bandenmäßige Begehung (§ 373 Abs. 2 Nr. 3 AO) – hinzukommt. Der Täter würde andernfalls wegen dieser strafschärfenden Begehungsart milder bestraft werden, als wenn diese fehlte (vgl. BGH, Urteile vom 28. September 1983 – 3 StR 280/83, BGHSt 32, 95; und vom 10. September 1986 – 3 StR 292/85, wistra 1987, 30; Franzen/ Gast/Joecks, Steuerstrafrecht, 7. Aufl., § 373 Rn. 51; Hilgers-Klautzsch in Kohlmann, Steuerstrafrecht, § 373 Rn. 145; Schmitz/Wulf in MüKo-StGB, § 370 Rn. 485).

[10] Dagegen besteht für nach dem 31. Dezember 2007 begangene Taten nach Anhebung des Strafrahmens des Schmuggels auf Freiheitsstrafe von sechs Monaten bis zu zehn Jahren für einen Rückgriff auf den Strafrahmen des§ 370 Abs. 3 AO kein Bedürfnis mehr (Franzen/Gast/Joecks, aaO; Hilgers-Klautzsch, aaO; Schmitz/ Wulf, aaO).

403 BGH, Beschluss vom 5.11.2014 – 1 StR 267/14.

4. Gewaltschutzgesetz (GewSchG)

Die Verurteilung nach § 4 Satz 1 GewSchG wegen einer Zuwiderhandlung gegen eine **Anordnung nach § 1 Abs. 1 Satz 1 GewSchG** setzt voraus, dass das Strafgericht die materielle Rechtmäßigkeit der Anordnung überprüft und dabei deren tatbestandliche Voraussetzungen eigenständig feststellt; an die Entscheidung des Familiengerichts ist es insoweit nicht gebunden.[404] **409**

[11] 1. Tathandlung nach § 4 GewSchG ist die Zuwiderhandlung gegen eine bestimmte und vollstreckbare Anordnung nach § 1 Abs. 1 Satz 1 oder 3 GewSchG. Bei dieser Strafnorm handelt es sich um eine Blankettvorschrift, deren Verbotsgehalt sich aus der zugrunde liegenden Entscheidung des Familiengerichts ergibt (vgl. BGH, Urteil vom 15. März 2007 – 5 StR 536/06, BGHSt 51, 257, 259). Die Beantwortung der Vorlegungsfrage richtet sich deshalb nicht nach § 262 StPO. Der Blankettcharakter des § 4 GewSchG allein besagt ebenfalls noch nicht, ob der Tatbestand materiell akzessorisch zur Schutzanordnung des Familiengerichts ausgestaltet ist. Diese Frage muss vielmehr aus der Norm selbst beantwortet werden, denn es ist in erster Linie Sache des Gesetzgebers, darüber zu befinden, ob die Strafbarkeit einer Zuwiderhandlung gegen eine Entscheidung, die von einer Verwaltungsbehörde oder einem anderen als dem über die Strafbarkeit befindenden Gericht getroffen wurde, von der Rechtmäßigkeit dieser Entscheidung abhängen soll oder nicht (vgl. BVerfG, Beschlüsse vom 22. Juni 1988 – 2 BvR 1154/86 und 234/87, BVerfGE 78, 374, 381 f.; vom 15. Juni 1989 – 2 BvL 4/87, BVerfGE 80, 244, 256; vom 1. Dezember 1992 – 1 BvR 88/91 und 576/91, BVerfGE 87, 399, 408 jeweils für Zuwiderhandlungen gegen eine Verwaltungsanordnung; Lampe, jurisPR-StrafR 5/2011 Anm. 2).

[12] 2. Die historische Auslegung des § 4 GewSchG führt zu einem eindeutigen Ergebnis. Danach ist das über die Strafbarkeit befindende Gericht nicht an die Entscheidung des die Anordnung nach § 1 GewSchG treffenden Gerichts gebunden. Es hat vielmehr selbst die tatbestandlichen Voraussetzungen des § 1 GewSchG festzustellen und die materielle Rechtmäßigkeit der Anordnung zu bewerten. Hieran hat sich entgegen der Auffassung des vorlegenden Oberlandesgerichts im Ergebnis nichts dadurch geändert, dass für die Anordnung nach § 1 GewSchG nunmehr die Regelungen des FamFG maßgebend sind. Die Interpretation des § 4 GewSchG nach seinem Wortlaut, seinem Sinn und Zweck sowie seiner systematischen Stellung führt ebenfalls zu keinem anderen Resultat. Im Einzelnen:

[13] a) Der Wille des Gesetzgebers geht dahin, dass das Strafgericht nicht an die Entscheidung des die Anordnung nach § 1 GewSchG treffenden Gerichts gebunden ist. Dies ergibt sich aus den Gesetzesmaterialien. In der Begründung des Gesetzesentwurfs der Bundesregierung (BT-Drucks. 14/5429) wird zu § 4 GewSchG ausgeführt, der Verstoß gegen gerichtliche Schutzanordnungen nach § 1 GewSchG solle strafbewehrt sein. Stelle sich bei der Überprüfung der Rechtmäßigkeit der Anordnung durch das Strafgericht heraus, dass sie nicht hätte ergehen dürfen, etwa weil der Täter die der Anordnung zugrunde gelegte Tat nicht begangen habe, sei der Tatbestand nicht erfüllt (BT-Drucks. 14/5429 S. 32). Hieraus folgt eindeutig, dass nicht lediglich der in dem formalen Verstoß gegen § 1 GewSchG liegende Ungehorsam gegenüber staatlichen Entscheidungen strafrechtlich geahndet werden soll. Vielmehr

[404] BGH, Beschluss vom 12.9.2013 – 4 StR 503/12.

soll eine strafrechtliche Sanktion lediglich dann in Betracht kommen, wenn das Strafgericht die Rechtmäßigkeit der Anordnung einschließlich des Verhaltens, auf dem die Anordnung beruht, selbst überprüft und festgestellt hat.

[14] Gegen diese Konzeption hat der Bundesrat in seiner im weiteren Gesetzgebungsverfahren abgegebenen Stellungnahme Bedenken angemeldet. Er hat um Klarstellung gebeten, dass im Strafverfahren wegen eines Verstoßes gegen gerichtliche Schutzanordnungen nicht zu prüfen sei, ob diese rechtmäßig ergangen seien. Die Gesetzesbegründung der Bundesregierung begegne Bedenken im Hinblick auf die Praktikabilität der Vorschrift. Dem Anordnungsgegner, der der Auffassung sei, eine derartige Anordnung sei nicht rechtmäßig ergangen, sei es zuzumuten, gegen diese Entscheidung vor den Zivilgerichten vorzugehen. Auch werde ein Einschreiten der Polizei erschwert, wenn im Strafverfahren regelmäßig die Rechtmäßigkeit der zivilgerichtlichen Anordnung überprüft werden müsse. Es solle deshalb klar gestellt werden, dass das Strafgericht bei der Anwendung des § 4 GewSchG nicht überprüfen könne, ob die vollstreckbare gerichtliche Anordnung nach § 1 Abs. 1 Satz 1 oder 3 GewSchG rechtmäßig ergangen sei, sondern lediglich, ob sie wirksam ergangen sei (BT-Drucks. 14/5429 S. 39).

[15] Diese gewünschte Klarstellung hat die Bundesregierung in ihrer Gegenäußerung zu den Vorschlägen des Bundesrates ausdrücklich verweigert. Sie hat unter Hinweis auf die Rechtsprechung des Bundesverfassungsgerichts ausgeführt, Entscheidungen, die auf der Grundlage eines nach den Vorschriften der Zivilprozessordnung durchzuführenden Verfahrens ergangen seien, böten insbesondere in den Fällen möglicher Versäumnisurteile keine Gewähr für ihre materielle Richtigkeit. Die Auffassung, das Eingreifen der Polizei werde erschwert, greife vor dem Hintergrund der Grundsätze zur so genannten Anscheinsgefahr nicht durch.

[16] Dieser eindeutige Wille des Gesetzgebers ist bei der Gesetzesanwendung grundsätzlich zu respektieren, ohne dass der Senat zu beurteilen hat, ob eine andere Konzeption in der Sache vorzugswürdig gewesen wäre, insbesondere den Intentionen des Gewaltschutzgesetzes eher entsprochen hätte. Er verliert nicht deshalb wesentlich an Gewicht, weil sich das zum Erlass einer Schutzanordnung nach § 1 GewSchG führende Verfahren nunmehr nach dem FamFG richtet.

[17] aa) Zur Zeit des Inkrafttretens des Gewaltschutzgesetzes bestand eine Zweigleisigkeit des maßgeblichen Verfahrensrechts. Für Parteien, die einen auf Dauer angelegten gemeinsamen Haushalt führten oder innerhalb von sechs Monaten vor der Antragstellung geführt hatten, war gemäß § 23a Nr. 7, § 23b Abs. 1 Satz 2 Nr. 8a GVG, § 621 Nr. 13 ZPO ausschließlich das Familiengericht zuständig. Insoweit verwies § 621a Abs. 1 ZPO grundsätzlich auf die Vorschriften des Gesetzes über die freiwillige Gerichtsbarkeit (im Folgenden: FGG). Daher galt insoweit auch schon nach früherem Recht insbesondere der Amtsermittlungsgrundsatz, § 12 FGG. Neben der Hauptsacheentscheidung kam der Erlass einer einstweiligen Anordnung gemäß § 64b Abs. 3 Satz 1 FGG in Betracht (Bassenge/Roth, FGG, 11. Aufl., § 64b Rn. 14). In den sonstigen Fällen handelte es sich um allgemeine Zivilsachen, die je nach Streitwert vor dem Amts- oder Landgericht zu verhandeln waren und den Bestimmungen der Zivilprozessordnung unterlagen.

[18] bb) Seit dem Inkrafttreten des FamFG am 1. September 2009 sind alle Verfahren nach §§ 1 und 2 GewSchG – unabhängig von der Wohnsituation der Beteiligten – Familiensachen (§ 111 Nr. 6, § 210 FamFG), für die das FamFG gilt. §§ 210 bis 216a FamFG enthalten besondere Vorschriften für die Verfahren in Gewaltschutzsachen, die neben den bzw. anstelle der allgemeinen Vorschriften (§§ 1 bis 110

FamFG) Anwendung finden. Danach unterliegt das Verfahren der Amtsermittlung, § 26 FamFG. Die Durchführung einer förmlichen Beweisaufnahme steht im pflichtgemäßen, durch § 30 Abs. 3 FamFG gelenkten Ermessen des Gerichts, § 30 Abs. 1 FamFG; dasselbe gilt für die Durchführung einer mündlichen Erörterung, § 32 FamFG. Die Beteiligten sind jedoch, soweit dies zur Gewährleistung des rechtlichen Gehörs erforderlich ist, persönlich, d.h. mündlich (Keidel/Meyer-Holz, FamFG, 17. Aufl., § 34 Rn. 20) anzuhören, § 34 Abs. 1 Nr. 1 FamFG.

[19] Anders als nach früherem Recht ist das für Anordnungen nach § 1 GewSchG besonders bedeutsame Verfahren der einstweiligen Anordnung selbstständig und nicht von der gleichzeitigen Einleitung eines Hauptsacheverfahrens abhängig, § 51 Abs. 3 Satz 1 FamFG. Nach § 214 Abs. 1 Satz 2 FamFG soll in Gewaltschutzsachen ein dringendes Bedürfnis für ein sofortiges Tätigwerden im Sinne des § 49 Abs. 1 FamFG in der Regel vorliegen, wenn eine Tat nach § 1 GewSchG begangen wurde oder auf Grund konkreter Umstände mit ihrer Begehung zu rechnen ist. Es gelten die für die entsprechende Hauptsache maßgeblichen Verfahrensvorschriften, wenn nicht die Besonderheiten des einstweiligen Rechtsschutzes etwas anderes ergeben, § 51 Abs. 2 Satz 1 FamFG. So genügt die Glaubhaftmachung der Voraussetzungen für die Anordnung, § 51 Abs. 1 Satz 2, § 31 FamFG. Ein Rechtsmittel gegen eine einstweilige Anordnung ist gemäß § 57 Satz 2 Nr. 4 FamFG nur gegeben, wenn die Entscheidung aufgrund mündlicher Erörterung (§ 32 FamFG) ergangen ist. Im Übrigen stehen lediglich die Rechtsbehelfe der §§ 52 (Antrag auf Einleitung des Hauptsacheverfahrens), 54 Abs. 1 (Antrag auf Aufhebung oder Abänderung der Entscheidung) oder Abs. 2 (Antrag auf Neubescheidung nach mündlicher Verhandlung, richtig: mündlicher Erörterung) zur Verfügung.

[20] cc) Der Vergleich dieser jeweiligen Regelungsgefüge ergibt, dass in den Fällen, in denen aufgrund des gemeinsamen Hausstandes der Antragsgegner zunächst das FGG anwendbar war, mit Blick auf die hiesige Fragestellung eine substantielle Änderung des Verfahrensrechts nicht eingetreten ist. Insbesondere galt insoweit auch bereits vor Inkrafttreten des FamFG der Amtsermittlungs-, nicht aber der Beibringungsgrundsatz.

[21] Nach dieser Prozessmaxime richtete sich allerdings, soweit die Parteien keinen gemeinsamen Hausstand hatten, das in diesen Fällen geltende Verfahren nach der Zivilprozessordnung. Insoweit waren auch echte Säumnisentscheidungen möglich, d.h. solche, die gegen eine säumige Partei aufgrund deren Säumnis ergingen. Dies bedeutete allerdings nicht, dass in diesen Fällen in der Sache keine richterliche Prüfung geboten war. Vielmehr setzte der Erlass einer Schutzanordnung nach § 1 GewSchG die vom Gericht zu bewertende Schlüssigkeit des Vorbringens des Antragstellers voraus. Das Gericht war demnach auch in den Fällen der Säumnis des Antragsgegners verpflichtet zu prüfen, ob das tatsächliche Vorbringen des Antragstellers, seine Richtigkeit unterstellt, die rechtlichen Voraussetzungen des § 1 GewSchG erfüllt. Aufgrund des nunmehr geltenden Amtsermittlungsgrundsatzes ist insoweit eine Änderung eingetreten, als das Familiengericht nunmehr über den Vortrag des Antragstellers hinaus eigene Sachverhaltsermittlungen anstellen kann; eine reine Säumnisentscheidung ist damit – auch im Verfahren über eine einstweilige Anordnung – ausgeschlossen (§ 51 Abs. 2 Satz 3 FamFG). Nach wie vor kommt jedoch dem Sachvortrag des Antragstellers eine herausragende Bedeutung zu. Auch sind immer noch Entscheidungen möglich, die ergehen, ohne dass das Vorbringen des Antragsgegners Berücksichtigung findet. Dies gilt insbesondere im einstweiligen Anordnungsverfahren, bei dem allein auf der Grundlage der Antragsbegründung und Glaubhaft-

machung durch den Antragsteller in vom Gericht als besonders eilbedürftig bewerteten Fällen eine Entscheidung ohne jedes rechtliche Gehör des Antragsgegners in Betracht kommt, wenn andernfalls der Zweck der Maßnahme nicht erreicht werden könnte (Keidel/Giers, FamFG, 17. Aufl., § 51 Rn. 14, 16). Derartige Fallkonstellationen liegen gerade in Verfahren nach dem Gewaltschutzgesetz nicht fern, insbesondere wenn schon aufgrund der Benachrichtigung des Antragsgegners von dem Antrag weitere Handlungen gegenüber dem Antragsteller zu besorgen sind.

[22] b) Der Wortlaut des § 4 GewSchG steht dem dargelegten Willen des Gesetzgebers nicht entgegen. Der Gesetzgeber hat zwar die Möglichkeit nicht genutzt, durch Verwendung des Attributs „rechtmäßig" im Gesetzestext von vorneherein jeden Zweifel auszuräumen, und stattdessen dort lediglich die Zusätze „bestimmt" und „vollstreckbar" aufgenommen. Die ausdrückliche Erwähnung der notwendigen Bestimmtheit der Anordnung schließt eine darüber hinausgehende Rechtmäßigkeitsüberprüfung durch das Strafgericht allerdings nicht aus. Dies zeigt etwa der Vergleich zu dem nach § 145a StGB strafbaren Verstoß gegen Weisungen während der Führungsaufsicht. Auch dort spricht der Gesetzestext nur von einer „bestimmten" Weisung der in § 68b Abs. 1 StGB bezeichneten Art. Es entspricht indes einhelliger Auffassung in Rechtsprechung (vgl. etwa BGH, Urteil vom 7. Februar 2013 – 3 StR 486/12, BGHSt 58, 136) und Literatur (vgl. etwa Lackner/Kühl, StGB, 27. Aufl., § 145a Rn. 2; MüKoStGB/Groß, 2. Aufl., § 145a Rn. 10), dass auch eine aus anderen Gründen rechtsfehlerhafte Weisung – wenn sie etwa unzulässig oder ihre Erfüllung für den Verurteilten unzumutbar (§ 68b Abs. 3 StGB) ist, – die Strafbarkeit nach § 145a StGB nicht begründen kann. Auch dort ist demnach eine über die Bestimmtheit hinausgehende Überprüfung der Rechtmäßigkeit der Weisung durch das erkennende Strafgericht erforderlich, obwohl die der Strafbarkeit zugrunde liegende Weisung von einem Richter erlassen worden ist. Soweit in § 4 GewSchG die Vollstreckbarkeit der Anordnung ausdrücklich in den Gesetzestext aufgenommen ist, bleibt dies ebenfalls ohne signifikante Aussagekraft. So wird in der Rechtsprechung des Bundesverfassungsgerichts einerseits das Erfordernis der Vollziehbarkeit in § 20 Abs. 1 Satz 1 Nr. 1 VereinsG (BVerfG, Beschluss vom 15. Juni 1989 – 2 BvL 4/87, BVerfGE 80, 244, 256) oder § 327 Abs. 2 Satz 1 Nr. 1 StGB (BVerfG, Beschluss vom 6. Mai 1987 – 2 BvL 11/85, BVerfGE 75, 329, 346) zwar als Einschränkung der Überprüfungspflicht verstanden. Demgegenüber wird andererseits im Rahmen der Strafbarkeit wegen Teilnahme an einer Versammlung trotz vollziehbaren Verbots nach § 29 Abs. 1 Nr. 1 VersG eine Rechtmäßigkeitsüberprüfung der Verwaltungsentscheidung durch die Strafgerichte verlangt (BVerfG, Beschlüsse vom 12. März 1998 – 1 BvR 2165/96 und 2168/96, juris Rn. 13; vom 1. Dezember 1992 – 1 BvR 88/91 und 576/91, NStZ 1993, 190, 191). Danach kann den hier verwendeten Begriffen der Bestimmtheit und Vollziehbarkeit keine letztlich maßgebende Relevanz zugemessen werden.

[23] c) Auch eine Orientierung an Sinn und Zweck der Norm lässt eine eindeutige Antwort nicht zu. Die Strafbewehrung eines Verstoßes gegen eine Anordnung nach § 1 GewSchG in § 4 GewSchG soll einerseits dazu dienen, im Interesse der Opfer die Effektivität der gerichtlichen Schutzanordnung zu verbessern (BT-Drucks. 14/5429 S. 21). Diese Effektivität wird beeinträchtigt, wenn über denselben Sachverhalt in verschiedenen gerichtlichen Verfahren mehrfach Beweis zu erheben ist. Indes belegen die Gesetzesmaterialien, dass der Gesetzgeber diesen Gesichtspunkt im Blick hatte. Darüber hinaus ist zu beachten, dass sowohl eine Anordnung nach § 1 GewSchG als auch eine Verurteilung nach § 4 GewSchG in den Schutzbereich der allgemeinen Handlungsfreiheit des Betroffenen nach Art. 2 Abs. 1 GG und damit eines Grundrechts von hohem Rang eingreifen. Ist die Anordnung nach § 1

GewSchG materiell rechtswidrig, weil beispielsweise die ihr zugrunde gelegte Anlasstat gar nicht stattgefunden hatte oder weil die Anordnung über das zur Gefahrenabwehr Erforderliche hinaus geht, so ist schon dieser Eingriff nicht zum Rechtsgüterschutz des Antragstellers geboten (vgl. Heghmanns, in Festschrift Achenbach, 2011, S. 117, 122). Es bedarf keiner näheren Begründung, dass eine hierüber noch hinausgehende Verhängung einer strafrechtlichen Sanktion als der schärfsten dem Staat zur Verfügung stehenden Reaktion auf menschliches Fehlverhalten nach rechtsstaatlichen Maßstäben möglichst nur dann verhängt werden sollte, wenn so weit wie möglich sichergestellt ist, dass der Täter das durch die Strafnorm letztlich geschützte Rechtsgut tatsächlich und nicht nur formal beeinträchtigt hat.

[24] d) Die systematische Auslegung der Norm führt ebenfalls zu keinem eindeutigen Ergebnis. Soweit in diesem Zusammenhang auf die Vergleichbarkeit zu den Fällen der verwaltungsakzessorischen Straftatbestände abgestellt und daraus eine Bindungswirkung abgeleitet wird (vgl. Lampe, jurisPR-StrafR Anm. 2, 5/2011 C. 4.), gerät aus dem Blick, dass nach den Vorgaben des Bundesverfassungsgerichts die Frage der Akzessorietät in jedem Einzelfall anhand der jeweiligen konkreten Strafnorm zu bestimmen ist. Aus systematischer Sicht spricht eher für eine Rechtmäßigkeitsüberprüfung, dass es sich bei den Sachverhalten, die als Voraussetzung für den Erlass einer Schutzanordnung in Betracht kommen, überwiegend um Straftaten (§§ 123, 223, 239, 240, 241 StGB) handelt, auch wenn die materiellrechtliche Grundlage der Anordnung in § 823 Abs. 1, § 1004 BGB liegt. Wird ein solcher Sachverhalt, auf den der Erlass einer familiengerichtlichen Entscheidung nach § 1 GewSchG gestützt wurde, zugleich Gegenstand eines strafrechtlichen Ermittlungsverfahrens, so erscheint es widersprüchlich, dass das Strafgericht bei der Beurteilung einer Strafbarkeit nach § 4 GewSchG an die bloße Existenz der Schutzanordnung gebunden sein soll, wenn das Ermittlungsverfahren wegen der Anlasstat selbst – etwa aus tatsächlichen Gründen – nach § 170 Abs. 2 StPO eingestellt oder der Angeklagte freigesprochen worden ist (vgl. Pollähne, in Barton Beziehungsgewalt und Verfahren 2004, S. 133, 149). Andererseits ist zwar nicht zu verkennen, dass bei einer Überprüfung der Rechtmäßigkeit der Schutzanordnung nach § 1 GewSchG durch das Strafgericht dieses de facto – auch – als Kontrollorgan für Entscheidungen der Familiengerichte fungiert (kritisch deshalb etwa Lampe, aaO; Müller, FF 2002, 43, 46 Fn 24). Allerdings belegt etwa die Regelung des § 262 StPO, dass es nicht generell als systemfremd zu bewerten ist, wenn Strafgerichte Rechtsfragen aus anderen Rechtsgebieten eigenständig bewerten.

[25] e) Nach alldem bleibt die historische Auslegung des § 4 GewSchG für die Entscheidung der Vorlegungsfrage ausschlaggebend.

5. Waffengesetz (WaffG)

Wird die **tatsächliche Gewalt** über eine Waffe ausschließlich durch **deren Führen ausgeübt,** so verdrängt dies die Umgangsform des Besitzes.[405] **410**

Soweit der Angeklagte, ein montenegrinischer Staatsangehöriger, die Waffe darüber hinaus in Belgien besessen hat, ohne sie zu führen, unterfällt die Tat nicht der deutschen Strafgerichtsbarkeit.

[405] BGH, Beschluss vom 20.08.2014 – 3 StR 309/14.

411 Durch die **gleichzeitige Ausübung der tatsächlichen Gewalt über mehrere Waffen** werden alle in Bezug auf diese Waffen in der Besitzphase begangenen Verstöße gegen das Waffengesetz zu Tateinheit verbunden.[406]

[3] a) Der waffenkundige Angeklagte machte auf Bestellung dauerhaft unbrauchbar gemachte halbautomatische Pistolen (Dekorationswaffen i.S.v. Anlage 1 Abschnitt 1 Unterabschnitt 1 Nr. 1.4 zu § 1 Abs. 4 WaffG) wieder vollständig funktionsfähig und verkaufte sie anschließend gewerbsmäßig an seine Kunden weiter. Das Landgericht hat darin zutreffend jeweils ein unerlaubtes Herstellen von Schusswaffen (zum Begriff des Herstellens vgl. Anlage 1 Abschnitt 2 Nr. 8.1 zu § 1 Abs. 4 WaffG, MüKoStGB/Heinrich, 2. Aufl., § 1 WaffG Rn. 190 mwN) und ein unerlaubtes Handeltreiben mit Schusswaffen gemäß § 52 Abs. 1 Nr. 2c WaffG gesehen. Da sich der Angeklagte vom Abschluss des Herstellungsprozesses bis zur Weitergabe der Pistolen tateinheitlich auch des Besitzes an einer halbautomatischen Kurzwaffe gemäß § 52 Abs. 1 Nr. 2b WaffG schuldig gemacht hat, stehen – wie das Landgericht ebenfalls nicht verkannt hat – Herstellen, Besitz und Handeltreiben zueinander in Tateinheit (vgl. BGH, Beschluss vom 20. Juni 1995 – 4 StR 273/95, BGHR WaffG § 53 Abs. 1 Konkurrenzen 1). Bei der Beurteilung der Konkurrenzen zwischen den einzelnen Taten hat das Landgericht jedoch übersehen, dass durch die gleichzeitige Ausübung der tatsächlichen Gewalt über mehrere Waffen alle in Bezug auf diese Waffen in der Besitzphase begangenen Verstöße gegen das Waffengesetz zu Tateinheit verbunden werden (BGH, Beschluss vom 15. Januar 2013 – 4 StR 258/12, NStZ-RR 2013, 321, 322; Beschluss vom 30. November 2010 – 1 StR 574/10, StraFo 2011, 61 mwN). Dies hat hier zur Folge, dass die in den Fällen 2a) und b) und die in den Fällen 2c), e), f) und g) begangenen waffenrechtlichen Verstöße nicht in Tatmehrheit, sondern jeweils in Tateinheit zueinander stehen.

412 Der Tatbestand des **unerlaubten Ausübens der tatsächlichen Gewalt über eine Kriegswaffe** („Maschinengewehr“) steht **nicht in Tateinheit** zur **unerlaubten Ein- und Ausfuhr der Kriegswaffe**. Bei der Tatbestandsvariante in § 22a Abs. 1 Nr. 6 KWKG handelt es sich – wie sich bereits aus dem Wortlaut („sonst“) ergibt – um einen Auffangtatbestand, der hinter den spezielleren Erscheinungsformen des Ausübens der tatsächlichen Gewalt, demtensprechend auch der Ein-und Ausfuhr gemäß § 22a Abs. 1 Nr. 4 KWKG, zurücktritt.[407]

6. Ordnungswidrigkeitengesetz (OWiG)

413 Die **Anordnung eines dinglichen Arrests** steht nach § 111d Abs. 1 StPO im pflichtgemäßen Ermessen des Tatgerichts und darf nur angeordnet werden, wenn ein Arrestgrund besteht. Die Anordnung des dinglichen Arrests ist **als Beschlagnahme im Sinne des § 304 Abs. 4 Satz 2 Nr. 1 StPO i.V.m. § 46 Abs. 1 OWiG anzusehen.**[408]

---

406 BGH, Beschluss vom 17.06.2014 – 4 StR 71/14; siehe hierzu auch Beschluss vom 2.12.2014 – 4 StR 473/14.

407 BGH, Beschluss vom 3.12.2014 – 4 StR 335/14.

408 BGH, Beschluss vom 3.06.2014 – KRB 2/14.

[6] a) Ein dinglicher Arrest darf nur angeordnet werden, wenn ein Arrestgrund besteht. Dies ergibt sich aus der Verweisung des § 46 Abs. 1 OWiG auf die Strafprozessordnung, die in § 111d Abs. 2 StPO weitgehend auf die zivilprozessualen Regelungen des Arrestverfahrens Bezug nimmt. Nach § 917 ZPO, dessen Anwendung in § 111d Abs. 2 StPO ausdrücklich bestimmt ist, findet der dingliche Arrest nur dann statt, wenn zu besorgen ist, dass ohne dessen Verhängung die Vollstreckung des Urteils vereitelt oder wesentlich erschwert werden würde.

[7] b) Die Anordnung eines Arrests steht nach § 111d Abs. 1 StPO im pflichtgemäßen Ermessen des Tatgerichts. Diesem obliegt die wertende Entscheidung, ob zur Sicherung der Vollstreckung einer nach rechtskräftigem Abschluss des Verfahrens zu erwartenden Geldbuße Maßnahmen nach § 111d StPO erforderlich sind. Es hat dabei alle Umstände zu würdigen, die geeignet sind, Anhaltspunkte für oder gegen eine drohende Vereitelung oder Erschwerung der Vollstreckung zu ergeben. Dabei kann es auch die Art und die Umstände der Verfehlung in diese Prüfung einbeziehen. Hartnäckigkeit und Dauer können ebenso Rückschlüsse auf das künftige Verhalten der Nebenbetroffenen zulassen, wie die Intensität der Pflichtverletzung und in welchem Maße und mit welchen Mitteln sie abgesichert wurde. Allerdings wird allein das Gewicht der zugrunde liegenden Tat nur in besonderen Ausnahmefällen ausreichen (vgl. BGH, Beschluss vom 24. März 1983 – III ZR 116/82, WM 1983, 614; KG, wistra 2010, 116; zum Anfangsverdacht einer Steuerhinterziehung vgl. BFHE 239, 390). Um einen Arrestgrund bejahen zu können, sind vielmehr regelmäßige Erkenntnisse auch aus dem Verhalten nach der Tat, insbesondere unter dem Eindruck des laufenden Bußgeldverfahrens, erforderlich, die auf eine entsprechende Vollstreckungsvereitelungsabsicht hindeuten könnten. Dieses Verhalten ist dann allerdings im Licht der Tat zu sehen.

[8] c) Die Begründung der Entscheidung des Oberlandesgerichts erweist sich nicht als tragfähig. Der Senat kann hier offen lassen, ob sich das Ermessen des Tatrichters auch auf das Vorliegen des Arrestgrunds bezieht. Ebenso braucht er hier nicht zu entscheiden, ob sich aus der nach § 46 Abs. 1 OWiG lediglich sinngemäßen Anwendung des § 304 Abs. 4 Satz 2 StPO nicht eine Einschränkung der Prüfung durch den Bundesgerichtshof auf Rechtsfehler ergibt. Denn jedenfalls liegt hier ein solcher Rechtsfehler vor. Letztlich hat das Oberlandesgericht im Wesentlichen darauf abgestellt, dass die Nebenbetroffene Vorrats- oder Mantelgesellschaften bereithält. Dies mag zwar einen gewissen Indizcharakter dafür haben, dass die Nebenbetroffene planen könnte, Vermögenswerte dorthin zu verlagern. Gleichwohl reicht bei der hier gegebenen Fallkonstellation dieser Umstand für sich genommen nicht aus, um einen Arrestgrund annehmen zu können. Diese Vorratsgesellschaften wurden bereits ein Jahr zuvor erworben und blieben bislang ungenutzt. Versuche, Vermögen zu verschieben, sind nicht erkennbar. Ebenso wenig kann aus dem Verhalten von anderen Nebenbetroffenen auf die Beschwerdeführerin selbst rückgeschlossen werden. Anders als diese hat sie keine Umstrukturierungen vorgenommen, um im Wege von Umwandlungen eine Situation zu schaffen, die die Haftungsgrundlage für eine Bußgeldverhängung entfallen ließe (vgl. BGH, Beschlüsse vom 10. August 2011 – KRB 55/10, BGHSt 57, 193 – Versicherungsfusion und KRB 2/10, wistra 2012, 152). Aus dem Verhalten anderer Nebenbetroffener können keine Folgerungen auf gleichgerichtete Absichten dieser Nebenbetroffenen hergeleitet werden. Dies gilt hier auch unter Berücksichtigung des Umstands, dass die T.-Gruppe, die innerhalb des von ihr bestimmten Konzerns solche Umstrukturierungen vorgenommen hat, an der Nebenbetroffenen beteiligt ist. Denn die T.-Gruppe konnte in dem paritätisch strukturierten Gemeinschaftsunternehmen eine entsprechende Vorgehensweise nicht

durchsetzen. Schließlich bestehen auch keine Anhaltspunkte für eine Vermögensverlagerung ins Ausland. Hierfür reicht es regelmäßig nicht aus, wenn das Unternehmen über ausländische Tochter-, Mutter- oder Schwestergesellschaften verfügt. Dies stellt vielmehr nur die strukturelle Folge dessen dar, dass die Unternehmensgruppe international tätig ist.

7. Straßenverkehrsordnung (StVO)

414 Ein **Fahrlehrer**, der **als Beifahrer während einer Ausbildungsfahrt** einen Fahrschüler begleitet, dessen fortgeschrittener Ausbildungsstand zu einem Eingreifen in der konkreten Situation keinen Anlass gibt, ist **nicht Führer** des Kraftfahrzeugs im Sinne des § 23 Abs. 1a S. 1 StVO.[409]

[10] 1. Ein Fahrlehrer, der in der konkreten Situation nicht in die Ausbildungsfahrt eingreift, führt nach allgemeinen Kriterien – etwa im Sinne der §§ 315c, 316 StGB – das Kraftfahrzeug nicht.

[11] a) Führer eines Kraftfahrzeugs ist, wer es unter bestimmungsgemäßer Anwendung seiner Antriebskräfte unter eigener Allein- oder Mitverantwortung in Bewegung setzt oder unter Handhabung seiner technischen Vorrichtungen während der Fahrtbewegung durch den öffentlichen Verkehrsraum ganz oder wenigstens zum Teil lenkt (BGH, Beschlüsse vom 27. Oktober 1988 – 4 StR 239/88, BGHSt 35, 390, 393; vom 18. Januar 1990 – 4 StR 292/89, BGHSt 36, 341, 343). Der Täter muss sich selbst aller oder wenigstens eines Teiles der wesentlichen Einrichtungen des Fahrzeugs bedienen, die für seine Fortbewegung bestimmt sind (BGH, Urteil vom 27. Juli 1962 – 4 StR 215/62, BGHSt 18, 6, 8 f.; Beschluss vom 27. Oktober 1988 – 4 StR 239/88, BGHSt 35, 390, 393). Daher schließt es die Fahrzeugführereigenschaft zwar nicht aus, wenn mehrere Personen sich die Bedienung der notwendigen Funktionen teilen (in einem solchen Fall können beide als Fahrzeugführer anzusehen sein). Wer dagegen nicht einmal einen Teil der wesentlichen Einrichtungen des Fahrzeugs bedient, führt dieses im maßgeblichen Zeitpunkt nicht.

[12] Daher erfüllt der Fahrlehrer die genannten Voraussetzungen nicht, solange er nicht vom Beifahrersitz aus in die Lenk- oder Antriebsvorgänge eingreift. Dass er sich dabei ein solches Eingreifen im Notfall vorbehält, qualifiziert ihn im Zeitpunkt der hier zu beurteilenden Tathandlung nicht als Fahrzeugführer (BGH, Urteil vom 9. Juli 1959 – 2 StR 240/59, BGHSt 13, 226, 227 f.; OLG Dresden, NJW 2006, 1013, 1014; OLG Düsseldorf, DAR 2014, 40, 41; Hentschel/König/Dauer, Straßenverkehrsrecht, 42. Aufl., § 316 StGB Rn. 5; König in LK-StGB, 12. Aufl., § 315c Rn. 41 f.; ders., DAR 2003, 448 und DAR 2014, 363, 370; Schönke/Schröder – Sternberg-Lieben/Hecker, StGB, 29. Aufl., § 316 Rn. 20; Lackner/Kühl, StGB, 28. Aufl., § 315c Rn. 3; MüKoStGB/Pegel, 2. Aufl., § 315c Rn. 27; Burmann/Heß/Jahnke/Janker – Burmann, Straßenverkehrsrecht, 23. Aufl., § 316 StGB Rn. 2, Mitsch, NZV 2011, 281, 282; Grupp/Kinzig, NStZ 2007, 132, 136; Renzikowski in Matt/Renzikowski, StGB, § 316 Rn. 41, Zieschang in NK-StGB, 4. Aufl., § 315c Rn. 10; Weigel, DAR 2014, 41 f.; Scheidler, DAR 2009, 403, 404; Heinrich, DAR 2009, 402, 403; Joerden, BA 40 [2003], 104, 106; aA OLG Bamberg NJW 2009, 2393; AG Cottbus, DAR 2003, 476; SSW-StGB/Ernemann, 2. Aufl., § 315c Rn. 4;

---

409 BGH, Beschluss vom 23.09.2014 – 4 StR 92/14.

SK-StGB/Wolters, § 316 Rn. 13 [Stand: März 2012]; Tolksdorf, Festschrift für Nehm, 2006, S. 437, 441; Blum/Weber, NZV 2007, 228, 229; vgl. OLG Karlsruhe, VRS 64, 153, 157; OLG Hamm, VRS 37, 281, 282; Geppert in LK-StGB, 12. Aufl., § 69 Rn. 29; vgl. auch BGH [Zivilsenat], Urteil vom 22. März 1977 – VI ZR 80/75, VRS 52, 408, 409).

[13] Aus der gegenüber einem Normalfahrzeug abweichenden technischen Ausstattung des Fahrschulwagens (zusätzliche Gas- und Bremspedale, vgl. § 5 Abs. 2 DVFahrlG) ergibt sich nichts anderes; diese erleichtert lediglich die Möglichkeiten des Fahrlehrers zum Eingreifen.

[14] b) Auch der beherrschende Einfluss des Fahrlehrers auf die Fahrt – etwa durch sein Weisungsrecht gegenüber dem Fahrschüler – lässt ihn nicht zum Fahrzeugführer werden. Der eigenhändige Charakter der Delikte und Ordnungswidrigkeiten, die das Führen eines Fahrzeugs voraussetzen, steht der Annahme einer mittelbaren Täterschaft entgegen (MüKoStGB/Pegel, 2. Aufl., § 315c Rn. 27; König, DAR 2003, 448, 449).

8. Bundesdatenschutzgesetz (BDSG)

1. Zum Vorliegen nicht allgemein zugänglicher personenbezogener Daten bei der **Erstellung von sog. Bewegungsprofilen** bei Überwachung von Zielpersonen durch **Anbringung von GPS-Empfängern** an den von diesen genutzten Kraftfahrzeugen durch eine Detektei. **415**

2. Zu den Voraussetzungen einer datenschutzrechtlichen Befugnis zum Erstellen von Bewegungsprofilen mittels GPS-Empfängern in engen **Ausnahmefällen.**[410]

[46] 2. Das Landgericht ist auch zutreffend davon ausgegangen, dass die Angeklagten, indem sie sich die GPS-Daten beschafften und die so erlangten Daten computergestützt automatisiert zu Bewegungsprotokollen zusammenfügten, Daten im Sinne von § 3 Abs. 3 BDSG erhoben.

[47] a) Unter dem Erheben von Daten im Sinne von § 3 Abs. 3 BDSG ist deren zielgerichtete Beschaffung zu verstehen; es bedarf daher einer Aktivität, durch die die erhebende Stelle Kenntnis von dem betreffenden Sachverhalt erhält (Dammann aaO § 3 Rn. 102, Schaffland/Wiltfang, BDSG, Lfg. 1/11, § 3 Rn. 105). Gemäß § 3 Abs. 4 Satz 1 BDSG unterfällt dem Verarbeiten unter anderem das Speichern von Daten, d.h. das Erfassen, Aufnehmen und Aufbewahren der Daten auf einem Datenträger zum Zweck ihrer weiteren Verarbeitung oder Nutzung (§ 3 Abs. 4 Satz 2 Nr. 1 BDSG). Daneben stellt die Veränderung von Daten, d.h. das inhaltliche Umgestalten gespeicherter Daten (§ 3 Abs. 4 Satz 2 Nr. 2 BDSG), eine weitere Form der Datenverarbeitung dar.

[48] b) Indem die Angeklagten mittels der GPS-Empfänger minütlich oder alle zwei Minuten in geografischen Breiten- und Längenkoordinaten ausgedrückte Positionsdaten der GPS-Empfänger sammelten, erhoben sie im Sinne des § 3 Abs. 3 BDSG Daten. Durch die Erfassung dieser Positionsdaten über ihre Mobiltelefone auf ihren Notebooks speicherten sie – im Zuge ihrer Erhebung – diese Daten im Sinne von § 3 Abs. 4 Satz 2 Nr. 1 BDSG. Da diese Daten computergestützt mittels der von

---

[410] BGH, Urteil vom 4.06.2013 – 1 StR 32/13.

den Angeklagten eingesetzten Software automatisch zu Bewegungsprotokollen und Kartendarstellungen einschließlich der Dokumentation von Fahrweg und Aufenthaltsort des GPS-Empfänger zusammengefügt wurden, verarbeiteten die Angeklagten diese Daten zudem im Sinne des § 3 Abs. 4 Satz 2 Nr. 2 BDSG automatisiert weiter. Dass das Landgericht nicht ausdrücklich auch auf die weitere Verarbeitung (vgl. § 3 Abs. 4 BDSG) der erhobenen Daten abgehoben hat, belastet die Angeklagten nicht.

[49] 3. Dass der Angeklagte H., der von den Auftraggebern eine monetäre Gegenleistung verlangte, entgeltlich (vgl. § 11 Abs. 1 Nr. 9 StGB) handelte, bedarf keiner Erörterung.

[50] Es mag dahinstehen, ob der Hinweis der Revision auf das dem Angeklagten K. ohnehin gewährte Gehalt für diesen ein entgeltliches Handeln im Sinne von § 44 Abs. 1 BDSG auszuschließen vermag. Die Revision vertritt insoweit die Auffassung, ein entgeltliches Handeln verlange einen Zusammenhang des Gehalts mit den konkreten Fällen, in denen er tätig war. Daran fehle es.

[51] Selbst wenn dem zu folgen und wegen fehlenden Zusammenhangs entgeltliches Handeln zu verneinen wäre, hätte der Angeklagte K. jedenfalls in der Absicht gehandelt, den Mitangeklagten H. um das von den Auftraggebern bezahlte Honorar zu bereichern.

[52] Dies trägt den Schuldspruch. Die Möglichkeit, dass sich der Angeklagte K. bei entsprechendem Hinweis (§ 265 StPO) erfolgversprechender als bislang geschehen hätte verteidigen können, ist auszuschließen.

[53] 4. Die Wertung des Landgerichts, die erhobenen Daten seien nicht im Sinne von §§ 43, 44 BDSG allgemein zugänglich gewesen, ist entgegen der Auffassung der Revision ebenfalls nicht zu beanstanden. Die Möglichkeit, dass ein nicht beschränkter Kreis von Personen die Zielpersonen in der Öffentlichkeit hätte wahrnehmen können, diesen unter Umständen sogar hätte „nachfahren" können, führt nicht dazu, dass die aufgezeichneten und weiterverarbeiteten (wie dargelegt personenbezogenen) GPS-Positionsdaten allgemein zugänglich waren. Die Erhebung und die Verarbeitung der hier konkret mit Hilfe technischer Mittel erhobenen personenbezogenen Daten waren lediglich unter Überwindung rechtlicher Zugangshindernisse möglich. Das steht einer allgemeinen Zugänglichkeit entgegen. Dies ergibt sich sowohl aus dem Wortlaut als auch und vor allem aus der Entstehungsgeschichte der geltenden gesetzlichen Regelung, die die Wendung „nicht allgemein zugänglich" enthält.

[54] a) Allgemein zugänglich sind diejenigen Daten, die von jedermann zur Kenntnis genommen werden können, ohne dass der Zugang zu den Daten rechtlich beschränkt ist (Gola/Schomerus aaO § 43 Rn. 18). Über die Begrifflichkeit der „allgemein zugänglichen Daten", die aufgrund Gesetzes zur Änderung des Bundesdatenschutzgesetzes und anderer Gesetze vom 18. Mai 2001 (BGBl. I 2001, S. 904) auch zum Zwecke der Vereinheitlichung des Sprachgebrauchs (vgl. BT-Drucks. 14/5793 S. 64) an verschiedenen Stellen des BDSG aufgenommen wurde (vgl. § 10 Abs. 5, § 28 Abs. 1 Satz 1 Nr. 3 BDSG) und auch im 5. Abschnitt des BDSG insoweit das frühere Merkmal „offenkundig" ersetzte, soll der Informationsfreiheit desjenigen Rechnung getragen werden, der Daten erhebt und verarbeitet. Das Recht auf informationelle Selbstbestimmung des von dieser Datenerhebung Betroffenen findet damit in dem Recht, sich aus Quellen, die jedermann offen stehen, zu informieren, seine Grenze (vgl. Gola/Schomerus aaO § 28 Rn. 45; vgl. auch Forgó/Krügel/Müllenbach, CR 2010, 616, 620 Fn. 39).

[55] Rechtliche Schranken jedweder Art des Zugangs zu den Daten, auch wenn die rechtlichen Hürden nicht besonders hoch sind und mittels Falschangaben einfach umgangen werden können, schließen die allgemeine Zugänglichkeit aus. Auskünfte, die mittels einer einfachen Registerauskunft erteilt werden könnten, sind nicht „allgemein zugänglich", wenn die Auskunft von rechtlichen Voraussetzungen abhängt. So setzt etwa die Erteilung von Auskünften nach § 39 Abs. 1 StVG die Geltendmachung eines berechtigten Interesses im Sinne von § 39 Abs. 1 Halbsatz 2 StVG voraus; dementsprechend sind die im entsprechenden Register enthaltenen Daten nicht „allgemein zugänglich" (vgl. BGH, Urteil vom 8. Oktober 2002 – 1 StR 150/02, NJW 2003, 226, 227, dort in Bezug auf das insoweit ausdrücklich gleich behandelte Merkmal der Offenkundigkeit im Zusammenhang mit § 203 Abs. 2 Satz 2 StGB; Gola/Schomerus aaO § 43 Rn. 18; anders OLG Hamburg, NStZ 1998, 358 [ebenfalls zur „Offenkundigkeit" im Zusammenhang mit § 203 Abs. 2 Satz 2 StGB]; BayObLG, NJW 1999, 1727; vgl. auch Schaffland/Wiltfang, BDSG, Lfg. 2/11, § 43 Rn. 26). Die Ersetzung des früheren Begriffs „offenkundig" durch die Wendung „nicht allgemein zugänglich" in §§ 43, 44 BDSG bezweckte gerade auch, Fallgestaltungen, in denen der Zugang zu den Daten rechtlich beschränkt ist, eindeutig als strafbar zu erfassen (BT-Drucks. 14/4329 [Anl. II; Stellungnahme des Bundesrates] S. 59 sowie Beschlussempfehlung und Bericht des Innenausschusses, BT-Drucks. 14/5793, S. 67; vgl. auch Krauskopf in NJW-Sonderheft für Gerhard Schäfer, S. 40 f.; Gola/Schomerus aaO).

[56] Eine strafrechtliche Ahndung ist somit nach dem Wortlaut der §§ 43, 44 BDSG (lediglich) in denjenigen Fällen ausgeschlossen, in denen es sich um Daten handelt, die von jedermann zur Kenntnis genommen werden können, ohne dass der Zugang aus rechtlichen Gründen beschränkt ist („Jedermanns-Dateien", vgl. Weichert, NStZ 1999, 490).

9. Arzneimittelgesetz

Die Strafbarkeit nach § 95 Abs. 1 Nr. 1 Arzneimittelgesetz setzt voraus, dass es sich **416**
bei den **synthetischen Cannabinoiden um Arzneimittel** im Sinne des § 2 Abs. 1 Nr. 2 Arzneimittelgesetz handelt. Hierfür wiederum ist entscheidend, wie der dieser Vorschrift zugrundeliegende, nahezu wortgleiche Art. 1 Nr. 2 der Richtlinie 2001/83/EG vom 6. November 2001 in der durch die Richtlinie 2004/27/EG geänderten Fassung auszulegen ist.[411]

[4] 2. Die rechtsfehlerfrei getroffenen Urteilsfeststellungen tragen den Schuldspruch nicht.

[5] a) Das Landgericht hat aus der jeweils eingetretenen Rauschwirkung gefolgert, dass alle übergebenen Mischungen synthetische Cannabinoide enthielten. Es ist davon ausgegangen, dass es sich bei den synthetischen Cannabinoiden um Arzneimittel in Form von Funktionsarzneimitteln im Sinne von § 2 Abs. 1 Nr. 2 Arzneimittelgesetz handele. Dies gelte schon deswegen, weil sie geeignet seien, physiologische Funktionen im menschlichen Körper wiederherzustellen, zu korrigieren bzw. positiv zu beeinflussen. Mögliche „positive Wirkungen" der synthetischen Cannabinoide seien z.B. die Herabsenkung der Schmerzempfindlichkeit, Appetit- und

---

[411] BGH, Beschluss vom 23.07.2014 – 1 StR 47/14.

Schlafförderung, aber auch die Unterdrückung des Brechreizes. Ob diese Funktionen therapeutisch indiziert gewesen seien, sei unerheblich, da in dem Eintreten dieser Wirkung „stets ein positives Beeinflussen zu sehen" sei.

[6] b) Diese rechtliche Subsumtion erweist sich als rechtsfehlerhaft. Die Strafbarkeit nach § 95 Abs. 1 Nr. 1 Arzneimittelgesetz setzt voraus, dass es sich bei den synthetischen Cannabinoiden um Arzneimittel im Sinne des § 2 Abs. 1 Nr. 2 Arzneimittelgesetz handelt. Hierfür wiederum ist entscheidend, wie der dieser Vorschrift zugrundeliegende, nahezu wortgleiche Art. 1 Nr. 2 der Richtlinie 2001/83/EG vom 6. November 2001 in der durch die Richtlinie 2004/27/EG geänderten Fassung auszulegen ist. Denn der deutsche Gesetzgeber hat durch das Gesetz zur Änderung arzneimittelrechtlicher und anderer Vorschriften vom 17. Juli 2009 (BGBl. I S. 1990) den nationalen Arzneimittelbegriff in § 2 Abs. 1 AMG grundlegend neu gefasst und dabei in Umsetzung der genannten Richtlinien den europarechtlichen Arzneimittelbegriff gemäß Art. 1 Nr. 2 Buchstabe a) und b) der Richtlinie 2001/83/EG in der durch die Richtlinie 2004/27/EG geänderten Fassung in das deutsche Arzneimittelgesetz implementiert (BGH, Beschluss vom 28. Mai 2013 – 3 StR 437/12).

[7] Dies hat das Landgericht zutreffend erkannt, aber den Begriff des Arzneimittels dabei in einer Weise ausgelegt, wie es mit dem unionsrechtlichen Arzneimittelbegriff nicht vereinbar ist. Die Auslegung des europäischen Rechts, mithin der Frage, wann es sich bei einem Stoff oder Stoffzusammensetzungen, die einem Menschen verabreicht werden können, um entweder eine pharmakologische, immunologische oder metabolische Wirkung wiederherzustellen, zu korrigieren oder zu beeinflussen oder eine medizinische Diagnose zu erstellen, um ein Arzneimittel im Sinne des Art. 1 Nr. 2 Buchstabe b der genannten Richtlinie handelt, obliegt der Rechtsprechung des Gerichtshofs der Europäischen Union.

[8] c) Dieser hat in einem – nach Erlass des angefochtenen Urteils ergangenen – Urteil vom 10. Juli 2014 (Rechtssachen C-358/13 und C-181/14) Art. 1 Nr. 2 Buchstabe b der Richtlinie 2001/83/EG dahin ausgelegt, dass davon Stoffe wie synthetische Cannabinoide nicht erfasst werden, deren Wirkungen sich auf eine schlichte Beeinflussung der physiologischen Funktionen beschränken, ohne dass sie geeignet wären, der menschlichen Gesundheit un-mittelbar oder mittelbar zuträglich zu sein, die nur konsumiert werden, um einen Rauschzustand hervorzurufen, und die dabei gesundheitsschädlich sind (EuGH, aaO, Rn. 50).

[9] Der EuGH hat zur Begründung ausgeführt, dass die Richtlinie 2001/83/EG zwei verschiedene Definitionen des Begriffs „Arzneimittel" enthalte. Nach Art. 1 Nr. 2 Buchstabe b dieser Richtlinie sind dies alle Stoffe oder Stoffzusammensetzungen, die als Mittel mit Eigenschaften zur Heilung oder zur Verhütung menschlicher Krankheiten bestimmt sind. Auch wenn diese Bestimmung von der Definition unter Buchstabe b durch das Wort „oder" getrennt sei, müssten sie in Verbindung miteinander gelesen werden, was voraussetze, dass ihre verschiedenen Kriterien nicht so verstanden werden könnten, dass sie im Gegensatz zueinander stünden (EuGH, aaO, Rn. 29).

[10] Art. 1 Nr. 2 der Richtlinie sei – so der EuGH – mit Blick auf das Ziel der Gewährung eines hohen Niveaus des Schutzes der menschlichen Gesundheit zu lesen. Dies bringe keine schlichte Neutralität der Auswirkung auf die menschliche Gesundheit zum Ausdruck, sondern impliziere eine gesundheitsfördernde Wirkung. Aus der Bezugnahme der Definition in Buchstabe a auf die Eigenschaften zur Heilung oder zur Verhütung menschlicher Krankheiten lasse sich eindeutig das Bestehen einer positiven Wirkung für die menschliche Gesundheit ableiten. Auch die Defini-

tion in Buchstabe b der Regelung nehme Begriffe in Bezug, die eine gesundheitsfördernde Wirkung implizierten, da am Ende der Bestimmung von einer medizinischen Diagnose die Rede sei und diese der rechtzeitigen Behandlung einer möglicherweise diagnostizierten Krankheit diene (EuGH, aaO, Rn. 32 ff.).

[11] Nichts anderes könne für die Ausdrücke „wiederherstellen" und „korrigieren" gelten, womit die positive Wirkung für die menschliche Gesundheit, auch ohne dass eine Krankheit vorliege, herausgestellt werden solle. Für das Verständnis des diesen Begriffen folgenden Ausdrucks „beeinflussen" könnten im Hinblick auf die Sicherstellung der Kohärenz und der Verhinderung einer widersprüchlichen Auslegung der verschiedenen Kriterien der beiden Definitionen keine anderen teleologischen Erwägungen gelten. Daher erfasse auch der Ausdruck „beeinflussen" nur solche Stoffe, die geeignet seien, dem Funktionieren des menschlichen Organismus und folglich der menschlichen Gesundheit zuträglich zu sein (EuGH, aaO, Rn. 36 ff.).

[12] Danach sei der Begriff des Arzneimittels in Art. 1 Nr. 2 Buchstabe b der Richtlinie 2001/83/EG dahin auszulegen, dass er keine Stoffe erfasse, deren Wirkungen sich auf eine schlichte Beeinflussung der physiologischen Funktionen beschränkten, ohne dass sie geeignet wären, der menschlichen Gesundheit unmittelbar oder mittelbar zuträglich zu sein.

[13] d) In diesem Sinne legt der Senat die Art. 1 Nr. 2 Buchstabe b der Richtlinie 2001/83/EG fast wortgenau entsprechende Regelung des nationalen Rechts zum Arzneimittelbegriff in § 2 Abs. 1 Nr. 2 Buchstabe a aus. Danach fehlt in den vorliegenden Fällen den synthetischen Cannabinoiden die Arzneimitteleigenschaft. Denn sie sind zwar geeignet, die physiologischen Funktionen zu beeinflussen, sie sind aber dem Funktionieren des menschlichen Organismus und damit der Gesundheit nicht zuträglich. Sie sind vielmehr nur ihrer Rauschwirkung wegen konsumiert worden. Die vom Landgericht als positiv umschriebenen möglichen Wirkungen stellen im Wesentlichen eine Herabsetzung der körperlichen Abwehrsysteme, wie z.B. Schmerzen, Brechreiz, dar und sind Bestandteil der Rauschwirkung. Über das schlichte Beeinflussen der physiologischen Funktionen hinaus, kommt ihnen keine gesundheitsfördernde Wirkung zu.

In Übereinstimmung mit der Auslegung des Gerichtshofes der Europäischen Union, **417** an die der Senat im vorliegenden Verfahren gebunden ist (vgl. Karpenstein in GHN, 50. Lfg., Art. 267 AEUV, Rn. 102 mwN), ist folglich auch § 2 Abs. 1 Nr. 2 AMG, der Art. 1 Nr. 2 Buchst. b RL Humanarzneimittel nahezu wortgleich wiedergibt und die Richtlinie so in deutsches Recht umsetzt, dahin auszulegen, dass **von dem nationalen Arzneimittelbegriff die verfahrensgegenständlichen synthetischen Cannabinoide nicht erfasst** werden: Denn sie sind zwar geeignet, die physiologischen Funktionen zu beeinflussen, sie sind aber dem Funktionieren des menschlichen Organismus und damit der Gesundheit nicht zuträglich.[412]

[10] 2. Der Schuldspruch wegen unerlaubten Inverkehrbringens von Arzneimitteln (Tat 2 der Urteilsgründe) kann aus Rechtsgründen keinen Bestand haben.

[11] Die Würdigung des Landgerichts erweist sich auf der Grundlage des in dieser Sache ergangenen Urteils des Gerichtshofs der Europäischen Union als rechtsfehlerhaft. Bei den Kräutermischungen handelt es sich nicht um Arzneimittel im Sinne von

---

412 BGH, Urteil vom 4.09.2014 – 3 StR 437/12.

Art. 1 Nr. 2 der Richtlinie 2001/83/EG vom 6. November 2001 zur Schaffung eines Gemeinschaftskodexes für Humanarzneimittel (ABl. EG Nr. L 311 vom 28. November 2001, S. 67 ff.) in der durch die Richtlinie 2004/27/EG des Europäischen Parlaments und des Rates vom 31. März 2004 zur Änderung der Richtlinie 2001/83/EG (ABl. EG Nr. L 136 vom 30. April 2004, S. 34 ff.) geltenden Fassung (im Folgenden: RL Humanarzneimittel). Damit stellten die vom Angeklagten verkauften Kräutermischungen auch kein Arzneimittel im Sinne des den Arzneimittelbegriff der Richtlinie in deutsches Recht umsetzenden § 2 Abs. 1 AMG dar, was wiederum Voraussetzung einer Strafbarkeit des Angeklagten nach § 95 Abs. 1 Nr. 1 AMG gewesen wäre. Dazu im Einzelnen:

[12] a) Der zur Auslegung des europäischen Rechts berufene Gerichtshof der Europäischen Union hat mit dem vorgenannten Urteil vom 10. Juli 2014 (Rechtssachen C-358/13 und C-181/14, NStZ 2014, 461) Art. 1 Nr. 2 RL Humanarzneimittel dahin ausgelegt, dass davon Stoffe wie synthetische Cannabinoide nicht erfasst werden, deren Wirkungen sich auf eine schlichte Beeinflussung der physiologischen Funktionen beschränken, ohne dass sie geeignet wären, der menschlichen Gesundheit unmittelbar oder mittelbar zuträglich zu sein, die mithin nur konsumiert werden, um einen Rauschzustand hervorzurufen, und die dabei gesundheitsschädlich sind (EuGH, aaO, S. 463).

[13] Zur Begründung hat der Gerichtshof ausgeführt, dass die RL Humanarzneimittel zwei verschiedene Definitionen des Begriffs „Arzneimittel" enthalte: Nach Art. 1 Nr. 2 Buchst. a RL Humanarzneimittel sind dies alle Stoffe oder Stoffzusammensetzungen, die als Mittel mit Eigenschaften zur Heilung oder zur Verhütung menschlicher Krankheiten bestimmt sind. Art. 1 Nr. 2 Buchst. b RL Humanarzneimittel definiert als Arzneimittel zudem alle Stoffe oder Stoffzusammensetzungen, die im oder am menschlichen Körper verwendet oder einem verabreicht werden können, um entweder die menschlichen physiologischen Funktionen durch eine pharmakologische, immunologische oder metabolische Wirkung wiederherzustellen, zu korrigieren oder zu beeinflussen oder eine medizinische Diagnose zu erstellen. Auch wenn diese Bestimmungen durch das Wort „oder" getrennt seien, müssten beide Varianten in Verbindung miteinander gelesen werden, was voraussetze, dass ihre verschiedenen Kriterien nicht so verstanden werden könnten, dass sie im Gegensatz zueinander stünden (EuGH, aaO, S. 462).

[14] Die Vorschrift sei mit Blick auf das Ziel der Gewährung eines hohen Niveaus des Schutzes der menschlichen Gesundheit zu lesen. Dies bringe keine schlichte Neutralität der Auswirkung auf die menschliche Gesundheit zum Ausdruck, sondern impliziere eine gesundheitsfördernde Wirkung. Aus der Bezugnahme der Definition in Art. 1 Nr. 2 Buchst. a RL Humanarzneimittel auf die Eigenschaften zur Heilung oder zur Verhütung menschlicher Krankheiten lasse sich eindeutig das Bestehen einer positiven Wirkung für die menschliche Gesundheit ableiten. Auch die Definition in Buchst. b der Regelung nehme Begriffe in Bezug, die eine gesundheitsfördernde Wirkung implizierten, da am Ende der Bestimmung von einer medizinischen Diagnose die Rede sei und diese der rechtzeitigen Behandlung einer möglicherweise diagnostizierten Krankheit diene. Nichts anderes könne für die Ausdrücke „wiederherstellen" und „korrigieren" gelten, womit die positive Wirkung für die menschliche Gesundheit, auch ohne dass eine Krankheit vorliege, herausgestellt werden solle. Für das Verständnis des diesen Begriffen folgenden Ausdrucks „beeinflussen" könnten im Hinblick auf die Sicherstellung der Kohärenz und der Verhinderung einer widersprüchlichen Auslegung der verschiedenen Kriterien der beiden Definitionen

keine anderen teleologischen Erwägungen gelten. Daher erfasse auch der Ausdruck „beeinflussen" nur solche Stoffe, die geeignet seien, dem Funktionieren des menschlichen Organismus und folglich der menschlichen Gesundheit zuträglich zu sein (EuGH, aaO, S. 462 f.).

[15] b) In Übereinstimmung mit der Auslegung des Gerichtshofes der Europäischen Union, an die der Senat im vorliegenden Verfahren gebunden ist (vgl. Karpenstein in GHN, 50. Lfg., Art. 267 AEUV, Rn. 102 mwN), ist folglich auch § 2 Abs. 1 Nr. 2 AMG, der Art. 1 Nr. 2 Buchst. b RL Humanarzneimittel nahezu wortgleich wiedergibt und die Richtlinie so in deutsches Recht umsetzt, dahin auszulegen, dass von dem nationalen Arzneimittelbegriff die verfahrensgegenständlichen synthetischen Cannabinoide nicht erfasst werden: Denn sie sind zwar geeignet, die physiologischen Funktionen zu beeinflussen, sie sind aber dem Funktionieren des menschlichen Organismus und damit der Gesundheit nicht zuträglich. Nach den rechtsfehlerfreien Feststellungen des Landgerichts wurden sie vielmehr nur ihrer Rauschwirkung wegen konsumiert und entfalteten lediglich gesundheitsschädliche Wirkungen.

[16] Die von dem Angeklagten verkauften Kräutermischungen, die die synthetischen Cannabinoide enthielten, unterfielen damit weder dem Begriff des Funktionsarzneimittels (§ 2 Abs. 1 Nr. 2 AMG), noch dem des Präsentationsarzneimittels (§ 2 Abs. 1 Nr. 1 AMG), weil sie nicht als Mittel mit Eigenschaften zur Heilung oder Linderung oder zur Verhütung menschlicher oder tierischer Krankheiten oder krankhafter seelischer Beschwerden bestimmt waren. Da mithin von dem Angeklagten schon kein Arzneimittel vertrieben wurde, kam eine Strafbarkeit nach § 95 Abs. 1 Nr. 1 AMG nicht in Betracht. Zur Tatzeit waren die synthetischen Cannabinoide noch nicht in die Anlage II zum Betäubungsmittelgesetz aufgenommen, so dass auch eine Strafbarkeit nach den §§ 29 ff. BtMG ausscheidet. Da schließlich im vorliegenden Fall auch keine Anhaltspunkte dafür ersichtlich sind, dass sich der Angeklagte durch den Verkauf der Kräutermischungen in sonstiger Weise, etwa wegen Körperverletzungsdelikten schuldig gemacht haben könnte, war er insoweit freizusprechen.

[17] 3. Der Schuldspruch wegen Besitzes von Betäubungsmitteln in nicht geringer Menge in Tateinheit mit Beihilfe zum Handeltreiben mit Betäubungsmitteln in nicht geringer Menge, hat hingegen Bestand. Auch der – von der Revision insoweit allein bemängelte – Strafausspruch lässt Rechtsfehler zu Ungunsten des Angeklagten nicht erkennen; insbesondere ist die Annahme des Landgerichts, ein minder schwerer Fall liege nicht vor, revisionsrechtlich nicht zu beanstanden. Der Beschwerdeführer beschränkt sich insoweit auf die Vornahme einer eigenen Bewertung, mit der er im Revisionsverfahren nicht durchdringen kann.

Zwar ist es grundsätzlich zulässig, bei der Strafzumessung zu berücksichtigen, dass der Angeklagte noch **sonstige – bisher nicht abgeurteilte – Straftaten begangen** hat; dies gilt allerdings nur, wenn diese Taten prozessordnungsgemäß und so bestimmt festgestellt sind, dass sie in ihrem wesentlichen Unrechtsgehalt abzuschätzen sind und eine unzulässige Berücksichtigung des bloßen Verdachts weiterer Straftaten ausgeschlossen werden kann.[413] **418**

[3] 2. Der Strafausspruch hat keinen Bestand. Nach den Feststellungen beschloss der Angeklagte im Jahr 2006, die von ihm zunächst zum Eigengebrauch bestimmten

[413] BGH, Beschluss vom 7.08.2014 – 3 StR 438/13.

Dopingmittel selbst herzustellen. Die hierfür benötigten Rohstoffe bezog er – teilweise über Strohleute – aus China. Außerdem erwarb er im Mai 2007 eine Kapselmaschine zur Herstellung oraler Arzneimittel und im Folgenden bis Oktober 2010 insgesamt 40.000 Injektionsflaschen, 15.000 Kapselboxen und 1,3 Millionen Gelatinekapseln zur Aufnahme von Arzneimitteln. Die Produktion von Arzneimittelkapseln und Flüssiganabolika fand zunächst in seinem Wohnhaus statt. Die Dopingmittel, die der Angeklagte jeweils selbst ausprobierte, gab er auch an in der Bodybuilder-Szene aktive Freunde, unter anderem die Mitangeklagten, ab. Wegen zunehmender Nachfrage stellte er die Mittel ab Mai 2008 in einem Labor in einer angemieteten Wohnung her. Mit dem Vertrieb der Dopingmittel an zuletzt 40 bis 50 Abnehmer erwirtschaftete er mehrere 1.000 € monatlich. Konkret festgestellt hat die Strafkammer ein Inverkehrbringen von Dopingmitteln in neun Fällen in der Zeit zwischen Juli 2008 und 10. Oktober 2010. Diese Taten sind Gegenstand der Verurteilung. Das Landgericht hat im Rahmen der Prüfung der Frage, ob ein besonders schwerer Fall nach § 95 Abs. 3 AMG vorliegt, sowie bei der konkreten Bemessung der Einzelfreiheitsstrafen und der Gesamtstrafe zu Lasten des Angeklagten Umfang und Dauer der Tatbegehung berücksichtigt, wobei die abgeurteilten Fälle nur einen Bruchteil der tatsächlich begangenen Fälle darstellten.

[4] Diese strafschärfende Erwägung begegnet durchgreifenden rechtlichen Bedenken, denn sie ist durch die getroffenen Feststellungen nicht belegt. Zwar ist es grundsätzlich zulässig, bei der Strafzumessung zu berücksichtigen, dass der Angeklagte noch sonstige – bisher nicht abgeurteilte – Straftaten begangen hat; dies gilt allerdings nur, wenn diese Taten prozessordnungsgemäß und so bestimmt festgestellt sind, dass sie in ihrem wesentlichen Unrechtsgehalt abzuschätzen sind und eine unzulässige Berücksichtigung des bloßen Verdachts weiterer Straftaten ausgeschlossen werden kann (vgl. BGH, Beschlüsse vom 12. Mai 1995 – 3 StR 179/95, BGHR StGB § 54 Serienstraftaten 2; vom 9. Oktober 2003 – 4 StR 359/03, bei Pfister NStZ-RR 2004, 353, 359 Nr. 37; vom 2. Juli 2009 – 3 StR 251/09, NStZ-RR 2009, 306). Diesen Anforderungen genügen die allgemeinen Feststellungen zur Zahl der „zuletzt" bedienten Abnehmer, zu denen weder die Häufigkeit der Übergaben von Dopingmitteln noch deren Menge festgestellt werden konnte, nicht, zumal der Angeklagte nach den Feststellungen auch andere Arzneimittel verkauft hat. Die pauschale Feststellung möglicher weiterer, nicht angeklagter Taten durfte das Landgericht deshalb bei der Strafzumessung nicht zu Lasten des Angeklagten berücksichtigen.

[5] Der Senat kann nicht ausschließen, dass der Strafausspruch insgesamt auf dieser rechtsfehlerhaften Erwägung beruht; die Einzelstrafen und die Gesamtstrafe können deshalb nicht bestehen bleiben.

10. Wertpapierhandelsgesetz (WpHG)

419 Beim Straftatbestand des § 38 Abs. 2 i.V.m. § 39 Abs. 1 Nr. 2, § 20a Abs. 1 Satz 1 Nr. 3, § 4 Abs. 3 Nr. 2 **MaKonV** handelt es sich um ein **Jedermannsdelikt**, für das die allgemeinen Regeln zu Täterschaft und Teilnahme gelten.

Die Strafbarkeit nach diesen Vorschriften setzt nicht voraus, dass der Täter mit mehr als fünf Prozent an der betroffenen Gesellschaft beteiligt ist.[414]

---

[414] BGH, Beschluss vom 4.12.2013 – 1 StR 106/13.

[4] Der Angeklagte M. brachte sich Anfang des Jahres 2006 in den fast vollständigen Besitz der Freihandelsaktien der D. Inc. (im Folgenden: D.), einer Gesellschaft zur Entdeckung und Förderung von Rohstoffen. Gemeinsam mit dem gesondert Verfolgten G. entschloss sich der Angeklagte M., den Börsenpreis der Aktie D. durch massive Empfehlungen – unter Verschweigen der eigenen Aktienbestände und den darin liegenden Interessenkonflikten – zu steigern, um die eigenen Aktien mit Gewinn verkaufen zu können. Der Angeklagte M. übertrug etwa die Hälfte des Aktienbestandes auf G., der die Vermarktung der Aktie übernehmen sollte. Der gesondert Verfolgte G. „sollte auf sein Netzwerk von vermeintlichen Börsenjournalisten zurückgreifen und diese in Form aufeinander abgestimmter gemeinsamer Vorgehensweise im Einzelnen dirigieren“. Deswegen nahm der Angeklagte M. zumindest billigend in Kauf, dass G. sich zur Umsetzung des Plans der Hilfe weiterer Personen bediente.

[5] Im Zeitraum vom 15. Mai 2006 bis 15. Juni 2006 ließen der Angeklagte M. und der gesondert Verfolgte G. die Aktie in zahlreichen Medien nachhaltig zum Kauf empfehlen, wobei die Kapitalanlage u.a. wegen der Beteiligung eines bekannten Geologen sowie eines von diesem eingebrachten Explorationsprojekts als lukrative Investition dargestellt wurde. Regelmäßig wurden Empfehlungen mittels konkreten Kaufpreislimits ausgesprochen. Ein operatives Geschäft betrieb die Gesellschaft nicht.

[6] An der Vermarktungskampagne beteiligten sich in Absprache mit G. und in Kenntnis von dessen Empfehlungen auch die Angeklagten E. und O. E. erhielt im Mai 2006 von G. 100.000 D. Aktien und veröffentlichte im Gegenzug am 15. Mai 2006 als „Initialzündung“ eine Empfehlung der Aktie im Nachrichtenmagazin FOCUS sowie in der Folgezeit weitere Empfehlungen in den von ihm herausgegebenen Börsenbriefen „Blue Sky Level“ und „Commodity Stock Investor“. O. erhielt – vermittelt durch G. – im April 2006 mehr als eine Million D. Aktien außerbörslich zu einem deutlich unter dem Börsenkurs liegenden Kaufpreis, veröffentlichte im Gegenzug ab dem 22. Mai 2006 Empfehlungen in seinem Börsenbrief „Rohstoffraketen“ und bewarb die Aktie im Rahmen eines Anlegerseminars. Teilweise wurden die Empfehlungen engmaschig mit dem gesondert Verfolgten G. abgestimmt. Dieser empfahl die Aktie in seinem Börsenbrief „bullVestor“, warb weitere Verfasser von Börsenbriefen für Empfehlungen gegen Entgelt an und organisierte Werbeanzeigen in überregionalen Printmedien. In keiner der Veröffentlichungen wurden die Aktienbestände der Angeklagten offengelegt; Disclaimer bzw. Warnhinweise in den per Email versandten Börsenbriefen oder auf den betreffenden Homepages enthielten lediglich pauschale Hinweise darauf, dass Herausgeber und Mitarbeiter Positionen der in den Veröffentlichungen besprochenen Wertpapieren halten können.

[7] Nachdem die Aktie D. nach ihrer erstmaligen Börsennotierung am 24. Februar 2006 nahezu umsatzlos blieb, steigerte sich der Börsenpreis der D. Aktien aufgrund der Veröffentlichungen von 2,10 Euro im Zeitpunkt der ersten Veröffentlichung am 15. Mai 2006 auf 18,10 Euro am 15. Juni 2006. Nach Abschluss der Vermarktungskampagne fiel der Aktienkurs wieder ab; am 30. Juni 2006 betrug er noch 2,92 Euro. Im Laufe der Jahre 2006 und 2007 gingen Umsatz und Kurs nach und nach vollends zurück, bis die Aktie D. wieder ohne nennenswertes Handelsvolumen war und der Kurs gegen Null tendierte. Die Angeklagten nutzen die Kurssteigerungen zum gewinnbringenden Verkauf der Aktien aus. Insgesamt erzielten der Angeklagte M. 25.660.856,02 Euro, der Angeklagte E. 549.294,01 Euro und der Angeklagte O. 3.540.491,06 Euro aus dem Verkauf der Aktien, wobei die Verkäufe zum Teil erst nach dem Abschluss der Vermarktungskampagne erfolgten.

[8] 2. Das Landgericht hat das Geschehen als von den Angeklagten gemeinschaftlich (§ 25 Abs. 2 StGB) begangene verbotene Marktmanipulation in Form des sog. „scalping" gemäß § 38 Abs. 2 WpHG i.V.m. § 39 Abs. 1 Nr. 2, § 20a Abs. 1 Satz 1 Nr. 3 WpHG, § 4 Abs. 3 Nr. 2 MaKonV, jeweils in der zur Tatzeit geltenden Fassung, gewertet. ...

[27] (1) Der Straftatbestand des § 38 Abs. 2 i.V.m. § 39 Abs. 1 Nr. 2 WpHG ist als Allgemein- bzw. Jedermannsdelikt formuliert („wer..., wird bestraft") und enthält keine Beschränkung auf eine bestimmte Tätergruppe. Gleiches gilt für die Verbotsnorm des § 20a Abs. 1 Satz 1 Nr. 3 WpHG, die sich ebenfalls an jedermann und nicht an eine bestimmte Personengruppe richtet. Auch der Wortlaut des § 4 Abs. 3 Nr. 2 MaKonV („Kundgabe ... nachdem Positionen ... eingegangen worden sind, ohne dass dieser Interessenkonflikt ... offenbart wird"), der – ohne strafbarkeitsbegründende Wirkung (zur KuMaKV vgl. BGH, Urteil vom 6. November 2003 – 1 StR 24/03, BGHSt 48, 373, 383) – die Tatbestandsalternative der „sonstigen Täuschungshandlung" konkretisiert, enthält keine Einschränkung dahin, in welcher Person der Interessenkonflikt eingetreten sein muss (OLG München, Beschluss vom 3. März 2011 – 2 Ws 87/11, NJW 2011, 3664).

[28] (2) Das Verbot der Marktmanipulation gemäß § 20a WpHG, das jede Täuschung verbietet, die geeignet ist, auf den inländischen Börsenpreis eines Finanzinstruments einzuwirken, begründet bei der Abgabe von Kaufempfehlungen eine Pflicht zur Offenlegung von aufgrund eingegangener Positionen (vgl. Stoll in Kölner-Kommentar-WpHG, 2. Aufl., § 20a Anh. I – § 4 MaKonV Rn. 36) am empfohlenen Finanzinstrument bestehenden Interessenkonflikten. Ein zur Einwirkung auf den Börsenpreis geeigneter Interessenkonflikt besteht über den Fall, dass der Empfehlende selbst eigene Positionen des empfohlenen Finanz-instruments hält (Stoll in KölnerKommentar-WpHG, 2. Aufl., § 20a Anh. I – § 4 MaKonV Rn. 36; BR-Drucks. 18/05 S. 17), hinaus in gleicher Weise, wenn mehrere Personen – Positionshalter einerseits, Empfehlender andererseits – gemeinschaftlich zusammenwirken (vgl. OLG München, Beschluss vom 3. März 2011 – 2 Ws 87/11, NJW 2011, 3664). Bei einer Beschränkung des Täterkreises auf Personen, die bei Kundgabe der Empfehlung eigene Positionen des betreffenden Finanzinstruments halten, würde weder die Zuverlässigkeit und Wahrheit der Preisbildung und damit die Funktionsfähigkeit der geregelten Kapitalmärkte noch das Vermögen der Anleger hinreichend geschützt, mithin der Schutzzweck der Norm leerlaufen (zum Schutzzweck von § 20a WpHG vgl. Übersicht zum Meinungsstand bei Vogel in Assmann/Schneider, WpHG, 6. Aufl., § 20a Rn. 26 ff.; Altenhain in KölnerKommentar-WpHG, 2. Aufl., § 38 Rn. 2 ff.). Denn das Verbot des § 20a Abs. 1 Satz 1 Nr. 3 WpHG i.V.m. § 4 Abs. 3 Nr. 2 MaKonV ließe sich dann durch eine arbeitsteilige Vorgehensweise umgehen (OLG München, Beschluss vom 3. März 2011 – 2 Ws 87/11, NJW 2011, 3664).

[29] (3) Damit finden die allgemeinen Regeln über Täterschaft und Teilnahme Anwendung (Altenhain in KölnerKommentar-WpHG, 2. Aufl., § 38 Rn. 151; Waßmer in Fuchs, WpHG, § 38 Rn. 67; vgl. auch Vogel in Assmann/Schneider, WpHG, 6. Aufl., § 20a Rn. 54). Handeln – wie hier – mehrere Personen gemeinschaftlich, reicht es daher aus, wenn eine von ihnen Positionen an dem Finanzinstrument hält und eine andere unter Nutzung eines Medienzugangs eine Stellungnahme oder ein Gerücht zu diesem Finanzinstrument abgibt bzw. äußert, ohne den bestehenden Interessenkonflikt zugleich in angemessener und wirksamer Weise offenzulegen. Dass das Landgericht den Angeklagten M. als Mittäter gemäß § 25 Abs. 2 StGB

angesehen hat, ist im Hinblick auf seine maßgebliche Beteiligung an der Planung, die Schaffung und Steuerung der Voraussetzungen zur Umsetzung dieser Planung, nämlich sich in den Besitz fast sämtlicher Freihandelsaktien zu bringen und diese sodann etwa zur Hälfte zu manipulativen Vermarktungszwecken an G. zu übertragen, sowie sein angesichts der immer noch gehaltenen eigenen Aktienbestände erhebliches Eigeninteresse revisionsrechtlich nicht zu beanstanden.

[30] b) Die durch § 38 Abs. 2 WpHG i.V.m. § 39 Abs. 1 Nr. 2, § 20a Abs. 1 Satz 1 Nr. 3 WpHG strafbewehrte Pflicht zur Offenlegung der eingegangenen Position an der D. Aktie entfällt auch nicht im Hinblick auf die Wertung des § 34b Abs. 1 Satz 2 Nr. 2 WpHG i.V.m. § 5 Abs. 3 Satz 1 Nr. 1, Satz 2 der auf der Grundlage von § 34b Abs. 8 WpHG erlassenen Verordnung über die Analyse von Finanzinstrumenten (FinAnV).

[31] Danach darf eine Finanzanalyse nur weitergegeben oder öffentlich verbreitet werden, wenn unter anderem Umstände und Beziehungen, die bei den Erstellern, den für die Erstellung verantwortlichen juristischen Personen oder mit diesen verbundenen Unternehmen Interessenkonflikte begründen können, zusammen mit der Finanzanalyse offengelegt werden. Offenlegungspflichtige Informationen über Interessenkonflikte liegen insbesondere vor, wenn wesentliche Beteiligungen zwischen den vorbezeichneten Personen und Unternehmen bzw. den für diese tätigen und an der Erstellung der Finanzanalyse mitwirkenden Personen und Unternehmen und den Emittenten, die selbst oder deren Finanzinstrumente Gegenstand der Finanzanalyse sind, bestehen. Als wesentlich gilt dabei gemäß § 5 Abs. 3 Satz 2 FinAnV eine Beteiligung in Höhe von mehr als fünf Prozent des Grundkapitals einer Aktiengesellschaft. Diese Regelungen setzen Art. 6 Abs. 1 Buchst. a der Richtlinie 2003/125/EG der Kommission vom 22. Dezember 2003 zur Durchführung der Richtlinie 2003/6/EG des Europäischen Parlaments und des Rates in Bezug auf die sachgerechte Darbietung von Anlageempfehlungen und die Offenlegung von Interessenkonflikten (ABl. L 339 vom 24. Dezember 2003 S. 73) in deutsches Recht um.

[32] aa) Die Revisionen machen geltend, bei Finanzanalysten – und um solche handele es sich bei den Angeklagten E. und O. – sei für die Frage, ob bei einer Beteiligung an dem betreffenden Finanzinstrument ein offenzulegender Interessenkonflikt vorliege, die Regelung des § 34b Abs. 1 Satz 2 Nr. 2 WpHG i.V.m. § 5 Abs. 3 Satz 1 Nr. 1, Satz 2 FinAnV als lex specialis maßgeblich. Da die Angeklagten E. und O. jeweils für sich genommen zu keinem Zeitpunkt mehr als fünf Prozent des Grundkapitals der D. hielten, seien sie zu einer Offenlegung der eigenen Positionen bei Empfehlung der Aktie nicht verpflichtet gewesen.

[33] bb) Dem folgt der Senat nicht. Es kann offen bleiben, ob es sich bei den durch die Angeklagten O. und E. veröffentlichten Kaufempfehlungen um Finanzanalysen i.S.v. § 34b Abs. 1 Satz 1 WpHG handelt. Gleiches gilt für die Frage, ob bei gemeinschaftlichem Handeln mehrerer Personen für die Bestimmung der Beteiligungsquote die Beteiligungen der Mittäter zusammenzurechnen wären, was freilich angesichts von Sinn und Zweck der Vorschrift des § 38 Abs. 2 WpHG i.V.m. § 39 Abs. 1 Nr. 2, § 20a Abs. 1 Nr. 3 WpHG und den Grundsätzen mittäterschaftlicher Begehungsweise nahe liegt. Darauf kommt es aber nicht an, da es einer solchen Beteiligungsquote nicht bedarf.

[34] Denn jedenfalls ergibt sich aus § 34b Abs. 1 Satz 2 Nr. 2 WpHG für Finanzanalysten keine Privilegierung im Hinblick auf die Strafbarkeit wegen verbotener Marktmanipulation. Entgegen einer im Schrifttum, freilich ohne nähere Begrün-

dung, vertretenen Auffassung (vgl. Sorgenfrei in Park, Kapitalmarktstrafrecht, 3. Aufl., Teil 3 Kap. 4 Rn. 213; Fleischer in Fuchs, WpHG, § 20a Rn. 67; Stoll in KölnerKommentar-WpHG, 2. Aufl., § 20a Anh. I – § 4 MaKonV Rn. 38; Vogel in Assmann/Schneider, WpHG, 6. Aufl., § 20a Rn. 234) wird die Strafbarkeit gemäß § 38 Abs. 2 WpHG i.V.m. § 39 Abs. 1 Nr. 2, § 20a Abs. 1 Satz 1 Nr. 3 WpHG auch für Finanzanalysten nicht durch den an die fünfprozentige Beteiligungsquote geknüpften Offenlegungsmaßstab gemäß § 34b Abs. 1 Satz 2 Nr. 2 WpHG i.V.m. § 5 FinAnV limitiert. Denn die die Strafbarkeit gemäß § 38 Abs. 2 WpHG i.V.m. § 39 Abs. 1 Nr. 2, § 20a Abs. 1 Satz 1 Nr. 3 WpHG betreffenden Regelungen enthalten spezielle und gegenüber denjenigen für die Annahme einer Ordnungswidrigkeit gemäß § 39 Abs. 1 Nr. 4 (heute Nr. 5), § 34b Abs. 1 Satz 2 Nr. 2 WpHG i.V.m. § 5 FinAnV selbständig zu beurteilende Voraussetzungen.

[35] (1) Nach dem Wortlaut von § 20a Abs. 1 Satz 1 Nr. 3 WpHG und § 4 Abs. 3 Nr. 2 MaKonV, der die Tatbestandsvariante der sonstigen Täuschungshandlung im Sinne der Strafnorm des § 38 Abs. 2 WpHG i.V.m. § 39 Abs. 1 Nr. 2 WpHG konkretisiert, liegt bei fehlender Offenlegung von über das Finanzinstrument eingegangenen Positionen zugleich mit der Kundgabe der Stellungnahme in angemessener und wirksamer Weise stets – unabhängig vom Umfang der Positionen – eine sonstige Täuschungshandlung vor. Es ist ausweislich der Materialien auch nicht ersichtlich, dass der Gesetz- bzw. Verordnungsgeber die Möglichkeit einer Ausnahme für den Fall, dass es sich bei der Stellungnahme um eine Finanzanalyse handelt, erwogen hätte (vgl. nur BT-Drucks. 14/8017, BT-Drucks. 14/8601, BT-Drucks. 15/3174, BT-Drucks. 16/4028 zu § 34b WpHG; Entwurf des Bundesministeriums der Finanzen mit Begründung, abgedruckt in ZBB 2004, 422 zu § 5 FinAnV; BT-Drucks. 14/8017, BT-Drucks. 15/3174 zu § 20a WpHG; BR-Drucks. 18/05 zur MaKonV).

420 1. Auf den **Börsenpreis eines Finanzinstruments wird eingewirkt**, wenn dieser künstlich, d.h. gegen die wahren wirtschaftlichen Verhältnisse erhöht, abgesenkt oder auch nur stabilisiert wird. Hierfür reicht es nicht aus, dass aufgrund des manipulativen Geschäfts erstmals ein Börsenpreis gebildet wird; erforderlich ist vielmehr, dass **bereits ein Börsenpreis existiert**, der sodann durch die Manipulation des Täters beeinflusst wird.

2. Für den nach § 28 Abs. 2 WpHG aF erforderlichen Taterfolg reicht es aus, dass der manipulierte Preis an der Börse festgesetzt wird. Es ist nicht erforderlich, dass danach weitere Geschäfte getätigt werden, bei denen die Preise kausal gerade auf dem durch das manipulative Geschäft hervorgerufenen Kursniveau beruhen.

3. Der Begriff des Börsenpreises im Sinne des § 38 Abs. 2 WpHG aF entspricht dem des § 24 Abs. 1 BörsG. Ein Börsenpreis in diesem Sinne kommt auch dann zustande, wenn das Geschäft, auf dem er beruht, den inhaltlichen Anforderungen des § 24 Abs. 2 Satz 1 BörsG nicht genügt; erfasst sind deshalb auch vollständig oder teilweise manipulierte Börsenpreise.

4. Der subjektive Tatbestand des § 38 Abs. 2 WpHG aF erfordert Vorsatz; dieser genügt. Nicht vorausgesetzt ist, dass der Täter mit einer Manipulationsabsicht handelt.[415]

---

[415] BGH, Urteil vom 27.11.2013 – 3 StR 5/13.

[17] 3. Der Straftatbestand des § 38 Abs. 2 WpHG aF erfordert, dass – zusätzlich zu den Voraussetzungen einer Ordnungswidrigkeit nach § 39 Abs. 1 Nr. 1 WpHG aF – der Angeklagte auf den Börsenpreis der R.-Aktie tatsächlich einwirkte. Auch dies kann den Feststellungen in beiden Fällen im Ergebnis entnommen werden.

[18] a) Der Begriff des Börsenpreises bestimmt sich nach der auch in diesem Zusammenhang geltenden Definition des § 24 BörsG (allg. Auff., vgl. etwa Park-Sorgenfrei, Kapitalmarktstrafrecht, 3. Aufl., Teil 3 Kap. 4 Rn. 110; Vogel, aaO § 20a Rn. 114; Diversy in Graf/Jäger/Wittig, Wirtschafts- und Steuerstrafrecht, § 38 WpHG Rn. 124; Schröder, HdB Kapitalmarktstrafrecht, 2. Aufl., Rn. 381). Dafür spricht bereits, dass die Strafbarkeit von marktmanipulativen Verhaltensweisen früher im Börsengesetz selbst geregelt war (vgl. § 88 BörsG aF) und nichts dafür ersichtlich ist, dass derselbe Begriff innerhalb eines Gesetzes unterschiedlich zu interpretieren war. Den Gesetzesmaterialien ist nicht zu entnehmen, dass durch die Normierung der Strafbarkeit im Wertpapierhandelsgesetz insoweit eine sachliche Änderung beabsichtigt war (vgl. BT-Drucks. 14/8017 S. 64, 89). Gemäß § 24 Abs. 1 Satz 1 BörsG sind alle Preise, die während der Börsenzeit an einer Börse im Präsenzhandel oder im elektronischen Handel, oder Preise, die an einer Warenbörse ermittelt werden, Börsenpreise (vgl. Groß, Kapitalmarktrecht, 5. Aufl., § 24 BörsG Rn. 5). Gemäß § 24 Abs. 1 Satz 2 BörsG gilt dies auch für einen Preis, der im Freiverkehr an einer Wertpapierbörse festgestellt wird. Auf den Börsenpreis eines Finanzinstruments wird eingewirkt, wenn dieser künstlich, d.h. gegen die wahren wirtschaftlichen Verhältnisse am Markt, erhöht, abgesenkt oder auch nur stabilisiert wird (vgl. OLG Stuttgart, aaO NJW 2011, 3667, 3669; Vogel, aaO § 38 Rn. 51, § 20a Rn. 115; Fuchs/Waßmer, WpHG, 2009, § 38 Rn. 40; Koppmann, ZWH 2012, 27). Maßgeblich ist also, dass die manipulative Handlung des Täters kausal für den fraglichen Preis eines Finanzinstruments ist.

[19] aa) Im Fall II. 1 der Urteilsgründe hat das Landgericht darauf abgestellt, dass vor dem Verkauf der Aktien durch den Angeklagten an seinen Partner ein Geldkurs in Höhe von 4,12 € exisiterte, zu dem kein Umsatz stattfand, sondern nur eine Nachfrage bestand (UA S. 5). An anderer Stelle hat es diesen Kurs als Taxkurs bezeichnet (UA S. 17). Dies genügt für die Annahme eines Börsenkurses in dem hier maßgebenden Sinne nicht. Dabei kann dahinstehen, welche Bezeichnung letztlich zutreffen soll; denn sowohl Geld- als auch Taxkurse sind, wie die Strafkammer selbst zutreffend erkannt hat, keine Börsenkurse im Sinne des § 24 Abs. 1 BörsG (vgl. BGH, Urteil vom 3. Juli 1990 – XI ZR 68/89, WM 1990, 1408 mwN zu § 29 BörsG aF Oetker; Bergmann, HGB, 3. Aufl., § 400 Rn. 6 mwN; Baumbach/Hopt, HGB, 36. Aufl., § 24 BörsG Rn. 8).

[20] Soweit das Landgericht in diesem Zusammenhang im Rahmen der rechtlichen Würdigung ausgeführt hat, es müsse auf solche Geld- oder Taxkurse zurückgegriffen werden, auch wenn diese keine Börsenkurse im Sinne des § 24 BörsG seien, damit der notwendige strafrechtliche Schutz gewährleistet werden könne, ist nicht zu verkennen, dass insbesondere enge Märkte wie der vorliegende, auf denen Wertpapiere mit nur wenigen Umsätzen gehandelt werden, besonders manipulationsanfällig sind. Allein das Ziel, vermeintliche oder tatsächlich bestehende Strafbarkeitslücken zu schließen, kann jedoch nicht dazu führen, Tatbestandsmerkmale zu überdehnen. Wie weit und unter welchen Voraussetzungen der strafrechtliche Schutz in diesem Bereich gewährleistet werden soll, ist in erster Linie der Entscheidung des Gesetzgebers übertragen. Dieser hat sich bei der Neuregelung der Bußgeld- und Strafvorschriften durch das am 1. Juli 2002 in Kraft getretene Vierte Finanzmarkt-

förderungsgesetz dafür entschieden, die Strafbarkeit marktmanipulativen Verhaltens an die Einwirkung auf einen Börsen- oder Marktpreis zu knüpfen (hinsichtlich der Praxistauglichkeit kritisch etwa bereits Ziouvas/Walter, WM 2002, 1483, 1487). Dies ist bei der Rechtsanwendung hinzunehmen.

[21] Nicht allein ausreichend ist es auch, dass der Angeklagte durch das Geschäft mit seinem Partner einen (neuen) Börsenpreis bewirkte. Nach der soweit ersichtlich in Rechtsprechung und Literatur einhellig verwendeten Umschreibung des Einwirkens im Sinne des § 38 Abs. 2 WpHG aF, von der in der vorliegenden Fallkonstellation abzuweichen kein Anlass besteht, ist es erforderlich, dass bereits ein Börsenpreis existiert, der sodann durch die Manipulation des Täters beeinflusst wird. Der Tatbestand setzt somit, anders als etwa der Kapitalanlagebetrug nach § 264a StGB, einen bereits bestehenden Börsenpreis voraus; das (erstmalige) Bewirken eines Börsenpreises wird von ihm nicht umfasst (vgl. OLG Stuttgart, aaO NJW 2011, 3667, 3670; Fleischer, ZIP 2003, 2045, 2052; Ziouvas, ZGR 2003, 113, 137).

[22] Den Urteilsgründen ist in ihrem Zusammenhang jedoch genügend sicher zu entnehmen, dass bereits vor dem manipulativen Geschäft zwischen dem Angeklagten und seinem Partner ein Börsenpreis im Sinne des § 24 Abs. 1 BörsG für die R.-Aktie bestand. Nach den vom Landgericht wiedergegebenen Ausführungen der Sachverständigen N. wurde die Aktie zwar zwischen dem 31. Mai 2007 und dem 11. August 2008 nicht gehandelt. Danach – und damit vor der Tat am 3. April 2009 – fanden jedoch Umsätze statt. Aufgrund der weiteren Darlegungen der Quellen, aus denen die Sachverständige ihre diesbezüglichen Erkenntnisse gewonnen hat, ist davon auszugehen, dass diese Umsätze zur Festsetzung von Börsenpreisen führten. Auch im Rahmen ihrer Erwägungen zum Verfall hat die Strafkammer ausgeführt, dass die R.-Aktie Anfang des Jahres 2009 gehandelt wurde.

[23] bb) Im Fall II. 2 der Urteilsgründe hat die Strafkammer rechtsfehlerfrei als Bezugspunkt einen an der Börse festgesetzten Kurs angenommen, der auf einem kurz vor der abgeurteilten Tat zwischen dem Angeklagten und seinem Geschäftspartner getätigten Geschäft beruhte. Darauf, ob es sich hierbei ebenfalls um ein zuvor abgesprochenes Geschäft handelte, das den inhaltlichen Anforderungen an das ordnungsmäßige Zustandekommen eines Börsenpreises nach § 24 Abs. 2 Satz 1 BörsG nicht genügte (vgl. Beck in Schwark/Zimmer, aaO § 24 BörsG Rn. 25), kommt es in diesem Zusammenhang nicht an. Der Begriff des Börsenpreises wird zunächst in § 24 Abs. 1 BörsG definiert. Danach sind – jedenfalls bis zu einer aufsichtsrechtlichen oder sonstigen Beanstandung – auch vollständig oder teilweise manipulierte Börsenpreise erfasst; denn insbesondere der Preisfindung in elektronischen Handelssystemen fehlt heute jedes gestaltende oder gar regelnde Moment; sie ist nur noch Protokollierung eines realen Transaktionspreises (vgl. Theissen, WM 2003, 1497, 1503). Deshalb gebieten es Sinn und Zweck der § 38 Abs. 2, § 39 Abs. 1 Nr. 1, § 20a Abs. 1 Satz 1 Nr. 2 WpHG, die Preisbildung an bzw. auf und die Funktionsfähigkeit von Börsen und überwachten Märkten zu schützen (vgl. im Einzelnen Vogel, aaO § 20a Rn. 26 ff.; Erbs/Kohlhaas/Wehowsky, § 20a WpHG Rn. 2 [Stand: April 2012]), in dem hier relevanten Zusammenhang auf diesen Börsenpreis im formellen Sinne, nicht aber darauf abzustellen, ob die inhaltlichen Anforderungen gemäß § 24 Abs. 2 BörsG erfüllt sind. Diese sind vor allem auch deshalb von Belang, weil dem Börsenpreis in zahlreichen anderen Zusammenhängen, etwa bei der Pfandverwertung, beim Fixhandelskauf sowie im Bilanz- oder Steuerrecht eine erhebliche Bedeutung zukommt (vgl. Beck in Schwark/Zimmer, aaO § 24 BörsG Rn. 5 f.). Zudem könnten andernfalls besonders hartnäckig mani-

pulierende Täter, die unter Umständen mehrere abgesprochene Geschäfte hintereinander tätigen, allenfalls für die erste Transaktion strafrechtlich belangt werden.

[24] cc) Der Angeklagte wirkte jeweils auf den Börsenpreis der R.-Aktie bereits dadurch ein, dass der von ihm und seinem Partner abgesprochene Preis an der Börse festgesetzt wurde. § 38 Abs. 2 WpHG aF ist zwar als Erfolgsdelikt ausgestaltet (Vogel, aaO § 38 Rn. 49; Fuchs/Waßmer, WpHG, 2009, § 38 Rn. 40, 47; Kutzner, WM 2005, 1401, 1406). Der notwendige Einwirkungserfolg im Sinne der Vorschrift setzt jedoch nicht voraus, dass nach den konkreten Geschäften zwischen dem Angeklagten und seinem Partner durch Dritte weitere Geschäfte getätigt wurden, bei denen die Preise kausal gerade auf dem durch die manipulativen Geschäfte hervorgerufenen Kursniveau beruhen. § 38 Abs. 2 WpHG aF bestimmt nicht, welchen aus der Vielzahl von Börsen- und Marktpreisen, die für ein Finanzinstrument erzielt werden, der Täter herbeiführen muss; vielmehr genügt die Einwirkung auf irgendeinen Börsen- oder Marktpreis, demnach auch auf irgendeinen festgestellten Preis im laufenden Handel, der nicht notwendigerweise der Schlusskurs sein muss. Die Beeinflussung des weiteren Kursverlaufs nach einer bereits eingetretenen Beeinflussung ist ebenfalls nicht erforderlich (vgl. auch EuGH, Urteil vom 7. Juli 2011 – C-445/09 IMC-Securities BV gegen Stichting Autoriteit Financiele Markten – BKR 2011, 422; Heusel/Schmidberger, BKR 2011, 425, 427; OLG Stuttgart, aaO, NJW 2011, 3667, 3669; Woodtli, NZWiSt 2012, 51, 54 f.; aA Kudlich, wistra 2011, 361, 363 f.; Nietsch XI § 38, WpHG 112 WuB).

11. Außenwirtschaftsgesetz (AWG)

Der **Verkauf und die Ausfuhr** von Gütern des Teils I Abschnitt A der Ausfuhrliste **in Embargoländer**, strafbar gemäß § 17 Abs. 1 Nr. 2 AWG in Verbindung mit § 4 Abs. 1 AWG, § 80 Nr. 1, § 74 Abs. 1 AWV, stehen zueinander in **Idealkonkurrenz.** **421**

Das Verkaufsverbot des § 74 Abs. 1 AWV stellt sich gegenüber dem Verbot der Durchführung eines Handels- und Vermittlungsgeschäfts nach § 75 Abs. 1 AWV als lex specialis dar. Der Verstoß gegen das Verbot der Durchführung eines Handels- und Vermittlungsgeschäfts tritt deshalb hinter denjenigen gegen das Verkaufsverbot zurück.[416]

[8] 1. Zu den Fällen 1 und 2 der Urteilsgründe:

[9] a) Die Verurteilung wegen Verstößen gegen das Außenwirtschaftsgesetz bedarf in diesen beiden Fällen der Schuldspruchänderung, weil das – von der Strafkammer für sich genommen rechtsfehlerfrei angewandte – zur Tatzeit und noch im Zeitpunkt der Urteilsverkündung geltende Außenwirtschaftsgesetz (im Folgenden: AWG aF) aufgrund von Art. 4 Abs. 1 des Gesetzes zur Modernisierung des Außenwirtschaftsrechts vom 6. Juni 2013 (BGBl. I, S. 1482) mit Wirkung vom 1. September 2013 außer Kraft trat und gleichzeitig die in Art. 1 des vorgenannten Gesetzes enthaltene Neufassung des Außenwirtschaftsgesetzes (im Folgenden: AWG nF) Geltung erlangte. Zugleich trat die durch Rechtsverordnung vom 2. August 2013 mit Wirkung vom 1. September 2013 neu gefasste Außenwirtschaftsverordnung (im Folgenden: AWV nF) in Kraft. Diese Gesetzesänderungen sind nach § 2 Abs. 3 StGB in Verbindung mit § 354a StPO zu berücksichtigen, weil sich die Regelungen des AWG nF hinsicht-

---

[416] BGH, Urteil vom 24.07.2014 – 3 StR 314/13.

lich der in den Fällen 1 und 2 der Urteilsgründe abgeurteilten Taten als milderes Gesetz erweisen. Insoweit gilt:

[10] aa) Der Angeklagte erfüllte in diesen Fällen jeweils den Tatbestand des § 34 Abs. 6 Nr. 3 Buchst. b) AWG aF, weil er – als tauglicher Täter (vgl. BGH, Beschluss vom 28. März 2007 – 5 StR 225/06, NJW 2007, 1893, 1895; Morweiser in Wolffgang/Simonsen, AWR-Kommentar, 32. Erg.-Lfg., § 34 Abs. 1 AWG Rn. 11 mwN – die Munition und damit in Teil I Abschnitt A Position 0003 der Ausfuhrliste (Anlage AL zur Außenwirtschaftsverordnung aF) genannte Güter in den Libanon ausführte; denn damit beging er eine in § 34 Abs. 1 Satz 1 Nr. 1 AWG aF genannte Handlung und handelte dadurch dem in Art. 1 Abs. 1 des Gemeinsamen Standpunkts 2006/625/GASP des Rates vom 15. September 2006, betreffend das Verbot des Verkaufs oder der Lieferung von Rüstungsgütern und zugehörigen Gütern und die Erbringung damit zusammenhängender Dienstleistungen an Einrichtungen oder Einzelpersonen im Libanon im Sinne der Resolution 1701 (2006) des Sicherheitsrats der Vereinten Nationen enthaltenen Ausfuhrverbot zuwider, das zur Strafbewehrung im Bundesanzeiger (Nr. 181, S. 6479) am 23. September 2006 veröffentlicht worden war.

[11] In dem Verkauf und der Ausfuhr der Munition in den Libanon lag jeweils auch ein Verstoß gegen § 34 Abs. 4 Nr. 1 Buchst. b) AWG aF in Verbindung mit § 69m Abs. 1, § 70a Abs. 2 Nr. 1 AWV aF, der indes im Wege der formellen Subsidiarität hinter den Verstoß gegen § 34 Abs. 6 Nr. 3 Buchst. b) AWG aF zurücktrat. Aus diesem Grund bedarf es hier keiner Entscheidung, ob in dem (schuldrechtlichen) Verkauf zugleich auch ein gemäß § 69m Abs. 2 AWV aF verbotener Abschluss eines Handelsgeschäfts lag, der in Verbindung mit § 70a Abs. 2 Nr. 3 AWV aF wiederum eine Strafbarkeit nach § 34 Abs. 4 Nr. 1 Buchst. b) AWG aF hätte begründen können.

[12] bb) Nach nunmehr geltendem Recht stellen sich sowohl der Verkauf als auch die Ausfuhr jeweils als Verstöße gegen § 17 Abs. 1 Nr. 2 AWG nF in Verbindung mit § 4 Abs. 1 AWG nF, § 80 Nr. 1, § 74 Abs. 1 Nr. 9 AWV nF dar. Zudem kommt eine Strafbarkeit nach § 17 Abs. 1 Nr. 2 AWG nF in Verbindung mit § 4 Abs. 1 AWG nF, § 80 Nr. 2, § 75 Abs. 1 Nr. 7 AWV nF in Betracht. Der Gesetzgeber hat bei der Neuregelung des AWG die Differenzierung zwischen Verstößen gegen Ausfuhrverbote und Verstößen gegen sonstige Verbotstatbestände – insbesondere das Verbot, Güter des Teils I Abschnitt A der Ausfuhrliste in Embargoländer zu verkaufen oder diesbezüglich Handels- und Vermittlungsgeschäfte abzuschließen – bewusst nicht aufrecht erhalten, weil der Unrechtsgehalt dieser Tathandlungen mit Verstößen gegen Ausfuhrverbote betreffend Güter des Teils I Abschnitt A der Ausfuhrliste vergleichbar sei (BT-Drucks. 17/11127, S. 26). Damit ist der Tatbestand der Neuregelung weiter gefasst. Dies könnte bei abstrakter Betrachtung dafür sprechen, das alte Recht als das mildeste anzusehen.

[13] cc) Jedoch ist als mildestes Gesetz dasjenige anzuwenden, das bei einem Gesamtvergleich des konkreten Einzelfalls die dem Täter günstigste Beurteilung zulässt (st. Rspr.; s. zuletzt BGH, Beschluss vom 15. Oktober 2013 – StB 16/13, juris Rn. 24 mwN). Dabei ist der Grundsatz strikter Alternativität zu beachten, nach dem entweder das eine oder das andere Gesetz in seiner Gesamtheit gilt (BGH, Urteil vom 27. November 1996 – 3 StR 508/96, NJW 1997, 951).

[14] Der vorzunehmende Gesamtvergleich ergibt, dass das neue Recht für den Angeklagten günstiger ist:

[15] (1) Allerdings verstieß der Angeklagte durch den Verkauf nach und die Ausfuhr der Munition in den Libanon gegen zwei Verbote gemäß § 74 Abs. 1 Nr. 9 AWV nF,

die aufgrund der Strafbewehrung in § 80 Nr. 1 AWV nF jeweils zur Strafbarkeit nach § 17 Abs. 1 AWG nF führen. Da – wie dargelegt – in der Neufassung die Subsidiarität der Verstöße gegen das Verkaufsverbot nicht mehr gilt, ist für Fälle, in denen der Täter sowohl gegen das Ausfuhr- als auch gegen das Verkaufsverbot verstößt, nunmehr zum einen das Konkurrenzverhältnis dieser beiden Tatbestandsalternativen zueinander zu klären (s. unten (a)). Zum anderen kommt hinzu, dass in dem Verkauf der Munition zugleich ein nach § 75 Abs. 1 Nr. 7 AWV nF verbotenes Handels- und Vermittlungsgeschäft liegt, das ebenfalls gemäß § 17 Abs. 1 AWG nF strafbewehrt ist. Daher ist auch das konkurrenzrechtliche Verhältnis dieser Straftat zu den Verstößen gegen das Ausfuhr- und das Verkaufsverbot zu bestimmen (s. unten (b)).

[16] (a) Der Verstoß gegen das Verkaufs- und derjenige gegen das Ausfuhrverbot stehen zueinander im Verhältnis der Idealkonkurrenz. Mit dem Verkauf von Gütern, die in der nationalen Waffenliste geführt werden, verstößt der Täter gegen eine eigenständige Verbotsnorm nach § 74 Abs. 1 Nr. 9 AWV nF. Der Gesetzgeber hat durch die Aufhebung der Subsidiaritätsklausel die Bedeutung dieses Verbotes unterstrichen und einen Verstoß dagegen einem solchen gegen das Ausfuhrverbot gleichgestellt. Angesichts dessen spricht schon die Klarstellungsfunktion des § 52 Abs. 1 StGB dafür, den Verstoß gegen das Verkaufsverbot als in Idealkonkurrenz zu dem Ausfuhrdelikt stehend in die Urteilsformel aufzunehmen (vgl. MüKoStGB/von Heintschel-Heinegg, 2. Aufl. vor §§ 52 ff. Rn. 26 f.). Es ist auch ansonsten kein Grund dafür ersichtlich, von Gesetzeskonkurrenz auszugehen. So ergibt sich etwa kein allgemeiner Vorrang der Ausfuhrdelikte. Soweit in der außenwirtschaftsrechtlichen Literatur zum alten Recht die Auffassung vertreten wurde, beim Zusammentreffen eines Handelsgeschäfts mit einer Ausfuhr kämen wegen des Vorrangs der Ausfuhrgenehmigungspflicht die Regelungen über Handels- und Vermittlungsgeschäfte nicht zur Anwendung (Tervooren/Mrozek in Wolffgang/Simonsen, aaO, 22. Erg.-Lfg., § 4c AWV Rn. 26), kann dem schon aufgrund des zitierten, in der Begründung der Neuregelung zum Ausdruck gebrachten Willens des Gesetzgebers jedenfalls für die strafrechtliche Beurteilung nicht gefolgt werden. Es liegt in dem vorangegangenen Verkauf auch kein Fall der mitbestraften Vortat zu der nachfolgenden Ausfuhr. Eine straflose mitbestrafte Vortat liegt nur vor, wenn diese das notwendige oder regelmäßige Mittel zur Haupttat ist (st. Rspr.; s. zuletzt BGH, Urteil vom 20. Februar 2014 – 3 StR 178/13, juris Rn. 16). Davon kann im Verhältnis zwischen Verkauf und späterer Ausfuhr indes nicht ausgegangen werden, denn eine verbotene Ausfuhr von Gütern kann auch der Täter begehen, der sie vorher nicht an den Empfänger verkauft hat; umgekehrt ist es keine notwendige Folge eines Verkaufs, dass der Täter die Güter anschließend ausführt. Der Verkauf stellt im Verhältnis zur Ausfuhr mithin zusätzliches Unrecht dar.

[17] (b) Daneben kommt ein Schuldspruch auch wegen eines tateinheitlichen Verstoßes gegen das Verbot der Durchführung eines Handels- und Vermittlungsgeschäfts (§ 75 Abs. 1 Nr. 7 AWV nF in Verbindung mit § 17 Abs. 1 AWG nF) indes nicht in Betracht, weil sich das Verkaufsverbot des § 74 Abs. 1 AWV nF als lex specialis gegenüber dem Verbot, ein Handels- und Vermittlungsgeschäft abzuschließen, darstellt. Nach der Begriffsbestimmung in § 2 Abs. 14 Satz 1 Nr. 3 AWG nF ist ein Handels- und Vermittlungsgeschäft auch der Abschluss eines Vertrages über das Überlassen von Gütern. Nichts anderes stellt aber der Verkauf von Gütern dar, so dass in den Fällen, in denen der Täter – wie hier – in Teil I Abschnitt A der Ausfuhrliste erfasste Güter verkauft, das Verbot der Handels- und Vermittlungsgeschäfte nach § 75 Abs. 1 AWV nF hinter dem – spezielleren – Verkaufsverbot des § 74 Abs. 1 AWV nF zurücktritt.

[18] (2) Die Anwendung des neuen Rechts führt damit zwar zu einer Verschärfung des Schuldspruchs; da der Angeklagte nach den Feststellungen der Strafkammer aber auch gewerbsmäßig handelte, fallen seine Taten unter den Qualifikationstatbestand des § 17 Abs. 2 Nr. 2 AWG nF. Es ist mithin dieser Strafrahmen mit dem des § 34 Abs. 6 AWG aF zu vergleichen. Gegenüber § 34 Abs. 6 AWG aF, der eine Mindeststrafe von zwei Jahren Freiheitsstrafe vorsah, erweist sich die Vorschrift des § 17 Abs. 2 AWG nF als milderes Gesetz, weil sie im Verhältnis zum Grundtatbestand des § 17 Abs. 1 AWG nF nur die Obergrenze des Strafrahmens erhöht, so dass sie bei gleicher Strafobergrenze (Freiheitsstrafe von 15 Jahren, vgl. § 38 Abs. 2 StGB) eine Mindeststrafe von (nur) einem Jahr Freiheitsstrafe vorsieht (vgl. zur vergleichbaren Konstellation bei Straftaten nach § 18 AWG nF BGH, Beschluss vom 15. Oktober 2013 – StB 16/13, aaO).

422 Nach der nunmehr geltenden Gesetzesfassung macht sich nach § 18 Abs. 2 Nr. 1 AWG unter anderem strafbar, wer gegen die Außenwirtschaftsverordnung verstößt, indem **er ohne Genehmigung nach § 8 Abs. 1 AWV nF dort genannte Güter ausführt.** Nach § 8 Abs. 1 Nr. 2 AWV nF bedarf die Ausfuhr der in Teil I Abschnitt B der Ausfuhrliste genannten Güter der Genehmigung. In Teil B der Ausfuhrliste, die ebenfalls mit Wirkung ab dem 1. September 2013 neu gefasst worden ist, werden die nach altem Recht in Abschnitt C der Ausfuhrliste gelisteten, national erfassten Güter aufgeführt. Unter Listenposition 9A994 finden sich – nach wie vor – Flugmotoren mit bestimmten technischen Werten, die für den Einsatz in unbemannten Luftfahrzeugen geeignet sind, wenn Käufer- oder Bestimmungsland der Iran ist. Auch nach neuem Recht sind solche Taten mit Strafe bedroht.[417]

417 BGH, Beschluss vom 15.10.2013 – StB 16/13.

D. Strafprozessordnung

I. Grundsätzliches

1. Überblick

Die seit dem Juristentag 2010 in Berlin wieder aufgeflammte Diskussion um die Regelungen für eine **Verständigung im Strafverfahren** hat auch im Berichtszeitraum 2014 trotz der Entscheidung des BVerfG vom 19. März 2013[418] nicht nachgelassen, vielmehr sich seither sogar noch auf andere Fragen erweitert,[419] welche die Rechtsprechung des BGH sicherlich auch noch in den kommenden Jahren beschäftigen werden. Dazu beigetragen haben zwei Kammerentscheidungen des BVerfG,[420] mit denen u.a. auf eine Entscheidung des 2. Strafsenats vom 10.7.2013[421] „nachgelegt“ wurde. 423

Hinsichtlich der weiterhin offenen Frage einer gesetzlichen Neuregelung zur **Vorratsdatenspeicherung** war zwar mit dem Koalitionsvertrag der CDU/CSU/SPD-Bundesregierung eine Vorentscheidung für eine neue gesetzliche Regelung gefallen; aufgrund Ob allerdings insoweit eine schnelle Umsetzung ansteht, ist derzeit noch offen; denn infolge des Urteils des Europäischen Gerichtshofes vom 8.4.2014 – C-293/12, C-594/12, mit welchem die europäische Richtlinie für ungültig erklärt wurde, ist eine neue Situation entstanden. Damit wäre zwar ein Gesetzgebungsbeschluss über die erneute Schaffung einer Vorratsdatenspeicherung in Deutschland nicht gehindert; allerdings fehlt es nun an dem bislang bestehenden internationalen Druck zur Umsetzung der nunmehr ungültigen Richtlinie. 424

2. Ausblick

Insgesamt ist auch trotz der Neubesetzung des Bundesjustizministeriums nicht klar, ob und ggfs. zu welchen Reformansätzen es noch nicht der laufenden Legislaturperiode kommen könnte. Auf jeden Fall ist bereits jetzt viel an Zeit verloren worden, welche bspw. für eine Beschleunigung der Strafverfahren hätte genutzt werden können. Dies gilt erst recht für die ungelösten und drängenden Fragen einer Regelung der Beschlagnahme von E-Mails sowie anderer Problembereiche der Telekommunikatiosüberwachung einschließlich der Einführung der Online-Durchsuchung. 425

---

[418] BVerfG, Urteil vom 19.3.2013 – 2 BvR 2628/10, 2 BvR 2883/10, 2 BvR 2155/11.

[419] Vgl. hierzu Rn. 510 ff.

[420] BVerfG, Kammerbeschluss v. 25.08.2014 – 2 BvR 2048/13; Kammerbeschluss vom 26.08.2014 – 2 BvR 2172/13.

[421] BGH, Urteil vom 10.7.2013 – 2 StR 47/13.

II. Neuere höchstrichterliche Rechtsprechung zu Einzelfragen des Verfahrensrechts

426 1. Das GG gewährt grundsätzlich **keinen verfassungsrechtlichen Anspruch auf eine Strafverfolgung Dritter.**

2. Aus der staatlichen Pflicht zum Schutz höchstpersönlicher Rechtsgüter (Art 2 Abs 2 S 1, S 2 GG iVm Art 1 Abs 1 S 2 GG) folgt jedoch **in bestimmten Fallgruppen ein Anspruch auf effektive Strafverfolgung.**

2a. Dies gilt zum einen dort, wo der Einzelne nicht in der Lage ist, erhebliche Straftaten gegen seine höchstpersönlichen Rechtsgüter abzuwehren und ein Verzicht auf die effektive Verfolgung solcher Taten zu einer Erschütterung des Vertrauens in das Gewaltmonopol des Staates und einem allgemeinen Klima der Rechtsunsicherheit und Gewalt führen kann. Bei Kapitalverbrechen kann dieser Anspruch auch nahen Angehörigen des Opfers zustehen.

2b. Zum anderen kann ein solcher Anspruch dann bestehen, wenn Straftaten in Rede stehen, die ein Amtsträger bei Wahrnehmung hoheitlicher Aufgaben begangen hat; ferner dann, wenn sich die Opfer möglicher Straftaten in einem „besonderen Gewaltverhältnis“ zum Staat befinden und diesem eine spezifische Fürsorge- und Obhutspflicht obliegt.

3. Zur Erfüllung des Anspruchs auf effektive Strafverfolgung kann es ausreichen, wenn Staatsanwaltschaft und Polizei die ihnen zur Verfügung stehenden Mittel Art sowie ihre Befugnisse auch tatsächlich angemessen, um den Sachverhalt aufzuklären und Beweismittel zu sichern. Der Ermittlungsverlauf ist detailliert und vollständig zu dokumentieren; eine Einstellungsentscheidung bedarf einer nachvollziehbaren Begründung.

4. Diese verfassungsrechtlichen Maßstäbe genügen auch den Anforderungen der Art 1, Art 2 MRK.[422]

1. Verbindung rechtshängiger Sachen – §§ 4 ff. StPO

427 Die **Verbindung von Strafsachen**, die nicht nur die örtliche, sondern auch **die sachliche Zuständigkeit betrifft**, kann nicht durch eine Vereinbarung der beteiligten Gerichte nach § 13 Abs. 2 Satz 1 StPO geschehen. Eine solche Verbindung kann vielmehr in den Fällen, in denen – wie hier – die verschiedenen Gerichte nicht alle zu dem Bezirk des ranghöheren gehören, nur durch Entscheidung des **gemeinschaftlichen oberen Gerichts** herbeigeführt werden (§ 4 Abs. 2 Satz 2 StPO).[423]

---

422 BVerfG, Kammerbeschluss vom 26.06.2014 – 2 BvR 2699/10; siehe hierzu auch Kammerbeschluss vom 6.10.2014 – 2 BvR 1568/12.

423 BGH, Beschluss vom 13.02.2014 – 4 StR 468/13.

[3] Die Verurteilung im Fall II. 8 der Urteilsgründe wegen fahrlässiger Trunkenheit im Verkehr kann wegen eines von Amts wegen zu beachtenden Verfahrenshindernisses (vgl. BGH, Beschluss vom 8. August 2001 – 2 StR 285/01, bei Becker, NStZ-RR 2002, 257) nicht bestehen bleiben. Das Landgericht Essen war für die Entscheidung nicht zuständig.

[4] Diese Tat hat die Staatsanwaltschaft Münster am 26. März 2013 bei dem – zum Bezirk des Landgerichts Münster gehörenden – Amtsgericht (Strafrichter) Coesfeld angeklagt, das die Sache dem Landgericht Essen zur Übernahme vorgelegt hat. Dieses Landgericht hat die Anklage durch Beschluss vom 10. Juni 2013 zugelassen und das Hauptverfahren eröffnet. Mit weiterem Beschluss vom selben Tag hat es das Verfahren mit dem bei ihm anhängigen, bereits eröffneten Verfahren wegen der weiteren abgeurteilten Straftaten verbunden. Die Eröffnung ist gegenstandslos und die Verbindung unwirksam (vgl. BGH, Beschlüsse vom 7. April 2005 – 3 StR 347/04, NStZ 2005, 464, und vom 26. Juli 1995 – 2 StR 74/95, BGHR StPO § 4 Verbindung 9, jew. mwN):

[5] Die Verbindung von Strafsachen, die nicht nur die örtliche, sondern auch die sachliche Zuständigkeit betrifft, kann nicht durch eine Vereinbarung der beteiligten Gerichte nach § 13 Abs. 2 Satz 1 StPO geschehen. Eine solche Verbindung kann vielmehr in den Fällen, in denen – wie hier – die verschiedenen Gerichte nicht alle zu dem Bezirk des ranghöheren gehören, nur durch Entscheidung des gemeinschaftlichen oberen Gerichts herbeigeführt werden (§ 4 Abs. 2 Satz 2 StPO). Daran fehlt es. Die Sache ist insoweit nicht bei dem Landgericht Essen rechtshängig geworden. Der Bundesgerichtshof kann die Verbindung nicht nachholen, da nicht er, sondern das Oberlandesgericht Hamm für eine solche Entscheidung zuständig wäre (vgl. BGH, Beschlüsse vom 29. November 1996 – 2 StR 585/96, BGHR StPO § 4 Verbindung 12, und vom 8. August 2001 – 2 StR 285/01, bei Becker, NStZ-RR 2002, 257). Es besteht hinsichtlich der unter II. 8 der Urteilsgründe abgeurteilten Tat ein Verfahrenshindernis, das zwar zu einer entsprechenden Teilaufhebung des Urteils, nicht jedoch zur Verfahrenseinstellung führt, da die Rechtshängigkeit des Verfahrens bei dem Amtsgericht Coesfeld fortbesteht (vgl. BGH, Beschluss vom 26. Juli 1995 – 2 StR 74/95, BGHR StPO § 4 Verbindung 9). Die Sache ist daher insoweit entsprechend § 355 StPO an dieses Gericht zu verweisen, das wegen der Gegenstandslosigkeit des Eröffnungsbeschlusses des Landgerichts Essen auch noch über die Eröffnung des Verfahrens zu entscheiden hat (vgl. BGH, Beschluss vom 11. Juli 2013 – 3 StR 166/13, NStZ-RR 2013, 378).

2. Gerichtsstände – §§ 12 ff. StPO

Eine Übertragung nach § 12 Abs. 2 StPO und damit eine **Abweichung von dem vorrangigen Gerichtsstand nach § 12 Abs. 1 StPO** kommt nur in Betracht, wenn hierfür gewichtige Gründe sprechen. Dazu kann auch eine Reiseunfähigkeit des Angeklagten zählen.[424] **428**

Der Angeklagte ist nach der letzten amtsärztlichen Untersuchung zwar maximal zwei Stunden verhandlungsfähig. Eine Reiseunfähigkeit zu dem von seinem Wohnort ca. 30 km entfernten Amtsgericht Oranienburg wird ihm hingegen nicht attestiert.

[424] BGH, Beschluss vom 16.10.2014 – 2 ARs 371/14.

Überwiegende Gründe der Prozessökonomie sprechen ebenfalls nicht für eine Übertragung. In diesem Falle müsste sich der dann zuständige Tatrichter in das bereits vom Amtsgericht Oranienburg terminierte Verfahren neu einarbeiten.

429 Eine **Gerichtsstandsübertragung** kommt insbesondere wegen des Gesundheitszustandes des Angeklagten, etwa bei Reiseunfähigkeit, in Betracht.[425]

1. Der Bundesgerichtshof ist als gemeinschaftliches oberes Gericht nach § 12 Abs. 2 StPO zur Entscheidung über die Anträge der Angeklagten auf Übertragung der beim Landgericht München (OLG-Bezirk München) rechtshängigen Strafsache auf das Landgericht Düsseldorf (OLG-Bezirk Düsseldorf) berufen.

2. Die gesetzlichen Voraussetzungen für eine Übertragung sind gegeben. Das Landgericht München hat mit Beschluss vom 19. Februar 2014 die Anklage vom 22. Januar 2014 zugelassen und das Hauptverfahren eröffnet. Das Landgericht Düsseldorf war als Wohnsitzgericht gemäß § 8 Abs. 1 StPO zum Zeitpunkt der Anklageerhebung ebenfalls örtlich zuständig.

Darüber hinaus liegt der für eine Übertragung nach § 12 Abs. 2 StPO und damit für eine Abweichung von dem vorrangigen Gerichtsstand nach § 12 Abs. 1 StPO notwendige wichtige Grund vor. (Senat, Beschluss vom 11. September 2013 – 2 ARs 327/13; Meyer-Goßner/Schmitt, StPO, 57. Aufl., § 12 Rn. 5). Eine dauerhafte Reiseunfähigkeit des in Düsseldorf wohnenden Angeklagten J. ist nach Aktenlage belegt. Die vorgelegten, hinsichtlich der Schwere der Erkrankung des Angeklagten J. nicht im Streit befindlichen Arztberichte weisen aus, dass er an einer schweren chronisch obstruktiven Lungenkrankheit des Stadiums „Gold IV" leidet. Der Angeklagte ist deshalb auf die regelmäßige Versorgung mit Flüssigsauerstoff mittels eines zu Hause stationierten Sauerstoffgerätes angewiesen, die seine Mobilität so weit einschränkt, dass eine mehrstündige Reise aus ärztlicher Sicht mit nicht zumutbaren Risiken behaftet ist. Auch die Staatsanwaltschaft München geht in ihrem Antrag auf Außervollzugsetzung des Haftbefehls gegen den Angeklagten J. davon aus, dass dieser „schwer lungenkrank" ist. Im Übrigen hat das Landgericht München keine Veranlassung gesehen, die Anregung des Verteidigers des Angeklagten J. aufzugreifen, den Angeklagten ergänzend zu den vorgelegten Arztberichten auf gerichtliche Anordnung amtsärztlich untersuchen zu lassen.

3. Die damit festgestellte dauerhafte Reiseunfähigkeit des Angeklagten lässt eine Übertragung des Verfahrens auf das Wohnsitzgericht zweckmäßig erscheinen, zumal auch zahlreiche Zeugen im dortigen Umfeld wohnhaft sind. Die Übertragung erstreckt sich auf das Verfahren gegen den Mitangeklagten R. Eine Trennung der sachlich eng miteinander verknüpften Verfahren gegen die beiden Angeklagten erscheint aus Gründen der Verfahrensökonomie nicht sinnvoll.

430 Die **Abgabe eines Verfahrens erst in der Revisionshauptverhandlung** an einen anderen Strafsenat ist nach Buchstabe A. Nr. VI. 1. a) Satz 1 des Geschäftsverteilungsplans des Bundesgerichtshofs **nicht mehr möglich.**[426]

---

[425] BGH, Beschluss vom 14.05.2014 – 2 ARs 64/14.

[426] BGH, Beschluss vom 9.09.2014 – 4 ARs 20-1/14; vgl. hierzu auch den weiteren Beschluss vom 9.09.2014 – 4 ARs 20-2/14.

§ 42 Abs. 3 Satz 1 JGG verlangt nicht, dass der Angeklagte bei der Anklageerhebung seinen Aufenthalt noch im Bezirk des abgebenden Gerichts hatte.[427] **431**

[2] Auf Antrag der Staatsanwaltschaft Münster hat das Amtsgericht mit Beschluss vom 20. Februar 2014 das Verfahren an das Amtsgericht – Jugendrichter – Rosenheim abgegeben, da der Angeklagte inzwischen in dessen Bezirk wieder einen festen Wohnsitz hat. Das Amtsgericht Rosenheim hat die Übernahme abgelehnt. Es hält die Voraussetzungen des § 42 Abs. 3 Satz 1 JGG nicht für gegeben. Das Amtsgericht Steinfurt hat die Sache dem Bundesgerichtshof vorgelegt, der als gemeinschaftliches oberes Gericht zu entscheiden hat (§ 42 Abs. 3 Satz 2 JGG).

[3] 2. Die Abgabe der Sache an das Amtsgericht – Jugendrichter – Rosenheim ist gerechtfertigt.

[4] a) Wie der Generalbundesanwalt in seiner Antragsschrift vom 9. April 2014 zutreffend ausgeführt hat, liegen die Voraussetzungen des § 42 Abs. 3 Satz 1 JGG vor. Das Hauptverfahren ist eröffnet. Der Angeklagte hat nach Erhebung der Anklage seinen Wohnsitz gewechselt. Der Abgabe steht hier insbesondere nicht entgegen, dass der Angeklagte seinen Aufenthalt erneut gewechselt hat und zeitweilig unbekannten Aufenthalts war. § 42 Abs. 3 Satz 1 JGG verlangt nicht, dass der Angeklagte bei der Anklageerhebung seinen Aufenthalt noch im Bezirk des abgebenden Gerichts hatte (vgl. Senatsbeschluss vom 26. April 2000 – 2 ARs 60/00 mwN).

[5] b) Die Abgabe ist auch im Hinblick auf die am Verfahren zu beteiligende Jugendgerichtshilfe des neuen Wohnorts zweckmäßig. Die in Westerland/Sylt wohnhaften Zeugen sind bereits durch das Amtsgericht Niebüll kommissarisch vernommen worden. Dem Umstand, dass das abgebende Gericht bereits mit der Sache vertraut ist, kommt hier angesichts der überschaubaren Tatvorwürfe keine ausschlaggebende Bedeutung zu.

3. Ausschließung vom Richteramt, Befangenheit – §§ 22 ff. StPO

Eine den Verfahrensgegenstand betreffende **Vortätigkeit eines erkennenden Richters** ist, soweit sie nicht die Tatbestände eines Ausschlussgrundes gemäß § 22 Nr. 4 und 5, § 23 oder § 148a Abs. 2 Satz 1 StPO erfüllt, grundsätzlich nicht geeignet, die Besorgnis der Befangenheit des Richters im Sinne von § 24 Abs. 2 StPO zu begründen; denn eine solche Beteiligung an Vorentscheidungen im nämlichen und in damit zusammenhängenden Verfahren ist von der Strafprozessordnung und dem Gerichtsverfassungsgesetz ausdrücklich vorgesehen. Dies gilt nicht nur für die Vorbefassung mit Zwischenentscheidungen im selben Verfahren, insbesondere etwa die Mitwirkung am Eröffnungsbeschluss oder an Haftentscheidungen, sondern etwa auch die Befassung eines erkennenden Richters in Verfahren gegen andere Beteiligte derselben Tat.[428] **432**

Anders verhält es sich lediglich bei Hinzutreten besonderer Umstände, die über die Tatsache bloßer Vorbefassung als solcher und die damit notwendig verbundenen inhaltlichen Äußerungen hinausgehen. Dies ist etwa der Fall, wenn frühere Entscheidungen unnötige und sachlich unbegründete Werturteile über einen der jetzigen

[427] BGH, Beschluss vom 15.05.2014 – 2 ARs 118/14.
[428] BGH, Beschluss vom 19.08.2014 – 3 StR 283/14.

Angeklagten enthalten oder wenn ein Richter sich bei oder in Verbindung mit einer Vorentscheidung in sonst unsachlicher Weise zum Nachteil des Angeklagten geäußert hat.

433 In Fällen, in denen das Gericht über ein Ablehnungsgesuch in **fehlerhafter Besetzung** entschieden hat und dadurch das Recht auf den gesetzlichen Richter gemäß Art. 101 Abs. 1 Satz 2 GG verletzt worden ist, ist regelmäßig allein deswegen der absolute Revisionsgrund des § 338 Nr. 3 StPO gegeben. Jedoch führt ein Verstoß gegen Zuständigkeitsregelungen nicht stets, sondern nur dann zu einer Verletzung von Art. 101 Abs. 1 Satz 2 GG, wenn die **Auslegung der Zuständigkeitsnorm oder ihre Handhabung im Einzelfall willkürlich oder offensichtlich unhaltbar** ist oder wenn die richterliche Entscheidung Bedeutung und Tragweite der Verfassungsgarantie grundlegend verkannt hat. Dagegen liegt bei einer „nur" schlicht fehlerhaften Anwendung der Zuständigkeitsvorschriften ein Verfassungsverstoß nicht vor.[429]

Das Ablehnungsgesuch des Angeklagten gegen den Vorsitzenden wurde im Ergebnis zu Recht verworfen. Dabei kann offen bleiben, ob die Kammer in der Besetzung mit drei Vertretungsrichtern zur Entscheidung über den Befangenheitsantrag berufen war.

[34] Zwar ist in Fällen, in denen das Gericht über ein Ablehnungsgesuch in fehlerhafter Besetzung entschieden hat und dadurch das Recht auf den gesetzlichen Richter gemäß Art. 101 Abs. 1 Satz 2 GG verletzt worden ist, allein deswegen der absolute Revisionsgrund des § 338 Nr. 3 StPO gegeben (BVerfG, Beschluss vom 2. Juni 2005 – 2 BvR 625/01 u.a., NJW 2005, 3410). Ein solcher Fall liegt hier aber nicht vor, da das Recht auf den gesetzlichen Richter nicht verletzt wurde. Denn ein Verstoß gegen Zuständigkeitsregelungen führt nicht stets, sondern nur dann zu einer Verletzung von Art. 101 Abs. 1 Satz 2 GG, wenn die Auslegung der Zuständigkeitsnorm oder ihre Handhabung im Einzelfall willkürlich oder offensichtlich unhaltbar ist oder wenn die richterliche Entscheidung Bedeutung und Tragweite der Verfassungsgarantie grundlegend verkannt hat. Dagegen liegt bei einer „nur" schlicht fehlerhaften Anwendung der Zuständigkeitsvorschriften ein Verfassungsverstoß nicht vor (vgl. BVerfG aaO S. 3414).

[35] Eine die Bedeutung und Tragweite von Art. 101 Abs. 1 Satz 2 GG grundlegend verkennende Anwendung der Zuständigkeitsregelungen für die Entscheidung über Befangenheitsgesuche lag hier nicht vor. Dabei kann dahinstehen, ob eine Entscheidung über die Befangenheitsgesuche in der Reihenfolge ihrer Einlegung zutreffend war; diese Vorgehensweise erweist sich jedenfalls nicht als willkürlich.

[36] In welcher Reihenfolge über mehrere Ablehnungsgesuche zu entscheiden ist, die sich gegen verschiedene Richter eines Spruchkörpers richten, ist nicht eindeutig geklärt. Einigkeit besteht jedenfalls darüber, dass mehrere nacheinander angebrachte und auf unterschiedliche Gründe gestützte Ablehnungsgesuche nacheinander zu bescheiden sind (BGH, Beschluss vom 9. Oktober 1995 – 3 StR 324/94, NStZ 1996, 144; ebenso Siolek in Löwe/Rosenberg, StPO, 26. Aufl., § 27 Rn. 35; Scheuten in KK-StPO, 7. Aufl., § 27 Rn. 3; Meyer-Goßner, StPO, 56. Aufl., § 27 Rn. 4). Vorliegend handelt es sich allerdings um einen sukzessiven Eingang von Ablehnungsgesuchen, die auf zueinander in Verbindung stehende Ablehnungsgründe gestützt

---

[429] BGH, Beschluss vom 25.04.2014 – 1 StR 13/13.

werden (vgl. hierzu BGH, Beschlüsse vom 27. Oktober 2011 – 5 StR 376/11; vom 26. Januar 2006 – 5 StR 500/05; Cirener in BeckOK-StPO § 27 Rn. 4).

[37] Die Revision sieht – gestützt auf eine Entscheidung des Bundesgerichtshofs vom 10. November 1967 (4 StR 512/66, BGHSt 21, 334, 337) – für die hier fragliche Konstellation – Ablehnung eines erkennenden Richters und sodann Ablehnung der übrigen erkennenden Richter für die Entscheidung über das Befangenheitsgesuch – ein Rangverhältnis zwischen den Ablehnungsgesuchen dergestalt, dass stets vorrangig eine Entscheidung hinsichtlich der nur für die Entscheidung über das zunächst angebrachte Ablehnungsgesuch abgelehnten Richter herbeizuführen ist. Auch wenn der Senat dieser Rechtsansicht zuneigt (vgl. Cirener in BeckOK-StPO § 27 Rn. 4), erweist sich die Vorgehensweise des Landgerichts, über die Gesuche in der Reihenfolge ihres Eingangs zu entscheiden, nicht als willkürlich.

Eine die Besorgnis der Befangenheit rechtfertigende Einstellung des abgelehnten Richters i.S.v. § 24 Abs. 2 StPO lässt sich nicht schon allein mit einer **fehlerhaften Sachbehandlung** begründen. **Verfahrensverstöße, die auf einem Irrtum oder auf einer unrichtigen Rechtsansicht beruhen,** stellen grundsätzlich keinen Ablehnungsgrund dar. Etwas anderes gilt jedoch dann, wenn die Entscheidungen abwegig sind oder den Anschein der Willkür erwecken.[430] **434**

[38] Die dem Senat eröffnete Prüfung des Ablehnungsgesuchs nach Beschwerdegrundsätzen ergibt – auch in der Zusammenschau der geltend gemachten Ablehnungsgründe – bei verständiger Würdigung durch den Angeklagten keine die Besorgnis der Befangenheit rechtfertigende Einstellung des abgelehnten Richters i.S.v. § 24 Abs. 2 StPO (vgl. BGH, Urteile vom 10. November 1967 – 4 StR 512/66, BGHSt 21, 334, 341 und vom 23. Januar 1991 – 3 StR 365/90, BGHR StPO § 24 Abs. 2 Befangenheit 4). Diese Besorgnis lässt sich nicht schon allein mit einer fehlerhaften Sachbehandlung begründen. Verfahrensverstöße, die auf einem Irrtum oder auf einer unrichtigen Rechtsansicht beruhen, stellen grundsätzlich keinen Ablehnungsgrund dar. Etwas anderes gilt jedoch dann, wenn die Entscheidungen abwegig sind oder den Anschein der Willkür erwecken (st. Rspr.; vgl. BGH, Beschluss vom 10. September 2002 – 1 StR 169/02, BGHSt 48, 4 mwN).

[39] Zwar erweist sich das Öffnen des als Verteidigerpost gekennzeichneten Schreibens als rechtsfehlerhaft. Gemäß § 148 StPO unterliegt der Schriftverkehr zwischen dem Angeklagten und seinem Verteidiger – abgesehen von Verfahren, die eine Straftat nach § 129a StGB zum Gegenstand haben – keiner Kontrolle, sofern ein Mandatsverhältnis besteht und das Schriftstück als Verteidigerpost gekennzeichnet ist. Zulässig ist die Kontrolle des Schriftverkehrs nur daraufhin, ob es sich nach den äußeren Merkmalen um Verteidigerpost handelt. Das Öffnen von als Verteidigerpost gekennzeichneten Sendungen ist, auch wenn es nur der Prüfung des Bestehens eines Verteidigungsverhältnisses dienen soll, selbst in Fällen des Missbrauchsverdachts unzulässig (vgl. OLG Rostock, Beschluss vom 16. Januar 2003 – 2 Ws 8/02 mwN; OLG Bremen, Beschluss vom 19. Mai 2006 – Ws 81/06, StV 2006, 650 mwN). Die bestehenden Zweifel an der Verteidigerstellung des Rechtsanwalts Prof. Dr. D. hätten daher lediglich dazu führen dürfen, dass das Schriftstück ungeöffnet hätte zurückgesendet werden müssen (vgl. OLG Rostock, Beschluss vom 16. Januar 2003 – 2 Ws 8/02 mwN; OLG Bremen, Beschluss vom 19. Mai 2006 –

430 BGH, Beschluss vom 25.04.2014 – 1 StR 13/13.

Ws 81/06, StV 2006, 650 mwN). Haben sich – wie hier – bereits drei Verteidiger für den Angeklagten bestellt (vgl. § 137 Abs. 1 Satz 2 StPO), gilt dies jedenfalls bis zur Zurückweisung des Verteidigers gemäß § 146a Abs. 1 Satz 1 StPO (für das Recht auf Akteneinsicht vgl. KG, Beschluss vom 3. Dezember 1997 – 2 Ss 233/97). Auch unterlag der Besuch des Angeklagten durch Rechtsanwalt Prof. Dr. D. in seiner Funktion als Mitglied des Deutschen Bundestages gemäß §§ 119 Abs. 4 Nr. 18, 53 Abs. 1 Satz 1 Nr. 4 StPO i.V.m. § 148 StPO nicht der Überwachung.

[40] Diese auf einer unzutreffenden Rechtsansicht beruhende Vorgehensweise des Vorsitzenden ist allerdings nicht geeignet, bei einem verständigen Angeklagten ein Misstrauen gegen die Unparteilichkeit des Vorsitzenden zu rechtfertigen. Der Angeklagte wusste aufgrund seiner mit Rechtsanwalt Prof. Dr. D. getroffenen Vereinbarung einer koordinierenden Beratung im Hintergrund, dass sich dieser nicht gegenüber dem Landgericht legitimiert hatte und dass bereits drei weitere Verteidiger mit dem Verfahren befasst waren. Vor diesem Hintergrund stellt sich das Vorgehen des Vorsitzenden – auch in der Zusammenschau mit der Anordnung des überwachten Besuches – nicht als Versuch dar, den Angeklagten in seiner Verteidigung zu behindern. Zudem hat der Vorsitzende nach Bekanntgabe des Beschlusses des Oberlandesgerichts, mit dem die Beschlagnahme des als Verteidigerpost gekennzeichneten Schreibens aufgehoben wurde, seine – letztlich ebenfalls auf der unzutreffenden Beurteilung der Verteidigerstellung beruhende – Entscheidung hinsichtlich der Besuchsüberwachung umgehend korrigiert und der Beschwerde durch Bewilligung eines unüberwachten Besuchs abgeholfen.

■ PRAXISBEDEUTUNG

Die beiden vorstehend abgedruckten Teile ein und derselben Entscheidung zeigen, dass auch eine Anhäufung von falschen Verfahrensweisen nicht zwingend auf eine Befangenheit hinweisen müssen, d.h. ein Richter, welcher mehrere Fehler macht, muss deswegen nicht automatisch befangen sein. Allerdings zeigen die Formulierungen der abgedruckten Entscheidung durchaus, dass insoweit ein Grenzbereich erreicht worden war.

435 Eine Besorgnis der Befangenheit ist zwar nicht generell begründet, wenn ein Richter **im Rahmen einer früheren Entscheidung mit der Sache befasst** war. Das Gesetz hätte andernfalls eine Ausschließung eines solchen Richters von der weiteren Mitwirkung am Verfahren anordnen können. Die Ablehnung eines mit der Sache schon früher befassten Richters ist jedoch gerechtfertigt, wenn konkrete Umstände vorliegen, die der Vermutung seiner Unvoreingenommenheit widersprechen.[431]

[24] Die Rüge ist begründet. Das Ablehnungsgesuch ist mit Unrecht verworfen worden.

[25] aa) Die Besorgnis der Befangenheit ist aufgrund der Art und Weise der Vorbefassung des abgelehnten Vorsitzenden mit der Sache gerechtfertigt. Eine solche Besorgnis ist zwar nicht generell begründet, wenn ein Richter im Rahmen einer früheren Entscheidung mit der Sache befasst war. Das Gesetz hätte andernfalls eine Ausschließung eines solchen Richters von der weiteren Mitwirkung am Verfahren

[431] BGH, Urteil vom 11.06.2014 – 2 StR 489/13.

anordnen können (vgl. BGH, Urteil vom 10. November 1967 – 4 StR 512/66, BGHSt 21, 334, 342 f.). Die Ablehnung eines mit der Sache schon früher befassten Richters ist jedoch gerechtfertigt, wenn konkrete Umstände vorliegen, die der Vermutung seiner Unvoreingenommenheit widersprechen (vgl. BGH, aaO, BGHSt 21, 334, 343; Urteil vom 30. Juni 2010 – 2 StR 455/09, NStZ 2011, 44, 46; Beschluss vom 10. Januar 2012 – 3 StR 400/11, NStZ 2012, 519, 520). Das ist hier der Fall.

[26] Die Frage des Grenzwerts der nicht geringen Menge des Schmerzmittels und des Grades seiner Überschreitung betraf beide Angeklagte gleichermaßen. Die Abtrennung des Verfahrens gegen den Beschwerdeführer, um nur ihm gegenüber eine Klärung dieser Frage mit Hilfe eines Sachverständigen herbeizuführen, erscheint kaum verständlich. Die gleichzeitige Entlassung des Mitangeklagten S. aus dem Verfahren in einer Weise, die ihn – vorhersehbar – als Auskunftsperson im fortgesetzten Verfahren gegen den Beschwerdeführer ausschloss, durfte nicht ohne weiteres zum Nachteil des Angeklagten erfolgen. Die Doppelwirkung einer solchen Maßnahme im Verfahren gegen Mitangeklagte mit gegenläufigen Verteidigungszielen (vgl. Dehne-Niemann HRRS 2010, 189, 191 f.), die sich im Ergebnis zum prozessualen Nachteil des Beschwerdeführers ausgewirkt hat, wurde nicht erkennbar berücksichtigt. Die Strafkammer unter Vorsitz des abgelehnten Richters hat das Unterlassen der Beweiserhebung im Verfahren gegen den Mitangeklagten S. nur damit begründet, dies beschwere S. nicht. Dabei war aber die Klärung der Tatsachenfrage, die für die Strafzumessung auch nach den Urteilsgründen „üblicherweise" relevant ist, bei der Sachaufklärung für und gegen beide Mitangeklagten von Bedeutung. Das einseitige Unterlassung der Sachaufklärung gegenüber dem Mitangeklagten S. beeinträchtigte umgekehrt die prozessuale Rechtsposition des Beschwerdeführers.

[27] Wenn absehbar ist, dass eine Auskunftsperson im weiteren Verfahren als Zeuge benötigt wird, hat das Gericht im Allgemeinen dafür Sorge zu tragen, dass eine Vernehmung dieser Person in der Hauptverhandlung möglich bleibt (vgl. EGMR, Urteil vom 19. Juli 2012 – Nr. 26171/07, NJW 2013, 3225, 3226; Urteil vom 17. April 2014 – Nr. 9154/10 Rn. 68). Art. 6 Abs. 3 lit. d EMRK erfasst auch Aussagen von Mitangeklagten (vgl. BGH, Beschluss vom 9. Juni 2009 – 4 StR 461/08, StV 2010, 57; Beschluss vom 15. Juni 2010 – 3 StR 157/10, StV 2010, 673), so dass es auf die Prozessrolle der Auskunftsperson im Sinne der Strafprozessordnung nicht ankommt. Daher waren bei der Verfahrensabtrennung auch Maßnahmen zu erwägen, die eine konfrontative Befragung des vormaligen Mitangeklagten und jetzigen Zeugen S. durch den Beschwerdeführer oder seinen Verteidiger in der neuen Hauptverhandlung ermöglichen konnten. Überlegungen des Gerichts in diese Richtung sind nicht ersichtlich.

[28] Im Sinne eines Besorgnisgrundes gemäß § 24 Abs. 2 StPO erscheint es problematisch, dass der Mitangeklagte S. nach einem ihn in – selbst nach Meinung des Landgerichts – anfechtbarer Weise begünstigenden Urteil ohne weitere Sachaufklärung mit der absehbaren Folge entlassen wurde, dass das Konfrontationsrecht des Beschwerdeführers in der neuen Hauptverhandlung nicht mehr wahrgenommen werden konnte.

[29] All dies sind besondere Umstände, welche die Vorbefassung des abgelehnten Vorsitzenden mit der Sache hier zu einem berechtigten Grund für die Besorgnis der Befangenheit erstarken lassen.

[30] bb) Auch die wiederholte Zurückweisung des vom Wahlverteidiger gestellten Antrags auf Entpflichtung des gerichtlich bestellten Verteidigers lässt besorgen, dass der abgelehnte Richter dem Beschwerdeführer nicht unvoreingenommen gegenübergestanden hat.

436 Die Besorgnis der Befangenheit eines Richters ist bei dem Ablehnenden gegeben, wenn er bei einer **verständigen Würdigung des ihm bekannten Sachverhalts Grund zu der Annahme** hat, der Richter nehme ihm gegenüber eine innere Haltung ein, die die gebotene Unparteilichkeit und Unvoreingenommenheit störend beeinflussen. Maßstab für die Beurteilung dieser Voraussetzungen ist ein vernünftiger bzw. verständiger Angeklagter.

Knüpft die Besorgnis der Befangenheit an eine den Verfahrensgegenstand betreffende Vorbefassung der abgelehnten Richter – etwa die Mitwirkung an den Haftbefehlen gegen einen Angeklagten – an, ist jenseits gesetzlicher Ausschließungsgründe (vgl. etwa § 22 Nr. 4 und 5; § 23 StPO) dieser Umstand als solcher regelmäßig nicht geeignet, die Besorgnis der Befangenheit zu begründen, wenn und soweit nicht besondere Umstände hinzutreten.[432]

[10] Die drei berufsrichterlichen Mitglieder der Strafkammer haben an dem angefochtenen Urteil mitgewirkt, obwohl sie wegen Besorgnis der Befangenheit abgelehnt worden waren und die Ablehnungsgesuche jeweils zu Unrecht abgelehnt worden sind. Aus Sicht beider Angeklagter lag bei objektiver Beurteilung ein Grund vor, der geeignet war, Misstrauen gegen die Unparteilichkeit der abgelehnten Richter zu rechtfertigen (§ 24 Abs. 2 StPO).

[11] Die Besorgnis der Befangenheit eines Richters ist bei dem Ablehnenden gegeben, wenn er bei einer verständigen Würdigung des ihm bekannten Sachverhalts Grund zu der Annahme hat, der Richter nehme ihm gegenüber eine innere Haltung ein, die die gebotene Unparteilichkeit und Unvoreingenommenheit störend beeinflussen kann (st. Rspr.; BGH, Urteile vom 10. November 1967 – 4 StR 512/66, BGHSt 21, 334, 341; vom 9. Juli 2009 – 5 StR 263/08 [insoweit in BGHSt 54, 39 ff. nicht abgedruckt]). Maßstab für die Beurteilung dieser Voraussetzungen ist ein vernünftiger (BGH, aaO, BGHSt 21, 334, 341; BGH, Urteil vom 13. März 1997 – 1 StR 793/96, BGHSt 43, 16, 18 mwN) bzw. verständiger Angeklagter (BGH, Beschluss vom 8. März 1995 – 5 StR 434/94, BGHSt 41, 69, 71; siehe auch BGH, Beschluss vom 18. November 2008 – 1 StR 541/08, NStZ-RR 2009, 85 f.).

[12] Knüpft die Besorgnis der Befangenheit an eine den Verfahrensgegenstand betreffende Vorbefassung der abgelehnten Richter – wie hier die Mitwirkung an den Haftbefehlen gegen die Angeklagten – an, ist jenseits gesetzlicher Ausschließungsgründe (vgl. etwa § 22 Nr. 4 und 5; § 23 StPO) dieser Umstand als solcher regelmäßig nicht geeignet, die Besorgnis der Befangenheit zu begründen, wenn und soweit nicht besondere Umstände hinzutreten (st. Rspr.; siehe nur BGH, Urteil vom 30. Juni 2010 – 2 StR 455/09, NStZ 2011, 44, 46 Rn. 23 mwN). Rechtsfehler in Entscheidungen bei Vorbefassung mit dem Verfahrensgegenstand können für sich genommen eine Ablehnung der mitwirkenden Richter grundsätzlich nicht begründen (BGH, Urteil vom 12. November 2009 – 4 StR 275/09, NStZ 2010, 342 f.; Cirener in BeckOK-StPO, Ed. 18, § 24 Rn. 15 mwN); etwas Anderes gilt jedoch, wenn die von den abgelehnten Richtern getroffene Entscheidung bzw. die darin zum Ausdruck kommende Rechtsauffassung sich als rechtlich völlig abwegig erweist oder gar als willkürlich erscheint (BGH, Beschluss vom 10. September 2002 – 1 StR 169/02, BGHSt 48, 4, 8; Urteil vom 12. November 2009 – 4 StR 275/09, NStZ

---

432 BGH, Beschluss vom 8.05.2014 – 1 StR 726/13.

2010, 342 f.; Scheuten in KK-StPO, 7. Aufl., § 24 Rn. 8). Besondere Umstände können aber auch dann gegeben sein, wenn sich aus der Art und Weise der Begründung von Zwischenentscheidungen die Besorgnis der Befangenheit ergibt (vgl. Cirener in BeckOK-StPO, aaO, § 24 Rn. 15).

Sofern sich ein Angeklagter **nicht gegen ein Kollegialorgan als Ganzes,** sondern **gegen alle Richter eines solchen Organs** wendet, die an einem bestimmten Beschluss mitgewirkt hatten, ist ein solcher Befangenheitsantrag grundsätzlich zulässig.[433] **437**

[6] b) Die Rüge der Verletzung des § 338 Nr. 3 StPO durch die rechtsfehlerhafte Verwerfung eines Befangenheitsantrages als unzulässig ist ebenfalls unbegründet.

[7] Der Beanstandung liegt folgendes Verfahrensgeschehen zugrunde: Nachdem die Strafkammer mit einem in der Hauptverhandlung verkündeten Beschluss das Verfahren gegen einen früheren Mitangeklagten entgegen dem Widerspruch der Verteidigung des Angeklagten am 14. Hauptverhandlungstag abgetrennt hatte, lehnte dieser „die Mitglieder der Kammer" wegen Besorgnis der Befangenheit ab und begründete dies damit, dass „die gesamte Kammer" den Beschluss nach Kammerberatung gefällt habe, durch den sie den früheren Mitangeklagten zu einem Zeugen gegen den Angeklagten gemacht habe. Die Strafkammer verwarf das Gesuch durch die abgelehnten Richter als unzulässig, weil die Ablehnung eines Kollegialorgans als Ganzes unzulässig sei.

[8] Dieses Vorgehen begegnet zwar rechtlichen Bedenken, weil die Begründung des Gesuchs, die zur Auslegung des Begehrens des Angeklagten heranzuziehen ist, hier ergibt, dass sich der Angeklagte nicht gegen ein Kollegialorgan als Ganzes, sondern gegen alle Richter eines solchen Organs wandte, die an einem bestimmten Beschluss mitgewirkt hatten. Ein solcher Befangenheitsantrag ist grundsätzlich zulässig (BGH, Urteil vom 16. Dezember 1969 – 5 StR 468/69, BGHSt 23, 200, 202; aA Meyer-Goßner/Schmitt, aaO, § 24 Rn. 3).

[9] Dies gefährdet den Bestand des Urteils jedoch nicht, denn das Landgericht hätte das Gesuch jedenfalls deshalb nach § 26a Abs. 1 Nr. 2 StPO als unzulässig verwerfen müssen, weil dessen Begründung aus zwingenden rechtlichen Gründen zur Rechtfertigung eines Ablehnungsgesuchs völlig ungeeignet war; ein solcher Fall steht dem gänzlichen Fehlen einer Begründung nach § 26a Abs. 1 Nr. 2 StPO gleich (BGH, Beschluss vom 25. April 2006 – 3 StR 429/05, NStZ 2006, 644, 645 mwN). Bei der Prüfung, ob die für eine Ablehnung wegen Besorgnis der Befangenheit gegebene Begründung in dem genannten Sinne völlig ungeeignet ist, muss allerdings Art. 101 Abs. 1 Satz 2 GG in den Blick genommen werden, weil von der richterlichen Beurteilung des Ablehnungsgesuchs als zulässig oder unzulässig die Zusammensetzung der Richterbank abhängt: Während im Regelfall des Verfahrens nach § 27 StPO der abgelehnte Richter nicht mitwirkt (§ 27 Abs. 1 aE StPO), scheidet er im Falle der Zurückweisung als unzulässig nicht aus (§ 26a Abs. 2 Satz 1 StPO). Die Vorschrift des § 26a StPO ist deshalb eng auszulegen (BVerfG, Beschluss vom 2. Juni 2005 – 2 BvR 625/01 und 2 BvR 638/01, NJW 2005, 3410). Eine Begründung ist danach u.a. dann nicht völlig ungeeignet, wenn der abgelehnte Richter zur Prüfung des Ablehnungsgesuchs sein eigenes Verhalten beurteilen und somit eine Entscheidung in eigener Sache treffen muss (BGH aaO).

---

433 BGH, Beschluss vom 10.07.2014 – 3 StR 262/14.

[10] So verhielt es sich hier indes nicht. Der Angeklagte begründete das Ablehnungsgesuch damit, dass die abgelehnten Richter an einer vorangegangenen Entscheidung, dem Abtrennungsbeschluss, mitgewirkt hatten. Ein Ablehnungsgesuch, das lediglich damit begründet wird, der Richter sei an einer Vor- oder Zwischenentscheidung beteiligt gewesen, ist jedoch auch eingedenk des strengen Prüfungsmaßstabs nach § 26a Abs. 1 Nr. 2 StPO als unzulässig zu verwerfen. Da die Beteiligung an solchen Entscheidungen im selben und in anderen damit zusammenhängenden Verfahren von der Strafprozessordnung ausdrücklich vorgesehen ist, kann sie als solche aus normativen Gründen die Besorgnis der Befangenheit nicht begründen. Ein allein darauf gestütztes Ablehnungsgesuch ist aus zwingenden rechtlichen Gründen völlig ungeeignet, ein Ablehnungsgesuch zu rechtfertigen (BGH, Urteil vom 29. Juni 2005 – 5 StR 485/05, BGHR StPO § 26a Unzulässigkeit 14 mwN; BVerfG, Beschluss vom 20. März 2007 – 2 BvR 1730/06, juris Rn. 50). Etwas anderes kann nur dann gelten, wenn besondere Umstände hinzutreten, die über die Befassung mit einer Vor- oder Zwischenentscheidung als solche hinausgehen, etwa bei damit verbundenen unnötigen und sachlich nicht gerechtfertigten Äußerungen des Richters über den Angeklagten (vgl. BGH aaO; BVerfG aaO, Rn. 52).

[11] Solche Besonderheiten im Verhalten der abgelehnten Richter sind von dem Ablehnungsgesuch nicht vorgetragen und auch sonst nicht ersichtlich. Dass dem ehemaligen Mitangeklagten nach der Abtrennung in dem Verfahren gegen den verbleibenden Angeklagten formal eine Zeugenstellung zukam, war die zwingende Folge der Abtrennung und vermag damit für sich genommen eine Befangenheit nicht zu begründen. Außer der pauschalen Wertung, die Abtrennung sei „willkürlich" erfolgt, werden konkrete Umstände, die eine solche Wertung oder auch nur das Beruhen der Abtrennung auf sachfremden Erwägungen begründen könnten, nicht dargelegt. Im Übrigen wird in dem Ablehnungsgesuch umfänglich das Einlassungsverhalten des ehemaligen Mitangeklagten wiedergegeben und es werden Mutmaßungen dazu angestellt, wie die Strafkammer damit in dem weiteren Verfahren umgehen und welchen – „abgespeckten" – Maßstab sie für eine Glaubwürdigkeitsprüfung anlegen werde; tatsächliche Verhaltensweisen der Kammermitglieder und der Schöffen, die diese Mutmaßungen belegen könnten oder aus anderen Gründen ein für den Angeklagten nachteiliges Vorgehen der abgelehnten Richter nahe legen oder nur möglich erscheinen lassen könnten, teilt das Ablehnungsgesuch nicht mit. Damit blieb als Ablehnungsgrund allein die Mitwirkung an der Abtrennungsentscheidung, die indes aus zwingenden rechtlichen Gründen die Ablehnung nicht rechtfertigen kann; es lag mithin eine völlig ungeeignete Begründung des Ablehnungsgesuchs vor.

[12] Nach alledem war das Ablehnungsgesuch gemäß § 26a Abs. 1 Nr. 2 StPO als unzulässig zu verwerfen; der Senat konnte im Revisionsverfahren den Verwerfungsgrund innerhalb des § 26a Abs. 1 StPO austauschen (BGH, Beschluss vom 25. April 2006 – 3 StR 429/05, NStZ 2006, 644, 646; Meyer-Goßner/Schmitt, aaO, § 26a Rn. 11 mwN).

■ PRAXISBEDEUTUNG

Die vorliegende Entscheidung zeigt die ansonsten unzulässige Möglichkeit auf, alle Richter der entscheidenden Kammer abzulehnen; dennoch ist diese Variante einer realitätsbezogenen Verteidigung nur ausnahmsweise anzuraten!

Die Vorschrift des § 26a Abs. 1 Nr. 2 Alt. 2 StPO gestattet **ausnahmsweise** nur dann die **Beteiligung des abgelehnten Richters an der Entscheidung über einen gegen ihn gestellten Befangenheitsantrag,** wenn das Ablehnungsgesuch ohne nähere Prüfung und losgelöst von den Umständen des Einzelfalls zur Begründung der Besorgnis der Befangenheit gänzlich ungeeignet ist; hingegen darf der abgelehnte Richter über diese bloß formale Prüfung hinaus nicht an einer näheren inhaltlichen Untersuchung der Ablehnungsgründe auch unter dem Blickwinkel einer offensichtlichen Unbegründetheit mitwirken und sich auf diese Weise zum „Richter in eigener Sache" machen. Dabei muss die Auslegung des Ablehnungsgesuchs darauf ausgerichtet sein, es seinem Inhalt nach vollständig zu erfassen, um nicht im Gewande der Zulässigkeitsprüfung in eine Begründetheitsprüfung einzutreten.[434] **438**

[5] Die zulässig erhobene Verfahrensrüge führt zur Urteilsaufhebung. Der absolute Revisionsgrund des § 338 Nr. 3 StPO ist gegeben. Bei dem angegriffenen Urteil wirkte ein Richter mit, nachdem ein gegen ihn gerichtetes Ablehnungsgesuch unter Verletzung des § 26a StPO in einer unter dem Aspekt des Art. 101 Abs. 1 Satz 2 GG nicht vertretbaren Weise verworfen worden war.

[6] Entgegen der Auffassung des Generalbundesanwalts wäre das Gesuch des Angeklagten nicht schon mangels Glaubhaftmachung der Wahrung des Unverzüglichkeitserfordernisses nach § 26a Abs. 1 Nr. 1 i.V.m. § 26 Abs. 2 Satz 1 und § 25 Abs. 2 Satz 1 Nr. 2 StPO zu verwerfen gewesen. Denn der Glaubhaftmachung der zugrunde liegenden Tatsachen bedurfte es nicht, weil sich diese aus den Akten ergaben (vgl. BGH, Urteil vom 22. Dezember 1976 – 2 StR 527/76; siehe auch BGH, Beschluss vom 29. August 2006 – 1 StR 371/06, NStZ 2007, 161, 162; KK-Scheuten, 7. Aufl., § 26 StPO Rn. 4). Die Ablehnung erfolgte auch rechtzeitig. Die Übersendung des Beschlusses vom 19. April 2013 wurde am 22. April 2013 ausgeführt und konnte den Angeklagten demgemäß frühestens am 23. April 2013 erreichen. Zwar kann es das Unverzüglichkeitsgebot in Anbetracht des anzulegenden strengen Maßstabs erfordern, das Gesuch schon während einer Verhandlungsunterbrechung zeitnah schriftlich oder zu Protokoll der Geschäftsstelle anzubringen (vgl. BGH, Urteile vom 10. November 1967 – 4 StR 512/66, BGHSt 21, 334, 344 f.; vom 5. April 1995 – 5 StR 681/94, BGHR StPO § 25 Abs. 2 Unverzüglich 4). Jedoch ist die im unmittelbar folgenden Hauptverhandlungstermin vom 25. April 2013 durchgeführte Antragstellung unter Anrechnung einer dem Angeklagten zuzubilligenden Überlegungsfrist hier als rechtzeitig anzusehen (vgl. auch BGH, Urteil vom 5. April 1995 – 5 StR 681/94, aaO).

[7] a) Das Befangenheitsgesuch, das aus den vorgenannten Gründen auch hinsichtlich des Befangenheitsgrundes keine Glaubhaftmachung erforderte, hätte nicht nach § 26a Abs. 1 Nr. 2 StPO abgelehnt werden dürfen.

[8] Die Vorschrift des § 26a Abs. 1 Nr. 2 Alt. 2 StPO gestattet ausnahmsweise nur dann die Beteiligung des abgelehnten Richters an der Entscheidung über einen gegen ihn gestellten Befangenheitsantrag, wenn das Ablehnungsgesuch ohne nähere Prüfung und losgelöst von den Umständen des Einzelfalls zur Begründung der Besorgnis der Befangenheit gänzlich ungeeignet ist; hingegen darf der abgelehnte Richter über diese bloß formale Prüfung hinaus nicht an einer näheren inhaltlichen Untersuchung der Ablehnungsgründe auch unter dem Blickwinkel einer offensichtlichen

[434] BGH, Beschluss vom 6.05.2014 – 5 StR 99/14.

Unbegründetheit mitwirken und sich auf diese Weise zum „Richter in eigener Sache" machen. Dabei muss die Auslegung des Ablehnungsgesuchs darauf ausgerichtet sein, es seinem Inhalt nach vollständig zu erfassen, um nicht im Gewande der Zulässigkeitsprüfung in eine Begründetheitsprüfung einzutreten (vgl. BVerfG, NJW 2005, 3410, 3412).

[9] Diesen Maßstäben wird der Zurückweisungsbeschluss der Schwurgerichtskammer nicht gerecht. Dem Befangenheitsgesuch ist die Besorgnis des Angeklagten zu entnehmen, dass der Vorsitzende das Vorbringen zur Beeinträchtigung seiner Verteidigungsinteressen durch den Pflichtverteidiger nicht ernst nehme („Theaterdonner") und sich deshalb vorschnell auf die Seite des Genannten gestellt habe. Damit hat er dessen Voreingenommenheit geltend gemacht, ohne dass weitere Ausführungen notwendig gewesen wären. Das durch ein Zitat belegte Ablehnungsgesuch konnte nicht als aus zwingenden rechtlichen Gründen zur Rechtfertigung des Ablehnungsgesuchs völlig ungeeignet angesehen werden. Denn es erforderte eine inhaltliche und keine rein formale Prüfung, ob die Aussage in der gewählten Formulierung aus Sicht eines verständigen Angeklagten die Besorgnis der Befangenheit zu begründen vermochte (vgl. BGH, Beschluss vom 13. Juli 2006 – 5 StR 154/06, aaO). Weil der abgelehnte Richter die Entscheidung selbst getroffen und damit eine inhaltliche Bewertung des Ablehnungsgesuchs in Nichtausschöpfung des Gesuchs versagt hat, ist der Anwendungsbereich des § 26a Abs. 1 Nr. 2 StPO in einer Weise überspannt worden, die im Blick auf die Anforderungen von Art. 101 Abs. 1 Satz 2 GG nicht mehr vertretbar war (vgl. BGH, Beschluss vom 13. Juli 2006 – 5 StR 154/06, aaO). Daran vermag nichts zu ändern, dass das Ablehnungsgesuch ohne Mitwirkung des abgelehnten Richters gemäß § 27 StPO wohl als unbegründet zu verwerfen gewesen wäre.

[10] b) Die Voraussetzungen der zweiten Alternative des § 26a Abs. 1 Nr. 3 StPO waren gleichfalls nicht gegeben. Sie könnten allein dann erfüllt sein, wenn der Angeklagte ausschließlich verfahrensfremde Ziele verfolgt hätte. Dies kann anzunehmen sein, wenn mit haltloser Begründung versucht wird, das Institut der Richterablehnung als Druckmittel zur Durchsetzung genehmer oder zur Verhinderung unangenehmer Entscheidungen zu missbrauchen; die völlige Abwegigkeit der Ablehnungsgründe kann dabei die Sachfremdheit des angebrachten Gesuchs im Sinne von § 26a Abs. 1 Nr. 3 StPO indizieren (vgl. BGH, Beschluss vom 10. August 2005 – 5 StR 180/05, aaO, S. 222; siehe auch BVerfG, NJW 2006, 3129, 3133). Davon kann hier angesichts nicht gänzlicher Unschlüssigkeit des Vorbringens des Angeklagten nicht ausgegangen werden.

439 Die **gemäß § 26a StPO entscheidende Strafkammer** besteht **während der Hauptverhandlung** aus den dort tätigen Berufsrichtern und Schöffen. Eine **Unterbrechung der Hauptverhandlung** führt nicht dazu, dass nunmehr eine Entscheidung „außerhalb der Hauptverhandlung" erfolgen müsste, vielmehr ist die Unterbrechung zur Beratung über die Zulässigkeit des Befangenheitsantrags die Regel. Sie ändert nichts an der Besetzung des zur Entscheidung berufenen Gerichts, so dass vorliegend lediglich zwei Berufsrichter an dem Beschluss hätten mitwirken dürfen und zudem die Schöffen hätten mitentscheiden müssen. Hätte hingegen nach § 27 StPO entschieden werden sollen, so wäre zwar die Strafkammer in der für Entscheidungen außerhalb der Hauptverhandlung vorgeschriebenen Besetzung zuständig, der abgelehnte Richter aber ausgeschlossen gewesen.[435]

[435] BGH, Beschluss vom 9.09.2014 – 5 StR 53/14.

Die **Zulässigkeit der Befangenheitsrüge** scheitert am Fehlen der Mitteilung der dienstlichen Äußerungen der abgelehnten Richter.[436] **440**

Das **Ablehnungsgesuch** des Verurteilten ist **verspätet und daher unzulässig** (§ 26a Abs. 1 Nr. 1 StPO). Entscheidet das Gericht über die Revision außerhalb der Hauptverhandlung im Beschlusswege, so kann ein Ablehnungsgesuch in entsprechender Anwendung des § 25 Abs. 2 Satz 2 StPO nur solange statthaft vorgebracht werden, bis die Entscheidung ergangen ist. Etwas anderes gilt nach ständiger Rechtsprechung des Bundesgerichtshofs auch dann nicht, wenn die Ablehnung mit einem Antrag nach § 356a StPO verbunden wird, der sich jedoch – wie hier (s. unten 3.) – deswegen als unbegründet erweist, weil die gerügte Verletzung des Art. 103 Abs. 1 GG nicht vorliegt (vgl. BGH, Beschlüsse vom 24. Januar 2012 – 4 StR 469/11 und vom 11. April 2013 – 2 StR 525/11, NStZ-RR 2013, 289). Denn die Regelung des § 356a StPO soll dem Revisionsgericht die Möglichkeit geben, einem Verstoß gegen den Anspruch auf rechtliches Gehör durch erneute Sachprüfung selbst abzuhelfen; der Rechtsbehelf dient indes nicht dazu, einem unzulässigen Ablehnungsgesuch durch die unzutreffende Behauptung der Verletzung rechtlichen Gehörs doch noch Geltung zu verschaffen (BGH, Beschlüsse vom 22. November 2006 – 1 StR 180/06, BGHR StPO § 25 Abs. 2 Nach dem letzten Wort 1, und vom 13. Februar 2007 – 3 StR 425/06, BGHR StPO § 26a Unzulässigkeit 17). **441**

Dem Antrag des Verurteilten, ihm die zur Entscheidung über sein Ablehnungsgesuch berufenen Gerichtspersonen namhaft zu machen, war nicht nachzukommen. § 24 Abs. 3 Satz 2 StPO findet keine Anwendung, wenn das Ablehnungsgesuch ohne Ausscheiden der abgelehnten Richter (§ 26a Abs. 2 Satz 1 StPO) als unzulässig zu verwerfen ist (BGH, Beschlüsse vom 13. Februar 2007 und 11. April 2013, jeweils aaO). Der Einholung dienstlicher Äußerungen der abgelehnten Richter bedurfte es daher ebenfalls nicht.[437]

Die **Ablehnung des Befangenheitsgesuchs als unzulässig** gemäß § 26a StPO hält im Ergebnis rechtlicher Nachprüfung stand. Der Senat hat allerdings Bedenken, im Falle der Fortsetzung der Verhandlung ohne den Angeklagten (§ 231 Abs. 2 StPO) die Verwerfung eines nach den Plädoyers von Staatsanwaltschaft und Verteidigung gestellten Befangenheitsantrags – wie das Landgericht – wegen Verspätung auf § 26a Abs. 1 Nr. 1 StPO i.V.m. § 25 Abs. 2 StPO zu stützen.[438] **442**

4. Zustellung – § 36 StPO

Die **Anordnung der Zustellung** durch den Vorsitzenden ist an eine besondere **Form nicht gebunden**; sie kann sowohl schriftlich als auch mündlich getroffen werden. In Anbetracht ihrer Bedeutung für die Wirksamkeit der Zustellung muss sie im Zeitpunkt der Zustellung aktenkundig, im Falle einer mündlichen Anweisung in einem Vermerk der Geschäftsstelle festgehalten sein.[439] **443**

---

[436] BGH, Beschluss vom 8.10.2014 – 5 StR 411/14.

[437] BGH, Beschluss vom 24.04.2014 – 4 StR 479/13.

[438] BGH, Beschluss vom 2.07.2013 – 2 StR 631/12.

[439] BGH, Beschluss vom 6.03.2014 – 4 StR 553/13.

444 Die **Revisionsbegründungsfrist** begann mit der **Zustellung des Urteils an den Angeklagten** zu laufen. Diese Zustellung durfte an den Angeklagten selbst bewirkt werden (§ 145a Abs. 3 Satz 2 StPO). Dass dies Nr. 154 Abs. 1 RiStBV widersprach, steht ihrer Wirksamkeit nicht entgegen, sondern vermag – bei zulässiger Antragstellung – allenfalls einen Wiedereinsetzungsantrag zu begründen. Entgegen der Ansicht des Verteidigers ist ein Fall des § 37 Abs. 2 StPO nicht gegeben. Denn die formlose Übersendung des Urteils (per Telefax) an ihn stellt keine Zustellung im Sinne dieser Vorschrift dar.[440]

5. Wiedereinsetzung – § 44 StPO

445 Wiedereinsetzung in den vorigen Stand ist auf Antrag demjenigen zu gewähren, der **ohne Verschulden verhindert** war, eine **Frist einzuhalten** (§ 44 Satz 1 StPO). Der innerhalb der Wochenfrist des § 45 Abs. 1 Satz 1 StPO anzubringende und zu begründende Wiedereinsetzungsantrag muss nicht nur Angaben zur versäumten Frist und zum Hinderungsgrund, sondern auch zum Zeitpunkt des Wegfalls des Hindernisses enthalten.[441]

446 1. Der Anspruch auf effektiven Rechtsschutz verlangt, dem Rechtsschutzsuchende **Wiedereinsetzung in den vorigen Stand** zu gewähren, wenn der Betroffene aufgrund einer fehlenden gerichtlichen Rechtsmittelbelehrung ein Rechtsmittel nicht fristgerecht eingelegt hat.

2a. Liegt der Wiedereinsetzungsgrund in einem **den Gerichten zuzurechnenden Fehler**, so wird die Wiedereinsetzungsfrist erst durch eine Belehrung des Betroffenen über die Wiedereinsetzungsmöglichkeit in Lauf gesetzt.

2b. Dies gilt regelmäßig nicht, wenn die Fristversäumnis gleichermaßen durch den Rechtsschutzsuchenden verschuldet ist, oder wenn auf dessen Seiten offenkundig kein Belehrungsbedarf besteht.

Jedenfalls wenn es um eine Wiedereinsetzung im Strafverfahren – einschließlich des Wiederaufnahmeverfahrens – geht, ist jedoch zu berücksichtigen, dass das Strafprozessrecht hinsichtlich der Pflicht zur Rechtsbehelfsbelehrung und hinsichtlich der Folgen diesbezüglicher Verstöße (§ 35a S 1 StPO, § 44 S 2 StPO) nicht danach unterscheidet, ob der Betroffene anwaltlich vertreten ist oder nicht.[442]

[7] 1. Der in Art. 19 Abs. 4 GG verankerte Anspruch auf effektiven Rechtsschutz gegen Akte öffentlicher Gewalt überlässt zwar die nähere Ausgestaltung des durch die Vorschrift garantierten Rechtsweges der jeweiligen Prozessordnung. Bei der Auslegung und Anwendung dieser Prozessordnung dürfen die Gerichte aber den Zugang zu den den Rechtsuchenden eingeräumten Instanzen nicht in unzumutbarer Weise erschweren (vgl. BVerfGE 44, 302 <305>; 52, 203 <207>; 69, 381 <385>). Der Rechtsschutzsuchende muss es insbesondere nicht hinnehmen, dass er seine Rechte deshalb nicht durchsetzen kann, weil er aufgrund einer fehlenden gerichtlichen Rechtsmittelbelehrung ein Rechtsmittel nicht in der dafür gesetzlich vorgeschriebenen Frist eingelegt hat. Ihm steht dann die Möglichkeit offen, mittels eines

440 BGH, Beschluss vom 12.02.2014 – 4 StR 556/13.
441 BGH, Beschluss vom 27.01.2014 – 4 StR 376/13.
442 BVerfG, Kammerbeschluss vom 2.03.2014 – 2 BvR 53/13.

Antrags auf Wiedereinsetzung in den vorigen Stand eine Beeinträchtigung seiner Rechte im fachgerichtlichen Verfahren abzuwehren. Von dieser Möglichkeit hat der Beschwerdeführer mit seinem Antrag vom 30. Oktober 2012 Gebrauch gemacht, den das Landgericht als Wiedereinsetzungsantrag hätte behandeln und bescheiden müssen.

[8] a) Nach dem vom Beschwerdeführer vorgetragenen und glaubhaft gemachten Sachverhalt beruhte die vom Landgericht mit Beschluss vom 15. Oktober 2012 angenommene Unzulässigkeit der sofortigen Beschwerde darauf, dass das Amtsgericht dem Beschwerdeführer entgegen § 85 Abs. 1 OWiG, § 372 Satz 1, § 35a Satz 1 StPO keine Rechtsmittelbelehrung erteilt hatte. Der Annahme, die fehlende Rechtsmittelbelehrung sei kausal für die Fristversäumnis, steht nicht entgegen, dass der Beschwerdeführer eine Rechtsanwältin eingeschaltet hat (s. auch, zur Frage der Zurechnung anwaltlichen Verschuldens, unten b)).

[9] b) Die beantragte Wiedereinsetzung in die Frist zur Erhebung der sofortigen Beschwerde konnte dem Beschwerdeführer im vorliegenden Fall nicht ohne Weiteres deshalb versagt werden, weil die Wochenfrist des § 46 Abs. 1 OWiG, § 45 StPO für den Wiedereinsetzungsantrag nicht eingehalten wurde.

[10] Jedenfalls in den Fällen, in denen – wie hier – der Wiedereinsetzungsgrund in einem den Gerichten zuzurechnenden Fehler liegt, fordert der Grundsatz fairer Verhandlungsführung eine Belehrung des Betroffenen über die Möglichkeit, effektiven Rechtsschutz im Wege der Wiedereinsetzung zu erreichen. Erst diese Belehrung setzt die Wiedereinsetzungsfrist in Lauf (vgl. nur BVerfGK 8, 303 <304>; BVerfG, Beschluss der 3. Kammer des Zweiten Senats vom 10. Oktober 2012 – 2 BvR 1095/12 –, NJW 2013, S. 446 <447>).

[11] Dies gilt allerdings im Regelfall dann nicht, wenn ein Verschulden hinsichtlich der Fristversäumnis gleichermaßen auf Seiten des Rechtsschutzsuchenden vorliegt oder ein Belehrungsbedarf auf Seiten des Rechtsschutzsuchenden offenkundig nicht besteht (vgl. BVerfG, Beschluss der 3. Kammer des Zweiten Senats vom 10. Oktober 2012 – 2 BvR 1095/12 –, a.a.O.). Ob von einem solchen Mitverschulden grundsätzlich auszugehen ist, wenn der Rechtsschutzsuchende anwaltlich vertreten war, und ob bei fortdauernder anwaltlicher Vertretung ein Belehrungsbedarf hinsichtlich der Wiedereinsetzungsmöglichkeit im Allgemeinen auszuschließen ist, bedarf im vorliegenden Fall keiner Entscheidung. Jedenfalls wenn es um eine Wiedereinsetzung im Strafverfahren – einschließlich des Wiederaufnahmeverfahrens – geht, widerspräche die Zurechnung anwaltlichen Mitverschuldens an der Fristversäumung wie auch die Annahme, dass im Falle anwaltlicher Vertretung eine sonst gebotene Belehrung über die Wiedereinsetzung entbehrlich wird, offenkundig den verfassungsrechtlichen Anforderungen, die für die Zurechnung anwaltlichen Verschuldens bei der Wiedereinsetzung aus den Besonderheiten des Strafverfahrens folgen (vgl. BVerfGE 60, 253 <299 f.>; BVerfG, Beschlüsse der 3. Kammer des Zweiten Senats vom 30. November 1990 – 2 BvR 591/90 -, juris; vom 11. April 1991 – 2 BvR 1996/89 –, juris), und den demgemäßen Wertungen des Strafprozessrechts. Dieses unterscheidet hinsichtlich der Pflicht zur Rechtsbehelfsbelehrung und hinsichtlich der Folgen diesbezüglicher Verstöße (§ 35a Satz 1 StPO, § 44 Satz 2 StPO) nicht danach, ob der Betroffene anwaltlich vertreten ist oder nicht.

Der Wiedereinsetzungsantrag gegen die Versäumung der Revisionseinlegungsfrist ist **447**
unzulässig. Wiedereinsetzung in den vorigen Stand ist demjenigen zu gewähren, der ohne Verschulden verhindert war, eine Frist einzuhalten (§ 44 Satz 1 StPO). Der

Antrag ist **binnen einer Woche nach Wegfall des Hindernisses** zu stellen (§ 45 Abs. 1 Satz 1 StPO); innerhalb der Wochenfrist muss der Antragsteller auch **Angaben über den Zeitpunkt des Wegfalls des Hindernisses** machen.[443]

[9] Bereits an dieser Zulässigkeitsvoraussetzung fehlt es hier, so dass es auf die unterlassene Glaubhaftmachung nicht ankommt. Der Antrag enthält keine Angaben dazu, wann das Hindernis, das der Fristwahrung entgegenstand, weggefallen ist.

[10] Entscheidend für den Fristbeginn ist der Zeitpunkt der Kenntnisnahme durch den Angeklagten (vgl. BGH, Beschluss vom 29. Januar 2013 – 4 StR 320/12). Wann dem Angeklagten die Versäumung der Frist bekannt geworden ist, wird hier ungeachtet des erheblichen Zeitablaufs nicht vorgetragen. Dem Schreiben des Angeklagten vom 19. August 2013 lässt sich inhaltlich entnehmen, dass er ohnehin spätestens im Februar 2013 wusste, dass sein Verteidiger keine Revision eingelegt hat.

448 Der Wiedereinsetzungsantrag gegen die **Versäumung der Revisionsfrist** ist statthaft, wenn der Angeklagte die Frist des § 341 Abs. 1 StPO versäumt hat.[444]

449 Der Antrag auf Wiedereinsetzung in den vorigen Stand nach Versäumung der Revisionsbegründungsfrist bleibt ohne Erfolg, weil der **Angeklagte weder dargelegt noch glaubhaft gemacht hat**, dass er **ohne Verschulden gehindert** war, die versäumte Frist einzuhalten (§ 44 Abs. 1 StPO).[445]

Dem Angeklagten war aus dem Schreiben seines früheren Verteidigers vom 5. Juni 2014 bekannt, dass dieser die nur „fristwahrend" (vgl. den Revisionseinlegungsschriftsatz vom 15. Mai 2014) eingelegte Revision für nicht aussichtsreich hielt und sich dabei im Einvernehmen mit ihm sah. Unter diesen Umständen musste er damit rechnen, dass sein Verteidiger die Revision – ungeachtet einer vorherigen anderslautenden Absprache, für die es zudem an jeder Glaubhaftmachung fehlt – nicht von sich aus begründen würde. Wenn der Angeklagte seine Revision gleichwohl durchführen wollte, hätte er dies seinem früheren Verteidiger ausdrücklich mitteilen, einen anderen Rechtsanwalt beauftragen oder die Revision selbst zu Protokoll der Geschäftsstelle begründen müssen. Da er stattdessen untätig blieb und die Frist zur Begründung der Revision verstreichen ließ, trifft ihn an der Versäumung der Frist ein Verschulden.

450 Eine kurz vor Ablauf der Begründungsfrist eintretende **Erkrankung des mit der Revisionsbegründung beauftragten Rechtsanwaltes** rechtfertigt ausnahmsweise die Wiedereinsetzung in den vorigen Stand zur Erhebung (Nachholung) von Verfahrensrügen.[446]

451 Der rechtzeitig eingegangene Antrag auf Entscheidung des Revisionsgerichts nach § 346 Abs. 2 StPO ist unbegründet. Die schriftlichen Urteilsgründe waren dem Pflichtverteidiger des Angeklagten am 16. September 2013 zugestellt worden. Die Revisionsbegründungsfrist lief damit am Mittwoch, den 16. Oktober 2013, ab

---

443 BGH, Beschluss vom 3.12.2013 – 1 StR 412/13; vgl. hierzu auch Beschluss vom 25.03.2014 – 1 StR 86/14.

444 BGH, Beschluss vom 2.5.2013 – 1 StR 137/13.

445 BGH, Beschluss vom 25.03.2014 – 1 StR 86/14.

446 BGH, Beschluss vom 27.02.2014 – 1 StR 367/13.

(§ 345 Abs. 1 i.V.m. § 43 Abs. 2 StPO). Weil das Rechtsmittel nicht begründet worden war, hat das Landgericht die Revision des Angeklagten durch Beschluss vom 21. Oktober 2013 zutreffend als unzulässig verworfen (§ 346 Abs. 1 StPO).

Dem Angeklagten kann auch nicht Wiedereinsetzung in den vorigen Stand gegen die Versäumung der Frist zur Begründung der Revision gewährt werden. Er war an der **Einhaltung der Frist nicht ohne Verschulden verhindert** (§ 44 StPO). Nach Einlegung der Revision durch den Pflichtverteidiger B. riet dieser dem Angeklagten bei einem Gespräch in der Justizvollzugsanstalt, dessen Datum im Wiedereinsetzungsantrag nicht mitgeteilt wird, die Revision zurückzunehmen. Hierauf äußerte der Beschwerdeführer, dass er sich für das Revisionsverfahren einen anderen Verteidiger suchen wolle. Es lag somit allein an ihm, die Revision selbst fristgerecht zu Protokoll der Geschäftsstelle zu begründen oder rechtzeitig einen Rechtsanwalt mit der Begründung der Revision zu beauftragen.[447]

Der zu Protokoll des zuständigen Urkundsbeamten gestellte Antrag des Angeklagten auf Wiedereinsetzung in den vorigen Stand nach Versäumung der Frist zur Revisionseinlegung ist **unzulässig**. Der Angeklagte hat entgegen § 45 Abs. 2 StPO weder einen Sachverhalt vorgetragen, der ein der **Wiedereinsetzung entgegen stehendes Verschulden** an der Versäumung der Frist **ausschließt**, noch den zur Begründung der Wiedereinsetzung angeführten Vortrag glaubhaft gemacht.[448] **452**

[4] a) Der vom Angeklagten vorgetragene Sachverhalt belegt nicht, dass der Angeklagte ohne sein Verschulden (§ 44 Satz 1 StPO) an der Einhaltung der Revisionseinlegungsfrist gehindert war.

[5] Soweit er vorträgt, am 27. August 2013, dem Tag des Fristablaufs, von einem Stationsbeamten der Justizvollzugsanstalt erfahren zu haben, bei einer schriftlich eingelegten Revision sei für die Einhaltung der Frist der Eingang bei dem zuständigen Gericht maßgeblich, schließt dieser Sachverhalt ein Verschulden an der Fristversäumung nicht aus. Auf dem Postweg konnte am Tag des Fristablaufs fristwahrend ohnehin keine Revision mehr eingelegt werden. Ein in Haft befindlicher Rechtsmittelführer hat zudem keinen Anspruch darauf, sein Rechtsmittel mittels Telefax der Justizvollzugsanstalt dem zuständigen Gericht übermitteln zu können (vgl. OLG Frankfurt NStZ-RR 2008, 259 mwN). …

[7] b) Der Wiedereinsetzungsantrag des Angeklagten ist auch deshalb unzulässig, weil er als Mittel der Glaubhaftmachung (§ 45 Abs. 2 Satz 1 StPO) lediglich seine eigene Erklärung enthält. Das genügt den gesetzlichen Anforderungen nicht (BGH, Beschluss vom 13. September 2005 – 3 StR 310/05 mwN). Die gebotene Glaubhaftmachung ist auch nicht nachträglich, was zulässig wäre (Rappert in Radtke/Hohmann, StPO, § 45 Rn. 13 mwN), im Verfahren über den Antrag erfolgt. Weder die eigene Erklärung des Angeklagten vom 17. Februar 2014 noch der Schriftsatz seines Verteidigers vom 24. Februar 2014 enthalten zulässige Mittel der Glaubhaftmachung des zur Begründung des Wiedereinsetzungsantrags vorgetragenen Sachverhalts.

[447] BGH, Beschluss vom 8.01.2014 – 3 StR 419/13.

[448] BGH, Beschluss vom 12.03.2014 – 1 StR 74/14.

6. Zeugnisverweigerungsrecht – § 52 StPO

453 Bei der Beurteilung der Frage, ob eine Zeugin die Verlobte des Angeklagten war und/oder ist und sie sich deshalb auf ein Zeugnisverweigerungsrecht berufen kann, steht dem Vorsitzenden und nach deren Anrufung gemäß § 238 Abs. 2 StPO der Strafkammer ein Beurteilungsspielraum zu.[449]

[2] 1. Zu den vom Angeklagten erhobenen Verfahrensrügen bemerkt der Senat ergänzend zu den Ausführungen des Generalbundesanwalts in der Antragsschrift vom 4. Dezember 2013:

[3] a) Bei der Beurteilung der Frage, ob eine Zeugin die Verlobte des Angeklagten war und/oder ist und sie sich deshalb auf ein Zeugnisverweigerungsrecht berufen kann, steht dem Vorsitzenden und nach deren Anrufung gemäß § 238 Abs. 2 StPO der Strafkammer ein Beurteilungsspielraum zu (vgl. BGH, Beschluss vom 9. März 2010 – 4 StR 606/09, BGHSt 55, 65, 69 Rn. 14 mwN). Dies gilt auch dann, wenn die Revision – wie hier – einen Verstoß gegen § 252 StPO geltend macht und sich darauf beruft, die Angaben der Zeugin gegenüber einer Polizeibeamtin hätten nicht durch Vernehmung dieser Verhörperson in die Hauptverhandlung eingeführt und im Urteil verwertet werden dürfen (vgl. BGH aaO Rn. 15). Jedenfalls innerhalb dieses Beurteilungsspielraums hält sich die auf zutreffender rechtlicher Grundlage vorgenommene Bewertung der vom Landgericht im Strengbeweisverfahren festgestellten Indizien, wonach ein Verlöbnis zwischen der Zeugin S. und dem Angeklagten nicht vorgelegen habe und auch im Zeitpunkt der Hauptverhandlung nicht vorliege (vgl. zum Prüfungsmaßstab in der Revision im insofern ähnlich gelagerten Fall des § 52 Abs. 2 Satz 1 StPO auch BGH, Beschluss vom 17. April 2012 – 1 StR 146/12, NStZ 2012, 578 m. Anm. Eisenberg, sowie Meyer-Goßner, StPO, 56. Aufl., § 337 Rn. 17).

7. Ablehnung von Sachverständigen – § 74 StPO

454 Anders als bei der Ablehnung eines Richters prüft das Revisionsgericht bei der **Ablehnung eines Sachverständigen** nicht selbstständig, ob die Voraussetzungen für die Besorgnis einer Befangenheit im konkreten Fall vorliegen. Es hat vielmehr **allein nach revisionsrechtlichen Grundsätzen** zu entscheiden, ob das Ablehnungsgesuch ohne Verfahrensfehler und mit ausreichender Begründung zurückgewiesen worden ist. Dabei ist es an die vom Tatgericht festgestellten Tatsachen gebunden und darf keine eigenen Feststellungen treffen. Aus diesem Grunde muss das Tatgericht in seinem Beschluss darlegen, von welchen Tatsachen es ausgeht.[450]

---

[449] BGH, Beschluss vom 11.02.2014 – 4 StR 437/13.
[450] BGH, Beschluss vom 22.07.2014 – 3 StR 302/14.

8. Beschlagnahme, Durchsuchung, Einsatz technischer Mittel (Gefahr im Verzug/Tatverdacht) – §§ 94 ff. StPO

TOPENTSCHEIDUNG ■

Richtet sich eine **strafrechtliche Ermittlungsmaßnahme gegen einen Berufsgeheim-** 455
nisträger in der räumlichen Sphäre seiner Berufsausübung, so bringt dies darüber hinaus regelmäßig die Gefahr mit sich, dass unter dem Schutz des Art. 2 Abs. 1 in Verbindung mit Art. 1 Abs. 1 GG stehende Daten von Nichtbeschuldigten, etwa den Mandanten eines Rechtsanwalts, zur Kenntnis der Ermittlungsbehörden gelangen, die die Betroffenen in der Sphäre des Berufsgeheimnisträgers gerade sicher wähnen durften. Dadurch werden nicht nur die Grundrechte der Mandanten berührt. Der Schutz der Vertrauensbeziehung zwischen Anwalt und Mandant liegt auch im Interesse der Allgemeinheit an einer wirksamen und geordneten Rechtspflege. Diese Belange verlangen eine besondere Beachtung bei der Prüfung der Angemessenheit der Zwangsmaßnahme. Die Durchsuchung bei einem Nichtbeschuldigten, der durch sein Verhalten auch aus Sicht der Ermittlungsbehörden in keiner Weise Anlass zu den Ermittlungsmaßnahmen gegeben hat, stellt ebenfalls erhöhte Anforderungen an die Prüfung der Verhältnismäßigkeit.[451]

[1] Die Verfassungsbeschwerde richtet sich gegen die Anordnung der Durchsuchung der Rechtsanwaltskanzlei des Strafverteidigers eines Angeklagten nach § 103 StPO und die Beschlagnahme von Beweismitteln.

[2] 1. Gegen den Beschwerdeführer zu 1., einen Zahnarzt, wurde wegen des Verdachts des Abrechnungsbetruges und der fahrlässigen Körperverletzung ermittelt. Der Beschwerdeführer zu 2. ist der Strafverteidiger des Beschwerdeführers zu 1. Während der Hauptverhandlung vor dem Amtsgericht München hielt der Beschwerdeführer zu 2. dem Sachverständigen sowie einem Zeugen Patientenunterlagen vor.

[3] 2. Das Amtsgericht erließ am 21. Juli 2010 nach § 103 StPO den hier angegriffenen Durchsuchungsbeschluss für die Kanzleiräume des Beschwerdeführers zu 2. Aufgrund der Prozessvertretung für den Beschwerdeführer zu 1. sei die Annahme gerechtfertigt, dass die Durchsuchung zum Auffinden von Patientenunterlagen führen werde. Es handele sich nicht um beschlagnahmefreie Unterlagen nach § 97 StPO, weil keine schriftlichen Mitteilungen zwischen Rechtsanwalt und Angeklagtem, sondern lediglich „Geschäftsunterlagen" des Angeklagten betroffen seien. ...

[16] 1. Die Anordnung der Durchsuchung verletzt den Beschwerdeführer zu 2. in seinem Grundrecht aus Art. 13 Abs. 1 und Abs. 2 GG. Der Eingriff war mangels Geeignetheit nicht verhältnismäßig.

[17] a) Eine Durchsuchung greift in die durch Art. 13 Abs. 1 GG geschützte persönliche Lebenssphäre schwerwiegend ein. Dem Gewicht dieses Eingriffs und der verfassungsrechtlichen Bedeutung des Schutzes der räumlichen Privatsphäre entspricht es, dass Art. 13 Abs. 2 GG die Anordnung einer Durchsuchung grundsätzlich dem Richter vorbehält. Diesen trifft als Kontrollorgan der Verfolgungsbehörden die Pflicht, durch eine geeignete Formulierung des Durchsuchungsbeschlusses im Rahmen des Möglichen und Zumutbaren sicherzustellen, dass der Eingriff in die Grundrechte messbar und kontrollierbar bleibt (vgl. BVerfGE 103, 142 <151>).

---

451 BVerfG, Kammerbeschluss vom 6.11.2014 – 2 BvR 2928/10.

[18] *Richtet sich eine strafrechtliche Ermittlungsmaßnahme gegen einen Berufsgeheimnisträger in der räumlichen Sphäre seiner Berufsausübung, so bringt dies darüber hinaus regelmäßig die Gefahr mit sich, dass unter dem Schutz des Art. 2 Abs. 1 in Verbindung mit Art. 1 Abs. 1 GG stehende Daten von Nichtbeschuldigten, etwa den Mandanten eines Rechtsanwalts, zur Kenntnis der Ermittlungsbehörden gelangen, die die Betroffenen in der Sphäre des Berufsgeheimnisträgers gerade sicher wähnen durften. Dadurch werden nicht nur die Grundrechte der Mandanten berührt. Der Schutz der Vertrauensbeziehung zwischen Anwalt und Mandant liegt auch im Interesse der Allgemeinheit an einer wirksamen und geordneten Rechtspflege. Diese Belange verlangen eine besondere Beachtung bei der Prüfung der Angemessenheit der Zwangsmaßnahme (vgl. BVerfGE 113, 29 <47 ff.>; BVerfGK 14, 83 <88>). Die Durchsuchung bei einem Nichtbeschuldigten, der durch sein Verhalten auch aus Sicht der Ermittlungsbehörden in keiner Weise Anlass zu den Ermittlungsmaßnahmen gegeben hat, stellt ebenfalls erhöhte Anforderungen an die Prüfung der Verhältnismäßigkeit (vgl. BVerfGK 14, 83 <87>).*

[19] *Zur Flankierung des insbesondere dem Schutz des Vertrauensverhältnisses zwischen Strafverteidiger und Mandant dienenden Zeugnisverweigerungsrechts gemäß § 53 Abs. 1 Nr. 2 StPO hat der Gesetzgeber in § 160a Abs. 1 Satz 1 StPO normiert, dass Ermittlungsmaßnahmen gegen einen Strafverteidiger als Unverdächtigen generell unzulässig sind, wenn voraussichtlich auch Erkenntnisse zu erwarten sind, über welche jener das Zeugnis verweigern dürfte. Gemäß § 160a Abs. 1 Satz 2 StPO dürfen dennoch erlangte Erkenntnisse ungeachtet ihres Inhalts nicht verwertet werden. Dies entspricht den verfassungsrechtlichen Vorgaben zum Kernbereichsschutz (vgl. BVerfGE 109, 279 <331>).*

[20] *b) Nach diesem Maßstab war die vorliegende Durchsuchungsmaßnahme zur Verfolgung des legitimen Zwecks der Aufklärung der Anklagevorwürfe offensichtlich ungeeignet und daher unverhältnismäßig. Denn etwa gewonnene Erkenntnisse würden ohnehin keine Verwendung finden können. Dies wäre nur dann anders zu beurteilen, wenn nach den zum Zeitpunkt des Erlasses des Durchsuchungsbeschlusses tatsächlich vorliegenden Anhaltspunkten eine Prognose ergeben hätte, dass ausschließlich relevante Erkenntnisse aus dem nicht absolut geschützten Bereich zu erwarten seien. Derartige Prognoseerwägungen hat das Amtsgericht bei Erlass des Durchsuchungsbeschlusses jedoch nicht angestellt. Es hat sich weder mit der Problematik der Durchsuchung beim Strafverteidiger noch mit § 160a Abs. 1 stopp auseinandergesetzt. Dazu hätte angesichts der bereits laufenden Hauptverhandlung und der dort vorgehaltenen Unterlagen jedoch Veranlassung bestanden. Bei diesem Vorgehen besteht die Gefahr, dass der Schutz des Vertrauensverhältnisses infolge der Sichtung sämtlicher Verteidigungsunterlagen ins Leere läuft. Dies gilt umso mehr, wenn – wie hier – trotz der besonderen Sensibilität einer Durchsuchung beim Strafverteidiger keine umfassende Angemessenheitsprüfung unter Berücksichtigung der Beeinträchtigung des Vertrauensverhältnisses zwischen Strafverteidiger und Mandant erfolgt.*

[21] *2. Die Beschlagnahme verletzt den Beschwerdeführer zu 2. in seinem Grundrecht aus Art. 12 Abs. 1 GG. Denn die Beschlagnahme konnte entsprechend den vorstehenden Ausführungen wegen § 160a Abs. 1 Satz 2 StPO nicht zu verwertbaren Ergebnissen führen, da die Beweiserhebung ohne ausdrückliche Prognoseerwägungen und somit unter Verstoß gegen § 160a Abs. 1 Satz 1 StPO erfolgte.*

[22] *Unabhängig davon, steht einer derartigen Grundrechtsverletzung ferner nicht etwa entgegen, dass für die Beschlagnahmefreiheit ein besonderer „Verteidigerbe-*

zug" der Unterlagen erkennbar sein müsse. Dieser Verteidigerbezug ist vorliegend bereits deshalb indiziert, weil die Schriftstücke beim Verteidiger aufgefunden wurden und einen Bezug zum Strafverfahren hatten. Einschränkungen der Beschlagnahmefreiheit ergeben sich dann aber nur in engem Rahmen – insbesondere, wenn etwas beschlagnahmt wird, worüber der Strafverteidiger das Zeugnis nicht verweigern dürfte, beziehungsweise bei Schriftstücken, die – wie notarielle Urkunden – für die Kenntnisnahme Dritter bestimmt sind und keiner besonderen Geheimhaltung bedürfen (vgl. Greven, in: Karlsruher Kommentar zur StPO, 7. Aufl. 2013, § 97 Rn. 12). Eine Prüfung, ob das Zeugnisverweigerungsrecht bei den beschlagnahmten Dokumenten zur Anwendung gekommen wäre, stellen die Instanzgerichte jedoch nicht ausdrücklich an, obwohl dazu Anlass bestanden hätte, weil der Beschwerdeführer zu 1. die handschriftlich geführten Patientenkarteikarten eigens für die Kommunikation mit seinem Strafverteidiger abgetippt hatte.

[23] Die Annahme, eine beschlagnahmefähige Unterlage könne durch Anmerkungen des strafrechtlich Verfolgten zur Verteidigung nicht beschlagnahmefrei werden, ist unzutreffend. Denn von diesen Anmerkungen ist das Dokument nicht zu trennen, so dass der Bezug zur Verteidigung – und zum Zeugnisverweigerungsrecht des Strafverteidigers – gegeben ist. Hier hat der Beschwerdeführer zu 1. mit seiner getippten „Übersetzung" der Patientenkarteikarten, die offenbar wegen der Unleserlichkeit der handschriftlichen Aufzeichnungen erforderlich war, eine Erläuterung gegeben, zu der ausschließlich sein Verteidiger Zugang haben sollte.

PRAXISBEDEUTUNG ■

Die Entscheidung gibt erneut wichtige Hinweise dafür, dass bei Erlass von Anordnungen über Eingriffsmaßnahmen besondere Sorgfalt angewendet und alle Belange des Einzelfalls genau gewichtet werden müssen. Dass dies gerade beim Betroffensein von Berufsgeheimnisträgern in besonderer Weise erforderlich ist, versteht sich von selbst!

Der mit einer Wohnungsdurchsuchung verbundene **Eingriff in das Grundrecht aus Art 13 GG** ist nur gerechtfertigt, wenn der **Verdacht einer Straftat** besteht. Dieser Verdacht muss **auf konkreten Tatsachen beruhen**; vage Anhaltspunkte und bloße Vermutungen reichen nicht aus.[452] **456**

[15] 1. Die angegriffenen Beschlüsse verletzen den Beschwerdeführer in seinem Grundrecht aus Art. 13 Abs. 1 und Abs. 2 GG.

[16] a) Mit der Garantie der Unverletzlichkeit der Wohnung durch Art. 13 Abs. 1 GG erfährt die räumliche Lebenssphäre des Einzelnen einen besonderen grundrechtlichen Schutz, in den mit einer Durchsuchung schwerwiegend eingegriffen wird (vgl. BVerfGE 42, 212 <219 f.>; 96, 27 <40>; 103, 142 <150 f.>). Erforderlich zur Rechtfertigung eines Eingriffs in die Unverletzlichkeit der Wohnung zum Zwecke der Strafverfolgung ist daher der Verdacht, dass eine Straftat begangen wurde.

[17] Dieser Verdacht muss auf konkreten Tatsachen beruhen; vage Anhaltspunkte und bloße Vermutungen reichen nicht aus (vgl. BVerfGE 44, 353 <371 f.>; 115, 166

---

[452] BVerfG, Kammerbeschluss vom 13.03.2014 – 2 BvR 974/12.

<197 f.>). Eine Durchsuchung darf nicht der Ermittlung von Tatsachen dienen, die zur Begründung eines Verdachts erforderlich sind; denn sie setzen einen Verdacht bereits voraus (vgl. BVerfGK 8, 332 <336>; 11, 88 <92>; BVerfG, Beschluss der 3. Kammer des Zweiten Senats vom 26. Oktober 2011 – 2 BvR 15/11 –, juris, Rn. 14). Notwendig ist, dass ein auf konkrete Tatsachen gestütztes, dem Beschwerdeführer angelastetes Verhalten geschildert wird, das den Tatbestand eines Strafgesetzes erfüllt (vgl. BVerfG, Beschluss der 3. Kammer des Zweiten Senats vom 26. Oktober 2011 – 2 BvR 1774/10 –, juris, Rn. 25). Ein Verstoß gegen diese Anforderungen liegt vor, wenn sich sachlich zureichende plausible Gründe für eine Durchsuchung nicht mehr finden lassen (vgl. BVerfGE 59, 95 <97>).

[18] Der für die vorherige Gestattung des mit der Durchsuchung verbundenen Eingriffs in die Unverletzlichkeit der Wohnung oder dessen nachträgliche Kontrolle zuständige Richter hat den Verdacht eigenverantwortlich zu prüfen und dabei die Interessen des Betroffenen angemessen zu berücksichtigen (vgl. BVerfG 103, 142 <151>). Ein Eingreifen des Bundesverfassungsgerichts ist nur geboten, wenn die Auslegung und Anwendung der einfach-rechtlichen Bestimmungen über die prozessualen Voraussetzungen des Verdachts (§ 152 Abs. 2, § 160 Abs. 1 StPO) als Anlass für die strafprozessuale Zwangsmaßnahme und die strafrechtliche Bewertung der Verdachtsgründe objektiv willkürlich sind oder Fehler erkennen lassen, die auf einer grundsätzlich unrichtigen Anschauung der Grundrechte des Betroffenen beruhen (vgl. BVerfGE 18, 85 <92 ff.>). Eine ins Einzelne gehende Nachprüfung des von den Fachgerichten angenommenen Verdachts ist nicht Sache des Bundesverfassungsgerichts (vgl. BVerfGE 95, 96 <128>; BVerfG, Beschluss der 3. Kammer des Zweiten Senats vom 20. April 2004 – 2 BvR 2043/03, 2 BvR 2104/03 –, juris, Rn. 5).

[19] b) Nach diesen Maßstäben werden die angegriffenen Entscheidungen des Amtsgerichts Stuttgart vom 7. November 2011 und des Landgerichts Stuttgart vom 29. März 2012 den verfassungsrechtlichen Anforderungen nicht gerecht. Die Anordnung der Durchsuchung der Wohnräume gemäß § 102 StPO hätte die Darlegung eines Verhaltens des Beschwerdeführers erfordert, aus dem sich der hinreichend konkrete Verdacht einer von ihm als Täter oder Teilnehmer begangenen Straftat ergibt. Dem genügen die angegriffenen Beschlüsse nicht. Die ihnen zugrunde liegende Annahme des Verdachts einer Beteiligung des Beschwerdeführers an einer gemeinschaftlichen Bestechung ausländischer oder inländischer Amtsträger gemäß § 334 Abs. 1, Abs. 3 Nr. 2, § 11 Abs. 1 Nr. 2b, § 25 Abs. 2 StGB in Verbindung mit Art. 2, § 1 Nr. 2a und Nr. 2b IntBestG beruht nicht auf konkreten Tatsachen, sondern auf allenfalls vagen Anhaltspunkten und bloßen Vermutungen.

[20] aa) In seinem Beschluss vom 29. März 2012 hat das Landgericht ausdrücklich darauf hingewiesen, dass die Stellung des Beschwerdeführers als Prokurist der H. GmbH für sich genommen einen Anfangsverdacht nicht zu begründen vermag. Dagegen ist verfassungsrechtlich nichts zu erinnern.

[21] bb) Für eine Beteiligung des Beschwerdeführers an Bestechungshandlungen gegenüber ausländischen Amtsträgern im Zusammenhang mit Waffenlieferungen der H. GmbH nach Mexiko werden sonstige hinreichend konkrete Anhaltspunkte von den Fachgerichten nicht genannt:

[22] (1) Insbesondere ergeben sich solche nicht aus den E-Mails vom 18. und 19. August 2010. Der Beschwerdeführer teilt in diesen unter Bezugnahme auf den Presseartikel vom 16. August 2010 das vorläufige Ergebnis seiner Recherchen zu Reisen von Unternehmensmitarbeitern nach Mexiko mit und listet nach seiner Auf-

fassung aus Sicht der Staatsanwaltschaft klärungsbedürftige Fragen auf. Rückschlüsse auf eine Beteiligung des Beschwerdeführers an Bestechungsdelikten gegenüber mexikanischen Amtsträgern lassen sich hieraus in keiner Weise ableiten.

1a. **Die Durchsuchung** von Wohn- und Geschäftsräumen muss **in angemessenem** **457**
Verhältnis zu der Schwere der Straftat und der Stärke des Tatverdachts stehen.

1b. Hierbei ist auch der Grad des auf die verfahrenserheblichen Gegenstände oder Daten bezogenen Auffindeverdachts zu bewerten. Die Vagheit des Auffindeverdachts kann gegen die Verhältnismäßigkeit der Maßnahme sprechen und somit der Durchsuchung entgegenstehen.

2a. Grundsätzlich sind **umfangreiche Ausführungen zur Verhältnismäßigkeit weder im Durchsuchungsbeschluss noch in der Beschwerdeentscheidung geboten.**

2b. Gegebenenfalls kann jedoch eine tiefergehende Begründung von Verfassungs wegen erforderlich sein.[453]

[17] Dem erheblichen Eingriff in die grundrechtlich geschützte Lebenssphäre des Betroffenen entspricht ein besonderes Rechtfertigungsbedürfnis nach dem Grundsatz der Verhältnismäßigkeit (vgl. BVerfGE 20, 162 <186 f.>; 96, 44 <51>; 115, 166 <197>). Die Durchsuchung muss vor allem in angemessenem Verhältnis zu der Schwere der Straftat und der Stärke des Tatverdachts stehen (vgl. BVerfGE 20, 162 <187>; 59, 95 <97>; 96, 44 <51>; 115, 166 <197>).

[18] Hierbei ist nicht nur die Bedeutung des potentiellen Beweismittels für das Strafverfahren, sondern auch der Grad des auf die verfahrenserheblichen Gegenstände oder Daten bezogenen Auffindeverdachts zu bewerten (vgl. BVerfGE 115, 166 <197>). Zwar wird durch die Verknüpfung des personenbezogenen Tatverdachts mit einem eher abstrakten Auffindeverdacht regelmäßig ein ausreichender Eingriffsanlass geschaffen (vgl. BVerfGK 1, 126 <132>; 15, 225 <241>). Die Vagheit des Auffindeverdachts kann allerdings gegen die Verhältnismäßigkeit der Maßnahme sprechen und somit der Durchsuchung entgegenstehen (vgl. BVerfG, Beschluss der 3. Kammer des Zweiten Senats vom 3. Juli 2006 – 2 BvR 299/06 –, NJW 2007, S. 1804 ff., juris, Rn. 36 f.; BVerfG, Beschluss der 3. Kammer des Zweiten Senats vom 28. September 2008 – 2 BvR 1800/07 –, ZAP-Fach 23, S. 797 f., juris, Rn. 20 f.). Die Durchsuchung muss daher im Blick auf den bei der Anordnung verfolgten Zweck vor allem Erfolg versprechen (vgl. BVerfGE 42, 212 <220>; 96, 44 <51>; 115, 166 <198>).

[19] Bei einem nur vagen Auffindeverdacht ist die Verhältnismäßigkeit der Durchsuchung wegen der Schwere des Eingriffs darüber hinaus eingehend zu begründen (vgl. BVerfG, Beschluss der 3. Kammer des Zweiten Senats vom 28. September 2008 – 2 BvR 1800/07 –, ZAP-Fach 23, S. 797 f., juris, Rn. 23).

[20] b) Diesen verfassungsrechtlichen Anforderungen genügen die angegriffenen Beschlüsse im Hinblick auf die Durchsuchung der Wohnräume des Beschwerdeführers und der Filialapotheke nicht.

[21] aa) Zwar ist die fachgerichtliche Annahme, dass gegen den Beschwerdeführer der Verdacht einer Straftat gemäß § 96 Nr. 5 AMG, § 263 StGB bestand, verfassungsrechtlich nicht zu beanstanden. Die Frage, ob das Medikament „Gemzar" bei der Zubereitung von Zytostatika-Lösungen als Fertigarzneimittel im Sinne von § 4

---

453 BVerfG, Kammerbeschluss vom 13.05.2014 – 2 BvR 9/10.

Abs. 1 AMG, das gemäß § 21 Abs. 1 Satz 1 AMG arzneimittelrechtlicher Zulassung bedarf, oder als zulassungsfreies Rezepturarzneimittel anzusehen ist, ist einfachrechtlich zu beantworten. Der Bundesgerichtshof hat nach Erlass der angegriffenen Beschlüsse entschieden, dass es sich bei dem Medikament „Gemzar" um ein zulassungsbedürftiges Fertigarzneimittel handelt, das durch die Hinzugabe von Kochsalzlösung, um eine Injektion vornehmen zu können, nicht zu einem zulassungsfreien Rezepturarzneimittel werde. Der Tatbestand des § 96 Nr. 5 AMG entfalle daher selbst dann nicht, wenn bei der Zubereitung einer Zytostatika-Lösung anstelle des in Deutschland zugelassenen „Gemzar" ein inhaltlich identisches Alternativmedikament verwendet werde (vgl. BGHSt 57, 312 ff.) Diese Auffassung liegt auch den angegriffenen Beschlüssen zugrunde. Auch wenn insoweit abweichende Auffassungen vertreten wurden, ist verfassungsrechtlich hiergegen nichts zu erinnern.

[22] bb) Die angegriffenen Beschlüsse tragen aber dem Grundsatz der Verhältnismäßigkeit nicht hinreichend Rechnung. Es ist nicht ersichtlich, dass die befassten Gerichte sich mit der Verhältnismäßigkeit einer Durchsuchung der Wohnräume des Beschwerdeführers und der Filialapotheke ausreichend auseinandergesetzt haben. Zumindest mangelt es an einer tragfähigen Begründung für die Angemessenheit einer Erweiterung der Durchsuchungsanordnung über den Bereich der vom Beschwerdeführer betriebenen Stammapotheke hinaus.

[23] (1) Zwar sind umfangreiche Ausführungen zur Verhältnismäßigkeit weder im Durchsuchungsbeschluss noch in der Beschwerdeentscheidung grundsätzlich und stets von Verfassungs wegen geboten (vgl. BVerfG, Beschluss der 3. Kammer des Zweiten Senats vom 26. März 2007 – 2 BvR 1006/01 –, juris, Rn. 28). Vorliegend hätten sich derartige Ausführungen hinsichtlich der Durchsuchung der Filialapotheke und der Wohnräume des Beschwerdeführers aber aufdrängen müssen:

[24] Der Tatverdacht gegen den Beschwerdeführer ergab sich allein aus den für die Stammapotheke getätigten und an diese gelieferten Bestellungen. Die Filialapotheke wurde von ihm zu einem Zeitpunkt übernommen, als die den Tatverdacht begründenden Lieferungen des Medikaments „Gemzar" bereits abgeschlossen waren. Anhaltspunkte dafür, dass an die Filialapotheke Lieferungen erfolgten und dort Zytostatika-Lösungen zubereitet wurden oder die dafür erforderlichen Voraussetzungen gegeben waren, fehlten. Die entsprechenden Anfragen bei den Krankenkassen waren bis zum Zeitpunkt des Erlasses der angegriffenen Beschlüsse – soweit nachvollziehbar – ergebnislos geblieben. Daher konnte nicht ohne Weiteres davon ausgegangen werden, dass in der Filialapotheke auf die Lieferung des Medikamentes „Gemzar" bezogene Unterlagen aufzufinden waren. Dem steht auch die Behauptung, beim Betrieb mehrerer Filialen liege nahe, dass die Geschäftsunterlagen an einem Ort aufbewahrt werden, nicht entgegen. Es erschließt sich nicht, warum es sich dabei um die Filialapotheke, zu der die Unterlagen der den Tatverdacht begründenden Lieferungen erst hätten verbracht werden müssen, handeln sollte. Auch hinsichtlich der privaten Wohnräume des Beschwerdeführers gilt nichts anderes.

[25] (2) Vor diesem Hintergrund hätte es vorliegend der Darlegung konkreter Anhaltspunkte bedurft, die die Erwartung hätten rechtfertigen können, dass sich in der Filialapotheke oder in den Wohnräumen des Beschwerdeführers verfahrensrelevante Unterlagen auffinden lassen (vgl. BVerfG, Beschluss der 3. Kammer des Zweiten Senats vom 28. September 2008 – 2 BvR 1800/07 –, juris, Rn. 23.). Daran fehlt es. Das Amtsgericht verhält sich in seinem angegriffenen Beschluss zu der Frage der Verhältnismäßigkeit der angeordneten Durchsuchungsmaßnahmen überhaupt nicht. Das Landgericht beschränkt sich auf den Hinweis, es sei nicht auszuschließen, dass

in den Wohnräumen oder der Filialapotheke beweiserhebliche Gegenstände aufbewahrt würden. Konkrete Anhaltspunkte hierfür benennt es ebenfalls nicht. Angesichts der damit verbleibenden Vagheit des Auffindeverdachts und der Schwere des Eingriffs in das Grundrecht des Beschwerdeführers aus Art. 13 Abs. 1 GG genügt dies den Anforderungen an die Darlegung der Verhältnismäßigkeit der angeordneten Durchsuchungsmaßnahmen nicht.

Ist es in einem Kartellbußgeldverfahren zum Zweck der Sanktionsbemessung notwendig, den kartellbedingten Mehrerlös zu bestimmen, so handelt es sich bei dem daraufhin ergehenden Durchsuchungsbeschluss gegen einen Nebenbetroffenen nicht um eine Durchsuchung bei anderen Personen gem. § 103 StPO sondern vielmehr um eine statthafte **Durchsuchung beim Tatverdächtigen gem. § 102 StPO.** **458**

Die Frage, wann sich die Verfolgungsbehörde mit einem **Auskunfts- und Herausgabeverlangen** begnügen muss und wann sie eine **Durchsuchungsanordnung** ergreifen darf, ist grundsätzlich eine Frage des Einzelfalls. Entscheidend ist dabei, inwieweit die Verfolgungsorgane sich auf die Vollständigkeit, Verlässlichkeit und Wahrhaftigkeit der Auskünfte und der hinzu überlassenen Unterlagen verlassen können. Dies hängt von der bisher gezeigten Kooperation und davon ab, ob und inwieweit die benötigten Unterlagen konkretisierbar sind oder lediglich abstrakt bezeichnet werden können. Steht – was insbesondere bei Informationen nach § 81a Abs. 1 Nr. 2 GWB häufig der Fall sein wird – nicht von vornherein fest, welche Unterlagen vorhanden sind und benötigt werden, werden bloße Auskunfts- und Herausgabeverlangen häufig nicht ausreichen, weil die Verfolgungsbehörden nicht einmal deren Vollständigkeit überprüfen können.[454]

Ein Ausspruch gemäß § 111i Abs. 2 StPO kommt nur dann in Betracht, wenn das Gericht lediglich deshalb nicht auf Verfall erkennt, weil **Ansprüche eines Verletzten gemäß § 73 Abs. 1 Satz 2 StGB entgegenstehen.** Dies ist nicht der Fall, wenn ein Angeklagter nichts im Sinne des § 73 Abs. 1 StGB unmittelbar aus der Tat erlangt hat.[455] **459**

[5] Die Feststellungen gemäß § 111i Abs. 2 StPO betreffend die Angeklagte G. entfallen insgesamt. Ein derartiger Ausspruch kommt nur dann in Betracht, wenn das Gericht lediglich deshalb nicht auf Verfall erkennt, weil Ansprüche eines Verletzten gemäß § 73 Abs. 1 Satz 2 StGB entgegenstehen. Dies ist hier nicht der Fall. Denn die Angeklagte G. hat nichts im Sinne des § 73 Abs. 1 StGB unmittelbar aus der Tat erlangt.

[6] Zwar können auch ersparte Aufwendungen erlangtes „etwas" im Sinne von § 73 Abs. 1 Satz 1 StGB sein (vgl. Fischer, StGB, 61. Aufl., § 73 Rn. 9 mwN; zur Steuerhinterziehung vgl. auch BGH, Beschluss vom 13. Juli 2010 – 1 StR 239/10, wistra 2010, 406). Diese geldwerten Vorteile sind jedoch allein dem Vermögen des Angeklagten D., der die Bordelle betrieben hat, zugeflossen. Die Angeklagte G. hat den Angeklagten D. bei den Straftaten der Steuerhinterziehung und des Vorenthaltens von Arbeitsentgelt lediglich unterstützt und damit erreicht, dass dieser sich Aufwendungen erspart hat. Eine Verfallsanordnung gegen sie käme daher nur dann in Betracht, wenn sie Mitverfügungsgewalt an dem aus diesen Straftaten Erlangten

---

[454] BGH, Beschluss vom 23.01.2014 – KRB 48/13.
[455] BGH, Beschluss vom 22.07.2014 – 1 StR 53/14.

gehabt hätte (vgl. Fischer, aaO, Rn. 16; BGH, Beschluss vom 13. Dezember 2006, 4 StR 421/06, NStZ-RR 2007, 121). Dies war jedoch nicht der Fall.

460 Die Vorschrift des § 111i Abs. 2 Satz 1 StPO findet auf Taten, die bereits **vor dem 1. Januar 2007 beendet** waren, im Hinblick auf § 2 Abs. 5 i.V.m. Abs. 3 StGB **keine Anwendung.**[456]

[3] Auf die Revision des Angeklagten D. ist die Feststellung gemäß § 111i Abs. 2 StPO dahin abzuändern, dass wegen eines Geldbetrages in Höhe von 4.084.582,11 Euro, den der Angeklagte aus den Taten erlangt hat, von der Anordnung des Wertersatzverfalls nur deshalb abgesehen wird, weil Ansprüche von Verletzten entgegenstehen. Der vom Landgericht festgestellte Betrag von 4.119.028 Euro hält rechtlicher Nachprüfung nicht stand.

[4] Zum einen ist dem Landgericht ein Additionsfehler unterlaufen. Die Summe der vom Landgericht rechtsfehlerfrei als erlangtes „etwas" eingestuften ersparten Aufwendungen beträgt lediglich 4.097.006,11 Euro. Zum anderen hat das Landgericht nicht berücksichtigt, dass die Vorschrift des § 111i Abs. 2 Satz 1 StPO auf Taten, die bereits vor dem 1. Januar 2007 beendet waren, im Hinblick auf § 2 Abs. 5 i.V.m. Abs. 3 StGB keine Anwendung findet (vgl. BGH, Beschlüsse vom 18. Dezember 2008 – 3 StR 460/08, wistra 2009, 241; vom 10. April 2013 – 1 StR 22/13, NStZ-RR 2013, 254 und vom 20. März 2014 – 3 StR 28/14, NStZ 2014, 397 mwN). Hier war die Hinterziehung von Umsatzsteuer für das Jahr 2005 (Fall 80 der Urteilsgründe) mit einem Hinterziehungsbetrag von 12.424 Euro bereits am 22. Dezember 2006 beendet. Das Landgericht durfte deshalb in diesem Umfang keine Feststellungen nach § 111i Abs. 2 StPO treffen.

461 Im Rahmen der nach **§ 111i Abs. 2 StPO** zu treffenden Entscheidung ist die **Härtevorschrift des § 73c StGB** zu berücksichtigen.[457]

Jedoch begegnet die im Rahmen der Feststellung nach § 73 Abs. 1 Satz 2 StGB i.V.m. § 111i Abs. 2 StPO getroffene Festsetzung der Summe des Erlangten auf 873.068,45 € durchgreifenden rechtlichen Bedenken.

Die Strafkammer hat die Summe des Erlangten durch eine Addition der verursachten Vermögensschäden ermittelt und die so errechnete Summe als den Betrag bezeichnet, der bei Vorliegen der Voraussetzungen des § 111i Abs. 5 StPO dem Auffangrechtserwerb des Staates unterliegt. Auch im Rahmen der nach § 111i Abs. 2 StPO zu treffenden Entscheidung hat der Tatrichter indes die Regelung des § 73c Abs. 1 StGB zu beachten (Senatsurteil vom 28. Oktober 2010 – 4 StR 215/10, BGHSt 56, 39, 50, Tz. 31; BGH, Beschluss vom 29. Februar 2012 – 2 StR 639/11, wistra 2012, 264, 265, Tz. 9; SSW-StGB/Burghart, 2. Aufl., § 73c Rn. 1). Deren Prüfung ist hier rechtsfehlerhaft unterblieben. Dafür, dass die Voraussetzungen des § 73c StGB im vorliegenden Fall nicht zu erörtern gewesen wären, bieten die Feststellungen zu den persönlichen und wirtschaftlichen Verhältnissen des Angeklagten keinen Anhalt.

---

456 BGH, Beschluss vom 22.07.2014 – 1 StR 53/14.

457 BGH, Beschluss vom 27.02.2014 – 4 StR 498/13.

9. Verhaftung und vorläufige Festnahme – §§ 112 ff. StPO

1. Zu den **Anforderungen des Beschleunigungsgrundsatzes in Haftsachen** an die **462**
Abwägung und Begründungstiefe von Haftfortdauerentscheidungen.

2. Der Beschleunigungsgrundsatz beansprucht auch für das Zwischenverfahren (§§ 199 ff StPO) Geltung. Auch in diesem Stadium muss das Verfahren mit der gebotenen Zügigkeit gefördert werden, um im Falle der Entscheidungsreife über die Zulassung der Anklage zur Hauptverhandlung zu beschließen.

3. Das Beschleunigungsgebot findet grundsätzlich auch dann Anwendung, wenn ein Haftbefehl wegen Strafhaft in anderer Sache nicht vollzogen wird und lediglich Überhaft vermerkt ist.

4. Bei den Fallgruppen, in denen § 121 StPO eine Aufrechterhaltung der Untersuchungshaft über sechs Monate hinaus zulässt, handelt es sich um eng begrenzte Ausnahmetatbestände.[458]

[32] 1. Bei der Anordnung und Aufrechterhaltung der Untersuchungshaft ist das Spannungsverhältnis zwischen dem in Art. 2 Abs. 2 Satz 2 GG gewährleisteten Recht des Einzelnen auf persönliche Freiheit und den unabweisbaren Bedürfnissen einer wirksamen Strafverfolgung zu beachten. Grundsätzlich darf nur einem rechtskräftig Verurteilten die Freiheit entzogen werden. Der Entzug der Freiheit eines der Straftat lediglich Verdächtigen ist wegen der Unschuldsvermutung, die ihre Wurzel im Rechtsstaatsprinzip des Art. 20 Abs. 3 GG hat und auch in Art. 6 Abs. 2 EMRK ausdrücklich hervorgehoben ist (vgl. BVerfGE 19, 342 <347>; 74, 358 <370 f.>), nur ausnahmsweise zulässig. Dabei muss den vom Standpunkt der Strafverfolgung aus erforderlich und zweckmäßig erscheinenden Freiheitsbeschränkungen der Freiheitsanspruch des noch nicht rechtskräftig verurteilten Beschuldigten als Korrektiv gegenübergestellt werden, wobei dem Grundsatz der Verhältnismäßigkeit eine maßgebliche Bedeutung zukommt (vgl. grundlegend BVerfGE 19, 342 <347> sowie BVerfGE 20, 45 <49 f.>; 36, 264 <270>; 53, 152 <158 f.>; BVerfGK 15, 474 <479>).

[33] a) Der Verhältnismäßigkeitsgrundsatz ist nicht nur für die Anordnung, sondern auch für die Dauer der Untersuchungshaft von Bedeutung. Das Gewicht des Freiheitsanspruchs vergrößert sich gegenüber dem Interesse an einer wirksamen Strafverfolgung regelmäßig mit zunehmender Dauer der Untersuchungshaft (vgl. BVerfGE 36, 264 <270>; 53, 152 <158 f.>). Daraus folgt, dass die Anforderungen an die Zügigkeit der Arbeit in einer Haftsache mit der Dauer der Untersuchungshaft steigen. Zum anderen nehmen auch die Anforderungen an den die Haftfortdauer rechtfertigenden Grund zu (vgl. BVerfGK 7, 140 <161>; 15, 474 <480>; 19, 428 <433>).

[34] Der Beschleunigungsgrundsatz in Haftsachen verlangt, dass die Strafverfolgungsbehörden und Strafgerichte alle möglichen und zumutbaren Maßnahmen ergreifen, um die notwendigen Ermittlungen mit der gebotenen Schnelligkeit abzuschließen und eine gerichtliche Entscheidung über die einem Beschuldigten vorgeworfenen Taten herbeizuführen, denn zur Durchführung eines geordneten Strafverfahrens und zur Sicherstellung der Strafvollstreckung kann die Untersuchungshaft dann nicht mehr als notwendig anerkannt werden, wenn ihre Fortdauer durch vermeidbare Verzögerungen verursacht ist. Von dem Beschuldigten nicht zu vertre-

458 BVerfG, Kammerbeschluss vom 22.01.2014 – 2 BvR 2248/13, 2 BvR 2301/13.

tende, sachlich nicht gerechtfertigte und vermeidbare Verfahrensverzögerungen stehen daher regelmäßig einer weiteren Aufrechterhaltung der Untersuchungshaft entgegen (vgl. BVerfGK 15, 474 <480>; m.w.N.).

[35] b) Der Beschleunigungsgrundsatz beansprucht auch für das Zwischenverfahren nach den §§ 199 ff. StPO Geltung. Auch in diesem Stadium muss das Verfahren mit der gebotenen Zügigkeit gefördert werden, um im Falle der Entscheidungsreife über die Zulassung der Anklage zur Hauptverhandlung zu beschließen (vgl. BVerfG, Beschluss der 2. Kammer des Zweiten Senats vom 4. Mai 2011 – 2 BvR 2781/10 –, juris, Rn. 15) und anschließend im Regelfall innerhalb von weiteren drei Monaten mit der Hauptverhandlung zu beginnen (vgl. BVerfG, Beschluss der 3. Kammer des Zweiten Senats vom 14. November 2012 – 2 BvR 1164/12 –, juris, Rn. 43).

[36] c) Das Beschleunigungsgebot findet grundsätzlich ungeachtet der geringeren Eingriffswirkung auch dann Anwendung, wenn ein Haftbefehl wegen Strafhaft in anderer Sache nicht vollzogen wird und lediglich Überhaft vermerkt ist. Auch die Überhaft ist auf das sachlich vertretbare Mindestmaß zu beschränken; sie stellt einen Grundrechtseingriff für den Betroffenen dar, weil sich für diesen aus Gründen des Haftrechts Einschränkungen ergeben, wenn neben Strafhaft Untersuchungshaft angeordnet wird (vgl. BVerfGK 14, 157 <164>).

463 1a. Zwar können **kleinere Verfahrensverzögerungen** entsprechend dem Gewicht der zu ahndenden Straftat die **Fortdauer der Untersuchungshaft rechtfertigen.** Allein die **Schwere der Tat** und die sich daraus ergebende Straferwartung kann aber **bei erheblichen, vermeidbaren und dem Staat zuzurechnenden Verfahrensverzögerungen nicht zur Rechtfertigung** einer ohnehin schon lang andauernden Untersuchungshaft herangezogen werden.

1b. Auch eine länger anhaltende Überlastung eines Gerichts kann insofern niemals Grund für die Anordnung der Haftfortdauer sein. Vielmehr kann eine solche Überlastung eines Gerichts selbst dann die Fortdauer der Untersuchungshaft nicht rechtfertigen, wenn sie auf einem Geschäftsanfall beruht, der sich trotz Ausschöpfung aller gerichtsorganisatorischen Mittel und Möglichkeiten nicht mehr innerhalb angemessener Fristen bewältigen lässt.

2a. Der Vollzug der Untersuchungshaft von mehr als einem Jahr bis zum Beginn der Hauptverhandlung oder dem Erlass des Urteils ist nur in ganz besonderen Ausnahmefällen zu rechtfertigen.

2b. Haftfortdauerentscheidungen müssen insofern vertieft begründet werden. In der Regel sind jeweils aktuelle Ausführungen zu dem weiteren Vorliegen ihrer Voraussetzungen, zur Abwägung zwischen dem Freiheitsgrundrecht des Beschuldigten und dem Strafverfolgungsinteresse der Allgemeinheit sowie zur Frage der Verhältnismäßigkeit geboten.[459]

[22] Zur Durchführung eines geordneten Strafverfahrens und zur Sicherstellung der Strafvollstreckung kann die Untersuchungshaft dann nicht mehr als notwendig anerkannt werden, wenn ihre Fortdauer durch Verfahrensverzögerungen verursacht ist, die ihre Ursache nicht in dem konkreten Strafverfahren haben und daher von dem Beschuldigten nicht zu vertreten, sondern vermeidbar und sachlich nicht gerechtfertigt sind (vgl.BVerfGK 15, 474 <480>; m.w.N.). Entsprechend dem Gewicht der

[459] BVerfG, Kammerbeschluss vom 30.07.2014 – 2 BvR 1457/14.

zu ahndenden Straftat können zwar kleinere Verfahrensverzögerungen die Fortdauer der Untersuchungshaft rechtfertigen. Allein die Schwere der Tat und die sich daraus ergebende Straferwartung vermögen aber bei erheblichen, vermeidbaren und dem Staat zuzurechnenden Verfahrensverzögerungen nicht zur Rechtfertigung einer ohnehin schon lang andauernden Untersuchungshaft zu dienen (BVerfGK 7, 140 <156>).

[23] *Die nicht nur kurzfristige Überlastung eines Gerichts kann insofern niemals Grund für die Anordnung der Haftfortdauer sein (vgl. BVerfGE 36, 264 <273 ff.>). Vielmehr kann die nicht nur kurzfristige Überlastung eines Gerichts selbst dann die Fortdauer der Untersuchungshaft nicht rechtfertigen, wenn sie auf einem Geschäftsanfall beruht, der sich trotz Ausschöpfung aller gerichtsorganisatorischen Mittel und Möglichkeiten nicht mehr innerhalb angemessener Fristen bewältigen lässt (BVerfGE 36, 264 <273 ff.>). Die Überlastung eines Gerichts fällt – anders als unvorhersehbare Zufälle und schicksalhafte Ereignisse – in den Verantwortungsbereich der staatlich verfassten Gemeinschaft. Dem Beschuldigten darf nicht zugemutet werden, eine längere als die verfahrensangemessene Aufrechterhaltung des Haftbefehls nur deshalb in Kauf zu nehmen, weil der Staat es versäumt, seiner Pflicht zur verfassungsgemäßen Ausstattung der Gerichte zu genügen (BVerfGE 36, 264 <275>).*

[24] *Im Rahmen der von den Fachgerichten vorzunehmenden Abwägung zwischen dem Freiheitsanspruch des Betroffenen und dem Strafverfolgungsinteresse der Allgemeinheit ist die Angemessenheit der Haftfortdauer anhand objektiver Kriterien des jeweiligen Einzelfalles zu prüfen; insofern sind in erster Linie die Komplexität der einzelnen Rechtssache, die Vielzahl der beteiligten Personen und das Verhalten der Verteidigung von Bedeutung (vgl. BVerfG, Beschluss der 3. Kammer des Zweiten Senats vom 22. Januar 2014 – 2 BvR 2248/13 u.a. –, juris, Rn. 37). Der Vollzug der Untersuchungshaft von mehr als einem Jahr bis zum Beginn der Hauptverhandlung oder dem Erlass des Urteils wird dabei auch unter Berücksichtigung der genannten Aspekte nur in ganz besonderen Ausnahmefällen zu rechtfertigen sein (vgl. BVerfG, Beschluss der 3. Kammer des Zweiten Senats vom 23. Januar 2008 – 2 BvR 2652/07 –, juris, Rn. 45 und der 2. Kammer des Zweiten Senats vom 11. Juni 2008 – 2 BvR 806/08 –, juris, Rn. 36).*

[25] *Da der Grundrechtsschutz auch durch die Verfahrensgestaltung zu bewirken ist (vgl. hierzu BVerfGE 53, 30 <65>; 63, 131 <143>), unterliegen Haftfortdauerentscheidungen insofern einer erhöhten Begründungstiefe (vgl. BVerfGE 103, 21 <35 f.>; BVerfGK 7, 140 <161>; 10, 294 <301>; 15, 474 <481>; 19, 428 <433>; BVerfG, Beschluss der 3. Kammer des Zweiten Senats vom 22. Januar 2014 – 2 BvR 2248/13 u.a. –, juris, Rn. 38). In der Regel sind in jedem Beschluss über die Anordnung der Fortdauer der Untersuchungshaft aktuelle Ausführungen zu dem weiteren Vorliegen ihrer Voraussetzungen, zur Abwägung zwischen dem Freiheitsgrundrecht des Beschuldigten und dem Strafverfolgungsinteresse der Allgemeinheit sowie zur Frage der Verhältnismäßigkeit geboten, weil sich die dafür maßgeblichen Umstände angesichts des Zeitablaufs in ihrer Gewichtigkeit verschieben können (vgl. BVerfGK 7, 140 <161>; 10, 294 <301>; 15, 474 <481>; 19, 428 <433>; BVerfG, Beschluss der 3. Kammer des Zweiten Senats vom 22. Januar 2014 – 2 BvR 2248/13 u.a. –, juris, Rn. 38). Die zugehörigen Ausführungen müssen in Inhalt und Umfang eine Überprüfung des Abwägungsergebnisses am Grundsatz der Verhältnismäßigkeit nicht nur für den Betroffenen selbst, sondern auch für das die Anordnung treffende Fachgericht im Rahmen einer Eigenkontrolle gewährleisten und in sich schlüssig und*

nachvollziehbar sein (vgl. BVerfGK 7, 421 <429 f.>; 8, 1 <5>; 15, 474 <481 f.>; BVerfG, Beschluss der 3. Kammer des Zweiten Senats vom 22.Januar 2014 – 2 BvR 2248/13 *u.a. –, juris, Rn. 39).*

464 1a. Aus dem für den Vollzug der Untersuchungshaft prägenden **Grundsatz der Verhältnismäßigkeit** ergibt sich das **Erfordernis einer einzelfallbezogenen Abwägung bei der Anordnung** belastender Maßnahmen.

1b. Auch im **Bereich der Betäubungsmittelkriminalität** ist auf der Grundlage von § 119 StPO ein Eingriff in Grundrechte nur möglich, wenn konkrete Anhaltspunkte für eine reale Gefährdung der in der Regelung bezeichneten öffentlichen Interessen vorliegen und dieser Gefährdung durch die Inhaftierung allein nicht ausreichend entgegengewirkt werden kann.[460]

[18] 2. In Grundrechte darf nur auf gesetzlicher Grundlage eingegriffen werden. Dieser allgemeine rechtsstaatliche Grundsatz gilt auch für den Vollzug der Untersuchungshaft. Die Vorschrift des § 119 Abs. 1 StPO bietet – wie bereits die bis 31. Dezember 2009 geltende Vorgängernorm des § 119 Abs. 3 StPO – grundsätzlich eine zureichende gesetzliche Grundlage für Einschränkungen grundrechtlicher Freiheiten des Untersuchungsgefangenen und – gemäß § 119 Abs. 6 Satz 1 StPO – auch des Strafgefangenen, für den die nach § 116b Satz 2 StPO nachrangig zu vollstreckende Untersuchungshaft angeordnet ist (vgl. BVerfGE 34, 369 <379>; 34, 384 <395>; 35, 307 <309>; 35, 311 <316>; 57, 170 <177>). Die Auslegung der Vorschriften des Untersuchungshaftrechts hat allerdings dem Umstand Rechnung zu tragen, dass ein Untersuchungsgefangener noch nicht rechtskräftig verurteilt ist und deshalb allein den unvermeidlichen Beschränkungen unterworfen werden darf (vgl. BVerfGE 15, 288 <295>; 34, 369 <379>; 42, 95 <100>; BVerfGK 13, 163 <165>). Der Grundsatz der Verhältnismäßigkeit muss daher den Vollzug der Untersuchungshaft in besonderem Maße prägen (vgl. BVerfGE 34, 369 <380>; 35, 5 <9>; 35, 307 <309>; BVerfGK aaO). Die besonderen Anforderungen, die sich aus dem Grundsatz der Verhältnismäßigkeit für den Vollzug der Untersuchungshaft ergeben, begrenzen auch die Möglichkeit der Verallgemeinerung von Beschränkungen. Bei der Anwendung generalklauselartiger Vorschriften ist grundsätzlich die Berücksichtigung der Umstände des Einzelfalles geboten (vgl. BVerfGE 15, 288 <297>; 35, 5 <11>; 35, 307 <309>; BVerfGK 12, 378 <380>; 13, 163 <165>). Voraussetzung für die Zulässigkeit von Grundrechtseingriffen auf der Grundlage von § 119 StPO ist eine reale Gefährdung der in der Bestimmung bezeichneten öffentlichen Interessen (vgl. BVerfGE 15, 288 <295>; 34, 369 <380>), der durch die Inhaftierung allein nicht ausreichend entgegengewirkt werden kann. Für das Vorliegen einer solchen Gefahr müssen konkrete Anhaltspunkte bestehen (vgl. BVerfGE 35, 5 <10>; 42, 234 <236>; 57, 170 <177>). Die bloße Möglichkeit, dass ein Untersuchungsgefangener seine Freiheiten missbraucht, reicht nicht aus (vgl. BVerfGE 35, 5 <10>; BVerfG, Beschlüsse der 2. Kammer des Zweiten Senats vom 25. Juli 1994 – 2 BvR 806/94 –, NJW 1995, S. 1478 <1480>, vom 20. Juni 1996 – 2 BvR 634/96 – juris, Rn. 8, und vom 10. Januar 2008 – 2 BvR 1229/07 – juris, Rn. 17).

[19] Diese noch für die alte Gesetzesfassung aufgestellten Grundsätze gelten nach der Neufassung des § 119 StPO gleichermaßen für die Anordnung von Beschränkungen nach Absatz 1 der Vorschrift (vgl. auch Meyer-Goßner, StPO, 56. Aufl.

---

[460] BVerfG, Kammerbeschluss vom 30.10.2014 – 2 BvR 1513/14.

2013, § 119 Rn. 6 f. m.w.N.). Nachdem der Untersuchungshaftvollzug nunmehr Ländersache ist, beschränkt sich die bundesgesetzliche Regelung auf Maßnahmen, die dem Zweck der Untersuchungshaft zu dienen bestimmt sind (vgl. BGH, NJW 2012, S. 1158 <1158 f.> m.zahlr.w.N.). Für diesen Bereich stellt § 119 Abs. 1 StPO weiterhin die generalklauselartige Rechtsgrundlage für Beschränkungen der Untersuchungshaft dar. Mit der Neufassung dieser Vorschrift will der Gesetzgeber sicherstellen, dass in jedem Einzelfall jede Beschränkung von dem Haftgericht auf ihre konkrete Erforderlichkeit geprüft und begründet wird (BRDrucks 829/08, S. 32).

[20] 3. Den oben dargestellten Grundsätzen werden die Entscheidungen des Amts- und Landgerichts nicht gerecht; sie lassen keine einzelfallbezogene Abwägung erkennen, wenn sie sich mit der Feststellung begnügen, die angeordneten Beschränkungen seien zur Abwehr von Flucht- und Verdunkelungsgefahr erforderlich. Dies gilt unabhängig davon, ob die in Streit stehenden Beschränkungen der Untersuchungshaft auch in verfassungsgemäßer Weise hätten angeordnet werden können.

[21] Das Amtsgericht verzichtet – abgesehen von der Bezugnahme auf die Haftgründe – auf jede Begründung seiner Entscheidung. Auch die Annahme des Landgerichts, Flucht- und Verdunkelungsgefahr lägen angesichts des Verfahrensgegenstandes nahe, stellt keine einzelfallbezogene Verhältnismäßigkeitsprüfung dar. Das Vorliegen der Haftgründe allein kann Anordnungen nach § 119 Abs. 1 StPO schon deshalb nicht rechtfertigen, weil diese bereits Voraussetzung der Untersuchungshaft und deshalb für sich genommen nicht geeignet sind, die Erforderlichkeit darüber hinausgehender Beschränkungen zu begründen. Weder zeigen die angegriffenen Beschlüsse eine trotz Inhaftierung fortdauernde konkrete Gefährdung der Haftzwecke auf, noch erfolgt eine Prüfung, ob gerade die angeordneten Maßnahmen zur Behebung dieser Gefahr verhältnismäßig sind. Diese Auseinandersetzung war auch nicht deshalb entbehrlich, weil sich die Gefährdung der Haftzwecke ohne die angeordneten Beschränkungen in hinreichendem Maß aus der Natur des Tatvorwurfs ergeben hätte. Die Kammer verkennt dabei nicht, dass gerade im Bereich der Betäubungsmittelkriminalität die Anordnung von Beschränkungen nach § 119 Abs. 1 StPO in der überwiegenden Zahl der Fälle erforderlich sein mag, weil erfahrungsgemäß damit zu rechnen ist, dass der Beschuldigte anderenfalls – etwa telefonisch – auf den Kreis seiner Lieferanten und Abnehmer in unlauterer Weise einwirken wird. Jedoch ist zumindest der jeweilige Stand der Ermittlungen zu berücksichtigen. Im Übrigen kann angesichts der Vielgestaltigkeit möglicher Tathergänge und -zusammenhänge allein der pauschale Verweis auf den Tatvorwurf – der Handel mit Betäubungsmitteln – den vorliegenden Abwägungs- und Begründungsmangel nicht beheben.

[22] Schließlich ist der vorliegende Abwägungsmangel nicht durch die Verfügung des Vorsitzenden der 1. Großen Strafkammer vom 13. Juni 2014 geheilt worden. Dabei kann offen bleiben, unter welchen Voraussetzungen eine Heilung überhaupt in Betracht kommt und ob die in der Verfügung vorgenommene Begründung dem dargestellten Maßstab einer einzelfallbasierten Abwägung gerecht wird. Eine Heilung des Abwägungsdefizits scheidet bereits deshalb aus, weil die fragliche Verfügung lediglich vom Vorsitzenden der Großen Strafkammer unterzeichnet ist. Die am Ausgangsbeschluss mitwirkenden beisitzenden Richter waren hieran nicht beteiligt, sodass keine Entscheidung des für die Beschwerde gegen den amtsgerichtlichen Beschluss zuständigen Kollegialorgans vorliegt. Zudem ist nicht ersichtlich, dass dem Beschwerdeführer zu der – erstmals in der Verfügung offengelegten – Begründung der Anordnungen rechtliches Gehör gewährt worden ist.

10. Erste richterliche Vernehmung, Verbotene Vernehmungsmethoden – §§ 136 f. StPO

■ TOPENTSCHEIDUNG

465 Der hohe Rang der Selbstbelastungsfreiheit gebietet es, dass auch **Spontanäußerungen** – zumal zum Randgeschehen – **nicht zum Anlass für sachaufklärende Nachfragen genommen** werden, wenn der Beschuldigte nach Belehrung über seine Rechte nach § 136 Abs. 1 Satz 2 StPO die Konsultation durch einen benannten Verteidiger begehrt und erklärt, von seinem Schweigerecht Gebrauch zu machen.[461]

[6] 1. Die von der Revision zulässig erhobene Verfahrensrüge zeigt auf, dass bei der Vernehmung des Angeklagten durch die Ermittlungsrichterin in unzulässiger Weise in dessen Rechte, sich nicht zur Sache äußern zu müssen und vor der Vernehmung einen Verteidiger zu befragen (§ 136 Abs. 1 Satz 2 StPO), eingegriffen worden ist. Im Einzelnen:

[7] a) Nach § 136 Abs. 1 Satz 2 StPO ist der Beschuldigte zu Beginn seiner Vernehmung über sein Schweigerecht zu belehren und darauf hinzuweisen, dass er jederzeit, auch schon vor seiner Vernehmung, einen von ihm zu wählenden Verteidiger befragen kann. Beide Rechte des Beschuldigten hängen eng zusammen und sichern seine verfahrensmäßige Stellung – als Beteiligter und nicht als Objekt des Verfahrens – in ihren Grundlagen. Die Verteidigerkonsultation hat dabei insbesondere auch den Zweck, dass sich der Beschuldigte beraten lassen kann, ob er von seinem Schweigerecht Gebrauch machen will oder nicht (BGH, Urteile vom 29. Oktober 1992 – 4 StR 126/92, BGHSt 38, 372, 373 und vom 22. November 2001 – 1 StR 220/01, BGHSt 47, 172, 174).

[8] Die Belehrungspflichten des § 136 Abs. 1 Satz 2 StPO schützen mithin die Selbstbelastungsfreiheit, die im Strafverfahren von überragender Bedeutung ist: Der Grundsatz, dass niemand gezwungen werden darf, sich selbst zu belasten (nemo tenetur se ipsum accusare), zählt zu den Grundprinzipien eines rechtsstaatlichen Strafverfahrens. Er ist verfassungsrechtlich abgesichert durch die gemäß Art. 1, 2 Abs. 1 GG garantierten Grundrechte auf Achtung der Menschenwürde sowie auf freie Entfaltung der Persönlichkeit (BVerfG, Beschluss vom 13. Januar 1981 – 1 BvR 116/77, BVerfGE 56, 37, 43 ff.) und gehört zum Kernbereich des von Art. 6 MRK garantierten Rechts auf ein faires Strafverfahren (EGMR, Urteil vom 5. November 2002 – 48539/99 – Fall Allan v. Großbritannien, StV 2003, 257, 259; BGH, Beschluss vom 31. März 2011 – 3 StR 400/10, NStZ 2011, 596, 597). Aus diesem Grund wiegt ein Verstoß gegen die Belehrungspflicht schwer (BGH, Beschluss vom 27. Februar 1992 – 5 StR 190/91, BGHSt 38, 214, 221; Urteil vom 22. November 2001 – 1 StR 220/01, BGHSt 47, 172, 174).

[9] b) Einen Verfahrensverstoß stellt es aber auch dar, wenn der Beschuldigte vor seiner ersten Vernehmung zwar nach § 136 Abs. 1 Satz 2 StPO belehrt worden ist, ihm die Rechte, die Gegenstand der Belehrung sind, aber verwehrt werden: Entscheidet sich der Beschuldigte, von seinem Schweigerecht Gebrauch zu machen, ist dies von den Ermittlungsbehörden grundsätzlich zu respektieren (BGH, Urteil vom 26. Juli 2007 – 3 StR 104/07, BGHSt 52, 11, 19); stetige Nachfragen ohne zu-

---

[461] BGH, Urteil vom 27.06.2013 – 3 StR 435/12.

reichenden Grund können das Schweigerecht entwerten (BGH, Beschluss vom 10. Januar 2006 – 5 StR 341/05, NJW 2006, 1008, 1009).

[10] Gleiches gilt, wenn der Beschuldigte einen Verteidiger zu konsultieren wünscht (BGH, Urteil vom 29. Oktober 1992 – 4 StR 126/92, BGHSt 38, 372). Insoweit ist anerkannt, dass die Vernehmung sogleich zu unterbrechen ist, um eine Kontaktaufnahme zu einem Verteidiger zu ermöglichen (BGH, Urteile vom 29. Oktober 1992 – 4 StR 126/92, BGHSt 38, 372, 373 und vom 12. Januar 1996 – 5 StR 756/94, BGHSt 42, 15, 18 f.; Geppert in Festschrift Otto, 2007, S. 913, 917 mwN; Meyer-Goßner, StPO, 56. Aufl., § 136 Rn. 10 mwN); der Beschuldigte darf nicht bedrängt werden, weitere Angaben zu machen (BGH, Beschlüsse vom 18. Dezember 2003 – 1 StR 380/03, NStZ 2004, 450, 451 und vom 10. Januar 2006 – 5 StR 341/05, NJW 2006, 1008, 1009 f.).

[11] c) Allerdings kann die Vernehmung auch ohne vorherige Konsultation fortgesetzt werden, wenn der Beschuldigte dem in freier Entscheidung zustimmt (BGH, Urteil vom 21. Mai 1996 – 1 StR 154/96, BGHSt 42, 170; LR/Gleß, StPO, 26. Aufl., § 136 Rn. 101; Geppert, aaO, S. 918), wobei eine solche Zustimmung auch durch schlüssiges Verhalten erklärt werden kann (vgl. Klein, Inhalt und Reichweite der Belehrungsvorschrift des § 136 StPO, 2005, S. 145 f.; LR/Gleß aaO; a.A. BGH, Urteil vom 12. Januar 1996 – 5 StR 756/94, BGHSt 42, 15). Dieses kann grundsätzlich etwa darin zu sehen sein, dass sich der Beschuldigte von sich aus spontan zur Sache äußert, obwohl eine Verteidigerkonsultation noch nicht möglich war.

[12] Bei der Prüfung, ob in Spontanäußerungen des Beschuldigten zugleich die eigenverantwortliche und von einem freien Willensentschluss getragene Zustimmung zu einer solchen Fortsetzung der Vernehmung zu sehen ist, muss aber der enge Zusammenhang zwischen dem Schweigerecht und dem Recht auf Verteidigerkonsultation in den Blick genommen werden. Dient die Ermöglichung der Beratung durch einen Verteidiger gerade dazu, eine sachgerechte Entscheidung des Beschuldigten über den Umgang mit seinem Schweigerecht zu ermöglichen, sind an das Vorliegen einer – noch dazu konkludent erklärten – Zustimmung zur Fortsetzung der Vernehmung hohe Anforderungen zu stellen. Insoweit ist die bloße Entgegennahme spontaner Äußerungen regelmäßig unbedenklich; diese und die spätere Verwertung solcher Angaben sind auch bei einem nicht über seine Rechte belehrten Beschuldigten zulässig, wenn keine Anhaltspunkte dafür bestehen, dass die Belehrungspflicht des § 136 Abs. 1 Satz 2 StPO – und damit letztlich die dadurch geschützten Beschuldigtenrechte – gezielt umgangen werden sollten, um den Betroffenen zu einer Selbstbelastung zu verleiten (BGH, Beschluss vom 9. Juni 2009 – 4 StR 170/09, NJW 2009, 3589 mwN). Der hohe Rang der Selbstbelastungsfreiheit gebietet es indes, dass auch Spontanäußerungen – zumal zum Randgeschehen – nicht zum Anlass für sachaufklärende Nachfragen genommen werden, wenn der Beschuldigte nach Belehrung über seine Rechte nach § 136 Abs. 1 Satz 2 StPO die Konsultation durch einen benannten Verteidiger begehrt und erklärt, von seinem Schweigerecht Gebrauch zu machen.

[13] d) Nach diesen Maßgaben erweist sich das Vorgehen der Ermittlungsrichterin als verfahrensfehlerhaft.

[14] aa) Zwar unterbrach sie zunächst prozessordnungsgemäß die Vernehmung, um den vom Angeklagten gewünschten Verteidiger zu erreichen und so eine Konsultation durch diesen zu ermöglichen. Angesichts des kurzen Zeitraums, in dem der Verteidiger wegen der Mittagspause seiner Kanzlei unerreichbar war, bestand indes auch

unter Berücksichtigung eines Interesses der Ermittlungsbehörden, möglichst frühzeitig Angaben des Beschuldigten zu erhalten (vgl. dazu Geppert, aaO, S. 914) – dem hier angesichts der etwa drei Wochen zurückliegenden Tat und des Umstandes, dass bereits ein Haftbefehl ergangen war, allerdings ohnehin keine hohe Bedeutung zukommt – kein nachvollziehbarer Grund, mit der Vernehmung nicht bis nach der Mittagspause zuzuwarten. Es waren in der Zwischenzeit auch weder weitere Erkenntnisse erlangt worden noch war eine neue prozessuale Situation eingetreten, aufgrund derer zu erwarten gewesen wäre, dass sich die Auffassung des Beschuldigten geändert haben könnte (vgl. zu diesen Kriterien bei der Fortsetzung der Vernehmung eines Beschuldigten, der sich auf sein Schweigerecht berufen hat BGH, Beschluss vom 10. Januar 2006 – 5 StR 341/05, NJW 2006, 1008, 1009). Es hätte damit bereits jetzt Veranlassung bestanden, die unterbrochene Vernehmung nicht fortzusetzen.

[15] Die Fortführung der Vernehmung ohne vorherige Verteidigerkonsultation war auch nicht deshalb zulässig, weil der Angeklagte dem zugestimmt hätte: Eine ausdrückliche Zustimmung hat er nicht erteilt. Von einer konkludent erklärten kann hier ebenfalls nicht ausgegangen werden, weil er sich nach der Mitteilung über die Versuche, den gewählten Verteidiger zu erreichen, ausdrücklich auf sein Schweigerecht berufen hat. In diesem Moment hätte die Ermittlungsrichterin die Vernehmung nicht fortsetzen dürfen.

[16] bb) Dem steht nicht entgegen, dass der Angeklagte im Anschluss an seine Erklärung, er wolle nichts zur Sache sagen, spontan erklärte, er kenne S., habe mit ihm aber nichts zu tun.

[17] Diese Äußerung betraf lediglich seine Beziehung zu einer am Vorgeschehen der Tat beteiligten Person; er machte keine Angaben zu deren Verhalten und keine zum eigentlichen Tatgeschehen. Die zu seiner Überführung verwertete Einlassung gab er erst ab, nachdem die Ermittlungsrichterin ihm – von seiner Äußerung ausgehend – gezielte Nachfragen zum Verhalten von S. und zum Tatgeschehen gestellt hatte. Damit ging die Ermittlungsrichterin über die bloße Entgegennahme seiner Äußerung hinaus; dies stellt nach den dargelegten Maßstäben einen unzulässigen Eingriff in die Selbstbelastungsfreiheit des Angeklagten dar.

[18] Seine Äußerung kann hier auch nicht dahin verstanden werden, dass er in freier Entscheidung seinen unmittelbar zuvor zum Ausdruck gebrachten Entschluss, sich nicht zur Sache einzulassen, revidiert hätte. Seine Angaben waren inhaltlich vom Tatvorwurf so weit entfernt, dass ihnen nicht die konkludente Erklärung entnommen werden konnte, er wolle entgegen seiner zuvor ausdrücklich geäußerten Absicht doch umfassend aussagen.

[19] Jedenfalls hätte es der Ermittlungsrichterin in dieser Situation – wollte sie nicht den Eindruck erwecken, die Berufung des Angeklagten auf sein Schweigerecht zu übergehen – aufgrund ihrer verfahrensrechtlichen Fürsorgepflicht oblegen, durch ausdrückliche Befragung zu klären, ob der Angeklagte nunmehr gleichwohl bereit war, Angaben zur Sache zu machen, gegebenenfalls auch ohne vorherige Verteidigerkonsultation (Geppert, aaO, S. 922). Auch dies ist nicht geschehen.

[20] 2. Der aufgezeigte Verstoß bei der Vernehmung des Angeklagten führt zu einem Verwertungsverbot hinsichtlich seiner Angaben anlässlich der Haftbefehlsverkündung.

[21] Zwar zieht nach ständiger Rechtsprechung nicht jedes Verbot, einen Beweis zu erheben, ohne Weiteres auch ein Beweisverwertungsverbot nach sich. Vielmehr ist je nach den Umständen des Einzelfalles unter Abwägung aller maßgeblichen Gesichtspunkte und der widerstreitenden Interessen zu entscheiden. Bedeutsam sind dabei

insbesondere die Art und der Schutzzweck des etwaigen Beweiserhebungsverbots sowie das Gewicht des in Rede stehenden Verfahrensverstoßes, das seinerseits wesentlich von der Bedeutung der im Einzelfall betroffenen Rechtsgüter bestimmt wird (st. Rspr.; vgl. BGH, Urteil vom 20. Dezember 2012 – 3 StR 117/12, zur Veröffentlichung in BGHSt vorgesehen). Ein Verwertungsverbot liegt jedoch stets dann nahe, wenn die verletzte Verfahrensvorschrift dazu bestimmt ist, die Grundlagen der verfahrensrechtlichen Stellung des Beschuldigten im Strafverfahren zu sichern (BGH, Beschluss vom 27. Februar 1992 – 5 StR 190/91, BGHSt 38, 214, 219 ff.; Urteil vom 29. Oktober 1992 – 4 StR 126/92, BGHSt 38, 372, 373 f.).

[22] So verhält es sich hier. Die von § 136 Abs. 1 Satz 2 StPO geschützten Beschuldigtenrechte gehören – wie dargelegt – zu den wichtigsten verfahrensrechtlichen Prinzipien. Durch sie wird sichergestellt, dass der Beschuldigte nicht nur Objekt des Strafverfahrens ist, sondern zur Wahrung seiner Rechte auf dessen Gang und Ergebnis Einfluss nehmen kann (BGH, Urteil vom 29. Oktober 1992 – 4 StR 126/92, BGHSt 38, 372, 374). Der Beschuldigte ist bei seiner ersten Vernehmung in besonderem Maße der Gefahr ausgesetzt, sich unbedacht selbst zu belasten. In dieser Situation ist er oft unvorbereitet, ohne Ratgeber und auch sonst von der vertrauten Umgebung abgeschnitten. Nicht selten ist er durch die Ereignisse verwirrt und durch die ungewohnte Umgebung bedrückt oder verängstigt. Seine ersten Angaben entfalten zudem – wie nicht zuletzt der vorliegende Fall zeigt – selbst bei einer späteren Änderung des Aussageverhaltens eine faktische Wirkung, die für den weiteren Verlauf des Verfahrens von erheblicher Bedeutung ist (BGH, Beschluss vom 27. Februar 1992 – 5 StR 190/91, BGHSt 38, 214, 221 f.). Diese zum Schweigerecht des Beschuldigten entwickelten Grundsätze gelten für die Belehrung über das Verteidigerkonsultationsrecht entsprechend (BGH, Urteil vom 22. November 2001 – 1 StR 220/01, BGHSt 47, 172, 174).

[23] Der Annahme eines nach diesen Maßstäben gegebenen Beweisverwertungsverbotes steht nicht entgegen, dass der Angeklagte aufgrund der eingangs der Vernehmung ordnungsgemäß erteilten Belehrung zunächst Kenntnis sowohl von seinem Schweige- als auch von seinem Verteidigerkonsultationsrecht erlangt hatte (vgl. dazu BGH, aaO und BGH, Beschluss vom 18. Dezember 2003 – 1 StR 380/03, NStZ 2004, 450, 451). Grundsätzlich mag der Beschuldigte, der in Kenntnis seiner Rechte gleichwohl Angaben zu Sache macht, weniger schutzbedürftig sein. Der aufgezeigte enge Zusammenhang zwischen dem Verteidigerkonsultations- und dem Schweigerecht erfordert hier jedoch die Annahme eines hohen Schutzniveaus: Der Angeklagte hatte mit seinem Wunsch nach Verteidigerkonsultation zum Ausdruck gebracht, dass er der Beratung bedurfte. Als diese nicht möglich war, verweigerte er Angaben zur Sache, was zum Abbruch der Vernehmung hätte führen müssen.

[24] Nach den vom Landgericht getroffenen Feststellungen und dem Revisionsvorbringen zum Gang der Vernehmung ist zudem nicht ersichtlich, dass sich der Angeklagte im Zeitpunkt seiner ihn belastenden Einlassung dieser Belehrung noch bewusst war, etwa weil er differenziert damit umgegangen wäre. Vielmehr befand er sich im Unklaren darüber, ob und gegebenenfalls wann sein Verteidiger erreichbar sein würde, und konnte er die wiederholten Nachfragen der Ermittlungsrichterin dahingehend verstehen, dass seinem geäußerten Wunsch, sich jedenfalls nicht ohne vorherige Befragung seines Verteidigers zur Sache einzulassen, nicht entsprochen werden würde. Etwas anderes könnte allenfalls gelten, wenn der Angeklagte erneut über seine Rechte belehrt worden wäre (vgl. dazu BGH, Beschluss vom 10. Januar 2013 – 1 StR 560/12, NStZ 2013, 299, 300). Das ist indes nicht geschehen.

[25] Schließlich sprechen auch die Schwere des Tatvorwurfs und der Grundsatz, dass das Gericht die Wahrheit zu erforschen und dazu die Beweisaufnahme von Amts wegen auf alle bedeutsamen Tatsachen und Beweismittel zu erstrecken hat, nicht gegen die Annahme eines Beweisverwertungsverbots; insoweit ist in die Abwägung auch einzustellen, dass die Wahrheit nicht um jeden Preis erforscht werden muss (BGH, Beschluss vom 27. Februar 1992 – 5 StR 190/91, BGHSt 38, 214, 220 mwN).

■ PRAXISBEDEUTUNG

Die vorliegende Entscheidung stellt klar, dass die Entscheidung eines Beschuldigten, zunächst einen Verteidiger zu konsultieren, grundsätzlich zu respektieren ist. Eine weitere Vernehmung darf nicht stattfinden. Aber auch dann noch gemachte Spontanäußerungen dürfen nicht als Anlass für weitere Vernehmungen genommen werden, es sei denn, darin ist eine Zustimmung des Beschuldigten zu einer solchen Vernehmung zu sehen.

466 Dem Angeklagten steht es frei, ob er sich zur Sache einlässt (§ 136 Abs. 1 Satz 2, § 243 Abs. 5 Satz 1 StPO). Der **unbefangene Gebrauch dieses Schweigerechts** wäre nicht gewährleistet, wenn er die Prüfung und Bewertung der Gründe für sein Aussageverhalten befürchten müsste. Deshalb dürfen weder aus der durchgehenden noch aus der anfänglichen Aussageverweigerung nachteilige Schlüsse gezogen werden.[462]

Bei der Würdigung der Einlassung des für die Tatzeit am 1. März 2012 ein Alibi geltend machenden Angeklagten war für die Kammer „von entscheidender Bedeutung", dass er dieses erst zu einem sehr späten Zeitpunkt im Verfahren vorbrachte, was nicht nachvollziehbar sei. Damit hat das Landgericht in unzulässiger Weise aus dem anfänglichen Schweigen des Angeklagten für diesen nachteilige Schlüsse gezogen. Diesem steht es frei, ob er sich zur Sache einlässt (§ 136 Abs. 1 Satz 2, § 243 Abs. 5 Satz 1 StPO). Der unbefangene Gebrauch dieses Schweigerechts wäre nicht gewährleistet, wenn der Angeklagte die Prüfung und Bewertung der Gründe für sein Aussageverhalten befürchten müsste. Deshalb dürfen weder aus der durchgehenden noch aus der anfänglichen Aussageverweigerung nachteilige Schlüsse gezogen werden (st. Rspr.; vgl. BGH, Urteil vom 26. Oktober 1965 – 5 StR 515/65, BGHSt 20, 281, 282 ff.; Beschluss vom 7. Dezember 1983 – 3 StR 484/83, StV 1984, 143).

Da dem Urteil entnommen werden kann, dass der Angeklagte erstmals in der Hauptverhandlung überhaupt Angaben machte, liegt auch kein Fall eines – der Würdigung grundsätzlich zugänglichen (vgl. BGH, Urteil vom 11. Januar 2005 – 1 StR 478/04, NStZ-RR 2005, 147, 148) – teilweisen Schweigens vor, so dass der dargelegte Rechtsfehler auf die Sachrüge hin zu beachten ist (vgl. BGH, Beschluss vom 17. Juli 1996 – 3 StR 248/96, NStZ 1997, 147). Auf diesem beruht das Urteil auch. Da die Kammer dem prozessualen Verhalten des Angeklagten ausdrücklich entscheidende Bedeutung beigemessen hat, kann der Senat nicht ausschließen, dass das Landgericht zu einer anderen Überzeugung bezüglich der Täterschaft des Angeklagten gelangt wäre, wenn es dessen Einlassung rechtsfehlerfrei gewürdigt hätte.

---

[462] BGH, Beschluss vom 28.05.2014 – 3 StR 196/14.

Ein polizeiliches Geständnis darf **nicht verwertet** werden, wenn es unter **Verletzung des § 136a Abs. 1 Satz 1 StPO** zustande gekommen ist. **467**

Ermüdung im Sinne von § 136a Abs. 1 S. 1 StPO bei **seelischer und körperlicher Erschöpfung.**[463]

[2] Die Beschwerdeführerin rügt eine Verletzung des § 136a Abs. 1 Satz 1 StPO, weil sie im Zustand der Ermüdung polizeilich vernommen worden sei. Der Beanstandung kann der Erfolg nicht versagt werden. Das polizeiliche Geständnis vom 10. Dezember 2012 hätte nicht verwertet werden dürfen, weil es unter Verletzung des § 136a Abs. 1 Satz 1 StPO zustande gekommen ist (§ 136a Abs. 3 Satz 2 StPO).

[3] a) Bei Beginn der zum Geständnis führenden Vernehmung um 21.25 Uhr hatte die 23 Jahre alte Angeklagte ausweislich der Urteilsfeststellungen mindestens 38 Stunden nicht geschlafen. In den frühen Morgenstunden des 10. Dezember 2012 hatte sie nach verheimlichter Schwangerschaft allein und dementsprechend unter sehr schwierigen Umständen einen Jungen geboren, den sie aufgrund eines spontanen Entschlusses dann erstickte. Sie erlitt beträchtlichen Blutverlust und war körperlich wie seelisch entkräftet. Bei einem Toilettengang gegen 8.00 Uhr brach sie ohnmächtig zusammen. Ein weiterer körperlicher Zusammenbruch folgte kurze Zeit später. Ihre Mutter fand die Angeklagte gegen Mittag apathisch und weinend vor. Sie äußerte hier und später, nicht mehr leben zu wollen. Am Nachmittag wurde sie ins Krankenhaus verbracht, wo ein Dammriss genäht wurde. Gegen 16.00 Uhr kam sie zur Beobachtung auf eine Station. Von 17.00 Uhr bis 17.30 Uhr wurde sie erstmals von der Polizei als Beschuldigte vernommen. Sie gab an, dass das Kind tot geboren worden sei. Im Anschluss an die Vernehmung wurde der Angeklagten die vorläufige Festnahme erklärt. Um 20.00 Uhr erhielt sie zwei Baldriandragees, weil sie nicht zur Ruhe gelangte. Gegen 20.30 Uhr wurde sie erneut verantwortlich vernommen. Zunächst wurde mit ihr ein lediglich in einem polizeilichen Vermerk erfasstes Vorgespräch geführt, in dem sie die Tat weiterhin leugnete. Um 21.00 Uhr wurde den vernehmenden Polizeibeamten das Ergebnis der rechtsmedizinischen Untersuchung mitgeteilt, wonach von einer Lebendgeburt auszugehen sei. Die Beamten konfrontierten die Angeklagte sogleich mit diesem Ergebnis. Die Angeklagte stritt die Tat weiter ab. Um 21.25 Uhr begann eine nunmehr im Wortlaut schriftlich niedergelegte Vernehmung. Die weinende Angeklagte erklärte zu deren Beginn, es sei gerade ein bisschen viel für sie. Nach anfänglichem weiterem Bestreiten gestand sie die Tat (vgl. UA S. 33). Die Vernehmung endete am Tattag um 23.25 Uhr.

[4] b) Bei diesem Verlauf liegt eine Fülle von gewichtigen Gründen vor, aufgrund derer sich die Annahme tiefgreifender Erschöpfung und daraus resultierender Besorgnis der Beeinträchtigung der Freiheit der Willensentschließung und Willensbetätigung geradezu aufdrängt (vgl. zum Ganzen BGH, Urteil vom 30. Oktober 1951 – 1 StR 393/51, BGHSt 1, 376; Urteile vom 24. März 1959 – 5 StR 27/59, BGHSt 13, 60, vom 15. Mai 1992 – 3 StR 419/91, BGHSt 38, 291, 292 f.). Es lag auf der Hand, dass die Angeklagte einer „immer wieder und immer energischer" geführten konfrontativen Befragung (vgl. Bericht „Ermittlungen Klinikum Buch vom 11. Dezember 2012", S. 4) wegen ihres Erschöpfungszustands nicht mehr in freier Willensbetätigung würde standhalten können. Demgemäß hätte es gewichtiger Anhaltspunkte bedurft, um eine Ermüdung im Rechtssinn ausschließen zu können.

[463] BGH, Beschluss vom 21.10.2014 – 5 StR 296/14.

Allein der subjektive Eindruck der vernehmenden Polizeibeamten, die Angeklagte habe „weder betäubt noch übermüdet" gewirkt (UA S. 28) bzw. – gar – sie habe „einen den Umständen entsprechenden frischen Eindruck gemacht" (UA S. 29), kann dafür ebenso wenig genügen wie der Umstand, dass sie sich nicht ausdrücklich auf Müdigkeit berief und Fragen sinnvoll zu beantworten in der Lage war, noch weniger, dass sie selbständig zur Toilette gehen konnte. Die Wahrnehmungen der behandelnden Ärztin und der Krankenschwester beziehen sich auf den Zustand der Angeklagten am Nachmittag und können für die Beurteilung des Zeitpunkts der Vernehmung in den Nachtstunden schon deshalb kaum etwas hergeben. Bei dieser Sachlage kann der Senat davon absehen, freibeweislich der Frage nachzugehen, wie es erklärt werden kann, dass die entscheidende zweistündige Vernehmung keine andere Dokumentierung erfahren hat, als diejenige in einem Protokoll von lediglich etwas mehr als vier, zudem großzügig formatierten Druckseiten.

[5] c) Der Senat vermag nicht auszuschließen, dass die Verletzung des § 136a StPO ursächlich für das Geständnis der Angeklagten im Ermittlungsverfahren war. Dessen Verwertung steht daher § 136a Abs. 3 Satz 2 StPO entgegen. Das Urteil beruht auf dem Verfahrensfehler.

11. Verteidigung – §§ 140 ff. StPO

■ **TOPENTSCHEIDUNG**

468 Regelmäßig **keine notwendige Verteidigung** im Ermittlungsverfahren schon **vor einer verantwortlichen Vernehmung** des Beschuldigten nach dessen Ergreifung aufgrund eines Haftbefehls wegen Mordverdachts.[464]

[2] 1. Die Revision beanstandet, dass die Angeklagte unter „Verletzung der § 163a Abs. 3 Satz 2, § 136 Abs. 2, § 141 Abs. 3 Satz 2 StPO, Art. 6 Abs. 3 Buchst. c MRK" ohne Beiordnung eines Verteidigers zweimal polizeilich und einmal durch den Haftrichter vernommen worden sei. Trotz eines daraus resultierenden Beweisverwertungsverbots seien die Vernehmungsbeamten und der Ermittlungsrichter gegen den Widerspruch der Verteidigung in der Hauptverhandlung über den Inhalt der Vernehmungen vernommen und ein Teil der Feststellungen auf deren Aussagen gestützt worden.

[3] a) Folgendes Verfahrensgeschehen liegt zugrunde:

[4] Am 12. September 2001 wurde die 63 Jahre alte D. gewaltsam getötet in ihrer Wohnung aufgefunden. Die Ermittlungen verliefen zunächst ergebnislos. Nach deren Wiederaufnahme im Dezember 2012 ergab ein DNS-Abgleich einer Speichelprobe der Angeklagten Übereinstimmung unter anderem mit in der Hand der Getöteten gefundenen Haaren. Gegen die Angeklagte wurde am 27. Februar 2013 Haftbefehl erlassen. Am 5. März 2013 wurde sie festgenommen und zur Berliner Mordkommission verbracht. Noch am selben Tag und am Vormittag des folgenden Tages wurde sie jeweils nach ordnungsgemäßer Belehrung auch über ihr Recht auf Verteidigerkonsultation vernommen. Anschließend wurde sie dem Haftrichter vorgeführt. Nach weiterer korrekter Belehrung war sie aussagebereit, erklärte, keinen

[464] BGH, Beschluss vom 20.10.2014 – 5 StR 176/14.

Anwalt zu benötigen und noch nie einen benötigt zu haben. Zur Sache bekundet sie, sie habe schon bei der Polizei ausgesagt. Was sie dort gesagt habe, sei zutreffend. Auf Vorhalt einer Passage aus einem Vernehmungsprotokoll bekundete sie, dass sie es ja gewesen sein müsse. Sie sei da gewesen und habe die Frau angegriffen. Weiter wolle sie jetzt nichts sagen. Der Ermittlungsrichter ordnete den Vollzug des Haftbefehls an und bestellte der Angeklagten einen Pflichtverteidiger.

[5] Am zweiten Hauptverhandlungstag (18. September 2013) widersprach der Verteidiger vorab der Verwertung der polizeilichen und richterlichen Vernehmungen. Nach Herbeiführung von Gerichtsbeschlüssen (§ 238 Abs. 2 StPO) wurden die Polizeibeamten und der Ermittlungsrichter vernommen. Ein weiterer Verwertungswiderspruch erfolgte nicht.

[6] b) Die Rüge ist zulässig erhoben (§ 344 Abs. 2 Satz 2 StPO). Entgegen der Auffassung des Generalbundesanwalts bedurfte es keines gesonderten (zweiten) Verwertungswiderspruchs im Anschluss an die Vernehmung der genannten Beweispersonen. Nach der Rechtsprechung des Bundesgerichtshofs kann der Widerspruch nämlich grundsätzlich auch umfassend vorab erklärt werden; in diesem Fall muss ihn der Verteidiger nach Abschluss der Zeugenvernehmung nicht noch einmal ausdrücklich wiederholen (vgl. BGH, Beschluss vom 3. Dezember 2003 – 5 StR 307/03, NStZ 2004, 389; Urteil vom 27. Juni 2013 – 3 StR 435/12, NJW 2013, 2769, 2771 f., insoweit in BGHSt 58, 301 nicht abgedruckt; KK/Diemer, StPO, 7. Aufl., § 136 Rn. 28). Der durch die Verteidigung erhobene Widerspruch wird auch ansonsten den Anforderungen gerecht.

[7] Der Senat kann dahingestellt lassen, ob anderes zu gelten hätte, wenn sich bei freibeweislicher Klärung von der Verteidigung erhobener Beanstandungen etwa gewichtige Anhaltspunkte für deren Haltlosigkeit ergeben haben würden. Dies könnte im vorliegenden Fall für den nach rechtsfehlerfreier Würdigung der Schwurgerichtskammer durch die Beweisaufnahme widerlegten und von der Verteidigung mit der Revision nicht weiterverfolgten Vortrag gelten, die Vernehmungsbeamten hätten die irrige Annahme der Angeklagten ausgenutzt, nicht den Rat eines Verteidigers in Anspruch nehmen zu können, weil sie sich einen solchen nicht zu leisten vermöge. Indessen stützt sich die Revision auf die Erwägung, die Staatsanwaltschaft hätte vor einer Vernehmung zwingend auf die Beiordnung eines Verteidigers hinwirken müssen (§ 141 Abs. 3 Satz 2 StPO). Dieser Gesichtspunkt wurde durch die Vernehmungen aber nicht berührt.

[8] c) Die Rüge ist unbegründet.

[9] aa) Der Bundesgerichtshof hat bereits mehrfach entschieden, dass nach geltendem Recht (§ 141 Abs. 3 Satz 2 StPO) auch mit Bedacht auf Art. 6 Abs. 3 Buchst. c MRK keine Pflicht besteht, dem Beschuldigten stets bereits frühzeitig im Ermittlungsverfahren, etwa beginnend mit dem dringenden Verdacht eines (auch schweren) Verbrechens, einen Verteidiger zu bestellen (BGH, Beschlüsse vom 5. Februar 2002 – 5 StR 588/01, BGHSt 47, 233, 236 f.; vom 17. Dezember 2003 – 5 StR 501/03, BGHR StPO § 141 Bestellung 8; vom 19. Oktober 2005 – 1 StR 117/05, NStZ-RR 2006, 181, 182; vom 10. Januar 2006 – 5 StR 341/05, NJW 2006, 1008, 1010). Das gilt auch dann, wenn ein Haftbefehl besteht (vgl. BGH, Beschluss vom 17. Dezember 2003 – 5 StR 501/03, aaO).

[10] Von dieser Rechtsprechung abzurücken, besteht kein Anlass. Dies gilt umso mehr, als der Gesetzgeber mit dem Gesetz zur Änderung des Untersuchungshaftrechts vom 29. Juli 2009 (BGBl. I S. 2274) den Zeitpunkt der rechtlich zwingenden Bestellung eines Pflichtverteidigers in § 140 Abs. 1 Nr. 4 StPO in Kenntnis der

bestehenden Rechtsprechung bewusst auf den Beginn der Vollstreckung der Untersuchungshaft festgelegt hat. Nach § 141 Abs. 3 Satz 4 StPO hat die Verteidigerbestellung „unverzüglich" zu erfolgen, sofern der Haftbefehl nach seiner Verkündung nicht außer Vollzug gesetzt wird (vgl. Beschlussempfehlung und Bericht des Rechtsausschusses, BT-Drucks. 16/13097, S. 19). Erst mit der Aufrechterhaltung der Haft nach § 115 Abs. 4 Satz 1 StPO liegt eine Vollstreckung der Untersuchungshaft im Sinne des § 140 Abs. 1 Nr. 4 StPO vor. Forderungen, frühere Ereignisse, wofür beispielsweise der Erlass eines Haftbefehls oder die Ergreifung des Beschuldigten in Betracht gekommen wären, haben sich im Gesetzgebungsverfahren nicht durchgesetzt (vgl. Beschlussempfehlung und Bericht, aaO, S. 16 f.; siehe auch BGH, Beschluss vom 5. Februar 2002 – 5 StR 588/01, aaO, S. 237; Jahn in Festschrift Rissing-van Saan, 2011, S. 275, 277 f. mwN).

[11] bb) Diesen gesetzlichen Vorgaben wurde hier mit der sofortigen Verteidigerbestellung nach Anordnung des Vollzugs der Untersuchungshaft entsprochen. Besonderheiten, etwa die Durchführung einer beweissichernden ermittlungsrichterlichen Vernehmung eines wesentlichen Belastungszeugen in Abwesenheit des Beschuldigten (vgl. BGH, Urteil vom 25. Juli 2000 – 1 StR 169/00, BGHSt 46, 93, 99 f.), waren nicht gegeben. Der Umstand allein, dass die bislang unbestrafte Angeklagte über keine Erfahrungen mit der Strafjustiz verfügte und mit einem Mordvorwurf konfrontiert wurde, genügt für die Annahme einer von der Verteidigung geltend gemachten Ermessensreduktion auf Null auf Seiten der Staatsanwaltschaft in Richtung auf sofortige Verteidigerbestellung nicht.

[12] cc) Allerdings haben die Polizeibeamten gegen § 115 Abs. 1 StPO verstoßen, indem sie die Angeklagte nach ihrer Ergreifung nicht unverzüglich dem zuständigen Gericht vorgeführt, die Vorführung vielmehr zum Zweck der Durchführung polizeilicher Beschuldigtenvernehmungen aufgeschoben haben (vgl. BGH, Beschluss vom 9. Februar 1995 – 5 StR 547/94, BGHR StPO § 128 Abs. 1 Vorführungsfrist 2; Urteil vom 17. November 1989 – 2 StR 418/89, NJW 1990, 1188). Dieser Verfahrensfehler verengt jedoch nicht den der Staatsanwaltschaft in § 141 Abs. 3 Satz 2 StPO übertragenen Beurteilungsspielraum betreffend das Hinwirken auf sofortige Verteidigerbestellung. Vielmehr wäre es – sofern eingebunden – deren Pflicht gewesen, nachhaltig für die Wahrung des Unverzüglichkeitsgebots nach § 115 Abs. 1 StPO Sorge zu tragen. Infolge der in erster Linie auf Gewährleistung rechtlichen Gehörs nach Art. 103 Abs. 1 GG zielenden Schutzrichtung des § 115 Abs. 1 StPO (vgl. BVerfG [Kammer], NStZ 1994, 551, 552; LR/Hilger, StPO, 26. Aufl., § 115 Rn. 1), die das Interesse an frühzeitiger Verteidigerbestellung (vgl. auch KK/Graf, StPO, 7. Aufl., § 115 Rn. 1a) gleichsam als Reflex mit umfasst, vermag die Verletzung dieser Vorschrift den Zeitpunkt rechtlich zwingender Verteidigerbestellung aber nicht vorzuverlagern.

[13] Ein Verwertungsverbot wäre freilich anzunehmen, wenn die Polizeibeamten die gebotene Vorführung bewusst unterlassen hätten, um die Verteidigerbestellung durch den Haftrichter zu umgehen. Dafür sind jedoch keine Anhaltspunkte vorhanden. Hiergegen spricht vielmehr, dass der Haftrichter nach der Wertentscheidung des Gesetzgebers die aussagebereite Beschuldigte – wie geschehen – in dem in § 115 Abs. 2 StPO bezeichneten Zeitrahmen vor Vollstreckung der Untersuchungshaft ohne vorherige Verteidigerbestellung hat vernehmen dürfen. Es liegt die Annahme nahe, dass die Beamten hier in bloßer Verkennung des § 115 Abs. 1 StPO bestrebt waren, dem zuständigen Gericht eine tragfähige Grundlage für seine Entscheidung über den Vollzug der Untersuchungshaft zu vermitteln.

[14] 2. Die Verletzung des in § 115 Abs. 1 StPO normierten Unverzüglichkeitsgebots hat die Revision, was sie in ihrer Erwiderung auf die diesen Gesichtspunkt hervorhebende Zuschrift des Generalbundesanwalts auch nicht in Abrede gestellt hat, nicht in einer Verfahrensrüge beanstandet, sich vielmehr ausdrücklich auf die Rüge unterlassener Verteidigerbestellung beschränkt. Damit ist dem Senat die Prüfung verwehrt, ob dieser Verfahrensfehler etwa zur Unverwertbarkeit der von der Angeklagten vor der Polizei, unter Umständen auch vor dem Haftrichter gemachten Angaben hätte führen müssen; hiergegen sprächen die Einhaltung immerhin der in Art. 104 Abs. 3 GG bestimmten Frist (vgl. BGH, Beschluss vom 9. Februar 1995 – 5 StR 547/94, aaO), die nach Vorführung vor den Haftrichter und korrekter Belehrung gleichwohl erfolgte Aussage der Angeklagten, die den Beistand eines Verteidigers ausdrücklich nicht begehrte, sowie die Schwere des Tatvorwurfs. Die Angriffsrichtung bestimmt den Prüfungsumfang des Revisionsgerichts; einem Revisionsführer steht es wegen seiner Dispositionsbefugnis zu, ein Prozessgeschehen nur unter einem bestimmten Gesichtspunkt zu rügen, einen etwa zusätzlich begangenen Verfahrensverstoß aber hinzunehmen (vgl. BGH, Urteil vom 3. September 2013 – 5 StR 318/13, NStZ 2013, 671; Beschluss vom 29. November 2013 – 1 StR 200/13, NStZ 2014, 221, jeweils mwN).

[15] Darüber hinaus wäre die Revision mit einer etwa erhobenen diesbezüglichen Verfahrensrüge auch ausgeschlossen. Denn die Verteidigung hat schon den in der Hauptverhandlung erhobenen Verwertungswiderspruch nicht (auch) auf die Verletzung des Unverzüglichkeitsgebots gestützt, was insoweit eine Rügepräklusion nach sich ziehen würde (vgl. BGH, Beschluss vom 11. September 2007 – 1 StR 273/07, BGHSt 52, 38, 42 ff.; Mosbacher in Festschrift Rissing-van Saan, 2011, S. 357, 375 f.).

PRAXISHINWEIS ■

Die vorliegende Entscheidung bekräftigt noch einmal, dass auch bei bestehendem Mordverdacht regelmäßig erst nach Aufrechterhaltung der Haftentscheidung bzw. dem Verbringen in die Untersuchungshaft eine notwendige Verteidigung gegeben ist.

Für den **Antrag eines Angeklagten**, ihm für das Revisionsverfahren **anstelle des bisherigen Pflichtverteidigers einen anderen Pflichtverteidiger beizuordnen**, ist – anders als für die Wahrnehmung der Revisionshauptverhandlung – grundsätzlich der Vorsitzende des Gerichts, dessen Urteil angefochten worden ist, zuständig.[465] **469**

Die Praxis, wonach **Revisionshauptverhandlungen ohne Anwesenheit des vom Angeklagten gewählten Verteidigers** durchgeführt werden, genügt den Anforderungen des Art. 6 Absatz 3 Buchst. c MRK nicht. Erscheint ein Wahlverteidiger, dem der Termin der Hauptverhandlung gemäß § 350 Absatz 1 StPO mitgeteilt wurde, zur Hauptverhandlung vor dem Revisionsgericht nicht, oder teilt er vorab mit, das er nicht erscheinen werde, ist er in der Regel zum Pflichtverteidiger für die Revisionshauptverhandlung zu bestellen, um das Recht des Angeklagten auf Verteidigung aus Art. 6 III c MRK zu wahren.[466] **470**

465 BGH, Beschluss vom 2.07.2014 – 1 StR 740/13.

466 BGH, Verfügung des Vors. Des 2. Strafsenats vom 25.09.2014 – 2 StR 163/14.

■ **PRAXISBEDEUTUNG**

Der vorstehenden Verfügung ist grundsätzlich zuzustimmen, auch wenn die darin aufgestellte Behauptung einer bestehenden Praxis jedenfalls nicht auf mindestens zwei der Strafsenate des BGH zutrifft, nämlich den 1. und 5. Strafsenat. Jedenfalls ist es zu begrüßen, wenn nun auch der 2. Strafsenat sich der Praxis der beiden anderen Strafsenate angeschlossen hat.

12. Verfahrenseinstellung – §§ 153 ff. StPO

471 Die Einstellung eines Tatvorwurfs gemäß § **154 Abs. 2 StPO** in der Hauptverhandlung begründet ein **von Amts wegen zu beachtendes Verfahrenshindernis,** zu dessen Beseitigung ein förmlicher Wiederaufnahmebeschluss nach § 154 Abs. 5 StPO erforderlich ist. Wegen der weitreichenden Wirkungen einer Verfahrenseinstellung nach § 154 Abs. 2 StPO ist die Beschlussformel so zu fassen, dass kein Zweifel besteht, auf welche Taten und welche Angeklagten sie sich bezieht.[467]

[7] Das angefochtene Urteil hält der revisionsrechtlichen Nachprüfung stand.

[8] 1. Der Beschluss des Landgerichts vom 21. Oktober 2013, mit dem eine Abtrennung von Verfahrensteilen und deren Einstellung nach § 154 Abs. 2 StPO angeordnet worden ist, begründet kein Verfahrenshindernis und steht deshalb einer Ausurteilung von 17 Fällen des unerlaubten Handeltreibens mit Betäubungsmitteln in nicht geringer Menge nicht entgegen.

[9] a) Nach ständiger Rechtsprechung des Bundesgerichtshofs begründet die Einstellung eines Tatvorwurfs gemäß § 154 Abs. 2 StPO in der Hauptverhandlung ein von Amts wegen zu beachtendes Verfahrenshindernis, zu dessen Beseitigung ein förmlicher Wiederaufnahmebeschluss nach § 154 Abs. 5 StPO erforderlich ist (vgl. BGH, Beschlüsse vom 3. Juli 2014 – 4 StR 230/14 Rn. 6; vom 4. Februar 2014 – 2 StR 487/13 Rn. 2; vom 18. April 2007 – 2 StR 144/07, NStZ 2007, 476).

[10] aa) Wegen der weitreichenden Wirkungen einer Verfahrenseinstellung nach § 154 Abs. 2 StPO ist die Beschlussformel so zu fassen, dass kein Zweifel besteht, auf welche Taten und welche Angeklagten sie sich bezieht (BGH, Beschluss vom 23. März 1996 – 1 StR 685/95, juris, Rn. 23). Die eingestellten Taten sind genau zu bezeichnen, nach Möglichkeit mit der Nummerierung der Anklageschrift. Ist dies nicht möglich, sind die Taten so genau zu beschreiben, dass klar erkennbar ist, welche angeklagten Taten aus dem Verfahren ausgeschieden werden. Hinsichtlich der Konkretisierung im Einstellungsbeschluss gelten insoweit dieselben Anforderungen wie bei der Tatbeschreibung in der Anklageschrift zur Erfüllung ihrer Umgrenzungsfunktion.

[11] (1) Die Anklageschrift hat die dem Angeklagten zur Last gelegte Tat sowie Zeit und Ort ihrer Begehung so genau zu bezeichnen, dass die Identität des geschichtlichen Vorgangs klargestellt und erkennbar wird, welche bestimmte Tat gemeint ist;

---

[467] BGH, Urteil vom 25.09.2014 – 4 StR 69/14; vgl. hierzu auch Beschluss vom 4.02.2014 – 2 StR 487/13.

sie muss sich von anderen gleichartigen strafbaren Handlungen desselben Täters unterscheiden lassen (Umgrenzungsfunktion – st. Rspr., vgl. nur BGH, Urteil vom 28. Oktober 2009 – 1 StR 205/09, BGHR StPO § 200 Abs. 1 Satz 1 Tat 25; Beschluss vom 19. Februar 2008 – 1 StR 596/07, BGHR StPO § 200 Abs. 1 Satz 1 Tat 24; Urteil vom 11. Januar 1994 – 5 StR 682/93, BGHSt 40, 44, 45; jeweils mwN). Dabei muss die Schilderung umso konkreter sein, je größer die allgemeine Möglichkeit ist, dass der Angeklagte verwechselbare weitere Straftaten gleicher Art verübt hat (vgl. u.a. BGH, Beschluss vom 8. August 1996 – 4 StR 344/96, BGHR StPO § 200 Abs. 1 Satz 1 Tat 20 mwN). Die Identität des geschichtlichen Vorgangs muss feststehen, es darf kein Zweifel über die verfahrensgegenständlichen Taten im prozessualen Sinn eintreten. Fehlt es an einer hinreichenden Konkretisierung, so ist die Anklage unwirksam (vgl. BGH, Urteil vom 11. Januar 1994 – 5 StR 682/93, BGHSt 40, 44, 45; Beschluss vom 29. November 1994 – 4 StR 648/94, BGHR StPO § 200 Abs. 1 Satz 1 Tat 13 jeweils mwN). Darüber hinaus hat die Anklage auch die Aufgabe, den Angeklagten und die übrigen Verfahrensbeteiligten über weitere Einzelheiten des Vorwurfs zu unterrichten, um ihnen Gelegenheit zu geben, ihr Prozessverhalten auf den mit der Anklage erhobenen Vorwurf einzustellen. Mängel der Anklage in dieser Hinsicht führen nicht zu ihrer Unwirksamkeit (Informationsfunktion – vgl. BGH, Urteile vom 28. Oktober 2009 und vom 11. Januar 1994 aaO, Beschluss vom 19. Februar 2008 aaO jeweils mwN).

*[**12**] Welche Angaben zur ausreichenden Umgrenzung des Verfahrensgegenstandes erforderlich sind, lässt sich nicht für alle Fälle in gleicher Weise sagen. Die einzelnen Faktoren der Tatkonkretisierung können von Fall zu Fall unterschiedliches Gewicht besitzen und durch größere Genauigkeit jeweils anderer Umstände ersetzt oder verdrängt werden. Entscheidend ist, dass der historische Geschehensablauf, der Gegenstand der gerichtlichen Untersuchung sein soll, feststeht. Bei der Schilderung eines nach seinem Ablauf unverwechselbaren Ereignisses kann die Tatzeit als Eingrenzungskriterium an Bedeutung verlieren. Wenn bei einer Tatserie das Geschehen der jeweiligen Einzeltat nicht mehr durch Beschreibung der Umstände seines Ablaufs näher konkretisiert werden kann, gewinnt die Bezeichnung der Tatzeit der Einzelhandlung oder des Zeitraums der Tatserie entscheidende Bedeutung für die Umgrenzung des Verfahrensgegenstandes. Soweit bei Serientaten eine konkrete Bezeichnung oder nähere Beschreibung der Einzeltaten in der Anklage wegen deren Gleichförmigkeit nicht erfolgen kann, muss deshalb der Verfahrensstoff zumindest durch Festlegung des Tatzeitraums hinreichend umgrenzt werden. Regelmäßig ist in solchen Fällen erforderlich, in der Anklage den bestimmten Tatzeitraum, das Tatopfer, die Grundzüge der Art und Weise der Tatbegehung, die Tatfrequenz und die (Höchst-)Zahl der vorgeworfenen Straftaten, die Gegenstand des Verfahrens sein sollen, anzugeben. Dies gilt insbesondere in Fällen des sexuellen Missbrauchs von Kindern, in denen bei einer Serie von Taten einzelne Handlungen überhaupt nicht mehr oder jedenfalls nicht mehr genau voneinander unterschieden werden können (vgl. BGH, Urteil vom 11. Januar 1994 – 5 StR 682/93, BGHSt 40, 44, 45 ff.; Urteil vom 29. Juli 1998 – 1 StR 94/98, BGHSt 44, 153, 154 f.).*

*[**13**] (2) Dementsprechend konkret ist auch der Einstellungsbeschluss zu fassen, durch den der Verfahrensstoff begrenzt wird. Dabei können auszuscheidende Taten sowohl „positiv“ beschrieben werden, indem die einzustellenden Taten konkret bezeichnet werden, als auch „negativ“, indem genau angegeben wird, welche der angeklagten Taten weiterhin Verfahrensgegenstand sind. Wie der Tatrichter den Beschluss formuliert, ist ohne Bedeutung, solange der ausgeschiedene Verfahrensstoff und der verbleibende Verfahrensstoff eindeutig erkennbar sind. Sollte dem*

Senatsbeschluss vom 3. Dezember 2013 – 4 StR 461/13 – eine andere Rechtsauffassung zu entnehmen sein, hält der Senat daran nicht fest. Soweit in Entscheidungen anderer Senate des Bundesgerichtshofs gefordert wird, dass ausgeschiedene Tatteile oder Strafbestimmungen konkret („positiv") zu bezeichnen sind, betrifft dies Verfahrensbeschränkungen der Staatsanwaltschaft vor Anklageerhebung (BGH, Beschlüsse vom 4. Juni 2013 – 2 StR 59/13 Rn. 21; vom 7. Oktober 2011 – 1 StR 321/11, NStZ-RR 2012, 50, 51 und vom 16. Juli 1980 – 3 StR 232/80, NStZ 1981, 23). Die Bestimmung von auszuscheidenden Taten bzw. Tatteilen erfolgt zu diesem Zeitpunkt in einem anderen prozessualen Kontext. Bei einer Einstellung durch das Gericht sind nämlich auch im Falle der negativ formulierten Beschränkung auf die verfahrensgegenständlich verbleibenden Taten die ausgeschiedenen Taten durch die Anklage festgelegt.

[14] (3) Bei einer Serie vollständig gleichförmiger, nicht näher konkretisierbarer Taten kann der Einstellungsbeschluss beispielsweise den Tatzeitraum angeben und die Anzahl der Taten in zu bezeichnenden Zeitabschnitten (Tatfrequenz), die aus dem Verfahren ausgeschieden werden. Auch kann die Anzahl der – gegebenenfalls nach tatrichterlicher Schätzung – festgestellten Taten anhand von Tatzeitraum und Tatfrequenz konkretisiert werden, der Gesamtzahl der angeklagten Taten gegenübergestellt und eine Differenz ermittelt werden, die dann in der Einstellungsentscheidung zum Ausdruck kommt (vgl. BGH, Beschluss vom 13. August 2014 – 2 StR 128/14).

[15] bb) Der Einstellungsbeschluss soll aus sich selbst heraus verständlich sein. Ist der Beschluss mehrdeutig und bestehen deshalb nach dem Wortlaut Unklarheiten, welche Vorwürfe der Anklageschrift aus dem Verfahren ausgeschieden werden, kann er nach allgemeinen Grundsätzen ausgelegt werden. Dabei können bei der Prüfung, ob der Einstellungsbeschluss die gebotene Umgrenzung des verbleibenden Verfahrensstoffs leistet, auch die zugelassene Anklage, der Einstellungsantrag der Staatsanwaltschaft (vgl. BGH, Beschluss vom 29. November 2011 – 1 StR 539/11), auf die Einstellungsentscheidung bezogene Hinweise und Anregungen des Gerichts, Hinweise des Gerichts nach § 265 StPO sowie im Rahmen einer auf die Erledigung des gesamten Verfahrens bezogenen Betrachtung jedenfalls dann, wenn der Einstellungsbeschluss zeitnah zur Urteilsverkündung gefasst wurde, auch die Schlussanträge der Verfahrensbeteiligten und das Urteil (anders zur Heranziehung der Urteilsfeststellungen noch Senatsbeschluss vom 29. Juli 2008 – 4 StR 210/08) berücksichtigt werden.

[16] Liegt einem Einstellungsbeschluss nach § 154 Abs. 2 StPO die unzutreffende Annahme mehrerer selbständiger prozessualer Taten zugrunde, kann etwa bei einem sich aus den Gesamtumständen ergebenden offensichtlichen Irrtum/Versehen des Gerichts eine Umdeutung einer Verfahrenseinstellung nach § 154 Abs. 2 StPO in eine Verfahrensbeschränkung nach § 154a Abs. 2 StPO in Betracht kommen (BGH, Beschluss vom 14. Februar 2006 – 4 StR 6/06; Beschluss vom 23. März 2005 – 2 StR 11/05, juris, Rn. 5; vgl. auch Urteil vom 1. Juni 2005 – 2 StR 405/04, NStZ 2006, 455; vgl. aber Senatsbeschluss vom 8. Oktober 2013 – 4 StR 339/13, NStZ 2014, 46 m. Anm. Allgayer).

[17] cc) Nur wenn der Einstellungsbeschluss die vorstehend dargestellten Anforderungen erfüllt, entfaltet er eine den Verfahrensstoff beschränkende Wirkung.

472 An die **Unterscheidbarkeit von gleichförmigen Serientaten** bei Einstellungsentscheidungen gemäß § 154 Abs. 2 StPO sind keine höhere Anforderungen zu stellen als bei Tatkonkretisierungen in Anklageschriften, im Verurteilungsfall in den Urteilsgründen (Kuckein in KK-StPO, aaO, § 267 Rn. 9a; Meyer-Goßner/Schmitt, aaO, § 267 Rn. 6a, jeweils mwN) oder bei Verurteilungen nebst Teilfreisprüchen, falls die Anzahl der festgestellten Taten die Anzahl der angeklagten Taten unterschreitet.[468]

[3] 1. Nach der unverändert zur Hauptverhandlung zugelassenen Anklageschrift vom 13. Mai 2013 wurde dem Angeklagten u.a. zur Last gelegt, im Zeitraum vom 29. Juni 2011 bis zum 11. September 2011 täglich – in 75 Fällen – mit der minderjährigen Geschädigten gegen deren Willen den vaginalen Geschlechtsverkehr durchgeführt zu haben.

[4] Das Landgericht hat festgestellt, dass es „in mindestens 20 Fällen" zum vaginalen Geschlechtsverkehr gegen den Willen der Geschädigten kam. Dabei ist es davon ausgegangen, dass es innerhalb des angeklagten Tatzeitraums dreimal wöchentlich, jedenfalls aber in mindestens 20 Fällen zu den abgeurteilten Straftaten kam.

[5] Hinsichtlich der weiteren angeklagten 55 Fälle hat die Strafkammer das Verfahren mit in der Hauptverhandlung verkündetem Beschluss gemäß § 154 Abs. 2 StPO eingestellt, „um auch jedem Restzweifel im Hinblick auf die Anzahl der Übergriffe Rechnung zu tragen".

[6] 2. Diese Verfahrensweise ist rechtlich nicht zu beanstanden; Entscheidungen des 4. Strafsenats stehen – anders als der Generalbundesanwalt meint – nicht entgegen.

[7] Ausweislich des Beschlusses des 4. Strafsenats vom 29. Juli 2008 (4 StR 210/08) hatte das landgerichtliche Urteil keinen Bestand, weil sich die ursprünglich angeklagten sechs Betäubungsmitteltaten bereits hinsichtlich der Art und Menge der unerlaubt eingeführten Betäubungsmittel unterschieden und der landgerichtliche Beschluss gemäß § 154 Abs. 2 StPO – nicht näher konkretisierte – vier Taten umfasste. Danach war schon zweifelhaft, welche der angeklagten (unterschiedlichen) Taten eingestellt und welche abgeurteilt waren.

[8] Im Beschluss des 4. Strafsenats vom 13. April 2011 (4 StR 7/11) ist entscheidend gewesen, dass das Landgericht der Verurteilung einen Tatzeitraum zu Grunde gelegt hat, dem es schon an einem hinreichend bestimmten Endzeitpunkt – und für einen Teil der abgeurteilten Straftaten zudem an einem Anfangszeitpunkt – fehlte, und der zudem gegenüber dem der Anklage zu Grunde liegenden Tatzeitraum verkürzt war, ohne dass die Gründe für die Verkürzung des Tatzeitraums dem Urteil zu entnehmen waren.

[9] Entsprechendes gilt für den Beschluss des 4. Strafsenats vom 3. Dezember 2013 (4 StR 461/13); nach Teileinstellung gemäß § 154 Abs. 2 StPO bezog sich auch dort die Verurteilung hinsichtlich der übrigen Fälle auf einen gegenüber der Anklage nicht nachvollziehbar verkürzten Tatzeitraum.

[10] Anders liegt der Fall hier: Das Landgericht hat hinsichtlich sämtlicher – gleichförmiger – nicht weiter konkretisierbarer Taten den gesamten angeklagten Tatzeitraum zu Grunde gelegt und diesen mit Verurteilung und Beschluss gemäß § 154 Abs. 2 StPO vollständig ausgeschöpft. Somit bleiben keinerlei Zweifel über den Umfang sowohl der abgeurteilten als auch der eingestellten Taten.

---

[468] BGH, Beschluss vom 13.08.2014 – 2 StR 128/14.

[11] Wie auch der Generalbundesanwalt zutreffend ausgeführt hat, ist es nicht nachvollziehbar, an die Unterscheidbarkeit von gleichförmigen Serientaten bei Einstellungsentscheidungen gemäß § 154 Abs. 2 StPO höhere Anforderungen zu stellen (vgl. dazu BGH, Beschluss vom 7. Oktober 2011 – 1 StR 321/11, NStZ-RR 2012, 50, 51; Urteil vom 26. Oktober 2006 – 5 StR 290/06, BGHR StPO § 154 Abs. 5 Wiederaufnahme 3) als bei Tatkonkretisierungen in Anklageschriften (vgl. dazu BGH, Urteil vom 11. Januar 1994 – 5 StR 682/93, BGHSt 40, 44, 46; Schneider in KK-StPO, 7. Aufl., § 200 Rn. 5; Meyer-Goßner/Schmitt, StPO, 57. Aufl., § 200 Rn. 9, jeweils mwN), im Verurteilungsfall in den Urteilsgründen (vgl. Kuckein in KK-StPO, aaO, § 267 Rn. 9a; Meyer-Goßner/Schmitt, aaO, § 267 Rn. 6a, jeweils mwN) oder bei Verurteilungen nebst Teilfreisprüchen, falls die Anzahl der festgestellten Taten die Anzahl der angeklagten Taten unterschreitet (vgl. BGH, Beschlüsse vom 10. Mai 1994 – 5 StR 239/94, BGHR StPO § 260 Abs. 1 Teilfreispruch 10 vom 13. Dezember 2000 – 5 StR 540/00, BGHR StPO § 260 Abs. 1 Teilfreispruch 13).

[12] Eine bei gleichförmigen Serientaten vorzunehmende genaue zeitliche Eingrenzung aller Einzelfälle und deren Individualisierung und Differenzierung ist schon regelmäßig weder in der Anklage noch in den Urteilsfeststellungen möglich (vgl. Schneider, aaO mwN). Die Anzahl der – gegebenenfalls nach tatrichterlicher Schätzung – festgestellten Taten kann demnach nur der Gesamtzahl der angeklagten Taten gegenüber gestellt und eine Differenz – wie hier – ermittelt werden, die dann in der Einstellungsentscheidung gemäß § 154 Abs. 2 StPO zum Ausdruck kommt. Eine solche Verfahrensweise lässt auch keinen Zweifel darüber, in welchem Umfang Gesetzesverletzungen nicht weiterverfolgt werden sollen (vgl. Beulke in Löwe/Rosenberg, StPO, 26. Aufl. § 154a Rn. 8).

13. Ermittlungen, Anwesenheitsrechte – §§ 160 ff. StPO

■ TOPENTSCHEIDUNG

473 Das **berufsbezogene Vertrauensverhältnis**, das zu schützen § 53 StPO beabsichtigt, beginnt nicht erst mit Abschluss des zivilrechtlichen Geschäftsbesorgungsvertrages, sondern **umfasst auch das entsprechende Anbahnungsverhältnis**. Ein Beschuldigter, der auf der Suche nach einem Verteidiger ist, bringt jedem Rechtsanwalt, mit dem er zu diesem Zweck kommuniziert, typischerweise das Vertrauen entgegen, dass der Inhalt dieser Gespräche vertraulich behandelt wird, unabhängig davon, ob anschließend ein Verteidigungsverhältnis zustande kommt. Damit besteht bereits zu diesem Zeitpunkt die Sonderbeziehung, die von einer Ansicht über den funktionalen Zusammenhang mit der Berufsausübung hinaus verlangt wird.[469]

[5] Die anlässlich der verfahrensgegenständlichen Telefongespräche erlangten Erkenntnisse dürfen – wie der Ermittlungsrichter zutreffend festgestellt hat – gemäß § 160a Abs. 1 Satz 2 und 5 StPO nicht verwendet werden, da Rechtsanwalt R. über diese als Verteidiger des Beschuldigten gemäß § 53 Abs. 1 Satz 1 Nr. 2 StPO das Zeugnis verweigern dürfte.

---

[469] BGH, Beschluss vom 18.02.2014 – StB 8/13.

[6] a) Nach dieser Vorschrift bekanntgeworden ist dem Berufsausübenden all das, was ihm in anderer Weise als durch Anvertrauen im Sinne des Mitteilens in der erkennbaren Erwartung des Stillschweigens (hM, vgl. SK-StPO/ Rogall, 4. Aufl., § 53 Rn. 62 mwN; weitergehend SK-StGB/Hoyer, 56. Ergänzungslieferung, § 203 Rn. 20 f.) in funktionalem Zusammenhang mit seiner Berufsausübung zur Kenntnis gelangt, unabhängig davon, von wem, aus welchem Grund oder zu welchem Zweck er sein Wissen erworben hat (BGH, Beschluss vom 16. Februar 2011 – IV ZB 23/09, NJW 2011, 1077, 1078 zu § 43a Abs. 2 BRAO; OLG Köln, Beschluss vom 4. Juli 2000 – Ss 254/00, NJW 2000, 3656, 3657; SK-StPO/Rogall, 4. Aufl., § 53 Rn. 63; Radtke/Hohmann/Otte, StPO, § 53 Rn. 10; LR/Ignor/Bertheau, StPO, 26. Aufl., § 53 Rn. 17). Nicht erfasst sind allein solche Tatsachen, die er als Privatperson oder nur anlässlich seiner Berufsausübung in Erfahrung gebracht hat (BGH, Beschluss vom 15. November 2006 – StB 15/06, BGHSt 51, 140, 141; OLG Bamberg, Beschluss vom 11. August 1983 – 4 Ws 401/83, StV 1984, 499, 500). Wenn auch eigene Tätigkeiten oder Äußerungen des Zeugnisverweigerungsberechtigten mangels eigener Wahrnehmung nicht bekanntgewordene Tatsachen sein können (vgl. BGHSt 51, 140, 142 f.), so werden sie dennoch dann vom Zeugnisverweigerungsrecht erfasst, wenn Angaben über diese Tätigkeiten oder Äußerungen Rückschlüsse auf geschützte Tatsachen zulassen (BGH, Urteil vom 20. Dezember 1977 – 1 StR 287/77, bei Holtz MDR 1978, 281).

[7] b) Ausgehend von diesen Grundsätzen unterliegt der gesamte Inhalt beider verfahrensgegenständlicher Telefongespräche dem Schutz des § 53 StPO. Ungeachtet des Umstands, von wem die Initiative für die Telefonate ausging, standen die Äußerungen der Gesprächspartner von Rechtsanwalt R. jeweils in direktem Bezug zu dessen Funktion. Da das Weigerungsrecht des Verteidigers nicht von seiner Beziehung zum Beschuldigten, sondern allein vom Vernehmungsgegenstand abhängt (vgl. BGH, Urteil vom 20. Februar 1985 – 2 StR 561/84, BGHSt 33, 148, 152), kommt es auch nicht darauf an, dass die den ersten Anruf entgegennehmende Person zu keinem Zeitpunkt ein Mandatsverhältnis mit Rechtsanwalt R. begründen wollte.

[8] c) Dass zum Zeitpunkt der Telefonate ein Mandatsverhältnis zwischen Rechtsanwalt R. und dem Beschuldigten noch nicht bestand, ist ebenfalls ohne Bedeutung. Denn das berufsbezogene Vertrauensverhältnis, das zu schützen § 53 StPO beabsichtigt (vgl. KK-Senge, StPO, 7. Aufl., § 53 Rn. 1), beginnt nicht erst mit Abschluss des zivilrechtlichen Geschäftsbesorgungsvertrages, sondern umfasst auch das entsprechende Anbahnungsverhältnis (BGHSt aaO S. 151 zum Arzt-Patienten-Verhältnis; SK-StPO/Rogall aaO, Rn. 84, 101). Ein Beschuldigter, der auf der Suche nach einem Verteidiger ist, bringt jedem Rechtsanwalt, mit dem er zu diesem Zweck kommuniziert, typischerweise das Vertrauen entgegen, dass der Inhalt dieser Gespräche vertraulich behandelt wird, unabhängig davon, ob anschließend ein Verteidigungsverhältnis zustande kommt (Schäfer, Festschrift für Hanack, 1999, 77, 82). Damit besteht bereits zu diesem Zeitpunkt die Sonderbeziehung, die von einer – vornehmlich zu § 203 StGB vertretenen (S/S-Lenckner/Eisele, StGB, 28. Aufl., § 203 Rn. 15 mwN; ablehnend OLG Köln aaO) und vom Generalbundesanwalt für seine Argumentation herangezogene – Ansicht über den funktionalen Zusammenhang mit der Berufsausübung hinaus verlangt wird. Der Senat kann daher offenlassen, ob dieser Ansicht zu folgen wäre (ebenso BGH aaO, S. 150 f.).

[9] d) Dieses Verständnis des Tatbestandsmerkmals des Bekanntwerdens ist – unabhängig davon, ob es tatsächlich, wie der Generalbundesanwalt meint, Ergebnis

einer weiten bzw. ausdehnenden Auslegung ist (so ausdrücklich BGH, Urteil vom 20. Dezember 1977 – 1 StR 287/77, bei Holtz MDR 1978, 281; SK-StPO/Rogall aaO, Rn. 63; Radtke/Hohmann/Otte aaO; LR/Ignor/Bertheau, StPO aaO) – vom dargelegten Schutzzweck der Norm her geboten. Das bestehende Spannungsverhältnis zwischen der Gewährung eines Zeugnisverweigerungsrechts und der verfassungsrechtlichen Pflicht des Staates zur bestmöglichen Erforschung der materiellen Wahrheit als unerlässliche Voraussetzung der Verwirklichung des Schuldprinzips wurde vom Gesetzgeber gesehen. Dennoch hat er – im Bewusstsein der zu § 53 StPO ergangenen Rechtsprechung – dem Vertrauensverhältnis zunächst nur zum Verteidiger, später auch zu dem nicht verteidigenden Rechtsanwalt uneingeschränkten Vorrang eingeräumt und in § 160a Abs. 1 StPO ein absolutes Erhebungs- und Verwendungsverbot statuiert (BT-Drucks. 16/5846, S. 25, 35 f.; BT-Drucks. 17/2637, S. 6). Soweit das Bundesverfassungsgericht in diesem Zusammenhang die Pflicht zur Wahrheitserforschung betont hat, geschah dies mit Blick auf den am Maßstab des Gleichheitsgrundsatzes des Art. 3 Abs. 1 GG zu messenden, abschließenden Charakters der in § 53 StPO aufgeführten Berufsgruppen (Beschluss vom 19. Juli 1972 – 2 BvL 7/71, BVerfGE 33, 367, 383 zum Sozialarbeiter; Beschluss vom 15. Januar 1975 – 2 BvR 65/74, NJW 1975, 588, 589 zum Tierarzt). Eine Einschränkung des Schutzes des Vertrauensverhältnisses ist damit nicht zu rechtfertigen oder gar verfassungsrechtlich geboten (vgl. BVerfG, Urteil vom 3. März 2004 – 1 BvR 2378/98 u.a., BVerfGE 109, 279, 329).

[10] e) Darauf, ob die einzelnen Äußerungen aus objektiver Sicht vertrauens- und damit schutzwürdig erscheinen, kann es nicht ankommen. Derjenige, der Vertrauen sucht, muss, um dieses Vertrauen aufbauen zu können, im Vorfeld sicher sein, dass sämtliche vom Berufsausübenden in seiner Funktion gewonnenen Erkenntnisse unabhängig von der Bewertung durch Dritte dem Zeugnisverweigerungsrecht unterfallen. Allerdings findet der Schutz bei solchen Informationen eine Grenze, die gerade mit dem Ziel erteilt werden, sie an Dritte weiterzugeben (BGH, Beschluss vom 20. Juli 1990 – StB 10/90, StV 1990, 433; OLG Hamm, Beschluss vom 20. Januar 2009 – 5 Ws 24/09, NStZ 2010, 164). Dies trifft bezogen auf einen Verteidiger zwar auf die Mitteilung des Bestehens eines Mandatsverhältnisses – wie vorliegend mit Schreiben vom 13. Dezember 2011 geschehen – zu. Davon unberührt bleibt jedoch, dass darauf bezogene weitere Erkenntnisse wie der Umstand, wann, auf wessen Initiative und aus welchen Gründen es zu einer Kontaktaufnahme gekommen war, grundsätzlich nicht offengelegt werden sollen.

[11] 2. Der Ermittlungsrichter ist auch zutreffend von einem Vorrang der Regelung des § 160a Abs. 1 Satz 5 i.V.m. Satz 3 StPO gegenüber § 101 Abs. 8 StPO ausgegangen, weshalb sich die unterlassene Löschung der Aufzeichnung seit 28. Februar 2012 als rechtswidrig erweist. Dem Generalbundesanwalt ist allerdings darin zuzustimmen, dass das Ziel der Regelung, einer Perpetuierung der Verletzung des Erhebungsverbots nach § 160a Abs. 1 Satz 1 StPO vorzubeugen und die Einhaltung des Verwertungsverbots nach § 160a Abs. 1 Satz 2 StPO abzusichern (BT-Drucks. 16/5846, S. 36), die Schaffung des absoluten Löschungsgebots nicht zwingend erfordert hätte. Es hätte vielmehr ausgereicht, eine – vorliegend allerdings auch nicht am 28. Februar 2012 vorgenommene, sondern erst mit Verfügung vom 6. September 2012 angeordnete – Sperrung der Daten wie nach § 101 Abs. 8 Satz 3 Halbs. 2 StPO vorzusehen. Gegen ein Nebeneinander beider Vorschriften sprechen jedoch Wortlaut und Gesetzgebungsgeschichte; ein solches ist auch verfassungsrechtlich nicht geboten.

[12] a) Der Wortlaut des § 160a Abs. 1 Satz 3 StPO ist eindeutig. Während § 101 Abs. 8 StPO zwischen Löschung im Sinne des Unkenntlichmachens gespeicherter personenbezogener Daten (§ 3 Abs. 4 Nr. 5 BDSG) und Sperrung zum Zwecke der gerichtlichen Überprüfung der Maßnahme (vgl. § 3 Abs. 4 Nr. 4 BDSG) unterscheidet, verlangt § 160a Abs. 1 Satz 3 StPO stets die Löschung. Da beide Regelungen durch dasselbe Gesetz (Gesetz zur Neuregelung der Telekommunikationsüberwachung und anderer verdeckter Ermittlungsmaßnahmen sowie zur Umsetzung der Richtlinie 2006/24/EG vom 21. Dezember 2007) eingeführt wurden, kann ausgeschlossen werden, dass der Gesetzgeber – ohne dies deutlich zu machen – dem Begriff der Löschung in § 160a Abs. 1 Satz 3 StPO unter bestimmten Voraussetzungen auch als Sperrung im Sinne des § 101 Abs. 8 Satz 3 Halbs. 2 StPO verstanden wissen wollte.

[13] b) § 160a Abs. 1 Satz 3 StPO stellt auch nicht lediglich eine Spezialregelung gegenüber der Löschung im Sinne des § 101 Abs. 8 Satz 1 StPO dar, die den Anwendungsbereich für die Sperrung von Daten nach § 101 Abs. 8 Satz 3 Halbs. 2 StPO unberührt ließe. Eine Datensperrung nach dieser Vorschrift kommt nur dann in Betracht, wenn der Inhalt ansonsten für die Strafverfolgung nicht mehr erforderlicher und deshalb grundsätzlich zu löschender Erkenntnisse (§ 101 Abs. 8 Satz 1 StPO) lediglich zu Zwecken der gerichtlichen Überprüfung der Maßnahme aufbewahrt werden soll. Diese Gewährleistung nachträglichen Rechtsschutzes übernimmt nach dem Willen des Gesetzgebers im Rahmen des § 160a Abs. 1 StPO jedoch die durch § 160a Abs. 1 Satz 4 StPO vorgesehene Regelung, wonach unter Verzicht auf eine inhaltliche Speicherung der Aufzeichnungen zur Sicherung etwaiger Rechtsschutzbegehren die Tatsache der Erlangung der unverwendbaren Erkenntnisse sowie der Löschung der entsprechenden Aufzeichnungen aktenkundig zu machen ist (BT-Drucks. 16/5846, S. 36). Dabei handelt es sich um eine bewusste Entscheidung des Gesetzgebers. § 160a Abs. 1 Satz 3 und 4 StPO wurde § 100c Abs. 5 Satz 2 und 4 StPO nachgebildet, der seinerseits mit Gesetz vom 24. Juni 2005 zur Umsetzung des Urteils des Bundesverfassungsgerichts vom 3. März 2004 eingeführt wurde. Bezogen auf letztgenannte Bestimmungen wurden ausdrücklich etwaige der Vernichtung der erlangten Daten entgegenstehende Belange des (nachträglichen) Rechtsschutzes mit Blick auf den Menschenwürdebezug von Aufzeichnungen aus dem Kernbereich privater Lebensgestaltung als unerheblich bezeichnet (BT-Drucks. 15/4533, S. 15). Dies hatte das Bundesverfassungsgericht in Abweichung von dem allgemeinen Grundsatz, wonach Art. 19 Abs. 4 GG eine Abstimmung der Pflicht zur Vernichtung mit der Rechtsschutzgarantie verlange (BVerfG, Urteil vom 3. März 2004 – 2 BvR 2378/98 u.a., BVerfGE 109, 279, 380 f.), in diesem Zusammenhang gefordert. Denn wegen des Risikos einer Vertiefung der Persönlichkeitsverletzung habe jede weitere Aufbewahrung von höchstpersönlichen Daten, die nicht hätten erhoben werden dürfen, zu unterbleiben, auch wenn dadurch ein mögliches Interesse der Betroffenen auf vollständige Kenntnis darüber, welche Gesprächsinhalte von den Strafverfolgungsbehörden überwacht wurden, unbefriedigt bleibt (BVerfG aaO, S. 332 f.).

[14] c) Dass der Gesetzgeber auch bei dem Schutz der Vertraulichkeit des Verhältnisses eines Beschuldigten zu seinem Verteidiger Aspekte der Garantie der Menschenwürde in seine Überlegungen miteinbezogen und deswegen etwaige Belange eines nachträglichen Rechtsschutzes hintangestellt hat, ist von den Fachgerichten hinzunehmen; auch mit Blick auf Art. 19 Abs. 4 GG bestehen insoweit keine Bedenken. Die für die Verkürzung der Rechtsschutzgarantie erforderliche Menschenwürderelevanz der personenbezogenen Erkenntnisse aus dem Vertrauensverhältnis zwischen Verteidiger und Mandant folgt daraus, dass § 53 Abs. 1 Satz 1 Nr. 2 StPO

nicht nur generell den Schutz dieses Verhältnisses bezweckt, sondern seine Funktion darüber hinaus auch darin liegt dafür Sorge zu tragen, dass der Beschuldigte nicht zum bloßen Objekt eines Strafverfahrens wird (BVerfG aaO, S. 322; BVerfG, Beschluss vom 12. Oktober 2011, 2 BvR 236/08 u.a., BVerfGE 129, 208, 263 f.; BT-Drucks. 16/5846, S. 25). Diese gesteigerte Bedeutung spiegelt sich auch in der Differenzierung zwischen den einzelnen Berufsgruppen in § 160a Abs. 1 und Abs. 2 StPO wider (vgl. zu der Verfassungsgemäßheit dieser Unterscheidung im Lichte des Art. 3 Abs. 1 GG BVerfG aaO, S. 261 ff.).

[15] d) Dass die unterschiedlichen Normen betreffend die Löschung und Speicherung von Daten sowie die diesbezüglichen Rechtsschutzmöglichkeiten insgesamt nicht ausgewogen aufeinander abgestimmt sind (vgl. KK-Bruns aaO, § 100c Rn. 37), lässt ein anderes Verständnis der § 160a Abs. 1 Satz 3 und 4 StPO angesichts der Eindeutigkeit der Auslegung nach Wortlaut und Entstehungsgeschichte nicht zu.

■ PRAXISBEDEUTUNG

Die Entscheidung stärkt die Rechte des Angeklagten und des jeweiligen Verteidigers und weitet diese über das bislang zugestandene Maß aus. Bereits das Anbahnungsgespräch ist damit in besonderer Weise geschützt, auch wenn es letztlich nicht zu einem Verteidigungsverhältnis geführt hat.

474 Zu den Voraussetzungen einer **Rüge der Verletzung des § 168c Abs. 5 StPO.**[470]

Die Rüge der Verletzung des § 168c Abs. 5 StPO hat keinen Erfolg. Dabei kann der Senat offen lassen, ob überhaupt ein Recht auf Benachrichtigung besteht, wenn der Beschuldigte – wie hier – bereits vom Termin ausgeschlossen worden war (vgl. BGH, Urteil vom 3. November 1982 – 2 StR 434/82, BGHSt 31, 140, 142; ebenfalls offen gelassen von BGH, Beschluss vom 3. März 2011 – 3 StR 34/11). Denn jedenfalls lässt das Landgericht noch hinreichend erkennen, dass es rechtsfehlerfrei die Unterlassung der Benachrichtigung für gerechtfertigt hielt (UA S. 19) und sich insoweit die Ausführungen im ermittlungsrichterlichen Beschluss vom 16. Mai 2013, der sich auch mit den Voraussetzungen des § 168c Abs. 5 Satz 2 StPO befasst, zu eigen gemacht hat. Vor diesem Hintergrund braucht der Senat auch nicht zu entscheiden, ob die Rüge in einer den Anforderungen des § 344 Abs. 2 Satz 2 StPO entsprechenden Weise erhoben ist. Hieran könnten im Hinblick auf den fehlenden Vortrag dazu, ob der Beschuldigte durch seinen Verteidiger Kenntnis von der bevorstehenden Vernehmung erhalten hat, Zweifel bestehen. Ohne Kenntnis von diesen, allein in der Sphäre des Beschuldigten wurzelnden und dem Revisionsgericht nicht zugänglichen Tatsachen (vgl. zu insoweit vergleichbaren Fallkonstellationen BGH, Urteil vom 26. Mai 1981 – 1 StR 48/81, BGHSt 30, 131, 135; Beschluss vom 11. März 1998 – 3 StR 43/98, NStZ 1998, 369) könnte der Senat nämlich nicht prüfen, ob die Rechte des Beschuldigten, auf die Beweisgewinnung in einer nicht an seine Anwesenheit anknüpfenden Weise Einfluss nehmen zu können (vgl. BGH, Beschluss vom 12. September 2012 – 5 StR 401/12; Urteil vom 11. Mai 1976 – 1 StR 166/76,

[470] BGH, Beschluss vom 7.10.2014 – 1 StR 381/14.

BGHSt 26, 332), beeinträchtigt worden sind. Dies versteht sich in der vorliegenden Fallkonstellation, in der der weiträumig vor dem Termin hiervon benachrichtigte Verteidiger den Termin wahrnimmt, sein Fragerecht ausübt und der Beschuldigte selber in nicht angefochtener Weise von der Anwesenheit ausgeschlossen ist, ausnahmsweise nicht von selbst.

14. Fassung der Anklage; Eröffnungsbeschluss – §§ 200 ff. StPO

a) Anklageerhebung

Die Anklage hat die dem Angeklagten **zur Last gelegte Tat sowie Zeit und Ort ihrer** **475**
Begehung so genau zu bezeichnen, dass die Identität des **geschichtlichen Vorgangs** klargestellt und erkennbar wird, welche **bestimmte Tat** gemeint ist; sie muss sich von anderen gleichartigen strafbaren Handlungen desselben Täters unterscheiden lassen (**Umgrenzungsfunktion**). Die begangene, konkrete Tat muss durch bestimmte Tatumstände so genau gekennzeichnet werden, dass keine Unklarheit darüber möglich ist, welche Handlungen dem Angeklagten zur Last gelegt werden. Fehlt es hieran, so ist die Anklage unwirksam.[471]

[4] Die Verurteilung des Angeklagten in diesen Fällen wird von der zugelassenen Anklage nicht erfasst. Es fehlt an einem hinreichend umgrenzten Tatvorwurf.

[5] Die Anklage hat die dem Angeklagten zur Last gelegte Tat sowie Zeit und Ort ihrer Begehung so genau zu bezeichnen, dass die Identität des geschichtlichen Vorgangs klargestellt und erkennbar wird, welche bestimmte Tat gemeint ist; sie muss sich von anderen gleichartigen strafbaren Handlungen desselben Täters unterscheiden lassen (Umgrenzungsfunktion). Die begangene, konkrete Tat muss durch bestimmte Tatumstände so genau gekennzeichnet werden, dass keine Unklarheit darüber möglich ist, welche Handlungen dem Angeklagten zur Last gelegt werden. Fehlt es hieran, so ist die Anklage unwirksam (BGH, Urteil vom 28. Oktober 2009 – 1 StR 205/09, NStZ 2010, 159, 160).

[6] Diesen Anforderungen wird die unverändert zur Hauptverhandlung zugelassene Anklage nicht gerecht. Der von der Strafkammer in den Fällen II. 66 bis 78 abgeurteilte Lebenssachverhalt wird weder im Anklagesatz noch im wesentlichen Ergebnis der Ermittlungen konkret beschrieben. Die Anklage teilt lediglich mit, der Angeklagte habe in einer Mehrzahl von Fällen seine als Honorararzt von Krankenhausbetreibern erzielten Einnahmen in Höhe von insgesamt 78.515 Euro dem bestellten Insolvenzverwalter nicht offengelegt.

[7] Schon die Benennung des Tatzeitraums fehlt bzw. umfasst – soweit die Anklage noch vor den nachfolgenden Angaben im konkreten Anklagesatz einen Tatzeitraum vom 18. Dezember 2006 bis Ende 2010 nennt – ganz offensichtlich nicht die abgeurteilten in der Zeit vom 22. Februar 2011 bis August 2011 erfolgten Honorarauszahlungen. Die Taten sind auch nicht durch andere Umstände unverwechselbar umschrieben und daher ausreichend konkretisiert. Die Anklageschrift nennt weder die verschiedenen Krankenhäuser noch gibt sie Auskunft über konkret erzielte Honorare. Angesichts der fehlenden Angabe des Tatzeitraums und jedweder weiter-

---

[471] BGH, Beschluss vom 4.02.2014 – 2 StR 533/13.

gehender Konkretisierung der Tathandlung ist auch die Mitteilung des Gesamtbetrags der Auszahlungen in Höhe von 78.515 Euro nicht geeignet, den angeklagten Lebenssachverhalt hinreichend zu individualisieren (vgl. dagegen Senat, Urteil vom 12. Februar 2014 – 2 StR 308/13). Der in der Anklage genannte Gesamtbetrag stimmt im Übrigen auch nicht mit dem von der Strafkammer festgestellten Gesamtbetrag von 78.575 Euro überein, weshalb mangels anderweitiger Konkretisierungen schon nicht überprüft werden kann, ob die festgestellten einzelnen Auszahlungen auch alle vom Anklagevorwurf umfasst waren.

476 Die vom Landgericht unverändert zur Hauptverhandlung zugelassene Anklageschrift der Staatsanwaltschaft genügt den **Anforderungen des § 200 Abs. 1 Satz 1 StPO.** Das Tatgeschehen war durch **die Angabe der Tatzeit** und **des Tatortes**, die **Benennung der Speichermedien sowie die Umschreibung der Bildinhalte** im Anklagesatz so **genau bezeichnet**, dass es **als individueller geschichtlicher Vorgang** erkennbar wurde und sich als solcher von möglichen anderen gleichartigen strafbaren Handlungen desselben Täters unterscheiden ließ.[472]

b) Zwischenverfahren / Eröffnungsbeschluss / Nachtragsanklage

477 **Der Angeklagte** hat nach Art. 6 Abs. 3 Buchst. a) MRK **das Recht**, innerhalb möglichst kurzer Frist **in einer ihm verständlichen Sprache in allen Einzelheiten über Art und Grund der gegen ihn erhobenen Beschuldigung unterrichtet** zu werden. Dieses Recht beinhaltet für den der deutschen Sprache nicht hinreichend mächtigen Beschuldigten grundsätzlich die Übersendung einer **Übersetzung der Anklageschrift** in einer für ihn verständlichen Sprache; dies hat in aller Regel **schon vor der Hauptverhandlung** zu geschehen. Die **mündliche Übersetzung genügt nur in Ausnahmefällen**, namentlich dann, wenn der Verfahrensgegenstand tatsächlich und rechtlich einfach zu überschauen ist.[473]

[3] a) Die Beanstandung, die Strafkammer habe gegen die §§ 200, 201 StPO sowie gegen den Grundsatz des fairen Verfahrens verstoßen, weil sie dem Angeklagten am zweiten Hauptverhandlungstag keine Übersetzung der Anklageschrift in einer für ihn verständlichen Sprache (Roma) überlassen, sondern ihn auf die mündliche Übersetzung der Anklageschrift verwiesen und zudem einen Antrag, ihm eine in die Sprache Roma übersetzte Anklageschrift auszuhändigen sowie das Verfahren bis zur Übergabe der übersetzten Anklage auszusetzen, unter Hinweis auf eine mehrere Stunden dauernde Unterbrechung zurückgewiesen habe, ist jedenfalls unbegründet.

[4] Allerdings hatte der Angeklagte nach Art. 6 Abs. 3 Buchst. a) MRK das Recht, innerhalb möglichst kurzer Frist in einer ihm verständlichen Sprache in allen Einzelheiten über Art und Grund der gegen ihn erhobenen Beschuldigung unterrichtet zu werden. Dieses Recht beinhaltet für den der deutschen Sprache nicht hinreichend mächtigen Beschuldigten grundsätzlich die Übersendung einer Übersetzung der Anklageschrift in einer für ihn verständlichen Sprache; dies hat in aller Regel schon vor der Hauptverhandlung zu geschehen. Auch die Überlassung der in die serbische Sprache übersetzten Anklageschrift war deshalb – ungeachtet des Umstands, dass

---

472 BGH, Urteil vom 16.01.2014 – 4 StR 370/13; siehe insoweit auch Urteil vom 12.02.2014 – 2 StR 308/13.

473 BGH, Beschluss vom 10.07.2014 – 3 StR 262/14.

der Angeklagte diese Sprache ebenfalls nicht beherrschte – grundsätzlich zu spät. Die mündliche Übersetzung genügt nur in Ausnahmefällen, namentlich dann, wenn der Verfahrensgegenstand tatsächlich und rechtlich einfach zu überschauen ist (Meyer-Goßner/Schmitt, StPO, 57. Aufl., Art. 6 MRK Rn. 18 mwN). Durch Gesetz zur Stärkung der Verfahrensrechte von Beschuldigten im Strafverfahren vom 2. Juli 2013 (BGBl. I, S. 1938) ist zudem zur Umsetzung der Richtlinie 2010/64/EU des Europäischen Parlaments und des Rates vom 20. Oktober 2010 über das Recht auf Dolmetscherleistungen und Übersetzungen in Strafverfahren § 187 GVG geändert worden. Die in Art. 3 der Richtlinie enthaltene inhaltliche Konkretisierung des Anspruches eines der Sprache des Strafverfahrens nicht mächtigen Beschuldigten auf schriftliche Übersetzung aller für seine Verteidigung und zur Gewährleistung eines fairen Verfahrens wesentlichen Unterlagen findet danach nunmehr in § 187 Abs. 2 Satz 1 GVG dahin ihren Niederschlag, dass in der Regel die schriftliche Übersetzung von freiheitsentziehenden Anordnungen sowie von Anklageschriften, Strafbefehlen und nicht rechtskräftigen Urteilen für die Ausübung der strafprozessualen Rechte des Beschuldigten erforderlich ist. An die Stelle der schriftlichen Übersetzung kann nach § 187 Abs. 2 Satz 4 GVG zwar eine mündliche Übersetzung oder eine mündliche Zusammenfassung treten, wenn dadurch die strafprozessualen Rechte des Beschuldigten gewahrt werden, was nach § 187 Abs. 2 Satz 5 GVG regelmäßig der Fall sein soll, wenn der Beschuldigte einen Verteidiger hat (kritisch zu dieser Regelung Eisenberg, JR 2013, 442, 445). Insoweit hatte der Gesetzgeber indes vor allem die Übersetzung von Urteilen im Blick; die Verpflichtung zur schriftlichen Urteilsübersetzung sollte in der Regel dann nicht greifen, wenn eine effektive Verteidigung des nicht ausreichend sprachkundigen Angeklagten dadurch ausreichend gewährleistet wird, dass der von Gesetzes wegen für die Revisionsbegründung verantwortliche Rechtsanwalt das schriftliche Urteil kennt (BT-Drucks. 17/12578, S. 12 mwN). Geht es um die Übersetzung der Anklageschrift, ist die Verfahrenslage aber eine andere, weil durch die Mitteilung der Anklageschrift gerade die durch Art. 6 Abs. 3 Buchst. a) MRK gewährleistete Information des Beschuldigten über den Tatvorwurf „in allen Einzelheiten" bewirkt werden soll. Auch die Erklärungsrechte des § 201 Abs. 1 Satz 1 StPO werden möglicherweise beschnitten, wenn der Angeschuldigte über den Anklagevorwurf nicht umfassend und zeitnah unterrichtet wird.

[5] Es kann im Ergebnis indes offen bleiben, ob das Vorgehen des Vorsitzenden der Strafkammer gemessen an diesen Maßstäben rechtsfehlerfrei war. Denn der Senat kann jedenfalls ausschließen, dass das Urteil, das nach 23 weiteren Hauptverhandlungstagen ergangen ist, in denen zu den Tatvorwürfen umfassend Beweis erhoben, der Sachverhalt somit umfassend aufgeklärt worden ist und der Angeklagte die ihm zur Last gelegten Taten am letzten Hauptverhandlungstag auf Drängen seiner Verteidigung gestanden hat, auf einem etwaigen Informationsdefizit am zweiten Hauptverhandlungstag beruht, das durch die Ablehnung der Anträge der Verteidigung aufgetreten sein könnte.

Eine **fehlende oder nicht von allen Richtern vorgenommene Unterzeichnung** des **Eröffnungsbeschlusses** berührt dann nicht dessen Wirksamkeit, wenn nachgewiesen ist, dass der Beschluss tatsächlich von allen hierzu berufenen Richtern gefasst worden ist.[474] **478**

[474] BGH, Beschluss vom 13.03.2014 – 2 StR 516/13.

[2] Der Eröffnungsbeschluss vom 5. April 2013 ist lediglich vom Vorsitzenden und einem Beisitzer unterschrieben. Der weitere auf eine richterliche Beisitzerin hinweisende Schriftzug stammt nicht von dieser, sondern vom Vorsitzenden der Strafkammer.

[3] Zwar berührt nach der Rechtsprechung des Bundesgerichtshofs eine fehlende oder nicht von allen Richtern vorgenommene Unterzeichnung des Eröffnungsbeschlusses dann nicht dessen Wirksamkeit, wenn nachgewiesen ist, dass der Beschluss tatsächlich von allen hierzu berufenen Richtern gefasst worden ist (vgl. zuletzt BGH, NStZ 2012, 225). Dies lässt sich aber hier nicht feststellen. Nach der dienstlichen Erklärung der beisitzenden Richterin, deren Unterschrift auf dem Eröffnungsbeschluss fehlt, hat sie keine Erinnerung, ob es in dieser Sache eine mündliche Beschlussfassung oder eine dahin zu verstehende gemeinsame Besprechung oder Beratung über die Eröffnung gegeben habe.

[4] Das Fehlen des Eröffnungsbeschlusses führt zur Aufhebung der angefochtenen Entscheidung und zur Einstellung des Verfahrens (vgl. BGH, Beschluss vom 31. Juli 2008 – 4 StR 251/08).

15. Einstellung bei Verfahrenshindernissen – § 206a StPO

479 Der Angeklagte ist verstorben. Das Verfahren ist daher gemäß § 206a Abs. 1 StPO **wegen eines Verfahrenshindernisses einzustellen.** Das angefochtene **Urteil – auch dessen Kostenentscheidung – ist damit gegenstandslos,** ohne dass es einer Aufhebung bedarf.[475]

[3] Die Kosten- und Auslagenentscheidung beruht auf § 467 Abs. 1 und Abs. 3 Satz 2 Nr. 2 StPO (BGH, Beschluss vom 2. Oktober 2008 – 1 StR 388/08, NStZ-RR 2009, 21). Da das Rechtsmittel des Angeklagten keine Aussicht auf Erfolg gehabt hätte, erscheint es unbillig, der Staatskasse die notwendigen Auslagen des Angeklagten aufzuerlegen. Die Erstattung der den Nebenklägern entstandenen notwendigen Auslagen kommt bei Einstellung wegen eines Verfahrenshindernisses nicht in Betracht (BGH, Beschluss vom 23. August 2012 – 4 StR 252/12, NStZ-RR 2012, 359); in der Beschlussformel ist dies nicht besonders auszusprechen.

16. Höchstdauer einer Unterbrechung – § 229 StPO

480 Die Fristen des **§ 229 StPO** stellen **keine Fristen im Sinne der §§ 42, 43 StPO** dar. Weder der Tag, an dem die Unterbrechung angeordnet wird, noch derjenige, an dem die Verhandlung wieder aufgenommen wird, sind in die Frist einzuberechnen.[476]

Die Rüge der Verletzung des § 229 Abs. 4 Satz 1 StPO bleibt ohne Erfolg. Denn selbst wenn – wie von der Revision geltend gemacht – an den Hauptverhandlungstagen vom 30. Mai 2013 und 7. Juni 2013 nicht zur Sache verhandelt worden wäre, wäre die Unterbrechungsfrist des § 229 Abs. 1 StPO bei Fortsetzung der Hauptver-

---

475 BGH, Beschluss vom 30.07.2014 – 2 StR 248/14.
476 BGH, Beschluss vom 20.03.2014 – 3 StR 408/13.

handlung nicht abgelaufen gewesen. Die Fristen des § 229 StPO stellen keine Fristen im Sinne der §§ 42, 43 StPO dar. Weder der Tag, an dem die Unterbrechung angeordnet wird, noch derjenige, an dem die Verhandlung wieder aufgenommen wird, sind in die Frist einzuberechnen (LR/Becker, StPO, 26. Aufl., § 229 Rn 6). Vor dem 30. Mai 2013 war zuletzt am Donnerstag, den 16. Mai 2013, verhandelt worden, so dass die Unterbrechungsfrist am Freitag, den 17. Mai 2013, zu laufen begann und am Freitag, den 7. Juni 2013, endete. Da der 8. Juni 2013, an dem nach § 229 Abs. 4 Satz 1 StPO die Hauptverhandlung hätte fortgesetzt werden müssen, ein Samstag war, musste nach § 229 Abs. 4 Satz 2 StPO die Hauptverhandlung erst am Montag, den 10. Juni 2013, wieder aufgenommen werden. Dies ist auch geschehen.

17. Anwesenheitspflicht des Angeklagten – § 231 StPO

Nach § 231 Abs. 2 StPO darf nur gegen eine(n) Angeklagte(n) verhandelt werden, **481** wenn er/sie der Fortsetzung der Hauptverhandlung **eigenmächtig ferngeblieben** ist; eine solche Eigenmächtigkeit hat der Tatrichter nachprüfbar für das Revisionsgericht darzulegen.[477]

Der Umstand, dass der **Angeklagte nicht erschienen war**, nimmt dem Termin **482** vom 28. Dezember 2012 nicht den Charakter einer Hauptverhandlung.[478]

[9] 3. Die zulässig erhobene Rüge, das Landgericht habe die Hauptverhandlung am 28. Dezember 2012 nicht im Sinne von § 229 Abs. 4 Satz 1 StPO fortgesetzt und deshalb gegen § 229 Abs. 1 StPO verstoßen, ist unbegründet.

[10] a) Nach dem Revisionsvorbringen hat das Landgericht am 7. Dezember 2012 die Hauptverhandlung unterbrochen und Termin zur Fortsetzung auf den 28. Dezember 2012 bestimmt. Zu diesem Termin erschien der Angeklagte nicht. Stattdessen übermittelte sein Verteidiger dem Landgericht per Telefax ein unter dem 27. Dezember 2012 ausgestelltes „Ärztliches Attest". Danach sei der Angeklagte an diesem Tag in der Praxis der ausstellenden Ärztin vorstellig geworden und habe erklärt, sich die neunstündige Reise zum Gerichtstermin am nächsten Tag nicht zuzutrauen, was „ärztlich nachvollziehbar" sei. Das Faxschreiben wurde in der Hauptverhandlung vom 28. Dezember 2012 verlesen. Sodann erörterte das Landgericht mit den anwesenden Verfahrensbeteiligten „die Möglichkeiten der Anwendung der §§ 230, 231 StPO" und wies auf „bestehende Zweifel hinsichtlich des Vorliegens der Voraussetzungen der §§ 230 Abs. 2, 231 Abs. 2 StPO" hin. Von der „beabsichtigten Verlesung von Urkunden in diesem Termin" sah es ab. Die Hauptverhandlung wurde unterbrochen und Termin zur Fortsetzung auf den 10. Januar 2013 bestimmt. Der Senat entnimmt dem weiteren Vorbringen der Revision, dass am 28. Dezember 2012 die Hauptverhandlung noch nicht an zehn Tagen stattgefunden hatte.

[11] b) Mit der Verhandlung am 28. Dezember 2012 ist die Hauptverhandlung im Sinne von § 229 Abs. 4 Satz 1 StPO fortgesetzt worden.

[12] aa) Der Umstand, dass der Angeklagte nicht erschienen war, nimmt dem Termin vom 28. Dezember 2012 nicht den Charakter einer Hauptverhandlung.

---

[477] BGH, Beschluss vom 6.05.2014 – 5 StR 160/14.
[478] BGH, Urteil vom 16.01.2014 – 4 StR 370/13.

[13] Die Hauptverhandlung wurde mit dem Aufruf der Sache am ersten Verhandlungstag gemäß § 243 Abs. 1 Satz 1 StPO begonnen und nach mehreren Unterbrechungen in dem dafür anberaumten Termin vom 28. Dezember 2012 fortgeführt. Dass der Angeklagte zu diesem Termin nicht erschienen war, stellt die Annahme einer Hauptverhandlung nicht in Frage. Soweit in § 230 Abs. 1 StPO davon die Rede ist, dass gegen einen ausgebliebenen Angeklagten eine Hauptverhandlung nicht stattfindet, wird keine begriffliche Voraussetzung der „Hauptverhandlung", sondern nur eine notwendige Bedingung für deren rechtmäßige Durchführung benannt, deren Fehlen – von bestimmten Ausnahmefällen (vgl. § 231 Abs. 2; § 329 Abs. 1 und 2 StPO) abgesehen – nach § 338 Nr. 5 StPO zu einem absoluten Revisionsgrund führt (BGH, Urteil vom 9. August 2007 – 3 StR 96/07, BGHSt 52, 24 Rn. 6).

[14] bb) Die im Termin vom 28. Dezember 2012 vorgenommenen Verfahrenshandlungen haben auch zu einer Fortsetzung der Hauptverhandlung im Sinne des § 229 Abs. 4 Satz 1 StPO geführt.

[15] (1) Nach ständiger Rechtsprechung gilt eine Hauptverhandlung als fortgesetzt, wenn zur Sache verhandelt und das Verfahren gefördert wird (BGH, Beschluss vom 5. November 2008 – 1 StR 583/08, NJW 2009, 384; Urteil vom 25. Juli 1996 – 4 StR 172/96, BGHR StPO § 229 Abs. 1, Sachverhandlung 2; Urteil vom 30. April 1952 – 5 StR 275/52, NJW 1952, 1149). Dies ist stets der Fall, wenn es zu Verfahrensvorgängen kommt, die die zur Urteilsfindung führende Sachverhaltsaufklärung betreffen (BGH, Urteil vom 28. November 2012 – 5 StR 412/12, NJW 2013, 404; Urteil vom 22. Juni 2011 – 5 StR 190/11, BGHR StPO § 229 Abs. 1, Sachverhandlung 13; Beschluss vom 7. April 2011 – 3 StR 61/11, NStZ 2011, 532; Urteil vom 11. Juli 2008 – 5 StR 74/08, NStZ 2009, 225 Rn. 5). Auch die alleinige Befassung mit Verfahrensfragen kann ausreichend sein, sofern es dabei um den Fortgang der Sachverhaltsaufklärung geht (vgl. BGH, Urteil vom 28. November 2012 – 5 StR 412/12, NJW 2013, 404; Urteil vom 19. August 2010 – 3 StR 98/10, NStZ 2011, 229 f.; Beschluss vom 6. Juli 2000 – 5 StR 613/99, NStZ 2000, 606; Urteil vom 14. März 1990 – 3 StR 109/89, BGHR StPO § 229 Abs. 1 Sachverhandlung 1). Wird die Verhandlung nur „zum Schein" fortgesetzt, um die Vorschrift des § 229 StPO zu umgehen, liegt kein Verhandeln zur Sache vor. Dies gilt auch dann, wenn dabei Prozesshandlungen vorgenommen werden, die grundsätzlich zur Unterbrechung der Fristen des § 229 StPO geeignet sind (BGH, Urteil vom 2. Februar 2012 – 3 StR 401/11, NStZ 2012, 343, 344; Beschluss vom 5. November 2008 – 1 StR 583/08, NJW 2009, 384; Urteil vom 25. Juli 1996 – 4 StR 172/96, NJW 1996, 3019, 3020).

[16] (2) Nach diesen Maßstäben war die Verhandlung im Termin vom 28. Dezember 2012 als eine fristwahrende Fortsetzungsverhandlung im Sinne des § 229 Abs. 4 Satz 1 StPO anzusehen. Die Verlesung des Faxschreibens und die Erörterung der Frage, ob gegen den ausgebliebenen Angeklagten gegebenenfalls nach § 231 Abs. 2 StPO weiterverhandelt werden kann, betrafen den Fortgang der Sachverhaltsaufklärung. Sie führten zu der Feststellung, dass eine als erforderlich angesehene und in diesem Termin vorgesehene Beweisaufnahme (Urkundenverlesung) zu unterbleiben hatte, weil infolge der Abwesenheit des Angeklagten die prozessualen Voraussetzungen dafür nicht vorlagen. Die Verfahrenslage unterscheidet sich insoweit nicht von dem als Fortsetzungsverhandlung im Sinne des § 229 Abs. 4 Satz 1 StPO anerkannten Fall, dass die für die Durchführung einer Sachverhandlung gleichermaßen bedeutsame Verhandlungsfähigkeit des erschienenen Angeklagten zweifelhaft ist und nur dazu verhandelt wird (vgl. BGH, Urteil vom 14. März 1990 – 3 StR 109/89,

BGHR StPO § 229 Abs. 1 Sachverhandlung 1). Für die Annahme, dass der Termin vom 28. Dezember 2012 nur als ein sog. Schiebetermin anberaumt wurde und die Verhandlung nur „zum Schein" fortgesetzt werden sollte, um die Vorschrift des § 229 StPO zu umgehen, lassen sich dem Revisionsvorbringen keine ausreichenden Anhaltspunkte entnehmen.

Das Landgericht hat die Angeklagte wegen räuberischer Erpressung in Tateinheit mit Freiheitsberaubung unter Einbeziehung einer Geldstrafe zu einer Freiheitsstrafe von einem Jahr und vier Monaten verurteilt und deren Vollstreckung zur Bewährung ausgesetzt. Die Revision hat mit der Verfahrensrüge Erfolg (§ 349 Abs. 4 StPO), wesentliche Teile der am 30. Juli 2013 begonnenen Hauptverhandlung seien zu Unrecht in Abwesenheit der Angeklagten durchgeführt worden (§ 230 Abs. 1, § 231 Abs. 2, § 338 Nr. 5 StPO). **483**

Insofern hat der Generalbundesanwalt in seiner Antragsschrift vom 1. April 2014 dargelegt:

„Die Verfahrensrüge ... dringt im Hinblick auf das Geschehen am 21. Oktober 2013 durch. Das Landgericht hat seine **Entscheidung über die Verhandlung ohne die Angeklagte ersichtlich auf § 231 Abs. 2 StPO gestützt. Nach dieser Vorschrift hätte aber nur ohne die Angeklagte verhandelt werden dürfen, wenn sie der Fortsetzung der Hauptverhandlung eigenmächtig ferngeblieben wäre. Eine solche Eigenmächtigkeit hat die Strafkammer nicht dargelegt** ... Vielmehr hatte das Gericht der Angeklagten die weitere Teilnahme an der Hauptverhandlung ‚freigestellt'. Die Voraussetzungen des § 231c StPO liegen nicht vor. Die Angeklagte war auch bei einem wesentlichen Teil der Hauptverhandlung – dem Schlussvortrag ihres Verteidigers (vgl. OLG Hamburg StV 1984, 111) – abwesend. Letztlich kann die Beanstandung nicht als ‚verwirkt' angesehen werden, da die Verteidigung das in Rede stehende Geschehen nicht provoziert hatte."

Diesen zutreffenden Ausführungen schließt sich der Senat mit der Bemerkung an, dass der genannte Teil der Hauptverhandlung in deren weiterem Verlauf auch nicht im Beisein der Angeklagten wiederholt worden ist. Der Verfahrensverstoß macht die Aufhebung des Urteils notwendig (§ 338 Nr. 5 StPO).[479]

Aus Gründen der Verhältnismäßigkeit im Einzelfall mögliche **Abwesenheitsverhandlung** nach § 231 Abs. 2 StPO gegen einen **inhaftierten Angeklagten.**[480] **484**

[11] Die erhobene Verfahrensrüge dringt nicht durch. Zwar war der zu den gegen ihn erhobenen Vorwürfen bereits vernommene Angeklagte während wesentlicher Teile der Hauptverhandlung abwesend, etwa bei der Vernehmung zweier Zeuginnen. Das Landgericht durfte aber seine „fernere Anwesenheit für nicht erforderlich erachten" (vgl. § 231 Abs. 2 StPO), nachdem er sich ohne triftigen Grund nicht hatte vorführen lassen. Die Annahme, der Angeklagte sei dem Fortsetzungstermin „eigenmächtig" ferngeblieben (vgl. hierzu BGH, Urteile vom 30. November 1990 – 2 StR 44/90, BGHSt 37, 249; vom 14. Juni 2000 – 3 StR 26/00, BGHSt 46, 81, 83; Beschluss vom 25. Juli 2011 – 1 StR 631/10, BGHSt 56, 298, 306), ist rechtlich nicht zu beanstanden; sie steht insbesondere nicht in Widerspruch zu der vom Kammergericht bezeichneten Rechtsprechung.

---

479 BGH, Beschluss vom 6.05.2014 – 5 StR 161/14.
480 BGH, Beschluss vom 11.03.2014 – 5 StR 630/13.

*[**12**] Diese verlangt in Fällen, in denen es ein inhaftierter Angeklagter ablehnt, sich zur Fortsetzung der Hauptverhandlung vorführen zu lassen, regelmäßig seine zwangsweise Vorführung. Erst wenn das Gericht alle nach den Umständen und der Bedeutung der Sache zumutbaren Mittel versucht hat und weitere Zwangsmittel wegen ihrer Unverhältnismäßigkeit ausscheiden, entfällt seine Verpflichtung, die Anwesenheit des Angeklagten sicherzustellen (vgl. nur BGH, Urteil vom 30. Juni 1977 – 4 StR 198/77, NJW 1977, 1928, 1929). Danach besteht diese Pflicht zwar „grundsätzlich" (vgl. BGH, Beschluss vom 4. Mai 1993 – 4 StR 207/93, NStZ 1993, 446, 447), aber nicht ausnahmslos. Vielmehr nimmt die Rechtsprechung eine am Maßstab der Verhältnismäßigkeit ausgerichtete Gesamtbetrachtung vor, die namentlich alle Umstände des Einzelfalls einschließlich des Gewichts des erhobenen Tatvorwurfs und des erforderlichen Aufwandes für die fragliche Vorführung zu berücksichtigen hat.*

*[**13**] a) Hieran gemessen ist die zwangsweise Vorführung als notwendig angesehen worden in Fällen, in denen den Angeklagten besonders gewichtige Straftaten zur Last gelegt wurden, nämlich einerseits ein Totschlag in einem besonders schweren Fall (vgl. BGH, Urteil vom 30. Juni 1977 – 4 StR 198/77, NJW 1977, 1928) und andererseits u.a. schwere räuberische Erpressung, räuberische Erpressung, gefährliche Körperverletzung in zwei Fällen und Körperverletzungen in weiteren sechs Fällen; im zweitgenannten Verfahren hatte sich der – zu einer siebenjährigen Gesamtfreiheitsstrafe verurteilte – Angeklagte am siebten Tag der Hauptverhandlung zu deren Fortsetzung erst 50 Minuten verspätet vorführen lassen, „da er in Ruhe Mittagessen" wollte (BGH, Beschluss vom 4. Mai 1993 – 4 StR 207/93, NStZ 1993, 446, 447). Ebenso ist in Fällen entschieden worden, in denen die zwangsweise Vorführung nur eines besonders geringen Aufwandes bedurft hätte, weil die zum Zwecke der Augenscheineinnahme bereits an den jeweiligen Tatort transportierten Angeklagten sich dort geweigert hatten, das Fahrzeug zu verlassen (vgl. BGH, Urteil vom 9. Mai 1974 – 4 StR 102/74, BGHSt 25, 317, 318 [zweijährige Freiheitsstrafe wegen „Diebstahls in einem schweren Fall"]; Hanseatisches Oberlandesgericht Hamburg, Urteil vom 20. Juli 1960 – Ss 87/60, GA 1961, 177).*

*[**14**] b) Von diesen Fallgestaltungen unterscheidet sich die vom Kammergericht vorgelegte in entscheidungserheblicher Weise: Gegenstand der Hauptverhandlung war lediglich die Berufung allein des Angeklagten gegen seine Verurteilung wegen noch zweier Körperverletzungen, die vom Amtsgericht mit einer sechsmonatigen Gesamtfreiheitsstrafe sanktioniert worden waren (und von denen selbst der staatsanwaltschaftliche Sitzungsvertreter letztlich nur noch eine als strafbar erachtete). Durch die Anwesenheit des während des gesamten gerichtlichen Verfahrens alle Vorwürfe bestreitenden Angeklagten war keine weitere Aufklärung mehr zu erwarten, da die Hauptbelastungszeugin bereits am ersten Sitzungstag vernommen worden war (und sich hierbei „verschwommen" erinnert sowie „wenig glaubhaft" geäußert hatte, UA S. 5 f.). Der erst eine Woche zuvor wieder in der JVA Hamburg-Billwerder eingetroffene Angeklagte hätte sich bereits am 21. März 2013 im Rahmen eines – erfahrungsgemäß mehrtägigen und verschiedene Orte ansteuernden – Sammeltransports erneut auf den Weg nach Berlin machen müssen, um am Fortsetzungstermin am 3. April 2013 teilnehmen zu können.*

*[**15**] Angesichts dieser Umstände erweist sich die Verfahrensweise des Landgerichts als rechtsfehlerfrei, auch wenn es sich bei § 231 Abs. 2 StPO um eine Ausnahmevorschrift handelt (vgl. BGH, Beschluss vom 4. Mai 1993 – 4 StR 207/93, NStZ 1993, 446, 447). Das Landgericht hat den ihm eröffneten Beurteilungsspielraum nicht*

überschritten, der nur eingeschränkter revisionsgerichtlicher Überprüfung unterliegt. Die danach gebotene fallbezogene Abwägung hat die Strafkammervorsitzende bereits bei ihrem Vorführ- und Transportersuchen vorgenommen, indem sie die „zwangsweise Vorführung für nicht erforderlich gehalten hat". Dieser Einschätzung ist die Strafkammer gefolgt, denn sie hat – namentlich durch den Sitzungsvertreter der Staatsanwaltschaft unbeanstandet – den zweiten Hauptverhandlungstag bis zum Urteil fortgesetzt, obwohl eingangs festgestellt worden war, dass der Angeklagte nicht erschienen war, weil er seine Vorführung verweigert hatte. Eines gesonderten Gerichtsbeschlusses bedurfte es insofern nicht (vgl. Gmel in KK-StPO, 7. Aufl., § 231 Rn. 11 mwN), wenngleich dieser zweckmäßig gewesen wäre (Becker in Löwe/Rosenberg, aaO, § 231 StPO Rn. 31).

18. Mitteilungsverpflichtung über das Stattfinden von Erörterungen bzgl. einer Verständigung – § 243 Abs. 4 StPO

Zur besseren Übersichtlichkeit sind alle Entscheidungen, betreffend eine Verständigung im Strafverfahren, unter § 257c StPO aufgeführt (vgl. Rn. 510 ff.). **485**

19. Stellung von Beweisanträgen – § 244 StPO

Eine unter Beweis gestellte **Indiz- oder Hilfstatsache** ist **aus tatsächlichen Gründen für die Entscheidung bedeutungslos**, wenn sie in keinem Zusammenhang mit der Urteilsfindung steht oder weil sie trotz eines solchen Zusammenhangs selbst im Falle ihrer Bestätigung keinen Einfluss auf die richterliche Überzeugung vom entscheidungserheblichen Sachverhalt hätte, da sie nur einen möglichen Schluss auf das Vorliegen oder Fehlen einer Haupttatsache oder den Beweiswert eines anderen Beweismittels ermöglicht und das Gericht der Überzeugung ist, dass dieser Schluss in Würdigung der gesamten Beweislage nicht gerechtfertigt wäre. Ob der Schluss gerechtfertigt wäre, hat das Tatgericht nach den Grundsätzen der freien Beweiswürdigung zu beurteilen. Hierzu hat es die unter Beweis gestellte Indiz- oder Hilfstatsache so, als sei sie erwiesen, in das bisherige Beweisergebnis einzustellen und prognostisch zu prüfen, ob hierdurch seine bisherige Überzeugung zu der von der potentiell berührten Haupttatsache bzw. zum Beweiswert des anderen Beweismittels in einer für den Schuld- oder Rechtsfolgenausspruch bedeutsamen Weise erschüttert würde.[481] **486**

[19] Eine unter Beweis gestellte Indiz- oder Hilfstatsache ist aus tatsächlichen Gründen für die Entscheidung bedeutungslos, wenn sie in keinem Zusammenhang mit der Urteilsfindung steht oder weil sie trotz eines solchen Zusammenhangs selbst im Falle ihrer Bestätigung keinen Einfluss auf die richterliche Überzeugung vom entscheidungserheblichen Sachverhalt hätte, da sie nur einen möglichen Schluss auf das Vorliegen oder Fehlen einer Haupttatsache oder den Beweiswert eines anderen Beweismittels ermöglicht und das Gericht der Überzeugung ist, dass dieser Schluss in Würdigung der gesamten Beweislage nicht gerechtfertigt wäre. Ob der Schluss gerechtfertigt wäre, hat das Tatgericht nach den Grundsätzen der freien Beweiswür-

[481] BGH, Beschluss vom 21.08.2014 – 1 StR 13/14.

digung zu beurteilen. Hierzu hat es die unter Beweis gestellte Indiz- oder Hilfstatsache so, als sei sie erwiesen, in das bisherige Beweisergebnis einzustellen und prognostisch zu prüfen, ob hierdurch seine bisherige Überzeugung zu der von der potentiell berührten Haupttatsache bzw. zum Beweiswert des anderen Beweismittels in einer für den Schuld- oder Rechtsfolgenausspruch bedeutsamen Weise erschüttert würde (st. Rspr.; vgl. nur BGH, Beschluss vom 15. Oktober 2013 – 3 StR 154/13, NStZ 2014, 111; Becker, aaO, Rn. 220 mwN). Das Beweisthema ist hierbei ohne Einengung, Umdeutung oder Verkürzung in seiner vollen Tragweite nach seinem Sinn und Zweck zu würdigen (vgl. BGH, Beschluss vom 23. November 1982 – 1 StR 698/82, StV 1983, 90). Die Ablehnung des Beweisantrags darf nicht dazu führen, dass aufklärbare, zugunsten eines Angeklagten sprechende Umstände der gebotenen Gesamtabwägung im Rahmen der Beweiswürdigung entzogen werden (BGH, Beschluss vom 5. Dezember 2007 – 5 StR 451/07, StV 2008, 121 mwN).

[20] Im Hinblick auf diese Anforderungen greifen die Erwägungen des Landgerichts zu kurz. Indem es darauf abstellt, es solle mit dem Beweisantrag belegt werden, „dass die Fa. P. aus Sicht der Fa. O. eine bedeutende, aktive und seriöse Personal- und Zeitarbeitsagentur und keine bloße Managementgesellschaft war", lässt es bereits die gebotene Einfügung und Würdigung der unter Beweis gestellten Tatsachen in das bisher gewonnene Beweisergebnis vermissen. Denn es hat damit nicht die unter Beweis gestellten Vorgänge bei O. und deren Beziehungen zu P., sondern lediglich eines der im Antrag formulierten Beweisziele in den Blick genommen und damit das Beweisthema unzulässig verkürzt.

[21] Es hätte vielmehr entsprechend den oben dargelegten Maßstäben erwägen müssen, ob und wenn ja, warum die Vorstellung des Angeklagten von etwaigen tatsächlichen oder aus Sicht von O. bestehenden wirtschaftlich sinnvollen Sachgründen für die Involvierung der P. – Rekrutierung der Ingenieure im Auftrag von O. – unabhängig war. Ausführungen dazu, welchen Einfluss dieser Umstand – dass nämlich O. IT-Ingenieure nur über dritte Unternehmen einsetzte, die benötigten IT-Ingenieurs-Leistungen durch Aufträge an ausländische Firmen einkaufte und diese ihrerseits geeignete Ingenieure rekrutierte und P. in mehr als 200 Fällen als ein solches Drittunternehmen für O. tätig war, weil sie besonders häufig den Aufgaben gemäß qualifizierte IT-Ingenieure rekrutierte – auf seine Überzeugungsbildung gehabt hätte, enthält der Beschluss des Landgerichts nicht. Angesichts dessen, dass es die Vorstellung des Angeklagten, es habe für die Einschaltung einer „Management Company" keinen anderen Grund gegeben, als eine vollumfängliche Besteuerung zu vermeiden (UA S. 80) und die Einschaltung einer „Management Company (sei) wirtschaftlich nur unter dem Aspekt des Honorarsplittings sinnvoll" (UA S. 92), maßgeblich aus dessen eine andere Firma betreffende Einschätzung gegenüber dem Zeugen H. ableitet, versteht sich dies nicht von selbst.

[22] c) Soweit das Landgericht den Antrag mit der Begründung abgelehnt hat, es fehle „an einer korrespondierenden Beweistatsache", trägt auch diese Begründung nicht. Der Senat kann offen lassen, ob er der ersichtlich zugrunde liegenden Auffassung des Landgerichts folgen könnte, dass die Frage, ob ein Unternehmen als „Abrechnungsfirma" tätig wird, nicht dem Beweis zugänglich ist (zu Beweistatsachen im Zusammenhang mit wirtschaftlichen Sachverhalten vgl. BGH, Beschluss vom 15. Januar 2014 – 1 StR 379/13, NStZ 2014, 282 mwN). Jedenfalls aber war die Zwischenschaltung einer „Abrechnungsfirma" nicht unter Beweis gestellt, sondern nur zur Darlegung des Beweisziels – als Vorwegnahme einer möglichen Würdigung durch das Landgericht – angesprochen worden. Die im Beweisantrag enthalte-

nen, hinreichend bestimmten Beweistatsachen werden hingegen nicht an den Ablehnungsgründen des § 244 Abs. 3 StPO gemessen. Weiterer Ausführungen im Beweisantrag, warum der benannte Zeuge zu den unter Beweis gestellten Umständen etwas bekunden können soll, bedurfte es vorliegend nicht (vgl. dazu auch BGH, Beschluss vom 15. Januar 2014 – 1 StR 379/13, NStZ 2014, 185 Rn. 15 ff.).

§ 244 Abs. 2 StPO gebietet es, **von Amts wegen Beweis zu erheben**, wenn aus den Akten oder aus dem Stoff der Verhandlung noch Umstände und Möglichkeiten bekannt oder erkennbar sind, die bei verständiger Würdigung der Sachlage begründete Zweifel an der Richtigkeit der – auf Grund der bisherigen Beweisaufnahme erlangten – Überzeugung wecken müssen. Ob die vom Gericht auf Grund der verwendeten Beweismittel gewonnene **Überzeugung ausreicht** oder ob zu ihrer Absicherung oder Überprüfung weitere Beweismittel heranzuziehen sind, ist auf der Grundlage von Verfahrensablauf und Beweislage des Einzelfalls zu beurteilen.[482] **487**

[7] § 244 Abs. 2 StPO gebietet es, von Amts wegen Beweis zu erheben, wenn aus den Akten oder aus dem Stoff der Verhandlung noch Umstände und Möglichkeiten bekannt oder erkennbar sind, die bei verständiger Würdigung der Sachlage begründete Zweifel an der Richtigkeit der – auf Grund der bisherigen Beweisaufnahme erlangten – Überzeugung wecken müssen (BGH, Urteil vom 9. Dezember 2008 – 5 StR 412/08, NStZ 2009, 468 f.; Beschluss vom 9. Mai 1996 – 1 StR 175/96, NStZ-RR 1996, 299). Ob die vom Gericht auf Grund der verwendeten Beweismittel gewonnene Überzeugung ausreicht oder ob zu ihrer Absicherung oder Überprüfung weitere Beweismittel heranzuziehen sind, ist auf der Grundlage von Verfahrensablauf und Beweislage des Einzelfalls zu beurteilen. Je weniger gesichert ein Beweisergebnis erscheint, je gewichtiger die Unsicherheitsfaktoren sind, je mehr Widersprüche bei der Beweiserhebung zu Tage getreten sind, desto größer ist der Anlass für das Gericht, trotz der erlangten Überzeugung weitere erkennbare Beweismöglichkeiten zu benutzen (BGH, Urteil vom 5. Dezember 1995 – 1 StR 580/95, StV 1996, 249).

[8] Daran gemessen musste sich der Strafkammer eine Einvernahme des Polizeibeamten D. nicht aufdrängen. Soweit der Polizeibeamte D. über ein Verbleiben des Angeklagten auf dem Hinterhof des Tatortanwesens und ein Gespräch zwischen den Beteiligten berichtet hätte, stünde dies nicht in Widerspruch zu der Feststellung, dass sich der Angeklagte „aus den Räumlichkeiten“ entfernte (UA 6). Seine nach dem Revisionsvorbringen zu erwartenden Bekundungen über die Angaben des Geschädigten zum Vorhalten des Messers und einer damit verbundenen verbalen Drohung („dass noch mehr passiere, wenn er das Geld nicht besorgen würde“) des Angeklagten hätten die Überzeugung des Landgerichts von einem Einsatz des Messers als Drohmittel und dem Vorliegen einer Dauergefahr nicht in Frage gestellt, sondern bestätigt.

Entgegen der Auffassung des Landgerichts handelte es sich **nicht um Beweisermittlungsanträge**, sondern um **Beweisanträge**. Die Anträge bezeichnen hinreichend bestimmte Beweistatsachen, die dem Zeugenbeweis zugänglich sind, und genügen damit insoweit den an einen Beweisantrag zu stellenden Anforderungen. Zwar würde es an einer hinreichend bestimmten Beweistatsache fehlen, wenn der Antrag- **488**

[482] BGH, Urteil vom 9.10.2014 – 4 StR 208/14.

steller allein eine Schlussfolgerung oder Wertung behauptet. Eine Tätigkeit der in den Beweisanträgen benannten Firmen als Subunternehmer auf bestimmten Baustellen stellt demgegenüber jedoch eine genügend bestimmte, durch einen „einfachen Rechtsbegriff" umschriebene Beweisbehauptung dar, die dem Beweis durch die Aussagen von namentlich bezeichneten Zeugen zugänglich ist.[483]

489 Ein **Beweisantrag** im Sinne des § 244 Abs. 3 StPO setzt die **konkrete und bestimmte Behauptung einer Tatsache und die Benennung eines bestimmten Beweismittels** voraus, mit dem der Nachweis der Tatsache geführt werden soll. Bei einem Antrag auf Vernehmung eines Zeugen kommen als Beweisbehauptung nur solche Tatsachen in Betracht, die der benannte Zeuge aus eigener Wahrnehmung bekunden kann. Nach verbreiteter Auffassung in der Rechtsprechung ist für das Vorliegen eines Beweisantrags weiterhin erforderlich, dass der Antragsteller näher darlegt, weshalb der Zeuge überhaupt etwas zu dem Beweisthema bekunden können soll, wenn aus dem Inhalt des Beweisbegehrens ein verbindender Zusammenhang zwischen der Beweisbehauptung und dem benannten Zeugen nicht ohne Weiteres erkennbar ist. Diese Ausführungen sollen dem Gericht eine sachgerechte Prüfung und Anwendung der Ablehnungsgründe des § 244 Abs. 3 StPO, insbesondere der völligen Ungeeignetheit sowie der Bedeutungslosigkeit aus tatsächlichen Gründen ermöglichen. In jüngeren Entscheidungen wird als weiteres Kriterium der Konnexität darüber hinaus verlangt, der Antragsteller müsse bei „fortgeschrittener Beweisaufnahme" zu der in Rede stehenden Beweisthematik unter Einbeziehung der konkreten Wahrnehmungssituation des benannten Zeugen in das bisherige Beweisergebnis die Plausibilität eines möglichen Gelingens seiner Beweisführung belegen.[484]

490 Das **Recht des Verteidigers zur Vorladung von Zeugen** mit den sich daraus ergebenden Wirkungen des § 245 Abs. 2 StPO folgt aus seiner grundsätzlich bestehenden Befugnis, die dem Angeklagten zustehenden prozessualen Rechte in seiner Eigenschaft als dessen Beistand aus eigenem Recht und in eigenem Namen wahrzunehmen. Das Ladungsrecht gemäß § 220 Abs. 1 StPO, an das § 245 Abs. 2 StPO anknüpft, dient unmittelbar der Vorbereitung der Verteidigung des Angeklagten und zählt daher – anders als etwa der Verzicht auf die Ladungsfrist gemäß § 217 Abs. 3 StPO oder der Antrag auf Entbindung von der Pflicht zum Erscheinen gemäß § 233 Abs. 1 StPO – nicht zu denjenigen Befugnissen des Angeklagten, die der Verteidiger nur kraft besonderer Vertretungsvollmacht für ihn ausüben kann.[485]

[13] Die Verteidigerin des Angeklagten M. stellte einen Beweisantrag auf Vernehmung des Zeugen D. zum Beweis der Tatsache, dass das Einsatzfahrzeug, in dem sich der als Zeuge vernommene Polizeibeamte E. befand, mit dem Heck in Richtung Innenhof einer Toreinfahrt stand. Hierdurch sollte sich letztlich erweisen, dass die Aussage E.s, der angegeben hatte, den Beginn der auf der Straße stattfindenden Auseinandersetzung durch die Heckscheibe des Fahrzeugs beobachtet zu haben, nicht der Wahrheit entsprechen konnte. Die Verteidiger der Angeklagten F. und Mo. schlossen sich dem Antrag an. Diesen Beweisantrag wies das Landgericht wegen tatsächlicher Bedeutungslosigkeit gemäß § 244 Abs. 3 Satz 2 StPO zurück. Darauf-

483 BGH, Beschluss vom 15.01.2014 – 1 StR 379/13.
484 BGH, Beschluss vom 8.07.2014 – 3 StR 240/14.
485 BGH, Beschluss vom 24.03.2014 – 5 StR 2/14.

hin ließ die Verteidigerin des Angeklagten Mo. dem Zeugen D. durch den Gerichtsvollzieher eine Ladung zum folgenden Hauptverhandlungstermin zustellen. In der Ladung formulierte sie unter anderem: „... in der Strafsache ... lade ich Sie hiermit in meiner Eigenschaft als Verteidigerin des Herrn M. als Zeugen ...“. Als Vorschuss für etwaige Entschädigungsansprüche des Zeugen hinterlegte die Verteidigerin 100 € bei der zuständigen Stelle. Aufgrund der Ladung erschien der Zeuge D. zum Hauptverhandlungstermin am 21. März 2013. Die Verteidigerin des Angeklagten M. stellte daraufhin erneut den Beweisantrag auf Vernehmung des Zeugen D. Die Verteidiger der Angeklagten F. und Mo. schlossen sich an. Diesen Antrag wies die Jugendkammer mit Beschluss vom 21. März 2013 unter Bezugnahme auf den Beschluss vom 14. März 2013 wegen tatsächlicher Bedeutungslosigkeit zurück und führte aus, der Antrag sei „mangels ordnungsgemäßer Ladung durch den Angeklagten M.“ als Beweisantrag gemäß § 244 Abs. 3 StPO zu bescheiden. Der Zeuge D. wurde weder an diesem Verhandlungstag noch im weiteren Verlauf der Hauptverhandlung vernommen.

[14] (2) Mit dieser Begründung durfte das Landgericht den Beweisantrag nicht zurückweisen. Bei dem Zeugen D. handelte es sich um einen vom Angeklagten vorgeladenen und erschienenen Zeugen im Sinne des § 245 Abs. 2 StPO. Dabei kommt es nicht darauf an, ob § 245 Abs. 2 StPO außer auf die dort genannten Fälle der Ladung durch den Angeklagten oder die Staatsanwaltschaft über den Wortlaut hinaus auch auf Ladungen sämtlicher anderer antragsberechtigter Verfahrensbeteiligter, wie etwa auch des Nebenklägers, Anwendung findet. Unabhängig davon folgt nämlich das Recht des Verteidigers zur Vorladung von Zeugen mit den sich daraus ergebenden Wirkungen des § 245 Abs. 2 StPO aus seiner grundsätzlich bestehenden Befugnis, die dem Angeklagten zustehenden prozessualen Rechte in seiner Eigenschaft als dessen Beistand aus eigenem Recht und in eigenem Namen wahrzunehmen (vgl. etwa Fischer in KK-StPO, 7. Aufl., Einleitung Rn. 244). Das Ladungsrecht gemäß § 220 Abs. 1 StPO, an das § 245 Abs. 2 StPO anknüpft, dient unmittelbar der Vorbereitung der Verteidigung des Angeklagten und zählt daher – anders als etwa der Verzicht auf die Ladungsfrist gemäß § 217 Abs. 3 StPO oder der Antrag auf Entbindung von der Pflicht zum Erscheinen gemäß § 233 Abs. 1 StPO – nicht zu denjenigen Befugnissen des Angeklagten, die der Verteidiger nur kraft besonderer Vertretungsvollmacht für ihn ausüben kann.

[15] Der Beweisantrag hätte mithin nur aus einem der in § 245 Abs. 2 Satz 3 StPO bezeichneten Gründe zurückgewiesen werden dürfen. Die Ablehnung wegen tatsächlicher Bedeutungslosigkeit, wie sie das Landgericht in dem in Bezug genommenen Beschluss vom 14. März 2013 vorgenommen hat, genügt diesen Anforderungen nicht. Mit Recht ist das Landgericht in diesem Beschluss selbst nicht vom Fehlen eines Zusammenhangs zwischen der Beweistatsache und dem Gegenstand der Urteilsfindung ausgegangen. Vielmehr hat es darauf abgehoben, die Beweistatsache lasse keine zwingenden, sondern nur mögliche Schlüsse zu, die das Gericht nicht ziehen wolle. Dies stellt indessen keinen zulässigen Ablehnungsgrund gemäß § 245 Abs. 2 StPO dar.

[16] Auf dem Verfahrensfehler beruht die Verurteilung der Angeklagten F., M. und Mo. wegen des Vorfalls vom 21. Februar 2011. Der Senat vermag nicht auszuschließen, dass das Landgericht aufgrund der Vernehmung des Zeugen D. die Glaubhaftigkeit der Aussage des Zeugen E., auf die es seine Überzeugung vom für die rechtliche Bewertung bedeutsamen Beginn der Auseinandersetzung unter anderem gestützt hat, anders bewertet und damit zu einem anderen Beweisergebnis gelangt wäre.

a) Ablehnung von Beweisanträgen

491 Der **Unmittelbarkeitsgrundsatz** steht nur der Ersetzung, nicht der **Ergänzung des Zeugenbeweises** durch Verlesung eines Vernehmungsprotokolls, namentlich zur Überprüfung der Glaubhaftigkeit von Zeugenaussagen, entgegen. Auch Aufklärungsgesichtspunkte können im Einzelfall die zusätzliche Verlesung eines Vernehmungsprotokolls gebieten.[486]

[5] Der Angeklagte hatte zum Beweis der Tatsache, dass die Nebenklägerin und ihre Mutter in den eidesstattlichen Versicherungen im Gewaltschutzverfahren wahrheitswidrig behauptet hätten, die Mutter sei mehrfach Augenzeugin der körperlichen Übergriffe gewesen, die Verlesung des Vernehmungsprotokolls beantragt. Daraus ergebe sich, dass die Zeugin die Frage, ob sie Schläge des Angeklagten „selbst gesehen" habe, ausdrücklich verneint habe. Sie sei „immer erst nach dem Streit" dazu gekommen. Die Strafkammer hat den Beweisantrag zurückgewiesen, weil die Verlesung des Vernehmungsprotokolls „dem Beweisverbot des § 250 StPO" unterliege. Die Zeugin sei in der Hauptverhandlung vernommen worden, so dass dem Personalbeweis Genüge getan worden sei, der Vorrang vor der Urkundenverlesung genieße.

[6] Die Ablehnung des Beweisantrags war verfahrensfehlerhaft. Der Unmittelbarkeitsgrundsatz steht nur der Ersetzung, nicht der Ergänzung des Zeugenbeweises durch Verlesung eines Vernehmungsprotokolls, namentlich zur Überprüfung der Glaubhaftigkeit von Zeugenaussagen, entgegen (vgl. BGH, Urteil vom 16. Februar 1965 – 1 StR 4/65, BGHSt 20, 160, 161 f.). Auch Aufklärungsgesichtspunkte können im Einzelfall die zusätzliche Verlesung eines Vernehmungsprotokolls gebieten (vgl. BGH, Beschluss vom 4. April 2007 – 4 StR 345/06, BGHSt 51, 280, 281 f.). Ein Verbot der Urkundenverlesung bestand daher im Anschluss an die Zeugenvernehmung nicht. Die Zurückweisung des Beweisantrags durfte deshalb nicht auf § 244 Abs. 3 Satz 1 StPO gestützt werden.

492 Die aussagepsychologische Begutachtung eines Zeugen bedarf nicht notwendig dessen Exploration unter seiner Mitwirkung. Vielmehr ist es je nach Fallgestaltung regelmäßig möglich, dem Sachverständigen auf anderem Wege die erforderlichen Anknüpfungstatsachen für die Beurteilung der Glaubhaftigkeit der Angaben des Zeugen zu verschaffen. Daher erweist sich ein derartiger Beweisantrag **in der Regel nicht als unzulässig**, wenn der Zeuge die notwendige Einwilligung in die Exploration verweigert.[487]

[4] Der Generalbundesanwalt vertritt in seiner Antragsschrift vom 28. Mai 2014 unter Bezugnahme auf den Beschluss des 1. Strafsenats des Bundesgerichtshofs vom 8. Januar 2013 (1 StR 602/13, NStZ 2013, 672; s. etwa auch BGH, Beschluss vom 22. Februar 2012 – 1 StR 647/11, StV 2013, 73, 74) die Auffassung, die Rüge des Angeklagten, das Landgericht habe seinen Antrag auf aussagepsychologische Begutachtung einer ihn belastenden Zeugin rechtsfehlerhaft wegen eigener Sachkunde abgelehnt, sei bereits unzulässig, weil dem Rügevorbringen nicht entnommen werden könne, ob die Zeugin die Zustimmung zu ihrer Untersuchung (§ 81c Abs. 1

---

[486] BGH, Beschluss vom 14.05.2014 – 2 StR 475/13.

[487] BGH, Urteil vom 21.08.2014 – 3 StR 208/14.

StPO) erklärt habe. Dem vermag der Senat nicht zu folgen. Die aussagepsychologische Begutachtung eines Zeugen bedarf nicht notwendig dessen Exploration unter seiner Mitwirkung. Vielmehr ist es je nach Fallgestaltung regelmäßig möglich, dem Sachverständigen auf anderem Wege die erforderlichen Anknüpfungstatsachen für die Beurteilung der Glaubhaftigkeit der Angaben des Zeugen zu verschaffen (s. beispielsweise etwa BGH, Urteil vom 3. Juni 1982 – 1 StR 184/82, NStZ 1982, 432; Beschlüsse vom 25. September 1990 – 5 StR 401/90, BGHR StPO § 244 Abs. 3 Satz 1 Unzulässigkeit 6; vom 28. Oktober 2008 – 3 StR 364/08, NStZ 2009, 346, 347). Daher erweist sich ein derartiger Beweisantrag in der Regel nicht als unzulässig, wenn der Zeuge die notwendige Einwilligung in die Exploration verweigert (vgl. zur Abgrenzung BGH, Urteil vom 18. September 1990 – 5 StR 184/90, BGHR StPO § 244 Abs. 3 Satz 1 Unzulässigkeit 5). Insbesondere bedarf es für die revisionsgerichtliche Überprüfung, ob das Tatgericht einen solchen Beweisantrag rechtsfehlerfrei wegen eigener Sachkunde zurückgewiesen – und damit eine Exploration des Zeugen unter dessen Mitwirkung gerade nicht für erforderlich gehalten – hat, nicht der Kenntnis des Revisionsgerichts, ob sich der Zeuge im Falle der Beauftragung eines Sachverständigen mit seiner Exploration einverstanden erklärt hätte. Ob je nach Sachlage etwas anderes dann zu gelten hat, wenn das Landgericht den Antrag wegen völliger Ungeeignetheit des Beweismittels ablehnt, bedarf hier keiner Entscheidung.

Wird ein **Verstoß gegen § 244 Abs. 3 Satz 2 StPO** geltend gemacht wird, ist die **493** Rüge **nicht zulässig erhoben** (§ 344 Abs. 2 Satz 2 StPO), wenn sich die Revision in der Begründung nicht dazu verhält, dass der beantragte Zeuge bereits zuvor schon einmal in der Hauptverhandlung vernommen wurde. Der Senat kann dann nicht prüfen, ob der Zeuge bei dieser Gelegenheit zu demselben Beweisthema gehört wurde und deshalb in dem neuen Beweisverlangen kein Beweisantrag sondern nur eine Beweisanregung liegt, der das Gericht ohne Bindung an die Ablehnungsgründe des § 244 Abs. 3 StPO lediglich im Rahmen seiner Aufklärungspflicht (§ 244 Abs. 2 StPO) nachzukommen hatte.[488]

[16] 2. Die Rüge, das Landgericht habe bei der Ablehnung des in der Hauptverhandlung vom 15. Januar 2014 gestellten Antrages auf Vernehmung des Zeugen POK R. zu belastenden Angaben des Zeugen Kr. im Rahmen eines neuen gegen ihn geführten Ermittlungsverfahrens gegen Verfahrensrecht verstoßen, hat weder als Beweisantragsrüge (§ 244 Abs. 3 Satz 2 StPO), noch als Aufklärungsrüge (§ 244 Abs. 2 StPO) Erfolg.

[17] a) Soweit ein Verstoß gegen § 244 Abs. 3 Satz 2 StPO geltend gemacht wird, ist die Rüge nicht zulässig erhoben (§ 344 Abs. 2 Satz 2 StPO), weil sich die Revision in der Begründung (S. 5 bis 15 der Revisionsrechtfertigung) nicht dazu verhält, dass der Zeuge POK R. bereits in der Hauptverhandlung vom 13. November 2013 (Bl. 33 des Protokollbandes) vernommen wurde. Der Senat kann daher nicht prüfen, ob der Zeuge bei dieser Gelegenheit zu demselben Beweisthema gehört wurde und deshalb in dem Beweisverlangen vom 15. Januar 2014 kein Beweisantrag sondern nur eine Beweisanregung liegt, der das Gericht ohne Bindung an die Ablehnungsgründe des § 244 Abs. 3 StPO lediglich im Rahmen seiner Aufklärungspflicht (§ 244 Abs. 2 StPO) nachzukommen hatte (st. Rspr.; vgl. BGH, Urteil vom

[488] BGH, Urteil vom 20.11.2014 – 4 StR 234/14.

2. Februar 1999 – 1 StR 590/98, NStZ 1999, 312; Urteil vom 21. Juni 1995 – 2 StR 67/95, BGHR StPO § 244 Abs. 6 Beweisantrag 32 mwN). Soweit an anderer Stelle (S. 52 der Revisionsrechtfertigung) zu der Vernehmung des Zeugen POK R. am 13. November 2013 vorgetragen wird, ergibt sich daraus, dass die neuen Ermittlungen gegen den Zeugen Kr. bereits Gegenstand seiner Anhörung waren.

[18] b) Die Rüge, das Landgericht habe bei der Ablehnung des Antrages gegen seine Aufklärungspflicht gemäß § 244 Abs. 2 StPO verstoßen, ist ebenfalls nicht zulässig ausgeführt. Es fehlt an der Angabe hinreichend bestimmter Beweistatsachen, die mit dem bezeichneten Beweismittel hätten bewiesen werden können (vgl. BGH, Beschluss vom 9. Oktober 2007 – 5 StR 344/07, NStZ-RR 2008, 5 bei Sander/Cirener; Urteil vom 12. Mai 2005 – 5 StR 283/04, NJW 2005, 2242, 2243). Die Revision teilt dazu lediglich mit, die Vernehmung des Zeugen POK R. hätte zu dem Ergebnis geführt, dass der Zeuge Kr. anlässlich der gegen ihn geführten Ermittlungen die Zeugin B. weiterer Einfuhrfahrten bezichtigt hat und sich diese Anschuldigungen durch die weiteren Ermittlungen nicht bestätigen ließen (S. 15 der Revisionsrechtfertigung). Aus welchen Tatsachen sich die Schlussfolgerung ergeben soll, die Angaben des Zeugen Kr. hätten keine Bestätigung gefunden, lässt sich dem Vorbringen nicht entnehmen und wäre an dieser Stelle vorzutragen gewesen (vgl. BGH, Urteil vom 25. August 1987 – 4 StR 210/87, BGHR StPO § 244 Abs. 6 Beweisantrag 4).

494 Ist die Möglichkeit der Feststellung von **Anknüpfungstatsachen** nicht generell ausgeschlossen, kann ein **Beweisantrag auf Einholung eines Sachverständigengutachtens** nicht mit der Annahme völliger Ungeeignetheit des Beweismittels zurückgewiesen werden.[489]

[16] Das Landgericht hat den Beweisantrag zurückgewiesen, weil es an Anknüpfungstatsachen für ein Gutachten fehle. Der Sache nach wurde damit das beantragte Beweismittel als völlig ungeeignet im Sinne von § 244 Abs. 3 Satz 2 StPO angesehen. Ergänzend hat das Landgericht darauf hingewiesen, dass weder die Körperwärme anwesender Personen noch elektrische Geräte zu einer merklichen Erhöhung der Raumtemperatur geführt haben dürfte; vielmehr sei nach der Lebenserfahrung davon auszugehen, dass die Raumtemperatur „bis zur Messung des Sachverständigen um 01.50 Uhr im Vergleich zum Todeszeitpunkt gesunken“ sei. Im Urteil ist die Schwurgerichtskammer unter Erörterung der Gegebenheiten am Tatort von einem Temperaturabfall gegenüber der Tagestemperatur ausgegangen.

[17] Diese Begründung der Zurückweisung des Beweisantrags trägt nicht. Zwar sind Einzelheiten der Temperaturentwicklung im Tatzimmer nach mehreren Jahren nicht mehr genau rekonstruierbar. Wohl aber wäre die Frage, ob im Einklang mit der Beweisbehauptung der Verteidigung von einer Mitverursachung der Raumtemperatur durch die von der Verteidigung angeführten Umstände mit der Folge, dass bis zum Messzeitpunkt kein erheblicher Temperaturabfall zu verzeichnen war, anhand der räumlichen Gegebenheiten des Zimmers unter dem Dach, der Wirkung der Körpertemperatur der zahlreichen am engen Tatort anwesenden Personen und der Abstrahlungswärme elektrischer Geräte und Beleuchtungseinrichtungen, ferner von der Außentemperatur und den Belüftungsmöglichkeiten mit Sachverständigen-

[489] BGH, Urteil vom 5.06.2014 – 2 StR 624/12.

hilfe zumindest genauer zu beantworten, als es die Schwurgerichtskammer „bei lebensnaher Betrachtung“ selbst getan hat.

[18] Die Annahme, das angebotene Beweismittel sei ungeeignet, weil es an aussagekräftigen Anknüpfungstatsachen fehle, ist auch deshalb rechtsfehlerhaft, weil das Gericht selbst Anknüpfungstatsachen für seine Annahme herangezogen hat, dass in den Abend- und Nachtstunden bis zur Temperaturmessung eine Absenkung stattgefunden hat. Ist die Möglichkeit der Feststellung von Anknüpfungstatsachen nicht generell ausgeschlossen, kann ein Beweisantrag auf Einholung eines Sachverständigengutachtens nicht mit der Annahme völliger Ungeeignetheit des Beweismittels zurückgewiesen werden (vgl. Senat, Urteil vom 5. Mai 1999 – 2 StR 58/99).

[19] Es ist nicht auszuschließen, dass das Urteil auf diesem Rechtsfehler beruht. Die nach den Urteilsgründen entscheidungserhebliche Tatzeitfeststellung des Landgerichts widerspricht im Kern der Todeszeitberechnung durch den rechtsmedizinischen Sachverständigen. Das Urteil lässt nicht erkennen, dass die Todeszeitberechnung für das Landgericht ohne jeden Beweiswert war; dann kann die Berechnungsgrundlage bei der Umgebungstemperatur nicht durch Ablehnung einer bauphysikalischen Nachprüfung der Gegebenheiten offen gelassen werden, sofern das Tatgericht nicht im Zweifel zugunsten des Angeklagten von einer ihm günstigen Berechnungsweise ausgehen will.

Der Beschluss, mit dem die Erhebung eines Beweises **wegen Bedeutungslosigkeit der Beweistatsache** (§ 244 Abs. 3 Satz 2 StPO) abgelehnt wird, ist mit konkreten Erwä- **495**
gungen zu begründen, warum das Tatgericht aus der Beweistatsache keine entscheidungserheblichen Schlussfolgerungen ziehen will. Die Anforderungen an diese Begründung entsprechen grundsätzlich denjenigen, denen das Gericht genügen müsste, wenn es die Indiz- oder Hilfstatsache durch Beweiserhebung festgestellt und sodann in den schriftlichen Urteilsgründen darzulegen hätte, warum sie auf seine Entscheidungsbildung ohne Einfluss blieb. Die unter Beweis gestellte Indiztatsache hat es in das bisherige Beweisergebnis so einzustellen, als sei sie erwiesen, und prognostisch zu prüfen, ob hierdurch seine bisherige Überzeugung zum Beweiswert des anderen Beweismittels in einer für den Schuld- oder Rechtsfolgenausspruch bedeutsamen Weise erschüttert würde.[490]

Zwar ist zutreffend, dass eine Hilfstatsache in tatsächlicher Hinsicht (auch) **496**
dann **bedeutungslos** ist, wenn nicht erkennbar ist, warum die Beweisbehauptung den behaupteten Schluss zulässt, wenn also letztlich ein Zusammenhang zwischen der Beweisbehauptung einerseits und dem Anklagevorwurf andererseits fehlt. Allgemein-abstrakte Grundsätze darüber, in welcher Beziehung die Beweistatsache zu dem Verfahrensgegenstand stehen muss, wenn sie für seine Beurteilung Bedeutung haben soll, lassen sich kaum aufstellen. Im Kern kommt es darauf an, ob im konkreten Fall nach allgemeiner – oder jedenfalls richterlicher – Erfahrung der aufgezeigte Zusammenhang erkennbar ohne Weiteres sicher zu verneinen ist. Gründe, aus denen sich eine solche Bedeutungslosigkeit hier ergibt, legt das Landgericht nicht dar; es teilt vielmehr lediglich seine Wertung fehlender Nachvollziehbarkeit der Schlussfolgerungen und fehlender Erkennbarkeit des Zusammenhangs mit der Urteilsfindung mit. In einem Beschluss, durch den ein Beweisantrag als aus tatsäch-

[490] BGH, Beschluss vol 18.03.2014 – 2 StR 448/13; siehe hierzu auch Beschluss vom 3.12.2013 – 2 StR 283/13 – sowie Beschluss vom 7.08.2014 – 3 StR 105/14.

lichen Gründen bedeutungslos abgelehnt wird, sind die hierfür maßgeblichen Erwägungen aber zumindest in ihrem Kern konkret darzulegen, um dem Antragsteller zu ermöglichen, sein weiteres Prozessverhalten entsprechend einzurichten.[491]

497 Werden Indiztatsachen, die in den Ablehnungsbeschlüssen als aus tatsächlichen Gründen **bedeutungslos** behandelt wurden, in den Urteilsgründen **als erwiesen** festgestellt, kann ein solches Vorgehen die Verletzung des § 244 Abs. 3 Satz 2 StPO nur begründen, wenn sich das Tatgericht im Urteil in Widerspruch zu den Gründen der ablehnenden Beschlüsse setzt.[492]

[8] a) Die Rüge der Verletzung des § 244 Abs. 3 Satz 2 StPO ist unbegründet. Ergänzend zu den im Übrigen zutreffenden Ausführungen in der Antragsschrift des Generalbundesanwalts bedarf nur Folgendes weiterer Erörterung:

[9] Die Verfahrensbeanstandung der Staatsanwaltschaft zeigt im Ansatz zutreffend auf, dass die Strafkammer Indiztatsachen, die sie in den Ablehnungsbeschlüssen als aus tatsächlichen Gründen bedeutungslos behandelt hatte, in den Urteilsgründen als erwiesen festgestellt hat. Ein solches Vorgehen kann die Verletzung des § 244 Abs. 3 Satz 2 StPO indes nur begründen, wenn sich das Tatgericht im Urteil in Widerspruch zu den Gründen der ablehnenden Beschlüsse setzt (LR/Becker, StPO, 26. Aufl., § 244 Rn. 227 mwN; BGH, Beschlüsse vom 14. Mai 2013 – 5 StR 143/13, NStZ 2013, 611; vom 20. Juli 2010 – 3 StR 250/10, StraFo 2010, 466), wofür es gegebenenfalls ausreicht, dass das Urteil Tatsachen, die zuvor als bedeutungslos behandelt worden waren, nunmehr Bedeutung beimisst (LR/Becker aaO; BGH, Urteil vom 18. September 1987 – 2 StR 350/87, BGHR StPO § 244 Abs. 3 Satz 2 Hinweispflicht 1). Das hat die Strafkammer aber nicht getan; sie hat vielmehr die als bedeutungslos erachteten Indizien, die sie – zutreffend – für die vorläufige Beweiswürdigung in den Ablehnungsbeschlüssen so, als seien sie erwiesen, in das bisherige Beweisergebnis eingestellt hatte (vgl. insoweit LR/Becker aaO, Rn. 220; BGH, Beschluss vom 14. Mai 2013 – 5 StR 143/13, NStZ 2013, 611), in den Urteilsgründen als erwiesen behandelt, und sie gleichermaßen im Einklang mit den Ablehnungsbeschlüssen in die nunmehr endgültige Beweiswürdigung eingestellt. Dabei hat das Landgericht die Indiztatsachen im Ergebnis weiterhin als bedeutungslos gewürdigt, weil es die von der Beschwerdeführerin intendierten Schlüsse auch in den Urteilsgründen nicht gezogen hat.

[10] Soweit die Staatsanwaltschaft mit der Verfahrensrüge geltend macht, in einem der Beschlüsse sei die von der Strafkammer vorgenommene Gesamtabwägung mit dem bisherigen Beweisergebnis nicht ausreichend, zeigt sie damit einen Rechtsfehler nicht auf. Die Strafkammer hat bei der Ablehnung des Beweisantrages auf Vernehmung zweier Zeugen nicht nur die in deren Wissen gestellten Tatsachen als zutreffend in die von ihr vorzunehmende vorläufige Beweiswürdigung eingestellt, sondern zahlreiche weitere gegen die Angeklagten sprechende Indizien und dabei insbesondere auch die Angaben des Angeklagten L. gegenüber einem Polizeibeamten gewürdigt. Dass sie dabei lediglich einen Teil der Einlassung berücksichtigt, einen anderen – wie von der Staatsanwaltschaft geltend gemacht – aber aus dem Blick verloren habe, schließt der Senat nicht zuletzt mit Blick auf die weiteren, am gleichen Tag verkündeten Ablehnungsbeschlüsse aus, die ebenfalls eine umfassende Gesamtwürdigung enthalten. Soweit die Revision offenbar die Auffassung vertritt, die von

---

491 BGH, Beschluss vom 17.12.2013 – 4 StR 374/13.

492 BGH, Urteil vom 17.04.2014 – 3 StR 27/14.

dem Angeklagten L. eingeräumte Übergabe einer Geldzählmaschine an ihn hätte zu einer anderen Bewertung der weiteren Indizien führen müssen, ersetzt sie die allein dem Tatgericht obliegende – vorläufige – Beweiswürdigung durch ihre eigene, die sie für plausibler hält. Eine solche Plausibilitätskontrolle, insbesondere dahin, ob nicht etwa eine gegenteilige Überzeugungsbildung näher gelegen hätte, findet im Revisionsverfahren indes nicht statt, denn die Annahme tatsächlicher Bedeutungslosigkeit stellt ein Element der freien tatrichterlichen Beweiswürdigung (§ 261 StPO) dar, die in der Revisionsinstanz allein auf das Vorliegen von Rechtsfehlern geprüft wird (LR/Becker aaO, Rn. 221 mwN).

Die Ablehnung des Beweisantrags wegen **Unerreichbarkeit der Zeugin** hält recht- **498**
licher Nachprüfung nicht stand. Zwar durfte die Strafkammer aufgrund der vorliegenden ärztlichen Bescheinigungen davon ausgehen, dass sie für eine zeugenschaftliche Vernehmung in der Hauptverhandlung auf absehbare Zeit nicht zur Verfügung stehen würde. Mit dieser Feststellung durfte sie sich allerdings mit Blick auf den ergänzenden ärztlichen Hinweis, eine Vernehmung der Zeugin könne im privaten Umfeld oder auf der Polizeistation ärztlicherseits verantwortet werden, nicht begnügen. Das Landgericht hätte sich nach Maßgabe der Amtsaufklärungspflicht mit der Frage auseinandersetzen müssen, ob eine danach grundsätzlich mögliche kommissarische Vernehmung der Zeugin zur Sachaufklärung geeignet und geboten erscheint. Es hätte eine umfassende Abwägung vornehmen müssen, bei der neben dem Ergebnis der bisherigen Beweisaufnahme und dem zeitlichen und organisatorischen Aufwand einer solchen Vernehmung insbesondere die Qualität des angebotenen Beweismittels, die Bedeutung des Beweisthemas für das Verfahren sowie die Frage zu berücksichtigen gewesen wäre, ob es erforderlich ist, zu Beurteilung der Glaubwürdigkeit der Zeugin einen persönlichen Eindruck von ihr zu erhalten. Die Strafkammer war sich der Notwendigkeit dieser Überlegungen ersichtlich nicht bewusst und hat deshalb den Beweisantrag rechtsfehlerhaft abgelehnt.[493]

Nach § 244 Abs. 5 Satz 2 StPO kann ein auf die **Vernehmung eines Auslands-** **499**
zeugen gerichteter Beweisantrag abgelehnt werden, wenn die Beweiserhebung nach dem pflichtgemäßen Ermessen des Gerichts zur Erforschung der Wahrheit nicht erforderlich ist (§ 244 Abs. 2 StPO). Dabei ist das Gericht von dem Verbot der Beweisantizipation befreit und darf seine Entscheidung davon abhängig machen, welche Ergebnisse von der beantragten Beweisaufnahme zu erwarten sind und wie diese zu erwartenden Ergebnisse zu würdigen wären. Kommt es unter Berücksichtigung sowohl des Vorbringens zur Begründung des Beweisantrags, als auch der in der bisherigen Beweisaufnahme angefallenen Erkenntnisse zu dem Ergebnis, dass ein Einfluss auf seine Überzeugung auch dann sicher ausgeschlossen ist, wenn der benannte Zeuge die in sein Wissen gestellte Behauptung bestätigen werde, ist eine Ablehnung des Beweisantrags rechtlich nicht zu beanstanden. In dem hierfür erforderlichen Gerichtsbeschluss (§ 244 Abs. 6 StPO) müssen die maßgeblichen Erwägungen so umfassend dargelegt werden, dass es dem Antragsteller möglich wird, seine Verteidigung auf die neue Verfahrenslage einzustellen und das Revisionsgericht überprüfen kann, ob die Antragsablehnung auf einer rational nachvollziehbaren, die wesentlichen Gesichtspunkte des Einzelfalles erkennbar berücksichtigenden Argumentation beruht.[494]

---

[493] BGH, Beschluss vom 7.05.2014 – 2 StR 506/13.
[494] BGH, Urteil vom 13.03.2014 – 4 StR 445/13.

20. Vorübergehende Entfernung des Angeklagten – § 247 StPO

500 Wenn das Gericht den Angeklagten (nur) für die Dauer der weiteren Vernehmung der Geschädigten ausgeschlossen hat, gehört die Verkündung des Ausschließungsbeschlusses selbst nicht zu diesem Verfahrensabschnitt. Er muss vielmehr in Anwesenheit des Angeklagten verkündet werden.[495]

501 Der **zeitweise Ausschluss des Angeklagten** ist durch einen Gerichtsbeschluss anzuordnen, dessen **Begründung** zweifelsfrei ergeben muss, dass das **Gericht von zulässigen Erwägungen ausgegangen** ist. Der bloße Wunsch eines Zeugen, in Abwesenheit des Angeklagten aussagen zu dürfen, rechtfertigt für sich eine Anordnung nach § 247 Satz 1 StPO noch nicht.[496]

[5] Der Vorsitzende der Strafkammer teilte in einem Fortsetzungstermin mit, die Zeugin und deren Mutter hätten im Foyer des Gerichtssaals darum gebeten, dass die Zeugin nicht in Anwesenheit des Angeklagten aussagen müsse. Nach Anhörung der Verfahrensbeteiligten beschloss die Strafkammer sodann, dass der Angeklagte für die Dauer der Vernehmung der Zeugin gemäß § 247 Satz 1 und 2 StPO aus dem Sitzungssaal entfernt werde. Zur Begründung hat das Landgericht ausgeführt, die Zeugin habe auf dem Gerichtsflur weinend darum gebeten, dem Angeklagten nicht gegenübertreten zu müssen, da sie dann nicht reden könne. Ihre Mutter habe dringend darum gebeten, ihr Kind nicht in Anwesenheit des Angeklagten zu befragen. Mit Blick auf die Wichtigkeit des persönlichen Eindrucks von der Zeugin und die Aufklärungspflicht sei wie geschehen zu entscheiden.

[6] Diese knappe, im Wesentlichen nur die unsubstantiierten Angaben der Zeugin und ihrer Mutter referierende Begründung genügt den Anforderungen des § 247 Satz 1 StPO hier nicht. Der zeitweise Ausschluss des Angeklagten ist durch einen Gerichtsbeschluss anzuordnen, dessen Begründung zweifelsfrei ergeben muss, dass das Gericht von zulässigen Erwägungen ausgegangen ist. Der bloße Wunsch eines Zeugen, in Abwesenheit des Angeklagten aussagen zu dürfen, rechtfertigt für sich eine Anordnung nach § 247 Satz 1 StPO noch nicht (st. Rspr.; vgl. etwa BGH, Urteil vom 6. Dezember 1967 – 2 StR 616/67, BGHSt 22, 18, 21; Beschluss vom 15. August 2001 – 3 StR 225/01, BGHR StPO § 247 Satz 1 Begründungserfordernis 5). Die Befürchtung des Gerichts, dass die Anwesenheit des Angeklagten den Zeugen von einer wahren und vollständigen Aussage abhalten werde, muss sich auf konkrete, im Einzelfall begründete Tatsachen stützen und nicht etwa nur auf allgemeine Erwägungen (LR/Becker, StPO, 26. Aufl., § 247 Rn. 15 mwN; KK-Diemer, 7. Aufl., § 247 Rn. 5). Die Norm erfordert deshalb mit Blick auf die Schwere des Eingriffs in die Rechte des Angeklagten grundsätzlich eine substantiierte Begründung dessen zeitweisen Ausschlusses von der Hauptverhandlung. Eine solche kann in Fällen der vorliegenden Art allenfalls dann als entbehrlich angesehen werden, wenn sich unmittelbar aus dem Anklagegegenstand sowie aus der Person von Zeugen und Angeklagtem und ihrer Beziehung zueinander ohne Weiteres eine massive Furcht des Zeugen vor dem auszuschließenden Angeklagten aufdrängt, die geeignet erscheint, den Zeugen von wahren, insbesondere vollständigen Angaben in Gegenwart des Angeklagten abzuhalten, wie es beispielsweise bei psychisch schwer geschädigten Opfern

---

[495] BGH, Beschluss vom 5.11.2014 – 4 StR 385/14.

[496] BGH, Beschluss vom 24.06.2014 – 3 StR 194/14.

von Sexualverbrechen auf der Hand liegt (BGH, Beschluss vom 21. April 1999 – 5 StR 715/98, BGHR StPO § 247 Satz 1 Begründungserfordernis 3).

[7] Diese Voraussetzungen liegen hier nicht vor. Die Beziehung zwischen dem Angeklagten und der Zeugin beschränkte sich im Wesentlichen auf die Anbahnung und Durchführung der von beiden gewünschten sexuellen Handlungen. Irgendwelche durch den Kontakt mit dem Angeklagten hervorgerufenen psychischen Beeinträchtigungen der Zeugin hat das Landgericht nicht feststellen können. Ein objektiver Anlass für eine begründete Furcht der Zeugin vor einer Aussage in Gegenwart des Angeklagten lag deshalb nicht nahe. Bei dieser Sachlage war eine sorgfältige Begründung der Anordnung unerlässlich, in der das gewichtige Interesse des Angeklagten, während der Vernehmung der wichtigsten Belastungszeugin an der Hauptverhandlung teilzunehmen, mit berechtigten Interessen der Zeugin abzuwägen gewesen wäre. In die Bewertung wäre gegebenenfalls auch einzustellen gewesen, ob den Interessen der Zeugin etwa mit Anordnungen zum Verhalten des Angeklagten während ihrer Vernehmung oder zur Sitzordnung in ausreichender Weise hätte Rechnung getragen werden können (BGH, Beschluss vom 21. April 1999, aaO).

[8] Ausreichende Anhaltspunkte, welche die Voraussetzungen des § 247 Satz 2 StPO belegen könnten, sind weder in der Beschlussbegründung dargelegt noch sonst ersichtlich.

Die **Verhandlung über die Entlassung der Opferzeugin** ist – auch wenn es sich um eine ergänzende Vernehmung handelt – ein wesentlicher Teil der Hauptverhandlung.[497] **502**

Die **Ausschließung des Angeklagten** von der Anwesenheit in der Hauptverhandlung rechtfertigt nur die Verhandlung in seiner **Abwesenheit während der Zeugenvernehmung, nicht bei der Erhebung von Sachbeweisen**. Ein dabei durchgeführter Augenscheinsbeweis ist ein wesentlicher Teil der Hauptverhandlung, welcher dann nicht in Abwesenheit durchgeführt werden kann.[498] **503**

Verfassungsbeschwerden gegen strafprozessuale, der Beschwerde entzogene Zwischenentscheidungen kommen nur ausnahmsweise in Betracht, wenn die Zwischenentscheidung einen irreparablen, bleibenden rechtlichen Nachteil für den Betroffenen zur Folge haben. Dies ist namentlich der Fall, wenn dem Betroffenen die Verweisung auf den fachgerichtlichen Rechtsschutz nicht zuzumuten ist.[499] **504**

[21] Die Voraussetzungen für den Erlass einer einstweiligen Anordnung liegen vor; der hierauf gerichtete Antrag der Beschwerdeführerin ist zulässig und begründet.

[22] 1. Nach § 32 Abs. 1 BVerfGG kann das Bundesverfassungsgericht im Streitfall einen Zustand durch einstweilige Anordnung vorläufig regeln, wenn dies zur Abwehr schwerer Nachteile, zur Verhinderung drohender Gewalt oder aus einem anderen wichtigen Grund zum gemeinen Wohl dringend geboten ist. Dabei haben die Gründe, die für die Verfassungswidrigkeit des angegriffenen Hoheitsaktes vorgetragen werden, grundsätzlich außer Betracht zu bleiben, es sei denn, die Verfassungsbeschwerde wäre von vornherein unzulässig oder offensichtlich unbegründet (vgl. BVerfGE 103, 41 <42>; stRspr). Bei offenem Ausgang muss das Bundesverfassungsgericht die Fol-

---

497 BGH, Beschluss vom 11.03.2014 – 1 StR 711/13; vgl. hierzu im Einzelnen Rn. 610.
498 BGH, Beschluss vom 19.11.2013 – 2 StR 379/13; vgl. hierzu im Einzelnen Rn. 611.
499 BVerfG, Kammerbeschluss vom 27.02.2014 – 2 BvR 261/14.

gen, die einträten, wenn eine einstweilige Anordnung nicht erginge, die Verfassungsbeschwerde aber Erfolg hätte, gegenüber den Nachteilen abwägen, die entstünden, wenn die begehrte einstweilige Anordnung erlassen würde, der Verfassungsbeschwerde aber der Erfolg zu versagen wäre (vgl. BVerfGE 99, 57 <66>; stRspr).

[23] 2. Die Verfassungsbeschwerde ist nicht von vornherein unzulässig. Insbesondere steht ihrer Zulässigkeit im konkreten Einzelfall nicht entgegen, dass es sich für den Angeklagten bei der Entscheidung über die Ablehnung der audiovisuellen Vernehmungsform um eine strafprozessuale Zwischenentscheidung handelt.

[24] a) Verfassungsbeschwerden gegen strafprozessuale, der Beschwerde entzogene Zwischenentscheidungen sind grundsätzlich ausgeschlossen (vgl. BVerfGE 1, 9 <10>; 7, 109 <110 f.>; 9, 261 <265>; 21, 139 <143>; BVerfGK 12, 33 <34>). Die isolierte Anfechtbarkeit einer Zwischenentscheidung kommt nur in Betracht, wenn diese einen bleibenden rechtlichen Nachteil für den Betroffenen zur Folge hat, der sich später gar nicht oder nicht vollständig beheben lässt (vgl. BVerfGE 101, 106 <120>, m.w.N.). Dies ist namentlich der Fall, wenn der Betroffene etwaige durch die Zwischenentscheidung bewirkte Grundrechtsverletzungen nicht mit der Anfechtung der Endentscheidung im fachgerichtlichen Verfahren rügen kann (vgl. BVerfGE 21, 139 <143 f.>; BVerfGK 12, 33 <34>) oder ihm die Verweisung auf den fachgerichtlichen Rechtsschutz nicht zuzumuten ist (vgl. BVerfGK 12, 33 <34>, m.w.N.).

[25] b) Danach kann die Beschwerdeführerin hier nicht auf eine vorrangige Inanspruchnahme fachgerichtlichen Rechtsschutzes verwiesen werden.

[26] Nach herrschender Auffassung ist gemäß § 247a Abs. 1 Satz 2 StPO nicht nur die Anordnung, sondern auch die Ablehnung der Anordnung einer audiovisuellen Vernehmung unanfechtbar (vgl. nur Frister, in: SK-StPO, 4. Aufl. 2012, § 247a Rn. 48; Diemer, in: KK-StPO, 7. Aufl. 2013, § 247a Rn. 16; Meyer-Goßner, StPO, 56. Aufl. 2013, § 247a Rn. 13; für die zugrundeliegende gesetzgeberischen Zweckerwägung s. BTDrucks 13/7165, S. 10). Unter den gegebenen Umständen ist daher der Beschwerdeführerin der Versuch, vorrangig fachgerichtlichen Eilrechtsschutz in Anspruch zu nehmen, nicht zumutbar. Ob im Hinblick auf den verfassungsrechtlichen Justizgewährleistungsanspruch (vgl. BVerfGE 107, 395 <403 ff.>) desjenigen, der sich als Zeuge durch die Ablehnung der Anordnung einer audiovisuellen Vernehmung in einem Grundrecht verletzt sieht und dem insoweit effektiver Rechtsschutz durch die Endentscheidung nicht zur Verfügung steht, § 247a Abs. 1 Satz 2 StPO verfassungskonform dahin ausgelegt werden kann und muss, dass die Vorschrift nur einer Beschwerde gegen die Anordnung (vgl. BTDrucks 13/7165, S. 10), nicht aber einer Beschwerde gegen die Ablehnung der Anordnung einer solchen Vernehmung entgegensteht, entzieht sich einer Klärung im Verfahren nach § 32 BVerfGG.

[27] 3. Die Verfassungsbeschwerde ist auch nicht offensichtlich unbegründet.

a) Hinzuziehung von Sachverständigen – §§ 244 Abs. 4, 246a StPO

505 Es ist rechtsfehlerhaft, einen Beweisantrag auf Einholung eines Sachverständigengutachtens mit Hinweis auf **genügende eigene Sachkunde** abzulehnen, wenn sich das Tatgericht diese Sachkunde zuvor gezielt durch Befragung eines Sachverständigen **im Freibeweisverfahren verschafft** hat, um einen – entsprechend erwarteten – Beweisantrag ablehnen zu können.[500]

---

[500] BGH, Beschluss vom 26.03.2014 – 2 StR 274/13.

[7] Die zulässig erhobene Verfahrensrüge ist begründet.

[8] aa) Es ist rechtsfehlerhaft, einen Beweisantrag auf Einholung eines Sachverständigengutachtens mit Hinweis auf genügende eigene Sachkunde abzulehnen, wenn sich das Tatgericht diese Sachkunde zuvor gezielt durch Befragung eines Sachverständigen im Freibeweisverfahren verschafft hat, um einen – entsprechend erwarteten – Beweisantrag ablehnen zu können (vgl. auch Senat, Beschluss vom 23. Mai 2013 – 2 StR 555/12, wistra 2013, 389, 399 [zur Verschaffung eigener Sachkunde im Freibeweisverfahren nach Stellung des Beweisantrags] mwN).

[9] Das Landgericht hat sich freibeweislich von einem Sachverständigen „beraten lassen", weil – so die Ausführungen im Urteil – „auf Grund langjähriger Erfahrungen mit ähnlichen Verfahren bekannt ist, dass von der Verteidigung oft erst sehr spät und teilweise mit dem Ziel, die Verfahrensbeendigung zu verhindern, die Einholung eines psychiatrischen Sachverständigengutachtens beantragt wird" (UA S. 209). Die Vorgehensweise der Strafkammer, sich quasi „auf Vorrat" eine auf den Angeklagten bezogene „eigene Sachkunde" zu verschaffen, zielte letztlich darauf, die im Falle eines Beweisantrags gebotene förmliche Vernehmung eines Sachverständigen zu verhindern. Damit wurde aber die an sich gebotene Beweisaufnahme im Strengbeweisverfahren durch das Freibeweisverfahren umgangen (vgl. auch Krehl in KK-StPO, 7. Aufl., § 244 Rn. 46; Meyer-Goßner/Schmitt, StPO, 57. Aufl., § 244 Rn. 73 mwN). Daran ändert hier auch der Umstand nichts, dass der Sachverständige in der Hauptverhandlung gehört worden ist. Hält das Gericht die Anhörung eines Sachverständigen für erforderlich, um sich sachkundig zu machen, muss der Sachverständige in der Hauptverhandlung im Strengbeweisverfahren gehört werden (vgl. auch Güntge in Alsberg/Nüse/Meyer, Der Beweisantrag im Strafprozess, 6. Aufl., Rn. 1338).

[10] bb) Hinzu kommt hier, dass mit dem Beweisantrag weitere Umstände in der Person des Angeklagten und in der Tatbegehung behauptet wurden, die von dem Sachverständigen (noch) nicht berücksichtigt werden konnten. Hinsichtlich dieser behaupteten neuen Anknüpfungstatsachen konnte die Strafkammer die eigene Sachkunde nicht mit Blick auf das etwa sechs Monate zuvor erstattete freibeweisliche Gutachten begründen.

21. Selbstleseverfahren – § 249 Abs. 2 StPO

Urkunden und sonstige Schriftstücke nur dann **im Wege des Selbstleseverfahrens ordnungsgemäß in die Hauptverhandlung eingeführt** worden sind, wenn nach dessen Durchführung zu Protokoll festgestellt ist, dass die Mitglieder des Gerichts vom Wortlaut der Urkunden und/oder sonstigen Schriftstücke Kenntnis genommen haben und die übrigen Verfahrensbeteiligten hierzu Gelegenheit hatten. Die Durchführung des Selbstleseverfahrens kann als wesentliche Verfahrensförmlichkeit nur durch das Hauptverhandlungsprotokoll bewiesen werden (§§ 273, 274 StPO). Die hier im Protokoll verwendete Formulierung „Die Schöffen haben ... von den genannten Urkunden Kenntnis genommen. Die übrigen Verfahrensbeteiligten hatten ... Gelegenheit zur Kenntnisnahme" reicht hierfür nicht aus. Die Gelegenheit zur Kenntnisnahme genügt nur für weitere Verfahrensbeteiligte, für Berufsrichter und Schöffen muss unterschiedslos die erfolgte Kenntnisnahme festgestellt werden.[501] **506**

[501] BGH, Beschluss vom 5.02.2014 – 1 StR 706/13.

22. Verständigung im Strafverfahren – § 243 Abs. 4 S. 1, §§ 257c, 273 Abs. 1a S. 3, § 302 Abs. 1 S. 2 StPO

507 Die grundlegende **Entscheidung des BVerfG** zum Deal vom 19.03.2013[502] hat bestimmte Voraussetzungen festgeschrieben, daneben aber weitere Fragen aufgeworfen, welche durch die obergerichtlichen Entscheidungen auch weiterhin noch nicht vollständig geklärt sind. Außerdem hat, wie bereits im vergangenen Jahr erwartet, das BVerfG mit den zwei nachstehenden Entscheidungen u.a. auf die Entscheidung des 2. Strafsenats vom 10.7.2013[503] „nachgelegt".[504]

■ TOPENTSCHEIDUNG

508 1. Der **Grundsatz der Selbstbelastungsfreiheit** umfasst das Recht auf Aussage- und Entschließungsfreiheit innerhalb des Strafverfahrens. Der Beschuldigte muss frei von Zwang eigenverantwortlich entscheiden können, ob und gegebenenfalls inwieweit er im Strafverfahren mitwirkt. Dies setzt voraus, dass er über seine Aussagefreiheit in Kenntnis gesetzt wird.

2a. Mit dem **Grundsatz des fairen Verfahrens** ist eine Verständigung im Strafverfahren nur zu vereinbaren, wenn der Angeklagte vor ihrem Zustandekommen nach § 257c Abs 5 StPO über deren nur eingeschränkte Bindungswirkung für das Gericht belehrt worden ist.

2b. Bleibt die unter Verstoß gegen die **Belehrungspflicht** zustande gekommene Verständigung bestehen und fließt das auf der Verständigung basierende Geständnis in das Urteil ein, so beruht dieses auf der mit dem Verstoß einhergehenden Grundrechtsverletzung – es sei denn, eine Ursächlichkeit des Belehrungsfehlers für das Geständnis kann ausgeschlossen werden, weil der Angeklagte dieses auch bei ordnungsgemäßer Belehrung abgegeben hätte. Hierzu müssen vom Revisionsgericht konkrete Feststellungen getroffen werden. Bei einem Verstoß gegen die Belehrungspflicht wird daher im Rahmen der revisionsgerichtlichen Prüfung regelmäßig davon auszugehen sein, dass das Geständnis und damit auch das Urteil auf dem Unterlassen der Belehrung beruht.[505]

[14] b) Eine Verständigung ist regelmäßig nur dann mit dem Grundsatz des fairen Verfahrens zu vereinbaren, wenn der Angeklagte vor ihrem Zustandekommen nach § 257c Abs. 5 StPO über deren nur eingeschränkte Bindungswirkung für das Gericht belehrt worden ist. Die Belehrung hat sicherzustellen, dass der Angeklagte vor dem Eingehen einer Verständigung, deren Bestandteil das Geständnis ist, vollumfänglich über die Tragweite seiner Mitwirkung an der Verständigung informiert ist. Nur so ist gewährleistet, dass er autonom darüber entscheiden kann, ob er von seiner Freiheit, die Aussage zu verweigern, (weiterhin) Gebrauch macht oder sich auf eine Verständigung einlässt (vgl. BVerfGE 133, 168 <237, Rn. 125>).

[15] Zwar muss der Angeklagte unabhängig von der Möglichkeit einer Verständigung darüber befinden, ob und gegebenenfalls wie er sich zur Sache einlässt. Mit der

---

[502] BVerfG, Urteil vom 19.3.2013 – 2 BvR 2628/10, 2 BvR 2883/10, 2 BvR 2155/11.

[503] BGH, Urteil vom 10.7.2013 – 2 StR 47/13.

[504] Siehe hierzu die beiden nachstehenden Entscheidungen.

[505] BVerfG, Kammerbeschluss v. 25.08.2014 – 2 BvR 2048/13.

Aussicht auf eine Verständigung wird jedoch eine verfahrensrechtliche Situation geschaffen, in der es dem Angeklagten in die Hand gegeben wird, durch sein Verhalten spezifischen Einfluss auf das Ergebnis des Prozesses zu nehmen. Anders als in einer nach der herkömmlichen Verfahrensweise geführten Hauptverhandlung kann er nämlich mit einem Geständnis die das Gericht grundsätzlich bindende Zusage einer Strafobergrenze und damit Sicherheit über den Ausgang des Verfahrens erreichen. Damit ist aus der Perspektive des Angeklagten das Festhalten an der Freiheit von Selbstbelastung nur noch um den Preis der Aufgabe der Gelegenheit zu einer das Gericht bindenden Verständigung und damit einer (vermeintlich) sicheren Strafobergrenze zu erlangen. Die Erwartung der Bindung des Gerichts bildet dementsprechend Anlass und Grundlage der Entscheidung des Angeklagten über sein prozessuales Mitwirken; damit entsteht eine wesentlich stärkere Anreiz- und Verführungssituation als es – mangels Erwartung einer festen Strafobergrenze – etwa in der Situation von § 136 Abs. 1 oder § 243 Abs. 5 Satz 1 StPO der Fall ist. Der Angeklagte muss deshalb wissen, dass die Bindung keine absolute ist, sondern unter bestimmten Voraussetzungen – die er ebenfalls kennen muss – entfällt. Nur so ist es ihm möglich, Tragweite und Risiken der Mitwirkung an einer Verständigung autonom einzuschätzen. Die in § 257c Abs. 5 StPO verankerte Belehrungspflicht ist aus diesem Grund keine bloße Ordnungsvorschrift, sondern eine zentrale rechtsstaatliche Sicherung des Grundsatzes des fairen Verfahrens und der Selbstbelastungsfreiheit (vgl. BVerfGE 133, 168 <237 f., Rn. 126>).

[16] c) Eine Verständigung ohne vorherige Belehrung nach § 257c Abs. 5 StPO verletzt den Angeklagten grundsätzlich in seinem Recht auf ein faires Verfahren und in seiner Selbstbelastungsfreiheit. Bleibt die unter Verstoß gegen die Belehrungspflicht zustande gekommene Verständigung bestehen und fließt das auf der Verständigung basierende Geständnis in das Urteil ein, beruht dieses auf der mit dem Verstoß einhergehenden Grundrechtsverletzung, es sei denn eine Ursächlichkeit des Belehrungsfehlers für das Geständnis kann ausgeschlossen werden, weil der Angeklagte dieses auch bei ordnungsgemäßer Belehrung abgegeben hätte. Hierzu müssen vom Revisionsgericht konkrete Feststellungen getroffen werden (vgl. BVerfGE 133, 168 <238, Rn. 127>). Bei einem Verstoß gegen die Belehrungspflicht wird daher im Rahmen der revisionsgerichtlichen Prüfung regelmäßig davon auszugehen sein, dass das Geständnis und damit auch das Urteil auf dem Unterlassen der Belehrung beruht (vgl. BVerfGE 133, 168 <225, Rn. 99>).

[17] 2. Diesen verfassungsrechtlichen Maßstäben genügen die angegriffenen Urteile nicht. Die Tatsache, dass der Beschwerdeführer nicht vor seiner Zustimmung zur Verständigung nach § 257c Abs. 5 StPO belehrt wurde, verletzt sein Recht auf ein faires Verfahren und seine Selbstbelastungsfreiheit. Der Bundesgerichtshof verkennt im Rahmen der Prüfung, ob das Urteil des Landgerichts Berlin auf dieser Verletzung des Gesetzes beruht (§ 337 Abs. 1 StPO), die grundlegende Bedeutung der Belehrungspflicht nach § 257c Abs. 5 StPO für die betroffenen Grundrechte. Er schließt ein Beruhen des Geständnisses (und damit auch des landgerichtlichen Urteils) auf der im Verstoß gegen die Belehrungspflicht liegenden Grundrechtsverletzung aus, weil davon auszugehen sei, dass der Beschwerdeführer das Geständnis auch bei ordnungsgemäßer Belehrung abgegeben hätte. Indes beruht diese Schlussfolgerung nicht auf Feststellungen, die die Willensbildung des Beschwerdeführers konkret in den Blick nehmen, sondern auf der generalisierenden Annahme, dass ein anwaltlich verteidigter Angeklagter, dem gegenüber die Belehrung nach § 257c Abs. 5 StPO unmittelbar nach Zustandekommen der Verständigung erfolgt, bei Ablegung seines Geständnisses nach einer Überlegungsfrist von einer Woche jeden-

falls dann nicht mehr unter dem Eindruck der zunächst ohne Belehrung geschlossenen Verständigung steht, wenn das Geständnis unter Mitwirkung seines Verteidigers entstanden ist und dieser die Verständigung selbst initiiert hat. Eine solchermaßen vom Einzelfall losgelöste Beruhensprüfung würde es erlauben, Verstöße gegen die Belehrungspflicht des § 257c Abs. 5 StPO im Ergebnis unbeanstandet zu lassen, ohne dass konkrete, auf den tatsächlichen Informationsstand des jeweiligen Angeklagten und seine Motivation zur Abgabe des Geständnisses bezogene Feststellungen getroffen werden müssten. Dies wäre jedoch mit dem Ausnahmecharakter des Beruhensausschlusses in derartigen Fällen nicht in Einklang zu bringen.

■ PRAXISBEDEUTUNG

Die vorstehende Entscheidung des BVerfG bekräftigt, dass die gesetzlich vorgeschriebene Belehrung des Angeklagten im Rahmen einer Verständigung nicht nur vor seinem Geständnis, sondern bereits vor seiner Zustimmung zu der Verständigung erfolgen muss. Dies folge aus dem Recht des Angeklagten auf ein faires, rechtsstaatliches Verfahren und dem verfassungsrechtlichen Grundsatz, dass jede Person über ihre Mitwirkung im Strafverfahren frei entscheiden kann. Werde der Angeklagte erst nach seiner Zustimmung zu der Verständigung belehrt, beruhten sein Geständnis und das Strafurteil im Regelfall auf dieser Grundrechtsverletzung. Für eine anderweitige Beurteilung im Einzelfall müsse das Revisionsgericht konkrete Feststellungen treffen.

■ TOPENTSCHEIDUNG

509 1. § 243 Abs 4 S 1 StPO ist dahingehend zu verstehen, dass der **Vorsitzende mitteilt, ob Erörterungen stattgefunden haben, deren Gegenstand die Möglichkeit einer Verständigung gewesen ist, und wenn ja, deren wesentlichen Inhalt.**

1a. Für eine solche Negativmitteilungspflicht sprechen sowohl die Gesetzessystematik – insb die Regelung des § 78 Abs 2 Halbs 1 OWiG – als auch die Materialien zum Verständigungsgesetz. Eine solche Pflicht entspricht auf dem Sinn und Zweck des auf umfassende Transparenz gerichteten Regelungskonzeptes.

1b. Auch der Zweite Senat des BVerfG versteht – entgegen der Auffassung des BGH (10.07.2013, 2 StR 47/13) – § 243 Abs 4 S 1 StPO dahingehend, dass auch eine Negativmitteilung in Bezug auf Verständigungsgespräche zu erfolgen habe.[506]

2a. Die angegriffene Entscheidung des BGH verletzt das Willkürverbot (zum Maßstab vgl BVerfG, 03.11.1982, 1 BvR 710/82, BVerfGE 62, 189 <192>), indem sie eine Mitteilungspflicht gem § 243 Abs 4 S 1 StPO in denjenigen Fällen verneint, in denen keine auf eine Verständigung hinzielenden Gespräche stattgefunden haben.

2b. Vorliegend kann auch nicht ausgeschlossen werden, dass das erstinstanzliche Urteil mangels Gesprächen über eine Verständigung auf der Gesetzesverletzung beruhe, da entsprechende Verfahrenstatsachen nicht aufgeklärt wurden.

2c. Ebenso wenig kann ausgeschlossen werden, dass die angegriffene Revisionsentscheidung auf der Verletzung von Art 3 Abs 1 GG beruht. Denn es kann nicht

[506] BVerfG, Kammerbeschluss vom 26.08.2014 – 2 BvR 2172/13.

beurteilt werden, welche Darlegungsanforderungen der BGH bei Bejahung einer Negativmitteilungspflicht an den Vortrag des Revisionsführers gestellt hätte.

[17] 3. Nach diesen Maßstäben ist die Auslegung des § 243 Abs. 4 Satz 1 StPO, wie sie der Revisionsentscheidung zugrunde liegt, wonach eine Mitteilungspflicht gemäß dieser Vorschrift nicht bestehe, wenn keine auf eine Verständigung hinzielenden Gespräche stattgefunden haben, unter keinem denkbaren Aspekt rechtlich haltbar. Sie verstößt in unvertretbarer und damit objektiv willkürlicher Weise gegen den eindeutigen objektivierten Willen des Gesetzgebers, wie er auch im Urteil des Bundesverfassungsgerichts vom 19. März 2013 (BVerfGE 133, 168 ff.) herausgearbeitet wurde.

[18] a) § 243 Abs. 4 Satz 1 StPO lautet:

Der Vorsitzende teilt mit, ob Erörterungen nach den §§ 202a, 212 stattgefunden haben, wenn deren Gegenstand die Möglichkeit einer Verständigung (§ 257c) gewesen ist und wenn ja, deren wesentlichen Inhalt.

[19] Der Wortlaut der sprachlich wenig geglückten Norm erscheint zwar auf den ersten Blick mehrdeutig (einerseits „ob“, andererseits „wenn“), lässt aber durch die weitere Formulierung „und wenn ja, deren wesentlichen Inhalt“ auf das Bestehen einer Mitteilungspflicht auch für den Fall schließen, dass keine Verständigungsgespräche stattgefunden haben (sog. Negativmitteilungspflicht), weil es des Zusatzes „und wenn ja“ ansonsten nicht bedurft hätte. Da der Gesetzeswortlaut selbst bei einer Ersetzung des „ob“ durch ein „dass“ wegen der nachfolgenden konditionalen Doppelung („wenn“, „und wenn ja“) unverständlich bliebe, ist nicht das „ob“, sondern das „wenn“ als Redaktionsversehen einzuordnen und die Vorschrift dahingehend zu verstehen, dass der Vorsitzende mitteilt, ob Erörterungen stattgefunden haben, deren Gegenstand die Möglichkeit einer Verständigung gewesen ist, und wenn ja, deren wesentlichen Inhalt (so zu Recht Frister, in: SK-StPO, 4. Aufl. 2011, § 243 Rn. 43).

[20] b) Die Gesetzessystematik spricht ebenfalls für eine Negativmitteilungspflicht. Wenn in § 243 Abs. 4 Satz 2 StPO von „Änderungen gegenüber der Mitteilung zu Beginn der Hauptverhandlung“ die Rede ist, so lässt dies allein den Schluss zu, dass zu Beginn der Hauptverhandlung in jedem Fall eine Mitteilung – sei es positiv oder negativ – zu erfolgen hat. Eine klare Bestätigung dieser Sichtweise findet sich in § 78 Abs. 2 OWiG, der für die Hauptverhandlung nach Einspruch gegen einen Bußgeldbescheid folgende Sonderregelung trifft:

§ 243 Absatz 4 der Strafprozessordnung gilt nur, wenn eine Erörterung stattgefunden hat; § 273 Absatz 1a Satz 3 und Absatz 2 der Strafprozessordnung ist nicht anzuwenden.

[21] Daraus ergibt sich im Umkehrschluss eindeutig, dass im „normalen“ Strafprozess eine Mitteilungspflicht nach § 243 Abs. 4 Satz 1 StPO auch dann besteht, wenn keine Erörterung stattgefunden hat. Anderenfalls wäre § 78 Abs. 2 Halbsatz 1 OWiG sinnlos. …

[27] e) Auch der Zweite Senat des Bundesverfassungsgerichts legt die Vorschrift des § 243 Abs. 4 Satz 1 StPO dahingehend aus, dass sie eine Negativmitteilungspflicht beinhaltet (vgl. BVerfGE 133, 168 <223 f., Rn. 98>):

Kommt eine Verständigung nicht zustande und fehlt es an der gebotenen Negativmitteilung nach § 243 Absatz 4 Satz 1 StPO (vgl. BGH, Beschluss vom 5. Oktober 2010 – 3 StR 287/10 –, wistra 2011, S. 72 f. = StV 2011, S. 72 f.) oder dem vorgeschriebenen Negativattest nach § 273 Absatz 1a Satz 3 StPO, wird nach Sinn und

Zweck des gesetzlichen Schutzkonzepts ein Beruhen des Urteils auf einem Verstoß gegen § 257c StPOgrundsätzlich ebenfalls nicht auszuschließen sein [...], sofern nicht ausnahmsweise zweifelsfrei feststeht, dass es keinerlei Gespräche gegeben hat, in denen die Möglichkeit einer Verständigung im Raum stand (vgl. OLG Celle, Beschluss vom 30. August 2011 – 32 Ss 87/11 –, juris, Rn. 11, 13). Bei einem Verstoß gegen Transparenz- und Dokumentationspflichten wird sich nämlich in den meisten Fällen nicht sicher ausschließen lassen, dass das Urteil auf eine gesetzwidrige „informelle" Absprache oder diesbezügliche Gesprächsbemühungen zurückgeht.

[28] Der vom Bundesverfassungsgericht hier verwendete Begriff der „Negativmitteilung" bezieht sich – entgegen der Annahme des 2. Strafsenats des Bundesgerichtshofs im Urteil vom 10. Juli 2013 – 2 StR 47/13 – nicht nur auf die Mitteilung über gescheiterte Verständigungsgespräche, sondern umfasst auch die Mitteilung darüber, dass es keine Verständigungsgespräche gegeben hat. Anderenfalls ergäbe der Rest des Satzes keinen Sinn, weil es ausgeschlossen ist, dass einerseits eine Mitteilung über gescheiterte Verständigungsgespräche geboten gewesen wäre, andererseits jedoch „zweifelsfrei feststeht, dass es keinerlei Gespräche gegeben hat, in denen die Möglichkeit einer Verständigung im Raum stand". Zwar ging es in dem zunächst in Bezug genommenen Beschluss des Bundesgerichtshofs vom 5. Oktober 2010 – 3 StR 287/10 – tatsächlich um die Pflicht zur Mitteilung gescheiterter Verständigungsgespräche. Der nachfolgende Hinweis auf den Beschluss des Oberlandesgerichts Celle vom 30. August 2011 – 32 Ss 87/11 – zeigt jedoch deutlich, dass der Senat gerade auch diejenigen Fälle gemeint hat, bei denen eine Mitteilung darüber unterblieben ist, dass keine Erörterungen nach den §§ 202a, 212 StPO stattgefunden haben.

[29] Soweit das Bundesverfassungsgericht ausgeführt hat, dass Gespräche, die ausschließlich der Organisation sowie der verfahrenstechnischen Vorbereitung und Durchführung der Hauptverhandlung dienen, nicht der Mitteilungspflicht des § 243 Abs. 4 StPO unterliegen (vgl. BVerfGE 133, 168 <216, Rn. 84>), ist damit nach dem Kontext der Gründe (vgl. insb. a.a.O., Rn. 83) die Pflicht zur (Positiv-)Mitteilung des wesentlichen Inhalts von Gesprächen gemeint (vgl. § 243 Abs. 4 Satz 1 StPO: „und wenn ja, deren wesentlichen Inhalt"). Diese Aussage lässt daher nicht den Schluss zu, dass es bei lediglich organisatorischen Vorgesprächen keinerlei Mitteilung nach § 243 Abs. 4 Satz 1 StPO bedarf, auch keiner Negativmitteilung.

[30] 4. Die Annahme, im vorliegenden Fall sei trotz Fehlens einer Mitteilung nach § 243 Abs. 4 Satz 1 StPO jedenfalls ein Beruhen des erstinstanzlichen Urteils auf einer Verletzung des Gesetzes (§ 337 Abs. 1 StPO) auszuschließen, weil zweifelsfrei feststehe, dass es keinerlei Gespräche über die Möglichkeit einer Verständigung gegeben habe (vgl. BVerfGE 133, 168 <223 f., Rn. 98>), kommt schon deshalb nicht in Betracht, weil eine Aufklärung der entsprechenden Verfahrenstatsachen nicht stattgefunden hat. Zwar trägt der Beschwerdeführer lediglich zu einem Gespräch zwischen Staatsanwaltschaft und Verteidigung vor, welches vom Bundesgerichtshof zu Recht als nicht vom Anwendungsbereich der Mitteilungspflicht des § 243 Abs. 4 Satz 1 StPO erfasst angesehen wurde. Dass es darüber hinaus im Vorfeld keinerlei Verständigungsgespräche gegeben hat, deren Inhalt nach § 243 Abs. 4 Satz 1 StPO mitzuteilen gewesen wäre, kann dem Vorbringen des Beschwerdeführers aber nicht zweifelsfrei entnommen werden.

[31] 5. Ebenso wenig scheidet ein Beruhen der Revisionsentscheidung auf dem Verstoß gegen Art. 3 Abs. 1 GG deshalb aus, weil der Bundesgerichtshof die auf eine Verletzung des § 243 Abs. 4 Satz 1 StPO gestützte Verfahrensrüge möglicherweise

auch bei Bejahung einer aus dieser Vorschrift folgenden Negativmitteilungspflicht als unzulässig angesehen hätte. Von einem Beruhen der angegriffenen Entscheidung auf einer Grundrechtsverletzung ist bereits dann auszugehen, wenn sich nicht ausschließen lässt, dass das Gericht bei hinreichender Berücksichtigung des verletzten Grundrechts zu einem anderen Ergebnis gelangt wäre. Welche Darlegungsanforderungen der Bundesgerichtshof bei Bejahung einer Negativmitteilungspflicht an den Vortrag des Revisionsführers gestellt hätte und ob er hiernach die auf eine Verletzung des § 243 Abs. 4 Satz 1 StPO gestützte Verfahrensrüge für zulässig erachtet hätte, kann durch das Bundesverfassungsgericht nicht beurteilt werden. Denkbar wäre es gewesen, keine über den – bereits im Fehlen jeglicher Mitteilung liegenden – Verstoß gegen § 243 Abs. 4 Satz 1 StPO hinausreichenden Anforderungen an die Darstellung des Verfahrensablaufs zu stellen und im Freibeweisverfahren aufzuklären, ob Gespräche stattgefunden haben, in denen die Möglichkeit einer Verständigung im Raum stand (so im Ergebnis BGH, Beschluss vom 3. September 2013 – 1 StR 237/13 –, juris, Rn. 4 ff.). Ebenso hätte, einem Vorschlag des Generalbundesanwalts in der Stellungnahme zur vorliegenden Verfassungsbeschwerde folgend, verlangt werden können, dass die Revisionsbegründung mitteilt, über welche Kenntnisse und Hinweise bezüglich etwaiger Verständigungsgespräche der Revisionsverteidiger und der Angeklagte – gegebenenfalls nach zumutbarer Einholung entsprechender Auskünfte beim Instanzverteidiger (vgl. BVerfGK 6, 235 <237 f.>) – verfügen. Auch wenn es sich dabei um eine Ausnahme von dem revisionsrechtlichen Grundsatz handeln mag, dass der Revisionsführer zur Beruhensfrage nicht vorzutragen braucht, geht es hierbei doch letztlich um eine Frage des einfachen Rechts, über die das Bundesverfassungsgericht nicht zu entscheiden hat.

PRAXISBEDEUTUNG ■

Mit dieser Entscheidung dürfte die Frage, ob § 243 Abs. 4 Satz 1 StPO auch eine Negativmitteilungspflicht enthält, nun endgültig positiv geklärt sein. Daher wird nunmehr der Vorsitzende des Tatgerichts immer nach Verlesung der Anklageschrift aber vor Belehrung des Angeklagten über seine Aussagefreiheit Angaben machen müssen, ob (bislang) Erörterungen stattgefunden haben, deren Gegenstand die Möglichkeit der Verständigung war. Werden durch das Gericht insoweit keine Angaben protokolliert, wird dies auf die Revision hin künftig regelmäßig zur Aufhebung des ergangenen Urteils führen, es sei denn, es kann sicher ausgeschlossen werden, dass auf Verständigung zielende Gespräche überhaupt stattgefunden haben.

Die Rüge eines Verstoßes gegen die Mitteilungs- und Dokumentationspflichten **510**
gemäß § 243 Abs. 4 Satz 2 StPO setzt nicht voraus, dass der Verteidiger zuvor von dem **Zwischenrechtsbehelf des § 238 Abs. 2 StPO** Gebrauch gemacht hat.[507]

[9] 4. Die Revision macht zu Recht geltend, es liege ein Verstoß gegen die Mitteilungs- und Dokumentationspflichten gemäß § 243 Abs. 4 Satz 2 i.V.m. § 273 Abs. 1a Satz 2 StPO vor.

---

507 BGH, Urteil vom 5.06.2014 – 2 StR 381/13.

*[**10**] a) Nach § 243 Abs. 4 Satz 1 StPO teilt der Vorsitzende nach Verlesung des Anklagesatzes mit, ob Erörterungen nach den §§ 202a, 212 StPO stattgefunden haben, wenn deren Gegenstand die Möglichkeit einer Verständigung (§ 257c StPO) gewesen ist, und wenn ja, deren wesentlichen Inhalt (vgl. dazu Senat, Urteil vom 10. Juli 2013 – 2 StR 47/13, BGHSt 58, 315, 316). Diese Mitteilungspflicht ist gemäß § 243 Abs. 4 Satz 2 StPO weiter zu beachten, wenn Erörterungen erst nach Beginn aber außerhalb der Hauptverhandlung stattgefunden haben (BGH, Beschlüsse vom 8. Oktober 2013 – 4 StR 272/13, StV 2014, 67 und vom 3. Dezember 2013 – 2 StR 410/13, NStZ 2014, 219; Meyer-Goßner/Schmitt, StPO, 57. Aufl., § 243 Rn. 18c). Das Gesetz will erreichen, dass derartige Erörterungen stets in der öffentlichen Hauptverhandlung zur Sprache kommen und dies auch inhaltlich dokumentiert wird. Gespräche außerhalb der Hauptverhandlung dürfen kein informelles und unkontrollierbares Verhalten eröffnen (vgl. BGH, Beschlüsse vom 5. Oktober 2010 – 3 StR 287/10, StV 2011, 72, 73, vom 8. Oktober 2013 – 4 StR 272/13, StV 2014, 67, vom 3. Dezember 2013 – 2 StR 410/13, NStZ 2014, 219 und vom 15. April 2014 – 3 StR 89/14, NStZ 2014, 418). Die Pflicht zur Dokumentation der zur Vorbereitung einer Verständigung außerhalb der Hauptverhandlung unter Umständen erfolglos geführten Gespräche ist zwar im Vergleich zur tatsächlichen Verständigung reduziert. Gleichwohl sollen alle Verfahrensbeteiligte und die Öffentlichkeit nicht nur darüber informiert werden, dass solche Erörterungen stattgefunden haben, sondern auch darüber, welche Standpunkte gegebenenfalls von den Teilnehmern vertreten wurden, von welcher Seite die Frage einer Verständigung aufgeworfen wurde und ob sie bei anderen Gesprächsteilnehmern auf Zustimmung oder Ablehnung gestoßen ist (vgl. BVerfGE 133, 168, 215 f.; BGH, Beschlüsse vom 5. Oktober 2010 – 3 StR 287/10, StV 2011, 72 f., vom 3. Dezember 2013 – 2 StR 410/13, NStZ 2014, 219 und vom 9. April 2014 – 1 StR 612/13, NStZ 2014, 416, 417). Zur Gewährleistung einer effektiven Kontrolle ist die Mitteilung des Vorsitzenden hierüber – sofern sie nach § 243 Abs. 4 StPO vorgeschrieben ist – gemäß § 273 Abs. 1a Satz 2 StPO in das Protokoll der Hauptverhandlung aufzunehmen.*

*[**11**] Gemessen daran enthält die Mitteilung des Vorsitzenden nicht alle Informationen, die zur Transparenz und Dokumentation von Verfahrensabläufen im Zusammenhang mit möglichen Verständigungen nach § 257c StPO mitgeteilt werden müssen. So hat es der Vorsitzende – was sich aus dem Protokoll, den eingeholten dienstlichen Erklärungen und der anwaltlichen Versicherung ergibt – rechtsfehlerhaft unterlassen, jedenfalls die von der Staatsanwaltschaft für den Angeklagten H. geäußerte Straferwartung mitzuteilen.*

*[**12**] b) Der Angeklagte ist mit seiner darauf gerichteten Revisionsrüge nicht deshalb präkludiert, weil er es unterlassen hat, von dem Zwischenrechtsbehelf des § 238 Abs. 2 StPO Gebrauch zu machen. Kommt der Vorsitzende ungeachtet eines ihm zustehenden Beurteilungs- und Ermessensspielraum seinen Mitteilungs- und Dokumentationspflichten nur unzureichend nach, muss dies – entgegen der Ansicht des Generalbundesanwalts – von dem Verteidiger nicht entsprechend § 238 Abs. 2 StPO beanstandet werden (so im Ergebnis auch Schneider, NStZ 2014, 252; a.A. Altvater, StraFo 2014, 221, 226; offengelassen von BGH, Beschluss vom 15. April 2014 – 3 StR 89/14). Dies gilt selbst dann, wenn dem Verteidiger – wie hier – ausdrücklich Gelegenheit gegeben wird, sich zur Unterrichtung durch den Vorsitzenden zu erklären.*

*[**13**] aa) Der Senat lässt offen, ob der Rechtsansicht zu folgen wäre, wonach ein Verteidiger die Unvollständigkeit von Mitteilungen schon deswegen nicht nach*

§ 238 Abs. 2 StPO rügen müsse (und könne), weil solchen Mitteilungen nach dem Verständigungsgesetz die Funktion abgehe, auf das Verhalten des Verfahrensbeteiligten sachleitend Einfluss zu nehmen, es sich mithin nur um bloße, dem Anwendungsbereich des § 238 Abs. 2 StPO thematisch entzogene bloße Wissensentscheidungen handele (so Schneider NStZ 2014, 252).

[14] bb) Entscheidend ist, dass keine eine Rügeobliegenheit begründende Mitwirkungspflicht des Verteidigers im Verständigungsverfahren besteht, was die Mitteilung und Protokollierung von außerhalb der Hauptverhandlung mit dem Ziel einer Verständigung geführten Gespräche anbelangt.

[15] Der mit dem Verständigungsgesetz eingeführte § 243 Abs. 4 StPO überantwortet die Informationspflicht für außerhalb der Hauptverhandlung geführte Verständigungsgespräche ausschließlich dem Vorsitzenden des Gerichts. Wie der Senat bereits in seiner Grundsatzentscheidung vom 10. Juli 2013 (2 StR 195/12, BGHSt 58, 310, 314) näher ausgeführt hat, will das Gesetz die Transparenz der Gespräche, die außerhalb der Hauptverhandlung geführt werden, durch die Mitteilung ihres wesentlichen Inhalts in der Verhandlung für die Öffentlichkeit und alle Verfahrensbeteiligten, insbesondere aber für den Angeklagten herbeiführen. Durch die Mitteilung nach § 243 Abs. 4 Satz 2 StPO und deren Protokollierung gemäß § 273 Abs. 1a StPO werden außerhalb der Hauptverhandlung im Hinblick auf eine Verständigung erfolgte Geschehnisse festgeschrieben und einer revisionsgerichtlichen Kontrolle zugänglich gemacht. Zudem soll dem Angeklagten eine eigenverantwortliche Entscheidung ermöglicht werden, wie er sein eigenes Verteidigungsverhalten einrichtet.

[16] Die Zuweisung der Mitteilungs- und Informationspflicht ausschließlich an den Vorsitzenden folgt auch aus den Überlegungen des Bundesverfassungsgerichts zur Schutzfunktion des § 243 Abs. 4 Satz 2 StPO, wonach eine „vollumfängliche Rechtsmittelkontrolle" des Verständigungsgeschehens erfolgen soll (BVerfGE 133, 168, 204, 207). Gewollt ist die Gewährleistung effektiven Rechtsschutzes für den Angeklagten durch revisionsgerichtliche Verfahrenskontrolle. Unzulässige „deals", aber auch informelle Absprachen hinter dem Rücken des Angeklagten auszuschließen, entspricht der Intention des Gesetzgebers und des Bundesverfassungsgerichts. Danach gilt es u.a. zu verhindern, „dass sich ein möglicher Interessengleichlauf von Gericht, Staatsanwaltschaft und Verteidigung zum Nachteil des Angeklagten auswirkt" (BVerfGE 133, 168, 232). „Die Transparenzvorschriften des Verständigungsgesetzes dienen somit dem Schutz der Grundrechte des von einer Verständigung betroffenen Angeklagten vor einem im Geheimen sich vollziehenden ‚Schulterschluss' zwischen Gericht, Staatsanwaltschaft und Verteidigung" (BVerfG, Beschluss vom 1. Juli 2014 – 2 BvR 989/14). Vor diesem Hintergrund kommt der Informationspflicht durch den Vorsitzenden auch die Funktion zu, den Angeklagten vor einer fehlerhaften Beratung durch seine Verteidiger zu schützen. Diese Schutzfunktion wäre jedoch eingeschränkt, würde man – z.B. nach einem Verteidigerwechsel zwischen den Instanzen – die Zulässigkeit einer auf die Verletzung des § 243 Abs. 4 Satz 2 StPO gestützten Rüge davon abhängig machen, dass der Instanzverteidiger, der zuvor unter Umständen an einer informellen Absprache hinter dem Rücken des Revisionsführers mitgewirkt hat, eine dies verschweigende Mitteilung des Vorsitzenden gemäß § 238 Abs. 2 StPO in der Hauptverhandlung beanstandet hat.

[17] cc) Im Übrigen könnte § 238 Abs. 2 StPO, der darauf abzielt, die Verantwortung des gesamten Spruchkörpers für die Rechtsförmigkeit der Verhandlung zu aktivieren, von vornherein nur dann zum Tragen kommen, wenn die Verständigungs-

gespräche zuvor in Gegenwart sämtlicher zur Entscheidung berufener Mitglieder des Gerichts geführt worden wären. Verständigungsgespräche vor Beginn der Hauptverhandlung erfolgen jedoch regelmäßig ohne die Schöffen; vorbereitende Gespräche während, aber außerhalb laufender Verhandlung, z.B. an Nichtsitzungstagen, müssen nicht zwingend von dem gesamten Spruchkörper geführt werden (vgl. z.B. BGH, Beschluss vom 29. November 2013 – 1 StR 200/13, NStZ 2014, 221). In diesen Fällen müsste eine Befassung des gesamten Spruchkörpers mit der Frage der Vollständigkeit der Information leerlaufen. Letztlich würde damit eine Rügeverpflichtung von Zufälligkeiten des Einzelfalles abhängen.

[18] c) Auf der Verletzung der Informationspflichten aus § 243 Abs. 4 Satz 2 StPO beruht das Urteil zum Nachteil des Angeklagten H.

511 Die **Mitteilungspflicht aus § 243 Abs. 4 Satz 1 StPO** betrifft **sämtliche, auf eine Verständigung abzielenden Erörterungen vor Eröffnung des Hauptverfahrens** (vgl. § 202a StPO). Eine Einschränkung der Mitteilungspflicht für den (gesetzlich ohnehin nicht vorgesehenen) Fall einer Rückgabe einer Anklageschrift zur „Nachbesserung“ enthält das Gesetz nicht. Durch die Einreichung einer geänderten und ergänzten Anklageschrift wird auch nicht etwa ein völlig neues Verfahren in Gang gesetzt, das die Mitteilung vorheriger Gespräche entbehrlich machen würde. Schließlich kann die Änderung der Anklage gerade Ergebnis vorheriger, auf eine Verständigung abzielender Gespräche der Verfahrensbeteiligten sein. Auch der Sinn und Zweck der Norm gebietet insoweit keine Einschränkung der gesetzlichen Mitteilungspflicht, denn der Angeklagte, die Schöffen und die Öffentlichkeit haben auch in diesen Fällen ein berechtigtes Interesse an der Kenntnis solcher Vorgespräche. Weitergehender Vortrag zu diesem Punkt – etwa die Mitteilung der früheren und der geänderten Anklageschrift – kann deshalb nicht verlangt werden. Bei Verstößen gegen die Mitteilungspflichten aus § 243 Abs. 4 StPO ist regelmäßig davon auszugehen, dass das Urteil auf diesem Verstoß beruht; lediglich in Ausnahmefällen ist Abweichendes vertretbar.[508]

[7] 1. Die zulässige Rüge einer Verletzung von § 243 Abs. 4 Satz 1 StPO hat Erfolg.

[8] a) Nach § 243 Abs. 4 Satz 1 StPO hat der Vorsitzende zu Beginn der Hauptverhandlung nach Verlesung des Anklagesatzes und vor der Belehrung und Vernehmung des Angeklagten mitzuteilen, ob Erörterungen nach den §§ 202a, 212 StPO stattgefunden haben, wenn deren Gegenstand die Möglichkeit einer Verständigung (§ 257c StPO) gewesen ist und wenn ja, deren wesentlichen Inhalt. Die Mitteilungspflicht aus § 243 Abs. 4 Satz 1 StPO greift bei sämtlichen Vorgesprächen ein, die auf eine Verständigung abzielen (vgl. BGH, Beschluss vom 8. Oktober 2013 – 4 StR 272/13, StV 2014, 67). Dies ist anzunehmen, sobald bei Gesprächen vor der Hauptverhandlung ausdrücklich oder konkludent die Möglichkeit einer Verständigung im Raum steht, was zumindest dann der Fall ist, wenn Fragen des prozessualen Verhaltens in einen Konnex zum Verfahrensergebnis gebracht werden und damit die Frage nach oder die Äußerung zu einer Straferwartung naheliegt (BVerfG, Urteil vom 19. März 2013 – 2 BvR 2628/10, 2 BvR 2883/10 und 2 BvR 2155/11 Rn. 85, NJW 2013, 1058, 1065).

[9] b) Demnach musste der Vorsitzende im Rahmen seiner Mitteilungspflicht aus § 243 Abs. 4 Satz 1 StPO auch nähere Angaben zu dem Gespräch vom 20. Septem-

---

508 BGH, Urteil vom 13.02.2014 – 1 StR 423/13.

ber 2011 machen, denn in diesem Gespräch ging es inhaltlich darum, die Möglichkeit einer Verständigung im Sinne von § 257c StPO abzuklären. Die Mitteilung bloß des letzten vor der Hauptverhandlung zwischen den Verfahrensbeteiligten geführten Gesprächs, dessen Gegenstand die Möglichkeit einer Verständigung war, reicht nicht aus.

[10] c) Dass – wie in den Urteilsgründen mitgeteilt – die Anklage im Januar 2011 zur „Nachbesserung" an die Staatsanwaltschaft zurückgegeben und erst im Juni 2012 mit Änderungen und Ergänzungen neu eingereicht wurde, woraufhin das Hauptverfahren im Oktober 2012 eröffnet wurde, führt zu keiner anderen Bewertung.

[11] Die Mitteilungspflicht aus § 243 Abs. 4 Satz 1 StPO betrifft sämtliche, auf eine Verständigung abzielenden Erörterungen vor Eröffnung des Hauptverfahrens (vgl. § 202a StPO). Eine Einschränkung der Mitteilungspflicht für den (gesetzlich ohnehin nicht vorgesehenen) Fall einer Rückgabe einer Anklageschrift zur „Nachbesserung" enthält das Gesetz nicht. Durch die Einreichung einer geänderten und ergänzten Anklageschrift wird auch nicht etwa ein völlig neues Verfahren in Gang gesetzt, das die Mitteilung vorheriger Gespräche entbehrlich machen würde. Schließlich kann die Änderung der Anklage gerade Ergebnis vorheriger, auf eine Verständigung abzielender Gespräche der Verfahrensbeteiligten sein. Auch der Sinn und Zweck der Norm gebietet insoweit keine Einschränkung der gesetzlichen Mitteilungspflicht, denn der Angeklagte, die Schöffen und die Öffentlichkeit haben auch in diesen Fällen ein berechtigtes Interesse an der Kenntnis solcher Vorgespräche. Weitergehender Vortrag zu diesem Punkt – etwa die Mitteilung der früheren und der geänderten Anklageschrift – kann deshalb nicht verlangt werden.

[12] 2. Anders als der Generalbundesanwalt kann der Senat nicht ausschließen, dass das Urteil auf dem Rechtsfehler beruht.

[13] a) Bei Verstößen gegen die Mitteilungspflichten aus § 243 Abs. 4 StPO ist regelmäßig davon auszugehen, dass das Urteil auf diesem Verstoß beruht; lediglich in Ausnahmefällen ist Abweichendes vertretbar (BGH, Beschluss vom 8. Oktober 2013 – 4 StR 272/13, StV 2014, 67 f.). Wie das Bundesverfassungsgericht in seinem Urteil vom 19. März 2013 im Einzelnen dargelegt hat, hält der Gesetzgeber eine Verständigung nur bei Wahrung der umfassenden Transparenz- und Dokumentationspflichten für zulässig, weshalb das gesetzliche Regelungskonzept eine untrennbare Einheit aus Zulassung und Beschränkung von Verständigungen bei gleichzeitiger Einhegung durch die Mitteilungs-, Belehrungs- und Dokumentationspflichten darstellt (BVerfG, Urteil vom 19. März 2013 – 2 BvR 2628/10, 2 BvR 2883/10 und 2 BvR 2155/11 Rn. 96, NJW 2013, 1058, 1066 f.). Dies hat zur Folge, dass jeder Verstoß gegen solche gesetzlichen Vorschriften die Verständigung insgesamt „bemakelt" und damit zur Rechtswidrigkeit der Verständigung führt. Hält sich das Gericht an eine solche gesetzeswidrige Verständigung, beruht auch das Urteil regelmäßig auf dem Verfahrensverstoß; die Revisionsgerichte können deshalb ein Beruhen des Urteils auf einem Verstoß gegen Transparenz- und Mitteilungspflichten nach § 337 Abs. 1 StPO nur in besonderen Fällen ausschließen (BVerfG aaO Rn. 97).

[14] b) Das Gericht hat das nach Verstoß gegen § 243 Abs. 4 StPO im Rahmen einer in der Hauptverhandlung erzielten Verständigung abgelegte Geständnis verwertet und zur Grundlage seiner Beweiswürdigung gemacht. Das Urteil beruht demnach auf einer Verständigung, in deren Vorfeld es zu einer Verletzung von Mitteilungspflichten kam, also auf einer „bemakelten" Verständigung.

[15] c) Ein besonderer Ausnahmefall, in dem ausnahmsweise ein Beruhen auszuschließen wäre, liegt nicht vor.

[16] Die Mitteilung des Inhalts sämtlicher auf eine Verständigung abzielender Vorgespräche dient nicht nur der notwendigen Information der Öffentlichkeit, sondern auch der des Angeklagten, der – wie hier – bei derartigen Gesprächen in aller Regel nicht anwesend ist. Für die Willensbildung im Rahmen einer Verständigung ist für den Angeklagten auch von Bedeutung, dass er durch das Gericht umfassend über sämtliche vor der Hauptverhandlung mit den übrigen Verfahrensbeteiligten geführten Verständigungsgespräche informiert wird. Erfolgt diese Information nur unvollständig, lässt sich regelmäßig nicht ausschließen, dass die Entscheidung des Angeklagten, der Verständigung nach § 257c StPO in der Hauptverhandlung zuzustimmen, auf unzureichender Tatsachenkenntnis beruht und bei vollständiger Information anders ausgefallen wäre.

[17] Auch unter Berücksichtigung der Änderung und Ergänzung der Anklageschrift lässt sich ein Beruhen vorliegend nicht ausschließen. Die Änderung der Anklageschrift bestand vorliegend hauptsächlich in der Beifügung von Anlagen zur Konkretisierung der angeklagten Beitragshinterziehungen. Inhaltliche Änderungen waren damit nicht verbunden. Für den Angeklagten, die Schöffen, die bei den Gesprächen nicht anwesenden weiteren Verfahrensbeteiligten und die Öffentlichkeit ist auch bei einer derartigen Konstellation von Belang, welche Gespräche mit dem Ziel einer Verständigung zu einem früheren Zeitpunkt geführt wurden.

512 Der **Mitteilungspflicht nach § 243 Abs. 4 Satz 1 StPO** kommt zwar eine **wesentliche Bedeutung zur Herstellung von Transparenz** im verständigungsbasierten Erkenntnisverfahren zu. Da nach dem Verständigungsgesetz auch in diesen Fällen der Inbegriff der Hauptverhandlung Grundlage der Urteilsfindung bleibt, müssen grundsätzlich sämtliche Vorgespräche und außerhalb der Hauptverhandlung geführten Gespräche, die dem Ziel einer Verständigung dienen, zum Gegenstand der Hauptverhandlung gemacht, also dort zur Sprache gebracht und erörtert werden. Gegenstand einer Verständigung können nach § 257c Abs. 2 StPO jedoch nur Rechtsfolgen oder sonstige strafprozessuale Maßnahmen sein, die in die Entscheidungsbefugnis des Gerichts fallen. Deren Inhalt wird aber nur durch diejenige Anklage bestimmt, über deren Gegenstand das Gericht zu befinden hat, nicht aber durch eine solche, die nicht mehr Gegenstand des Verfahrens ist. Allein über die – schuldangemessene – Sanktion für die im Rahmen des angeklagten Lebenssachverhalts festzustellenden Taten kann eine Verständigung erfolgen. Deshalb sind nur solche Erörterungen mitteilungspflichtig, die eine derartige Verständigung vorbereiten. Dies gilt umso mehr, als nach Rücknahme einer Anklage und neuer Anklageerhebung gegebenenfalls sogar ein anderes Gericht oder andere Richter mit der Sache befasst sein können.[509]

513 Nach § 243 Abs. 4 Satz 2 StPO ist **jedes Bemühen um eine Verständigung** ungeachtet des Ergebnisses der Intervention **mitteilungsbedürftig**. Es ist zumindest bekanntzugeben, welchen Standpunkt die Gesprächsteilnehmer vertreten und wie sie sich zu den Ansichten der übrigen verhalten haben.[510]

---

509 BGH, Urteil vom 20.02.2014 – 3 StR 289/13; vgl. hierzu auch Beschluss vom 25.11.2014 – 2 StR 171/14.

510 BGH, Beschluss vom 14.07.2014 – 5 StR 217/14; vgl. hierzu auch Beschluss vom 15.07.2014 – 5 StR 169/14.

Zwar wird das Beruhen des Urteils auf der **fehlenden Belehrung** verneint werden können, wenn sich feststellen lässt, dass der Angeklagte das Geständnis auch bei ordnungsgemäßer Belehrung abgegeben hätte. Es kann offen bleiben, ob allein das Wissen um den Inhalt der Belehrung aus § 257c Abs. 5 StPO zu belegen geeignet ist, dass das Geständnis auch bei ordnungsgemäßer Belehrung durch das Gericht abgegeben worden wäre. Denn anders als beim Verstoß gegen die Belehrung über das Schweigerecht nach § 136 StPO **trifft die Belehrungspflicht das Gericht**. Es könnte daher für die Wahrung der Autonomie des Angeklagten durchaus von Gewicht sein, dass das hierfür zuständige Gericht die erforderliche Belehrung trotz der Verpflichtung hierzu nicht erteilt, selbst wenn er den Inhalt derselben in einem anderen Zusammenhang erfahren haben sollte.[511] **514**

[2] 1. Die Angeklagte erhebt die Rüge der Verletzung des § 257c Abs. 5 StPO.

[3] a) Der Verfahrensbeanstandung liegt folgendes Geschehen zugrunde:

[4] Dem Urteil des Landgerichts ging eine Verständigung gemäß § 257c StPO voraus. Darin sicherte das Landgericht der Angeklagten zu, für den Fall eines Geständnisses eine Geldstrafe „von nicht mehr als 200 Tagessätzen" zu verhängen (vgl. hingegen zur Verpflichtung des Gerichts zur Offenlegung des gesamten Umfangs der Rechtsfolgenerwartung vor Zustandekommen der Verständigung, BGH, Beschluss vom 29. Januar 2014 – 4 StR 254/13). Daraufhin erklärte die Angeklagte, dass sie die angeklagten Taten einräume. Eine Belehrung nach § 257c Abs. 5 StPO erfolgte zu keinem Zeitpunkt. Das Landgericht erachtete das Geständnis der Angeklagten für glaubhaft und hielt sich an die Verständigung, indem es eine Gesamtgeldstrafe von 200 Tagessätzen verhängte.

[5] b) Die Angeklagte beanstandet, dass eine Verständigung erfolgt sei, obwohl ihr rechtsfehlerhaft keine Belehrung über die Voraussetzungen und Folgen einer Abweichung des Gerichts von dem in Aussicht gestellten Ergebnis der Verständigung nach § 257c Abs. 5 StPO erteilt worden sei. Ohne die Verständigung hätte sie kein Geständnis abgelegt.

[6] c) Die Rüge ist zulässig erhoben. Die Angeklagte hat einen Sachverhalt vorgetragen, der es dem Revisionsgericht ohne weiteres ermöglicht, allein aufgrund ihres Vortrags zu überprüfen, ob der gerügte Rechtsfehler vorläge, wenn die behaupteten Tatsachen erwiesen wären (vgl. nur BGH, Beschluss vom 25. Januar 2012 – 1 StR 45/11; Beschluss vom 12. März 2013 – 2 StR 34/13, NStZ-RR 2013, 222) und damit die Anforderungen des § 344 Abs. 2 Satz 2 StPO erfüllt.

[7] Soweit der Generalbundesanwalt den Vortrag vermisst, dass der Angeklagten vor ihrem Geständnis der Inhalt der vom Gesetz vorgeschriebenen Belehrung gemäß § 257c Abs. 5 StPO nicht bekannt gewesen sei, kann die Frage, ob ein Rechtsfehler vorliegt, im vorliegenden Fall auch ohne dies beantwortet werden.

[8] aa) Unter dem Gesichtspunkt der ausnahmsweise bestehenden Vortragspflicht zu sog. Negativtatsachen (vgl. BGH, Beschluss vom 12. August 1999 – 3 StR 277/99, NStZ 2000, 49, 50) lässt sich jedenfalls im vorliegenden Fall keine diesbezügliche Vortragspflicht statuieren. Dafür, dass der bisher nur einmal, nämlich im Jahre 2008, mithin vor Inkrafttreten des § 257c StPO bestraften Angeklagten der Inhalt dieser Belehrung anderweitig bekannt geworden sein könnte, liegen keine Anhaltspunkte vor (vgl. hierzu BGH, Beschluss vom 11. April 2013 – 1 StR

[511] BGH, Beschluss vom 15.01.2014 – 1 StR 302/13.

563/12), so dass eine dem geltend gemachten Fehler möglicherweise entgegenstehende Verfahrenslage nach der konkreten Fallgestaltung (vgl. hierzu BVerfG, Beschluss vom 25. Januar 2005 – 2 BvR 656/99, 657/99 und 683/99, NJW 2005, 1999, 2003) nicht ernsthaft in Betracht kommt und schon deswegen nicht mit dem Revisionsvortrag ausgeschlossen werden muss.

[9] bb) Zwar wird das Beruhen des Urteils auf der fehlenden Belehrung verneint werden können, wenn sich feststellen lässt, dass der Angeklagte das Geständnis auch bei ordnungsgemäßer Belehrung abgegeben hätte (BVerfG, Urteil vom 19. März 2013 – 2 BvR 2883/10 u.a., Rn. 99, NJW 2013, 1058, 1067). Es kann offen bleiben, ob allein das Wissen um den Inhalt der Belehrung aus § 257c Abs. 5 StPO zu belegen geeignet ist, dass das Geständnis auch bei ordnungsgemäßer Belehrung durch das Gericht abgegeben worden wäre. Denn anders als beim Verstoß gegen die Belehrung über das Schweigerecht nach § 136 StPO trifft die Belehrungspflicht das Gericht. Es könnte daher für die Wahrung der Autonomie des Angeklagten durchaus von Gewicht sein, dass das hierfür zuständige Gericht die erforderliche Belehrung trotz der Verpflichtung hierzu nicht erteilt, selbst wenn er den Inhalt derselben in einem anderen Zusammenhang erfahren haben sollte.

[10] Jedenfalls aber ist die Prüfung, ob das angefochtene Urteil auf dem geltend gemachten Verfahrensfehler beruht, grundsätzlich Aufgabe des Revisionsgerichts von besonderen Fallkonstellationen (vgl. hierzu BGH, Beschluss vom 23. September 2003 – 1 StR 341/03, BGHR StPO § 338 Nr. 8, Beschränkung 8 mwN; Urteil vom 20. Dezember 2012 – 3 StR 117/12, NJW 2013, 1827, 1831) abgesehen, braucht der Revisionsführer den ursächlichen Zusammenhang zwischen dem behaupteten Rechtsverstoß und dem angefochtenen Urteil nicht ausdrücklich darzulegen. Ein solches Erfordernis besteht auch hier nicht. Denn im Revisionsverfahren braucht der Angeklagte nicht zu behaupten und zu beweisen, dass er bei ordnungsgemäßer Belehrung nicht ausgesagt hätte, er braucht sich nicht mit dem Einwand auseinanderzusetzen, dass nach der Verfahrenslage das Schweigen ein ungeeignetes Verteidigungsmittel gewesen wäre (BGH, Beschluss vom 27. Februar 1992 – 5 StR 190/91, BGHSt 38, 214, 226 f., nur insoweit verweist auch BVerfG aaO).

[11] d) Die Rüge ist auch begründet. Der von der Angeklagten gerügte Rechtsfehler liegt vor. Im Hinblick auf die negative Beweiskraft des Protokolls steht fest, dass die Belehrung gemäß § 257c Abs. 5 StPO nicht erfolgt ist. Diesem Umstand tritt die Staatsanwaltschaft in ihrer Gegenerklärung nicht entgegen. Die Angeklagte wurde daher vom Gericht nicht in die Lage versetzt, eine autonome Entscheidung über ihre Mitwirkung an der Verständigung zu treffen (vgl. hierzu BVerfG, Urteil vom 19. März 2013 – 2 BvR 2883/10 u.a., Rn. 99, NJW 2013, 1058, 1067).

[12] Auf diesem Rechtsfehler beruht das Urteil. Die Voraussetzungen, unter denen nach der Rechtsprechung des Bundesverfassungsgerichts ausnahmsweise ein Beruhen des Urteils auf der Verletzung der Belehrungspflicht aus § 257c Abs. 5 StPO ausgeschlossen werden kann, liegen nicht vor (vgl. oben zu c. aa.). Zudem ergibt sich aus dem Verfahrensablauf, dass das Geständnis der Angeklagten auf die Verständigung hin erfolgte, was sich auch mit ihrem Vortrag deckt. Vor diesem Hintergrund kann eine Ursächlichkeit der fehlenden Belehrung für das Prozessverhalten der Angeklagten und mithin für das Urteil, das sich auf das Geständnis der Angeklagten stützt, nicht ausgeschlossen werden.

[13] 2. Der Senat weist darauf hin, dass auch ein verständigungsbasiertes Geständnis der freien richterlichen Beweiswürdigung unterliegt, die in den Urteilsgründen nachvollziehbar darzustellen ist. Es ist deshalb stets zu untersuchen, ob das abge-

legte Geständnis mit dem Ermittlungsergebnis zu vereinbaren ist, ob es in sich stimmig ist und ob es die getroffenen Feststellungen trägt (st. Rspr. vgl. u.a. BGH, Beschluss vom 15. April 2013 – 3 StR 35/13). Im Urteil ist aber schon nicht dargestellt, was die Angeklagte zu den Tatvorwürfen angegeben hat. Der pauschale Verweis auf das Geständnis der Angeklagten ist nicht ohne weiteres geeignet, zwei prozessual selbständige Beihilfetaten zu belegen.

Bei **Verstößen gegen die Mitteilungspflichten aus § 243 Abs. 4 StPO** ist regelmäßig 515
davon auszugehen, dass das Urteil auf dem Verstoß beruht; lediglich in Ausnahmefällen ist Abweichendes vertretbar. Die Mitteilung des Inhalts sämtlicher auf eine Verständigung abzielender Gespräche dient dabei nicht nur der notwendigen Information der Öffentlichkeit, sondern auch der des Angeklagten, der bei derartigen Gesprächen außerhalb der Hauptverhandlung in der Regel nicht anwesend ist. Für die Willensbildung im Rahmen einer Verständigung ist für den Angeklagten auch von Bedeutung, dass er durch das Gericht umfassend über sämtliche vor und außerhalb der Hauptverhandlung mit den übrigen Verfahrensbeteiligten geführten Verständigungsgespräche informiert wird.[512]

[8] b) Die Rüge des Angeklagten, es liege eine Verletzung der mit Verständigungsgesprächen einhergehenden Mitteilungspflichten gemäß § 243 Abs. 4 Satz 2 StPO vor, ist zulässig und begründet.

[9] aa) Nach § 243 Abs. 4 Satz 1 StPO teilt der Vorsitzende nach Verlesung des Anklagesatzes mit, ob Erörterungen nach den §§ 202a, 212 StPO stattgefunden haben, wenn deren Gegenstand die Möglichkeit einer Verständigung (§ 257c StPO) gewesen ist, und wenn ja, deren wesentlicher Inhalt. Diese Mitteilungspflicht greift bei sämtlichen Vorgesprächen ein, die auf eine Verständigung abzielen (vgl. BGH, Urteil vom 13. Februar 2014 – 1 StR 423/13 mwN). Sie ist gemäß § 243 Abs. 4 Satz 2 StPO weiter zu beachten, wenn Erörterungen erst nach Beginn der Hauptverhandlung stattgefunden haben. Das Gesetz will erreichen, dass derartige Erörterungen stets in der Hauptverhandlung zur Sprache kommen und dies auch inhaltlich dokumentiert wird. Gespräche außerhalb der Hauptverhandlung dürfen kein informelles und unkontrollierbares Verfahren eröffnen (vgl. BGH, Beschluss vom 3. Dezember 2013 – 2 StR 410/13 mwN). Die Bestimmung des § 243 Abs. 4 StPO verlangt deshalb, dass in der Hauptverhandlung über den wesentlichen Inhalt erfolgter Erörterungen zu informieren ist. Hierzu gehört auch dann, wenn keine Verständigung zustande gekommen ist, jedenfalls der Verständigungsvorschlag und die zu diesem abgegebenen Erklärungen der übrigen Verfahrensbeteiligten (vgl. BGH, Beschluss vom 23. Oktober 2013 – 5 StR 411/13).

[10] bb) Gemessen hieran ist der Mitteilungspflicht des § 243 Abs. 4 Satz 2 StPO nicht in hinreichendem Umfang entsprochen worden. Die Vorsitzende hat zwar über die Tatsache informiert, dass mehrfach außerhalb der Hauptverhandlung im Ergebnis erfolglose Verständigungsgespräche stattgefunden haben. Dies genügte jedoch nicht, denn die Mitteilungspflicht erstreckt sich auch darauf, welcher Verfahrensbeteiligte jeweils welchen Verständigungsvorschlag gemacht hat. Da die Vorsitzende nicht mitgeteilt hat, von wem die ursprüngliche Initiative zu Verständigungsgesprächen ausgegangen ist und welchen Inhalt die in der Verhandlungspause erör-

---

[512] BGH, Beschluss vom 9.04.2014 – 1 StR 612/13.

terten Verständigungsvorschläge hatten, blieb letztlich offen, aus welchen Gründen es nicht zu einer Verständigung gekommen ist. Die Mitteilung des Inhalts dieser Verständigungsgespräche ist auch nicht deshalb entbehrlich, weil das Gericht in der Hauptverhandlung weitere Verständigungsvorschläge gemacht hat, denn diese Vorschläge können sich aus den vorangegangenen Verständigungsgesprächen ergeben haben.

[11] c) Der Senat kann nicht ausschließen, dass das Urteil auf dem Verfahrensfehler beruht.

[12] aa) Bei Verstößen gegen die Mitteilungspflichten aus § 243 Abs. 4 StPO ist regelmäßig davon auszugehen, dass das Urteil auf dem Verstoß beruht; lediglich in Ausnahmefällen ist Abweichendes vertretbar (vgl. BGH, Urteil vom 13. Februar 2014 – 1 StR 423/13 mwN). Wie das Bundesverfassungsgericht in seinem Urteil vom 19. März 2013 im Einzelnen dargelegt hat, hält der Gesetzgeber eine Verständigung nur bei Wahrung der umfassenden Transparenz- und Dokumentationspflichten für zulässig, weshalb das gesetzliche Regelungskonzept eine untrennbare Einheit aus Zulassung und Beschränkung von Verständigungen bei gleichzeitiger Einhegung durch die Mitteilungs-, Belehrungs- und Dokumentationspflichten darstellt (BVerfG, Urteil vom 19. März 2013 – 2 BvR 2628/10, 2 BvR 2883/10 und 2 BvR 2155/11, Rn. 96, NJW 2013, 1058, 1066). Die Mitteilung des Inhalts sämtlicher auf eine Verständigung abzielender Gespräche dient dabei nicht nur der notwendigen Information der Öffentlichkeit, sondern auch der des Angeklagten, der – wie hier – bei derartigen Gesprächen außerhalb der Hauptverhandlung in der Regel nicht anwesend ist. Für die Willensbildung im Rahmen einer Verständigung ist für den Angeklagten auch von Bedeutung, dass er durch das Gericht umfassend über sämtliche vor und außerhalb der Hauptverhandlung mit den übrigen Verfahrensbeteiligten geführten Verständigungsgespräche informiert wird (BGH, Urteil vom 13. Februar 2014 – 1 StR 423/13 Rn. 16).

[13] bb) Der Senat kann hier das Beruhen des Urteils auf dem Verstoß gegen die Mitteilungspflichten aus § 243 Abs. 4 StPO auch nicht im Hinblick auf die (im Hauptverhandlungsprotokoll vermerkte) Feststellung der Vorsitzenden, dass keine Verständigung stattgefunden habe, ausschließen. Denn auch im Falle einer im Ergebnis nicht zustande gekommenen Verständigung kann das Prozessverhalten des Angeklagten durch die vorangegangenen Verständigungsgespräche beeinflusst worden sein. Solches liegt hier im Hinblick auf den weiteren Verfahrensgang nach den Verständigungsgesprächen sogar nahe. So hat der Verteidiger des Angeklagten trotz gescheiterter Verständigung für diesen eine Erklärung abgegeben, die er mit der geäußerten Erwartung verbunden hat, dass es bei dem Verständigungsvorschlag des Gerichts verbleibe. Im Hinblick auf diese als Teilgeständnis gewertete Erklärung beantragte der Sitzungsstaatsanwalt eine Teileinstellung des Verfahrens. Im Anschluss an die Vornahme der beantragten Verfahrensbeschränkung gab schließlich das Gericht bekannt, es fühle sich im Hinblick auf die vom Angeklagten abgegebene Erklärung an den im Verständigungsvorschlag gemachten Strafrahmen gebunden.

516 Allein auf der **fehlenden oder fehlerhaften Protokollierung** einer Belehrung gemäß § 257c Abs. 5, § 273 Abs. 1a Satz 2 StPO kann das Urteil **nicht beruhen.**[513]

---

[513] BGH, Beschluss vom 12.12.2013 – 3 StR 210/13; vgl. hierzu auch Beschluss vom 15.04.2014 – 3 StR 89/14.

[5] II. Die Rüge des Angeklagten S.S., das Oberlandesgericht habe „§§ 257c Abs. 2, 4 und 5, 237 Abs. 1a StPO in Verbindung mit dem Recht auf ein faires Verfahren" verletzt, bleibt im Ergebnis ohne Erfolg.

[6] 1. Am 27. Hauptverhandlungstag unterbreitete das Oberlandesgericht den Angeklagten einen – als Anlage zu Protokoll genommenen – näher ausgeführten und begründeten „Verständigungsvorschlag gemäß § 257c StPO". Am 52. Hauptverhandlungstag wurde laut (von der Revision insoweit nicht mitgeteiltem) Protokoll festgestellt, dass unter anderem hinsichtlich des Angeklagten S.S. eine „verfahrensbeendende Absprache entsprechend § 257c StPO" stattgefunden habe. Mit der Rüge beanstandet die Revision, dass sich aus dem Protokoll nicht ergebe, ob eine Verständigung zustande gekommen und eine Belehrung gemäß § 257c Abs. 5 StPO erteilt worden sei. Zudem sei nicht dokumentiert, ob und wie die Angeklagten sich zu dem Verständigungsvorschlag geäußert hätten. Überdies habe der gerichtliche Verständigungsvorschlag einzelne Strafnormen zitiert, obschon der Schuldspruch nicht Gegenstand der Verständigung sein dürfe.

[7] 2. Bereits unzulässig ist die Verfahrensrüge, soweit der Beschwerdeführer beanstandet, das Zustandekommen einer Verständigung und der nähere Ablauf des vorangehenden Verfahrens seien nicht dokumentiert. Die Revision unterlässt es, die insofern zur Entscheidung erforderlichen Tatsachen vollständig vorzutragen. So teilt sie den die Verständigung betreffenden Inhalt des Protokolls nicht abschließend mit, sondern verschweigt, dass laut Protokoll zum einen der Vorsitzende bereits am 26. Hauptverhandlungstag über (nach Schluss des vorangegangenen Verhandlungstermins geführte) Besprechungen mit dem Ziel einer möglichen Verständigung berichtete und zum anderen später eine „verfahrensbeendende Absprache" festgestellt wurde. Die Kenntnis dieser Gesichtspunkte wäre indes für die Prüfung erforderlich, ob das Protokoll den wesentlichen Ablauf und Inhalt sowie das Ergebnis einer Verständigung in der nach § 273 Abs. 1a Satz 1 StPO gebotenen Weise wiedergibt. Der lückenhafte Revisionsvortrag führt insoweit zur Unzulässigkeit der Rüge (vgl. BGH, Beschlüsse vom 2. November 2010 – 1 StR 544/09, BGHR StPO § 344 Abs. 2 Satz 2 Anforderungen 1; vom 16. April 1999 – 3 StR 642/98; BVerfG, Beschluss vom 25. Januar 2005 – 2 BvR 656/99 u.a., BVerfGE 112, 185, 208 f. mwN).

[8] 3. Soweit der Beschwerdeführer beanstandet, aus dem Protokoll ergebe sich keine Belehrung des Angeklagten gemäß § 273 Abs. 1a Satz 2, § 257c Abs. 5 StPO, bleibt seine Verfahrensrüge ebenfalls erfolglos, da das Urteil auf dem geltend gemachten Verfahrensverstoß nicht beruhen kann (§ 337 Abs. 1 StPO).

[9] a) Der Beschwerdeführer rügt, dass sich in der Sitzungsniederschrift keine Protokollierung einer gemäß § 257c Abs. 5 StPO etwaig erteilten Belehrung finde. Damit ist Gegenstand der Verfahrensrüge allein die Frage einer ordnungsgemäßen Protokollierung; denn aus der Revisionsbegründung ergibt sich – auch bei einer Auslegung nach ihrem Gesamtzusammenhang – nicht die Behauptung, dass eine Belehrung in der Hauptverhandlung tatsächlich unterblieben ist, und dieser Gesichtspunkt von der Urteilsanfechtung umfasst sein soll.

[10] aa) Die Revisionsbegründung muss bei der Rüge der Verletzung einer Verfahrensnorm die den Verfahrensmangel enthaltenden Tatsachen angeben (§ 344 Abs. 2 Satz 2 StPO; zur verfassungsrechtlichen Unbedenklichkeit etwa BVerfG, Beschluss vom 12. November 1984 – 2 BvR 1350/84, NJW 1985, 125, 126). Nur in diesem Umfang ist das Revisionsgericht überhaupt zu eigener Prüfung berechtigt (§ 352 Abs. 1 StPO). Es entspricht ständiger Rechtsprechung, dass dem Vorbringen in der

Revisionsbegründung, ein bestimmter Verfahrensvorgang sei nicht protokolliert worden, regelmäßig nicht die Behauptung zu entnehmen ist, dieser Verfahrensvorgang habe tatsächlich in der Hauptverhandlung auch nicht stattgefunden (vgl. allgemein BGH, Urteile vom 1. Februar 1955 – 5 StR 678/54, BGHSt 7, 162 ff. mwN; vom 20. April 2006 – 4 StR 604/05, NStZ-RR 2007, 52, 53; vom 12. Januar 2005 – 2 StR 138/04, NStZ 2005, 281; vom 20. Oktober 1970 – 1 StR 225/70; Beschluss vom 4. April 2006 – 3 StR 23/06; RG, Urteil vom 26. Mai 1914 – II 374/14, RGSt 48, 288, 289 f.; LR/Franke, StPO, 26. Aufl., § 344 Rn. 86). Dem liegt im Wesentlichen die Überlegung zugrunde, dass bei dem alleinigen Abstellen auf das Protokoll offen bleibt, ob der Vorgang gegebenenfalls stattgefunden hat und nur versehentlich nicht protokolliert worden ist. Im Übrigen würde das Erfordernis des § 344 Abs. 2 Satz 2 StPO übergangen, da an Stelle der bestimmten Behauptung einer Tatsachenangabe lediglich das Protokoll, das nur ein Beweismittel darstellt (vgl. § 274 Satz 1 StPO), angeführt wird.

[11] bb) Vorliegend stellt die Revisionsbegründung („Ob […] eine Belehrung gemäß § 257c Abs. 5 StPO erfolgt ist, ergibt sich – falls die Verteidigung insoweit nichts übersehen hat – aus dem Protokoll nicht.“) allein auf die fehlende Protokollierung ab. Dies wird durch die anschließenden Rechtsausführungen bestärkt, denen zufolge das Oberlandesgericht „mit dieser Vorgehensweise […] gegen § 273a Abs. 1a StPO“ verstoßen habe. Zudem geht die Revision selbst von einer „etwaig erfolgten Belehrung“ aus und lässt damit ausdrücklich offen, ob eine solche erteilt worden ist oder nicht. Gerade in der Zusammenschau wird deutlich, dass die Verfahrensrüge die unterlassene Protokollierung und nicht eine unterbliebene Belehrung selbst zum Gegenstand hat.

[12] b) Es kann offen bleiben, ob die danach allein zu prüfende Rüge, aus dem Protokoll lasse sich die Belehrung nach § 257c Abs. 5 StPO nicht erkennen, – wie für „Protokollrügen“ regelmäßig angenommen (etwa BGH, Beschluss vom 4. April 2006 – 3 StR 23/06; Urteil vom 17. Januar 1978 – 1 StR 734/77) – bereits unzulässig oder in der konkreten Konstellation ausnahmsweise zulässig ist (vgl. BGH, Urteil vom 10. Juli 2013 – 2 StR 195/12, BGHSt 58, 310). Der Beanstandung bleibt der Erfolg jedenfalls versagt; denn es ist denklogisch ausgeschlossen, dass das Urteil auf einer unzureichenden Protokollierung beruht (§ 337 Abs. 1 StPO). Hierzu gilt:

[13] Die Fertigstellung des Protokolls geht der Verkündung des Urteils nach. Dies ergibt sich bereits daraus, dass das Protokoll die Urteilsformel enthalten muss (§ 273 Abs. 1 Satz 1 StPO) und es mithin vor der Urteilsverkündung nicht fertiggestellt (vgl. § 271 Abs. 1 StPO) werden kann. Vor der Fertigstellung steht der tatsächliche Protokollinhalt noch nicht fest und ist im Einzelnen ungewiss. Das Protokoll über den Verlauf der (sich gegebenenfalls über mehrere Tage erstreckenden) Hauptverhandlung bildet eine Einheit und ist erst mit den Unterschriften unter die gesamte Niederschrift fertiggestellt. Zuvor angefertigte Protokollteile sowie Mitschriften haben lediglich Entwurfscharakter und sind nicht Bestandteil der Akten (vgl. BGH, Beschluss vom 29. Oktober 1980 – StB 43/80, BGHSt 29, 394, 395; Urteil vom 20. November 1961 – 2 StR 395/61, BGHSt 16, 306, 307). Das Gericht hat – ebenso wie alle Verfahrensbeteiligten – keine Kenntnis vom späteren Protokollinhalt. Grundlage für das Urteil ist das tatsächliche Geschehen in der Hauptverhandlung, nicht die spätere Niederschrift. Liegt mithin das Protokoll erst nach der Urteilsverkündung vor, ist ausgeschlossen, dass die Protokollierung einen Einfluss auf das bereits zuvor ergangene Urteil hat (st. Rspr.; instruktiv RG, Urteil vom 29. Januar 1909 – II 975/08, RGSt 42, 168, 170 f.; s. auch BGH, Urteile vom

20. April 2006 – 4 StR 604/05, NStZ-RR 2007, 52, 53; vom 1. Februar 1955 – 5 StR 678/54, BGHSt 7, 162, 163; Beschluss vom 11. Oktober 2010 – 1 StR 359/10, NStZ 2011, 170; Radtke, NStZ 2013, 669).

[14] c) Eine abweichende Beurteilung ist auch nicht vor dem Hintergrund geboten, dass das Gesetz zur Regelung der Verständigung in Strafverfahren vom 29. Juli 2009 (Verständigungsgesetz, BGBl. I S. 2353) unter anderem das Ziel verfolgt, eine wirksame „vollumfängliche" Kontrolle verständigungsbasierter Urteile durch das Rechtsmittelgericht zu ermöglichen (BVerfG, Urteil vom 19. März 2013 – 2 BvR 2628/10 u.a., NJW 2013, 1058, 1066 [Rn. 94]).

[15] aa) Das Verständigungsgesetz hat die revisionsrechtlichen Regelungen der StPO – von dem Ausschluss eines Rechtsmittelverzichts nach einer Verständigung (§ 302 Abs. 1 Satz 2 StPO) abgesehen – unverändert gelassen. Zum einen sind die allgemeinen Vorschriften, nach denen dem Revisionsgericht die Prüfung von Verfahrensverstößen nur aufgrund einer entsprechenden Rüge und der Angabe der zu ihrer Beurteilung erforderlichen Tatsachen erlaubt ist (§ 344 Abs. 2 Satz 2, § 352 Abs. 1 StPO), nicht modifiziert worden (vgl. im Ergebnis auch BGH, Urteil vom 10. Juli 2013 – 2 StR 47/13, BGHSt 58, 315; Urteil vom 3. September 2013 – 5 StR 318/13, NStZ 2013, 671; BT-Drucks. 16/12310 S. 9). Zum anderen hat das Verständigungsgesetz davon abgesehen, Verstöße gegen die verfahrensrechtlichen Sicherungen der Verständigung den absoluten Revisionsgründen zuzuordnen (vgl. BVerfG, Urteil vom 19. März 2013 – 2 BvR 2628/10 u.a., NJW 2013, 1058, 1067 [Rn. 97]). Soweit das Bundesverfassungsgericht davon ausgegangen ist, dass ein Urteil regelmäßig auf einem Verstoß gegen „Transparenz- und Dokumentationspflichten" des Verständigungsverfahrens beruhe (vgl. BVerfG, Urteil vom 19. März 2013 – 2 BvR 2628/10 u.a., NJW 2013, 1058, 1067 [Rn. 97 ff.]; Beschluss vom 30. Juni 2013 – 2 BvR 85/13, NStZ-RR 2013, 315, 316), war jeweils nicht allein die fehlende oder fehlerhafte spätere Protokollierung Entscheidungsgegenstand, sondern zumindest auch die Nichtbeachtung einer vor dem Urteilsspruch gegenüber Verfahrensbeteiligten bestehenden Transparenzpflicht an sich. Die Ausführungen des Bundesverfassungsgerichts können deshalb nicht dahin verstanden werden, dass – entgegen den Gesetzen der Logik – kraft Verfassungsrechts grundsätzlich bereits auf die Rüge der unterlassenen Protokollierung eines nach den Regeln des Verständigungsverfahrens erforderlichen Hinweises oder einer notwendigen Belehrung die Aufhebung des angefochtenen Urteils geboten sei.

[16] Die Fragen, inwieweit das Bundesverfassungsgericht überhaupt allgemeine Vorgaben für eine im Tatsächlichen zu klärende Beruhensprüfung machen kann (vgl. etwa Knauer, NStZ 2013, 433, 436; Stuckenberg, ZIS 2013, 212, 215 f.) und wie weit die Bindungswirkung der Entscheidung im Einzelnen reicht (s. BVerfG, Beschlüsse vom 6. November 1968 – 1 BvR 727/65, BVerfGE 24, 289, 297; vom 10. Juni 1975 – 2 BvR 1018/74, BVerfGE 40, 88, 93 f.; vom 18. Januar 2006 – 2 BvR 2194/99, BVerfGE 115, 97, 109 f.; BFH, Urteil vom 11. August 1999 – XI R 77/97, NJW 1999, 3798; Maunz/Schmidt-Bleibtreu/Klein/Bethge, BVerfGG, § 31 Rn. 88 [Stand: Juli 2013]), bedürfen hier daher keiner weiteren Erörterung.

[17] bb) Soweit der 2. Strafsenat des Bundesgerichtshofs in einem Urteil vom 10. Juli 2013 (2 StR 195/12, BGHSt 58, 310) die Auffassung vertreten hat, dass das Prozessverhalten des Angeklagten durch das Fehlen einer Dokumentation im Protokoll beeinflusst und ein Beruhen des Urteils auf dem Protokollierungsfehler nicht ausgeschlossen werden könne, vermag der Senat dem aus den dargelegten Gründen nicht zu folgen. Eines Verfahrens nach § 132 Abs. 2 GVG bedarf es deswegen

jedoch nicht. Zum einen betraf das dortige Urteil nicht die hier zu prüfende fehlende Protokollierung der Belehrung nach § 257c Abs. 5 StPO. Zum anderen handelt es sich bei der Frage, ob das Urteil auf einem bestimmten Verfahrensfehler beruhen kann, nicht um eine Rechtsfrage im Sinne des § 132 Abs. 2 GVG, sondern um eine im Einzelfall zu prüfende Tatsachenfrage (vgl. BGH, Beschluss vom 23. August 2006 – 1 StR 466/05, NJW 2006, 3582, 3586; Herdegen, NStZ 1990, 513, 515).

517 Die **Verhängung einer Bewährungsauflage** gemäß § 56b Abs. 1 Satz 1 StGB verstößt gegen den Grundsatz des fairen Verfahrens und unterliegt im Beschwerdeverfahren der Aufhebung, wenn der Angeklagte vor Vereinbarung einer **Verständigung gemäß § 257c StPO**, deren Gegenstand die Verhängung einer zur Bewährung auszusetzenden Freiheitsstrafe ist, nicht auf konkret in Betracht kommenden Bewährungsauflagen hingewiesen worden ist.[514]

[9] Aus der Gewährleistung eines fairen Verfahrens ergibt sich, dass der Angeklagte vor Vereinbarung einer Verständigung gemäß § 257c StPO, deren Gegenstand die Verhängung einer zur Bewährung auszusetzenden Freiheitsstrafe ist, konkret auf in Betracht kommende Bewährungsauflagen hingewiesen werden muss, die nach § 56b Abs. 1 Satz 1 StGB der Genugtuung für das begangene Unrecht dienen und deren Erteilung Voraussetzung für die in Aussicht gestellte Strafaussetzung ist (vgl. BGH, Beschluss vom 29. Januar 2014 – 4 StR 254/13, NJW 2014, 1831; OLG Saarbrücken, NJW 2014, 238, 239; OLG Köln, NJW 1999, 373; Meyer-Goßner/Schmitt, StPO, 57. Aufl., § 257c Rn. 12; MüKoStGB/Groß, 2. Aufl., § 56b Rn. 35; Hubrach in LK-StGB, 12. Aufl., § 56b Rn. 30; SK-StPO/Frisch, 4. Aufl., § 305a Rn. 13; aA OLG Dresden, NStZ-RR 2007, 267; Stree/Kinzig in Schönke/Schröder, StGB, 28. Aufl., § 56b Rn. 28; Kaetzler, wistra 1999, 253, 255).

[10] Die Verständigung im Strafverfahren ist nur dann mit dem Grundsatz des fairen Verfahrens zu vereinbaren, wenn durch eine vorherige Belehrung sichergestellt ist, dass der Angeklagte vollumfänglich über die Tragweite seiner Mitwirkung informiert ist. Nur in diesem Fall ist gewährleistet, dass er autonom darüber entscheiden kann, ob er von seiner Freiheit, die Aussage zu verweigern, Gebrauch macht oder sich auf eine Verständigung einlässt (BVerfG, NJW 2013, 1058, 1071; vgl. auch BT-Drucks. 16/12310, S. 14, 15). Diese Grundsätze erfordern es, dass das Gericht vor Vereinbarung einer Verständigung offenlegt, dass es die Verhängung einer zur Bewährung ausgesetzten Freiheitsstrafe allein nicht für ausreichend hält, sondern zur Verwirklichung der Genugtuungsfunktion des Strafverfahrens Bewährungsauflagen in Betracht zieht. Denn nur wenn der Angeklagte über den gesamten Umfang der Rechtsfolgenerwartung bei der Verständigung informiert ist, kann er autonom eine Entscheidung über seine Mitwirkung treffen (OLG Saarbrücken, NJW 2014, 238, 239).

[11] Bewährungsauflagen sind Bestandteil dieser Rechtsfolgenerwartung. Sie dienen gemäß § 56b Abs. 1 Satz 1 StGB der Genugtuung für das begangene Unrecht und stellen damit eine strafähnliche Sanktion dar (Stree/Kinzig in Schönke/Schröder, aaO, § 56b, Rn. 1, 2; Arloth, NStZ 1990, 148, 149). Ebenso wie Geldauflagen können Arbeitsauflagen eine erhebliche Belastung für den Angeklagten darstellen, zumal diese in Zahlungsauflagen umgewandelt werden können. Erst die Kenntnis

[514] BGH, Beschluss vom 11.09.2014 – 4 StR 148/14.

des Umstandes, dass ihm neben der zur Bewährung ausgesetzten Freiheitsstrafe weitere Maßnahmen mit Vergeltungscharakter drohen, versetzt den Angeklagten in die Lage, von seiner Entscheidungsfreiheit, ob er auf das Angebot des Gerichts eingehen möchte, auf einer hinreichenden tatsächlichen Grundlage Gebrauch zu machen.

TOPENTSCHEIDUNG ■

Der **Grundsatz des fairen Verfahrens** gebietet es, den Angeklagten vor einer Verständigung gemäß § 257c StPO, deren Gegenstand die Verhängung einer zur Bewährung auszusetzenden Freiheitsstrafe ist, auf konkret **in Betracht kommende Bewährungsauflagen** gemäß § 56b Abs. 1 Satz 1 StGB **hinzuweisen.**[515] **518**

[7] Die Beschwerdeführerin sieht in dem Verfahren der Strafkammer einen Verstoß gegen § 257c StPO sowie den Grundsatz des fairen Verfahrens und macht hierzu geltend, die Strafkammer habe die Bewährungsauflage zum Gegenstand der getroffenen verfahrensbeendenden Absprache machen müssen. Sie hätte die verfahrensbeendende Absprache nicht getroffen, wenn eine solche Bewährungsauflage zuvor angesprochen worden wäre.

[8] b) Die Verfahrensrüge ist zulässig und begründet.

[9] Die Beschwerdeführerin ist in ihrem Anspruch auf ein faires Verfahren (Art. 20 Abs. 3 GG, Art. 6 Abs. 1 Satz 1 MRK) verletzt.

[10] aa) Aus dessen Gewährleistung ergibt sich, dass der Angeklagte vor einer Verständigung gemäß § 257c StPO, deren Gegenstand die Verhängung einer zur Bewährung auszusetzenden Freiheitsstrafe ist, auf konkret in Betracht kommende Bewährungsauflagen hingewiesen werden muss, die nach § 56b Abs. 1 Satz 1 StGB der Genugtuung für das begangene Unrecht dienen und deren Erteilung Voraussetzung für die in Aussicht gestellte Strafaussetzung ist (vgl. OLG Saarbrücken, NJW 2014, 238, 239; OLG Köln, NJW 1999, 373, 374; Meyer-Goßner, StPO, 56. Aufl., § 257c Rn. 12; MüKoStGB/Groß, 2. Aufl., § 56b Rn. 35; Hubrach in LK-StGB, 12. Aufl., § 56b Rn. 30; SK-StPO/Frisch, 4. Aufl., § 305a Rn. 13; aA OLG Dresden, NStZ-RR 2007, 267; Stree/Kinzig in Schönke/Schröder, StGB, 28. Aufl., § 56b Rn. 33; Kaetzler, wistra 1999, 253, 255).

[11] Die Verständigung im Strafverfahren ist nur dann mit dem Grundsatz des fairen Verfahrens zu vereinbaren, wenn durch eine vorherige Belehrung sichergestellt ist, dass der Angeklagte vollumfänglich über die Tragweite seiner Mitwirkung informiert ist. Nur in diesem Fall ist gewährleistet, dass er autonom darüber entscheiden kann, ob er von seiner Freiheit, die Aussage zu verweigern, Gebrauch macht oder sich auf eine Verständigung einlässt (BVerfG, NJW 2013, 1058, 1071; vgl. auch BT-Drucks. 16/12310, S. 14, 15). Diese Grundsätze erfordern es, dass das Gericht vor einer Verständigung offenlegt, dass es die Verhängung einer zur Bewährung ausgesetzten Freiheitsstrafe allein nicht für ausreichend hält, sondern zur Verwirklichung der Genugtuungsfunktion des Strafverfahrens Bewährungsauflagen in Betracht zieht. Denn nur wenn der Angeklagte über den gesamten Umfang der Rechtsfolgenerwartung bei der Verständigung informiert ist, kann er autonom eine Entscheidung über seine Mitwirkung treffen (OLG Saarbrücken, NJW 2014, 238, 239).

---

[515] BGH, Beschluss vom 29.01.2014 – 4 StR 254/13; vgl. auch Beschluss vom 7.10.2014 – 1 StR 426/14.

[12] Bewährungsauflagen sind Bestandteil dieser Rechtsfolgenerwartung. Sie dienen gemäß § 56b Abs. 1 Satz 1 StGB der Genugtuung für das begangene Unrecht und stellen damit eine strafähnliche Sanktion dar (Stree/Kinzig in Schönke/Schröder, aaO, § 56b Rn. 1, 2; Arloth, NStZ 1990, 148, 149). Erst die Kenntnis des Umstandes, dass ihm neben der zur Bewährung ausgesetzten Freiheitsstrafe weitere Maßnahmen mit Vergeltungscharakter drohen, die – wie im Fall von Zahlungs- oder Arbeitsauflagen, die in Zahlungsauflagen umgewandelt werden können – eine erhebliche Belastung darstellen können, versetzt den Angeklagten in die Lage, von seiner Entscheidungsfreiheit, ob er auf das Angebot des Gerichts eingehen möchte, auf einer hinreichenden tatsächlichen Grundlage Gebrauch zu machen.

[13] bb) Diesen Anforderungen hat die Strafkammer nicht entsprochen. Die Angeklagte wurde erstmals durch den Schlussvortrag des Sitzungsvertreters der Staatsanwaltschaft mit der Auffassung eines Verfahrensbeteiligten konfrontiert, dass die Verhängung einer Bewährungsauflage erforderlich sei. Das Gericht hat darauf vor Erlass des Bewährungsbeschlusses nicht hingewiesen.

[14] cc) Auf den Umstand, dass die verhängte Bewährungsauflage dem Inhalt der getroffenen Verständigung nicht widersprach, weil sich diese zu der Frage der Bewährungsauflage nicht verhielt, kommt es aus den vorgenannten Gründen ebenso wenig an wie auf die Frage, ob die Angeklagte auf das Ausbleiben von Bewährungsauflagen vertrauen durfte (vgl. OLG Dresden, Beschluss vom 26. Februar 2007 – 1 Ws 24/07, Rn. 6, 7 [juris]). Denn der Verfahrensfehler besteht nicht in einem Widerspruch des Bewährungsbeschlusses zur Absprache, sondern in der fehlenden Offenlegung des gesamten Umfangs der Rechtsfolgenerwartung vor Zustandekommen der Verständigung. Adressat dieser aus dem Recht auf ein faires Verfahren folgenden Offenlegungsverpflichtung ist allein das Gericht. Sie entfällt deshalb auch nicht durch die Mitwirkung eines Verteidigers – mag diesem auch die grundsätzliche Möglichkeit der Verhängung von Bewährungsauflagen bekannt gewesen sein.

[15] Hinzu kommt, dass die Verhängung von Bewährungsauflagen gemäß § 56b StGB im pflichtgemäßen Ermessen des Gerichts steht. Dass der Bewährungsbeschluss Auflagen enthalten werde, musste sich der Angeklagten daher nicht als selbstverständlich aufdrängen.

[16] 2. Auf dem dargelegten Rechtsfehler beruht das Urteil der Strafkammer.

[17] An dem Beruhenszusammenhang fehlt es nur, wenn feststeht, dass ein rechtsfehlerfreies Verfahren zu demselben Ergebnis geführt hätte (BGH, Urteil vom 15. November 1968 – 4 StR 190/68, BGHSt 22, 278, 280; Franke in LR-StPO, 26. Aufl., § 337 Rn. 180 mwN). Der Senat kann indes nicht ausschließen, dass die Angeklagte von ihrem Schweigerecht Gebrauch gemacht hätte, wenn sie vor dem Zustandekommen der Verständigung darauf hingewiesen worden wäre, dass zur Genugtuung für das begangene Unrecht die Erteilung einer Bewährungsauflage gemäß § 56b StGB in Betracht kommt, und dass in diesem Fall das Urteil anders ausgefallen wäre (vgl. BVerfG, NJW 2013, 1058, 1067, 1071; BGH, Urteil vom 7. August 2013 – 5 StR 253/13, NStZ 2013, 728). Eine Fallkonstellation, in der ausnahmsweise ein Beruhen des Urteils auf der Verletzung des Rechts auf ein faires Verfahren bei Zustandekommen einer Verständigung ausgeschlossen werden kann (vgl. BGH, aaO; vgl. auch BVerfG, NJW 2013, 1058, 1071, Tz. 127), liegt hier nicht vor.

519 Nach § 243 Abs. 4 Satz 1 StPO ist der Vorsitzende verpflichtet, zu Beginn der Hauptverhandlung nach Verlesung des Anklagesatzes und vor der Belehrung und Vernehmung des Angeklagten zur Sache mitzuteilen, ob **Erörterungen nach den**

§§ 202a, 212 StPO stattgefunden haben, wenn deren Gegenstand die **Möglichkeit einer Verständigung** (§ 257c StPO) gewesen ist und wenn ja, **deren wesentlichen Inhalt.** Die Mitteilungspflicht greift bei sämtlichen Vorgesprächen ein, die auf eine Verständigung abzielen; die Mitteilung bloß des letzten zwischen den Verfahrensbeteiligten geführten Gesprächs reicht nicht aus. Solche Verständigungsgespräche liegen vor, wenn das Einlassungsverhalten des Angeklagten im Zusammenhang mit Strafzumessungsfragen oder gar konkrete Vorstellungen zum Strafmaß thematisiert werden. Die Mitteilungspflicht bezieht sich dabei auch auf erfolglos gebliebene Gespräche. In einem solchen Fall ist jedenfalls über den Verständigungsvorschlag und die zu diesem abgegebenen Erklärungen der übrigen Verfahrensbeteiligten zu informieren.[516]

[10] Nach diesen Grundsätzen unterlag das von der Strafkammer, wenngleich in anderer Besetzung, mit den Verfahrensbeteiligten im Zwischenverfahren geführte Gespräch der Mitteilungspflicht gemäß § 243 Abs. 4 Satz 1 StPO, da die Strafkammer mit den Verfahrensbeteiligten erörtert hat, dass eine Bewährungsstrafe dann möglich sei, wenn sich der Angeklagte zu bestimmten Anklagevorwürfen geständig zeige. Insbesondere handelte es sich bei dem Gespräch, das in Anwesenheit der gesamten Strafkammer stattgefunden hat, nicht etwa lediglich um „sondierende Äußerungen“ nur eines Mitglieds des Spruchkörpers (vgl. BGH, Beschluss vom 20. Oktober 2010 – 1 StR 400/10, BGHR StPO § 243 Abs. 4 Hinweis 1).

[11] 2. An der Mitteilungspflicht ändert sich auch durch die zwischen dem Vorgespräch und der Eröffnung des Hauptverfahrens erfolgte vollständige Neubesetzung der Strafkammer nichts. Schon aus dem Wortlaut des § 243 Abs. 4 Satz 1 StPO ergeben sich keine Hinweise darauf, dass Verständigungsgespräche, die mit dem Gericht in anderer Besetzung geführt worden sind, nicht von der Mitteilungspflicht erfasst wären. Ein Wechsel der Gerichtsbesetzung im Zeitraum zwischen Eingang der Anklage und Eröffnung des Hauptverfahrens ist gesetzlich zulässig und insbesondere bei länger andauernden Zwischenverfahren keine Seltenheit. Schon im Hinblick auf die Regelung des § 76 Abs. 2 Satz 4 GVG (reduzierte Besetzung der Strafkammern) und im Hinblick auf die fehlende Beteiligung der Schöffen bei Vorgängen außerhalb der Hauptverhandlung (§ 76 Abs. 1 Satz 2 GVG) besteht zwischen der Besetzung der Kammer im Zwischenverfahren einerseits und im Hauptverfahren andererseits regelmäßig keine Identität.

[12] Gleichwohl hat der Gesetzgeber darin keinen Anlass gesehen, die Mitteilungspflicht gemäß § 243 Abs. 4 Satz 1 StPO einzuschränken. Gegen eine solche Ausnahme spricht insbesondere der Sinn und Zweck des Gesetzes. Die Pflicht zur Mitteilung sämtlicher auf eine Verständigung abzielenden Vorgespräche dient neben der notwendigen Information der Öffentlichkeit vor allem der des Angeklagten, der bei derartigen Gesprächen – ebenso wie die Schöffen – in der Regel nicht anwesend ist (vgl. BGH, Urteil vom 13. Februar 2014 – 1 StR 423/13, NStZ 2014, 217, 218). Nach dem gesetzlichen Regelungskonzept soll durch umfassende Transparenz- und Dokumentationspflichten eine wirksame Kontrolle von Verständigungen sichergestellt werden (BVerfG, NStZ 2013, 295, 297 f.). Zudem ist es für die Willensbildung des Angeklagten von Bedeutung, dass er durch das Gericht umfassend über sämtliche vor der Hauptverhandlung mit den übrigen Verfahrensbeteiligten geführ-

[516] BGH, Beschluss vom 29.07.2014 – 4 StR 126/14; vgl. hierzu auch Beschluss vom 10.09.2014 – 5 StR 351/14.

ten Verständigungsgespräche informiert wird (BGH, Urteil vom 13. Februar 2014 – 1 StR 423/13, aaO). Mit diesem Schutzzweck wäre es nicht vereinbar, in dem Umstand, dass die Besetzung der Strafkammer zwischen dem Gespräch und der Hauptverhandlung hinsichtlich eines oder auch sämtlicher Richter gewechselt hat, einen Grund für den Ausschluss der Mitteilungspflicht zu sehen.

[13] 3. Der Senat kann nicht ausschließen, dass das Urteil auf dem Rechtsfehler beruht.

520 Die Regelung des § **257c Abs. 1 Satz 1 StPO** gestattet eine **Verständigung nur nach dieser Vorschrift.** Danach kommt eine Verständigung in der Hauptverhandlung zustande, wenn das Gericht ankündigt, wie die Verständigung aussehen könnte (§ 257c Abs. 3 Satz 1 StPO), und wenn der Angeklagte sowie die Staatsanwaltschaft zustimmen (§ 257c Abs. 3 Satz 4 StPO).[517]

[8] a) Die Regelung des § 257c Abs. 1 Satz 1 StPO gestattet eine Verständigung nur nach dieser Vorschrift. Danach kommt eine Verständigung in der Hauptverhandlung zustande, wenn das Gericht ankündigt, wie die Verständigung aussehen könnte (§ 257c Abs. 3 Satz 1 StPO), und wenn der Angeklagte sowie die Staatsanwaltschaft zustimmen (§ 257c Abs. 3 Satz 4 StPO). Ein solcher Ablauf hat nach dem durch das Protokoll der Hauptverhandlung belegten Vortrag der Beschwerdeführerin nicht stattgefunden. Insbesondere die für das Zustandekommen der Verständigung notwendigen Zustimmungserklärungen der Angeklagten und der Staatsanwaltschaft sind nicht erklärt worden.

[9] b) Das Urteil beruht nicht nur im Strafausspruch, sondern auch im Schuldspruch auf dem fehlerhaften Verfahren; denn die Geständnisse der Angeklagten, die zunächst durch die Verteidiger formuliert und sodann von ihnen ergänzt wurden, können durch das rechtsfehlerhafte Verfahren beeinflusst sein.

521 Enthält die Niederschrift über die Hauptverhandlung nicht alle Informationen, die zur Transparenz und Dokumentation von Verfahrensabläufen im Zusammenhang mit möglichen Verständigungen nach § 257c StPO mitgeteilt werden müssen, stellt ein solcher **Mangel der Protokollierung** einen Rechtsfehler des Verständigungsverfahrens dar, der durch das Protokoll der Hauptverhandlung bewiesen wird.[518]

[9] 3. Die Rüge der Angeklagten, es liege eine Verletzung der mit einer Verständigung einhergehenden Mitteilungs- und Dokumentationspflichten gemäß § 243 Abs. 4, § 273 Abs. 1a StPO vor, ist zulässig und begründet.

[10] a) Es handelt sich nicht um eine unzulässige Protokollrüge. Denn der Beschwerdeführer leitet einen Verfahrensfehler aus dem Umstand her, dass die Sitzungsniederschrift den Inhalt der Gespräche, die außerhalb der Hauptverhandlung mit dem Ziel der Verständigung geführt wurden, nicht mitteilt. Eine solche Rüge ist zulässig (vgl. Senat, Urteil vom 10. Juli 2013 – 2 StR 195/12, NJW 2013, 3046).

[11] b) Der von der Angeklagten in der Sache gerügte Verstoß gegen § 243 Abs. 4 Satz 2 i.V.m. § 273 Abs. 1a Satz 2 StPO liegt vor.

---

[517] BGH, Urteil vom 14.05.2014 – 2 StR 465/13; siehe hierzu auch Beschluss vom 29.01.2014 – 1 StR 523/13.

[518] BGH, Beschluss vom 3.12.2013 – 2 StR 410/13.

[12] aa) Nach § 243 Abs. 4 Satz 1 StPO teilt der Vorsitzende nach Verlesung des Anklagesatzes mit, ob Erörterungen nach den §§ 202a, 212 StPO stattgefunden haben, wenn deren Gegenstand die Möglichkeit einer Verständigung (§ 257c StPO) gewesen ist, und wenn ja, deren wesentlichen Inhalt (vgl. dazu Senat, Urteil vom 10. Juli 2013 – 2 StR 47/13, NStZ 2013, 610). Diese Mitteilungspflicht ist gemäß § 243 Abs. 4 Satz 2 StPO weiter zu beachten, wenn Erörterungen erst nach Beginn der Hauptverhandlung stattgefunden haben (vgl. BT-Drucks. 16/12310, S. 12; Meyer-Goßner, StPO, 56. Aufl., 2013, § 243 Rn. 18c). Das Gesetz will erreichen, dass derartige Erörterungen stets in der öffentlichen Hauptverhandlung zur Sprache kommen und dies auch inhaltlich dokumentiert wird. Gespräche außerhalb der Hauptverhandlung dürfen kein informelles und unkontrollierbares Verfahren eröffnen (vgl. BGH, Beschluss vom 5. Oktober 2010 – 3 StR 287/10, StV 2011, 72 f.). Alle Verfahrensbeteiligten und die Öffentlichkeit sollen nicht nur darüber informiert werden, dass solche Erörterungen stattgefunden haben, sondern auch darüber, welche Standpunkte gegebenenfalls von den Teilnehmern vertreten wurden, von welcher Seite die Frage einer Verständigung aufgeworfen wurde und ob sie bei anderen Gesprächsteilnehmern auf Zustimmung oder Ablehnung gestoßen ist (vgl. BVerfG, NJW 2013, 1058; BGH, Beschluss vom 5. Oktober 2010 – 3 StR 287/10, StV 2011, 72 f.). Zur Gewährleistung einer effektiven Kontrolle ist die Mitteilung des Vorsitzenden hierüber – sofern sie nach § 243 Abs. 4 StPO vorgeschrieben ist – gemäß § 273 Abs. 1a Satz 2 StPO in das Protokoll der Hauptverhandlung aufzunehmen.

[13] bb) Gemessen daran enthält die Niederschrift über die Hauptverhandlung vom 6. Februar 2013 nicht alle Informationen, die zur Transparenz und Dokumentation von Verfahrensabläufen im Zusammenhang mit möglichen Verständigungen nach § 257c StPO mitgeteilt werden müssen. Dieser Mangel der Protokollierung ist ein Rechtsfehler des Verständigungsverfahrens, der durch das Protokoll der Hauptverhandlung bewiesen wird.

[14] Das zwischen den Verfahrensbeteiligten am 6. Februar 2013 außerhalb der Hauptverhandlung geführte Rechtsgespräch betraf – schon auf der Grundlage der im Protokoll enthaltenen Angaben – einen zulässigen Gegenstand einer Verständigung im Sinne von § 257c Abs. 2 StPO; sie löste entsprechende Dokumentationspflichten aus. Die Entscheidung über die Fortdauer der Untersuchungshaft nach Urteilsverkündung ist ein zum Urteil „dazugehöriger Beschluss" (§ 268b StPO), so dass auch die Vollstreckung von Untersuchungshaft grundsätzlich zulässiger Verständigungsinhalt sein kann (Stuckenberg, in: Löwe/Rosenberg, 26. Aufl., § 257c, Rn. 33; Moldenhauer/Wenske, in: Karlsruher Kommentar zur StPO, 7. Aufl., § 257c, Rn. 17).

[15] Im Protokoll zur Hauptverhandlung fehlen hinsichtlich einer möglichen Außervollzugsetzung des Haftbefehls gegen die Angeklagte als (zulässigem) Gegenstand einer Absprache – ungeachtet des Umstands, dass über die Erörterung der Haftfrage hinaus die „Sach- und Rechtslage" umfassend erörtert worden ist, was ebenfalls näher darzulegen gewesen wäre – wesentliche Informationen über den Inhalt des geführten Gesprächs. So lässt sich dem Protokoll zwar entnehmen, dass die Frage einer Außervollzugsetzung des Haftbefehls von Seiten der Verteidiger der Angeklagten angesprochen wurde und dass die Strafkammer eine solche Entscheidung im Falle einer geständigen Einlassung als nicht ausgeschlossen angesehen hat. Auch wird als Ergebnis festgehalten, dass (ansonsten) eine Verständigung nicht stattgefunden hat. Welchen Standpunkt die Staatsanwaltschaft hierzu eingenommen

hat, unter welchen Bedingungen (Auflagen) etwa eine Außervollzugsetzung in Betracht gekommen wäre und wo insoweit gegebenenfalls abweichende Standpunkte eingenommen worden sind, erwähnt das Hauptverhandlungsprotokoll aber nicht. Dies aber wäre, da die Mitteilung nach § 243 Abs. 4 StPO nicht nur das Ergebnis, sondern auch den dahin führenden Entscheidungsprozess jedenfalls in seinen Grundzügen mitzuteilen hat, erforderlich gewesen. Dies gilt um so mehr, als die in der Niederschrift gewählte Formulierung, ansonsten habe eine Verständigung nicht stattgefunden, sogar für die Annahme sprechen könnte, es sei insoweit doch eine bindende Verständigung zustande gekommen.

[16] Soweit sich die Strafkammer in der Sache darauf beruft, sie habe diese Anforderungen an die Dokumentation von Verständigungsgesprächen nicht erfüllen können, weil sie erst nach Durchführung der Hauptverhandlung vom Bundesverfassungsgericht gefordert worden seien, übersieht sie schon, dass das Bundesverfassungsgericht diese Anforderungen nicht neu aufgestellt, sondern einer Auslegung des Gesetzeswortlauts entnommen hat. Auch der Bundesgerichtshof hatte im Übrigen ähnliche Verpflichtungen formuliert (vgl. BGH, Beschluss vom 5. Oktober 2010 – 3 StR 287/10, StV 2011, 72 f.).

[17] c) Ein Mangel an Transparenz und Dokumentation der Gespräche, die mit dem Ziel der Verständigung außerhalb der Hauptverhandlung geführt wurden, führt regelmäßig dazu, dass ein Beruhen des Urteils auf dem Rechtsfehler nicht ausgeschlossen werden kann (vgl. Senat, Urteil vom 10. Juli 2013 – 2 StR 195/12). Schon durch das Fehlen einer umfassenden Dokumentation kann – auch im Falle einer im Ergebnis nicht zustande gekommenen Verständigung – das Prozessverhalten eines Angeklagten beeinflusst worden sein. Dies gilt hier um so mehr, als das Protokoll davon spricht „ansonsten" habe eine Verständigung nicht stattgefunden. Es lässt sich insoweit nicht ausschließen, dass die Angeklagte – entgegen der späteren Dokumentation im Hauptverhandlungsprotokoll – davon ausgegangen sein könnte, dass zur Haftfrage doch eine Verständigung stattgefunden hat und sich deshalb in der Folge (im Wesentlichen) geständig eingelassen hat.

522 Die Rüge, der Strafkammervorsitzende habe weder mitgeteilt, ob und ggf. mit welchem Ergebnis Erörterungen stattgefunden hatten, deren Gegenstand die Möglichkeit einer Verständigung i.S.v. § 257c StPO gewesen war (§ 243 Abs. 4 Satz 1 StPO), noch habe er im Protokoll vermerkt, dass eine Verständigung nicht stattgefunden habe (§ 273 Abs. 1a Satz 3 StPO), **ist nicht zulässig erhoben.** Um dem Revisionsgericht eine Entscheidung über das Beruhen des Urteils auf einem Verfahrensfehler zu ermöglichen, muss die Revision nicht nur vortragen, ob und ggf. welche Mitteilung der Vorsitzende in der Hauptverhandlung gemacht hat, sondern auch, ob und ggf. mit welchem Inhalt Erörterungen nach §§ 202a, 212 StPO tatsächlich stattgefunden hatten.[519]

23. Schlussvorträge, Letztes Wort – § 258 StPO

523 Tritt das Tatgericht **nochmals in die Beweisaufnahme ein,** indem es Beweisanträge entgegengenommen, hierzu Gelegenheit zur Stellungnahme gegeben und die Anträge durch Beschlüsse zurückgewiesen hatte, nimmt ein solches Vorgehen den

---

[519] BGH, Beschluss vom 6.03.2014 – 3 StR 363/13.

vorausgegangenen Schlusserklärungen der Angeklagten (bzw. der Gelegenheit hierzu) die Bedeutung des letzten Wortes und macht dessen nochmalige Gewährung erforderlich.[520]

[3] a) Am 21. Hauptverhandlungstag wurde die Beweisaufnahme geschlossen; der Staatsanwalt hielt seinen Schlussvortrag. Am folgenden Hauptverhandlungstag plädierten die Verteidiger; der Angeklagte S. gab eine Schlusserklärung ab, der Angeklagte G. nahm die hierzu eingeräumte Gelegenheit nicht wahr. Nachdem beide Angeklagte das letzte Wort gehabt hatten, wurde die Sitzung unterbrochen. Zu Beginn des letzten Hauptverhandlungstages stellte der Verteidiger des Angeklagten S. mehrere Beweisanträge, zu denen der Staatsanwalt Stellung nahm, denen sich der Verteidiger des Angeklagten G. anschloss und die sodann mit gerichtlichen Beschlüssen zurückgewiesen wurden. Im Anschluss wurde das Urteil verkündet, ohne dass die Angeklagten nochmals Gelegenheit zum letzten Wort gehabt hätten.

[4] b) Diese durch das Sitzungsprotokoll bewiesene (§ 274 Satz 1 StPO) Verfahrensweise hält rechtlicher Überprüfung nicht stand. Denn das Landgericht war wieder in die Beweisaufnahme eingetreten, indem es Beweisanträge entgegengenommen, hierzu Gelegenheit zur Stellungnahme gegeben und die Anträge durch Beschlüsse zurückgewiesen hatte (vgl. BGH, Beschluss vom 2. Dezember 1988 – 4 StR 543/88, BGHR StPO § 258 Abs. 3 Wiedereintritt 6). Das nahm den vorausgegangenen Schlusserklärungen der Angeklagten (bzw. der Gelegenheit hierzu) die Bedeutung des letzten Wortes und machte dessen nochmalige Gewährung erforderlich (BGH, Urteil vom 25. Juli 1996 – 4 StR 193/96, BGHR StPO § 258 Abs. 3 Wiedereintritt 8; BGH, Beschluss vom 10. März 1998 – 1 StR 32/98). Ein Fall, in dem dies ausnahmsweise für entbehrlich erachtet werden könnte, liegt nicht vor.

[5] c) Der Verfahrensverstoß macht die Aufhebung des Urteils, soweit es die Beschwerdeführer betrifft, notwendig. Die Nichterteilung des letzten Wortes begründet zwar nicht stets und ausnahmslos die Revision, sondern nur dann, wenn und soweit das Urteil auf dem Fehler beruht (§ 337 Abs. 1 StPO). Dies ist hier indes nicht auszuschließen. Denn die Angeklagten haben zu den gegen sie erhobenen Vorwürfen geschwiegen; möglicherweise hätten sie sich erstmalig zur Sache geäußert, wenn ihnen die Gelegenheit zum letzten Wort noch einmal eingeräumt worden wäre (vgl. BGH aaO).

Im Falle des **Wiedereintritts in die Hauptverhandlung** müssen die in § 258 StPO **524**
vorgeschriebenen Worterteilungen – mithin auch das letzte Wort des Angeklagten im Sinne des § 258 Abs. 2 Halbsatz 2 StPO – wiederholt werden. Ein Wiedereintritt in die Hauptverhandlung setzt **keinen Gerichtsbeschluss** oder eine sonstige ausdrückliche Anordnung voraus, sondern kann **auch stillschweigend** geschehen. Er liegt insbesondere bei allen Prozesshandlungen vor, die ihrer Natur nach in den Bereich der Beweisaufnahme gehören.[521]

So verhielt es sich hier: Die sich aus den Urteilsgründen ergebende Feststellung des Landgerichts über die Barzahlung von 5.000 € war ein – selbständiges, nicht nur einen Annex zum Vergleichsschluss darstellendes – zur Beweisaufnahme im „mate-

---

[520] BGH, Beschluss vom 11.03.2014 – 5 StR 70/14; siehe auch BGH, Beschluss vom 12.12.2012 – 2 StR 397/12.

[521] BGH, Beschluss vom 24.06.2014 – 3 StR 185/14.

riellen Sinne“ (vgl. LR/Becker, aaO, § 244 Rn. 3) über die Wiedergutmachung des vom Angeklagten angerichteten Schadens gehörendes Prozessgeschehen. Es führte daher – auch ohne eine förmliche Anordnung der Fortsetzung der Beweisaufnahme – zum Wiedereintritt in die Hauptverhandlung und machte eine Wiederholung der in § 258 StPO vorgeschriebenen Worterteilungen einschließlich der Gewährung des letzten Wortes des Angeklagten erforderlich.

24. Verlesung früherer Aussagen / Vernehmung des Ermittlungsrichters nach Zeugnisverweigerung /sonstiger Urkundenbeweis – §§ 251 ff. StPO

■ TOPENTSCHEIDUNG

525 § 252 StPO schließt es aus, die Aussage eines vor der Hauptverhandlung vernommenen Zeugen zu verlesen, der erst in der Hauptverhandlung von seinem **Recht Gebrauch macht, das Zeugnis zu verweigern.** Über den Wortlaut hinaus enthält die Vorschrift nach ständiger Rechtsprechung des Bundesgerichtshofs **nicht nur ein Verlesungs-, sondern auch ein Verwertungsverbot.** Dieses schließt auch jede andere Verwertung der bei einer früheren Vernehmung gemachten Aussage aus, wenn ein Zeuge in der Hauptverhandlung nach § 52 StPO berechtigt das Zeugnis verweigert und nicht ausdrücklich die Verwertung seiner früheren Bekundungen gestattet. Auch die Vernehmung einer Vernehmungsperson über den Inhalt der früheren Vernehmung ist unzulässig. Von diesem Verbot sind nur solche Bekundungen ausgenommen, die der Zeuge – nach Belehrung über sein Zeugnisverweigerungsrecht – vor einem Richter gemacht hat. Sie dürfen durch Vernehmung des Richters in die Hauptverhandlung eingeführt und bei der Urteilsfindung verwertet werden.[522]

[4] § 252 StPO schließt es aus, die Aussage eines vor der Hauptverhandlung vernommenen Zeugen zu verlesen, der erst in der Hauptverhandlung von seinem Recht Gebrauch macht, das Zeugnis zu verweigern. Über den Wortlaut hinaus enthält die Vorschrift nach ständiger Rechtsprechung des Bundesgerichtshofs nicht nur ein Verlesungs-, sondern auch ein Verwertungsverbot. Dieses schließt auch jede andere Verwertung der bei einer früheren Vernehmung gemachten Aussage aus, wenn ein Zeuge in der Hauptverhandlung nach § 52 StPO berechtigt das Zeugnis verweigert und nicht ausdrücklich die Verwertung seiner früheren Bekundungen gestattet. Auch die Vernehmung einer Vernehmungsperson über den Inhalt der früheren Vernehmung ist unzulässig. Von diesem Verbot sind nur solche Bekundungen ausgenommen, die der Zeuge – nach Belehrung über sein Zeugnisverweigerungsrecht – vor einem Richter gemacht hat. Sie dürfen durch Vernehmung des Richters in die Hauptverhandlung eingeführt und bei der Urteilsfindung verwertet werden (st. Rspr.; vgl. zuletzt etwa BGHSt 45, 342, 345; 46, 189, 195; 49, 68, 76 f.; 57, 254, 256, jew. mwN). …
[7] Voraussetzung für eine Ausnahme vom grundsätzlichen Verwertungsverbot des § 252 StPO ist eine ordnungsgemäße richterliche Belehrung über das Bestehen eines Zeugnisverweigerungsrechts und die sich daraus ergebende Möglichkeit für den Zeugen, aus diesem Grund keine Angaben zur Sache zu machen. Nicht erforderlich

---

522 BGH, Beschluss vom 4.06.2014 – 2 StR 656/13.

ist es hingegen nach der bisherigen, vom 2. Strafsenat begründeten Rechtsprechung des Bundesgerichtshofs, den aussageverweigerungsberechtigten Zeugen über die Folgen eines Verzichts auf das Auskunftsverweigerungsrecht, insbesondere über die weitere Verwertbarkeit auch im Falle einer späteren Zeugnisverweigerung in der Hauptverhandlung, „qualifiziert" zu belehren (BGHSt 32, 25, 31 f.; BGH, Beschluss vom 12. April 1984 – 4 StR 229/84, StV 1984, 326; Urteil vom 30. August 1984 – 4 StR 475/84, NStZ 1985, 36). Begründet wurde dies mit der Erwägung, dass ein Zeuge nicht einmal auf die Möglichkeit des Widerrufs eines erklärten Verzichts auf sein Zeugnisverweigerungsrecht noch während der laufenden Vernehmung hingewiesen werden müsse; umso weniger sei es deshalb geboten, ihn schon vorsorglich für den Fall, dass er in der Hauptverhandlung das Zeugnis verweigern sollte, über die Auswirkungen auf die Verwertbarkeit seiner Aussage hinzuweisen (BGHSt 32, 25, 32). Ergänzend wurde angeführt, für die Annahme einer solchen Belehrungs- oder Hinweispflicht fehle es an einer gesetzlichen Grundlage (BGH, NStZ 1985, aaO). Diese Begründung erscheint dem Senat nicht mehr tragfähig.

[8] 3. a) Aufgabe des Strafprozesses ist es, den Strafanspruch des Staates um des Schutzes der Rechtsgüter Einzelner und der Allgemeinheit willen in einem justizförmigen Verfahren durchzusetzen und dem mit Strafe Bedrohten eine wirksame Sicherung seiner Grundrechte zu gewährleisten. Der Strafprozess hat das aus der Würde des Menschen als eigenverantwortlich handelnder Person abgeleitete Prinzip, dass keine Strafe ohne Schuld verhängt werden darf (vgl. BVerfGE 80, 244, 255; 95, 96, 140), zu sichern und entsprechende verfahrensrechtliche Vorkehrungen bereitzustellen. Zentrales Anliegen des Strafprozesses ist die Ermittlung des wahren Sachverhalts, ohne den sich das materielle Schuldprinzip nicht verwirklichen lässt (vgl. BVerfGE 122, 248, 270 mwN).

[9] Die Wahrheitserforschung im Strafprozess hat jedoch Grenzen, zur Wahrung des Schutzes eines Beschuldigten oder auch anderer Verfahrensbeteiligter, die nicht zum Objekt des Verfahrens gemacht werden dürfen und in der Strafprozessordnung wie auch in der Verfassung deshalb mit eigenen prozessualen Rechten ausgestattet sind, die der Wahrheitserforschung im Wege stehen können. Das Recht eines als Zeugen vernommenen Angehörigen des Beschuldigten im Sinne von § 52 Abs. 1 StPO, das Zeugnis – ohne Angabe von Gründen – zu verweigern, ist ein solches Recht (vgl. BVerfG, NStZ-RR 2004, 18, 19). Es gründet sich auf das allgemeine Persönlichkeitsrecht des verwandten Zeugen aus Art. 2 Abs. 1 GG, das die Aufgabe hat, die engere persönliche Lebenssphäre und die Erhaltung ihrer Grundbedingungen zu gewährleisten, die sich durch die traditionellen konkreten Freiheitsgarantien nicht abschließend erfassen lassen (BVerfGE 54, 148, 153; 72, 155, 170). Es umfasst sowohl die in § 52 StPO geregelte Freiheit, ein Zeugnis betreffend eines nahen Angehörigen verweigern zu können, wie auch die Option, früher getätigte Aussagen der Verwertung im Strafverfahren wieder zu entziehen.

[10] § 52 StPO trägt der besonderen Lage eines Zeugen Rechnung, der als Angehöriger des Beschuldigten der Zwangslage ausgesetzt sein kann, seinen Angehörigen zu belasten oder die Unwahrheit sagen zu müssen. Niemand soll gezwungen sein, aktiv zur Überführung eines Angehörigen beizutragen, weil der Zwang zur Belastung von Angehörigen mit dem Persönlichkeitsrecht des Zeugen unvereinbar wäre wie ein gegen den Zeugen geübter Zwang zur Selbstbelastung (BVerfG, NStZ-RR 2004, 18, 19). Die Regelung lässt das öffentliche Interesse an möglichst unbehinderter Strafverfolgung hinter das persönliche Interesse des Zeugen zurücktreten, nicht gegen einen Angehörigen aussagen zu müssen (BGHSt 12, 235, 239).

[11] Die Konfliktsituation zwischen Wahrheitspflicht und Näheverhältnis wirkt zeitlich regelmäßig über die erste Zeugenaussage vor der Polizei hinaus fort. Aus diesem Grund erweitert § 252 StPO den Schutz des Zeugen, der eine einmal gemachte Aussage bis zur Hauptverhandlung für ihn folgenlos wieder rückgängig machen kann, ohne sie durch eine neue Aussage ersetzen zu müssen, bei deren Abgabe er wiederum dem beschriebenen Spannungsverhältnis ausgesetzt wäre. Allein die Geltendmachung des Zeugnisverweigerungsrechts in der Hauptverhandlung nach § 52 StPO würde die Zwangslage nicht beseitigen, wenn bereits eine zuvor getätigte Aussage vorliegt, die über die Verlesung dieser Aussage oder auch über die Vernehmung der Verhörsperson in die Hauptverhandlung eingeführt werden könnte. § 252 StPO löst damit – auch im Verständnis des Bundesgerichtshofs, der, wie dargelegt, § 252 StPO nicht nur als Verlesungs-, sondern als Verwertungsverbot versteht – grundsätzlich den Konflikt zwischen Aufklärungsinteresse und Zeugenschutz.

[12] b) Die in der Rechtsprechung seit jeher anerkannte Ausnahme von der vorstehenden Regel durch Vernehmung einer früheren richterlicher Vernehmungsperson – unter der Voraussetzung damaliger Belehrung des Zeugen über sein Zeugnisverweigerungsrecht – führt zu einer Austarierung von öffentlichem Interesse an einer wirksamen Strafverfolgung und den die Regelung der §§ 52, 252 StPO tragenden Schutzzwecküberlegungen, die auch heute noch – trotz der hiergegen in der Literatur seit jeher (vgl. aus älterer Zeit etwa: Eb. Schmidt, JR 1959, 369, 373; Grünwald, JZ 1966, 489, 497 f.; Peters, JR 1967, 467 f.; Eisenberg, NStZ 1988, 488, 489; Fezer, JZ 1990, 875, 876; Geerds, JuS 1991, 199, 200) erhobenen Einwendungen (Sander/Cirener, in: Löwe/Rosenberg, StPO, 26. Aufl., § 252, Rn. 10: kriminalpolitische Zweckmäßigkeitsentscheidung, die weder im Wortlaut noch im Regelungszweck des § 252 StPO eine Stütze finde; so auch: Pauly, in: Radtke/Hohmann, StPO, § 252, Rn. 25; s. ferner: Velten, in: SK-StPO, 4. Aufl., § 252, Rn. 4; Kudlich/Schuhr, in: SSW-StPO, § 252, Rn. 20; Güntge, in: Alsberg, Der Beweisantrag im Strafprozess, 6. Aufl., Rn. 881) – gerechtfertigt erscheint (vgl. aber auch BGHSt 49, 72, 78 f., wo der BGH auf den Wertungswiderspruch hinweist, dass auf eine Bild-Ton-Aufzeichnung einer früheren richterlichen Vernehmung nach § 255a Abs. 1 StPO nicht, hingegen auf die Vernehmung des Richters als weniger zuverlässigem Beweismittel zurückgegriffen werden kann, ohne die althergebrachte Rechtsprechung in Frage zu stellen) und auch nicht zu einer bedenklichen Einschränkung von Zeugenrechten führt.

[13] Schon in seiner Grundsatzentscheidung im Jahre 1952 hat der Bundesgerichtshof diese Rechtsprechung nicht allein auf die formale Überlegung gestützt, dass der Richter – im Gegensatz zu Polizei und Staatsanwaltschaft – zur Belehrung über ein Auskunftsverweigerungsrecht verpflichtet sei. Er hat zudem auf die für den Zeugen erkennbare und regelmäßig von ihm empfundene (sich auch aus § 251 StPO ergebende) erhöhte Bedeutung der richterlichen Vernehmung (dazu auch: Pauly, aaO, § 252, Rn. 25) und dessen nach ordnungsgemäßer Belehrung und in Kenntnis der Tragweite seines Verhaltens getroffene Entschließung abgestellt, an welcher er im Interesse der Wahrheitsfindung festgehalten werden könne. Dieses Argument trägt auch heute noch grundsätzlich – ohne dass es auf die von der Revision angezweifelte besondere „Qualität" oder „Dignität" einer richterlichen Vernehmung ankäme (vgl. insoweit auch Eisenberg, NStZ 1988, 488; Geerds, JuS 1991, 199, 200) – die Differenzierung zwischen polizeilich getätigten Aussagen und solchen, die in einer richterlichen Vernehmung gemacht werden (zustimmend: Diemer, in: Karls-

ruher Kommentar zur StPO, 7. Aufl., § 252, Rn. 22, 26; Meyer-Goßner/Schmitt, StPO, 57. Aufl. § 252, Rn. 14). Dies gilt insbesondere auch vor dem Hintergrund, dass damit spätere unlautere Beeinflussungsversuche auf einen Zeugen, durch welche die Wahrheitsermittlung im Strafverfahren Not leiden würde, genauso verhindert werden können (vgl. BGHSt 2, 99, 109; 27, 139, 143; 45, 342, 347) wie wirksam der Gefahr begegnet werden kann, dass sich ein Zeuge zum Herrn des Verfahrens macht und dadurch die Wahrheitsermittlung vereitelt (vgl. schon BGHSt 2, 199, 107 f.; s. auch BGHSt 45, 342, 347 f.).

[14] Ob an diesen Grundsätzen für richterliche Vernehmungen außerhalb eines Ermittlungsverfahrens festzuhalten ist, etwa für Angaben in einem familiengerichtlichen Verfahren, in dem ein Interesse daran bestehen kann, in diesem Verfahren Angaben zu machen, ohne dass eine Strafverfolgung gewünscht oder beabsichtigt ist, bedarf hier keiner Entscheidung (gegen die Möglichkeit der Verwertung insoweit mit beachtlichen Argumenten Sander/Cirener, aaO, § 252, Rn. 30; vgl. auch BGHSt 36, 384 ff. m. Anm. Hassemer JuS 1990, 1023, 1024; dazu auch Julius, in: Heidelberger Kommentar zur StPO, 5. Aufl., § 252, Rn. 10; Fezer, JZ 1990, 875, 876; Geerds, JuS 1991, 199, 201).

[15] c) Abweichend von der bisherigen Rechtsprechung sieht der Senat diese Ausgangs-Überlegung aber nur dann als gerechtfertigt an, wenn der Zeuge in der im Ermittlungsverfahren durchgeführten richterlichen Vernehmung ausdrücklich auch darüber belehrt worden ist, dass eine jetzt gemachte Aussage auch dann verwertbar bleibt, wenn er in einer späteren Hauptverhandlung vom Recht der Aussageverweigerung Gebrauch macht (so auch Julius, aaO, § 252, Rn. 2; a.A. ohne nähere Begründung etwa Diemer, aaO, § 252, Rn. 28; weitere abweichende Meinungen zitieren gleichfalls nur die genannte Rechtsprechung). Erforderlich ist daher eine „qualifizierte" Belehrung, welche den Zeugen umfassend in die Lage versetzt, über seine Aussagebereitschaft und deren mögliche Folgen für das spätere Verfahren zu entscheiden, und zugleich die Ausnahme von einem umfassenden Verwertungsverbot bei einer richterlichen Vernehmung legitimiert.

[16] aa) Zu Recht hat der BGH vielfach auf die besondere Bedeutung der Belehrung des Zeugen für dessen Entscheidung hingewiesen, Angaben zu machen (BGHSt 2, 99, 106; zur Bedeutung der Belehrung s. auch BGHSt 9, 195, 197; 32, 25, 30 f.; so auch Diemer, aaO, § 252, Rn. 28). Zu der hierfür erforderlichen umfassenden Information gehört aber nicht allein die Kenntnis eines zum Zeitpunkt der Vernehmung bestehenden Zeugnisverweigerungsrechts, sondern auch die Kenntnis über die möglichen verfahrensrechtlichen Konsequenzen der Aussagebereitschaft. Denn für die in den meisten Fällen nicht rechtskundigen Zeugen liegt es in der Regel fern, sich zum Zeitpunkt einer (richterlichen) Vernehmung im Ermittlungsverfahren von sich aus Gedanken darüber zu machen, ob auch bei späterer Aussageverweigerung – für welche es eine Vielzahl nicht zu überprüfender Gründe geben kann – ihre Aussage verwertbar bleibt. Die von §§ 52, 252 StPO geschützten Interessen gebieten es vor diesem Hintergrund, den Zeugen auch darüber zu belehren, dass er an zu diesem Zeitpunkt endgültig und unwiderruflich über die Wahrnehmung des ihm zustehenden Zeugnisverweigerungsrechts zu entscheiden hat. Geschieht dies – wie bisher – nicht, leidet der Entschluss des Zeugen an einem durchgreifenden Mangel, weil er sich dieser Konsequenz seines Handelns nicht bewusst ist (vgl. zur notwendigen Belehrung eines Zeugen, der Angaben in der Hauptverhandlung verweigern, aber der Verwertung zuvor gemachter polizeilicher Angaben zulassen möchte, BGH, Beschluss vom 18. Juli 2007 – 1 StR 296/07, NStZ 2007, 712, 713).

[17] Eine in diesem Sinn qualifizierte Belehrung bietet hingegen eine sichere Grundlage für die Entscheidung des Zeugen. Sie kann zudem seinen Blick auf die bei ihm bestehende Konfliktsituation schärfen, die ansonsten für den Angehörigen oft erst unmittelbar vor und während der Hauptverhandlung erkenn- und spürbar wird (vgl. Eisenberg, NStZ 1988, 488, 489; so auch Sander/Cirener, aaO, § 252, Rn. 10).

[18] Sofern man anders als der Senat davon ausginge, der Zeuge sei angesichts des Verfahrensgangs ohnehin meist der Ansicht, dass mit der richterlichen Vernehmung seine Angaben für eine spätere Hauptverhandlung gesichert werden sollen, würde dies keinen genügenden Grund darstellen, von einer entsprechenden Belehrungspflicht abzusehen. Diese würde insoweit jedenfalls die „Ausnahmefälle“ erfassen, in denen es an der entsprechenden Kenntnis fehlt; für die Praxis der Strafverfolgung hätte sie überdies keine besondere Relevanz, weil die maßgeblichen Entscheidungen der Zeugen schon jetzt in umfassender Kenntnis der damit verbundenen Auswirkungen getroffen würden.

[19] bb) Der Annahme einer Belehrungspflicht stehen die bisher in der Rechtsprechung des BGH hiergegen vorgebrachten Erwägungen nicht entgegen. Dass es an einer gesetzlichen Grundlage hierfür fehle (so BGH, Urteil vom 30. August 1984 – 4 StR 475/84, NStZ 1985, 36), ist zwar zutreffend, schließt aber die vom Senat befürwortete Anerkennung einer entsprechenden Belehrung gerade nicht aus. Denn es handelt sich um Erwägungen und Anforderungen im Bereich der richterrechtlich begründeten Ausnahme von dem Beweisverwertungsverbot des § 252 StPO. Es wäre widersprüchlich, ungeschriebene Ausnahmen von einem Verwertungsverbot zuzulassen, für deren rechtsstaatliche Begrenzung aber eine gesetzliche Grundlage zu verlangen. Im Übrigen ist zu bedenken, dass die Rechtsprechung auch in anderen Bereichen gesetzlich nicht vorgesehene Belehrungspflichten entwickelt hat, etwa im Zusammenhang mit § 136a StPO.

[20] Soweit der Senat in einer Entscheidung aus dem Jahre 1983 (BGHSt 32, 25, 31 f.) die Ansicht vertreten hat, die Annahme einer Belehrungspflicht bei einer ermittlungsrichterlichen Vernehmung sei nicht geboten, weil auch bei einer Vernehmung in der Hauptverhandlung kein Hinweis vonnöten sei, dass der in der Aussage liegende Verzicht auf ein Auskunftsverweigerungsrecht jederzeit, auch noch während laufender Vernehmung, widerrufen werden könne, hält er daran nicht fest. Die Situation eines Zeugen, der sich in der Hauptverhandlung dazu entschlossen hat, trotz Bestehen eines Auskunftsverweigerungsrechts Angaben zu machen, ist nicht mit der Lage zu vergleichen, in der sich der Zeuge bei einer ermittlungsrichterlichen Vernehmung befindet. Entscheidet sich die ordnungsgemäß belehrte Aussageperson in der Hauptverhandlung zu einer Aussage, liegt dem regelmäßig eine in Kenntnis der Folgen für den verwandten Angeklagten getroffene bewusste Entscheidung zugrunde, die keinen Anhalt für einen bestehenden Willensmangel oder eine kurzfristig (während der Vernehmung) zu erwartende Willensänderung bietet. Bei einer Vernehmung durch einen Richter im Ermittlungsverfahren ist hingegen – wie oben dargelegt – nicht ohne Weiteres davon auszugehen, dass der Zeuge sich der Endgültigkeit seiner Entscheidung, die schon mit Blick auf den zu erwartenden Zeitablauf zwischen dieser Vernehmung und einer späteren Hauptverhandlung und die sich in dieser Zeitspanne möglicherweise ergebenden Entwicklungen im Verhältnis zwischen dem Angeklagten und dem verwandten Zeugen vom Schutzzweck getragene Änderungen unterliegen kann, bewusst ist. Ihn darauf hinzuweisen, ist – anders als in der Hauptverhandlung – ein Gebot, das es ihm erst ermöglicht, verantwortungsvoll über die Wahrnehmung seiner Rechte in der vom Gesetz grundsätzlich als schützenswert angesehenen Situation zu entscheiden.

[21] cc) Die vom Senat für notwendig erachtete Belehrungspflicht würde die Effektivität der Strafverfolgung nicht in nennenswertem Umfang in Frage stellen. Es ist nicht zu befürchten, dass die Entscheidungen der großen Mehrzahl der Zeugen nach einer solchen Belehrung anders ausfallen könnte als bisher, selbst wenn es einzelne Zeugen geben mag, für die eine solche Belehrung Anlass sein könnte, von einer Zeugenbekundung Abstand zu nehmen oder auf sie jedenfalls zum jetzigen Zeitpunkt zu verzichten. Dies wäre hinzunehmen, denn es entspricht der gesetzgeberischen Wertung, dem Persönlichkeitsrecht des Zeugen insoweit durch Einschränkung der Wahrheitsermittlung und damit letztlich auch der Strafverfolgung Rechnung zu tragen, und räumt dem Zeugen damit noch keine Befugnisse ein, die ihn – fernab des Konflikts, in dem er sich befindet und den er berechtigt für sich auch durch den Verzicht auf eine Aussage lösen kann – zum „Herren über das Verfahren" machen würde. Eine Effektivität der Strafrechtspflege, welche ihre Kraft wesentlich darauf stützte, dass Personen, deren Rechte dem Schutz des Gesetzes und der Strafverfolgungsorgane anvertraut sind, bewusst unzureichend über ihre Rechtsstellung aufgeklärt werden, wäre eines Rechtsstaats nicht würdig.

PRAXISBEDEUTUNG ■

Wenn die Auffassung der vorstehenden Entscheidung sich durchsetzen würde, könnte dies für die tägliche Praxis in bestimmten Strafverfahren, bei denen es zumeist um Beziehungsstreitigkeiten geht, möglicherweise erhebliche Probleme mit sich bringen. Allerdings ist dem 4. Strafsenat in seiner nachfolgend mitgeteilten Stellungnahme zuzustimmen, dass von der StPO keine qualifizierten Belehrungen vorgesehen, und solche Voraussetzungen jedenfalls im Ergebnis abzulehnen sind.

Der Senat hält an seiner bisherigen Rechtsprechung fest, wonach die Einführung und **526**
Verwertung von Angaben eines früher richterlich vernommenen Zeugen, der erst in der Hauptverhandlung von seinem Zeugnisverweigerungsrecht gemäß § 52 StPO Gebrauch gemacht hat, durch Vernehmung der richterlichen Vernehmungsperson auch ohne vorherige Belehrung des Zeugen über die Möglichkeit der Einführung und Verwertung seiner Aussage zulässig ist. Eine (solche) **qualifizierte Belehrung** ist in den Vorschriften über die Vernehmung des Zeugen nicht vorgesehen. Für eine entsprechende Belehrungspflicht fehlt es mithin an einer gesetzlichen Grundlage.[523]

[3] Der beabsichtigten Entscheidung des 2. Strafsenats steht Rechtsprechung des 4. Strafsenats entgegen (Urteile vom 27. April 1978 – 4 StR 180/78, und vom 30. August 1984 – 4 StR 475/84, NStZ 1985, 36, sowie – hinsichtlich der Vorlagefrage nicht tragend – Urteile vom 10. Februar 2000 – 4 StR 616/99, BGHSt 46, 1, 3; vom 20. Februar 1997 – 4 StR 598/96, BGHSt 42, 391, 397; vom 8. März 1979 – 4 StR 634/78, NJW 1979, 1722; Beschlüsse vom 12. April 1984 – 4 StR 229/84, StV 1984, 326; vom 9. Februar 2010 – 4 StR 660/09, NStZ 2010, 406).

[4] Der Senat hält an dieser Rechtsprechung fest.

[5] 1. Die in der Rechtsprechung des Bundesgerichtshofs anerkannte Ausnahme von dem aus § 252 StPO hergeleiteten Verwertungsverbot für den Fall der Verneh-

---

[523] BGH, Beschluss vom 16.12.2014 – 4 ARs 21/14.

mung einer richterlichen Verhörperson über Angaben eines in der Hauptverhandlung unter Berufung auf § 52 StPO schweigenden Zeugen (BGH, Urteil vom 15. Januar 1952 – 1 StR 341/51, BGHSt 2, 99; seither st. Rspr.) wird vom vorlegenden Strafsenat nicht grundsätzlich in Frage gestellt (Anfragebeschluss S. 9 f.) und ist als solche nicht Gegenstand des Anfrageverfahrens.

[6] 2. Der Senat teilt nicht die Ansicht, dass die Verwertung einer früheren richterlichen Vernehmung eines Zeugen, der erst in der Hauptverhandlung von seinem Zeugnisverweigerungsrecht Gebrauch macht, durch Vernehmung der richterlichen Vernehmungsperson nur dann zulässig ist, wenn dieser Richter den Zeugen nicht nur über sein Zeugnisverweigerungsrecht, sondern auch qualifiziert über die Möglichkeit der Einführung und Verwertung seiner Aussage im weiteren Verfahren belehrt hat (vgl. dazu auch den „Alternativ-Entwurf Beweisaufnahme", GA 2014, 1, 26).

[7] a) Eine solche qualifizierte Belehrung ist in den Vorschriften über die Vernehmung des Zeugen nicht vorgesehen. Für eine entsprechende Belehrungspflicht fehlt es mithin an einer gesetzlichen Grundlage (BGH, Urteil vom 30. August 1984 – 4 StR 475/84, NStZ 1985, 36).

[8] Auch eine planwidrige Regelungslücke des Gesetzes liegt insofern nicht vor. Der Gesetzgeber hat vielmehr Inhalt und Umfang der erforderlichen Belehrungen von Zeugen im Rahmen ihrer Vernehmung ausdrücklich geregelt (vgl. § 52 Abs. 3 Satz 1, § 55 Abs. 2, § 163 Abs. 3 Satz 1 StPO). Eine Belehrung über die Verwertbarkeit der Aussage für den Fall, dass der Zeuge in der Hauptverhandlung von seinem Aussageverweigerungsrecht Gebrauch macht, hat er indes nicht vorgesehen. Da der Gesetzgeber aber schon im Jahr 1964 die Belehrungspflichten von Polizeibeamten gegenüber Zeugen im Ermittlungsverfahren in Kenntnis der Rechtsprechung des Bundesgerichtshofs zur Verwertung von früheren Aussagen durch Vernehmung richterlicher Vernehmungspersonen neu geregelt hat, kann vor dem Hintergrund, dass in diesem Zusammenhang eine weiter gehende Belehrungspflicht durch den Richter nicht in das Gesetz aufgenommen wurde, von einer planwidrigen Regelungslücke nicht ausgegangen werden (vgl. BT-Drucks. IV/178, S. 18, 33; BT-Drucks. 16/12098, S. 26). Dies belegen auch die Neuregelungen in § 255a StPO (vgl. BGH, Urteil vom 12. Februar 2004 – 3 StR 185/03, BGHSt 49, 72, 78, 82 ff.; dazu auch El-Ghazi/Merold, StV 2012, 250, 253 f. mwN).

[9] b) Es ist auch nicht geboten, die Einführung oder die Verwertbarkeit der Aussage einer richterlichen Verhörperson über frühere Angaben eines Zeugen, der sich in der Hauptverhandlung berechtigt auf sein gemäß § 52 StPObestehendes Aussageverweigerungsrecht beruft, von einer schon damals erteilten qualifizierten Belehrung abhängig zu machen.

[10] Zentrales Anliegen des Strafprozesses ist – worauf auch der anfragende Senat verweist (Anfragebeschluss S. 6) – die Ermittlung des wahren Sachverhalts, ohne den das materielle Schuldprinzip nicht verwirklicht werden kann. Als eine der Wahrheitsfindung entgegenstehende Gestaltung kommt § 252 StPO in Betracht (vgl. BVerfG, NStZ-RR 2004, 18). Eine Ausweitung des Anwendungsbereichs dieser Vorschrift oder eine auf sie gestützte weitere Einschränkung der Möglichkeit zur Ermittlung des wahren Sachverhalts bedarf daher einer hinreichenden Rechtfertigung. An dieser fehlt es jedoch bezüglich des vom anfragenden Senat befürworteten Verwertungsverbots in Fällen fehlender qualifizierter Belehrung.

[11] aa) § 252 StPO und das weiter gehend aus ihm hergeleitete Verwertungsverbot bezwecken nicht den Schutz des Angeklagten. Vielmehr schützen §§ 52, 252 StPO

lediglich Zeugen vor der Verpflichtung, als Angehörige den Beschuldigten bzw. Angeklagten wahrheitsgemäß zu belasten, und sichern zudem, dass der Zeuge seine einmal gemachte Aussage – ob wahrheitsgemäß oder wahrheitswidrig, ob belastend oder entlastend – auch noch in der Hauptverhandlung für ihn folgenlos wieder rückgängig machen kann, ohne sie durch eine neue Aussage ersetzen zu müssen, bei deren Abgabe er wiederum dem Spannungsfeld zwischen Wahrheitspflicht und Näheverhältnis ausgesetzt wäre (vgl. BVerfG aaO; ferner El-Ghazi/Merold aaO, S. 251 mwN).

[12] bb) Schon dies legt nahe, dass es auch der Grundsatz des fairen Verfahrens nicht gebietet, zur Wahrung berechtigter Interessen des Angeklagten die Verwertbarkeit einer früheren – nach ordnungsgemäßer Belehrung über das Aussageverweigerungsrecht erfolgten – richterlichen Vernehmung des Zeugen von dessen qualifizierten Belehrung über die weitere Verwertbarkeit seiner Aussage abhängig zu machen. Vielmehr hat der Europäische Gerichtshof für Menschenrechte betont, dass die Verwertung von im Ermittlungsstadium erlangten Aussagen auch in einem Fall, in dem ermittlungsrichterliche Angaben von in der Hauptverhandlung berechtigt schweigenden Angehörigen verwertet wurden, nicht in Widerspruch zu Art. 6 Abs. 1 und Abs. 3 Buchst. d EMRK steht, sofern der Angeklagte ausreichend Gelegenheit hatte, die Aussage in dem Zeitpunkt, in dem sie gemacht wurde, oder später in Zweifel zu ziehen (Urteil vom 19. Juli 2012 – 26171/07, NJW 2013, 3225 Ziffer 42). Die vom anfragenden Senat als notwendig erachtete Belehrung hat er dagegen ersichtlich nicht als für ein faires Verfahren geboten erachtet (aaO Ziffern 39, 41, 45).

[13] cc) Der Senat sieht es aber auch bei Einbeziehung der vom anfragenden Senat zum „Schutz eines … Verfahrensbeteiligten", der „nicht zum Objekt des Verfahrens gemacht werden" darf (Anfragebeschluss S. 7), angeführten, allein auf den Zeugen bezogenen Umstände in die bei der Prüfung eines Verwertungsverbots erforderliche Gesamtwürdigung nicht als geboten an, ohne dessen qualifizierte Belehrung über die weitere Verwertbarkeit seiner Aussage ein Verwertungsverbot anzunehmen.

[14] Vielmehr ist der Senat mit der bisherigen Rechtsprechung (vgl. etwa BGH, Urteil vom 12. Februar 2004 – 3 StR 185/03, BGHSt 49, 72, 77) der Ansicht, dass – jedenfalls bei einer Vernehmung in dem Ermittlungs- oder Strafverfahren gegen den Angehörigen – einem Zeugen bei seiner richterlichen Vernehmung (hinreichend) bewusst ist, dass eine – nach Belehrung gemäß § 52 Abs. 3 StPO und freier Entscheidung des Zeugen – getätigte Aussage für das weitere Verfahren und die Frage, ob der Angeklagte auch aufgrund dieser Aussage verurteilt werden kann, Bedeutung haben kann (vgl. auch El-Ghazi/Merold, aaO S. 252; dort auch zu der nur für richterliche Vernehmungen geltenden Regelung des § 168c StPO).

Vergleiche hierzu die vorstehende Anfrageentscheidung!

Für die **polizeilichen Vernehmungen** der Ehefrau des Angeklagten in Rumänien, **527** deren übersetzte Niederschriften in der Hauptverhandlung verlesen worden sind, bestand **kein aus §§ 52, 252 StPO abzuleitendes Verwertungsverbot**. Die Zeugin war in der Hauptverhandlung unerreichbar, so dass nicht zu klären war, ob sie von ihrem Zeugnisverweigerungsrecht Gebrauch machen wolle. Dieses hatte zum Zeitpunkt ihrer polizeilichen Vernehmungen noch nicht bestanden, so dass sie dabei nicht zu belehren gewesen war. Die Verlesung erfolgte nach § 251 Abs. 1 Nr. 1 StPO im Einverständnis der Angeklagten und ihrer Verteidiger. Das Ergebnis der Vernehmungen ist im Urteil ausschließlich zugunsten der Angeklagten verwendet worden, indem hierdurch Zweifel an sie weitergehend belastenden Angaben der Geschädigten begründet wurden. Aus Letzterem ergäbe sich auch ein Ausschluss des Beruhens auf dem geltend gemachten Verstoß.[524]

25. Urteilsabfassung – §§ 261 ff. StPO

528 Nimmt die **Anklageschrift und ihr folgend der Eröffnungsbeschluss** in vertretbarer Weise **Tateinheit** an, wird aber **nicht wegen aller tateinheitlich angeklagter Delikte verurteilt**, so kommt ein **Teilfreispruch nicht in Betracht**. Denn wegen ein und derselben Tat kann das Urteil nur einheitlich auf Verurteilung oder Freispruch lauten. Das Verbot der „reformatio in peius" (§ 358 Abs. 2 StPO) steht der Änderung der Urteilsformel nebst Kostenentscheidung zu Ungunsten des Angeklagten nicht entgegen.[525]

529 Es ist **nicht sachgerecht, das Gutachten des Sachverständigen** vollständig oder nahezu vollständig **in die Urteilsgründe zu übernehmen,** um sich diesem dann mit knapper Begründung anzuschließen. Vielmehr hat das Urteil grundsätzlich (nur) die wesentlichen Anknüpfungstatsachen und Darlegungen des Sachverständigen so wiederzugeben, wie es zum Verständnis des Gutachtens und zur Beurteilung seiner Schlüssigkeit und sonstigen Fehlerfreiheit erforderlich ist, und auf dieser Basis eine eigene Entscheidung zu treffen.[526]

530 In einem **Verfahren gegen mehrere Angeklagte** können solche **Feststellungen, die nach dem Zweifelssatz zu Gunsten eines Angeklagten** getroffen werden, **nicht Grundlage für Feststellungen zum Nachteil eines anderen Angeklagten** sein. Ist die Tatbeteiligung eines Angeklagten nicht sicher feststellbar und wird dieser deshalb freigesprochen, können daher gleichwohl hinsichtlich eines Mitangeklagten nach dem Zweifelsgrundsatz für diesen günstige Feststellungen geboten sein, die auf der Annahme der Tatbeteiligung des freigesprochenen Mitangeklagten beruhen.[527]

[5] 2. Die Verurteilung wegen versuchten Totschlags hält rechtlicher Nachprüfung nicht stand. Die Beweiswürdigung ist nicht frei von Rechtsfehlern:

[6] Die Strafkammer hat den Mitangeklagten J. freigesprochen. Den entgegenstehenden Angaben des Mitangeklagten T., wonach J. zusammen mit dem Angeklagten auf den Geschädigten eingeschlagen habe, der Angeklagte und J. als Letzte bei dem Tatopfer gestanden hätten und sich anschließend Blut auf den Schuhen des J. befunden habe, ist das Landgericht nicht gefolgt, da sie durch keinen weiteren Umstand bestätigt würden.

[7] Hinsichtlich des Angeklagten stützt sich die Strafkammer hingegen auf die Angaben des T., die dadurch bestätigt würden, dass der Angeklagte nicht mit dem Rest der Gruppe geflohen war und seine Kleidung zudem zu der Beschreibung der Kleidung durch den Zeugen L. passt.

[8] Diese Überzeugungsbildung ist rechtlich nicht tragfähig. Die Strafkammer lässt unberücksichtigt, dass in einem Verfahren gegen mehrere Angeklagte solche Fest-

---

[524] BGH, Beschluss vom 14.08.2014 – 5 StR 350/14.
[525] BGH, Beschluss vom 24.07.2014 – 3 StR 264/14.
[526] BGH, Beschluss vom 29.07.2014 – 5 StR 286/14.
[527] BGH, Beschluss vom 15.05.2014 – 2 StR 1/14.

stellungen, die nach dem Zweifelssatz zu Gunsten eines Angeklagten getroffen werden, nicht Grundlage für Feststellungen zum Nachteil eines anderen Angeklagten sein können (BGH, Urteil vom 7. März 1995 – 1 StR 523/94, StV 1996, 81; Urteil vom 4. Februar 1992 – 1 StR 787/91, BGHR StPO § 261 in dubio pro reo 8; Meyer-Goßner/Schmitt, StPO 57. Aufl. § 261 Rn. 32). Ist die Tatbeteiligung eines Angeklagten nicht sicher feststellbar und wird dieser deshalb freigesprochen, können daher gleichwohl hinsichtlich eines Mitangeklagten nach dem Zweifelsgrundsatz für diesen günstige Feststellungen geboten sein, die auf der Annahme der Tatbeteiligung des freigesprochenen Mitangeklagten beruhen. Entsprechend hat der Generalbundesanwalt ausgeführt:

> *„Die Strafkammer musste hinsichtlich des Angeklagten N. nach dem Grundsatz ‚im Zweifel für den Angeklagten' von einer Tatbeteiligung des Mitangeklagten J. ausgehen. Auf dieser Grundlage hatte sich das Landgericht im Rahmen einer sorgfältigen Beweiswürdigung insbesondere mit der Frage auseinanderzusetzen, ob der Angeklagte oder J. der ‚letzte Angreifer' war. Daran fehlt es hier. Die Strafkammer hat in ihre Überlegungen den Mitangeklagten J. als Tatbeteiligten nicht einbezogen. Sie hat sich auf den Angeklagten N. beschränkt und sieht in dessen Kleidung – heller Kapuzenpullover unter Flecktarnjacke (UA S. 55) – ein gewichtiges, für die Täterschaft des Angeklagten sprechendes Indiz. Die Gewichtigkeit dieses Indiz lässt sich aber nicht beurteilen, da Feststellungen zur Kleidung des Mitangeklagten J. am Tatabend fehlen. Danach bestimmen sich aber die in Bezug auf die Kleidung des Angeklagten N. zu stellenden Beweisanforderungen. Unabhängig davon erscheint zudem sehr fragwürdig – worauf der Beschwerdeführer zu Recht hinweist – ob die Strafkammer ohne weiteres davon ausgehen kann, dass ein solcher ‚heller Pullover' farblich mit dem von dem Zeugen L. beschriebenen grauen Pullover übereinstimmt; jedenfalls ist die Beweiswürdigung insoweit lückenhaft, als sich das Tatgericht mit der Frage der farblichen Übereinstimmung von grau und hell in den Urteilsgründen nicht für das Revisionsgericht nachvollziehbar auseinandergesetzt hat."*

[9] Dem schließt sich der Senat an und weist für die neue Hauptverhandlung darauf hin, dass – wovon das Landgericht zutreffend ausgegangen ist – wuchtige Tritte gegen den Kopf oder in das Gesicht eines bewusstlosen Opfers einen bedingten Tötungsvorsatz jedenfalls nahelegen.

Die aus dem verfassungsrechtlich verankerten Schuldprinzip folgende **Verpflichtung des Gerichts, von Amts wegen den wahren Sachverhalt – die materielle Wahrheit – zu erforschen,** verbietet es, dem Urteil einen Sachverhalt zu Grunde zu legen, der nicht auf einer Überzeugungsbildung unter vollständiger Ausschöpfung des Beweismaterials beruht. Nichts anderes gilt für den Fall, dass sich der Angeklagte geständig gezeigt oder sich sonst zur Sache eingelassen hat. Zwar unterliegt auch die Bewertung der Einlassung des Angeklagten dem Grundsatz der freien richterlichen Beweiswürdigung. Das Tatgericht muss aber, will es die Verurteilung des Angeklagten auf dessen Einlassung stützen, von deren Richtigkeit überzeugt sein. Es hat deshalb stets zu untersuchen, ob die Einlassung mit dem Ermittlungsergebnis zu vereinbaren ist, ob sie in sich stimmig ist und ob sie die getroffenen Feststellungen trägt.[528] **531**

[528] BGH, Urteil vom 20.03.2014 – 3 StR 304/13.

[19] a) Der Schuldspruch hat keinen Bestand, denn er beruht auf Feststellungen, die in dem mitgeteilten Beweisergebnis keine tragfähige Grundlage finden. Er ist deshalb (auch) auf die Revision der Staatsanwaltschaft aufzuheben, denn die insoweit erklärte Beschränkung des Rechtsmittels auf den Strafausspruch ist unwirksam.

[20] aa) Die aus dem verfassungsrechtlich verankerten Schuldprinzip folgende Verpflichtung des Gerichts, von Amts wegen den wahren Sachverhalt – die materielle Wahrheit – zu erforschen, verbietet es, dem Urteil einen Sachverhalt zu Grunde zu legen, der nicht auf einer Überzeugungsbildung unter vollständiger Ausschöpfung des Beweismaterials beruht. Nichts anderes gilt für den Fall, dass sich der Angeklagte geständig gezeigt oder sich sonst zur Sache eingelassen hat. Zwar unterliegt auch die Bewertung der Einlassung des Angeklagten dem Grundsatz der freien richterlichen Beweiswürdigung. Das Tatgericht muss aber, will es die Verurteilung des Angeklagten auf dessen Einlassung stützen, von deren Richtigkeit überzeugt sein. Es hat deshalb stets zu untersuchen, ob die Einlassung mit dem Ermittlungsergebnis zu vereinbaren ist, ob sie in sich stimmig ist und ob sie die getroffenen Feststellungen trägt (st. Rspr.; vgl. zuletzt BGH, Beschluss vom 6. August 2013 – 3 StR 212/13, StV 2013, 703, 704).

[21] bb) Daran mangelt es hier, denn der Verurteilung des Angeklagten in den Fällen A. I. 4. a. bis c. der Urteilsgründe (Taten 1 bis 5) liegt die allein auf die Einlassung gestützte Feststellung des Landgerichts zu Grunde, der Angeklagte habe die Ausstattung von GmbH-Mänteln mit Kraftfahrzeugen betrieben, um bei der nachfolgenden Abtretung der Geschäftsanteile für sich eine höhere Provision zu erwirtschaften. Wie bereits unter I. 1. a) im Einzelnen dargelegt hat es das Landgericht versäumt, bei der Überprüfung der Glaubhaftigkeit dieser Einlassung auch diejenigen Beweisanzeichen zu würdigen, die gegen das behauptete „Geschäftsmodell" und damit auch gegen das angenommene Tatgeschehen sprechen.

[22] cc) Wie der von der Staatsanwaltschaft erfolgreich angefochtene Freispruch in den Fällen B. I. 2. a. bis d. der Urteilsgründe beruht danach auch der Schuldspruch darauf, dass das Landgericht bei seiner Würdigung der Beweise rechtsfehlerhaft von einem bestimmten, sich allein aus der Einlassung des Angeklagten ergebenden „Geschäftsmodell" ausgegangen ist. Müssten die dem Schuldspruch zugrunde liegenden Feststellungen infolge der von der Staatsanwaltschaft erklärten Beschränkung ihres Rechtsmittels auf den Strafausspruch aufrechterhalten bleiben, so wäre deshalb zu besorgen, dass nach neuer Verhandlung und Entscheidung der Fälle B. I. 2. a. bis d. der Urteilsgründe das als Einheit anzusehende abschließende Erkenntnis unter inneren Widersprüchen litte. Dies führt zur Unwirksamkeit der Rechtsmittelbeschränkung (hierzu Meyer-Goßner, StPO, 56. Aufl., § 318 Rn. 7, § 344 Rn. 7).

[23] Der neue Tatrichter wird deshalb insgesamt neue Feststellungen zu treffen haben.

532 Die **Beweiswürdigung** ist **grundsätzlich Sache des Tatgerichts**. Ihre revisionsgerichtliche Nachprüfung beschränkt sich darauf, ob diesem ein Rechtsfehler unterlaufen ist. Das ist in sachlich-rechtlicher Hinsicht etwa der Fall, wenn die Beweiswürdigung widersprüchlich, unklar oder lückenhaft ist oder zugunsten des Angeklagten eine Konstellation unterstellt wird, für die es keinen Anknüpfungspunkt gibt.[529]

---

529 BGH, Urteil vom 11.03.2014 – 5 StR 649/13; siehe hierzu auch Beschluss vom 7.07.2014 – 2 StR 94/14 sowie Beschluss vom 9.09.2014 – 5 StR 381/14.

[5] 3. Die Überprüfung des Schuld- und Strafausspruchs im Fall 2 sowie der Gesamtstrafe hat Rechtsfehler zum Vor- oder Nachteil (§ 301 StPO) des Angeklagten nicht ergeben. Namentlich die landgerichtliche Beweis- sowie die rechtliche Würdigung halten revisionsrechtlicher Nachprüfung stand.

[6] a) Die Beweiswürdigung ist grundsätzlich Sache des Tatgerichts. Ihre revisionsgerichtliche Nachprüfung beschränkt sich darauf, ob diesem ein Rechtsfehler unterlaufen ist. Das ist in sachlich-rechtlicher Hinsicht etwa der Fall, wenn die Beweiswürdigung widersprüchlich, unklar oder lückenhaft ist (st. Rspr.; vgl. BGH, Urteil vom 4. April 2013 – 3 StR 37/13, BGHR StGB § 212 Abs. 1 Vorsatz, bedingter 64) oder zugunsten des Angeklagten eine Konstellation unterstellt wird, für die es keinen Anknüpfungspunkt gibt (vgl. BGH, Urteil vom 20. Mai 2009 – 2 StR 576/08, NStZ 2009, 630 mwN). Ein derartiger Mangel ist dem angegriffenen Urteil nicht zu entnehmen.

[7] Insbesondere hat das Landgericht in die gebotene – und am zutreffenden Maßstab ausgerichtete (UA S. 75) – Gesamtwürdigung alle für die Frage wesentlichen Gesichtspunkte einbezogen, ob der Angeklagte mit bedingtem Tötungsvorsatz gehandelt hat. Dabei hat es vor allem Quantität und Qualität der Verletzungshandlungen, von denen jede für sich nicht tödlich gewesen wäre, in den Blick genommen und vertretbar gewertet. Es durfte zudem zugunsten des Angeklagten berücksichtigen, dass dieser seine Freundin, die er „durchaus liebte“ (UA S. 78), mehrfach mit Medikamenten versorgt und schließlich vergeblich versucht hat, ihr Nahrung mit Hilfe zu diesem Zweck erworbener Babyfläschchen zuzuführen. Dasselbe gilt für die vom Angeklagten letztlich entfalteten Rettungsbemühungen sowie den Umstand, dass er im Polizeigewahrsam die Nachricht vom Tod K.s „heftig bewegt aufnahm“ (UA S. 79). Auch aufgrund eingestandener Schläge des Angeklagten gegen seine Freundin wegen eines vermeintlichen Untreuegeständnisses noch in der letzten Phase des Tatgeschehens musste das Landgericht bei der Persönlichkeitsstruktur des außerordentlich eifersüchtigen und aufbrausenden Angeklagten ungeachtet des Erscheinungsbildes der bereits ersichtlich schwerverletzten Geschädigten nicht unbedingt eine Änderung des Vorstellungsbildes des Angeklagten in Betracht ziehen.

[8] Nach alledem begründet es keinen Rechtsfehler, dass das Landgericht sich im Ergebnis nicht von einem auch nur bedingten Tötungsvorsatz des Angeklagten hat überzeugen können. Denn es ist Sache des Tatgerichts (§ 261 StPO), die Bedeutung und das Gewicht der einzelnen be- oder entlastenden Indizien zu bewerten. Kann es auf der Grundlage einer Gesamtbewertung aller Umstände Zweifel an der subjektiven Tatseite nicht überwinden, so hat das Revisionsgericht dies regelmäßig hinzunehmen, auch wenn eine abweichende Würdigung der Beweise möglich oder sogar näher liegend gewesen wäre. Dabei brauchen die tatgerichtlichen Schlussfolgerungen nicht zwingend zu sein; es genügt, dass sie – wie vorliegend – möglich sind. Im Blick auf die mangelnde Möglichkeit, Art und Ausmaß der letzten Gewalthandlungen am 12. November 2011 gegen 4.00 Uhr näher festzustellen, und auf die besonders verengte Blickrichtung des Angeklagten zu diesem Zeitpunkt nimmt der Senat die tatgerichtliche Beurteilung auch für diesen letzten Teilakt der Gewalthandlungen eben noch hin.

[9] Eine mangelhafte oder widersprüchliche Beweiswürdigung ergibt sich auch nicht für den Zeitraum ab 4.12 Uhr des 12. November 2011, für den das Landgericht einen für eine versuchte Tötung durch Unterlassen erforderlichen Tötungsvorsatz mit der Erwägung verneint hat, dass nicht ausgeschlossen werden könne, dass der Angeklagte nunmehr „sogar davon ausging, dass K. bereits verstorben sei“

(UA S. 81). Mit der Wertung, es könne „keinem ernsthaften Zweifel unterliegen, dass der Angeklagte zu diesem Zeitpunkt zumindest ernsthaft damit rechnete, dass K. infolge seiner Gewalttätigkeiten versterben werde", weil er wahrgenommen habe, „dass sie nun nicht mehr atme" (UA S. 79), hat es lediglich klargestellt, dass es – anders als bezüglich des vorher liegenden Zeitraums – nunmehr davon ausging, dass der Angeklagte den Tod K.s für möglich hielt. An dem darüber hinausgehenden Schluss sogar möglicher Todeskenntnis war das Landgericht auch nicht durch die miteinander nicht ohne weiteres zu vereinbarenden Darstellungen des Angeklagten gehindert, der einerseits angab, er sei „voller Hoffnung gewesen und habe erwartet, dass er bzw. der Krankendienst K. noch retten werde", andererseits auch bekundet hat, er habe „versucht K. wiederzubeleben, weil sie nicht mehr geatmet habe" (UA S. 60). Angesichts dessen hat das Landgericht im Ergebnis nichts ohne entsprechende Anhaltspunkte zugunsten des Angeklagten unterstellt (vgl. BGH, Urteil vom 20. Mai 2009 – 2 StR 576/08, NStZ 2009, 630), zumal dieser auch in seinem um 4.26 Uhr mit der Rettungsleitstelle geführten Telefonat mitgeteilt hatte, „dass seine Freundin verstorben sei und seit ein paar Minuten keinen Pulsschlag mehr aufweise" (UA S. 35).

[10] b) Die danach vom Landgericht vorgenommene rechtliche Würdigung ist ebenfalls nicht zu beanstanden.

533 Die Beweiswürdigung ist allein **Sache des Tatrichters** (§ 261 StPO), dessen Aufgabe es ist, sich eine Überzeugung von der Schuld oder Nichtschuld des Angeklagten zu verschaffen. Spricht das Gericht einen Angeklagten frei, weil es Zweifel an seiner Täterschaft nicht zu überwinden vermag, so ist dies durch das Revisionsgericht in der Regel hinzunehmen. Insbesondere ist es ihm verwehrt, die Beweiswürdigung des Tatrichters durch seine eigene zu ersetzen. Die **revisionsgerichtliche Prüfung** beschränkt sich somit darauf, ob dem Tatrichter bei der Beweiswürdigung Rechtsfehler unterlaufen sind. Das ist etwa dann der Fall, wenn die Beweiswürdigung lückenhaft, widersprüchlich oder unklar ist, gegen Gesetze der Logik oder gesicherte Erfahrungssätze verstößt oder wenn an die zur Verurteilung erforderliche Gewissheit überspannte Anforderungen gestellt werden. Insbesondere ist die Beweiswürdigung auch dann rechtsfehlerhaft, wenn die Beweise nicht erschöpfend gewürdigt werden oder sich den Urteilsgründen nicht entnehmen lässt, dass die einzelnen Beweisergebnisse in eine umfassende Gesamtwürdigung eingestellt wurden.[530]

[15] b) Diesen Anforderungen an eine rechtsfehlerfreie Beweiswürdigung wird das angefochtene Urteil in mehrfacher Hinsicht nicht gerecht.

[16] aa) Rechtsfehlerhaft ist es zunächst schon, dass die Strafkammer die Einlassung des Angeklagten als nicht zu widerlegen zugrunde gelegt hat. Der Angeklagte hat insbesondere zum Tatvorgeschehen eine Vielzahl von Details geschildert, u.a. dass die Nebenklägerin am Tatvortag ihm und weiteren Männern im Kulturverein „gegenüber offenherziger und … forscher" (UA S. 7) aufgetreten sei und die männlichen Anwesenden u.a. gefragt habe, „wie potent sie seien und ob sie es ‚im Bett bringen' würden" (UA S. 7). Dieses – für sich genommen vor dem kulturellen Hintergrund der Beteiligten sehr ungewöhnliche – Auftreten, die im Verlauf des Abends vorgenommenen, ihn betreffenden intimen Berührungen durch die Nebenklägerin und schließlich deren „Kuss in Richtung seines Mundes" (UA S. 7), sowie deren

---

[530] BGH, Urteil vom 22.01.2014 – 2 StR 314/13.

Andeutung anlässlich des dritten Telefonats am Tattag, „dass er nunmehr bekommen solle, was er am Vorabend nicht bekommen habe" (UA S. 7), sollen schließlich in den vom Angeklagten behaupteten einvernehmlichen Geschlechtsverkehr gemündet sein.

[17] Die Strafkammer hätte diese Angaben des Angeklagten zum Tatvorgeschehen nicht ohne weiteres als unwiderlegt zugrunde legen dürfen. Es musste sich vielmehr aufgrund einer Gesamtwürdigung des Ergebnisses der Beweisaufnahme seine Überzeugung von der Richtigkeit oder Unrichtigkeit der Einlassung bilden (vgl. Senat, Urteil vom 6. November 2013 – 2 StR 357/13, Rn. 6, zit. nach juris; Ott in: KK, StPO, 7. Aufl. § 261 Rn. 28a, jeweils mwN). Eine solche Gesamtwürdigung – insbesondere mit Blick auf das Tatvorgeschehen – fehlt.

[18] bb) Die Beweiswürdigung ist auch deshalb rechtsfehlerhaft, weil es jedenfalls an einer geschlossenen Darstellung der Aussage der Nebenklägerin bei der Polizei fehlt.

[19] Zwar ist der Tatrichter grundsätzlich nicht gehalten, im Urteil Zeugenaussagen in allen Einzelheiten wiederzugeben. In Fällen, in denen – wie hier – Aussage gegen Aussage steht, muss aber der entscheidende Teil einer Aussage in das Urteil aufgenommen werden, da dem Revisionsgericht ohne Kenntnis des wesentlichen Aussageinhalts ansonsten die sachlich-rechtliche Überprüfung der Beweiswürdigung nach den oben aufgezeigten Maßstäben verwehrt ist (vgl. BGH, Urteil vom 10. August 2011 – 1 StR 114/11, NStZ 2012, 110, 111).

[20] Zwar stellt das Landgericht die dem Anklagevorwurf entsprechende Aussage der Nebenklägerin in der Hauptverhandlung „im Wesentlichen" (UA S. 9) dar; die Darstellung der Aussage der Nebenklägerin bei der Polizei beschränkt sich indes auf die Wiedergabe und die Bewertung einzelner aus dem Gesamtzusammenhang der Aussage gerissener Angaben. Die Bekundungen der Nebenklägerin zu dem von ihr erhobenen Vergewaltigungsvorwurf, insbesondere konkrete Details zum unmittelbaren Tatgeschehen, werden dagegen allenfalls ansatzweise und nur hinsichtlich der zeitlichen Abfolge der Verriegelung der Fahrzeugtür mitgeteilt.

[21] Auf dieser Grundlage kann der Senat schon nicht hinreichend überprüfen, ob das Landgericht eine fachgerechte Analyse der Aussage der Nebenklägerin zum Kerngeschehen vorgenommen und die dabei von ihr aufgezeigten „Abweichungen", die hinsichtlich des erhobenen Vergewaltigungsvorwurfs ausschließlich das Randgeschehen betreffen, zutreffend gewichtet hat (zur Gewichtung von Aussagekonstanz und Widerspruchsfreiheit vgl. BGH, Urteil vom 23. Januar 1997 – 4 StR 526/96, NStZ-RR 1997, 172).

[22] cc) Das Landgericht hat ferner seine Zweifel an der Schuld des Angeklagten wesentlich auf „Abweichungen" in den Aussagen der Nebenklägerin gestützt. Bei der Bewertung insbesondere der widersprüchlichen und ungenauen Gedächtnisleistungen der Nebenklägerin, beispielsweise zur Anzahl und zu den Zeitpunkten der vermeintlich von dem Angeklagten ihr gegenüber geäußerten Drohungen, hätte sich das Landgericht aber mit der Frage auseinandersetzen müssen, ob diese derart schwerwiegend sind, dass sie Rückschlüsse auf den Wahrheitsgehalt der Aussage erlauben. Denn nicht jede Inkonstanz stellt bereits einen Hinweis auf eine mangelnde Glaubhaftigkeit der Angaben insgesamt dar (BGH, Urteil vom 30. Juli 1999 – 1 StR 618/98, BGHSt 45, 164, 172).

[23] dd) Soweit das Landgericht einen Widerspruch darin sieht, dass die Nebenklägerin einerseits in der Hauptverhandlung bekundet habe, die Strecke, die der Angeklagte mit ihr gefahren sei, habe sie – bis auf ein kleineres Teilstück – nicht

gekannt, die Polizeibeamten habe sie indes an den vermeintlichen Tatort (sicher) führen können, kann der Senat dem nicht folgen. Die landgerichtliche Würdigung ist unklar. Denn zum Tatzeitpunkt mag der Nebenklägerin die Fahrtstrecke – freilich bis auf ein Teilstück – unbekannt gewesen sein; dies galt aber nicht mehr für die Fahrt mit der Polizei, die anlässlich ihrer polizeilichen Vernehmung am Tag nach der vermeintlichen Tat erfolgte (UA S. 13). Zu diesem Zeitpunkt hatte die Nebenklägerin nämlich die Gegend, in welcher der Tatort lag, wiedererkannt; sie konnte daher die Polizeibeamten dorthin leiten, auch wenn ihr die konkrete Fahrtstrecke am Tatabend unbekannt war.

[24] ee) Widersprüchlich ist es schließlich, wenn das Landgericht einerseits ausführt, die Nebenklägerin habe sich „nach eigenem Bekunden nicht gewehrt" (UA S. 15), deren Aussage in der Hauptverhandlung aber dahin wiedergibt, „sie habe ihn mit der Hand weggeschubst" (UA S. 10).

■ TOPENTSCHEIDUNG

534 Kann das **Tatgericht Zweifel am Vorliegen eines subjektiven Tatbestandsmerkmals** nach Durchführung einer solchen Gesamtbewertung **nicht überwinden**, so hat das Revisionsgericht dies regelmäßig hinzunehmen, denn die Beweiswürdigung ist vom Gesetz dem Tatrichter übertragen (§ 261 StPO). Es obliegt allein ihm, sich unter dem umfassenden Eindruck der Hauptverhandlung ein Urteil über die Schuld oder Unschuld des Angeklagten zu bilden. Seine **Schlussfolgerungen brauchen nicht zwingend zu sein**; es genügt, dass sie möglich sind. Die revisionsgerichtliche Prüfung beschränkt sich allein darauf, ob dem Tatrichter Rechtsfehler unterlaufen sind. Das ist in sachlich-rechtlicher Hinsicht der Fall, wenn die **Beweiswürdigung widersprüchlich, unklar oder lückenhaft ist, gegen Denkgesetze oder gesicherte Erfahrungssätze verstößt** oder an die Überzeugung von der Schuld des Angeklagten überhöhte Anforderungen stellt. Liegen solche Rechtsfehler nicht vor, hat das Revisionsgericht die tatrichterliche Überzeugungsbildung auch dann hinzunehmen, wenn eine abweichende Würdigung der Beweise möglich oder sogar näher liegend gewesen wäre.[531]

[9] Gemessen an diesen Maßstäben hält die Beweiswürdigung des Landgerichts revisionsrechtlicher Überprüfung stand. Insbesondere sind die von der Strafkammer angestellten Erwägungen zu den äußeren Tatumständen und zum psychischen Zustand des Angeklagten nicht lückenhaft; aus dem Gesamtzusammenhang der Urteilsgründe ergeben sich ausreichende Feststellungen und Würdigungen zum Ausmaß der Erregung des Angeklagten und zu den daraus resultierenden Auswirkungen: Die Strafkammer hat ausgeführt, der Angeklagte sei sehr aufgeregt gewesen, seine Verwandten hätten ihn noch nie so aufgeregt gesehen, er habe bei der telefonischen Ankündigung, er werde die Nebenklägerin jetzt töten, geweint und er habe sich von der durch die Trennung bevorstehenden Kränkung nicht mehr freimachen können. In diesem Zusammenhang bedurfte auch die wiedergegebene Einschätzung des Sachverständigen, der Angeklagte habe die Tat in starker Erregung und einem „Tunnelblick" begangen, keiner vertieften Erörterung. Zur Frage der äußeren Tatumstände bedurfte es angesichts der Schilderung des Tatorts keines besonderen

---

531 BGH, Urteil vom 12.06.2014 – 3 StR 154/14.

Eingehens darauf, dass der Angeklagte die objektiven Umstände der Heimtücke einfach erfassen konnte.

[10] Soweit die Revision geltend macht, die von der Strafkammer herangezogenen Umstände des spontan gefassten Tatentschlusses, der fehlenden Planung einer heimtückischen Begehungsweise, der telefonischen Ankündigung der Tat gegenüber einem Bekannten, der histrionischen Persönlichkeitsstörung des Angeklagten und der daraus resultierenden Begehung der Tat vor Zeugen sowie seiner Fehleinschätzung, sich moralisch im Recht zu fühlen, ermöglichten keine tragfähigen Schlüsse auf ein fehlendes Ausnutzungsbewusstsein, zeigt sie auch insoweit Rechtsfehler nicht auf: Die vom Landgericht gezogenen Schlussfolgerungen sind möglich, zwingend brauchen sie nicht zu sein. Dass entsprechend dem Revisionsvorbringen auch andere Schlüsse möglich gewesen wären, ist revisionsrechtlich ohne Bedeutung.

[11] Schließlich ist auch nicht zu besorgen, dass die Strafkammer überzogene Anforderungen an ihre Überzeugungsbildung gestellt hätte: Sie hat ausdrücklich berücksichtigt, dass es für das Ausnutzungsbewusstsein ausreichen kann, wenn der Täter spontan die für ihn günstige Situation erfasst und sie sich zu Nutze macht. Angesichts dessen schließt der Senat entgegen der Auffassung des Generalbundesanwalts aus, dass das Landgericht in rechtsfehlerhafter Weise eine „Heimtückeabsicht" für erforderlich gehalten habe, weil es bezweifelt hat, dass der Angeklagte sich der Nebenklägerin planvoll so genähert habe, dass er sie mit seinem Angriff überraschen werde.

PRAXISBEDEUTUNG ■

Die vorstehende und die nachfolgende Entscheidung geben wichtige Hinweise, wie in der Praxis vielfach angegriffene Beweiswürdigungen der Tatgerichte bestehen können oder nicht. Hinzuweisen ist in diesem Zusammenhang auf die eindeutigen Formulierungen aller Strafsenate des BGH, dass Schlussfolgerungen eines Tatrichters gerade nicht zwingend sein müssen, sondern es ausreichend ist, dass sie möglich sind!

Die **Beweiswürdigung** ist Sache des Tatrichters, dem es obliegt, das Ergebnis der **535**
Hauptverhandlung festzustellen und zu würdigen. Der revisionsgerichtlichen Überprüfung unterliegt nur, ob ihm dabei Rechtsfehler unterlaufen sind. Dies ist in sachlich-rechtlicher Hinsicht der Fall, wenn die Beweiswürdigung widersprüchlich, unklar oder lückenhaft ist oder gegen Denkgesetze oder gesicherte Erfahrungssätze verstößt.[532]

[7] Die den Feststellungen zugrunde liegende Beweiswürdigung hält rechtlicher Überprüfung nicht stand.

[8] 1. Die Beweiswürdigung ist Sache des Tatrichters, dem es obliegt, das Ergebnis der Hauptverhandlung festzustellen und zu würdigen. Der revisionsgerichtlichen Überprüfung unterliegt nur, ob ihm dabei Rechtsfehler unterlaufen sind. Dies ist in sachlich-rechtlicher Hinsicht der Fall, wenn die Beweiswürdigung widersprüchlich, unklar oder lückenhaft ist oder gegen Denkgesetze oder gesicherte Erfahrungssätze

532 BGH, Urteil vom 22.10.2014 – 2 StR 92/14.

verstößt (st. Rspr.; vgl.BGH, Urteil vom 30. März 2004 – 1 StR 354/03, NStZ-RR 2004, 238 f.; Urteil vom 2. Dezember 2005 – 5 StR 119/05, NJW 2006, 925, 928).

[9] 2. Diesen Anforderungen wird das angefochtene Urteil nicht gerecht. Die Beweiswürdigung ist lückenhaft, weil es jedenfalls an einer geschlossenen Darstellung der früheren Aussagen der Nebenklägerin fehlt, so dass die vom Landgericht erfolgte Konstanzanalyse revisionsgerichtlich nicht überprüft werden kann.

[10] Zwar ist der Tatrichter grundsätzlich nicht gehalten, im Urteil Zeugenaussagen in allen Einzelheiten wiederzugeben. In Fällen, in denen – wie hier – die Verurteilung im Wesentlichen auf der Aussage einer Belastungszeugin beruht und diese sich entgegen früheren Vernehmungen teilweise abweichend erinnert, müssen aber jedenfalls die entscheidenden Teile ihrer bisherigen Aussagen in das Urteil aufgenommen werden, da dem Revisionsgericht ohne Kenntnis des wesentlichen Aussageinhalts ansonsten die sachlich-rechtliche Überprüfung der Beweiswürdigung nach den oben aufgezeigten Maßstäben verwehrt ist (vgl. BGH, Urteil vom 10. August 2011 – 1 StR 114/11, NStZ 2012, 110, 111).

[11] Zwar hat das Landgericht die von der Nebenklägerin in der Hauptverhandlung erfolgte Aussage ausführlich geschildert. Es fehlt jedoch an einer zusammenhängenden Darstellung ihrer davon abweichenden früheren Angaben bei der Polizei. In den Urteilsgründen wird insoweit lediglich mitgeteilt, dass der Nebenklägerin Teile ihrer früheren Aussage vorgehalten wurden und dass sich die beiden Vernehmungsbeamtinnen auch auf Vorhalt nicht an Einzelheiten erinnern konnten. Gar nicht dargestellt wird, was die Geschädigte im Rahmen der vorangegangenen Hauptverhandlung, aufgrund derer der Angeklagte vollumfänglich verurteilt worden war, ausgesagt hat.

[12] Auf dieser Grundlage kann der Senat schon nicht hinreichend überprüfen, ob das Landgericht eine fachgerechte Analyse der Aussage der Nebenklägerin zum Kerngeschehen vorgenommen und die dabei aufgezeigten abweichenden Erinnerungen zutreffend gewichtet hat (zur Gewichtung von Aussagekonstanz und Widerspruchsfreiheit vgl. BGH, Urteil vom 23. Januar 1997 – 4 StR 526/96, NStZ-RR 1997, 172).

■ PRAXISBEDEUTUNG

Die vorstehenden Ausführungen sollten die Lektüre jedes jungen Tatrichters sein, damit Urteilsgründe weder mit überflüssigen Details der Beweisaufnahme überfrachtet werden, andererseits aber die erforderlichen Feststellungen klar und deutlich heraustreten und die Beweiswürdigung nachvollziehbar wird.

536 Die **Beweiswürdigung** ist **Sache des Tatrichters** (§ 261 StPO). Spricht das Gericht einen Angeklagten frei, weil es Zweifel an seiner Täterschaft nicht zu überwinden vermag, so ist dies durch das Revisionsgericht in der Regel hinzunehmen. Insbesondere ist es ihm verwehrt, die Beweiswürdigung des Tatrichters durch seine eigene zu ersetzen. Die **revisionsgerichtliche Prüfung** beschränkt sich somit darauf, ob dem Tatrichter bei der Beweiswürdigung Rechtsfehler unterlaufen sind.[533]

---

533 BGH, Beschluss vom 6.08.2014 – 1 StR 63/14; vgl. insoweit auch Urteil vom 17.04.2014 – 3 StR 84/14.

[20] Die Überprüfung des Urteils auf die Sachrüge deckt keinen Rechtsfehler auf.

[21] Die Beweiswürdigung ist Sache des Tatrichters (§ 261 StPO). Spricht das Gericht einen Angeklagten frei, weil es Zweifel an seiner Täterschaft nicht zu überwinden vermag, so ist dies durch das Revisionsgericht in der Regel hinzunehmen. Insbesondere ist es ihm verwehrt, die Beweiswürdigung des Tatrichters durch seine eigene zu ersetzen. Die revisionsgerichtliche Prüfung beschränkt sich somit darauf, ob dem Tatrichter bei der Beweiswürdigung Rechtsfehler unterlaufen sind.

[22] Das ist dann der Fall, wenn die Beweiswürdigung von einem rechtlich unzutreffenden Ansatz ausgeht, etwa hinsichtlich des Umfangs und der Bedeutung des Zweifelssatzes, wenn sie lückenhaft ist, wenn sie widersprüchlich oder unklar ist, gegen Gesetze der Logik oder gesicherte Erfahrungssätze verstößt oder wenn an die zur Verurteilung erforderliche Gewissheit überspannte Anforderungen gestellt werden. Insbesondere ist die Beweiswürdigung auch dann rechtsfehlerhaft, wenn die Beweise nicht erschöpfend gewürdigt werden oder sich den Urteilsgründen nicht entnehmen lässt, dass die einzelnen Beweisergebnisse in eine umfassende Gesamtwürdigung eingestellt wurden (vgl. Senat, Urteil vom 10. August 2011 – 1 StR 114/11, NStZ 2012, 110 f. mwN).

[23] Liegen mehrere Beweisanzeichen vor, so genügt es nicht, sie jeweils einzeln abzuhandeln. Das einzelne Beweisanzeichen ist vielmehr mit allen anderen Indizien in eine Gesamtwürdigung einzustellen. Erst die Würdigung des gesamten Beweisstoffes entscheidet letztlich darüber, ob der Richter die Überzeugung von der Schuld des Angeklagten und den sie tragenden Feststellungen gewinnt. Auch wenn keine der Indiztatsachen für sich allein zum Nachweis der Täterschaft des Angeklagten ausreichen würde, besteht die Möglichkeit, dass sie in ihrer Gesamtheit dem Tatrichter die entsprechende Überzeugung vermitteln können (vgl. Senat aaO S. 111 mwN). Deshalb muss sich aus den Urteilsgründen selbst ergeben, dass die einzelnen Beweisergebnisse nicht nur isoliert gewertet, sondern in eine umfassende Gesamtwürdigung einbezogen wurden (Senat, Urteil vom 18. März 2009 – 1 StR 549/08).

[24] b) Diesen Anforderungen an eine rechtsfehlerfreie Beweiswürdigung wird das angefochtene Urteil gerecht. Die vom Landgericht vorgenommene „Zusammenschau sämtlicher Beweismittel“ genügt noch den oben dargelegten revisionsrechtlichen Anforderungen an eine umfassende Gesamtwürdigung sämtlicher Indizien. Auch revisionsrechtlich beachtliche Erörterungsmängel bestehen nicht.

Die **Beweiswürdigung**, mit der das Landgericht entgegen der Einlassung des Angeklagten zu der für das Handeltreiben erforderlichen Annahme von Eigennützigkeit gelangt, hält rechtlicher Nachprüfung nicht stand. Sie ist lückenhaft, soweit das Landgericht davon ausgeht, dass der Angeklagte die Betäubungsmittel nicht zum Einkaufspreis an die Mitangeklagte weiterverkaufte, sondern hierdurch selbst – in der Höhe allerdings nicht näher bestimmten – Gewinn erzielte. Die Strafkammer zieht aus den dargelegten Einkommensverhältnissen des Angeklagten und seinen Verbindlichkeiten den Schluss, dass er mit dem ihm zur Verfügung stehenden Geld seinen Kokainkonsum nicht hätte finanzieren können, und nimmt deshalb an, dass die abgeurteilten Verkäufe der Gewinnerzielung zur Finanzierung der Drogenkäufe dienten. Jedoch tragen die in den Urteilsgründen mitgeteilten Zahlen den Schluss der Kammer nicht. Zum einen fehlen – wie die Kammer selbst mitteilt – nähere Einzelheiten zu den vom Einkommen abzuziehenden Aufwendungen für sich, den **537**

Unterhalt für seine Töchter und einen abzuzahlenden Kredit, so dass letztlich offen bleibt, wieviel an Mitteln der Angeklagte tatsächlich zur Verfügung hatte. Hinzu kommt, dass Feststellungen zu den Einkommensverhältnissen der Lebensgefährtin des Angeklagten fehlen, der mit ihr und einer seiner Töchter in einem Reihenhaus zusammen lebt. So enthalten die Urteilsgründe keine Erkenntnisse dazu, ob die Lebensgefährtin des Angeklagten – was im Rahmen des Zusammenlebens nahe liegt oder jedenfalls möglich ist – im Tatzeitraum finanzielle Leistungen im Rahmen des Lebensunterhaltes erbrachte. Um einen vollständigen Überblick über die wirtschaftliche Leistungsfähigkeit des Angeklagten zu erlangen, hätte die Strafkammer deshalb **auch ihre möglichen Einkünfte und Ausgaben in den Blick nehmen** müssen.[534]

538 Die **Beweiswürdigung** ist Sache des Tatrichters, der sich unter dem umfassenden Eindruck der Hauptverhandlung ein Urteil über die Schuld oder Unschuld des Angeklagten zu bilden hat. Das **Revisionsgericht** ist auf die **Prüfung beschränkt**, ob die Beweiswürdigung des Tatrichters mit **Rechtsfehlern behaftet** ist, weil sie **Lücken oder Widersprüche aufweist**, mit den **Denkgesetzen** oder **gesichertem Erfahrungswissen** nicht übereinstimmt oder sich soweit von einer Tatsachengrundlage entfernt, dass sich die gezogenen Schlussfolgerungen letztlich als reine Vermutung erweisen.[535]

Vor diesem Hintergrund erweist sich die Beweiswürdigung der Strafkammer jedenfalls als lückenhaft, denn die Urteilsausführungen lassen nicht erkennen, woraus die Strafkammer den Schluss gezogen hat, der – die Umstände des Geschehens im Kassenbereich insgesamt bestreitende – Angeklagte habe sich durch die Anwendung von Gewalt gegen den Kaufhausdetektiv den Besitz der entwendeten Speicherkarten erhalten wollen. Allein aus dem – erwiesenen – Umstand, dass er sich seiner Beute nicht entledigte, sondern diese bis zum Eintreffen der Polizei im Büro des Kaufhausdetektivs bei sich trug, lässt sich eine Besitzerhaltungsabsicht nicht ableiten.

539 Will der Tatrichter bei einer Tatserie mit **im Wesentlichen gleichen Tatverläufen** die **Mindestzahl der Einzeltaten** aufgrund einer Häufigkeitsangabe und eines Zeitraums bestimmen, hat er eine nachvollziehbare Berechnung anzustellen. Dabei sollte insbesondere auch ausgeführt werden, wie zu Beginn und zu Ende des Tatzeitraums gerechnet worden ist.[536]

26. Kognitionspflicht – § 264 StPO

540 Gemäß § 264 Abs. 1 StPO ist Gegenstand der Urteilsfindung die in der Anklage bezeichnete Tat, wie sie sich nach dem Ergebnis der Verhandlung darstellt. Auf diese Taten erstreckt sich die Kognitionspflicht des Gerichts. Zwar braucht eine Veränderung oder Erweiterung des Tatzeitraums die Identität zwischen Anklage

---

[534] BGH, Beschluss vom 15.04.2014 – 2 StR 626/13.

[535] BGH, Beschluss vom 4.09.2014 – 1 StR 389/14; vgl. hierzu auch Beschluss vom 24.04.2014 – 5 StR 113/14.

[536] BGH, Beschluss vom 12.03.2014 – 4 StR 4/14.

und abgeurteilter Tat nicht aufzuheben, wenn die in der Anklage beschriebene Tat unabhängig von der Tatzeit nach anderen Merkmalen individualisiert und dadurch weiterhin als einmaliges, unverwechselbares Geschehen gekennzeichnet ist. Bei gleichartigen, nicht durch andere individuelle Tatmerkmale als die Tatzeit unterscheidbaren Serientaten heben dagegen Veränderungen und Erweiterungen des Tatzeitraumes die Identität zwischen angeklagten und abgeurteilten Taten auf.[537]

[2] 1. Hinsichtlich der unter II. 1. der Urteilsgründe abgeurteilten Straftat fehlt es an der Verfahrensvoraussetzung der Anklageerhebung. Mit der unverändert zur Hauptverhandlung zugelassenen Anklage vom 17. November 2010 wurde dem Angeklagten vorgeworfen, in der Zeit vom 1. Juli 2009 bis zum 30. April 2010 seine am 15. Januar 2003 geborene Stieftochter H. in der Familienwohnung mindestens einmal pro Monat, insgesamt also mindestens zehn Mal, über der Kleidung am Geschlechtsteil angefasst zu haben (Ziffern 2 bis 11 der Anklage).

[3] Gegenstand der Verurteilung durch das Landgericht ist eine diesem Tatbild entsprechende Tat im Mai oder Juni 2010. Das Landgericht hat in der Hauptverhandlung „9 der 10 Fälle Ziffern 2 bis 11 der Anklage gemäß § 154 StPO eingestellt“ und den rechtlichen Hinweis erteilt, „dass bei einer Tat der Anklagepunkte 2 bis 11 eine Tatzeit im Mai 2010 in Betracht kommt“.

[4] a) Der abgeurteilte Fall des sexuellen Missbrauchs zum Nachteil der Nebenklägerin war von der zugelassenen Anklage nicht umfasst.

[5] Gemäß § 264 Abs. 1 StPO ist Gegenstand der Urteilsfindung die in der Anklage bezeichnete Tat, wie sie sich nach dem Ergebnis der Verhandlung darstellt. Gegenstand der zugelassenen Anklage sind u.a. zehn Taten in der oben näher beschriebenen Ausführung in der Zeit vom 1. Juli 2009 bis zum 30. April 2010. Auf diese Taten erstreckte sich die Kognitionspflicht des Gerichts. Die abgeurteilte Straftat betrifft einen anderen Zeitraum. Zwar braucht eine Veränderung oder Erweiterung des Tatzeitraums die Identität zwischen Anklage und abgeurteilter Tat nicht aufzuheben (vgl. BGH, Beschluss vom 22. Juni 1994 – 3 StR 457/93, BGHR StPO § 200 Abs. 1 Satz 1 Tat 8), wenn die in der Anklage beschriebene Tat unabhängig von der Tatzeit nach anderen Merkmalen individualisiert und dadurch weiterhin als einmaliges, unverwechselbares Geschehen gekennzeichnet ist (st. Rspr., vgl.BGH, Beschluss vom 21. August 2013 – 2 StR 311/13 Rn. 4; Urteil vom 17. August 2000 – 4 StR 245/00, BGHSt 46, 130, 133; Beschluss vom 13. März 1996 – 3 StR 43/96, BGHR StPO § 200 Abs. 1 Satz 1 Tat 19). Bei gleichartigen, nicht durch andere individuelle Tatmerkmale als die Tatzeit unterscheidbaren Serientaten heben dagegen Veränderungen und Erweiterungen des Tatzeitraumes die Identität zwischen angeklagten und abgeurteilten Taten auf.

[6] So verhält es sich im abgeurteilten Fall II. 1. der Urteilsgründe. Die angeklagten Taten sind durch eine jeweils gleichförmige Tatausführung an einem jeweils identischen Tatort gekennzeichnet und nicht auf andere Weise unabhängig von der Tatzeit nach individuellen Merkmalen unverwechselbar charakterisiert. Insofern kommt dem in der Anklageschrift genannten Tatzeitraum eine wesentliche, die Kognitionspflicht des Gerichts im Sinne des§ 264 Abs. 1 StPO bestimmende und vor allem begrenzende Funktion zu.

---

537 BGH, Beschluss vom 21.8.2013 – 2 StR 311/13.

541 Nach § 264 StPO muss das Gericht die **in der Anklage bezeichnete Tat** so, wie sie sich nach dem Ergebnis der Hauptverhandlung darstellt, im Urteil **unter allen rechtlichen Gesichtspunkten aburteilen.** Es ist verpflichtet, den Unrechtsgehalt der Tat voll auszuschöpfen.[538]

[8] b) Das Urteil kann dennoch keinen Bestand haben. Nach § 264 StPO muss das Gericht die in der Anklage bezeichnete Tat so, wie sie sich nach dem Ergebnis der Hauptverhandlung darstellt, im Urteil unter allen rechtlichen Gesichtspunkten aburteilen. Es ist verpflichtet, den Unrechtsgehalt der Tat voll auszuschöpfen (BGH, Beschluss vom 9. November 1972 – 4 StR 457/71, BGHSt 25, 72, 75; Urteil vom 15. September 1983 – 4 StR 535/83, BGHSt 32, 84, 85). Dieser Verpflichtung ist das Landgericht nicht nachgekommen.

[9] aa) Hinsichtlich des Angeklagten G. hat das Landgericht bei der rechtlichen Würdigung den Umstand außer Acht gelassen, dass der Angeklagte das ihm als Kurierlohn zugesagte Amphetamin jedenfalls teilweise verkaufen wollte. Insoweit lag aber eine Verurteilung wegen Handeltreibens mit Betäubungsmitteln nahe.

[10] (1) Das Handeltreiben mit Betäubungsmitteln im Sinne des § 29 Abs. 1 Satz 1 Nr. 1 BtMG umfasst jede eigennützige, auf den Umsatz von Betäubungsmitteln gerichtete Tätigkeit (st. Rspr.; BGH, Beschluss vom 26. Oktober 2005 – GSSt 1/05, BGHSt 50, 252, 256 mwN). Damit genügt für ein Handeltreiben jede absatzorientierte Beschaffung des Rauschmittels. Der Tatbestand ist schon dann erfüllt, wenn der Täter einen Dritten ernsthaft verpflichtet hat, ihm die zur Veräußerung bestimmten Betäubungsmittel zu liefern (BGH, Urteil vom 13. August 2009 – 3 StR 224/09, juris Rn. 27).

[11] (2) Indem er sich für die Begleitung des Angeklagten A. auf der Fahrt 500 g Amphetamin als Lohn versprechen ließ, hat der Angeklagte G. diese Voraussetzungen erfüllt. Auch wenn die genauen Umstände der Entlohnung nicht abgesprochen waren, so rechnete der Angeklagte G. doch mit der – auch vom Hintermann des Angeklagten A. gebilligten – Übergabe des Rauschgifts am Ende der Fahrt. Da er einen Anteil des Amphetamins gewinnbringend weiterverkaufen wollte, erfüllt bereits die Erlangung dieser Zusage den Tatbestand des Handeltreibens mit Betäubungsmitteln. Hinter dieses täterschaftliche Handeltreiben tritt die mit der Begleitung bei der Schmuggelfahrt geleistete Beihilfe zum Handeltreiben nicht zurück, weil sich die Teilnahmehandlungen – je nachdem, ob die versprochenen 500 g Amphetamin der eingeführten Menge entnommen oder gesondert beschafft werden sollten – auf eine andere Betäubungsmittelmenge bzw. einen anderen Teil der Betäubungsmittelmenge bezogen. Vielmehr besteht insgesamt Tateinheit (BGH, Urteil vom 13. August 2009 – 3 StR 224/09, juris Rn. 40). Eine Ergänzung des Schuldspruchs durch den Senat kommt allerdings bereits deshalb nicht in Betracht, da die Urteilsgründe sich nicht dazu verhalten, welcher Anteil des Betäubungsmittels zum Weiterverkauf bestimmt war, so dass aufgrund der Feststellungen nicht beurteilt werden kann, ob sich der Angeklagte insoweit wegen Handeltreibens mit Betäubungsmitteln nach § 29 Abs. 1 Satz 1 Nr. 1 BtMG oder wegen Handeltreibens mit Betäubungsmitteln in nicht geringer Menge nach § 29a Abs. 1 Nr. 2 BtMG strafbar gemacht hat.

---

[538] BGH, Urteil vom 17.04.2014 – 3 StR 84/14; vgl. insoweit auch Urteil vom 12.02.2014 – 2 StR 308/13.

[12] (3) Die aufgezeigten Rechtsfehler führen bezüglich des Angeklagten G. zur Aufhebung des gesamten Urteils im Fall II.1. der Urteilsgründe. Zwar hat das Landgericht für sich betrachtet rechtsfehlerfrei die Beihilfe zur Einfuhr von Betäubungsmitteln in Tateinheit mit Beihilfe zum Handeltreiben mit Betäubungsmitteln in jeweils nicht geringer Menge festgestellt; diese Delikte stehen jedoch wie gezeigt in Tateinheit mit dem nicht ausgeurteilten Handeltreiben mit Betäubungsmitteln (in nicht geringer Menge), so dass sich die Urteilsaufhebung auf sie zu erstrecken hat (vgl. BGH, Beschluss vom 13. September 2011 – 3 StR 231/11, NJW 2012, 325, 328 mwN).

Die **umfassende gerichtliche Kognitionspflicht** gebietet, dass der – durch die zugelassene Anklage abgegrenzte – Prozessstoff durch vollständige Aburteilung des einheitlichen Lebensvorgangs erschöpft wird. Der **Unrechtsgehalt der Tat muss** ohne Rücksicht auf die dem Eröffnungsbeschluss zugrunde gelegte Bewertung **ausgeschöpft werden**, soweit keine rechtlichen Gründe entgegenstehen.[539] **542**

[3] Das Urteil hat keinen Bestand. Das Landgericht hat den festgestellten Sachverhalt nicht unter allen rechtlichen Gesichtspunkten geprüft und damit gegen die ihm obliegende allseitige Kognitionspflicht (§ 264 StPO) verstoßen. Dies stellt stets auch einen sachlich-rechtlichen Mangel dar (vgl. KK/Engelhardt, 6. Aufl., § 264 Rn. 25 mwN).

[4] Die umfassende gerichtliche Kognitionspflicht gebietet, dass der – durch die zugelassene Anklage abgegrenzte – Prozessstoff durch vollständige Aburteilung des einheitlichen Lebensvorgangs erschöpft wird (st. Rspr.; vgl. nur BGH, Urteil vom 29. Oktober 2009 – 4 StR 239/09, NStZ 2010, 222, 223 mwN). Der Unrechtsgehalt der Tat muss ohne Rücksicht auf die dem Eröffnungsbeschluss zugrunde gelegte Bewertung ausgeschöpft werden, soweit keine rechtlichen Gründe entgegenstehen (vgl. Meyer-Goßner, StPO, 56. Aufl., § 264 Rn. 10; KK/Engelhardt, aaO, Rn. 10 ff.).

[5] Dies hat das Landgericht unterlassen. Nach den Urteilsgründen ging es davon aus, dass das Verhalten des Angeklagten, der „sich keine weiteren Gedanken über den Inhalt des von ihm transportierten Trolleys machte“, „als naiv oder auch fahrlässig angesehen werden“ könne. Danach hätte die Strafkammer prüfen und entscheiden müssen, ob sich der Angeklagte der fahrlässigen Einfuhr von Betäubungsmitteln gemäß § 29 Abs. 1 Satz 1 Nr. 1 und Abs. 4 BtMG schuldig gemacht hat. Für ein rechtliches Hindernis an einer entsprechenden Aburteilung ist nichts ersichtlich. Die Bezeichnung der dem Angeklagten zur Last gelegten Tat im Anklagesatz der – unverändert zugelassenen – Anklage als vorsätzliche Einfuhr von Betäubungsmitteln in nicht geringer Menge änderte an der umfassenden Kognitionspflicht des Landgerichts nichts (§ 264 Abs. 2 StPO).

Auch wenn **Tatgeschehen** in der Anklageschrift den Angeklagten **nicht ausdrücklich vorgeworfen** wird, dennoch aber **zu derselben Tat im prozessualen Sinne** gehört, erstreckt sich die **richterliche Kognitionspflicht auch hierauf** und muss der tatrichterlichen Entscheidung zugrunde gelegt werden.[540] **543**

---

539 BGH, Urteil vom 27.06.2013 – 3 StR 113/13.

540 BGH, Urteil vom 14.05.2014 – 2 StR 275/13.

[10] Die Sachrüge ergibt, dass das Landgericht seine Kognitionspflicht gemäß § 264 Abs. 1 StPO verletzt hat und dass seine Beweiswürdigung Rechtsfehler aufweist.

[11] a) Zu Recht rügt die Beschwerdeführerin, dass das Landgericht nicht geprüft hat, ob die Handlung des Angeklagten M. zum Nachteil des Zeugen D. auch als gefährliche Körperverletzung durch Einsatz eines gefährlichen Werkzeugs im Sinne von § 224 Abs. 1 Nr. 2 StGB zu bewerten ist, weil er diesen mit dem Messerknauf am Kopf getroffen hat.

[12] Ein gefährliches Werkzeug im Sinne des § 224 Abs. 1 Nr. 2 StGB ist jeder feste Gegenstand, der nach seiner Beschaffenheit und der Art seiner Benutzung dazu geeignet ist, erhebliche Körperverletzungen herbeizuführen (vgl. Senat, Beschluss vom 15. Mai 2002 – 2 StR 113/02, NStZ 2002, 594). Mit einer erheblichen Verletzung ist eine nach Dauer oder Intensität gravierende, jedenfalls nicht nur ganz leichte Verletzung oder Gesundheitsschädigung gemeint. Nach den Urteilsgründen ist eine solche Gefahr beim Einsatz des Messergriffs durch einen Schlag gegen den Kopf des Geschädigten nicht so fernliegend, dass auf eine Erörterung der Frage verzichtet werden konnte, ob deshalb § 224 Abs. 1 Nr. 2 StGB eingreift.

[13] b) Die Strafkammer hat ferner das Geschehen im Erdgeschoss des Hauses nicht ausreichend gewürdigt.

[14] aa) In den dortigen Handlungen des Angeklagten A. kann ein (fehlgeschlagener) Versuch der besonders schweren räuberischen Erpressung zum Nachteil des Zeugen B. gelegen haben (§§ 253, 255, 250 Abs. 2 Nr. 1, 22 StGB). Obwohl dies nahe liegt, hat das Landgericht keine Feststellungen dazu getroffen, welches Ziel der Angeklagte A. verfolgte. Die Einlassung des Angeklagten, er habe sich keine Gedanken gemacht, war kein Grund, davon abzusehen, aufgrund des Gesamtgeschehens nahe liegende Schlüsse auf ein Handlungsmotiv des Angeklagten A. zu ziehen. Nach den Umständen drängte sich die Annahme auf, dass es dem Angeklagten darum ging, sein ursprüngliches Ziel, mehrere hundert Gramm Marihuana zu erbeuten, durch erpresserische Drohungen gegenüber dem Zeugen B. weiter zu verfolgen.

[15] bb) In diesem Handlungsabschnitt kommt ferner eine Verurteilung wegen Körperverletzung zum Nachteil des Zeugen R. durch Zufügung einer Schnittverletzung an der Hand in Betracht, ebenso wegen Körperverletzung (§ 223 Abs. 1 StGB) durch Tritte. Auch dazu fehlen Erörterungen im angefochtenen Urteil.

[16] c) Nicht erörtert wurde schließlich die Frage, ob es sich bei dem Geschehen vor der Wohnung des Zeugen B. aus der Sicht der Angeklagten M. und S. um einen Mittäterexzess des Angeklagten A. gehandelt hat, oder ob ihnen auch die Handlungen des Angeklagten A. gemäß § 25 Abs. 2 StGB zuzurechnen sind. Dies käme jedenfalls in Betracht, wenn es bei den weiteren Handlungen des Angeklagten A. darum ging, das ursprüngliche – gemeinsame – Tatziel der Erlangung von mehreren hundert Gramm Marihuana weiterzuverfolgen, und wenn die beiden Mitangeklagten – was möglich ist, aber bisher nicht festgestellt ist – Kenntnis davon hatten, dass A. zusammen mit R. die Wohnung verlassen hatte, um sich zur angeblichen Quelle des erstrebten Marihuana zu begeben.

[17] Das Geschehen außerhalb der Wohnung des Zeugen R. ist den Angeklagten M. und S. zwar auch in der Anklageschrift vom 21. Mai 2012 nicht ausdrücklich vorgeworfen worden; es gehörte aber zu derselben Tat im prozessualen Sinne (§ 264 Abs. 1 StPO).

27. Veränderung des rechtlichen Gesichtspunkts – § 265 StPO

Wird die **verletzte Hinweispflicht** aus einer entsprechenden Anwendung des § 265 Abs. 1 StPO hergeleitet, weil es in der Hauptverhandlung zu einer Veränderung der tatsächlichen Urteilsgrundlage oder zu einer Konkretisierung eines allgemein gefassten Anklagesatzes gekommen ist, **muss die Revision** auch zum Verlauf der die veränderten Punkte betreffenden **Beweisaufnahme vortragen**. Andernfalls vermag das Revisionsgericht nicht zu beurteilen, ob der Angeklagte bereits aus dem Gang der Verhandlung erfahren hat, dass das Gericht die Verurteilung auf eine andere tatsächliche Grundlage stellen will und der vermisste konkrete Hinweis deshalb nicht mehr erforderlich war.[541] **544**

[8] 1. Die Rüge, das Landgericht habe gegen § 265 StPO verstoßen, weil der Angeklagte nicht darauf hingewiesen worden sei, dass in den Fällen 1 bis 10 der Urteilsgründe als Übergabeort für die Betäubungsmittel in den Niederlanden neben dem in der Anklageschrift genannten D. auch H. in Betracht komme und sich hinsichtlich der Fälle 11 bis 18 der Urteilsgründe in der Hauptverhandlung eine Konkretisierung der Tatzeiten ergeben habe, bleibt ohne Erfolg.

[9] a) Die Rüge entspricht nicht den Anforderungen des § 344 Abs. 2 Satz 2 StPO, weil sie sich nicht dazu verhält, ob der Angeklagte von den angeführten Veränderungen der Sachlage durch den Gang der Hauptverhandlung zuverlässig unterrichtet worden ist.

[10] aa) Wird – wie hier – die verletzte Hinweispflicht aus einer entsprechenden Anwendung des § 265 Abs. 1 StPO hergeleitet, weil es in der Hauptverhandlung zu einer Veränderung der tatsächlichen Urteilsgrundlage oder zu einer Konkretisierung eines allgemein gefassten Anklagesatzes gekommen ist, muss die Revision auch zum Verlauf der die veränderten Punkte betreffenden Beweisaufnahme vortragen. Andernfalls vermag das Revisionsgericht nicht zu beurteilen, ob der Angeklagte bereits aus dem Gang der Verhandlung erfahren hat, dass das Gericht die Verurteilung auf eine andere tatsächliche Grundlage stellen will und der vermisste konkrete Hinweis deshalb nicht mehr erforderlich war (vgl. BGH, Beschluss vom 9. März 1995 – 4 StR 60/95, S. 4 f.; Urteil vom 15. Januar 1991 – 1 StR 603/90, BGHR StPO § 344 Abs. 2 Satz 2 Hinweispflicht 2; LR/Stuckenberg, StPO, 26. Aufl., § 265 Rn. 118).

[11] bb) Diesen Anforderungen wird das Revisionsvorbringen nicht gerecht. Es beschränkt sich auf die Behauptung, zu keinem Zeitpunkt konkret darauf hingewiesen worden zu sein, dass die Strafkammer in den Fällen 1 bis 10 H. als weiteren Übergabeort in Betracht zieht und in den Fällen 11 bis 18 konkrete Tatzeitpunkte für feststellbar hält (S. 4 f. der Revisionsbegründung). Mit der die veränderten Umstände betreffenden Beweisaufnahme, wie der Verlesung der Protokolle der die Fälle 11 bis 18 betreffenden Telefongespräche sowie von Ziffer 3.8 des polizeilichen Abschlussberichts vom 25. Januar 2013, der eine genaue Angabe der konkreten Tatzeiten enthielt (Bl. 50 f. des Protokollbandes, Bl. 321 ff. d.A.), setzt sich die Revision nicht auseinander. Danach können sowohl der zusätzliche Übergabeort, als auch die konkreten Tatzeiten mit ausreichender Deutlichkeit zur Sprache gekommen sein. Die Lücken im Vortrag werden auch nicht durch die Ausführungen der Strafkammer im angefochtenen Urteil geschlossen.

[12] b) Dessen ungeachtet wäre die Rüge auch unbegründet.

---

541 BGH, Urteil vom 20.11.2014 – 4 StR 234/14.

545 Ob die **Veränderung eines tatsächlichen Umstandes** zu einer Hinweispflicht in entsprechender Anwendung des § 265 Abs. 1 StPO führt, hängt davon ab, ob sie in ihrem Gewicht der Veränderung eines rechtlichen Gesichtspunktes gleichsteht, auf die sich § 265 Abs. 1 StPO unmittelbar bezieht.[542]

[13] aa) Ob die Veränderung eines tatsächlichen Umstandes zu einer Hinweispflicht in entsprechender Anwendung des § 265 Abs. 1 StPO führt, hängt davon ab, ob sie in ihrem Gewicht der Veränderung eines rechtlichen Gesichtspunktes gleichsteht, auf die sich § 265 Abs. 1 StPO unmittelbar bezieht (BGH, Urteil vom 3. September 1963 – 5 StR 306/63, BGHSt 19, 88, 89). Dabei kommt es auf den Einzelfall an (vgl. BGH, Beschluss vom 12. Januar 2011 – 1 StR 582/10, BGHSt 56, 121, wesentliche Veränderung des dem gesetzlichen Straftatbestand zugeordneten Tatverhaltens durch Austausch der Bezugstat beim Verdeckungsmord; Beschluss vom 8. November 2005 – 2 StR 296/05, NStZ-RR 2006, 213, 214, Tatzeitveränderung bei Alibibehauptung für die in der Anklage bezeichnete Tatzeit; Urteil vom 15. November 1978 – 2 StR 456/78, BGHSt 28, 196, 197 f., Annahme einer anderen schuldhaften Handlung als Ursache für den tatbestandsmäßigen Erfolg). Bei einer im Tatsächlichen ungenauen Fassung der Anklageschrift ist ein Hinweis entsprechend § 265 StPO grundsätzlich nicht vorgeschrieben, wenn im Laufe der Hauptverhandlung nähere Konkretisierungen von Einzelfällen durch die genauere Beschreibung von Tatmodalitäten oder Begleitumständen ergeben. Ein Hinweis kann nur ausnahmsweise geboten sein, etwa um das Recht des Angeklagten auf rechtliches Gehör oder den Schutz vor Überraschungsentscheidungen zu gewährleisten (BGH, Urteil vom 20. Februar 2003 – 3 StR 222/02, BGHSt 48, 221, 224 ff.; weiter gehend – aber nicht tragend entschieden – BGH, Urteil vom 29. Juli 1998 – 1 StR 94/98, BGHSt 44, 153, 157; Urteil vom 4. November 1997 – 1 StR 273/97, BGHSt 43, 293, 299; Urteil vom 11. Januar 1994 – 5 StR 682/93, BGHSt 40, 44; weitere Nachweise bei LR/Stuckenberg, StPO, 26. Aufl., § 265 Rn. 78).

[14] bb) Daran gemessen kam dem Umstand, dass sich in der Hauptverhandlung in den Fällen 1 bis 10 der Urteilsgründe ein weiterer Übergabeort ergeben hat, kein eine Hinweispflicht auslösendes Gewicht zu. Die den gesetzlichen Straftatbeständen zugeordneten Tathandlungen des Angeklagten und der Zeugin K. sind von der Veränderung nicht betroffen. Auch wurde die Tatrichtung dadurch in keiner Weise verändert. Dass die bestellten Betäubungsmittel von der Zeugin K. bei ihren regelmäßigen Beschaffungsfahrten nicht nur in D., sondern auch in H. übernommen wurden, liegt innerhalb der möglichen Variationsbreite des Geschehensbildes der Tat im weiteren Sinne und konnte den Angeklagten daher nicht überraschen (vgl. BGH, Urteil vom 15. September 1999 – 2 StR 530/98, BGHR StPO § 265 Abs. 4 Hinweispflicht 15).

[15] Auch in den Fällen 11 bis 18 der Urteilsgründe bestand keine Hinweispflicht. Die unverändert zugelassene Anklageschrift ging davon aus, dass die Zeugin K. im Einvernehmen mit dem Angeklagten in einem „14-Tage-Rhythmus" in die Niederlande gefahren ist, um dort Heroin für den gemeinsamen Eigenkonsum und den gewinnbringenden Weiterverkauf durch den Angeklagten zu beschaffen. Das Landgericht hat in den Fällen 11 bis 18 konkrete Tatzeiten festgestellt. Die sich dabei ergebenden Intervalle zwischen den einzelnen Fahrten weichen von dem in der

542 BGH, Urteil vom 20.11.2014 – 4 StR 234/14.

Anklageschrift angeführten „14-Tage-Rhythmus" nur unwesentlich ab. Die hierzu von der Strafkammer als Beweisgrundlage herangezogenen Ergebnisse der Telefonüberwachung und der GPS-Ortung des Fahrzeugs der Zeugin K. wurden bereits in der Anklageschrift als Beweismittel für die Anzahl der Fahrten angeführt. Der Angeklagte und die Verteidigung konnten von den Urteilsfeststellungen mithin auch nicht überrascht sein. Soweit der Senat in seinem Beschluss vom 19. Dezember 1995 (4 StR 691/95, NStZ 1996, 295 f.) bei einer nachträglichen Konkretisierung einer nur ungenau gefassten Anklage einen Hinweis entsprechend § 265 StPO für erforderlich gehalten hat, betraf dies einen anderen Fall.

Der Hinweis nach § 265 Abs. 2 StPO ist eine **wesentliche Verfahrensförmlichkeit** **546** und muss, wenn er seine Funktion erfüllen soll, einem Angeklagten in einer solchen Form erteilt werden, dass **er eindeutig erkennen kann**, dass und gegebenenfalls auf welche Maßregel das Gericht zu erkennen gedenkt. Er kann daher nicht dadurch ersetzt werden, dass Verfahrensbeteiligte die Frage einer Unterbringung ansprechen und sich etwa der Sachverständige, der Staatsanwalt und/oder der Verteidiger zu der Maßregel äußern.[543]

[5] a) Der Hinweis nach § 265 Abs. 2 StPO ist eine wesentliche Verfahrensförmlichkeit (BGH, Beschluss vom 13. Oktober 2005 – 1 StR 386/05, NStZ 2006, 181) und muss, wenn er seine Funktion erfüllen soll, einem Angeklagten in einer solchen Form erteilt werden, dass er eindeutig erkennen kann, dass und gegebenenfalls auf welche Maßregel das Gericht zu erkennen gedenkt (vgl. BGH, Beschluss vom 5. November 2002 – 4 StR 316/02, StV 2003, 151 mwN). Er kann daher nicht dadurch ersetzt werden, dass Verfahrensbeteiligte die Frage einer Unterbringung ansprechen (BGH aaO) und sich etwa der Sachverständige (BGH, Beschluss vom 2. April 2008 – 2 StR 529/07, StV 2008, 344, 345 mwN), der Staatsanwalt und/oder der Verteidiger zu der Maßregel äußern (BGH, Beschluss vom 28. April 2009 – 4 StR 544/08 [juris, Rn. 3]; zu § 265 Abs. 1 StPO auch Beschluss vom 10. Juni 2005 – 2 StR 206/05, NStZ-RR 2005, 376, 377; zum Fehlen des Beruhens auf den Hinweis, wenn der Verteidiger – anders als hier – im Schlussvortrag die Voraussetzungen der Maßregelanordnung bejaht: BGH, Beschluss vom 9. Juli 2008 – 1 StR 280/08, NStZ-RR 2008, 316).

[6] b) Daran gemessen ist die Angeklagte vor und in der Hauptverhandlung nicht in ausreichender Weise auf die mögliche Maßregelanordnung hingewiesen worden.

[7] Auch dem der Angeklagten übersandten Auszug aus der Ladungsverfügung lässt sich ein solcher Hinweis nicht entnehmen. Dort wurde die Sachverständige zwar mit dem Hinweis geladen, dass „ein Gutachten ohne vorherige [von der Angeklagten verweigerte] Exploration allein aufgrund des Ergebnisses der Hauptverhandlung erstattet werden" soll. Schon dass sich dieses Gutachten neben den Voraussetzungen der §§ 20, 21 StGB auch mit denen des § 64 StGB befassen soll, lässt sich dem jedoch nicht entnehmen (vgl. auch BGH, Beschluss vom 8. Januar 2009 – 4 StR 568/08, NStZ 2009, 468).

[8] Schließlich wurde der Hinweis gemäß § 265 Abs. 2 StGB auch nicht dadurch entbehrlich, dass der Vorsitzende der Strafkammer – wie sich aus der von ihm in Zusammenhang mit der Vorlage des Rechtsmittels abgegebenen dienstlichen Erklärung ergibt – vor der Hauptverhandlung § 64 StGB „telefonisch mit dem Vertei-

[543] BGH, Beschluss vom 26.02.2014 – 4 StR 27/14.

diger thematisiert" hat. Denn die Hinweispflicht dient vorrangig dem schutzwürdigen Verteidigungsinteresse des Angeklagten; Zweck des § 265 StPO ist es, dem Angeklagten Gelegenheit zu geben, sich gegenüber dem neuen Vorwurf bzw. der drohenden Maßregel zu verteidigen, und ihn vor Überraschungen zu schützen (BGH, Beschluss vom 12. Januar 2011 – 1 StR 582/10, NJW 2011, 1301, 1302 [zu § 265 Abs. 1 StPO]). Allein der Hinweis an den Verteidiger genügt daher nicht (BGH, Beschluss vom 26. Juni 2012 – 1 StR 158/12, BGHSt 56, 121, 125 [Rn. 11 aE]; vgl. auch § 234a StPO).

[9] c) Der Senat kann nicht ausschließen, dass sich die Angeklagte bei prozessordnungsmäßigem Verfahrensablauf anders verteidigt hätte. Denn es besteht die Möglichkeit, dass die Angeklagte die Verweigerung der Exploration überdacht und aufgegeben hätte, wenn sie gewusst hätte, dass die Anordnung der Maßregel droht. Zweifelsfrei auszuschließen vermag der Senat dagegen, dass – etwa aufgrund eines ergänzenden Sachverständigengutachtens nach einer Exploration der Angeklagten – die Voraussetzungen des § 20 StGB bejaht werden könnten.

547 Die Unterbringung des Angeklagten nach § 63 StGB hätte keinen Bestand haben können, weil der Angeklagte – wie er mit einer zulässigen Rüge der **Verletzung der Hinweispflicht des Gerichtes** (§ 265 Abs. 1 und 2 StPO) geltend macht – in der Hauptverhandlung nicht ordnungsgemäß auf die Möglichkeit einer Unterbringung nach § 63 StGB hingewiesen worden ist. Die **Beobachtung dieser Förmlichkeit** kann nur durch die Sitzungsniederschrift bewiesen werden (§ 274 StPO), so dass die abgegebenen dienstlichen Erklärungen ohne Bedeutung sind. Eine Protokollberichtigung ist nicht erfolgt.[544]

548 Ob der **unterbliebene Hinweis erforderlich** gewesen wäre, richtet sich nach den Umständen des Einzelfalles, ohne dass sich starre Regeln aufstellen ließen. Aus den Urteilsgründen, die die Beweislage zu jedem Detail sehr genau darlegen, sind Äußerungen des Angeklagten zu den in Rede stehenden Vorgängen nicht ersichtlich. Es erscheint nicht ausgeschlossen, dass er bei einem entsprechenden Hinweis hätte Gesichtspunkte darlegen können, die jene Vorgänge in einem milderen Licht erscheinen lassen.[545]

28. Urteilsgründe – § 267 StPO

549 Bei einem **Freispruch aus tatsächlichen Gründen** sind grundsätzlich zunächst in einer **geschlossenen Darstellung** diejenigen Tatsachen festzustellen, die der Tatrichter in Bezug auf den gegen den Angeklagten erhobenen Schuldvorwurf für erwiesen erachtet, bevor er in der Beweiswürdigung darlegt, aus welchen Gründen die für einen Schuldspruch erforderlichen – zusätzlichen – Feststellungen nicht getroffen werden können. Zwar ist eine Darstellung in allen Einzelheiten regelmäßig nicht erforderlich. Jedoch müssen die Urteilsgründe das Revisionsgericht in die Lage versetzen, nachzuprüfen, ob der Freispruch auf rechtlich bedenkenfreien Erwägungen beruht.[546]

---

544 BGH, Beschluss vom 20.05.2014 – 5 StR 173/14.

545 BGH, Beschluss vom 20.11.2013 – 1 StR 476/13.

546 BGH, Urteil vom 30.1.2013 – 2 StR 453/12; vgl. hierzu auch BGH, Beschluss vom 23.4.2013 – 4 StR 485/12 – sowie Urteil vom 28.05.2014 – 2 StR 70/14.

[9] II. Die Revision der Staatsanwaltschaft hat Erfolg.

[10] Der Freispruch vom Vorwurf der Vergewaltigung hält rechtlicher Nachprüfung nicht stand.

[11] Das Urteil entspricht nicht den Anforderungen an die Gründe eines freisprechenden Urteils (§ 267 Abs. 5 Satz 1 StPO). Bei einem Freispruch aus tatsächlichen Gründen sind grundsätzlich zunächst in einer geschlossenen Darstellung diejenigen Tatsachen festzustellen, die der Tatrichter in Bezug auf den gegen den Angeklagten erhobenen Schuldvorwurf für erwiesen erachtet, bevor er in der Beweiswürdigung darlegt, aus welchen Gründen die für einen Schuldspruch erforderlichen – zusätzlichen – Feststellungen nicht getroffen werden können (st. Rspr., vgl. BGHR StPO, § 267 Abs. 5 Freispruch 2, 5 mwN). Zwar ist eine Darstellung in allen Einzelheiten regelmäßig nicht erforderlich. Jedoch müssen die Urteilsgründe das Revisionsgericht in die Lage versetzen, nachzuprüfen, ob der Freispruch auf rechtlich bedenkenfreien Erwägungen beruht. Dies ist hier nicht der Fall.

[12] Es fehlt schon an der eindeutigen Mitteilung derjenigen Tatsachen, die das Landgericht für erwiesen hält. So geht die Kammer zwar davon aus, dass die Angabe der Nebenklägerin, es sei gegen ihren Willen zum Geschlechtsverkehr gekommen, glaubhaft sei. Inwieweit das Landgericht die von ihm mitgeteilten Tatumstände aber tatsächlich als belegt angesehen hat, bleibt indes offen, weil es die diesen entgegenstehenden Aussagen des Zeugen Dr. L. sowie des Sachverständigen Dr. Gr., der Angeklagte sei zum Tatzeitpunkt zu einer Erektion nicht fähig gewesen, gleichfalls als glaubhaft eingestuft und diesen Widerspruch auch nicht aufgelöst hat.

[13] Sollten die Urteilsgründe dahingehend zu verstehen sein, dass angesichts sich ausschließender, für sich aber jeweils als glaubhaft angesehener Angaben letztlich überhaupt keine verlässlichen Feststellungen zum Tatgeschehen getroffen werden konnten, fehlte es insoweit an einer erschöpfenden Beweiswürdigung des Landgerichts. Dieses versäumt es bei seiner Annahme, es habe nach Ausschöpfung der zur Verfügung stehenden Beweismittel nicht festgestellt werden können, ob der Angeklagte beim Vollzug des Geschlechtsverkehrs technische Hilfsmittel benutzt habe und welcher Art diese gewesen sein mögen, mitzuteilen, zu welchen Erkenntnissen die erwähnten Beweismittel geführt haben. Insbesondere wäre es danach erforderlich gewesen, mitzuteilen, welche Angaben die Nebenklägerin zum Tatgeschehen gemacht hat. Auch dem Gesamtzusammenhang der Urteilsgründe lässt sich aber nicht hinreichend zuverlässig entnehmen, wie diese das Tatgeschehen geschildert hat. Die mitgeteilten Angaben beschränken sich zunächst auf eine eher allgemeine Bestätigung des Tatvorwurfs, es sei gegen ihren Willen zum Geschlechtsverkehr mit dem Angeklagten gekommen (UA S. 15); dies wird an einer anderen Stelle zwar präzisiert durch die Wiedergabe ihrer Aussage, der Angeklagte habe sie auf das Bett gedrückt und sei mit seinem erigierten Glied in sie eingedrungen, lässt aber nicht erkennen, ob danach ein an sich eher fernliegender Geschlechtsverkehr mit Hilfsmitteln ausgeschlossen oder vielleicht deshalb möglich gewesen sein könnte, weil die Zeugin den Unterleib des Angeklagten zu keiner Zeit entkleidet gesehen hat (UA S. 12). Ohne ins Einzelne gehende Kenntnis ihrer Aussage, auch zu der Frage, ob der Vollzug des Geschlechtsverkehrs aus ihrer Sicht bzw. Erinnerung heraus mittels Hilfsmittel erfolgt sein kann, kann das Revisionsgericht nicht überprüfen, ob eine solche Möglichkeit in Betracht kommt oder ausgeschlossen ist und ob sich womöglich Hinweise für die eine oder andere Annahme ergeben haben.

[14] III. Die Revision des Angeklagten hat ebenfalls Erfolg.

[15] Die Beweiswürdigung, auf die sich das Landgericht bei seiner Verurteilung stützt, hält ebenfalls rechtlicher Nachprüfung nicht stand. Zwar hat sich das Landgericht, wie es nach der Rechtsprechung des Bundesgerichtshofs erforderlich ist, mit dem Umstand auseinandergesetzt, dass es die Verurteilung in allen Fällen im Wesentlichen auf die glaubhaften Angaben der Nebenklägerin stützt, sie diesen aber im Fall des Freispruchs nicht folgt. Dies begründet die Strafkammer aber vor allem damit, dass sie die Aussage der Nebenklägerin auch insoweit grundsätzlich für glaubhaft erachtet und es nicht nur für eine theoretische Möglichkeit hält, dass es – entsprechend den Angaben der Nebenklägerin – zum Vollzug des Geschlechtsverkehrs, wenn auch mit Hilfsmitteln, gekommen ist. Diese Erwägungen, die dem Freispruch des Angeklagten für den Vergewaltigungsvorwurf im Juni 2008 zugrunde liegen, erweisen sich freilich ihrerseits als rechtsfehlerhaft (s. oben II.), weil es insoweit an der erforderlichen Darlegung der festgestellten Tatsachen und einer erschöpfenden Beweiswürdigung mangelt. Damit stellt sich auch die die Verurteilungen tragende Würdigung der Kammer als lückenhaft dar. Der Senat kann auch mit Blick auf die weiteren Beweisergebnisse nicht ausschließen, dass die Kammer bei einer fehlerfreien Würdigung der auf alle Fälle bezogenen Angaben der Nebenklägerin zu einer abweichenden Einschätzung der Aussage der Nebenklägerin gelangt wäre.

550 Im Fall einer **Nichtverurteilung wegen eines idealkonkurrierenden Delikts** aus tatsächlichen Gründen gilt für das Revisionsgericht derselbe Prüfungsmaßstab wie bei Freisprüchen. Es hat auf die Sachrüge hin zu prüfen, ob dem Tatgericht Rechtsfehler unterlaufen sind, insbesondere, ob die Beweise erschöpfend gewürdigt worden sind.[547]

[42] Soweit das Landgericht bei der vom Angeklagten eingeräumten Tat zum Nachteil der Nebenklägerin sexuelle Handlungen und damit eine sexuelle Nötigung oder Vergewaltigung (§ 177 StGB) als nicht nachweisbar angesehen hat (UA S. 24 ff.), hält die Beweiswürdigung ebenso rechtlicher Nachprüfung nicht stand.

[43] Zwar wurde der Angeklagte insoweit nicht freigesprochen, sondern wegen gefährlicher Körperverletzung (§ 224 StGB) sowie – insoweit rechtsfehlerhaft (vgl. MüKo-StGB/Joecks, 2. Aufl., § 223 Rn. 116, § 224 Rn. 52) – in Tateinheit mit vorsätzlicher Körperverletzung (§ 223 StGB) verurteilt. Im Fall einer Nichtverurteilung wegen eines idealkonkurrierenden Delikts aus tatsächlichen Gründen gilt jedoch für das Revisionsgericht derselbe Prüfungsmaßstab wie bei Freisprüchen. Es hat auf die Sachrüge hin zu prüfen, ob dem Tatgericht Rechtsfehler unterlaufen sind, insbesondere, ob die Beweise erschöpfend gewürdigt worden sind. Solche Rechtsfehler in der Beweiswürdigung liegen hier vor.

[44] 1. Das Landgericht hat bereits den Anwendungsbereich des Zweifelssatzes verkannt. Der Grundsatz „in dubio pro reo" ist keine Beweis-, sondern eine Entscheidungsregel, die das Gericht erst dann zu befolgen hat, wenn es nach abgeschlossener Beweiswürdigung nicht die volle Überzeugung von der Täterschaft zu gewinnen vermag. Auf einzelne Elemente der Beweiswürdigung ist er grundsätzlich nicht anzuwenden (vgl. BGH, Urteil vom 22. Mai 2007 – 1 StR 582/06).

[45] Hier hat das Landgericht einzelne Indizien, wie etwa das Vorhandensein männlicher DNA am Bund des von der Nebenklägerin getragenen Slips oder das

---

547 BGH, Urteil vom 05. November 2014 – 1 StR 327/14.

festgestellte Drehen und Wenden der Nebenklägerin jeweils isoliert mit der Begründung als Belastungsindiz ausgeschieden, dass sich daraus nicht zwingend eine sexuelle Handlung ergebe bzw. dies keine sichere Überzeugung von sexuellen Handlungen zulasse (UA S. 24). Dies ist rechtsfehlerhaft. Das Landgericht hätte der DNA-Spur am Bund des Slips der Nebenklägerin nicht deshalb jegliche Indizwirkung absprechen dürfen, weil es Zweifel an ihrer Verursachung durch den Angeklagten hatte (UA S. 24). Vielmehr hätte es dieses Indiz, wenn auch mit eingeschränktem Beweiswert, in die gebotene Gesamtwürdigung einstellen müssen.

[46] 2. Zudem werden wesentliche Umstände vom Landgericht nicht erörtert, obwohl dies nahegelegen hätte.

Die Würdigung der Beweise ist Sache des Tatrichters, dem es obliegt, das Ergebnis der Hauptverhandlung festzustellen und zu würdigen. Die revisionsgerichtliche Überprüfung ist darauf beschränkt, ob dem Tatrichter Rechtsfehler unterlaufen sind. Dies ist in sachlich-rechtlicher Hinsicht der Fall, wenn die Beweiswürdigung widersprüchlich, unklar oder lückenhaft ist, gegen Denk- oder gesicherte Erfahrungssätze verstößt oder wenn das Tatgericht zu hohe Anforderungen an die Überzeugungsbildung gestellt hat. **Rechtsfehlerhaft ist auch, wenn der Tatrichter es versäumt, sich im Urteil mit anderen naheliegenden Möglichkeiten auseinanderzusetzen,** und dadurch über schwerwiegende Verdachtsmomente ohne Erörterung hinweggeht.[548] **551**

Grundsätzlich muss jedes **Strafurteil aus sich selbst heraus verständlich** sein. Auch durch Bezugnahme auf ein eigenes früheres Urteil können die notwendigen eigenen Darlegungen im Urteil nicht ersetzt werden.[549] **552**

Wie für jede andere entlastende Indiztatsache gilt der Grundsatz „in dubio pro reo" nicht für den **zweifelhaft gebliebenen Alibibeweis,** d.h. das behauptete und weder widerlegte noch nachgewiesene Alibi findet wie jedes andere unsichere Indiz im Rahmen der Gesamtwürdigung seine Berücksichtigung. Das Tatgericht ist nicht schon auf die für sich genommen unwiderlegt gebliebene Alibibehauptung hin gehalten, einen Angeklagten freizusprechen, wenn es im Übrigen aufgrund der vorhandenen Beweismittel von dessen Täterschaft überzeugt ist.[550] **553**

Die **Beweiswürdigung** des Landgerichts zum subjektiven Tatbestand der besonders schweren räuberischen Erpressung hält sachlich-rechtlicher Überprüfung nicht stand. Sie **ist insofern lückenhaft,** als sich das Landgericht nicht mit der Frage auseinandergesetzt hat, ob sich der Angeklagte möglicherweise in dem **gemäß § 16 Abs. 1 Satz 1 StGB beachtlichen Irrtum** befand, die sexuellen Dienstleistungen der Prostituierten seien durch die von dem „Kräftigen" zu Beginn und im Laufe des Abends geleisteten Zahlungen bereits vereinbarungsgemäß vergütet worden.[551] **554**

---

548 BGH, Urteil vom 23.01.2014 – 3 StR 373/13.

549 BGH, Beschluss vom 18.02.2014 – 2 StR 623/13.

550 BGH, Urteil vom 25.06.2014 – 2 StR 333/13; vgl. insoweit auch BGH, Urteil vom 17.07.2014 – 4 StR 129/14.

551 BGH, Beschluss vom 9.04.2014 – 5 StR 65/14.

[3] Ein solcher Irrtum lässt sich auch nicht etwa aufgrund der von der Strafkammer getroffenen Feststellungen ausschließen. Zunächst bleibt schon offen, was „der Kräftige" dem Angeklagten hinsichtlich der Höhe der schon erbrachten Zahlungen mitgeteilt hat und ob der Angeklagte nicht aufgrund dieser Angaben tatsächlich davon ausging, es seien – wie er im Rahmen der Diskussionen im Eingangsbereich gegenüber den Nebenklägern behauptete – bereits 4.000 € gezahlt. Doch selbst wenn der Angeklagte die tatsächliche Höhe der Zahlungen gekannt haben sollte, kann er angenommen haben, die sexuellen Dienstleistungen der Prostituierten seien hierdurch vereinbarungsgemäß vergütet. Die Höhe der vom „Kräftigen" erbrachten Zahlungen ist so beträchtlich, dass sich nicht von selbst versteht, dass hierdurch nicht alle Kosten abgedeckt sein sollten. Vor dem Hintergrund all dieser Umstände liegt es jedenfalls nicht fern, dass der Angeklagte die weiteren Geldforderungen der Prostituierten nicht für berechtigt hielt. Hierauf deutet im Übrigen auch die ausgiebige Diskussion um die Höhe der offenen Forderungen hin, die sich nicht ohne weiteres mit der Annahme in Einklang bringen lässt, der Angeklagte und seine Begleiter hätten selbst um die Berechtigung dieser Forderungen gewusst, seien aber dennoch entschlossen gewesen, sie nicht zu begleichen.

[4] 3. Der Senat schließt aus, dass die Annahme eines Tatbestandsirrtums des Angeklagten hinsichtlich des Bestehens etwaiger noch offener Forderungen der Prostituierten, deren Durchsetzung durch das gewaltsame Verlassen des Bordells vereitelt wurde, in einer neuen Hauptverhandlung tragfähig widerlegt werden könnte, und entscheidet demgemäß selbst über den Schuldspruch. Wie das Landgericht zutreffend angenommen hat, erfüllt das Verhalten des Angeklagten den Tatbestand der gefährlichen Körperverletzung in Tateinheit mit unerlaubtem Führen einer halbautomatischen Kurzwaffe zum Verschießen von Patronenmunition und mit unerlaubtem Besitz von Munition, § 52 Abs. 1 Nr. 2b, Abs. 3 Nr. 2b WaffG. Ebenfalls in Tateinheit tritt eine Nötigung gemäß § 240 StGB hinzu, weil der Angeklagte die Nebenkläger durch die Schüsse rechtswidrig gewaltsam genötigt hat, den Weg aus dem Bordell für ihn und seine drei Begleiter freizugeben. § 265 StPO steht der Änderung des Schuldspruchs insoweit nicht entgegen, weil sich der Angeklagte gegenüber dem Nötigungsvorwurf nicht anders als geschehen hätte verteidigen können.

555 Nach dem gegenwärtig erreichten wissenschaftlichen Stand der forensischen Molekulargenetik sind zur **Nachvollziehbarkeit der Wahrscheinlichkeitsberechnung bei DNA-Vergleichsuntersuchungen**, die keine Besonderheiten in der forensischen Fragestellung aufweisen, im tatrichterlichen Urteil keine Ausführungen zur unabhängigen Vererblichkeit der untersuchten Merkmalsysteme erforderlich.[552]

[12] Die Darstellung der Ergebnisse des DNA-Vergleichsgutachtens im angefochtenen Urteil begegnet keinen sachlich-rechtlichen Bedenken.

[13] 1. Das Landgericht hat seine Überzeugung von der Täterschaft des Angeklagten „in erster Linie" auf eine vom Landeskriminalamt durchgeführte vergleichende molekulargenetische Untersuchung von zwei jeweils an der Unterseite des unzerbrochenen Abdeckrostes gesicherten Abriebspuren gestützt. Zum Ergebnis des Gutachtens teilen die Urteilsgründe mit, dass das zelluläre Material aus den beiden Abriebspuren jeweils in allen 16 untersuchten PCR-Systemen mit dem DNA-Ver-

---

[552] BGH, Urteil vom 5.06.2014 – 4 StR 439/13.

gleichsmaterial vom Angeklagten übereinstimme, wobei die festgestellte Merkmalskombination in der deutschen Population nur ca. einmal unter 3,5 Quadrillionen Personen vorkomme. Zur getrennten Vererblichkeit der 16 untersuchten Merkmalsysteme verhalten sich die Urteilsausführungen nicht.

*[**14**] 2. Diese Darstellung des DNA-Vergleichsgutachtens genügt den in sachlichrechtlicher Hinsicht zu stellenden Anforderungen. Nach dem gegenwärtig erreichten wissenschaftlichen Stand der forensischen Molekulargenetik sind – abweichend von der Bewertung in der bisherigen Rechtsprechung des Bundesgerichtshofs – zur Nachvollziehbarkeit der Wahrscheinlichkeitsberechnung bei DNA-Vergleichsuntersuchungen, die keine Besonderheiten in der forensischen Fragestellung aufweisen, keine Ausführungen zur genetischen Unabhängigkeit der untersuchten Merkmalsysteme im tatrichterlichen Urteil erforderlich.*

*[**15**] a) Das Tatgericht hat in den Fällen, in denen es dem Gutachten eines Sachverständigen folgt, die wesentlichen Anknüpfungstatsachen und Ausführungen des Gutachters so darzulegen, dass das Rechtsmittelgericht prüfen kann, ob die Beweiswürdigung auf einer tragfähigen Tatsachengrundlage beruht und die Schlussfolgerungen nach den Gesetzen der Logik, den Erfahrungssätzen des täglichen Lebens und den Erkenntnissen der Wissenschaft möglich sind (vgl. BGH, Beschluss vom 31. Juli 2013 – 4 StR 270/13, NStZ-RR 2014, 115, 116; Urteil vom 21. März 2013 – 3 StR 247/12, BGHSt 58, 212 Rn. 12; Beschluss vom 19. August 1993 – 4 StR 627/92, BGHSt 39, 291, 296 f.). Dabei dürfen die Anforderungen, welche das Tatgericht an das Gutachten zu stellen hat, nicht mit den sachlich-rechtlichen Anforderungen an den Inhalt der Urteilsgründe gleichgesetzt werden. Mögliche Fehlerquellen sind nur zu erörtern, wenn der Einzelfall dazu Veranlassung gibt (vgl. BGH, Beschluss vom 31. Juli 2013 – 4 StR 270/13, aaO; Urteil vom 21. März 2013 – 3 StR 247/12, aaO). Dies beeinträchtigt die Rechtsposition des Angeklagten nicht, da er etwaige Fehler des Sachverständigengutachtens sowohl in der Hauptverhandlung als auch mit der Verfahrensrüge im Revisionsverfahren geltend machen kann (vgl. BGH, Urteil vom 21. März 2013 – 3 StR 247/12, aaO).*

*[**16**] Für die Darstellung des Ergebnisses einer auf einer molekulargenetischen Vergleichsuntersuchung beruhenden Wahrscheinlichkeitsberechnung ist danach in der bisherigen Rechtsprechung des Bundesgerichtshofs für erforderlich gehalten worden, dass der Tatrichter mitteilt, wie viele Systeme untersucht wurden, ob diese unabhängig voneinander vererbbar sind (und mithin die Produktregel anwendbar ist), ob und inwieweit sich Übereinstimmungen in den untersuchten Systemen ergeben haben, mit welcher Wahrscheinlichkeit die festgestellte Merkmalskombination zu erwarten ist und, sofern der Angeklagte einer fremden Ethnie angehört, inwieweit dieser Umstand bei der Auswahl der Vergleichspopulation von Bedeutung war (vgl. BGH, Urteil vom 21. März 2013 – 3 StR 247/12, aaO, Rn. 13 mwN auch zur früheren Rspr.; Beschlüsse vom 16. April 2013 – 3 StR 67/13; vom 31. Juli 2013 – 4 StR 270/13, aaO). Soweit damit bislang stets ausdrückliche Ausführungen zur unabhängigen Vererbbarkeit der untersuchten Merkmalsysteme verlangt worden sind, hält der Senat hieran für die in der Praxis vorkommenden Regelfälle der DNA-Vergleichsuntersuchung, die keine Besonderheiten in der forensischen Fragestellung aufweisen, nicht fest.*

*[**17**] b) Der Senat hat zu der Frage, ob bei den Merkmalsystemen, die in Deutschland von Rechtsmedizinischen Instituten, den Landeskriminalämtern und vom Bundeskriminalamt bei der vergleichenden DNA-Untersuchung von Tatortspuren üblicherweise eingesetzt werden, nach dem Stand der forensischen DNA-Analytik*

gewährleistet ist, dass sie unabhängig voneinander vererbt werden, gutachterliche Stellungnahmen der Sachverständigen Prof. Dr. vom Institut für Rechtsmedizin des Universitätsklinikums und Privatdozentin Dr. vom Institut für Rechtsmedizin der Universität eingeholt. Unter Berücksichtigung der Ausführungen der beiden Sachverständigen in der Revisionshauptverhandlung ist von folgenden Gegebenheiten auszugehen:

*[**18**] aa) Die im Bereich der forensischen DNA-Analytik tätigen öffentlichen und privaten Einrichtungen orientieren sich bei der Auswahl der bei molekulargenetischen Vergleichsuntersuchungen zu verwendenden STR-Systeme an dem Format, das für die Einstellung von DNA-Identifizierungsmustern in die DNA-Analyse-Datei beim Bundeskriminalamt und den diesbezüglichen automatisierten Informationsaustausch innerhalb der Europäischen Union (vgl. Art. 2 ff. des Beschlusses 2008/615/JI des Rates vom 23. Juni 2008 zur Vertiefung der grenzüberschreitenden Zusammenarbeit, insbesondere zur Bekämpfung des Terrorismus und der grenzüberschreitenden Kriminalität, ABl. L 210 vom 6. August 2008, S. 1; Art. 1 und 3 des Ausführungsgesetzes zum Prümer Vertrag und zum Ratsbeschluss Prüm, zuletzt geändert durch Art. 1 des Gesetzes vom 31. Juli 2009 zur Umsetzung des Beschlusses des Rates 2008/615/JI vom 23. Juni 2008, BGBl. I 2009, S. 2507) vorgesehen ist. Nach Errichtung der als Verbunddatei nach § 11 BKAG beim Bundeskriminalamt geführten DNA-Analyse-Datei im Jahr 1998 erstreckte sich die Speicherung in der Datei zunächst auf die Ergebnisse in den fünf STR-Systemen VWA, HUMTH01, SE33, D21S11 und FGA (FIBRA). Mit Entschließung des Rates vom 25. Juni 2001 über den Austausch von DNS-Analyseergebnissen (ABl. C 187 vom 3. Juli 2001, S. 1) wurde zur Erleichterung des Informationsaustauschs ein Europäischer Standardsatz (ESS) von DNA-Markern definiert, der – mit Ausnahme des Systems SE33 – die bis dahin für die DNA-Analyse-Datei beim Bundeskriminalamt herangezogenen Systeme und darüber hinaus die STR-Systeme D3S1358, D8S1179 und D18S51 umfasste. Durch die weitere Ratsentschließung vom 30. November 2009 (Entschließung des Rates vom 30. November 2009 über den Austausch von DNS-Analyseergebnissen, ABl. C 296 vom 5. Dezember 2009, S. 1) erfolgte die Erweiterung des Europäischen Standardsatzes (ESS) von sieben auf insgesamt zwölf Merkmalsysteme unter Einbeziehung der STR-Systeme D1S1656, D2S441, D10S1248, D12S391 und D22S1045. Die Entschließungen des Rates vom 25. Juni 2001 und 30. November 2009 enthielten jeweils die Aufforderung an die Mitgliedsstaaten der Europäischen Union, bei der kriminaltechnischen DNA-Analyse zumindest die zum Europäischen Standardsatz gehörenden DNA-Marker zu verwenden. Zur Umsetzung der im Rahmen der Europäischen Union beschlossenen Empfehlungen wurde auf der 167. Tagung der AG Kripo am 15./16. September 2010 durch die Kriminalämter des Bundes und der Länder festgelegt, für die in der DNA-Analyse-Datei beim Bundeskriminalamt zu speichernden DNA-Identifizierungsmuster die zwölf Merkmalsysteme des Europäischen Standardsatzes und zusätzlich das seit Errichtung der Datei berücksichtigte System SE33 heranzuziehen. Darüber hinaus sollen auch weitere routinemäßig untersuchte Merkmalsysteme obligatorisch in der DNA-Analyse-Datei gespeichert werden. Hierbei handelt es sich in der derzeitigen forensischen Praxis um drei STR-Systeme – D2S1338, D16S539 und D19S433 –, die in für die Untersuchungslabore kommerziell verfügbaren STR-Typisierungs-Kits mit enthalten sind, da sie in einer Reihe von europäischen Ländern in deren nationalen Datenbanken erfasst werden.*

*[**19**] bb) Die bis zu 16 genannten Merkmalsysteme werden bei molekulargenetischen Vergleichsuntersuchungen ohne Besonderheiten in der forensischen Frage-*

stellung routinemäßig eingesetzt. Zu den Regelfällen der DNA-Analyse gehört insbesondere die Vergleichsuntersuchung von an Gegenständen gesicherten unspezifischen Tatortspuren. Lediglich in speziellen Fallkonstellationen – z.B. bei Mischspuren von Mitspurenverursachern verschiedenen Geschlechts bei Sexualdelikten oder bei schlechtem Spurenmaterial in Fällen der Exhumierung – besteht aus forensischer Sicht die Notwendigkeit, ergänzende molekulargenetische Untersuchungen durchzuführen, bei denen über die 16 genannten Merkmale hinaus weitere autosomale Merkmalsysteme oder DNA-Marker, die auf den Geschlechtschromosomen des menschlichen Genoms lokalisiert sind, zur Anwendung kommen.

[20] cc) Die Unabhängigkeit der Vererbung von Merkmalen als genetische Voraussetzung zur Anwendung der Produktregel ist seit vielen Jahrzehnten etabliert und bildet in Verbindung mit den Gesetzmäßigkeiten des Hardy-Weinberg-Gleichgewichts die Grundlage aller biostatistischen Berechnungen zur Wahrscheinlichkeit von DNA-Identifizierungsmustern, die sich aus den Merkmalen verschiedener Genorte zusammensetzen (vgl. Peter Schneider/Anslinger/Eckert/Fimmers/Harald Schneider, NStZ 2013, 693, 694 f.). Die Unabhängigkeit der Vererblichkeit bei verschiedenen Merkmalsystemen hängt von deren Lokalisierung im menschlichen Genom ab. Genetische Merkmale, die auf verschiedenen Chromosomen des menschlichen Genoms liegen, werden unabhängig voneinander vererbt. Befinden sich zwei Genorte auf einem Chromosom, führt der Vorgang des chromosomalen Crossing-over bei der Entwicklung der Keimzellen dazu, dass die Allele der beiden Genorte auf einem elterlichen Chromosom getrennt werden können. Je nach Entfernung und Lage der Genorte auf dem Chromosom kann dies mit einer als Rekombinationsrate bezeichneten Wahrscheinlichkeit zwischen 0 % und 50 % geschehen. In einer Population, in der über mehrere Generationen eine ausreichend zufällige Partnerwahl stattgefunden hat, kann bei einer Rekombinationsrate von über 10 % zwischen zwei Genorten davon ausgegangen werden, dass das Vorkommen der Merkmale an beiden Genorten praktisch unabhängig ist, sodass die Multiplikation über die Merkmalshäufigkeiten an beiden Genorten nicht zu einer relevanten Abweichung führt (vgl. Peter Schneider/Anslinger/Eckert/Fimmers/Harald Schneider, aaO).

[21] dd) Von den 16 routinemäßig bei der vergleichenden DNA-Untersuchung zur Anwendung kommenden Merkmalsystemen liegen die STR-Systeme D1S1656, D2S1338, D3S1358, FGA (FIBRA), SE33, D8S1179, D10S1248, HUMTH01, VWA, D16S539, D18S51, D19S433, D21S11 und D22S1045 auf jeweils unterschiedlichen Chromosomen des menschlichen Genoms und sind daher voneinander unabhängig vererbbar. Die Genorte der STR-Systeme D2S441 und D12S391 befinden sich jeweils mit den Systemen D2S1338 bzw. VWA auf einem Chromosom. Zu den Kopplungsverhältnissen zwischen diesen jeweils auf einem Chromosom lokalisierten Merkmalsystemen existieren belastbare wissenschaftliche Daten aus drei Studien (B. Budowle, J. Ge, R. Chakraborty, A.J. Eisenberg, R. Green, J. Mulero, R.T. Lagace, L. Hennessy: Population genetic analyses of the NGM STR loci. Int. J. Legal Med., (2011), 125, 101–109; K. Lewis O'Connor, C.R. Hill, P.M. Vallone, J.M. Butler, Linkage disequilibrium analysis of D12S391 and vWA in U.S. population and paternity samples, and Corrigendum to: Linkage disequilibrium analysis of D12S391 and vWA in U.S. population and paternity samples. Forensic Sci. Int. Genet. (2011) 5, 538–540 und 541–542; C. Phillips, D. Ballard, P. Gill, D. Syndercombe Court, A. Carracedo, M.V. Lareu. The recombination landscape around forensic STRs: Accurate measurement of genetic distances between syntenic STR pairs using HapMap high density SNP data. Forensic Sci. Int. Genet. (2012) 6, 354–365). Danach liegen die STR-Systeme D2S1338 und D2S441 mit einem

Abstand von über 100 Millionen Basenpaaren auf dem langen bzw. kurzen Arm des Chromosoms 2 und weisen eine Rekombinationsrate von 50 % auf. Die Genorte der STR-Systeme VWA und D12S391 befinden sich mit einem Abstand von 6,36 Millionen Basenpaaren auf dem kurzen Arm des Chromosoms 12, wobei in den vorhandenen wissenschaftlichen Studien eine mittlere Rekombinationsrate von 12 % ermittelt worden ist. Damit ist auch für diese jeweils auf einem Chromosom lokalisierten Markerpaare die genetische Unabhängigkeit der Merkmale gesichert.

[22] c) Aus den Darlegungen der beiden Sachverständigen Prof. Dr. und Dr. ergeben sich für die in sachlich-rechtlicher Hinsicht zu stellenden Anforderungen an die Darstellung vergleichender molekulargenetischer Untersuchungen im tatrichterlichen Urteil die folgenden Konsequenzen:

[23] Nach dem gegenwärtig erreichten wissenschaftlichen Stand der forensischen Molekulargenetik ist die Durchführung von DNA-Vergleichsuntersuchungen soweit vereinheitlicht, dass in den Regelfällen, die keine Besonderheiten in den forensischen Fragestellungen aufweisen, standardmäßig bis zu 16 der oben genannten STR-Systeme Anwendung finden, deren genetische Unabhängigkeit wissenschaftlich gesichert ist. In diesen Fällen bedarf es im tatrichterlichen Urteil keiner Ausführungen zur unabhängigen Vererblichkeit der Merkmalsysteme. Etwas anderes gilt für die Fälle der ergänzenden DNA-Analyse, in welchen andere autosomale Markersysteme oder geschlechtsgebunden vererbliche DNA-Merkmale in die Untersuchung mit einbezogen werden. In diesen Ausnahmekonstellationen, in denen die Unabhängigkeit der weiteren autosomalen STR-Systeme im Einzelfall gesondert geprüft und die Besonderheiten der geschlechtsgebundenen Vererbung berücksichtigt werden müssen, ist der Tatrichter gehalten, im Urteil hierzu nähere Ausführungen zu machen.

[24] d) Die oben zitierten Entscheidungen des 3. Strafsenats des Bundesgerichtshofs, denen der erkennende Senat in der Vergangenheit gefolgt ist, stehen der dargelegten Entscheidung nicht entgegen. Da der Senat auf der Grundlage des in der Rechtsprechung des Bundesgerichtshofs entwickelten Maßstabs für die sachlichrechtlichen Anforderungen an die Darstellung von Sachverständigengutachten im tatrichterlichen Urteil lediglich eine im Tatsächlichen abweichende Bewertung des wissenschaftlichen Stands der DNA-Analyse vorgenommen hat, fehlt es an einer eine Rechtsfrage betreffenden Divergenz im Sinne des § 132 Abs. 2 GVG.

■ PRAXISBEDEUTUNG

Die vorliegende Entscheidung verdeutlicht die Einordnung des Beweiswerts einer dann-Spur und deren Zuordnung zu einer bestimmten Person. Die bislang aufgestellten Voraussetzungen an Urteilsdarstellungen werden insgesamt etwas praxisgerechter formuliert.

556 Das **Geständnis** eines Angeklagten ist ein **bestimmender Strafzumessungsgrund** gemäß **§ 267 Abs. 3 Satz 1 StPO.** Ihm kann eine strafmildernde Bedeutung nur abgesprochen werden, wenn es ersichtlich nicht aus einem echten Reue- und Schuldgefühl heraus abgegeben worden ist, sondern auf „erdrückenden Beweisen" beruht.[553]

---

[553] BGH, Beschluss vom 28.01.2014 – 4 StR 592/13.

[2] Der Strafausspruch hält sachlich-rechtlicher Prüfung nicht stand, da das Landgericht die geständige Einlassung des Angeklagten in den Strafzumessungsgründen nicht ausdrücklich erwähnt hat.

[3] a) Das Geständnis eines Angeklagten ist ein bestimmender Strafzumessungsgrund gemäß § 267 Abs. 3 Satz 1 StPO (vgl. BGH, Beschluss vom 13. November 1997 – 4 StR 539/97, StV 1998, 481). Ihm kann eine strafmildernde Bedeutung nur abgesprochen werden, wenn es ersichtlich nicht aus einem echten Reue- und Schuldgefühl heraus abgegeben worden ist, sondern auf „erdrückenden Beweisen" beruht (BGH, Urteil vom 28. August 1997 – 4 StR 240/97, BGHSt 43, 195, 209; Beschluss vom 3. Dezember 1998 – 4 StR 606/98, DAR 1999, 195 f.).

[4] b) Daran gemessen waren die Angaben des Angeklagten hier nicht bedeutungslos. Das Landgericht hat seine Überzeugung an mehreren Stellen (Zweck der Scheckausstellung und -hingabe, Umstände der Einlösung, Höhe der Forderung des Angeklagten usw.) auch auf entsprechende Bekundungen des Angeklagten gestützt. Durch seine in keinem Punkt als widerlegt oder unglaubhaft bewerteten Angaben wurde die geständige Einlassung des Mitangeklagten H. bestätigt und ergänzt. Für die Annahme, dass die Angaben des Angeklagten nur auf prozesstaktischen Erwägungen beruhten und ihnen deshalb keinerlei Bedeutung zukommen konnte, findet sich in den Urteilsgründen kein Anhaltspunkt. Zwar kann aus der Tatsache, dass ein für die Strafzumessung bedeutsamer Punkt nicht ausdrücklich angeführt worden ist, nicht ohne Weiteres geschlossen werden, der Tatrichter habe ihn überhaupt nicht gesehen oder nicht gewertet (BGH, Urteil vom 17. Juli 1996 – 5 StR 121/96, BGHR StGB § 46 Abs. 2 Geständnis 1). Das Landgericht hat aber die Angaben des Angeklagten lediglich als „Einlassungen", die des Mitangeklagten H. hingegen als „geständige Einlassungen" (UA S. 16) bezeichnet und allein das Einlassungsverhalten des Mitangeklagten in der Strafzumessung strafmildernd gewertet. Vor diesem Hintergrund vermag der Senat nicht auszuschließen, dass das Landgericht die strafmildernde Bedeutung der Einlassung des Angeklagten verkannt hat.

Wird der Angeklagte **aus tatsächlichen Gründen freigesprochen**, so müssen nach der Mitteilung des Anklagevorwurfs im Urteil zunächst diejenigen Tatsachen festgestellt werden, die das Tatgericht für erwiesen erachtet. Erst auf dieser Grundlage ist in der Beweiswürdigung darzulegen, aus welchen Gründen die zur Verurteilung notwendigen Feststellungen nicht getroffen werden konnten. Nur hierdurch wird das Revisionsgericht in die Lage versetzt, nachprüfen zu können, ob der Freispruch auf rechtlich bedenkenfreien Erwägungen beruht.[554] **557**

[7] 1. Entgegen der Bewertung der Staatsanwaltschaft genügt das angefochtene Urteil den aus § 267 Abs. 5 Satz 1 StPO resultierenden Darstellungsanforderungen.

[8] a) Wird der Angeklagte aus tatsächlichen Gründen freigesprochen, so müssen nach der Mitteilung des Anklagevorwurfs im Urteil zunächst diejenigen Tatsachen festgestellt werden, die das Tatgericht für erwiesen erachtet. Erst auf dieser Grundlage ist in der Beweiswürdigung darzulegen, aus welchen Gründen die zur Verurteilung notwendigen Feststellungen nicht getroffen werden konnten (BGH, Urteile vom 21. Oktober 2003 – 1 StR 544/02, BGHR StPO § 267 Abs. 5 Freispruch 13

[554] BGH, Urteil vom 13.12.2012 – 4 StR 271/11; vgl. hierzu auch BGH, Urteile vom 4.9.2013 – 5 StR 152/13, vom 8.05.2014 – 1 StR 722/13, vom 2.04.2014 – 2 StR 554/13 – und vom 5.2.2013 – 1 StR 405/12.

mwN; vom 17. März 2009 – 1 StR 479/08, NStZ 2009, 512, 513; vom 3. März 2010 – 2 StR 427/09, NStZ-RR 2010, 182; vom 18. Dezember 2012 – 1 StR 415/12 Rn. 25 [insoweit in BGHSt 58, 72 nicht abgedruckt]; vom 8. Mai 2014 – 1 StR 722/13, NStZ-RR 2014, 220). Nur hierdurch wird das Revisionsgericht in die Lage versetzt, nachprüfen zu können, ob der Freispruch auf rechtlich bedenkenfreien Erwägungen beruht (BGH, Urteile vom 8. Mai 2014 – 1 StR 722/13, NStZ-RR 2014, 220; vom 5. Februar 2013 – 1 StR 405/12, NJW 2013, 1106; vom 18. Dezember 2012 – 1 StR 415/12 Rn. 25 [insoweit in BGHSt 58, 72 nicht abgedruckt]; vom 27. Oktober 2011 – 5 StR 236/11; vom 17. Mai 1990 – 4 StR 208/90, BGHR StPO § 267 Abs. 5 Freispruch 4; vom 26. September 1989 – 1 StR 299/89, BGHR StPO § 267 Abs. 5 Freispruch 2).

[9] b) Dem entspricht das Urteil. Das Landgericht hat der Wiedergabe des Inhalts der Anklageschrift diejenigen Feststellungen folgen lassen, die es vor allem zu dem Vorgeschehen der Abläufe in dem Zimmer des Angeklagten sowie zu dem Geschehen ab etwa 15.20 Uhr, nachdem die Nebenklägerin die Wohnung des Angeklagten verlassen hatte, hat treffen können. Diese Feststellungen umfassen insbesondere die zeitliche Phase, in der die Nebenklägerin kurz nach 12.00 Uhr des Tattags das letzte von ihr besuchte Lokal verlassen und sich in ein Taxi gesetzt hatte, um die Heimfahrt anzutreten. Weiterhin hat es den Zustand, in dem sich die Nebenklägerin bei dem Besteigen des Taxis sowie während der Fahrt befand, näher dargelegt. Ebenso ist ausgeführt, dass sich der Angeklagte zu der Nebenklägerin in das Taxi setzte und wie er sich in dem Fahrzeug bis zum Verlassen an seiner Wohnanschrift in S. verhielt. Das angefochtene Urteil grenzt darüber hinaus zeitlich den Aufenthalt der Nebenklägerin in dem Zimmer des Angeklagten aufgrund der zur Verfügung stehenden Erkenntnisquellen anhand der Zeitpunkte von Kurznachrichten und Telefonaten ein, die sie mit ihrem Mobiltelefon versendet bzw. geführt hat. Auch ihr körperlicher Zustand bei der ärztlichen Untersuchung am frühen Abend des Tattages sowie die Erkenntnisse über die der Nebenklägerin bei dieser Gelegenheit entnommenen Blut- und Urinproben werden dargestellt. Wie der Generalbundesanwalt in seiner Antragsschrift vom 30. Juli 2014 zutreffend aufzeigt, ergibt sich aus der Beweiswürdigung des Landgerichts, warum es keine weiteren, für die Beurteilung der Schuldfrage bedeutsamen Feststellungen hat treffen können.

[10] Soweit die Revision eine Darstellung zu den näheren Umständen des Kennenlernens der Nebenklägerin und des Angeklagten vermisst, ergibt sich bereits aus den von ihr selbst wiedergegebenen Passagen des Urteils, dass die Aussage der Nebenklägerin und die Einlassung bzw. die Einlassungen des Angeklagten lediglich in Teilen Übereinstimmendes über das Zusammentreffen beider vor der Taxifahrt nach S. enthalten. Schon deshalb war es rechtlich nicht durch § 267 Abs. 5 Satz 1 StPO geboten, Einzelheiten des Zusammentreffens beider in verschiedenen Münchener Lokalitäten als vom Tatgericht festgestellt in das Urteil aufzunehmen.

[11] Das Urteil ist auch nicht in sich widersprüchlich. Die von der Staatsanwaltschaft beanstandete Passage, das Landgericht habe ausgedrückt, sichere Feststellungen zur Vorgeschichte und zu dem dem Geschlechtsverkehr nachfolgenden Geschehen treffen zu können (UA S. 8), bezieht sich ersichtlich auf diejenigen Feststellungen UA S. 5 – 7. Dass nicht weitere Einzelheiten des der Taxifahrt vorausgehenden Geschehensablaufs haben festgestellt werden können, steht dazu weder sprachlich noch sachlich in Widerspruch.

[12] 2. Die Beweiswürdigung des Landgerichts enthält keine revisiblen Rechtsfehler.

[13] a) Das Revisionsgericht hat es grundsätzlich hinzunehmen, wenn das Tatgericht einen Angeklagten freispricht, weil es Zweifel an dessen Täterschaft nicht zu überwinden vermag. Die revisionsrechtliche Prüfung beschränkt sich darauf, ob dem Tatgericht Rechtsfehler unterlaufen sind. Dies ist in sachlichrechtlicher Hinsicht etwa der Fall, wenn die Beweiswürdigung widersprüchlich, unklar oder lückenhaft ist oder gegen Denkgesetze oder gesicherte Erfahrungssätze verstößt. Rechtsfehlerhaft ist es auch, wenn sich das Tatgericht bei seiner Beweiswürdigung darauf beschränkt, die einzelnen Belastungsindizien gesondert zu erörtern und auf ihren jeweiligen Beweiswert zu prüfen, ohne eine Gesamtabwägung aller für und gegen die Täterschaft sprechenden Umstände vorzunehmen. Der revisionsgerichtlichen Überprüfung unterliegt zudem, ob überspannte Anforderungen an die für die Verurteilung erforderliche Gewissheit gestellt worden sind (st. Rspr.; vgl. nur BGH, Urteile vom 27. April 2010 – 1 StR 454/09, NStZ 2011, 108, 109; vom 1. Februar 2011 – 1 StR 408/10 Rn. 15, vom 7. Juni 2011 – 5 StR 26/11 Rn. 9 und vom 7. November 2012 – 5 StR 322/12 Rn. 10; vom 18. Dezember 2012 – 1 StR 415/12 Rn. 28 [insoweit in BGH 58, 72 nicht abgedruckt).

[14] b) Nach diesen Maßstäben enthält die durch die Strafkammer vorgenommene Beweiswürdigung weder in Bezug auf den Tatvorwurf des sexuellen Missbrauchs widerstandsunfähiger Personen noch den der Vergewaltigung Rechtsfehler.

[15] aa) Wie bereits der Generalbundesanwalt in seiner Antragsschrift ausgeführt hat, legt das Landgericht beweiswürdigend ausführlich dar, warum es sich keine Überzeugung von der Widerstandsunfähigkeit der Nebenklägerin während des feststehenden Zeitraums ihres Aufenthalts in dem Zimmer des Angeklagten hat bilden können. Das Landgericht hat dabei seiner Beweiswürdigung im Hinblick auf die Feststellung der Widerstandsunfähigkeit den zutreffenden rechtlichen Ausgangspunkt zugrunde gelegt. Nach der Rechtsprechung des Bundesgerichtshofs kann Opfer einer Tat nach § 179 StGB nur sein, wer aufgrund einzelner, im Tatbestand des Absatzes 1 näher beschriebener Gegebenheiten unfähig ist, einen ausreichenden Widerstandswillen gegen das sexuelle Ansinnen des Täters zu bilden, zu äußern oder durchzusetzen (BGH, Urteil vom 15. März 1989 – 2 StR 662/88, BGHSt 36, 145, 147; Beschlüsse vom 28. Oktober 2008 – 3 StR 88/08, NStZ 2009, 324, 325; vom 18. August 2011 – 4 StR 338/11, NStZ 2012, 150 f.). Die Feststellung der Widerstandsunfähigkeit ist eine normative Entscheidung (BGH, Beschluss vom 1. Oktober 2008 – 2 StR 385/08, NStZ-RR 2009, 14, 15); sie erfordert die Überzeugung des Tatrichters, dass das Opfer zum Widerstand gänzlich unfähig war (vgl. BGH, Beschlüsse vom 28. Oktober 2008 – 3 StR 88/08, NStZ 2009, 324, 325; vom 10. August 2011 – 4 StR 338/11, NStZ 2012, 150 f.).

[16] Von diesen Anforderungen aus hat das Landgericht gewürdigt, ob sich die Voraussetzungen der Widerstandsunfähigkeit entweder aufgrund des durch die Nebenklägerin genossenen Alkohols in Verbindung mit dem langen Zeitraum des Besuchs unterschiedlicher Lokalitäten oder aufgrund der Verabreichung sog. K.O.-Tropfen feststellen lassen. Dabei hat es in einer rechtlich nicht zu beanstandenden Weise eine Gesamtwürdigung aller dazu erhobenen Beweise vorgenommen (vor allem UA S. 24–31). Das Urteil setzt sich insbesondere umfassend mit den Ausführungen des rechtsmedizinischen Sachverständigen T. sowohl zu alkoholbedingter als auch zu durch K.O.-Tropfen verursachter gänzlicher Widerstandsunfähigkeit auseinander. Das Urteil gibt die wesentlichen Anknüpfungspunkte und Darlegungen des Sachverständigen in einer Weise wieder, die das Verständnis des Gutachtens und die Beurteilung seiner Schlüssigkeit ermöglicht (vgl. zu diesen Anforde-

rungen BGH, Urteile vom 6. März 1986 – 4 StR 48/86, BGHSt 34, 29, 31 und vom 15. Januar 2003 – 5 StR 223/02, NStZ 2003, 307; Beschlüsse vom 2. Oktober 2007 – 3 StR 412/07, NStZ-RR 2008, 39; vom 24. Mai 2012 – 5 StR 52/12, NStZ 2012, 650 f.).

[17] Es ist revisionsrechtlich nicht zu beanstanden, dass das Landgericht sich nicht hat davon überzeugen können, dass der Nebenklägerin in dem Lokal „P." K.O.-Tropfen verabreicht worden sind, die zu einer Widerstandsunfähigkeit im Zeitraum des Aufenthalts in dem Zimmer des Angeklagten geführt haben. Im Rahmen der gebotenen Gesamtwürdigung hat es berücksichtigt, dass die von der Nebenklägerin beschriebenen Symptome sich als typische Begleiterscheinungen der Einwirkung von Gammahydroxybuttersäure erweisen können. Das Landgericht hat aber ohne Rechtsfehler – gestützt auf Ausführungen des Sachverständigen – erhebliche Zweifel daran gehabt, ob in der allein in Frage kommenden Situation der Verabreichung der K.O.-Tropfen eine ausreichende Flüssigkeitsmenge mit dem vorhandenen Getränk und dem von der Nebenklägerin lediglich beschriebenen „Nippen" daran stattgefunden haben kann.

[18] Im Hinblick auf die erforderliche gänzliche Widerstandsunfähigkeit ist es sachlich-rechtlich nicht zu beanstanden, dass das Landgericht im Rahmen einer Gesamtschau der erhobenen Beweise eine alkoholbedingte Widerstandsunfähigkeit angesichts der belegten Restleistungsfähigkeit der Nebenklägerin in Gestalt des Versendens einer SMS an den Zeugen A. keine Überzeugung von der Widerstandsunfähigkeit gewinnen konnte. Im Übrigen erweist sich die vom Landgericht vorgenommene Gesamtwürdigung weder als lückenhaft noch als widersprüchlich. Die Angriffe der Staatsanwaltschaft erschöpfen sich insoweit darin, die eigene (mögliche) Beweiswürdigung an die Stelle der Beweiswürdigung durch das Tatgericht zu setzen.

[19] bb) Gleiches gilt auch für die den Vorwurf der Vergewaltigung betreffende Beweiswürdigung.

558 **Feststellungen zu Werdegang, Vorleben und Persönlichkeit des Angeklagten** gemäß § 267 Abs. 5 Satz 1 sind zwar in erster Linie bei verurteilenden Erkenntnissen notwendig, um nachvollziehen zu können, ob der Tatrichter die wesentlichen Anknüpfungstatsachen für die Strafzumessung (§ 46 Abs. 1 Satz 2, Abs. 2 Satz 2 StGB) ermittelt und berücksichtigt hat. Aber **auch bei freisprechenden Urteilen** ist der Tatrichter aus sachlich-rechtlichen Gründen zumindest dann zu solchen Feststellungen verpflichtet, wenn diese für die Beurteilung des Tatvorwurfs eine Rolle spielen können und deshalb zur Überprüfung des Freispruchs durch das Revisionsgericht auf Rechtsfehler hin notwendig sind.[555]

[8] a) Solche Feststellungen sind zwar in erster Linie bei verurteilenden Erkenntnissen notwendig, um nachvollziehen zu können, ob der Tatrichter die wesentlichen Anknüpfungstatsachen für die Strafzumessung (§ 46 Abs. 1 Satz 2, Abs. 2 Satz 2 StGB) ermittelt und berücksichtigt hat. Aber auch bei freisprechenden Urteilen ist der Tatrichter aus sachlich-rechtlichen Gründen zumindest dann zu solchen Feststellungen verpflichtet, wenn diese für die Beurteilung des Tatvorwurfs eine Rolle spielen können und deshalb zur Überprüfung des Freispruchs durch das Revisionsgericht auf Rechtsfehler hin notwendig sind. Das ist auch dann der Fall, wenn vom

---

555 BGH, Urteil vom 13.03.2014 – 4 StR 15/14.

Tatrichter getroffene Feststellungen zum Tatgeschehen ohne solche zu den persönlichen Verhältnissen nicht in jeder Hinsicht nachvollziehbar und deshalb lückenhaft sind (st. Rspr.; vgl. nur Senatsurteil vom 11. März 2010 – 4 StR 22/10, BGHR StPO § 267 Abs. 5 Freispruch 16, Tz. 7 mwN).

[9] b) Die Notwendigkeit, die persönlichen Verhältnisse der Angeklagten umfassend in den Blick zu nehmen und nähere Feststellungen zu deren Lebenslauf, Werdegang und Persönlichkeit zu treffen und in den Urteilsgründen darzulegen, ergibt sich im vorliegenden Fall bereits aus dem Anklagevorwurf. Er betrifft eine Handlung, die sich innerhalb der zwischen ihr und dem Geschädigten bestehenden, langjährigen Lebenspartnerschaft ereignet haben soll. Ist ein solcher Vorwurf, wie hier, von erheblichem Gewicht, liegt es nahe, dass der Persönlichkeit der Beteiligten, insbesondere des jeweiligen Beschuldigten, und seinen individuellen Lebensumständen unter besonderer Berücksichtigung der Beziehungsentwicklung Bedeutung auch für die Beurteilung des Tatvorwurfs zukommen kann. Detaillierte Feststellungen und Erörterungen waren hier umso mehr geboten, als der vom Landgericht mitgeteilte Anklagevorwurf davon ausgeht, in der Beziehung zwischen der Angeklagten und dem Geschädigten habe es bereits seit längerem gekriselt; die Angeklagte habe sich vom Tatopfer trennen und aus der gemeinsamen Wohnung ausziehen wollen.

[10] 2. Auch die Beweiswürdigung begegnet durchgreifenden rechtlichen Bedenken. Es fehlt an einer geschlossenen Darstellung der Aussagen des Nebenklägers.

[11] a) Zwar ist der Tatrichter nicht gehalten, in den Urteilsgründen Zeugenaussagen in allen Einzelheiten wiederzugeben. In Fällen einer schwierigen Beweislage, etwa dann, wenn Aussage gegen Aussage steht, muss aber der entscheidende Teil einer Aussage in das Urteil aufgenommen werden, da dem Revisionsgericht ohne Kenntnis des wesentlichen Aussageinhalts die sachlich-rechtliche Überprüfung der Beweiswürdigung auf Rechtsfehler verwehrt ist (st. Rspr.; vgl. nur BGH, Urteil vom 10. August 2011 – 1 StR 114/11, NStZ 2012, 110, Tz. 14).

[12] b) Gemessen daran durfte sich das Landgericht im vorliegenden Fall nicht darauf beschränken, die Angaben des Geschädigten lediglich zusammenfassend dahin zu würdigen, diese seien nicht überzeugend gewesen und die Strafkammer habe sich auch unter Berücksichtigung der Angaben des Nebenklägers kein Bild vom Geschehensablauf machen können. Dies ergibt sich schon daraus, dass die aus § 261 StPO abzuleitenden Anforderungen an eine umfassende Würdigung der festgestellten Tatsachen bei einem freisprechenden Urteil regelmäßig nicht geringer sind als im Fall der Verurteilung (BGH, Urteil vom 6. Februar 2002 – 2 StR 507/01, BGHR StPO § 261 Beweiswürdigung 27 mwN). Gerade im vorliegenden Fall hätte sich das Landgericht in besonderer Weise dazu gedrängt sehen müssen, die Zeugenaussage des Nebenklägers in ihren wesentlichen Teilen in den Urteilsgründen wiederzugeben und nachfolgend unter Berücksichtigung der Einlassung der Angeklagten einer eingehenden Würdigung zu unterziehen; ausweislich der Urteilsgründe ist es selbst von einer schwierigen, einer Aussage-gegen-Aussage-Konstellation zumindest nahe kommenden Beweislage ausgegangen.

Spricht der Tatrichter einen Angeklagten frei, weil er sich von dessen Schuld nicht zu überzeugen vermag, ist dies vom Revisionsgericht in der Regel hinzunehmen. Die revisionsrechtliche Prüfung der tatrichterlichen Beweiswürdigung ist auf das Vorliegen von Rechtsfehlern (Widersprüche, Unklarheiten, Lücken, Verstöße gegen Denkgesetze, zu hohe Anforderungen an die Überzeugungsbildung, unrichtige Anwendung des Zweifelssatzes) beschränkt. Sind derartige Rechtsfehler nicht feststellbar, **559**

kann das Revisionsgericht in die **tatrichterliche Überzeugungsbildung** auch dann **nicht eingreifen**, wenn eine abweichende Würdigung der Beweise möglich gewesen wäre.[556]

560 **Spricht der Tatrichter einen Angeklagten frei**, weil er Zweifel an dessen Täterschaft nicht zu überwinden vermag, so ist das durch das Revisionsgericht in der Regel hinzunehmen. Ein Urteil kann indes keinen Bestand haben, wenn die Beweiswürdigung Rechtsfehler aufweist. Das ist etwa der Fall, wenn sie lückenhaft ist, namentlich wesentliche Feststellungen nicht berücksichtigt oder nahe liegende Schlussfolgerungen nicht erörtert werden, wenn sie widersprüchlich oder unklar ist, gegen Denkgesetze oder Erfahrungssätze verstößt oder wenn an die zur Verurteilung erforderliche Gewissheit überspannte Anforderungen gestellt werden. Der Tatrichter ist gehalten, die Gründe für den Freispruch so vollständig und genau zu erörtern, dass das Revisionsgericht in die Lage versetzt wird, an Hand der Urteilsgründe zu prüfen, ob der Freispruch auf rechtsfehlerfreien Erwägungen beruht. Insbesondere muss er sich mit den von ihm festgestellten Tatsachen unter allen für die Entscheidung wesentlichen Gesichtspunkten auseinandersetzen, wenn sie geeignet sind, das Beweisergebnis zu beeinflussen.[557]

b) Daran gemessen leidet die Beweiswürdigung des Landgerichts an durchgreifenden rechtlichen Mängeln.

[12] aa) Dies gilt zunächst, soweit die Strafkammer angenommen hat, dass die Angeklagten gutgläubig in das Betrugssystem des K. geraten und jedenfalls bis Ende November 2003 davon ausgegangen seien, dieser würde die eingesammelten Anlagegelder nach Eingang auf dem Rechtsanwaltsanderkonto auch tatsächlich in den USA gewinnbringend anlegen.

[13] Die Beweiswürdigung erweist sich insoweit als lückenhaft, weil das Landgericht wesentliche Umstände außer Acht gelassen hat. So findet es keine Berücksichtigung, dass es in einer nicht geringen Anzahl von Fällen offenbar gar nicht erst zu einer Weiterleitung der vom Angeklagten H.W. vereinnahmten Anlagegelder auf das Rechtsanwaltsanderkonto gekommen ist (vgl. die Urteilsfeststellungen zu Ziff. 7, 26, 42a und 42b, 47, 50, 59, 98 der Anklageschrift). Ebenso wenig wird erörtert, dass zunächst dorthin überwiesene Gelder an den Angeklagten H.W. zurückgeflossen und Gelder auch für private Zwecke der Angeklagten verbraucht worden sind (vgl. die Urteilsfeststellungen zu Ziff. 15, 58, 64, 69, 78, 81, 88 der Anklageschrift). Dies lässt besorgen, dass die Strafkammer diese Umstände, die gegen das Vertrauen der Angeklagten auf die tatsächliche Durchführung des Anlagegeschäfts sprechen, aus dem Blick verloren hat. Sind zur Anlage vorgesehene Gelder letztlich bei den Angeklagten verblieben, konnten sie – jedenfalls in diesen Fällen – nicht ohne Weiteres davon ausgehen, dass es zu einer den Kunden versprochenen gewinnbringenden Anlage auch tatsächlich gekommen ist. Inwieweit sich dies auf die Annahme auswirkt, die Angeklagten seien gutgläubig in das Betrugssystem des K. geraten und hätten daran bis Ende November 2003 geglaubt, hätte das Landgericht jedenfalls bei seiner Beweiswürdigung berücksichtigen müssen.

---

[556] BGH, Urteil vom 3.07.2014 – 4 StR 137/14; vgl. hierzu auch Urteil vom 5.12.2013 – 4 StR 371/13.

[557] BGH, Urteil vom 20.11.2013 – 2 StR 460/13; siehe hierzu auch Urteil vom 7.08.2014 – 3 StR 224/14.

[14] bb) Durchgreifenden rechtlichen Bedenken begegnet es auch, dass die Strafkammer sich auch für die Zeit von Dezember 2003 bis einschließlich Februar 2004 nicht vom Vorliegen eines zumindest bedingten Vorsatzes der Angeklagten überzeugen konnte.

[15] Das Landgericht ist insoweit von der „nicht widerlegbaren" Einlassung der Angeklagten ausgegangen, K. habe sie im Dezember 2003 angewiesen, die Anlagegelder nicht mehr auf das Rechtsanwaltsanderkonto zu überweisen. Das habe er damit begründet, es sei praktikabler, wenn er von seinem eigenen, in den USA vorhandenen Vermögen Gelder in Höhe der jeweils angelegten Beträge direkt dort anlegen würde, die Anlagegelder in Deutschland verbleiben und von den Angeklagten nach seiner Anweisung für zwischenzeitlich von ihm gegründete Gesellschaften verwendet würden (UA S. 20, 75). Auf der Grundlage dessen ist das Landgericht unter Berücksichtigung der charismatischen Person des „überdurchschnittlich redegewandten, extrem überzeugenden K." davon ausgegangen, die Angeklagten hätten trotz des schwer nachzuvollziehenden „Geschäftsmodells", bei dem es angesichts vorhandenen Vermögens keiner Werbung von Anlegern bedurft hätte, um Zinsen zu erwirtschaften, zumindest noch auf eine Anlage der Gelder gehofft (UA S. 75 f.). Diese ohnehin wenig nahe liegenden Schlussfolgerungen des Landgerichts sind lückenhaft, weil sie wesentliche gegen sie sprechende Umstände außer Betracht gelassen haben. Hinsichtlich der in den Zeitraum von Dezember 2003 bis Ende Februar 2004 fallenden erfolgreichen Akquirierungen von Anlagegeldern ist es in keinem Fall – entsprechend der Einlassung der Angeklagten – zu den von ihnen beschriebenen Zahlungsflüssen gekommen. Die Gelder sind zwar weiterhin auf Privatkonten des Angeklagten H. W. bei der bank und der C.bank eingegangen und von dort – entgegen vorher bestehender Übung – nicht mehr auf das Rechtsanwaltsanderkonto weitergeleitet worden (Ausnahme Fall 34 der Anklageschrift, UA S. 50). Feststellungen dazu, dass die den Konten gutgeschriebenen Beträge den Weisungen des K. entsprechend auf Konten der zwischenzeitlich von ihm gegründeten Gesellschaften wie etwa der G. AG oder der G. D. Ltd. übertragen worden oder jedenfalls diesen irgendwie zugute gekommen wären, hat die Kammer nicht getroffen; mit Ausnahme des Falles 79 der Anklageschrift (UA S. 63 f.), in dem das Geld auf ein Privatkonto des Angeklagten H. W. weitertransferiert worden ist – fehlen in der landgerichtlichen Entscheidung jegliche Hinweise, was mit den dem Angeklagten H. W. gutgeschriebenen Beträgen geschehen ist. Wären die eingenommenen Gelder – wie zu Fall 79 der Anklageschrift festgestellt – ganz oder teilweise den Angeklagten privat zugeflossen, spräche dies gegen die Einlassung der Angeklagten, sie hätten darauf gehofft, dass K. Beträge in der angenommenen Höhe in den USA weiter anlegen würde.

[16] cc) Die Beweiswürdigung erweist sich schließlich auch insoweit als rechtsfehlerhaft, als die Strafkammer den Angeklagten M.W. hinsichtlich der Anwerbung von Anlegern ab März 2004 freigesprochen hat. Das Landgericht ist davon ausgegangen, der Angeklagte habe nach der Internetrecherche seines Bruders T. keine Anleger mehr geworben und sei auch sonst nicht im Rahmen des Anlagesystems tätig geworden. Dabei hat es aber nicht in den Blick genommen, dass der Angeklagte auch über Februar 2004 hinaus als Geschäftsführer der G.D. Ltd. tätig bzw. als Aufsichtsratsmitglied der G. AG bestellt war und somit verantwortlich in den Geschäftsbetrieb dieser Gesellschaften eingebunden war, die nach der ab Dezember 2003 mitK. getroffenen Abrede Zahlungsempfänger der nicht länger in die USA weitergeleiteten Anlagegelder sein sollten.

[17] c) Die aufgezeigten Rechtsfehler führen zur Aufhebung der Freisprüche. Der Senat kann nicht ausschließen, dass das Landgericht bei Berücksichtigung der außer Betracht gelassenen Umstände zu einer umfassenden Verurteilung aller drei Angeklagter gelangt wäre.

561 Das Revisionsgericht hat es grundsätzlich hinzunehmen, wenn das Tatgericht einen **Angeklagten freispricht**, weil es **Zweifel an dessen Täterschaft nicht zu überwinden vermag**. Die revisionsgerichtliche Prüfung beschränkt sich darauf, ob dem Tatgericht Rechtsfehler unterlaufen sind. Dies ist in sachlich-rechtlicher Hinsicht der Fall, wenn die Beweiswürdigung widersprüchlich, unklar oder lückenhaft ist oder gegen Denkgesetze oder gesicherte Erfahrungssätze verstößt. Rechtsfehlerhaft ist es auch, wenn sich das Tatgericht bei seiner Beweiswürdigung darauf beschränkt, die einzelnen Belastungsindizien gesondert zu erörtern und auf ihren jeweiligen Beweiswert zu prüfen, ohne eine Gesamtabwägung aller für und gegen die Täterschaft sprechenden Umstände vorzunehmen. Der revisionsgerichtlichen Überprüfung unterliegt ferner, ob **überspannte Anforderungen** an die für die Verurteilung erforderliche Gewissheit gestellt worden sind.[558]

[6] Das freisprechende Urteil hält der sachlich-rechtlichen Überprüfung nicht stand, so dass es eines Eingehens auf die Verfahrensrüge nicht mehr bedarf.

[7] Das Revisionsgericht hat es grundsätzlich hinzunehmen, wenn das Tatgericht einen Angeklagten freispricht, weil es Zweifel an dessen Täterschaft nicht zu überwinden vermag. Die revisionsgerichtliche Prüfung beschränkt sich darauf, ob dem Tatgericht Rechtsfehler unterlaufen sind. Dies ist in sachlich-rechtlicher Hinsicht der Fall, wenn die Beweiswürdigung widersprüchlich, unklar oder lückenhaft ist oder gegen Denkgesetze oder gesicherte Erfahrungssätze verstößt. Rechtsfehlerhaft ist es auch, wenn sich das Tatgericht bei seiner Beweiswürdigung darauf beschränkt, die einzelnen Belastungsindizien gesondert zu erörtern und auf ihren jeweiligen Beweiswert zu prüfen, ohne eine Gesamtabwägung aller für und gegen die Täterschaft sprechenden Umstände vorzunehmen. Der revisionsgerichtlichen Überprüfung unterliegt ferner, ob überspannte Anforderungen an die für die Verurteilung erforderliche Gewissheit gestellt worden sind (st. Rspr.; vgl. etwa BGH, Urteile vom 27. April 2010 – 1 StR 454/09, NStZ 2011, 108, 109; vom 1. Februar 2011 – 1 StR 408/10 und vom 7. Juni 2011 – 5 StR 26/11). Nach diesem Maßstab erweist sich die Beweiswürdigung als rechtsfehlerhaft, da sie lückenhaft ist und eine umfassende Gesamtwürdigung der gegen den Angeklagten sprechenden Umstände vermissen lässt.

[8] Die Feststellung des Landgerichts, es könne sich zum Ablauf des Gesprächs zwischen B. und dem Angeklagten nur auf die späteren Angaben B.s stützen, die für eine Überzeugungsbildung zum Ablauf des Gesprächs nicht ausreichend seien, lässt mehrere Aspekte unerörtert. So wäre zunächst in den Blick zu nehmen gewesen, dass der Angeklagte sich zum Gebrauch des Wortes „verramma" eingelassen hat. Ausweislich der Urteilsgründe hat er hierzu einerseits angegeben, damit Gegenstände gemeint zu haben, die dem Zugriff der Strafverfolgungsbehörden entzogen werden sollten, andererseits keine Erinnerung daran zu haben, dieses Wort verwendet zu haben. Eine Würdigung dieses Aussageverhaltens und eine Auseinander-

[558] BGH, Urteil vom 25.06.2014 – 1 StR 92/14.

setzung damit zur Ermittlung des Inhalts des fraglichen Gesprächs – auch unter Berücksichtigung des Inhalts und der Entstehungsweise des Vermerks von B. – lässt sich den Urteilsgründen nicht entnehmen. Zum anderen findet der Umstand, dass B. den Aktenvermerk nach den Feststellungen im unmittelbaren zeitlichen Zusammenhang mit dem Gespräch mit dem Angeklagten fertigte und alsbald dessen Ehefrau zuleitete, keine Berücksichtigung in der Beweiswürdigung der Strafkammer zum Ablauf des Gesprächs. Dies wäre aber erforderlich gewesen. Anders als die Angaben B.s in seiner Beschuldigtenvernehmung, auf die sich die Strafkammer im Hinblick auf mögliche Entlastungstendenzen B.s für seine eigene Person nicht allein stützen wollte, erfolgte dieser Vermerk nicht erkennbar für die Strafverfolgungsbehörden. Die Art und der Zweck seiner Abfassung – auch wenn es sich dabei nur um eine Zusammenfassung durch B. handelte – wäre damit ein tauglicher Anknüpfungspunkt für Rückschlüsse auf den Inhalt des Gesprächs und der dabei verfolgten Intention des Angeklagten. Dabei wäre auch der Zusammenhang des Wortes „verramma" mit „10.000,00" und der Bezug auf D. – und nicht etwa auf Gegenstände – einzubeziehen gewesen.

[9] Der Senat kann nicht ausschließen, dass die Strafkammer bei einer diese Aspekte miteinbeziehenden Gesamtwürdigung zu einem anderen Schluss hinsichtlich des Inhalts des Gesprächs zwischen B. und dem Angeklagten am 21. April 2010 insbesondere bezüglich eines entsprechenden Vorsatzes des Angeklagten gekommen wäre.

Das **Revisionsgericht hat es zwar regelmäßig hinzunehmen**, wenn das **Tatgericht einen Angeklagten freispricht**, weil es Zweifel an dessen Täterschaft nicht zu überwinden vermag. Denn die Beweiswürdigung ist Sache des Tatgerichts (§ 261 StPO). Ihm obliegt es, das Ergebnis der Hauptverhandlung festzustellen und zu würdigen. Das Revisionsgericht kann und muss allerdings eingreifen, wenn dem Tatgericht Rechtsfehler unterlaufen sind.[559] **562**

[9] 2. Der Freispruch des Angeklagten hält rechtlicher Überprüfung nicht stand. Das Revisionsgericht hat es zwar regelmäßig hinzunehmen, wenn das Tatgericht einen Angeklagten freispricht, weil es Zweifel an dessen Täterschaft nicht zu überwinden vermag. Denn die Beweiswürdigung ist Sache des Tatgerichts (§ 261 StPO). Ihm obliegt es, das Ergebnis der Hauptverhandlung festzustellen und zu würdigen. Das Revisionsgericht kann und muss allerdings eingreifen, wenn dem Tatgericht – wie hier – Rechtsfehler unterlaufen sind.

[10] a) Das Landgericht hat eine Reihe von Belastungsindizien festgestellt: Das als zutreffend empfundene Vorbringen des Tatvorwurfs durch die Nebenklägerin „in flagranti" im Untersuchungszimmer, das dabei – vom Angeklagten abgestritten – ohne erkennbaren objektiven Anlass unüblicherweise abgeschlossen war; die anschließende Abgabe eines – vom Angeklagten abgestrittenen – Tatgeständnisses gegenüber der Nebenklägerin und ihrem Ehemann; schließlich das – ebenfalls abgestrittene – alsbaldige kopflose Verlassen der Praxisräume. Im Anschluss daran fehlt dem Urteil eine vollständige Auseinandersetzung mit der gesamten Beweislage im Sinne der von der Rechtsprechung verlangten Gesamtwürdigung (vgl. nur BGH, Urteil vom 17. September 1986 – 2 StR 353/86, BGHR StPO § 261 Beweiswürdi-

---

[559] BGH, Urteil vom 18.06.2014 – 5 StR 98/14.

gung, unzureichende 1). Indes kann das Urteil jedenfalls allein wegen der unzureichenden Bewertung des „Geständnisses“ keinen Bestand haben:

[11] b) Diesem gegenüber der Nebenklägerin und ihrem Ehemann abgegebenen „Geständnis“ und dem zu den Behandlungskosten unterbreiteten Angebot des Angeklagten spricht das angefochtene Urteil jegliche Beweisbedeutung ab; es erscheine nachvollziehbar, dass dieser die Vorwürfe nur eingeräumt habe, um „die auch bei einer Unrichtigkeit der Tatvorwürfe doch sehr unangenehme Einschaltung der Polizei zu verhindern, das Ehepaar zu beruhigen und zunächst einmal immerhin Zeit zu gewinnen“ (UA S. 28). Dies begegnet durchgreifenden rechtlichen Bedenken. Denn das Landgericht hat damit nicht naheliegende Möglichkeiten zugrunde gelegt, ohne für sein Ergebnis tragfähige Gründe anzuführen (st. Rspr.; vgl. etwa BGH, Urteil vom 24. Januar 2008 – 5 StR 253/07 mwN, insoweit in NStZ 2008, 575 nicht abgedruckt). Der Angeklagte hatte sich auf die ihm vom Landgericht unterstellten Zielsetzungen nicht berufen, vielmehr sowohl ein „Geständnis“ als auch ein Kostenübernahmeangebot gänzlich in Abrede gestellt. Die Annahmen der Strafkammer sind dabei mit den Erfahrungen des täglichen Lebens nicht ohne Weiteres vereinbar. Danach liegt es schon nicht nahe, dass ein Arzt eine bei der Berufsausübung begangene schwere Sexualstraftat in der Hoffnung auf Vermeidung einer Strafanzeige sowie zum Zweck des Zeitgewinns wahrheitswidrig auf sich nimmt und damit gravierende straf- und berufsrechtliche Sanktionen riskiert. Hinzu kommt, dass sich der Angeklagte nach den Feststellungen nicht auf ein „reines Geständnis“ beschränkt hat. Vielmehr hat er – was in den Urteilsgründen überhaupt nicht erörtert wird – sein Verhalten damit erklärt und entschuldigt, dass er wegen der schönen Haut der Nebenklägerin erregt gewesen sei. Die von der Strafkammer vermuteten Motive des Angeklagten bieten für ein solchermaßen „qualifiziertes“ Geständnis keine Erklärung. Fehlen aber nach den bisherigen Feststellungen tatsächliche Anhaltspunkte für eine Sachverhaltsvariante oder widerstreiten die konkreten Gegebenheiten dieser danach sogar, so dürfen weder im Blick auf den Zweifelssatz noch aus sonstigen Gründen diesbezügliche Unterstellungen zugunsten eines Angeklagten vorgenommen werden (st. Rspr.; vgl. etwa BGH, Urteile vom 2. September 2009 – 2 StR 229/09, NStZ 2010, 102, 103; vom 18. September 2008 – 5 StR 224/08, NStZ 2009, 401, 402; siehe auch BVerfG – Kammer, NStZ-RR 2007, 381, 382).

[12] 3. Die Sache bedarf insgesamt neuer Verhandlung und Entscheidung. Für den Fall eines Schuldnachweises ist zu bemerken:

[13] Die Anklageschrift bewertet die Vorwürfe als Vergewaltigung in der Variante der Ausnutzung einer schutzlosen Lage (§ 177 Abs. 1 Nr. 3 StGB). Der Tatbestand setzt allerdings voraus, dass das Opfer gerade aus Furcht vor gewaltsamen Nötigungshandlungen des Täters auf einen ihm grundsätzlich möglichen Widerstand verzichtet; nur „gelegentlich“ einer objektiv schutzlosen Lage vollführte sexuelle Handlungen genügen nicht (vgl. etwa BGH, Urteil vom 26. April 2006 – 2 StR 445/05, NStZ-RR 2006, 241, 242). Für die Annahme des § 177 Abs. 1 Nr. 1 StGB reicht das Absperren einer Tür dann nicht hin, wenn es der Vorsorge vor Störungen, nicht aber der Ermöglichung der sexuellen Handlung dienen soll (vgl. BGH, Urteil vom 2. Oktober 2002 – 2 StR 153/02, NStZ-RR 2003, 42, 43 mwN). Demgemäß würde es für den Vorwurf der Vergewaltigung darauf ankommen, ob das festgestellte Herunterdrücken der Nebenklägerin durch den Angeklagten die Fortsetzung des Geschlechtsverkehrs ermöglichen sollte.

29. Urteilsverkündung – § 268 StPO

Nach der Rechtsprechung des Bundesgerichtshofs ist es vielfach nicht auszuschließen, dass ein **Urteil auf dem Mangel einer Überschreitung der Frist des § 268 Abs. 3 S. 2 StPO beruht.** Maßgeblich sind aber – wie bei allen sog. relativen Revisionsgründen – unter Berücksichtigung von Sinn und Bedeutung der verletzten Bestimmung stets die Umstände des Einzelfalls. Die nur begrenzte zeitliche Frist zwischen dem Abschluss der Verhandlung und der Urteilsverkündung soll sicherstellen, „dass die Schlussvorträge und das letzte Wort bei der Beratung allen Richtern noch lebendig in Erinnerung sind". Dementsprechend ist maßgeblich darauf abzustellen, ob über das Urteil innerhalb der Frist des § 268 Abs. 3 Satz 2 StPO befunden wurde.[560] 563

[11] a) Die Hauptverhandlung war am 31. Januar 2013 nach 59 Verhandlungstagen beendet. Ohne dass sie nochmals eröffnet worden wäre, wurde das Urteil am 14. Februar 2013 verkündet. Hierauf gestützt, macht die Revision zutreffend geltend, dass die Frist des § 268 Abs. 3 Satz 2 StPO überschritten worden sei.

[12] b) Nach der Rechtsprechung des Bundesgerichtshofs ist es vielfach nicht auszuschließen, dass ein Urteil auf einem solchen Mangel beruht (vgl. z.B. BGH, Urteil vom 30. Mai 2007 – 2 StR 22/07 mwN), maßgeblich sind aber – wie bei allen sog. relativen Revisionsgründen – unter Berücksichtigung von Sinn und Bedeutung der verletzten Bestimmung stets die Umstände des Einzelfalls. Die nur begrenzte zeitliche Frist zwischen dem Abschluss der Verhandlung und der Urteilsverkündung soll sicherstellen, „dass die Schlussvorträge und das letzte Wort bei der Beratung allen Richtern noch lebendig in Erinnerung sind" (BGH, aaO). Dementsprechend ist maßgeblich darauf abzustellen, ob über das Urteil innerhalb der Frist des § 268 Abs. 3 Satz 2 StPO befunden wurde (vgl. BGH, Beschluss vom 9. November 2006 – 5 StR 349/06 mwN) oder nicht (vgl. BGH, Beschlüsse vom 20. Juni 2007 – 1 StR 58/07 und vom 30. November 2008 – 4 StR 452/06; Urteil vom 30. Mai 2007 – 2 StR 22/07). Ob dies der Fall war, kann allein anhand der schriftlichen Urteilsgründe regelmäßig nicht zuverlässig überprüft werden (BGH, Urteil vom 30. Mai 2007 – 2 StR 22/07).

[13] Dementsprechend zieht der Bundesgerichtshof in diesem Zusammenhang regelmäßig dienstliche Äußerungen bei (vgl. sämtliche genannte Entscheidungen).

[14] c) Hier hat der Vorsitzende folgende dienstliche Erklärung – an der zu zweifeln der Senat keinen Anlass sieht – abgegeben:

[15] „Es war zunächst vorgesehen, das Urteil bereits am 31.01.2013 zu verkünden. Hiervon wurde abgesehen, da Rechtsanwalt L. für diesen Fall die Stellung eines Befangenheitsantrags in Aussicht stellte. Rechtsanwalt L. erklärte, er halte es nicht für angezeigt – unmittelbar im Anschluss an die Schlussvorträge der Verteidigung und nach einer relativ kurzen Beratungszeit – das Urteil zu verkünden.

[16] Daraufhin wurde von mir der 07.02.2013 als nächster Verhandlungstermin benannt.

[17] Verschiedene Verteidiger erklärten, an diesem Tag verhindert zu sein. Allerdings vermag ich aus der Erinnerung nicht mehr mitzuteilen, welche Verteidiger dies waren.

---

[560] BGH, Beschluss vom 12.03.2014 – 1 StR 605/13.

[18] Es wurde dann von Seiten der Verteidiger (möglicherweise die Herren Rechtsanwälte C. und D.) vorgeschlagen, den 07.02.2013 als Verhandlungstag entfallen zu lassen und den 14.02.2013 als nächsten Verhandlungstag zu bestimmen.

[19] Hierauf habe ich mich leider eingelassen und mir ist dann der Fehler unterlaufen am 14.02.2013 nicht nochmals in die Beweisaufnahme einzutreten.

[20] Das am 14.02.2013 verkündete Urteil wurde nach dem Ende der Sitzung vom 31.01.2013 beraten. Im Rahmen dieser Beratung wurde der Umfang der Verurteilungen bzw. Freisprüche beraten. Des weiteren wurden die Strafen beraten. Insoweit wurde ein vorläufiges Ergebnis gefunden. Hierbei ist anzumerken, dass während der gesamten Hauptverhandlung immer wieder der Stand des Verfahrens sowie die möglichen Rechtsfolgen erörtert und beraten wurden. Dies war u.a. aufgrund der zahlreichen Beweisanträge erforderlich. Im Rahmen der Beratung am 31.01.2013 konnte immer wieder auf die bereits gefundenen Zwischenergebnisse Bezug genommen werden.

[21] Die abschließende Beratung erfolgte dann am 14.02.2013 in der Zeit ab ca. 11.15 Uhr bis ca. 13.00 Uhr. Im Rahmen dieser Beratung wurden die zuvor gefundenen Ergebnisse nochmals evaluiert. Bereits der Umfang des Verfahrens sowie der Umfang der getroffenen Feststellungen zeigen, dass in dieser kurzen Zeit eine umfassende Beratung nicht stattgefunden haben kann."

[22] d) Dem entnimmt der Senat:

[23] Auf der Grundlage zahlreicher vorangegangener Zwischenberatungen hat die Strafkammer das Urteil unmittelbar im Anschluss an die Hauptverhandlung noch am 31. Januar 2013 beraten und zu allen für ein Urteil maßgeblichen Gesichtspunkten („Umfang der Verurteilungen bzw. Freisprüche"; „die Strafen") Ergebnisse gefunden. Der Umstand, dass unmittelbar vor der Urteilsverkündung die „zuvor gefundenen Ergebnisse nochmals evaluiert" wurden, stellt nicht in Frage, dass hier die Entscheidung rechtzeitig und unter dem noch frischen Eindruck der soeben beendeten Hauptverhandlung getroffen wurde. Ist dies aber der Fall, so gefährdet allein die verspätete Verkündung des rechtzeitig beratenen Urteils den Bestand dieses Urteils nicht. Umstände des Einzelfalls, die eine andere Beurteilung nahe legen könnten, sind nicht ersichtlich.

564 Zur **Urteilsverkündungsfrist:**[561]

Der Generalbundesanwalt hat in seiner Antragsschrift hierzu ausgeführt:

> *„Zu Recht beanstandet der Beschwerdeführer die Verletzung der Urteilsverkündungsfrist gem. § 268 Abs. 3 S. 2 StPO. Die Beweisaufnahme wurde bereits am 1. Hauptverhandlungstag, dem 16. Dezember 2013, geschlossen. Am selben Tag hielten Staatsanwaltschaft und Verteidigung ihre Schlussvorträge; der Angeklagte hatte das letzte Wort. Der Vorsitzende unterbrach daraufhin die Verhandlung bis zum 6. Januar 2014. An diesem Tag hat das Landgericht ohne Wiedereintritt in die Beweisaufnahme unmittelbar das Urteil verkündet. Nach § 268 Abs. 3 S. 2 StPO muss jedoch, sofern das Urteil nicht am Schluss der Verhandlung verkündet wird, die Verkündung des Urteils spätestens am elften Tage danach erfolgen; andernfalls ist mit der Hauptverhandlung erneut zu beginnen. Die Elftagefrist*

---

561 BGH, Beschluss vom 14.05.2014 – 3 StR 130/14.

begann hier am 16. Dezember 2013 und endete, wie die Revision zutreffend ausführt, bereits am 27. Dezember 2013. Eine Verlängerung der Frist entsprechend § 229 Abs. 2 StPO kommt bei der Unterbrechung der Hauptverhandlung unmittelbar vor Urteilsverkündung nicht in Betracht (BGH NStZ 2004, 52; NStZ 2007, 235; NStZ-RR 2007, 278f.).

Das Urteil beruht auch auf dem Verfahrensverstoß. Nach der Rechtsprechung des Bundesgerichtshofs kann bei einem Verstoß gegen die Elftagefrist des § 268 Abs. 3 S. 2 StPO ein Beruhen des Urteils nur in besonders gelagerten Ausnahmefällen ausgeschlossen werden (BGH aaO, BGHR StPO § 268 Abs. 3 Verkündung 1 und 2; Beschl. v. 30 Mai 2007 – 2 StR 22/07 – zit. n. juris Rn. 5). Derartige Umstände sind vorliegend nicht ersichtlich. Der dienstlichen Erklärung des Vorsitzenden der Strafkammer vom 26. März 2014 kann entnommen werden, dass eine rechtzeitige Terminierung wegen der Weihnachtsfeiertage und Urlaubs der Berufsrichter nicht möglich war und der Strafkammer am Tag der Verkündung, dem 6. Januar 2014, die Elftagefrist des § 268 Abs. 3 S. 2 StPO nicht präsent gewesen ist. Das Urteil ist daher bereits auf die Verfahrensrüge aufzuheben, sodass es auf die Sachrüge nicht mehr ankommt.“

Dem schließt sich der Senat an (3 StR 130/14).

30. Verhandlungsprotokoll, Beweiskraft des Protokolls – §§ 271 ff. StPO

Die **Beweiskraft des Protokolls entfällt**, wenn und soweit sich **eine der Urkundspersonen nachträglich** zu Gunsten des oder der Angeklagten vom Protokollinhalt distanziert.[562] **565**

[5] 2. Die Rügen der vorschriftswidrigen Besetzung des erkennenden Gerichts nach § 338 Nr. 1 StPO sind zulässig erhoben, insbesondere sind sie nicht wegen nicht fristgemäßer Erhebung der Besetzungseinwände nach § 222b StPO präkludiert, vielmehr sind die rechtzeitig und in der vorgeschriebenen Form angebrachten Einwände der Angeklagten zurückgewiesen worden (§ 338 Nr. 1, 2. Halbsatz, Buchst. b StPO). Hierzu gilt:

[6] a) Nach § 222b Abs. 1 Satz 1 StPO kann in Fällen, in denen – wie hier – die Besetzung des Gerichts nach § 222a StPO mitgeteilt worden ist, der Einwand der vorschriftswidrigen Besetzung nur bis zur Vernehmung des ersten Angeklagten in der Hauptverhandlung geltend gemacht werden. Ausweislich des von der Revision vorgelegten Protokolls des ersten Hauptverhandlungstages kündigte zunächst ein Verteidiger des Angeklagten K., Rechtsanwalt W., vor Verlesung der Anklageschrift an, einen Antrag zur Gerichtsbesetzung stellen zu wollen. Ein Verteidiger des Angeklagten L., Rechtsanwalt R., erklärte, dass er ebenfalls einen solchen Antrag stellen wolle. Im Anschluss daran ist protokolliert, dass die Angeklagten Angaben über ihre persönlichen Verhältnisse machten, die Vertreterin der Staatsanwaltschaft den Anklagesatz verlas, festgestellt wurde, dass die Anklage mit Eröffnungsbeschluss der Strafkammer zur Hauptverhandlung zugelassen worden war und die Angeklagten belehrt wurden, dass es ihnen freistehe, sich zur Beschuldigung zu äußern oder nicht zur Sache auszusagen. Das Protokoll weist sodann aus, dass Rechtsanwalt Dr. S.,

---

562 BGH, Beschluss vom 10.06.2014 – 3 StR 57/14.

der Verteidiger des ehemaligen Mitangeklagten I. erklärt habe, sein Mandant räume die ihn betreffenden Anklagevorwürfe im Wesentlichen ein, und der ehemalige Mitangeklagte I. erklärt habe, dies sei richtig so. Erst im Anschluss daran verlas laut Protokoll Rechtsanwalt W. den von ihm vorformulierten Besetzungseinwand, der als Anlage zum Protokoll genommen wurde und dem sich Rechtsanwalt R. für den Angeklagten L. anschloss.

[7] Da in der protokollierten, von dem ehemaligen Mitangeklagten I. bestätigten Erklärung seines Verteidigers bereits eine Einlassung zur Sache gesehen werden kann (vgl. BGH, Beschluss vom 27. Februar 2007 – 3 StR 38/07, NStZ 2007, 349), wären nach diesem Protokollinhalt die Besetzungseinwände verspätet erhoben und die Revisionsrügen der nicht vorschriftsmäßigen Besetzung des erkennenden Gerichts damit nach § 338 Nr. 1, 2. Halbsatz, Buchst. b StPO präkludiert.

[8] b) Vorliegend ist indes zur Beantwortung der Frage, ob die Einwände der vorschriftswidrigen Besetzung rechtzeitig vor der Vernehmung des ersten Angeklagten zur Sache erhoben worden sind, nicht vom Inhalt des Protokolls auszugehen. Denn das Protokoll entfaltet hier entgegen § 274 Satz 2 StPO keine formelle Beweiskraft.

[9] In Rechtsprechung und Schrifttum ist anerkannt, dass die Beweiskraft des Protokolls entfällt, wenn und soweit sich eine der Urkundspersonen nachträglich zu Gunsten des oder der Angeklagten vom Protokollinhalt distanziert (BGH, Urteil vom 8. Oktober 1953 – 5 StR 245/53, BGHSt 4, 364; Beschluss vom 18. September 1987 – 3 StR 398/87, BGHR StPO § 274 Beweiskraft 1; OLG München, Beschluss vom 25. Mai 2009 – 5 StRR 101/09, wistra 2009, 365; LR/Stuckenberg, StPO, 26. Aufl., § 274 Rn. 34 mwN; KK-Greger, StPO, 7. Aufl., § 274 Rn. 11; s. auch BGH, Urteil vom 8. August 2001 – 2 StR 504/00, NJW 2001, 3794, 3796; Beschluss vom 23. April 2007 – GSSt 1/06, BGHSt 51, 298, 308; weiter gehend offenbar Meyer-Goßner/Schmitt, StPO, 57. Aufl., § 274 Rn. 16). So verhält es sich hier:

[10] aa) Rechtsanwalt W. beantragte als Verteidiger des Angeklagten K. zunächst, das Protokoll der Hauptverhandlung betreffend den ersten Hauptverhandlungstag dahin zu berichtigen, dass er die „Besetzungsrüge" bereits zu Beginn der Hauptverhandlung habe erheben wollen, ihm das Wort dazu nicht erteilt worden sei, auf sein Drängen dieser Umstand und die Zusicherung des Vorsitzenden, dass dem Angeklagten K. durch die spätere Antragstellung keine Nachteile entstehen würden, in das Hauptverhandlungsprotokoll aufgenommen worden seien und er sodann den Besetzungseinwand vor der Vernehmung des ersten Angeklagten zur Sache – eine Einlassung eines Angeklagten habe es am ersten Hauptverhandlungstag nicht gegeben – erhoben habe. Zur Glaubhaftmachung überreichte er anwaltliche Versicherungen von sich selbst und den anderen drei Verteidigern der Angeklagten. Diesen Protokollberichtigungsantrag wies der Vorsitzende der Strafkammer zurück, weil weder er noch die Protokollführerin nach Ablauf von sechs Monaten eine konkrete Erinnerung an den Ablauf des Hauptverhandlungstages hätten.

[11] Nach Eingang der Revisionsbegründungen, die die vorliegende Besetzungsrüge enthielten, gab der Vorsitzende der Strafkammer eine dienstliche Erklärung ab, in der er sich gegen den erhobenen Vorwurf der Protokollfälschung verwahrte und weiterhin betonte, dass er sich an den Ablauf des ersten Hauptverhandlungstages nicht mehr erinnere und deshalb keine zuverlässigen Angaben dazu machen könne. Entsprechendes gelte für die Protokollführerin. Nach weiteren Erwägungen erklärte er, er könne sich eine objektiv unzutreffende Protokollierung zwar nicht vorstellen,

wenn eine solche aber vorliege, handele es sich nicht um eine bewusste Falschbeurkundung, sondern lediglich um eine nachlässige Protokollierung. Er halte es indes „allenfalls für denkbar“, dass er nach der Belehrung der Angeklagten erklärt habe, infolge der vorgerückten Zeit sollten die Einlassungen der Angeklagten bzw. die Gelegenheit dazu auf den zweiten Hauptverhandlungstag verschoben werden, und der Verteidiger des ehemaligen Mitangeklagten I. daraufhin mit dessen Zustimmung eine geständige Einlassung seines Mandanten lediglich angekündigt habe. Dies könne die Protokollführerin möglicherweise als Einlassung zur Sache gewertet und entsprechend protokolliert haben, was ihm bei der späteren Lektüre des Protokolls nicht aufgefallen sei.

[12] bb) Entgegen der Auffassung des Generalbundesanwalts ist der Vorsitzende der Strafkammer als eine der beiden Urkundspersonen damit nachträglich vom Inhalt des Hauptverhandlungsprotokolls abgerückt. Dafür ist es nicht erforderlich, dass die Urkundsperson das Protokoll ausdrücklich als unrichtig bezeichnet, es reicht vielmehr aus, wenn sich aus ihrer Erklärung ergibt, dass sie von dem protokollierten Protokollinhalt nicht mehr überzeugt ist (OLG München, aaO). Diese Voraussetzung ist hier erfüllt: Der Vorsitzende der Strafkammer hält ausweislich der Ausführungen in seiner dienstlichen Erklärung den vom Protokoll abweichenden Ablauf der Hauptverhandlung ausdrücklich für denkbar, er hält es insoweit für möglich, dass die Protokollführerin die bloße Ankündigung einer Einlassung irrtümlich als Abgabe einer solchen protokolliert habe und ihm dies vor Unterzeichnung des Protokolls nicht aufgefallen sei. Dass er sich eine objektiv unrichtige Protokollierung gleichwohl nicht vorstellen kann, ist demgegenüber schon deshalb ohne maßgebende Bedeutung, weil er gerade keine konkrete Erinnerung mehr an den Ablauf des Hauptverhandlungstages hat. Im Ergebnis hat sich der Vorsitzende Richter damit vom Protokollinhalt in dem Sinne distanziert, dass er einen anderen Ablauf als den protokollierten jedenfalls nicht ausschließen kann. Dann kann er – auf rationaler Basis – aber auch nicht mehr davon überzeugt sein, dass der Hauptverhandlungstag wie protokolliert abgelaufen ist.

[13] c) Folge der Distanzierung einer Urkundsperson vom Protokollinhalt ist hier – wie dargelegt – der Verlust der Beweiskraft des Protokolls. Dies führt dazu, dass das Revisionsgericht den tatsächlichen Ablauf des maßgeblichen Verfahrensgeschehens im Freibeweisverfahren aufzuklären hat (allg. Meinung, s. nur Meyer-Goßner/Schmitt, aaO, § 274 Rn. 18 mwN).

[14] aa) Aufgrund der auch im Revisionsverfahren vorgelegten anwaltlichen Versicherungen der Verteidiger der Angeklagten und der durch den Generalbundesanwalt eingeholten Mitteilung des Verteidigers des ehemaligen Mitangeklagten I., Rechtsanwalt Dr. S., ist der Senat jedenfalls davon überzeugt, dass am ersten Hauptverhandlungstag vor Erhebung des Besetzungseinwands durch Rechtsanwalt W. eine Einlassung des ehemaligen Mitangeklagten I. nicht abgegeben, sondern – entsprechend den Erwägungen in der dienstlichen Erklärung des Vorsitzenden der Strafkammer – nur angekündigt worden ist. Dies steht mit den anwaltlichen Versicherungen aller Verteidiger im Einklang, nach denen eine Einlassung eines Angeklagten am ersten Hauptverhandlungstag nicht abgegeben worden sei. Dass deren Erinnerung zutreffend ist, wird wiederum dadurch gestützt, dass die Strafkammer den Besetzungseinwand nicht etwa als unzulässig verworfen, sondern als unbegründet zurückgewiesen hat. Wäre sie von einer die Präklusion auslösenden verfristeten Erhebung des Einwands ausgegangen, hätte sie bei richtiger Rechtsanwendung – entgegen den Äußerungen des Vorsitzenden Richters in seiner dienstlichen Erklä-

rung – den Einwand hingegen als unzulässig verwerfen müssen (KK-Gmel, aaO, § 222b Rn. 14; Meyer-Goßner/Schmitt, aaO, § 222b Rn. 11).

[15] Der sich aus den anwaltlichen Versicherungen der Verteidiger der Angeklagten in der Zusammenschau mit der dienstlichen Erklärung des Vorsitzenden der Strafkammer ergebende Ablauf der Hauptverhandlung wird auch durch das Schreiben von Rechtsanwalt Dr. S. nicht entkräftet. Dieser hat zwar mitgeteilt, er sei sich sicher, dass er am ersten Hauptverhandlungstag erklärt habe, dass sein Klient die Vorwürfe im Wesentlichen einräume und dieser das bestätigt habe; „eine detaillierte Einlassung" sei indes erst am zweiten Hauptverhandlungstag abgegeben worden. Dies steht angesichts des geschilderten Ablaufs und der Pauschalität der Erklärung, die Vorwürfe würden „im Wesentlichen" eingeräumt, ersichtlich nicht im Widerspruch dazu, dass eine Einlassung des ehemaligen Mitangeklagten I. damit am ersten Hauptverhandlungstag lediglich für den nächsten Hauptverhandlungstag angekündigt, nicht aber bereits abgegeben worden ist.

[16] bb) Nachdem der Vorsitzende der Strafkammer und die Protokollführerin keine Erinnerung mehr an die Abläufe des Hauptverhandlungstages hatten und die Staatsanwaltschaft eine Revisionsgegenerklärung nicht abgegeben hat, sieht der Senat von der Einholung weiterer dienstlicher Erklärungen, etwa der Beisitzer, der Schöffen oder der Sitzungsvertreterin der Staatsanwaltschaft ab: Da schon die Urkundspersonen sich nicht mehr an die konkreten, von ihnen zu beurkundenden Abläufe erinnern können, steht nicht zu erwarten, dass die Verfahrensbeteiligten, die weniger Veranlassung hatten, sich die genauen Abläufe einzuprägen, zur Sachaufklärung beitragen könnten.

[17] d) War damit nach dem freibeweislich festgestellten Verfahrensgang davon auszugehen, dass die Verteidiger für jeden der Angeklagten den Besetzungseinwand nach § 222b Abs. 1 StPO rechtzeitig erhoben hatten, kommt es nicht mehr darauf an, ob die Besetzungsrügen auch aus anderen Gründen als zulässig anzusehen wären: Nach dem Vortrag der Revisionen habe der Vorsitzende Richter die Entgegennahme der Besetzungseinwände vor Verlesung der Anklageschrift zwar abgelehnt, aber zugesichert, diese könnten ohne Rechtsnachteile für die Angeklagten zu einem späteren Zeitpunkt erhoben werden und dies auf Drängen von Rechtsanwalt W. auch in das Protokoll aufgenommen. Im Protokoll findet sich – wie dargelegt – nur die Passage, dass Rechtsanwalt W. einen Antrag zur Gerichtsbesetzung angekündigt und Rechtsanwalt R. erklärt habe, ebenfalls einen solchen Antrag stellen zu wollen.

[18] Der Senat sieht Anlass, zu der von den Revisionen dargestellten Vorgehensweise zu bemerken, dass der Vorsitzende grundsätzlich nicht verpflichtet ist, Anträge der Verfahrensbeteiligten zu jeder Zeit entgegenzunehmen (BGH, Beschlüsse vom 5. November 2003 – 1 StR 368/03, BGHSt 48, 372 f.; vom 24. Januar 2006 – 3 StR 460/05, NStZ 2006, 463). Werden sie zu einem ungünstigen Zeitpunkt gestellt, kann er – auch bei fristgebundenen Anträgen – den Antragsteller auf einen späteren Zeitpunkt verweisen, wobei es die Fürsorgepflicht aber in aller Regel gebietet, dass der Vorsitzende von sich aus auf das zurückgestellte Anliegen zurückkommt (LR/Becker, aaO, § 238 Rn. 4). Fraglich ist, ob der Vorsitzende Richter ausgehend von diesen Grundsätzen nicht schon auf der Grundlage des Inhalts des vorliegenden Hauptverhandlungsprotokolls gehalten war, den Angeklagten vor Vernehmung des ersten Angeklagten zur Sache von sich aus das Wort zur Erhebung der angekündigten, aber auf sein Betreiben zurückgestellten Besetzungseinwände zu erteilen. Es ist kein Grund ersichtlich, aus dem die Verteidiger der Angeklagten von sich aus auf

die Erhebung der Besetzungseinwände vor Verlesung der Anklageschrift hätten verzichten und stattdessen diese nur hätten ankündigen sollen; der Vorsitzende Richter hat in seiner dienstlichen Erklärung – schon aufgrund seiner fehlenden Erinnerung – nicht in Abrede gestellt, die Verteidiger zur Zurückstellung der Besetzungseinwände gebracht zu haben. Hätte bei einem solchen Verfahrensablauf aber der Vorsitzende Richter von sich aus auf die Besetzungseinwände zurückkommen müssen, hätte er dies auch zum gebotenen Zeitpunkt und damit vor Vernehmung des ersten Angeklagten zur Sache tun müssen. Hätte er dies in Verletzung seiner prozessualen Fürsorgepflicht unterlassen, erschiene es zweifelhaft, den Angeklagten die verspätete Erhebung des Besetzungseinwandes anzulasten und sie mit der Rüge nach § 338 Nr. 1 StPO auszuschließen. Letztlich kann dies aber offen bleiben, weil die Besetzungseinwände – wie oben dargelegt – nicht verfristet erhoben worden sind.

[19] 3. Die auch im Übrigen zulässigen Besetzungsrügen der Angeklagten sind gleichfalls begründet. Zu Recht rügen sie, dass sie durch die Vorgehensweise des Landgerichts bei der Geschäftsverteilung ihrem gesetzlichen Richter entzogen worden sind.

[20] Welches Verfahren zur Bestimmung des im Einzelfall berufenen Richters einzuhalten ist und welche Richter an der Entscheidung mitwirken müssen, ist in den Vorschriften des Gerichtsverfassungsgesetzes, insbesondere in den §§ 21a bis 21g GVG ausdrücklich geregelt. Darüber hinaus gelten weitere Rechtsgrundsätze, die sich daraus ergeben, dass sowohl nach einfachem Recht (§ 16 Satz 2 GVG) als auch nach Verfassungsrecht (Art. 101 Abs. 1 Satz 2 GG) niemand seinem gesetzlichen Richter entzogen werden darf. Zu diesen Grundsätzen zählt, dass eine Strafsache dem erkennenden Gericht nach allgemeinen, abstrakten Regelungen zuzuweisen ist; die Sache muss „blindlings" zu dem zuständigen Richter oder Spruchkörper gelangen (BGH, Urteil vom 28. September 1954 – 5 StR 275/53, BGHSt 7, 23, 24; LR/Franke, aaO, § 338 Rn. 14 mwN). Diese Grundsätze sind bei der Aufstellung und der Änderung eines Geschäftsverteilungsplans durch das Präsidium eines Landgerichts gleichsam zu beachten; auch insoweit gilt, dass eine spezielle Zuweisung bestimmter einzelner Verfahren unzulässig ist (vgl. BGH, Beschluss vom 4. August 2009 – 3 StR 174/09, StV 2010, 294, 295; BVerfG, Beschluss vom 16. Februar 2005 – 2 BvR 581/03, NJW 2005, 2689, 2690).

[21] Nach diesen in ständiger Rechtsprechung wiederholten und vom Schrifttum einhellig geteilten Grundsätzen war die Übertragung des Verfahrens „gegen K. u.a." an die 6. große Strafkammer erkennbar rechtsfehlerhaft, weil es sich dabei um eine unzulässige Einzelzuweisung handelte. Dem steht nicht entgegen, dass eine Entlastung der 4. großen Strafkammer sachgerecht gewesen sein mag und zu diesem Zweck auch die Zuständigkeit für bereits anhängige Verfahren geändert werden darf, denn auch in diesen Fällen muss die Neuregelung generell und abstrakt gelten und darf nicht nur ein bestimmtes, namentlich benanntes Verfahren betreffen (vgl. zur insoweit zulässigen Verteilung bereits anhängiger Verfahren BVerfG, Beschluss vom 18. März 2009 – 2 BvR 229/09, BVerfGK 15, 247, 248 f.).

Die Unterbringung des Angeklagten nach § 63 StGB hätte keinen Bestand haben **566**
können, weil der Angeklagte – wie er mit einer zulässigen Rüge der **Verletzung der Hinweispflicht des Gerichtes** (§ 265 Abs. 1 und 2 StPO) geltend macht – in der Hauptverhandlung nicht ordnungsgemäß auf die Möglichkeit einer Unterbringung nach § 63 StGB hingewiesen worden ist. Die **Beobachtung dieser Förmlichkeit** kann

nur durch die Sitzungsniederschrift bewiesen werden (§ 274 StPO), so dass die abgegebenen dienstlichen Erklärungen ohne Bedeutung sind. Eine Protokollberichtigung ist nicht erfolgt.[563]

31. Schriftliches Urteil, Urteilsabsetzungsfrist und Verhinderung eines Richters – § 275 StPO

567 Alle **berufsrichterlichen Mitglieder des Spruchkörpers sind für die Einhaltung der Frist nach § 275 Abs. 1 StPO verantwortlich.** Beim Ausfall des Berichterstatters muss deshalb notfalls ein anderer erkennender Berufsrichter das Urteil abfassen, sofern ihm dies möglich und zumutbar ist.[564]

[2] Mit Recht beanstandet die Revision, dass das am 29. November 2012 nach 23 Hauptverhandlungstagen verkündete Urteil erst am 4. Juni 2013 – und damit nach Ablauf der Urteilsabsetzungsfrist am 14. Februar 2013 – zu den Akten gebracht worden ist.

[3] An der Einhaltung dieser Frist war das Landgericht – worauf der Generalbundesanwalt in seiner Antragsschrift hingewiesen hat – nicht durch einen unvorhersehbaren und unabwendbaren Umstand im Sinne des § 275 Abs. 1 Satz 4 StPO gehindert. Ein solcher Umstand ist nicht etwa in der noch bei Eingang der Revisionsbegründung am 17. Juli 2013 andauernden Erkrankung des Vorsitzenden, der zugleich der Berichterstatter war, zu sehen. Der Vermerk der beisitzenden Richterin S. vom 13. Februar 2013 führt hierzu u.a. Folgendes aus:

> *„Der Vorsitzende Richter am Landgericht K. wurde am 31.01.2013 aufgrund einer nicht vorhersehbaren schweren Erkrankung stationär im Krankenhaus aufgenommen. Nunmehr wurde bekannt, dass seine Erkrankung voraussichtlich einen längerfristigen Aufenthalt im Krankenhaus erfordert. …"*

[4] Auf diese Feststellung am Tag vor Ablauf der Urteilsabsetzungsfrist durften sich die beisitzenden Richter nicht beschränken. Alle berufsrichterlichen Mitglieder des Spruchkörpers sind für die Einhaltung der Frist nach § 275 Abs. 1 StPO verantwortlich. Beim Ausfall des Berichterstatters muss deshalb notfalls ein anderer erkennender Berufsrichter das Urteil abfassen, sofern ihm dies möglich und zumutbar ist (vgl. BGH, Urteil vom 2. Dezember 1975 – 1 StR 701/75, BGHSt 26, 247, 249; Beschlüsse vom 9. August 1988 – 5 StR 295/88, BGHR StPO § 338 Nr. 7 Fristüberschreitung 1, vom 27. April 1999 – 4 StR 141/99, NStZ 1999, 474, und vom 9. Dezember 2010 – 5 StR 485/10, StV 2011, 211). Gründe dafür, dass es den Beisitzern unmöglich oder unzumutbar gewesen wäre, innerhalb der verbleibenden Urteilsabsetzungsfrist von zwei Wochen das nicht sonderlich umfangreiche und schwierige Urteil selbst abzufassen, sind nicht ersichtlich. Der Senat vermag insbesondere den von der Revision mitgeteilten Vermerken der Richterin am Amtsgericht S. vom 13. Februar, 8. Mai und 4. Juni 2013 einen die Fristüberschreitung rechtfertigenden Grund nicht zu entnehmen: Der Umstand, dass bis zum Ablauf der Urteilsabsetzungsfrist nicht geklärt worden ist, ob und in welchem Umfang Vorsitzender Richter am Landgericht K. bereits einen Urteilsentwurf gefertigt hatte, ist hierzu

---

[563] BGH, Beschluss vom 20.05.2014 – 5 StR 173/14.
[564] BGH, Beschluss vom 18.12.2013 – 4 StR 390/13.

von vornherein ungeeignet. Die Stellungnahmen enthalten sich auch jeder Begründung dafür, dass die Abfassung des Urteils ohne Einsicht in Mitschriften des erkrankten Vorsitzenden nicht möglich gewesen sein sollte; das ist nach Sachlage auszuschließen (vgl. BGH, Beschluss vom 6. Februar 2008 – 2 StR 492/07, BGHR StPO § 275 Abs. 1 Satz 4 Umstand 6). Sonach hat das Revisionsgericht davon auszugehen, dass Umstände, die eine Fristüberschreitung rechtfertigen könnten, fehlen (vgl. BGH, Beschlüsse vom 9. August 1988 und vom 27. April 1999, jew. aaO).

[5] Auf die Frage, ob nach Ablauf der Urteilsabsetzungsfrist in der Zeit bis zum 4. Juni 2013 gegen die Pflicht, das Urteil nunmehr mit größtmöglicher Beschleunigung fertigzustellen (BGH, Beschlüsse vom 7. September 1982 – 1 StR 249/82, NStZ 1982, 519, und vom 21. Juni 1995 – 3 StR 215/95, BGHR StPO § 275 Abs. 1 Satz 4 Umstand 4), verstoßen worden ist, kommt es daher nicht mehr an.

Die **Beschwerde gegen erstinstanzliche Entscheidungen des Oberlandesgerichts über** **568**
das Akteneinsichtsrecht des Verletzten nach § 406e Abs. 4 StPO ist nicht statthaft.[565]

[2] Die Beschwerden, die sich gegen den Umfang der gewährten Akteneinsicht richten, sind sämtlich nicht statthaft. Dies gilt sowohl für die Beschwerden der Händler, die als Verletzte nach § 406e StPO i.V.m. § 46 OWiGumfassendere Akteneinsicht begehren, als auch für die Beschwerden der Betroffenen und der Nebenbetroffenen, die sich gegen die aus ihrer Sicht zu weit gehende Gewährung von Akteneinsicht wenden.

[3] 1. Es kann dahinstehen, unter welchen Voraussetzungen Entscheidungen nach § 406e StPO, der nach § 46 Abs. 3 Satz 4 OWiG auch im Bußgeldverfahren Anwendung findet, generell einer Anfechtung unterliegen. Die Beschwerden sind jedenfalls nicht statthaft, wenn die Entscheidung – wie hier – vom Oberlandesgericht getroffen wurde.

[4] Entgegen der Auffassung der Antragstellerinnen ist durch die Neufassung des § 406e Abs. 4 StPO durch das Gesetz zur Stärkung der Rechte von Verletzten und Zeugen im Strafverfahren (2. Opferrechtsreformgesetz) vom 29. Juli 2009 (BGBl. I S. 2280) die Rechtslage – soweit es die hier zu entscheidende Frage betrifft – nicht geändert worden. Mit dieser Regelung sollten die bis dahin zersplitterten Akteneinsichtsrechte der Verletzten, Nebenklagebefugten und Nebenkläger vereinheitlicht werden (BT-Drucks. 16/12098, S. 34). Die neu geschaffene Regelung des § 406e Abs. 4 Satz 4 StPO räumt demgemäß grundsätzlich auch dem Verletzten die in § 304 StPO gegen erstinstanzliche Entscheidungen vorgesehene Möglichkeit der Beschwerde ein (BT-Drucks. aaO S. 36). Allerdings geht auch insoweit die Beschwerdemöglichkeit im Ordnungswidrigkeitsverfahren nicht weiter als nach den Regelungen der Strafprozessordnung. Dort sind Beschlüsse der Oberlandesgerichte grundsätzlich unanfechtbar. Lediglich unter den Voraussetzungen des § 304 Abs. 4 Satz 2 StPO ist eine Beschwerde gegen Beschlüsse und Verfügungen der Oberlandesgerichte in Sachen statthaft, in denen diese Gerichte im ersten Rechtszug zuständig sind. Dies trifft zwar auf das kartellrechtliche Ordnungswidrigkeitsverfahren zu (§ 83 GWB), weshalb der Bundesgerichtshof in Kartellbußgeldsachen die Beschwerden in den Fällen des § 304 Abs. 4 Satz 2 StPO unter engen Voraussetzungen zugelassen hat (BGH, Beschluss vom 4. Oktober 2007 – KRB 59/07, BGHSt 52, 58

[565] BGH, Beschluss vom 18.02.2014 – KRB 12/13.

Rn. 4). Dem Verletzten steht nach den eng auszulegenden Ausnahmetatbeständen des § 304 Abs. 4 Satz 2 StPO die Beschwerde aber nicht zu.

[5] Zu den enumerativ aufgezählten Beschwerdetatbeständen gehören nach § 304 Abs. 4 Satz 2 Nr. 4 StPO auch Entscheidungen, welche die Akteneinsicht betreffen. Wie der Bundesgerichtshof – allerdings noch unter Geltung der Vorgängerregelung – bereits entschieden hat (BGH, Beschluss vom 19. Dezember 1989 – KRB 4/89, BGHSt 36, 338; vgl. auch Beschluss vom 10. Oktober 1990 – StB 19/90, NStZ 1991, 95), ist die Beschwerde durch diese Vorschrift indessen nur insoweit eröffnet, als einem Verfahrensbeteiligten durch die (teilweise) Verweigerung der Akteneinsicht die sachgerechte Interessenwahrnehmung in dem Straf- bzw. Bußgeldverfahren erschwert wird. Dies ergibt sich aus dem Zweck der gesetzlichen Regelung des § 304 Abs. 4 Satz 2 Nr. 4 StPO, die den Streit um den Umfang der Akteneinsicht im Hinblick auf ein anhängiges Straf- (bzw. Bußgeld-)Verfahren einer Entscheidung durch das Rechtsmittelgericht zuführen will (BGH, Beschluss vom 4. Oktober 2007 – KRB 59/07, BGHSt 52, 58 Rn. 5). Dieser Grundsatz ist durch die 2. Opferrechtsnovelle unangetastet geblieben, weil zwar die Rechtsstellung des Verletzten im Hinblick auf die Akteneinsicht verbessert, aber nicht der für die Eröffnung der Beschwerde nach § 304 Abs. 4 Satz 2 StPO erforderliche Bezug zum Gegenstand des Straf- bzw. Bußgeldverfahrens aufgehoben werden sollte. Die Beschwerde ist deshalb im kartellrechtlichen Ordnungswidrigkeitsverfahren weiterhin nur statthaft, wenn die Akteneinsicht für die Interessenwahrnehmung im Hinblick auf den Schuldspruch, die Bußgeldbemessung oder eine sonstige wesentliche Entscheidung im Bußgeldverfahren selbst von Bedeutung sein kann.

[6] 2. Um eine solche Fallgestaltung geht es hier indes weder im Rahmen der Beschwerden der Betroffenen oder der Nebenbetroffenen noch bei den Beschwerden der Antragstellerinnen. Vielmehr steht allein in Rede, in welchem Umfang den Antragstellerinnen zur Ermöglichung oder Erleichterung eines zukünftigen Schadensersatzprozesses Akteneinsicht zu gewähren ist oder die Akteneinsicht zu beschränken ist, weil die Betroffenen oder die Nebenbetroffene in der Interessenabwägung überwiegende Geheimhaltungsinteressen geltend machen können. Die Entscheidung dieser Frage ist für das Ordnungswidrigkeitsverfahren selbst nicht von Bedeutung. Hinsichtlich der Antragstellerinnen gilt dies schon deshalb, weil diese nach § 46 Abs. 3 Satz 4 OWiG – ungeachtet ihres Akteneinsichtsrechts – keine eigenständige prozessuale Stellung in dem Bußgeldverfahren einnehmen. Gleichfalls sind für Betroffene und Nebenbetroffene in dem gegen sie geführten Bußgeldverfahren keine durch den Umfang der Akteneinsicht der Antragstellerinnen drohende Nachteile im Sinne einer Einschränkung ihrer Verteidigungsmöglichkeiten ersichtlich. Auch ihre Beschwerden sind deshalb nicht statthaft, weil diese ebenfalls ein außerhalb des Kartellbußgeldverfahrens liegendes Streitverhältnis betreffen (vgl. BGH, Beschluss vom 18. Januar 2005 – StB 6/04, BGHR StPO § 304 Abs. 4 Akteneinsicht 3).

32. Rechtsmittel: Einlegung, Beschränkung, Rücknahme und Rechtsmittelverzicht – §§ 296 ff. StPO

569 Wird die **Wirksamkeit einer Rechtsmittelrücknahme** von einem Verfahrensbeteiligten bestritten, so ist in der Regel eine feststellende Klärung durch förmliche Entscheidung des Rechtsmittelgerichts angezeigt.

Die für die Wirksamkeit der Revisionsrücknahme durch den Verteidiger gemäß § 302 Abs. 2 StPO erforderliche ausdrückliche Ermächtigung des Angeklagten liegt vor, sofern der Verteidiger erklärt, nach Rücksprache und im Auftrag seines Mandanten zu handeln. An diese **Rücknahme ist der Angeklagte gebunden**; denn eine wirksame Rücknahmeerklärung ist grundsätzlich unwiderruflich und unanfechtbar. Dass der Angeklagte bei der Erteilung der Ermächtigung zur Revisionsrücknahme einem Motivirrtum unterlegen ist, vermag eine Anfechtung des Rechtsmittelverzichts auch nicht ausnahmsweise zu begründen.[566]

Ein vom Nebenkläger bevollmächtigter und danach beigeordneter Rechtsanwalt **570**
kann für die bestimmenden Revisionsschriftsätze **Untervollmacht** erteilen.

Unterzeichnet ein unterbevollmächtigter Rechtsanwalt die von dem eigentlich mandatierten Rechtsanwalt verfasste Revisionsbegründungsschrift mit dem **Zusatz „für Rechtsanwalt ...“**, so rechtfertigt allein dieser Umstand keinen Zweifel daran, dass er sich den Inhalt der Schrift zu eigen gemacht und dafür auf Grund eigener Prüfung **die Verantwortung übernommen hat** (§ 390 Abs. 2 StPO).[567]

Der vom Angeklagten erklärte **Verzicht auf Rechtsmittel** ist als **Prozesserklärung** **571**
grundsätzlich unwiderruflich und unanfechtbar. Gründe, die ausnahmsweise zur Unwirksamkeit des Rechtsmittelverzichts des Angeklagten führen könnten, liegen nicht vor.[568]

[2] Die Revision ist unzulässig. Der Angeklagte hat nach Verkündung des Urteils und nach Rechtsmittelbelehrung erklärt: „Ich akzeptiere das Urteil und verzichte auf Rechtsmittel.“ Seine Verteidiger haben anschließend keine Erklärung abgegeben. Damit hat der Angeklagte wirksam auf Rechtsmittel verzichtet (§ 302 Abs. 1 Satz 1 StPO).

[3] 1. Der Angeklagte hat eindeutig, vorbehaltlos und ausdrücklich erklärt, dass er auf Rechtsmittel verzichtet und das Urteil annimmt. Diese Prozesserklärung ist grundsätzlich unwiderruflich und unanfechtbar (vgl. Senat, Beschluss vom 14. Januar 1986 – 1 StR 589/85, NStZ 1986, 277, 278).

[4] 2. Gründe, die ausnahmsweise zur Unwirksamkeit des Rechtsmittelverzichts des Angeklagten führen könnten, liegen nicht vor:

[5] a) Eine die Wirksamkeit des Rechtsmittelverzichts hindernde Verständigung nach § 257c StPO (vgl. § 302 Abs. 1 Satz 2 StPO) oder eine ebenso wirkende informelle Verständigung (vgl. BGH, Beschluss vom 24. September 2013 – 2 StR 267/13) gab es in dem Verfahren nicht. Ebenso wenig gibt es Anhaltspunkte für eine unzulässige Willensbeeinflussung des Angeklagten vor Abgabe des Rechtsmittelverzichts.

[6] b) Die von der Verteidigerin vorgetragenen Umstände führen – selbst wenn sie zutreffen sollten – nicht zur Unwirksamkeit des Rechtsmittelverzichts:

[7] aa) Dass es sich bei der Erklärung des Angeklagten um eine wütende Spontanäußerung handelt, stellt die Wirksamkeit des Rechtsmittelverzichts nicht in Frage; auch der in emotionaler Aufgewühltheit erklärte Rechtsmittelverzicht ist wirksam (vgl. Senat, Beschluss vom 20. April 2004 – 1 StR 14/04, bei Becker

---

566 BGH, Beschluss vom 14.10.2014 – 3 StR 421/14.

567 BGH, Urteil vom 13.08.2014 – 2 StR 573/13, vgl. hierzu weiterhin Rn. 658.

568 BGH, Beschluss vom 25.02.2014 – 1 StR 40/14.

NStZ-RR 2005, 257, 261). Verhandlungsunfähigkeit des Angeklagten wird weder vorgebracht, noch wäre hierfür sonst etwas ersichtlich.

[8] bb) Soweit die Revision vorträgt, der Angeklagte habe vor seiner Erklärung keine Rücksprache mit seinen Verteidigern gehalten, steht dies der Wirksamkeit des Rechtsmittelverzichts nicht entgegen.

[9] Zwar entspricht es gefestigter Rechtsprechung des Bundesgerichtshofs, dass durch das Gericht dem Angeklagten vor Erklärung eines Rechtsmittelverzichts Gelegenheit gegeben werden muss, sich mit seinem Verteidiger zu besprechen, oder dass der Verteidiger Gelegenheit erhalten muss, seinen Mandanten zu beraten (BGH, Urteil vom 21. April 1999 – 5 StR 714/98, BGHSt 45, 51, 57 mwN; vgl. auch BVerfG – Kammer, Beschluss vom 25. Januar 2008 – 2 BvR 325/06, NStZ-RR 2008, 209). Ein bindender Rechtsmittelverzicht wird deshalb nicht angenommen, solange der Angeklagte oder sein Verteidiger zu erkennen geben, dass sie die Frage des Verzichts noch miteinander oder mit Dritten erörtern wollen (vgl. BVerfG aaO; Senat, Urteil vom 12. Februar 1963 – 1 StR 561/62, BGHSt 18, 257, 260). Solche Umstände sind hier jedoch weder vorgebracht noch sonst ersichtlich. Anstatt Erörterungsbedarf hinsichtlich der Frage des Rechtsmittelverzichts anzumelden (vgl. Senat aaO S. 259), haben die Verteidiger nach der eindeutigen und unmissverständlichen Erklärung des Angeklagten, er nehme das Urteil an und verzichte auf Rechtsmittel, keine Erklärung abgegeben. Es gibt deshalb nach dem Vortrag der Revision keine Anhaltspunkte dafür, dass das Landgericht dem Angeklagten einen Rechtsmittelverzicht ohne vorherige Beratung mit seinem Verteidiger abverlangt oder ihm jedenfalls vor der Verzichtserklärung keine Gelegenheit gegeben hätte, sich mit seinen Verteidigern zu besprechen (vgl. hierzu BGH, Beschluss vom 13. Januar 2000 – 4 StR 619/99, NStZ 2000, 441, 442 mwN).

[10] cc) Soweit die Revision behauptet, dem nicht deutsch sprechenden Angeklagten sei die Tragweite seiner Erklärung nicht bewusst gewesen, sind hierfür außer der Fremdsprachigkeit keine Anhaltspunkte vorgetragen oder sonst ersichtlich. Die Sprachunkundigkeit eines Angeklagten ist jedoch regelmäßig unerheblich, wenn – wie hier – ein Dolmetscher anwesend ist und dieser die Rechtsmittelbelehrung des Vorsitzenden übersetzt, so dass der Angeklagte weiß, dass er über die Frage einer Anfechtung des Urteils entscheidet (vgl. BGH, Beschluss vom 13. Januar 2000 – 4 StR 619/99, NStZ 2000, 441, 442 mwN; vgl. auch BGH, Beschluss vom 3. März 2004 – 1 StR 1/04, NStZ-RR 2004, 214). …

[12] 3. Verzichtet der Angeklagte wirksam auf Rechtsmittel, ist – anders als die Revision meint – ein später eingelegtes Rechtsmittel seines Verteidigers wirkungslos (vgl. BGH, Beschluss vom 9. August 1985 – 3 StR 289/85, bei Pfeiffer/Miebach NStZ 1986, 206, 208; Jesse in Löwe/Rosenberg, StPO, 26. Aufl., § 297 Rn. 10 mwN; SSW-StPO/Hoch, § 297 Rn. 5).

572 Auch ein **vom Verteidiger eingelegtes** Rechtsmittel kann **vom Angeklagten zurückgenommen** werden.[569]

[2] Der Angeklagte hat die Revision wirksam zurückgenommen. Dabei ist ohne Bedeutung, dass sie vom Verteidiger eingelegt worden war, denn auch ein vom Verteidiger eingelegtes Rechtsmittel kann vom Angeklagten zurückgenommen werden

569 BGH, Beschluss vom 20.05.2014 – 5 StR 531/13.

(vgl. BGH, Beschlüsse vom 13. Januar 2005 – 1 StR 563/04, BGHR StPO § 302 Abs. 2 Rücknahme 10, und vom 17. Februar 2011 – 4 StR 691/10, StraFo 2011, 232).

[3] Die Rücknahmeerklärung ist eindeutig; der Angeklagte war sich der Bedeutung und Tragweite seiner Erklärung bewusst; es liegen keine Anhaltspunkte dafür vor, dass er die Prozesserklärung sprachbedingt nicht verstanden hat. Die Behauptung des Angeklagten, er sei falsch verstanden worden, wird durch die dienstliche Stellungnahme des die Rücknahmeerklärung protokollierenden Rechtspflegers widerlegt. Hiernach hat der Rechtspfleger die Aussage des Angeklagten so gefertigt, wie der Angeklagte sie vorgetragen und gewollt hat. Trotz seiner Anregung, sich wegen der Folgen der Rücknahme zunächst an den Verteidiger zu wenden, um die Angelegenheit mit ihm zu besprechen, habe der Angeklagte um entsprechende Protokollierung gebeten. Der Angeklagte habe so gut deutsch gesprochen, dass sich die Frage nach Hinzuziehung eines Dolmetschers nicht gestellt habe. Die Angaben des Rechtspflegers zu den hinreichenden Sprachkenntnissen des Angeklagten stehen im Einklang mit den vom Generalbundesanwalt eingeholten dienstlichen Stellungnahmen des Vorsitzenden Richters am Landgericht und der Staatsanwältin.

[4] Da der Verteidiger die Wirksamkeit der Revisionsrücknahme in Zweifel zieht, stellt der Senat die eingetretene Rechtsfolge förmlich fest (vgl. BGH, Beschlüsse vom 10. April 1991 – 3 StR 354/90, BGHR StPO § 302 Abs. 1 Satz 1 Rechtsmittelverzicht 8, und vom 17. Februar 2011 – 4 StR 691/10, aaO mwN). Über die sofortige Beschwerde gegen den isolierten Kostenbeschluss des Landgerichts vom 12. Juli 2013 hat der Senat nicht zu befinden; die Sache ist vielmehr dem zuständigen Kammergericht zur Entscheidung vorzulegen.

Wenn **Verteidigung und Staatsanwaltschaft** in Gegenwart der für die Entscheidung zuständigen Richter **Anträge zur Strafart und Strafhöhe nach Teileinstellung des Verfahrens und Ablegung eines Geständnisses erörtern,** im Anschluss daran das Gericht nach dem Vortrag eines Formalgeständnisses auf eine – an sich vorgesehene – Beweisaufnahme verzichtet, den übereinstimmenden Anträgen folgt und der **Angeklagte Rechtsmittelverzicht erklärt,** ist in der Regel von einer konkludent geschlossenen Urteilsabsprache auszugehen, die dem Zweck dient, die Anforderungen und Rechtswirkungen einer Verständigung rechtswidrig zu umgehen. Bloßes Schweigen der Richter bei einem Verständigungsgespräch oder die Erklärung, das Gericht trete den Vorschlägen nicht bei, stehen dem nicht entgegen. **573**

Ein Rechtsmittelverzicht ist unwirksam, wenn dem Urteil eine informelle Verständigung vorausgegangen ist.[570]

[2] Die Revision ist zulässig. Der in der Hauptverhandlung vom 25. Februar 2013 durch den Verteidiger erklärte Rechtsmittelverzicht ist entsprechend § 302 Abs. 1 Satz 2 StPO unwirksam, denn dem Urteil lag eine (konkludente) Absprache zugrunde.

[3] 1. a) Dem Protokoll der Hauptverhandlung ist Folgendes zu entnehmen:

[4] Nach Verlesung des Anklagesatzes wurde der Angeklagte vernommen. Dieser erklärte, dass er nicht zu einer Äußerung bereit sei. Darauf wurde die Hauptverhandlung von 09.40 Uhr bis 11.10 Uhr unterbrochen. Danach wurde „gem. § 243 Abs. 4 StPO festgestellt, dass Erörterungen nach den §§ 202a, 212 StPO, deren

[570] BGH, Beschluss vom 24.09.2014 – 2 StR 267/13.

Gegenstand die Möglichkeit einer Verständigung gem. § 257c StPO gewesen ist, stattgefunden haben, aber ohne konkrete Ergebnisse geblieben sind."

[5] Die Sitzungsvertreterin der Staatsanwaltschaft erklärte, dass ein weiteres Verfahren wegen des Vorwurfs des versuchten Betrugs zum Nachteil der Firma H. gemäß § 154 Abs. 1 StPO eingestellt werde. Im Anschluss an diese Ankündigung der Staatsanwaltschaft gab der Wahlverteidiger des Angeklagten für diesen eine Erklärung ab, worauf der Angeklagte erklärte: „Die gemachten Angaben meines Verteidigers treffen zu". Danach wurden „die persönlichen Verhältnisse" mit dem Angeklagten erörtert, und anhand des Auszugs aus dem Bundeszentralregister wurde festgestellt, dass er nicht vorbestraft sei. Die Sitzungsvertreterin der Staatsanwaltschaft beantragte hinsichtlich der Fälle 1 bis 12 und 49 bis 55 der Anklageschrift die Einstellung des Verfahrens gemäß § 154 Abs. 2 StPO. „Nach Beratung am Richtertisch" beschloss die Strafkammer dies.

[6] Der Vorsitzende erklärte anschließend, dass eine „qualifizierte Absprache gem. § 257c StPO" nicht stattgefunden habe.

[7] Hierauf wurde die Beweisaufnahme geschlossen. Die Sitzungsvertreterin der Staatsanwaltschaft und der Wahlverteidiger beantragten übereinstimmend die Verurteilung des Angeklagten zu einer Gesamtfreiheitsstrafe von zwei Jahren bei Strafaussetzung zur Bewährung und zu einer Gesamtgeldstrafe von 360 Tagessätzen zu 30 Euro.

[8] Das Landgericht verurteilte den Angeklagten zu einer Gesamtfreiheitsstrafe von zwei Jahren mit Strafaussetzung zur Bewährung und einer Gesamtgeldstrafe von 300 Tagessätzen zu je 30 Euro. Nach der allgemeinen Rechtsmittelbelehrung erklärten die Verteidiger mit Zustimmung des Angeklagten sowie die Sitzungsvertreterin der Staatsanwaltschaft jeweils Rechtsmittelverzicht.

[9] b) Gegen dieses Urteil hat der Angeklagte durch einen anderen Verteidiger form- und fristgerecht Revision eingelegt und diese mit der Sachrüge begründet. Er behauptet, der Rechtsmittelverzicht sei wegen einer informellen Urteilsabsprache unwirksam.

[10] Nach der Unterbrechung der Hauptverhandlung habe die Staatsanwältin ihm angekündigt, sie werde im Fall einer geständigen Einlassung eine Freiheitsstrafe von zwei Jahren mit Strafaussetzung zur Bewährung und eine Geldstrafe von 360 Tagessätzen beantragen. Dann sei es zu Erörterungen zwischen dem Gericht, der Staatsanwaltschaft und den Verteidigern im Beratungszimmer gekommen. Dort habe die Staatsanwältin ihr Angebot wiederholt. Anschließend sei ihm in der Gerichtskantine von den Verteidigern dazu geraten worden, den Vorschlag anzunehmen, „da auch das Gericht signalisiert habe, diesem Ergebnis nicht entgegen zu treten". Er habe Bedenken geäußert, sei aber von beiden Verteidigern „relativ harsch" darauf hingewiesen worden, dass er andernfalls eine zu vollstreckende Freiheitsstrafe zu erwarten habe. Deshalb habe sein Wahlverteidiger in der Hauptverhandlung für ihn ein „schlankes Geständnis" formuliert, das er bestätigt habe. Schließlich seien die übereinstimmenden Anträge gestellt worden.

[11] c) Nach der dienstlichen Erklärung des Vorsitzenden der Strafkammer haben sich die Richter bei den Erörterungen im Beratungszimmer zu den Strafmaßvorstellungen der Verfahrensbeteiligten nicht geäußert. Die Strafkammer selbst habe weder eine Obergrenze noch eine Untergrenze der im Geständnisfall zu erwartenden Strafen genannt. Zu einer Verständigung im Sinne von § 257c StPO unter Mitwirkung der Strafkammer sei es nicht gekommen. Vielmehr habe er, der Vorsitzende, in der Hauptverhandlung betont, dass die Strafkammer „etwaigen Strafmaßverabredungen anderer Beteiligter" nicht beitrete.

[12] Die Sitzungsvertreterin der Staatsanwaltschaft hat dienstlich erklärt, sie erinnere sich zwar nicht an konkrete Äußerungen der Richter. Jedenfalls habe die Strafkammer aber nicht erklärt, dass sie ihre Einschätzung für fernliegend halte.

[13] 2. Die beschriebenen Abläufe in der Hauptverhandlung lassen – auch unter Berücksichtigung der dienstlichen Erklärungen – erkennen, dass zumindest konkludent eine rechtswidrige Urteilsabsprache zustande gekommen ist, die zudem rechtsfehlerhaft nicht dokumentiert wurde.

[14] a) Der Protokollvermerk, dass eine „qualifizierte Absprache" gemäß § 257c StPO nicht stattgefunden habe, steht der freibeweislichen Feststellung nicht entgegen, dass ein hiervon abweichendes Verfahren stattgefunden hat.

[15] b) Aus der Gesamtschau der vorliegenden Umstände ergibt sich, dass eine konkludente Urteilsabsprache stattgefunden hat:

[16] Hierauf deutet schon die besondere Betonung des Fehlens einer „qualifizierten Absprache" hin, ebenso die Tatsache, dass die Strafkammer die von der Staatsanwaltschaft beantragte Teileinstellung des Verfahrens hinsichtlich 19 weiterer Fälle nur „am Richtertisch" abstimmte, bevor der Beschluss erging.

[17] Das Gericht hat sich zwar – folgt man der dienstlichen Erklärung des Vorsitzenden – verbal von den Vorschlägen und Anträgen distanziert, die (in seinem Beisein) im Beratungszimmer zwischen Verteidigung und Staatsanwaltschaft zur Verfahrensbeendigung nach einem Geständnis und Teileinstellungen erörtert wurden. Es ist ihnen anschließend aber in der Sache fast vollständig gefolgt, ohne dass eine diesbezügliche Änderung der Sach- und Rechtslage dies erklären könnte. Es hat zudem ein diesen Vorschlägen genau entsprechendes Verfahren gewählt.

[18] Der Angeklagte legte ein Geständnis ab, jedoch nur in der Weise, dass sein Verteidiger für ihn eine Erklärung abgab, deren Inhalt er pauschal als zutreffend bezeichnete. Das Gericht stellte keine Fragen zu den Vorwürfen der Anklage und erhob dazu keine Beweise. Von der ursprünglich vorgesehenen umfangreichen Beweisaufnahme wurde vollständig abgesehen.

[19] Die Anträge von Verteidigung und Staatsanwaltschaft, die nach Abschluss der Beweisaufnahme gestellt wurden, sind in ihrer Übereinstimmung nur damit zu erklären, dass die Antragsteller Grund zu der Annahme hatten, das Gericht werde jedenfalls nicht darüber hinaus gehen. Die Verteidiger hatten keinen Grund, dem Angeklagten zur Befolgung der Vorschläge der Staatsanwaltschaft zu raten, wenn sie nicht ihrerseits davon ausgingen, das Gericht werde im Fall des Geständnisses keine höhere als die von dieser vorgeschlagene Strafe verhängen. Die protokollierte Mitteilung des Vorsitzenden, es hätten Erörterungen „ohne konkrete Ergebnisse" stattgefunden, traf daher nicht zu.

[20] Ein bloßes Schweigen der Richter zu den in ihrer Anwesenheit erfolgten Erörterungen zwischen Staatsanwaltschaft und Verteidigern stand der Annahme einer konkludenten Absprache ebenso wenig entgegen wie eine – von diesem behauptete – Äußerung des Vorsitzenden, er – oder „die Strafkammer" – trete den Abreden nicht bei. Wenn ein solches Verhalten der Richter für die Beteiligten erkennbar nur den Sinn haben sollte, die formellen Anforderungen an eine Absprache gemäß § 257c StPO und deren Rechtsfolgen zu umgehen, kam es nicht auf ein äußeres Verhalten oder eine ausdrückliche Erklärung, sondern allein darauf an, was nach dem Gesamtzusammenhang und dem Erkenntnishorizont der Beteiligten damit gemeint war. In einer Konstellation wie der vorliegenden, in der die zuvor angeblich nicht getroffenen Absprachen anschließend fast vollständig umgesetzt

werden und der Angeklagte Rechtsmittelverzicht erklärt, ist in der Regel von einer konkludenten Einigung der Beteiligten auszugehen, die einerseits Form und Inhalt der Verfahrensbeendigung, andererseits die stillschweigende Verabredung umfasst, das hierfür gesetzlich vorgeschriebene (Protokollierungs-) Verfahren in allseitiger Zustimmung zu umgehen. Eine solche – bewusst rechtswidrige – Verfahrensweise ist von vornherein nicht geeignet, die verfassungsrechtlichen Grenzen des gesetzlich geregelten Verständigungsverfahrens zu Lasten des Beschuldigten zu verschieben.

[21] 3. Die informelle Absprache gebietet eine entsprechende Anwendung von § 302 Abs. 1 Satz 2 StPO.

[22] Nach dem Gesetz zur Regelung der Verständigung im Strafverfahren vom 29. Juli 2009 (BGBl. 2009 I, S. 2353) ist für informelle Absprachen über das Prozessergebnis kein Raum. Nach dem Zweck des gesetzlichen Ausschlusses eines Rechtsmittelverzichts gemäß § 302 Abs. 1 Satz 2 StPO muss diese Regelung für informelle Absprachen erst recht gelten (vgl. OLG Celle, Beschluss vom 27. September 2011 – 1 Ws 381/11, StV 2012, 141, 142 mit Anm. Meyer-Goßner; OLG München, Beschluss vom 17. Mai 2013 – 2 Ws 1149, 1150/12, StV 2013, 495, 499 f. mit Anm. Meyer-Goßner, StV 2013, 614; SK/Frisch, StPO, 4. Aufl., § 302 Rn. 32d; vor dem Urteil des Bundesverfassungsgerichts vom 19. März 2013 offen gelassen von BGH, Beschluss vom 27. Oktober 2010 – 5 StR 419/10, NStZ 2011, 473; a.A. Niemöller NStZ 2013, 19, 22).

[23] Diese Bewertung der Rechtslage zum Rechtsmittelverzicht nach informellen Urteilsabsprachen steht im Einklang mit der Rechtsprechung des Bundesverfassungsgerichts, das von der Rechtswidrigkeit informeller Verfahrenserledigungen ausgeht und die Effektivität der revisionsgerichtlichen Verfahrenskontrolle angemahnt hat (vgl. BVerfG, Urteil vom 19. März 2013 – 2 BvR 2628/10 u.a., NJW 2013, 1058, 1064 ff.).

[24] Ein Angeklagter, der an Erörterungen der Richter, Verteidiger und Vertreter der Staatsanwaltschaft im Beratungszimmer nicht beteiligt war, dem die für das Verständigungsverfahren vorgesehenen Informationen über den wesentlichen Inhalt der Erörterungen (§ 243 Abs. 4 Satz 1 StPO) nicht protokollfest (§ 273 Abs. 1 Nr. 1a StPO) erteilt wurden (vgl. Senat, Urteil vom 10. Juli 2013 – 2 StR 195/12, NJW 2013, 3046, 3047 f., für BGHSt bestimmt) und der nach der Urteilsverkündung vom Gericht nicht qualifiziert über seine Rechtsmittelmöglichkeit belehrt wurde (§ 35a Satz 3 StPO), ist besonders schutzwürdig. Er kann unmittelbar nach Urteilsverkündung nicht eigenverantwortlich entscheiden, ob eine Rechtsmittelmöglichkeit noch mit Aussicht auf Erfolg genutzt werden kann oder ein Rechtsmittelverzicht erklärt werden soll.

574 Zu dem Wiedereinsetzungsantrag und dem Rechtsmittel des Beschwerdeführers hat der Generalbundesanwalt in seiner Antragsschrift Folgendes ausgeführt:

„1. Die Revision ist unzulässig, weil der Angeklagte am Tage nach der Urteilsverkündung vor dem Rechtspfleger **wirksam auf Rechtsmittel verzichtet** hat (§ 302 Abs. 1 Satz 1 StPO). Das Urteil des Landgerichts vom 11. September 2012 ist damit rechtskräftig. Ein Rechtsmittelverzicht kann grundsätzlich nicht widerrufen, wegen Irrtums angefochten oder sonst zurückgenommen werden (vgl. BGH StV 2000, 542, 543; BGHR StPO § 302 Abs. 1 Satz 1 Rechtsmittelverzicht 4; st. Rspr.). **Zweifel an der Wirksamkeit** der vom Rechtspfleger aufgenommenen Verzichtserklärung des Angeklagten liegen nicht vor.

2. Damit bleibt auch für den Wiedereinsetzungsantrag des Angeklagten kein Raum. Eine **Wiedereinsetzung** in die Frist zur Einlegung der Revision **scheidet aus, weil der Angeklagte nach seinem wirksam erklärten Rechtsmittelverzicht** bewusst von einem befristeten Rechtsmittel keinen Gebrauch gemacht hat und folglich nicht im Sinne von § 44 Satz 1 StPO verhindert war, eine Frist einzuhalten."

Dem schließt sich der Senat an.[571]

Die jeweilige **Rechtsmittelfrist** kann **grundsätzlich bis zum letzten Tag ausgeschöpft** werden. Allerdings hat der Rechtsmittelführer dabei für die gewählte Art der Rechtsmitteleinlegung den zeitlichen und organisatorischen Aufwand in Rechnung zu stellen, dessen es bedarf, damit die Rechtsmittelerklärung in der gesetzlich vorgeschriebenen Form innerhalb der Frist an die zuständige Stelle gelangt. **Ein inhaftierter Rechtsmittelführer** kann daher wegen des jeweiligen organisatorischen Aufwands für die Justizvollzugsanstalt und des Gerichts nicht darauf vertrauen, dass ihm zu jeder Zeit und innerhalb kürzester Frist die Erklärung eines Rechtsmittels gemäß § 299 Abs. 1 StPO zu Protokoll der Geschäftsstelle des Amtsgerichts, in dessen Bezirk er untergebracht ist, ermöglicht werden kann.[572] **575**

[6] Auch in Bezug auf die für den Angeklagten als Inhaftierten bestehende Möglichkeit der Rechtsmitteleinlegung gemäß § 299 StPO trägt er keinen sein Verschulden ausschließenden Sachverhalt vor. Zwar darf die jeweilige Rechtsmittelfrist grundsätzlich bis zum letzten Tag ausgeschöpft werden (vgl. BVerfGE 69, 381, 385). Allerdings hat der Rechtsmittelführer dabei für die gewählte Art der Rechtsmitteleinlegung den zeitlichen und organisatorischen Aufwand in Rechnung zu stellen, dessen es bedarf, damit die Rechtsmittelerklärung in der gesetzlich vorgeschriebenen Form innerhalb der Frist an die zuständige Stelle gelangt (Thüringer OLG, Beschluss vom 29. Oktober 2007 – 1 Ws 356/07; vgl. auch KG NStZ-RR 2009, 19). Ein inhaftierter Rechtsmittelführer kann daher wegen des jeweiligen organisatorischen Aufwands für die Justizvollzugsanstalt und des Gerichts nicht darauf vertrauen, dass ihm zu jeder Zeit und innerhalb kürzester Frist die Erklärung eines Rechtsmittels gemäß § 299 Abs. 1 StPO zu Protokoll der Geschäftsstelle des Amtsgerichts, in dessen Bezirk er untergebracht ist, ermöglicht werden kann (Thüringer OLG und KG jeweils aaO). Eine Beeinträchtigung der Prozessgrundrechte eines inhaftierten Rechtsmittelführers aus Art. 103 Abs. 1 und Art. 19 Abs. 4 GG ist damit nicht verbunden; auch einem Inhaftierten ist es zuzumuten, die ihm möglichen Maßnahmen zur Vermeidung anstaltsbedingter Verzögerungen bei der Rechtsmitteleinlegung zu ergreifen (BVerfG, Beschluss vom 9. August 1990 – 2 BvR 641/90). Im Übrigen steht ein in Haft befindlicher Rechtsmittelführer damit nicht anders als ein auf freiem Fuß befindlicher. Dieser kann bei Rechtsmitteleinlegung zu Protokoll der Geschäftsstelle ebenfalls nicht erwarten, dass der zuständige Rechtspfleger während der gesamten Dienststunden für die Prüfung vor ihm abgegebener Rechtsmittelerklärungen zur Verfügung steht (vgl. BGH, Beschluss vom 27. November 2008 – 5 StR 496/08, NStZ 2009, 585, 586).

---

[571] BGH, Beschluss vom 17.06.2014 – 5 StR 244/14.
[572] BGH, Beschluss vom 12.03.2014 – 1 StR 74/14.

a) Revisionseinlegung

576 Als verfahrensgestaltende Prozesserklärung muss die **Einlegung der Revision** nicht nur den **unbedingten Anfechtungswillen des Erklärenden** erkennen lassen. Bei mehreren Anfechtungsberechtigten muss die Rechtsmitteleinlegung auch die Person des Rechtsmittelführers eindeutig bezeichnen. Zwar kann diese Prozesserklärung gegebenenfalls unter Berücksichtigung des Gesamtinhalts der Verfahrenserklärungen und der Erklärungsumstände so ausgelegt werden, dass die umfassendste Nachprüfung der angefochtenen Entscheidung ermöglicht wird. Voraussetzung dafür ist indes, dass die für die Auslegung erheblichen Umstände innerhalb der für die Einlegung des Rechtsmittels geltenden Frist erkennbar werden.[573]

[2] Die Rechtsmittel der Nebenklägerinnen sind schon deshalb unzulässig, weil der Erklärung der Nebenklägervertreterin über die Revisionseinlegung die Person des Rechtsmittelführers nicht eindeutig zu entnehmen ist.

[3] 1. Die Vertreterin beider Nebenklägerinnen hat mit Schriftsatz vom 17. April 2014 unter dem Betreff „Strafsache gegen B. D." erklärt, gegen das angefochtene Urteil „Rechtsmittel" einzulegen. Für welche der beiden Nebenklägerinnen die Revision eingelegt werden sollte, hat sie nicht klargestellt. Erst mit Schriftsatz vom 18. Juni 2014 hat sie – unter gleichlautendem Betreff – das eingelegte Rechtsmittel als Revision bezeichnet, einen Revisionsantrag gestellt und allgemein die Verletzung formellen und materiellen Rechts gerügt. In demselben Schreiben hat sie für „die Geschädigten T. und S. D." Prozesskostenhilfe- und Beiordnungsanträge gestellt.

[4] 2. Damit ist den Anforderungen an eine wirksame Rechtsmitteleinlegung für die Nebenklägerinnen im vorliegenden Fall nicht genügt.

[5] a) Als verfahrensgestaltende Prozesserklärung muss die Einlegung der Revision nicht nur den unbedingten Anfechtungswillen des Erklärenden erkennen lassen (KK-StPO/Gericke, 7. Aufl., § 341 Rn. 3 mwN). Bei mehreren Anfechtungsberechtigten muss die Rechtsmitteleinlegung auch die Person des Rechtsmittelführers eindeutig bezeichnen. Zwar kann diese Prozesserklärung gegebenenfalls, ähnlich wie in dem Fall, in dem mehrere Rechtsmittel zulässig sind und unklar bleibt, welches eingelegt werden soll, unter Berücksichtigung des Gesamtinhalts der Verfahrenserklärungen und der Erklärungsumstände so ausgelegt werden, dass die umfassendste Nachprüfung der angefochtenen Entscheidung ermöglicht wird (LR-StPO/Jesse, 26. Aufl., § 300 Rn. 6 mwN). Voraussetzung dafür ist indes, dass die für die Auslegung erheblichen Umstände innerhalb der für die Einlegung des Rechtsmittels geltenden Frist erkennbar werden (Meyer-Goßner/Schmitt, StPO, 57. Aufl., § 300 Rn. 3). Daran fehlt es hier.

[6] b) Innerhalb der Frist zur Einlegung der Revision (§ 341 Abs. 1 StPO) ist lediglich der Schriftsatz der Nebenklägervertreterin vom 17. April 2014 bei Gericht eingegangen, in dem die Person der das Urteil anfechtenden Nebenklägerin nicht bezeichnet wird. Auch die Angabe im „Betreff" dieses Schreibens ergibt insoweit keinen Aufschluss.

577 Der Revisionsführer muss die sog. **Angriffsrichtung seiner Rüge** eindeutig bestimmen. Eine Rüge ist vom Revisionsgericht **nur insoweit zu prüfen, wie diese Bestimmung reicht**. Das Revisionsgericht überprüft nämlich nicht von sich aus die Ord-

[573] BGH, Beschluss vom 6.11.2014 – 4 StR 384/14.

nungsgemäßheit des Verfahrens, sondern nur form- und fristgerecht geltend gemachte konkrete Verfahrensrügen. Es ist fraglich, ob die Rüge, der Öffentlichkeitsgrundsatz sei verletzt, weil ein Vorgang außerhalb der Hauptverhandlung nicht in gebotener Breite in der öffentlichen Hauptverhandlung zu Protokoll gegeben worden sei, zugleich die Rüge enthält, die unzulängliche Protokollierung habe den Angeklagten (möglicherweise) zu einem für ihn im Ergebnis nachteiligen Prozessverhalten veranlasst. Wäre dies zu verneinen, wäre die Rüge hinsichtlich einer möglichen Veranlassung zu nachteiligem Prozessverhalten unbeachtlich, weil sie nicht innerhalb der Frist des § 345 StPO angebracht wurde. Der Umstand, dass das spätere Vorbringen auf neuerer Rechtsprechung beruht, würde daran nichts ändern.[574]

Die **Revisionsbegründung** vom 8. Juli 2013, in der die Verfahrensrügen erhoben wurden, war entgegen § 345 Abs. 2 StPO **nicht vom Pflichtverteidiger**, sondern von Rechtsanwalt Dr. M. **„als Unterbevollmächtigtem"** von Rechtsanwalt Mo. unterzeichnet; beigefügt ist diesem Schriftsatz zudem die von Rechtsanwalt Mo. Herrn Rechtsanwalt Dr. M. erteilte Untervollmacht. Der am 20. März 2013 zum Pflichtverteidiger des Angeklagten bestellte Rechtsanwalt Mo. konnte seine Befugnisse jedoch nicht wirksam auf einen anderen Rechtsanwalt übertragen (st. Rspr.; vgl. BGH, Beschlüsse vom 11. Juni 1981 – 1 StR 303/81, StV 1981, 393; vom 13. April 2010 – 3 StR 24/10, StV 2011, 650; vom 8. Dezember 2012 – 4 StR 430/11, NStZ 2012, 276, 277 jeweils mwN). Anhaltspunkte dafür, dass Rechtsanwalt Dr. M. als allgemeiner Vertreter des Pflichtverteidigers oder aufgrund einer Bevollmächtigung durch den Angeklagten tätig geworden war, sind angesichts des eindeutigen Wortlauts der Mitteilungen nicht ersichtlich; solches wird auch nicht geltend gemacht. Die Rechtsanwalt Mo. früher vom Angeklagten erteilte Vollmacht war mit der Beiordnung als Pflichtverteidiger erloschen und berechtigte daher ebenfalls nicht zur Erteilung einer Untervollmacht.[575] **578**

Eine Revision ist gemäß § **349 Abs. 1 StPO unzulässig**, wenn sie nicht den Formerfordernissen des § 345 Abs. 2 StPO entspricht. Danach muss eine Revisionsbegründung in einer von einem Verteidiger unterzeichneten Schrift erfolgen, die er grundsätzlich selbst zu verfassen, zumindest an ihr gestaltend mitzuwirken hat. Ferner darf kein Zweifel bestehen, dass der Rechtsanwalt die volle Verantwortung für den Inhalt der Schrift übernommen hat.[576] **579**

[2] 1. Die vom Verteidiger unterzeichnete Revisionsbegründung lautet auszugsweise:

> *„... wird unter Bezugnahme auf den Schriftsatz des Unterzeichners vom 20.01.2014 für den Beschuldigten die Verletzung formellen und materiellen Rechts gerügt. Nach Vorliegen der schriftlichen Urteilsgründe beanstandet der Beschuldigte die durch das erkennende Gericht I. Instanz getroffenen Feststellungen insoweit, als dass er zum Zeitpunkt seiner Festnahme am Ende der Verfolgungsfahrt den Schlagstock in seiner hinteren Hosentasche mit sich geführt habe und im Übrigen zu keinem Zeitpunkt, entgegen den Ausführungen in den Urteilsgründen, den Schlagstock offen im Fahrzeug mit sich geführt habe. Weiterhin begegnen die Feststellungen des medizinischen Sachverständigen, Herrn Prof. Dr. E., erheblichen Bedenken auf Seiten des Beschuldigten und dabei insbe-*

[574] BGH, Beschluss vom 29.11.2013 – 1 StR 200/13.
[575] BGH, Beschluss vom 15.01.2014 – 4 StR 346/13.
[576] BGH, Beschluss vom 2.07.2014 – 4 StR 215/14.

sondere im Hinblick auf die Feststellung des Sachverständigen, der Beschuldigte leide an einer Psychose. Nach Auffassung des Beschuldigten liegen dieser Feststellung unzutreffende Arztberichte und fehlerhafte Wertungen des Sachverständigen zugrunde. Obwohl seitens des Unterzeichners ausführlich über das Rechtsmittel der Revision belehrt und informiert, verblieb der Beschuldigte bei der Auffassung, diese Ausführungen im Rahmen der Revision zu machen."

[3] 2. Die Revision ist gemäß § 349 Abs. 1 StPO unzulässig, weil sie nicht den Formerfordernissen des § 345 Abs. 2 StPO entspricht. Danach muss eine Revisionsbegründung in einer von einem Verteidiger unterzeichneten Schrift erfolgen, die er grundsätzlich selbst zu verfassen, zumindest an ihr gestaltend mitzuwirken hat. Ferner darf kein Zweifel bestehen, dass der Rechtsanwalt die volle Verantwortung für den Inhalt der Schrift übernommen hat (st. Rspr.; vgl. nur BGH, Beschluss vom 13. Juni 2002 – 3 StR 151/02, NStZ-RR 2002, 309).

[4] Solche Zweifel ergeben sich hier aus der Fassung der Revisionsbegründung. Die sich an den Satz „... wird ... für den Beschuldigten die Verletzung formellen und materiellen Rechts gerügt" anschließenden Formulierungen „beanstandet der Beschuldigte" und „begegnen die Feststellungen ... erheblichen Bedenken auf Seiten des Beschuldigten" sowie „nach Auffassung des Beschuldigten liegen dieser Feststellung ..." belegen, dass der Verteidiger lediglich die vom Angeklagten stammenden Beanstandungen vorträgt und zusammenfasst, ohne selbst dafür die Verantwortung zu übernehmen. Diese Wortwahl in Verbindung mit der Wiedergabe der vom Beschuldigten stammenden Ausführungen in indirekter Rede deutet auf eine Distanzierung des Verteidigers hin, zumal dieser dem Revisionsbegründungsschriftsatz keine eigenen Begründungselemente hinzugefügt hat. Ergänzend kommt die Distanzierung des Verteidigers in seiner abschließenden Bemerkung zum Ausdruck, er habe seinen Mandanten ausführlich über das Rechtsmittel der Revision belehrt, der Beschuldigte habe aber darauf beharrt, die vorstehenden Ausführungen zu machen.

[5] Auch der vorangestellten allgemeinen Sachrüge kann in diesem Zusammenhang keine eigenständige Bedeutung zugemessen werden. Da der Angeklagte lediglich durch die angeordnete Unterbringung beschwert sein kann, der Verteidiger sich jedoch in seinen nachfolgenden Ausführungen von der Ansicht des Beschuldigten, die Voraussetzungen einer Unterbringung im Sinne von § 63 StGB lägen nicht vor, distanziert, verbleibt kein Raum mehr für eine darüber hinausgehende Sachrüge. Der Satz „... wird unter Bezugnahme ... für den Beschuldigten die Verletzung formellen und materiellen Rechts gerügt" kann deshalb nur als zusammenfassender Einleitungssatz der vom Angeklagten stammenden Begründung, nicht aber als eigenständige, von der Revisionsbegründung des Angeklagten unabhängige Rechtsmittelbegründung des Verteidigers verstanden werden. Insgesamt bestehen deshalb durchgreifende Zweifel daran, dass der Verteidiger die volle Verantwortung für den Inhalt der Begründung übernommen hat; die Revisionsbegründungsschrift ist deshalb trotz Unterzeichnung durch den Verteidiger unwirksam.

580 Die **Aufklärungsrüge** betreffend die Einholung eines psychiatrischen Gutachtens genügt auch deshalb nicht den Anforderungen des § 344 Abs. 2 Satz 2 StPO, weil sich dem Vortrag der Revision **kein bestimmt formuliertes Beweisergebnis** entnehmen lässt.[577]

[577] BGH, Beschluss vom 17.06.2014 – 5 StR 240/14.

Die Rüge, der Strafkammervorsitzende habe weder mitgeteilt, ob und ggf. mit welchem Ergebnis Erörterungen stattgefunden hatten, deren Gegenstand die Möglichkeit einer Verständigung i.S.v. § 257c StPO gewesen war (§ 243 Abs. 4 Satz 1 StPO), noch habe er im Protokoll vermerkt, dass eine Verständigung nicht stattgefunden habe (§ 273 Abs. 1a Satz 3 StPO), **ist nicht zulässig erhoben.** Um dem Revisionsgericht eine Entscheidung über das Beruhen des Urteils auf einem Verfahrensfehler zu ermöglichen, muss die Revision nicht nur vortragen, ob und ggf. welche Mitteilung der Vorsitzende in der Hauptverhandlung gemacht hat, sondern auch, ob und ggf. mit welchem Inhalt Erörterungen nach §§ 202a, 212 StPO tatsächlich stattgefunden hatten.[578] **581**

Die **Rüge**, das Landgericht habe gegen seine Aufklärungspflicht verstoßen, weil es den in einem Antrag auf Aufhebung des Haftbefehls enthaltenen aufklärungsbedürftigen Anhaltspunkten nicht nachgegangen sei, ist **unzulässig**, weil die Revision nicht mitteilt, welche Beweiserhebungen die Strafkammer hätte durchführen sollen und zu welchem bestimmten Beweisergebnis diese geführt hätten. Letzteres gilt auch für die Aufklärungsrüge. Ob der in dieser Rüge mitgeteilte Antrag auf Vernehmung der Sitzungsvertreterin der Staatsanwaltschaft mit rechtsfehlerfreier Begründung abgelehnt worden ist, bedarf keiner Entscheidung, weil die Beanstandung ausdrücklich als Aufklärungsrüge, nicht aber als Rüge der Verletzung des § 244 Abs. 3 Satz 2 StPO erhoben worden ist. **582**

Die Rüge des Angeklagten, sein Recht auf ein faires Verfahren und auf vollständige Akteneinsicht seien verletzt worden, weil ihm nicht die Einsicht in die Akten anderer Ermittlungsverfahren gegen ihn gewährt und das Verfahren nicht bis dahin ausgesetzt worden sei, ist schon deshalb unzulässig, weil die Revision den zu diesem Antrag gehörenden Ablehnungsbeschluss der Strafkammer nicht mitteilt, sondern stattdessen – erneut – den Beschluss, mit dem der Aussetzungsantrag, der Gegenstand der Verfahrensrüge ist, beschieden worden war.

Die (weitere) Aufklärungsrüge ist unzulässig, weil die Revision nichts dazu vorträgt, was die Strafkammer zu der beantragten Beweiserhebung gedrängt haben könnte. Gleiches gilt für die vom Generalbundesanwalt nicht erörterte neunte Verfahrensbeanstandung.[579]

Soweit der Angeklagte die Verletzung von "§§ 338 Abs. 1 lit. b StPO, 21e Abs. 3 Satz 1 GVG, § 16 Satz 2 GVG, Art. 101 GG (Besetzungsrüge)" geltend macht, ist diese Rüge nicht nach § 344 Abs. 2 Satz 2 StPO zulässig ausgeführt. Um **dem Senat die Prüfung der Erfolgsaussichten** der Rüge allein aufgrund des Rügevorbringens **zu ermöglichen,** hätte wenigstens der Inhalt der Randnummer 43a des Geschäftsverteilungsplans des Landgerichts Stuttgart mitgeteilt werden müssen. Auf diese bezieht sich der von der Revision mitgeteilte Beschluss des Präsidiums vom 19. September 2013 ausdrücklich. Ohne Kenntnis des Inhalts kann bereits die Einhaltung des im Geschäftsverteilungsplan offenbar vorgesehenen Turnus nicht überprüft werden.[580] **583**

Nach § 344 Abs. 1 StPO hat der Beschwerdeführer die Erklärung abzugeben, inwieweit er das Urteil anfechte und dessen Aufhebung beantrage (Revisionsanträge), **584**

---

578 BGH, Beschluss vom 6.03.2014 – 3 StR 363/13.
579 BGH, Beschluss vom 30.9.2014 – 3 StR 351/14.
580 BGH, Beschluss vom 8.10.2014 – 1 StR 294/14.

und die Anträge zu begründen. Aus der Begründung muss hervorgehen, ob das Urteil wegen **Verletzung einer Rechtsnorm über das Verfahren** oder wegen **Verletzung einer anderen Rechtsnorm** angefochten wird (§ 344 Abs. 2 Satz 1 StPO).[581]

Dies hat der Beschwerdeführer versäumt. In der bloßen Erklärung, die Revision werde auf den Rechtsfolgenausspruch beschränkt, sind weder ein konkreter Revisionsantrag noch eine Revisionsrüge zu sehen (vgl. Meyer-Goßner/Schmitt, StPO, 57. Aufl., § 344 Rn. 14; KK-Gericke, StPO, 7. Aufl., § 344 Rn. 17; jeweils mwN).

585 Der Beschwerdeführer ist nach § 344 Abs. 2 Satz 2 StPO gehalten, die den **Verfahrensmangel begründenden Tatsachen** so genau anzugeben, dass das Revisionsgericht allein aufgrund der Begründungsschriften prüfen kann, ob ein Verfahrensfehler vorliegt, wenn das tatsächliche Vorbringen der Revision zutrifft. Dies gilt auch für **Rügen zur Richterablehnung.**[582]

586 Der **Vortrag des maßgebenden Verfahrensstoffs** durch die Revisionsführerin hinsichtlich der erhobenen Verfahrensrüge war **nicht deshalb entbehrlich,** weil sie auch **die Sachrüge erhoben** und das Landgericht im Rahmen seiner schriftlichen Urteilsgründe nähere Ausführungen zu dem nach seiner Ansicht bestehenden Beweisverwertungsverbot gemacht hat.[583]

[7] Die Beschwerdeführerin hat mit ihrer Revisionsbegründung lediglich die Beweisanträge und den diese zurückweisenden Beschluss des Landgerichts mitgeteilt. Dies genügt hier den sich aus § 344 Abs. 2 Satz 2 StPO ergebenden Anforderungen nicht.

[8] Die Fehlerhaftigkeit des die Beweisanträge zurückweisenden Beschlusses ergibt sich nicht bereits allein aus dessen Begründung, so dass die Vorlage weiteren Verfahrensstoffes durch den Revisionsführer nicht bereits aus diesem Grunde entbehrlich ist.

[9] Das Landgericht hat ein Beweisverwertungsverbot angenommen und auf dieser Grundlage zutreffend die beantragte Beweiserhebung als unzulässig im Sinne des § 244 Abs. 3 Satz 1 StPO bewertet (BGH, Urteil vom 29. April 2010 – 3 StR 63/10 juris Rn. 10).

[10] Der Umfang der Beschlussbegründung ist nicht zu beanstanden. …

[17] Der Vortrag des maßgebenden Verfahrensstoffs durch die Revisionsführerin war auch nicht deshalb entbehrlich, weil sie auch die Sachrüge erhoben und das Landgericht im Rahmen seiner schriftlichen Urteilsgründe nähere Ausführungen zu dem nach seiner Ansicht bestehenden Beweisverwertungsverbot gemacht hat (vgl. BGH, Urteil vom 23. September 1999 – 4 StR 189/99, BGHSt 45, 203, 204 f.; KK-Gericke, aaO, § 344 Rn. 39 mwN). Denn den vorliegenden Urteilsgründen können die maßgebenden Verfahrensvorgänge jedenfalls nicht mit der erforderlichen Klarheit entnommen werden. Das Landgericht hat lediglich die von ihm für wesentlich erachteten Beweisergebnisse dargestellt und in erster Linie unter deren Würdigung seine Auffassung begründet, es liege ein Beweisverwertungsverbot vor. Der Senat hat indes – wie dargelegt – als Revisionsgericht eine eigene freibeweisliche Würdigung vorzunehmen. Hierzu ist im vorliegenden Fall aus den dargelegten

---

581 BGH, Beschluss vom 29.07.2014 – 5 StR 318/14.

582 BGH, Urteil vom 30.1.2013 – 2 StR 55/12; siehe auch BGH, Beschluss vom 12.3.2013 – 2 StR 34/13.

583 BGH, Urteil vom 10.07.2014 – 3 StR 140/14.

Gründen die Kenntnisnahme des maßgebenden Akteninhalts durch ihn selbst unerlässlich; diese kann nicht durch die Darstellung vom Landgericht ausgewählter Teile ersetzt werden. Auch der Generalbundesanwalt hat in seiner Antragsschrift auf bestimmte, die Vernehmungen betreffende tatsächliche Umstände abgestellt, die dem Senat weder im Revisionsverfahren zur Kenntnis gebracht worden sind noch sich aus den schriftlichen Urteilsgründen ergeben.

Die Revision des Angeklagten E. ist unzulässig, weil sie **nicht fristgerecht begründet** **587**
worden ist (§§ 344, 345 StPO). Die Revisionsbegründung vom 9. Januar 2014 war entgegen § 345 Abs. 2 StPO nicht vom Pflichtverteidiger, sondern von einer mit diesem in Sozietät verbundenen Rechtsanwältin unterzeichnet; auf sie konnte der Pflichtverteidiger des Angeklagten seine Befugnisse indes nicht wirksam übertragen (vgl. BGH, Beschluss vom 8. Dezember 2011 – 4 StR 430/11, NStZ 2012, 276, 277 mwN). Anhaltspunkte dafür, dass die Unterzeichnerin als allgemeine Vertreterin des Pflichtverteidigers gemäß § 53 Abs. 2 BRAO tätig geworden war, sind nicht ersichtlich. Hierauf hat der Generalbundesanwalt in seiner Antragsschrift vom 20. März 2014 hingewiesen; dem ist der Angeklagte nicht entgegengetreten.[584]

Die Verfahrensrügen können nur innerhalb der Revisionsbegründungsfrist ange- **588**
bracht werden, hier binnen eines Monats nach Urteilszustellung (§ 345 Abs. 1 Satz 2 StPO). Da das Urteil am 24. Juli 2013 zugestellt worden war, war diese Frist bei Eingang des Schriftsatzes vom 30. September 2013 abgelaufen. Nach Ablauf der Revisionsbegründungsfrist können zwar noch ergänzende Rechtsausführungen zu rechtzeitig geltend gemachten Rügen angebracht werden, aber keine neuen Rügen. Ist eine **Verfahrensrüge nicht rechtzeitig angebracht**, so ist das **Vorbringen ohne inhaltliche Prüfung zurückzuweisen.**[585]

[6] Ausweislich des Protokolls der Hauptverhandlung habe der Verteidiger für den Angeklagten eine von diesem dann bestätigte Erklärung zur Sache abgegeben. Auch ergebe das Hauptverhandlungsprotokoll, dass sich der Angeklagte zu einer näher bezeichneten, zuvor verlesenen SMS geäußert habe. Da es demgegenüber im Urteil heiße, der Angeklagte habe keine Angaben zur Sache gemacht, habe die Strafkammer entgegen § 261 StPO nicht das vollständige Ergebnis der Hauptverhandlung berücksichtigt.

[7] Bei diesem Vorbringen handelt es sich um eine Verfahrensrüge (BGH, Beschluss vom 9. September 1982 – 4 StR 433/82, StV 1983, 8; Beschluss vom 13. September 1991 – 3 StR 338/91, StV 1992, 1, 2; vgl. auch Sander in Löwe/Rosenberg, StPO, 26. Aufl., § 261 Rn. 176 mwN in Fn. 1152). Das aufgezeigte Vorbringen ist als Erläuterung der Sachrüge, nicht als Verfahrensrüge gekennzeichnet. Dies könnte unschädlich sein (vgl. § 300 StPO), wenn das Vorbringen der Sache nach den Anforderungen an eine ordnungsgemäß angebrachte Verfahrensrüge entspräche.

[8] Dies ist jedoch nicht der Fall.

Fehlt es in der Revisionsbegründung an der **Behauptung eines bestimmten Rechts-** **589**
fehlers, ist die **Rüge nicht zulässig** erhoben.[586]

---

[584] BGH, Beschluss vom 7.05.2014 – 4 StR 109/14.
[585] BGH, Beschluss vom 5.02.2014 – 1 StR 527/13.
[586] BGH, Beschluss vom 22.07.2014 – 1 StR 210/14.

Rüge einer Verletzung der Mitteilungs- und Dokumentationspflichten im Hinblick auf die Bekanntgabe des Inhalts eines in einer Verhandlungspause erfolgten Gesprächs zur Herbeiführung einer Verständigung

Insoweit ist die Rüge schon nicht zulässig erhoben. Es fehlt an der Behauptung eines bestimmten Rechtsfehlers. Die Revision trägt vor, was der Vorsitzende mitgeteilt und protokolliert hat und beanstandet, dass eine darüber hinausgehende Mitteilung nicht erfolgt sei (RB S. 11). Sie behauptet hingegen nicht, dass ausdrücklich oder konkludent zu diesem Zeitpunkt etwas besprochen worden ist oder sich ereignet hat, was nicht Gegenstand der Mitteilung und Protokollierung war (vgl. zu weitergehenden Vortragspflichten hinsichtlich des genauen Inhalts solcher Gespräche BGH, Urteil vom 10. Juli 2013 – 2 StR 47/13, NStZ 2013, 610; zu Erörterungen nach §§ 202a, 212 StPO ebenso BGH, Beschluss vom 6. März 2014 – 3 StR 363/13, NStZ 2014, 419). Mithin ist ein Informations- oder Dokumentationsdefizit, das die Transparenz der Verständigung, die Möglichkeit einer effektiven Kontrolle durch die Öffentlichkeit, die Staatsanwaltschaft und das Rechtsmittelgericht oder die Willensfreiheit des Angeklagten gefährden könnte, entgegen der Vortragspflicht aus § 344 Abs. 2 Satz 2 StPO nicht dargetan.

590 Die Rüge, die Hauptverhandlung vom 15. Februar 2013 habe **nicht in Gegenwart einer Urkundsbeamtin der Geschäftsstelle stattgefunden** (§ 226 Abs. 1, § 338 Nr. 5 StPO), weil die das Protokoll führende Justizangestellte W. zu diesem Zeitpunkt (noch) nicht nach § 153 Abs. 5 Satz 1 GVG mit den Aufgaben eines Urkundsbeamten der Geschäftsstelle betraut gewesen sei, ist nicht zulässig erhoben (§ 344 Abs. 2 Satz 2 StPO). Nach Nr. 14.1 Satz 2 der Geschäftsordnungsvorschriften für die Gerichte und Staatsanwaltschaften des Landes Sachsen-Anhalt vom 18. Dezember 2008 (JMBl. LSA Nr. 27/2008 vom 29. Dezember 2008) können der Behörden- oder Geschäftsleiter Bedienstete auch vorübergehend zu Urkundsbeamten der Geschäftsstelle bestellen (z.B. Personen in Ausbildung zum Zwecke der Protokollführung). Hierzu verhält sich das Revisionsvorbringen nicht, obgleich dazu nach den konkreten Umständen des Falles Anlass bestand (vgl. BGH, Beschluss vom 19. November 2006 – 1 StR 388/06, NStZ 2007, 53, 54 mwN). Die Justizangestellte W. wurde am 1. März 2013 und damit alsbald nach ihrem Einsatz als Protokollführerin in der Hauptverhandlung am 15. Februar 2013 dauerhaft mit den Aufgaben einer Urkundsbeamtin betraut; nach der Stellungnahme der Präsidentin des Landgerichts Magdeburg vom 5. Dezember 2013 war sie bereits ... vor diesem Zeitpunkt ... in die Protokollführung in Strafsachen ... eingearbeitet worden. Es liegt daher nicht fern, dass ihr die Protokollführung am 15. Februar 2013 zur Erprobung übertragen war und sie zu diesem Zweck nach Nr. 14.1 Satz 2 der Geschäftsordnungsvorschriften für die Gerichte und Staatsanwaltschaften des Landes Sachsen-Anhalt vom 18. Dezember 2008 vorübergehend zur Urkundsbeamtin bestellt wurde.[587]

591 Die Mitteilungspflicht des § 243 Abs. 4 Satz 2 StPO besteht nur hinsichtlich solcher Erörterungen der Verfahrensbeteiligten, deren Gegenstand **die Möglichkeit einer Verständigung** war, in denen also ausdrücklich oder konkludent Fragen des prozessualen Verhaltens des Angeklagten in Konnex zum Verfahrensergebnis gebracht wurden (BVerfG, Urteil vom 19. März 2013 – 2 BvR 2628/10 u.a., NJW 2013, 1058, 1065). Für die Beurteilung der Frage, ob der Mitteilungspflicht genügt wurde,

---

587 BGH, Beschluss vom 15.07.2014 – 4 StR 34/14.

ist deshalb von maßgebender Bedeutung, welchen Inhalt die zwischen den Verfahrensbeteiligten stattgefundenen Erörterungen hatten.[588]

Die Rüge, der Strafkammervorsitzende habe die Mitteilungspflicht nach § 243 Abs. 4 Satz 2 StPO nur unzureichend erfüllt, weil er weder mitgeteilt habe, welche Standpunkte in dem außerhalb der Hauptverhandlung geführten Gespräch von den einzelnen Beteiligten vertreten worden sind, noch von welcher Seite die Frage einer Verständigung aufgeworfen worden und ob diese bei den einzelnen Gesprächsteilnehmern auf Zustimmung oder Ablehnung gestoßen ist, ist nicht zulässig erhoben.

Der Revisionsführer trägt insoweit folgende Verfahrenstatsachen vor: Nachdem der Vorsitzende eingangs der Hauptverhandlung gemäß § 243 Abs. 4 Satz 1 StPO mitgeteilt gehabt habe, dass Verständigungsgespräche im Vorfeld nicht stattgefunden hatten, und nach der Belehrung des Angeklagten nach § 243 Abs. 5 Satz 1 StPO habe der Verteidiger ein „Rechtsgespräch" angeregt. Die Hauptverhandlung sei deshalb für 35 Minuten unterbrochen worden. Nach deren Fortsetzung habe der Vorsitzende bekannt gegeben, dass es zwischen dem Verteidiger, den Vertretern der Staatsanwaltschaft und der Nebenklage sowie dem Gericht zu einem Gespräch gekommen sei, in dem die Sach- und Rechtslage erörtert worden sei. Zu einer Verständigung sei es nicht gekommen.

Dies genügt den Anforderungen des § 344 Abs. 2 Satz 2 StPO nicht. Die Mitteilungspflicht des § 243 Abs. 4 Satz 2 StPO besteht nur hinsichtlich solcher Erörterungen der Verfahrensbeteiligten, deren Gegenstand die Möglichkeit einer Verständigung war, in denen also ausdrücklich oder konkludent Fragen des prozessualen Verhaltens des Angeklagten in Konnex zum Verfahrensergebnis gebracht wurden (BVerfG, Urteil vom 19. März 2013 – 2 BvR 2628/10 u.a., NJW 2013, 1058, 1065). Für die Beurteilung der Frage, ob der Mitteilungspflicht genügt wurde, ist deshalb von maßgebender Bedeutung, welchen Inhalt die zwischen den Verfahrensbeteiligten stattgefundenen Erörterungen hatten. An Angaben hierzu fehlt es. Soweit die Revision anführt, im Rahmen der Erörterung sei die Frage nach dem Aussageverhalten des Angeklagten im Zusammenhang mit der Straferwartung thematisiert worden, umschreibt sie nur abstrakt die Voraussetzungen der Mitteilungspflicht. Eine Wiedergabe des konkreten Gegenstandes der Erörterungen vermag dies nicht zu ersetzen. Hatte das Gespräch den Inhalt, wie ihn der Vorsitzende der Strafkammer in seiner dienstlichen Erklärung vom 9. Dezember 2013 dargestellt hat, so hat er durch die knappe Mitteilung in der Hauptverhandlung nicht gegen § 243 Abs. 4 Satz 2 StPO verstoßen.

Verfahrensrügen, mit denen die **Verwertung erhobener Telekommunikationsverkehrsdaten beanstandet** werden, sind jeweils **nicht zulässig** ausgeführt, sofern **nicht auch mitgeteilt wird**, ob die aufgrund des gerichtlichen Beschlusses übermittelten Verkehrsdaten von den Mobilfunkbetreibern allein nach § 113a TKG oder für eigene Zwecke gemäß §§ 96 ff. TKG gespeichert waren.[589] **592**

Die Verfahrensrügen, mit denen die Angeklagten die Verwertung erhobener Telekommunikationsverkehrsdaten beanstanden, sind jeweils nicht zulässig ausgeführt (§ 344 Abs. 2 Satz 2 StPO).

---

[588] BGH, Beschluss vom 29.04.2014 – 3 StR 24/14.
[589] BGH, Beschluss vom 20.11.2012 – 4 StR 443/12.

Die Revision des Angeklagten C. teilt schon nicht mit, ob die aufgrund des Beschlusses des Amtsgerichts Bielefeld vom 4. September 2008 übermittelten Verkehrsdaten von den Mobilfunkbetreibern allein nach § 113a TKG oder für eigene Zwecke gemäß §§ 96 ff. TKG gespeichert waren. Es bleibt daher offen, ob für die rechtliche Zulässigkeit der Datenübermittlung die einschränkenden Voraussetzungen maßgeblich waren, die das Bundesverfassungsgericht in der am 11. März 2008 ergangenen und am 1. September 2008 verlängerten einstweiligen Anordnung im Verfahren 1 BvR 256/08 (BVerfGE 121, 1 ff., 391 f.) für die vorläufige weitere Anwendung der Vorschriften zur Vorratsdatenspeicherung festgelegt hatte. Dem Revisionsvorbringen ist ferner ein verfahrensmäßiger Zusammenhang zwischen der Erhebung des Widerspruchs gegen die Verwertung der Verkehrsdaten und den zur Einführung dieser Daten in die Hauptverhandlung durchgeführten Beweiserhebungen nicht zu entnehmen, sodass nicht beurteilt werden kann, ob der Widerruf rechtzeitig (§ 257 StPO) erfolgte. Darüber hinaus versäumt es die Revision, den Inhalt des Spurensicherungsberichts der Polizei vom 21. August 2008 und des weiteren polizeilichen Vermerks vom 4. September 2008 mitzuteilen, auf den die Strafkammer zur Darstellung der Verdachtslage in ihrem den Widerspruch gegen die Verwertung der Verkehrsdaten zurückweisenden Beschluss Bezug genommen hat.

Die Revision des Angeklagten V. lässt schließlich jeglichen Sachvortrag zur Erhebung der zum Nachteil dieses Angeklagten verwerteten Telekommunikationsverkehrsdaten vermissen.

593 Eine **Verfahrensrüge**, welche u.a. damit begründet wird, der Verteidiger habe zum Abspielen eines Tonmittschnitts in der Hauptverhandlung eine „Erklärung" abgegeben, genügt nicht den **Darlegungsanforderungen** des § 344 Abs. 2 Satz 2 StPO, wenn nicht zugleich mitgeteilt wird, ob der Angeklagte durch diese „Erklärung" des Verteidigers der Verwertung der Aufzeichnung rechtzeitig widersprochen oder ihr zugestimmt hat. Dies wäre jedoch erforderlich gewesen, weil ein etwa bestehendes Verwertungsverbot für ihn disponibel war.

Eine weitere Rüge betreffend das Abspielen des bearbeiteten Mitschnitts ist jedenfalls **unbegründet**, wenn sich aus dem weiteren Vortrag ergibt, dass der Angeklagte gerade den **Mitschnitt in die Hauptverhandlung einzuführen wünschte.**[590]

594 Ein Urteil, das ausschließlich ein **Zuchtmittel** (§ 13 Abs. 2 Ziffer 3 JGG) gegen den Angeklagten anordnet, kann gemäß **§ 55 Abs. 1 Satz 1 JGG** nicht wegen des Umfangs der Maßnahme und nicht deshalb angefochten werden, weil andere Erziehungsmaßregeln oder (andere) Zuchtmittel hätten angeordnet werden sollen. Dementsprechend kann ein Rechtsmittel gegen ein allein derartige Rechtsfolgen des Jugendstrafrechts verhängendes Urteil lediglich darauf gestützt werden, dass die Schuldfrage aus tatsächlichen oder rechtlichen Gründen falsch beurteilt oder die verhängte Sanktion selbst rechtswidrig ist.[591]

[5] 1. Ein Urteil, das – wie hier mit der Verhängung von Jugendarrest – ausschließlich ein Zuchtmittel (§ 13 Abs. 2 Ziffer 3 JGG) gegen den Angeklagten anordnet, kann gemäß § 55 Abs. 1 Satz 1 JGG nicht wegen des Umfangs der Maßnahme und nicht deshalb angefochten werden, weil andere Erziehungsmaßregeln oder (andere)

---

590 BGH, Beschluss vom 16.9.2013 – 1 StR 264/13.

591 BGH, Beschluss vom 10.7.2013 – 1 StR 278/13.

Zuchtmittel hätten angeordnet werden sollen. Dementsprechend kann ein Rechtsmittel gegen ein allein derartige Rechtsfolgen des Jugendstrafrechts verhängendes Urteil lediglich darauf gestützt werden, dass die Schuldfrage aus tatsächlichen oder rechtlichen Gründen falsch beurteilt oder die verhängte Sanktion selbst rechtswidrig ist (OLG Celle, NStZ-RR 2001, 121 mwN; OLG Dresden, Beschluss vom 31. Januar 2003 – 1 Ss 708/02 – zitiert nach juris; Laue in Meier/Rössner/Trüg/Wulf, JGG, 2011, § 55 Rn. 29; siehe auch BVerfG NStZ-RR 2007, 385, 386).

[6] a) Diese gesetzliche Beschränkung in dem zulässigen Angriffsziel eines gegen ein solches Urteil gerichteten Rechtsmittels wirkt sich bei der Revision auf die aus § 344 Abs. 1 StPO resultierenden Anforderungen an den vom Gesetz verlangten Revisionsantrag aus (vgl. Meyer-Goßner, StPO, 56. Aufl., § 344 Rn. 3a; siehe auch bereits BGH, Beschluss vom 6. Oktober 1998 – 4 StR 312/98, bei Böhm NStZ-RR 1999, 289, 291 zu Ziffer VI.). Um eine Umgehung der Begrenzung der im Rahmen von § 55 Abs. 1 Satz 1 JGG zulässigen Angriffsziele einer Revision zu verhindern, ergibt sich vor dem Hintergrund von § 344 Abs. 1 StPO, im Revisionsantrag anzugeben, inwieweit das Urteil angefochten werde, für den Revisionsführer die Notwendigkeit, eindeutig (vgl. BVerfG NStZ-RR 2007, 385, 386) klarzustellen, dass mit dem Rechtsmittel ein zulässiges Ziel verfolgt wird (OLG Celle und OLG Dresden jeweils aaO; Meyer-Goßner aaO; Laue in Meier/Rössner/Trüg/Wulf, JGG, § 55 Rn. 29 aE).

Der **Inhalt des Urteils** ist bei **gleichzeitig erhobener Sachrüge** vom Revisionsgericht **595**
von Amts wegen zur Kenntnis zu nehmen und kann daher den Sachvortrag der Revision zu einer Verfahrensrüge ergänzen, so dass die Rüge daher trotz an sich unzureichenden Vortrags (§ 344 Abs. 2 StPO) als zulässig beurteilt werden kann.[592]

Die Revision muss **Verfahrensverstöße als Tatsachen**, nicht als bloße Möglichkeiten **596**
behaupten.[593]

[62] (1) Die Revision lässt bereits nicht klar erkennen, welche Beweisantragsablehnung sie als fehlerhaft beanstandet.

[63] Das geschilderte Prozessgeschehen zur vorangestellten Verzögerungsrüge (s.o. C.I.2.a)), welches die Revision – schon für sich bedenklich – auch zur hier behandelten Rüge der Verletzung des Beweisantragsrechts und der nachfolgend erhobenen Aufklärungsrüge (s.u. C.I.2.d)) vollständig in Bezug nimmt (RB S. 82), enthält Ausführungen zu zwei Antragsschriftsätzen mit verschiedenen Beweisbehauptungen, die einerseits einen von beiden Angeklagten unterschriebenen Darlehensvertrag, andererseits eine Bürgschafts- oder Garantieerklärung betreffen. Innerhalb weiterer „Prozesstatsachen", die die Revision (nur) der hier behandelten Rüge der Verletzung des Beweisantragsrechts und der nachfolgend erhobenen Aufklärungsrüge (s.u. C.I.2.d)) gemeinsam voranstellt, beanstandet sie sodann abweichend vom Wortlaut der in Bezug genommenen Antragsschriftsätze die unterbliebene Beweiserhebung zu einem „Entwurf des Darlehensvertrages zwischen der J. V. GmbH und der N. AG" und einer „eingescannte[n] Fassung des von dem Angeklagten B. unterzeichneten Darlehensvertrags zwischen der J. V. GmbH und der A. GmbH". In ihren späteren rechtlichen Ausführungen (nur) zur Verletzung des Beweisantragsrechts nimmt die Revision Bezug auf „das von den Angeklagten behauptete Dokument" und auf

[592] BGH, Beschluss vom 18.12.2012 – 3 StR 458/12.
[593] BGH, Urteil vom 4.09.2014 – 1 StR 75/14.

„eine ganze Reihe an Dokumenten", die bislang nicht Aktenbestandteil seien, „sich aber auf der Sicherungskopie finden lassen".

[64] Im Ergebnis legt die Revision nicht mit der erforderlichen Bestimmtheit und Klarheit offen, welche Dokumente sich auf den Datenträgern befinden sollen.

[65] (2) Durch ihre zur Begründung der behaupteten Verletzung des Beweisantragsrechts gewählte Formulierung, das Vorhandensein der (nicht eindeutig bezeichneten) „Dokumente" auf der Festplatte könne „nicht ausgeschlossen werden", wird ein Verfahrensverstoß zudem nicht hinreichend bestimmt behauptet. Denn die Revision muss Verfahrensverstöße als Tatsachen, nicht als bloße Möglichkeiten behaupten (BGH, Urteil vom 5. März 1953 – 5 StR 676/52, NJW 1953, 836).

597 Die erhobene Beweisantragsrüge genügt schon **nicht den Anforderungen des § 344 Abs. 2 Satz 2 StPO**. Denn die Revision teilt **das schriftliche Gutachten des psychiatrischen Sachverständigen** nicht mit, auf das der Beweisantrag in zahlreichen Punkten Bezug nimmt. Dem Senat ist damit eine abschließende Prüfung allein aufgrund des Revisionsvorbringens nicht möglich.[594]

598 Wird beanstandet, das Tatgericht habe den Inhalt in der Hauptverhandlung **nicht verlesener Urkunden verwertet**, so gehört zur ordnungsgemäßen Begründung der Verfahrensrüge nicht nur die Behauptung, dass die Urkunde nicht verlesen worden, sondern auch die Darlegung, dass der Inhalt der Urkunde nicht in sonst zulässiger Weise eingeführt worden sei.[595]

b) Revisionsbeschränkung

599 Voraussetzung für eine **wirksame Beschränkung der Revision** ist, dass sie sich auf Beschwerdepunkte bezieht, die nach dem inneren Zusammenhang des Urteils losgelöst von seinem nicht angegriffenen Teil rechtlich und tatsächlich selbständig beurteilt werden können, ohne eine Prüfung der Entscheidung im Übrigen erforderlich zu machen. Eine Beschränkung ist aber auch dann unwirksam, wenn die Gefahr besteht, dass die nach dem Teilrechtsmittel (stufenweise) entstehende Gesamtentscheidung nicht frei von inneren Widersprüchen bleiben kann.[596]

c) Revisionsrücknahme

600 Die Revision des Beschuldigten ist durch dessen Verteidiger wirksam zurückgenommen worden (§ 302 Abs. 1 Satz 1 StPO). Die gemäß § 302 Abs. 2 StPO erforderliche ausdrückliche Ermächtigung durch den Beschuldigten, die keiner besonderen Form bedarf (vgl. BGHR StPO § 302 Abs. 2 Rücknahme 6), lag vor, wie sich aus dem Schriftsatz des Verteidigers vom 14. Mai 2014 ergibt.

Die **Revisionsrücknahme ist grundsätzlich unwiderruflich und unanfechtbar**. Ein von der Rechtsprechung anerkannter Ausnahmefall liegt nicht vor. Insbesondere kann aufgrund der Erklärung des Verteidigers ausgeschlossen werden, dass die Zustimmung des Beschuldigten auf krankheitsbedingten Willensmängeln beruht.[597]

---

[594] BGH, Beschluss vom 29.07.2014 – 5 StR 326/14.

[595] BGH, Urteil vom 17.07.2014 – 4 StR 78/14.

[596] BGH, Urteil vom 11.06.2014 – 2 StR 90/14.

[597] BGH, Beschluss vom 29.7.2014 – 5 StR 314/14.

33. Zulässigkeit von Revisionsrügen, Fristen

Der Angeklagte hat mit Schreiben vom 23. Juli 2014, eingegangen am 25. Juli 2014 **601** beim Landgericht Mannheim, „Einspruch" gegen den Beschluss vom 17. Juli 2014 erhoben. Es habe sich um ein Versehen seines Verteidigers bzw. seines Pflichtverteidigers gehandelt. Ihm sei es nicht erlaubt gewesen, eine Revisionsbegründung zu übersenden. Er sei davon ausgegangen, sein Rechtsanwalt werde sich darum kümmern. Dieser habe sicher nur seine Pflicht vernachlässigt.

Der **Rechtsbehelf**, der als (fristgerechter) **Antrag auf Entscheidung des Revisionsgerichts** gemäß § 346 Abs. 2 StPO auszulegen ist (vgl. § 300 StPO), ist zwar zulässig, aber nicht begründet. Da innerhalb der Frist des § 345 Abs. 1 StPO Revisionsanträge nicht gestellt worden sind und die Revision entgegen § 344 Abs. 1 StPO nicht begründet worden ist, hat sie das Landgericht zu Recht gemäß § 346 Abs. 1 StPO als unzulässig verworfen.

Der Angeklagte hat keinen Wiedereinsetzungsantrag gestellt. Aber auch als solcher hätte das Schreiben keinen Erfolg haben können, weil weder die Begründung der Revision gegen das am 3. Juni 2014 zugestellte Urteil fristgerecht in der durch § 345 Abs. 2 StPO vorgeschriebenen Form nachgeholt noch glaubhaft gemacht worden ist, dass der Angeklagte ohne eigenes Verschulden an der Wahrung der Frist zur Begründung des Rechtsmittels gehindert war (§ 45 Abs. 2 StPO).[598]

34. Beschlussverwerfung nach § 349 Abs. 2 StPO

TOPENTSCHEIDUNG ■

Es begegnet **keinen verfassungsrechtlichen Bedenken**, dass der Bundesgerichtshof **602** über die Revision des Beschwerdeführers **nach § 349 Abs. 2 StPO ohne mündliche Verhandlung durch Beschluss** entschieden hat.[599]

[7] 1. Es begegnet keinen verfassungsrechtlichen Bedenken, dass der Bundesgerichtshof über die Revision des Beschwerdeführers nach § 349 Abs. 2 StPO ohne mündliche Verhandlung durch Beschluss entschieden hat.

[8] a) Art. 103 Abs. 1 GG begründet keinen Anspruch auf eine mündliche Verhandlung; es ist vielmehr Sache des Gesetzgebers zu entscheiden, in welcher Weise das rechtliche Gehör gewährt werden soll (vgl. BVerfGE 36, 85<87>; 60, 175 <210 f.>; 89, 381 <391>; stRspr). Der Beschwerdeführer hatte in seiner Revisionsbegründung (§ 344 StPO) und in der Gegenerklärung zum Antrag des Generalbundesanwalts (§ 349 Abs. 3 Satz 2 StPO) Gelegenheit, sich umfassend zu äußern. Er trägt nicht substantiiert vor, dass er sein Revisionsvorbringen in schriftlicher Form nicht ausreichend habe deutlich machen können (vgl. BVerfGE 112, 185 <206>).

[9] b) Es genügt den Anforderungen an ein faires Strafverfahren, dass im Revisionsverfahren der Verteidiger oder ein Rechtsanwalt für den Angeklagten Stellung nimmt. Eine mündliche Verhandlung muss nicht zu dem Zweck durchgeführt wer-

---

598 BGH, Beschluss vom 16.09.2014 – 1 StR 421/14.

599 BVerfG, Kammerbeschluss vom 30.06.2014 – 2 BvR 792/11; iE ebenso EGMR, Urteil vom 17.4.2014 – Beschwerde Nr. 9154/10.

den, damit sich ein Angeklagter unabhängig von seinem Verteidiger äußern kann (vgl. BVerfGE 54, 100 <116 f.>; 64, 135 <151 ff.>). Im Übrigen hat der Angeklagte nach § 345 Abs. 2 StPO die Möglichkeit, die Revision zu Protokoll der Geschäftsstelle zu begründen, auch zur Ergänzung der von seinem Verteidiger oder einem Rechtsanwalt abgegebenen Revisionsbegründung (vgl. Meyer-Goßner/Schmitt, StPO, 57. Aufl. 2014, § 345 Rn. 9).

*[**10**] c) Die Durchführung einer Revisionshauptverhandlung ist auch nicht zur Herstellung prozessualer „Waffengleichheit" erforderlich.*

*[**11**] aa) Das Recht auf ein faires Verfahren gewährleistet dem Beschuldigten einen Mindestbestand an aktiven verfahrensrechtlichen Befugnissen. Ihm muss die Möglichkeit eingeräumt sein, zur Wahrung seiner Rechte auf den Gang und das Ergebnis des Verfahrens Einfluss zu nehmen (vgl. BVerfGE 64, 135 <145>; 65, 171 <174 f.>; 66, 313 <318>). Dies verlangt eine gewisse verfahrensrechtliche „Waffengleichheit" von Staatsanwaltschaft und Beschuldigtem im Strafprozess (vgl. BVerfGE 63, 45 <61>). Allerdings müssen verfahrensspezifische Unterschiede in der Rollenverteilung von Staatsanwaltschaft und Beschuldigtem nicht in jeder Beziehung ausgeglichen werden (vgl. BVerfGE 63, 45 <67>; 122, 248 <272>; BVerfG, Urteil des Zweiten Senats vom 19. März 2013 – 2 BvR 2628/10 u.a. –, NJW 2013, S: 1058 <1060>).*

*[**12**] bb) Das Beschwerdevorbringen lässt nicht erkennen, dass die gesetzliche Regelung oder deren Anwendung durch die Revisionsgerichte vor diesem Hintergrund gegen das Recht auf ein faires Verfahren verstößt. Es trifft zwar zu, dass Revisionen der Staatsanwaltschaft im Gegensatz zu solchen des Angeklagten im Allgemeinen nicht durch Beschluss nach § 349 Abs. 2 StPO verworfen werden (vgl. Gericke, in: Karlsruher Kommentar zur StPO, 7. Aufl. 2013, § 349 Rn. 30). Der Beschwerdeführer zeigt jedoch nicht auf, inwieweit ihm die Entscheidung im Beschlusswege einen geringeren Grundrechtsschutz gewährt haben könnte als eine Entscheidung durch Urteil nach Durchführung einer Hauptverhandlung. Seinen Darlegungen kann auch nicht entnommen werden, dass die unterschiedliche Behandlung von Revisionen des Angeklagten und der Staatsanwaltschaft generell zu einer verminderten Rechtsschutzqualität bei Revisionen von Angeklagten führt (vgl. BVerfGE 112, 185 <204 f.>).*

■ PRAXISBEDEUTUNG

Die vorliegende Entscheidung des BVerfG sollte endlich die Diskussion um die Frage beruhigen, ob und inwieweit die derzeitige Entscheidungspraxis der Strafsenate des BGH zulässig und verfassungsrechtlich unangreifbar ist. Auch wenn das Missfallen der Verteidiger wegen ausgebliebener Begründungen dadurch kaum ausgeräumt werden kann, bleibt festzuhalten, dass eine Beschlussverwerfung nach § 349 Abs. 2 StPO nur dann möglich ist, wenn bereits die Revisionsangriffe durch die Ausführungen in der Antragsschrift des Generalbundesanwalts ausreichend beantwortet sind.[600]

[600] Vgl. hierzu BGH, Beschluss vom 5.05.2014 – 1 StR 82/14; ebenso Beschluss vom 25.02.2014 – 1 StR 657/13.

35. Revisionsrügen nach § 338 StPO

Die nachstehenden Rügen heben die alltäglichen Fragen, mit denen die Revisionsrechtsprechung befasst wird, nur in besonderer Weise hervor. Allerdings sollte sich ein Verteidiger im Rahmen einer **Revisionsbegründung** vorher klar werden, ob er eine Rüge nach den Sonderbestimmungen des § 338 StPO oder als „normale“ Verfahrensrüge erheben will. Nicht hilfreich und zumeist auch nicht weiterführend ist es regelmäßig, ein und dieselbe Rüge unter verschiedenen „Vorzeichen“ geltend zu machen. **603**

a) § 338 Nr. 1 StPO

Bei **Verlegung des ordentlichen Sitzungstages** ist für die **Entbindung des Hauptschöffen** von der Dienstleistung seine Verhinderung am tatsächlichen Sitzungstag, nicht diejenige an dem als ordentlichen Sitzungstag bestimmten Tag maßgeblich.[601] **604**

[15] I. Mit der Verfahrensrüge beanstandet der Angeklagte – im Ergebnis erfolglos –, dass die Strafkammer hinsichtlich eines Schöffen nicht vorschriftsmäßig besetzt gewesen sei (§ 338 Nr. 1 StPO).

[16] 1. Der Rüge liegt im Wesentlichen der folgende Verfahrensgang zugrunde:

[17] Der Vorsitzende bestimmte mit Verfügung vom 24. September 2012 Termin zur Hauptverhandlung auf Donnerstag, den 4. Oktober 2012 und verfügte, dass „die Schöffen des 05.10.12“ zu laden seien. Der für den ordentlichen Sitzungstag am Freitag, den 5. Oktober 2012 heranzuziehende Hauptschöffe, der Schöffe Q., hatte bereits im Dezember 2011 schriftlich mitgeteilt, dass er drei vorgesehene Termine als Schöffe nicht wahrnehmen könne, da er sich an diesen im Urlaub befinden werde; zu diesen Terminen gehörte auch der 5. Oktober 2012. Auf eine Mitteilung seiner Serviceeinheit entschied der Vorsitzende daraufhin, dass der Schöffe von der Dienstleistung gem. § 54 GVG befreit werde. Darauf wurde der von der Schöffengeschäftsstelle als nächstbereiter Hilfsschöffe festgestellte Schöffe B. geladen. Diesen befreite der Vorsitzende ebenfalls von der Dienstleistung, da der Hilfsschöffe mitgeteilt hatte, dass er sich vom 2. bis 6. Oktober 2012 im Krankenhaus befinden werde. Der danach geladene nächstbereite Hilfsschöffe, der Schöffe M., nahm schließlich an der Hauptverhandlung – neben der weiteren, regulär für den ordentlichen Sitzungstag vom 5. Oktober 2012 heranzuziehende (Haupt-)Schöffin – teil.

[18] In der Hauptverhandlung rügte der Verteidiger noch vor Vernehmung des Angeklagten zur Sache die vorschriftswidrige Besetzung des Gerichts hinsichtlich des Schöffen M. und trug vor, dass die Entbindung des Hauptschöffen Q. sich als objektiv willkürliche Richterentziehung darstelle, weil dieser am 4. Oktober 2012 gar nicht verhindert gewesen sei. Diesen Besetzungseinwand wies die Strafkammer als unbegründet zurück und führte zur Begründung unter anderem aus, dass für den 4. Oktober 2012 die Schöffen zu laden gewesen seien, die „hätten geladen werden müssen, wenn der 5.10.2012 – wie ursprünglich geplant – der erste ordentliche Sitzungstag gewesen wäre“. Wegen der Verhinderung des Schöffen Q. (und des Hilfsschöffen B.) am 5. Oktober 2012 sei der Hilfsschöffe M. zu laden gewesen. Dessen Bestellung sowie die Entbindung des Hauptschöffen Q. von der Mitwirkung an der

---

[601] BGH, Beschluss vom 22.11.2013 – 3 StR 162/13.

Hauptverhandlung durch den Vorsitzenden seien mit Blick auf den Vermerk der Geschäftsstelle über die Verhinderung des Hauptschöffen Q. im Übrigen jedenfalls nicht willkürlich erfolgt.

[19] 2. Die Verfahrensbeanstandung bleibt ohne Erfolg. Das erkennende Gericht war nicht vorschriftswidrig im Sinne des § 338 Nr. 1 StPO besetzt; denn der mitwirkende Hilfsschöffe M. war aufgrund der vorangegangenen Entbindung des Hauptschöffen sowie der – nicht beanstandeten – Entbindung des zunächst heranzuziehenden weiteren Hilfsschöffen der zur Mitwirkung berufene Richter. Die auf § 54 GVG gestützte Entscheidung des Vorsitzenden, den Hauptschöffen Q. von der Dienstleistung am 4. Oktober 2012 zu entbinden, beruhte zwar auf einem unzutreffenden rechtlichen Maßstab, war indes jedenfalls nicht willkürlich.

[20] Im Einzelnen:

[21] a) Die – bislang in Rechtsprechung und Literatur noch nicht geklärte – Frage, ob bei Verlegung des ordentlichen Sitzungstages die Verhinderung des Hauptschöffen an diesem oder an dem – infolge der Verlegung an einem anderen Tag stattfindenden – tatsächlichen Sitzungstag für seine Entbindung von der Dienstleistung maßgebend ist, ist dahin zu entscheiden, dass für die Entbindung des („Haupt-") Schöffen von der Dienstleistung seine Verhinderung am tatsächlichen Sitzungstag, nicht diejenige an dem als ordentlichen Sitzungstag bestimmten Tag maßgeblich ist. Dies beruht auf folgenden Erwägungen:

[22] Die Verlegung des Beginns einer ordentlichen, gemäß § 45 Abs. 1 GVG bestimmten Sitzung auf einen anderen Tag führt dazu, dass die gemäß § 77 GVG im Voraus für den verlegten ordentliche Sitzungstag bestimmten Hauptschöffen heranzuziehen sind; anders als bei der unzulässigen Anberaumung einer außerordentlichen Sitzung, zu der gemäß §§ 47, 77 Abs. 1 GVG die zur Mitwirkung berufenen Schöffen aus der Hilfsschöffenliste herangezogen werden, wird hierdurch der Angeklagte nicht seinem gesetzlichen Richter entzogen (st. Rspr.; vgl. BGH, Urteil vom 5. November 1957 – 1 StR 254/57, BGHSt 11, 54 ff.). Demnach gebührt allgemein der Mitwirkung der Hauptschöffen der Vorrang vor der Heranziehung von Hilfsschöffen (BGH, Urteil vom 14. Juli 1995 – 5 StR 532/94, BGHSt 41, 175, 177). Dieser Grundsatz spricht bereits dafür, den Hauptschöffen, der lediglich an dem ursprünglich festgestellten ordentlichen Sitzungstag, nicht aber an dem tatsächlich bestimmten, vom ordentlichen Sitzungstermin abweichenden Tag verhindert ist, zu der Sitzung heranzuziehen. Zudem ist der Schöffe an dem durch die Verlegung des Sitzungstages bestimmten, die Stelle des ordentlichen Sitzungstages einnehmenden („neuen") Sitzungstag gerade nicht an der Dienstleistung gehindert im Sinne von § 54 Abs. 1 Satz 2 GVG. Schließlich wäre bei Verlegung des ordentlichen Sitzungstages die (zusätzliche) Berücksichtigung der Verhinderung eines Schöffen an diesem Tag nicht praxisgerecht: Zum einen müsste zur Feststellung des gesetzlichen Richters regelmäßig geprüft werden, ob der Schöffe (auch) an dem ursprünglichen ordentlichen Sitzungstag verhindert ist, und zwar auch dann, wenn an diesem Tag tatsächlich gar keine Sitzung stattfindet; zum anderen wäre der Schöffe im Sinne des § 54 Abs. 1 GVG verhindert, wenn er am ordentlichen Sitzungstag, an dem tatsächlich keine Sitzung stattfindet, nicht aber am tatsächlichen Sitzungstag an der Dienstleistung gehindert ist. Die Verhinderung am ordentlichen Sitzungstag als maßgebend anzusehen, hätte bei strikter Beachtung schließlich zur Folge, dass der Schöffe, der zwar am verlegten neuen Sitzungstag, nicht aber am ordentlichen Sitzungstag verhindert ist, zur Mitwirkung berufen und heranzuziehen wäre. Da dieser Schöffe indes seine Dienstleistung wegen Verhinderung tatsächlich nicht erbringen könnte,

wäre eine dem Grundsatz des gesetzlichen Richters genügende, vorschriftsmäßige Gerichtsbesetzung jedenfalls an dem neuen Sitzungstag nicht möglich.

[23] Vorsorglich ist darauf hinzuweisen, dass von den vorstehenden Maßstäben, nach denen für die Gerichtsbesetzung die Verhinderung eines Schöffen am tatsächlichen und nicht (auch) am ordentlichen Sitzungstag maßgeblich ist, die Rechtsprechung zur ordnungsgemäßen Gerichtsbesetzung bei einer (vorherigen) Entbindung eines am Sitzungstag tatsächlich nicht (mehr) verhinderten Schöffen (vgl. hierzu BGH, Urteil vom 2. Juni 1981 – 5 StR 175/81, BGHSt 30, 149, 151; Beschluss vom 20. August 1982 – 2 StR 401/82, StV 1983, 11) nicht berührt wird.

[24] b) Soweit die Entbindungsentscheidung demgegenüber auf der Verhinderung des Schöffen nicht am tatsächlichen, sondern am ursprünglichen Sitzungstag beruht, hat dies gleichwohl in der hier gegebenen Konstellation keine ordnungswidrige Besetzung der Kammer zur Folge; denn der Schöffe, der wirksam von seiner Dienstleistung entbunden ist (§ 54 Abs. 1, § 77 Abs. 1 GVG), ist infolge seiner Entbindung nicht mehr der gesetzliche Richter. An seine Stelle tritt gemäß §§ 49, 77 Abs. 1 GVG derjenige Hilfsschöffe, der an bereitester Stelle auf der Schöffenliste steht (vgl. BGH, Urteil vom 2. Juni 1981 – 5 StR 175/81, BGHSt 30, 149, 151; Beschluss vom 20. August 1982 – 2 StR 401/82, StV 1983, 11; Kissel/Mayer, GVG, 7. Aufl., § 54 Rn. 18). Die Entbindungsentscheidung selbst ist gemäß § 54 Abs. 3 Satz 1, § 77 Abs. 1 GVG unanfechtbar und unterliegt daher nicht der Prüfung des Revisionsgerichts (§ 336 Satz 2 Alt. 1 StPO). Die auf der Entbindungsentscheidung beruhende Gerichtsbesetzung kann somit grundsätzlich nicht nach § 338 Nr. 1 StPO mit der Revision gerügt werden. Etwas anderes gilt nur dann, wenn die Entscheidung objektiv willkürlich und der verfassungsrechtliche Grundsatz des gesetzlichen Richters nach Art. 101 Abs. 1 Satz 2 GG, § 16 Satz 2 GVG verletzt ist (st. Rspr.; vgl. BGH, Urteile vom 3. März 1982 – 2 StR 32/82, BGHSt 31, 3, 5; vom 22. Juni 1982 – 1 StR 249/81, NStZ 1982, 476; vom 23. Januar 2002 – 5 StR 130/01, BGHSt 47, 220, 222; s. auch BGH, Urteil vom 22. Dezember 2000 – 3 StR 378/00, BGHSt 46, 238, 241; BT-Drucks. 8/976, S. 66; LR/Gittermann, StPO, 26. Aufl., § 54 GVG Rn. 19 f.).

[25] Angesichts der ausdrücklichen gesetzlichen Regelung von § 54 Abs. 3 Satz 1 GVG, § 336 Satz 2 Alt. 1 StPO kommt eine Richtigkeitsprüfung über den Willkürmaßstab hinaus nicht in Betracht und ist auch verfassungsrechtlich nicht erforderlich. So wird das Bundesverfassungsgericht durch die grundrechtsähnliche Gewährleistung des Art. 101 Abs. 1 Satz 2 GG nicht zu einem Kontrollorgan, das jeden einem Gericht unterlaufenden, die Zuständigkeit des Gerichts berührenden Verfahrensfehler korrigieren müsste. Es beanstandet die fehlerhafte Auslegung von Zuständigkeitsnormen nur, wenn sie bei verständiger Würdigung der das Grundgesetz bestimmenden Gedanken nicht mehr verständlich und offensichtlich unhaltbar sind (BVerfG, Beschluss vom 16. Februar 2005 – 2 BvR 581/03, NJW 2005, 2689, 2690). Etwas anderes gilt lediglich in dem – hier nicht gegebenen – Fall, dass nicht die Auslegung und Anwendung der Zuständigkeitsregel, sondern die Verfassungsmäßigkeit der der Rechtsanwendung zugrunde liegenden Zuständigkeitsregel (etwa eines Geschäftsverteilungsplans) selbst zu prüfen ist (BVerfG aaO; BVerfG, Beschluss vom 23. Mai 2012 – 2 BvR 610/12 u.a., NJW 2012, 2334, 2335 mwN).

[26] c) Daran gemessen hält die Entbindung des Hauptschöffen Q. der rechtlichen Prüfung stand. Die Entscheidung, der am ordentlichen Sitzungstag verhinderte Hauptschöffe sei (auch) am vorverlegten Sitzungstag, dem 4. Oktober 2012, an der Dienstleistung gehindert, stellt keine nicht mehr vertretbare, objektiv willkürliche

Rechtsauslegung dar. Dies ergibt sich bereits daraus, dass die hier zugrundeliegende Rechtsfrage vor der Entscheidung des Senats noch nicht geklärt war und in der Sache unterschiedliche Ansichten nicht unvertretbar waren. So ist etwa auch der Generalbundesanwalt davon ausgegangen, dass für die Frage der Verhinderung auf den ursprünglichen ordentlichen Sitzungstag abzustellen sei, da bei einem Sitzungsbeginn an diesem Tag die Kammer mit dem Hilfsschöffen ordnungsgemäß besetzt gewesen wäre und bei einer Vorverlegung nichts anderes gelten könne.

[27] Auf die Frage, ob die Entscheidung des Vorsitzenden auch deshalb nicht willkürlich war, weil er den Schöffen aufgrund des Vermerks der Geschäftsstelle entbunden hat, kommt es danach nicht mehr an.

605 Die zeitweise **Übertragung der Verhandlungsführung** auf ein anderes Mitglied des Spruchkörpers ändert nichts an der Tatsache, dass die Strafkammer durchgängig mit dem Vorsitzenden Richter K. und den beisitzenden Richtern P. und Ku. besetzt war und diese auch durchgängig verhandlungs- und erkenntnisfähig waren. Das Recht auf den gesetzlichen Richter erstreckt sich nur auf eine bestimmte Zusammensetzung der Richterbank, nicht darauf, wer im Einzelfall oder vorübergehend welche Funktion ausübt.[602]

b) § 338 Nr. 5 StPO

606 Die **Verhandlung über die Entlassung eines Zeugen** ist grundsätzlich ein **wesentlicher Teil der Hauptverhandlung**, die währenddessen fortdauernde Abwesenheit des nach § 247 Satz 1 oder Satz 2 StPO entfernten Angeklagten also regelmäßig geeignet, den absoluten Revisionsgrund des § 338 Nr. 5 StPO zu begründen. Die das Anwesenheitsrecht und die Anwesenheitspflicht des Angeklagten betreffenden Vorschriften bezwecken unter anderem, dem Angeklagten eine uneingeschränkte Verteidigung zu ermöglichen, insbesondere auf Grund des von ihm selbst wahrgenommenen Verlaufs der Hauptverhandlung. Das wird ihm durch seinen Ausschluss von der Verhandlung über die Entlassung des Zeugen erschwert, weil er in unmittelbarem Anschluss an die Zeugenvernehmung keine Fragen oder Anträge stellen kann, die den Verfahrensausgang beeinflussen können.[603]

[7] Der Beschwerdeführer war entgegen § 247 StPO auch von der Verhandlung über die Entlassung der Nebenklägerin als Zeugin nach deren zweiter Vernehmung ausgeschlossen. Dies begründet den Revisionsgrund des § 338 Nr. 5 StPO, denn die Verhandlung über die Entlassung der Nebenklägerin war, auch wenn es sich um eine ergänzende Vernehmung handelte, ein wesentlicher Teil der Hauptverhandlung.

[8] Nach der ständigen Rechtsprechung des Bundesgerichtshofs ist die Verhandlung über die Entlassung eines Zeugen grundsätzlich ein wesentlicher Teil der Hauptverhandlung, die währenddessen fortdauernde Abwesenheit des nach § 247 Satz 1 oder Satz 2 StPO entfernten Angeklagten also regelmäßig geeignet, den absoluten Revisionsgrund des § 338 Nr. 5 StPO zu begründen (BGH, Beschluss vom 21. April 2010 – GSSt 1/09, BGHSt 55, 87, 92). Die das Anwesenheitsrecht und die Anwesen-

---

602 BGH, Beschluss vom 6.08.2014 – 1 StR 333/14.

603 BGH, Beschluss vom 23.09.2014 – 4 StR 302/14; siehe hierzu auch Beschluss vom 5.12.2013 – 2 StR 387/13.

heitspflicht des Angeklagten betreffenden Vorschriften bezwecken unter anderem, dem Angeklagten eine uneingeschränkte Verteidigung zu ermöglichen, insbesondere auf Grund des von ihm selbst wahrgenommenen Verlaufs der Hauptverhandlung. Das wird ihm durch seinen Ausschluss von der Verhandlung über die Entlassung des Zeugen erschwert, weil er in unmittelbarem Anschluss an die Zeugenvernehmung keine Fragen oder Anträge stellen kann, die den Verfahrensausgang beeinflussen können (BGH aaO). Gemessen daran kommt der ergänzenden Vernehmung einer Opferzeugin grundsätzlich erhebliche Bedeutung für das Verfahren zu, sodass der Angeklagte nach einer solchen ebenfalls stets die Möglichkeit haben muss, ergänzende Fragen oder Anträge zu stellen (BGH, Beschluss vom 11. März 2014 – 1 StR 711/13, aaO, 533 mwN). Beim Vorwurf von Sexualstraftaten liegt es sogar nahe, dass Umstände zum Tatgeschehen selbst dann erörtert werden, wenn es nur deshalb zu einer erneuten Vernehmung der Opferzeugin kommt, weil Fragen zum Randgeschehen noch geklärt werden müssen. Kein Verfahrensbeteiligter ist in einem solchen Fall rechtlich gehindert, bisher noch nicht gestellte, aber zur Sache gehörende und damit den gesamten Anklagevorwurf betreffende Fragen zu stellen. Dieser Möglichkeit zu ergänzenden Fragen kommt insbesondere dann besondere Bedeutung zu, wenn – wie im vorliegenden Fall – der Angeklagte nach dem zutreffenden Vortrag der Revision bereits gemäß § 247 StPO von der Teilnahme an der Verhandlung über die Entlassung der Nebenklägerin nach ihrer ersten Zeugenvernehmung ausgeschlossen war. Die besondere Verfahrensbedeutung der zweiten Zeugenvernehmung liegt in solchen Fällen darin, dass mit dieser Vernehmung der Verfahrensfehler, dem Angeklagten bei der Verhandlung über die Entlassung nach der ersten Zeugenvernehmung der Nebenklägerin die Anwesenheit nicht zu gestatten, geheilt wurde (BGH, aaO, 533).

Der **zeitweise Ausschluss des Angeklagten** ist durch einen Gerichtsbeschluss anzuordnen, dessen **Begründung** zweifelsfrei ergeben muss, dass das **Gericht von zulässigen Erwägungen ausgegangen** ist. Der bloße Wunsch eines Zeugen, in Abwesenheit des Angeklagten aussagen zu dürfen, rechtfertigt für sich eine Anordnung nach § 247 Satz 1 StPO noch nicht.[604] **607**

[5] Der Vorsitzende der Strafkammer teilte in einem Fortsetzungstermin mit, die Zeugin und deren Mutter hätten im Foyer des Gerichtssaals darum gebeten, dass die Zeugin nicht in Anwesenheit des Angeklagten aussagen müsse. Nach Anhörung der Verfahrensbeteiligten beschloss die Strafkammer sodann, dass der Angeklagte für die Dauer der Vernehmung der Zeugin gemäß § 247 Satz 1 und 2 StPO aus dem Sitzungssaal entfernt werde. Zur Begründung hat das Landgericht ausgeführt, die Zeugin habe auf dem Gerichtsflur weinend darum gebeten, dem Angeklagten nicht gegenübertreten zu müssen, da sie dann nicht reden könne. Ihre Mutter habe dringend darum gebeten, ihr Kind nicht in Anwesenheit des Angeklagten zu befragen. Mit Blick auf die Wichtigkeit des persönlichen Eindrucks von der Zeugin und die Aufklärungspflicht sei wie geschehen zu entscheiden.

[6] Diese knappe, im Wesentlichen nur die unsubstantiierten Angaben der Zeugin und ihrer Mutter referierende Begründung genügt den Anforderungen des § 247 Satz 1 StPO hier nicht. Der zeitweise Ausschluss des Angeklagten ist durch einen Gerichtsbeschluss anzuordnen, dessen Begründung zweifelsfrei ergeben muss, dass

---

[604] BGH, Beschluss vom 24.06.2014 – 3 StR 194/14.

das Gericht von zulässigen Erwägungen ausgegangen ist. Der bloße Wunsch eines Zeugen, in Abwesenheit des Angeklagten aussagen zu dürfen, rechtfertigt für sich eine Anordnung nach § 247 Satz 1 StPO noch nicht (st. Rspr.; vgl. etwa BGH, Urteil vom 6. Dezember 1967 – 2 StR 616/67, BGHSt 22, 18, 21; Beschluss vom 15. August 2001 – 3 StR 225/01, BGHR StPO § 247 Satz 1 Begründungserfordernis 5). Die Befürchtung des Gerichts, dass die Anwesenheit des Angeklagten den Zeugen von einer wahren und vollständigen Aussage abhalten werde, muss sich auf konkrete, im Einzelfall begründete Tatsachen stützen und nicht etwa nur auf allgemeine Erwägungen (LR/Becker, StPO, 26. Aufl., § 247 Rn. 15 mwN; KK-Diemer, 7. Aufl., § 247 Rn. 5). Die Norm erfordert deshalb mit Blick auf die Schwere des Eingriffs in die Rechte des Angeklagten grundsätzlich eine substantiierte Begründung dessen zeitweisen Ausschlusses von der Hauptverhandlung. Eine solche kann in Fällen der vorliegenden Art allenfalls dann als entbehrlich angesehen werden, wenn sich unmittelbar aus dem Anklagegegenstand sowie aus der Person von Zeugen und Angeklagtem und ihrer Beziehung zueinander ohne Weiteres eine massive Furcht des Zeugen vor dem auszuschließenden Angeklagten aufdrängt, die geeignet erscheint, den Zeugen von wahren, insbesondere vollständigen Angaben in Gegenwart des Angeklagten abzuhalten, wie es beispielsweise bei psychisch schwer geschädigten Opfern von Sexualverbrechen auf der Hand liegt (BGH, Beschluss vom 21. April 1999 – 5 StR 715/98, BGHR StPO § 247 Satz 1 Begründungserfordernis 3).

[7] Diese Voraussetzungen liegen hier nicht vor. Die Beziehung zwischen dem Angeklagten und der Zeugin beschränkte sich im Wesentlichen auf die Anbahnung und Durchführung der von beiden gewünschten sexuellen Handlungen. Irgendwelche durch den Kontakt mit dem Angeklagten hervorgerufenen psychischen Beeinträchtigungen der Zeugin hat das Landgericht nicht feststellen können. Ein objektiver Anlass für eine begründete Furcht der Zeugin vor einer Aussage in Gegenwart des Angeklagten lag deshalb nicht nahe. Bei dieser Sachlage war eine sorgfältige Begründung der Anordnung unerlässlich, in der das gewichtige Interesse des Angeklagten, während der Vernehmung der wichtigsten Belastungszeugin an der Hauptverhandlung teilzunehmen, mit berechtigten Interessen der Zeugin abzuwägen gewesen wäre. In die Bewertung wäre gegebenenfalls auch einzustellen gewesen, ob den Interessen der Zeugin etwa mit Anordnungen zum Verhalten des Angeklagten während ihrer Vernehmung oder zur Sitzordnung in ausreichender Weise hätte Rechnung getragen werden können (BGH, Beschluss vom 21. April 1999, aaO).

[8] Ausreichende Anhaltspunkte, welche die Voraussetzungen des § 247 Satz 2 StPO belegen könnten, sind weder in der Beschlussbegründung dargelegt noch sonst ersichtlich.

608 Die **Verhandlung über die Entlassung der Opferzeugin** ist – auch wenn es sich um eine ergänzende Vernehmung handelt – ein wesentlicher Teil der Hauptverhandlung.[605]

[15] a) Der Beschwerdeführer war entgegen § 247 StPO von der Verhandlung über die Entlassung der Nebenklägerin als Zeugin nach deren zweiter Vernehmung ausgeschlossen. Dies begründet den Revisionsgrund des § 338 Nr. 5 StPO, denn die

605 BGH, Beschluss vom 11.03.2014 – 1 StR 711/13.

Verhandlung über die Entlassung der Opferzeugin war – auch wenn es sich um eine ergänzende Vernehmung handelte – ein wesentlicher Teil der Hauptverhandlung (s.o.).

[16] b) Ein Fall, in dem ein Beruhen des Urteils auf der bloßen Abwesenheit des Angeklagten während der Entscheidung über die Entlassung eines Zeugen denkgesetzlich ausgeschlossen ist (vgl. dazu BGH, Beschluss vom 11. Mai 2006 – 4 StR 131/06; NStZ 2006, 713; BGH, Urteil vom 9. Februar 2011 – 5 StR 387/10, NStZ 2011, 534), liegt nicht vor.

[17] c) Allerdings kommt grundsätzlich die Heilung des Verfahrensverstoßes, etwa durch erneute Vernehmung eines Zeugen in Betracht (BGH, GrS, Beschluss vom 21. April 2010 – GSSt 1/09, BGHSt 55, 87, 94). Eine solche Heilung hat hier aber nur durch die zweite Vernehmung im Hinblick auf den Ausschluss des Angeklagten von der Verhandlung über die Entlassung der Nebenklägerin nach deren erster Zeugenvernehmung stattgefunden. Demgegenüber ist, weil dem Angeklagten die Anwesenheit bei der Verhandlung über die Entlassung der Nebenklägerin (auch) nach ihrer zweiten Zeugenvernehmung verwehrt wurde, der absolute Revisionsgrund des § 338 Nr. 5 StPO gegeben. Da der Fehler unbemerkt blieb und auch keine weitere Vernehmung der Nebenklägerin mehr stattgefunden hat, ist insoweit keine Heilung eingetreten.

Die **Ausschließung des Angeklagten** von der Anwesenheit in der Hauptverhandlung **609**
rechtfertigt nur die Verhandlung in seiner **Abwesenheit während der Zeugenvernehmung, nicht bei der Erhebung von Sachbeweisen.** Ein dabei durchgeführter Augenscheinsbeweis ist ein wesentlicher Teil der Hauptverhandlung, welcher dann nicht in Abwesenheit durchgeführt werden kann.[606]

[4] Die Revision des Angeklagten rügt bei dieser Sachlage zu Recht, dass ein wesentlicher Teil der Hauptverhandlung in seiner Abwesenheit stattgefunden hat, so dass sein Anwesenheitsrecht verletzt wurde (§ 230 Abs. 1, § 247 Satz 2, § 338 Nr. 5 StPO). Der Verfahrensfehler wurde auch während der weiteren Hauptverhandlung nicht geheilt, was zur Aufhebung des Urteils zwingt.

[5] Aus dem Protokollvermerk ergibt sich, dass es sich bei der Betrachtung des Luftbilds um ein Beweiserhebung durch „Augenschein" und nicht lediglich um einen Vernehmungsbehelf bei der Befragung der Zeugin gehandelt hat (vgl. BGH, Beschluss vom 5. Oktober 2010 – 1 StR 264/10, NStZ 2011, 51). Gegenstand der Beweisaufnahme war nicht etwa nur die Erläuterung einer Skizze, welche die Zeugin zur Illustration ihrer Angaben während der Vernehmung angefertigt hat (vgl. BGH, Urteil vom 4. Mai 2004 – 1 StR 391/03, NStZ-RR 2005, 260 f.). Vielmehr wurde eine außerhalb der Hauptverhandlung angefertigte und ausgedruckte Luftbildaufnahme in der Hauptverhandlung betrachtet und erörtert, was bereits für sich genommen – unabhängig von der Bewertung der Einzeichnungen durch die Zeugin – einen Fall des Augenscheinsbeweises darstellt. Die Ausschließung des Angeklagten von der Anwesenheit in der Hauptverhandlung rechtfertigte aber nur die Verhandlung in seiner Abwesenheit während der Zeugenvernehmung, nicht bei der Erhebung von Sachbeweisen (vgl. Senat, Urteil vom 7. April 2004 – 2 StR 436/03, StV 2005, 6 f.).

[606] BGH, Beschluss vom 19.11.2013 – 2 StR 379/13.

[6] Der Augenscheinsbeweis war auch ein wesentlicher Teil der Hauptverhandlung, da die Luftbildaufnahme den Tatort betraf. Sie gab den Richtern und Verfahrensbeteiligten einen Eindruck von dessen Gestaltung zur Tatzeit und den dort herrschenden räumlichen Verhältnissen.

[7] Gemäß § 338 Nr. 5 StPO ist davon auszugehen, dass das Urteil auf dem Verfahrensfehler beruht (vgl. Senat, Beschluss vom 8. August 2007 – 2 StR 224/07, NStZ 2007, 717, 718), auch wenn die Urteilsgründe auf diesen Augenschein nicht ausdrücklich Bezug nehmen und die Aussage der Zeugin H. im Rahmen der Beweiswürdigung im Hinblick auf den Tatvorwurf als nicht aussagekräftig bezeichnet wurde. Es kann nicht ausgeschlossen werden, dass der visuell durch eine Luftbildaufnahme vom Tatort vermittelte Eindruck für die Entscheidungsfindung unausgesprochen von Bedeutung war.

610 Ein **wesentlicher Teil der Hauptverhandlung** wird in Abwesenheit des Angeklagten durchgeführt, wenn nach Entfernung des Angeklagten die Zeugin Angaben macht und dabei **Lichtbilder des Tatorts in Augenschein genommen** werden.[607]

[4] Die Rüge einer Verletzung des § 338 Nr. 5 StPO (§ 231b Abs. 1 StPO) hat Erfolg, weil die Hauptverhandlung (hier Einnahme eines Augenscheins) in Abwesenheit des Angeklagten erfolgt ist.

[5] Durch Beschluss des Landgerichts wurde der Angeklagte gemäß § 177 GVG für die weitere Vernehmung der Zeugin B. am 15. November 2013 aus dem Sitzungszimmer entfernt, nachdem er zuvor mehreren sitzungspolizeilichen Anordnungen des Vorsitzenden … nicht nachgekommen war … .

[6] Nach Entfernung des Angeklagten machte die Zeugin weitere Angaben. Im Protokoll heißt es sodann: „Die von der Polizei gefertigten Lichtbilder der Wohnung der Geschädigten B. wurden in Augenschein genommen."

[7] Die Zeugin machte sodann weitere Angaben zur Sache. Der Angeklagte wurde über den wesentlichen Inhalt der Zeugenaussage B. informiert (§§ 231b Abs. 2, 231a Abs. 2 StPO).

[8] Die Lichtbilder werden im Protokoll anschließend nicht mehr erwähnt.

[9] a) Die Rüge ist zulässig erhoben.

[10] Der Revisionsführer hat diesen Sachverhalt vollständig vorgetragen. Gemäß § 344 Abs. 2 Satz 2 StPO war es im vorliegenden Fall nicht erforderlich, die Lichtbilder im Einzelnen zu beschreiben, wenn dies auch im Einzelfall zur erforderlichen Klarstellung schon verlangt wurde (vgl. BGH, Urteil vom 4. Mai 2004 – 1 StR 391/03). Dies war weder notwendig, um die Frage beantworten zu können, ob die Abwesenheit bei einem wesentlichen Teil der Hauptverhandlung stattfand, noch ob es sich nur um einen Vernehmungsbehelf handelte. Hier ergibt sich aus den auf die Sachrüge zugänglichen schriftlichen Urteilsgründen, dass die Lichtbilder für das erkennende Gericht wesentlich waren, denn sie werden bei der Beweiswürdigung dreimal angeführt (UA S. 20, 26, 27). Nicht wesentlich waren für das Gericht die Einzelheiten der Bilder, denn es ist nur von „Lichtbildern ihres Schlafzimmers", „Lichtbildern der Wohnung" und „Bildern ihrer Wohnung" die Rede. Näherer Vortrag war daher im vorliegenden Fall für die Beurteilung durch das Revisionsgericht

---

607 BGH, Beschluss vom 17.09.2014 – 1 StR 212/14; siehe hierzu auch Beschluss vom 14.01.2014 – 4 StR 529/13.

entbehrlich (vgl. auch BGH, Urteil vom 7. April 2004 – 2 StR 436/03). Dies gilt auch für die Prüfung der Frage, ob lediglich von einem Vernehmungsbehelf auszugehen ist (vgl. hierzu auch nachfolgend 1b).

[11] b) Die Rüge ist auch begründet.

[12] Durch die Niederschrift über die Hauptverhandlung wird bewiesen (§ 274 StPO), dass während der Vernehmung der Zeugin B., bei der der Angeklagte nach § 177 GVG ausgeschlossen war, die Inaugenscheinnahme der Lichtbilder durchgeführt wurde. Nach den Gesamtumständen ist hier davon auszugehen, dass es sich um einen förmlichen Augenschein gehandelt hat und die Lichtbilder nicht lediglich als Vernehmungsbehelf eingesetzt worden sind (vgl. hierzu BGH, Beschluss vom 12. Dezember 2002 – 5 StR 477/02).

[13] Die Verwendung von Augenscheinsobjekten als Vernehmungsbehelfe im Verlaufe einer Zeugenvernehmung hätte keiner Aufnahme in die Sitzungsniederschrift bedurft (vgl. u.a. BGH, Beschluss vom 14. Januar 2014 – 4 StR 529/13 mwN).

[14] Der Wortlaut des Protokolls ist eindeutig: Die Bilder wurden „in Augenschein genommen". Auf die Einschätzung des Sitzungsstaatsanwalts in seiner Gegenerklärung, wo nach seiner Erinnerung die Lichtbilder „als Hilfe dienten, die Angaben des Zeugen B. betreffend ihrer Wohnverhältnisse nachvollziehen zu können", kommt es danach nicht an.

[15] Den Urteilsgründen lässt sich auch nicht entnehmen, dass kein förmlicher Augenschein erfolgt ist. Denn dort heißt es: „Dieses Geschehen konnte B. anhand von in Augenschein genommenen Lichtbildern ..." (UA S. 20) und „beruhen u.a. ... auf den in Augenschein genommenen Lichtbildern der Wohnung von B." (UA S. 26). Umstände, die die Beweiskraft des Urteils in Zweifel ziehen könnten (vgl. hierzu u.a. BGH, Beschluss vom 13. November 2002 – 1 StR 270/02), liegen danach nicht vor.

[16] Eine gegebenenfalls zulässige Protokollberichtigung ist nicht erfolgt.

[17] Danach ist ein wesentlicher Teil der Hauptverhandlung in Abwesenheit des Angeklagten vorgenommen und auch nicht in seiner Anwesenheit wiederholt worden (vgl. hierzu u.a. BGH, Beschluss vom 19. Juli 2007 – 3 StR 163/07). Dass der Angeklagte hier nicht nach § 247 StPO sondern nach § 177 GVG entfernt wurde, ist für die Beurteilung des Verstoßes ohne Bedeutung. Es liegt der absolute Revisionsgrund des § 338 Nr. 5 StPO vor, weil ein Teil der Hauptverhandlung in Abwesenheit des Angeklagten durchgeführt wurde (vgl. u.a. BGH, Beschluss vom 14. Januar 2014 – 4 StR 529/13), ohne dass dies durch den Entfernungsbeschluss gedeckt war; denn die Augenscheinnahme gehörte nicht zur Vernehmung (vgl. auch Meyer-Goßner/Schmitt 57. Aufl. Rn. 7 und 20 ff. zu § 247 StPO). Es stand auch nicht zu befürchten (vgl. § 231b Abs. 1 StPO), dass der Angeklagte bei nachträglicher Inaugenscheinnahme der Lichtbilder (bei seiner Unterrichtung gemäß §§ 231b Abs. 2, 231a Abs. 2 StPO) den Ablauf der Hauptverhandlung in schwerwiegender Weise beeinträchtigen würde.

[18] c) Der dargestellte Verfahrensverstoß führt zur Aufhebung der Verurteilung des Angeklagten wegen den beiden Vergewaltigungsfällen, bei denen sich das Landgericht ausdrücklich auf die Lichtbilder gestützt hat, und der Gesamtstrafe sowie der Anordnung der Unterbringung in einem psychiatrischen Krankenhaus (§ 63 StGB).

Das Landgericht hat die Angeklagte wegen räuberischer Erpressung in Tateinheit **611**
mit Freiheitsberaubung unter Einbeziehung einer Geldstrafe zu einer Freiheitsstrafe von einem Jahr und vier Monaten verurteilt und deren Vollstreckung zur Be-

währung ausgesetzt. Die Revision hat mit der Verfahrensrüge Erfolg (§ 349 Abs. 4 StPO), wesentliche Teile der am 30. Juli 2013 begonnenen Hauptverhandlung seien zu Unrecht in Abwesenheit der Angeklagten durchgeführt worden (§ 230 Abs. 1, § 231 Abs. 2, § 338 Nr. 5 StPO).

Insofern hat der Generalbundesanwalt in seiner Antragsschrift vom 1. April 2014 dargelegt:

> „Die Verfahrensrüge ... dringt im Hinblick auf das Geschehen am 21. Oktober 2013 durch. Das Landgericht hat seine **Entscheidung über die Verhandlung ohne die Angeklagte ersichtlich auf § 231 Abs. 2 StPO gestützt. Nach dieser Vorschrift hätte aber nur ohne die Angeklagte verhandelt werden dürfen, wenn sie der Fortsetzung der Hauptverhandlung eigenmächtig ferngeblieben wäre. Eine solche Eigenmächtigkeit hat die Strafkammer nicht dargelegt** ... Vielmehr hatte das Gericht der Angeklagten die weitere Teilnahme an der Hauptverhandlung ‚freigestellt'. Die Voraussetzungen des § 231c StPO liegen nicht vor. Die Angeklagte war auch bei einem wesentlichen Teil der Hauptverhandlung – dem Schlussvortrag ihres Verteidigers (vgl. OLG Hamburg StV 1984, 111) – abwesend. Letztlich kann die Beanstandung nicht als ‚verwirkt' angesehen werden, da die Verteidigung das in Rede stehende Geschehen nicht provoziert hatte."

Diesen zutreffenden Ausführungen schließt sich der Senat mit der Bemerkung an, dass der genannte Teil der Hauptverhandlung in deren weiterem Verlauf auch nicht im Beisein der Angeklagten wiederholt worden ist. Der Verfahrensverstoß macht die Aufhebung des Urteils notwendig (§ 338 Nr. 5 StPO).[608]

612 Die Revision trägt in zulässiger Weise (§ 344 Abs. 2 Satz 2 StPO) vor, dass die **Verteidiger des Angeklagten sowie der Angeklagte selbst während wesentlicher Teile der Hauptverhandlung nicht anwesend** waren. Beide Verteidiger hatten während des Plädoyers des Staatsanwalts für „wenige Minuten" den Sitzungssaal verlassen. Darüber hinaus waren die Verteidiger und der Angeklagte nach der später stattfindenden Mittagspause nicht pünktlich in den Sitzungssaal zurückgekehrt; dennoch ließ der Vorsitzende die Verteidigerin der wegen Beihilfe zur Bestechlichkeit Mitangeklagten plädieren. Über eine Dauer von 15 Minuten waren der Angeklagte und seine Verteidiger während dieses Plädoyers nicht anwesend. Eine Heilung der geltend gemachten Verfahrensfehler durch Wiederholung der in der Abwesenheit durchgeführten Verfahrensabschnitte hat nicht stattgefunden. Unangemessenes Vorverhalten der Verteidiger berechtigte den Vorsitzenden nicht, in deren Abwesenheit weiter zu verhandeln.[609]

c) § 338 Nr. 7 StPO

613 Der Generalbundesanwalt hat in seiner Antragsschrift vom 24. März 2014 ausgeführt:

> „Die zulässige Rüge, das Urteil sei nicht in der gemäß § 275 Abs. 1 S. 2 StPO maßgebenden Frist zu den Akten gebracht worden, ist begründet, so dass es auf die zugleich erhobene Sachbeschwerde und weiteren Verfahrensrügen nicht mehr ankommt.

---

608 BGH, Beschluss vom 6.05.2014 – 5 StR 161/14.

609 BGH, Beschluss vom 16.07.2014 – 5 StR 200/14.

Das Urteil vom 28. Oktober 2013 wurde nach dreitägiger Verhandlung verkündet (Bl. 33 PB). Gemäß § 275 Abs. 1 S. 2 StPO betrug daher die Frist, binnen derer die Urteilsurkunde zu den Akten zu bringen war, fünf Wochen und endete mit dem 2. Dezember 2013. Ausweislich des Vermerks der Geschäftsstelle gelangte das schriftliche Urteil jedoch erst am 4. Dezember 2013 zu den Akten (Bl. 421 Bd. III). **Damit war die fünfwöchige Frist überschritten.** Ein unabwendbarer Umstand im Sinne des § 275 Abs. 1 S. 4 StPO ist nicht ersichtlich. Den dienstlichen Stellungnahmen des Vorsitzenden und Berichterstatters (Bl. 596 f. Bd. IV) lässt sich entnehmen, dass diese bei der Berechnung der Frist irrten, indem sie von ursprünglich vier angedachten Verhandlungstagen ausgingen. Eine unrichtige Berechnung kann die Überschreitung der Frist jedoch nicht rechtfertigen (vgl. BGH, Urteil vom 30. Januar 2002 – 2 StR 504/01). Der absolute Revisionsgrund des § 338 Nr. 7 StPO führt zur Aufhebung des angefochtenen Urteils."

Dem tritt der Senat bei.[610]

d) § 338 Nr. 8 StPO

Die Rüge nach **§ 338 Nr. 8 StPO** scheitert am unvollständigen Vortrag der maßgeblichen Verfahrenstatsachen (§ 344 Abs. 2 Satz 2 StPO; u.a. Terminsverlegungsantrag vom 9. Juli 2013 und hierauf ergangene Vorsitzendenverfügung vom 15. Juli 2013). Gleiches gilt für die – in der Sache offensichtlich unbegründete – Rüge nach § 338 Nr. 6 StPO aufgrund der unpräzisen Mitteilung des Verhandlungsgegenstandes während der angeblichen Öffentlichkeitsbeschränkung.[611] **614**

Für die Annahme, die Verteidigung sei in einem für die Entscheidung wesentlichen Punkt beschränkt worden, reicht es nicht aus, dass diese Beschränkung nur generell (abstrakt) geeignet ist, die gerichtliche Entscheidung zu beeinflussen. Vielmehr ist der **absolute Revisionsgrund des § 338 Nr. 8 StPO** nur dann gegeben, **wenn die Möglichkeit eines kausalen Zusammenhangs zwischen dem Verfahrensverstoß und dem Urteil konkret besteht.** Bei der Rüge der Beschränkung der Verteidigung durch rechtsfehlerhafte Ablehnung eines Antrags auf Aussetzung des Verfahrens zur Gewährung vollständiger Akteneinsicht in zumutbarer Art und Weise (§ 265 Abs. 4, § 147 Abs. 1 StPO) ist daher ein substantiierter Vortrag erforderlich, welche Tatsachen sich aus welchen genau bezeichneten Stellen der Akten ergeben hätten und welche Konsequenzen für die Verteidigung daraus folgten.[612] **615**

[8] 1. Die vom Angeklagten R. erhobene Verfahrensrüge, mit der er eine unzulässige Beschränkung der Verteidigung gemäß § 338 Nr. 8 StPO sowie eine Verletzung des Rechts auf ein faires Verfahren gemäß Art. 20 Abs. 3 GG, Art. 6 Abs. 3 Buchst. a und b MRK durch rechtsfehlerhafte Ablehnung eines Antrags auf Aussetzung des Verfahrens zur Gewährung vollständiger Akteneinsicht in zumutbarer Weise geltend macht, hat keinen Erfolg.

[9] a) Der Verfahrensrüge liegt im Wesentlichen folgendes Geschehen zugrunde:

610 BGH, Beschluss vom 6.05.2014 – 4 StR 114/14.
611 BGH, Beschluss vom 8.01.2014 – 5 StR 614/13.
612 BGH, Beschluss vom 11.02.2014 – 1 StR 355/13.

[10] aa) Im Ermittlungsverfahren gegen den Angeklagten R. und die übrigen Angeklagten wurden umfangreiche Telekommunikationsüberwachungsmaßnahmen durchgeführt, im Rahmen derer ca. 45.000 Telefongespräche aufgezeichnet sowie ca. 34.000 weitere Datensätze (z.B. SMS/MMS, Systemdateien, Reportdateien) gespeichert wurden.

[11] Anträge der Verteidigung auf Einsichtnahme in die Telekommunikationsüberwachung unter Überlassung der Tondateien auf einem Datenträger wurden von der Staatsanwaltschaft sowie durch das Landgericht unter Verweis auf Persönlichkeitsschutzinteressen Dritter abgelehnt und die Verteidigung auf die Möglichkeit verwiesen, die Aufzeichnungen der Telefongespräche in den Räumlichkeiten der Kriminalpolizei abzuhören. Im Dezember 2011 wurden dem Verteidiger Rechtsanwalt Dr. J. zunächst die Mitschnitte von 27 Telefongesprächen, im April 2012 von weiteren ca. 2.200 Gesprächen zur Verfügung gestellt. Auf Beschwerde des Angeklagten ordnete das Landgericht am 3. Mai 2012 – mithin einen Monat vor Beginn der Hauptverhandlung – das Aufspielen sämtlicher Tondateien auf ein Notebook und das Ermöglichen des Abhörens der Telefongespräche auch gemeinsam mit dem Angeklagten in der Justizvollzugsanstalt an. Im Übrigen blieb die Beschwerde ohne Erfolg.

[12] Ab dem 9. Mai 2012 wurden die Tondateien auf dem Notebook in der Form zur Verfügung gestellt, dass die Gespräche aus einer Liste ausgewählt werden konnten, aus der sich Datum und Uhrzeit des Gesprächsbeginns, die Identnummer sowie der Dateiname ergaben. In der Liste waren auch aufgelaufene SMS enthalten, die jedoch aufgrund technischer Einschränkungen teilweise nicht in ihrem vollen Wortlaut abgedruckt waren. Anträge der Verteidigung auf Überlassung einer Auflistung sämtlicher Telefongespräche, in der auch die Gesprächsteilnehmer und deren Rufnummern sowie die Dauer des Gesprächs enthalten waren, blieben – auch im Beschwerdeverfahren – ohne Erfolg. Hinsichtlich der SMS wurde die Verteidigung auf eine Bereitstellung des vollen Wortlauts auf Einzelanforderung verwiesen.

[13] Bis zum Beginn der Hauptverhandlung am 6. Juni 2012 wurden durch den Verteidiger Rechtsanwalt Dr. J. an sieben Terminen – davon zwei Termine nach Aufspielen der Audiodateien auf ein Notebook – Gespräche angehört. Während der laufenden Hauptverhandlung kamen weitere 16 Termine zustande, bei denen Rechtsanwalt Dr. J. sich teilweise durch einen Kollegen unterstützen ließ. Nach dem 31. Oktober 2012 wurden seitens der Verteidigung keine weiteren Termine zum Anhören von Telefongesprächen nachgefragt.

[14] bb) Im Ermittlungsverfahren wurden zudem ca. 14 Mio. elektronische Dateien (z.B. Emails, Dokumente) sichergestellt. Diese wurden der Verteidigung am 22. Mai 2012 in durch das Landeskriminalamt aufbereiteter Form zur Verfügung gestellt, weshalb zur Auswertung der Daten eine spezielle Software mit Anschaffungskosten von ca. 4.000 Euro erforderlich war. Der Antrag der Verteidigung auf Zurverfügungstellung der Softwarelizenz bzw. auf Erklärung der Kostenübernahme wurde durch das Landgericht im Laufe der Hauptverhandlung mit Beschluss vom 16. Juli 2012 abgelehnt. Die Dateien wurden schließlich am 4. September 2012 – mithin knapp drei Monate nach Beginn der Hauptverhandlung – in ihrer ursprünglichen Form überlassen.

[15] cc) Im März 2012 beantragte die Verteidigung, dem Angeklagten R. in der Justizvollzugsanstalt Einsicht in die elektronisch geführten Verfahrensakten zu gewähren. Der Vorsitzende der Strafkammer gestattete dies und übertrug die organisatorische Abwicklung der Justizvollzugsanstalt. Aufgrund technischer Schwierig-

keiten wurde dem Angeklagten R. erstmals am 29. Mai 2012 – mithin eine Woche vor Beginn der Hauptverhandlung am 6. Juni 2012 – Akteneinsicht gewährt, wobei ein Computer nur von montags bis freitags in der Zeit von 9.00 Uhr bis 11.00 Uhr sowie von 13.00 Uhr bis 16.00 Uhr zur Verfügung stand und dieser auch von Mitgefangenen genutzt wurde.

[16] dd) Den am zweiten Hauptverhandlungstag am 26. Juni 2012 gestellten und während des Fortgangs der Hauptverhandlung stetig erneuerten Antrag auf Aussetzung des Verfahrens, um die Auswertung der aufgezeichneten Telefongespräche und der sichergestellten Dateien in zumutbarer Weise zu ermöglichen und dem Angeklagten R. vollständige Einsicht in die elektronischen Akten zu gewähren, lehnte die Kammer am 14. November 2012 mit der Begründung ab, eine unzulässige Beschränkung des Akteneinsichtsrechts liege nicht vor. Der Verteidigung sei zeitnah die Möglichkeit gegeben worden, die Telefongespräche bei der Polizei, ab Mai 2012 auch gemeinsam mit dem Angeklagten in der Justizvollzugsanstalt anzuhören. Der Email-Verkehr sei der Verteidigung in aufbereiteter und zusätzlich in seiner ursprünglichen Form zur Verfügung gestellt worden, da der Angeklagte nicht bereit gewesen sei, die Auswertungssoftware anzuschaffen. Verzögerungen lägen in der Sphäre der Verteidigung, insbesondere habe der Verteidiger sich bei der Besichtigung nicht der Unterstützung durch Hilfspersonen bedient; die beiden weiteren Verteidiger hätten von ihrem Akteneinsichtsrecht gar keinen Gebrauch gemacht.

[17] b) Es bestehen bereits Zweifel, ob die Verfahrensrüge den Anforderungen des § 344 Abs. 2 Satz 2 StPO genügt.

[18] Für die Annahme, die Verteidigung sei in einem für die Entscheidung wesentlichen Punkt beschränkt worden, reicht es nicht aus, dass diese Beschränkung nur generell (abstrakt) geeignet ist, die gerichtliche Entscheidung zu beeinflussen. Vielmehr ist der absolute Revisionsgrund des § 338 Nr. 8 StPO nur dann gegeben, wenn die Möglichkeit eines kausalen Zusammenhangs zwischen dem Verfahrensverstoß und dem Urteil konkret besteht (vgl. Nachweise bei Meyer-Goßner, StPO, 56. Aufl., § 338 Rn. 59 und Gericke in KK-StPO, 7. Aufl., § 338 Rn. 101). Bei der Rüge der Beschränkung der Verteidigung durch rechtsfehlerhafte Ablehnung eines Antrags auf Aussetzung des Verfahrens zur Gewährung vollständiger Akteneinsicht in zumutbarer Art und Weise (§ 265 Abs. 4, § 147 Abs. 1 StPO) ist daher ein substantiierter Vortrag erforderlich, welche Tatsachen sich aus welchen genau bezeichneten Stellen der Akten ergeben hätten und welche Konsequenzen für die Verteidigung daraus folgten (vgl. BGH, Beschlüsse vom 23. Februar 2010 – 4 StR 599/09, NStZ 2010, 530, 531 und vom 2. Februar 1999 – 1 StR 636/98, StV 2000, 248, 249 jeweils mwN).

[19] Zwar trägt die Revision „exemplarisch" drei Telefongespräche vor, die nach ihrer Auffassung die vom Landgericht angenommene Tatbeteiligung des Angeklagten R. widerlegen sollen. Jedoch war die Inaugenscheinnahme der Mitschnitte dieser Telefongespräche bereits Gegenstand eines bedingten Beweisantrags des Angeklagten R. vom 13. Dezember 2012, den das Landgericht in den Urteilsgründen rechtsfehlerfrei gemäß § 244 Abs. 5 Satz 1 StPO abgelehnt hat. Konkrete weitere Erkenntnisse, die sich aus der Einsichtnahme in die aufgezeichneten Telefongespräche oder die sonstigen sichergestellten Dateien ergeben hätten, trägt die Revision dagegen nicht vor.

[20] Der Senat verkennt im Zusammenhang der Anforderungen an den Tatsachenvortrag (§ 344 Abs. 2 Satz 2 StPO) bei der hier erhobenen Verfahrensrüge nicht, dass bei sehr umfangreichen Akten einschließlich umfänglichen Beweismaterials die

Angabe konkreter Tatsachen sowie der sich daraus für den Revisionsvortrag ergebenden Konsequenzen für einen Revisionsführer mit erheblichem Aufwand verbunden sein kann. Welche aus § 344 Abs. 2 Satz 2 StPO resultierenden Erfordernisse an die Zulässigkeit einer entsprechenden Rüge in derartigen Konstellationen zu stellen sind, bedarf jedoch vorliegend keiner Entscheidung.

[21] c) Die Verfahrensrüge ist nämlich jedenfalls nicht begründet. Es fehlt an einer für die Annahme einer unzulässigen Beschränkung der Verteidigung erforderlichen Verletzung einer Verfahrensvorschrift (BGH, Beschluss vom 14. November 1997 – 3 StR 529/97, BGHR StPO § 338 Nr. 8 Beschränkung 5). Eine Verletzung des Rechts auf Akteneinsicht und Besichtigung amtlich verwahrter Beweisstücke gemäß § 147 Abs. 1 StPO liegt im Ergebnis nicht vor.

[22] aa) Die Beanstandungen der Revision, es sei im Hinblick auf die große Datenmenge angesichts der eingeschränkten Dienst- und Öffnungszeiten nicht ausreichend gewesen, das Abhören nur in Räumlichkeiten der Kriminalinspektion oder der Justizvollzugsanstalt zu gestatten, greifen nicht durch.

[23] (1) Die aufgezeichneten Daten der Telekommunikationsüberwachung unterliegen insgesamt dem Recht auf Akteneinsicht und Besichtigung amtlich verwahrter Beweisstücke gemäß § 147 Abs. 1 StPO, das – konkretisiert durch die Identität von Tat und Täter – jedenfalls das gesamte vom ersten Zugriff der Polizei (§ 163 StPO) an gesammelte Beweismaterial einschließlich etwaiger Bild- und Tonaufnahmen umfasst, das gerade in dem gegen den Angeklagten gerichteten Ermittlungsverfahren angefallen ist (BGH, Urteil vom 18. Juni 2009 – 3 StR 89/09, StV 2010, 228; vgl. auch Esser in Löwe/Rosenberg, StPO, Band 11, 26. Aufl., EMRK Art. 6 Rn. 636 mwN).

[24] Bei den Tonaufzeichnungen handelt es sich um Augenscheinobjekte, die als Beweisstücke nach § 147 Abs. 4 Satz 1 i.V.m. § 147 Abs. 1 StPO grundsätzlich nur am Ort ihrer amtlichen Verwahrung besichtigt bzw. bei Tonaufzeichnungen angehört werden können. Der Senat kann offen lassen, ob in Fällen, in denen die bloße Besichtigung zu Informationszwecken nicht ausreichend ist, im Einzelfall zur Gewährleistung einer angemessenen Verteidigung und eines fairen Verfahrens ein Anspruch auf Anfertigung und Überlassung einer Kopie besteht (Meyer-Goßner aaO, § 147 Rn. 19; Laufhütte/Willnow in KK-StPO, 7. Aufl., § 147 Rn. 10; Lüderssen/Jahn in Löwe/Rosenberg, StPO, 26. Aufl., § 147 Rn. 112, 117; Wessing in BeckOK-StPO, Stand 30. September 2013, § 147 Rn. 19; OLG Karlsruhe, Beschluss vom 29. Mai 2012 – 2 Ws 146/12, NJW 2012, 2742; OLG Frankfurt, Beschluss vom 13. September 2001 – 3 Ws 853/01, StV 2001, 611; für einen generellen Anspruch auf Überlassung einer Kopie: Beulke/Witzigmann, StV 2013, 75, Meyer-Mews, NJW 2012, 2743).

[25] (2) Ein derartiger Ausnahmefall liegt hier nicht vor; das Recht auf Akteneinsicht und Besichtigung amtlich verwahrter Beweisstücke wurde in ausreichendem Umfang gewährt.

[26] (a) Für die Verteidigung bestand zumindest seit dem 9. Mai 2012 die Möglichkeit, sämtliche im Ermittlungsverfahren aufgezeichneten Telefongespräche in den Räumlichkeiten der Kriminalinspektion anzuhören. Daneben war ab diesem Zeitpunkt auch sichergestellt, dass die Mitschnitte der Telefongespräche gemeinsam mit dem Angeklagten in der Justizvollzugsanstalt angehört werden konnten (vgl. OLG Köln, Beschluss vom 30. September 1994 – 2 Ws 400/94, StV 1995, 12; OLG Frankfurt, Beschluss vom 13. September 2001 – 3 Ws 853/01, StV 2001, 611, Laufhütte/Willnow in KK-StPO, aaO, § 147 Rn. 10).

[27] (b) Entgegen der Auffassung der Revision ist dabei nicht zu beanstanden, dass der Verteidigung keine Auflistung der aufgezeichneten Gespräche mit zusätzlichem Ausweis der Gesprächsteilnehmer und ihrer Rufnummern sowie der Gesprächsdauer zur Verfügung gestellt wurden. Das Recht auf Besichtigung von Beweisstücken erfasst diese lediglich in ihrem gegenwärtigen Zustand. Ein Anspruch auf Erstellung weiterer Aktenteile besteht nicht (vgl. zur Übersetzung von in fremder Sprache geführten Telefongesprächen BGH, Beschluss vom 4. Dezember 2007 – 3 StR 404/07, NStZ 2008, 230; OLG Koblenz, Beschluss vom 30. Juni 1995 – 1 Ws 322/95, NStZ 1995, 611).

[28] (c) Bei der Gewährung des Akteneinsichtsrechts und des Rechts auf Besichtigung amtlich verwahrter Beweisstücke sind die in Art. 6 Abs. 1 und Abs. 3 Buchst. b EMRK enthaltenen Gewährleistungen zu berücksichtigen. Dabei muss der Verteidigung eine auch in zeitlicher Hinsicht ausreichende Gelegenheit gegeben werden, in die Akten und die Beweismittel Einblick zu nehmen (vgl. EGMR, Urteil vom 12. März 2003 – 46221/99 „Öcalan ./. Turkey" Abs. 166–169; bestätigend EGMR (Große Kammer), Urteil vom 12. Mai 2005 – 46221/09 „Öcalan ./. Turkey" Abs. 146–148; siehe auch Esser aaO, Rn. 647 mwN).

[29] Es lässt sich hier aber nicht erkennen, dass die Verteidigung in der Zeit vom 9. Mai 2012 bis zur Urteilsverkündung am 21. Dezember 2012 nicht in zumutbarer Weise in der Lage gewesen wäre, die Gesprächsaufzeichnungen abzuhören. Denn die Verteidigung hat aufgrund von ihr zu vertretener Umstände die gewährten Möglichkeiten zur Besichtigung der Beweismittel nicht ausgeschöpft. Insoweit treffen den Angeklagten und seine Verteidigung prozessuale Obliegenheiten, sich um die Erlangung der benötigten Informationen innerhalb einer angemessenen Frist zu bemühen (vgl. EGMR, Urteil vom 21. September 1993 – 12350/86 „Kremzow ./. Austria" Abs. 48 und 50; SK-StPO/Paeffgen, 4. Aufl., Band X, EMRK Art. 6 Rn. 130 mwN). Zwar muss sich der Verteidiger Rechtsanwalt Dr. J. nicht darauf verweisen lassen, dass er sich bei der Sichtung der Beweismittel der Unterstützung weiterer Hilfspersonen hätte bedienen können (zur Zulässigkeit der Übertragung des Akteneinsichtsrechts auf juristische Mitarbeiter und Sachverständige vgl. OLG Brandenburg, Beschluss vom 20. September 1995 – 2 Ws 174/95; Esser, aaO, Rn. 647). Ebenso wenig kann ihm zum Vorwurf gemacht werden, dass die beiden anderen Verteidiger des Angeklagten nicht von ihrem Recht auf Besichtigung der Beweisstücke Gebrauch gemacht haben. Denn das Recht auf Akteneinsicht bzw. Besichtigung der Beweismittel besteht in vollem Umfang für jeden der Verteidiger in eigener Person (Laufhütte/Willnow in KK-StPO, aaO, § 147 Rn. 3).

[30] Jedoch erfordert die Annahme einer unzureichenden Gewährung des Rechts auf Akteneinsicht bzw. auf Besichtigung von Beweisstücken, dass die Verteidigung durchgehend im Rahmen der Zumutbarkeit von den ihr eröffneten Möglichkeiten zur Akteneinsicht bzw. zur Besichtigung von Beweismitteln Gebrauch macht. Seitens der Verteidigung wurden nach dem 31. Oktober 2012 keine Termine mehr für das Abhören weiterer Gespräche durchgeführt.

[31] bb) Mit der Beanstandung, die Bereitstellung der sonstigen sichergestellten elektronischen Dateien in „verschlüsselter" Form sei nicht ausreichend gewesen, eine Auswertung der erst drei Monate nach Beginn der Hauptverhandlung in ihrer ursprünglichen Form zur Verfügung gestellten Dateien sei zeitlich nicht möglich gewesen, dringt die Revision im Ergebnis ebenfalls nicht durch.

[32] In diesem Zusammenhang braucht der Senat nicht zu entscheiden, ob die Verteidigung auf die Anschaffung einer speziellen Auswertungssoftware zur Lesbar-

machung entsprechender Dateien auf eigene Kosten verwiesen werden kann. Daran könnten Zweifel zumindest dann bestehen, wenn – wie hier – das fragliche Datenmaterial bei dem Zugriff der Ermittlungsbehörden darauf in einer mit Standardprogrammen lesbaren Form vorlagen und die Lesbarkeit allein mit einer speziellen Software erst durch Verschlüsselungsmaßnahmen der Polizei hervorgerufen worden ist. Auch wenn diese Vorgehensweise, die mit einer Verzögerung des Zugriffs auf die Beweismaterialien einhergehen kann, hier zu einer Verletzung des Akteneinsichtsrechts geführt haben sollte, beruhte das angefochtene Urteil auf einer solchen Rechtsverletzung nicht.

[33] Denn die Dateien standen in ihrer ursprünglichen Form der Verteidigung seit dem 4. September 2012 und damit für einen Zeitraum von mehr als drei Monaten vor der Verkündung des Urteils zur Verfügung. Dass die Verteidigung in dieser Zeit nicht in ausreichendem Umfang in der Lage gewesen sein sollte, die Dateien einzusehen, ist nicht ersichtlich.

[34] cc) Auch der von der Revision gerügte Umstand, dass dem Angeklagten die elektronische Ermittlungsakte erst eine Woche vor Beginn der Hauptverhandlung zugänglich gemacht wurde und ihm diese aufgrund der eingeschränkten Nutzungszeiten des Computers nicht jederzeit zur Verfügung stand, führt nicht zu einem Verstoß gegen § 147 StPO.

[35] Das Recht auf Akteneinsicht gemäß § 147 Abs. 1 StPO steht grundsätzlich ausschließlich dem Verteidiger zu. Da sachgerechte Verteidigung voraussetzt, dass der Angeklagte weiß, worauf sich der gegen ihn gerichtete Vorwurf stützt, ist der Verteidiger in der Regel berechtigt und unter Umständen sogar verpflichtet, dem Angeklagten zu Verteidigungszwecken mitzuteilen, was er aus den Akten erfahren hat (BGH, Urteil vom 3. Oktober 1979 – 3 StR 264/79, BGHSt 29, 99, 102 f.; Laufhütte/Willnow in KK-StPO, aaO, § 147 Rn. 14). Lediglich der unverteidigte Angeklagte hat gemäß § 147 Abs. 7 StPO Anspruch auf Erteilung von Auskünften und Abschriften aus den Akten, soweit dies zu einer angemessenen Verteidigung erforderlich ist, der Untersuchungszweck nicht gefährdet wird und nicht überwiegende schutzwürdige Interessen Dritter entgegenstehen.

36. Wirkung einer Revisionsentscheidung, Verschlechterungsverbot

616 Das sich aus § 358 Abs. 2 StPO ergebende **Verbot der Schlechterstellung** bezieht sich zwar beim Zusammentreffen mehrerer selbständiger Handlungen auf die Gesamtstrafe und die Strafen, aus denen sie gebildet ist. Voraussetzung dafür ist aber, dass überhaupt Einzelstrafen ausgesprochen worden sind. Ist dies unterblieben, so liegt insoweit keine richterliche Entscheidung vor, deren Abänderung zum Nachteil des Angeklagten durch § 358 Abs. 2 StPO verboten sein könnte.[613]

[3] Das Verschlechterungsverbot aus § 358 Abs. 2 StPO steht dem (einer Nachholung der unterbliebenen Festsetzung von Einzelstrafen) nach ständiger Rechtsprechung des Bundesgerichtshofs (vgl. etwa BGH, Beschlüsse vom 9. Februar 2012 – 2 StR 445/11, NStZ-RR 2012, 181; vom 29. August 1986 – 3 StR 279/86 und vom 26. Februar 1993 – 3 StR 207/92, BGHR StPO § 358 Abs. 2 Satz 1 Einzelstrafe,

613 BGH, Beschluss vom 6.03.2014 – 3 StR 44/14.

fehlende 1 und 2) nicht entgegen. Das sich aus § 358 Abs. 2 StPO ergebende Verbot der Schlechterstellung bezieht sich zwar beim Zusammentreffen mehrerer selbständiger Handlungen auf die Gesamtstrafe und die Strafen, aus denen sie gebildet ist. Voraussetzung dafür ist aber, dass überhaupt Einzelstrafen ausgesprochen worden sind. Ist dies – wie hier teilweise – unterblieben, so liegt insoweit keine richterliche Entscheidung vor, deren Abänderung zum Nachteil des Angeklagten durch § 358 Abs. 2 StPO verboten sein könnte (BGH, Urteil vom 22. September 1953 – 1 StR 726/52, BGHSt 4, 345, 346 f.).

[4] Der Senat hat entsprechend dem Antrag des Generalbundesanwalts dem Strafrahmen des § 243 Abs. 1 StGB entnommene Einzelstrafen festgesetzt und – insoweit hinter dem höhere Freiheitsstrafen fordernden Antrag des Generalbundesanwalts zurückbleibend – jeweils die Mindeststrafe verhängt. Anhand der rechtsfehlerfrei getroffenen Feststellungen des Landgerichts schließt der Senat aus, dass die Strafkammer, die in den 25 anderen Fällen jeweils einen besonders schweren Fall des Diebstahls angenommen hat, trotz des Vorliegens der Voraussetzungen des § 243 Abs. 1 Satz 2 Nr. 1 und 3 StGB in diesen beiden Fällen von der Anwendung dieses Strafrahmens abgesehen hätte.

Hebt das Revisionsgericht ein Urteil in Anwendung des § 353 Abs. 2 StPO **nur im** **617**
Strafausspruch mit den dazugehörigen Feststellungen **auf**, so bezieht sich diese Aufhebung nur auf solche Umstände tatrichterlicher Sachverhaltsdarstellung, die ausschließlich die Straffrage betreffen. Hinsichtlich des nicht beanstandeten Schuldspruchs tritt Teilrechtskraft ein. Tatrichterliche Feststellungen, die ausschließlich die Schuldfrage betreffen, und solche, die als doppelrelevante Umstände zugleich für Schuld- und Straffrage von Bedeutung sind, bleiben aufrechterhalten.[614]

[14] a) Hebt das Revisionsgericht ein Urteil in Anwendung des § 353 Abs. 2 StPO nur im Strafausspruch mit den dazugehörigen Feststellungen auf, so bezieht sich diese Aufhebung nur auf solche Umstände tatrichterlicher Sachverhaltsdarstellung, die ausschließlich die Straffrage betreffen. Hinsichtlich des nicht beanstandeten Schuldspruchs tritt Teilrechtskraft ein. Tatrichterliche Feststellungen, die ausschließlich die Schuldfrage betreffen, und solche, die als doppelrelevante Umstände zugleich für Schuld- und Straffrage von Bedeutung sind, bleiben aufrechterhalten (BGH, Beschluss vom 17. Dezember 1971 – 2 StR 522/71, BGHSt 24, 274, 275; vgl. auch BGH, Beschluss vom 21. Oktober 1980 – 1 StR 262/80, BGHSt 29, 359, 366 ff.).

[15] An die nicht aufgehobenen Feststellungen ist der Tatrichter im weiteren Verfahren gebunden. Er darf diese zwar noch ergänzen; diese zusätzlichen Feststellungen dürfen den bestehen gebliebenen und mithin bindend gewordenen jedoch nicht widersprechen. Die den Schuldspruch tragenden Feststellungen sind nämlich die „unantastbare Grundlage für das weitere Verfahren und wesentlicher Teil des abschließenden Urteils". Dies folgt aus dem Grundsatz der Einheitlichkeit (inneren Einheit) und damit notwendigen Widerspruchsfreiheit der Entscheidung, der unabhängig davon Gültigkeit beansprucht, ob ein Urteil über die Schuld- und Straffrage gleichzeitig entscheidet, oder ob nach rechtskräftigem Schuldspruch die Strafe aufgrund einer zum Strafausspruch erfolgreichen Revision neu festgesetzt wird. Beweiserhebungen, die darauf abzielen, aufrechterhaltene und damit bindende Feststellun-

[614] BGH, Beschluss vom 12.06.2014 – 3 StR 139/14.

gen in Zweifel zu ziehen, sind unzulässig. Beweisergebnisse, die im Widerspruch zu bindenden Feststellungen stehen, haben außer Betracht zu bleiben (BGH, Urteil vom 14. Januar 1982 – 4 StR 642/81, BGHSt 30, 340, 342 ff.; vgl. Winkler in StraFo 2004, 369, 370 f.; LR/Franke, StPO, 26. Aufl., § 353 Rn. 27 ff., 34).

[16] Nicht erfasst von der (Teil-)Aufhebung werden zunächst einmal alle jene Umstände der Sachverhaltsdarstellung, in denen die gesetzlichen Merkmale der dem Angeklagten zur Last gelegten Straftaten gefunden wurden. Hätte dabei von mehreren Tatsachen bereits ein Teil ausgereicht, um ein Tatbestandsmerkmal zu erfüllen, so gehören gleichwohl alle zum Schuldspruch. An dessen Bindungswirkung nimmt also nicht etwa nur das Mindestmaß an Tatsachen teil, ohne das der Schuldspruch überhaupt keinen Bestand mehr hätte. Vielmehr unterliegen auch solche Abweichungen, durch die nur der Schuldumfang betroffen, die rechtliche Beurteilung aber nicht in Frage gestellt wird, dem Widerspruchsverbot (vgl. BGH, Urteil vom 30. August 1978 – 2 StR 323/78, BGHSt 28, 119, 121). Ebenfalls teil an der Bindungswirkung haben die vom Erstgericht getroffenen Feststellungen über den Zeitpunkt des Tatentschlusses (BGH, Urteil vom 14. November 1978 – 1 StR 439/78, juris Rn. 6), das tatauslösende Moment (BGH, Beschluss vom 15. April 1977 – 2 StR 97/77; Urteil vom 6. Mai 1981 – 2 StR 105/81) sowie die Beweggründe für die Tatbegehung (BGH, Beschluss vom 23. Februar 1979 – 2 StR 728/78; vgl. auch KK-Gericke, 7. Aufl., § 353 Rn. 24 ff., 31 mwN).

[17] Über die Tatumstände hinaus, die die gesetzlichen Merkmale der dem Angeklagten zur Last gelegten Tat ausfüllen oder auszufüllen geeignet sind, entfalten zum einen auch die Bestandteile der Sachverhaltsschilderung innerprozessuale Bindungswirkung, aus denen der Tatrichter im Rahmen der Beweiswürdigung seine Überzeugung von der Schuld des Angeklagten abgeleitet hat (vgl. BGH, Urteil vom 5. Oktober 1966 – 2 StR 254/66). Zum anderen nehmen aber auch jene Teile der Sachverhaltsdarstellung als den Schuldspruch tragend an der Bindungswirkung teil, die das Tatgeschehen im Sinne eines geschichtlichen Vorgangs näher beschreiben, zum Beispiel die Umstände schildern, die der Tatausführung das entscheidende Gepräge gegeben haben. Der geschichtliche Vorgang, der dem Schuldspruch zugrunde liegt, bildet ein geschlossenes Ganzes, aus dem nicht Einzelteile heraus gegriffen und zum Gegenstand neuer, abweichender Feststellungen gemacht werden dürfen (vgl. BGH, Beschluss vom 17. November 1978 – 2 StR 632/78; Urteile vom 14. Januar 1982 – 4 StR 642/81, NJW 1982, 1295 f. und vom 24. September 1987 – 4 StR 413/87, BGHR StPO § 353 Abs. 2 Teilrechtskraft 3; Beschlüsse vom 31. Oktober 1995 – 1 StR 454/95, NStZ-RR 1996, 203, 204; vom 17. November 1998 – 4 StR 528/98, NStZ 1999, 259, 260 und vom 16. Mai 2002 – 3 StR 124/02, bei Becker NStZ-RR 2003, 97, 101, juris Rn. 3 f.; Urteil vom 30. November 2005 – 5 StR 344/05, NStZ-RR 2006, 317, 318). Die Bindungswirkung des im Schuldspruch rechtskräftigen Urteils macht allein vor solchen Feststellungen Halt, die nicht zum Tatgeschehen gehören (vgl. BGH, Beschluss vom 29. September 2009 – 3 StR 301/09, juris Rn. 4; Urteil vom 4. Dezember 1984 – 1 StR 430/84, NJW 1985, 638, juris Rn. 7; Beschlüsse vom 22. Januar 2002 – 1 StR 564/01, juris Rn. 5, und vom 27. Juni 2006 – 4 StR 190/06, StV 2007, 23 [fortdauernde Folgen der Tat]; Beschluss vom 26. Mai 2004 – 4 StR 149/04, bei Becker NStZ-RR 2005, 257, 262, juris Rn. 7 [Nachtatverhalten]; vgl. KK-Gericke, aaO, § 353 Rn. 31).

[18] b) Danach hätte das Landgericht die aufgrund der Einlassung des Angeklagten in der neuen Hauptverhandlung getroffenen zusätzlichen Feststellungen seiner Entscheidung nicht zugrunde legen dürfen. Denn diese widersprechen den auf der

Grundlage der damaligen Beweiswürdigung des Landgerichts getroffenen und durch die Entscheidung des Senats nicht aufgehobenen Feststellungen des Urteils vom 23. April 2012 zum Zeitpunkt des Tatentschlusses sowie zu den Motiven und Beweggründen des Angeklagten und seinem inneren Zustand einschließlich seiner Gedanken und Gefühlsregungen vor und bei Begehung des Mordes. Während das Landgericht in seinem ersten Urteil hierzu festgestellt hatte, dass der Angeklagte den Tatentschluss gefasst hatte, bevor er mit dem Mittäter T. den Zeltplatz verließ, und dass er L. ausschließlich deshalb tötete, um T. in den Besitz der Wohnung sowie des Laptops und des Netbooks zu bringen, hat das Landgericht nunmehr festgestellt, dass bei dem Angeklagten – zusätzlich zu den bereits im ersten Urteil festgestellten Motiven – das erst in der Wohnung seines Opfers entstandene Verlangen hinzukam, den durch seine Erinnerungen an seinen Vater und frühere Missbrauchsgeschehnisse aufkommenden Hass an dem L. auszulassen sowie einem Gefühl, sich gegen das früher erlebte Unrecht wehren zu müssen, nachzugeben, indem er diesen umbringt. Diese neuen Feststellungen beruhen auf derselben Einlassung des Angeklagten, die das Landgericht in seinem ersten Urteil ausdrücklich als widerlegt angesehen hat. Insoweit war die Strafkammer durch das erste Urteil gebunden.

*[**19**] Soweit der Bundesgerichtshof entschieden hat, dass die sich auf den Ausschluss einer erheblichen Verminderung der Schuldfähigkeit beziehenden Feststellungen zur Alkoholisierung eines Angeklagten (ausschließlich) die Straffrage betreffen und nach Aufhebung (allein) des Strafausspruches und Zurückverweisung der Sache das Tatgericht zur Trinkmenge eigene (neue) Feststellungen treffen muss (vgl. etwa BGH, Beschlüsse vom 4. November 2008 – 3 StR 336/08, NStZ-RR 2009, 148; vom 12. September 2000 – 4 StR 358/00, juris Rn. 5, sowie Urteil vom 15. April 1997 – 5 StR 24/97, NStZ-RR 1997, 237) steht dies der vorliegenden Entscheidung nicht entgegen. Denn diese Rechtsprechung bezieht sich nur auf Feststellungen, die sich auf den rechtsfehlerhaften Ausschluss einer alkoholbedingten erheblichen Verminderung der Schuldfähigkeit des Angeklagten beziehen und betrifft daher eine andere Fallkonstellation als die vorliegende.*

*[**20**] 4. Auf dem dargelegten Rechtsfehler beruht das Urteil, da das Landgericht aufgrund seiner zusätzlichen Feststellungen davon ausgegangen ist, dass die Steuerungsfähigkeit des Angeklagten bei Begehung der Tat erheblich vermindert war und gemäß §§ 21, 49 Abs. 1 Nr. 1 StGB die nach § 211 Abs. 1 StGB zu verhängende lebenslange Freiheitsstrafe in zeitige Strafe gemildert hat.*

*[**21**] Dies hat die Aufhebung des angefochtenen Urteils zur Folge. Auf die Einzelbeanstandungen der Revision kommt es danach nicht mehr an.*

Soweit sie nicht durch einen gesonderten Ausspruch aufgehoben werden, bleiben **Feststellungen bestehen.**[615] **618**

[7] 2. Auch die Nachprüfung des Urteils auf Grund der Sachrüge hat keinen den Angeklagten beschwerenden Rechtsfehler ergeben. Der Erörterung bedarf nur folgendes:

[8] a) Zutreffend ist das Landgericht bei der Auslegung des Senatsbeschlusses vom 7. August 2012 von der Rechtsprechung des erkennenden Senats ausgegangen, wonach die Feststellungen, soweit sie nicht durch einen gesonderten Ausspruch auf-

[615] BGH, Beschluss vom 27.05.2014 – 2 StR 428/13.

gehoben werden, bestehen bleiben (vgl. Beschluss vom 28. März 2007 – 2 StR 62/07, NJW 2007, 1540, 1541; vgl. auch Senat, Beschluss vom 25. Juni 2008 – 2 StR 176/08, NStZ-RR 2008, 342; BGH, Beschluss vom 12. Februar 2014 – 1 StR 10/14). An dieser Rechtsprechung, für die sich auch Hinweise in den Gesetzgebungsmaterialien finden (vgl. Hahn, Die Gesamten Materialien zu den Reichs-Justizgesetzen, Band 3, Materialien zur Strafprozessordnung, 2. Aufl., S. 258), hält der Senat weiterhin fest. Im vorliegenden Einzelfall ist gleichwohl nicht zu beanstanden, dass das Landgericht von einer Aufhebung der Feststellungen zur inneren Tatseite ausgegangen ist. Denn die Gründe des Senatsbeschlusses vom 7. August 2012 lassen erkennen, dass kein bloßer Würdigungsfehler vorlag, bei dem die Feststellungen regelmäßig bestehen bleiben können; vielmehr waren durch die fehlerhafte Prüfung der verminderten Schuldfähigkeit erkennbar auch die Feststellungen zur inneren Tatseite betroffen (§ 353 Abs. 2 StPO).

[9] b) Ob die vom Landgericht ergänzend getroffenen Feststellungen zum Faustschlag des Angeklagten in das Gesicht des Opfers vor der Tat den aufrechterhaltenen Feststellungen zum äußeren Tatgeschehen widersprechen, wonach der Angeklagte in der Vergangenheit seine Ehefrau nie geschlagen oder in anderer Weise körperlich angegriffen hat, kann dahinstehen. Denn das Urteil würde auf diesem Verstoß gegen die innerprozessuale Bindungswirkung (vgl. hierzu BGH, Urteil vom 30. November 2005 – 5 StR 344/05, NStZ-RR 2006, 317, 318 mwN) jedenfalls nicht beruhen.

[10] aa) Der Schuldspruch wegen Mordes wäre durch den Rechtsfehler nicht gefährdet. Die Feststellungen belegen – auch ohne Berücksichtigung des neu festgestellten Faustschlags – die objektiven und subjektiven Voraussetzungen einer heimtückischen Begehungsweise, die ohnehin näher liegt, wenn der in seinen kognitiven Fähigkeiten nicht beeinträchtigte Angeklagte (vgl. UA S. 31, 53) seine Ehefrau ohne vorangegangenen Faustschlag von hinten erdrosselt hätte.

619 Ob eine **Rechtsfolge als angemessen im Sinne des § 354 Abs. 1a StPO** angesehen werden kann, hat das Revisionsgericht auf der Grundlage der Feststellungen des angefochtenen Urteils unter Berücksichtigung aller maßgeblichen Gesichtspunkte, insbesondere aller nach § 46 StGB für die Strafzumessung erheblichen Umstände zu beurteilen. Dies ist vorliegend auch möglich, weil alle für eine Strafzumessung erforderlichen Feststellungen vom Landgericht getroffen worden sind und es daher keiner weiteren Feststellungen mehr bedarf. Eines **Hinweises auf die Vorgehensweise gemäß § 354 Abs. 1a StPO bedurfte es nicht,** da wegen des mit Gründen versehenen Antrags des Generalbundesanwalts, auf den der Senat seine Entscheidung auch insofern stützt, angenommen werden kann, dass der Angeklagte Kenntnis von einer im Raum stehenden Strafzumessungsentscheidung des Revisionsgerichts erlangt hat. Da der Angeklagte sich auf diesen, seinem Verteidiger zugestellten Antrag des Generalbundesanwalts nicht geäußert hat und neue strafzumessungsrelevante Umstände auch auf anderem Weg nicht bekannt geworden sind, kann der Senat auf der Grundlage des zutreffend ermittelten, vollständigen und aktuellen Strafzumessungssachverhalts und der Stellungnahme des Generalbundesanwalts die für die Strafzumessung relevanten Umstände und deren konkretes Gewicht selbst abwägen und entscheiden, dass die vom Landgericht wegen schwerer Körperverletzung verhängte Einzelstrafe angemessen ist.[616]

[616] BGH, Beschluss vom 21.05.2014 – 4 StR 144/14.

Die **Bezugnahme** auf mit **dem früheren Urteil aufgehobene Feststellungen** wird nicht dadurch zulässig, dass sie mit dem Hinweis verbunden wird, ergänzende oder abweichende Feststellungen hätten in der nunmehrigen Hauptverhandlung nicht getroffen werden können.[617] **620**

[1] Das Landgericht hatte den Angeklagten mit Urteil vom 21. November 2011 wegen Raubes in Tateinheit mit gefährlicher Körperverletzung unter Einbeziehung von Einzelstrafen aus früheren Verurteilungen zu einer Gesamtfreiheitsstrafe von vier Jahren verurteilt. Auf die Revision des Angeklagten hat der Senat dieses Urteil mit den Feststellungen aufgehoben im Strafausspruch und soweit eine Unterbringung in einer Entziehungsanstalt unterblieben war und hat die Sache insoweit zu neuer Verhandlung und Entscheidung zurückgewiesen. Die weitergehende Revision hat er verworfen.

[2] Im zweiten Durchgang hat das Landgericht den Angeklagten unter Einbeziehung weiterer Einzelstrafen aus früheren Verurteilungen zu einer Gesamtfreiheitsstrafe von drei Jahren und acht Monaten verurteilt. Von einer Unterbringung in einer Entziehungsanstalt hat es wiederum abgesehen. Die dagegen gerichtete Revision des Angeklagten hat mit der Sachrüge Erfolg.

[3] Ein durchgreifender Rechtsfehler liegt bereits darin, dass die Strafkammer keine eigenen Feststellungen zu den Voraussetzungen des § 21 StGB getroffen hat.

[4] Die Strafkammer hat eine Strafrahmenverschiebung nach §§ 21, 49 Abs. 1 StGB abgelehnt mit der Begründung, dass sie „zu den diesbezüglichen Feststellungen der 6. Großen Strafkammer des Landgerichts Frankfurt am Main keine ergänzenden oder abweichenden Feststellungen in der nunmehrigen Hauptverhandlung" treffen konnte. Damit hat sie insoweit auf die Feststellungen des Urteils vom 21. November 2011 in unzulässiger Weise Bezug genommen. Dieses Urteil war nämlich im Rechtsfolgenausspruch mit den zugehörigen Feststellungen – wozu auch die Feststellungen zu den Voraussetzungen des § 21 StGB zählen – aufgehoben worden. Die neu entscheidende Strafkammer hätte deshalb ohne Bindung an das aufgehobene Urteil in prozessordnungsgemäßer Weise eigene Feststellungen treffen und in den Urteilsgründen mitteilen müssen (BGHR StGB § 353 Abs. 2 Teilrechtskraft 16). Die Bezugnahme auf mit dem früheren Urteil aufgehobene Feststellungen wird nicht dadurch zulässig, dass sie mit dem Hinweis verbunden wird, ergänzende oder abweichende Feststellungen hätten in der nunmehrigen Hauptverhandlung nicht getroffen werden können (vgl. BGH NStZ-RR 2002, 97).

[5] Die unterbliebenen Feststellungen zu den Voraussetzungen des § 21 StGB entziehen hier auch der Maßregelentscheidung die Grundlage.

37. Verletzung des rechtlichen Gehörs / Anhörungsrüge – § 356a StPO

Wie bereits in den Vorjahren wurde das **Institut der Anhörungsrüge** in zahlreichen Fällen genutzt. Allerdings ist auch im vergangenen Jahr **kein Fall bekannt geworden,** in dem eine **solche Rüge erfolgreich** war. Beispielhaft sei die nachfolgende Entscheidung hierzu angeführt: **621**

---

617 BGH, Beschluss vom 17.12.2013 – 2 StR 335/13.

622 **Beschluss vom 19.11.2014:**[618]

[1] Der Senat hat die Revision des Angeklagten gegen das Urteil des Landgerichts Schwerin vom 16. April 2013 durch Urteil vom 8. Oktober 2014 verworfen und auf die Revision der Staatsanwaltschaft das angefochtene Urteil teilweise aufgehoben und insoweit die Sache zu erneuter Verhandlung und Entscheidung an eine andere Wirtschaftsstrafkammer des Landgerichts zurückverwiesen.

[2] Mit Schriftsatz vom 3. November 2014 seines Verteidigers hat der Verurteilte hiergegen die Anhörungsrüge erhoben. Nach seiner Auffassung habe der Senat sein Vorbringen „unvollständig verarbeitet" und sieht darin eine Verletzung seines Rechts auf Gehör.

[3] Der zulässige Rechtsbehelf ist unbegründet; es liegt keine Verletzung des rechtlichen Gehörs (§ 356a StPO) vor.

[4] Der Senat hat in seinem Urteil vom 8. Oktober 2014 weder Verfahrensstoff noch Tatsachen oder Beweisergebnisse verwertet, zu denen der Verurteilte zuvor nicht gehört worden ist. Auch wurde zu berücksichtigendes Vorbringen nicht übergangen noch in sonstiger Weise der Anspruch des Angeklagten auf rechtliches Gehör verletzt. Dass der Senat die Rechtsansicht der Verteidigung des Verurteilten zwar zur Kenntnis genommen hat, ihr aber im Ergebnis nicht gefolgt ist, stellt keine Verletzung des rechtlichen Gehörs dar. Sämtlicher schriftlicher und mündlicher Vortrag des Verurteilten wurde bei der Entscheidungsfindung des Senats berücksichtigt. Es ist schon grundsätzlich davon auszugehen, dass das Gericht das von ihm entgegengenommene Vorbringen eines Beteiligten auch zur Kenntnis genommen und in Erwägung gezogen hat, zumal es nach Art. 103 Abs. 1 GG nicht verpflichtet ist, sich mit jedem Vorbringen in der Begründung seiner Entscheidung ausdrücklich zu befassen (vgl. u.a. Senatsbeschluss vom 31. Juli 2006 – 1 StR 240/06 mwN).

[5] Der Senat hat seine Entscheidung ausführlich begründet und die entscheidungserheblichen Punkte angesprochen. Einer weitergehenden Begründung des Urteils bedurfte es nicht.

[6] Der Vortrag des Verurteilten zur Begründung seiner Anhörungsrügen erschöpft sich letztlich in einer Wiederholung und Vertiefung des Revisionsvorbringens. Die Anhörungsrüge dient, wenn – wie hier – (zumal im Rahmen einer Revisionshauptverhandlung) rechtliches Gehör gewährt worden ist, nicht dazu, das Revisionsgericht zu veranlassen, das Revisionsvorbringen nochmals zu überprüfen (vgl. BGH, Beschluss vom 23. Februar 2012 – 4 StR 422/11 mwN).

[7] Im Kern enthalten die (neuerlichen) Ausführungen des Angeklagten den Vorwurf, der Senat habe in der Sache fehlerhaft entschieden. Mit diesem Vorbringen kann er aber im Rahmen des § 356a StPO nicht gehört werden (vgl. u.a. Senatsbeschluss vom 9. November 2006 – 1 StR 360/06 mwN).

[8] Die Kostenentscheidung folgt aus einer entsprechenden Anwendung des § 465 Abs. 1 StPO (vgl. u.a. BGH, Beschluss vom 5. Mai 2014 – 1 StR 82/14).

623 Es begegnet **keinen verfassungsrechtlichen Bedenken,** dass der Bundesgerichtshof über die Revision des Beschwerdeführers **nach § 349 Abs. 2 StPO ohne mündliche Verhandlung durch Beschluss** entschieden hat. Das Vefahren nach § 349 Abs. 2

[618] BGH, Beschluss vom 19.11.2014 – 1 StR 114/14.

StPO führt grundsätzlich auch zu keiner Verletzung des Anspruchs auf rechtliches Gehör (Art. 103 Abs. 1 GG) oder der Gewährleistung eines fairen Verfahrens (Art. 6 Abs. 1 S. 1 EMRK).[619]

Die Verfassungsbeschwerde ist nicht zur Entscheidung anzunehmen (§ 93a Abs. 2 BVerfGG), weil sie unzulässig ist. **624**

[8] Die Verfassungsbeschwerde wird infolge der nicht erhobenen und verbeschiedenen Anhörungsrüge dem Grundsatz der Subsidiarität der Verfassungsbeschwerde nicht gerecht.

[9] a) Die Beschwerdeführer rügen der Sache nach, unter anderem eine Verletzung ihres Anspruchs auf rechtliches Gehör aus Art. 103 Abs. 1 GG, indem sie dem Oberlandesgericht eine unzutreffende Darstellung des eigenen Antragsvorbringens und eine falsche Würdigung desselben vorwerfen. Damit erheben sie auch die Rüge einer Gehörsverletzung. Sie tragen indessen nicht dazu vor, diesen Verstoß im Wege der Anhörungsrüge (§ 33a StPO) zur fachgerichtlichen Überprüfung gestellt zu haben, obwohl eine Anhörungsrüge nicht offensichtlich aussichtslos gewesen wäre.[620]

Das Vorbringen, es **habe keine Gelegenheit** bestanden, zu einer unerwarteten rechtlichen **Erwägung des Senats Stellung zu nehmen**; außerdem habe der Senat eine **unerwartete Schlussfolgerung aus dem Revisionsvortrag** gezogen; auch insoweit habe er nicht zuvor die Gelegenheit geboten, dieser Schlussfolgerung entgegen zu treten, ist nicht erfolgreich.[621] **625**

[2] Die form- und fristgerechte Anhörungsrüge behauptet nicht, der Entscheidung lägen Tatsachen oder Beweisergebnisse zu Grunde, zu denen zuvor kein rechtliches Gehör gewährt worden wäre – was auch nicht zuträfe –, sondern sie macht geltend, es habe keine Gelegenheit bestanden, zu einer unerwarteten rechtlichen Erwägung des Senats Stellung zu nehmen. Außerdem habe der Senat eine unerwartete Schlussfolgerung aus dem Revisionsvortrag gezogen. Auch insoweit habe er nicht zuvor die Gelegenheit geboten, dieser Schlussfolgerung entgegen zu treten.

[3] Das Vorbringen versagt.

[4] 1. Die Revision hat Verfahrensgeschehen im Zusammenhang mit dem Maß der in der Hauptverhandlung erfolgten Angaben zu gescheiterten Verständigungsbemühungen geschildert und geltend gemacht, dadurch seien von § 338 Nr. 6 StPO umfasste Regelungen verletzt worden. Dementsprechend beruhe das Urteil ohne weiteres nach unwiderleglicher gesetzlicher Vermutung auf diesem Fehler.

[5] Der Generalbundesanwalt hat in seinem Antrag gemäß § 349 Abs. 2 StPO erwidert, § 338 Nr. 6 StPO sei hier nicht einschlägig. Darüber hinaus hat er eingehend geprüft, ob das vorgetragene Geschehen unter dem Blickwinkel der Verletzung von Mitteilungspflichten, etwa gegenüber dem Angeklagten, den Bestand des Urteils gefährden könne.

[6] Hierauf hat die Revision erwidert (§ 349 Abs. 3 Satz 2 StPO), die Erwägungen des Generalbundesanwalts gingen fehl, die verletzten Mitteilungspflichten dienten „weniger der Information des Angeklagten, sondern … vor allem der Öffentlichkeit“.

---

619 BVerfG, Kammerbeschluss vom 30.06.2014 – 2 BvR 792/11; vgl. im Einzelnen hierzu Rn. 604.

620 BVerfG, Kammerbeschluss vom 6.10.2014 – 2 BvR 1569/12.

621 BGH, Beschluss vom 27.02.2014 – 1 StR 200/13.

[7] Der Senat hat eine Verletzung des Öffentlichkeitsgrundsatzes i.S.d. § 338 Nr. 6 StPO verneint und sodann die vom Generalbundesanwalt aufgeworfene Frage nach einer möglichen Verletzung von Mitteilungspflichten gegenüber dem Angeklagten und deren Auswirkungen erörtert. Dabei hat er angesichts des Vorbringens, die verletzten Regeln dienten „weniger" der Information des Angeklagten, Zweifel daran geäußert, ob gleichwohl neben der Verletzung des Öffentlichkeitsgrundsatzes auch eine Verletzung von Informationsrechten des Angeklagten gerügt sein soll (sog. Klarheit der Angriffsrichtung einer Verfahrensrüge).

[8] Dies, so trägt die Anhörungsrüge vor, verletze rechtliches Gehör. Es sei nie auf den genannten „Kritikpunkt an der Revisionsbegründung ... aufmerksam gemacht worden".

[9] Dabei ist verkannt, dass Art. 103 Abs. 1 GG zwar Überraschungsentscheidungen verbietet, jedoch das Gericht grundsätzlich weder vor der Entscheidung zu einem Hinweis auf seine Rechtsauffassung verpflichtet, noch dessen allgemeine Frage- und Aufklärungspflicht begründet (BVerfG, Beschluss vom 27. November 2008 – 2 BvR 1012/08 mwN).

[10] Darüber hinaus hat der Senat im Einzelnen dargelegt, dass „unabhängig von alledem" – also von den sich aus dem Revisionsvorbringen ergebenden Zweifeln an der in Rede stehenden Angriffsrichtung – die Rüge auch in der Sache keinen Erfolg haben kann. Schon deshalb wäre selbst dann, wenn rechtliches Gehör verletzt wäre – was nicht der Fall ist –, dies nicht in i.S.d. § 356a StPO entscheidungserheblicher Weise geschehen.

[11] Möglicherweise verkennt dies auch die Anhörungsrüge nicht, da sie einleitend darlegt, dass „dieser Gesichtspunkt <unklare Angriffsrichtung der Rüge> für die Entscheidung des Senats wohl nicht tragend gewesen ist". Ob ihr Vorbringen zur Angriffsrichtung dennoch dahin verstanden werden will, dass es die angebrachte Anhörungsrüge begründen soll, mag unter den gegebenen Umständen auf sich beruhen bleiben. Gleiches gilt für ihre Darlegungen dazu, was im Falle der für geboten erachteten Aufklärung zur Angriffsrichtung vorgetragen worden wäre.

[12] 2. Das weitere Vorbringen der Anhörungsrüge wendet sich gegen Schlussfolgerungen aus dem Revisionsvortrag. Auch dieser Gesichtspunkt sei „im Revisionsverfahren zu keinem Zeitpunkt problematisiert" worden.

[13] Unbeschadet der bereits dargelegten rechtlichen Bewertung der Annahme einer Aufklärungspflicht gegenüber dem Revisionsführer über das Verständnis des Inhalts seines Vortrags, teilt der Senat diese Auffassung der Anhörungsrüge schon in tatsächlicher Hinsicht nicht:

[14] Wie dargelegt hatte sich der Generalbundesanwalt in seinem Antrag damit befasst, ob das Urteil auf einer Verletzung von Mitteilungspflichten beruhen könne. Seine Annahme, dies sei ausgeschlossen, hat er u.a. wie folgt begründet: „Nach den anwaltlichen Erklärungen ... (sei) der Angeklagte ... nach Erörterung mit beiden Verteidigern jedoch zur Abgabe eines Geständnisses nicht bereit gewesen (RB S. 11). Zu weiteren Gesprächen, in denen die Möglichkeit einer Verständigung im Raum stand, kam es danach nicht".

[15] Bei „RB S. 11" handelt es sich um eine von der Revision mitgeteilte Erklärung des Instanzverteidigers Rechtsanwalt G. Danach hat der Angeklagte nach den beiden Gesprächen jeweils ein – als Voraussetzung für eine Verständigung genanntes – Geständnis abgelehnt.

[16] Die Erwiderung auf den Antrag des Generalbundesanwalts führt näher aus, dass und warum die „Begründung, mit der der Generalbundesanwalt den Beruhenszusammenhang zu verneinen versucht, verfehlt“ sei.

[17] Der Senat ist der Auffassung des Generalbundesanwalts zum Beruhen gefolgt und hat dabei auf die von der Revision ebenfalls vorgetragene Erklärung des (mit Rechtsanwalt G. in einer gemeinsamen Kanzlei tätigen) weiteren Instanzverteidigers Rechtsanwalt K.verwiesen. Nach dieser Erklärung sei es nach dem letzten Gespräch auf einen bestimmten Punkt im Zusammenhang mit einer etwaigen Haftverschonung nicht angekommen, „weil der Angeklagte ohnehin nicht zur Abgabe eines Geständnisses bereit war“.

[18] Daher hat das Vorbringen der Anhörungsrüge, wonach „man mit alledem“ – also mit Schlussfolgerungen aus den von der Revision vorgetragenen Erklärungen der Instanzverteidiger auf die Auswirkungen des Maßes der gerichtlichen Erklärungen zu den gescheiterten Verständigungsgesprächen auf das Prozessverhalten des Angeklagten – „auch nicht nach der Stellungnahme des Generalbundesanwalts hat rechnen müssen“, schon in tatsächlicher Hinsicht keine tragfähige Grundlage.

[19] 3. Der Senat sieht keine Veranlassung, sich zu der im Rahmen der Anhörungsrüge gestellten Frage nach seinen internen Arbeitsabläufen zu äußern (vgl. BGH, Beschluss vom 11. Juli 2013 – 3 StR 149/13).

Soweit der Antragsteller mit seiner Eingabe sein **Begehren auf Überlassung einer Kopie der (Sach-)Akten** weiterverfolgt, kann dem nicht entsprochen werden. Insoweit ist der Bundesgerichtshof nach Abschluss des Beschwerdeverfahrens und der Rückgabe der Akten an das Oberlandesgericht Stuttgart unter keinem rechtlichen Gesichtspunkt zuständig (vgl. § 147 Abs. 5 und 7 StPO, § 120 Abs. 1 Satz 2 StVollzG). Soweit sich der Antrag auch auf das **Senatsheft** beziehen sollte, besteht kein gesondertes Akteneinsichtsrecht.[622] **626**

Das **Ablehnungsgesuch** des Verurteilten ist **verspätet und daher unzulässig** (§ 26a Abs. 1 Nr. 1 StPO). Entscheidet das Gericht über die Revision außerhalb der Hauptverhandlung im Beschlusswege, so kann ein Ablehnungsgesuch in entsprechender Anwendung des § 25 Abs. 2 Satz 2 StPO nur solange statthaft vorgebracht werden, bis die Entscheidung ergangen ist. Etwas anderes gilt nach ständiger Rechtsprechung des Bundesgerichtshofs auch dann nicht, wenn die Ablehnung mit einem Antrag nach § 356a StPO verbunden wird, der sich jedoch – wie hier (s. unten 3.) – deswegen als unbegründet erweist, weil die gerügte Verletzung des Art. 103 Abs. 1 GG nicht vorliegt (vgl. BGH, Beschlüsse vom 24. Januar 2012 – 4 StR 469/11 und vom 11. April 2013 – 2 StR 525/11, NStZ-RR 2013, 289). Denn die Regelung des § 356a StPO soll dem Revisionsgericht die Möglichkeit geben, einem Verstoß gegen den Anspruch auf rechtliches Gehör durch erneute Sachprüfung selbst abzuhelfen; der Rechtsbehelf dient indes nicht dazu, einem unzulässigen Ablehnungsgesuch durch die unzutreffende Behauptung der Verletzung rechtlichen Gehörs doch noch Geltung zu verschaffen (BGH, Beschlüsse vom 22. November 2006 – 1 StR 180/06, BGHR StPO § 25 Abs. 2 Nach dem letzten Wort 1, und vom 13. Februar 2007 – 3 StR 425/06, BGHR StPO § 26a Unzulässigkeit 17). **627**

Dem Antrag des Verurteilten, ihm die zur Entscheidung über sein Ablehnungsgesuch berufenen Gerichtspersonen namhaft zu machen, war nicht nachzukommen.

---

622 BGH, Beschluss vom 30.04.2014 – 2 ARs 365/13.

§ 24 Abs. 3 Satz 2 StPO findet keine Anwendung, wenn das Ablehnungsgesuch ohne Ausscheiden der abgelehnten Richter (§ 26a Abs. 2 Satz 1 StPO) als unzulässig zu verwerfen ist (BGH, Beschlüsse vom 13. Februar 2007 und 11. April 2013, jeweils aaO). Der Einholung dienstlicher Äußerungen der abgelehnten Richter bedurfte es daher ebenfalls nicht.[623]

628 Die Anhörungsrüge ist unbegründet, weil eine **Verletzung des Anspruchs des Angeklagten auf rechtliches Gehör**, auf dem das Senatsurteil hinsichtlich des „Restfalls" beruhen könnte, **nicht vorliegt**. Der Senat hat bei seiner Entscheidung weder Tatsachen oder Beweisergebnisse verwertet, zu denen der Angeklagte zuvor nicht gehört worden war, noch zu berücksichtigendes Vorbringen übergangen oder sonst dessen Anspruch auf rechtliches Gehör verletzt. Die Tatsache, dass der Senat die Rechtsansicht der Verteidigung zwar zur Kenntnis genommen hat, ihr aber nicht gefolgt ist, stellt keine Verletzung des rechtlichen Gehörs dar.[624]

629 Die **Anhörungsrügen sind unbegründet**, weil eine **Verletzung rechtlichen Gehörs, auf dem die Entscheidung des Senats beruhen könnte, nicht vorliegt**. Der Senat hat bei seiner Entscheidung **weder Tatsachen oder Beweisergebnisse verwertet**, zu denen die Nebenkläger nicht zuvor gehört worden waren, noch zu berücksichtigendes **Vorbringen übergangen oder sonst deren Anspruch auf rechtliches Gehör verletzt**. Die Revisionsbegründung des Angeklagten ist den Nebenklägern gemäß § 347 Abs. 1 Satz 1 StPO zugestellt worden. Alle Eingaben im Revisionsverfahren sind ihnen bekanntgegeben worden. Darin, dass der Senat den Schuldspruch aus in der Revisionsbegründung nicht angeführten rechtlichen Erwägungen zu Gunsten des Angeklagten abgeändert hat, liegt keine Verletzung der Nebenkläger in ihrem Anspruch auf rechtliches Gehör. Es entspricht dem Wesen des Revisionsverfahrens, dass das Revisionsgericht aufgrund der Rüge der Verletzung materiellen Rechts ohne Beschränkung auf die sachlich-rechtlichen Einwände der Revisionsbegründung prüft, ob die Feststellungen den Schuldspruch tragen und, soweit dies nicht der Fall ist, den Schuldspruch aufhebt. Ferner ist in der Rechtsprechung und überwiegend auch im Schrifttum anerkannt, dass in entsprechender Anwendung des § 354 Abs. 1 StPO auch eine Berichtigung des Schuldspruchs durch das Revisionsgericht möglich ist. Vor diesem Hintergrund muss der Beschwerdegegner, dem die Revisionsbegründung des Angeklagten bekanntgemacht wurde, **stets mit einer aufgrund der Sachrüge erfolgenden Abänderung der Entscheidung zu Gunsten des Angeklagten rechnen**. Einer über die Anforderungen des § 347 Abs. 1 Satz 1 StPO hinausgehenden besonderen Anhörung des Beschwerdegegners – etwa hinsichtlich der rechtlichen Erwägungen des Revisionsgerichts – bedarf es daher im Verfahren nach § 349 Abs. 4 StPO nicht.[625]

---

[623] BGH, Beschluss vom 24.04.2014 – 4 StR 479/13.

[624] BGH, Beschluss vom 15.04.2014 – 2 StR 160/12; siehe auch Beschluss vom 1.04.2014 – StBSt (B) 2/13; ebenso Beschluss vom 3.12.2013 – 1 StR 521/13, Beschluss vom 5.08.2014 – 3 StR 398/13, Beschluss vom 1.09.2014 – 1 StR 279/14, Beschluss vom 25.06.2014 – 1 StR 740/13, Beschluss vom 8.07.2014 – 1 StR 605/13, Beschluss vom 8.07.2014 – 1 StR 605/14, Beschluss vom 5.06.2014 – 5 StR 139/14, Beschluss vom 17.12.2013 – 2 ARs 354/13 – und Beschluss vom 13.05.2014 – 2 ARs 163/13.

[625] BGH, Beschluss vom 18.06.2014 – 5 StR 65/14; vgl. hierzu auch BGH, Beschluss vom 6.08.2014 – 2 StR 595/12, Beschluss vom 6.08.2014 – 2 StR 654/13, Beschluss vom 25.06.2014 – 1 StR 723/13, Beschluss vom 11.09.2014 – 2 StR 407/13, Beschluss vom

Eine **Gegenvorstellung** gegen einen nach § 349 Abs. 2 StPO ergangenen Beschluss ist **als solche nicht statthaft**; ein **derartiger Beschluss kann grundsätzlich weder aufgehoben noch abgeändert werden.**[626] 630

[1] Der Senat hat die Revision des Verurteilten gegen das Urteil des Landgerichts Osnabrück vom 14. April 2014 mit Beschluss vom 16. September 1914 gemäß § 349 Abs. 2 StGB verworfen. Gegen diesen Beschluss wendet sich der Verurteilte mit zwei Schreiben vom 25. September 2014, in denen er mitteilt, gegen die Entscheidung „anzugehen" und eine Bewährungsstrafe anzustreben. Dass der Senat bei seiner Entscheidung Revisionsvorbringen nicht bedacht habe, behauptet der Verurteilte nicht. Der Senat sieht in der Eingabe daher keine Anhörungsrüge nach § 356a StPO, sondern eine Gegenvorstellung. Diese ist allerdings unzulässig.

[2] Eine Gegenvorstellung gegen einen nach § 349 Abs. 2 StPO ergangenen Beschluss ist als solche nicht statthaft; ein derartiger Beschluss kann grundsätzlich weder aufgehoben noch abgeändert werden (st. Rspr.; vgl. BGH, Beschluss vom 10. Februar 1988 – 3 StR 579/87, BGHR StPO § 349 Abs. 2 Beschluss 2; vgl. auch KK-Gericke, StPO, 7. Aufl., § 349 Rn. 46 mwN).

Ein Antrag, mit dem eine **erneute Anhörungsrüge** gegen einen Beschluss erhoben wird, durch den eine vorangegangene Anhörungsrüge zurückgewiesen wurde, **ist unstatthaft.**[627] 631

Aus dem Umstand, dass der Senat die Verwerfung der Revision **nicht unter allen Gesichtspunkten ausführlich begründet hat,** kann **nicht auf einen Verstoß gegen den Grundsatz der Gewährung rechtlichen Gehörs geschlossen werden.** § 349 Abs. 2 StPO sieht keine Begründung des die Revision verwerfenden Beschlusses vor. Bei diesem Verfahrensgang ergeben sich die für die Zurückweisung des Rechtsmittels maßgeblichen **Gründe mit ausreichender Klarheit aus den Entscheidungsgründen des angefochtenen Urteils und dem Inhalt der Antragsschrift des Generalbundesanwalts.** Eine weitere Begründungspflicht für letztinstanzliche, mit ordentlichen Rechtsmitteln nicht mehr anfechtbare Entscheidungen besteht nicht (vgl. BVerfG NJW 2006, 136; StraFo 2007, 463).[628] 632

Der Rechtsbehelf ist jedenfalls unbegründet. Es liegt keine Verletzung rechtlichen Gehörs (§ 356a Satz 1 StPO) vor. Denn **zwei in der hiesigen Revisionshauptverhandlung anwesende Verteidiger des Verurteilten haben von der Möglichkeit, sich zu allen tatsächlichen und rechtlichen Gesichtspunkten zu äußern (§ 351 Abs. 2 StPO), Gebrauch gemacht.** Es ist daher nicht ersichtlich, dass der Senat zum Nachteil des Antragstellers Tatsachen oder Beweisergebnisse verwertet haben könnte, zu 633

4.09.2014 – 1 StR 323/14, Beschluss vom 26.03.2014 – 5 StR 628/13, Beschluss vom 30.01.2014 – 2 ARs 384/13, Beschluss vom 26.02.2012 – 1 StR 351/13, Beschluss vom 19.02.2014 – 2 ARs 207/13 – sowie Beschluss vom 11.12.2013 – 5 StR 489/12.

626 BGH, Beschluss vom 30.09.2014 – 3 StR 411/14; vgl. hierzu auch BGH, Beschluss vom 11.4.2013 – 2 StR 525/11, Beschluss vom 19.12.2013 – 2 StR 164/11, Beschluss vom 17.02.2014 – 1 StR 405/13.

627 BGH, Beschluss vom 8.07.2013 – 1 StR 557/12.

628 BGH, Beschluss vom 14.01.2014 – 4 StR 441/13; vgl. auch Beschluss vom 14.01.2014 – 2 StR 200/13, Beschluss vom 6.08.2014 – 2 StR 654/13.

denen dieser nicht gehört worden ist. Auch wurde zu berücksichtigendes Vorbringen nicht übergangen oder in sonstiger Weise der Anspruch des Angeklagten auf rechtliches Gehör verletzt. Dass der Senat die Rechtsansicht der Verteidigung des Angeklagten zwar zur Kenntnis genommen hat, ihr aber im Ergebnis nicht gefolgt ist, stellt keine Verletzung des rechtlichen Gehörs dar.[629]

634 Der Rechtsbehelf ist bereits **unzulässig,** da der Verurteilte es **unterlässt, den Zeitpunkt einer nach § 356a Satz 2 StPO maßgeblichen Kenntnisnahme glaubhaft zu machen.** Er wäre zudem unbegründet, da keine Verletzung rechtlichen Gehörs (§ 356a Satz 1 StPO) vorliegt.[630]

635 Aus **Art. 103 Abs. 1 GG** ergibt sich die **Verpflichtung des Gerichts,** die **Ausführungen der Prozessparteien zur Kenntnis zu nehmen** und in Erwägung zu ziehen. Grundsätzlich ist auch davon auszugehen, dass das Gericht das von ihm entgegengenommene Vorbringen eines Beteiligten auch zur Kenntnis genommen und in Erwägung gezogen hat. Art. 103 Abs. 1 GG zwingt die Gerichte nicht, sich mit jedem einzelnen Vorbringen in der Begründung seiner Entscheidung ausdrücklich zu befassen und dieses zu bescheiden. Eine Verletzung des rechtlichen Gehörs kann nur dann festgestellt werden, wenn sich aus den besonderen Umständen des einzelnen Falles deutlich ergibt, dass das Gericht ein Vorbringen entweder überhaupt nicht zur Kenntnis genommen oder doch bei seiner Entscheidung ersichtlich nicht in Erwägung gezogen hat.[631]

636 Zwar hat der Senat den **Anspruch des Verurteilten** auf Gewährung rechtlichen Gehörs (Art. 103 Abs. 1 GG) **objektiv verletzt.** Er hat den Schriftsatz des Verteidigers mit dem Vortrag zur Sachrüge nicht zur Kenntnis genommen. Dies verhilft der Anhörungsrüge jedoch nicht zum Erfolg; denn die unterbliebene Kenntnisnahme **hat sich auf das Ergebnis der Revisionsentscheidung nicht ausgewirkt,** so dass der Anspruch des Verurteilten auf rechtliches Gehör **nicht „in entscheidungserheblicher Weise" verletzt** worden ist.[632]

38. Adhäsionsverfahren

637 Der Generalbundesanwalt weist zu Recht darauf hin, dass der Angeklagte **Zinsen** auf das der Adhäsionsklägerin zuerkannte Schmerzensgeld erst ab dem auf die Bewilligung der Prozesskostenhilfe und anschließende mündliche Antragstellung in der Hauptverhandlung folgenden Tag zu zahlen hat. Der **Feststellungsausspruch** hinsichtlich der Ersatzpflicht für künftige Schäden war aufzuheben, da sich den Urteilsgründen nicht – wie erforderlich – entnehmen lässt, dass aus dem festzustellenden Rechtsverhältnis mit einer gewissen Wahrscheinlichkeit Ansprüche entstan-

---

[629] BGH, Beschluss vom 21.01.2014 – 5 StR 87/13; vgl. auch Beschüsse vom 10.4.2013 – 4 StR 296/12 sowie vom 12.11.2013 – 3 StR 135/13, Beschluss vom 21.01.2014 – 5 StR 240/13.

[630] BGH, Beschluss vom 10.09.2014 – 5 StR 169/14; vgl. hierzu auch BGH, Beschluss vom 27.8.2013 – 2 StR 87/13.

[631] BGH, Beschluss vom 4.09.2014 – 1 StR 649/13, Beschluss vom 19.08.2014 – 3 StR 265/13, Beschluss vom 26.02.2014 – 1 StR 698/13.

[632] BGH, Beschluss vom 2.07.2014 – 4 StR 498/13.

den sind oder entstehen werden. Die Erwägung des Landgerichts, es sei nicht ausgeschlossen, dass der Adhäsionsklägerin aus den Taten des Angeklagten erhebliche – insbesondere psychische – Schäden erwachsen werden, genügt hierfür nicht.[633]

Der von der Adhäsionsklägerin gestellte **Feststellungsantrag** ist **unzulässig**. Die Adhäsionsklägerin hat weder geltend gemacht, noch ist aus ihrem Vortrag ansonsten ersichtlich, warum sie nicht in der Lage ist, die bereits entstandenen Schäden und einen Schmerzensgeldanspruch schon jetzt zu beziffern. Für die Feststellungsklage mangelt es daher am **Feststellungsinteresse**. Die Feststellung muss daher entfallen. **638**

Eine Zurückverweisung der Sache allein zur prozessordnungsgemäßen Nachholung des Adhäsionsverfahrens kommt nicht in Betracht, da ein wirksamer Antrag nicht mehr rechtzeitig gestellt werden könnte. Der Senat spricht deshalb aus, dass insoweit gemäß § 406 Abs. 1 Satz 3 und 6 StPO von einer Entscheidung abgesehen wird.[634]

Maßgebend für die Höhe des Schmerzensgeldes sind nicht nur die Schwere der Tat, die durch die „Tatumstände" beschrieben wird, und die durch sie verursachten Gesundheitsschäden des Verletzten, sondern regelmäßig auch die wirtschaftlichen Verhältnisse von Täter und Opfer. Dass dies alles berücksichtigt worden ist, muss dem Urteil zu entnehmen sein.[635] **639**

[8] Die Entscheidung über den Adhäsionsantrag ist rechtsfehlerhaft.

[9] a) Zur Begründung hat das Landgericht auf die „festgestellten Tatumstände" verwiesen und angemerkt, angesichts dieser Umstände sei die Schmerzensgeldforderung „angemessen, um einerseits einen Ausgleich für die durch den Geschädigten erlittenen Leiden zu schaffen und zum anderen der mit dem Schmerzensgeld auch bezweckten Genugtuung gerecht zu werden." Das genügt nicht. Die Urteilsgründe müssen alle Erwägungen ansprechen, die für die Bemessung des Schmerzensgeldes von Bedeutung sein können (LR/Hilger, StPO, 26. Aufl., § 406 Rn. 7). Das ist hier nicht der Fall.

[10] Maßgebend für die Höhe des Schmerzensgeldes sind nicht nur die Schwere der Tat, die durch die „Tatumstände" beschrieben wird, und die durch sie verursachten Gesundheitsschäden des Verletzten, sondern regelmäßig auch die wirtschaftlichen Verhältnisse von Täter und Opfer (BGH, Beschluss vom 14. Oktober 1998 – 2 StR 436/98, BGHSt 44, 202, 203; Beschluss vom 23. Februar 2012 – 4 StR 602/11, StV 2012, 711; Beschluss vom 21. November 2013 – 2 StR 459/13). Dem Urteil ist nicht zu entnehmen, dass dies alles berücksichtigt worden ist.

[11] b) Der Ausspruch über das Schmerzensgeld muss aber nicht ganz aufgehoben werden. Hat das Tatgericht dem Verletzten ein Schmerzensgeld zugesprochen und beanstandet das Revisionsgericht – wie hier – lediglich dessen Bemessung, so kann die Zuerkennung des Schmerzensgeldanspruchs dem Grunde nach aufrechterhalten bleiben (vgl. Senat aaO, BGHSt 44, 202, 203).

---

633 BGH, Beschluss vom 17.04.2014 – 2 StR 2/14; vgl. hierzu auch Beschluss vom 15.04.2014 – 3 StR 69/14.

634 BGH, Beschluss vom 13.08.2014 – 4 StR 211/14.

635 BGH, Beschluss vom 19.2.2013 – 2 StR 239/13; vgl. hierzu auch Beschluss vom 8.01.2014 – 3 StR 372/13 sowie Beschluss vom 18.06.2014 – 4 StR 217/14.

640 Die Verurteilung zu **Schmerzensgeld** (im Adhäsionsverfahren) erfordert regelmäßig zumindest auch die **ausdrückliche Erörterung der wirtschaftlichen Verhältnisse von Schädiger und Geschädigtem.** Rudimentäre, formelhafte Erwägungen genügen den Anforderungen an die Begründungspflicht, die auch für die im Strafurteil getroffene Entscheidung über zivilrechtliche Ansprüche gilt, grundsätzlich nicht, wenn bspw. zur Begründung der Höhe des Schmerzensgeldanspruchs lediglich in einem Satz pauschal auf die Schwere der Verletzungen des Nebenklägers und die sonstigen Tatfolgen verwiesen wird.[636]

641 1. **Der Senat beabsichtigt zu entscheiden:**
Bei der Bemessung der billigen Entschädigung in Geld (§ 253 Abs. 2 BGB) sind **weder die wirtschaftlichen Verhältnisse des Geschädigten noch die des Schädigers zu berücksichtigen.**

2. Der Senat **fragt bei dem Großen Senat für Zivilsachen und den anderen Strafsenaten des Bundesgerichtshofs an,** ob an entgegenstehender Rechtsprechung festgehalten wird.[637]

[22] Der Senat beabsichtigt, die Rechtsprechung, wonach bei der Bemessung der billigen Entschädigung in Geld die wirtschaftlichen Verhältnisse der Beteiligten berücksichtigt werden dürfen, aufzugeben.

[23] 1. Nach seiner Auffassung darf es auf die Vermögenslage des Geschädigten nicht ankommen.

[24] a) Zwar verlangt der Begriff der „Billigkeit" im Sinne des § 253 Abs. 2 BGB die Berücksichtigung aller in Betracht kommenden Umstände des Falles. Was danach „in Betracht kommt", bedarf jedoch der Konkretisierung am Maßstab von Wertvorstellungen, die in erster Linie von den Grundsatzentscheidungen der Verfassung bestimmt werden. Bei der Auslegung und Anwendung der zivilrechtlichen Generalklauseln haben daher die Gerichte die Grundrechte als „Richtlinien" zu beachten (vgl. BVerfGE 89, 214, 229 f. mwN; speziell zum Schmerzensgeld auch BGH, Urteil vom 13. Oktober 1992 – VI ZR 201/91, BGHZ 120, 1, 5 f.); auch der allgemeine Gleichheitssatz (Art. 3 Abs. 1 GG) ist zu berücksichtigen (vgl. BVerfGE 84, 197, 199 mwN).

[25] b) Vor diesem Hintergrund lässt sich eine unterschiedliche Bewertung von körperlichen oder seelischen Leiden danach, ob der Betroffene finanziell besser oder schlechter gestellt ist, nicht rechtfertigen.

[26] aa) Eine solche Anknüpfung an die Vermögensverhältnisse ist mit dem sich aus Art. 1 Abs. 1 Satz 1 GG ergebenden, jeden Menschen in gleichem Maße, ohne Rücksicht auf seine Eigenschaften, seine Leistungen und seinen sozialen Status zukommenden sozialen Wert- und Achtungsanspruch (vgl. BVerfGE 87, 209, 228) und dem jedem Menschen in gleichem Maße zustehenden Recht auf Leben, körperliche Unversehrtheit und Freiheit (Art. 2 Abs. 2 Satz 1 und 2 GG) nicht vereinbar (so auch OLG Schleswig, NJW-RR 1990, 470, 471; Staudinger/Schiemann, BGB, Neubearb. 2005, § 253 Rn. 43; Jaeger/Luckey, Schmerzensgeld, 7. Aufl., Rn. 1375 ff., Slizyk, Systematische Kommentierung des Schmerzensgeldrechts, 10. Aufl. [2014],

---

[636] BGH, Beschluss vom 20.03.2014 – 3 StR 20/14; vgl. hierzu auch Beschluss vom 21.01.2014 – 3 StR 388/13.

[637] BGH, Beschluss vom 8.10.2014 – 2 StR 137/14 sowie 2 StR 337/14.

Rn. 129; Vieweg/Lorz in jurisPK-BGB, 7. Aufl. 2014, § 253 Rn. 75; vgl. auch Hacks/Wellner/Häcker, Schmerzensgeldbeträge 2014, 32. Aufl., S. 18).

[27] Dem kann auch nicht entgegengehalten werden, dass nicht die erlittene körperliche oder seelische Beeinträchtigung selbst, sondern nur der Ausgleich hierfür unterschiedlich bemessen wird (vgl. Schneider, ZAP 2004 [Beilage 2], S. 7; Jaeger/Luckey aaO Rn. 1377). Denn nach den dargestellten verfassungsrechtlichen Grundsatzentscheidungen hat weder der Wohlhabende ein rechtlich anerkennenswertes größeres finanzielles Interesse an einem Ausgleich einer erlittenen Beeinträchtigung, noch der Arme ein geringeres. Danach geht es umgekehrt aber auch fehl, bei im Wesentlichen gleichen körperlichen oder seelischen Leiden die schlechte Vermögenslage des Armen als anspruchserhöhend oder den Reichtum des Wohlhabenden als anspruchsmindernd anzusetzen. Denn die in § 253 Abs. 2 BGB genannten Rechte und Rechtsgüter stehen dem Betroffenen nicht nach Maßgabe seiner Vermögensverhältnisse zu, sondern unabhängig davon (so im Ergebnis auch die überwiegende Ansicht im Schrifttum, vgl. Palandt/Grüneberg, BGB, 73. Aufl., § 253 Rn. 16; Staudinger/Schiemann aaO; NK-BGB/Huber, 2. Aufl., § 253 Rn. 96; Münch-KommBGB/Oetker, 6. Aufl., § 253 Rn. 38; Spindler in Bamberger/Roth, BGB, § 253 Rn. 42; Vieweg/Lorz aaO; Jaeger/Luckey, aaO Rn. 1375 ff., 1386; Pardey in Geigel, Der Haftpflichtprozess, 26. Aufl., S. 220 f.; Lorenz, Immaterieller Schaden und „billige Entschädigung in Geld", 1981, S. 126 f., 146 ff.; Pecher, AcP 171, 44, 69; aA etwa Soergel/Zeuner, BGB, 12. Aufl., § 847 Rn. 30; RGRK-BGB/Kreft, 12. Aufl., § 847 Rn. 43).

[28] bb) Wollte man demgegenüber den wirtschaftlichen Verhältnissen einen Einfluss auf das Maß der auszugleichenden Beeinträchtigung zugestehen, müsste man dies konsequenterweise im Einzelfall durch eine Beweisaufnahme zum Lebensstil des Verletzten verifizieren. Denn auch der wirtschaftliche gut Situierte kann bescheiden leben, während ein anderer trotz schlechter wirtschaftlicher Verhältnisse einen aufwendigen Lebensstil pflegen mag; zudem wäre eine ungerechtfertigte Benachteiligung des sparsamen gegenüber dem verschwenderischen Verletzten zu vermeiden (vgl. OLG Schleswig, NJW-RR 1990, 470, 471; Knöpfel, AcP 155, 145 f.). Eine solche Beweisaufnahme ließe sich indes mit dem – verfassungsrechtlich verbürgten (vgl. BVerfGE 38, 105, 114) – Schutz des persönlichen Lebensbereiches des (Opfer-)Zeugen (vgl. § 68a Abs. 1 StPO für den Strafprozess) nur schwerlich vereinbaren (vgl. auch Lorenz, Immaterieller Schaden und „billige Entschädigung in Geld", 1981, S. 52 f.). Im Zivilprozess gilt zwar die Erleichterung des § 287 ZPO; dies ändert aber nichts daran, dass der Tatrichter sich im Urteil mit allen für die Bemessung des Schmerzensgelds maßgeblichen Umständen hinreichend auseinandersetzen muss und nicht jedes diesbezügliche Beweisangebot zurückweisen darf (vgl. BGH, Urteil vom 12. Mai 1998 – VI ZR 182/97, BGHZ 138, 388, 391; Zöller/Greger, ZPO, 29. Aufl., § 287 Rn. 6, 8 mwN).

[29] Hinzu kommt, dass auch nach der Entscheidung des Großen Senats für Zivilsachen unklar bleibt, in welchen konkreten „Einzelfällen" die Vermögensverhältnisse des Geschädigten überhaupt zu einer Erhöhung oder Verminderung des Schmerzensgeldes führen könnten (vgl. auch Vieweg/Lorz in jurisPK-BGB, 7. Aufl. 2014, § 253 Rn. 75); denn auch wenn die wirtschaftlichen Verhältnisse des Geschädigten bei der Bemessung des Schmerzensgeldes berücksichtigt werden dürften, bedürfte es eines Maßstabs, inwieweit diese Umstände anspruchsmindernd, anspruchserhöhend oder wertneutral wirken sollten. Ein solcher Maßstab ist weder der Entscheidung des Großen Senats für Zivilsachen zu entnehmen noch sonst erkennbar.

[30] cc) Schließlich ist zu besorgen, dass die Berücksichtigung der Vermögensverhältnisse jedenfalls im Endeffekt zu einer Taxierung des Schmerzensgeldes nach sozialen Klassen führen kann (vgl. OLG Schleswig NJW-RR 1990, 470, 471; Slizyk, Systematische Kommentierung des Schmerzensgeldrechts, 10. Aufl. [2014], Rn. 12), gegen die sich schon das Reichsgericht aussprach (vgl. RGZ 76, 174, 176).

[31] c) Danach scheiden die Vermögensverhältnisse des Geschädigten als legitime Rechtfertigungsgründe für eine Ungleichbehandlung bei der Bemessung des Schmerzensgeldes aus. Nichts anderes gilt, wenn wegen der wirtschaftlichen Verhältnisse der Beteiligten nicht eine „an sich" angemessene Entschädigung gekürzt oder erhöht wird, sondern diese von vornherein in die Abwägung eingestellt werden (vgl. BGHZ 18, 149, 160 f.). Denn auch durch diesen dogmatischen „Kunstgriff" verlieren sie nicht ihren Charakter als das Schmerzensgeld erhöhende oder mindernde Umstände, der ihnen aber nach den dargestellten Maßstäben nicht zukommen darf.

[32] d) Soweit der Große Senat für Zivilsachen im Wege der systematischen Auslegung die Vorschriften der §§ 829, 1300 BGB als Beleg dafür herangezogen hat, dass die wirtschaftlichen Verhältnisse als in Betracht zu ziehende Umstände des Einzelfalls anzusehen sind (vgl. auch Lorenz aaO S. 157), steht dies im Widerspruch zu dem der Verfassung zu Grunde liegenden und vom Bundesverfassungsgericht zwischenzeitlich weiter konkretisierten Menschenbild, das wesentlich von dem jedem Menschen in gleichem Maße zustehenden sozialen Wert- und Achtungsanspruch geprägt wird (vgl. oben .b.aa); auch wurde § 1300 BGB durch den Gesetzgeber inzwischen als rechtspolitisch überholt aufgehoben (vgl. BT-Drucks. 13/4898 S. 14).

[33] 2. Nach Ansicht des Senats sind auch die wirtschaftlichen Verhältnisse des Schädigers nicht zu berücksichtigen.

[34] a) Der Schmerzensgeldanspruch ist vom Gesetzgeber gerade nicht als Strafe, sondern als Schadensersatzanspruch ausgestaltet worden (vgl. BGH, Urteil vom 29. September 1952 – III ZR 340/51, BGHZ 7, 223, 224 ff.; BGH, Beschluss vom 6. Juli 1955 – GZ 1/55, BGHZ 18, 149, 151, 156; vgl. auch Staudinger/Schiemann, BGB, Neubearb. 2005, § 253 Rn. 28, 43; NK-BGB/Huber, 2. Aufl., § 253 Rn. 119; Müller, VersR 1993, 909 f.; Knöpfel, AcP 155, 139 ff.; Pecher AcP 171, 44, 70). Schon dies spricht dafür, dass die wirtschaftliche Lage des Schädigers entsprechend dem allgemeinen Prinzip der unbeschränkten Vermögenshaftung (vgl. nur Palandt/Grüneberg, BGB, 73. Aufl., § 276 Rn. 28 mwN) bei der Bemessung der Entschädigung, auch und gerade im Rahmen der Ausgleichsfunktion, keine Rolle spielen darf (so auch Palandt/Grüneberg aaO § 253 Rn. 17).

■ PRAXISBEDEUTUNG

Eine Vorlage an die Vereinigten Großen Senate des BGH ist so selten, dass kaum erinnert werden kann, wann dieser Spruchkörper zum letzten Mal zusammengetreten ist, was bis ins Jahr 1994 zurückreicht. Dennoch ist die vom 2. Strafsenat aufgeworfene Frage, ob die wirtschaftlichen Verhältnisse des Täters oder des Opfers bei der Bemessung eines Schmerzensgelds zu berücksichtigen sind oder nicht, von enormer Bedeutung in diesen Fällen. Die angeführten Argumente werden nicht leicht zu widerlegen sein, so dass man jetzt schon gespannt sein darf, ob es letztlich überhaupt zur Vorlage kommt und wie dann ggfs. das Gremium entscheiden wird. Jedenfalls ist bereits jetzt für die rechtswissenschaftliche Diskussion genügend Stoff vorhanden.

Die **Bemessung der Höhe des Schmerzensgeldes** hat das Landgericht lediglich mit der Begründung gerechtfertigt, dass „unter Berücksichtigung der vorstehend getroffenen Feststellungen die Festsetzung eines Schmerzensgeldes in Höhe von 5000 € angemessen, aber auch ausreichend sei“. Eine solche Begründung genügt nicht. Die Urteilsgründe müssen alle Erwägungen ansprechen, die für die Bemessung des Schmerzensgeldes von Bedeutung sein können. Maßgebend für die Höhe des Schmerzensgeldes sind nicht nur die Schwere der Tat und die durch die Tat verursachten Folgen für den Verletzten, sondern regelmäßig auch die wirtschaftlichen Verhältnisse von Täter und Opfer.[638] **642**

Der Adhäsionskläger hat ... eine bezifferte Schmerzensgeldforderung von nicht unter 20.000 Euro erhoben. Aufgrund der Zuerkennung des Schmerzensgeldanspruchs von lediglich 10.000 Euro im Adhäsionsverfahren handelt es sich bei der Entscheidung um ein **Teilendurteil**, so dass im Hinblick auf § 406 Abs. 3 Satz 2 StPO das teilweise Absehen von einer Entscheidung zur Verdeutlichung nach § 406 Abs. 1 Satz 3 StPO ausdrücklich zu tenorieren ist.[639] **643**

Der Adhäsionsausspruch gegen den Angeklagten hält rechtlicher Prüfung nicht stand. Den **Urteilsgründen** lässt sich nicht entnehmen, welchen **Gegenstand** genau der dort nur rudimentär **angesprochene Zivilrechtsstreit** zwischen diesem Angeklagten und dem Geschädigten hatte und in welcher Weise die erwähnte „Zahlung“ erfolgte.[640] **644**

[6] Der Senat vermag deshalb nicht nachzuprüfen, ob die Ausführungen des Landgerichts zu einer Nichtanrechnung (§ 366 Abs. 2 BGB) der durch den Angeklagten geleisteten „Zahlung“ von 35.000 € an den Geschädigten auf die im Wege der Adhäsion titulierte Forderung von 40.000 € zutreffen.

[7] Eine Zurückverweisung der Sache zu neuer Verhandlung und Entscheidung allein wegen ihres zivilrechtlichen Teils kommt nicht in Betracht (vgl. Meyer-Goßner/Schmitt, StPO, 57. Aufl., § 406a Rn. 5 mwN). Von einer Entscheidung über den Adhäsionsantrag ist bei dieser Sachlage nach § 406 Abs. 3 Satz 3 und 4 StPO insgesamt abzusehen.

PRAXISBEDEUTUNG ■

Die vorstehende, einfach gelagerte Entscheidung zeigt deutlich, welche Konsequenz es in der Revisionsinstanz haben kann, wenn der Adhäsionsanspruch nicht in eindeutiger Weise vor dem Tatrichter geltend gemacht und natürlich auch ausreichend begründet wird.

Das Landgericht hat zur Begründung der Höhe des Schmerzensgeldanspruchs lediglich ausgeführt, dass es „die Schwere der Verletzung des Nebenklägers und die nicht unerheblichen, wahrscheinlich bleibenden Folgen einerseits und die Schwere des Verschuldens des Angeklagten andererseits gegeneinander abgewogen“ habe. Der- **645**

[638] BGH, Urteil vom 5.03.2014 – 2 StR 503/14.
[639] BGH, Beschluss vom 8.07.2014 – 3 StR 276/14.
[640] BGH, Beschluss vom 3.06.2014 – 5 StR 199/14.

artige **allgemeine Erwägungen genügen nicht den Anforderungen an die Begründungspflicht**, die auch für die im Strafurteil getroffene Entscheidung über zivilrechtliche Ansprüche gilt. Insbesondere wird mit dieser Begründung der Adhäsionsentscheidung schon nicht deutlich, ob die Kammer dabei, wie regelmäßig erforderlich, die persönlichen und wirtschaftlichen Verhältnisse der Tatbeteiligten berücksichtigt hat.[641]

646 § 406 Abs. 2 StPO schreibt als insoweit speziellere Regelung zu § 406 Abs. 1 Satz 1 StPO nicht vor, einen Adhäsionsantrag selbst **im Falle eines Teilanerkenntnisses** im Strafurteil zu bescheiden.[642]

[6] 3. a) Der Senat hat der Nebenklägerin auf ihren Antrag vom 8. August 2013 für die Revisionsinstanz ratenfreie Prozesskostenhilfe bewilligt und ihr Rechtsanwalt beigeordnet, da die Voraussetzungen gemäß § 397a Abs. 2 StPO vorliegen. Eine für das Revisionsverfahren fortwirkende Bestellung als Beistand durch das Landgericht gemäß § 397a Abs. 1 StPO ist nicht erfolgt. Die Strafkammer hat der Nebenklägerin mit Beschluss vom 11. April 2013 lediglich Prozesskostenhilfe – offensichtlich gemäß § 397a Abs. 2 StPO – bewilligt und ihr Rechtsanwalt beigeordnet. Für jeden Rechtszug ist Prozesskostenhilfe indes gesondert zu gewähren (§ 397a Abs. 1 Satz 1 StPO iVm § 119 Abs. 1 Satz 1 ZPO).

[7] b) Der weitergehende Antrag der Nebenklägerin, ihr auch für das Adhäsionsverfahren ratenfreie Prozesskostenhilfe unter Beiordnung von Rechtsanwalt zu bewilligen, ist hingegen abzulehnen. Die Entscheidung(en) über den Adhäsionsantrag hat der Angeklagte nicht angefochten; demgemäß hat der Senat darüber nicht zu befinden.

[8] aa) Allerdings hat das Landgericht seine Entscheidung über den Adhäsionsantrag der Nebenklägerin nicht in die Urteilsformel aufgenommen. Es hat in der Hauptverhandlung am 18. April 2013 zum einen (isoliert) ein Teilanerkenntnisurteil mit dem Inhalt erlassen, „dass der Angeklagte verpflichtet ist, der Nebenklägerin alle weiteren infolge des Angriffs am 02.09.2012 künftig noch entstehenden materiellen und immateriellen Schäden zu ersetzen, soweit sie nicht auf Sozialversicherungsträger oder Dritte übergegangen sind“. Im Übrigen hat die Strafkammer einen (Teil-)Vergleich zwischen dem Angeklagten und der Nebenklägerin über eine Schmerzensgeldzahlung in Höhe von 12.000 € nebst Zinsen protokolliert und die Kosten des Adhäsionsverfahrens dem Angeklagten auferlegt.

[9] bb) Durch den in der Hauptverhandlung vom 18. April 2013 protokollierten (Teil-)Vergleich (§ 405 Abs. 1 Satz 1 StPO) ist der Adhäsionsantrag mit Ausnahme der im Wege des Teilanerkenntnisurteils festgestellten Ersatzpflicht des Angeklagten hinsichtlich der künftigen immateriellen und materiellen Schäden gegenstandslos geworden und seine Rechtshängigkeit insoweit beendet (vgl. BGH, Beschluss vom 15. Januar 2013 – 4 StR 522/12 mwN; Meier/Dürre, JZ 2006, 18, 24).

[10] cc) Soweit das Landgericht zudem in der Hauptverhandlung isoliert ein Teilanerkenntnisurteil erlassen hat, wird (auch) dieses vom Angeklagten nicht angefochten (vgl. auch BGH, Beschluss vom 15. Januar 2014 – 4 StR 532/13).

---

641 BGH, Beschluss vom 2.09.2014 – 3 StR 325/14.
642 BGH, Beschluss vom 21.01.2014 – 2 StR 434/13.

[11] Die vom Landgericht gewählte Verfahrensweise, die Adhäsionsentscheidung nicht im Strafurteil (vgl. § 406 Abs. 1 Satz 1 StPO) sondern in einem gesonderten Teilanerkenntnisurteil auszusprechen, begegnet jedenfalls hier auch keinen Bedenken.

[12] § 406 Abs. 2 StPO schreibt als insoweit speziellere Regelung zu § 406 Abs. 1 Satz 1 StPO nicht vor, einen Adhäsionsantrag selbst im Falle eines Teilanerkenntnisses im Strafurteil zu bescheiden. Dafür gibt es im Gegensatz zu sonstigen Urteilen im Adhäsionsverfahren auch keinen Anlass. Denn eine Prüfung der Sach- und Rechtslage, die regelmäßig mit der strafrechtlichen Verurteilung einhergeht, ist aufgrund eines Anerkenntnisses gerade nicht notwendig; wird der zivilrechtliche Anspruch anerkannt, bedarf es grundsätzlich auch keiner Begründung der Entscheidung (vgl. § 313b Abs. 1 ZPO). Die strafrechtliche Beurteilung des Sachverhaltes ist daher bei einem (Teil-)Anerkenntnis des Adhäsionsanspruchs – als Ausdruck der im Zivilprozess geltenden Dispositionsmaxime (vgl. auch Hilger in: Löwe/Rosenberg, StPO, 26. Aufl., § 406 Rn. 30; Zabeck in: KK-StPO, 7. Aufl., § 406 Rn. 4) – regelmäßig ohne Bedeutung (vgl. AG Berlin-Tiergarten, Urteil vom 23. März 2011 – (281 Ds) 34 Js 5355/10 (222/10), NStZ-RR 2011, 383; Ferber in: Graf, StPO, 2. Aufl., § 406 Rn. 1; Klein, Das Adhäsionsverfahren nach der Neuregelung durch das Opferrechtsreformgesetz, 2007, S. 251; Weiner/Ferber, Handbuch des Adhäsionsverfahrens, 2008, Rdn. 167; aA etwa Meyer-Goßner, StPO, 56. Aufl., § 406 Rdn. 4; Meier/Dürre, JZ 2006, 18, 23; Neuhaus, StV 2004, 620, 626, jeweils mwN; unklar: Zander, Das Adhäsionsverfahren im neuen Gewand, 2011, S. 156 f.).

[13] Ob ein – isoliertes – (Teil-)Anerkenntnisurteil auch dann ergehen kann oder muss, wenn der Angeklagte weder schuldig gesprochen noch gegen ihn eine Maßregel der Besserung und Sicherung angeordnet worden ist (vgl. § 406a Abs. 3 Satz 1 StPO), oder das Gericht ggfls. von einer Entscheidung durch Anerkenntnisurteil abzusehen hat (vgl. § 406 Abs. 1 Satz 3 StPO), braucht der Senat hier nicht zu entscheiden (vgl. dazu Klein, aaO; Weiner/Ferber, aaO; Zander, aaO, S. 157 einerseits; Hilger in: Löwe/Rosenberg, aaO, Rdn. 33, Merz in: Radtke/Hohmann, StPO, § 406 Rdn. 7; Meyer-Goßner, aaO andererseits). Jedenfalls dann, wenn – wie hier – die Gefahr widersprüchlicher zivil- und strafrechtlicher Entscheidungen nicht besteht, bedarf es keiner einschränkenden Auslegung des § 406 Abs. 2 StPO, so dass insoweit auch ein isoliertes (Teil-)Anerkenntnisurteil ergehen kann (vgl. im Ergebnis auch BGH, Beschluss vom 15. Januar 2014 – 4 StR 532/13).

[14] Der Angeklagte hat die mit dem Teilanerkenntnis ausgesprochene Entscheidung, die aufgrund seines ausdrücklichen Anerkenntnisses ergangen ist, nicht angefochten, sondern allein das Strafurteil angegriffen (zur Zulässigkeit: vgl. Meyer-Goßner, aaO, § 406a Rdn. 5). Damit ist das Adhäsionsverfahren insgesamt nicht mehr Gegenstand des Revisionsverfahrens, so dass der weitergehende Antrag der Nebenklägerin auf Prozesskostenhilfe abzulehnen gewesen ist.

Ein **Adhäsionsausspruch** erweist sich als rechtsfehlerhaft, wenn die Nebenklägerin **647**
lediglich einen Antrag auf Zahlung von **Schmerzensgeld** gestellt hat und das Landgericht in seinem Grundurteil auch eine Ersatzpflicht des Angeklagten hinsichtlich materieller Schäden der Verletzten festgestellt hat.[643]

[643] BGH, Beschluss vom 3.12.2014 – 4 StR 292/14.

648 Im Adhäsionsverfahren ist über die **Bewilligung von Prozesskostenhilfe** für die Neben- und Adhäsionsklägerin auf ihren Antrag hin im Revisionsverfahren zu entscheiden. Gemäß § 404 Abs. 5 Satz 1 StPO iVm § 119 Abs. 1 ZPO erfolgt die Bewilligung von Prozesskostenhilfe für jeden Rechtszug besonders.[644]

649 Macht der Sohn eines Geschädigten im Adhäsionsverfahren einen Ersatzanspruch geltend, kann das Gericht nicht offen lassen, ob er auch dessen (Allein)Erbe ist, auch wenn es davon ausgegangen ist, dass er die für die Beerdigung des Geschädigten entstandenen Kosten bezahlt und daher in dieser Höhe einen Erstattungsanspruch gegen den Angeklagten habe; denn damit ist weder die **Antragsberechtigung des Antragstellers (§ 403 StPO)** nicht hinreichend belegt; noch steht fest, ob er Leistung an sich allein verlangen kann (vgl. § 2039 S. 1 BGB).[645]

■ PRAXISBEDEUTUNG

Das vorstehende Urteil des zuständigen Zivilsenats macht deutlich, dass in bestimmten Fällen, soweit in Verkehrssachen oder sonstigen Angelegenheiten, in denen eine Haftpflichtversicherung ersatzpflichtig sein kann, es möglicherweise nicht sinnvoll ist, von Seiten des Geschädigten einen Adhäsionsanspruch geltend zu machen. Es wird eine der Pflichten von dessen Prozessbevollmächtigten sein, ihn hierbei zutreffend zu beraten.

39. Nebenklage

650 Wie auch in den vergangenen Jahren ist im Berichtszeitraum erneut eine größere Anzahl von Nebenklägerrevisionen als unzulässig zurückgewiesen worden, weil die **erstrebten Ziele, meist eine Änderung des Strafmaßes, nach § 400 Abs. 1 StPO ausgeschlossen** oder kein **zulässiges Revisionsziel angegeben** waren. Beispielhaft sei die nachfolgende Entscheidung angeführt:

651 Die Revision der Nebenklägerin ist gemäß **§ 400 Abs. 1, § 395 StPO unzulässig,** soweit sie im Fall II. Nr. 2 der Urteilsgründe zusätzlich die tatmehrheitliche Verurteilung des Angeklagten wegen Nötigung in Tateinheit mit Freiheitsberaubung anstrebt, da es sich insoweit – mit Ausnahme der hier nicht im Raum stehenden § 239 Abs. 3, § 240 Abs. 4 StGB – um **nicht nebenklagefähige Delikte** handelt.[646]

652 Der **Nebenkläger** gehört **nicht** zu den Personen, deren **Anwesenheit in der Hauptverhandlung** das Gesetz vorschreibt. Seine Abwesenheit in der Hauptverhandlung führt daher nicht zum Vorliegen des absoluten Revisionsgrundes des § 338 Nr. 5 StPO, vielmehr kann er sie lediglich nach § 337 StPO rügen. Nichts anderes gilt in Fällen, in denen der Nebenkläger zwar anwesend ist, ihm aber kein Dolmetscher zur Seite steht. Zwar ist nach § 185 GVG von Amts wegen ein Dolmetscher zuzuziehen, wenn in der Hauptverhandlung ein Beteiligter – ein solcher ist auch der Nebenkläger – der deutschen Sprache nicht mächtig ist. Da die Abwesenheit eines

644 BGH, Beschluss vom 12.08.2014 – 2 StR 495/13.
645 BGH, Beschluss vom 23.03.2014 – 3 StR 33/14.
646 BGH, Beschluss vom 30.1.2014 – 1 StR 506/13.

notwendigen Dolmetschers aber für den Nebenkläger zur Folge hat, dass er der Hauptverhandlung nicht folgen und er dort seine Rechte nicht wahrnehmen, sie also nicht beeinflussen kann, kann er bei Vorliegen einer solchen Gesetzesverletzung – revisionsrechtlich – nicht besser gestellt sein, als wenn er gar nicht anwesend war. Wie seine eigene Abwesenheit kann er deshalb auch die Abwesenheit des für ihn notwendigen Dolmetschers lediglich als relativen Revisionsgrund geltend machen.[647]

Als verfahrensgestaltende Prozesserklärung muss die **Einlegung der Revision** nicht **653**
nur den **unbedingten Anfechtungswillen des Erklärenden** erkennen lassen. Bei mehreren Anfechtungsberechtigten muss die Rechtsmitteleinlegung auch die Person des Rechtsmittelführers eindeutig bezeichnen.

Außerdem bedarf die **Revision des Nebenklägers eines Antrags oder einer Begründung,** die deutlich macht, dass eine Änderung des Schuldspruchs hinsichtlich eines Nebenklagedelikts und damit ein zulässiges Ziel verfolgt wird.[648]

[2] Die Rechtsmittel der Nebenklägerinnen sind schon deshalb unzulässig, weil der Erklärung der Nebenklägervertreterin über die Revisionseinlegung die Person des Rechtsmittelführers nicht eindeutig zu entnehmen ist.

[3] 1. Die Vertreterin beider Nebenklägerinnen hat mit Schriftsatz vom 17. April 2014 unter dem Betreff „Strafsache gegen B. D." erklärt, gegen das angefochtene Urteil „Rechtsmittel" einzulegen. Für welche der beiden Nebenklägerinnen die Revision eingelegt werden sollte, hat sie nicht klargestellt. Erst mit Schriftsatz vom 18. Juni 2014 hat sie – unter gleichlautendem Betreff – das eingelegte Rechtsmittel als Revision bezeichnet, einen Revisionsantrag gestellt und allgemein die Verletzung formellen und materiellen Rechts gerügt. In demselben Schreiben hat sie für „die Geschädigten T. und S. D." Prozesskostenhilfe- und Beiordnungsanträge gestellt.

[4] 2. Damit ist den Anforderungen an eine wirksame Rechtsmitteleinlegung für die Nebenklägerinnen im vorliegenden Fall nicht genügt.

[5] a) Als verfahrensgestaltende Prozesserklärung muss die Einlegung der Revision nicht nur den unbedingten Anfechtungswillen des Erklärenden erkennen lassen (KK-StPO/Gericke, 7. Aufl., § 341 Rn. 3 mwN). Bei mehreren Anfechtungsberechtigten muss die Rechtsmitteleinlegung auch die Person des Rechtsmittelführers eindeutig bezeichnen. Zwar kann diese Prozesserklärung gegebenenfalls, ähnlich wie in dem Fall, in dem mehrere Rechtsmittel zulässig sind und unklar bleibt, welches eingelegt werden soll, unter Berücksichtigung des Gesamtinhalts der Verfahrenserklärungen und der Erklärungsumstände so ausgelegt werden, dass die umfassendste Nachprüfung der angefochtenen Entscheidung ermöglicht wird (LR-StPO/Jesse, 26. Aufl., § 300 Rn. 6 mwN). Voraussetzung dafür ist indes, dass die für die Auslegung erheblichen Umstände innerhalb der für die Einlegung des Rechtsmittels geltenden Frist erkennbar werden (Meyer-Goßner/Schmitt, StPO, 57. Aufl., § 300 Rn. 3). Daran fehlt es hier.

[6] Innerhalb der Frist zur Einlegung der Revision (§ 341 Abs. 1 StPO) ist lediglich der Schriftsatz der Nebenklägervertreterin vom 17. April 2014 bei Gericht eingegangen, in dem die Person der das Urteil anfechtenden Nebenklägerin nicht bezeich-

[647] BGH, Urteil vom 4.09.2014 – 4 StR 473/13.
[648] BGH, Beschluss vom 6.11.2014 – 4 StR 384/14.

net wird. Auch die Angabe im „Betreff" dieses Schreibens ergibt insoweit keinen Aufschluss. …

[8] 3. Hinsichtlich der Nebenklägerin T. D. genügt die Rechtsmittelbegründung im Übrigen nicht den Anforderungen von § 400 Abs. 1 StPO, wonach die Revision des Nebenklägers eines Antrags oder einer Begründung bedarf, die deutlich macht, dass eine Änderung des Schuldspruchs hinsichtlich eines Nebenklagedelikts und damit ein zulässiges Ziel verfolgt wird (st. Rspr.; vgl. nur Senatsbeschluss vom 17. Juli 2013 – 4 StR 214/13 mwN). Daran fehlt es hier. Es bleibt insbesondere offen, ob die Revision lediglich die Strafbemessung beanstanden will, soweit der Angeklagte wegen sexuellen Missbrauchs eines Kindes in drei Fällen verurteilt worden ist, oder ob sie sich gegen den Teilfreispruch von weiteren Taten zu ihrem Nachteil wendet.

654 … wendet sich die Revision des Nebenklägers mit der nicht weiter ausgeführten Sachrüge.

Der Generalbundesanwalt hat dazu ausgeführt:

„Die Revision ist unzulässig. Der Revisionsbegründung ist nicht zu entnehmen, dass das Urteil mit dem Ziel einer Änderung des **Schuldspruchs wegen einer anderen oder einer weiteren Gesetzesverletzung angegriffen wird, die zum Anschluss als Nebenkläger berechtigt.** Nach **§ 400 Abs. 1 StPO** können Nebenkläger ein Urteil nicht mit dem Ziel anfechten, dass eine andere Rechtsfolge verhängt wird; deshalb bedarf es bei Revisionen von Nebenklägern in der Regel eines Revisionsantrags, der deutlich macht, dass der Beschwerdeführer ein zulässiges Ziel verfolgt (st. Rspr.; vgl. BGHR StPO § 400 Abs. 1 Zulässigkeit 10)."

Dem schließt sich der Senat an.[649]

655 Ein vom Nebenkläger bevollmächtigter und danach beigeordneter Rechtsanwalt kann für die bestimmenden Revisionsschriftsätze **Untervollmacht** erteilen. Unterzeichnet ein unterbevollmächtigter Rechtsanwalt die von dem eigentlich mandatierten Rechtsanwalt verfasste Revisionsbegründungsschrift mit dem Zusatz „für Rechtsanwalt …", so rechtfertigt allein dieser Umstand keinen Zweifel daran, dass er sich den Inhalt der Schrift zu eigen gemacht und dafür auf Grund eigener Prüfung die Verantwortung übernommen hat (§ 390 Abs. 2 StPO).[650]

[6] Die Revisionsbegründung wurde innerhalb der Monatsfrist des § 345 Abs. 1 StPO mittels einer von einem wirksam bevollmächtigten Rechtsanwalt „unterzeichneten Schrift" (§ 390 Abs. 2 StPO analog) angebracht.

[7] Die von der Nebenklägerin bevollmächtigte und ihr gemäß § 397a Abs. 1 StPO beigeordnete Rechtsanwältin G. hat zwar die Revisionsbegründungsschrift nicht selbst unterzeichnet. Eine Begründungsschrift kann aber auch von einem Rechtsanwalt, der – wie hier Rechtsanwalt Ge. von der Nebenklägerin weder persönlich bevollmächtigt noch ihr als Beistand bestellt wurde, wirksam angebracht werden. Dies setzt voraus, dass er hierzu vor Ablauf der genannten Monatsfrist bevollmächtigt worden ist (1.) und die Begründungsschrift unterzeichnet hat (2.). Beides ist hier der Fall.

---

649 BGH, Beschluss vom 20.03.2014 – 2 StR 27/14.

650 BGH, Urteil vom 13.08.2014 – 2 StR 573/13.

[8] 1. Der unterzeichnende Rechtsanwalt Ge. war wirksam bevollmächtigt, die Revisionsanträge und ihre Begründung anzubringen. Ihm war im Rahmen der in der Bürogemeinschaft getroffenen Vertretungsregelung von Rechtsanwältin G. Untervollmacht erteilt, wozu diese durch Vollmacht der Nebenklägerin ermächtigt war.

[9] aa) Zwar kann die Beistandsbestellung als solche nicht wirksam auf einen anderen Rechtsanwalt übertragen werden, denn ebenso wie die Beiordnung eines Pflichtverteidigers gemäß § 141 Abs. 1 StPO (vgl. insoweit BVerfG, Kammerbeschluss vom 24. November 2000 – 2 BvR 813/99, NStZ 2001, 211; BGH, Beschluss vom 13. April 2010 – 3 StR 24/10; Beschluss vom 7. Mai 2014 – 4 StR 109/14; Meyer-Goßner/Schmitt, StPO 57. Aufl., § 142 Rn. 15) ist die Bestellung eines Beistands gemäß § 397a Abs. 1 StPO auf die jeweils bestellte Person beschränkt; eine Übertragung im Wege der Erteilung einer Untervollmacht ist daher nicht wirksam möglich.

[10] bb) Zulässig ist dagegen das Tätigwerden eines anderen Rechtsanwalts, wenn dieser als allgemeiner Vertreter gemäß § 53 Abs. 2 BRAO bestellt wurde, denn diese Bestellung erstreckt sich auch auf die Bestellung als Beistand (BGH, Beschluss vom 6. September 2000 – 3 StR 349/00; vgl. für die Pflichtverteidigerbestellung: BGH, Urteil vom 2. September 1975 – 1 StR 380/75, NJW 1975, 2351; Beschluss vom 22. August 2001 – 1 StR 354/01, NStZ-RR 2002, 12; vgl. auch Beschluss vom 13. April 2010 – 3 StR 24/10). Die Voraussetzungen sind hier aber nicht erfüllt. Rechtsanwalt Ge. ist weder als von Amts wegen bestellter allgemeiner Vertreter gemäß § 53 Abs. 2 Satz 3 BRAO tätig geworden noch hat ihn Rechtsanwältin G. selbst gemäß § 53 Abs. 2 Satz 1 oder 2 BRAO als ihren allgemeinen Vertreter bestellt. Die gegenseitige Vertretung der in ihrer Bürogemeinschaft verbundenen Rechtsanwälte entsprach lediglich den dortigen Usancen.

[11] cc) Rechtsanwältin G. war jedoch in Ausübung ihres Wahlmandats berechtigt, Untervollmacht zu erteilen, denn die Nebenklägerin hatte sie bereits am 14. Mai 2013 beauftragt, ihre Interessen zu vertreten, und im Rahmen dessen ermächtigt, die ihr erteilte Vollmacht ganz oder teilweise auf andere zu übertragen. Dieses durch die Unterzeichnung der Vollmachtsurkunde begründete zivilrechtliche Vertragsverhältnis zwischen der Nebenklägerin und ihrer Anwältin blieb von deren Bestellung als Beistand unberührt.

[12] Insofern unterscheidet sich die Bestellung als Beistand gemäß § 397a Abs. 1 StPO von der Beiordnung als Pflichtverteidiger gemäß § 141 StPO. Die Bestellung eines Pflichtverteidigers setzt nach dem in §§ 141 Abs. 1, 143 StPO enthaltenen Rechtsgedanken das Nichtbestehen eines Wahlmandates voraus. Entsprechend enthält der Antrag des Wahlverteidigers, ihn zum Pflichtverteidiger zu bestellen, die Erklärung, die Wahlverteidigung solle mit der Bestellung enden (Meyer-Goßner/Schmitt, StPO, 57. Aufl., § 142 Rn. 7 mwN). Wird dem Antrag stattgegeben, endet das zivilrechtliche Auftrags- bzw. Geschäftsbesorgungsverhältnis (§§ 675 BGB) des Rechtsanwaltes, der in der Folge seine Tätigkeit als Pflichtverteidiger allein auf der Grundlage der öffentlich-rechtlichen Bestellung ausführt. Da mit dem Ende des Vertragsverhältnisses auch die erteilte Strafprozessvollmacht erlischt (Meyer-Goßner/Schmitt aaO), kann der Verteidiger eine Untervollmacht nicht mehr erteilen (vgl. BGH, Beschluss vom 15. Januar 2014 – 4 StR 346/13).

[13] Eine solche oder vergleichbare Änderung des Rechtsgrundes der Tätigkeit des Rechtsanwalts ist mit dessen Bestellung als Beistand eines Nebenklägers gemäß § 397a Abs. 1 StPO nicht verbunden. Anders als bei der Pflichtverteidigung besteht der frühere Auftrag, den der Nebenkläger seinem Rechtsanwalt erteilt hat, nach des-

sen Bestellung als Beistand fort (KG, NStZ-RR 2005, 327, 328; NStZ-RR 2006, 160; OLG Düsseldorf, Beschluss vom 19. August 2005 – 1 Ws 208/05; a.A. Thüringer Oberlandesgericht, Beschluss vom 21. Juli 2006 – 1 Ws 202/06), so dass er auch zur Erteilung einer Untervollmacht weiterhin berechtigt ist (KG, NStZ-RR 2005, 327). Die Bestellung zum Beistand nach § 397a Abs. 1 StPO setzt zwar nicht voraus, dass zwischen dem Nebenklageberechtigten oder Nebenkläger und dem Rechtsanwalt ein Mandatsverhältnis besteht. Liegt allerdings ein solches vor, wird es durch die Bestellung zum Beistand nicht beendet. Denn abweichend von § 141 Abs. 1 StPO, der voraussetzt, dass der Angeklagte „noch keinen Verteidiger hat", ist es für die Bestellungsentscheidung nach § 397a Abs. 1 StPO ohne Bedeutung, ob der Antragsteller bereits einen Rechtsanwalt mandatiert hat. Dementsprechend ist der gerichtliche Bestellungsakt auch dann nicht (entsprechend § 143 StPO) zurückzunehmen, wenn sich der Nebenkläger selbst eines anderen oder weiteren Beistands bedient. Angesichts dessen, dass § 397a Abs. 3 Satz 2 StPO ausdrücklich nur auf § 142 Abs. 1 StPO verweist, ist für eine ergänzende Anwendung weiterer Vorschriften des Rechts der notwendigen Verteidigung kein Raum (vgl. KG, StraFo 2008, 47, 48; Wenske in Löwe/Rosenberg, StPO, 26. Aufl., Nachtrag, § 397a Rn. 17).

[14] Dem entspricht auch der unterschiedliche Zweck der Bestellung von Beistand und Verteidiger. Während die Beistandsbestellung überhaupt nur auf Antrag des Nebenklägers in Betracht kommt und sich in ihrer Wirkung darin erschöpft, dass dem Nebenkläger, der anwaltlichen Beistand hinzuzieht, im Zweifel ein Kostenerstattungsanspruch gegenüber der Staatskasse gebührt, besteht der Zweck der Pflichtverteidigung ausschließlich darin, im öffentlichen Interesse dafür zu sorgen, dass der Beschuldigte in schwerwiegenden Fällen (§ 140 StPO) rechtskundigen Beistand erhält und der ordnungsgemäße Verfahrensablauf gewährleistet wird (BVerfGE 68, 237, 254 mwN). Die Bestellung eines Pflichtverteidigers ist daher in den in § 140 Abs. 1, Abs. 2 StPO bezeichneten Fällen zwingend vorgeschrieben und erfolgt auch dann, wenn der Beschuldigte eine Verteidigung überhaupt ablehnt. Dem entspricht, dass die Bestellung eines Pflichtverteidigers gemäß § 141 Abs. 1 StPO grundsätzlich unterbleibt bzw. eine bereits erfolgte Bestellung gemäß § 143 StPO in der Regel zurückzunehmen ist, wenn der Beschuldigte selbst einen Wahlverteidiger beauftragt hat. Wahlmandat und Pflichtverteidigerbestellung schließen sich daher schon vom Sinn und Zweck der Pflichtverteidigung her aus und sind selbst nebeneinander nur dann zulässig, wenn dafür ein unabweisbares Bedürfnis besteht.

[15] 2. Die Revisionsbegründung genügt auch den Anforderungen des § 390 Abs. 2 StPO. Sie ist von einem wirksam bevollmächtigten Rechtsanwalt unterschrieben, der trotz des der Unterzeichnung vorangestellten Zusatzes „für Rechtsanwältin …" die volle Verantwortung für den Inhalt der Schrift übernommen hat.

[16] a) Die Revisionsanträge des Nebenklägers und ihre Begründung können nach der entsprechend anzuwendenden Vorschrift des § 390 Abs. 2 StPO (vgl. insoweit BGH, Beschluss vom 14. Februar 1992 – 3 StR 433/91, NJW 1992, 1398; Meyer-Goßner/Schmitt, StPO, 57. Aufl., § 401 Rn. 2) nur mittels einer von einem Rechtsanwalt unterzeichneten Schrift angebracht werden. Zweck der Regelung ist es, die Sachgerechtigkeit der Revisionsbegründungsschrift zu gewährleisten und zwar im Interesse sowohl des Rechtsmittelführers, dessen Rechtsmittel nicht schon von vornherein an Formfehlern oder sonstigen Mängeln scheitern soll, wie auch der Rechtsmittelgerichte, die vor einer Überlastung durch unsachgemäßes Vorbringen Rechtsunkundiger bewahrt werden sollen (BGH, Urteil vom 22. Januar 1974 – 1 StR 586/73, BGHSt 25, 272, 273; BVerfG, NJW 1996, 713). Die Mitwirkung des

Rechtsanwalts darf sich deshalb nicht in der bloßen Beurkundung erschöpfen. Er muss an der Revisionsbegründung zumindest gestaltend mitwirken und die Verantwortung dafür übernehmen (zu § 345 Abs. 2 StPO: BGH, Urteil vom 22. Januar 1974 – 1 StR 586/73, BGHSt 25, 272, 274; Beschluss vom 2. November 2005 – 3 StR 371/05, NStZ-RR 2006, 84; Beschluss vom 2. Juli 2014 – 4 StR 215/14). Das Erfordernis, einen Schriftsatz zu verantworten, ist jedoch nicht gleichbedeutend mit dem Erfordernis, den Schriftsatz selbst zu verfassen (BVerfG, NJW 1996, 713). Unabdingbar ist nur, dass der unterzeichnende Rechtsanwalt in solchen Fällen das Entworfene gründlich prüft, gegebenenfalls Änderungen vornimmt, insoweit also „gestaltend mitwirkt", und für das, was er dem Gericht vorlegt, die volle Verantwortung übernimmt, sich also in diesem Sinne die vorgelegte Begründung zu eigen macht (Frisch, SK-StPO, 4. Aufl., § 345 Rn. 29; vgl. auch Franke in Löwe/Rosenberg, StPO, 26. Aufl., § 345 Rn. 21, der eine „gestaltende Mitwirkung" oder jedenfalls die Verantwortungsübernahme fordert).

[17] Vor diesem Hintergrund ist, wenn ein Rechtsanwalt als eigentlicher Sachbearbeiter eine Rechtsmittelbegründungsschrift entwirft und dann ein anderer – bevollmächtigter – Rechtsanwalt diesen Schriftsatz unterschreibt, regelmäßig davon auszugehen, dass letzterer sich den Inhalt des Schreibens zu eigen gemacht hat und dafür aufgrund eigener Prüfung die Verantwortung übernimmt (BVerfG, NJW 1996, 713; vgl. KK-Gericke, StPO, 7. Aufl., § 345 Rn. 15). Dem Zweck des § 390 Abs. 2 StPO ist damit Genüge getan (zu § 345 Abs. 2 StPO: BVerfG, NJW 1996, 713). Anderes kann nur gelten, wenn der Unterzeichner in dem Schriftsatz oder an anderer Stelle zum Ausdruck bringt, dass er sich von dessen Inhalt distanziert oder sich sonst aus dem Inhalt der Schrift ergibt, dass der Rechtsanwalt die Verantwortung nicht übernehmen kann oder will. Letzteres ist regelmäßig dann der Fall, wenn ein Rechtsanwalt eine von einem Rechtsunkundigen gefertigte und offensichtlich unsinnige oder grob laienhafte Rechtsmittelbegründungsschrift unterzeichnet, ohne dabei gravierende Mängel der Schrift zu korrigieren, so dass sich schon aus dem Inhalt der Begründungsschrift selbst die Zweifel an der Mitgestaltung durch den Unterzeichner ergeben (vgl. BGH, Beschluss vom 2. November 2005 – 3 StR 371/05, NStZ-RR 2006, 84, 85). Bleiben nicht zu überwindende Zweifel an der Verantwortungsübernahme des Unterzeichners, ist die Rechtsmittelbegründung formunwirksam und damit unzulässig (vgl. BGH, Beschluss vom 26. Juli 2005 – 3 StR 36/05, NStZ-RR 2007, 132 f. [Becker]; Beschluss vom 13. Juni 2002 – 3 StR 151/02, NStZ-RR 2002, 309 f.; Meyer-Goßner/Schmitt, StPO, 57. Aufl., Rn. 16 mwN).

[18] b) Gemessen daran, wurde die Revisionsbegründungsschrift den Anforderungen des § 390 Abs. 2 StPO entsprechend unterzeichnet.

[19] Der Inhalt der Revisionsbegründungsschrift selbst zeigt keinerlei Zweifel an der Verantwortungsübernahme des unterzeichnenden Rechtsanwalts auf, handelt es sich doch um eine sachgerechte und erkennbar von einem Rechtskundigen verfasste Schrift. Aber auch die Fassung der Revisionsbegründung, insbesondere der im Schriftbild vor der handschriftlichen Unterzeichnung angebrachte Zusatz „für Rechtsanwältin …" rechtfertigt keinen solchen Zweifel (vgl. Meyer-Goßner/Schmitt, StPO, 57. Aufl., § 345 Rn. 16; KK-Gericke, StPO, 7. Aufl., § 345 Rn. 15). Ebenso wie der Rechtsanwalt, der den von einem anderen Rechtsanwalt verfassten Schriftsatz im eigenen Namen unterschreibt, sich den Inhalt des Schriftsatzes zu eigen macht und dafür aufgrund eigener Prüfung die Verantwortung übernimmt (vgl. BVerfG, NJW 1996, 713), ist nicht davon auszugehen, dass der „für" einen anderen Rechtsanwalt Unterzeichnende eine Revisionsbegründungsschrift ungeprüft unter-

schreibt. Der bloße Zusatz „für" belegt weder, dass er sie nicht dennoch gelesen und ihren Inhalt gebilligt hat (vgl. OLG Köln, NZV 2006, 321, 322) noch dass er sich vom Inhalt der Schrift distanziert und dem Gericht gegenüber nur als Erklärungsbote auftreten wollte, wie dies etwa eine Unterzeichnung „im Auftrag" (vgl. insoweit BGH, Beschluss vom 5. November 1987 – V ZR 139/87, NJW 1988, 210; Franke in Löwe/Rosenberg, StPO, 26. Aufl., § 345 Rn. 23) oder auch „für den nach Diktat verreisten Rechtsanwalt ..." (vgl. OLG Hamm, NStZ-RR 2009, 381; Meyer-Goßner/Schmitt, StPO, 57. Aufl., § 345 Rn. 16) nahelegt. Der hier verwendete Zusatz kann vielmehr ohne Weiteres dahin verstanden werden, dass der Unterzeichnende lediglich zum Ausdruck bringen wollte, dass er in Untervollmacht gehandelt hat, zumal der Unterbevollmächtigte gehalten ist, dieses Vertretungsverhältnis kenntlich zu machen (vgl. Franke in Löwe/Rosenberg, StPO, 26. Aufl., § 345 Rn. 23).

[20] Zweifel an der Verantwortungsübernahme, die sich allein aus der Verwendung des Zusatzes „für Rechtsanwalt ..." herleiten (vgl. OLG Frankfurt, NStZ-RR 2013, 355; OLG Hamm, NStZ-RR 2009, 381; zur Unterzeichnung „i.V." OLG Hamm, StRR 2012, 227; KG, JR 1987, 217; BayOLG, NJW 1991, 2095) beruhen demgegenüber auf Anforderungen an die Erfüllung des gesetzlichen Formerfordernisses, die sich schon durch den Zweck des § 390 Abs. 2 StPO nicht mehr rechtfertigen lassen. Denn wurde die Revisionsbegründung – wie hier – von einer Rechtsanwältin gefertigt, ist jedenfalls dem Zweck des § 390 Abs. 2 StPO ersichtlich Genüge getan, dass nämlich im Interesse des Rechtsmittelführers und des Revisionsgerichts ein sachgerechter Vortrag erfolgt. In diesem Sinne streitet auch der verfassungsrechtliche Anspruch des Betroffenen auf Gewährung wirkungsvollen Rechtsschutzes (Art. 2 Abs. 1 GG in Verbindung mit dem Rechtsstaatsprinzip), der es verbietet, den Parteien den Zugang zu ihnen in den Verfahrensordnungen eingeräumten Instanzen in unzumutbarer, aus Sachgründen nicht mehr zu rechtfertigender Weise zu erschweren (vgl. BVerfG, NJW 1996, 713; OLG Köln, NZV 2006, 321, 322).

40. Strafvollstreckung – §§ 449 ff. StPO

656 Eine **Gesamtstrafenbildung im Nachtragsverfahren nach § 460 StPO** ist erst dann ausgeschlossen, wenn sämtliche dafür in Betracht zu ziehenden Strafen vollständig erledigt sind.[651]

657 Das **Verfahren nach §§ 109 ff. StVollzG unterliegt dem Verfügungsgrundsatz.** Maßgebend für die Bestimmung des zuständigen Gerichts ist damit der das gerichtliche Verfahren einleitende Antrag. Der Antragsteller hat ausdrücklich die Aufhebung des Verlegungsbescheids der Justizvollzugsanstalt Tegel beantragt. Damit hat er den Streitgegenstand abschließend bestimmt; auch im weiteren Verfahren ist er dabei geblieben. Das Landgericht Berlin war wohl daher gehindert, diesen Streitgegenstand insoweit zu verändern, als es davon ausgeht, der Antragsteller wende sich gegen einen Verlegungsbescheid des Bayerischen Staatsministeriums der Justiz und für Verbraucherschutz.[652]

---

[651] BGH, Beschluss vom 3.06.2014 – 4 StR 150/14.
[652] BGH, Beschluss vom 12.03.2014 – 2 ARs 434/13.

Eine **Befassung im Sinne des § 462a Abs. 1 Satz 1 StPO** liegt nicht erst dann vor, wenn die betreffende Strafvollstreckungskammer tatsächlich tätig wird, sondern bereits dann, wenn Tatsachen aktenkundig werden, die eine Entscheidung unter Umständen erforderlich machen.[653] **658**

[1] 1. Die Strafvollstreckungskammer des Landgerichts Freiburg hatte mit Beschluss vom 14. Juni 2011 die Vollstreckung einer Reststrafe für die Dauer von drei Jahren zur Bewährung ausgesetzt. In der Folgezeit wurde der Verurteilte am 18. Juli 2013 in anderer Sache zur Strafvollstreckung zunächst in das Justizkrankenhaus Hohenasperg aufgenommen und befindet sich seit dem 10. Februar 2014 in der zum Bezirk der Strafvollstreckungskammer des Landgerichts Tübingen gehörenden Justizvollzugsanstalt Rottenburg.

[2] Mit Beschluss vom 7. November 2013 hatte die Vollstreckungskammer des Landgerichts Freiburg antragsgemäß die Strafaussetzung zur Bewährung widerrufen. Auf die Beschwerde des Verurteilten hat das Oberlandesgericht Karlsruhe am 20. Mai 2014 den Bewährungswiderruf aufgehoben mit der Begründung, das Landgericht Freiburg sei nach Aufnahme des Verurteilten in eine im Bezirk des Landgerichts Tübingen gelegenen Vollzugseinrichtung örtlich nicht mehr zuständig gewesen; eine Vorbefassung hinsichtlich des später erfolgten Bewährungswiderrufs habe es nicht gegeben. Das Landgericht Tübingen hat die Übernahme abgelehnt.

[3] 2. Zuständig ist gemäß § 462a Abs. 1 Satz 1 und 2 StPO die Strafvollstreckungskammer des Landgerichts Freiburg. Diese war mit der Entscheidung über den Widerruf der Strafaussetzung zur Bewährung schon vor Verlegung des Verurteilten in eine Vollzugseinrichtung im Landgerichtsbezirk Tübingen „mit der Sache befasst".

[4] Der Generalbundesanwalt hat in seiner Antragsschrift insoweit ausgeführt:

[5] „Eine Befassung im Sinne des § 462a Abs. 1 Satz 1 StPO liegt nicht erst dann vor, wenn die betreffende Strafvollstreckungskammer tatsächlich tätig wird, sondern bereits dann, wenn Tatsachen aktenkundig werden, die eine Entscheidung – hier einen Widerruf – unter Umständen erforderlich machen (BGHSt 30, 189; BGH, Beschluss vom 21. Dezember 2010 – 2 ARs 441/10; KK-StPO-Appl, 7. Aufl. § 462a Rn. 17). Solche Tatsachen wurden bereits vor Beginn der neuerlichen Strafhaft des Verurteilten am 18. Juli 2013 aktenkundig, also zu einem Zeitpunkt, als die Strafvollstreckungskammer des Landgerichts Freiburg noch im Rahmen ihrer Fortwirkungszuständigkeit (§ 462a Abs. 1 Satz 2 StPO) örtlich zuständig war. Am 18. Februar 2013 wurde zum Bewährungsheft die Anklageschrift der Staatsanwaltschaft Hechingen vom 22. Januar 2013 nach Nr. 13 der Anordnung über Mitteilungen in Strafsachen mitgeteilt ..., in der dem Verurteilten eine versuchte Erpressung zum Nachteil seiner früheren Lebensgefährtin zur Last gelegt wurde. Diese Anklage gab Anlass, die Frage des Bewährungswiderrufs von Amts wegen zu prüfen. Die damit vorliegende Befassung der Strafvollstreckungskammer Freiburg mit dem Bewährungswiderruf blieb bestehen, auch nachdem der Verurteilte in die zum Bezirk der Strafvollstreckungskammer des Landgerichts Tübingen gehörende Justizvollzugsanstalt Rottenburg aufgenommen wurde (Meyer-Goßner/Schmitt, StPO, 57. Aufl., § 462a Rn. 13)."

[6] Dem schließt sich der Senat an.

---

[653] BGH, Beschluss vom 7.08.2014 – 2 ARs 273/14.

41. Nachteilsausgleich bei unangemessener Dauer von Ermittlungs- und Gerichtsverfahren

659 Der Schuldspruch ist rechtlich nicht zu beanstanden. Die Revision rügt aber mit Recht, dass das Landgericht die Dauer des Verfahrens nicht als Strafmilderungsgrund in Betracht gezogen hat.

Dazu hätte schon deshalb Anlass bestanden, weil im **Fall eines eklatanten Verfahrensfehlers eine Verfahrensverzögerung anzunehmen ist**, die gegen das Beschleunigungsgebot verstößt (vgl. Fischer, StGB, 61. Aufl., § 46 Rn. 125). Ein solcher Verfahrensfehler lag deshalb vor, weil das Landgericht in der ersten Hauptverhandlung nach Verkündung eines Urteils erkannt hatte, dass es dem Angeklagten nicht das letzte Wort erteilt hatte; sie hatte dann gegen den Widerspruch der Verteidigung die Hauptverhandlung neu eröffnet, um die versäumte Prozesshandlung nachzuholen, und anschließend ein zweites Urteil verkündet. Das erste Urteil wurde vom Senat aufgrund des absoluten Revisionsgrunds gemäß § 338 Nr. 7 StPO aufgehoben, das zweite Urteil deshalb, weil es an einem noch beim Landgericht anhängigen Verfahren gefehlt hatte. Die hierdurch eingetretene Verzögerung des rechtskräftigen Abschlusses des Verfahrens ist dem Staat als Verstoß gegen das Beschleunigungsgebot zuzurechnen. Sie hätte zumindest als Strafmilderungsgrund berücksichtigt werden müssen. Der neue Tatrichter wird aber auch zu erwägen haben, ob wegen Verletzung von Art. 6 Abs. 1 Satz 1 EMRK eine Kompensationsentscheidung nach der Vollstreckungslösung der Rechtsprechung (BGH, Beschluss vom 17. Januar 2008 – GSSt 1/07, BGHSt 52, 124, 128 ff.) angezeigt ist.[654]

660 Die vom Landgericht für eine **rechtsstaatswidrige Verzögerung des Verfahrens** von zwölf Monaten vorgenommene Kompensation in Form einer **bloßen Feststellung dieser Verzögerung ist nicht ausreichend.** Das Landgericht hat der besonderen Belastung des Angeklagten eine zu geringe Bedeutung beigemessen und insbesondere nicht berücksichtigt, dass der Angeklagte allein wegen eines Versäumnisses im Bereich des Revisionsgerichts an einer **zusätzlichen Hauptverhandlung** teilnehmen musste. Zur Kompensation der eingetretenen Verfahrensverzögerung ist daher ein Ausgleich nach der „Vollstreckungslösung" geboten und ein bezifferter Teil der verhängten Gesamtfreiheitsstrafe als Entschädigung für die überlange Verfahrensdauer als vollstreckt zu erklären.[655]

661 Für die beantragte **ergänzende Feststellung unangemessener Verfahrensdauer** als Wiedergutmachung auf andere Weise bedarf es einer Verzögerungsrüge nicht [656]

Für die beantragte ergänzende Feststellung unangemessener Verfahrensdauer als Wiedergutmachung auf andere Weise bedarf es einer Verzögerungsrüge nicht (vgl. § 198 Abs. 4 Satz 1, 3 Halbsatz 2, § 199 Abs. 3 GVG). Ob eine solche für den Fall einer Kompensation im Sinne der Vollstreckungslösung (BGH, Beschluss vom 17. Januar 2008 – GSSt 1/07, BGHSt 52, 124) erforderlich wäre (vgl. einerseits Schäfer/Sander/van Gemmeren, Praxis der Strafzumessung, 5. Aufl., Rn. 792 ff., andererseits Graf, StPO, 2. Aufl., § 199 GVG Rn. 11 ff.; offen gelassen von BGH,

654 BGH, Beschluss vom 4.06.2014 – 2 StR 31/14.
655 BGH, Beschluss vom 27.11.2013 – 2 StR 482/13.
656 BGH, Beschluss vom 23.09.2014 – 5 StR 410/14.

Beschluss vom 5. Dezember 2012 – 1 StR 531/12, BGHR MRK Art. 6 Abs. 1 Satz 1 Verfahrensverzögerung 43), bedarf hier keiner Entscheidung, weil eine solche weitergehende Kompensation hier ohnehin nicht in Betracht kommt. Für die Feststellung der Verzögerung bedurfte es keiner Einstimmigkeit (vgl. BGH, Beschluss vom 24. Juli 2014 – 3 StR 176/14).

Der Tatrichter hat **Art und Ausmaß der Verzögerung** sowie **ihre Ursachen** zu ermitteln und im Urteil konkret festzustellen. Der sachlich-rechtlich zu fordernde Erörterungsbedarf darf jedoch mit Rücksicht auf die vielen denkbaren Verfahrensvorgänge, die für die Entscheidung eine Rolle spielen können, nicht überspannt werden. Es reicht deshalb aus, wenn das Revisionsgericht anhand der Ausführungen im Urteil im Sinne einer Schlüssigkeitsprüfung nachvollziehen kann, ob die festgestellten Umstände die Annahme einer rechtsstaatswidrigen Verzögerung im Sinne von Art. 6 Abs. 1 Satz 1 EMRK tragen und sich die Kompensationsentscheidung innerhalb des dem Tatrichter insoweit eingeräumten Bewertungsspielraums hält.[657] **662**

42. Kostenentscheidung, Gegenstandswert, Rechtsbehelf, Gegenvorstellung, Erinnerung

Der vom Senat nach § 33 Abs. 1, § 2 Abs. 1 RVG festzusetzende **Gegenstandswert** für die Tätigkeit des Vertreters der Verfallsbeteiligten im Revisionsverfahren bemisst sich nach dem **wirtschaftlichen Interesse der Verfallsbeteiligten an der Abwehr der Revision** der Staatsanwaltschaft, soweit diese das Unterlassen einer Verfallsanordnung beanstandet hat.[658] **663**

[2] Das Landgericht hatte in dem angefochtenen und vom Senat mit Urteil vom 30. Mai 2008 aufgehobenen Ausspruch über den Verfall gegen die Nebenbeteiligte ganz von der Anordnung des Wertersatzverfalls abgesehen. Die Staatsanwaltschaft hat, nachdem sie erstinstanzlich im Schlussvortrag die Anordnung des Verfalls von Wertersatz gegen die Verfallsbeteiligte in Höhe von mehr als 33 Mio. Euro beantragt hatte, im Revisionsverfahren beanstandet, das Landgericht habe aufgrund einer rechtsfehlerhaften Anwendung von § 73 Abs. 1 Satz 1, § 73c Abs. 1 Satz 2 StGB zu Unrecht von der Anordnung des Verfalls von Wertersatz im Betrag von 32.643.155 Euro abgesehen. Der Gegenstandswert beträgt demgemäß mit Blick auf die sich aus § 22 Abs. 2 Satz 1 RVG ergebende Werthöchstgrenze 30.000.000,00 Euro.
[3] Auch im Hinblick darauf, dass über das Verfahren der Verfallsbeteiligten bereits das Insolvenzverfahren eröffnet war, war der Gegenstandswert nicht zu verringern. Denn jedenfalls liegt ein Fall, in dem die Verfallsanordnung erkennbar nicht durchsetzbar gewesen wäre (vgl. hierzu BGH, Beschluss vom 14. Dezember 2006 – 5 StR 119/05, NStZ 2007, 341), nicht vor. Soweit das Landgericht im angefochtenen Urteil ausgeführt hatte, die Insolvenzmasse werde voraussichtlich ohnehin nicht ausreichen, um sämtliche Gläubiger zu befriedigen, folgt hieraus nicht, dass die Durchsetzung der von der Staatsanwaltschaft mit ihrer Revision angestrebten Verfallsanordnung realistischerweise nicht in Betracht gekommen wäre.

---

[657] BGH, Urteil vom 12.02.2014 – 2 StR 308/13.
[658] BGH, Beschluss vom 7.10.2014 – 1 StR 166/07.

[4] War damit im Revisionsverfahren nicht von einer mangelnder Werthaltigkeit der Verfallsanordnung auszugehen, kann offen bleiben, ob dieser Umstand überhaupt zu einer Minderung des Gegenstandswerts führen könnte (ebenfalls offen gelassen in BGH, Beschlüsse vom 30. April 2014 – 1 StR 245/09 und 1 StR 53/13; vgl. aber auch BGH, Beschluss vom 24. März 2009 – 5 StR 225/06).

664 Wird die **erstinstanzliche Verfallsanordnung durch das Revisionsgericht in Wegfall gebracht**, bemisst sich der nach § 33 Abs. 1, § 2 Abs. 1 RVG festzusetzende **Gegenstandswert** für die Gebühren der Tätigkeit des Vertreters eines Verfallsbeteiligten im Revisionsverfahren nach dem wirtschaftlichen Interesse des Verfallsbeteiligten an der Aufhebung und dem Entfallen der erstinstanzlichen Verfallsanordnung sowie an der Abwehr der Revision der Staatsanwaltschaft, soweit diese das Unterlassen einer weitergehenden Verfallsanordnung mit der Sachrüge beanstandet hat.[659]

665 **Gemäß § 465 Abs. 1 StPO hat der Angeklagte die Kosten des gesamten erstinstanzlichen Verfahrens** zu tragen, da er in der erneuten Hauptverhandlung verurteilt worden ist und das Verfahren des ersten Rechtszugs kostenrechtlich eine Einheit bildet. Der Umstand, dass es wegen der zurückverweisenden Entscheidung des Senats gemäß § 354 Abs. 2 StPO zu mehreren Hauptverhandlungen gekommen ist, steht dem nicht entgegen (vgl. BGH, Beschluss vom 13. Oktober 2005 – 4 StR 143/05, NStZ-RR 2006, 32; Meyer-Goßner/Schmitt, StPO, 57. Aufl., § 465 Rn. 3 mwN). Der abgeurteilten fahrlässigen Tötung liegt auch keine andere prozessuale Tat zugrunde als dem Anklagevorwurf der Körperverletzung mit Todesfolge; **ein Teilfreispruch war daher nicht geboten.**[660]

[7] 2. Eine von der landgerichtlichen Kostenentscheidung abweichende Auslagenverteilung ist auch auf der Grundlage von § 465 Abs. 2 StPO nicht veranlasst.

[8] Danach hat das Gericht die entstandenen Auslagen ganz oder teilweise der Staatskasse aufzuerlegen, wenn durch Untersuchungen zur Aufklärung bestimmter Umstände besondere Auslagen entstanden sind, diese Untersuchungen zugunsten des Angeklagten ausgegangen sind und es unbillig wäre, den Angeklagten mit diesen Auslagen zu belasten (vgl. BGH, Urteil vom 11. Juni 1991 – 1 StR 267/91, BGHR StPO § 465 Abs. 2 Billigkeit 3). Dies gilt namentlich dann, wenn der Angeklagte wegen einzelner abtrennbarer Teile einer Tat oder wegen einzelner von mehreren Gesetzesverletzungen nicht verurteilt wird. Entscheidend dafür ist, ob die tatsächlich erfolgten Untersuchungen auch dann notwendig gewesen wären, wenn Anklage und Eröffnungsbeschluss von vornherein dem späteren Urteil entsprochen hätten (BGH, Beschlüsse vom 23. September 1981 – 3 StR 341/81, NStZ 1982, 80; vom 10. Januar 2002 – 3 StR 398/01; KK-StPO/Gieg, 7. Aufl., § 465 Rn. 5).

[9] Diese Voraussetzungen sind jedoch nicht allein deswegen erfüllt, weil die Verurteilung leichter wiegt als der ursprüngliche Vorwurf und die Tateinheit zwischen dem zur Verurteilung gelangten und dem ursprünglich erhobenen Tatvorwurf einen Teilfreispruch nicht zulässt (BGH, Beschlüsse vom 11. Juli 1985 – 4 StR 307/85, NStZ 1986, 210, bei Pfeiffer; vom 12. Februar 1998 – 1 StR 777/97, BGHR StPO § 465 Abs. 2 Billigkeit 4; KK-StPO/Gieg, 7. Aufl., § 465 Rn. 5). Zwar kann auch in

---

[659] BGH, Beschluss vom 30.04.2014 – 1 StR 53/13.

[660] BGH, Beschluss vom 8.10.2014 – 4 StR 473/13.

solchen Fällen eine Quotelung erfolgen (vgl. BGH, Beschlüsse vom 2. Juni 2005 – 4 StR 177/05; vom 9. Oktober 2012 – 5 StR 441/12), wobei dahinstehen kann, ob dies auch dann gilt, wenn – wie vorliegend – der schwerere Tatvorwurf den abgeurteilten Straftatbestand im Wege der Gesetzeskonkurrenz verdrängen würde. Angesichts der Besonderheiten des Falles war und ist eine weitere Aufteilung der angefallenen Auslagen auch unter Berücksichtigung von deren Höhe nicht geboten. Denn die Einholung der Sachverständigengutachten und die Vernehmung der Zeugen waren zur gesetzlich gebotenen Sachaufklärung veranlasst und auch dann unerlässlich, wenn die Anklage von vornherein nicht auf Körperverletzung mit Todesfolge, sondern auf fahrlässige Tötung gelautet hätte (vgl. BGH, Beschluss vom 23. Februar 1989 – 1 StR 12/89, BGHR StPO § 465 Abs. 2 Billigkeit 2). Dies gilt insbesondere für die – vom Beschwerdeführer hervorgehobenen – Beweiserhebungen durch Einholung von Sachverständigengutachten und durch Vernehmung von Zeugen, die das Geschehen nach der Zellenkontrolle um 11.45 Uhr und insbesondere zum Entstehen des Brandes zum Gegenstand hatten. Denn diese waren nicht zuletzt für die Vorhersehbarkeit und damit auch für den – vom Angeklagten ebenfalls nicht hingenommenen – Vorwurf der fahrlässigen Tötung von Bedeutung (vgl. ferner OLG Rostock, NStZ 2001, 199; Eisele in Schönke/Schröder, StGB, 29. Aufl., vor §§ 13 ff. Rn. 101).

*[**10**] 3. Die Entscheidung über die Auslagen der Nebenkläger entspricht ebenfalls dem Gesetz (§ 472 Abs. 1 Satz 1, § 395 Abs. 2 Nr. 1, § 473 Abs. 1 Satz 2 StPO).*

*[**11**] Der Senat hält eine Billigkeitsentscheidung gemäß § 472 Abs. 1 Satz 2 StPO zugunsten des Angeklagten nicht für geboten. Denn die Mitwirkung des Opfers an dem Kausalverlauf, der zum Todeserfolg geführt hat, gibt im Hinblick auf die besonderen Umstände des Falles (unter anderem seine Bitten um Lösung der Fixierung und um Mitteilung des Grundes der Festnahme) keine Veranlassung zu einer Billigkeitsentscheidung zugunsten des Angeklagten.*

E. Sonstige Verfahrensgesetze

1. Gerichtsverfassungsgesetz (GVG), Einführungsgesetz zum GVG (EGGVG)

Der Beschluss ist gemäß § 29 Abs. 1 EGGVG nicht anfechtbar. Die Rechtsbeschwerde des Antragstellers ist unstatthaft, da das Kammergericht sie in dem angefochtenen Beschluss nicht zugelassen hat. Das **Schweigen über die Frage der Zulassung**, deren **Voraussetzungen** nach § 29 Abs. 2 EGGVG das Kammergericht **von Amts wegen zu prüfen** hatte, bedeutet die Nichtzulassung, die ihrerseits unanfechtbar ist.[661] **666**

Aufgrund des **Konzentrationsgrundsatzes in § 74c GVG** darf eine weitere Wirtschaftsstrafkammer nur dann eingerichtet werden, wenn die vorhandene Wirtschaftsstrafkammer voraussichtlich nicht in der Lage sein wird, den Geschäftsanfall zu bewältigen. Dabei ist dem Präsidium wegen der Unsicherheiten, die in der Beurteilung des Geschäftsanfalls für ein kommendes Jahr liegen, ein Ermessensspielraum einzuräumen.[662] **667**

[17] Die Geschäftsverteilung des Landgerichts für das Jahr 2011 lässt keinen Rechtsfehler erkennen. Sowohl die Anzahl der vorhandenen Wirtschaftsstrafkammern als auch die Verteilung der Wirtschaftsstrafsachen zwischen den beiden Kammern stehen im Einklang mit dem Konzentrationsgebot des § 74c GVG.

[18] Bei der Prüfung der Rechtmäßigkeit einer Regelung des Geschäftsverteilungsplans ist – anders als bei Auslegung und Anwendung des Geschäftsverteilungsplans – ein über eine reine Willkürprüfung hinausgehender Maßstab anzulegen, der jede Rechtswidrigkeit der Regelung erfasst. Entsprechend muss die Dokumentation der Präsidiumsentscheidung eine Nachprüfung nach diesem Maßstab ermöglichen (BGH, Urteil vom 9. April 2009 – 3 StR 376/08, BGHSt 53, 268, 275 f.; BVerfG, Beschluss vom 16. Februar 2005 – 2 BvR 581/03, NJW 2005, 2689, 2690). Diesen Anforderungen wird die Geschäftsverteilung des Jahres 2011 gerecht.

[19] Die Beibehaltung von zwei Wirtschaftsstrafkammern auch im Jahr 2011 ist nicht zu beanstanden.

[20] Aufgrund des Konzentrationsgrundsatzes in § 74c GVG darf eine weitere Wirtschaftsstrafkammer nur dann eingerichtet werden, wenn die vorhandene Wirtschaftsstrafkammer voraussichtlich nicht in der Lage sein wird, den Geschäftsanfall zu bewältigen (BGH, Urteil vom 22. April 1983 – 3 StR 420/82, BGHSt 31, 323, 326; zur selben Problematik bei Schwurgerichten vgl. Urteile vom 9. Februar 1978 –

---

661 BGH, Beschluss vom 10.7.2013 – 2 StR 116/13.

662 BGH, Beschluss vom 25.04.2014 – 1 StR 13/13.

4 StR 636/77, BGHSt 27, 349, 350 f.; und vom 11. April 1978 – 1 StR 576/77, NJW 1978, 1594). Dabei ist dem Präsidium wegen der Unsicherheiten, die in der Beurteilung des Geschäftsanfalls für ein kommendes Jahr liegen, ein Ermessensspielraum einzuräumen (vgl. für Schwurgerichte BGH, Urteil vom 11. April 1978 – 1 StR 576/77, NJW 1978, 1594; BT-Drucks. 8/1844 S. 33). Die Gründe für die erstmalige Einrichtung einer weiteren Wirtschaftsstrafkammer im Jahr 2010 sind im Protokoll der Präsidiumssitzung vom 8. Dezember 2009 durch Verweis auf die personelle Ausstattung der Kammer und die zu erwartenden Eingänge in Wirtschaftsstrafsachen hinreichend deutlich dokumentiert. Die Beibehaltung einer zweiten Wirtschaftsstrafkammer auch im Jahr 2011 bedurfte bei unverändert gebliebenen Verhältnissen keiner weitergehenden Dokumentation. Anhaltspunkte für eine Änderung der Verhältnisse ergeben sich insbesondere auch nicht aus dem Vorschlag der Vorsitzenden der zweiten Wirtschaftsstrafkammer, für das Geschäftsjahr 2012 alle Wirtschaftsstrafsachen auf diese Kammer zu übertragen, da sich aus dieser Anregung, der das Präsidium nicht gefolgt ist, keine tragfähigen Rückschlüsse auf das Geschäftsjahr 2011 ziehen lassen.

[21] Auch die Verteilung der Wirtschaftsstrafsachen zwischen den beiden Wirtschaftsstrafkammern hält revisionsrechtlicher Prüfung stand.

[22] Zwar würde es nach ständiger Rechtsprechung des Bundesgerichtshofs dem Konzentrationsgrundsatz zuwiderlaufen, Spezialsachen auf alle oder auf mehrere Kammern so zu verteilen, dass kein eindeutiger Zuständigkeitsschwerpunkt mehr besteht (BGH, Urteil vom 29. Mai 1987 – 3 StR 242/86, BGHSt 34, 379, 380; für Schwurgerichte vgl. auch BGH, Urteile vom 9. Februar 1978 – 4 StR 636/77, BGHSt 27, 349; und vom 11. April 1978 – 1 StR 576/77, NJW 1978, 1594). Eine gleichmäßige Verteilung auf zwei Kammern ist aber jedenfalls dann zulässig, wenn der Schwerpunkt der Zuständigkeit eindeutig bei den Wirtschaftsstrafverfahren bleibt (bejaht für einen Anteil von 72 %: BGH, Urteil vom 22. April 1983 – 3 StR 420/82, BGHSt 31, 323, 326; für einen Anteil von 75 %: Urteil vom 29. Mai 1987 – 3 StR 242/86, BGHSt 34, 379, 380 f.; BVerfG, Beschluss vom 2. Juli 1992 – 2 BvR 1197/91). Macht die Überlastung der bislang einzigen Wirtschaftsstrafkammer die Errichtung einer zweiten Wirtschaftsstrafkammer erforderlich, reicht der Geschäftsanfall jedoch nicht aus, um bei beiden Wirtschaftsstrafkammern einen eindeutigen Schwerpunkt bei den Wirtschaftsstrafverfahren zu setzen, ist es auch unter dem Gesichtspunkt des Konzentrationsgrundsatzes nicht zu beanstanden, die Verteilung zwischen den beiden Wirtschaftsstrafkammern in der Weise vorzunehmen, dass eine der Kammern fast ausschließlich mit Wirtschaftsstrafsachen ausgelastet wird und der anderen Kammer lediglich die verbleibenden Wirtschaftsstrafsachen zugewiesen werden. Dabei ist es zulässig, auch der überwiegend für Wirtschaftsstrafsachen zuständigen Kammer einen geringen Anteil an allgemeinen Strafsachen als „Bodensatz" zuzuweisen, um ihre Arbeitskraft abzuschöpfen, wenn zeitliche Lücken in den Wirtschaftsstrafverfahren entstehen (vgl. BGH, Urteil vom 29. Mai 1987 – 3 StR 242/86, BGHSt 34, 379, 380).

[23] Ergänzend verweist der Senat hinsichtlich der tatsächlichen Auslastung der erkennenden Wirtschaftsstrafkammer, für die nicht auf die Zahl der nach dem Geschäftsverteilungsplan rechnerisch abstrakt zugewiesenen Sachen, sondern auf die Belastung der Strafkammer mit Wirtschaftsverfahren nach ihrer Leistungsfähigkeit abzustellen ist (vgl. BGH, Urteil vom 29. Mai 1987 – 3 StR 242/86, BGHSt 34, 379, 381), auf die zutreffenden Ausführungen des Generalbundesanwalts in seiner Antragsschrift.

Zu der von der Verteidigerin mit Schriftsatz vom 18. Juni 2013 erbetenen Auskunft, ob der **Senat nach einem „Vier-Augen-Prinzip" arbeitet**, bestand – unabhängig davon, welche Bedeutung diesem Begriff angesichts der vorgeschriebenen Besetzung mit fünf Richtern (§ 139 Abs. 1 GVG) überhaupt zukommen sollte – kein Anlass. Darüber, wie sich die Mitglieder eines kollegialen gerichtlichen Spruchkörpers die für eine Entscheidung erforderlichen tatsächlichen und rechtlichen Grundlagen verschaffen, befinden sich jeweils selbst in richterlicher Unabhängigkeit. Die Frage des gesetzlichen Richters ist nicht berührt.[663] **668**

Bei Verlegung des ordentlichen Sitzungstages ist für die **Entbindung des Hauptschöffen** von der Dienstleistung seine Verhinderung am tatsächlichen Sitzungstag, nicht diejenige an dem als ordentlichen Sitzungstag bestimmten Tag maßgeblich.[664] **669**

Zwar trifft es zu, dass die für die Hauptverhandlung beigezogenen Dolmetscherinnen weder den Dolmetschereid geleistet (§ 189 Abs. 1 GVG) noch sich auf den allgemein geleisteten Eid berufen (§ 189 Abs. 2 GVG) haben. Der Senat kann jedoch ausschließen, dass das Urteil auf dem Verfahrensfehler beruht. Es sind **keine Anhaltspunkte dafür ersichtlich, dass die beiden Dolmetscherinnen nicht treu und gewissenhaft übertragen haben.**[665] **670**

[5] Wie sich aus der Auskunft der Firma I. ergibt, sind beide Dolmetscherinnen allgemein durch das Landgericht Halle für die englische Sprache beeidigt. Nach der dienstlichen Erklärung der Vorsitzenden waren beide in der Vergangenheit in zahlreichen Verfahren für die Übersetzung in die englische Sprache eingesetzt und haben stets zuverlässig und beanstandungsfrei übersetzt. Es ist unter diesen Umständen fernliegend, dass die allgemein vereidigten Dolmetscherinnen sich ihrer Verpflichtung im vorliegenden Fall, in dem ihre Berufung auf den allgemein geleisteten Eid offenbar versehentlich unterblieben ist, nicht bewusst waren und deshalb unrichtig übersetzt haben (vgl. BGH, Beschlüsse vom 28. November 1997 – 2 StR 257/97, BGHR GVG § 189 Beeidigung 3; vom 27. Juli 2005 – 1 StR 208/05, NStZ 2005, 705, 706 und vom 15. Dezember 2011 – 1 StR 579/11, NJW 2012, 1015). Im Übrigen waren die Dolmetscherinnen vorliegend schon deshalb zu treuer und gewissenhafter Übersetzung veranlasst, weil Kenntnisse der englischen Sprache allgemein verbreitet sind und die Übersetzung durch Verfahrensbeteiligte leicht kontrollierbar war. Beanstandungen der Übersetzung wurden nicht erhoben.

Das Präsidium darf gemäß § 21e Abs. 3 Satz 1 GVG die nach Absatz 1 Satz 1 dieser Bestimmung getroffenen Anordnungen im Laufe des Geschäftsjahres ändern, wenn dies wegen **Überlastung eines Spruchkörpers** nötig wird. Eine solche liegt vor, wenn über einen längeren Zeitraum ein erheblicher Überhang der Eingänge über die Erledigungen zu verzeichnen ist, so dass mit einer Bearbeitung der Sachen innerhalb eines angemessenen Zeitraumes nicht zu rechnen ist. Von Verfassungs wegen kann eine nachträgliche Änderung der Geschäftsverteilung sogar geboten sein, wenn nur auf diese Weise eine hinreichend zügige Behandlung von Strafsachen erreicht werden kann. Das **Gebot zügiger Verfahrensgestaltung** lässt indes das Recht auf den **671**

---

[663] BGH, Beschluss vom 11.07.2013 – 3 StR 149/13.
[664] BGH, Beschluss vom 22.11.2013 – 3 StR 162/13.
[665] BGH, Beschluss vom 20.11.2013 – 4 StR 441/13.

gesetzlichen Richter nicht vollständig zurücktreten. Vielmehr besteht Anspruch auf eine zügige Entscheidung gerade durch diesen. Daher muss in derartigen Fällen das Recht des Angeklagten auf den gesetzlichen Richter mit dem rechtsstaatlichen Gebot einer funktionstüchtigen Strafrechtspflege und dem verfassungsrechtlichen Grundsatz zügiger Verfahrensgestaltung zu einem angemessenen Ausgleich gebracht werden. Zu den grundsätzlich zulässigen Maßnahmen im Sinne des § 21e Abs. 3 GVG zählt die Einrichtung einer Hilfsstrafkammer für eine begrenzte Zeit. Die Regelung der mit der Errichtung einer Hilfsstrafkammer verbundenen Übertragung von Aufgaben der ordentlichen Strafkammer hat denselben Grundsätzen zu folgen, wie sonstige Änderungen im Sinne von § 21e Abs. 3 GVG; insbesondere ist auch insoweit das Abstraktionsprinzip zu beachten. Danach ist namentlich die Zuweisung bestimmter einzelner Verfahren regelmäßig unzulässig. Nach diesen Maßstäben steht Art. 101 Abs. 1 Satz 2 GG einer Änderung der (funktionellen) Zuständigkeit für bereits anhängige Verfahren dann nicht entgegen, wenn die Neuregelung generell gilt, also etwa außer mehreren anhängigen Verfahren auch eine unbestimmte Vielzahl künftiger, gleichartiger Fälle erfasst, und nicht aus sachwidrigen Gründen erfolgt. In Ausnahmefällen kann aber auch eine Änderung der Geschäftsverteilung zulässig sein, die der Hilfsstrafkammer ausschließlich bereits anhängige Verfahren überträgt, wenn nur so dem verfassungs- und konventionsrechtlichen Zügigkeitsgebot insbesondere in Haftsachen (siehe Art. 5 Abs. 3 Satz 1 Halbsatz 2, Art. 6 Abs. 1 Satz 1 MRK) angemessen Rechnung getragen werden kann. Jede Umverteilung, die bereits anhängige Verfahren erfasst, muss zudem geeignet sein, die Effizienz des Geschäftsablaufs zu erhalten oder wiederherzustellen. Denn Änderungen der Geschäftsverteilung, die diesen Anforderungen nicht genügen, sind nicht im Sinne des § 21e Abs. 3 Satz 1 GVG nötig und können vor allem vor Art. 101 Abs. 1 Satz 2 GG keinen Bestand haben.[666]

[9] Wegen der erheblichen Gefahren für das verfassungsrechtliche Gebot der Gewährleistung des gesetzlichen Richters müssen die vom Präsidium für die Überleitung bereits bei einer überlasteten Strafkammer anhängiger Verfahren auf eine Hilfsstrafkammer herangezogenen Gründe umfassend dokumentiert werden, und zwar selbst dann, wenn zugleich auch zukünftig eingehende Sachen auf die Hilfsstrafkammer übertragen werden.

[10] b) Den sich danach ergebenden Anforderungen an die Begründung für die Geschäftsverteilungsänderung nach § 21e Abs. 3 GVG genügt die hier beanstandete Entscheidung des Präsidiums nicht. Sie hält revisionsgerichtlicher Kontrolle (zu deren Umfang vgl. BGH, aaO, S. 274 ff.; BGH, Beschluss vom 10. Juli 2013 – 2 StR 116/13, StV 2014, 6; s. auch BVerfG [Kammer] NJW 2005, 2689, 2690) nicht stand, weil sie die angenommene vorübergehende Überlastung der 8. großen Strafkammer, die – gemessen an Art. 101 Abs. 1 Satz 2 GG – eine Übertragung des gegen die Angeklagten gerichteten Verfahrens auf die Hilfsstrafkammer gerechtfertigt hätte, nicht hinreichend belegt. Auch unter Berücksichtigung des Inhalts der Überlastungsanzeige vom 28. Dezember 2012 und des Protokolls der Präsidiumssitzung vom 22. Januar 2013 ist nicht erkennbar, dass der Geschäftsablauf bei der 8. großen Strafkammer erheblich beeinträchtigt und eine Entlastung nötig war (§ 21e Abs. 3 Satz 1 GVG).

---

666 BGH, Beschluss vom 7.01.2014 – 5 StR 613/13.

[11] Vielmehr legt es die dargestellte Verfahrenssituation nahe, dass eine Hauptverhandlung in dieser Sache noch ab April, spätestens aber ab Mai 2013 hätte terminiert werden können. Es ist aber auch mit Blick auf das Gebot zügiger Verfahrensgestaltung grundsätzlich nicht zu beanstanden, wenn mit einer Verhandlung nicht vor Ablauf von vier Monaten nach ihrem Eingang bei einer großen Strafkammer begonnen wird (ebenso – freilich für ein gegen noch mehr Angeklagte gerichtetes Verfahren – BGH, Beschluss vom 10. Juli 2013 – 2 StR 116/13, StV 2014, 6, 7). Ein Einschreiten des Präsidiums, das die entlastete Strafkammer ab 1. Februar 2013 offenbar selbst nicht mehr als überlastet angesehen hat, war während des laufenden Geschäftsjahres mithin nicht gerechtfertigt.

[12] Dies gilt umso mehr, als der Präsidiumsbeschluss lediglich gut drei Wochen nach dem Inkrafttreten des neuen, für die Dauer eines Jahres angelegten (§ 21e Abs. 1 Satz 2 GVG) Geschäftsverteilungplans gefasst wurde. Wegen des Prinzips der Stetigkeit (vgl. Breidling in Löwe/Rosenberg, StPO, 26. Aufl., § 21e GVG Rn. 5) hätte die getroffene Entlastungsmaßnahme einer besonderen Begründung bedurft, aus der sich die Notwendigkeit des Eingriffs in das Recht auf den gesetzlichen Richter (Art. 101 Abs. 1 Satz 2 GG) ergeben hätte. Hierbei hätte ausführlich dargelegt werden müssen, welche für die Belastung der 8. großen Strafkammer maßgeblichen Umstände sich seit der Beschlussfassung über die Geschäftsverteilung für das Jahr 2013 geändert hatten, zumal seitdem – mit Ausnahme des auf die Hilfsstrafkammer übertragenen Verfahrens – die Zahl der anhängigen Verfahren gleich geblieben war. In diesem Zusammenhang ist weder dokumentiert noch sonst ersichtlich, dass die zwei bis zum Jahresende neu eingegangenen Verfahren von besonderem Umfang oder besonderer Schwierigkeit gewesen wären. Hinzu kommt, dass in der die Strafkammer terminlich offenbar am meisten beanspruchenden Sache bereits seit Oktober 2012 verhandelt wurde, die hiermit verbundene Belastung mithin schon bei der zum neuen Geschäftsjahr vorgenommenen Entlastung bekannt und berücksichtigt worden war.

[13] Darüber hinaus wäre eine vertiefte Begründung auch deshalb geboten gewesen, weil es angesichts der konkreten Umstände – ungeachtet des noch acht Tage in die Zukunft reichenden Entlastungszeitraumes – hochwahr-scheinlich war, dass die Übertragung eine einzelne, bereits anhängige Sache betreffen würde, wie es im Ergebnis tatsächlich der Fall war. Angesichts dessen hätte es einer besonders dringlichen „Notlage" bedurft, an der es fehlte. Diese ergab sich auch nicht aus der Erwartung, dass die 8. große Strafkammer nicht in allen anhängigen Verfahren mit der Hauptverhandlung vor dem Ablauf der sich aus § 121 StPO ergebenden Haftprüfungsfrist würde beginnen können (vgl. BGH, aaO).

[14] Umgekehrt hätte dargelegt werden müssen, weshalb die Ableitung (voraussichtlich) lediglich einer Sache auf die errichtete Hilfsstrafkammer als geeignet angesehen wurde, die nach Auffassung des landgerichtlichen Präsidiums erheblich eingeschränkte Effizienz des Geschäftsablaufs bei der 8. großen Strafkammer wiederherzustellen (vgl. BGH, Urteil vom 9. April 2009 – 3 StR 376/08, BGHSt 53, 268, 272; siehe auch BVerfG [Kammer] NJW 2005, 2689, 2691). Denn im übertragenen Verfahren waren die Angeklagten bereits im Ermittlungsverfahren weitgehend geständig gewesen, so dass mit einer ausufernden Hauptverhandlung, die tatsächlich zehn Tage dauerte, nicht zu rechnen war.

Gegenstand des Verfahrens nach § **23 EGGVG** ist eine **unmittelbare Verletzung** **672**
eines subjektiven Rechts des Antragstellers durch eine staatliche Maßnahme oder ihre Ablehnung bzw. ihre Unterlassung (§ 24 Abs. 1 EGGVG). An der Unmittelbar-

keit fehlt es bei einer unterbliebenen Mitteilung nach § 171 Satz 1 StPO. Denn der Beschwerdeführer ist – wovon auch der Generalbundesanwalt in seiner Antragsschrift zutreffend ausgeht – dadurch nicht gehindert, sich ungeachtet einer Nichtbescheidung gegen die Behandlung seiner Strafanzeige zu beschweren, anschließend gegebenenfalls ein Klageerzwingungsverfahren durchzuführen.[667]

2. Besetzung des Gerichts / Gesetzlicher Richter

673 Mit der **Garantie des gesetzlichen Richters** will Art. 101 Abs. 1 Satz 2 GG der Gefahr vorbeugen, dass die Justiz durch eine Manipulation der rechtsprechenden Organe sachfremden Einflüssen ausgesetzt wird. Es soll **vermieden werden, dass durch eine auf den Einzelfall bezogene Auswahl der zur Entscheidung berufenen Richter das Ergebnis der Entscheidung beeinflusst werden kann**, gleichgültig, von welcher Seite eine solche Manipulation ausgeht. Damit soll die Unabhängigkeit der Rechtsprechung gewahrt und das Vertrauen der Rechtsuchenden und der Öffentlichkeit in die Unparteilichkeit und Sachlichkeit der Gerichte gesichert werden. Dieses Vertrauen nähme Schaden, müsste der rechtsuchende Bürger befürchten, sich einem Richter gegenüberzusehen, der mit Blick auf seinen Fall und seine Person bestellt worden ist. Aus diesem Zweck des Art. 101 Abs. 1 Satz 2 GG folgt, dass im Vorhinein im Einzelnen bestimmt werden muss, wer im Sinne dieser Vorschrift „gesetzlicher" Richter ist. Art. 101 Abs. 1 Satz 2 GG setzt daher einen Bestand von Rechtssätzen voraus, die für jeden Streitfall den Richter bezeichnen, der für die Entscheidung zuständig ist. Zu diesen das Recht auf den gesetzlichen Richter ausfüllenden Normen gehören auch die Geschäftsverteilungs- und Mitwirkungspläne der einzelnen Gerichte. Sie müssen, wenn sie ihre rechtsstaatliche Funktion erfüllen sollen, hinreichend bestimmt sein. Welche Richter in einem bestimmten Verfahren mitwirken, muss sich daraus möglichst eindeutig ergeben (BVerfGE 95, 322, 329). Geschäftsverteilungs- und Mitwirkungspläne eines Gerichts dürfen mit Rücksicht auf das Gebot des Art. 101 Abs. 1 Satz 2 GG keinen vermeidbaren Spielraum bei der Heranziehung der einzelnen Richter zur Entscheidung einer Sache und damit keine unnötige Unbestimmtheit hinsichtlich des gesetzlichen Richters lassen. Ein Verstoß gegen Art. 101 Abs. 1 Satz 2 GG liegt allerdings nicht schon dann vor, wenn zur Bestimmung des gesetzlichen Richters auslegungsbedürftige Begriffe verwendet werden. Auslegungszweifel in bezug auf die zur Vorausbestimmung des gesetzlichen Richters verwendeten Kriterien sind deshalb unschädlich. Sie eröffnen nicht den Weg zu einer Besetzung der Richterbank von Fall zu Fall, sondern zu einem rechtlich geregelten Verfahren, das der Klärung der Zweifel dient. Jeder Spruchkörper hat bei auftretenden Bedenken die Ordnungsmäßigkeit seiner Besetzung zu prüfen und darüber zu entscheiden. Art. 101 Abs. 1 Satz 2 GG enthält über die Notwendigkeit abstrakt-genereller Regelungen zur Bestimmung des gesetzlichen Richters weitergehend das Verbot, von Regelungen, die der Bestimmung des gesetzlichen Richters dienen, abzuweichen.[668]

---

[667] BGH, Beschluss vom 21.01.2014 – 5 AR (VS) 29/13.

[668] BGH, Beschluss vom 8.10.2014 – 2 StR 105/14; vgl. hierzu auch Beschluss vom 8.10.2014 – 2 StR 104/14.

[3] Der Senat ist ordnungsgemäß besetzt. Dem steht nicht entgegen, dass er seit dem 1. Juli 2012 keinen planmäßigen Vorsitzenden hat.

[4] 1. Der frühere Vorsitzende des 4. Strafsenats, Vorsitzender Richter am Bundesgerichtshof Dr. Ernemann, ist mit Ablauf des 30. Juni 2012 wegen Erreichens der Altersgrenze in den Ruhestand getreten. Seitdem ist diese Stelle vakant, und der 4. Strafsenat wird von Richter am Bundesgerichtshof Dr. Mutzbauer als dem vom Präsidium bestimmten Vertreter gemäß § 21f Abs. 2 Satz 1 GVG geführt. Daran hat das Präsidium des Bundesgerichtshofs auch bei der Aufstellung des Geschäftsverteilungsplans für das Jahr 2013 (§ 21e Abs. 1 Satz 2 GVG) nichts geändert.

[5] 2. In der höchstrichterlichen Rechtsprechung besteht Einigkeit darüber, dass im Falle des endgültigen Ausscheidens eines Vorsitzenden aus dem Spruchkörper § 21f Abs. 2 Satz 1 GVG entsprechend anzuwenden ist, sofern und solange die Wiederbesetzung lediglich „vorübergehend" unterbleibt, also einen angemessenen Zeitraum nicht überschreitet (vgl. BVerfGE 18, 423, 426 f.; BVerfG, NJW 1983, 1541; BGH, Urteil vom 9. Februar 1955 – IV ZR 153/54, BGHZ 16, 254; Urteil vom 21. Juni 1955 – 5 StR 177/55, BGHSt 8, 17, 19 ff.; Beschluss vom 11. Juli 1985 – VII ZB 6/85, NJW 1985, 2337; BSG, NJW 2007, 2717, 2718; BFHE 190, 47, 52 f.; BVerwG, NJW 1986, 1366, 1367; vgl. auch Breidling in LR-StPO, 26. Aufl., § 21f GVG Rn. 27). Es sei nicht in allen Fällen und ungeachtet der Dauer der mutmaßlichen Vakanz zu verlangen, dass das Präsidium den frei gewordenen Vorsitz dem Vorsitzenden eines anderen Spruchkörpers zusätzlich übertrage (BSG, NJW 2007, 2717, 2718; BFHE 190, 47, 53 f.). Wie lange das Präsidium im Falle der nicht nahtlosen Besetzung der Stelle eines Vorsitzenden mit der Entscheidung zuwarten darf, einen anderen Vorsitzenden zusätzlich mit dem vakant gewordenen Senatsvorsitz zu betrauen, lässt sich nicht „allgemeingültig" und losgelöst von dem Grund der Verhinderung beantworten (BGH, Urteil vom 13. September 2005 – VI ZR 137/04, NJW 2006, 154, 155; vgl. auch Breidling in LR-StPO, 26. Aufl., § 21f GVG Rn. 25, 27; Kissel/Mayer, GVG, 7. Aufl., § 59 Rn. 13; Zöller/Lückemann, ZPO, 29. Aufl., § 21e GVG Rn. 39d).

[6] Für den Fall der länger dauernden Erkrankung hat der Bundesgerichtshof entschieden, dass es auf die tatsächlichen Umstände des Einzelfalls ankommt, die umfassend zu würdigen sind. Jedenfalls dann, wenn der ordentliche Vorsitzende über ein ganzes Geschäftsjahr wegen Krankheit dienstunfähig gewesen sei, habe das Präsidium vor der Aufstellung des Geschäftsverteilungsplans für das nächste Geschäftsjahr die ihm zur Verfügung stehenden Möglichkeiten zu nutzen, um die Frage nach der voraussichtlichen Fortdauer der Verhinderung zu klären. Könne hiernach nicht mit einer Wiederherstellung der Dienstfähigkeit in absehbarer Zeit gerechnet werden, müsse das Präsidium von einer dauernden Verhinderung ausgehen (BGH, Urteil vom 13. September 2005 – VI ZR 137/04, NJW 2006, 154). In einem Fall, in dem der Vorsitzende planmäßig mit Erreichung der Altersgrenze ausgeschieden war und die Ausschreibung der Stelle erst im Monat seines Ausscheidens erfolgte, ist das Bundessozialgericht davon ausgegangen, dass „zumindest im Regelfall" der Vorsitz in einem Spruchkörper nicht länger als sechs Monate durch den vom Präsidium bestimmten stellvertretenden Vorsitzenden geführt werden darf (BSG, NJW 2007, 2717, 2718). Nach Auffassung des Bundesfinanzhofs ist § 21f Abs. 2 Satz 1 GVG nach dem endgültigen Ausscheiden eines Vorsitzenden solange anwendbar, wie durch die Vakanz im Vorsitz keine wesentlich gewichtigere Beeinträchtigung der bei ordnungsgemäßer Besetzung des Spruchkörpers zu erwartenden Arbeitsweise zu erwarten ist als bei einem längeren Urlaub oder einer „länger

dauernden Erkrankung" (BFHE 190, 47, 55). Nach der Rechtsprechung des Bundesverwaltungsgerichts ist eine ruhestandsbedingte Vakanz im Vorsitz „praktisch unvermeidbar"; allgemeingültige Fristen ließen sich weder für den Fall einer Verhinderung durch längere Krankheit noch für den Fall der dauernden Verhinderung des Vorsitzenden infolge einer Vakanz festlegen (BVerwG, NJW 1986, 1366, 1367; vgl. auch BVerwG, NJW 2001, 3493 für den besonders gelagerten Fall der geplanten Auflösung des Bundesdisziplinargerichts).

[7] 3. Der Senat hat keinen Anlass, von dieser Rechtsprechung abzuweichen. Auf ihrer Grundlage bestehen keine Bedenken gegen die ordnungsgemäße Besetzung des 4. Strafsenats.

[8] a) Das frühzeitig eingeleitete Verfahren zur Wiederbesetzung der Stelle des Vorsitzenden Richters ist noch nicht abgeschlossen, weil das Verwaltungsgericht Karlsruhe im Rahmen eines anhängigen Konkurrentenstreitverfahrens mit (nicht rechtskräftigem) Beschluss vom 17. Januar 2013 der Bundesrepublik Deutschland im Wege der einstweiligen Anordnung untersagt hat, die beabsichtigte Ernennung auszusprechen, bevor über die Bewerbung des klagenden Konkurrenten unter Beachtung der Rechtsauffassung des Gerichts eine neue Auswahlentscheidung getroffen worden ist (Verwaltungsgericht Karlsruhe, Beschluss vom 17. Januar 2013 – 1 K 2614/12).

[9] b) Nach dem „Vermerk über die wesentlichen Erwägungen des Präsidiums des Bundesgerichtshofs zur Entscheidung über die Besetzung der Vorsitzendenstellen in den Strafsenaten" (Anlage 6 zum Protokoll über die Präsidiumssitzung vom 13. Dezember 2012) hat das Präsidium für das Geschäftsjahr 2013 selbst bei Ausschöpfung aller Ressourcen und nach Abwägung aller denkbaren Geschäftsverteilungsmodelle keine Möglichkeit gesehen, jedem Strafsenat einen Vorsitzenden Richter zuzuweisen. Der Doppelvorsitz durch gleichzeitige Leitung des 2. und 3. Strafsenats könne infolge Überlastung des mit dieser Aufgabe betrauten Vorsitzenden nicht mehr aufrechterhalten werden, so dass im Geschäftsjahr 2013 der Präsident den Vorsitz im 3. Strafsenat wahrnehme (§ 21e Abs. 1 Satz 3 GVG). Die Übertragung eines Doppelvorsitzes an einen anderen Vorsitzenden eines Strafsenats komme nicht in Betracht, da der Vorsitzende des 1. Strafsenats mit Ablauf des 30. April 2013 altersbedingt in den Ruhestand treten werde und der Vorsitzende des 5. – Leipziger – Strafsenats schon auf Grund der örtlichen Gegebenheiten nicht parallel den Vorsitz in einem Karlsruher Strafsenat übernehmen könne. Die Heranziehung der Vorsitzenden der Zivilsenate für Interimslösungen scheide ebenfalls aus. Sie seien mit den Rechtsmaterien der Strafsenate nicht in einem Maße vertraut, dass sie ohne ins Gewicht fallende Einarbeitungszeit die Funktion eines Vorsitzenden in einem zusätzlich zu übernehmenden Strafsenat erfüllen könnten.

[10] c) Da das Beförderungsverfahren zügig betrieben wurde und das Präsidium des Bundesgerichtshofs alle sinnvollen Ressourcen zur Besetzung der Vorsitzendenstellen in den Strafsenaten ausgeschöpft hat, liegen besondere Umstände vor, die es rechtfertigen, dass der 4. Strafsenat jedenfalls derzeit durch den vom Präsidium bestimmten stellvertretenden Vorsitzenden geleitet wird.

3. Bundeszentralregistergesetz – BZRG

674 In der **strafschärfenden Berücksichtigung** einer 16 Jahre **zurückliegenden Vorverurteilung** hinsichtlich des Angeklagten liegt kein Verstoß gegen **§ 46 Abs. 1 Nr. 4 BZRG:** Gemäß § 46 Abs. 3 BZRG verlängert sich die Frist von 15 Jahren um die

Dauer der durch das damalige Urteil des Landgerichts verhängten Freiheitsstrafe von zwei Jahren und neun Monaten.[669]

4. Therapieunterbringungsgesetz – ThUG

Die **Unterbringung gem § 1 Abs 1 ThUG** idF vom 22.12.2010 oder deren Fortdauer darf nur angeordnet werden, wenn eine **hochgradige Gefahr schwerster Gewalt- oder Sexualstraftaten** aus konkreten Umständen in der Person oder dem Verhalten des Untergebrachten abzuleiten ist. **675**

Bei tiefgreifenden Eingriffen in das Freiheitsgrundrecht kann das Interesse des Betroffenen an einer verfassungsrechtlichen Überprüfung trotz zwischenzeitlicher Freilassung fortbestehen.[670]

[11] Mit Beschluss vom 11. Juli 2013 hat das Bundesverfassungsgericht festgestellt, dass § 1 Abs. 1 des Therapieunterbringungsgesetzes in der Fassung des Gesetzes zur Neuordnung des Rechts der Sicherungsverwahrung und zu begleitenden Regelungen vom 22. Dezember 2010 (BGBl I S. 2300) mit dem Grundgesetz mit der Maßgabe vereinbar ist, dass die Unterbringung oder deren Fortdauer nur angeordnet werden darf, wenn eine hochgradige Gefahr schwerster Gewalt- oder Sexualstraftaten aus konkreten Umständen in der Person oder dem Verhalten des Untergebrachten abzuleiten ist (BVerfG, Beschluss des Zweiten Senats vom 11. Juli 2013 – 2 BvR 2302/11, u.a. –, juris, Rn. 69 ff.).

[12] Die im Umfang der Annahme (§ 93a BVerfGG) zur Prüfung stehenden fachgerichtlichen Beschlüsse sind mit diesen Vorgaben für die Anwendung des Therapieunterbringungsgesetzes nicht zu vereinbaren. Sowohl das Landgericht als auch das Oberlandesgericht übertragen den strengen Verhältnismäßigkeitsmaßstab der hochgradigen Gefahr schwerster Gewalt- oder Sexualstraftaten, wie ihn das Bundesverfassungsgericht für die Vertrauensschutzbelange betreffende Sicherungsverwahrung verlangt (vgl. BVerfGE 128, 326 <399>) und wie er in gleicher Weise für die Therapieunterbringung Geltung beansprucht (vgl. BVerfG, Beschluss vom 11. Juli 2013 – 2 BvR 2302/11 u.a. –, juris, Rn. 69 ff.), nicht auf den Tatbestand des § 1 Abs. 1 ThUG. Daher genügen die Beschlüsse den Anforderungen an eine verfassungskonforme Auslegung und Anwendung des § 1 Abs. 1 ThUG nicht und verletzen den Beschwerdeführer in seinem Freiheitsgrundrecht aus Art. 2 Abs. 2 Satz 2 in Verbindung mit Art. 20 Abs. 3 GG.

[13] Dabei kommt es für die Feststellung der Grundrechtsverletzung allein auf die objektive Verfassungswidrigkeit der angefochtenen fachgerichtlichen Entscheidungen im Zeitpunkt der Entscheidung des Bundesverfassungsgerichts an; unerheblich ist hingegen, ob die Grundrechtsverletzung den Fachgerichten vorwerfbar ist (vgl. BVerfGE 128, 326 <407 f.>).

---

669 BGH, Beschluss vom 9.09.2014 – 4 StR 251/14.

670 BVerfG, Kammerbeschluss vom 22.01.2014 – 2 BvR 1100/12.

5. Rechtsanwaltsvergütungsgesetz – RVG

676 Zu Gemäß § 51 Abs. 2 Satz 2 RVG ist der Bundesgerichtshof für die Entscheidung über die Festsetzung einer **Pauschgebühr** für die Tätigkeit eines Verteidigers in der Revisionshauptverhandlung zuständig, wenn er den Rechtsanwalt bestellt hat.[671]

[2] 1. Für die Revisionshauptverhandlung war der vom Landgericht bestellte Pflichtverteidiger Dr. N. vom Senat geladen worden. Er trat als einziger Verteidiger des Angeklagten, der sich nicht auf freiem Fuß befand und deswegen unter Hinweis auf § 350 Abs. 3 StPO vom Hauptverhandlungstermin benachrichtigt worden war, in der Verhandlung auf. Einen ausdrücklichen Antrag auf Beiordnung von Dr. N. als Verteidiger auch für die Revisionshauptverhandlung stellten weder der (in der Verhandlung nicht anwesende) Angeklagte noch der Verteidiger selbst. Gleichwohl beantragt Rechtsanwalt Dr. N. nun die Festsetzung einer Pauschgebühr für die Revisionshauptverhandlung. Indem er geltend macht, in der Ladung sei seine konkludente Beiordnung als Verteidiger für die Revisionshauptverhandlung zu sehen, beantragt er zugleich die Feststellung dieser Beiordnung.

[3] 2. Gemäß § 51 Abs. 2 Satz 2 RVG ist der Bundesgerichtshof für die Entscheidung über die Festsetzung einer Pauschgebühr für die Tätigkeit eines Verteidigers in der Revisionshauptverhandlung zuständig, wenn er den Rechtsanwalt bestellt hat.

[4] An einer ausdrücklichen Bestellung fehlt es zwar. Rechtsanwalt Dr. N. ist hier jedoch stillschweigend zum Verteidiger des Angeklagten für die Revisionshauptverhandlung bestellt worden. Er hat nicht nur eine Terminsnachricht zugestellt bekommen, sondern war auch als einziger Verteidiger des nicht auf freiem Fuß befindlichen (vgl. dazu § 350 Abs. 3 StPO) Angeklagten in der Revisionshauptverhandlung aufgetreten. Seine Beiordnung war auch rechtlich geboten (vgl. dazu BGH, Verfügungen des Vorsitzenden vom 20. Juli 2009 – 1 StR 344/08, StV 2011, 645, und vom 19. Dezember 1996 – 1 StR 76/96, NStZ 1997, 299); denn der Senat hätte die Revisionshauptverhandlung ohne Anwesenheit eines Verteidigers nicht durchgeführt. Anlass für die mündliche Verhandlung war die Schwierigkeit der Rechtslage im Bereich der Strafbarkeit wegen Steuerhinterziehung durch Unterlassen, dabei insbesondere die Auslegung des Merkmals „pflichtwidrig" in § 370 Abs. 1 Nr. 2 AO und die Frage der Zurechnung fremder Pflichtverletzungen nach den allgemeinen Grundsätzen der Mittäterschaft. Für die Erörterung dieser Rechtsfragen bedurfte der Angeklagte eines Verteidigers in der Hauptverhandlung. Nachdem ein weiterer vom Termin benachrichtigter Verteidiger des Angeklagten zum Termin nicht erschienen war, lagen die gesetzlichen Voraussetzungen für eine Bestellung von Dr. N. zum Verteidiger für die Revisionshauptverhandlung vor (vgl. § 140 Abs. 2 StPO).

677 Der Antrag der Wahlverteidigerin ist in vollem Umfang begründet. Vorliegend ist die gesetzlich vorgesehene Verfahrensgebühr für einen Wahlverteidiger **wegen des besonderen Umfangs des Revisionsverfahrens und des außergewöhnlichen Schwierigkeitsgrades in sachlich-rechtlicher Hinsicht** nicht zumutbar. Der Senat setzt deshalb die Pauschgebühr im pflichtgemäßen Ermessen auf den Höchstbetrag fest (§ 42 Abs. 1 Satz 4 RVG).[672]

---

671 BGH, Beschluss vom 04.11.2014 – 1 StR 586/12.

672 BGH, Beschluss vom 24.04.2014 – 5 StR 551/11.

[1] 1. Rechtsanwältin W. ist durch Verfügung des Vorsitzenden des 3. Strafsenats des Bundesgerichtshofs vom 27. Juni 2012 als Beistand der Nebenklägerin für die Revisionshauptverhandlung vor dem Bundesgerichtshof bestellt worden.

[2] Sie hat an dem Termin der Revisionshauptverhandlung am 18. Oktober 2012 teilgenommen, hat in dieser aber kein eigenes Plädoyer gehalten, sondern sich ausweislich des Protokolls (Bl. 197 f.) lediglich den Ausführungen des Generalbundesanwalts angeschlossen. Die Verhandlung dauerte von 9.03 Uhr bis 10.21 Uhr. Sodann wurde die Sitzung unterbrochen und um 15.02 Uhr zur Verkündung einer Entscheidung (Anberaumung eines Verkündungstermins) fortgesetzt. Dass nach Fortsetzung nicht mehr verhandelt, sondern lediglich eine Entscheidung verkündet werden würde, war den beteiligten Rechtsanwälten (Verteidigern und Beistand der Nebenklägerin) vor der Unterbrechung bekannt gemacht worden; die Verteidiger waren aus diesem Grund auch nicht mehr erschienen.

[3] Mit Schreiben vom 6. August 2013 hat Rechtsanwältin W. die Bewilligung einer Pauschvergütung für die Vertretung der Nebenklägerin in der Revisionshauptverhandlung in Höhe von 470 € (Terminsgebühr) beantragt. Sie macht geltend, die Revisionshauptverhandlung habe mit der Nebenklägerin im Vorfeld besprochen und im Anschluss erläutert werden müssen; bei der Nebenklägerin, für die die Entscheidung des Bundesgerichtshofes von eminenter Bedeutung gewesen sei, habe ein erhöhter psychologischer Betreuungsbedarf bestanden. Auch die Dauer des Termins mache eine Pauschgebühr erforderlich; die Unterbrechung habe nicht für andere Tätigkeiten genutzt werden können, weil eine so lange Pause nicht ersichtlich gewesen sei und deshalb Akten vom weit entfernten Kanzleisitz nicht mitgenommen worden waren. Schließlich gebiete die Schwierigkeit der Sach- und Rechtslage eine Erhöhung der gesetzlichen Gebühren.

Gemäß § 51 Abs. 1 Satz 1 und 3 RVG ist **Voraussetzung der Bewilligung einer Pauschgebühr**, die über die gesetzlichen Gebühren hinausgeht, dass diese wegen des besonderen Umfangs oder der besonderen Schwierigkeit der Sache bzw. des betroffenen Verfahrensabschnitts nicht zumutbar ist. Die Bewilligung der Pauschgebühr stellt dabei die Ausnahme dar; die anwaltliche Mühewaltung muss sich von den sonstigen – auch überdurchschnittlichen Sachen – in exorbitanter Weise abheben. Die Dauer des Hauptverhandlungstermins kann ungeachtet der im Einzelnen streitigen Frage, ob und in welchem Umfang Unterbrechungen bei der Bestimmung der Länge der Hauptverhandlung zu berücksichtigen sind, wegen der Einführung des Längenzuschlags nach Nr. 4134 RVG-VV bei der Frage des Umfangs im Sinne von § 51 Abs. 1 RVG nicht mehr berücksichtigt werden.[673] **678**

[4] 2. Die Voraussetzungen für die Bewilligung einer Pauschgebühr nach § 51 Abs. 1 Satz 1, 3 RVG für die Vorbereitung und Wahrnehmung der Revisionshauptverhandlung vor dem Bundesgerichtshof – nur insoweit ist der Bundesgerichtshof zuständig (BGH, Beschluss vom 8. September 1970 – 5 StR 704/68, BGHSt 23, 324) – liegen nicht vor.

[5] Gemäß § 51 Abs. 1 Satz 1 und 3 RVG ist Voraussetzung der Bewilligung einer Pauschgebühr, die über die gesetzlichen Gebühren hinausgeht, dass diese wegen des besonderen Umfangs oder der besonderen Schwierigkeit der Sache bzw. des betroffe-

[673] BGH, Beschluss vom 11.02.2014 – 4 StR 73/10.

nen Verfahrensabschnitts nicht zumutbar ist. Die Bewilligung einer Pauschgebühr stellt dabei die Ausnahme dar; die anwaltliche Mühewaltung muss sich von sonstigen – auch überdurchschnittlichen Sachen – in exorbitanter Weise abheben (Burhoff in Gerold/Schmidt, RVG, 21. Aufl., § 51 Rn. 32).

[6] Gemessen daran erscheinen dem Senat die gesetzlichen Gebühren der Nr. 4132 VV als angemessen und ausreichend. Das von Rechtsanwältin O. lediglich mit einer Verfahrensrüge und der nicht näher ausgeführten Sachrüge begründete Rechtsmittel des Angeklagten warf ebenso wie die Revision der Staatsanwaltschaft, die vom Generalbundesanwalt nur teilweise vertreten wurde, keine überdurchschnittlich schwierigen Rechtsfragen auf. Der Senat hatte aus Anlass dieses Falles – wie auch im Parallelverfahren 4 StR 474/09 – insbesondere nicht über die zivilrechtliche Wirksamkeit und eine etwaige strafrechtliche Relevanz des Verkaufs entwendeter Kontodaten an staatliche Stellen zu entscheiden. Auch im Übrigen sind ein besonderer Umfang und eine besondere Schwierigkeit der Sache nicht ersichtlich. Vor- und Nachbesprechung mit dem Mandanten werden durch die gesetzlichen Gebühren abgegolten. Die Dauer des Hauptverhandlungstermins kann ungeachtet der im Einzelnen streitigen Frage, ob und in welchem Umfang Unterbrechungen bei der Bestimmung der Länge der Hauptverhandlung zu berücksichtigen sind, wegen der Einführung des Längenzuschlags nach Nr. 4134 VV bei der Frage des Umfangs im Sinne von § 51 Abs. 1 RVG nicht mehr berücksichtigt werden (vgl. dazu Burhoff aaO, § 51 Rn. 13; ders. aaO, VV 4108–4111, Rn. 22, VV 4134, 4135, Rn. 15). Welcher Mehraufwand wegen der geltend gemachten Öffentlichkeitswirksamkeit des Verfahrens entstanden sein soll, wird nicht dargelegt.

679 **§ 4a Abs. 2 Nr. 1 RVG** begründet kraft Gesetzes eine **Garantenstellung des Rechtsanwalts**, der vor Abschluss einer Erfolgshonorarvereinbarung seinen Mandanten über die voraussichtliche gesetzliche Vergütung aufzuklären hat.[674]

[16] 2. Durchgreifenden rechtlichen Bedenken begegnet das Urteil jedoch, soweit das Landgericht den Angeklagten auch von dem Vorwurf freigesprochen hat, sich durch den Abschluss der Vergütungsvereinbarung vom 17. August 2010 strafbar gemacht zu haben.

[17] a) Allerdings hat die Wirtschaftsstrafkammer mit Recht eine Straftat des Wuchers nach § 291 Abs. 1 Satz 1 Nr. 3 StGB verneint. Nach den bisher getroffenen Feststellungen liegt die im Gesetz beschriebene sogenannte Opferlage nicht vor.

[18] b) Demgegenüber hält das angefochtene Urteil rechtlicher Nachprüfung nicht stand, soweit das Landgericht eine Strafbarkeit wegen Betruges gemäß § 263 StGB verneint hat. Nach den bisher getroffenen Feststellungen hat der Angeklagte G. bei der Vereinbarung des Erfolgshonorars durch Unterlassen getäuscht.

[19] aa) Begehen durch Unterlassen ist nach § 13 Abs. 1 StGB nur dann strafbar, wenn der Täter rechtlich dafür einzustehen hat, dass der Erfolg nicht eintritt, und wenn das Unterlassen der Verwirklichung des gesetzlichen Tatbestandes durch ein Tun entspricht. Während bei den Begehungsdelikten die objektive Zurechnung auf der Verursachung des tatbestandsmäßigen Erfolgs beruht, reicht bei den unechten Unterlassungsdelikten die Tatsache, dass eine mögliche Handlung den Erfolg verhindert hätte, nicht aus, um die Beeinträchtigung des Rechtsguts jedem Handlungsfähigen als von ihm zu verantwortendes Unrecht zur Last legen zu können. Vielmehr

[674] BGH, Urteil vom 25.09.2014 – 4 StR 586/13.

muss ein besonderer Rechtsgrund nachgewiesen werden, wenn jemand ausnahmsweise dafür verantwortlich gemacht werden soll, dass er es unterlassen hat, zum Schutz fremder Rechtsgüter positiv tätig zu werden. Die Gleichstellung des Unterlassens mit dem aktiven Tun setzt deshalb voraus, dass der Täter als „Garant" für die Abwendung des Erfolgs einzustehen hat. Alle Erfolgsabwendungspflichten beruhen auf dem Grundgedanken, dass eine bestimmte Person in besonderer Weise zum Schutz des gefährdeten Rechtsguts aufgerufen ist und dass sich alle übrigen Beteiligten auf das helfende Eingreifen dieser Person verlassen und verlassen dürfen (BGH, Urteile vom 25. Juli 2000 – 1 StR 162/00, NJW 2000, 3013, 3014, und vom 10. Juli 2012 – VI ZR 341/10, BGHZ 194, 26, 33; Jescheck/Weigend, Lehrbuch des Strafrechts, Allgemeiner Teil, 5. Aufl., S. 620; SSW-StGB/Kudlich, 2. Aufl., § 13 Rn. 15, 18).

[20] bb) Entgegen der Auffassung des Landgerichts war der Angeklagte verpflichtet, seinen Mandanten G. über die im Rechtsanwaltsvergütungsgesetz als Regel vorgesehene Abrechnung nach den gesetzlichen Gebühren und Auslagen aufzuklären. Diese Garantenstellung folgt aus Gesetz, nämlich aus der Regelung in § 4a Abs. 2 Nr. 1 RVG:

[21] Der Angeklagte hat sich – was die Wirtschaftsstrafkammer nicht verkannt hat – in der Vergütungsvereinbarung ein Erfolgshonorar im Sinne des § 49b Abs. 2 Satz 1 BRAO versprechen lassen. Eine solche Vereinbarung muss unter anderem die voraussichtliche gesetzliche Vergütung enthalten. Das bedeutet, dass der Rechtsanwalt unter Zugrundelegung des Gegenstandswerts die sich voraussichtlich aus dem Vergütungsverzeichnis ergebenden Gebühren sowie seine Auslagen zu berechnen hat. Diese Verpflichtung hat der Gesetzgeber dem Rechtsanwalt gerade zum Schutz des Mandanten auferlegt, mit dem jener ein Erfolgshonorar vereinbaren möchte (BT-Drucks. 16/8384 S. 8); nach den Materialien bietet allein diese Angabe „einen verlässlichen und transparenten Vergleichsmaßstab für die rechtsuchenden Bürgerinnen und Bürger" (BT-Drucks. 16/8384 S. 15). Damit hat der Gesetzgeber an die Entscheidung des Bundesverfassungsgerichts zur Verfassungswidrigkeit eines generellen Verbots anwaltlicher Erfolgshonorare angeknüpft, in der das Gericht den „Schutz der Rechtsuchenden vor einer Übervorteilung durch überhöhte Vergütungssätze" hervorgehoben und auf die asymmetrische Informationsverteilung zwischen Mandant und Rechtsanwalt sowie auf die sich hieraus ergebenden Gefahren für die wirtschaftlichen Interessen des Rechtsuchenden hingewiesen hat (BVerfG, NJW 2007, 979, 980 f., 983). Um daher dem Mandanten zu verdeutlichen, dass der Verzicht des Anwalts auf eine Vergütung im Misserfolgsfall mit der Verpflichtung zur Zahlung eines – gegebenenfalls hohen – Zuschlags im Erfolgsfall verbunden ist, sieht § 4a Abs. 2 Nr. 1 RVG u.a. die Angabe der voraussichtlichen gesetzlichen Vergütung vor (BT-Drucks. 16/8384 S. 11; Bischof in Bischof/Jungbauer, RVG, 6. Aufl., § 4a Rn. 20). Demnach ist es gerechtfertigt, aus dieser Aufklärungs- und Informationspflicht des Anwalts eine Garantenstellung kraft Gesetzes im Sinne des § 13 Abs. 1 StGB zu entnehmen.

[22] Etwas anderes ergibt sich auch nicht aus § 4b RVG, der lediglich eine Sonderregelung für die zivilrechtlichen Folgen trifft, wenn eine Erfolgshonorarvereinbarung unter anderem gegen § 4a Abs. 1 und 2 RVG verstößt (vgl. BGH, Urteil vom 5. Juni 2014 – IX ZR 137/12, NJW 2014, 2653). Eine Einschränkung der strafrechtlichen Verfolgbarkeit kann hieraus nicht hergeleitet werden.

[23] Seiner Pflicht, die voraussichtliche gesetzliche Vergütung zu berechnen, ist der Angeklagte nach den bisher getroffenen Feststellungen nicht nachgekommen.

[24] cc) Die Feststellungen des Landgerichts stehen auch im Übrigen einer Betrugsstrafbarkeit durch Unterlassen nicht entgegen: Die Wirtschaftsstrafkammer hat

selbst ausgeführt, dass G. davon ausgegangen sei, es gebe zu den ihm vom Angeklagten aufgezeigten Möglichkeiten der Abrechnung keine Alternative. Aufgrund dieses Irrtums verfügte er über sein Vermögen, indem er die Honorarvereinbarung abschloss und dadurch einen Anspruch auf eine Rechtsdienstleistung erwarb, die er anderweitig zu einem geringen Bruchteil des vereinbarten Honorars hätte erlangen können (vgl. zum Schaden auch BGH, Urteil vom 5. März 2014 – 2 StR 616/12, NJW 2014, 2595, 2598 f.). Da der Angeklagte zum Abzug des Erfolgshonorars von der auf sein Konto zu überweisenden Erbschaft berechtigt war, lag zumindest eine schadensgleiche Vermögensgefährdung vor (vgl. zum sogenannten Kontoeröffnungsbetrug BGH, Urteil vom 13. Juni 1985 – 4 StR 213/85, BGHSt 33, 244, 245 f.; Beschlüsse vom 21. November 2001 – 2 StR 260/01, BGHSt 47, 160, 167, und vom 14. Oktober 2010 – 2 StR 447/10, NStZ 2011, 160). Der Umstand, dass G. mit der aufgrund der Honorarvereinbarung erbrachten Leistung des Angeklagten zufrieden war, stellt entgegen der Meinung des Landgerichts die Kausalität „zwischen einer etwaigen Täuschungshandlung und einer Vermögensverfügung bzw. einem Vermögensschaden“ nicht infrage. Auf den Abschluss dieser Honorarvereinbarung, auf den er, wie er wusste, keinen Anspruch hatte, kam es dem Angeklagten gerade an.

6. Internationale Rechtshilfe, Internationale Gerichtsbarkeit, Auslieferung, Beweiserhebung

680 Art. 54 SDÜ bestimmt, dass derjenige, der **durch eine Vertragspartei rechtskräftig abgeurteilt** worden ist, nicht durch eine andere Vertragspartei **wegen derselben Tat verfolgt werden darf,** wenn im Fall einer Verurteilung die Sanktion bereits vollstreckt worden ist, gerade vollstreckt wird oder nach dem Recht des Urteilsstaats nicht mehr vollstreckt werden kann. Sie statuiert somit das Verbot, einen Beschuldigten wegen einer bestimmten Tat im prozessualen Sinne mehrfach in verschiedenen Vertragsstaaten mit einem Strafverfahren zu überziehen.[675]

[6] I. Die Tat ist hinsichtlich des tateinheitlich abgeurteilten Widerstands gegen Vollstreckungsbeamte wegen zwischenzeitlich eingetretener Verjährung nicht mehr verfolgbar. Im Übrigen besteht kein Verfahrenshindernis.

[7] 1. Soweit der Angeklagte wegen tateinheitlich begangenen Widerstands gegen Vollstreckungsbeamte verurteilt worden ist, ist die Tat verjährt. Sie wurde am 6. Februar 2005 begangen. Die Verjährungsfrist für ein Vergehen nach § 113 Abs. 1 StGB beträgt fünf Jahre (§ 78 Abs. 3 Nr. 4 StGB). Die Verjährung wurde zuletzt am 10. Februar 2005 durch den Erlass eines Haftbefehls gegen den Angeklagten unterbrochen (§ 78c Abs. 1 Satz 1 Nr. 5 StGB). Die Anklage wurde im April 2012 erhoben und das Hauptverfahren im August 2012 eröffnet (§ 78c Abs. 1 Nr. 6 und 7 StGB); zu diesen Zeitpunkten war die Verjährung bereits eingetreten. Ein förmliches Auslieferungsersuchen, das nach § 78b Abs. 5 StGB zum Ruhen der Verjährung geführt hätte, ist ebenfalls erst nach Ablauf der Verjährungsfrist gestellt worden. Da das Verfahrenshindernis nur eine von mehreren tateinheitlich (§ 52 StGB) begangenen Gesetzesverletzungen betrifft, scheiden eine Teilaufhebung des Urteils und Teileinstellung des Verfahrens aus; vielmehr hat es mit der Änderung des Schuldspruchs sein Bewenden (Meyer-Goßner, StPO, 56. Aufl., § 206a Rn. 5).

675 BGH, Urteil vom 12.12.2013 – 3 StR 531/12.

[8] 2. Ein darüber hinausgehendes Verfahrenshindernis besteht nicht. Der Aburteilung des Angeklagten steht insbesondere nicht mit Blick auf die Verurteilung wegen unerlaubten Besitzes von Waffen und Explosivsubstanzen durch das Amtsgericht in Hrvatska Kostajnica (Kroatien) das Verbot der Doppelbestrafung („ne bis in idem") nach Art. 54 SDÜ entgegen (zum Verhältnis von Art. 54 SDÜ zu Art. 50 GrCh vgl. BGH, Beschluss vom 25. Oktober 2010 – 1 StR 57/10, BGHSt 56, 11, 14 f.). Diese Norm bestimmt, dass derjenige, der durch eine Vertragspartei rechtskräftig abgeurteilt worden ist, nicht durch eine andere Vertragspartei wegen derselben Tat verfolgt werden darf, wenn im Fall einer Verurteilung die Sanktion bereits vollstreckt worden ist, gerade vollstreckt wird oder nach dem Recht des Urteilsstaats nicht mehr vollstreckt werden kann. Sie statuiert somit das Verbot, einen Beschuldigten wegen einer bestimmten Tat im prozessualen Sinne mehrfach in verschiedenen Vertragsstaaten mit einem Strafverfahren zu überziehen (Radtke, NStZ 2008, 162, 163). Im vorliegenden Fall betrifft die kroatische Entscheidung allerdings nicht dieselbe Tat im Sinne des Art. 54 SDÜ, wie sie dem hiesigen Strafverfahren zugrunde liegt. Die vom Generalbundesanwalt aufgeworfenen weiteren Fragen, etwa ob das in Deutschland entscheidende Tatgericht bei der Bewertung der Einheitlichkeit der Tat an die Beurteilung, die der vorangegangenen kroatischen Auslieferungsbewilligung zugrunde liegt, vor allem mit Blick auf den europarechtlichen Grundsatz des „effet utile" zur Vermeidung unterschiedlicher Betrachtungsweisen gebunden ist, sind danach nicht entscheidungserheblich. Im Einzelnen:

[9] a) Die Anwendbarkeit von Art. 54 SDÜ ist nicht deshalb ausgeschlossen, weil das Schengener Durchführungsübereinkommen in Kroatien noch nicht galt, als das dortige Urteil erging, sondern erst anlässlich des am 1. Juli 2013 wirksam gewordenen Beitritts von Kroatien zur Europäischen Union in Kraft gesetzt wurde (s. Anhang II Nr. 2 zum Beitrittsvertrag). Die Frage der Anwendung des Grundsatzes „ne bis in idem" stellt sich erst zu dem Zeitpunkt, zu dem in einem anderen Vertragsstaat – hier: Deutschland – ein zweites Strafverfahren gegen dieselbe Person durchgeführt wird. Nach der Rechtsprechung des Europäischen Gerichtshofs (EuGH, Urteil vom 9. März 2006 – C-436/04 – Van Esbroeck –, NJW 2006, 1781) ist es daher nicht entscheidend, ob das Schengener Durchführungsübereinkommen für den ersten Vertragsstaat zu dem Zeitpunkt, zu dem der Betroffene dort rechtskräftig abgeurteilt wurde, noch nicht verbindlich war. Vielmehr ist das in Art. 54 SDÜ niedergelegte Verbot der Doppelbestrafung auch auf ein Strafverfahren anzuwenden, das in einem Vertragsstaat wegen einer Tat eingeleitet worden ist, die in einem anderen Vertragsstaat bereits zur Verurteilung des Betroffenen geführt hat, selbst wenn das Schengener Durchführungsübereinkommen in diesem letztgenannten Staat zum Zeitpunkt der Verkündung dieser Verurteilung noch nicht in Kraft war, sofern es in den betreffenden Vertragsstaaten zu dem Zeitpunkt gilt, zu dem das mit dem zweiten Verfahren befasste Gericht die Voraussetzungen für die Anwendung des Grundsatzes „ne bis in idem" zu prüfen hat.

[10] b) Da es sich bei dem Verbot der Doppelbestrafung gemäß Art. 54 SDÜ um ein Verfahrenshindernis handelt (BGH, Beschlüsse vom 25. Oktober 2010 – 1 StR 57/10, BGHSt 56, 11; vom 9. Juni 2008 – 5 StR 342/04, NJW 2008, 2931, 2932; Schomburg/Lagodny/Gleß/Hackner, Internationale Rechtshilfe in Strafsachen, 5. Aufl., Art. 54 SDÜ Rn. 18), dessen Vorliegen in jeder Lage des Verfahrens, mithin auch noch in der Revisionsinstanz, von Amts wegen zu berücksichtigen ist (Meyer-Goßner, StPO, 56. Aufl., Einl. Rn. 150; vgl. auch zu Art. 50 GrCh BGH, aaO, BGHSt 56, 11), kommt es weiter nicht darauf an, dass das tatgerichtliche Urteil im

hiesigen Verfahren ebenfalls vor dem Beitritt Kroatiens zur Europäischen Gemeinschaft ergangen ist. …

[13] aa) Nach deutschem innerstaatlichen Recht ist das Verbot der Doppelbestrafung in Art. 103 Abs. 3 GG verankert. Der Begriff der Tat im Sinne dieser Vorschrift richtet sich nach der verfahrensrechtlichen Bestimmung des § 264 StPO und ist somit als der geschichtliche sowie damit zeitlich und sachverhaltlich begrenzte Vorgang zu verstehen, auf den Anklage und Eröffnungsbeschluss hinweisen und innerhalb dessen der Angeklagte als Täter oder Teilnehmer einen Straftatbestand verwirklicht haben soll. Der materiellrechtliche und der prozessuale Tatbegriff stehen indes nicht völlig beziehungslos nebeneinander. Vielmehr stellt ein durch den Rechtsbegriff der Tateinheit nach § 52 StGB zusammengefasster Sachverhalt in der Regel auch verfahrensrechtlich eine einheitliche prozessuale Tat dar. Umgekehrt liegen im Falle sachlichrechtlicher Tatmehrheit nach § 53 StGBgrundsätzlich auch mehrere Taten im prozessualen Sinne vor (vgl. im Einzelnen BGH, Beschluss vom 5. März 2009 – 3 StR 566/08, BGHR StPO § 264 Abs. 1 Tatidentität 47). …

[16] Die nähere Auslegung dieses Tatbegriffs im Sinne des Art. 54 SDÜ hat sich in erster Linie am Zweck dieser Norm auszurichten, der darin besteht, die ungehinderte Ausübung des Rechts auf Freizügigkeit der Unionsbürger zu sichern. Wer wegen eines Tatsachenkomplexes bereits in einem Vertragsstaat abgeurteilt ist, soll sich ungeachtet unterschiedlicher rechtlicher Maßstäbe in den einzelnen Staaten darauf verlassen können, dass er nicht – auch nicht unter einem anderen rechtlichen Aspekt – ein zweites Mal wegen derselben Tatsachen strafrechtlich verfolgt wird. Demgegenüber ist die Einordnung der Tatsachen nach den Strafrechtsordnungen der Vertragsstaaten unbeachtlich. Die Qualifizierung eines Tatsachenkomplexes als eine Tat im Sinne des Art. 54 SDÜ ist darüber hinaus von dem jeweils rechtlich geschützten Interesse unabhängig; denn dieses kann wegen der fehlenden Harmonisierung der nationalen Strafvorschriften von einem Vertragsstaat zum anderen unterschiedlich sein. Allein aus dem Umstand, dass die Taten durch einen einheitlichen Vorsatz auf subjektiver Ebene verbunden sind, lässt sich die Identität der Sachverhalte nicht herleiten; erforderlich ist vielmehr eine objektive Verbindung der zu beurteilenden Handlungen. …

[19] (1) Für die an den zwei Raststätten in Deutschland begangene vollendete und die versuchte besonders schwere räuberische Erpressung folgt dies bereits daraus, dass diese Delikte lediglich das jeweilige, in sich insoweit abgeschlossene Geschehen in Deutschland betreffen. Dieses steht weder zeitlich noch örtlich noch inhaltlich in einem engen, unlösbaren Zusammenhang mit dem Besitz der Waffen am Mittag des nächsten Tages in Kroatien. …

[20] (2) Entsprechendes gilt im Verhältnis der Geiselnahme in Deutschland zu dem Waffenbesitz in Kroatien.

681 Im Geltungsbereich des Übereinkommens über die Überstellung verurteilter Personen vom 21. März 1983 (ÜberstÜbk) wird dessen Art. 11 Abs. 1 Satz 2 lit. c nicht durch die §§ 48 ff. IRG verdrängt.

Bei der von deutschen Gerichten zu treffenden Entscheidung über die **Vollstreckbarerklärung eines ausländischen Straferkenntnisses** gemäß diesem Übereinkommen in Verbindung mit §§ 48 ff. IRG ist das sogenannte Umwandlungsverfahren anzuwenden.[676]

[676] BGH, Beschluss vom 13.01.2014 – 4 ARs 9/13.

[17] 2. Der Senat beantwortet die vorgelegten Rechtsfragen wie aus der Entscheidungsformel ersichtlich.

[18] a) Art. 11 ÜberstÜbk wird durch §§ 48 ff. IRG – insbesondere durch § 54 IRG – nicht verdrängt.

[19] aa) Dies folgt bereits aus § 1 Abs. 3 IRG, wonach Regelungen in völkerrechtlichen Vereinbarungen den Vorschriften des IRG vorgehen, soweit sie – wie das Überstellungsübereinkommen (vgl. BGBl. II (1991), S. 1006) – unmittelbar anwendbares staatliches Recht geworden sind (vgl. auch OLG Nürnberg, Beschluss vom 18. November 2009 – 1 Ws 306/09, juris, Rn. 18; OLG Schleswig, NStZ 2004, 406, 407; OLG Stuttgart, NStZ-RR 2005, 383, 384; Schomburg/Lagodny/Gleß/Hackner, Internationale Rechtshilfe in Strafsachen, 5. Aufl., § 54 IRG, Rn. 1b).

[20] bb) Aus der vom Oberlandesgericht Hamm in Bezug genommenen Erklärung Deutschlands zu Art. 3 Abs. 3 ÜberstÜbk ergibt sich nichts anderes.

[21] Sie lautet:

> *„Die Bundesrepublik Deutschland wird die Vollstreckung von Sanktionen nur unter der Voraussetzung übernehmen, daß ein deutsches Gericht das im Urteilsstaat ergangene Urteil für vollstreckbar erklärt hat. Für die Prüfung, ob die Voraussetzungen für die Übernahme der Vollstreckung erfüllt sind, legt das Gericht die im Urteil enthaltenen Tatsachenfeststellungen und rechtlichen Schlußfolgerungen zugrunde" (BGBl. II (1992), S. 97).*

[22] Eine Aussage, wonach kollidierenden Bestimmungen der §§ 48 ff. IRG entgegen § 1 Abs. 3 IRG der Vorrang vor den Regelungen des ÜberstÜbk zukomme, ist mit dieser Erklärung nicht verbunden:

[23] Dies folgt bereits daraus, dass Art. 3 Abs. 3 ÜberstÜbk die Unterzeichnerstaaten lediglich dazu ermächtigt, die Anwendung eines der in Art. 9 Abs. 1 lit. a und b ÜberstÜbk vorgesehenen Verfahren – also das sog. Fortsetzungsverfahren oder das Umwandlungsverfahren – auszuschließen. Eine weiter gehende Ermächtigung, etwa bei Abgabe der Erklärung gemäß Art. 3 Abs. 3 ÜberstÜbk Aussagen über das Verhältnis des Überstellungsübereinkommens zu Vorschriften des innerstaatlichen Rechts zu treffen, sieht diese Vorschrift nicht vor.

[24] Zudem enthält die Erklärung zu Art. 3 Abs. 3 ÜberstÜbk – anders als das vorlegende Oberlandesgericht meint – auch keine Aussage über das Rangverhältnis zwischen diesem Übereinkommen und dem Gesetz über die Internationale Rechtshilfe in Strafsachen. Geregelt ist dort lediglich, dass vor Übernahme der Vollstreckung ein deutsches Gericht das im Urteilsstaat ergangene Urteil für vollstreckbar zu erklären und bei der Prüfung, ob die Voraussetzungen für die Übernahme der Vollstreckung erfüllt sind, die im (ausländischen) Urteil enthaltenen Tatsachenfeststellungen und rechtlichen Schlussfolgerungen zugrunde zu legen hat.

Der **Europäische Haftbefehl** erfasst lediglich die in dem betreffen Verfahren **gegenständlichen Straftaten.** Soweit um eine Auslieferung zur Vollstreckung einer anderen mit rechtskräftigen Urteil verhängten Freiheitsstrafe der ausliefernde Staat nicht ersucht und dementsprechend keine Zustimmung erteilt worden ist, sowie der Angeklagte nicht auf die Beachtung des Spezialitätengruzndsatzes verzichtet hat, besteht insoweit ein Vollstgreckungshindernis, so dass auch eine **Einbeziehung in eine Gesamtstrafe nicht zulässig** ist.[677] **682**

[677] BGH, Beschluss vom 25.06.2014 – 1 StR 218/14.

[4] 1. Die genannte Freiheitsstrafe durfte nicht in die zweijährige Gesamtfreiheitsstrafe einbezogen werden.

[5] a) Der Einbeziehung steht der das Auslieferungsrecht beherrschende Grundsatz der Spezialität (Art. 14 des Europäischen Auslieferungsübereinkommens, Art. 83h Abs. 1 IRG) entgegen.

[6] Wie der Generalbundesanwalt in seiner Antragsschrift vom 13. Mai 2014 zutreffend ausgeführt hat, ist die Angeklagte aufgrund eines durch das Amtsgericht Traunstein (5 Gs) am 25. Januar 2012 erlassenen Europäischen Haftbefehls in Irland festgenommen und aufgrund einer am 14. Oktober 2013 ergangenen Entscheidung des High Courts der Republik Irland ausgeliefert worden (vgl. Sachakten Band II S. 596). Der genannte Europäische Haftbefehl erfasst lediglich die im hiesigen Verfahren gegenständlichen Straftaten unter Einschluss derjenigen, hinsichtlich derer die Angeklagte freigesprochen worden ist. Um eine Auslieferung zur Vollstreckung der im rechtskräftigen Urteil des Amtsgerichts Rosenheim verhängten Freiheitsstrafe ist die Republik Irland nicht ersucht worden und hat dementsprechend insoweit keine Zustimmung erteilt. Die Angeklagte hat auf die Beachtung des Spezialitätsgrundsatzes auch nicht verzichtet (Sachakten Band II S. 598).

[7] Die Nichtbeachtung des auslieferungsrechtlichen Spezialitätsgrundsatzes bewirkt ein Vollstreckungshindernis (vgl. EuGH, Urteil vom 1. Dezember 2008 – Rs. C-388/08 [Leymann und Pustovarov], NStZ 2010, 35, 38 Rn. 57 mit Anmerkung Heine; BGH, Beschluss vom 7. August 2012 – 1 StR 314/12, NStZ-RR 2012, 345 mwN). Eine wegen dieses Hindernisses nicht vollstreckbare Strafe darf nicht in eine Gesamtstrafe einbezogen werden (BGH, Beschlüsse vom 12. August 1997 – 4 StR 345/97, NStZ 1998, 149 mwN; vom 27. Juli 2011 – 4 StR 303/11, NStZ 2012, 100; vom 4. Februar 2013 – 3 StR 395/12, NStZ-RR 2013, 178; aA – ohne nähere Begründung – Hackner in Schomburg/ Lagodny/Gleß/Hackner, Internationale Rechtshilfe in Strafsachen, 5. Aufl., IRG § 83h Rn. 7 aE).

[8] b) Aus dem Umstand, dass die Vollstreckung der durch das Amtsgericht Rosenheim verhängten Freiheitsstrafe zur Bewährung ausgesetzt worden war, folgt nichts anderes. § 83h Abs. 2 Nr. 3 IRG bestimmt zwar, dass das Verbot des § 83h Abs. 1 IRG nicht gilt, wenn die Strafverfolgung nicht zur Anwendung einer die persönliche Freiheit beschränkenden Maßnahme führt. Wie der Bundesgerichtshof aber bereits entschieden hat, greift die Regelung des § 83h Abs. 2 Nr. 3 IRG bei der Einbeziehung einer für sich genommen zur Bewährung ausgesetzten Freiheitsstrafe in eine nicht aussetzungsfähige Gesamtstrafe nicht ein (BGH, Beschluss vom 27. Juli 2011 – 4 StR 303/11, NStZ 2012, 100). Denn ungeachtet der teilweise verbleibenden Eigenständigkeit der in eine Gesamtstrafe eingestellten Einzelstrafe würde die Berücksichtigung der selbständig wegen der Geltung des Spezialitätsgrundsatzes nicht vollstreckbaren Einzelstrafe in einer Gesamtstrafe insgesamt zu der Vollstreckung „einer die persönliche Freiheit beschränkenden Maßnahme“ führen, deren Teil die nicht zulässig vollstreckbare Freiheitsstrafe wäre (BGH, aaO). Eine Einbeziehung der fraglichen Einzelfreiheitsstrafe kommt daher erst dann in Betracht, wenn eine Bewilligung durch die Republik Irland, etwa im Rahmen eines Nachtragsersuchens, oder ein Verzicht (§ 83h Abs. 2 Nr. 5 und Abs. 3 IRG) auf die Anwendung des Spezialitätsgrundsatzes seitens der Angeklagten erklärt würde.

[9] 2. Da die Strafe aus dem Urteil des Amtsgerichts Rosenheim nicht vollstreckbar und damit (derzeit) nicht in eine Gesamtstrafe einbezogen werden kann, entfaltet sie keine Zäsurwirkung (vgl. BGH, Beschluss vom 12. August 1997 – 4 StR 345/97, NStZ 1998, 149 mwN; siehe auch BGH, Beschluss vom 7. März 2006 – 5 StR

58/06, StraFo 2006, 246). Der Senat verweist die Sache daher zur Bildung einer neuen Gesamtstrafe aus den für die 16 verfahrensgegenständlichen Betrugstaten verhängten Einzelstrafen zurück. Angesichts des dem Landgericht lediglich unterlaufenen Wertungsfehlers bei der bisherigen Gesamtstrafenbildung bedarf es der Aufhebung der zur Gesamtstrafe getroffenen Feststellungen nicht.

[10] Sollte die Strafe aus dem Urteil des Amtsgerichts Rosenheim zu einem späteren Zeitpunkt, etwa nach einem Nachtragsersuchen an die Republik Irland, vollstreckbar werden, so wären gemäß § 460 StPO aus dieser Strafe und aus den im hiesigen Verfahren festgesetzten Einzelstrafen (unter Auflösung der Gesamtstrafe) nachträglich neue Gesamtstrafen zu bilden (vgl. BGH, Beschlüsse vom 12. August 1997 – 4 StR 345/97, NStZ 1998, 149 sowie vom 27. Juli 2011 – 4 StR 303/11, NStZ 2012, 100).

1. Dem Gerichtshof der Europäischen Union wird zur Auslegung der Richtlinie **683**
2001/83/EG des Europäischen Parlaments und des Rates vom 6. November 2001 zur Schaffung eines Gemeinschaftskodexes für Humanarzneimittel (ABl. EG Nr. L 311 vom 28. November 2001, S. 67) in der durch die Richtlinie 2004/27/EG des Europäischen Parlaments und des Rates vom 31. März 2004 zur Änderung der Richtlinie 2001/83/EG (ABl. EG Nr. L 136 vom 30. April 2004, S. 34) geltenden Fassung gemäß Art. 267 des Vertrags über die Arbeitsweise der Europäischen Union (AEUV) folgende Frage zur Vorabentscheidung vorgelegt:

> Ist Art. 1 Nr. 2 Buchstabe b der Richtlinie 2001/83/EG vom 6. November 2001 in der durch die Richtlinie 2004/27/EG vom 31. März 2004 geänderten Fassung dahin auszulegen, dass **Stoffe oder Stoffzusammensetzungen** im Sinne dieser Vorschrift, die die **menschlichen physiologischen Funktionen lediglich beeinflussen** – also nicht wiederherstellen oder korrigieren –, **nur dann als Arzneimittel** anzusehen sind, wenn sie einen **therapeutischen Nutzen** haben oder jedenfalls eine Beeinflussung der körperlichen Funktionen zum Positiven hin bewirken? Fallen mithin Stoffe oder Stoffzusammensetzungen, die allein wegen ihrer – einen Rauschzustand hervorrufenden – psychoaktiven Wirkungen konsumiert werden und dabei einen jedenfalls gesundheitsgefährdenden Effekt haben, nicht unter den Arzneimittelbegriff der Richtlinie?

2. Das Revisionsverfahren wird bis zur Entscheidung des Gerichtshofs der Europäischen Union über die Vorlagefrage ausgesetzt.[678]

[2] 1. Dem Revisionsverfahren liegt im Wesentlichen folgender Sachverhalt zugrunde:

[3] Der Angeklagte bestellte und verkaufte von Mai 2010 bis Mai 2011 zunächst allein über seinen Onlineshop und von Oktober 2012 bis November 2012 nach dessen Aufgabe mit einem Mittäter fertig verpackte Tütchen mit bis zu 3 g Kräutermischungen aus getrocknetem Pflanzenmaterial, dem verschiedene dem deutschen Betäubungsmittelgesetz (BtMG) zum damaligen Zeitpunkt noch nicht unterfallende, synthetische Cannabinoide (unter anderem JHW-081, JHW-210, RCS-04, MAM-2201, UR-144) zugesetzt waren. Diese lösen den typischen Wirkungen von Cannabisprodukten entsprechende psychische und physische Wirkungen aus wie etwa Enthemmung bei gleichzeitiger Sedierung, Unkonzentriertheit, grob- und feinmotorische

[678] BGH, Beschluss vom 8.04.2014 – 5 StR 107/14.

Störungen sowie trockene Schleimhäute. Zudem weisen sie gegenüber Tetrahydrocannabinol (THC) eine deutlich erhöhte Rezeptoraffinität auf. Der Angeklagte wusste, dass seine Kunden die Kräutermischungen erwarben, um diese zu Rauschzwecken zu konsumieren, und dass seine Produkte auch die gewünschte berauschende (marihuanaähnliche) Wirkung hatten. Eine positive Wirkung, etwa einen therapeutischen oder prophylaktischen Nutzen, hatten die synthetischen Cannabinoide nicht. Vielmehr waren sie gesundheitsgefährdend.

[4] 2. Nach Auffassung des Landgerichts hat sich der Angeklagte des vorsätzlichen Inverkehrbringens bedenklicher Arzneimittel in 87 Fällen gemäß § 95 Abs. 1 Nr. 1, § 5 Abs. 1, § 4 Abs. 17 des deutschen Arzneimittelgesetzes (AMG) schuldig gemacht.

[5] 3. Mit seiner Revision wendet sich der Angeklagte gegen seine Verurteilung und rügt, ohne dies näher auszuführen, die Verletzung sachlichen Rechts.

[6] 4. Der Senat erachtet die Beantwortung der – bereits in dem Vorabentscheidungsersuchen des 3. Strafsenats des Bundesgerichtshofs vom 28. Mai 2013 (3 StR 437/12) gestellten und hierzu identischen – Vorlagefrage für seine Entscheidung über die Revision als erforderlich und erheblich. Eine Strafbarkeit des Angeklagten nach § 95 Abs. 1 Nr. 1 AMG kommt nur dann in Betracht, wenn auch solche Stoffe und Stoffzubereitungen Arzneimittel im Sinne des § 2 Abs. 1 AMG darstellen können, die keinen therapeutischen Nutzen haben oder die körperlichen Funktionen nicht im Sinne einer Besserung beeinflussen, sondern ausschließlich gesundheitsschädlich wirken. Der Senat legt die Frage deshalb dem Gerichtshof der Europäischen Union gemäß Art. 267 Abs. 1 lit. b, Abs. 3 AEUV zur Vorabentscheidung vor. Er nimmt wegen der Einzelheiten auf den in der Anlage beigefügten Beschluss des 3. Strafsenats vom 28. Mai 2013 (3 StR 437/12) Bezug.

Register der BVerfG-Entscheidungen (chronologisch)

(EA = Einstweilige Anordnung; K = Kammerbeschluss; U = Urteil)

Art	Datum	Aktenzeichen	Fußnote
U	19.03.2013	2 BvR 2628/10	418, 502
U	19.03.2013	2 BvR 2883/10	418, 502
U	19.03.2013	2 BvR 2155/11	418, 502
K	22.01.2014	2 BvR 1100/12	670
K	22.01.2014	2 BvR 2248/13	458
K	22.01.2014	2 BvR 2301/13	458
K	17.02.2014	2 BvR 1795/12	158
K	17.02.2014	2 BvR 1852/13	158
K	27.02.2014	2 BvR 261/14	499
K	02.03.2014	2 BvR 53/13	442
K	04.03.2014	2 BvR 1020/13	116
K	13.03.2014	2 BvR 974/12	452
K	13.05.2014	2 BvR 9/10	453
K	26.06.2014	2 BvR 2699/10	422
K	27.06.2014	2 BvR 429/12	338
K	30.06.2014	2 BvR 792/11	599, 619
K	30.07.2014	2 BvR 1457/14	459
K	25.08.2014	2 BvR 2048/13	420, 505
K	26.08.2014	2 BvR 2172/13	420, 506
K	06.10.2014	2 BvR 1568/12	422
K	06.10.2014	2 BvR 1569/12	620
EA	14.10.2014	2 BvR 2343/14	109
K	30.10.2014	2 BvR 1513/14	460
K	06.11.2014	2 BvR 2928/10	451

Register der BVerfG-Entscheidungen (nach Aktenzeichen)

(EA = Einstweilige Anordnung; K = Kammerbeschluss; U = Urteil)

Art	Datum	Aktenzeichen	Fußnote
K	13.05.2014	2 BvR 9/10	453
U	19.03.2013	2 BvR 2628/10	418, 502
K	26.06.2014	2 BvR 2699/10	422
U	19.03.2013	2 BvR 2883/10	418, 502
K	06.11.2014	2 BvR 2928/10	451
K	30.06.2014	2 BvR 792/11	599, 619
U	19.03.2013	2 BvR 2155/11	418, 502
K	27.06.2014	2 BvR 429/12	338
K	13.03.2014	2 BvR 974/12	452
K	22.01.2014	2 BvR 1100/12	670
K	06.10.2014	2 BvR 1568/12	422
K	06.10.2014	2 BvR 1569/12	620
K	17.02.2014	2 BvR 1795/12	158
K	02.03.2014	2 BvR 53/13	442
K	04.03.2014	2 BvR 1020/13	116
K	17.02.2014	2 BvR 1852/13	158
K	25.08.2014	2 BvR 2048/13	420, 505
K	26.08.2014	2 BvR 2172/13	420, 506
K	22.01.2014	2 BvR 2248/13	458
K	22.01.2014	2 BvR 2301/13	458
K	27.02.2014	2 BvR 261/14	499
K	30.07.2014	2 BvR 1457/14	459
K	30.10.2014	2 BvR 1513/14	460
EA	14.10.2014	2 BvR 2343/14	109

Register der BGH-Entscheidungen (chronologisch)

(B = Beschluss; U = Urteil; V = Verfügung)

Art	Datum	Aktenzeichen	Fußnote
U	29.04.1997	1 StR 511/95	4
U	01.04.2010	4 StR 637/09	1
B	10.01.2012	5 StR 517/11	4, 5
B	07.02.2012	5 StR 545/11	4
B	26.02.2012	1 StR 351/13	625
B	29.05.2012	1 StR 59/12	6
B	31.07.2012	4 StR 238/12	1
B	20.11.2012	4 StR 443/12	589
B	12.12.2012	2 StR 397/12	520
U	13.12.2012	4 StR 271/11	554
B	18.12.2012	3 StR 458/12	592
B	20.12.2012	4 StR 292/12	234
B	22.01.2013	1 StR 557/12	1
U	30.01.2013	2 StR 55/12	582
U	30.01.2013	2 StR 453/12	546
U	05.02.2013	1 StR 405/12	554
B	13.02.2013	4 StR 557/12	7
B	19.02.2013	2 StR 239/13	635
B	28.02.2013	4 StR 537/12	101
B	05.03.2013	1 StR 73/13	402
B	12.03.2013	1 StR 116/14	13
B	12.03.2013	2 StR 34/13	582
B	10.04.2013	4 StR 296/12	629
B	11.04.2013	2 StR 525/11	626
B	11.04.2013	5 StR 113/13	5, 228
B	23.04.2013	4 StR 485/12	546
U	25.04.2013	4 StR 418/12	350
B	02.05.2013	1 StR 137/13	444
U	04.06.2013	1 StR 32/13	410
B	04.06.2013	2 StR 59/13	321
B	12.06.2013	2 StR 608/12	361
B	18.06.2013	2 StR 75/13	18
U	27.06.2013	3 StR 435/12	461
U	27.06.2013	3 StR 113/13	539
B	02.07.2013	2 StR 631/12	438
B	08.07.2013	1 StR 557/12	627
B	08.07.2013	5 StR 279/13	94

Art	Datum	Aktenzeichen	Fußnote
U	09.07.2013	5 StR 181/13	306
B	10.07.2013	1 StR 278/13	591
U	10.07.2013	2 StR 47/13	421, 503
B	10.07.2013	2 StR 116/13	661
B	11.07.2013	3 StR 149/13	663
U	17.07.2013	2 StR 176/13	216
B	17.07.2013	2 StR 259/13	350
B	22.07.2013	1 StR 189/14	392
B	25.07.2013	3 StR 143/13	363
B	21.08.2013	2 StR 311/13	537
B	27.08.2013	2 StR 87/13	630
U	04.09.2013	5 StR 152/13	554
B	12.09.2013	2 StR 226/13	66
B	12.09.2013	4 StR 503/12	404
B	16.09.2013	1 StR 264/13	590
B	17.09.2013	1 StR 372/12	386
B	24.09.2013	4 StR 324/13	332
B	01.10.2013	1 StR 312/13	393
U	09.10.2013	2 StR 119/13	188
B	10.10.2013	2 StR 64/13	26
B	15.10.2013	3 StR 215/13	115
B	15.10.2013	3 StR 224/13	170
B	15.10.2013	3 StR 282/13	65
B	15.10.2013	StB 16/13	417
B	17.10.2013	3 StR 167/13	323
U	22.10.2013	1 StR 210/13	151
B	22.10.2013	3 StR 69/13	283
U	23.10.2013	2 StR 343/13	125
B	24.10.2013	2 ARs 319/13	351
B	24.10.2013	3 StR 349/13	115
U	05.11.2013	1 StR 387/13	51
B	07.11.2013	4 StR 340/13	250
B	12.11.2013	3 StR 135/13	629
B	12.11.2013	3 StR 313/13	265
B	13.11.2013	2 StR 455/13	41, 384
U	14.11.2013	3 StR 336/13	326
U	18.11.2013	1 StR 594/13	124
B	19.11.2013	2 StR 379/13	498, 606
B	19.11.2013	2 StR 468/13	106
B	19.11.2013	2 StR 494/13	85
B	19.11.2013	4 StR 292/13	309
B	19.11.2013	4 StR 480/13	71
B	20.11.2013	1 StR 476/13	545
B	20.11.2013	1 StR 544/13	395
B	20.11.2013	2 StR 427/13	206
U	20.11.2013	2 StR 460/13	557

Art	Datum	Aktenzeichen	Fußnote
B	20.11.2013	3 StR 325/13	30
B	20.11.2013	4 StR 441/13	665
B	21.11.2013	2 StR 459/13	213
B	21.11.2013	2 StR 477/13	11
B	22.11.2013	3 StR 162/13	300, 601, 664
B	26.11.2013	3 StR 217/13	82
B	26.11.2013	3 StR 261/13	266
B	26.11.2013	3 StR 331/13	43
B	26.11.2013	3 StR 387/13	12
B	27.11.2013	2 StR 482/13	655
U	27.11.2013	3 StR 5/13	415
B	29.11.2013	1 StR 200/13	574
U	03.12.2013	1 StR 53/13	165
B	03.12.2013	1 StR 412/13	443
B	03.12.2013	1 StR 521/13	624
B	03.12.2013	1 StR 526/13	316
B	03.12.2013	1 StR 579/13	397
B	03.12.2013	2 StR 283/13	490
B	03.12.2013	2 StR 410/13	518
B	03.12.2013	4 StR 404/13	98, 366
B	04.12.2013	1 StR 106/13	414
U	04.12.2013	2 StR 2/13	193
B	04.12.2013	4 StR 367/13	260
B	04.12.2013	4 StR 422/13	273
B	05.12.2013	2 StR 387/13	603
U	05.12.2013	4 StR 371/13	556
B	10.12.2013	5 StR 387/13	38
B	11.12.2013	2 StR 478/13	60
B	11.12.2013	3 StR 302/13	294
B	11.12.2013	5 StR 489/12	625
U	11.12.2013	5 StR 240/13	381
B	11.12.2013	5 StR 586/13	76
U	12.12.2013	3 StR 531/12	675
B	12.12.2013	3 StR 210/13	513
U	12.12.2013	5 StR 444/13	379
B	17.12.2013	2 ARs 354/13	624
B	17.12.2013	2 StR 335/13	617
B	17.12.2013	4 StR 261/13	102
B	17.12.2013	4 StR 374/13	491
B	18.12.2013	4 StR 356/13	105
B	18.12.2013	4 StR 390/13	564
B	18.12.2013	4 StR 469/13	28
B	18.12.2013	4 StR 501/13	104
B	19.12.2013	2 StR 164/11	626
B	19.12.2013	2 StR 534/13	15
U	19.12.2013	4 StR 300/13	344

Art	Datum	Aktenzeichen	Fußnote
U	19.12.2013	4 StR 302/13	376
U	19.12.2013	4 StR 303/13	377
U	19.12.2013	4 StR 347/13	46, 244
B	07.01.2014	5 StR 613/13	666
B	08.01.2014	2 StR 514/13	58
B	08.01.2014	3 StR 272/13	65
B	08.01.2014	3 StR 318/13	69, 383
B	08.01.2014	3 StR 372/13	635
B	08.01.2014	3 StR 419/13	447
B	08.01.2014	5 StR 542/13	365
B	08.01.2014	5 StR 596/13	70
B	08.01.2014	5 StR 602/13	117
B	08.01.2014	5 StR 614/13	611
B	13.01.2014	4 ARs 9/13	676
B	14.01.2014	1 StR 531/13	155
B	14.01.2014	1 StR 628/13	325
B	14.01.2014	2 StR 187/13	173
B	14.01.2014	2 StR 200/13	628
B	14.01.2014	4 StR 441/13	628
B	14.01.2014	4 StR 453/13	236
B	14.01.2014	4 StR 529/13	607
B	15.01.2014	1 StR 302/13	511
B	15.01.2014	1 StR 379/13	483
B	15.01.2014	1 StR 648/13	396
B	15.01.2014	4 StR 346/13	575
B	15.01.2014	4 StR 509/13	241
B	16.01.2014	1 StR 389/13	215, 231, 341, 342
U	16.01.2014	4 StR 370/13	472, 478
U	16.01.2014	4 StR 496/13	127, 153
B	21.01.2014	1 StR 664/13	355
B	21.01.2014	2 StR 434/13	642
B	21.01.2014	2 StR 650/13	128
B	21.01.2014	3 StR 388/13	636
B	21.01.2014	5 AR (VS) 29/13	667
B	21.01.2014	5 StR 87/13	629
B	21.01.2014	5 StR 240/13	629
U	22.01.2014	2 StR 314/13	530
U	22.01.2014	2 StR 479/13	337
U	22.01.2014	5 StR 468/12	40
B	22.01.2014	5 StR 555/13	388
B	23.01.2014	2 StR 637/13	217
B	23.01.2014	3 StR 365/13	304
B	23.01.2014	3 StR 373/13	162
U	23.01.2014	3 StR 373/13	548
B	23.01.2014	KRB 48/13	454
B	27.01.2014	4 StR 376/13	441

Art	Datum	Aktenzeichen	Fußnote
B	27.01.2014	4 StR 565/13	28
U	28.01.2014	1 StR 494/13	232, 341
B	28.01.2014	2 StR 495/12	278
B	28.01.2014	4 StR 592/13	553
B	28.01.2014	4 StR 528/14	320
B	29.01.2014	1 StR 469/13	400
B	29.01.2014	1 StR 523/13	517
B	29.01.2014	1 StR 561/13	391
B	29.01.2014	1 StR 589/13	57
B	29.01.2014	1 StR 654/13	192
B	29.01.2014	1 StR 699/13	167
B	29.01.2014	4 StR 254/13	515
B	30.01.2014	1 StR 506/13	646
B	30.01.2014	2 ARs 384/13	625
B	04.02.2014	2 StR 487/13	467
B	04.02.2014	2 StR 533/13	471
B	04.02.2014	3 StR 347/13	305
U	04.02.2014	3 StR 451/13	152
B	04.02.2014	5 StR 640/13	137
B	05.02.2014	1 StR 422/13	398
B	05.02.2014	1 StR 527/13	585
B	05.02.2014	1 StR 706/13	501
B	05.02.2014	1 StR 693/14	345
B	06.02.2014	1 StR 577/13	399
B	06.02.2014	1 StR 578/13	399
U	06.02.2014	3 StR 315/13	203
B	11.02.2014	1 StR 355/13	612
U	11.02.2014	1 StR 485/13	210
B	11.02.2014	4 StR 73/10	673
B	11.02.2014	4 StR 437/13	93, 449
B	11.02.2014	4 StR 520/13	331
B	11.02.2014	4 StR 522/13	249
B	11.02.2014	4 StR 551/13	385
B	12.02.2014	1 StR 601/13	113
B	12.02.2014	1 StR 10/14	86
U	12.02.2014	2 StR 308/13	472, 538, 657
B	12.02.2014	4 StR 556/13	440
B	13.02.2014	1 StR 336/13	169
U	13.02.2014	1 StR 423/13	508
B	13.02.2014	4 StR 468/13	423
B	13.02.2014	4 StR 506/13	27
B	17.02.2014	1 StR 405/13	626
B	17.02.2014	3 StR 7/14	49
B	18.02.2014	2 StR 391/13	175
B	18.02.2014	2 StR 623/13	145, 549
B	18.02.2014	2 StR 3/14	369

Art	Datum	Aktenzeichen	Fußnote
B	18.02.2014	3 StR 442/13	100
B	18.02.2014	5 StR 41/14	265
B	18.02.2014	KRB 12/13	565
B	18.02.2014	StB 8/13	469
B	19.02.2014	2 ARs 207/13	625
U	19.02.2014	2 StR 413/13	387
B	19.02.2014	2 StR 558/13	97
B	19.02.2014	5 StR 510/13	303
B	20.02.2014	2 StR 563/13	360
U	20.02.2014	3 StR 178/13	308
U	20.02.2014	3 StR 289/13	509
B	25.02.2014	1 StR 657/13	600
B	25.02.2014	1 StR 40/14	568
B	25.02.2014	4 StR 544/13	275
B	25.02.2014	4 StR 567/13	267
B	26.02.2014	1 StR 698/13	631
B	26.02.2014	4 StR 564/13	155
B	26.02.2014	4 StR 577/13	140
B	26.02.2014	4 StR 584/13	256
B	26.02.2014	4 StR 27/14	543
B	26.02.2014	4 StR 40/14	23
B	27.02.2014	1 StR 200/13	621
B	27.02.2014	1 StR 367/13	33, 446
B	27.02.2014	1 StR 15/14	285
B	27.02.2014	4 StR 498/13	457
U	05.03.2014	2 StR 616/12	290
B	05.03.2014	2 StR 367/13	17
U	05.03.2014	2 StR 496/13	78
U	05.03.2014	2 StR 503/14	638
B	05.03.2014	3 StR 12/14	131, 137
B	06.03.2014	3 StR 363/13	519, 578
B	06.03.2014	3 StR 44/14	613
B	06.03.2014	4 StR 553/13	439
U	11.03.2014	1 StR 655/13	150
B	11.03.2014	1 StR 711/13	497, 605
B	11.03.2014	1 StR 735/13	24
B	11.03.2014	4 StR 479/13	296
B	11.03.2014	4 StR 36/14	26
U	11.03.2014	5 StR 563/13	147
B	11.03.2014	5 StR 630/13	480
U	11.03.2014	5 StR 649/13	529
U	11.03.2014	5 StR 19/14	74
B	11.03.2014	5 StR 20/14	233
B	11.03.2014	5 StR 29/14	81
B	11.03.2014	5 StR 70/14	520
B	12.03.2014	1 StR 605/13	560

Art	Datum	Aktenzeichen	Fußnote
B	12.03.2014	1 StR 74/14	448, 572
B	12.03.2014	2 ARs 434/13	652
B	12.03.2014	2 StR 436/13	144
B	12.03.2014	2 StR 604/13	117
B	12.03.2014	4 StR 562/13	197
B	12.03.2014	4 StR 572/13	139
B	12.03.2014	4 StR 4/14	536
B	12.03.2014	5 StR 69/14	64
B	13.03.2014	2 StR 516/13	474
B	13.03.2014	2 StR 4/14	111
U	13.03.2014	4 StR 445/13	494
U	13.03.2014	4 StR 15/14	555
B	18.03.2014	2 StR 448/13	490
B	18.03.2014	3 StR 1/14	195
B	18.03.2014	3 StR 79/14	142
B	19.03.2014	2 StR 445/13	211
U	19.03.2014	2 StR 458/13	10
U	19.03.2014	2 StR 596/13	112
B	20.03.2014	2 StR 584/13	382
B	20.03.2014	2 StR 27/14	649
U	20.03.2014	3 StR 304/13	528
B	20.03.2014	3 StR 353/13	328
B	20.03.2014	3 StR 375/13	358
B	20.03.2014	3 StR 408/13	476
U	20.03.2014	3 StR 424/13	19
U	20.03.2014	3 StR 429/13	368
B	20.03.2014	3 StR 20/14	636
B	20.03.2014	3 StR 28/14	172
B	23.03.2014	3 StR 33/14	645
B	24.03.2014	5 StR 2/14	485
U	25.03.2014	1 StR 630/13	45
B	25.03.2014	1 StR 86/14	443, 445
B	25.03.2014	3 StR 11/14	130
B	26.03.2014	1 StR 35/14	171
B	26.03.2014	2 StR 202/13	89
B	26.03.2014	2 StR 274/13	500
B	26.03.2014	2 StR 505/13	80
B	26.03.2014	5 StR 628/13	625
B	26.03.2014	5 StR 45/14	137
B	26.03.2014	5 StR 91/14	79
B	26.03.2014	5 StR 119/14	372
B	27.03.2014	1 StR 24/14	270
B	27.03.2014	1 StR 106/14	202
U	27.03.2014	3 StR 342/13	299
B	27.03.2014	3 StR 103/14	274
B	27.03.2014	4 StR 341/13	286

Art	Datum	Aktenzeichen	Fußnote
B	27.03.2014	4 StR 20/14	357
B	01.04.2014	2 StR 603/13	147
B	01.04.2014	StBSt (B) 2/13	624
U	02.04.2014	2 StR 349/13	59, 276
U	02.04.2014	2 StR 554/13	554
B	03.04.2014	2 StR 643/13	30
B	08.04.2014	1 StR 126/14	72
B	08.04.2014	5 StR 107/14	678
B	09.04.2014	1 StR 612/13	512
B	09.04.2014	5 StR 65/14	238, 551
B	09.04.2014	5 StR 106/14	56
B	10.04.2014	1 StR 649/13	311
U	10.04.2014	4 StR 47/14	120
U	10.04.2014	5 StR 37/14	143
B	10.04.2014	StB 4/14	114
B	15.04.2014	2 StR 160/12	624
B	15.04.2014	2 StR 545/13	205
B	15.04.2014	2 StR 566/13	258
B	15.04.2014	2 StR 626/13	534
B	15.04.2014	3 StR 48/14	10
B	15.04.2014	3 StR 69/14	633
B	15.04.2014	3 StR 89/14	513
B	15.04.2014	3 StR 92/14	264
U	16.04.2014	1 StR 516/13	318
U	16.04.2014	1 StR 638/13	319
B	16.04.2014	2 StR 435/13	293
U	16.04.2014	2 StR 608/13	61, 240
B	17.04.2014	2 StR 405/12	11
B	17.04.2014	2 StR 2/14	633
U	17.04.2014	3 StR 27/14	492
U	17.04.2014	3 StR 84/14	533, 538
B	17.04.2014	3 StR 133/14	67
B	24.04.2014	4 StR 479/13	437, 623
B	24.04.2014	5 StR 551/11	672
B	24.04.2014	5 StR 113/14	535
B	24.04.2014	5 StR 123/14	359
B	25.04.2014	1 StR 13/13	298, 429, 430, 662
B	29.04.2014	2 StR 616/13	68
B	29.04.2014	2 StR 636/13	103
B	29.04.2014	3 StR 21/14	223
B	29.04.2014	3 StR 24/14	588
B	29.04.2014	3 StR 171/14	126
B	30.04.2014	1 StR 53/13	659
B	30.04.2014	2 ARs 365/13	622
U	30.04.2014	2 StR 383/12	214
B	05.05.2014	1 StR 82/14	600

Art	Datum	Aktenzeichen	Fußnote
B	06.05.2014	3 StR 382/13	149
B	06.05.2014	3 StR 134/14	32
B	06.05.2014	3 StR 407/13	189
B	06.05.2014	4 StR 503/13	194
B	06.05.2014	4 StR 88/14	63
B	06.05.2014	4 StR 114/14	610
B	06.05.2014	5 StR 99/14	434
B	06.05.2014	5 StR 160/14	477
B	06.05.2014	5 StR 161/14	479, 608
B	06.05.2014	5 StR 168/14	120
B	06.05.2014	5 StR 170/14	31
B	07.05.2014	1 StR 150/14	284
B	07.05.2014	2 StR 506/13	493
B	07.05.2014	4 StR 82/14	27
B	07.05.2014	4 StR 95/14	322
B	07.05.2014	4 StR 105/14	22
B	07.05.2014	4 StR 109/14	584
U	07.05.2014	5 StR 133/14	135
B	07.05.2014	5 StR 141/14	21
U	08.05.2014	1 StR 722/13	554
B	08.05.2014	1 StR 726/13	432
U	08.05.2014	3 StR 243/13	187
B	08.05.2014	4 StR 115/14	166
B	13.05.2014	2 ARs 163/13	624
B	14.05.2014	2 ARs 64/14	425
U	14.05.2014	2 StR 275/13	237, 540
B	14.05.2014	2 StR 465/13	259
U	14.05.2014	2 StR 465/13	517
B	14.05.2014	2 StR 475/13	486
B	14.05.2014	2 StR 556/13	218
B	14.05.2014	2 StR 23/14	243
B	14.05.2014	3 StR 398/13	164
B	14.05.2014	3 StR 130/14	561
B	15.05.2014	2 ARs 118/14	427
B	15.05.2014	2 StR 581/13	25
B	15.05.2014	2 StR 1/14	527
U	15.05.2014	3 StR 386/13	138
B	15.05.2014	3 StR 149/14	33
U	20.05.2014	1 StR 610/13	389
B	20.05.2014	1 StR 90/14	134
B	20.05.2014	4 StR 133/14	36
B	20.05.2014	4 StR 143/14	302
B	20.05.2014	4 StR 146/14	145
B	20.05.2014	5 StR 531/13	569
B	20.05.2014	5 StR 173/14	146, 544, 563
B	21.05.2014	4 StR 70/14	262, 307

Art	Datum	Aktenzeichen	Fußnote
B	21.05.2014	4 StR 144/14	616
B	22.05.2014	4 StR 223/13	349
U	22.05.2014	4 StR 430/13	295
B	22.05.2014	4 StR 514/13	373
B	27.05.2014	2 StR 354/13	343
B	27.05.2014	2 StR 428/13	615
B	27.05.2014	2 StR 520/13	229
B	27.05.2014	2 StR 606/13	251, 252
B	27.05.2014	3 StR 60/14	226
B	27.05.2014	3 StR 67/14	135
B	27.05.2014	3 StR 113/14	115
B	27.05.2014	3 StR 2137/14	352
U	28.05.2014	2 StR 437/13	289
U	28.05.2014	2 StR 70/14	546
B	28.05.2014	3 StR 206/13	313
B	28.05.2014	3 StR 67/14	137
B	28.05.2014	3 StR 196/14	462
B	03.06.2014	4 StR 150/14	651
B	03.06.2014	4 StR 173/14	257
B	03.06.2014	5 StR 199/14	640
B	03.06.2014	KRB 2/14	408
B	04.06.2014	2 StR 656/13	522
B	04.06.2014	2 StR 31/14	654
B	04.06.2014	4 StR 168/14	24
B	04.06.2014	5 StR 494/13	354
B	04.06.2014	5 StR 219/14	156
U	05.06.2014	2 StR 624/12	489
U	05.06.2014	2 StR 381/13	507
U	05.06.2014	4 StR 439/13	552
B	05.06.2014	5 StR 139/14	624
B	10.06.2014	3 StR 57/14	562
U	11.06.2014	2 StR 489/13	431
U	11.06.2014	2 StR 90/14	596
U	11.06.2014	2 StR 117/14	220
B	12.06.2014	3 StR 139/14	614
U	12.06.2014	3 StR 154/14	531
B	16.06.2014	4 StR 21/14	297
B	16.06.2014	4 StR 111/14	119
U	16.06.2014	5 StR 60/14	227
B	17.06.2014	2 StR 658/13	291
B	17.06.2014	2 StR 65/14	168
B	17.06.2014	4 StR 71/14	406
B	17.06.2014	4 StR 171/14	121
B	17.06.2014	5 StR 216/14	277
B	17.06.2014	5 StR 240/14	577
B	17.06.2014	5 StR 244/14	571

Art	Datum	Aktenzeichen	Fußnote
B	18.06.2014	4 StR 128/14	160
B	18.06.2014	4 StR 217/14	635
B	18.06.2014	5 StR 65/14	625
U	18.06.2014	5 StR 98/14	559
B	24.06.2014	1 ARs 14/14	279
B	24.06.2014	1 StR 162/14	154
B	24.06.2014	2 StR 73/14	263
B	24.06.2014	3 StR 168/14	84, 242
B	24.06.2014	3 StR 185/14	521
B	24.06.2014	3 StR 194/14	496, 604
B	24.06.2014	3 StR 207/14	354
U	24.06.2014	3 StR 223/14	327
B	24.06.2014	3 StR 237/14	115
B	25.06.2014	1 StR 723/13	625
B	25.06.2014	1 StR 740/13	624
U	25.06.2014	1 StR 92/14	558
B	25.06.2014	1 StR 218/14	677
U	25.06.2014	2 StR 333/13	550
B	26.06.2014	1 StR 166/14	95
B	26.06.2014	2 StR 157/14	55
B	26.06.2014	3 StR 83/14	163
U	01.07.2014	5 StR 134/14	44
B	02.07.2014	1 StR 740/13	465
B	02.07.2014	4 StR 498/13	632
B	02.07.2014	4 StR 188/14	348
U	02.07.2014	4 StR 195/14	75
B	02.07.2014	4 StR 215/14	576
B	02.07.2014	5 StR 182/14	314
U	03.07.2014	4 StR 137/14	47, 556
B	03.07.2014	4 StR 191/14	35
B	03.07.2014	4 StR 240/14	359
B	07.07.2014	2 StR 94/14	529
B	08.07.2014	1 StR 605/13	624
B	08.07.2014	1 StR 29/14	397
B	08.07.2014	1 StR 240/14	391
B	08.07.2014	1 StR 266/14	73
B	08.07.2014	1 StR 605/14	624
B	08.07.2014	2 StR 144/14	269
B	08.07.2014	2 StR 175/14	199
B	08.07.2014	3 StR 198/14	99
B	08.07.2014	3 StR 228/14	230
B	08.07.2014	3 StR 240/14	484
B	08.07.2014	3 StR 276/14	239, 639
B	08.07.2014	3 StR 287/14	132
B	08.07.2014	3 StR 291/14	157
U	09.07.2014	2 StR 13/14	196

Art	Datum	Aktenzeichen	Fußnote
B	10.07.2014	1 StR 247/14	87
B	10.07.2014	2 StR 166/14	208
U	10.07.2014	3 StR 140/14	583
U	10.07.2014	3 StR 210/14	324
B	10.07.2014	3 StR 232/14	107
B	10.07.2014	3 StR 262/14	433, 473
B	14.07.2014	5 StR 217/14	510
B	15.07.2014	4 StR 34/14	587
B	15.07.2014	4 StR 228/14	118
B	15.07.2014	5 StR 169/14	353, 510
B	16.07.2014	5 ARs 39/14	282
B	16.07.2014	5 StR 154/14	245
B	16.07.2014	5 StR 200/14	609
B	16.07.2014	5 StR 290/14	31
U	17.07.2014	4 StR 78/14	595
U	17.07.2014	4 StR 129/14	550
B	17.07.2014	4 StR 158/14	20
B	22.07.2014	1 StR 53/14	455, 456
B	22.07.2014	1 StR 210/14	586
B	22.07.2014	2 StR 84/14	62
B	22.07.2014	3 StR 302/14	450
B	22.07.2014	3 StR 314/14	191
B	23.07.2014	1 StR 47/14	411
B	23.07.2014	1 StR 196/14	394
U	23.07.2014	2 StR 20/14	161
B	23.07.2014	2 StR 104/14	333
B	24.07.2014	2 StR 221/14	315
U	24.07.2014	3 StR 314/13	416
B	24.07.2014	3 StR 176/14	52
B	24.07.2014	3 StR 264/14	525
B	24.07.2014	3 StR 286/14	209
B	29.07.2014	4 StR 126/14	516
U	29.07.2014	5 StR 46/14	176
B	29.07.2014	5 StR 233/14	310
B	29.07.2014	5 StR 286/14	526
B	29.07.2014	5 StR 314/14	597
B	29.07.2014	5 StR 318/14	581
B	29.07.2014	5 StR 326/14	594
B	30.07.2014	2 StR 248/14	475
B	30.07.2014	4 StR 183/14	118
U	31.07.2014	4 StR 147/14	220
B	05.08.2014	1 StR 340/14	224
B	05.08.2014	3 StR 398/13	624
B	05.08.2014	3 StR 138/14	380
B	05.08.2014	3 StR 271/14	118
B	05.08.2014	3 StR 340/14	347

Art	Datum	Aktenzeichen	Fußnote
B	06.08.2014	1 StR 63/14	533
B	06.08.2014	1 StR 333/14	602
B	06.08.2014	2 StR 595/12	625
B	06.08.2014	2 StR 654/13	625, 628
U	06.08.2014	2 StR 60/14	42
B	06.08.2014	2 StR 153/14	110
B	06.08.2014	2 StR 255/14	29
B	07.08.2014	1 StR 198/14	401
B	07.08.2014	2 ARs 273/14	653
B	07.08.2014	3 StR 438/13	413
B	07.08.2014	3 StR 17/14	367
B	07.08.2014	3 StR 105/14	261, 490
U	07.08.2014	3 StR 224/14	557
B	12.08.2014	2 StR 495/13	644
B	12.08.2014	4 StR 174/14	357
U	12.08.2014	5 StR 264/14	37
U	13.08.2014	2 StR 573/13	567, 650
B	13.08.2014	2 StR 128/14	468
B	13.08.2014	4 StR 211/14	634
B	13.08.2014	4 StR 241/14	136
U	14.08.2014	4 StR 163/14	214
B	14.08.2014	5 StR 350/14	524
B	19.08.2014	3 StR 265/13	631
B	19.08.2014	3 StR 88/14	186
B	19.08.2014	3 StR 283/14	428
B	19.08.2014	3 StR 326/14	39
U	20.08.2014	1 StR 605/13	222
B	20.08.2014	3 StR 309/14	405
B	20.08.2014	3 StR 315/14	54
B	21.08.2014	1 StR 13/14	481
B	21.08.2014	1 StR 320/14	152
U	21.08.2014	3 StR 208/14	487
B	21.08.2014	3 StR 245/14	96
B	21.08.2014	3 StR 341/14	133
U	26.08.2014	5 StR 185/14	288
B	26.08.2014	5 StR 358/14	272
B	27.08.2014	4 StR 259/14	190
B	27.08.2014	5 StR 181/14	317
B	28.08.2014	4 StR 330/14	83
U	28.08.2014	5 StR 332/14	225
B	01.09.2014	1 StR 279/14	624
B	02.09.2014	3 StR 325/14	641
U	03.09.2014	1 StR 145/14	362
B	04.09.2014	1 StR 649/13	631
U	04.09.2014	1 StR 75/14	593
B	04.09.2014	1 StR 314/14	301

Art	Datum	Aktenzeichen	Fußnote
B	04.09.2014	1 StR 323/14	625
B	04.09.2014	1 StR 389/14	535
U	04.09.2014	3 StR 437/12	412
U	04.09.2014	4 StR 473/12	247
U	04.09.2014	4 StR 473/13	647
B	09.09.2014	4 ARs 20/14	334
B	09.09.2014	4 ARs 20-1/14	426
B	09.09.2014	4 ARs 20-2/14	426
B	09.09.2014	4 StR 251/14	329, 669
B	09.09.2014	4 StR 367/14	22
B	09.09.2014	5 StR 53/14	435
U	09.09.2014	5 StR 200/14	336
B	09.09.2014	5 StR 381/14	529
B	10.09.2014	5 StR 169/14	630
U	10.09.2014	5 StR 261/14	204
B	10.09.2014	5 StR 351/14	516
B	10.09.2014	5 StR 383/14	371
B	11.09.2014	2 StR 407/13	625
B	11.09.2014	2 StR 269/14	248
B	11.09.2014	4 ARs 12/14	281
B	11.09.2014	4 StR 148/14	108, 514
B	11.09.2014	4 StR 207/14	90
B	11.09.2014	4 StR 312/14	287
B	16.09.2014	1 StR 421/14	598
B	16.09.2014	2 StR 113/14	48
B	16.09.2014	3 StR 372/14	122
B	16.09.2014	3 StR 373/14	271
B	17.09.2014	1 StR 212/14	607
B	17.09.2014	1 StR 387/14	246
B	17.09.2014	2 StR 191/14	253
B	23.09.2014	4 StR 92/14	409
B	23.09.2014	4 StR 302/14	603
B	23.09.2014	4 StR 375/14	346
B	23.09.2014	5 StR 410/14	656
B	24.09.2014	2 StR 267/13	570
U	24.09.2014	2 StR 160/14	223
B	24.09.2014	2 StR 235/14	14
B	24.09.2014	2 StR 276/14	356
B	24.09.2014	4 StR 231/14	35, 255
V	25.09.2014	2 StR 163/14	466
U	25.09.2014	4 StR 586/13	674
U	25.09.2014	4 StR 69/14	467
U	25.09.2014	4 StR 222/14	53
B	30.09.2014	3 ARs 13/14	280
B	30.09.2014	3 StR 261/14	129
B	30.09.2014	3 StR 351/14	579

Art	Datum	Aktenzeichen	Fußnote
B	30.09.2014	3 StR 411/14	626
B	06.10.2014	1 StR 214/14	391
B	07.10.2014	1 StR 166/07	658
B	07.10.2014	1 StR 317/14	138
B	07.10.2014	1 StR 381/14	470
B	07.10.2014	1 StR 426/14	515
B	07.10.2014	4 StR 371/14	34
B	07.10.2014	4 StR 397/14	4, 8
B	08.10.2014	1 StR 359/13	292
U	08.10.2014	1 StR 114/14	312
B	08.10.2014	1 StR 294/14	580
U	08.10.2014	1 StR 350/14	367
B	08.10.2014	2 StR 104/14	335, 668
B	08.10.2014	2 StR 105/14	668
B	08.10.2014	2 StR 137/14	637
B	08.10.2014	2 StR 337/14	637
B	08.10.2014	4 StR 473/13	660
U	08.10.2014	5 StR 395/14	254
B	08.10.2014	5 StR 411/14	436
U	09.10.2014	4 StR 201/14	272
U	09.10.2014	4 StR 208/14	482
B	14.10.2014	2 StR 134/14	167
B	14.10.2014	3 StR 365/14	92
B	14.10.2014	3 StR 421/14	566
B	15.10.2014	2 StR 25/14	378
U	15.10.2014	2 StR 240/14	148
B	16.10.2014	2 ARs 371/14	424
B	16.10.2014	3 StR 268/14	340
B	20.10.2014	5 StR 176/14	464
U	21.10.2014	1 StR 78/14	364
B	21.10.2014	1 StR 79/14	200
B	21.10.2014	4 StR 351/14	268
B	21.10.2014	4 StR 363/14	265
B	21.10.2014	5 StR 296/14	463
B	21.10.2014	5 StR 439/14	123
U	22.10.2014	2 StR 92/14	532
U	22.10.2014	5 StR 380/14	16, 219
B	22.10.2014	5 StR 451/14	223
B	04.11.2014	1 StR 586/12	671
U	04.11.2014	1 StR 233/14	159
B	04.11.2014	1 StR 474/14	174
B	04.11.2014	4 StR 200/14	235
B	04.11.2014	4 StR 467/14	128
B	05.11.2014	1 StR 267/14	403
U	05.11.2014	1 StR 299/14	88
U	05.11.2014	1 StR 327/14	547

Art	Datum	Aktenzeichen	Fußnote
B	05.11.2014	1 StR 503/14	207
B	05.11.2014	2 StR 418/14	375
B	05.11.2014	2 StR 419/14	374
B	05.11.2014	4 StR 358/14	141
B	05.11.2014	4 StR 385/14	495
B	05.11.2014	5 StR 107/14	339
B	06.11.2014	4 StR 384/14	573, 648
U	06.11.2014	4 StR 416/14	221
B	11.11.2014	3 StR 455/14	91
B	18.11.2014	4 StR 505/14	155
B	19.11.2014	1 StR 114/14	618
B	19.11.2014	1 StR 219/14	390
B	19.11.2014	4 StR 448/13	50
B	19.11.2014	4 StR 284/14	34
B	19.11.2014	4 StR 497/14	9
U	20.11.2014	4 StR 234/14	488, 541, 542
B	25.11.2014	2 StR 171/14	509
U	26.11.2014	2 StR 54/14	214
B	27.11.2014	2 StR 311/14	370
B	02.12.2014	4 StR 473/14	406
B	03.12.2014	4 StR 292/14	643
B	03.12.2014	4 StR 335/14	407
B	03.12.2014	4 StR 342/14	212
U	04.12.2014	4 StR 213/14	77, 330
U	09.12.2014	5 StR 422/14	198, 201
B	16.12.2014	4 ARs 21/14	523

Register der BGH-Entscheidungen (nach Aktenzeichen)

(B = Beschluss; U = Urteil; V = Verfügung)

Art	Datum	Aktenzeichen	Fußnote
B	24.06.2014	1 ARs 14/14	279
U	29.04.1997	1 StR 511/95	4
B	07.10.2014	1 StR 166/07	658
B	29.05.2012	1 StR 59/12	6
B	17.09.2013	1 StR 372/12	386
U	05.02.2013	1 StR 405/12	554
B	22.01.2013	1 StR 557/12	1
B	08.07.2013	1 StR 557/12	627
B	04.11.2014	1 StR 586/12	671
B	25.04.2014	1 StR 13/13	298, 429, 430, 662
U	04.06.2013	1 StR 32/13	410
U	03.12.2013	1 StR 53/13	165
B	30.04.2014	1 StR 53/13	659
B	05.03.2013	1 StR 73/13	402
B	04.12.2013	1 StR 106/13	414
B	02.05.2013	1 StR 137/13	444
B	29.11.2013	1 StR 200/13	574
B	27.02.2014	1 StR 200/13	621
U	22.10.2013	1 StR 210/13	151
B	16.09.2013	1 StR 264/13	590
B	10.07.2013	1 StR 278/13	591
B	15.01.2014	1 StR 302/13	511
B	01.10.2013	1 StR 312/13	393
B	13.02.2014	1 StR 336/13	169
B	26.02.2012	1 StR 351/13	625
B	11.02.2014	1 StR 355/13	612
B	08.10.2014	1 StR 359/13	292
B	27.02.2014	1 StR 367/13	33, 446
B	15.01.2014	1 StR 379/13	483
U	05.11.2013	1 StR 387/13	51
B	16.01.2014	1 StR 389/13	215, 231, 341, 342
B	17.02.2014	1 StR 405/13	626
B	03.12.2013	1 StR 412/13	443
B	05.02.2014	1 StR 422/13	398
U	13.02.2014	1 StR 423/13	508
B	29.01.2014	1 StR 469/13	400

Art	Datum	Aktenzeichen	Fußnote
B	20.11.2013	1 StR 476/13	545
U	11.02.2014	1 StR 485/13	210
U	28.01.2014	1 StR 494/13	232, 341
B	30.01.2014	1 StR 506/13	646
U	16.04.2014	1 StR 516/13	318
B	03.12.2013	1 StR 521/13	624
B	29.01.2014	1 StR 523/13	517
B	03.12.2013	1 StR 526/13	316
B	05.02.2014	1 StR 527/13	585
B	14.01.2014	1 StR 531/13	155
B	20.11.2013	1 StR 544/13	395
B	29.01.2014	1 StR 561/13	391
B	06.02.2014	1 StR 577/13	399
B	06.02.2014	1 StR 578/13	399
B	03.12.2013	1 StR 579/13	397
B	29.01.2014	1 StR 589/13	57
U	18.11.2013	1 StR 594/13	124
B	12.02.2014	1 StR 601/13	113
B	12.03.2014	1 StR 605/13	560
B	08.07.2014	1 StR 605/13	624
U	20.08.2014	1 StR 605/13	222
U	20.05.2014	1 StR 610/13	389
B	09.04.2014	1 StR 612/13	512
B	14.01.2014	1 StR 628/13	325
U	25.03.2014	1 StR 630/13	45
U	16.04.2014	1 StR 638/13	319
B	15.01.2014	1 StR 648/13	396
B	10.04.2014	1 StR 649/13	311
B	04.09.2014	1 StR 649/13	631
B	29.01.2014	1 StR 654/13	192
U	11.03.2014	1 StR 655/13	150
B	25.02.2014	1 StR 657/13	600
B	21.01.2014	1 StR 664/13	355
B	26.02.2014	1 StR 698/13	631
B	29.01.2014	1 StR 699/13	167
B	05.02.2014	1 StR 706/13	501
B	11.03.2014	1 StR 711/13	497, 605
U	08.05.2014	1 StR 722/13	554
B	25.06.2014	1 StR 723/13	625
B	08.05.2014	1 StR 726/13	432
B	11.03.2014	1 StR 735/13	24
B	25.06.2014	1 StR 740/13	624
B	02.07.2014	1 StR 740/13	465
B	12.02.2014	1 StR 10/14	86
B	21.08.2014	1 StR 13/14	481
B	27.02.2014	1 StR 15/14	285

Art	Datum	Aktenzeichen	Fußnote
B	27.03.2014	1 StR 24/14	270
B	08.07.2014	1 StR 29/14	397
B	26.03.2014	1 StR 35/14	171
B	25.02.2014	1 StR 40/14	568
B	23.07.2014	1 StR 47/14	411
B	22.07.2014	1 StR 53/14	455, 456
B	06.08.2014	1 StR 63/14	533
B	12.03.2014	1 StR 74/14	448, 572
U	04.09.2014	1 StR 75/14	593
U	21.10.2014	1 StR 78/14	364
B	21.10.2014	1 StR 79/14	200
B	05.05.2014	1 StR 82/14	600
B	25.03.2014	1 StR 86/14	443, 445
B	20.05.2014	1 StR 90/14	134
U	25.06.2014	1 StR 92/14	558
B	27.03.2014	1 StR 106/14	202
U	08.10.2014	1 StR 114/14	312
B	19.11.2014	1 StR 114/14	618
B	12.03.2013	1 StR 116/14	13
B	08.04.2014	1 StR 126/14	72
U	03.09.2014	1 StR 145/14	362
B	07.05.2014	1 StR 150/14	284
B	24.06.2014	1 StR 162/14	154
B	26.06.2014	1 StR 166/14	95
B	22.07.2013	1 StR 189/14	392
B	23.07.2014	1 StR 196/14	394
B	07.08.2014	1 StR 198/14	401
B	22.07.2014	1 StR 210/14	586
B	17.09.2014	1 StR 212/14	607
B	06.10.2014	1 StR 214/14	391
B	25.06.2014	1 StR 218/14	677
B	19.11.2014	1 StR 219/14	390
U	04.11.2014	1 StR 233/14	159
B	08.07.2014	1 StR 240/14	391
B	10.07.2014	1 StR 247/14	87
B	08.07.2014	1 StR 266/14	73
B	05.11.2014	1 StR 267/14	403
B	01.09.2014	1 StR 279/14	624
B	08.10.2014	1 StR 294/14	580
U	05.11.2014	1 StR 299/14	88
B	04.09.2014	1 StR 314/14	301
B	07.10.2014	1 StR 317/14	138
B	21.08.2014	1 StR 320/14	152
B	04.09.2014	1 StR 323/14	625
U	05.11.2014	1 StR 327/14	547
B	06.08.2014	1 StR 333/14	602

Art	Datum	Aktenzeichen	Fußnote
B	05.08.2014	1 StR 340/14	224
U	08.10.2014	1 StR 350/14	367
B	07.10.2014	1 StR 381/14	470
B	17.09.2014	1 StR 387/14	246
B	04.09.2014	1 StR 389/14	535
B	16.09.2014	1 StR 421/14	598
B	07.10.2014	1 StR 426/14	515
B	04.11.2014	1 StR 474/14	174
B	05.11.2014	1 StR 503/14	207
B	08.07.2014	1 StR 605/14	624
B	05.02.2014	1 StR 693/14	345
B	13.05.2014	2 ARs 163/13	624
B	19.02.2014	2 ARs 207/13	625
B	24.10.2013	2 ARs 319/13	351
B	17.12.2013	2 ARs 354/13	624
B	30.04.2014	2 ARs 365/13	622
B	30.01.2014	2 ARs 384/13	625
B	12.03.2014	2 ARs 434/13	652
B	14.05.2014	2 ARs 64/14	425
B	15.05.2014	2 ARs 118/14	427
B	07.08.2014	2 ARs 273/14	653
B	16.10.2014	2 ARs 371/14	424
B	19.12.2013	2 StR 164/11	626
B	11.04.2013	2 StR 525/11	626
U	30.01.2013	2 StR 55/12	582
B	15.04.2014	2 StR 160/12	624
U	30.04.2014	2 StR 383/12	214
B	12.12.2012	2 StR 397/12	520
B	17.04.2014	2 StR 405/12	11
U	30.01.2013	2 StR 453/12	546
B	28.01.2014	2 StR 495/12	278
B	06.08.2014	2 StR 595/12	625
B	12.06.2013	2 StR 608/12	361
U	05.03.2014	2 StR 616/12	290
U	05.06.2014	2 StR 624/12	489
B	02.07.2013	2 StR 631/12	438
U	04.12.2013	2 StR 2/13	193
B	12.03.2013	2 StR 34/13	582
U	10.07.2013	2 StR 47/13	421, 503
B	04.06.2013	2 StR 59/13	321
B	10.10.2013	2 StR 64/13	26
B	18.06.2013	2 StR 75/13	18
B	27.08.2013	2 StR 87/13	630
B	10.07.2013	2 StR 116/13	661
U	09.10.2013	2 StR 119/13	188
U	17.07.2013	2 StR 176/13	216

Art	Datum	Aktenzeichen	Fußnote
B	14.01.2014	2 StR 187/13	173
B	14.01.2014	2 StR 200/13	628
B	26.03.2014	2 StR 202/13	89
B	12.09.2013	2 StR 226/13	66
B	19.02.2013	2 StR 239/13	635
B	17.07.2013	2 StR 259/13	350
B	24.09.2014	2 StR 267/13	570
B	26.03.2014	2 StR 274/13	500
U	14.05.2014	2 StR 275/13	237, 540
B	03.12.2013	2 StR 283/13	490
U	12.02.2014	2 StR 308/13	472, 538, 657
B	21.08.2013	2 StR 311/13	537
U	22.01.2014	2 StR 314/13	530
U	25.06.2014	2 StR 333/13	550
B	17.12.2013	2 StR 335/13	617
U	23.10.2013	2 StR 343/13	125
U	02.04.2014	2 StR 349/13	59, 276
B	27.05.2014	2 StR 354/13	343
B	05.03.2014	2 StR 367/13	17
B	19.11.2013	2 StR 379/13	498, 606
U	05.06.2014	2 StR 381/13	507
B	05.12.2013	2 StR 387/13	603
B	18.02.2014	2 StR 391/13	175
B	11.09.2014	2 StR 407/13	625
B	03.12.2013	2 StR 410/13	518
U	19.02.2014	2 StR 413/13	387
B	20.11.2013	2 StR 427/13	206
B	27.05.2014	2 StR 428/13	615
B	21.01.2014	2 StR 434/13	642
B	16.04.2014	2 StR 435/13	293
B	12.03.2014	2 StR 436/13	144
U	28.05.2014	2 StR 437/13	289
B	19.03.2014	2 StR 445/13	211
B	18.03.2014	2 StR 448/13	490
B	13.11.2013	2 StR 455/13	41, 384
U	19.03.2014	2 StR 458/13	10
B	21.11.2013	2 StR 459/13	213
U	20.11.2013	2 StR 460/13	557
B	14.05.2014	2 StR 465/13	259
U	14.05.2014	2 StR 465/13	517
B	19.11.2013	2 StR 468/13	106
B	14.05.2014	2 StR 475/13	486
B	21.11.2013	2 StR 477/13	11
B	11.12.2013	2 StR 478/13	60
U	22.01.2014	2 StR 479/13	337
B	27.11.2013	2 StR 482/13	655

Art	Datum	Aktenzeichen	Fußnote
B	04.02.2014	2 StR 487/13	467
U	11.06.2014	2 StR 489/13	431
B	19.11.2013	2 StR 494/13	85
B	12.08.2014	2 StR 495/13	644
U	05.03.2014	2 StR 496/13	78
B	26.03.2014	2 StR 505/13	80
B	07.05.2014	2 StR 506/13	493
B	08.01.2014	2 StR 514/13	58
B	13.03.2014	2 StR 516/13	474
B	27.05.2014	2 StR 520/13	229
B	04.02.2014	2 StR 533/13	471
B	19.12.2013	2 StR 534/13	15
B	15.04.2014	2 StR 545/13	205
U	02.04.2014	2 StR 554/13	554
B	14.05.2014	2 StR 556/13	218
B	19.02.2014	2 StR 558/13	97
B	20.02.2014	2 StR 563/13	360
B	15.04.2014	2 StR 566/13	258
U	13.08.2014	2 StR 573/13	567, 650
B	15.05.2014	2 StR 581/13	25
B	20.03.2014	2 StR 584/13	382
U	19.03.2014	2 StR 596/13	112
B	01.04.2014	2 StR 603/13	147
B	12.03.2014	2 StR 604/13	117
B	27.05.2014	2 StR 606/13	251, 252
U	16.04.2014	2 StR 608/13	61, 240
B	29.04.2014	2 StR 616/13	68
B	18.02.2014	2 StR 623/13	145, 549
B	15.04.2014	2 StR 626/13	534
B	29.04.2014	2 StR 636/13	103
B	23.01.2014	2 StR 637/13	217
B	03.04.2014	2 StR 643/13	30
B	21.01.2014	2 StR 650/13	128
B	06.08.2014	2 StR 654/13	625, 628
B	04.06.2014	2 StR 656/13	522
B	17.06.2014	2 StR 658/13	291
B	15.05.2014	2 StR 1/14	527
B	17.04.2014	2 StR 2/14	633
B	18.02.2014	2 StR 3/14	369
B	13.03.2014	2 StR 4/14	111
U	09.07.2014	2 StR 13/14	196
U	23.07.2014	2 StR 20/14	161
B	14.05.2014	2 StR 23/14	243
B	15.10.2014	2 StR 25/14	378
B	20.03.2014	2 StR 27/14	649
B	04.06.2014	2 StR 31/14	654

Art	Datum	Aktenzeichen	Fußnote
U	26.11.2014	2 StR 54/14	214
U	06.08.2014	2 StR 60/14	42
B	17.06.2014	2 StR 65/14	168
U	28.05.2014	2 StR 70/14	546
B	24.06.2014	2 StR 73/14	263
B	22.07.2014	2 StR 84/14	62
U	11.06.2014	2 StR 90/14	596
U	22.10.2014	2 StR 92/14	532
B	07.07.2014	2 StR 94/14	529
B	23.07.2014	2 StR 104/14	333
B	08.10.2014	2 StR 104/14	335, 668
B	08.10.2014	2 StR 105/14	668
B	16.09.2014	2 StR 113/14	48
U	11.06.2014	2 StR 117/14	220
B	13.08.2014	2 StR 128/14	468
B	14.10.2014	2 StR 134/14	167
B	08.10.2014	2 StR 137/14	637
B	08.07.2014	2 StR 144/14	269
B	06.08.2014	2 StR 153/14	110
B	26.06.2014	2 StR 157/14	55
U	24.09.2014	2 StR 160/14	223
V	25.09.2014	2 StR 163/14	466
B	10.07.2014	2 StR 166/14	208
B	25.11.2014	2 StR 171/14	509
B	08.07.2014	2 StR 175/14	199
B	17.09.2014	2 StR 191/14	253
B	24.07.2014	2 StR 221/14	315
B	24.09.2014	2 StR 235/14	14
U	15.10.2014	2 StR 240/14	148
B	30.07.2014	2 StR 248/14	475
B	06.08.2014	2 StR 255/14	29
B	11.09.2014	2 StR 269/14	248
B	24.09.2014	2 StR 276/14	356
B	27.11.2014	2 StR 311/14	370
B	08.10.2014	2 StR 337/14	637
B	05.11.2014	2 StR 418/14	375
B	05.11.2014	2 StR 419/14	374
U	05.03.2014	2 StR 503/14	638
B	30.09.2014	3 ARs 13/14	280
U	27.06.2013	3 StR 435/12	461
U	04.09.2014	3 StR 437/12	412
B	18.12.2012	3 StR 458/12	592
U	12.12.2013	3 StR 531/12	675
U	27.11.2013	3 StR 5/13	415
B	22.10.2013	3 StR 69/13	283
U	27.06.2013	3 StR 113/13	539

Art	Datum	Aktenzeichen	Fußnote
B	12.11.2013	3 StR 135/13	629
B	25.07.2013	3 StR 143/13	363
B	11.07.2013	3 StR 149/13	663
B	22.11.2013	3 StR 162/13	300, 601, 664
B	17.10.2013	3 StR 167/13	323
U	20.02.2014	3 StR 178/13	308
B	28.05.2014	3 StR 206/13	313
B	12.12.2013	3 StR 210/13	513
B	15.10.2013	3 StR 215/13	115
B	26.11.2013	3 StR 217/13	82
B	15.10.2013	3 StR 224/13	170
U	08.05.2014	3 StR 243/13	187
B	26.11.2013	3 StR 261/13	266
B	19.08.2014	3 StR 265/13	631
B	08.01.2014	3 StR 272/13	65
B	15.10.2013	3 StR 282/13	65
U	20.02.2014	3 StR 289/13	509
B	11.12.2013	3 StR 302/13	294
U	20.03.2014	3 StR 304/13	528
B	12.11.2013	3 StR 313/13	265
U	24.07.2014	3 StR 314/13	416
U	06.02.2014	3 StR 315/13	203
B	08.01.2014	3 StR 318/13	69, 383
B	20.11.2013	3 StR 325/13	30
B	26.11.2013	3 StR 331/13	43
U	14.11.2013	3 StR 336/13	326
U	27.03.2014	3 StR 342/13	299
B	04.02.2014	3 StR 347/13	305
B	24.10.2013	3 StR 349/13	115
B	20.03.2014	3 StR 353/13	328
B	06.03.2014	3 StR 363/13	519, 578
B	23.01.2014	3 StR 365/13	304
B	08.01.2014	3 StR 372/13	635
B	23.01.2014	3 StR 373/13	162
U	23.01.2014	3 StR 373/13	548
B	20.03.2014	3 StR 375/13	358
B	06.05.2014	3 StR 382/13	149
U	15.05.2014	3 StR 386/13	138
B	26.11.2013	3 StR 387/13	12
B	21.01.2014	3 StR 388/13	636
B	14.05.2014	3 StR 398/13	164
B	05.08.2014	3 StR 398/13	624
B	06.05.2014	3 StR 407/13	189
B	20.03.2014	3 StR 408/13	476
B	08.01.2014	3 StR 419/13	447
U	20.03.2014	3 StR 424/13	19

Art	Datum	Aktenzeichen	Fußnote
U	20.03.2014	3 StR 429/13	368
B	07.08.2014	3 StR 438/13	413
B	18.02.2014	3 StR 442/13	100
U	04.02.2014	3 StR 451/13	152
B	18.03.2014	3 StR 1/14	195
B	17.02.2014	3 StR 7/14	49
B	25.03.2014	3 StR 11/14	130
B	05.03.2014	3 StR 12/14	131, 137
B	07.08.2014	3 StR 17/14	367
B	20.03.2014	3 StR 20/14	636
B	29.04.2014	3 StR 21/14	223
B	29.04.2014	3 StR 24/14	588
U	17.04.2014	3 StR 27/14	492
B	20.03.2014	3 StR 28/14	172
B	23.03.2014	3 StR 33/14	645
B	06.03.2014	3 StR 44/14	613
B	15.04.2014	3 StR 48/14	10
B	10.06.2014	3 StR 57/14	562
B	27.05.2014	3 StR 60/14	226
B	27.05.2014	3 StR 67/14	135
B	28.05.2014	3 StR 67/14	137
B	15.04.2014	3 StR 69/14	633
B	18.03.2014	3 StR 79/14	142
B	26.06.2014	3 StR 83/14	163
U	17.04.2014	3 StR 84/14	533, 538
B	19.08.2014	3 StR 88/14	186
B	15.04.2014	3 StR 89/14	513
B	15.04.2014	3 StR 92/14	264
B	27.03.2014	3 StR 103/14	274
B	07.08.2014	3 StR 105/14	261, 490
B	27.05.2014	3 StR 113/14	115
B	14.05.2014	3 StR 130/14	561
B	17.04.2014	3 StR 133/14	67
B	06.05.2014	3 StR 134/14	32
B	05.08.2014	3 StR 138/14	380
B	12.06.2014	3 StR 139/14	614
U	10.07.2014	3 StR 140/14	583
B	15.05.2014	3 StR 149/14	33
U	12.06.2014	3 StR 154/14	531
B	24.06.2014	3 StR 168/14	84, 242
B	29.04.2014	3 StR 171/14	126
B	24.07.2014	3 StR 176/14	52
B	24.06.2014	3 StR 185/14	521
B	24.06.2014	3 StR 194/14	496, 604
B	28.05.2014	3 StR 196/14	462
B	08.07.2014	3 StR 198/14	99

Art	Datum	Aktenzeichen	Fußnote
B	24.06.2014	3 StR 207/14	354
U	21.08.2014	3 StR 208/14	487
U	10.07.2014	3 StR 210/14	324
U	24.06.2014	3 StR 223/14	327
U	07.08.2014	3 StR 224/14	557
B	08.07.2014	3 StR 228/14	230
B	10.07.2014	3 StR 232/14	107
B	24.06.2014	3 StR 237/14	115
B	08.07.2014	3 StR 240/14	484
B	21.08.2014	3 StR 245/14	96
B	30.09.2014	3 StR 261/14	129
B	10.07.2014	3 StR 262/14	433, 473
B	24.07.2014	3 StR 264/14	525
B	16.10.2014	3 StR 268/14	340
B	05.08.2014	3 StR 271/14	118
B	08.07.2014	3 StR 276/14	239, 639
B	19.08.2014	3 StR 283/14	428
B	24.07.2014	3 StR 286/14	209
B	08.07.2014	3 StR 287/14	132
B	08.07.2014	3 StR 291/14	157
B	22.07.2014	3 StR 302/14	450
B	20.08.2014	3 StR 309/14	405
B	22.07.2014	3 StR 314/14	191
B	20.08.2014	3 StR 315/14	54
B	02.09.2014	3 StR 325/14	641
B	19.08.2014	3 StR 326/14	39
B	05.08.2014	3 StR 340/14	347
B	21.08.2014	3 StR 341/14	133
B	30.09.2014	3 StR 351/14	579
B	14.10.2014	3 StR 365/14	92
B	16.09.2014	3 StR 372/14	122
B	16.09.2014	3 StR 373/14	271
B	30.09.2014	3 StR 411/14	626
B	14.10.2014	3 StR 421/14	566
B	11.11.2014	3 StR 455/14	91
B	27.05.2014	3 StR 2137/14	352
B	13.01.2014	4 ARs 9/13	676
B	11.09.2014	4 ARs 12/14	281
B	09.09.2014	4 ARs 20/14	334
B	09.09.2014	4 ARs 20-1/14	426
B	09.09.2014	4 ARs 20-2/14	426
B	16.12.2014	4 ARs 21/14	523
U	01.04.2010	4 StR 637/09	1
B	11.02.2014	4 StR 73/10	673
U	13.12.2012	4 StR 271/11	554
B	31.07.2012	4 StR 238/12	1

Art	Datum	Aktenzeichen	Fußnote
B	20.12.2012	4 StR 292/12	234
B	10.04.2013	4 StR 296/12	629
U	25.04.2013	4 StR 418/12	350
B	20.11.2012	4 StR 443/12	589
U	04.09.2014	4 StR 473/12	247
B	23.04.2013	4 StR 485/12	546
B	12.09.2013	4 StR 503/12	404
B	28.02.2013	4 StR 537/12	101
B	13.02.2013	4 StR 557/12	7
B	22.05.2014	4 StR 223/13	349
B	29.01.2014	4 StR 254/13	515
B	17.12.2013	4 StR 261/13	102
B	19.11.2013	4 StR 292/13	309
U	19.12.2013	4 StR 300/13	344
U	19.12.2013	4 StR 302/13	376
U	19.12.2013	4 StR 303/13	377
B	24.09.2013	4 StR 324/13	332
B	07.11.2013	4 StR 340/13	250
B	27.03.2014	4 StR 341/13	286
B	15.01.2014	4 StR 346/13	575
U	19.12.2013	4 StR 347/13	46, 244
B	18.12.2013	4 StR 356/13	105
B	04.12.2013	4 StR 367/13	260
U	16.01.2014	4 StR 370/13	472, 478
U	05.12.2013	4 StR 371/13	556
B	17.12.2013	4 StR 374/13	491
B	27.01.2014	4 StR 376/13	441
B	18.12.2013	4 StR 390/13	564
B	03.12.2013	4 StR 404/13	98, 366
B	04.12.2013	4 StR 422/13	273
U	22.05.2014	4 StR 430/13	295
B	11.02.2014	4 StR 437/13	93, 449
U	05.06.2014	4 StR 439/13	552
B	20.11.2013	4 StR 441/13	665
B	14.01.2014	4 StR 441/13	628
U	13.03.2014	4 StR 445/13	494
B	19.11.2014	4 StR 448/13	50
B	14.01.2014	4 StR 453/13	236
B	13.02.2014	4 StR 468/13	423
B	18.12.2013	4 StR 469/13	28
U	04.09.2014	4 StR 473/13	647
B	08.10.2014	4 StR 473/13	660
B	11.03.2014	4 StR 479/13	296
B	24.04.2014	4 StR 479/13	437, 623
B	19.11.2013	4 StR 480/13	71
U	16.01.2014	4 StR 496/13	127, 153

Art	Datum	Aktenzeichen	Fußnote
B	27.02.2014	4 StR 498/13	457
B	02.07.2014	4 StR 498/13	632
B	18.12.2013	4 StR 501/13	104
B	06.05.2014	4 StR 503/13	194
B	13.02.2014	4 StR 506/13	27
B	15.01.2014	4 StR 509/13	241
B	22.05.2014	4 StR 514/13	373
B	11.02.2014	4 StR 520/13	331
B	11.02.2014	4 StR 522/13	249
B	14.01.2014	4 StR 529/13	607
B	25.02.2014	4 StR 544/13	275
B	11.02.2014	4 StR 551/13	385
B	06.03.2014	4 StR 553/13	439
B	12.02.2014	4 StR 556/13	440
B	12.03.2014	4 StR 562/13	197
B	26.02.2014	4 StR 564/13	155
B	27.01.2014	4 StR 565/13	28
B	25.02.2014	4 StR 567/13	267
B	12.03.2014	4 StR 572/13	139
B	26.02.2014	4 StR 577/13	140
B	26.02.2014	4 StR 584/13	256
U	25.09.2014	4 StR 586/13	674
B	28.01.2014	4 StR 592/13	553
B	12.03.2014	4 StR 4/14	536
U	13.03.2014	4 StR 15/14	555
B	27.03.2014	4 StR 20/14	357
B	16.06.2014	4 StR 21/14	297
B	26.02.2014	4 StR 27/14	543
B	15.07.2014	4 StR 34/14	587
B	11.03.2014	4 StR 36/14	26
B	26.02.2014	4 StR 40/14	23
U	10.04.2014	4 StR 47/14	120
U	25.09.2014	4 StR 69/14	467
B	21.05.2014	4 StR 70/14	262, 307
B	17.06.2014	4 StR 71/14	406
U	17.07.2014	4 StR 78/14	595
B	07.05.2014	4 StR 82/14	27
B	06.05.2014	4 StR 88/14	63
B	23.09.2014	4 StR 92/14	409
B	07.05.2014	4 StR 95/14	322
B	07.05.2014	4 StR 105/14	22
B	07.05.2014	4 StR 109/14	584
B	16.06.2014	4 StR 111/14	119
B	06.05.2014	4 StR 114/14	610
B	08.05.2014	4 StR 115/14	166
B	29.07.2014	4 StR 126/14	516

Art	Datum	Aktenzeichen	Fußnote
B	18.06.2014	4 StR 128/14	160
U	17.07.2014	4 StR 129/14	550
B	20.05.2014	4 StR 133/14	36
U	03.07.2014	4 StR 137/14	47, 556
B	20.05.2014	4 StR 143/14	302
B	21.05.2014	4 StR 144/14	616
B	20.05.2014	4 StR 146/14	145
U	31.07.2014	4 StR 147/14	220
B	11.09.2014	4 StR 148/14	108, 514
B	03.06.2014	4 StR 150/14	651
B	17.07.2014	4 StR 158/14	20
U	14.08.2014	4 StR 163/14	214
B	04.06.2014	4 StR 168/14	24
B	17.06.2014	4 StR 171/14	121
B	03.06.2014	4 StR 173/14	257
B	12.08.2014	4 StR 174/14	357
B	30.07.2014	4 StR 183/14	118
B	02.07.2014	4 StR 188/14	348
B	03.07.2014	4 StR 191/14	35
U	02.07.2014	4 StR 195/14	75
B	04.11.2014	4 StR 200/14	235
U	09.10.2014	4 StR 201/14	272
B	11.09.2014	4 StR 207/14	90
U	09.10.2014	4 StR 208/14	482
B	13.08.2014	4 StR 211/14	634
U	04.12.2014	4 StR 213/14	77, 330
B	02.07.2014	4 StR 215/14	576
B	18.06.2014	4 StR 217/14	635
U	25.09.2014	4 StR 222/14	53
B	15.07.2014	4 StR 228/14	118
B	24.09.2014	4 StR 231/14	35, 255
U	20.11.2014	4 StR 234/14	488, 541, 542
B	03.07.2014	4 StR 240/14	359
B	13.08.2014	4 StR 241/14	136
B	09.09.2014	4 StR 251/14	329, 669
B	27.08.2014	4 StR 259/14	190
B	19.11.2014	4 StR 284/14	34
B	03.12.2014	4 StR 292/14	643
B	23.09.2014	4 StR 302/14	603
B	11.09.2014	4 StR 312/14	287
B	28.08.2014	4 StR 330/14	83
B	03.12.2014	4 StR 335/14	407
B	03.12.2014	4 StR 342/14	212
B	21.10.2014	4 StR 351/14	268
B	05.11.2014	4 StR 358/14	141
B	21.10.2014	4 StR 363/14	265

Art	Datum	Aktenzeichen	Fußnote
B	09.09.2014	4 StR 367/14	22
B	07.10.2014	4 StR 371/14	34
B	23.09.2014	4 StR 375/14	346
B	06.11.2014	4 StR 384/14	573, 648
B	05.11.2014	4 StR 385/14	495
B	07.10.2014	4 StR 397/14	4, 8
U	06.11.2014	4 StR 416/14	221
B	04.11.2014	4 StR 467/14	128
B	02.12.2014	4 StR 473/14	406
B	19.11.2014	4 StR 497/14	9
B	18.11.2014	4 StR 505/14	155
B	28.01.2014	4 StR 528/14	320
B	21.01.2014	5 AR (VS) 29/13	667
B	16.07.2014	5 ARs 39/14	282
B	10.01.2012	5 StR 517/11	4, 5
B	07.02.2012	5 StR 545/11	4
B	24.04.2014	5 StR 551/11	672
U	22.01.2014	5 StR 468/12	40
B	11.12.2013	5 StR 489/12	625
B	21.01.2014	5 StR 87/13	629
B	11.04.2013	5 StR 113/13	5, 228
U	04.09.2013	5 StR 152/13	554
U	09.07.2013	5 StR 181/13	306
U	11.12.2013	5 StR 240/13	381
B	21.01.2014	5 StR 240/13	629
B	08.07.2013	5 StR 279/13	94
B	10.12.2013	5 StR 387/13	38
U	12.12.2013	5 StR 444/13	379
B	04.06.2014	5 StR 494/13	354
B	19.02.2014	5 StR 510/13	303
B	20.05.2014	5 StR 531/13	569
B	08.01.2014	5 StR 542/13	365
B	22.01.2014	5 StR 555/13	388
U	11.03.2014	5 StR 563/13	147
B	11.12.2013	5 StR 586/13	76
B	08.01.2014	5 StR 596/13	70
B	08.01.2014	5 StR 602/13	117
B	07.01.2014	5 StR 613/13	666
B	08.01.2014	5 StR 614/13	611
B	26.03.2014	5 StR 628/13	625
B	11.03.2014	5 StR 630/13	480
B	04.02.2014	5 StR 640/13	137
U	11.03.2014	5 StR 649/13	529
B	24.03.2014	5 StR 2/14	485
U	11.03.2014	5 StR 19/14	74
B	11.03.2014	5 StR 20/14	233

Art	Datum	Aktenzeichen	Fußnote
B	11.03.2014	5 StR 29/14	81
U	10.04.2014	5 StR 37/14	143
B	18.02.2014	5 StR 41/14	265
B	26.03.2014	5 StR 45/14	137
U	29.07.2014	5 StR 46/14	176
B	09.09.2014	5 StR 53/14	435
U	16.06.2014	5 StR 60/14	227
B	09.04.2014	5 StR 65/14	238, 551
B	18.06.2014	5 StR 65/14	625
B	12.03.2014	5 StR 69/14	64
B	11.03.2014	5 StR 70/14	520
B	26.03.2014	5 StR 91/14	79
U	18.06.2014	5 StR 98/14	559
B	06.05.2014	5 StR 99/14	434
B	09.04.2014	5 StR 106/14	56
B	08.04.2014	5 StR 107/14	678
B	05.11.2014	5 StR 107/14	339
B	24.04.2014	5 StR 113/14	535
B	26.03.2014	5 StR 119/14	372
B	24.04.2014	5 StR 123/14	359
U	07.05.2014	5 StR 133/14	135
U	01.07.2014	5 StR 134/14	44
B	05.06.2014	5 StR 139/14	624
B	07.05.2014	5 StR 141/14	21
B	16.07.2014	5 StR 154/14	245
B	06.05.2014	5 StR 160/14	477
B	06.05.2014	5 StR 161/14	479, 608
B	06.05.2014	5 StR 168/14	120
B	15.07.2014	5 StR 169/14	353, 510
B	10.09.2014	5 StR 169/14	630
B	06.05.2014	5 StR 170/14	31
B	20.05.2014	5 StR 173/14	146, 544, 563
B	20.10.2014	5 StR 176/14	464
B	27.08.2014	5 StR 181/14	317
B	02.07.2014	5 StR 182/14	314
U	26.08.2014	5 StR 185/14	288
B	03.06.2014	5 StR 199/14	640
B	16.07.2014	5 StR 200/14	609
U	09.09.2014	5 StR 200/14	336
B	17.06.2014	5 StR 216/14	277
B	14.07.2014	5 StR 217/14	510
B	04.06.2014	5 StR 219/14	156
B	29.07.2014	5 StR 233/14	310
B	17.06.2014	5 StR 240/14	577
B	17.06.2014	5 StR 244/14	571
U	10.09.2014	5 StR 261/14	204

Art	Datum	Aktenzeichen	Fußnote
U	12.08.2014	5 StR 264/14	37
B	29.07.2014	5 StR 286/14	526
B	16.07.2014	5 StR 290/14	31
B	21.10.2014	5 StR 296/14	463
B	29.07.2014	5 StR 314/14	597
B	29.07.2014	5 StR 318/14	581
B	29.07.2014	5 StR 326/14	594
U	28.08.2014	5 StR 332/14	225
B	14.08.2014	5 StR 350/14	524
B	10.09.2014	5 StR 351/14	516
B	26.08.2014	5 StR 358/14	272
U	22.10.2014	5 StR 380/14	16, 219
B	09.09.2014	5 StR 381/14	529
B	10.09.2014	5 StR 383/14	371
U	08.10.2014	5 StR 395/14	254
B	23.09.2014	5 StR 410/14	656
B	08.10.2014	5 StR 411/14	436
U	09.12.2014	5 StR 422/14	198, 201
B	21.10.2014	5 StR 439/14	123
B	22.10.2014	5 StR 451/14	223
B	18.02.2014	KRB 12/13	565
B	23.01.2014	KRB 48/13	454
B	03.06.2014	KRB 2/14	408
B	18.02.2014	StB 8/13	469
B	15.10.2013	StB 16/13	417
B	10.04.2014	StB 4/14	114
B	01.04.2014	StBSt (B) 2/13	624

Sachregister

Die Zahlen beziehen sich auf Randnummern

www.ingramcontent.com/pod-product-compliance
Lightning Source LLC
LaVergne TN
LVHW021246011026
849160LV00010BA/740
* 9 7 8 3 1 1 0 3 7 5 9 7 8 *